Mosquito Verlag

ALLES WAS SIE WISSEN SOLLTEN

IHNEN ABER NIE JEMAND ERZÄHLT HAT

DAVID ICKE

David Icke

ALLES, WAS SIE WISSEN SOLLTEN, Ihnen aber nie jemand erzählt hat

Titel der Originalausgabe: „Everything You Need to Know But Have Never Been Told“

Erste Auflage, 2020

Deutsche Übersetzung: D. Loose
Layout: N.Bodnar, I. Kralovyetts

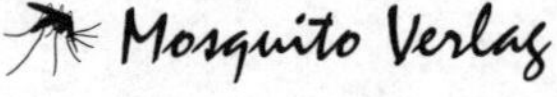

www.mosquito-verlag.de

ISBN 978-3-943238-62-4

Widmung

Für Jaymie und Gareth, die in Unterstützung meiner Bemühungen ausgezeichnete Arbeit leisteten.

Für die Erfahrungen – sowohl für diejenigen, die ich mochte, als auch für andere, die mir nicht gefielen. Sie alle führen zu Weisheit, wenn wir es zulassen.

Definition des Buchtitels

Bevor wir beginnen, lassen Sie mich klarstellen, was mit dem Buchtitel gemeint ist. „Alles, was Sie wissen sollten, Ihnen aber nie jemand erzählt hat" bedeutet nicht, dass im vorliegenden Band sämtliche Informationen und Wissensbausteine enthalten wären, von denen man Kenntnis haben sollte.

Wie könnte man eine solche Fülle auch zwischen zwei Buchdeckel pressen? Religiöse Bücher geben vor, das zu tun; doch handelt es sich bei ihnen um Werke, die der Selbsttäuschung und einer verhafteten Wahrnehmung entspringen.

Der Titel „Alles, was Sie wissen sollten" bezieht sich vielmehr auf die Informationen, die es braucht, um sich grundlegend neue Ansätze des Denkens und der Realitätswahrnehmung zu erschließen – sowohl im sichtbaren als auch im unsichtbaren Bereich. Alles Weitere wird sich daraus ergeben.

Dieses Buch bietet einen Ausgangspunkt, keinen Abschluss.

Es wurde in einer Weise in thematische Bereiche gegliedert, dass die präsentierten Informationen jeweils auf den vorhergehenden Inhalten aufsetzen. Das Gesamtbild erschließt sich, indem man die einzelnen Abschnitte miteinander verbindet. Für sich genommen mögen die einzelnen Informationen faszinierend sein; der große Zusammenhang jedoch ist niederschmetternd.

Seien Sie darauf gefasst, dass Ihre Weltsicht einen Neustart erfahren wird …

Habe das Leben von beiden Seiten nun betrachtet
Von oben wie von unten – und doch sind's gewissermaßen
Die Illusionen des Lebens, die ich erschau
Wahrlich, nicht das Geringste versteh ich vom Leben

Joni Mitchell

Und jetzt verstehe ich, was du mir zu sagen versuchtest
Wie sehr du für deine geistige Gesundheit gelitten hast
Wie du versuchtest, sie zu befreien
Sie hörten nicht zu
Sie wussten gar nicht, wie
Vielleicht werden sie jetzt zuhören

Don McLean

Bedauernswert ist die Nation

Bedauernswert ist die Nation, deren Menschen wie Schafe sind, in die Irre geführt von ihren Hirten. Bedauernswert ist die Nation, deren Anführer Lügner sind, deren Weise zum Schweigen gebracht werden und deren Heuchler den Äther beschallen. Bedauernswert ist die Nation, die ihre Stimme nicht erhebt – es sei denn, um Eroberer zu preisen und den Tyrannen als Helden zu bejubeln – und die die Welt mittels Zwang und Folter beherrschen will. Bedauernswert ist die Nation, die neben ihrer eigenen keine andere Sprache kennt, und keine Kultur neben der ihren. Bedauernswert ist die Nation, die Geld atmet und den Schlaf der allzu Wohlgenährten schläft. Bedauernswert ist die Nation – oh, bedauernswert sind die Menschen, die die Aushöhlung ihrer Rechte hinnehmen und zusehen, wie ihre Freiheiten davongespült werden. Mein Land, deine Tränen, süßes Land der Freiheit.

Lawrence Ferlinghetti

Keine Gesellschaft möchte, dass du weise wirst; das verstößt gegen das Eigeninteresse jeder Gesellschaft. Wenn die Leute weise sind, können sie nicht ausgebeutet werden. Wenn sie intelligent sind, kann man sie nicht unterjochen, kann man sie nicht zu einem mechanischen Leben, zu einem Roboterdasein zwingen. Sie werden sich durchsetzen, werden ihre Individualität durchsetzen. Sie werden ein Klima der Rebellion um sich verbreiten, werden in Freiheit leben wollen. Die Freiheit kommt mit der Weisheit, unweigerlich. Beide sind unzertrennlich – und keine Gesellschaft will freie Menschen.

Die kommunistische Gesellschaft, die faschistische Gesellschaft, die kapitalistische Gesellschaft, die hinduistische, die mohammedanische, die christliche Gesellschaft – keine Gesellschaft möchte, dass die Leute von ihrer eigenen Intelligenz Gebrauch machen, denn sobald sie ihre Intelligenz einsetzen, werden sie gefährlich: gefährlich für das Establishment, gefährlich für alle Leute, die an der Macht sind, gefährlich für die Besitzenden; gefährlich für jede Art von Herrschaft, Ausbeutung, Unterdrückung; gefährlich für die Kirchen, gefährlich für den Staat, gefährlich für die Nation. Tatsächlich ist ein weiser Mensch wie Feuer, lebendig, wie eine Flamme. Der Tod ist ihm viel lieber als Sklaverei. [...] Sein Leben kann er nicht [...] an alle möglichen dummen Leute verkaufen. Er kann ihnen nicht dienen.

Osho

Inhaltsverzeichnis

Auf dem Weg ins „Jetzt“

„Ihre Annahmen sind Ihre Fenster zur Welt. Putzen Sie sie ab und zu, andernfalls kommt das Licht nicht hinein.“

Isaac Asimov

Bald ist es 30 Jahre her, dass ich zum ersten Mal als verrücktester Mann Großbritanniens bezeichnet worden bin. Die Zeitungen ergötzten sich an meinem vermeintlichen Wahn, und für Komiker war ich ein gefundenes Fressen. Die bloße Erwähnung meines Namens genügte, um Heiterkeit auszulösen – ohne dass man noch einen Witz hätte erzählen müssen. Ich war der Witz.

Doch letztlich stellte sich heraus, dass von jeher die anderen die Lachnummern waren. Die Menschen verstanden nicht (und auch mir war es zu jener Zeit nicht bewusst), dass hinter der vermeintlichen Geisteskrankheit, die sie bei mir zu erkennen glaubten, ein Gewahrsein stand, das sich aus dem kollektiven Wahn zu lösen im Begriff war. Aus dem Wahn, den wir als „Normalität“ bezeichnen. Aus dem Wahn, der sich als geistige Gesundheit ausgibt … aus jenem komatösen Schlaf, bei dem der Schlafende meint, er sei hellwach. Niemand ist tiefgehender versklavt als diejenigen, die sich fälschlich für frei halten; und die verrücktesten Leute sind jene, die sich irrigerweise als vernünftig und normal betrachten. Heute, da sich wahrhaft intelligente Personen aus buchstäblich allen Teilen der Welt mit meiner Arbeit auseinandersetzen, lässt sich eines mit Sicherheit sagen: Die Gerüchte über meine geistige Verwirrtheit waren maßlos übertrieben. Wenn jemand in seinem Gegenüber Irrsinn zu erkennen meint, spricht das Bände darüber, was er selbst für normal und gesund hält. Seine Auffassung vom geistig Gesunden entspricht genau dem, was die Gesellschaft kollektiv zum Gesunden und Normalen erklärt hat. Doch wer verbirgt sich hinter der kollektiven Gesellschaft anderes als diejenigen, die die öffentliche Meinung steuern, beeinflussen und überwachen, um sie schließlich zur Norm erheben zu können?

Das Urteil darüber, was als geistig gesund oder krank gilt, entspringt der Wahrnehmung – und korreliert nicht notwendigerweise mit der Realität. Die Geschichte der Menschheit ist voller Persönlichkeiten, die man ursprünglich für verrückt und gefährlich hielt, später aber – in vielen Fällen erst lange nach ihrem Ableben – verehrte und ihnen zugestand, sie seien „ihrer Zeit voraus“ gewesen. Zudem sind die Auffassungen davon, was geistig gesund oder krank ist, nicht in Stein gemeißelt; sie wandeln sich in dem Maße, wie sich das Wissen weiterentwickelt. Sagen Sie etwa einem Höhlenmenschen, dass es möglich ist, zum Mond zu fliegen, und er wird Sie für verrückt halten. Dasselbe passiert, wenn Sie heute jemandem weismachen wollen, das sei *nicht* möglich. Die kognitive Dissonanz, mit der die sogenannte „Vergangenheit“ und die „Gegenwart“ wahrgenommen werden, ist ein außerordentlicher menschlicher Charakterzug, der sich höchst lähmend auswirkt. Allzu leichtfertig verurteilen und verspotten viele Menschen unsere Vorfahren, weil sie die Visionäre ihrer Zeit verhöhnten oder sogar umbrachten – Persönlichkeiten, die schon *damals* zu erkennen vermochten, was *heute* als augenfällig gilt. Doch dass sie im Grunde in gleicher Weise auf Mitmenschen reagieren, die ein anderes Weltbild als sie selbst vertreten und sich im Widerspruch zu den Normen befinden, die ihren Realitätssinn geformt und verfestigt haben, können sie sich nicht eingestehen.

Ein Verstand, der ernsthaft nach tieferen Einsichten strebt, stützt sich auf die unverrückbare Erkenntnis, dass er nicht alles weiß. Solche Menschen besitzen die Demut und Weisheit zu erkennen, dass das Wissen der Menschheit nur einen unfassbar winzigen Bruchteil dessen umfasst, was es insgesamt zu wissen gibt. Aus diesem Grund ist ihr Geist stets für alle Möglichkeiten offen. Damit meine ich nicht nur solche Möglichkeiten, bei denen die tief verwurzelten religiösen, kulturellen, wissenschaftlichen und gesellschaftsbezogenen Überzeugungen unangetastet bleiben: Ich spreche in der Tat von der Gesamtheit *aller* Möglichkeiten – ohne irgendeine Ausnahme. Die Vorstellung, sämtliche Optionen in Betracht zu ziehen – statt nur die mit dem eigenen Glaubenssystem zu vereinbarenden Möglichkeiten –, hat auf den Großteil der Menschheit etwa dieselbe Wirkung wie Knoblauch auf Vampire. Starre Überzeugungen werden fortwährend wiederaufbereitet und durch bloße Wiederholung, die unhinterfragt bleibt, scheinbar bestätigt.

Als die Zeitungen damals damit beschäftigt waren, alle Welt über meine Geisteskrankheit in Kenntnis zu setzen, heilte mein Geist ironischerweise. Permanent in rekordverdächtigem Ausmaß verhöhnt und beschimpft, führte mich mein Weg in den 1990er-Jahren ins Licht der Freiheit – und zwar der wahren Freiheit: Dorthin nämlich, wo ich das Undenkbare denken und das Unsagbare sagen konnte, ohne mich einen Deut darum zu scheren, wie die Leute darauf reagieren würden. Wie viele Menschen machen sich selbst dieses unschätzbare Geschenk? Dabei ist es jederzeit verfügbar, wann immer man sich dafür entscheidet. Wenn ich es tun konnte, ist es auch jedem anderen Menschen möglich. Der chinesische Philosoph Laotse sagte: „Sorge dich um den Beifall der Leute, und du wirst ihr Gefangener sein."

Ich wurde am 29. April 1952 in der englischen Stadt Leicester geboren und wuchs in einer sozial schwachen Umgebung auf – in einer Welt, die sich von der heutigen beträchtlich unterschied. Es gab weder Internet noch Heimcomputer, keine Smartphones und keine Tablets. Bis ich drei war, lief im Fernsehen nur ein einziger Sender. Ohnehin konnten wir uns erst Jahre später ein Fernsehgerät leisten. Nicht, dass wir wirklich eins gebraucht hätten. Obwohl wir praktisch nie Geld hatten, fühlte ich mich nicht unterprivilegiert. Man vergnügte sich auf seine eigene Weise und folgte seinen Interessen. Die Letztgenannten wurden nicht über einen TV-Bildschirm oder die neueste App ins Haus geliefert. Das Leben war damals einfacher gestaltet, und man hatte mehr Zeit zum Nachdenken oder Tagträumen (mein Standardzustand in jener Zeit).

Rückblickend erkenne ich in meinem Leben Muster, die mir seit meiner Kindheit den Weg durch den Irrgarten des Lebens wiesen. Damals freilich nahm ich sie als zusammenhanglose Ereignisse, Erfolge und Misserfolge wahr; doch heute sehe ich die Dinge in einem völlig anderen Licht. Fußball war (neben Dampfloks) meine große Leidenschaft als Kind, und ich setzte alles daran, ein Profifußballer zu werden. Dank einer Reihe von Fügungen und „glücklichen Umständen" konnte ich diesen Weg eine Zeit lang verfolgen, und alles lief zunächst prima – bis eine rheumatische Arthritis meiner Karriere im Alter von 21 Jahren ein Ende setzte. Diagnostiziert wurde sie bereits, als ich 15 Jahre alt war und gerade einmal sechs Monate für Coventry City im Tor gestanden hatte. In der Folgezeit wurde die Krankheit immer schlimmer und zog zusehends meine Gelenke in Mitleidenschaft. Jahrelang spielte ich unter Schmerzen weiter, bis es einfach nicht mehr ging.

Mein zweites Hauptinteresse hatte stets dem Journalismus gegolten, sodass ich diesen Pfad als Nächstes beschritt. Mein Ziel war, in der Sportredaktion der BBC als TV-Moderator zu arbeiten – obwohl man mir gesagt hatte, dass dies unter den gegebenen Umständen ein praktisch aussichtsloses Unterfangen sei (etwas, was ich von vielen Leuten auch in Bezug auf meine anvisierte Fußballkarriere gehört hatte). Mit 15 verließ ich die Schule, um mich dem Fußballverein von Coventry anzuschließen. Ich besaß keinen Bildungs-, geschweige denn einen Universitätsabschluss. Aus diesem Grund würde es, wie es hieß, für mich sehr schwierig werden, im Journalismusgewerbe Fuß zu fassen. Doch wie schon bei meiner Fußballkarriere bahnten mir Fügungen und etwas „Glück“ den Weg zu Zeitungen, Radiostationen, regionalen Fernsehsendern und schließlich zur nationalen Sendeanstalt BBC, wo ich die Sportnachrichten präsentierte. Noch deutlicher wiederholte sich das Muster, als ich mich den britischen Grünen anschloss und eine Ortsgruppe auf der Isle of Wight gründete – jener der Südküste Englands vorgelagerten Insel, auf der ich lebe. Innerhalb von Wochen wurde ich im Ergebnis einer weiteren Verknüpfung von Zufällen und unerfindlichen Ereignissen zum nationalen „Sprecher“ der Grünen gewählt. Das bedeutete, dass ich gegenüber den Medien die Sichtweise der Partei zu vertreten hatte. An diesem Punkt meines Lebens konnte ich nicht länger leugnen, dass gewisse Muster am Wirken waren, die jedes Mal, wenn ich mir ein Ziel setzte, Türen in genau der erforderlichen Weise öffneten oder schlossen, dass ich es erreichen konnte. Was ging da vor sich? Ich hatte keine Ahnung (Abb. 1).

Abb. 1: Mein Leben schien eine Ansammlung zufälliger Ereignisse zu sein – bis es kaum noch möglich war, das sich wiederholende Muster zu leugnen.

Gegen Ende der 1980er-Jahre hatte ich von der Welt des Fernsehens, die ich als stumpfsinnig und äußerst selbstgefällig empfand, die Nase voll. Dankenswerterweise ging dieser Lebensabschnitt in dem Moment zu Ende, als sich in meinem Leben dramatische Veränderungen anbahnten. Ab dem Jahreswechsel 1988 /1989 hatte ich merkwürdige Erlebnisse der Art, dass jedes Mal, wenn ich mich allein in einem Raum befand, noch jemand oder etwas anderes da zu sein schien. Man spricht in solchen Fällen wohl von einer Präsenz. Die Empfindung wurde im Laufe des Jahres immer deutlicher und die Präsenz zunehmend greifbarer, bis ich mich ihr schließlich stellen musste. Anfang 1990, als ich noch für die BBC tätig war, saß ich eines Tages in einem Londoner Hotelzimmer auf meinem Bett. Die Präsenz war so plastisch, dass ich sagte: „Wenn da jemand ist, sei doch so nett und nimm Kontakt mit mir auf. Du gehst mir nämlich mächtig auf den Wecker."

Einige Tage später befand ich mich mit meinem damals kleinen Sohn Gareth in einem Zeitungsladen auf der Isle of Wight, als ich plötzlich außerstande war, meine Füße zu bewegen. Es war, als würden sie von Magneten am Boden gehalten. Während ich noch versuchte, mir einen Reim auf das Geschehen zu machen, erklang in meinem Geist eine Stimme – oder richtiger: eine sehr starke Gedankenform –, die sagte: „Wirf einen Blick auf die Bücher am anderen Ende des Ladens." Meine Füße „tauten wieder auf", und ich begab mich – noch immer recht verwirrt – zu dem kleinen Buchständer, auf dem ich bis dahin nur Liebesromane wahrgenommen hatte. Die standen zwar nach wie vor dort, doch mittendrin erregte ein Buch meine Aufmerksamkeit, das optisch völlig aus dem Rahmen fiel. Es trug den Titel „Mind to Mind" und war von Betty Shine verfasst worden, einem professionellen, hellsichtigen Medium (Abb. 2). Kaum hatte ich das Wörtchen „hellsichtig" gelesen, fragte ich mich, ob mir die Autorin vielleicht erklären konnte, was es mit der von mir wahrgenommenen Präsenz auf sich hatte. Binnen 24 Stunden hatte ich das Buch gelesen, Betty kontaktiert und mit ihr einen Termin vereinbart. Von dem Vorgefallenen sagte ich ihr nichts; stattdessen gab ich vor, ich wolle herausfinden, ob ihre Technik des Handauflegens (eine Art des Energieaustauschs) gegen meine Arthritis helfen könne. In Wahrheit war diese Frage für mich zweitrangig. Würde sie irgendetwas an mir bemerken, das mit all dem in Zusammenhang stand, was mir seit einem Jahr widerfuhr?

Insgesamt suchte ich Betty viermal auf; die letzten beiden Visiten sollten mein Leben für immer verändern. Beim dritten Besuch legte ich mich auf eine medizinische Liege, und Betty behandelte gerade mein linkes Knie, als ich auf meinem Gesicht etwas wahrnahm, das sich wie ein Spinnennetz anfühlte. Ich erinnerte mich daran, dass Betty in ihrem Buch dasselbe Gefühl beschrieben hatte, das sich immer dann einstellte, wenn sich andere Realitätsdimensionen anschickten, mit ihr Kontakt aufzunehmen. Auf einer bestimmten Ebene tragen mediale bzw. realitätsübergreifende Verbindungen elektromagnetischen Charakter. Die „Spinnenwebe" auf meinem Gesicht bestand aus elektromagnetischer Energie jener Art, die uns in manchen Situationen die Haare zu Berge stehen lässt – etwa in einem Spukhaus oder inmitten einer erregten Menschenmenge. Ich sagte Betty nichts von meiner Wahrnehmung, doch einige Sekunden später warf sie ihren Kopf zurück und rief: „Wow! Das ist kraftvoll. Ich werde meine Augen dafür schließen müssen." Dann sagte sie, in ihrem Geist sehe sie eine Gestalt, die darum bittet, mit mir in Kontakt zu treten. „Die" seien sich bewusst, sagte Betty, dass ich wünschte, sie würden mich kontaktieren; doch die Zeit sei noch nicht reif. Dabei wusste Betty noch immer nichts von dem, was sich in dem Londoner

Abb. 2: Betty Shine.

Hotelzimmer zugetragen hatte. Nun begann sie die Worte wiederzugeben, die in ihrem Geist erschienen:

- Er ist ein Heiler, der hier ist, um die Welt zu heilen, und er wird weltberühmt werden.
- Spirituell gesehen ist er noch ein Kind, doch er wird zu spirituellem Reichtum gelangen.
- Manchmal wird er Dinge sagen und sich fragen, woher die Worte kamen. Es werden unsere Worte sein.
- Ihm wird Wissen eingegeben werden, und manchmal wird er zu Wissen hingeführt werden.
- Schon als Jugendlicher wurde er wegen seines Mutes ausgewählt. Er ist geprüft worden und hat alle Prüfungen bestanden.
- Er wurde zum Fußballspielen geführt, um Disziplin zu lernen. Doch als er genug gelernt hatte, wurde es für ihn Zeit, weiterzugehen. Auch musste er lernen, mit Enttäuschungen umzugehen; er musste all die damit verbundenen Gefühle durchleben und lernen, wieder aufzustehen und weiterzumachen. Der spirituelle Weg ist steinig und für niemanden leicht.
- Er wird immer haben, was er braucht [das hätte auch „will" heißen können], aber nicht mehr als das.
- Er wird auf enormen Widerstand stoßen, doch wir werden immer da sein, um ihn zu beschützen.

Als ich Betty eine Woche später zum letzten Mal aufsuchte, wurden mir in derselben Weise weitere Botschaften übermittelt:

- Ein Mensch allein kann die Welt nicht verändern; doch er kann die Botschaft überbringen, die die Welt verändern wird.
- Versuche nicht, alles alleine zu machen. Arbeite Hand in Hand mit anderen, sodass ihr euch gegenseitig aufhelfen könnt, wenn einer strauchelt.
- Er wird innerhalb von drei Jahren fünf Bücher schreiben. [Genau so kam es.]
- Politik ist nichts für ihn. Er ist zu spirituell. Politik ist unspirituell und würde ihn sehr unglücklich machen. [So war es.]
- Er wird aus der Politik aussteigen. Dafür braucht er gar nichts zu tun. Es wird allmählich geschehen, im Laufe eines Jahres. [So geschah es auch.]
- Es wird eine andere Art von Flugmaschine geben, die sich stark von den heutigen Flugzeugen unterscheidet.
- Zeit wird keine Bedeutung haben. Wo man sein will, wird man sein.

Ein anderes Medium, dem ich kurz nach meinem Treffen mit Betty Shine begegnete, sagte mir ganz ähnliche Dinge, unter anderem Folgendes:

> Es ist nicht nötig, mühsam zu suchen. Der Pfad ist bereits vorgegeben. Du brauchst nur den Hinweisen zu folgen. [...] Wir führen dich einen bereits festgelegten Weg entlang. Alles wurde bereits arrangiert, bevor du inkarniert bist.

Die Aussage, dass ich nur den Hinweisen zu folgen brauchte, traf tatsächlich zu. Eine weitere Kette von Zufällen führte mich im Jahr 1991 nach Peru. Gegen Ende meines unglaublichen Aufenthalts, der sich über knapp drei Wochen erstreckte und unzählige weitere Zufälle und Synchronizitäten beinhaltete, besuchte ich einen Ort in den Bergen, von dem aus man die antiken Ruinen von Sillustani überblicken konnte. In einer Höhe von knapp 4.000 Metern in den Anden, befindet sich die Grabstätte unweit der Stadt Puno am Ufer des Titicacasees. Etwa eine Stunde war ich, die atemberaubende Landschaft bewundernd, in den Ruinen umhergewandert, bevor ich mich in einem Kleinbustaxi zurück nach Puno aufmachte. Begleitet vom Fahrer und einem peruanischen Fremdenführer hatten wir erst ein kurzes Wegstück hinter uns gebracht, als ich – tagträumend wie immer – in Richtung eines Hügels zu meiner Rechten blickte. In diesem Augenblick hörte ich immer wieder die Worte „Komm zu mir, komm zu mir" in meinem Geist. Ich bat den Fahrer anzuhalten und folgte der kraftvollen Eingebung, die besagte, ich solle den Hügel hinaufsteigen. Ich sei gleich zurück, sagte ich, doch angesichts dessen, was nun folgte, verging über eine Stunde bis zu meiner Rückkehr.

Inmitten einiger großer Steine, die bei meinem erneuten Besuch im Jahr 2012 nicht mehr dort waren, machte ich Halt. Wieder fühlten sich meine Füße an wie zuvor im Zeitschriftenladen – magnetisch am Boden festgesaugt –, nur war die Kraft diesmal viel stärker. Nachdem ich auf meinem Kopf ein bohrendes Gefühl registrierte, spürte ich, wie Energie vom Kopf aus meinen Körper durchströmte. Sie floss bis zu meinen Füßen hinab und von dort in den Boden. Ein weiterer Energiestrom nahm den umgekehrten Weg. Ohne es bewusst zu wollen, streckten sich nun meine Arme im 45-Grad-Winkel dem Himmel entgegen. Dann sagte eine „Stimme" bzw. Gedankenform sehr deutlich in meinem Geist: „Es wird vorbei sein, wenn du den Regen spürst." Das klang ziemlich absurd, stand ich doch unter einem wolkenlosen peruanischen Himmel – in der glühend heißen Sonne. Die Energie, die meinen Körper durchströmte – meine Arme waren noch immer in die Höhe gerichtet –, wurde so stark, dass ich zu zittern anfing – so, als stünde ich unter dem Einfluss eines nicht endenden elektrischen Schlags (Abb. 3). Immer wieder schwand mein Bewusstsein; mehrmals wanderte mein Fokus nach „draußen" und kehrte wieder zurück. In einem wachen Moment sah ich weit in der Ferne

Abb. 3: Während meiner Rückkehr nach Sillustani im Jahr 2012.

ein hellgraues Wölkchen über den Bergen, das sehr schnell dunkler wurde. Verdammt, dachte ich, da hinten regnet es.

Innerhalb einer absurd kurzen Zeitspanne hatte sich das Unwetter auf mich zubewegt. Einigermaßen fassungslos sah ich mit an, wie die Ebene, die vor mir lag, von Regenfluten überschwemmt wurde. Mein Körper schüttelte sich mittlerweile unter der Wirkung der mich durchströmenden Energie. Dann, mit einem Mal – zack! – trafen mich die Regentropfen, und im Nu war ich vollkommen durchnässt. Im selben Augenblick versiegte die Energie, und ich stand da – auf wackligen Beinen und mit heftig schmerzenden Schultern, nachdem ich meine Arme fast eine Stunde lang ausgestreckt über meinem Kopf gehalten hatte. Während es geschah, hatte ich nichts davon gemerkt, aber Junge – nun spürte ich es umso mehr. Ich hatte keine Ahnung, was gerade geschehen war, doch die Folgen sollten schon bald in aller Öffentlichkeit sichtbar werden.

Den Kopf voller Informationen und Konzepte, die seitdem in mein Bewusstsein geströmt waren – als wäre ein Damm gebrochen, der das gesamte Universum zurückgehalten hatte –, kehrte ich nach Großbritannien zurück. Für die Dauer von drei Monaten fror mein Gehirn praktisch ein, ähnlich wie ein Computer einfriert, wenn er zu viele Daten gleichzeitig verarbeiten soll. Noch immer im Gefriermodus befindlich, gab ich dann zur besten Sendezeit ein Fernsehinterview – während ich nach wie vor zu verstehen versuchte, was mit mir geschah. Dieser Auftritt hatte zur Folge, dass Hohn und Spott in einem Ausmaß über mich ausgegossen wurden, wie es kaum ein Mensch jemals erfahren haben dürfte. Sehr deutlich (und fortwährend) sah ich, dass diejenigen, die sich über andere Menschen lustig machten, stets die Dümmsten und Ignorantesten sind. Große Klappen und hohle Gehirne bilden offensichtlich immer ein Paar. Nirgendwo konnte ich hingehen, ohne dass jemand über mich lachte oder mich verspottete. Sämtliche Brücken zu meinem früheren Leben waren abgebrannt. Ich kann nicht behaupten, dass die Situation leicht war; doch würde mir jemand anbieten, die Zeit zurückzudrehen und mir all das zu ersparen, würde ich es ablehnen.

Von allen Seiten bekam ich zu hören, dass ich mein Leben selbst zerstört hätte; doch tief im Inneren wusste ich, dass all das letztlich zu etwas hinführen würde – wenn ich auch nicht den leisesten Schimmer hatte, was das sein könnte. Nach meinem Aufenthalt in Peru verbrachte ich drei Monate in einem verwirrten Dämmerzustand, wie jemand, der ohne Karte oder Kompass in einer absolut fremdartigen Welt ausgesetzt wird. Schließlich verflüchtigte sich der Gefrierzustand innerhalb weniger Tage. Ich war wieder „David“, gleichzeitig aber auch nicht. Wer mich kannte, erlebte äußerlich wieder den alten Vertrauten, der ich vor der „spaßigen Zeit“ war. Oberflächlich betrachtet mochte ich zwar wieder der Alte sein, doch hatte sich die Welt, die sich meiner Wahrnehmung bot, seit meiner Reise verändert. Mein Geist war geöffnet worden, und ich nahm die Wirklichkeit in einer gänzlich anderen Weise wahr. Vor Peru hatte ich einzelne Punkte wahrgenommen, jetzt aber sah ich komplette Bilder, in denen die Punkte zusammengeführt wurden.

Meiner Erfahrung nach treten die großartigsten Geschenke, die das Leben für uns bereithält, auf wundersame Weise in Gestalt unserer schlimmsten Albträume in Erscheinung. So verhielt es sich in meinem Fall mit dem allgegenwärtigen und nicht enden wollenden Spott, der mich schließlich aus einem Gefängnis befreite, in dem die meisten

Menschen zeitlebens gefangen sind: die Angst davor, was andere Leute denken könnten. Für alles, was später folgen sollte, war diese Befreiung essenziell wichtig. Informationen wurden mir – und werden noch immer – auf eine Weise zugespielt, die jenseits der gewohnten Normen unserer Gesellschaft liegt. Insbesondere seit der Peru-Reise entwickelte sich mein Leben zu einem atemberaubenden, von Synchronizitäten durchzogenen Abenteuer, in dem mir Informationen durch Personen, Bücher, Dokumente sowie persönliche Erfahrungen übermittelt wurden. Es war, als würde mir eine unsichtbare Macht fortwährend Puzzleteile in die Hand spielen. Die bereits zitierte Botschaft, die ich 1990 erhalten hatte, bringt das Geschehen wunderbar auf den Punkt:

Es ist nicht nötig, mühsam zu suchen. Der Pfad ist bereits vorgegeben. Du brauchst nur den Hinweisen zu folgen. […] Wir führen dich einen bereits festgelegten Weg entlang. Alles wurde bereits arrangiert, bevor du inkarniert bist.

Weitere durch Betty Shine übermittelte Informationen entpuppten sich als exakt zutreffend: „Manchmal wird er Dinge sagen und sich fragen, woher die Worte kamen. Es werden unsere Worte sein. Ihm wird Wissen eingegeben werden, und manchmal wird er zu Wissen hingeführt werden." Genau das geschieht seit 1990, während ich immer tiefer in den Kaninchenbau der Menschheitskontrolle und -manipulation eindrang. Die einzelnen Informationen erreichten mich sogar in einer Abfolge, die es besonders einfach machte, die Zusammenhänge zu verstehen. In der Tat gab es Unmengen von Verknüpfungen, die es zwischen Themen zu ziehen galt, die bei oberflächlicher Betrachtung keinerlei Verbindung zueinander zu haben schienen – und die doch grundlegend miteinander verwoben sind.

In den ersten Jahren lag mein Augenmerk hauptsächlich auf dem Netzwerk weltweit agierender Familien, die das Weltgeschehen steuern und der Menschheit ihren Willen aufzwingen. In der zweiten Hälfte der 1990er-Jahre erreichten mich Informationen, die bezüglich des genannten Netzwerks auf eine zusätzliche, nichtmenschliche Dimension hindeuteten. Etwa seit der Jahrtausendwende lag mein Fokus auf dem illusionären Charakter der physischen Wirklichkeitsebene. Immer mehr Details über die Welt, „in" der wir zu leben glauben – es aber gar nicht tun –, wurden mir zuteil. Bei jedem dieser Abschnitte wiederholte sich dasselbe Muster: Zunächst formierte sich das grundsätzliche Thema auf der Bildfläche; dann begannen aus allen Richtungen diesbezügliche Informationen auf mich einzuströmen – stets so, als hätte jemand einen Schalter betätigt. Wann immer eine neue Phase eingeläutet wurde, liefen die Recherchen zu früheren Schwerpunkten parallel weiter, sodass es galt, gewaltige Mengen an Informationen – die ein breites Spektrum sowohl uralter als auch moderner Themen abdeckten – zu verarbeiten und miteinander in Beziehung zu setzen. Über Jahre hinweg verließ ich allabendlich mit schmerzendem Hirn mein kleines Büro und bat um Gnade; doch je älter und geübter ich wurde, desto leichter fiel es, die Informationen zu verarbeiten.

Ich hoffe, ich diene den Menschen als lebendiger Beweis dafür, dass man niemanden aufhalten kann – ganz gleich, wie viel Schmutz über einem ausgeschüttet wird –, der sich nicht selbst aufhält. Die Macht über Ihr Leben liegt in Ihren Händen; Sie müssen sie sich einfach von denjenigen zurückholen, von denen Sie glauben, dass sie diese Macht besäßen. Bei der Dynamik der menschlichen Macht/Machtlosigkeit handelt es sich schlicht um einen Bauernfängertrick bzw. ein Psychospiel. Wir müssen die Illusion, die die Menschheit für so überaus real hält, durchschauen. Wer es ablehnt, aufzugeben, sich selbst zu bemitleiden und wegzulaufen, der wird auch weiterkommen. Und das ist unabdingbar. Trotz all der Verhöhnungen und Schmähungen habe ich eine Vielzahl von Büchern geschrieben, die auf der ganzen Welt gelesen werden, und in zahlreichen Ländern vor einer stetig wachsenden Zuhörerschaft Vorträge gehalten. Was ist aus dem vermeintlich Verrückten geworden, von dem es hieß, er sei völlig durchgeknallt? Wie ist es möglich, dass sich heute so viele Menschen dafür interessieren, was er zu sagen hat? Wie in aller Welt konnte das geschehen? Nun, ich habe eben niemals klein beigegeben und werde das auch niemals tun. Das erklärt, wie „es geschehen konnte". Die in ihrer Zeitschleife gefangenen Mainstreammedien stellen mich noch immer als den Mann dar, der vor fast drei Jahrzehnten für die Dauer von gerade einmal drei Monaten existierte. So sehen mich folglich auch all jene Menschen, die ihre Auffassungen und Meinungen ausschließlich aus diesen Quellen ableiten. Doch die Wahrheit unterscheidet sich grundlegend vom vorherrschenden Narrativ. Wer mit meiner Arbeit noch nicht vertraut ist, wird dies in Kürze verstehen.

Warum leben wir auf einem Planeten der Tränen, wenn das Leben doch wundervoll sein könnte (und sollte)? Auf diese Frage gibt es eine Antwort – und Sie sind im Begriff, sie zu erfahren …

Kapitel 1

Was Sie *unbedingt* wissen sollten

Die Welt ist voller Menschen, die sich seit ihrer Kindheit keiner offenen Tür mehr mit einem offenen Geist genähert haben.

E. B. White

Es war einmal – und wird immer sein – in einem „Land" namens Ewigkeit: Da gab es nichts als Gewahrsein, das sich seiner selbst gewahr war – die Gesamtheit aller Möglichkeiten, das vollständige Potenzial, bereit, sich zu manifestieren. Es existierte keine Form, nur die potenzielle *Vorstellung* jeder denkbaren Form. Diesem grenzenlosen Zustand reinen Gewahrseins entspringt letztlich alles, was wir zu „sehen" glauben.

Diese wenigen einleitenden Zeilen vereinen bereits eine ganze Reihe von Motiven, die sich sowohl in religiösen Narrativen und Symboliken als auch in den Mythen, Legenden und Geschichten der alten Völker und indigenen Bewohner unseres Planeten finden. Hinzu kommt das Konzept einer negativen oder „bösen" Kraft, die, als sie auf der Bildfläche erschien, die Allmacht der ursprünglichen Schöpferkraft herausforderte. So wurde die universelle Idee des Kampfes zwischen „Gott" und dem „Teufel" bzw. „Satan" geboren. Dem Letztgenannten, der als Quell von Chaos, Aufruhr und Manipulation gilt, sind dabei zahllose weitere Namen verliehen worden. Im scheinbaren Durcheinander der verschiedenen Religionen, Bezeichnungen und Kulturen, die zudem unterschiedliche Schwerpunkte setzen, ist es den meisten Menschen unmöglich, die gemeinsamen Elemente zu erkennen; lässt man sich jedoch nicht von abweichenden Details verwirren, offenbart sich stets dieselbe grundlegende Geschichte. Das kann allerdings nur gelingen, wenn man seine Wahrnehmung darin schult, statt nur einzelner „Punkte" auch die Querverbindungen und Themen zu erkennen, die dann unweigerlich ins Blickfeld rücken.

Die Tatsache, dass sich sowohl die Vertreter und Anhänger von Religionen als auch die Geschichtenerzähler indigener Völker überall auf der Welt noch immer der Sprache ihrer fernen Vorfahren bedienen, täuscht leicht darüber hinweg, dass sich die von ihnen getätigten Aussagen heute in wissenschaftliche bzw. mathematische Begriffe fassen lassen. Konzepte wie „Vater" und „Sohn" ermöglichten es, mächtige Ideen (hinter denen sich letztlich einfache Zusammenhänge verbergen) in einer Weise zu kommunizieren, die die Menschen verstanden. Welchen Sinn hätte es, Menschen, die noch Steine aneinanderschlagen, über Quantenphysik und -computer zu unterrichten? Es ist offensichtlich, dass die Wissensträger und Geschichtenerzähler zeitgenössische Begriffe und Symbole benutzten, um sich verständlich zu machen. Das traf auf sämtliche Religionen und jedwede Form der

Anbetung zu. In der damaligen Situation war das in Ordnung und auch gar nicht vermeidbar; doch das Narrativ musste sich weiterentwickeln. Während Religionen und indigene Völker (von wenigen ehrenwerten Ausnahmen abgesehen) noch immer die Sprache eines vergangenen Zeitalters sprechen, ist das Wissen etwa über die verborgenen Welten der Quantenmechanik und zahlreiche andere Bereiche dramatisch angewachsen. Hier bedarf es dringend einer Aktualisierung; diese bereitzustellen ist eines der Ziele dieses Buches. Wir werden erkennen, dass

- die Motive der Religionen und indigenen Kulturen *im Wesentlichen* zutreffend sind – wobei der Zusatz „im Wesentlichen" oft betont werden muss;
- die meisten ursprünglichen Narrative so verzerrt und auf den Kopf gestellt worden sind, dass heute Milliarden Menschen das genaue Gegenteil von dem befolgen und anbeten, was sie zu befolgen und anzubeten glauben;
- wir nicht jemand oder etwas anderem huldigen sollten, wenn wir doch *selbst* jeden und alles verkörpern.

Um die Richtigkeit dieser Aussagen nachzuweisen, müssen wir die sogenannte „Wirklichkeit" – die „Welt", die wir zu „sehen" *glauben* und mit der wir tagtäglich zu interagieren *meinen* – einer vollständigen Generalüberprüfung unterziehen. Ich habe dieses einführende Kapitel mit der Überschrift „Was Sie *unbedingt* wissen müssen" versehen, da ohne die darin präsentierten Erkenntnisse alles Übrige keinen Sinn ergeben würde. Die Unterdrückung dieser Einsichten hatte zur Folge, dass die Menschen einer Generation nach der anderen – ja, einer Kultur nach der anderen – jeweils ihr gesamtes Leben zubrachten, ohne jemals die grundlegenden Fragen beantwortet zu haben: Wer bin ich? Wo bin ich? Wozu bin ich eigentlich hier?

Abb. 4: „Wer bin ich? Wo bin ich?"

Untersucht man, warum uns die Antworten auf diese Fragen vorenthalten werden, offenbart sich ein fundamentales Geheimnis. Zieht man den Schleier beiseite, präsentiert sich die menschliche Gesellschaft – die des Altertums ebenso wie die moderne – in kristallklarer Deutlichkeit ... Und das, was dabei zum Vorschein kommt, ist in der Tat etwas, was Sie wissen müssen, Ihnen aber niemals gesagt worden ist. Indem man die Menschen systematisch in Unwissenheit hält, unterjocht man ihre Wahrnehmung und ermöglicht einigen Wenigen die Kontrolle über die breite Masse (Abb. 4). Von dieser Tyrannei können wir uns nur dann befreien, wenn wir zuerst den Schleier der Wahrnehmungstäuschung zerreißen.

Realitätsüberprüfung

Das Ausmaß der Täuschung ist schwindelerregend. Wenn Sie die Menschen in Ihrer Umgebung fragen, ob wir in einer festen, „physischen" Welt leben, werden Sie – von wenigen Ausnahmen abgesehen – einen entgeisterten Blick ernten. Was soll die Frage überhaupt? „Natürlich tun wir das! Sei nicht albern!" Doch in Wirklichkeit ist genau das *nicht* der Fall. Die Welt, in der wir leben, ist *nicht* fest.

Denken Sie einmal darüber nach. Jeden Morgen erleben wir, wie sich unser physischer Körper aus einem physischen Bett erhebt, ein physisches Frühstück zu sich nimmt und sich mittels physischer Fahrzeuge seinen Weg durch physische Straßen bahnt, um in der physischen Realität einer Arbeit nachzugehen oder etwas anderes zu tun. Und doch existiert diese physische Realität nicht. Von allen Illusionen dürfte das die drastischste sein. Ich muss jedes Mal schmunzeln, wenn die Fake-News-Medien abweichende Interpretationen bestimmter Ereignisse als „Verschwörungstheorie" oder „zu weit hergeholt" abtun, während sie selbst über eine vermeintlich materielle Welt berichten, die nicht existiert.

Die Wahrnehmungsprogrammierung hat gewaltige Ausmaße angenommen – und damit auch der Umfang der Selbsttäuschung. Auf der Grundlage dieser Selbsttäuschung wiederum bin ich von der etablierten Gesellschaft – insbesondere von den Medien – fast 30 Jahre lang als verrückt und geistig verwirrt gebrandmarkt worden. Wäre die Realität fester, materieller Natur, könnten viele der von mir behaupteten Dinge tatsächlich nicht geschehen; doch dem ist nicht so. Die Leute, die meine Aussagen abqualifizieren und verhöhnen, nehmen die Welt als etwas Festgefügtes wahr – von ihrem wahren Charakter haben sie keinen Schimmer. So gesehen kommt es kaum überraschend, wenn mich dieselben Personen für durchgeknallt halten.

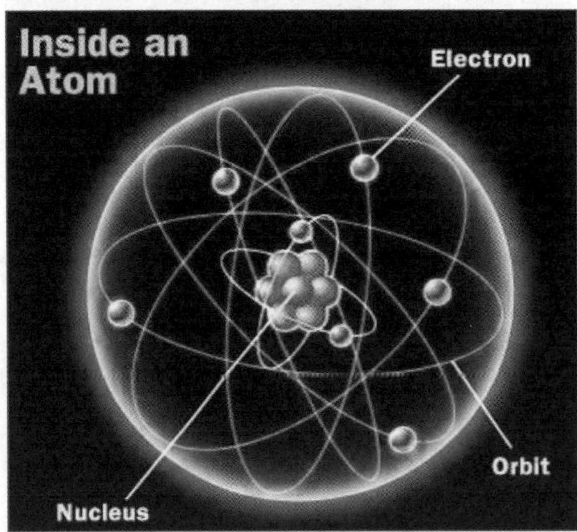

Abb. 5: Wie können Atome ohne Festigkeit eine feste Welt konstituieren?

Unsere feste, physische Realität sei, so hat man uns gelehrt, aus Atomen zusammengesetzt, sodass jeder Teil von ihr ebenfalls fest und physisch ist. Einen Augenblick, bitte. Atome verfügen über keinerlei Festigkeit und können folglich auch keine feste Welt konstituieren (Abb. 5). Atome sollen aus einem Atomkern sowie Elektronen bestehen, die den Kern in ähnlicher Weise umkreisen wie die Planeten das Zentralgestirn. Der Rest sei „leerer Raum". Wie soll daraus eine massive Welt entstehen? Zudem verfügen meines Erachtens auch der Atomkern und die Elektronen über keinerlei Festigkeit –

auch *deren* materielle Existenz ist nur eine Illusion. Zwar gesteht ihnen die Quantenphysik eine geringfügige Körperlichkeit zu; doch schauen wir einmal, was dieses „geringfügig" bedeutet:

> Wäre der Atomkern so groß wie eine Erdnuss, hätte das Atom etwa die Ausdehnung eines Baseballstadions. Könnten wir uns des leblosen Raums im Inneren unserer Atome entledigen, wäre jeder von uns so groß wie ein Staubpartikel – und die gesamte Menschheit würde in ein Stück Würfelzucker passen.

Das lässt rassistische Gedanken ein bisschen lächerlich klingen, oder? Die Quantenphysik lehrt, dass (mindestens) 99,9999999 Prozent der sogenannten „gewöhnlichen Materie" leerer Raum sind. Dabei ist der Raum (eine weitere Illusion) nicht wirklich leer, sondern birst vor Energie, die wir nicht sehen können. Wir bezeichnen also den „Raum" (Energie), den wir „sehen" können, als „Realität", und den „Raum" (Energie), der für uns unsichtbar ist, als „leer". Setzt man das, was wir sehen können, ins Verhältnis zu dem, was wir nicht sehen können, grenzt das menschliche Sehvermögen an Blindheit. Mit einer Wahrnehmung, die auf ein winziges Frequenzband beschränkt ist – das die Wissenschaft als „sichtbares Licht" bezeichnet –, bleibt uns fast die gesamte unendliche Existenz vorenthalten (Abb. 6).

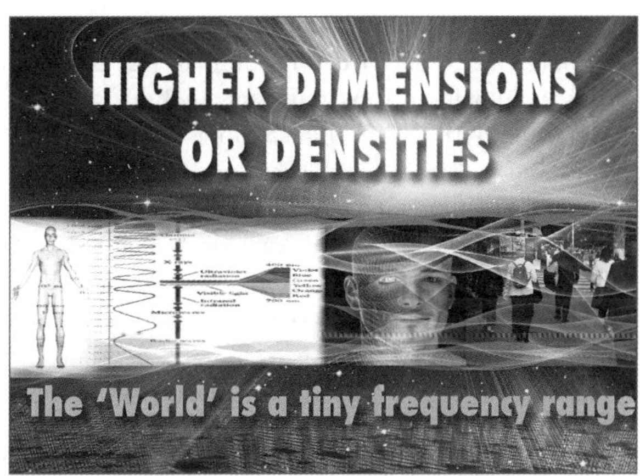

Abb. 6: Unsere Welt ist nur ein Frequenzband.

Das elektromagnetische Spektrum umfasst gerade einmal 0,005 Prozent der Energie bzw. sogenannten Materie, die im Universum existiert (Abb. 7). Manche Forscher setzen den Anteil etwas höher, jedoch in derselben Größenordnung an. Lassen Sie sich das einmal auf der Zunge zergehen – nur *0,005* Prozent, von denen der Mensch wiederum nur einen kleinen Bruchteil sehen kann (das sichtbare Licht, Abb. 8). Den Rest kategorisiert die konventionelle Physik überwiegend als „dunkle Energie" bzw. „dunkle Materie". Der offiziellen Interpretation dessen, was „dunkel" in diesem Kon-

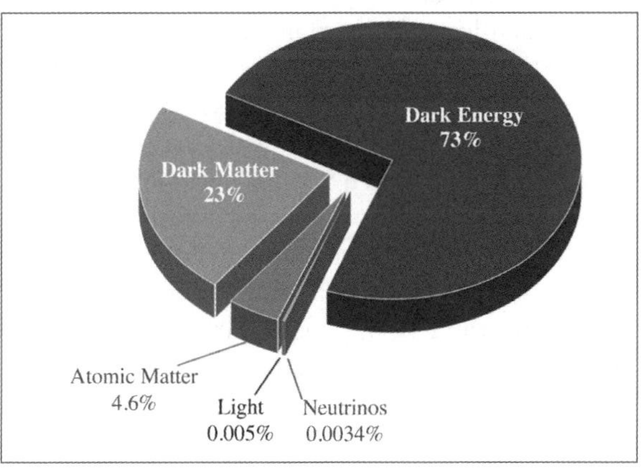

Abb. 7: Das, was wir „sehen" können, macht ein winziges Stück von 0,005 Prozent aus.

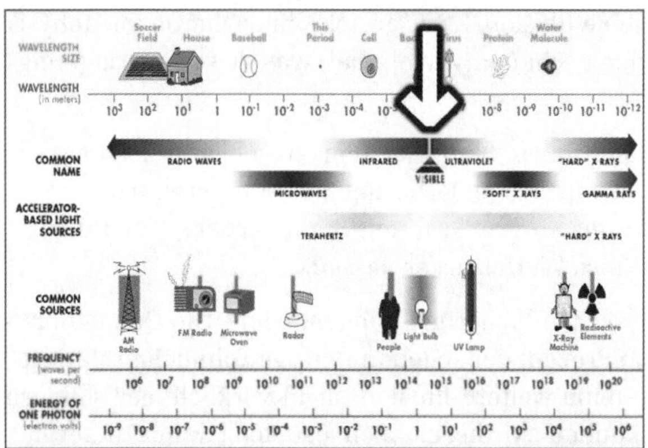

Abb. 8: Unser „Zuhause“.

text bedeutet, schließe ich mich nicht an; ich benutze den Begriff einfach für die mit den menschlichen Sehorganen nicht wahrnehmbaren Bereiche.

Menschen sind schnell dabei, etwas für unmöglich oder verrückt zu halten, obwohl annähernd 100 Prozent all dessen, was in der unendlichen Ewigkeit existiert, für sie unsichtbar bleiben. Ein wenig Demut wäre da dringend vonnöten. In Anbetracht der Tatsache, dass die konventionelle „Wissenschaft“ – mit Ausnahme der Quantenphysik – kaum jemals den Bereich des Sicht- und Greifbaren verlässt, wird verständlich, warum sich ihre in Stein gemeißelten Ergebnisse oft als unzutreffend (und mitunter auch als geradezu absurd) erweisen. Das hindert ihre fehlgeleiteten Anhänger und Gläubigen jedoch nicht daran, in eben dieser „Wissenschaft“ den Gebieter über alles Wissen zu erkennen und sich entsprechend für sie starkzumachen. Ein solcher Vorgang mutet zwar zunächst unglaublich an; doch das ändert sich, sobald man das Warum und Weshalb der globalen Wahrnehmungstäuschung zu verstehen beginnt.

Die Illusion ist so allumfassend, dass nichts, womit wir je in Berührung gekommen sind, tatsächlich das ist, wofür wir es halten. Oh, aber Sie halten doch gerade ein Buch in Ihren Händen, meinen Sie? Nein, elektromagnetische Informationsfelder (Ihre Hände) halten ein weiteres elektromagnetisches Informationsfeld (das Buch). Was Sie als „Berührung“ erleben, ist das Ergebnis des Kontakts verschiedener elektromagnetischer Felder. Die Empfindung scheinbarer Festigkeit ergibt sich aus dem elektromagnetischen Widerstand, der zwischen Energiefeldern verschiedener Frequenzen bzw. Dichten besteht. Der Grund, warum Sie (Ihr nichtfester Körper) nicht durch eine (ebenfalls nichtfeste) Wand gehen können, ist der elektromagnetische Widerstand – nicht der physische Widerstand. Etwas „Physisches“ gibt es nämlich nicht. Dem bewussten menschlichen Verstand mag das fantastisch und unglaublich erscheinen, doch es ist wahr. Erst nachdem unser Gehirn die von den Ohren gesendeten elektrischen Signale decodiert hat, können wir etwas hören. Es sind nicht die Ohren, die hören – das Gehirn hört. Entsprechendes gilt auch für den Seh-, Geschmacks- und Geruchssinn. Ein umstürzender Baum macht erst dann ein Geräusch, wenn jemand zugegen ist, der die vom Baum hervorgerufenen Schwingungsturbulenzen in elektrische Signale umwandelt, die das Gehirn dann decodieren und als Geräusch eines fallenden Baumes identifizieren kann. Ist niemand anwesend, fällt der Baum in Stille. Einen Menschen hören wir nur dann sprechen, wenn die von seinen Stimmbändern produzierten Schwingungsfelder vom Gehirn decodiert werden. Bei modernen Schmerztherapien unterbricht man den Informationsfluss zwischen Schmerzherd und Gehirn; solange nämlich diese Verbindung nicht besteht, hat man keine Beschwerden. Erst das Gehirn erzeugt das

„Aua“, nicht die verletzte Stelle. Die gesamte Welt, die wir zu sehen meinen, existiert in der Gestalt, die wir ihr zuschreiben, nur in ein paar Kubikzentimetern im hinteren Teil des Gehirns: dem Bereich, der für die visuelle Decodierung zuständig ist.

Die menschliche Gemeinschaft fußt auf der Vorstellung, dass die „physische“ Welt „real“, greifbar und fest sei. Aus diesem Trugbild speisen sich sowohl die in Politik, Medizin, Medien, Wirtschaft und Wissenschaft (abzüglich der Quantenphysik) vorherrschenden Auffassungen als auch die Entscheidungen, die in diesen Gebieten – also letztlich in allen Bereichen der Gesellschaft – getroffen werden. Alles fußt auf der fundamentalen Fehleinschätzung unserer Wirklichkeit, die von den außerhalb der sichtbaren Welt agierenden Schattenmächten ganz bewusst etabliert worden ist. Einige Spitzenforscher allerdings, denen die Wahrheit ein echtes Anliegen ist, haben sich von der orthodoxen Steinzeitwissenschaft gelöst und experimentell nachgewiesen, dass die vermeintliche „Körperlichkeit“ unserer Welt eine Illusion ist. Der Künstler und Filmemacher Sergio Toporek machte folgende aufschlussreiche Bemerkung:

> Bedenken Sie, dass Sie weniger als ein Prozent des elektromagnetischen Spektrums sehen und weniger als ein Prozent des Schallspektrums hören. 90 Prozent der Zellen in Ihrem Körper haben ihre eigene mikrobielle DNS und sind nicht „Sie“. Die Atome in Ihrem Körper sind zu 99,9999999999999999 Prozent leerer Raum, und mit keinem davon wurden Sie geboren. [...] Menschen haben 46 Chromosomen, zwei weniger als eine Kartoffel.
>
> Dass es einen Regenbogen gibt, hängt mit den zapfenförmigen Fotorezeptoren in Ihrem Auge zusammen; für Tiere, die keine Zapfen besitzen, gibt es keinen Regenbogen. Daher schauen Sie einen Regenbogen nicht nur an – Sie erschaffen ihn. Das ist ziemlich verblüffend, vor allem, wenn man bedenkt, dass all die hübschen Farben, die Sie sehen, weniger als ein Prozent des elektromagnetischen Spektrums ausmachen.

Im Wissenschaftsmagazin *Wonderpedia* war zu lesen:

> In jeder Sekunde rauschen elf Millionen Sinneseindrücke die Leitungsbahnen [des Gehirns] entlang. [...] Das Gehirn wird mit einer erschreckenden Zahl von Bildern, Klängen und Gerüchen bombardiert, die es rigoros aussiebt, bis eine handhabbare Menge von nur etwa 40 Impulsen übrig bleibt. Die von uns wahrgenommene Wirklichkeit speist sich allein aus diesen 40 Eindrücken pro Sekunde.

Lassen wir das einmal kurz sacken. Unsere ach so „real“ erscheinende Realität wird also in jeder Sekunde auf der Grundlage von nur 40 Informationsschnappschüssen („Sinneseindrücken“) konstruiert – aus einem Gesamtangebot von *elf Millionen*. Die übrigen 10.999.960 Impulse werden von unserem Unterbewusstsein absorbiert, sodass wir auf der bewussten Ebene von deren Existenz nichts ahnen.

Die Quantenphysik, die sich den verborgenen Welten jenseits des „Sichtbaren“ widmet, hat von dem materiellen, festgefügten, uhrwerkartigen Realitätsmodell, das die konventionelle Wissenschaft lange Zeit vertrat, nicht viel übrig gelassen. Das Realitätsverständnis führender Quantenphysiker hat mehr mit dem Weltbild eines Schamanen oder eines altertümlichen Sehers gemein als mit den engstirnigen Vorstellungen ihrer Kollegen aus dem konventionellen Universitätsbetrieb. Für den „wissenschaftlichen" Mainstream stellt die Quantenphysik im besten Fall ein Ärgernis dar, im schlechtesten aber eine Katastrophe, die ihre Die-Welt-ist-fest-Denkweise in Trümmer legt – eine Geisteshaltung, die in allen gesellschaftlichen Einrichtungen präsent und vorherrschend ist. Das hat zur Folge, dass die konventionelle Wissenschaft selbst dann, wenn die Quantenphysik mit Enthüllungen über den illusionären Charakter der physischen Welt an die Öffentlichkeit tritt, größtenteils einfach weitermacht, als wäre nichts geschehen.

Doch es *hat* sich etwas verändert, und zwar fundamental. Wenn die wissenschaftliche Orthodoxie überleben will – statt in der Bedeutungslosigkeit zu verschwinden –, wird sie nicht umhin kommen, das bislang Undenkbare zu denken: dass sie die ganze Zeit über falsch lag und eine Studentengeneration nach der anderen ebenfalls auf die falsche Fährte geschickt hat – indem sie die Nachrückenden glauben ließ, bestandene Prüfungen und dem Namen vorangestellte Kürzel seien gleichbedeutend mit Durchblick. Wie die Geschichte wiederholt gezeigt hat, trifft das nicht zu. Titel wie „Professor" oder „Lehrer" verleiht der Staat jenen, die dem Glaubenssystem desselben dienen. Sie stellen keine Zertifikate für Intelligenz dar und bedeuten schon gar nicht, dass ihre Besitzer ein Gewahrsein jenseits der intellektuellen Kurzsichtigkeit und akademischen Konventionen entwickelt hätten. Damit soll nicht gesagt sein, dass es keine intelligenten Professoren bzw. Lehrer gibt; doch ist Intelligenz zur Erlangung dieser Titel gewiss nicht erforderlich. Nikola Tesla, ein *echter* Wissenschaftler, sagte einmal: „Von dem Tag an, da die Wissenschaft nichtphysische Phänomene zu erforschen beginnt, wird sie binnen eines Jahrzehnts mehr Fortschritte machen als in allen vorangegangenen Jahrhunderten zusammen." Das erweist sich nun als zutreffend. Fortschritt ist allerdings nicht allein durch Entdeckungen gegeben, sondern daran gebunden, was mit ihnen angestellt wird.

Unsere vermeintlich physische Welt könnte nicht unphysischer sein. Doch hier kommt der Knüller: Sämtliche Entscheidungen, Bestimmungen, Wirklichkeitsmodelle, Behandlungsmethoden und Berichte, die Regierungen, Wissenschaft, Medizin, Konzerne, „Bildungswesen" und Medien hervorbringen – ich nenne diese Bereiche gerne zusammenfassend den „Mainstream-Einheitsbrei" –, basieren auf der Vorstellung, dass unsere Welt *doch* fest, materiell und physisch sei. Da verwundert es nicht, dass die menschliche Gesellschaft nur noch ein heilloses, verrücktes Durcheinander ist. Wenn sich der gesamte Prozess der Wahrnehmung und Entscheidungsfindung auf ein Weltbild stützt, das falscher nicht sein könnte – wie sollte dabei etwas anderes als extremer Irrsinn herauskommen? Wo wir auch hinschauen, können wir erkennen, wie das Leben der Menschen durch die simple Fehlinterpretation der von uns erfahrenen Realität in Mitleidenschaft gezogen wird. Die Umkehrung (Inversion) und Verdrehung (Perversion) unserer Realitätswahrnehmung hat eine äußere In- und Perversion hervorgebracht, die wir „menschliche Gesellschaft" nennen. Der Autor Michael Ellner brachte es wunderbar auf den Punkt:

> Schauen Sie sich doch um. Alles läuft verkehrt; alles ist auf den Kopf gestellt. Ärzte zerstören die Gesundheit, Anwälte zerstören das Rechtssystem, Universitäten zerstören das Wissen, Regierungen zerstören die Freiheit, die großen Medien zerstören die Informationen, und die Religionen zerstören die Spiritualität.

Vor allem aber geschieht nichts davon zufällig – all das folgt einem Plan. Welches Ziel er verfolgt und wer ihn ausgeheckt hat, wird noch deutlich werden.

Alles Was Ist

Wir sind Gewahrsein – Wesen, die sich der Dinge bewusst sind. Alles andere sind Details bzw. Illusionen. Wir sind nicht unser Körper, sondern die Instanz, die bewusst ist und sich durch den Körper erfährt (Abb. 9). Gewahrsein in seiner reinsten Variante ist gestaltlos, kann sich aber durch die Form erfahren. Befindet es sich in einem Zustand der maximalen Ausdehnung, ist es noch nicht einmal Energie. Es *ist* einfach. Unser individuelles Gewahrsein ist ein Ausdruck des absoluten Gewahrseins; daher sagen manche Religionen und indigenen Völker, wir seien Aspekte oder „Kinder" des höchsten „Gottes" bzw. des „Großen Geistes". Andere Religionen verurteilen jede Lehre, die andeutet, dass wir „Gott" *seien*, als Blasphemie. Ich selbst verwende zur Beschreibung der grenzenlosen und vielfältigen Formen „Gottes" den Begriff „Unendliches Gewahrsein".

Das Konzept der Gotteslästerung verstärkt die künstlich geschaffene, unserer Versklavung dienende Vorstellung, wir seien unbedeutend, allein, isoliert und machtlos. Schaut man nur tief genug, stellt man fest, dass nichts davon der Wahrheit entspricht. Verfolgt man jedoch die Agenda, den Menschen dadurch zu unterjochen, dass er seine Ohnmacht akzeptiert, sich in seine Knechtschaft fügt und seine oktroyierte Rolle widerspruchslos hinnimmt, erweisen sich diese Ideen als sehr nützlich. Der aus England stammende Philosoph Alan Watts (1915–1973) hatte völlig recht, als er sagte: „Gott ist, was niemand zugibt zu sein, aber jeder ist." Die Kutten der Geistlichen symbolisieren das künstlich erzeugte Gefühl der Getrenntheit und Vereinzelung, da sich deren Träger wie Wachposten zwischen den Gläubigen und die vermeintliche Gottheit stellen. Sie verstehen „Gott" besser als die einfachen Leute, während sie mit dem Papst/Rabbi/Imam auf Du und Du stehen. Was für ein atemberaubender Quatsch.

Abb. 9: Wer sind wir? Ein Gewahrseinszustand.

Abb. 10: Wir sind Unendliches Gewahrsein, das sich grenzenlos selbst erfährt.

Abb. 11: Der Mensch ist ein Aufmerksamkeitsbrennpunkt innerhalb des Unendlichen Gewahrseins – in einem winzigen Frequenzband, das als sichtbares Licht bezeichnet wird.

Wir sind Aufmerksamkeitsbrennpunkte innerhalb des Unendlichen Gewahrseins, das sich unaufhörlich selbst erfährt (Abb. 10 und 11). Das bedeutet nicht, dass das Gewahrsein jedes einzelnen „Brennpunkts" unendlich ist. Wer auf dem Gipfel eines Berges steht, genießt einen fantastischen Ausblick; befindet man sich jedoch in einem stockdunklen Raum, sieht man überhaupt nichts. In beiden Fällen nimmt ein Aufmerksamkeitsbrennpunkt – das Gewahrsein – die ihn umgebende Wirklichkeit wahr, doch das Ergebnis fällt sehr unterschiedlich aus. Nicht anders verhält es sich mit dem menschlichen Geist, wenn man ihn zur Gesamtheit des Unendlichen Gewahrseins in Relation setzt – oder auch nur zu einem Bruchteil desselben: Das moderne menschliche Bewusstsein liegt, von Illusionen gefangen, derart im Tiefschlaf, dass man kaum noch von „bewusst" sprechen kann. Der Tropfen ist der Ozean, und der Ozean ist der Tropfen; doch wenn die Wahrnehmung des Tropfens vom großen Ganzen abgeschottet wird, verfügt er nicht mehr über das Gewahrsein des Ozeans (Abb. 12).

Selbst Begriffe wie „unendlich" oder „absolut" greifen zu kurz, will man das Gewahrsein beschreiben, das sich jenseits von Zeit und Raum erstreckt (bzw. jenseits unserer *Wahrnehmung* derselben), doch sie sind hilfreich, um den qualitativen Unterschied zur menschlichen Schmalbandwahrnehmung herauszustellen. Das Unendliche Gewahrsein *IST* einfach. Es stellt eine *Istheit* dar – ein Bewusstsein, das alles weiß und alles sieht, da es alles ist. Das Spektrum möglicher Gewahrseinszustände reicht dementsprechend von der Gesamtheit aller Möglichkeiten, die dem seiner selbst gewahren Unendlichen Gewahrsein entspringt, bis zu jemand, der sich nur als kleines, unbedeutendes Ich sieht, das an der Kasse arbeitet. Wahr ist, dass sich die Menschheit überwiegend am unteren Ende dieser

Wahrnehmungsskala bewegt; doch ebenso wahr ist, dass das *nicht so sein muss.*

Zweimal in meinem Leben habe ich psychoaktive Substanzen zu mir genommen. In zwei Nächten des Jahres 2003 probierte ich im brasilianischen Regenwald eine pflanzliche Substanz namens Ayahuasca, deren Geschmack mich etwas an Lakritz erinnerte. Insbesondere in der zweiten Nacht lag ich, nunmehr in einem veränderten Bewusstseinszustand, fünf zeitlose Stunden in der Dunkelheit, während mich eine laute, kräftige Stimme – die zu einer weiblichen Gestalt gehörte – in allen Einzelheiten über die illusorische Natur der „physischen" Realität unterrichtete. Ich erinnere mich haarklein an jedes Detail dieser außergewöhnlichen Erfahrung. Die Stimme begann mit den Worten: „Das Einzige, was du wirklich wissen musst, ist, dass die grenzenlose Liebe die einzige Wahrheit darstellt – *alles* andere ist Illusion." Dieser Gedanke wurde mehrmals wiederholt: „Grenzenlose Liebe [das seiner selbst gewahre Unendliche Gewahrsein] ist die einzige Wahrheit – *alles* andere ist Illusion."

Abb. 12: Wo hört der Tropfen auf, wo beginnt der Ozean? Sie sind Eins – genau wie das Gewahrsein der Menschen, unabhängig von Herkunft, Hautfarbe oder Glaubensbekenntnis.

Die Stimme sagte mir, sie würde mich zu dem Ort führen, von dem ich einst gekommen bin und an den ich schließlich zurückkehren werde. So würde ich meine momentane Realität besser verstehen. Im selben Augenblick erblickte ich eine blendende Finsternis, die Stille und Ruhe ausstrahlte und gleichzeitig auf unbeschreibliche Weise leuchtete. Sekunde, was habe ich da eben gesagt? Eine blendende Finsternis, die Stille und Ruhe ausstrahlte und gleichzeitig auf unbeschreibliche Weise leuchtete? Auweia. Es gibt einfach keine Worte, mit denen sich eine Erfahrung beschreiben ließe, die dem bewussten menschlichen Verstand Hohn spricht und ihn verwirrt (Abb. 13). „Das ist die Unendlichkeit, David", sprach die Stimme. Genau – das Unendliche Gewahr-

Abb. 13: Die „blendende Finsternis", die ich in Brasilien erlebte.

Abb. 14: Die Gesamtheit aller Möglichkeiten, das gesamte Potenzial – darauf wartend, sich zu manifestieren.

sein, das sich seiner selbst gewahr ist; die ruhende Stille der Gesamtheit aller Möglichkeiten; das absolute Potenzial, das darauf wartet, ins Dasein imaginiert zu werden (Abb. 14).

Der vom Unendlichen Gewahrsein getrennte Verstand, der von den fünf Sinnen beherrscht wird, hält nur dann etwas für „real", wenn es sich bewegt, eine Gestalt hat oder Geräusche von sich gibt. Doch alle Dinge sind nur manifestierte Möglichkeiten, die der unendlichen Vorstellungskraft der unbeschränkten Möglichkeiten entspringen. Wenn Sie sprechen, holen Sie eine der unendlichen Möglichkeiten in die Realität. Hören Sie auf zu sprechen, verschwindet die zu Worten gewordene Möglichkeit wieder in der Stille der Gesamtheit aller Möglichkeiten. Realitäten, die sich bewegen, eine Form haben und Klänge aussenden, sind Produkte der unendlichen Vorstellungskraft, die sich in ähnlicher Weise als Frequenz- und Schwingungsfelder manifestieren und überlagern, wie es bei Radio- und Fernsehsendern unterschiedlicher Trägerfrequenzen der Fall ist. Genau wie die Stimme sagte: „Wenn etwas schwingt, ist es eine Illusion." All diese Realitäten teilen sich denselben „Raum" und kommen sich nur dann in die Quere, wenn sie auf der Frequenzskala zu nah beieinanderliegen. In diesen Fällen sprechen wir beispielsweise von „Geistererscheinungen" oder „paranormaler Aktivität". Gespenster und artverwandte Erscheinungen können sich – ähnlich wie Rundfunksignale – deshalb mühelos durch Wände bewegen, weil sie auf einer ganz anderen Schwingungsebene existieren.

Ich bin bei Weitem nicht der Einzige, der das Unendliche Gewahrsein in Gestalt einer pulsierenden, leuchtenden Finsternis erlebt hat. Im Laufe der Jahre haben mir viele Menschen ganz ähnliche Erfahrungen geschildert; Weise aller „Zeitalter" kannten diesen unbeschreiblichen – nein, nicht *Ort*, sondern Seins- oder Bewusstseinszustand. Viele Informationen über die Welt jenseits des Sichtbaren verdanken wir Menschen, die eine Nahtoderfahrung gemacht haben. Sie berichten davon, im Moment des Todes, als sich ihr Bewusstsein (ihr Aufmerksamkeitsbrennpunkt) vom Körper löste, in eine gänzlich andersgeartete Realität eingetreten zu sein. Erst als ihr Körper ins Leben zurückgeholt wurde, kehrte auch ihr Bewusstsein in unsere Realität zurück (Abb. 15). So erging es auch Dr. Eben Alexander, der im Jahr 2008 infolge einer Hirnhautentzündung eine Woche lang im Koma lag. Wie sein der Wissenschaft verpflichteter Vater glaubte ursprünglich auch Alexander, der als Neurochirurg unter anderem an der Harvard University lehrte, dass Bewusstsein ausschließlich im Gehirn existiert und folglich nicht fortbestehen kann, wenn das Gehirn seine Tätigkeit einstellt. Unverblümt gesagt: Tot ist tot. Aus dieser Formel erwächst das Dogma, das konventionelle „Wissenschaftler" als „Evolution" bezeichnen und das hochgradig verwirrte Gelehrte wie den Oxford-Professor Richard Dawkins dazu verleitet, jeden Hinweis auf ein über das Grab hinaus bestehendes Bewusstsein zu verwerfen. Das tödliche Gespann aus Arroganz und Ignoranz, das die Betonköpfe der auf die fünf Sinne fokussierten akademischen Welt beherrscht, treibt nicht nur die Gelehrten *selbst* den Weg der Ahnungslosigkeit entlang; nein, sie beharren auch noch darauf, dass der Rest der Menschheit ihnen nachfolgen müsse. Dawkins sagte:

Abb. 15: Die Nahtoderfahrung: Wenn der Aufmerksamkeitsbrennpunkt den Blickwinkel des Körpers/Intellekts hinter sich lässt und in ein ungleich umfassenderes Realitätsempfinden eintritt.

> Man kann nicht geistig gesund und gebildet sein, gleichzeitig aber nicht an die Evolution glauben. Die Beweislage ist so erdrückend, dass kein vernünftiger und gebildeter Mensch umhinkommt, an die Evolution zu glauben.

Also mit anderen Worten: Wer meine Ansichten nicht teilt, kann keine geistig gesunde und gebildete Person sein. Das ist die Arroganz der Ignoranz in einem Satz zusammengefasst. Der serbisch-amerikanische Wissenschaftler Nikola Tesla (1856–1943), der der etablierten Wissenschaft um Längen voraus war, brachte es auf den Punkt:

> Die Gedanken der heutigen Wissenschaftler sind tiefgründig, aber nicht klar. Nur ein gesunder Verstand kann klar denken; ein tiefsinniger Denker hingegen kann gleichzeitig ziemlich gestört sein.

In diesem geistigen Umfeld bewegte sich auch Eben Alexander, bis er aus dem Koma erwachte, um uns von einer gänzlich anderen Realität zu berichten. Seine Geschichte, die eine ganz neue Sicht auf das Leben an sich bietet, hat Alexander in seinem Buch „Blick in die Ewigkeit" niedergeschrieben. Er beschreibt darin die „blendende Finsternis" bzw. den „Kern", dem „die reinste Liebe und alles Wissen entströmt". Das entspricht genau dem, was ich im brasilianischen Regenwald erlebt habe. „Blendende Finsternis" beschreibt exakt, was ich damals sah; die Instanz, der „die reinste Liebe und alles Wissen entströmt", ist dieselbe, die ich das „seiner selbst gewahre Unendliche Gewahrsein" nenne: die allwissende Gesamtheit aller Möglichkeiten, das allumfassende Potenzial. Auch Tesla sprach von dem „Kern", dem alles entspringt:

> Es gibt im Universum einen Kern, von dem wir Wissen, Kraft und Inspiration beziehen. In die Geheimnisse dieses Kerns bin ich noch nicht eingedrungen; doch ich weiß, dass er existiert.

Antike und indigene Kulturen überall auf der Welt haben diese Leben spendende Kraft mit eigenen Begriffen beschrieben. Die in den USA beheimateten Lakota beispielsweise sprechen von „Wakan Tanka" – der „Kraft, die alle Dinge bewegt". Das ist eine wunderbare Umschreibung für *Alles Was Ist*. Eine andere Bezeichnung ist „Großer Geist".

Das Unendliche Gewahrsein kann man sich als einen unendlichen Ozean unendlicher Möglichkeiten vorstellen. Wir haben den „verschiedenen" Ozeanen der Erde verschiedene Namen gegeben – Atlantik, Pazifik, indischer Ozean usw. –, doch bilden sie genau genommen ein zusammenhängendes Gewässer. In ähnlicher Weise tragen Menschen, Länder, Kulturen, Bäume, Berge, die Luft, der Regen, Planeten, Sterne und Galaxien verschiedene Namen, doch sie alle sind nur verschiedene Manifestationen desselben Ozeans, den ich als Unendliches Gewahrsein bezeichne (Abb. 16). Werden wir von der Einwirkung dieses erweiterten Gewahrseins abgekoppelt, beginnen wir uns – aufgrund des zunehmenden Gefühls, von allem anderen getrennt zu sein – mit Dingen wie Namen, ethnischer Zugehörigkeit, Kultur, Religion, Beruf, Lebensstil oder -geschichte zu identifizieren. Nichts davon definiert jedoch, wer wir sind; es ist lediglich das, was wir gerade *erfahren*. All diese Begriffe beschreiben die *Erfahrung*, nicht das „Ich". Diese Selbstidentifikation, die ich als „Ich-Phantom" bezeichne, liegt sowohl den Leiden und emotionalen Traumata der Menschen als auch den Kontrollstrukturen zugrunde (Abb. 17).

Abb. 16: Alle Existenz ist ein einziges Unendliches Gewahrsein, das verschiedene Erfahrungen durchlebt – „die Kraft, die alle Dinge bewegt".

Abb. 17: Die falsche Selbstidentifikation, durch die die Menschheit Untertan der Illusion bleibt.

Der bereits verstorbene Sänger und Schriftsteller Leonard Cohen sagte: „Wenn du nicht zum Ozean wirst, bleibst du dein Leben lang seekrank." Solange du nicht mit dem Unendlichen Gewahrsein verschmilzt, wirst du dich nur als isoliertes „kleines Ich" erleben, das sich angesichts der Kräfte und Ereignisse, die es nicht zu kontrollieren vermag, machtlos fühlt. Dabei sind Sie *nicht* machtlos. Menschen mit Nahtoderfahrungen haben die Realitäten, die sie jenseits ihres physischen Wahrnehmungsgefängnisses erlebten, in sehr ähnlicher Weise beschrieben. Einer von ihnen sagte: „Als lebendiger Mensch war es, als würde ich mich im Halbschlaf befinden; doch nachdem man mich für tot erklärt hatte, war ich hellwach." Anita Moorjani, die Verfasserin des Buches „Heilung im Licht", sagte nach ihrer außerkörperlichen Erfahrung: „Wenn wir uns nicht gerade in einem physischen Körper ausdrücken, sind Sie, ich und alle anderen [...] Ausdruck desselben Bewusstseins." Zu allen Zeiten haben erleuchtete Menschen davon gesprochen. Mittlerweile zieht die Quantenphysik nach und beginnt diese grundlegende Wahrheit zu verstehen. Als sich Anitas Bewusstsein außerhalb ihres Körpers befand, erlebte sie „eine Ebene der Klarheit, auf der ich alles verstand", und sie „fühlte [sich] mit allen verbunden". Sie hatte die Kraft erfahren, „die alle Dinge bewegt" und miteinander zur Einheit verbindet.

Anita verdeutlicht den Unterschied des Erlebens innerhalb und außerhalb des Körpers anhand einer beeindruckenden Analogie, in deren Mittelpunkt ein Kaufhaus und eine Taschenlampe stehen. Stellen Sie sich vor, Sie befinden sich in einem stockfinsteren Kaufhaus. In Ihrer Hand halten Sie eine Taschenlampe. In dieser Situation können Sie lediglich die Dinge sehen, die sich im Lichtkegel der Lampe befinden – alles andere bleibt Ihnen verborgen (Abb. 18). Die begrenzte Reichweite der Taschenlampe symbolisiert den winzigen Frequenzbereich – das sichtbare Licht –, den der menschliche Körper zu decodieren in der Lage ist und daher „sehen" kann. Der Anblick, der sich dem Bewusstsein in dem Moment bietet, da es den Körper verlässt, entspricht in dieser Analogie dem Fall, dass jemand mit einem Mal die Beleuchtung im gesamten Kaufhaus einschaltet. Schlagartig erkennen Sie die ausgedehnten Räumlichkeiten, in denen Sie sich die ganze Zeit befunden haben, die

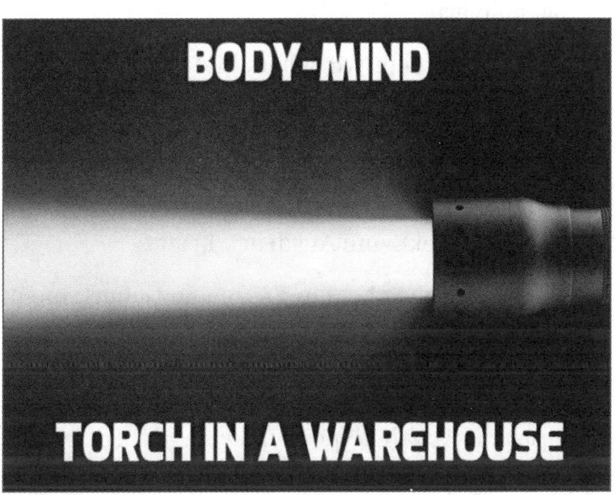

Abb. 18: Eine großartige Analogie für das Frequenzband, das wir als „die Welt" bezeichnen.

Abb. 19: Wir sind Teil von etwas weitaus Größerem und letztlich Unendlichem.

Sie aber nicht sehen konnten, da Ihre Wahrnehmung auf die Reichweite der Taschenlampe beschränkt war (Abb. 19). Ich habe eben beschrieben, was im Moment des „Todes" geschieht – dem Augenblick, den der größte Teil der Menschheit mehr als alles andere fürchtet. Der Körper /Intellekt decodiert die visuelle Realität nur innerhalb des schmalen Frequenzbandes des sichtbaren Lichts. Tritt unser Gewahrsein aus dem Körper aus, streift es den Teleskopblick ab, und seine Wahrnehmung erweitert sich augenblicklich. Nicht das Bewusstsein „stirbt", sondern lediglich dessen zeitweiliges Gefährt, das ihm für die Dauer einer spezifischen Erfahrung gedient hat. Die Angst vor dem Tod erwächst einfach aus der zu Lebzeiten gepflegten Unwissenheit. Der Sufi-Mystiker Rumi, der im 13. Jahrhundert gelebt hat, drückte das so aus:

> Dieser Ort ist ein Traum. Nur wer schläft, hält ihn für real. Wenn dann der Tod wie die Morgendämmerung hereinbricht, wachst du auf und lachst über das, was dich bekümmerte.

Der „Ort", an dem wir leben, bildet nur ein schmales Frequenzband; die Ewigkeit hingegen erstreckt sich jenseits dieser Wahrnehmungsschranken. Die Architekten dieser Beschränkungen – der Schutzwälle gewissermaßen – und ihren wahren Charakter werde ich später ausführlich bloßstellen. Das folgende Zeugnis einer Nahtoderfahrung habe ich in meinen Büchern bereits mehrfach verwendet, da es die Wirklichkeit außerhalb der Körperlichkeit perfekt zum Ausdruck bringt:

> [...] alles von Anbeginn an, meine Geburt, meine Vorfahren, meine Kinder, meine Frau, alles kommt gleichzeitig zusammen. Ich sah alles, was mit mir und all denen zu tun hatte, die um mich herum waren. Ich sah all das, was sie im Augenblick dachten, was sie früher gedacht hatten, was früher geschehen war, was gerade geschah. Es gab keine Zeit, keine Abfolge von Ereignissen, keinerlei Beschränkungen durch Entfernungen, Zeit oder Ort. Ich konnte gleichzeitig überall dort sein, wo ich sein wollte.

Der Neurochirurg Eben Alexander schrieb:

> Das Denken zu erleben, das sich außerhalb des Gehirns abspielt, bedeutet, in eine Welt der unmittelbaren Verbindungen einzutreten, die das gewöhnliche Denken [die durch das physische Gehirn und die Geschwindigkeit des Lichts begrenzten Aspekte] wie einen hoffnungslos schläfrigen und schleppenden Vorgang aussehen lassen. [...]
>
> Unser wahrstes, tiefstes Selbst ist absolut frei. Es ist nicht durch frühere Handlungen gelähmt oder gefährdet und kümmert sich auch nicht um Identität oder Status. Es begreift, dass es die irdische Welt nicht fürchten muss und es daher nicht nötig hat, sich durch Ruhm, Reichtum oder Eroberung selbst aufzubauen.

Das ist die Wirklichkeit hinter der physischen Erfahrung; doch es gibt eine Macht, die diese Tatsache vor uns zu verbergen und unsere Wahrnehmung auf ein Gefühl des „ich kann nicht" und „das ist unmöglich" zu reduzieren sucht – und das gelingt ihr größtenteils ganz hervorragend. Das Menschsein beinhaltet so viel mehr, als wir je begriffen haben.

Die Tatsache, dass zahllose Menschen gefoltert, lebendig verbrannt oder auf andere Weise getötet worden sind, weil sie die Wahrheit oder auch nur Teilwahrheiten öffentlich aussprachen, macht das ungeheure Ausmaß der Illusion deutlich. Das Prinzip, mittels dessen die verborgene Macht die Menschheit unter Kontrolle hält, lässt sich in einem Satz zusammenfassen: Entkopple den „inkarnierten" menschlichen Geist (ich verwende dafür den Begriff „Körper/Intellekt") vom Einfluss des Unendlichen Selbst. Oder: Trenne den „inkarnierten" Tropfen vom Ozean (Abb. 20). Aus diesem Ansatz leitet sich *alles* ab, was wir um uns herum sehen. Ohne diese grundlegende Abtrennung wäre es gar nicht möglich, die Wahrnehmung der Menschen in einem solchen Umfang und derart machtvoll zu kontrollieren. Wir werden im weiteren Verlauf sehen, dass die Strukturen der Gesellschaft präzise dafür ausgelegt sind, sich des – bildlich gesprochen – Panoramablicks zu bemächtigen, der sich aus einer höheren Perspektive ergibt, und ihn in einem stockfinsteren Raum wegzuschließen. Die Menschen werden über ihr Wirklichkeitsgefühl versklavt, das in ihrem Aufmerksamkeitsbrennpunkt wurzelt (Abb. 21). Der erwachte Philosoph Alan Watts sagte, dass das Ego (der Körper/Intellekt) „nichts anderes als der Aufmerksamkeitsbrennpunkt" ist. Genau so ist es; mit welcher Methode ließe sich die menschliche Wahrnehmung also besser kontrollieren als dadurch, die Aufmerksamkeit (bzw. den Realitätssinn) auf jenes schmale Frequenzbändchen zu konzentrieren, das man als „sichtbares Licht" bezeichnet?

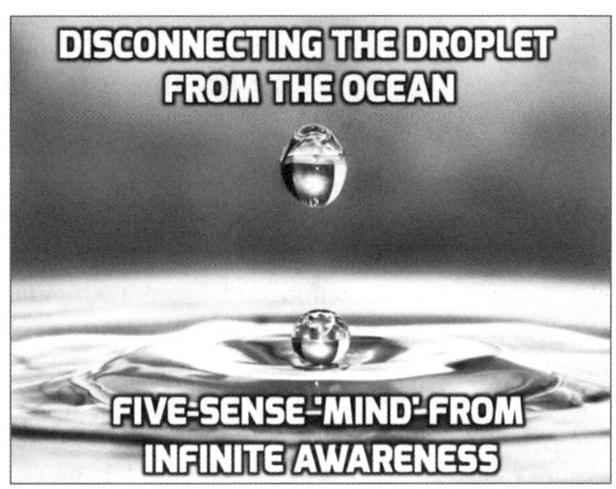

Abb. 20: „Den Tropfen vom Ozean trennen, den Fünf-Sinnes-Verstand vom Unendlichen Gewahrsein" – Die Quintessenz des Versklavungsprozesses der Menschheit.

Abb. 21: Wenn sich unsere Aufmerksamkeit nur noch auf die fünf Sinne zu fokussieren vermag, wird unsere Realitätswahrnehmung von den Einflüssen unseres erweiterten Gewahrseins und damit von den Ebenen abgeschnitten, die jenseits der Illusion existieren.

„Imagine All the People …“ – Stell dir vor, alle Menschen würden …

Durch die Imaginationskraft seiner kleinen und großen Aufmerksamkeitsbrennpunkte erzeugt das stille, ruhige *Alles Was Ist* das, was wir als „Schöpfung“ bezeichnen. Das Spektrum reicht dabei von der Erschaffung ganzer „Welten“ bis zum Männekenmalen in einem Notizbuch. Solche Schöpfungen können auch Fehler enthalten – denken Sie etwa an die Erschaffung der Atombombe. Kann das *Alles Was Ist* also irren? Nicht in seinem reinsten und ausgedehntesten Ausdruck; doch seine Aufmerksamkeitsbrennpunkte können Fehler machen. Im Übrigen – was ist ein „Fehler“ denn anderes als eine weitere Form der Erfahrung? Diese wiederum bietet uns einen Weg, auf dem wir Weisheit erlangen und uns an unsere wahre Identität erinnern können. Wie oft erweisen sich unsere größten „Fehler“ als die größten Geschenke? Alten Überlieferungen zufolge ist unsere heutige Realität gerade das Ergebnis eines „Fehlers“ – eine Aussage, die sich mit meinen eigenen Recherchen und Schlussfolgerungen deckt. Was ich damit meine, werde ich zu gegebener Zeit näher ausführen. Zudem sollten wir bedenken, dass die Gesamtheit aller Möglichkeiten den Irrtum mit einschließt. Nur wenn man die Fehler miteinbezieht, kann man tatsächlich von einer Gesamtheit sprechen. „Alle Möglichkeiten“ bedeutet entsprechend auch, dass das Unendliche Gewahrsein bzw. *Alles Was Ist* gleichzeitig Alles *und* Nichts ist, Überall *und* Nirgendwo – es ist, und ist auch nicht. Nur dann sind sämtliche Möglichkeiten inbegriffen: unbegrenzte Vorstellungskraft. Alles ist im Nichts enthalten, und das Nichts in Allem. Das Nirgendwo ist Teil des Überall, und das Überall ist im Nirgendwo enthalten. Sobald sich uns die Idee der Gesamtheit aller Möglichkeiten bzw. der unbegrenzten Vorstellungskraft in ihrer vollen Bedeutung erschließt, verschwinden alle Widersprüche. Beim Unendlichen Gewahrsein handelt es sich nicht um Energie; vielmehr erschafft es Energie, indem es Dinge aus der Gesamtheit aller Möglichkeiten imaginiert.

Schöpfungen, die der unbegrenzten Vorstellungskraft oder deren Imaginationen entspringen, können sich auf jener Ebene manifestieren, die wir mit den Begriffen Energie, Frequenz oder Schwingung beschreiben. Setzt sich dieser Prozess fort, indem die aus der Vorstellung entstandenen Schöpfungen ihrerseits Dinge erschaffen usw., entfernen sich die Manifestationen immer weiter vom Zustand des seiner selbst gewahren Unendlichen Gewahrseins. Sie schwingen in immer niedrigeren Frequenzen, während die Illusionen zunehmend um sich greifen. Sinken die Schöpfungen schließlich auf eine Ebene genügend hoher energetischer Dichte, manifestieren sie sich in Form sogenannter „Materie“. Das folgende Zitat stammt von dem legendären amerikanischen Komiker Bill Hicks (1961–1994), der durch psychoaktive Drogen unzählige veränderte Bewusstseinszustände erlebte: „Sämtliche Materie [ist] lediglich Energie, die zu einer langsamen Schwingung verdichtet worden ist. […] Wir alle sind ein einziges Bewusstsein, das sich selbst subjektiv erfährt. So etwas wie Tod gibt es nicht; das Leben ist nur ein Traum, und wir sind unsere eigene Imagination.“ Genau das ist es, was sich hinter der Illusion „physischer“ Materie eigentlich verbirgt: Energie, die so langsam schwingt, dass sich der Eindruck der Festigkeit einstellt. Albert Einstein, der wohl der berühmteste Wissenschaftler aller Zeiten gewesen sein dürfte, sagte genau dasselbe wie der eben zitierte Komiker.

Um etwas zu wissen, bedarf es keiner großartigen formalen Ausbildung (Programmierung) – es bedeutet einfach zu *wissen*. Das etablierte Bildungswesen ist so strukturiert, dass es unsere Vorstellung davon, was möglich ist, knechtet und dadurch inneres Wissen *unterbindet*. Es kommt nicht von ungefähr, dass Einstein sagte: „Das Einzige, was meinen Lernprozess stört, ist meine Ausbildung." Einsteins Verständnis der Materie stimmt mit der Darstellung von Bill Hicks überein:

> Was die Materie anbelangt, haben wir uns alle geirrt. Das, was wir als Materie bezeichnet haben, ist in Wirklichkeit Energie, deren Schwingung so weit herabgesetzt ist, dass sie mit den Sinnen wahrnehmbar wird. Es gibt keine Materie – es gibt nur Licht und Klang.

Es gibt nur Licht (Energie) und Klang (Schwingung); beide zusammen bringen – wenn die Schwingungen so weit verlangsamt sind, dass sie ins Frequenzband des sichtbaren Lichts (der sichtbaren Energie) fallen – die Illusion der Körperlichkeit hervor. Je langsamer die Energie schwingt, desto „fester" erscheint sie uns, beispielsweise in Form einer Wand; je höher ihre Frequenz ist, desto weniger dicht wirkt die Energie, bis hin zu ätherischen Erscheinungsformen. Schwingt etwas so schnell, dass es das Frequenzband des sichtbaren Lichts verlässt, können wir es nicht sehen. Wenn jemand berichtet, er habe etwas „aus dem Nichts erscheinen" sehen, oder etwas sei „vor seinen Augen verschwunden", haben wir es mit Phänomenen zu tun, die durch die Veränderung ihrer Schwingungszahl in das Spektrum des sichtbaren Lichts eingetreten sind bzw. dasselbe verlassen haben. In einem Moment sehen Sie es, im nächsten schon nicht mehr; mal kann Ihr Gehirn die Erscheinung decodieren, mal nicht. Der Grund, warum die Gelehrten Schilderungen, in denen „UFOs" oder „Außerirdische" urplötzlich erscheinen oder verschwinden, einfach abtun, ist der, dass sie die Natur der Realität nicht verstehen. Entitäten, die besser verstehen, wie Energie mit dem Bewusstsein interagiert (bzw. dass sie Bewusstsein *ist*), können vermeintliche „Wunder" vollbringen, die in Wirklichkeit gar nichts Unerklärliches an sich haben. Sie resultieren einfach aus dem Wissen, wie die Realität funktioniert. Das begrenzte Begriffsvermögen des Körpers/Intellekts muss dergleichen als „übernatürliche" Phänomene einordnen, hält doch dieser nur die Handvoll Dinge für „natürlich", die laut Mainstream-Einheitsbrei – dem er von der Wiege bis zur Bahre unterworfen ist – angeblich möglich sind. Gerade die Akademiker und Wissenschaftler sind es, die das äußerst reduzierte Wirklichkeitsmodell des Mainstream-Einheitsbreis kritiklos übernehmen und uns dann darüber belehren, was wir glauben sollten und was nicht. Man könnte das beinah komisch finden – wäre es nicht so tragisch.

Abb. 22: Verschiedene „Welten" bzw. Realitäten stellen separate Frequenzbänder dar, ähnlich Radio- oder Fernsehsendern, die auf verschiedenen Trägerfrequenzen operieren.

Abb. 23: So würden die Funknetze möglicherweise aussehen, wenn wir ihr Frequenzband visuell wahrnehmen könnten.

Computer-Universum

Alles wird vom Unendlichen Gewahrsein durchwirkt, das sich seiner selbst gewahr ist – „die Kraft, die alle Dinge bewegt" –, auch seine und alle nachgeordneten Schöpfungen, die sich auf der Ebene von Energie, Frequenzen und Schwingungen manifestieren. All diese Kreationen, „Welten" oder Realitäten können sich im selben „Raum" befinden (bzw. in der Illusion desselben), da sie verschiedene Frequenzspektren umfassen (Abb. 22). Das, was wir als sichtbares Universum bezeichnen, entspricht einem solchen Frequenzband und funktioniert wie ein Quantencomputer: ein „Computer, der sich die Quantenzustände von Elektronen und anderen Teilchen zunutze macht, um Informationen zu speichern und zu verarbeiten". Einfacher gesagt bildet das Universum einen Quantencomputer, der Informationen im energetischen Gefüge unserer Realität speichert.

Die Rechenleistung, die durch die Nutzung von Quantenzuständen ermöglicht wird, sprengt jede Vorstellungskraft. Heutige Computer sind auf die Zustände 1 und 0 beschränkt, die durch elektrische Ladungen bzw. die Möglichkeiten „ein" und „aus" ausgedrückt werden. Der Quantencomputer kennt solche Begrenzungen nicht – mit ihm lassen sich praktisch ganze Universen erschaffen und bearbeiten. Stellen Sie sich einmal ein kosmisches drahtloses Netzwerk bzw. eine Vielzahl derselben vor (Abb. 23). Ein solches Feld kann man nicht sehen, doch ein Computer ist in der Lage, die darin verborgenen Informationen zu decodieren und eine weltumspannende, kollektive Realität auf den Bildschirm zu bringen, die wir „Internet" bzw. „World Wide Web" nennen. Das Universum besteht aus im Unsichtbaren gespeicherten Informationen (ähnlich den WLAN- oder Mobilfunknetzen, die wir ebenfalls nicht sehen können). Das, was ich den menschlichen Körper/Intellekt nenne, ist ein *Bio*-Computer (im weitesten Sinne des Wortes), der das „Mobilfunk"-Informationskonstrukt des Universums so decodiert, dass auf *unserem* Bildschirm – im Gehirn und in unseren Genstrukturen – die Empfindung einer „physischen" Realität entsteht (Abb. 24). Überall auf der Welt werden Unsummen in elitäre Projekte zur Entwicklung von Quantencomputern gepumpt, die die echte Welt haargenau nachbilden sollen. Aus Gründen, die sich uns noch erschließen werden, trachten Monstren wie Google danach, dabei den Ton anzugeben.

Abb. 24: Unsere Wirklichkeit ähnelt einem drahtlosen Netzwerk: einem Meer an Informationen, aus denen wir das decodieren, was wir als „solide Welt" bezeichnen.

Hier ist noch ein Aspekt, der ins Auge springen sollte: *Quanten*physik gibt es deshalb, weil das Universum ein *Quanten*computer ist! Es ist insofern interaktiv, als wir dessen energetischem Gefüge Informationen und Eindrücke entnehmen und unsere eigenen Gedanken, Wahrnehmungen und Emotionen ins Universum „hochladen". Ich spreche in diesem Zusammenhang vom „kosmischen Internet" (Abb. 25). Die Instanz Körper/Gehirn stellt ebenso einen biologischen Quantencomputer dar wie Planeten, Sterne und alles andere, was sich in unserer Realität als Ausdruck des Quantencomputer-Universums manifestiert. Kosmische „WLAN"- bzw. Wellenform-Informationsfelder bilden den Unterbau des Universums. Den Prozess, über den wir aus diesen Feldern das Universum decodieren, das wir zu „sehen" meinen, werde ich noch erläutern. Das Universum lässt sich mit einem Wort zusammenfassen: Informationen. Mit nur fünf weiteren Worten

Abb. 25: Die Internet-Analogie kommt der Wahrheit sehr nahe. Die Verbindungen basieren auf Welleninformationen, Elektrizität und Elektromagnetismus.

Abb. 26: Das Universum ist ein interaktiver, drahtloser Kosmos, in dem alles aus codierten bzw. decodierten Informationen besteht.

können wir es schon recht genau beschreiben: Informationen, die Informationen codieren und decodieren (Abb. 26). Einmal mehr bietet sich die Analogie zu Computern bzw. dem Internet an: Ein Bürocomputer ist ein Satz von Informationen, die dazu codiert sind, andere Informationen zu decodieren. Datenquellen wie Disketten, USB-Sticks oder das Internet sind codiert, um ihrerseits decodiert zu werden. Alles besteht im Grunde aus miteinander interagierenden, codierten oder decodierten Informationen – und das gilt auch für unsere „physikalische" Realität. Der einzige Ort, an dem das Internet in der Weise in Erscheinung tritt, die wir Menschen gewohnt sind – also in Form von Grafiken, Bildern, Text usw. –, ist der Bildschirm. Überall sonst liegen dieselben Informationen in gänzlich anderen Formaten vor. Genau so verhält es sich auch, wenn wir die Realität decodieren. Die ursprünglichen Elemente, aus denen sich das Universum zusammensetzt, sind Schwingungsinformationen; manche sprechen vom „metaphysischen Universum" (Abb. 27). Unsere fünf Sinne wandeln diese Schwingungsinformationen in elektrische Signale um und senden sie ans Gehirn, das daraus die Realität konstruiert, die wir zu sehen, fühlen, schmecken, hören und riechen meinen. Nehmen wir etwa eine einfache Kerzenflamme. Obwohl sie uns äußerst „real" erscheint, ist sie doch nichts weiter als decodierte elektromagnetische Energie (Information). *Wir* erzeugen die Flamme, die wir zu sehen glauben. Wie der amerikanische Arzt und Wissenschaftler Robert Lanza in seinem ausgezeichneten Buch „Biocentrism" erklärt (das er gemeinsam mit Bob Berman verfasste), handelt es sich bei einer Flamme einfach um heißes Gas, das Photonen abstrahlt – winzige Einheiten elektromagnetischer Energie, die sowohl elektrisch als auch magnetisch pulsieren. Das Gehirn erzeugt daraus die Flamme, indem es die Informationen decodiert. Lanza erläutert:

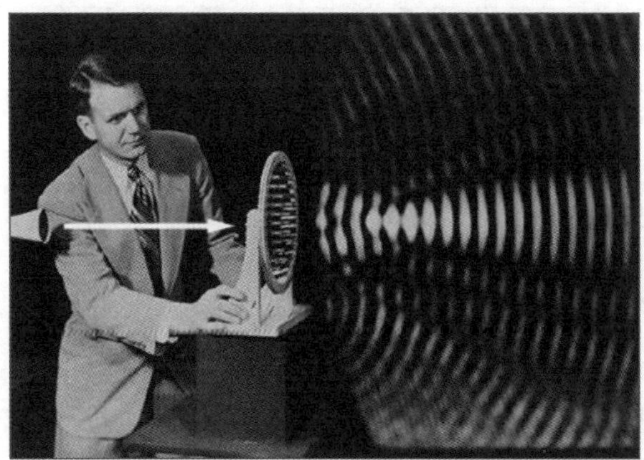

Abb. 27: Der Grundzustand des Universums ist die Schwingung: Informationen, die Wellen aufgeprägt sind.

> Wie wir aus dem alltäglichen Erleben wissen, haben weder Elektrizität noch Magnetismus sichtbare Eigenschaften. Von daher ist es leicht einzusehen, dass eine Kerzenflamme aus sich selbst heraus nichts innewohnend Sichtbares, Leuchtendes oder Farbenfrohes besitzt. Wenn dieselben unsichtbaren elektromagnetischen Wellen jedoch auf die Netzhaut eines Menschen treffen und außerdem von Maximum zu Maximum zufällig zwischen 400 und 700 Nanometern messen (und nur dann!), haben sie gerade die zur Reizung der acht Millionen zapfenförmigen Fotorezeptoren nötige Energie.
>
> Die Rezeptoren senden elektrische Impulse an ihre benachbarten Neuronen, die mit 400 km/h weiter die Leitung hinaufrasen, bis sie den warmen, feuchten Occipitallappen im hinteren Bereich des Kopfes erreichen. Dort feuert, durch die ankommenden Impulse angeregt, ein kaskadierender Neuronenkomplex Signale ab, die uns subjektiv ein gelb leuchtendes Etwas wahrnehmen lassen – an einer Stelle, die wir zur „äußeren Welt" zu zählen gewohnt sind.

Da ist sie wieder, die Illusion. Alan Watts sagte:

> [Ohne das Gehirn] fehlen der Welt Licht, Wärme, Gewicht, Festigkeit, Bewegung, Raum, Zeit und jede andere erdenkliche Eigenschaft. All diese Phänomene sind Schwingungen, die an eine bestimmte Anordnung von Nervenzellen übertragen werden oder mit dieser wechselwirken.

Im ersten Teil der Matrixtrilogie erklärte Morpheus einem ungläubig dreinblickenden Neo:

> Was ist real? Wie definiert man „real"? Wenn du über das sprichst, was du fühlen, schmecken, tasten und sehen kannst, dann bezeichnest du nur die elektrischen Signale als „real", die dein Gehirn interpretiert.

Das ist der wahre Charakter der „physischen" Welt, die uns so „wirklich" erscheint. Auch Fernsehbilder können wir nur aufgrund desselben Decodierungsprozesses sehen. Das Gehirn decodiert die Bildpunkte, aus denen das Fernsehbild zusammengesetzt ist, und konstruiert daraus ein Bild, das sich außerhalb von uns zu befinden scheint – indem es buchstäblich „die Punkte verbindet" (Abb. 28). Die Illusion der Bewegung wird ebenfalls vom Gehirn erschaffen. Bewegte Bilder sehen wir nur deshalb, weil das Gehirn eine Reihe von Standbildern zu einer scheinbaren Sequenz verbindet. LED-Bildschirme, Videospiele und die menschliche Realität funktionieren nach demselben Prinzip. In unseren illusionären

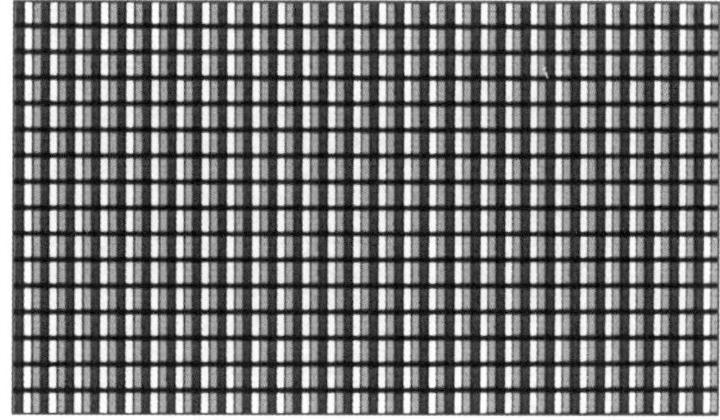

Abb. 28: Aus dieser Struktur konstruiert das Gehirn die Fernsehbilder, die wir zu sehen meinen, in Wirklichkeit aber decodieren.

Abb. 29: Die Verknüpfung zweier Computersysteme: das eine technologischer Natur, das andere ein biologisches System.

Träumen erfahren wir Bewegung; unsere sogenannte bewusste Realität ist nichts anderes als ein weiterer Traum. Bei genügender Vergrößerung, so konnte man 2009 in der Zeitschrift *New Scientist* lesen, wird „die Struktur der Raumzeit körnig; sie setzt sich letztlich aus winzigen Einheiten zusammen, die eher an Pixel erinnern".

Vor vielen Jahren schon habe ich den menschlichen Körper als biologischen Computer bezeichnet. Inzwischen wird der Begriff bereits von einigen Mainstreamwissenschaftlern verwendet. Wenn wir sagen, etwas sei „biologisch", meinen wir damit eigentlich „natürlich". Doch wenn wir das Unendliche Gewahrsein als Maßstab anlegen, wird klar, dass es sich beim menschlichen Körper eigentlich um eine Art Technologie handelt. Er stellt ein unglaublich hoch entwickeltes Computersystem dar (wiederum im weitesten Sinne des Wortes), der „stirbt", wenn er zu funktionieren aufhört (ganz wie ein Computer). Um Energie zu sparen, wechselt er in den Schlafmodus (wie ein Computer). Er verfügt über ein Immunsystem (hat ein Computer auch – nämlich in Form von Virenschutzsoftware), besitzt ein Gehirn (der Hauptprozessor eines Computers wird auch als Computergehirn bezeichnet), eine Festplatte (DNS) usw. Der Grund, warum sich das Gehirn mit einem Computer vernetzen lässt und dieser auf menschliche Gedanken reagiert, ist schlicht der, dass dabei im Grunde zwei Computer zusammengeschaltet werden (Abb. 29). Während der eine technologischer Art ist, bezeichnet man den anderen als biologisch; doch handelt es sich dabei eigentlich nur um eine andere Form von Technologie.

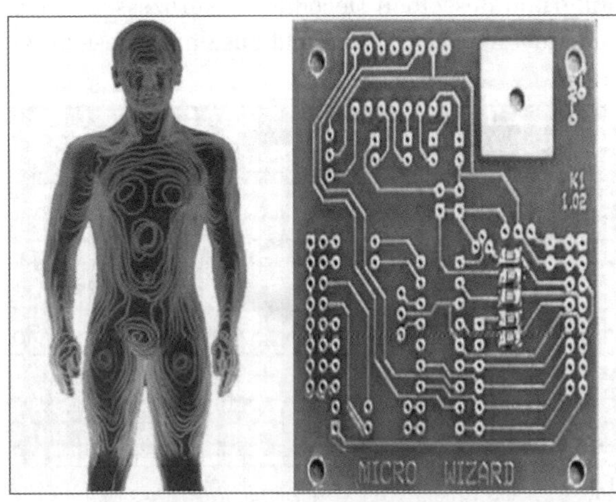

Abb. 30: Die bei der Akupunktur verwendeten Meridiane bilden die „Hauptplatine" des Körpers.

Mit seinen Energiebahnen (Meridianen) und genetischen Strukturen ähnelt der menschliche Körper der Hauptplatine eines Computers (Abb. 30). Die Akupunktur – eine Heilkunst, die auf der Lehre von den Meridianen basiert – und ähnliche Therapiemethoden zielen darauf ab, den Energiefluss (bzw. *Informations*fluss) entlang dieser Bahnen auszubalancieren. So wird erreicht, dass zwischen Körper und kosmischem Internet, die in ständiger Wechselwirkung stehen, ein Informationsgleichgewicht aufrechterhalten wird und sie fortwährend Daten austauschen. Kommen diese Energieflüsse aus dem Gleichgewicht, geraten wir in einen Zustand der Disharmonie, und es treten Beschwerden auf – die man als „körperliche" oder psychische Krankheiten bezeichnet. Wenn die Informationsströme unseres Computers aus dem Takt geraten und er fehlerhaft zu arbeiten beginnt, sagen wir: „Mein Rechner ist heute so langsam." Viele Menschen machen sich über Akupunktur lustig, indem sie etwa sagen: „Wie kann jemand Kopfschmerzen heilen, indem er eine Nadel in den Fuß sticht?" Doch die Meridiane laufen um den ganzen Körper, sodass es wenig Sinn ergibt, die Nadel in den Kopf zu stechen, wenn doch die den Kopfschmerz verursachende Blockade im Fuß sitzt.

Abb. 31: Die sieben Hauptvortexpunkte bzw. „Chakren", die das Energiefeld des Menschen durchdringen. Im Mittelpunkt befindet sich das Herzchakra.

Das Meridiansystem ist mit den „Chakren" verknüpft – jenen Vortexpunkten, die im elektromagnetischen Feld des Körpers sitzen und ihn mit dem kosmischen Internet und anderen Realitätsebenen verbinden (Abb. 31). Das Wort „Chakra" entstammt der altindischen Sprache Sanskrit und bedeutet so viel wie „Lichtrad". Die Hauptchakren sind: Das Kronenchakra auf der Oberseite des Kopfes (an dieser Stelle spürte ich damals auf dem Hügel in Peru jene „bohrende" Energie); das Stirnchakra (bzw. das „dritte Auge") in der Stirnmitte; das Kehlchakra; das Herzchakra in der Mitte des Brustkorbs; das unmittelbar unter dem Brustbein befindliche Solarplexuschakra; das Sakralchakra unter dem Bauchnabel sowie das Wurzelchakra am unteren Ende der Wirbelsäule. Jedes Chakra erfüllt eine oder mehrere spezifische Aufgaben. Das im Unterbauch befindliche Sakralchakra dient der Verarbeitung von Gefühlen, weshalb wir Beklemmungen, Besorgnis oder Nervosität ebendort verspüren. In extremen Fällen wird sogar der Darm in Mitleidenschaft gezogen, sodass man sich „vor Angst in die Hose macht". Liebe, Empathie und Mitgefühl empfinden wir in der Brust, da dort der Vortexpunkt des Herzchakras angesiedelt ist.

Unsere fünf Sinne – Sehen, Hören, Geschmacks-, Tast- und Geruchssinn – sind ebenfalls Decodierungssysteme. Sie fangen Welleninformationen aus dem kosmischen Internet auf, wandeln sie in elektrische Informationen um und übermitteln sie ans Gehirn. Es sind stets dieselben Informationen, die jedoch in unterschiedlicher Gestalt in Erscheinung treten. Die von den verschiedenen Sinnen erzeugten Signale werden in separaten, hochspezialisierten Bereichen des Gehirns decodiert (Abb. 32). Das Gehirn decodiert elektrische Informationen und transformiert sie in digitale (zahlenmäßige) und holografische (illusionäre

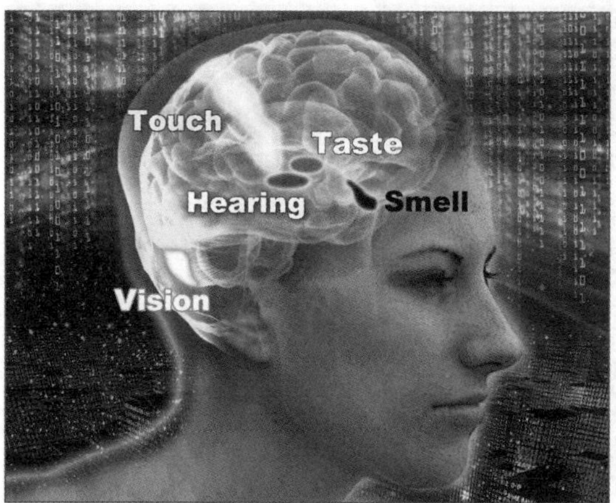

Abb. 32: Verschiedene Teile des Gehirns sind auf die Decodierung der unterschiedlichen Sinneseindrücke spezialisiert. Alles, was wir sehen, spielt sich in der von uns wahrgenommenen Form in dem kleinen Sehzentrum im Hinterkopf ab – unabhängig davon, wie weit ein Objekt „entfernt" zu sein scheint.

„physische") Informationen, die wir dann *in unserem Kopf* als „die Welt um uns herum" wahrnehmen (Abb. 33). In Wirklichkeit gibt es keine Welt „um uns herum". Die Formen, die wir „außerhalb" von uns zu erfahren meinen, existieren allesamt nur im Gehirn bzw. in den genetischen Strukturen. Computer funktionieren genau so: Die Informationsdecodierung und all das, was letztlich auf dem Bildschirm erscheint, spielt sich *im Inneren* des Computers ab (Abb. 34). Es gibt ein als Synästhesie bezeichnetes Phänomen, bei dem die Sinne verschmelzen und der Betroffene etwa Worte und Musik nicht nur hört, sondern sie auch *schmeckt*. Verschiedene Worte oder Lieder unterscheiden sich für diese Menschen auch im Geschmack.

Die Decodierungsprozesse lassen im Inneren des Gehirns unsere Realität entstehen. Meine bisherigen Ausführungen über das Hirn und die Sinne werden durch die Erfahrungen bestätigt, die der Spieler eines Videospiels in der virtuellen Realität macht. Die Spiele klinken sich in die Wahrnehmung der fünf Sinne ein und überschreiben deren „normale" Realitätsdecodierung mit einer anderen – künstlichen – Informationsquelle, die genauso „wirklich" zu sein scheint (Abb. 35 und 36). In einer britischen Zeitung beschrieb ein Autor seine Erfahrung mit einem Virtual-Reality-Spiel folgendermaßen:

Abb. 33: Aus Schwingungs- und elektrischen/elektromagnetischen Informationen decodieren wir digitale und holografische Zustände, die wir als äußere, massive Realität wahrnehmen.

Abb. 34: Die fünf Sinne wandeln Welleninformationen in elektrische Informationen um und übermitteln sie ans Gehirn, das aus ihnen die digitale/holografische Realität decodiert.

Der verblüffendste Aspekt des Spiels sind die physischen Empfindungen während des Spielens. Ich spüre – und folglich glaube ich es –, dass ich mich physisch vor und zurück bewege, als würde ich auf einem Sessel mit Rädern sitzen. Die äußere Wirklichkeit tritt in den Hintergrund; ich befinde mich in einer fremden, fesselnden Welt, ängstlich darum besorgt, nicht in die furchterregenden Abgründe zu stürzen. Mein Gehirn sendet Signale an meinen Körper, die die Illusion erzeugen, er würde herumsausen wie eine Flipperkugel – doch in Wirklichkeit bewege ich mich nicht von der Stelle.

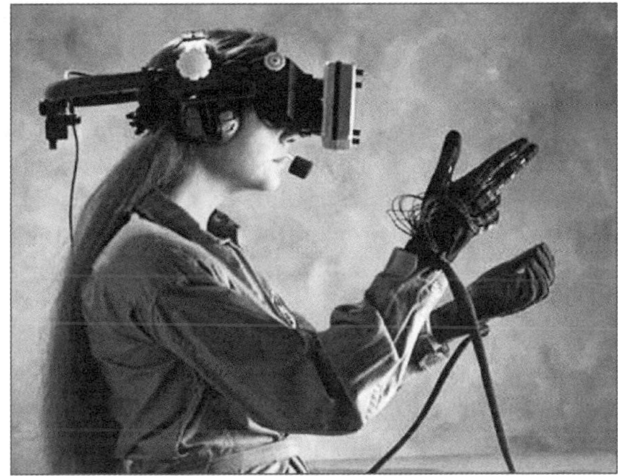

Abb. 35: Videospiele klinken sich einfach in die fünf Sinne ein, um die Informationsquellen, die sie normalerweise decodieren, zu überschreiben und uns eine alternative Realität vorzugaukeln.

Abb. 36: Es mögen nur computerisierte elektrische Informationen sein – doch die Realität, die der Mensch daraus decodiert, kann äußerst „real" erscheinen.

Das hätte auch eine Beschreibung des menschlichen Lebens sein können, denn die Mechanismen sind genau dieselben. Ich habe einmal ein Experiment gesehen, bei dem man einer Puppe ein VR-Headset aufsetzte. Jeder Versuchsteilnehmer trug ebenfalls ein Headset, das ihm vorgaukelte, sein Körper wäre der Körper der Puppe. Dann berührte man die Puppe, injizierte ihr etwas ins Auge und veranstaltete allerhand weiteren Unfug mit ihr. Die Teilnehmer reagierten jedes Mal, als hätte man all das nicht der Puppe, sondern ihnen angetan. Sie spürten am eigenen Körper, was nur mit der Puppe gemacht wurde. Das zeigt, wie mächtig schon allein Virtual-Reality-Technologien auf den heutigen Menschen wirken – insbesondere im Sinne der Wahrnehmungskontrolle. Daran, was darüber hinaus möglich ist, wollen wir lieber gar nicht denken.

Wir sind *Eins*

Ganz gleich, wie materiell ein Objekt auch zu sein scheint – seiner ursprünglichen Beschaffenheit nach besteht es aus Schwingungsenergie. Auf dieser Ebene wird es möglich, mit Tieren, Pflanzen und sogar scheinbar leblosen Objekten wie Steinen zu kommunizieren. Als Ausdruck des Unendlichen Gewahrseins ist *alles* bewusst und lebendig, selbst Berge, Flüsse und Wälder. Zunehmend bestätigen auch die Forschungsergebnisse der konventionellen Wissenschaft, was erwachte Menschen schon immer sagten: Alles ist Bewusstsein und mit allem anderen verbunden. Es mehren sich die Beweise dafür, dass Bäume miteinander kommunizieren, Schmerz empfinden, füreinander sorgen und sich in Gemeinschaften organisieren. Dasselbe gilt für alles, was existiert. Einige Wissenschaftler haben untersucht, ob Bäume und Pflanzen ein Gehirn besitzen. Ein Gehirn ist aber nur ein Instrument zur Informationsdecodierung; in diesem Sinn hat jedes Gebilde im Kosmos auch ein „Gehirn", da es pausenlos Informationen sendet und empfängt. In der Realität der fünf Sinne geschieht das in Form von elektrischen bzw. elektromagnetischen Signalen. Zu deren Verarbeitung werden nicht allzu viele graue Zellen benötigt. Es gibt in der Natur zahllose andere Sende- und Empfangsmechanismen, die das bewerkstelligen können.

Monica Gagliano, die als Evolutionsbiologin an der University of Western Australia tätig ist, kam nach einer Reihe von Experimenten zu dem Schluss, dass Pflanzen entfernte Wasservorkommen mittels Schallwellen erkennen können und in der Lage sind zu lernen. Die Umweltwissenschaftlerin Heidi Appel, die an der University of Toledo forscht, ging mit ihrem Team der Frage nach, ob Pflanzen auf unterschiedliche Geräusche verschieden reagieren. Tatsächlich änderte sich der chemische Zustand der Versuchspflanzen in Abhängigkeit davon, ob Wind- oder die Fressgeräusche einer Raupe abgespielt wurden. Im letztgenannten Fall produzierten die Pflanzen mehr Abwehrtoxine. „Wir neigen dazu, Pflanzen zu unterschätzen, da ihre Reaktionen für uns in der Regel unsichtbar bleiben", sagte Appel. „Blätter haben sich als außerordentlich empfindsame Vibrationsdetektoren erwiesen." Summende Bienen senden eine bestimmte Frequenz aus, von der man heute weiß, dass die Pflanzen darauf mit der Freisetzung von Pollen reagieren (der Fachbegriff dafür lautet „Vibrationsbestäubung"). Andere Klänge lösten in den Pflanzen hormonelle Veränderungen aus. Dr. Suzanne Simard entdeckte an der im kanadischen Vancouver ansässigen University of British Columbia, dass Bäume über Pilzgeflechte im Erdboden chemisch-elektrische Warnsignale aussenden. In einem Teelöffel Waldboden befinden sich mehrere Kilometer dieser Myzelien. Die Signalübertragung über das Pilzgeflecht funktioniert ähnlich wie bei Internetglasfaserkabeln. In Fachkreisen hat sich dafür bereits die Bezeichnung „Wood Wide Web" eingebürgert. Netzwerke dieser Art findet man auf jeder Ebene des kosmischen Internets.

Die Möglichkeit, über Klänge und Frequenzen zu kommunizieren, erklärt auch die Wirksamkeit von Mantras und spirituellen Gesängen (seien die Effekte nun positiv oder negativ). Alles im Universum ist lebendig, bewusst und Bestandteil eines unendlichen Geflechts des Lebens und Bewusstseins (Abb. 37). Der Autor und Forscher Michael Pollan, der sich mit dieser Thematik befasst hat, sagte über Bäume und Pflanzen Folgendes:

Abb. 37: *Alles ist lebendig, bewusst und ein Ausdruck des Unendlichen Gewahrseins – der Kraft, die alle Dinge bewegt.*

Sie kennen Mittel und Wege, sämtliche sensorischen Daten, die sich Tag für Tag ansammeln, aufzunehmen, [...] zu integrieren und sich in Reaktion darauf entsprechend zu verhalten. Und das schaffen sie ganz ohne Gehirne. Das ist in gewisser Weise das eigentlich Erstaunliche daran, denn wir nehmen automatisch an, dass man zur Verarbeitung von Informationen ein Gehirn braucht.

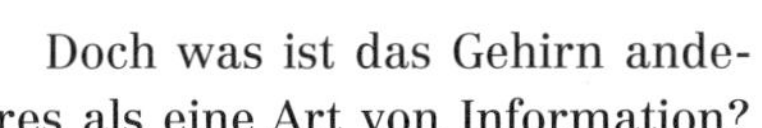

Doch was ist das Gehirn anderes als eine Art von Information? Unzählige Ausdrucksformen des Bewusstseins können Informationen auf unzähligen Wegen verarbeiten. Die Ignoranten haben für die Idee, wir könnten mit Tieren, Bäumen, Pflanzen oder Steinen kommunizieren, nur Ablehnung und Spott übrig, da sie selbst nur die Kommunikation über die menschliche Sprache wahrzunehmen vermögen. Doch auf der Ebene der Schwingungen und in noch feineren Gefilden sind wir alle miteinander verbunden. Kommunikation geschieht nicht durch Worte, sondern durch die Vernetzung auf Schwingungsebene, die man in etwa mit Telepathie vergleichen kann. Der folgende Auszug entstammt einem Artikel der Zeitschrift *Scientific American*, in dem die Möglichkeit diskutiert wurde, schwarze Löcher als Computer zu interpretieren:

> Für einen Physiker aber sind alle physikalischen Systeme Computer. Auf Felsen, Atombomben und Galaxien mag vielleicht kein Linux laufen, doch auch sie erkennen und verarbeiten Informationen. Jedes Elektron, Photon und sonstige Elementarteilchen speichert Datenbits, und immer, wenn zwei dieser Teilchen interagieren, werden diese Bits umgewandelt. Physische Existenz und Informationsgehalt sind untrennbar miteinander verbunden.

Abb. 38: *Die Illusion dessen, was wir zu sehen glauben.*

Informationsgehalt und die *Illusion* einer physischen Existenz sind untrennbar miteinander verbunden – denn was wir als „physisch" wahrnehmen, *ist* Informationsgehalt. Gestalt bzw. Form ist decodierte Schwingungs-in-*form*-ation (Abb. 38). Die „phy-

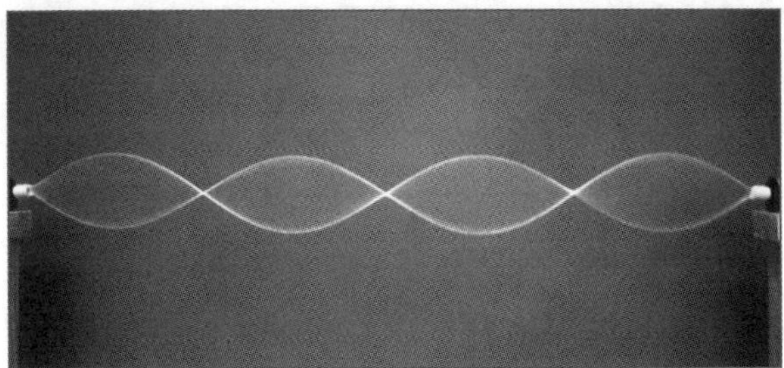

Abb. 39: Stehende bzw. stationäre Wellen, durch die Informationen an Ort und Stelle gehalten werden, bis die Frequenz gestört oder abgeschaltet wird.

sische Realität" einschließlich des menschlichen Körpers manifestiert sich aus stehenden bzw. stationären Informationswellen. Schon witzig, wie sich der oben zitierte junge Mann ausdrückte, der seine Erfahrungen mit Computerspielen beschrieb: „Mein Gehirn sendet Signale an meinen Körper, die die Illusion erzeugen, er würde herumsausen wie eine Flipperkugel – doch in Wirklichkeit bewege ich mich nicht von der Stelle." Da hat er unwissentlich eine tiefgründige Wahrheit über die Realität an sich ausgesprochen. Um stehende Wellen zu erzeugen, benötigt man auf jeder Seite ein als „Knotenpunkt" bezeichnetes Hindernis – etwa eine „Wand" –, von dem die Welle abprallt und gerade so zurückgeworfen wird, dass sie sich mit der einlaufenden Welle überlagert. Geschieht dies an beiden Wänden bzw. Knotenpunkten, entsteht eine fortlaufende Hin-und-Her-Bewegung, die ihrerseits in einer Oszillation resultiert (Abb. 39). Sind die sich überlagernden Wellen exakt identisch, löschen sie sich gegenseitig in der Weise aus, dass sich die resultierende Welle nicht mehr fortbewegt, sondern nur noch an Ort und Stelle auf und ab oszilliert – sodass sie zu stehen scheint.

Interessanterweise ähnelt das Ergebnis optisch einem DNS-Strang. Das hat mit dem Umstand zu tun, dass der Körper – bzw. „physische" Formen im Allgemeinen – durch stehende Wellen manifestiert werden, die bestimmte Informationen in einem entsprechenden Oszillationsfeld speichern (Abb. 40). Oszilliert die stehende Welle, lebt der Körper. Den Moment, in dem sie aufhört zu schwingen, nennen wir Tod. Der Herzschlag des Menschen ist ein Ausdruck dieser Oszillation. Hinter Erkrankungen des Herzens verbirgt sich im Grunde eine Störung dieses Schwingungszustands, die das Herz nur widerspiegelt. Hier zeigt sich, dass in der Welt der Formen alle Gebilde „schwingen": „Wenn etwas schwingt, ist es eine Illusion." Ich behaupte, dass die Instanz, die wir Universum nennen, selbst eine gewaltige stehende Informationswelle ist, die oszilliert – „sich in einem regelmäßigen Rhythmus vor und zurück bewegt". Wie zutreffend doch die Wendung vom „Rhythmus des Lebens" ist. Der deutsche Biophysiker Fritz-Albert Popp hat entdeckt, dass die DNS mit einer bestimmten Frequenz schwingt bzw. oszilliert. Das steht, möchte ich hinzufügen, mit stationären Wellen in Zusam-

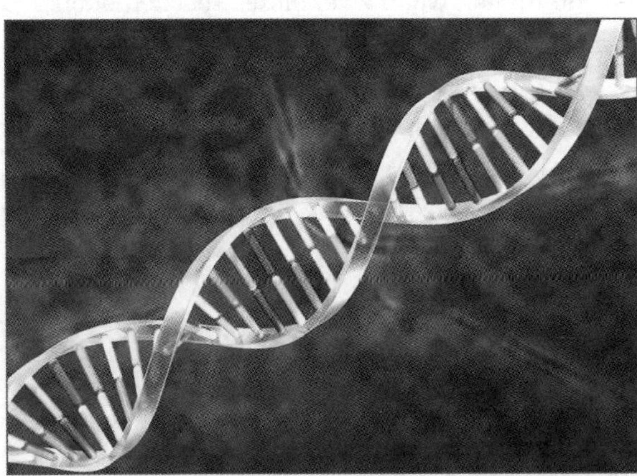

Abb. 40: Die „stehende Welle" DNS.

menhang. Eine Gruppe russischer Forscher unter der Leitung des Molekularbiologen und Biophysikers Pjotr Garjajev fand heraus, dass die DNS Informationen nicht nur empfängt und aussendet, sondern sie auch absorbiert und verarbeitet. Das erklärt, warum sich die Gene des Menschen aus der Ferne durch Frequenzen verändern lassen (durch die Informationen, die in den Frequenzen enthalten sind) und wie die DNS programmiert werden kann. Dieser Ansatz wird im weiteren Verlauf unserer Betrachtungen noch eine wichtige Rolle spielen.

Als „Evolution“ bezeichnet man den Vorgang, bei dem sich eine Art so an eine veränderte Umgebung anpasst, dass sie mit ihr im Gleichklang bleibt und spezielle Eigenschaften ausbildet, die sie im Überlebenskampf optimal unterstützen. Sie ist ein Ergebnis des Informationsaustauschs zwischen dem Quantenfeld der Möglichkeiten und Wahrscheinlichkeiten, der DNS und dem menschlichen Energiefeld. Der gesamte menschliche Körper – einschließlich der Knochen und der Haut – bildet eine Antenne, da er seiner ursprünglichen Natur nach aus elektromagnetischen Schwingungsfeldern besteht. Grazyna Fosar und Franz Bludorf schrieben in „Vernetzte Intelligenz“:

> Durch jüngste Forschungsergebnisse lassen sich Phänomene wie Hellsehen, Intuition, Spontan- und Fernheilung, Selbstheilung und Affirmationstechniken erklären, aber auch ungewöhnliche Lichtauren, von denen manche Menschen umgeben sind (insbesondere spirituelle Meister), der Einfluss des Geistes auf das Wetter und vieles mehr.
>
> Die russischen Wissenschaftler fanden zudem heraus, dass unsere DNS Störmuster im Vakuum verursachen und dadurch magnetisierte Wurmlöcher erzeugen kann. Wurmlöcher sind die mikroskopischen Entsprechungen der sogenannten Einstein-Rosen-Brücken, die in der Umgebung schwarzer Löcher auftreten (das sind Überbleibsel ausgebrannter Sterne). Dabei handelt es sich um tunnelförmige Verbindungen zwischen völlig verschiedenen Bereichen des Universums, über die Informationen außerhalb von Raum und Zeit übertragen werden können. Die DNS zieht diese Informationshäppchen an und leitet sie an unser Bewusstsein weiter.

Was ist bloß aus dem „kleinen Ich“ geworden? Wenn wir das Frequenzband ausdehnen, in dem die DNS arbeitet (das heißt, wenn wir unser Bewusstsein weiten), sind wir in der Lage, uns mit anderen Realitäten zu verbinden, die jenseits der fünf Sinne existieren – so, wie mediale Menschen und Hellseher es tun. Benutzen wir unser Bewusstsein dazu, der DNS einer anderen Person harmonisierende Frequenzen zu senden, können wir aus der Ferne heilen (und auf die gleiche Weise auch Heilung empfangen). Die bewusste Kommunikation mit unserer DNS erlaubt uns auch, uns selbst zu heilen. Das steckt in Wirklichkeit dahinter, wenn jemand „auf wundersame Weise“ mit der Kraft des Geistes den Körper heilt. Mit Wundern hat das nicht das Geringste zu tun. Die wirkliche Welt ist so gestaltet, dass Derartiges möglich ist; doch ist diese Art von Wissen unterdrückt worden, um uns über unsere wahren Kräfte in Unwissenheit zu halten.

Placebos lassen den Verstand glauben, sie würden wirkungsvoll zur Heilung beitragen. Unbewusst überträgt sich diese Vorstellung auf den Körper, der sich als Reaktion darauf *selbst* heilt. Dem Chirurgen Andrew Carr zufolge, der als Professor für orthopädische

Chirurgie an der Universität Oxford tätig ist, könnten Tausende Patienten – ohne chirurgischen Eingriff – einfach durch den Glauben geheilt werden, dass eine (in Wirklichkeit unnötige) Operation ihr Problem beseitigen wird:

> Die Arbeit unterbrechen und sein Leben ändern zu müssen; in ein Krankenhaus zu kommen, mit all den blau gekleideten Menschen mit ihren Kopfbedeckungen; man wird anästhesiert … Das alles bildet, wenn wir an den Placebo-Effekt glauben, mit Sicherheit eine Konstellation, die einen phänomenalen Placebo-Effekt hervorbringen kann.

In verschiedenen Studien wurde nachgewiesen, dass Patienten, die einer vorgetäuschten Operation unterzogen werden, aber von deren Echtheit überzeugt sind, genauso oder annähernd so gut genesen wie diejenigen, die tatsächlich operiert werden. Alle Dinge im unendlichen Dasein sind Bewusstsein/Gewahrsein, das mit sich selbst interagiert.

Die DNS ist ein Sender-/Empfänger-System

Die Schulwissenschaft lehrt, dass höchstens fünf Prozent der DNS auf einer „physischen" Ebene aktiv sind. Die übrigen 95 Prozent scheinen keine Funktion zu erfüllen, sodass man sie im Englischen einfach als „Junk DNA" – also etwa als „Schrott"- oder „Ausschuss-DNS" – klassifiziert und ihnen keine weitere Beachtung schenkt. „Wir verstehen nicht, wozu diese Bereiche da sind, also können sie auch keinen Zweck erfüllen." Diese Bereiche, die beinah die gesamte DNS ausmachen, arbeiten auf und interagieren mit der unsichtbaren Ebene.

Russische Forscher haben festgestellt, dass die Codierung der DNS denselben Strukturen und Regeln unterliegt, die auch sämtliche menschlichen Sprachen aufweisen. Bei der DNS im Speziellen handelt es sich, wie auch beim menschlichen Körper im Allgemeinen, in der Tat um ein biologisches Computersystem. Wer die Software zu programmieren versteht, kann heilen, was er will, den Alterungsprozess hinauszögern und die Lebensspanne fast beliebig verlängern. Statt nun diese fantastischen Möglichkeiten zu erkunden, wollen die Familien der Eliten und ihre Netzwerke, die sich die Manipulation der Gesellschaft zur Aufgabe gemacht haben, dieses Wissen unter dem Deckel halten und – was die Gesundheit anbelangt – dem pharmakologischen Todeskult den niederträchtigen Weg ebnen. Im März 2017 gaben Wissenschaftler der Columbia University und des New York Genome Centers bekannt, dass sie einen Weg gefunden hätten, Dateien auf der DNS genau wie auf einer Festplatte zu speichern, zu vervielfältigen und wieder auszulesen. Wie lange schon spreche ich davon, dass die DNS in gewisser Hinsicht wie der Speicher eines Computers funktioniert, auf dem Informationen dauerhaft gespeichert werden?

Um die Wirklichkeit zu verstehen, bedarf es keines Universitätsabschlusses – die dafür benötigten Informationen sind dem kosmischen Internet einbeschrieben, das uns umgibt. Dazu müssten sich die Menschen allerdings auf diese Frequenzen einstellen. Der vom

Materiellen besessene, oftmals eindimensionale (wenn überhaupt) wissenschaftliche Verstand ist derart massiv mit der Fünf-Sinnes-Realität verschweißt, dass er abstumpft und für den Erkenntnisstrom, der sich aus dem uns umgebenden Informationsozean ergießt, unempfänglich wird. In Sende- und Empfangsgeräten findet man Kristalle; aus demselben Grund weist auch der menschliche Körper kristalline Strukturen auf. Die Membran jeder einzelnen der Billionen Zellen, aus denen unser Körper besteht, bildet eine flüssige Kristallstruktur. Die im Gehirn befindliche kristalline Zirbeldrüse gehört zum „dritten Auge", das es uns erlaubt, mit Frequenzen in anderen Realitäten in Verbindung zu treten.

Abb. 41: „Ich-Phantom vs. Unendliches Selbst" – In welchem Umfang erlauben wir unserem Gehirn, Informationen zu verarbeiten? Der Grad der geistigen Aufgeschlossenheit entscheidet.

Während wir mit dem kosmischen Internet in permanentem Austausch stehen, empfangen, senden, decodieren und verarbeiten wir Informationen. Eine der Methoden, die die DNS zur Kommunikation benutzt, basiert auf den von biologischen Systemen ausgesendeten Photonen, die von der Wissenschaft als „Biophotonen" bezeichnet werden und sich im sichtbaren bzw. ultravioletten Spektrum bewegen. Nikola Tesla sagte, das Gehirn sei „nur ein Empfänger". Ganz offensichtlich ist das der Fall. Bewusstsein *entsteht* nicht im Gehirn, sondern wird von ihm *empfangen*. Es verarbeitet die von den fünf Sinnen stammenden Informationen ebenso wie diejenigen, die von einer Ebene jenseits unserer Realität hereinströmen. Welche

Abb. 42: „Geistig gesund, verrückt, geistig gesund" – Dieselbe „physische" Realität, aber verschiedene Beobachtungsstandpunkte. Die große Umkehrung bewirkt, dass diejenigen, die das erweiterte Gewahrsein anzapfen, von denen, die davon getrennt sind, als verrückt bezeichnet werden.

Anteile dieses Spektrums wir unserem Gehirn erlauben, in bewusste Wahrnehmung zu transformieren, entscheiden wir selbst (Abb. 41). Das ist der Grund, warum in der Gesellschaft Menschen mit sehr unterschiedlichen Gewahrseinsgraden miteinander interagieren – wobei die Wachsten dem Spott und der Verachtung der am wenigsten Bewussten ausgesetzt sind (Abb. 42). Erwähnte ich eigentlich schon die Umkehrung? Der Schriftsteller Jonathan Swift (1667–1745) schrieb: „Eine wahre Geistesgröße erkennt man daran, dass sich dort, wo sie auftaucht, alle Dummköpfe gegen sie verbrüdern." Statt von „Dummköpfen" hätte er auch von den „Ahnungslosen" sprechen können. Der Punkt ist, dass niemand ahnungslos sein muss: Die Unwissenden haben es *zugelassen*, unwissend zu bleiben. Das Gehirn sagt zu uns: „Wie willst du mich haben?" Es ist bekannt, dass das Gehirn „formbar" ist und sich entsprechend den empfangenen Informationen verändert. Das ist auch der Grund, warum die beinah permanente Stimulation durch „intelligente" Geräte die Art und Weise verändert, in der das Gehirn Informationen in bewusste Wahrnehmungen verwandelt. Identifiziert man sich mit dem Ich-Phantom bzw. dem Ich der fünf Sinne, wird das Gehirn die einströmenden Informationen auch nur auf dieser Ebene verarbeiten. Öffnen wir unseren Geist jedoch für ein erweitertes Gewahrsein, reorganisiert sich das Gehirn so, dass es die neuen Eindrücke verarbeiten kann.

Sie sehen es, wenn Sie … äh … *hinschauen*

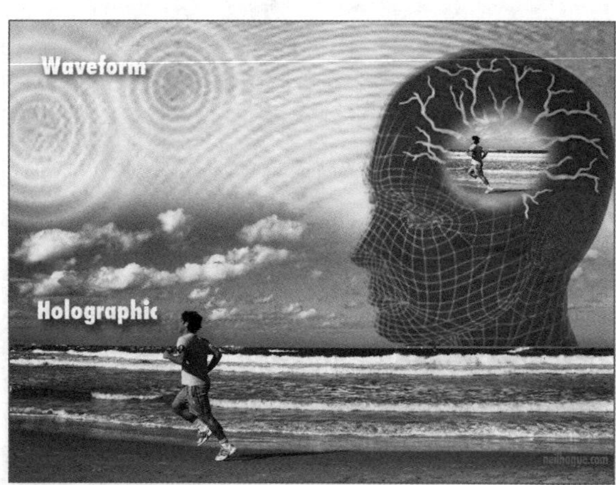

Abb. 43: Aufmerksamkeit – „Beobachtung" – stößt den Decodierungsprozess an, der aus den Welleninformationen unsere illusionäre „äußere Welt" generiert. Ohne einen Beobachter (Decoder) verbleibt alles im Schwingungszustand.

Immer wieder haben einzelne Wissenschaftler postuliert, dass die „physische" Welt nur dann existiert, wenn wir auch hinschauen. Sie sprechen dabei vom „Beobachtereffekt". In der wissenschaftlichen Gemeinde findet diese These zunehmend Unterstützung – zumindest unter denen, die sich von der vorgegebenen Lehrmeinung frei gemacht haben. Allerdings übersehen sie dabei meiner Meinung nach das Wesentliche: die *Decodierung*. Es handelt sich im Grunde weniger um einen „Beobachtereffekt" als einen „Decodereffekt". Beide Aspekte hängen insofern zusammen, als der Vorgang des „Beobachtens" bzw. der Fokussierung der Aufmerksamkeit das Decodiersystem des Körpers/Gehirns aktiviert. Solange wir nicht „hinsehen" (decodieren), verharrt die Wirklichkeit im Schwingungszustand. Erst wenn wir die Welleninformationen decodieren und in holografische Informationen umwandeln, entsteht die uns bekannte „3D"-Welt – in unseren Köpfen (Abb. 43).

Immer häufiger können wir in den Mainstreammedien Überschriften wie diese lesen: „Ihr gesamtes Leben ist eine *Illusion*: Neue Untersuchung bestätigt die Theorie, dass die Welt so lange nicht existiert, bis wir hinschauen." Der Artikel befasste sich mit den Resultaten einer Untersuchung, die von einem Forscherteam der australischen National University durchgeführt worden war. Die Wissenschaftler seien in der Lage gewesen zu beweisen, dass die bekannte quantenmechanische Theorie, nach der das Verhalten eines Teilchens davon abhängt, was wir gerade sehen, auch auf der Ebene der Atome gilt. „Auf der Quantenebene existiert die Realität nicht, wenn man nicht hinschaut", erklärte der außerordentliche Professor Andrew Truscott. Auch hierbei ist ein zusätzlicher Aspekt zu beachten: Die *Auffassungen* des Beobachters beeinflussen, wie er die Realität aus den im kosmischen Internet codierten Informationsmöglichkeiten und -wahrscheinlichkeiten decodieren wird. Der Decodierungsprozess zweier Personen, die verschiedene Realitätsauffassungen haben, wird nicht in derselben Weise erfolgen und auch nicht exakt dasselbe Ergebnis hervorbringen. Der Autor Joseph Michael Straczynski schrieb dazu:

> Zufälle geschehen eben, sagt man. Doch in einem Quantenuniversum gibt es keine Zufälle – nur Möglichkeiten und Wahrscheinlichkeiten, die durch die Wahrnehmung ins Dasein gefaltet werden.

Genau: Durch die *Wahrnehmung*. In unzähligen Experimenten ist gezeigt worden, dass der Mensch zu seiner visuellen Realität Elemente hinzuerfindet, die zwar in Wirklichkeit nicht vorhanden sind, seiner Meinung nach aber da sein *sollten* (ein Phänomen, das auf die Vierzig-aus-elf-Millionen-Auswahl zurückzuführen ist). Mein umfangreichstes Buch trägt den Titel „Die Wahrnehmungsfalle", da sich sämtliche Strukturen, mit denen die Menschheit kontrolliert werden soll, auf die Manipulation der Wahrnehmung gründen. Die Schattenmächte, die genau wissen, wie wir mit der Realität interagieren (uns dieses Wissen aber vorenthalten wollen), sind sich bestens der Tatsache bewusst, dass wir – wenn es ihnen gelingt, unsere Wahrnehmungen zu programmieren – die von uns erlebte Realität in einer Weise decodieren werden, die ebenjenen Programmierungen entspricht. Durch diesen einfachen Kniff sind einige wenige in der Lage, Kontrolle über Millionen von Menschen auszuüben.

Was wir glauben, nehmen wir auch wahr, und was wir wahrnehmen, werden wir erleben. Das ist keine Vermutung, sondern Physik. George Berkeley (1685–1753), der Namensgeber der berühmten kalifornischen Universität, hatte begriffen, dass die materielle Wirklichkeit eine Illusion ist: „Das Einzige, was wir wahrnehmen, sind unsere Wahrnehmungen." Ein einfaches Beispiel verdeutlicht das: Ein Mensch, der das Glas als halb voll betrachtet, wird nicht dieselben Erfahrungen machen (dieselben Quantenmöglichkeiten und -wahrscheinlichkeiten decodieren) wie jemand, der es als randvoll wahrnimmt. Oder nehmen wir das etwas drastischere Beispiel des Feuerlaufens: Wenn Sie barfuß über glühende Kohlen gehen und dabei erwarten, dass Sie sich verbrennen werden, wird genau

Abb. 44: Eine Illusion kann keine Illusion verbrennen – es sei denn, Sie halten das für möglich.

das passieren; doch in einem veränderten Bewusstseinszustand (in einer veränderten Realitätswahrnehmung) kann man über die Kohlen laufen, ohne sich die Füße zu verbrennen. Feuerläufer auf der ganzen Welt haben das viele Male bewiesen (Abb. 44). Eine Illusion kann eine andere Illusion nicht verbrennen – es sei denn, man glaubt daran. Dann wird man genau diese (*wahrgenommene*) Realität decodieren. Laut Professor Truscott habe sein Experiment („Ihr gesamtes Leben ist eine Illusion!") Folgendes gezeigt: „Die Atome sind nicht von A nach B gewandert. [...] Erst in dem Moment, als wir am Ende ihrer ‚Reise' Messungen vornahmen, manifestierte sich ihr wellen- bzw. teilchenartiges Verhalten." Oder mit anderen Worten: Es wurde durch Fokussierung und Wahrnehmung ins Dasein *decodiert*. Die Stimme, die ich während meiner Ayahuasca-Erfahrung in Brasilien hörte, hatte zu mir gesagt: „Warum fliegst du von Punkt A nach Punkt B, wenn du doch Punkt A und Punkt B *bist* – und alles dazwischen?" Die *Epoch Times* brachte einmal einen Beitrag, der die Überschrift trug: „Ihr Geist kann Materie beherrschen". Darin hieß es bezüglich eines anderen Experiments:

> Es wurde gezeigt, dass auch Atome Wellencharakter haben. Ob sie sich als Wellen oder als Teilchen manifestierten, hing davon ab, ob jemand zusah. Die Beobachtung beeinflusste die physikalische Realität der Teilchen – oder technischer ausgedrückt: Durch die Beobachtung kollabierte die Wellenfunktion.

Abb. 45: Die Wellen kollabieren in die holografische „Teilchen"-Realität.

Wellen kollabieren bei Beobachtung (zumindest scheinbar) zu Teilchen, weil sie durch den Vorgang der Beobachtung und Fokussierung – einen Aspekt der Wechselwirkung zwischen geistigen und energetischen Informationen – decodiert werden. Wellen kollabieren (werden decodiert) in die illusionäre „physische" Welt der Teilchen und Atome, die nur andere Ausdrucksformen der Wellen darstellen. Alles besteht aus Wellen (Abb. 45). Das kosmische Internet ist ein Konstrukt aus energetischen Welleninformationen, dem die Informationsblaupause dessen einbeschrieben ist, was wir „die Welt" nennen. Doch was wir daraus im Detail und Ergebnis decodieren, hängt von den *Wahrnehmungen* sowie vom Bewusstseinszustand des Beobachters ab. Die wellenförmige Realität wird von einer Reihe von Quantenmöglichkeiten und -wahrscheinlichkeiten gebildet; welche dieser Wahrscheinlichkeiten und Möglichkeiten, die das energetische Gefüge des kosmischen Internets bereithält, in von uns erlebte Realität decodiert werden (kollabieren), wird durch unser Bewusstsein (unsere Wahrnehmung) bestimmt.

Kontrolliere die Wahrnehmung, und du kontrollierst alles. Der Physiker und Nobelpreisträger John Wheeler sagte: „Kein Phänomen ist ein reales Phänomen – nur ein *beobachtetes* Phänomen ist real." Oder wie ich es ausdrücken würde: Nur ein *decodiertes* Phänomen ist ein reales Phänomen. Der Traum ist der Träumer, und der Träumer ist der Traum, da der Traum eine decodierte Erweiterung bzw. Projektion des Träumers darstellt. „Ist all Schaun und Schein nur Schaum – nichts als Traum in einem Traum?", dichtete Edgar Allen Poe. Wer danach trachtet, den Traum zu kontrollieren, muss die Kontrolle über die Wahrnehmungen des Träumers erlangen. Damit haben wir die globale Verschwörung zur Unterjochung der Menschheit in einem Satz zusammengefasst. Manche unserer Träume wirken erstaunlich real und „physisch", obwohl wir in der eigentlichen, „physischen" Welt zur selben Zeit schlafen. Träume können symbolische Widerspiegelungen unserer geistigen bzw. emotionalen Verfassung sein oder uns mit Realitäten anderer Wellenlängen verbinden. Tatsächlich äußert sich die Hirnaktivität in Gehirn*wellen* verschiedener Frequenzbereiche: Betawellen, Deltawellen usw. Der tiefste dieser Zustände – der Schlaf, den die Griechen als „hypnos" bezeichneten – gehört einer gänzlich anderen als unserer als „physisch" wahrgenommenen Welt an. Fast jede Nacht habe ich, während ich beinah komatös schlafe, außerordentlich lebhafte Träume. Auf ihrer Wellenlänge sind sie genauso „physisch" real wie die Welt, die wir mit unseren fünf Sinnen erleben.

Die folgende Geschichte habe ich schon viele Male erzählt, da sie ausgezeichnet erklärt, wie wir Realität decodieren, und zeigt, wie unglaublich tief die uns umgebende Illusion reicht. Im Jahr 1990 veröffentlichte der Autor und Rechercheur Michael Talbot ein herausragendes Werk mit dem Titel „Das holographische Universum". Das packende Buch präsentiert die Arbeit, Erkenntnisse und Schlussfolgerungen aufgeschlossener Wissenschaftler, die die Auffassung vertreten, dass es sich bei unserer „physikalischen" Welt in Wirklichkeit um eine holografische Illusion handelt. Darin schildert Talbot, was sich während einer Party ereignete, die sein Vater einmal für einige Freunde gab. Um die Gäste gut zu unterhalten, hatte er einen bühnenerprobten Hypnotiseur eingeladen. Im Verlauf seiner Darbietung versetzte er einen Herrn namens Tom in einen hypnotischen Zustand und suggerierte ihm, dass er, wenn er wieder „erwachen" würde, seine Tochter nicht mehr sehen könne. Nachdem der Hypnotiseur Toms Tochter gebeten hatte, sich unmittelbar vor ihrem Vater aufzustellen, holte er ihn ins Wachbewusstsein zurück und fragte ihn, ob er seine Tochter irgendwo sehe. Tom verneinte – obwohl er direkt auf ihren Bauch starrte. Dann positionierte der Hypnotiseur seine Hand hinter dem Rücken der Dame und fragte Tom, ob er sagen könne, was er in der Hand hielt. „Eine Uhr", gab Tom zurück – ungeachtet der Tatsache, dass seine Tochter zwischen ihm und der Uhr stand. Als der Hypnotiseur

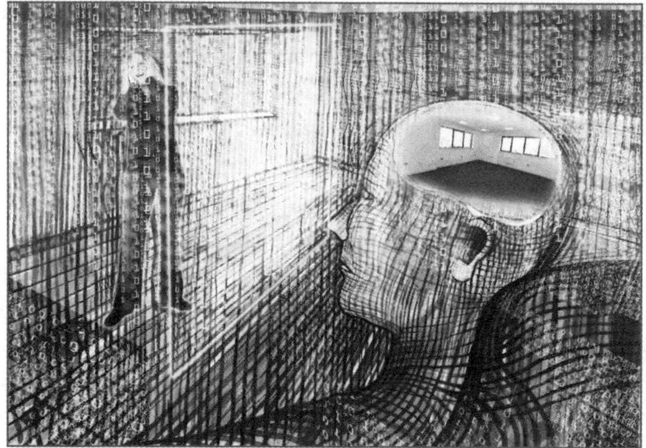

Abb. 46: Toms Gehirn/Verstand wurde durch hypnotische Suggestion so blockiert, dass er aus dem Schwingungsfeld seiner Tochter keine holografische Realität mehr decodieren konnte …

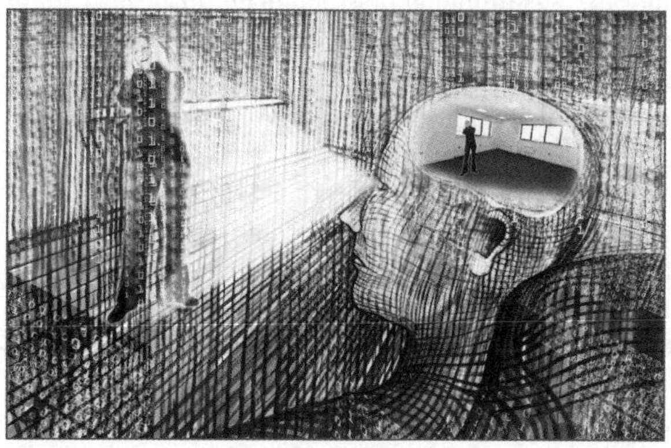

Abb. 47: … erst nach Aufhebung der Blockade konnte er seine Tochter wieder mit seinem Wachbewusstsein wahrnehmen.

Tom schließlich fragte, was auf der Uhr eingraviert war, konnte er die Inschrift korrekt wiedergeben.

Dass sich etwas Derartiges tatsächlich zuträgt, scheint unmöglich zu sein; doch das ist es nicht. Ihrem ursprünglichen Wesen nach sind auch unsere fünf Sinne und unser Gehirn/Körper Welleninformationen. Das „physische" Gehirn ist nur ein holografischer Ausdruck der *Wellenform* „Gehirn". Toms Decodierungsprozess, der sich auf der Wellenebene des Unterbewusstseins abspielte, wurde durch die hypnotische Suggestion wie von einem Schutzwall unterbrochen: Er machte es ihm unmöglich, das energetische Schwingungsfeld seiner Tochter auszulesen (zu decodieren). Im Frequenzband seines bewussten Fünf-Sinnes-Verstandes blieb seine Tochter so lange für ihn unsichtbar, bis er ihr Energiefeld wieder in die holografische Realität decodieren konnte. Während der Zeit, in der Toms Gehirn seine Tochter nicht in die holografische Realität zu decodieren vermochte – der auch sein bewusster Verstand angehörte –, konnte sie mit dieser Ebene nicht in Wechselwirkung treten und ihn folglich nicht daran hindern, die Uhr wahrzunehmen. Alle anderen Anwesenden konnten Toms Tochter sehr wohl sehen, denn sie unterlagen nicht der Wirkung des hypnotisch induzierten Schutzwalls (Abb. 46 und 47).

Wie ich noch zeigen werde, ist die menschliche Wahrnehmung einer rund um die Uhr währenden Programmierung unterworfen. Was mögen *wir* wohl nicht sehen – als Folge kollektiver Schutzwälle ähnlich demjenigen, der Toms Verstand vernebelte? Ist es wirklich purer Zufall, dass die menschliche Spezies lediglich in einem derart schmalen Frequenzband zu sehen vermag? Meine Antwort darauf lautet: Nein! Wie ich zu dieser Ansicht gekommen bin, werde ich noch erläutern.

Selbst unseren eigenen Körper decodieren wir in der gleichen Weise in die vermeintlich „physische" Daseinsebene (Abb. 48). Eigentlich ist es urkomisch, in welchem Umfang wir die Welt als „festgefügt" erleben. Farben? Nö, auch die existieren erst in dem Moment, in dem wir sie decodieren. Farben und Farbtöne stellen Informationsfelder unterschiedlicher Frequenzen dar, die sich erst dann in die Farben verwandeln, die wir zu sehen meinen, wenn wir sie beobachten – wir sie also in die von uns wahrgenommene Form decodieren (Abb. 49). Der englische Wissenschaftler Isaac Newton (1642–1726) bezeichnete das Frequenzband der Regenbogenfarben ganz zu Recht als „spectrum": Aus dem lateinischen Wort für „Erscheinung" oder „Phantom" leitet sich das englische Wort „spectre" ab, das so viel wie „Gespenst" oder „Spukgestalt" bedeutet. Ein schwarzes Objekt ist deshalb schwarz, weil es sämtliches Licht absorbiert; weiße Oberflächen hingegen erscheinen weiß, da sie alles Licht reflektieren. Farbige Gegenstände absorbieren einen Teil der Frequenzen, während sie andere zurückwerfen. Den reflektierten Lichtanteil nehmen wir als die Farbe eines Objekts wahr, sobald er durch die Sehorgane in elektrische Informationen umgewandelt (decodiert) wird und diese elektrischen Signale im Gehirn eine holografische Wahrnehmung entstehen lassen.

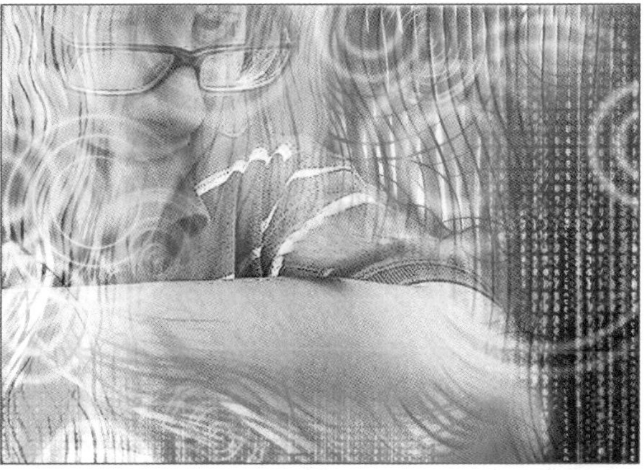

Abb. 48: Aus den Welleninformationen unseres Körpers decodieren wir – durch „Beobachtung" – seine holografische Form.

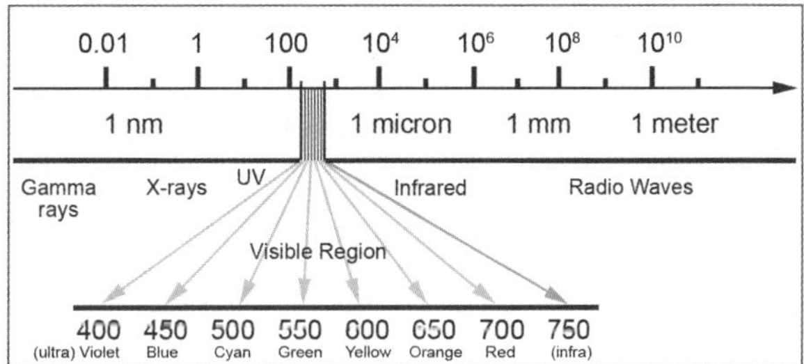

Abb. 49: Farben sind Informationsfrequenzen, die wir durch Decodierung in die Farben umsetzen, die wir zu sehen meinen.

Was soll das sein – „physisch"?

Unsere Realität stellt keine physische, sondern eine holografische Wirklichkeit dar – sie *scheint* nur „physisch" zu sein. Seit vielen Jahren schon spreche ich davon, dass die „Welt" ein digitales Hologramm ist; mittlerweile kommen mehr und mehr Wissenschaftler zu demselben Schluss. Zumindest unter den unvoreingenommenen Forschern.

Fast jeder hat schon einmal die Hologramme gesehen, die man in manchen Geschäften kaufen kann. Auch auf Geldscheinen und Kreditkarten sind Hologramme bereits gang und

Abb. 50: Die Dame ist ein Hologramm.

Abb. 51: Holografische Versionen von Menschen werden immer alltäglicher.

gäbe. Es handelt sich dabei um flache Bilder, die den Eindruck vermitteln, dreidimensional zu sein. Mittels Holografie ist man heute in der Lage, bewegliche 3D-Bilder eines Menschen von einem Ort an einen anderen zu übertragen (Abb. 50). Holografische Abbilder verstorbener Personen haben bereits Fernsehsendungen moderiert, und wir konnten Duette zwischen lebenden und toten Sängern wie beispielsweise Elvis erleben (Abb. 51).

Die Holografie ahmt die holografische Realität nach, die wir als unser Leben erfahren. Ein Hologramm ist die fotografische Aufzeichnung des von einem Objekt reflektierten Lichts. Wir können einen Gegenstand nur dann sehen, wenn er Licht zurückwirft (allerdings gäbe es dazu meines Erachtens mehr zu sagen). In einem stockdunklen Raum sieht man überhaupt nichts. Rich Terrile, der am Jet Propulsion Laboratory der NASA das Center for Evolutionary Computation and Automated Design leitet, erklärte im ausgehenden Jahr 2016 in der „Richie Allen Show", dass das Universum ein digitales Hologramm darstellt und als solches von einer Intelligenz erschaffen worden sein muss. Nichts anderes sage ich schon seit Langem und bin dafür von beiden Seiten – vom Mainstream ebenso wie von großen Teilen der „alternativen" Medien – verlacht worden. Wir leben in dem Äquivalent einer Computersimulation, nicht unähnlich der Matrix, die in der gleichnamigen Filmtrilogie beschrieben worden ist. Ich werde noch ausführlich auf die Natur dieser Simulation eingehen und im Detail erläutern, welche „Intelligenz" sie erschaffen hat. Zwar benutze ich hier den Begriff „Computer", doch die Instanz, die die Simulation kontrolliert, übersteigt bei Weitem alles, was wir mit diesem Ausdruck assoziieren würden.

Bei der Erzeugung der Hologramme, die wir kaufen können oder in den Medien sehen, kommen ein Laserstrahl und verschiedene Spiegel zum Einsatz (Abb. 52). Eine Hälfte des

Laserstrahls wird auf das Objekt gelenkt und trifft dann auf einer Fotoplatte auf; die andere Hälfte umgeht das Objekt und erreicht die Platte direkt. Das Muster, das aus der Überlagerung beider Strahlen entsteht, ergibt ein Abbild des Objekts in ... Sie ahnen es: in *Wellenform* (Abb. 53). Dieses sogenannte Interferenzmuster, das ein wenig an menschliche Fingerabdrücke erinnert, scheint nur eine unregelmäßige Ansammlung von Linien zu sein. Der Effekt ist prinzipiell derselbe, der auch auftritt, wenn man zwei Steine in einen Teich wirft. Die beiden Wellen breiten sich aus, treffen aufeinander und erzeugen auf der Wasseroberfläche als Resultat ein Muster, das Größe und Gewicht der Steine ebenso widerspiegelt wie Ort und Geschwindigkeit der Würfe sowie den Abstand der beiden Steine. Richtet man einen Laser- oder Lichtstrahl definierter Wellenlänge („kohärentes Licht") auf das holografische Welleninterferenzmuster, geschieht etwas Überraschendes: Ein dreidimensionales Abbild des Objekts wird projiziert. Das auf das Wellenmuster auftreffende Licht bewirkt, dass der Wellenzustand des Objekts „rekonstruiert" wird. Da das Gehirn diese Welleninformationen genauso in eine holografische Wirklichkeit umsetzt (decodiert) wie die „echte" Realität, halten unsere „Augen" die Projektion für das Objekt selbst. Setzt man gedanklich an die Stelle des Lasers die menschliche Aufmerksamkeit bzw. „Beobachtung", bekommt man eine Vorstellung davon, wie wir die „2D"-Welleninformationen aus dem kosmischen Internet in die holografische „3D"-Welt unserer täglichen Erfahrung decodieren. Die besten Hologramme erscheinen mitunter ebenso materiell wie Sie oder ich, doch ist dies reine Illusion: Sie können Ihre Hand durch ein Hologramm hindurchbewegen (Abb. 54 und 55). Dieser einfache Mechanismus ist der Grund, warum uns unsere Realität absolut physisch erscheint, obwohl sie das keineswegs ist.

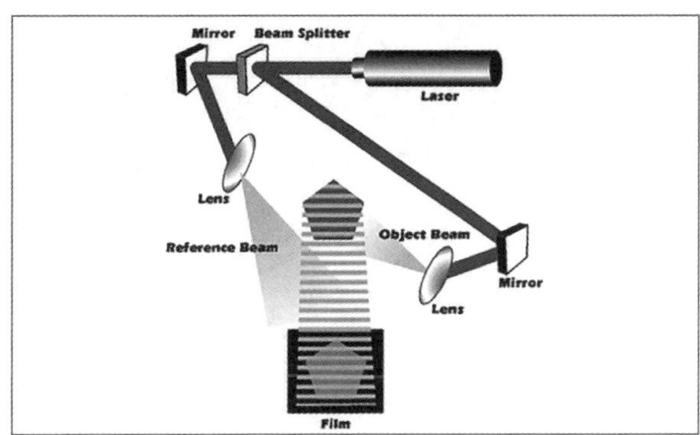

Abb. 52: Die Erzeugung von Hologrammen.

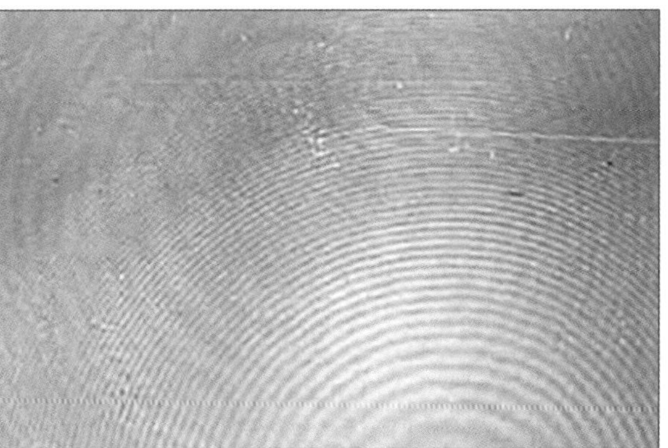
Abb. 53: Ein Hologramm in Wellenform, das vom Laser ausgelesen (decodiert) und in ein scheinbares 3D-Bild umgewandelt wird.

Die große britische Wissenschaftszeitschrift *New Scientist* brachte 2009 eine Titelgeschichte mit der Überschrift: „Sie sind ein Hologramm, das vom Rande des Universums projiziert wird." Im *Scientific American* erschien ein ähnlich gelagerter Artikel: „Sind Sie

Abb. 54: Holografische „Festigkeit", durch die man seine Hand hindurch bewegen kann.

Abb. 55: Hologramme ahmen die von uns erlebte Realität nach.

Abb. 56: Selbst die etablierte Wissenschaft sieht sich inzwischen gezwungen, die Realität zu überdenken.

ein Hologramm? (Laut Quantenphysik könnte das gesamte Universum eines sein)" – siehe Abbildung 56. Ein Beitrag, der 2017 in einem Massenmedium erschien, trug den Titel: „Wissenschaftlern zufolge könnte das Universum ein ‚gewaltiges, komplexes Hologramm' sein." Wie darin erläutert wird, hätten Forscher der University of Southampton in Zusammenarbeit mit kanadischen und italienischen Kollegen „stichhaltige Beweise" dafür gefunden, dass wir Teil einer gigantischen Illusion sind – ähnlich einem 3D-Film im Kino, der in Wahrheit nur eine zweidimensionale Leinwand füllt. Das Team, das seine Erkenntnisse in der Fachzeitschrift *Physical Review Letters* ausführlich vorstellte, will Unregelmäßigkeiten in der kosmischen Hintergrundstrahlung gefunden haben. Die Wissenschaft betrachtet diese Mikrowellenstrahlung als „Nachglühen" des Urknalls (der nie stattgefunden hat). Der aus Southampton stammende Mathematikprofessor Kostas Skenderis verglich unser Leben im kosmischen Hologramm mit dem Anschauen eines 3D-Films. Der Unterschied bestehe darin, dass wir die uns umgebenden Gegenstände berühren können, sodass wir die „Projektion" als „real" erfahren.

Doch wir berühren keine Objekte – wir sind Wellen, die mit Wellen interagieren. Die 3D-Kinoleinwand entspricht unserem Decodierungsprozess. Den Verfechtern der Hologrammthese widerspreche ich nur insofern, dass ich das „holografische Universum“ nicht für ein äußeres Konstrukt halte, sondern für etwas, was sich ausschließlich in unserem Inneren abspielt: Der Körper/Intellekt wandelt (decodiert) die Welleninformationen – das kosmische Internet – in eine holografische Form um. Das Universum ist kein Hologramm, sondern besteht aus Schwingungsinformationen. Während des Decodierungsvorgangs werden diese Informationen in die von uns erfahrene holografische bzw. „physische“ Realität transformiert – *in* unserem Verstand, nicht außerhalb von uns. Was wir auf einem Bildschirm sehen, ist das Ergebnis von Umwandlungsprozessen *im Inneren* des dazugehörigen Computers, nicht irgendwo außerhalb desselben.

Ein Team von Forschern, die verschiedenen japanischen Universitäten angehören, hat Hologramme entwickelt, die man scheinbar berühren kann. In modernen Geräten wie etwa der von Microsoft produzierten HoloLens-Brille wird die „normale“ Realität mit holografischen Elementen kombiniert, darunter digitalen Personen in Lebensgröße. Hier werden technologisch erschaffene Hologramme in eine biologische Holografie eingefügt. Während wir beim Betrachten eines 3D-Films Höhe, Breite und Tiefe wahrzunehmen meinen, erklärte Professor Skenderis, existieren die Bilder in Wirklichkeit nur auf einer Fläche. Die Idee der holografischen Realität bedeute einen gewaltigen Schritt nach vorne, wolle man die Struktur und Entstehung des Universums verstehen. Möglicherweise sei sie der Schlüssel, Einsteins Gravitationstheorie endlich mit der Quantentheorie verschmelzen zu können – ein Unterfangen, mit dem sich die Wissenschaftler seit Jahrzehnten abmühen.

Forscher der japanischen Ibaraki-Universität erklärten, sie hätten „erdrückende Beweise“ dafür gefunden, dass es sich beim Universum um eine holografische Projektion handelt. In meinen Büchern und Vorträgen spreche ich seit nunmehr anderthalb Jahrzehnten davon. Um die Wirklichkeit zu ergründen, braucht es keinen wissenschaftlichen, sondern einen aufgeschlossenen Verstand. Ich betone noch einmal, dass die im Wissenschaftsbetrieb übliche Denkweise den Erkenntnisprozess *behindern* kann, da sie der akademischen Lehrmeinung huldigt und dazu neigt, zwar einzelne Aspekte zu untersuchen, sie aber nicht zum Gesamtbild zusammenzufügen.

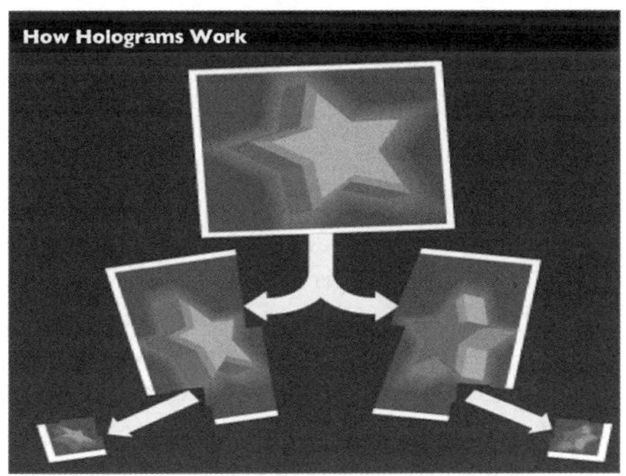

Abb. 57: Jeder Abschnitt eines Hologramms ist eine verkleinerte Version des Ganzen.

Eine der hervorstechenden Eigenschaften des Hologramms ist die Tatsache, dass jedes Teilstück desselben eine miniaturisierte Version des Ganzen darstellt. Dadurch lassen sich viele vermeintliche „Mysterien“ erklären. Schneidet man eine holografische Struktur in Stücke, enthält jedes von ihnen eine verkleinerte Version des *gesamten* Gebildes – nicht nur eines Bruchstücks desselben (Abb. 57). Zwar nimmt die Klarheit der rekonstruierten Bilder ab, je kleiner die Fragmente werden, doch zeigen sie immer noch das gesamte Objekt. Alternative Heilmethoden wie die Akupunktur oder die Reflexzonenmassage machen von spezifischen Punkten bzw. Zonen überall am Körper Gebrauch, die einzelne Organe oder den gesamten Körper repräsentieren. Da der Körper ein Hologramm ist, kann es auch gar nicht anders sein – ein Umstand, der meiner Erfahrung nach selbst unter Therapeuten nur wenigen klar ist. Es gibt einen Grund dafür, warum ein erfahrener Handleser aus der Betrachtung der Hand eine solche Fülle an Informationen gewinnen kann. Die Hand stellt ein verkleinertes Abbild des Ganzen dar, da der Körper in der von uns wahrgenommenen Form ein Hologramm ist. Konventionelle Wissenschaftler wie Professor Richard Dawkins verwerfen und verspotten alternative Ansätze *grundsätzlich*, weil sie keine Ahnung haben, was der menschliche Körper eigentlich ist – geschweige denn, wie er funktioniert.

Digitale Hologramme = erfahrene Realität

Alles ist miteinander verbunden; jeder Teil spiegelt alles andere wider. Das ist die übereinstimmende Botschaft der erwachten Menschen aller Zeitalter. Leonardo da Vinci sagte: „Lerne zu sehen. Erkenne, dass alles mit allem verbunden ist." Der römische Philosoph Cicero schrieb: „Alles ist lebendig, alles ist miteinander verwoben." Für die Beziehungen zwischen Schwingungs-, digitaler und holografischer Ebene gilt das mit Sicherheit. Die Decodierung der Wellenrealität und ihre Umwandlung in eine holografische, „physische" Illusion umfasst eine Abfolge mehrerer Zustände: wellenförmig – teilchenartig – atomar – elektrisch – digital – holografisch. Sie alle enthalten dieselben Informationen, die jedoch auf verschiedene Weise ausgedrückt werden.

Die Atome müssen dabei nicht „fest" sein, um eine physische Welt zu konstituieren: Es gibt gar keine physische Welt. Atome stellen im Prozess der Umwandlung wellenförmiger in holografische Informationen nur einen Zwischenzustand dar. Auch der vom Computer erzeugte Bildschirminhalt entstammt unterschiedlich codierten Informationen, mit denen er über Festplatten, USB-Sticks und das Internet gefüttert wird. Die holografische Wirklichkeit stellt eine *digitale* – d.h. durch Zahlen darstellbare – holografische Realität dar. Zahlen sind numerische Darstellungen wellenförmiger Informationen bzw. Frequenzzustände. Diese Realitätsebene wird in der uralten Kunst der Numerologie decodiert. Während manche Menschen, wie beispielsweise Medien oder Hellsichtige, die Schwingungsinformationen auslesen, greifen die Zahlenmystiker auf die digitale Ebene zu. Die scheinbar unterschiedlichen Ergebnisse, zu denen beide Gruppen gelangen, repräsentieren dennoch *dieselbe* Wirklichkeit bzw. Informationsmenge. So erklärt sich, warum die Hinweise, die ich von verschiedenen Sehern und Numerologen erhielt, fast vollständig übereinstimmten.

Inzwischen gibt es computergenerierte digitale Hologramme, die nicht mehr mit analogen fotografischen Methoden hergestellt werden, sondern mittels Computern, die die Interferenzmuster (Wellenkonstrukte) der Objekte einfach berechnen. Die folgende Beschreibung eines digitalen Hologramms ist einem Bericht der Mainstreammedien entnommen:

> Und sie wirken echt. So echt, dass die Passanten anhielten, als Ford einen neuen Prototypen in Form eines [digitalen] Hologramms präsentierte – weil sie den Zusammenprall fürchteten. Sie glaubten, das holografische Automobil stünde dort tatsächlich.

Die von uns als „Welt" erlebte Wirklichkeit setzt sich im Grunde aus digitalen Hologrammen zusammen. Das Gehirn/der Körper wandelt Welleninformationen in elektrische und digital-holografische Informationen um. Auf einer bestimmten Realitätsebene scheint somit alles aus Zahlen und den dazugehörigen Codes zu bestehen. Max Tegmark, Physiker am Massachusetts Institute of Technology (MIT) und Autor des Buchs „Our Mathematical Universe", schrieb: „Das Universum kann vollständig durch Zahlen und Mathematik beschrieben werden." Im weiteren Verlauf werde ich, wenn ich detailliert auf die Hintergründe unserer simulierten Realität eingehe, diese Zusammenhänge weitaus genauer ausführen. Für den Augenblick soll der Hinweis genügen, dass hier der Grund dafür zu suchen ist, warum der NASA-Wissenschaftler Rich Terrile das Universum als digitales Hologramm bezeichnet und in der „Matrix"-Trilogie so viel Gewicht auf die digitale Realität gelegt wird (Abb. 58).

Abb. 58: Digitale Realität im Film „Matrix".

Keine Zeit, kein Raum

Nichts bestimmt die „Welt", die wir tagtäglich erfahren, so sehr wie Raum und Zeit. Unser Leben wird, während wir den Alterungsprozess (Computerzyklus) durchlaufen, durch die verstrichene Zeit definiert. Was, so spät ist es schon? Die Zeit ist gekommen. Ich habe keine Zeit. Jeder „Tag" im Leben eines Menschen wird von der Zeit beherrscht, definiert und begrenzt. Da kommt es einer Offenbarung gleich zu erkennen, dass es Zeit gar nicht gibt: Als Produkt des Decodierungsprozesses existiert sie nur im menschlichen Verstand. Die Illusion der Zeit entsteht, weil die vom Gehirn decodierten Bilder in einer Weise erzeugt werden, dass jedes Bild auf das vorangegangene zu folgen scheint. Der Prozess ähnelt dem vom Film bekannten Vorgang, bei dem unbewegte Einzelbilder in schneller Folge den Projektor passieren, sodass der Eindruck einer Bewegung entsteht. In jeder Sekunde wählt unser Gehirn aus etwa elf Millionen Sinneseindrücken bzw. Momentaufnahmen 40 aus, um daraus die von uns erlebte Wirklichkeit zu konstruieren. Ginge es stattdessen darum, die Informationen einfach zu einer Sequenz anzuordnen, wäre das ein Kinderspiel.

Auch beim Zustandekommen der Zeitillusion heißt der entscheidende Faktor einmal mehr „Wahrnehmung". Wie wir „Zeit" erleben, hängt zudem von unserer geistigen und emotionalen Verfassung ab. „Zeit" ist relativ – der Beobachter bzw. Decodierer sowie dessen Wahrnehmungen beeinflussen, wie sie erlebt wird. Als Albert Einstein einmal seine Relativitätstheorie erklärte, sagte er: „Verbringt man eine Stunde mit einem hübschen Mädchen, dann meint man, es sei eine Sekunde vergangen. Sitzt man jedoch eine Sekunde auf einem heißen Ofen, erscheint es einem wie eine Stunde. Das ist Relativität." Der angesehene theoretische Physiker Werner Karl Heisenberg (1901–1976), der der Quantenmechanik den Weg ebnete, hat erklärt: „Die Bahn [eines Elektrons] entsteht erst in dem Moment, in dem wir es beobachten." (In dem wir es *decodieren.*) Es gibt Hirnschädigungen, die bewirken, dass die betroffenen Personen nur Standbilder sehen. Statt des Tees, der sich aus der Kanne in die Tasse ergießt, sehen sie nur eine Abfolge unbewegter Bilder. Das zeigt, dass selbst Bewegung ein Konstrukt ist, das im Gehirn aus wellenförmigen bzw. elektrischen Informationen generiert wird. Andere sehen in großer Entfernung ein Auto, doch im nächsten Augenblick befindet es sich schon unmittelbar vor ihnen – übergangslos.

Zeit gibt es nicht, nur das JETZT: einen unendlich ausgedehnten „Moment", in dem alle Existenz inbegriffen ist. Vorstellungen von Vergangenheit und Zukunft sind in der Tat nur das: Vorstellungen. Wo befinden Sie sich, wenn Sie an die Vergangenheit denken? Im JETZT. Und wenn Sie über die Zukunft nachsinnen? Ebenfalls im JETZT. Nur das JETZT existiert; sowohl die Vergangenheit als auch die Zukunft erleben wir im JETZT. Das kann auch gar nicht anders sein, gibt es doch einzig und allein das JETZT. Was wir als Zeitfluss aus der Vergangenheit über die Gegenwart in die Zukunft erleben, ist eine Folge sich verändernder Wahrnehmungen und Konstrukte innerhalb desselben JETZT. Folglich gibt es auch keine Zeitreisen, sondern lediglich scheinbare „Reisen" der Wahrnehmung, die sich alle im selben JETZT abspielen. Auf einer DVD ist der gesamte Film im selben JETZT codiert; doch wenn wir ihn anschauen, erleben wir die Abfolge der verschiedenen Szenen als ein Voranschreiten in der Zeit. Der Teil, den wir bereits gesehen haben, entspricht der Vergangenheit, der verbleibende Teil der Zukunft. Doch sämtliche Szenen sind auf demselben Medium gespeichert – im selben JETZT. Jemand, der eine frühere Szene nach Ihnen schaut, befindet sich gewissermaßen in Ihrer Vergan-

Abb. 59: Der gesamte Film – Vergangenheit, Gegenwart und Zukunft – im selben JETZT.

genheit; doch er tut das in demselben JETZT, in dem Sie eine spätere Szene ansehen (Abb. 59).

Die Analogie mit der DVD stimmt auch insofern, als die auf dem Datenträger gespeicherten Informationen nur vermittels einer bestimmten Technik ausgelesen und in Bilder und Klänge umgewandelt (decodiert) werden können. Nichts anderes geschieht, wenn das quantencomputerartige, wellenförmige Universum vom Gehirn/Verstand decodiert wird. Wissenschaftliche, die Quantenebene betreffende Experimente haben ergeben, dass sich die „Vergangenheit" von der Gegenwart aus beeinflussen und verändern lässt. Das klingt unglaublich – jedoch nur so lange, bis man versteht, dass die von uns wahrgenommenen Bereiche Vergangenheit, Gegenwart und Zukunft allesamt im selben JETZT angesiedelt sind. Bei der Gegenwart, die die Vergangenheit zu beeinflussen scheint, handelt es sich demnach in Wirklichkeit um das JETZT, das auf das JETZT einwirkt.

Tag und Nacht sind Wandlungen im JETZT, die in decodierter Form eine Abfolge von Ereignissen zu bilden scheinen, die wir als Tag bzw. Nacht bezeichnen. Hier haben wir es mit einer weiteren kollektiven Illusion zu tun, die in der Struktur des kosmischen Internet codiert ist. Der die „Zeit" vermessende Kalender ist eine manipulative Schöpfung der römischen Kirche; Uhren sind von Menschen erschaffen worden, nicht von der nichtexistenten Zeit. Die Illusion der Uhr-Zeit funktioniert wie folgt:

> Zeit existiert nicht, Uhren existieren. Zeit ist nur ein Konstrukt, auf das wir uns geeinigt haben. Wir haben Entfernungen genommen (eine Umdrehung der Sonne), in Abschnitte unterteilt und den Abschnitten Namen gegeben. Zwar hat das auch seinen Nutzen, doch sind wir darauf programmiert worden, unser Leben an diesem Konstrukt auszurichten, als wäre es real. Wir haben unser gemeinsames Konstrukt mit etwas Realem verwechselt und sind dadurch zu dessen Sklaven geworden.

Wie wir noch sehen werden, folgt das alles einem Plan. Der Irrsinn der künstlichen „Zeit" hat bewirkt, dass Heute und Gestern durch eine unsichtbare Linie voneinander abgegrenzt werden, die wir die „internationale Datumsgrenze" nennen (Abb. 60). Streckenweise verläuft sie noch nicht einmal geradlinig. Forschungen am Londoner University College haben ergeben, dass sich bei Profisportlern beiderlei Geschlechts – etwa im Tennis oder beim Baseball – die Wahrnehmung von Geschwindigkeit (Zeit) verändert, wenn sie hochkonzentriert auf den nächsten Aufschlag bzw. Wurf warten. In diesem Zustand verarbeiten sie visuelle Informationen schneller, sodass die Zeit für sie langsamer zu vergehen scheint als für das Publikum auf der Tribüne. Wie hat er diesen Ball bloß abfangen können? Wie konnte sie

Abb. 60: Eine unsichtbare Linie im Ozean führt dich ins Gestern oder ins Morgen.

so eine Angabe parieren? Die Antwort lautet: Indem die Spieler die „Zeit“ unbewusst verlangsamten und die Realität anders wahrnahmen. Große Fußballer scheinen mehr „Zeit“ als andere zu haben, sagt man – den Grund dafür haben wir eben kennengelernt. Für Außenstehende vergeht die „Zeit“ gemäß ihrem eigenen Decodierungsvorgang; doch in der Wahrnehmung des Spielers verlaufen die Ereignisse langsamer. Im Film „Matrix“ ist dieser Effekt in der Szene dargestellt, in der Neo den Kugeln ausweicht, die auf ihn abgefeuert werden (Abb. 61).

Als Torwart habe ich während eines Spiels einmal erlebt, wie sich die Zeit so weit verlangsamte, dass sie fast stehen blieb. Damals hatte ich keinen blassen Schimmer, was geschehen war. Das verstand ich erst Jahre später, als mir die wahre Natur der Realität aufzugehen begann. Ein Spieler trat den Ball mit solcher Wucht, dass ich ihn eigentlich unmöglich hätte aufhalten können – und er nahm direkt Kurs aufs obere linke Eck. Doch von dem Augenblick an, als er den Ball schoss, verlief für mich alles wie in maximaler Zeitlupe. Noch immer kann ich den Ball vor mir sehen, wie er ganz langsam zu meiner Linken in die Höhe steigt, während ich mich ihm entgegenstrecke. Schließlich werfe ich mich – immer noch in Zeitlupe – dem Ball entgegen und kann ihn im letzten Moment ablenken, kurz bevor er den Schnittpunkt von Torpfosten und Querlatte erreicht. Während der gesamten verlangsamten Sequenz herrschte völlige Stille, die erst endete, als meine Hand den Ball berührte. Augenblicklich stellten sich sowohl die normale Geschwindigkeit als auch die Geräusche wieder ein. Es war die beste Parade meines Lebens. Doch ich lag am Boden und dachte nur: Was ist gerade passiert? Hatte ich einen dieser unerklärlichen, mysteriösen Vorfälle erlebt, von denen man immer wieder hört? Keineswegs! Mein Verstand hatte die Realität lediglich vorübergehend anders decodiert. Das war alles.

Sportler berichten davon, dass sie ihre Höchstleistungen vollbringen, wenn sie sich in der „Zone“ befinden. Sie beschreiben sie als einen Zustand, in dem absolute Stille herrscht und die Ereignisse häufig verlangsamt ablaufen. Die Erklärung der „Zone“ könnte so aussehen: Gewöhnliche Fokussierung („Beobachtung“) lässt die wellenförmige Realität in eine Teilchen- bzw. holografische Realität kollabieren; durch die im Sport häufig gegebene extreme Konzentration erfährt der Decodierungsprozess jedoch eine Erweiterung um eine zusätzliche Dimension. Auch Menschen, die einen Autounfall oder ähnlich traumatische Ereignisse durchlebt haben, sprechen davon, dass alles wie in Zeitlupe vonstatten ging. Richtiger müsste man sagen, dass der Verstand der Betroffenen die eintreffenden Informationen aufgrund der traumabedingten außergewöhnlichen Wachheit schneller decodiert hat, sodass der Eindruck einer Verlangsamung entstand.

Abb. 61: Illusionäre Zeit im Film „Matrix“: Neo weicht den Kugeln aus.

Nahe der Lichtgeschwindigkeit verlangsamt sich die „Zeit“, weil sich die Wahrnehmung des Beobachters verändert. Bei der Lichtgeschwindigkeit handelt es sich nicht wirklich um eine „Geschwindigkeit“. Vielmehr haben wir es mit einem Wahrnehmungsprogramm zu tun, das im kollektiven Bewusstsein der Menschheit codiert ist. Die „Lichtgeschwindigkeit“ ist nicht „da draußen“, sondern „hier drinnen“. Auch das mysteriöse Verhalten zweier sogenannter „verschränkter“ Teilchen, die „Milliarden Kilometer“ voneinander entfernt sein können und doch ohne zeitliche Verzögerung aufeinander reagieren, lässt sich erklären. Das Phänomen ist nicht die Folge einer irrwitzig schnellen Kommunikation über enorme Distanzen, sondern ergibt sich aus der Tatsache, dass die Teilchen nur innerhalb des Decodierungsprozesses des Beobachters existieren. Sie sind nicht „Milliarden Kilometer“ voneinander entfernt, sondern befinden sich beide innerhalb eines wenige Kubikzentimeter umfassenden Bereichs des Gehirns – dort, wo die visuelle Realität decodiert wird. Zudem handelt es sich bei den beiden Partikeln um decodierte Ausdrucksformen desselben Wellenfeldes, das als Einheit und nicht als Anhäufung separater Teilchen reagiert. Daher spielt es keine Rolle, welche scheinbare Distanz zwischen den Letztgenannten zu liegen scheint.

Ein weiterer Aspekt wird im Folgenden noch außerordentlich bedeutsam werden. Würden Sie sich mit Lichtgeschwindigkeit fortbewegen, wären Sie überall im Universum gleichzeitig – im JETZT. Nichts anderes berichten Nahtoderfahrene über den Moment, in dem ihr Gewahrsein die engen Wahrnehmungsschranken des Körpers überwand. Der springende Punkt mit der Lichtgeschwindigkeit ist der, dass der Körper/Intellekt außerstande ist, die Realität schneller als mit dieser Geschwindigkeit zu decodieren. Der Decodierungsvorgang enthält einen Blockierungsmechanismus, der dazu dient, uns – aus Gründen, die bald deutlich werden – in einer Wahrnehmungsfalle gefangen zu halten. Der letzte Satz enthält eine ungemein wichtige Aussage bezüglich des himmelschreienden Zustands, in dem sich die Menschheit heute befindet.

Raum existiert ebenso wenig wie Zeit. Zahllose Sterne und Planeten, scheinbar in gewaltigen Entfernungen, erfüllen die unermesslichen Weiten des Nachthimmels. Doch ich wiederhole: Alles, was Sie in der Gestalt sehen, die Sie wahrnehmen, existiert so nur in den wenigen Kubikzentimetern im hinteren Abschnitt Ihres Gehirns – dort, wo die visuelle Realität decodiert und konstruiert wird (Abb. 62). Ein Computerspiel, dessen Szenen fortwährend wechseln, scheint über eine eigene Zeit zu verfügen und aufgrund von Perspektive und Tiefe auch Raum zu besitzen. Doch alles, was der Spieler auf dem Bildschirm erblickt, besteht lediglich aus Computercodes, die auf einem Speichermedium abgelegt sind und in Bilder umgewandelt (decodiert) werden. Die „Ayahuasca-Stimme“ sagte damals zu mir: „Warum fliegst du von Punkt A nach Punkt B, wenn du doch Punkt A und Punkt B *bist* – und alles dazwischen?“ „Raum“ ist, genauso wie die „Zeit“, nur ein Bestandteil jenes illusionären Konstrukts, mit dessen Hilfe der Verstand die holografische Realität absteckt.

Im Prozess der Decodierung vermeintlicher Objekte aus der Schwingungsebene wirkt die Illusion des Räumlichen naturgemäß sehr real. Doch bedenken Sie, dass das, was wir „Raum“ nennen, kein Objekt ist, sondern ausschließlich durch holografische Bilder in unserem Kopf definiert wird. Von einem mit Gegenständen (Bildern) vollgestopften Raum sagen wir, darin sei nicht viel Platz. Doch bei den Great Plains, den Prärien des amerika-

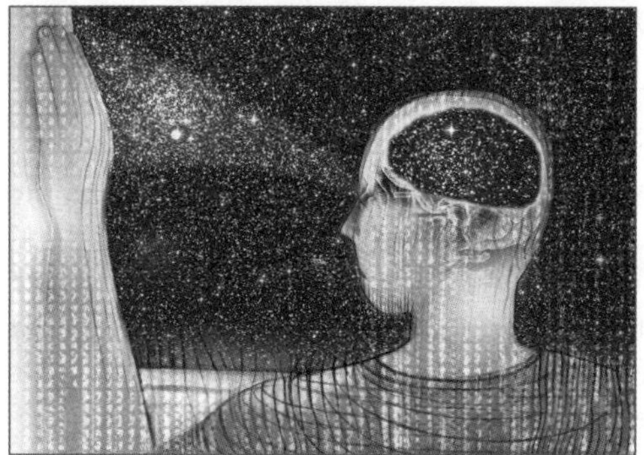

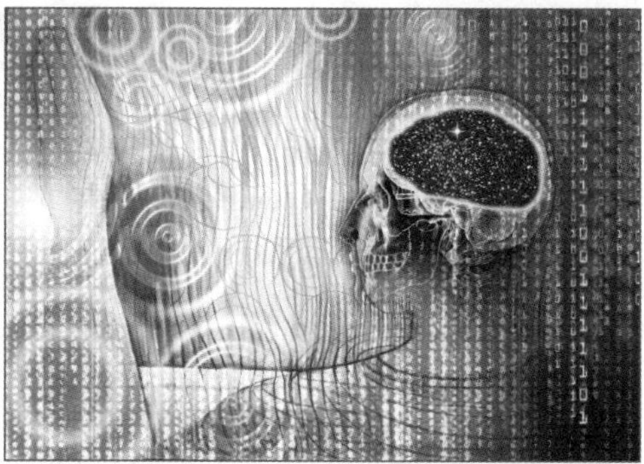

Abb. 62: Das große, universelle Panorama existiert so, wie wir es „sehen", nur in einem kleinen Bereich im hinteren Bereich des Gehirns.

nischen Mittelwestens, in denen die einzelnen „Objekte" weit voneinander entfernt zu sein scheinen, sprechen wir von „unermesslichen Weiten". Raum im Sinne einer eigenständigen Entität ist eine Illusion, die durch den holografischen Decodierungsprozess entsteht. Er wird nicht durch sich selbst definiert, sondern durch die wahrgenommenen Entfernungen zwischen holografischen Gebilden. Wie können Raum und Distanz real sein, wenn sich die wahrgenommenen Distanzen – und damit auch der „Raum" – durch wechselnde Bedingungen (beispielsweise Geschwindigkeit) verändern? Auch Alkohol und Drogen vermögen die räumliche Wahrnehmung zu beeinflussen, da sie auf den Decodierungsprozess einwirken. Ein Nahtoderfahrener sagte über die außerkörperliche Realität: „Dort gibt es keine Zeit, keine Abfolge von Ereignissen, keinerlei Begrenzungen – weder bei Entfernungen noch bei Zeiträumen oder Orten. Ich konnte gleichzeitig überall sein, wo ich wollte."

Das Skalarphänomen

Es gibt ein allumfassendes Feld, das unsere Wirklichkeit in ihrer Gesamtheit mit einschließt und jenseits dessen wirkt, was wir als Raum, Zeit oder Lichtgeschwindigkeit wahrnehmen. Ich werde dafür im Folgenden den Begriff Skalarfeld verwenden. Der Ausdruck „skalar" wird unter Wissenschaftlern und jenen, die die wissenschaftliche Orthodoxie infrage stellen, höchst kontrovers diskutiert. Ich habe dazu eine Reihe verschiedener Erklärungen und Definitionen gelesen. Im Kontext dieses Buches werde ich den Begriff „skalar" zur Beschreibung jenes Feldes gebrauchen, aus dem heraus sich letztlich sowohl die Wellen- als auch die holografische Realität manifestieren. Auch bei dem Quantenfeld der Möglichkeiten und Wahrscheinlichkeiten, von dem ich gelegentlich spreche, handelt es sich im Endeffekt um einen Ausdruck des Skalarfelds. Im Sinne meiner Definition durchwebt es alles andere.

Das Konzept des Skalarfelds ähnelt in seinem Grundgedanken (jedoch nicht im Detail) der unter Wissenschaftlern beliebten Vorstellung von der „dunklen" bzw. „unsichtbaren"

Materie/Energie, die den Großteil des Universums erfüllen soll. Bei den „Skalarwellen", von denen Sie zunehmend hören werden, handelt es sich der Natur der Skalarenergie entsprechend eigentlich um ein Skalarfeld. Bringt man irgendetwas in ein Skalarfeld ein, befindet es sich innerhalb des Feldes augenblicklich überall und beeinflusst im Nu alles, was mit dem Feld verknüpft ist – und das gilt in unserer Realität für *alles*. Das Skalarfeld im von mir definierten Sinn befindet sich überall „gleichzeitig", da es außerhalb der Zeit existiert. Durch die Eigenschaft, Unmengen von Informationen verzögerungsfrei aufnehmen zu können, sprengt das Skalarfeld jede vermeintliche Beschränkung durch die Lichtgeschwindigkeit. Manche beschreiben die Skalarenergie als „eine Größe, die weder gerichtet noch Koordinaten zugeordnet ist". Etwas, das gleichzeitig überall ist, braucht weder Richtung noch Koordinaten. Nikola Tesla, der die Grundlagen unserer heutigen elektrischen Energieversorgung schuf, war sich des Skalarphänomens sehr bewusst. Wir werden darauf noch zurückkommen.

Medizinischer Irrsinn

Denken Sie einmal über Folgendes nach: Praktisch auf der ganzen Welt behandelt die Ärzteschaft den Körper bzw. dessen Funktionsstörungen, ohne überhaupt zu verstehen, was genau der Körper – oder auch die Realität – eigentlich ist. *Hmmm* ... Ich frage mich, warum die konventionelle Medizin zu den größten Massenmördern des Planeten zählt. Das ist in etwa so, als bäten Sie mich, den Motor Ihres Autos zu reparieren: Er wird danach nie wieder laufen. Der Unterschied ist, dass es mir nicht im Traum einfiele, an einem Motor herumzudoktern, über den ich nichts weiß. Ärzte hingegen pfuschen Tag für Tag am menschlichen Körper herum, dessen grundlegende Funktionsweise sie verkennen, da sie ihr gesamtes Berufsleben hindurch von der medizinischen Wissenschaft in die Irre geführt worden sind (Abb. 63). Warum sie das tut, werden wir später beleuchten. Ich sage nicht, dass Ärzte generell keine gute Arbeit zum Nutzen der Menschen leisten. Schaut man sich jedoch die Gesamtsituation an, stellt sich doch die Frage, wie die schweren Körperverletzungen auf Dauer *ausbleiben* können – wenn man etwas behandelt, was man nicht versteht?

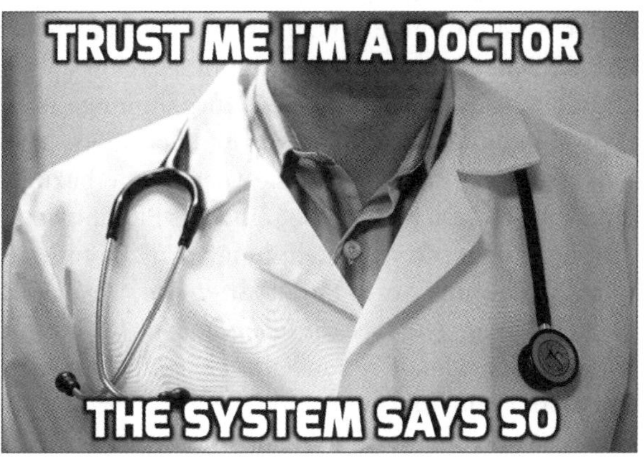

Abb. 63: „Vertrau mir, ich bin Arzt. Das System sagt es so." – Ärzte werden während ihrer gesamten Karriere über die wahre Natur und Funktionsweise des Körpers in die Irre geführt.

Gefangen in einer auf die fünf Sinne beschränkten Wahrnehmung will die Schulmedizin nicht anerkennen, dass es sich beim menschlichen Körper um ein aus Welleninformationen bestehendes Gebilde handelt. Stattdessen sieht sie ausschließlich die – illusorischen – physischen Bestandteile desselben. Die holografische Gestalt des Körpers ist die decodierte Projektion der zugrunde liegenden Welleninformationen, die sich stets im Körper widerspiegeln. Ein Gleichgewicht oder Ungleichgewicht im Schwingungsfeld kommt in einem Gleich- bzw. Ungleichgewicht des Hologramms zum Ausdruck. Welche Möglichkeiten und Wahrscheinlichkeiten zu einer holografischen Erfahrung decodiert werden, hängt zudem davon ab, inwiefern sich der Wahrnehmende im Gleichgewicht befindet und seinerseits gesund ist. Emotionale Unausgeglichenheit ist die vorrangige Krankheitsursache. Sie setzt eine Kettenreaktion in Gang: Emotionales Ungleichgewicht = energetisches Ungleichgewicht = Ungleichgewicht im Decodierungsprozess = Ungleichgewicht in der holografischen Realität. Deformationen auf der Schwingungsebene resultieren in Deformationen auf der holografischen Ebene. Anders kann es auch gar nicht sein, geht doch die eine durch Projektion aus der anderen hervor. Selbst die konventionelle Medizin erkennt psychosomatische Erkrankungen als Realität an.

Die Beweise, die belegen, dass sich die mentale und emotionale Verfassung eines Menschen in „physischen" Leiden widerspiegelt, sind mittlerweile erdrückend. Der Prozess, der dabei abläuft, ist folgender: Unausgeglichene Gedanken und Emotionen resultieren in unausgewogenen elektrischen bzw. Schwingungsfrequenzen, die wiederum das elektrische bzw. Schwingungsfeld des Körpers verzerren; diese Störungen werden schließlich auf die holografische Ebene projiziert. Umgekehrt können die Verzerrungen im elektrischen bzw. Schwingungsfeld durch ausgeglichene, positive Gedanken und Emotionen beseitigt und das Gleichgewicht kann wiederhergestellt werden. Als ich 19 Jahre alt war, teilte man mir mit, dass ich aufgrund meiner Arthritis damit rechnen müsse, spätestens mit 40 im Rollstuhl zu sitzen. 46 Jahre später, inzwischen 65 Jahre alt, stehe ich zehn Stunden am Stück auf der Bühne, ohne mich am nächsten Morgen im Geringsten unwohl zu fühlen. Warum ich nicht im Rollstuhl sitze? Weil ich, wie ich den Rollstuhlwahrsagern „damals" entgegnete, mir keinen zuzulegen gedachte – deshalb!

Der Geist bestimmt die „physischen" Erfahrungen. Für das Gewahrsein, das über den gewöhnlichen Menschenverstand hinausgeht, gilt das – sofern wir ihm gestatten, sich zu entfalten – umso mehr. Da die Wahrnehmung die Realität aus dem Quantenfeld der Möglichkeiten und Wahrscheinlichkeiten decodiert, bestimmt sie auch unsere gesundheitliche Verfassung. Trifft ein Arzt eine Voraussage bezüglich der Lebenserwartung seines Patienten, wird diese Sichtweise (falls der Patient sie übernimmt) zu einer selbst erfüllenden Prophezeiung: Die Wahrnehmung wird zur erlebten Realität (decodiert) werden. Meine Botschaft an alle Ärzte lautet: *Sagt den Menschen nicht, was angeblich passieren wird oder wie lange sie noch zu leben haben.* Das ist nicht eure Angelegenheit – lasst sie das selbst entscheiden. Die konventionelle Medizin nimmt nur das Hologramm bzw. das wahr, was materieller Natur zu sein scheint. Wer nur einen Hammer zur Verfügung hat, dem wird jedes Problem wie ein Nagel erscheinen. Bewussteren Menschen ist klar, dass die sogenannte moderne Medizin nur die Symptome der Krankheiten behandelt, nicht aber deren Ursachen. Wie sollte sie dazu auch in der Lage sein? Schließlich erkennt sie nur die Existenz des Körpers bzw. all dessen an, was durch die fünf Sinne erfahrbar ist, leugnet jedoch das Vorhandensein des Schwingungsfeldes – aus dem der Körper durch holografische Decodierung hervorgeht.

Krankheiten entstehen aufgrund von Ungleichgewichten im Schwingungsfeld (hauptsächlich durch unausgeglichene Gefühlslagen). Folglich kann ein Berufsstand, für den die Wellenebene gar nicht existiert, die Krankheitsursachen beim besten Willen nicht aus der Welt schaffen. Zwangsläufig bleiben ihnen nur die Symptome und die Manifestationen des Schwingungsungleichgewichts, die sich im Hologramm zeigen. Sie haben Schmerzen? Ich verschreibe Ihnen ein Schmerzmittel. Sie haben Krebs? Wir werden ihn herausschneiden … oder Ihr Immunsystem durch Chemotherapie (die ein Arzt einmal als Unkrautvernichtungsmittel bezeichnete) und Bestrahlung (die Krebs *verursacht*) für immer zerstören. Übrigens wirkt auch die Chemotherapie Studien zufolge krebserregend. Aufgrund ihrer Wirkung auf die verschiedenen Systeme des Körpers verhilft sie dem Krebs obendrein zu aggressiverem Wachstum. Die „moderne" Schulmedizin ist eine Tötungsmaschine. Aus den hier dargelegten Gründen kann sie gar nicht anders. Erinnern Sie sich an das weiter oben angeführte Zitat: „Könnten wir uns des leblosen Raums im Inneren unserer Atome entledigen, wäre jeder von uns so groß wie ein Staubpartikel – und die gesamte Menschheit würde in ein Stück Würfelzucker passen." Wie soll „körperliche Gesundheit" angesichts dessen überhaupt irgendwo einkehren? Meiner persönlichen Ansicht nach sind wir, wie ich schon sagte, noch nicht einmal Staubpartikel – denn „Materie" ist eine hundertprozentige Illusion. Woher also rühren dann „körperliche" Leiden wie etwa Arthritis? Da nichts Physisches wirklich existiert, sind auch Krankheiten nichtphysischer Natur. Vielmehr handelt es sich um Verwerfungen innerhalb des energetischen Schwingungs- bzw. elektromagnetischen Feldes. Heilung muss folglich auf dieser Ebene stattfinden.

Die Ausschaltung des Wettbewerbs

Alternative bzw. Komplementärmediziner richten ihr Augenmerk überwiegend auf die Schwingungsebene energetischer Informationen, da sie verstehen (zumindest die *Besten* unter ihnen, sollte ich betonen), dass bei einem ausgeglichenen Schwingungsfeld zwangsläufig auch der „physische" Körper ins Gleichgewicht kommen muss. Diese Heiler bemühen sich, dem Körper dabei zu helfen, sich selbst zu heilen. Inzwischen sehen sie sich erbarmungslosen Angriffen in Form von verschärften Bestimmungen und Einschüchterungen ausgesetzt. Quell dieser Attacken sind tyrannische Strukturen wie nationale Regierungen, die Europäische Union oder der Codex Alimentarius – ein weltumspannender Schwindel, der auf für Kriegsverbrechen verurteilte Nazis zurückgeht. All diese Kräfte sind den Interessen der Pharmakonzerne verpflichtet, die jeden komplementären Wettbewerb ausschalten wollen. Mit dem Codex Alimentarius etwa, der auch als Lebensmittelkodex bezeichnet wird, will man die Verbreitung alternativer, natürlicher Heilmittel stoppen – unter dem Vorwand, die gesetzlichen Bestimmungen müssten weltweit vereinheitlicht werden – und die Kontrolle über die wertlosen synthetischen Kopien dieser Substanzen den Pharmariesen in die Hände spielen.

Mein langjähriger Freund Mike Lambert, ein an der Shen-Klinik auf der Isle of Wight tätiges Heilergenie, versteht, was der Körper wirklich ist. Doch statt von den Behörden jede erdenkliche Unterstützung und Hilfe zu erhalten, damit er sein Wissen verbreiten kann, ist er zur Zielscheibe derselben geworden. Alternative Therapeuten werden, sobald sie Angaben über die Erfolgsaussichten ihrer Methoden machen, gezwungen, ihre Tätigkeit einzustellen, oder sogar eingesperrt – und das selbst dann, wenn sie ihre Behauptungen beweisen können. Nicht einmal die Untersuchungsergebnisse anerkannter Labore dürfen Alternativmediziner anführen, um die Wirksamkeit ihrer Behandlungsmethoden zu untermauern, wenn sie nicht strafrechtlich verfolgt werden wollen. In der EU und anderswo befinden wir uns in der aberwitzigen und himmelschreienden Situation, dass Nahrungsmittel und -ergänzungen sowie andere Produkte zwar noch individuell hergestellt werden dürfen (geben wir ihnen einfach noch etwas „Zeit"), man jedoch kein Sterbenswörtchen über deren mögliche positive Wirkungen verlieren darf. Die Pharmaindustrie stellt unterdessen im großen Stil und ohne Konsequenzen Behauptungen auf, die sich als unwahr herausstellen und mitunter tödliche Folgen haben. Wir befinden uns mitten in einem Krieg gegen die – wie ich sie einmal nennen möchte – Schwingungsfeldpraktiker.

„Hier, das könnte dir helfen."

„Warum?"

„Das darf ich dir nicht sagen."

Pharmakonzerne haben im Vergleich dazu praktisch freie Hand, über ihre symptomfixierten Mittelchen zu behaupten, was sie wollen. Viele davon bringen überhaupt nichts, wenn sie nicht sogar zusätzliche Probleme schaffen – die oft genug schlimmer sind als die angeblich bekämpften Beschwerden. Es ist erbärmlich, am Ende jeder Arzneimittelwerbung im amerikanischen Fernsehen eine atemlose Stimme die endlose Liste möglicher „Nebenwirkungen" herunterrattern zu hören. Manche Hersteller unterlegen das sogar mit Bildern, um die Aufmerksamkeit vom Gesagten abzulenken. Aber sie sorgen sich um Ihre Gesundheit – ist klar. Bevor ein pharmazeutisches Unternehmen zur Rechenschaft gezogen wird, muss es den Bogen schon arg überspannen, und selbst im Falle einer Verurteilung sind die Geldstrafen angesichts der enormen jährlichen Profite geradezu lächerlich. Es wird bald deutlich werden, was hinter dieser ungeheuerlichen Einseitigkeit steckt, die sich klar gegen die Schwingungsfeldpraktiker richtet, während sie die Hologrammbesessenen unterstützt. Es geht dabei bei Weitem nicht nur um Geld. Als Teil einer weltumspannenden Agenda, die sich die Unterjochung und Kontrolle der gesamten Menschheit zum Ziel gesetzt hat, sollen sämtliche Alternativen zu „Big Pharma" vernichtet werden. In meinen Büchern habe ich die koordinierten Aktivitäten erläutert, mit denen Regierungen, globale Körperschaften und die Pharmaindustrie seit Langem versuchen, alternativen Heilmethoden und Therapeuten das Wasser abzugraben. Das Ziel dahinter ist, jede nichtorthodoxe Art der Gesundheitsfürsorge zu beseitigen, sodass die Menschheit dem Wohlwollen der Pharmakonzerne ausgeliefert ist. Wir sollen uns von Psychopathen abhängig machen, die bereits abscheulichster Praktiken überführt worden sind, wie etwa der absichtlichen

Verknappung von Medikamenten, um die Preise um mehrere Tausend Prozent in die Höhe treiben zu können (Abb. 64).

Abb. 64: „Die Medizin der Pharmakonzerne" – Das weltweit organisierte Verbrechersyndikat.

Die atemberaubenden Summen, die das Pharmakartell für politische Kampagnen und Lobbyarbeit ausgegeben hat, erweisen sich im globalen Kampf gegen alternative Heilungsansätze als nützliche Investitionen. Präsident Trumps Gesundheitspolitik, die das als Obamacare bezeichnete Gesundheitsprogramm seines Amtsvorgängers ersetzen soll, wurde von Leuten entworfen, die Hunderttausende Dollar von der pharmazeutischen Industrie eingestrichen haben. Wichtig ist zudem anzumerken, dass die Giftmischungen und Tinkturen der Pharmaproduzenten im Schwingungsfeld des Körpers Verwerfungen und Schäden verursachen – und zwar ungeachtet der Tatsache, dass die Hersteller die Existenz eines solchen Feldes beharrlich leugnen. Ich sage absichtlich „leugnen", denn es gibt in ihren Reihen Leute, die ganz genau wissen, wie Körper, Gesundheit und Heilung funktionieren, und die folglich über die von ihnen angerichteten Verheerungen genau im Bilde sind.

Könnten Sie industriell hergestellte Arzneimittel in ihrem Wellenzustand sehen, bekämen Sie deformierte, chaotische Schwingungsfelder zu Gesicht, die mit den Feldern des Körpers in Wechselwirkung treten und ihre Verzerrungen und chaotischen Energien auf ihn übertragen. Wenn die Verwerfungen im Hologramm sichtbar werden, spricht man von „Nebenwirkungen". Nimmt ein Mensch Gift, tötet es nicht unmittelbar den Körper. Vielmehr ruft es auf der Schwingungsebene derart heftige Verzerrungen und Invertierungen hervor, dass der energetische Organismus, den der Körper darstellt, nicht länger in der Lage ist zu funktionieren. Das, was bei einer Vergiftung im Hologramm sichtbar wird, spiegelt nur das eigentliche, auf der Schwingungsebene ablaufende Geschehen wider. Dasselbe gilt entsprechend auch für die enormen Mengen an Umweltgiften, den (schon in seiner Wellenform entstellten) Chemiedreck in Impfstoffen sowie für das, was gemeinhin mutig als „Nahrungsmittel" bezeichnet wird. Mit unseren Augen mögen wir nur die giftige, schwarze Brühe sehen, die sich in einen Fluss ergießt; doch auf der Wellenebene stellt die Brühe ein deformiertes, chaotisches Informationsfeld dar, dessen Verzerrungen sich auf das Informationsfeld des Flusses und schließlich auf die Fische und sonstigen darin befindlichen Lebewesen übertragen.

Strahlung ist deshalb so gefährlich – mitunter gar tödlich –, weil sie das Schwingungsfeld des Körpers zerrüttet. Unsere moderne Gesellschaft wird mit Strahlung regelrecht überflutet. Eine Medizin, die keinen Schimmer davon hat, was sie eigentlich „behandelt", wird die ohnehin schon katastrophale Gesundheitssituation unserer Welt nur noch verschlimmern. Wenn ein System derart auf dem Kopf steht, bringt es zwangsläufig kranke (energetisch aus dem Gleichgewicht geratene) Menschen in immer größerer Zahl hervor.

Es gibt dafür nur eine sinnvolle Lösung (und eine Lösung ist genau das, was die Kräfte, die hinter all dem stecken, auf keinen Fall wollen): Die Hexenjagd auf Schwingungsfeldpraktiker und -forscher muss aufhören, sodass sie sich dem Thema Krankheit in einer Weise widmen können, dass (a) die Erkrankten tatsächlich geheilt werden und (b) ihre Klienten künftig gar nicht erst krank werden.

Schwingendes Wasser

Frau Professor Dame Sally Davies, die oberste Amtsärztin Großbritanniens, sagte einmal: „Homöopathen sind Krämer, und Homöopathie ist Quatsch." Die Einstellung der etablierten Medizin zur Homöopathie stellt ein Musterbeispiel für die Arroganz der Ignoranz dar. Die einprogrammierten Denkprozesse von Leuten wie Frau Davies folgen stets demselben Schema: „Was wir nicht erklären können, funktioniert auch nicht." Diese Mentalität durchzieht den gesamten Mainstream-Einheitsbrei und infiziert jeden, der dessen Auffassungen für sich übernimmt. Selbst in weiten Teilen der alternativen Medien ist diese kurzsichtige Denkweise anzutreffen. Doch wie sollten Leute wie Sally Davies auch erfassen können, auf welchem Funktionsprinzip die Homöopathie beruht, wenn sie die Natur unserer Wirklichkeit gar nicht verstehen bzw. anerkennen? Das ist der mentale Teufelskreis, der solche Menschen lebenslang in ihrer Unwissenheit gefangen hält.

Die Homöopathie lehnen sie ab, weil homöopathische Lösungen so stark verdünnt sind, dass sie keine Inhaltsstoffe mehr enthalten. Beachte: Sie sprechen von „Inhaltsstoffen", also von etwas *Sichtbarem*. Wenn sie etwas nicht sehen können, existiert es auch nicht. Wie ein Blatt der britischen Mainstreampresse berichtete, hätten 2.500 „Veterinäre und Tierliebhaber" gefordert, den Einsatz der Homöopathie bei Tieren zu verbieten. Sie sei gefährlich, hieß es – im Gegensatz zu „geprüften Heilmitteln". Sie wissen schon: Damit sind die vom Pharmasektor hergestellten Heilmittel gemeint, die die Zahl der Todesopfer der konventionellen „Medizin" Jahr für Jahr in astronomische Höhen treiben. Der entscheidende Satz des Artikels lautete: „Den Wissenschaftlern zufolge sind die Präparate so weit verdünnt worden, dass es unwahrscheinlich ist, darin noch Spuren der ursprünglichen Substanz vorzufinden." Lassen Sie mich erklären, warum es darauf gar nicht ankommt. Forscher des Deutschen Zentrums für Luft- und Raumfahrt in Stuttgart haben eine Methode entwickelt, die ihnen erlaubt, die in Wassertropfen enthaltenen Informationen fotografisch auszuwerten. Dabei tauchten sie eine Blume in ein Wasserbecken, zogen sie wieder heraus und fotografierten anschließend einzelne, dem Becken entnommene Tropfen. Wie sie feststellten, war die energetische Information der Blume in *allen* Tropfen enthalten. Da haben wir es wieder, das holografische Prinzip. Das Wasser behielt die Pflanzeninformation selbst dann noch bei, als sie (die „ursprüngliche Substanz") längst wieder entfernt worden war. Nicht anders funktioniert die Homöopathie. Die energetische Information einer Substanz verbleibt selbst dann noch im Wasser, wenn der eigentliche Stoff durch fortwährende Verdünnung bereits entfernt worden ist. Diese Information ist es, die mit dem Körper interagiert – nämlich auf der Ebene seines *Schwingungsfeldes*. Ich behaupte nicht, dass homöopathische Mittel in jedem Anwendungsfall wirken; insbesondere dann, wenn sie in die falschen Hände gelangen, darf das bezweifelt werden. Doch in Anbetracht des eben beschriebenen Prinzips erscheint ihre Wirksamkeit, die durch vielfältige praktische Erfahrungen belegt worden ist, grundsätzlich plausibel. Der russische Forscher Dr. Wladimir Poponin richtete einmal in einem Experiment einen Laserstrahl auf eine DNS-Sequenz. Nachdem er die „physische" DNS entfernt hatte, stellte er fest, dass sie in energetischer Form immer noch im Laser auszumachen war. Man spricht bei diesem Effekt, der auf demselben Prinzip wie das eben beschriebene Blumenexperiment beruht, vom „Phantom-DNS-Effekt". Doch mit einem Phantom hat das nichts zu tun – vielmehr mit der Welleninformation der DNS.

Die Stuttgarter Forscher führten später noch ein weiteres Experiment durch, zu dem sie Anwohner aus der näheren Umgebung einluden. Jeder Teilnehmer wurde gebeten, dem Wasserbehälter vier Tropfen zu entnehmen und in eine Schale zu träufeln, die mit seinem Namen beschriftet war. Als man dann die Vierergruppen fotografierte, stellte sich heraus, dass sie sich alle voneinander unterschieden; doch die vier zu einer bestimmten Person gehörenden Tropfen wiesen untereinander praktisch dieselbe energetische Signatur auf (Abb. 65). Der schlichte und kurze Vorgang der Entnahme der Wassertropfen und ihres Transfers in die Schale hatte genügt, dem Wasser die unverwechselbare energetische Signatur des Probanden aufzuprägen. So stehen wir mit unserer energetischen Umwelt und unseren Mitmenschen im ständigen Austausch – in jeder illusionären Sekunde aufs Neue. Fortwährend „laden" wir Informationen aus der Schwingungsebene des kosmischen Internets „herunter" oder zu ihr „hoch".

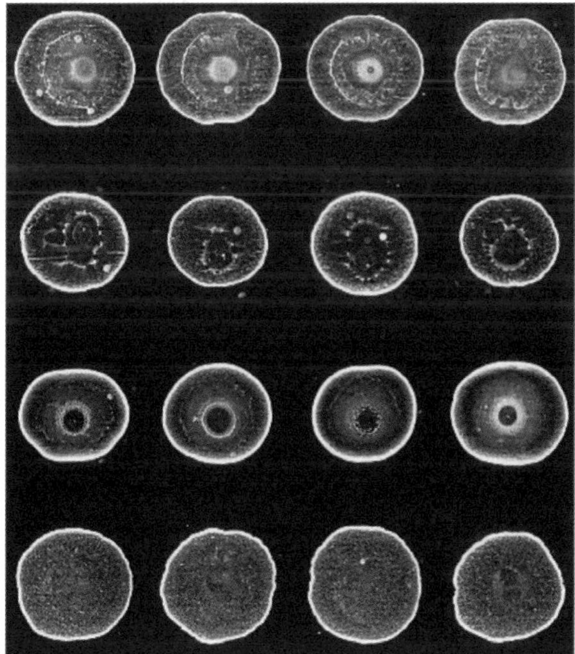

Abb. 65: Die Information in den vier Tropfen derselben Person war praktisch identisch.

Der inzwischen verstorbene japanische Forscher Dr. Masaru Emoto, mit dem ich persönlich befreundet war, hat dieses Prinzip durch seine Arbeit auf eindrückliche Weise bestätigt. Er vervollkommnete eine Methode, mit der sich die Wirkung von Schwingungen bzw. Frequenzen auf Wasserkristalle fotografieren lässt. Da auch Wasser, wie alles in unserer Realität, in seinem Urzustand ein Schwingungsfeld darstellt, reagiert es auf Anregungen auf der Schwingungsebene. Dr. Emoto beschriftete beispielsweise Wasserkanister

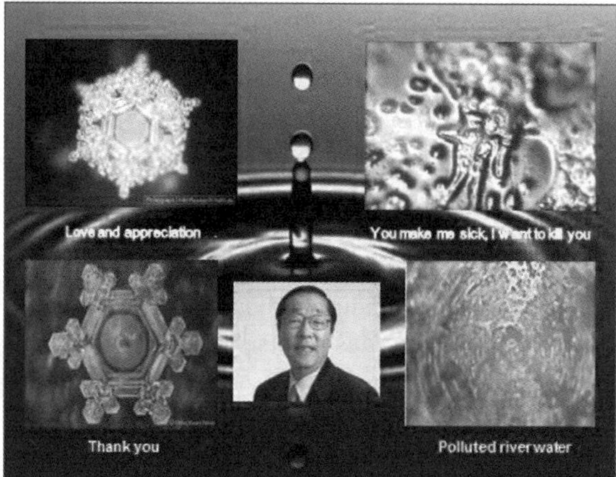

Abb. 66: Die Frequenzen/Schwingungen verschiedener Absichten, Emotionen, Gedanken und Verschmutzungsgrade zeigen sich in den Wasserkristallen.

mit Worten, die Liebe oder Hass zum Ausdruck bringen, kühlte dann das Wasser blitzartig auf Temperaturen unter dem Gefrierpunkt ab und fotografierte die so entstandenen Eiskristalle. In anderen Versuchen experimentierte er mit verschmutztem Wasser, setzte das Wasser verschiedenen Arten von Musik (Schwingung/Frequenz) aus oder befestigte Mobiltelefone an der Außenseite der Kanister. Wie die nebenstehenden Beispiele zeigen (Abb. 66), hatten all diese Modifikationen deutliche Auswirkungen auf die Kristalle. Worte der Liebe und Dankbarkeit brachten perfekt geformte, wunderschöne Kristalle hervor, während hasserfüllte Begriffe nur einen deformierten Klumpen zurückließen. Wie kann das sein? Alles besteht in seinem ursprünglichen Zustand aus Schwingungsenergie (Information) – auch das geschriebene Wort.

Bei gesprochenen Worten ist es ohnehin offenkundig, dass es sich um Schwingungsphänomene handelt: Von den Stimmbändern erzeugt, werden die Klanginformationen in der Folge vom Gehirn in Sprache umgesetzt (decodiert). Doch auch niedergeschriebene Texte unterliegen diesem Prinzip. In der holografischen Realität mögen uns Worte einfach als auf Papier aufgebrachte Tinte erscheinen, doch in ihrem Grundzustand liegen sie als Schwingungsinformationen vor. Ob sie hoch oder niedrig schwingen und ihre Frequenzmuster ausgeglichen oder verzerrt sind, hängt von der *Absicht* hinter den Worten ab. Spricht man die Worte „ich hasse dich" lächelnd und mit einem humorvollen Unterton aus, ist die erzeugte Frequenz eine andere, als wenn man voller Bosheit redet und es wirklich so meint. Der Schwingungszustand der auf die Wasserbehälter geschriebenen Worte überträgt sich auf die Wellenebene des Wassers, wodurch sich die Natur der Eiskristalle verändert. Verschmutztes Wasser fügt den

Abb. 67: „Vor dem Gebet – nach dem Gebet" – „Gebete" bzw. fokussierte Gedanken und Absichten können den energetischen Zustand der Wasserkristalle verändern.

Kristallen aus Gründen, die ich weiter oben erklärt habe, heftige Verformungen zu; dasselbe gilt für Mobiltelefone. Abwässer lassen sich durch die Methode, die man als „Gebet" bezeichnet – konzentrierte und fokussierte Gedanken – wieder ins Gleichgewicht bringen (Abb. 67). Durch Absicht und Aufmerksamkeit entstehen Frequenzfelder, die verändernd auf die Wellenstruktur des Wassers einwirken. Mit positiven Absichten, die auf Liebe, Wertschätzung und Respekt beruhen, lässt sich alles wieder ins Gleichgewicht bringen.

Fortwährend wirkt unsere energetische Umwelt auf uns ein – und wir auf sie –, doch die meisten Menschen bemerken davon nichts. Die Kommunikation über Sprache und Hören spielt, obwohl sie die vorrangige Methode menschlicher Interaktion zu sein scheint, in Wirklichkeit nur eine holografische Nebenrolle. Das Bewusstsein und dessen Wellenformentsprechung bilden die Ebene, auf der sich alles Leben abspielt. Durch „Gebete" ist es übrigens möglich (nicht zwangsläufig, aber potenziell), seine Aufmerksamkeit bzw. *Wahrnehmung* auf das Quantenfeld der Möglichkeiten und Wahrscheinlichkeiten zu fokussieren und dadurch eine erlebte Wirklichkeit zu manifestieren, in der scheinbar „die Gebete erhört" wurden. Doch es ist keine himmlische Gottheit, die auf Ihre Gebete reagiert – sondern Ihr eigenes, die Realität decodierendes Potenzial, das aus der unendlichen Quelle unbegrenzter Möglichkeiten schöpft.

Paranormal

Wohin wir auch sehen, stellen wir fest, dass die menschliche Gesellschaft auf dem Kopf steht. Die Wahrnehmung der Menschen wird von künstlich erzeugter Unwissenheit und, was die Mächte hinter den Kulissen betrifft, äußerster Bösartigkeit gelenkt. Ein großartiges Beispiel für die Verdrehung finden wir in den Begriffen „normal" und „paranormal". Als normal gilt, was wir üblicherweise erleben, und sonst nichts. Wenn wir dem Mainstream-Einheitsbrei auf den Leim gehen und dessen reduzierte Weltsicht übernehmen, wird „das Normale" nur ein winziges Spektrum an Möglichkeiten umfassen. Bricht man jedoch aus dem Gefängnis übernommener Irreführung aus, erkennt man, dass das sogenannte „Paranormale" eigentlich das „Normale" ist – die wahre Natur der Dinge. Das „Normal" der heutigen Menschen ist nichts weiter als ein Gefängnis für den Verstand, bestehend aus einprogrammierten Wahrnehmungen. Der „Normale" lacht über jeden, der behauptet, Außerirdische oder Raumschiffe gesehen zu haben. Als ob der Mensch in den ewigen Weiten der Unendlichkeit das einzige „intelligente" Leben wäre. Zum Vergleich: Würde man das gesamte Universum auf die Erde projizieren (sodass es die Größe der Erde hätte), betrüge der Durchmesser der im gleichen Maßstab verkleinerten Erde gerade einmal ein Milliardstel eines Stecknadelkopfes (Abb. 68)!

Die „Normalen" lachen auch über Menschen, die „Geister" gesehen haben wollen. Es stört sie dabei nicht, dass dieses Motiv überall auf der Welt fortwährend auftaucht, seit es Menschen gibt. Ich habe schon erklärt, dass es sich bei Gespenstern oder Geistererscheinungen um Ausdrucksformen des Gewahrseins handelt, die in anderen, unserer Welt

Abb. 68: „Ein Milliardstel eines Stecknadelkopfes" – Die richtige Perspektive.

Abb. 69: Bei „Geistern" handelt es sich um Entitäten und andere energetische Zustände, die auf Frequenzen agieren, die den unseren so nah sind, dass man sie sehen kann – wenn auch nur ätherisch.

nahe gelegenen Frequenzbändern beheimatet sind (Abb. 69). Da sie nicht unserer Frequenz entsprechen, erscheinen sie zumeist in ätherischer Form. Geister sind Einstreuungen aus einer anderen Realität, vergleichbar den Interferenzen zweier benachbarter Radiosender. Unsere Realität entspricht dem zu unserem Frequenzbereich gehörigen Sender; das Programm, das in unsere Welt einstrahlt (die Geistererscheinung), erscheint hingegen unscharf und weit entfernt, da es zu einer anderen Radiostation (Frequenz) gehört.

Der „Normale" hält auch nichts von Wahrsagekünsten, etwa mithilfe von Tarotkarten oder Runensteinen. Da er nicht versteht, wie sie funktionieren, können sie – per definitionem – auch nicht funktionieren. Richtig, Mrs. Davies? Wir sind Schwingungsfelder, und Tarotkarten bilden ebenfalls Schwingungsfelder. Die Bilder und Symbole der Tarotkarten bzw. Runensteine bestimmen deren Frequenz bzw. Schwingungszustand. Ein Symbol ist die sichtbare Entsprechung einer Absicht, die jenem Urgrund entspringt, den die Karten bzw. Steine repräsentieren. Die eigentliche Interaktion, die während einer Tarotkartensitzung oder beim Werfen der Runen vonstattengeht, spielt sich auf der elektromagnetischen Schwingungsebene der Realität ab (Abb. 70). Der Grund, warum wir eine bestimmte Karte ziehen (und nicht die anderen), liegt in der elektromagnetischen Anziehungskraft bzw. dem Gleichklang zwischen dem Schwingungsfeld der Karte und unserem eigenen Feld. Die Karte symbolisiert etwas (und drückt dies elektromagnetisch aus), das sich mit einer ähnlichen Frequenz innerhalb unseres eigenen elektromagnetischen Feldes verbindet, die wiederum einen bestimmten Aspekt unseres mentalen und emotionalen Zustands repräsentiert.

Abb. 70: Tarotkarten stellen elektromagnetische (Informations-)Zustände dar, die sich mit ähnlichen Zuständen im Energiefeld des Menschen verbinden.

Die auf dem Tisch ausgebreiteten Karten sind eine visuelle Repräsentation der Wahrscheinlichkeiten und Möglichkeiten, die von unserem Energiefeld bzw. Gewahrsein manifestiert werden können – und zwar entsprechend unserer geistigen und emotionalen *Wahrnehmung*. Menschen, die über die entsprechende Begabung verfügen, können anhand der Quantenmöglichkeiten und -wahrscheinlichkeiten, die in Form von Karten bzw. Runensteinen vor ihnen ausgebreitet liegen, Voraussagen über mögliche künftige Ereignisse treffen. Den Begriff *Begabung* möchte ich dabei hervorheben. In sämtlichen „übernatürlichen" Künsten gibt es sowohl echte Könner als auch Betrüger, die andere von ihrer Glaubwürdigkeit zu überzeugen versuchen. Eine gute Methode, die Begegnung mit Schwindlern zu vermeiden, besteht darin, sich an persönliche Empfehlungen anderer Klienten zu halten.

Die „Normalen" verlachen mediale und hellsichtige Menschen, die von sich sagen, sie könnten mit einem in einer anderen Realität beheimateten Gewahrsein in Verbindung treten. Das Spektrum reicht dabei von bühnenreifen Vorstellungen à la „Spricht dort Mary? Ich bekomme eine Mary" bis zu den verhältnismäßig Wenigen, die Kontakt mit Realitäten bzw. Formen erweiterten Bewusstseins aufnehmen können, die weit außerhalb unseres eigenen Frequenzbereichs existieren. Die Frage lautet nicht, ob dergleichen möglich ist – das ist der Fall –, son-

Abb. 71: Medial und übersinnlich begabte Menschen (die echten unter ihnen) erweitern ihren Wahrnehmungsbereich, um mit anderen Frequenzen bzw. Realitätsdimensionen in Verbindung zu treten.

dern, ob eine bestimmte Person tatsächlich dazu in der Lage ist oder nicht. Menschen, die über diese Gabe verfügen, erweitern ihr Frequenzspektrum und stimmen es auf andere Realitäten und Bewusstseinsformen ab. Auf diese Weise können die Letztgenannten mit unserer Wirklichkeitsebene kommunizieren (Abb. 71). Mediale bzw. hellsichtige Menschen wirken als Vermittler zwischen zwei Frequenzbändern, sodass ein Austausch zwischen beiden ermöglicht wird. Das ist die Erklärung sowohl für die Botschaften, die ich durch Betty Shine erhielt, als auch für die „Stimmen“ bzw. Gedankenformen, die ich einst in dem Zeitungsladen und auf dem Hügel in Peru vernahm. Die Bewusstseinsebenen, mit denen sich Medien verbinden, reichen vom seiner selbst gewahren Unendlichen Gewahrsein bis zu sehr dunklen, niedrig schwingenden, manipulativen Wesenheiten, die sich in Frequenzbändern nahe unserer Realität tummeln. Die Letztgenannten sind jene, mit denen Satanisten im Rahmen ihrer kranken und manipulativen Rituale interagieren.

Die Verdrehung der Begriffe „normal“ und „paranormal“ ist ein hervorragendes Beispiel für die umfassendere, kollektive Umkehrung (Inversion), die wir die „menschliche Gesellschaft“ nennen. Das Paranormale beschreibt die wahre Natur der Realität; das „Normale“ hingegen ist nichts weiter als ein künstlich erzeugtes Hirngespinst, das einer programmierten Fantasie entspringt – oder richtiger: dem Fehlen derselben. Menschen, die Einsicht ins Para-*Real*-Normale haben, wurden schon immer verspottet (im besten Fall), wenn sie nicht gar (im schlechtesten Fall) dem Scheiterhaufen zum Opfer fielen. Die Advokaten des Beknackt-Normalen werden unterdessen als Geistesgrößen gefeiert und mit Ehrentiteln und Ansehen überhäuft – mit katastrophalen Folgen.

Der Körper als Gefängnis

In der richtigen Betrachtung der Wirklichkeit liegt das Potenzial zu gewaltiger Freude verborgen: Wir sind Unendliches Gewahrsein in einem nie endenden (oder richtiger: zeitlosen) Zustand bewussten Seins. Noch „ewig und drei Tage“ lang werden wir die endlosen Möglichkeiten und Erfahrungswelten erkunden. Auf der anderen Seite lässt die Natur unserer Realität – wie unsere gegenwärtige, missliche Lage zeigt – auch Entwicklungen zu, die weniger erfreulich und angenehm sind: die Manipulation unserer Wahrnehmung und die Verwandlung unseres Körpers in eine Gefängniszelle für unseren Geist. Ich werde noch detailliert erläutern, wie diese Versklavung zeit unseres Lebens vonstattengeht und aufrechterhalten wird; doch die Quintessenz dieses Prozesses möchte ich an dieser Stelle, bevor wir das einleitende Kapitel beschließen, schon einmal vorwegnehmen. Bei der Verschwörung, die die durchgängige Manipulation unserer Wahrnehmung zum Ziel hat, dreht sich im Kern alles darum, sich unseres Aufmerksamkeitsbrennpunkts zu bemächtigen und diesen zu kontrollieren; zudem will man die Vorstellungen und Überzeugungen der Menschen auf die Ebene der fünf Sinne reduzieren und sie dort festhalten (Abb. 72 und 73).

Wir sind Gewahrsein, das in der Lage sein sollte, verschiedene Realitätsebenen innerhalb desselben JETZT wahrzunehmen. Nicht ohne Grund berichten Nahtoderfahrene, dass sie in dem Moment, als sie das auf das sichtbare Spektrum beschränkte Körpergefängnis verließen, genau das erlebt haben. Der menschliche Körper ist auf all seinen Existenzebenen – vom Schwingungsfeld bis zum Hologramm – so erschaffen bzw. manipuliert worden, dass sich die Aufmerksamkeit des Menschen auf das schmale Frequenzband des sichtbaren Lichts richtet und sein Realitätsempfinden von den fünf Sinnen bestimmt wird. Wissenschaftler, Ärzte, Politiker und „Journalisten" unterliegen dabei denselben Wahrnehmungssperren wie die allgemeine Bevölkerung, oftmals sogar in noch größerem Umfang. Das gesamte System, nicht zuletzt das „Bildungswesen", ist gezielt dazu konstruiert worden, den krankhaften Status quo aufrechtzuerhalten, in dem Seh-, Hör-, Tast-, Geschmacks- und Geruchssinn über allem stehen. Wer die Illusion durchschaut, wird als verrückt, bösartig oder gefährlich abgestempelt. So hielten es schon die Fünf-Sinnes-Religionen, bevor die „Wissenschaft" nachrückte und die Frontlinien schloss. Man kann nur den Kopf schütteln, wenn man Leute wie Professor Richard Dawkins die Religionen verdammen hört, während sie in ihrer selbst erschaffenen Religion – dem „Szientismus" – nicht anders agieren. Im Mittelpunkt beider religiöser Spielarten stehen unverrückbare Glaubenssysteme, die ihre Grenzen mit der eisernen Gewissheit verteidigen, dass anderslautende Ansichten schlicht falsch sein müssen und keiner näheren Betrachtung oder Untersuchung bedürfen. Für Professor Dawkins kann jemand, der nicht mit ihm übereinstimmt, weder „geistig gesund" noch „gebildet" sein. Unterdessen lassen Schamanen, die über ein echtes Verständnis der Realität verfügen – wie der nachfolgend

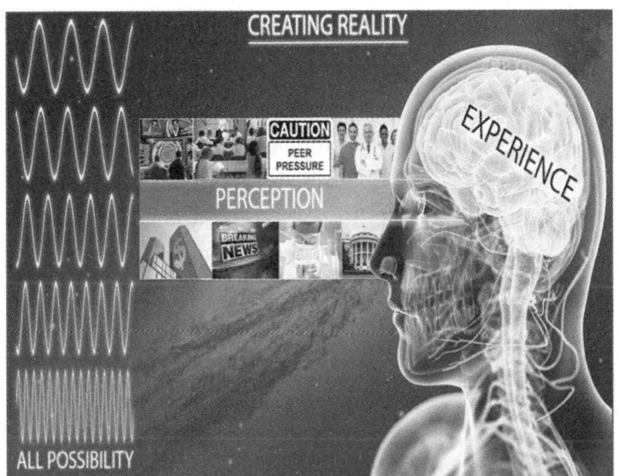

Abb. 72: Begrenze und kontrolliere die Wahrnehmung, und du begrenzt und kontrollierst die Realität.

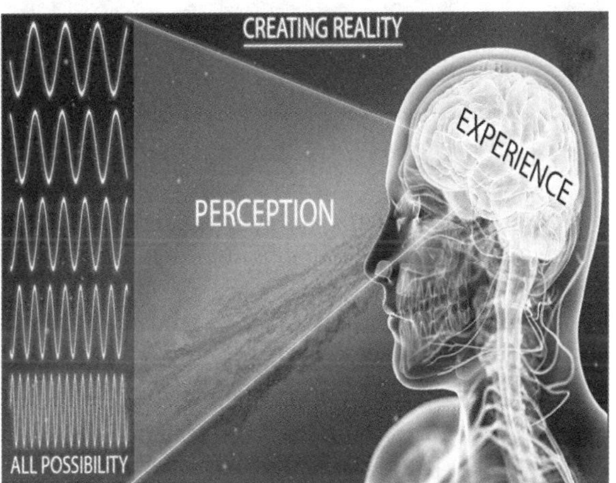

Abb. 73: Freiheit öffnet den Verstand dem erweiterten Gewahrsein und den verschiedenen Realitäten, sodass er die Situation des Menschen in neuem Licht betrachten kann.

zitierte, aus Mittelamerika stammende spirituelle Lehrer – von der Weisheit der Gelehrten nicht viel übrig:

> Wir sind Wahrnehmung. Wir sind Bewusstsein. Wir sind keine Objekte, wir haben keine feste Konsistenz, wir sind grenzenlos. [...] Wir – oder besser: unsere Vernunft – vergessen gern, dass die Beschreibung nur eine Beschreibung ist; und so schließen wir die Ganzheit unseres Selbst in einen Teufelskreis ein, dem wir, solange wir leben, kaum entrinnen können.

Abb. 74: „Ich bin engstirnig? Wer – ich? Niemals."

Diese Art der „Vernunft" und der „Teufelskreis" werden gezielt etabliert und dazu benutzt, den Menschen eine Wahrnehmungsfalle zu stellen, in die auch Leute wie Professor Dawkins tappen – von dem sich viele Menschen wissenschaftliche Aufklärung erhoffen (Abb. 74). Dasselbe Wahrnehmungsgefängnis spiegelt sich auch in den „wissenschaftlichen" bzw. „normalen" Definitionen der Termini „Vernunft", „rational" und „logisch" wider. Unaufhörlich vernehmen wir diese drei Worte aus den Reihen der Dogma-Dawkins-Schule der wissenschaftlich Verblendeten. Die Wörterbuchdefinitionen führen uns stets wieder zum Ausgangspunkt zurück (oder im Kreis herum), sodass das erweiterte Gewahrsein in jedem Fall außen vor bleibt. *Vernunft* bedeutet definitionsgemäß, „etwas durch *logisches* Denken zu ergründen oder abzuleiten". *Logik* sei „ein System zur *rationalen* Beweisführung", und „rational" bedeute „basierend auf oder im Einklang mit der *Vernunft*". „Mama, ich bin wieder da!" Alle Wege führen zur *Vernunft*, die auch als „normale Geistesverfassung bzw. geistige Gesundheit" beschrieben wird. Doch wie sich herausstellt, verbirgt sich hinter der *Vernunft* – über die die geistige Gesundheit einer Person festgestellt wird – nichts anderes als eine programmierte Wahrnehmung, die der Gesellschaft ihre Kindergartenversion von „normal" oktroyiert. Der französische Philosoph und Mathematiker Blaise Pascal schrieb im 17. Jahrhundert: „Der letzte Schritt der Vernunft ist die Erkenntnis, dass es eine Unendlichkeit von Dingen gibt, die sie übersteigen." Zumindest Menschen, deren Gewahrsein über die Programmierung hinausgeht, gelangen zu dieser Einsicht. Einen letzten Schritt muss es geben, da die Vernunft, wie sie der Mainstream-Einheitsbrei versteht, dem verschlossenen – und nicht dem aufgeschlossenen – Geist entspringt. Der verschlossene Geist stellt eine weitere stehende bzw. stationäre Welle dar, die auf der Stelle tritt und nur innerhalb der (vermeintlich) bekannten Welt oszilliert. Jedes Verlangen, sich darüber hinaus zu bewegen und die grenzenlosen Bereiche des Unbekannten zu erkunden (unbekannt zumindest für die Menschheit), ist ihm fremd (Abb. 75). Wenn ich mir die Mentalität eines Dogma Dawkins betrachte, sehe ich eine stehende Welle, die in ihren Gewissheiten oszilliert und sich nicht von der Stelle bewegen will. Außerdem erkenne ich Angst in seinen Augen – die Angst davor, falsch zu liegen. Vielleicht ist das der wahre Grund, warum Menschen wie er auf ihrem Standpunkt beharren und diejenigen attackieren, die sich weiterentwickeln.

Wer oder was könnte also ein Interesse daran haben, die Menschheit in eine Wahrnehmungstrance zu versetzen und sie in die fünf Sinne zu verstricken ... und warum? Wenden wir uns im Folgenden dieser Frage zu.

Abb. 75: Der verbohrte Verstand ist eine stehende Welle, die auf der Stelle tritt, die Lügen geschluckt hat und sich keinen Millimeter fortbewegt.

Kapitel 2

Die Umkehrung

„Nichts wäre so, wie es ist, weil alles so wäre, wie es nicht ist. Und umgekehrt würde es so, wie es ist, eben nicht sein. Und wie es nicht sein würde, wäre es doch. Verstehst du?"

Alice im Wunderland

Unsere Realität ist eine einzige gigantische Umkehrung. Das beste Beispiel dafür liefert uns die etablierte Religion. Sie wissen schon, die mit dem „liebenden Gott", der „die Welt erschaffen" hat ...

Die Bibel ist ein Konglomerat antiker Schriften und Texte, die so gravierend manipuliert und entstellt worden sind, dass sie heute in vielen Fällen das Gegenteil von dem aussagen, was ursprünglich geschrieben stand. Das Alte Testament, das die Glaubenssysteme des Juden- und Christentums, des Islam und der zahllosen Ableger der Vorgenannten beeinflusst bzw. bestimmt, stellt eine offenkundige Inversion dar. Alle drei Religionen glauben an die alttestamentarische Figur des Abraham, weshalb man sie als „abrahamitische Religionen" bezeichnet. Ähnliche Umkehrungen finden sich auch in anderen Konfessionen. Man muss die den großen Religionen zugrunde liegenden Schriften und Glaubensvorstellungen kennen, um zu erfassen, wie zerfressen deren Fundamente wirklich sind. Einige dieser antiken Texte, die bereits vor der Bibel und dem Koran existierten, werde ich in diesem Kapitel besprechen, in einen aktuellen Kontext stellen und den Zusammenhang aufzeigen, der zwischen diesen Schriften und dem verheerenden Zustand der heutigen Menschheit besteht.

Es war im Jahr 1990, als ich bewusst begann, die wahre Natur unserer Welt und unserer Realität zu ergründen. Mein ganzes Leben vor diesem Zeitpunkt führte mich, wie ich heute im Rückblick erkenne, an den Punkt, mir der „Zufalls"-Muster gewahr zu werden, die die Weichen seit meiner Kindheit immer wieder neu gestellt hatten. Aus dem Unsichtbaren heraus führte mich ein Gewahrsein über Jahrzehnte hinweg an bestimmte Informationen heran – über Begegnungen mit anderen Menschen, Dokumente, Bücher und eigene Erfahrungen. In unglaublich koordinierter Weise gelangte ein Puzzlestück nach dem anderen in meine Hände. Die Herausforderung bestand darin, sich im Inneren des Kaninchenbaus in Tiefen vorzuwagen, die noch kein Mensch zuvor betreten hatte – in dem Sinn, dass es Unmengen von Einzelinformationen miteinander zu verknüpfen galt, die eine

Vielzahl verschiedener Fachgebiete und Ereignisse betrafen. Um das in nur einem Leben bewerkstelligen zu können, mussten mir die Informationen in einer zumindest einigermaßen geradlinigen Abfolge zugespielt werden. Andernfalls wäre ich von der Fülle des Materials einfach überwältigt und erschlagen worden und hätte unmöglich die Implikationen verstehen und das Puzzle zusammenfügen können.

Vor nunmehr annähernd 30 Jahren begegnete ich der Hellseherin Betty Shine. Ein Jahr später empfing ich auf einem Hügel in Peru einen kosmischen „Download“, gefolgt von einem machtvollen Erweckungserlebnis. Wieder daheim in Großbritannien, wurde ich in einem bis dahin ungekannten Ausmaß öffentlich verhöhnt. Die Informationen, die ich erhielt, betrafen größtenteils Geschehnisse in der sichtbaren Welt, die weit zurück lagen. Ich erkannte, dass die vermeintlich Mächtigen in Politik, Unternehmen, Banken, Medien, Wissenschaft, Medizin, Religionen usw. lediglich Handlanger und Knechte einer Macht sind – einige wenige ganz bewusst, die meisten aber unwissentlich –, die aus dem Unsichtbaren heraus eine Agenda zur Unterjochung der gesamten Menschheit verfolgt. George Orwell und Aldous Huxley konnten mit ihren Werken „1984“ bzw. „Schöne neue Welt“ nur deshalb so prophetische Vorhersagen treffen, weil sie Kenntnisse über diese Agenda hatten. Orwell, der mit bürgerlichem Namen Eric Blair hieß, kannte Huxley persönlich: Huxley war am elitären Eton College, einer in der Nähe von Windsor Castle in London gelegenen Schule für blaublütige Knaben, Orwells Französischlehrer gewesen. Doch über die Pläne, die die Schattenmächte mit der Menschheit haben, sind heute *weitaus* mehr Informationen verfügbar, als Orwell und Huxley zum damaligen Zeitpunkt zugänglich waren.

Ab Mitte der 1990er-Jahre erweiterte sich das Spektrum der Informationen, die mich fortlaufend erreichten, auf *nichtmenschliche* Entitäten. Dabei ging es insbesondere um Wesenheiten, die reptiloide Gestalt annehmen können, sowie um die in der „Alien“-Forschung wohlbekannten „Grauen“. Auf meinen Reisen, die mich rund um den Globus führten, traf ich „zufällig“ – aber in hübscher Regelmäßigkeit – auf Personen, die mir sehr ähnliche Geschichten über ihre individuellen Erlebnisse mit nichtmenschlichen Wesen erzählten und ihr Wissen mit mir teilten. Die Gestalt dieser Wesen umfasste ein breites Spektrum, meist jedoch handelte es sich um Reptiloide oder Graue. In meinen Büchern „Das größte Geheimnis“ und „Children of the Matrix“ enthüllte ich, wie die Geschicke der Menschheit durch nichtmenschliche Spezies manipuliert werden – und erntete seitens der Öffentlichkeit noch mehr Hohn und Spott. Doch inzwischen scherte mich das nicht mehr: Ich will keinen Beliebtheitswettbewerb gewinnen, sondern bin an der Wahrheit interessiert.

Die dritte Phase der Informationsübermittlung, die mich tiefgehend über die illusorische Natur der „physischen“ Realität aufklären sollte, begann mit meiner Ayahuasca-Erfahrung in Brasilien. Erst jetzt begannen sich die einzelnen Puzzleteile in einer Weise zu einem Gesamtbild zusammenzufügen, die bis dahin undenkbar war. Jedes Mal, wenn sich ein neues Themenfeld auftat, strömten die Informationen zu zuvor erkundeten Aspekten weiterhin herein, sodass ich heute über einen Wissensschatz verfüge, der sämtliche Ebenen des Kaninchenbaus – eines Täuschungsmanövers gigantischen Ausmaßes – beleuchtet.

Den Verstand benutzen – oder ihn erweitern?

Vor einigen Jahren erfuhr ich von einem erstaunlichen Fund, den man bereits 1945 in einer ägyptischen Stadt namens Nag Hammadi gemacht hatte. Die an den Ufern des Nils gelegene Stadt befindet sich etwa 120 bis 130 Kilometer nördlich von Luxor (Abb. 76). Bei dem Fund handelte es sich um ein versiegeltes Gefäß, das zahlreiche Papyri mit antiken Texten enthielt, die heute zusammenfassend als Nag-Hammadi-Schriften bzw. -Bibliothek bezeichnet werden. Diesen Texten verdanke ich die Enthüllung weiterer wesentlicher Puzzlesteine, die meine schon im Entstehen begriffenen Schlussfolgerungen zusätzlich bestätigten.

Der letztgenannte Punkt ist äußerst bedeutsam. Es gab einen Autor, der ein vorzügliches Buch über die Schriften von Nag Hammadi verfasst hat, meine Arbeit allerdings meinte in den Wind schlagen zu müssen, da ich die neuen Informationen zum damaligen Zeitpunkt noch nicht in meine Ausführungen integriert hatte. Dabei war ihm, der selbst auf eine einzige Quelle fixiert war, eines nicht klar: Die unsichtbare Kraft, die mich auf meinem Erkenntnisweg begleitete, führte mich in einer ganz bestimmten Reihenfolge an die Informationen heran – erst A, dann B, dann C usw. Es war enorm wichtig, dass ich von den Nag-Hammadi-Schriften erst Wind bekam, *nachdem* ich aus der Vielzahl der mir bereits bekannten Quellen eigene Schlüsse gezogen hatte. Andernfalls wären die Texte womöglich zur alleinigen Grundlage meines Weltbildes geworden – wie es einigen Forschern tatsächlich ergangen ist – und am Ende gar zu einer weiteren Religionslehre mutiert, die meint, alle Antworten auf sich zu vereinen. Stattdessen hatte das Timing zur Folge, dass meine Erkenntnisse über den katastrophalen Zustand der menschlichen Zivilisation und die Manipulation unserer Realität auf profunde Weise bestätigt und ergänzt wurden.

Der Fund von Nag Hammadi umfasste 13 in Leder gebundene Papyrus-Kodizes (Manuskripte), die über 50 in einem koptischen Dialekt niedergeschriebene Texte enthielten. Die Verfasser gehörten einer Gruppierung der sogenannten Gnostiker an, die wiederum von anderen antiken Quellen beeinflusst waren. Bei den Gnostikern handelt es sich nicht um eine ethnische Gemeinschaft, sondern um die Anhänger einer bestimmten Sichtweise auf die Realität, die zusammenfassend als Gnostizismus bezeichnet wird. Der Begriff leitet sich vom griechischen Wort „gnosis" ab, das so viel wie „geheimes Wissen" bedeutet; „gnostisch" heißt „erlernt". Gemeint ist, durch spirituelle Erkenntnis die Realität so wahrnehmen zu lernen, wie sie *tatsächlich* ist. „Streng dein Köpfchen an" oder „schalte dein Gehirn ein", sagen wir gelegentlich; eine englische Redensart lautet „use your nous" – „benutze deinen Verstand". Doch die Gnostiker

Abb. 76: Der gnostische Wissensschatz von Nag Hammadi.

glaubten, dass spirituelles Erwachen bzw. „Erlösung" nur dadurch zu erlangen ist, dass man über das „nous" *hinausgeht* und sein Gewahrsein zum „pneuma" (dem Unendlichen Selbst) hin erweitert. Was die Menschheit heutzutage unter „Intellekt" versteht – und die gesamte, verrückte Gesellschaft unserer Tage basiert darauf –, zeugt von einem erschreckend kümmerlichen Gewahrsein; und dennoch wird er als Quell allen Wissens gepriesen. Dabei gleicht er mehr einem Abflussrohr, aus dem sich Dummheit ergießt.

Die Gnostiker, die vielerorts aktiv waren, wurden von der römischen Kirche gnadenlos verfolgt. Deren Obrigkeit empfand die Art und Weise, in der der Gnostizismus das Fundament ihres Glaubenssystems infrage stellte, als ernsthafte Bedrohung. Der Gott, den sie für allmächtig und unbedingt anbetungswürdig hielten, stellte für die Gnostiker die Wurzel allen Übels dar. Er habe, so glaubten sie, die materielle Welt erschaffen – „materiell" im Sinne einer digitalen, holografischen, computerartigen Simulation, deren Existenz auch ich vermute. Im folgenden Kapitel werde ich dieses Konzept genau erläutern. Die Gnostiker durchschauten die Illusion der „Materie". Ich habe keinerlei Zweifel, dass sie diese Einsichten unter anderem mithilfe psychoaktiver Substanzen erlangten, von denen sie „auf die Reise geschickt" wurden.

Abb. 77: Die königliche Bibliothek von Alexandria.

Die Bibliothek, die sich einst im ägyptischen Alexandria befand und als „große Bibliothek" bzw. „königliche Bibliothek" bezeichnet wurde, beherbergte eine atemberaubende Sammlung antiken Wissens und historischer Dokumente (Abb. 77). Das in den Schriften festgehaltene Gedankengut war überwiegend gnostisch geprägt. Schätzungen zufolge umfasste der Bestand fast eine halbe Million Schriftrollen, Manuskripte und Dokumente, die – sofern sie nicht aus Ägypten stammten – aus Assyrien, Griechenland, Persien, Indien und zahlreichen anderen Gebieten zusammengetragen worden waren. Unter den Menschen, die sich aufgrund ihres erweiterten Gewahrseins von dieser Oase der Aufgeschlossenheit angezogen fühlten, befand sich auch eine Dame namens Hypatia (etwa 350–415 u.Z.). In Athen in Mathematik, Astronomie und Philosophie ausgebildet, vermittelte sie die Lehren der griechischen Philosophen Platon und Aristoteles und leitete die platonische Schule von Alexandria (Abb. 78). Eines der ihr zugeschriebenen Zitate lässt ihre unorthodoxe Einstellung erkennen: „Bewahre dir das Recht zu denken; denn selbst irriges Denken ist besser, als gar nicht zu denken."

Jahrtausende bevor die „Wissenschaft" angeblich als Erste die Natur der Realität zu ergründen begann, wurden Menschen an solch freigeistigen Orten zu Einsichten über die Wirklichkeit inspiriert. Die Erkenntnis, dass die Erde um die Sonne kreist, formierte sich hier beispielsweise schon 2000 Jahre bevor der polnische Mathematiker und Astronom

Abb. 78: Hypatia wurde von einem katholischen Mob totgeschlagen.

Nikolaus Kopernikus zum gleichen Schluss kam. Gar nicht auszudenken, wie viel aufgeklärter die Menschheit wäre, hätte man die Gnostiker und andere unvoreingenommene Denker in Frieden ihrem Wissensdrang nachgehen lassen. Doch leider tat man das nicht. Das ungehinderte und unzensierte freigeistige Streben nach Erkenntnis musste über kurz oder lang die tyrannische römische Kirche auf den Plan rufen. Im Jahr 415 zog ein Mob geistig verwirrter Trottel unter der Führung des Patriarchen Kyrill von Alexandrien los, um die königliche Bibliothek zu überfallen und weitgehend zu zerstören. Hypatia wurde erschlagen, der Bibliotheksbestand ging in mehreren Etappen durch Brände und Diebstahl verloren. Viele der alten Schätze dürften sich bis heute in den Tresoren des Vatikans befinden. Kyrill wurde, wie zahlreiche kirchliche Massenmörder und Ganoven vor und nach ihm, heiliggesprochen. Der Angriff, bei dem Hypatia ihr Leben ließ, stimmt zeitlich mit dem geschätzten Alter der Nag-Hammadi-Schriften überein. Man nimmt an, dass sie zwischen 350 und 400 u.Z. niedergeschrieben wurden; allerdings handele es sich dabei wahrscheinlich um Abschriften älterer griechischer Dokumente, die möglicherweise zwischen 120 und 150 u.Z. oder früher verfasst worden waren. Einige Jahrhunderte nach dem Anschlag auf die Gnostiker von Alexandria ging man in Südfrankreich gegen die gnostischen Katharer vor, die nach dem Fall der Festung Montségur im Jahr 1244 auf dem Scheiterhaufen endeten.

Die Kirche hat das gnostische Wissen stets gefürchtet – und das aus gutem Grund, wie wir in Kürze sehen werden. Nachdem Rom ganze Arbeit geleistet hatte, schienen die Einzelheiten des gnostischen Glaubens verloren zu sein; doch der Fund von Nag Hammadi veränderte alles. Ein entscheidender Punkt dabei ist, dass die Dokumente aufgrund ihrer Verwahrung in einem vergrabenen Tonkrug die Zeiten überdauerten, ohne dass jemand an ihnen hätte herumdoktern können – im Gegensatz zu den Schriften, die sich in den Händen der Kirche befanden und bei Bedarf umgearbeitet wurden, wenn sie der jeweiligen Obrigkeit nicht passten. Die Papyri von Nag Hammadi teilen uns unverfälscht mit, was ihre Verfasser wirklich glaubten.

Das gnostische *Alles Was Ist*

Aus den Nag-Hammadi-Schriften geht hervor, warum die Kirche vor dem gnostischen Weltbild so sehr zitterte. Beim Lesen war ich immer wieder verblüfft, in welchem Umfang sich Motive, grundlegende Aussagen und zahlreiche Details mit den Erkenntnissen deckten, zu denen ich bereits gelangt war, bevor ich überhaupt von Nag Hammadi Notiz genommen hatte. Die Gnostiker sprechen vom „Vater" (das Unendliche Gewahrsein bzw. die Gesamtheit aller Möglichkeiten/das gesamte Potenzial) und unterscheiden zwischen „nous" (Verstand) und „pneuma" (Unendliches Selbst). Ein im Codex Brucianus enthaltener unbetitelter Text besagt, dass „das All" (alles Gewahrsein; alles, was existiert) im „Vater" enthalten ist:

> [Er ist] ein Unfassbarer, er selbst aber erfasst das All und nimmt es auf, und nichts existiert außerhalb von diesem, sondern das All existiert in ihm, indem er für sie alle Grenze ist und sie alle umschließt und alle in ihm existieren. Er ist der Vater der Äonen, vor ihnen allen existierend; es gibt keinen Ort außerhalb von diesem.

Das ist nichts anderes als das, was ich als „Alles Was Ist" oder das „seiner selbst gewahre Unendliche Gewahrsein" bezeichne – „die Kraft, die alle Dinge bewegt" (Abb. 79). Das Unendliche ist noch nicht einmal eine Energieform, sondern reines Gewahrsein, eine Istheit. Energie entsteht aus deren Vorstellungskraft. Man kann nachvollziehen, dass die Gnostiker den Ausdruck „Vater" benutzten, um den Menschen dieses Konzept symbolisch nahezubringen. Doch heute, im Zeitalter von Quantenphysik und Computerisierung, sollten wir moderne Analogien gebrauchen. Die Vatersymbolik wurde in die Bibel und die Christenlehre integriert; jedoch verwandelte die Kirche den „Vater" in einen Typen auf einem Thron. Beim Wort „aeon" (Äon) denken wir heute an einen langen Zeitabschnitt. Für die Gnostiker aber waren „aeons" etwas, was wir als Bereiche der Wahrnehmung, der Realität und des Potenzials umschreiben könnten. In den Wörterbüchern wird „aeon" definiert als „eine Macht, die der Ewigkeit entspringt; eine Emanation oder Erscheinungsform der höchsten Gottheit". Die gnostischen Texte sprechen von „erhabenen Äonen" und „niederen Äonen", die sehr unterschiedlich beschrieben werden. Beide Bereiche seien durch einen Vorhang, Schleier oder Rand voneinander getrennt. Die erhabenen Äonen würden direkt der Einheit des „Einen" entspringen – dem seiner selbst gewahren *Alles Was Ist* –, symbolisiert durch konzentrische Kreise, die das Einssein

Abb. 79: Das „Alles Was Ist und Je Sein Kann" – bei den Gnostikern als „Vater" symbolisiert.

Abb. 80: Das, was ich als Stille erlebte, nannten auch die Gnostiker „die Stille".

ihres Schöpfers bzw. Ursprungs repräsentieren. Die Idee der Abspaltung oder das Empfinden, getrennt zu sein, gibt es dort nicht. Die Gnostiker umschrieben die erhabenen Äonen als „die Stille", „die lautlose Stille" oder „die lebendige Stille", in der ein „wässriges Licht" strahlt (Abb. 80). Das Licht, von dem dort gesprochen wird, ist nicht das Licht, das wir in unserer Realität wahrnehmen. Das Letztgenannte dient als eine Art energetischer Fliegenfänger; aber dazu kommen wir später. Wasser dient in den Texten häufig als Symbol für die höheren Äonen der Einheit, etwa in den Wendungen „die Wasser hoch oben", „die Wasser, die über der Materie sind" oder „die Äonen im lebendigen Wasser". Die erhabenen Äonen stellen eine Realität (einen Seinszustand) ohne Zeit und Raum dar. Da die Emanationen „grenzenlos" und „unmessbar" sind, wie es in einem der Texte heißt, kann es weder Raum noch Zeit geben. Die erhabenen Äonen, die auch als „Pleroma" bezeichnet werden, sind reines Gewahr- bzw. Bewusstsein. Mitunter wird von der „Allheit", „Fülle" oder „Vollendung" der „Emanationen des Vaters" gesprochen. Im Evangelium der Wahrheit steht: „Deswegen sind alle Emanationen des Vaters Pleromata, und die Wurzel aller seiner Emanationen ist in dem einen, der sie alle aus sich heraus wachsen ließ." Weitere Begriffe für die erhabenen Äonen sind „Schatzhaus", „Lager", „Wohnort" sowie „königslose" Welt. Im sogenannten „Tractatus Tripartitus" – dem dreiteiligen Traktat – steht geschrieben:

> Die Emanation der Allheiten, die entstanden ist aus dem, der existiert, existierte nicht entsprechend einer Trennung voneinander, wie etwas Abgeschnittenes von dem, der sie gezeugt hat. Sondern ihre Zeugung ist wie ein Ausbreiten, indem der Vater sich ausbreitet zu denen, die er liebt, damit die, die aus ihm hervorgekommen sind, auch (wie) er werden.

Die Schöpfungen (Erweiterungen, Emanationen) des seiner selbst gewahren Unendlichen Gewahrseins lassen sich als Manifestationen des Gedankens deuten; ich bevorzuge allerdings den Ausdruck „kreative Vorstellungskraft". Damit sind auch die „erhabenen Äonen" der Gnostiker beschrieben – die Ebenen unbegrenzter Vorstellungskraft und somit die Gesamtheit aller Möglichkeiten, das gesamte Potenzial. Die Gnostiker symbolisierten die unbegrenzte Vorstellungskraft durch den „Vater" und den Gedanken durch die Mutter. Die Interaktion der beiden, so sagten sie, würde eine dritte Kraft bzw. eine erdachte Schöpfung/Erweiterung/Reflexion ihrer selbst hervorbringen, die als „Sohn" versinnbildlicht wurde. In einem Text mit dem Titel „Apokryphon des Johannes" heißt es:

> Denn er ist der, der sich anblickt [sein Spiegelbild] in seinem Licht, welches ihn umgibt, das ist die Quelle des lebendigen Wassers. Und er ist es, der [...] in jeder Gestalt [...] sein Bild [wahrnimmt], indem er es in der Quelle des Geistes sieht. Er ist es, der sein Wasserlicht will [Absicht], welches die Quelle des reinen Lichtwassers ist, die ihn umgibt.
>
> Und sein Gedanke vollbrachte eine Tat und [die „Mutter"] trat in Erscheinung, das heißt die, die in Erscheinung trat vor ihm [seiner Vorstellungskraft] in dem Glanz seines Lichtes. [Sie] ist die erste Kraft, welche [...] in Erscheinung trat aus seinem Denken. [...] Dieser ist der erste Gedanke, sein Abbild.

Von hier aus entstand aus den Imaginationen des Unendlichen Gewahrseins – und seiner Kreationen, die Erweiterungen desselben Gewahrseins darstellen – das, was wir „die Schöpfung" nennen. In den gnostischen Texten wird beschrieben, wie die Schöpfungen der unbegrenzten Vorstellungskraft durch Benennung ins Sein überführt werden. Der folgende Auszug ist dem „Evangelium der Wahrheit" entnommen:

> Alle Wege sind seine Emanationen. Sie erkannten, dass sie aus ihm hervorgekommen sind wie Kinder aus einem vollkommenen [d.h. erwachsenen] Menschen. Sie erkannten, dass sie weder eine Form noch einen Namen empfangen hatten, von denen der Vater jeden einzelnen gebiert. [...]
>
> Aber der Vater ist vollkommen, wobei er alle Wege kennt, die in ihm sind. Wenn er will, offenbart er das, was immer er will, indem er ihm eine Form gibt und ihm einen Namen gibt; und er gibt ihm einen Namen, und er veranlasst, dass sie entstehen.

In den erhabenen Äonen ist der höchste „Schöpfer" bzw. die kreative Macht/Vorstellungskraft beheimatet. Es stellt sich die Frage: Wenn dem so ist – warum ist dann das Leben in unserer Realität für viele Menschen so unerfreulich, ja, entsetzlich? Auf diese Frage gibt es eine Antwort.

Der „Fehler"

Eine der grundlegenden Vorstellungen der Gnostiker – ihre Version des „Sündenfalls" – besagt, dass die von uns erlebte materielle Wirklichkeit durch einen Fehler bzw. Irrtum entstanden ist. In den gnostischen Texten wird beschrieben, wie einer der Äonen, also eine Erweiterung des „Vaters" bzw. des Unendlichen Gewahrseins, seine eigene geistige Schöpfung ins Leben rief – ohne das Einverständnis des „Vaters" (bzw. „Paargenossen") einzuholen, der die wahre Schöpferkraft verkörpert. Der Name dieses Äons bzw. Bewusstseins ist „Sophia". Im Apokryphon des Johannes heißt es:

> Die Sophia [...] aber, da sie ein Äon ist, dachte in einem Denken aus sich selbst heraus mit dem Gedanken des unsichtbaren Geistes [d.i. das seiner selbst gewahre Unendliche Gewahrsein] [...] Sie wollte ein Bild in Erscheinung treten lassen ohne die Zustimmung des Geistes [...] und ohne ihren Paargenossen und ohne seine Überlegung [...] Und wegen der unbesiegbaren Kraft, die in ihr ist, war ihr Denken nicht unwirksam, und ein Werk trat aus ihr in Erscheinung, das unvollkommen war, und es war unterschieden von ihrer Gestalt, denn sie hatte es ohne ihren Paargenossen erschaffen.

Was hier symbolisch beschrieben wird, ist das aus dem Gleichgewicht des Einsseins/der Einheit geratene „Denken". Die Geschichte von Sophia entspricht dem ersten „Sündenfall". Das, was sie manifestiert haben soll, ist eine zerstörerische und manipulative Kraft, die wir unter Bezeichnungen wie „Teufel", „Satan" und zahllosen weiteren Namen kennen. Konsultieren wir noch einmal das Apokryphon des Johannes:

> Und als sie ihren Willen verwirklicht sah, veränderte er sich in den Typos eines löwengesichtigen Drachens. Und seine Augen waren wie Feuer von Sonnenleuchten [...] Sie stieß ihn von sich weg, weg aus jenen Orten [den erhabenen Äonen bzw. Pleromata], damit niemand von den Unsterblichen [andere Äonen des Vaters] ihn sehen könne, denn sie hatte ihn geschaffen in Unwissenheit [...] Und sie nannte seinen Namen Jaldabaoth.

Jaldabaoth ist identisch mit der Entität, die ich in meinen Büchern den „Demiurgen" genannt habe – ein weiterer Name, den die Gnostiker zur Bezeichnung dieser Macht benutzten. Es ist sehr wichtig, nicht in dieselbe Falle wie die Religionen zu tappen und symbolische Texte wörtlich auszulegen. Zudem können wir nicht wissen, welchen gesellschaftlichen Einflüssen die ursprünglichen Verfasser dieser Schriften unterlagen. Reduziert man das Narrativ auf seine grundlegenden Elemente, ließe es sich etwa so zusammenfassen: Ein aus dem Gleichgewicht geratener schöpferischer „Gedanke" erschuf einen Gewahrseinszustand, der sich – dementsprechend – ebenso wenig im Gleichgewicht befand.

Da hat jemand Mist gebaut, könnte man auch sagen – zumindest erscheint es so, wenn man eine bestimmte Perspektive einnimmt. Lange bevor ich die Nag-Hammadi-Schriften zu Gesicht bekam, war ich bereits davon überzeugt, dass unsere simulierte Realität das Werk einer im höchsten Maße negativen Macht ist. Das ist in der Quintessenz genau das, was auch die Gnostiker aussagen. Die materielle Welt (niedrige Frequenz) entstand den Texten zufolge durch Sophias Unwissenheit (niedrige Frequenz) und ihren Kummer (niedrige Frequenz) über die Dinge, die sie ins Dasein gebracht hat. Die Texte von Nag Hammadi erläutern des Weiteren, dass die „gestaltlose Wesenheit" namens Jaldabaoth – also der Demiurg – die Macht seiner (mit der Quelle verbundenen) „Mutter" dazu benutzte, die „niederen Äonen" zu manifestieren (zu denen unsere gegenwärtige Realität gehört). Erschaffen nach dem Vorbild der erhabenen Äonen, stellten sie jedoch mangelhafte „Kopien" bzw. „Spiegelbilder" derselben dar. Neben den niederen Äonen manifestierte Jaldabaoth auch Entitäten, die die Gnostiker als „Archonten" („Herrscher") bezeichnen. Im Apokryphon des Johannes heißt es dazu:

> Aber alles hat [Jaldabaoth] in Ordnung gebracht [...] entsprechend dem Abbild der ersten Äonen [unter Ausnutzung der] Kraft in ihm, welche er von seiner Mutter empfangen hatte [und die] in ihm ein Abbild der guten Ordnung hervor[brachte] [...] Dieser ist der erste Archon [Jaldabaoth], dieser ist es, der eine große Kraft aus seiner Mutter empfing. Und er bewegte sich weg von ihr, und er verließ die Orte, an denen er geboren wurde [die erhabenen Äonen]. Er ergriff und schuf sich andere Äonen aus einer Lichtfeuerflamme, welche auch jetzt existiert.

Das Motiv des leuchtenden bzw. „Lichtfeuers" erinnert an das „rauchlose Feuer", das laut islamischem bzw. vorislamischem Glauben eine Eigenschaft der „Dschinn" sein soll. Die Beschreibungen dieser in den unsichtbaren Welten residierenden Wesen ähneln sehr der Charakterisierung der Archonten durch die Gnostiker. Der Demiurg/Jaldabaoth habe die Archonten erschaffen, damit sie seinen Interessen und der Befriedigung seiner Gelüste dienen. Die gnostischen Texte beschreiben die Archonten als aus leuchtendem Feuer bestehende Wesen; islamische Texte besagen, die Dschinn seien aus rauchlosem Feuer erschaffen worden – sie meinen dieselben Wesen bzw. dieselbe Kraft! Bei dem Lichtfeuer handelt es sich meines Erachtens teilweise um das „Licht" des elektromagnetischen Spektrums – einschließlich des sichtbaren Lichts –, also das Licht unserer simulierten Realität. Es ist das „Licht", auf das sich Satanisten und Mitglieder von Geheimgesellschaften beziehen, wenn sie von Luzifer dem „Lichtbringer" sprechen: vom Demiurgen/Jaldabaoth. Es ist auch mit dem Licht identisch, das am Beginn der Genesis steht: „Es werde Licht", sprach der „Herr" und erschuf damit die Welt (Simulation). „Leuchtendes Feuer" meint zudem die Ebene, die der Lichtgeschwindigkeit unterliegt, sowie das, was wir als Strahlung bezeichnen. Die von Satanisten und Religionen exzessiv genutzten brennenden Kerzen symbolisieren das Licht des archontischen „Feuers". Satanisten der höheren Ränge wissen das – zumindest jene, die sich in den innersten kirchlichen Kreisen bewegen oder innerhalb der Kirche irgendein Amt bekleiden (und davon gibt es viele). Dieselbe Symbolik findet auch bei satanischen Feuerritualen Anwendung, etwa bei den alljährlich im nordkalifornischen Bohemian Grove veranstalteten Treffen der politischen, wirtschaftlichen und Banken-„Elite", die ich in früheren Büchern bloßgestellt habe.

Die Bereiche „hier unten" ...

Zu den Archonten kommen wir gleich, doch zuvor müssen wir noch über die „schlecht kopierten" niederen Äonen sprechen (den Manuskripten zufolge soll es sieben davon geben). Die Gnostiker beschreiben sie als Bereiche des „Mangels" und der Unzulänglichkeit, im Gegensatz zur „Fülle" der erhabenen Äonen. Ohne Zweifel beziehen sich diese Begriffe auf die Energie, d.h. deren Qualität und Quantität (Überfluss bzw. Mangel an Energie, Abb. 81). Die Äonen der schlechten Kopie werden mit Begriffen wie „fehlerhaft", „Dunkelheit" oder „Abgrund" umschrieben. Zudem würden sie die Ebene des „Schicksals"

Abb. 81: Die Gnostiker sagten, dass unsere Realität eine „schlechte Kopie" der ursprünglichen Realität ist, die noch immer existiert.

bilden – ein System zur Kontrolle der Massen, das ich im Verlauf dieses Kapitels erläutern werde.

Im gnostischen Sprachgebrauch wird klar zwischen Seele und Geist unterschieden. Während der Geist der Unendlichkeit bzw. den erhabenen Äonen angehört, ist die Seele mit Jaldabaoths niederen Äonen assoziiert. Unser wahres Selbst ist Geist – angebunden an die Quelle und von ihr ausstrahlend. Hellseher der Kategorie „Ich bekomme eine Mary" bewegen sich innerhalb der niederen Äonen. Andere Medien jedoch, die unmittelbar nach „draußen" gelangen, indem sie sich nicht über die Seele (psychische Energie), sondern über den Geist verbinden, können mit den erhabenen Äonen in Kontakt treten. Dadurch sind sie in der Lage, sich mit hoch entwickeltem Gewahrsein zu verbinden und fortgeschrittenes Wissen in unsere Welt zu bringen. Woraufhin sie dann als verrückt abgestempelt werden.

Bisher habe ich Begriffe wie „übersinnlich" oder „medial" in einem sehr allgemeinen Sinn benutzt, doch es gibt Kommunikationsebenen, die weit über „Ich bekomme eine Mary" hinausgehen. Im Englischen zeigt sich der Unterschied zwischen gewöhnlichen übersinnlichen und wahrhaft geistigen (spirituellen) Kontakten deutlich in der Sprache: Die Begriffe für eine medial veranlagte Person (engl.: „psychic") und für die Seele bzw. Psyche (engl.: „psyche") gehen beide auf das griechische Wort „psykhe" zurück. Die Psyche wird definiert als „das Denken bzw. die tiefgründigsten Gedanken, Gefühle und Glaubensvorstellungen einer Person oder Gruppe". Die niederen Äonen beherbergen den Verstand/die Seele, die wiederum – sofern die höhere geistige Verbindung fehlt (engl.: „spirit") – die Wahrnehmungen des Gehirns/Körpers bestimmen. Das, was wir als Seele bzw. Ich (im Sinne von Ego) bezeichnen, sind elektromagnetische Felder sinnlicher Wahrnehmung; auf dieser Ebene ist auch das Phänomen des Aurafeldes angesiedelt. Bei der Instanz Seele/Ich, die sich im Moment des Todes aus der „materiellen" Realität zurückzieht, handelt es sich in Wirklichkeit um einen Aufmerksamkeitsbrennpunkt. Erinnern Sie sich an Alan Watts' Definition des Egos: „... nichts anderes als der Aufmerksamkeitsbrennpunkt". Verharrt unser Aufmerksamkeitsbrennpunkt auf der Ebene der Seele (Verstand/Psyche), wenn wir die „Körperlichkeit" hinter uns lassen, bleiben wir in den niederen Äonen gefangen – in Bereichen, die energetisch etwas weniger dicht sind als die „physische" Welt. Dort verweilen wir, bis wir „reinkarnieren" und eine neue fleischliche Hülle bekommen.

In den östlichen Religionen und im New Age wird die Reinkarnation als wiederholte Wiedergeburt der Seele in der „materiellen" Welt aufgefasst. In der physischen Hülle leidet und lernt die Seele, bis sie einen Zustand der „Vollkommenheit" erreicht und den Kreislauf von Geburt und Tod hinter sich lassen kann. Ich möchte ausdrücklich für eine andere Sichtweise plädieren. Ein Aufmerksamkeitsbrennpunkt (Geist/Gewahrsein) bleibt so lange in den niederen Äonen gefangen, bis er sich wieder vollständig mit der spirituellen Quelle identifiziert und in einen Gewahrseinszustand eintritt, der die Frequenzmauern der Welt des Demiurgen/Jaldabaoths zu überwinden vermag. Dann erst kann er in die erhabenen Äonen zurückkehren – zum Unendlichen Gewahrsein, das seiner selbst gewahr ist. Die endlose Wiederholung von Erfahrungen, die auf der stets gleichen, simplen Wahrnehmungsprogrammierung beruhen, wird niemanden in die Freiheit führen. Im Gegenteil – die Illusionen und Täuschungen, die die Wahrnehmung (und damit das Frequenzniveau) der Menschheit in Knechtschaft halten, werden dadurch möglicherweise erst recht verfestigt und weiter gestärkt.

Als ich mich während meiner Ayahuasca-Erfahrung, die ich 2003 in Brasilien machte, in einem veränderten Bewusstseinszustand befand, sah ich Menschen aus dem Himmel fallen und auf einem Weg landen, der durch ein Feld führte. Der Weg füllte sich immer mehr, und je mehr Menschen auf ihm liefen, desto ausgetretener wurde er. Immer tiefer grub sich der Weg in den Boden, bis für die Menschen alles dunkel wurde. Bald war ein Graben entstanden, der der Rille einer alten Schallplatte glich. Die Menschen folgten ihm einfach, gleich, wohin er führte. Die Stimme erklärte, dass die Menschen deshalb in jeder Inkarnation erneut so leicht auf die Programmierung hereinfielen, weil sie noch die Programmierungen früherer Leben in sich trügen. Das gelte nicht zuletzt auch für die Ergebenheit gegenüber einer (vermeintlichen) Obrigkeit. Zwar erinnern wir uns für gewöhnlich nicht an unsere früheren Aufenthalte im „Physischen", doch wirken unsere damaligen Erfahrungen noch immer nach. Vielleicht haben wir eine „unerklärliche" und „irrationale" Angst vor Wasser, weil wir in einem früheren Leben eine schlimme Erfahrung damit gemacht haben. Oder wir fürchten das Fliegen, enge Räume, weite Plätze usw. – je nachdem, welche unangenehme Situation wir einst durchleben mussten.

Wer die Vorstellung der Reinkarnation ablehnt, sollte sich mit entsprechenden Büchern oder Fernsehserien wie „The Ghost Inside My Child" auseinandersetzen, in der sich Kinder detailliert an ihre Erfahrungen in früheren Leben erinnern. Dazu zählen nachprüfbare Ereignisse, von denen die Kinder unmöglich gewusst haben können. In jeder Inkarnation werden Informationen und Programmierungen angehäuft, die im Seelenfeld gespeichert bleiben und dazu führen können, dass sowohl Verhaltensmuster als auch „physische" Merkmale früherer Leben erneut auftreten. Wie soll uns diese Konstellation jemals aus dem Kreislauf der Wiedergeburt herausführen? Das tut sie nicht. Zwar stimmt es, dass wir aus Erfahrungen lernen und sie dazu benutzen können, aus dem übermächtigen Schlaf aufzuwachen; durch wiederholte schlechte Erfahrungen wird die menschliche Wahrnehmung jedoch immer tiefer in die Bereiche niedriger Schwingungen und einprogrammierter Illusionen gedrückt. Die Vorstellung, dass wir leiden müssten, um „Erlösung" zu finden, ist wirklich verrückt. Sie würde bedeuten, dass Leid notwendig und sogar normal ist – Gottes Wille, sozusagen. Es ist aber nicht normal, sondern vielmehr das Werk einer hochgradig negativen Macht.

In einem gnostischen Text mit dem Titel „Pistis Sophia" werden die Außengrenzen der vom Demiurgen/Jaldabaoth geschaffenen Realität durch einen Drachen symbolisiert, der

Abb. 82: Der Ouroboros: Die Schlange, die ihren eigenen Schwanz verschlingt.

Abb. 83: Neil Hagues Darstellung des gnostischen Leviathans – der Ouroboros, den die „Seelen passieren müssen, um ins Paradies zu gelangen".

seinen eigenen Schwanz verschlingt: „Die äußere Finsternis ist ein großer Drache, dessen Schwanz sich in seinem Munde befindet, außerhalb der ganzen Welt die ganze Welt umgebend." Die Beschreibung dieses Symbols, das unter den Bezeichnungen Ouroboros oder Leviathan bekannt ist, klingt sehr nach dem Grenzbereich, der sich den Gnostikern zufolge zwischen den erhabenen und den niederen Äonen befinden soll (Abb. 82 und 83). Der äußerste Planet bzw. Archont (der niederen Äonen), so sagen sie, sei der Saturn. Jenseits davon befinde sich Leviathan, den jede Seele überwinden müsse, um ins Paradies zu gelangen (die zu dem Zeitpunkt allerdings keine „Seele" mehr ist, sondern reiner Geist). Auch das uralte esoterische Konzept des Ringes Überschreite-mich-nicht steht damit in Zusammenhang, das so beschrieben wird:

> Ein tiefgründig mystischer und bedeutungsvoller Ausdruck. Er bezeichnet jenen Kreis, jene Schranken oder Grenzen, innerhalb welcher sich das Bewusstsein derer befindet, die noch unter dem Einfluss der Täuschung des Getrenntseins stehen, gleich, ob der Ring groß oder klein ist.
>
> Er bedeutet nicht irgendeine besondere Gegebenheit oder einen besonderen Zustand; vielmehr lässt er sich als allgemeiner Ausdruck auf jeden Zustand anwenden, in dem sich ein Wesen, das in seinem evolutionären Wachstum der Entfaltung des Bewusstseins

eine bestimmte Stufe erreicht hat, nicht in der Lage sieht, in einen noch höheren Zustand überzugehen, weil sein Bewusstsein unter mentaler oder spiritueller Täuschung steht.

„Täuschung" = eine Frequenz, die zu niedrig ist, um die Mauern des „Rings" bzw. „Drachen" zu durchdringen und den niederen Äonen zu entkommen. Laut den Schriften von Nag Hammadi haben die erhabenen Äonen am Übergang zu den niederen Ebenen die sogenannte „Grenze" errichtet, um „Sophia" von ihrer Schöpfung bzw. „ungeborenen Idee" – Jaldabaoth – zu separieren: „... die Begierde aber samt der Erregung [wurde] hinausgewiesen, abgegrenzt und vertrieben." Diese Abtrennung vom Quell der Schöpferkraft erklärt vermutlich, warum die Gnostiker sagten, der Demiurg/Jaldabaoth und die ihm unterstellten Archonten würden nicht über die Fähigkeit verfügen, etwas Originäres zu erschaffen, und könnten lediglich bereits existente Dinge manipulieren und verfälschen. In einem Text heißt es: „Durch diesen Horos [diese Grenze] ist nach ihrer Lehre die Sophia gereinigt und befestigt [...] worden. Nachdem sie so befreit war [...], ist sie in dem Pleroma verblieben." Anderen Legenden zufolge ist Sophia noch immer mit Jaldabaoth, ihrer Schöpfung, verbunden. In einem unbenannten Text innerhalb des Codex Brucianus wird die Grenze zwischen erhabenen und niederen Äonen wie folgt beschrieben:

> Und damals hat das Existierende sich von dem Nichtexistierenden getrennt, und das Nichtexistierende ist das Böse, das sich in der Materie manifestiert hat. Und die Kleiderkraft [umhüllende Kraft] trennte das Existierende von dem Nichtexistierenden und nannte das Existierende „ewig" und das Nichtexistierende „Materie", und sie trennte in der Mitte das Existierende von dem Nichtexistierenden und legte zwischen sie Vorhänge.

Es mag merkwürdig erscheinen, die niederen Äonen als nichtexistent zu bezeichnen, während wir diese „nichtexistente" Welt doch erleben. Dazu nur zwei Anmerkungen: (1) Materie, wie wir sie wahrzunehmen meinen, existiert nicht; (2) Ist ein Schatten in derselben Weise existent wie das Objekt, das ihn wirft? Wiederholt begegnen wir dem Gedanken, dass die niederen Äonen Spiegelbilder oder Schatten („Kopien") der erhabenen Äonen sind. Das ist eine treffende Analogie, erscheint doch ein an einer Wasseroberfläche reflektiertes Objekt („Licht") stets „auf den Kopf gestellt" (Inversion, Abb. 84). Die Realität des Demiurgen ist gewiss die invertierte Version der ursprünglichen Realität:

Abb. 84: „Reale Welt (erhabene Äonen) – Schattenwelt (niedere Äonen)" – Die Gnostiker sagten, dass unsere Realität eine Reflexion, eine „Kopie" oder ein Schatten der eigentlichen Realität ist.

Abb. 85: Wir leben nicht „in“ einer Welt, sondern in einem Informationsfeld, aus dem wir die Erfahrung des Sich-darin-Befindens decodieren.

Abb. 86: „Das JETZT (jenseits der Begrenzungen durch Zeit und Raum) – Zeit“ – Die Gnostiker sagten, die erhabenen Äonen würden einen zeitlosen Bereich bilden, während die „Kopie“ bzw. Reflexion mit (illusionärer) Zeit behaftet ist.

Fülle vs. Mangel, unsterblich vs. sterblich, spirituell vs. übersinnlich, Geist vs. Seele, Existenz vs. Nichtexistenz, Zeitlosigkeit vs. Zeit usw.

Die erhabenen Äonen werden durch Archetypen oder, wie man auch sagen könnte, als Blaupause beschrieben, die niederen Äonen hingegen als mangelhafte Schatten bzw. Reflexionen dieser Blaupause. Einmal mehr greift die Symbolik der „schlechten Kopie“. Bei den Blaupausen und Archetypen der erhabenen Äonen handelt es sich um eine Art Informationen. Wir leben nicht wirklich „in“ einer Welt; vielmehr decodieren wir ein Informationskonstrukt, „in“ dem wir (laut unserer Wahrnehmung) zu leben meinen (Abb. 85). Die niederen Äonen sind eine minderwertige „Kopie“ der Informationen (Gewahrsein), die aus den erhabenen Äonen gespiegelt worden sind. Durch den Wahn des Demiurgen/Jaldabaoths ist die Kopie immer weiter verzerrt und invertiert worden.

Wie ich bereits erwähnte, werden die erhabenen Äonen in den gnostischen Texten als eine Welt ohne Zeit beschrieben, die niederen Äonen jedoch als ein zeitbehafteter Bereich. Das entspricht genau dem, was ich im einleitenden Kapitel erklärte (Abb. 86). Die Begriffe „erhaben“ und „nieder“ sind nicht wörtlich (räumlich) zu verstehen, sondern symbolisieren verschiedene Seinszustände, die innerhalb derselben Unendlichkeit existieren – so, wie sich auch die Frequenzen unterschiedlicher Radiosender denselben „Raum“ teilen. Der ebenfalls in Nag Hammadi gefundene Text „Zostrianos“ lässt uns wissen: „Er [Jaldabaoth] sah ein Schattenbild, und von dem Schattenbild aus, das er sah in ihm, schuf er die Welt. Mithilfe des Schattenbildes eines Schattenbildes arbeitete er an der Hervorbringung der Welt.“ Doch hat „er“ die Welt nicht aus dem Nichts erschaffen, sondern die Kopie oder Reflexion von etwas verzerrt, das bereits existierte.

Den Texten zufolge war die Einrichtung der „Grenze" in gewisser Weise für die Entstehung des Spiegelbildes bzw. der Schattenrealität verantwortlich: „Es existiert ein Vorhang zwischen denen, die oben sind, und den Äonen, die unten sind. Und ein Schatten entstand unterhalb des Vorhangs. Und jener Schatten wurde zur Materie. Und jener Schatten wurde in eine Teilregion geworfen." (Auszug aus dem Nag-Hammadi-Manuskript „Hypostase der Archonten".) In dem Text „Über den Ursprung der Welt", der ebenfalls zu den Schriften von Nag Hammadi gehört, wird gesagt:

> Der Äon der Wahrheit hat keinen Schatten außerhalb seiner, denn das grenzenlose Licht ist überall in ihm. Aber sein Äußeres ist der Schatten. Man nannte ihn Finsternis.

Das bringt uns auf den antiken griechischen Philosophen Platon (etwa 428–347 v.u.Z.) und sein Höhlengleichnis. Platon hat den Gnostizismus entscheidend beeinflusst. Er verglich die Menschen mit Gefangenen, die ihr gesamtes Leben in einer Höhle zugebracht und die Außenwelt nie kennengelernt haben (Abb. 87). Hinter ihnen befinden sich ein Feuer sowie, zwischen dem Feuer und den Gefangenen, ein erhöhter Fußweg. Da die Gefangenen angekettet sind, können sie nur die Wand vor sich sehen, aber weder hinter sich noch in irgendeine andere Richtung schauen. Die Leute, die nun hinter ihnen den Fußweg entlanggehen, werfen jedes Mal, wenn sie das Feuer passieren, Schatten an die Wand. Da die Gefangenen stets nur die Schatten sehen können, nicht aber, was diese Schatten sind oder wie sie entstehen, halten sie sie schließlich für reale Wesen.

Einige Gefangene entwickeln sich im Laufe der Zeit zu regelrechten Schattenexperten; bald gelten sie als Kenner der Natur – obwohl sie nie begriffen haben, was es mit den Schatten auf sich hat (siehe unsere heutigen Wissenschaftler und Gelehrten). Schließlich entkommt einer der Gefangenen und sieht die Welt, wie sie wirklich ist. Zunächst traut er seinen Augen kaum, doch dann begreift er, dass seine Schattenwelt gar nicht real, sondern nur eine Täuschung ist. Er geht zur Höhle zurück und berichtet den anderen Gefangenen von seiner Entdeckung. Doch die glauben ihm nicht, bezeichnen ihn als verrückt und drohen ihm für den Fall, dass er versuchen sollte, sie zu befreien, sogar damit, ihn umzubringen. Was für eine brillante Beschreibung der Schattenwelt der niederen Äonen und der misslichen Lage, in der sich die Menschheit bis heute befindet.

Abb. 87: Platons Höhlengleichnis.

Was wäre, wenn unser Selbst, wie wir es wahrnehmen – die „Seele" der niederen Äonen inbegriffen –, nur eine Reflexion des wahren, in den erhabenen Äonen verankerten Selbst ist? Dann würde zutreffen, was die gnostische Symbolik andeutet: Wir existieren gar nicht wirklich. Was wäre also, wenn es gar nicht „wir" sind, die in den niederen Äonen gefangen sind, sondern nur ein symbolischer Widerschein oder Schatten des echten Wir, das den erhabenen Äonen angehört? Was wäre schließlich, wenn – eingedenk der Tatsache, dass alle Existenz Bewusstsein ist – die „Schattenkopien" ein Eigenleben entwickelt haben und sich für die Originale halten? Ganz wie es in dem Lied „Me and My Shadow" heißt: „Ich und mein Schatten laufen die Straße entlang …" Diese Gedanken dürften einer näheren Betrachtung wert sein.

Geisteskranker „Gott" des „grenzenlosen Chaos"

Abb. 88: „Der blinde Gott/der Törichte" – So beschrieben die Gnostiker den Demiurgen/Jaldabaoth.

Abb. 89: „Demiurg – Jaldabaoth – Samael – Satan/Teufel – Jahweh/Jehowa" – Verschiedene Namen, dieselbe Macht.

Die Gnostiker beschrieben Jaldabaoth als wahnsinnig und gaben ihm den Beinamen „der Blinde". Mitunter nannten sie ihn auch „Samael", was etwa „Gott der Blinden" bedeutet, oder „Saklas", „der Törichte" (Abb. 88). Ich werde ihn fortan als den Demiurgen bezeichnen.

Den gnostischen Manuskripten zufolge wusste der Demiurg nichts von seiner „Mutter" Sophia, die ihn erschaffen hatte, und suchte sie in der „materiellen" Welt (niedrig schwingende Energie), die durch Sophias geistiges und emotionales Trauma manifest geworden war. „Er" glaubte, die physische Dimension sei allein sein Werk gewesen, und dass alles, was existiert, in ihm vereint war. Allerdings wurde er eines Besseren belehrt. „[Er] öffnete seine Augen. [Er] sah eine große, grenzenlose Materie. Und [er] wurde eitel und sprach: ‚Ich bin Gott, und es gibt keinen anderen außer mir.'" (Aus dem Text „Das Wesen der Archonten".)

Hier liegt der Ursprung jener zornigen, blutdürstigen Gottheit, die beharrlich behauptet, sie sei der „einzige Gott". Die Gnostiker setzten den Demiurgen mit Jahweh/Jehowa gleich, dem garstigen „Gott" des Alten Testaments, der laut Bibel sprach: „Ich *bin* der Herr, und sonst *ist* keiner; denn außer mir *ist* kein Gott." (Jesaia 45,5) Der Demiurg und der grausame „Gott" des Alten Testaments sind ein und derselbe Typ! (Abb. 89) Im Folgenden bekommen Sie einen kleinen Eindruck von dem Burschen (3. Mose 26):

> Werdet ihr aber auch dadurch noch nicht zum Gehorsam gegen mich gebracht, sondern mir trotzig begegnen, so will ich auch euch mit grimmigem Trotz begegnen und euch siebenfältig strafen um eurer Sünden willen, dass ihr eurer Söhne und Töchter Fleisch fressen müsst! Und ich will eure Höhen vertilgen und eure Sonnensäulen abhauen und eure Leichname auf die Leichname eurer Götzen werfen, und meine Seele wird euch verabscheuen. [...] Euch aber will ich unter die Heiden zerstreuen und das Schwert hinter euch herausziehen, dass euer Land zur Wüste und eure Städte zu Ruinen werden.

Richtig netter Kerl. In Wirklichkeit ist „er" natürlich überhaupt kein „Kerl", sondern ein Symbol für ein schwer deformiertes und invertiertes Gewahrsein, das völlig aus dem Gleichgewicht geraten ist und den Rest der Schöpfung in denselben zerrütteten Zustand bringen will – „Lasset uns Menschen machen in unserem Bilde, nach unserem Gleichnis" (1. Mose 1,26) und all das. Große Religionen verehren diese Macht – würg – als ihren Gott. Bei dem „Es werde Licht"-Gott der Genesis, der „die Welt in sieben Tagen erschuf", handelt es sich nicht um das Unendliche Gewahrsein, das seiner selbst gewahr ist, sondern um den demiurgischen Schöpfer unserer illusionären Realität, die der im Film „Matrix" beschriebenen holografischen Simulation verblüffend ähnelt. Das erinnert mich an die Fernsehserie „Per Anhalter durch die Galaxis", in der es hieß: „Am Anfang wurde das Universum erschaffen. Das machte viele Leute sehr wütend und wurde allenthalben als Schritt in die falsche Richtung angesehen." Im Neuen Testament gibt es übrigens durchaus einige Bezüge zum Unendlichen Gewahrsein. Das erklärt den hanebüchenen Gegensatz zwischen dem wütenden, hasserfüllten Gott des Alten Testaments und dem etwas warmherzigeren Schöpfer, den das Neue Testament beschreibt. Das ändert allerdings nichts an der Tatsache, dass beide Schriften in höchstem Maße irreführend sind.

Die im Alten Testament enthaltenen Texte wurden umfangreichen Manipulationen unterzogen, um den von den Gnostikern beschriebenen Demiurgen in einen allmächtigen Gott zu verwandeln, den Milliarden Menschen verehren – sei es als Christ, Jude oder Moslem. Zu den zahlreichen Bezeichnungen, die dem Demiurgen verpasst wurden, zählen auch „Teufel" und „Satan". Anhänger der großen Religionen verdammen die Teufelsanbetung, während sie demselben deformierten Gewahrsein huldigen – nur unter einem anderen Namen und Persönlichkeitsprofil. Dass die Welt verrückt ist, erwähnte ich schon? Sie alle beten die Schattenmächte an, die für Chaos und die Zerstörung jedes Gleichgewichts stehen. In der Nag-Hammadi-Schrift „Über den Ursprung der Welt" heißt es:

> Von dort aber trat eine Kraft in Erscheinung über der Finsternis. Aber die Kräfte, die nach ihnen entstanden sind, nannten den Schatten „das grenzenlose Chaos".

Die Verfasser sprechen nicht etwa von der menschlichen Gesellschaft, oder? Ganz bestimmt nicht – hier gibt's ja kein Chaos.

Die Texte von Nag Hammadi bringen unsere Realität mit der „Hölle", dem „Abgrund" und der „äußeren Finsternis" in Zusammenhang, in der die gefangenen Seelen von Dämonen gequält und manipuliert werden. Über den Seinszustand in den niederen Äonen heißt es im „Tractatus Tripartitus": „Deswegen fielen sie hinab in die Grube der Unwissenheit, welche genannt wird ‚die Finsternis, die draußen ist' und ‚das Chaos' und ‚die Unterwelt' und ‚der Abgrund'." Die Unterwelt, die hier erwähnt wird, ist nicht mit dem Bereich zu verwechseln, den die Gnostiker „die Mitte" nennen: ein „Raum" zwischen den erhabenen und den niederen Äonen. Er wird als ein Zustand zeitweiliger „Nichtexistenz" beschrieben, in dem die Seele auf ihre Wiederverkörperung wartet oder aber aufgrund ihrer Unwissenheit und niedrigen Schwingung festsitzt. Das erinnert an die aus dem römisch-katholischen Glaubenssystem bekannte Vorstellung vom Fegefeuer – einem „Ort oder Zustand vorübergehender Qualen und Nöte".

Das als „Sophia" bezeichnete Gewahrsein soll sich, nachdem es Chaos und Verfälschung erschaffen hatte (den Demiurgen bzw. Jaldabaoth), in jener Zwischenwelt aufgehalten haben. Ich sollte betonen, dass auch dieser mittlere Bereich – wie die niederen Äonen insgesamt – eine Falle des Demiurgen darstellt, die wir umschiffen bzw. der wir entkommen können. Die Gnostiker verwenden für den Ausbruch aus der Wahrnehmungsfalle den Begriff Auferstehung. Wie wir das bewerkstelligen und den demiurgischen Käse hinter uns lassen können, werde ich später ausführlich erläutern.

Die „Agent Smith"-Archonten

In den „Matrix"-Filmen gibt es spezielle, als „Agenten" bezeichnete Computerprogramme, die in die vorgetäuschte Realität der Matrix eingeschleust werden und dort in menschlicher Gestalt auftreten. Ihre Aufgabe ist es, das Kontrollkonstrukt zu überwachen und diejenigen aufzuspüren, die die Illusion durchschaut haben. Ihr Anführer, Agent Smith, fertigt an einem bestimmten Punkt unzählige Kopien seiner selbst an, die ihm wie aus dem Gesicht geschnitten sind und sich auch genau wie „er" verhalten (Abb. 90).

Abb. 90: Die Archonten sind „Software"-Kopien der demiurgischen Verfälschung – in derselben Weise, wie Agent Smith ein repliziertes Computerprogramm war.

Jedes Mal, wenn ich in den Nag-Hammadi-Schriften davon las, wie der Demiurg Untergebene zur Bewachung der Ein- und Ausgänge der niederen Äonen erschuf, musste ich unwillkürlich an die

Figur des Agent Smith denken. Bei den Gnostikern heißen die Kopien bzw. Untergebenen „Archonten"; der Demiurg ist der „Herr der Archonten". Hier erkennen wir die Ursprünge der biblischen Begriffe „Herr" bzw. „Herrgott" und einer Vielzahl verwandter Bezeichnungen wie etwa „Herr der Dunkelheit" oder „Herr der Zeit". Häufig finden wir Darstellungen des Demiurgen/der Archonten in der Pop- und Filmkultur, beispielsweise als Darth Vader oder in der Gestalt des bösen Herrschers Dormammu, der im Marvel-Comic „Dr. Strange" über die „dunkle Dimension" gebietet und auch die „irdische Dimension" unterwerfen will. Da „seine Kräfte und sein Verjüngungsprozess an Hitze und Feuer gebunden" sind, lässt sich seine Macht durch Entzug dieser Elemente – nämlich des leuchtenden Feuers des Demiurgen/der Archonten – untergraben (Abb. 91). Oftmals wissen die Autoren, was sie da beschreiben; aus anderen spricht eine Art unterbewusstes Seelengedächtnis, das per Vorstellungskraft Form annimmt. Im Englischen verweisen Begriffe wie „*arch*angel" (Erzengel) oder „*arch*bishop" (Erzbischof) auf die Archonten. Wir begegnen ihnen in Gestalt des „Allmächtigen Baumeisters aller Welten" (engl.: „Great *Arch*itect of the Universe"), dem freimaurerischen Äquivalent eines Schöpfergottes – derselbe Titel übrigens, mit dem die Gnostiker *den Demiurgen* bezeichneten! Auch der Erschaffer der Matrix in der gleichnamigen Filmtrilogie wurde nicht zufällig „der Architekt" genannt (Abb. 92).

Abb. 91: „Dormammu [der Demiurg] der ‚dunklen Dimension'/‚Gesandter des Herrn des Chaos'" – Die demiurgische Verzerrung und ihr Verlangen nach Chaos ist in Spielfilmen und der Science-Fiction-Literatur viele Male dargestellt worden.

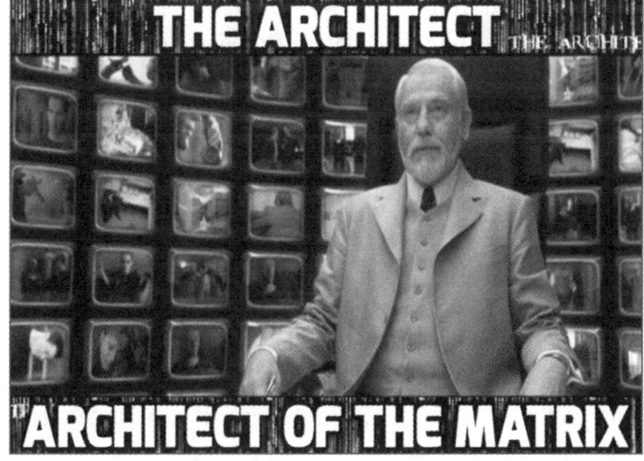

Abb. 92: „Der Architekt – Baumeister der Matrix" – Der Architekt: der Schöpfer der Matrix in der gleichnamigen Filmtrilogie. Die Freimaurer bezeichnen ihren „Gott" als „allmächtigen Baumeister aller Welten" – das ist einer der Titel, den die Gnostiker dem Demiurgen gaben.

Um zu verstehen, womit wir es eigentlich zu tun haben, ist es wichtig, dass wir die Archonten nicht in einem menschlichen Sinn personifizieren. Da der Demiurg über keine kreative Vorstellungskraft verfügt, bleibt ihm nur, die erhabenen Äonen zu imitieren. Die Wesen, die die Gnostiker

Abb. 93: Wie ein Computervirus infiziert die demiurgisch-archontische Verfälschung das Gewahrsein und das energetische Gleichgewicht.

Archonten nannten, sind Erweiterungen oder Kopien des demiurgischen Gewahrseins. Damit ahmt der Demiurg die Emanationen nach, die dem seiner selbst gewahren Unendlichen Gewahrsein der erhabenen Äonen entspringen; doch sind die demiurgischen Kopien im Vergleich zu Letztgenannten ungleich minderwertiger. Die Archonten sind gestaltlose energetische Seinszustände, die das demiurgische Original widerspiegeln. Sie sind keine Außerirdischen, wie wir sie uns üblicherweise vorstellen; doch sie können Gestalt annehmen und durch den Prozess der „Besetzung", der schon im Altertum beschrieben worden ist, in den mentalen und emotionalen Kern anderer Lebewesen eindringen. In manchen gnostischen Schriften werden sie als „die Gestaltlosen" bezeichnet. Ich benutze die Begriffe „demiurgisch" und „archontisch", um einen deformierten, invertierten und fundamental aus dem Gleichgewicht geratenen Gewahrseinszustand zu beschreiben. Denken Sie an einen Virus, der, ähnlich wie ein Computervirus, seine Opfer befällt und deren Wahrnehmungen verzerrt (Abb. 93).

Während sich das archontische Denken in erster Linie durch bestimmte nichtirdische Gruppierungen ausdrückt (ob extraterrestrischer Natur oder nicht), umfasst sein menschlicher Arm – die „Elite" bzw. „das eine Prozent" – Königshäuser, die Finanzaristokratie der Superreichen und einige weitere Kräfte. Hinzu kommt eine weitaus größere Zahl menschlicher Helfershelfer. Im Verlauf dieses Buches werde ich den Hintergrund sowohl der nichtirdischen Mächte als auch der irdischen Elite erläutern. Wir werden noch genau beleuchten, wer sich hinter der Letztgenannten verbirgt; bis dahin werde ich, wenn ich mich auf die archontischen Familien und das in die globale Gesellschaft eingebettete Netzwerk der Geheimgesellschaften beziehe, einfach von der „Elite" sprechen. Als „archontisch" bezeichne ich jedes Individuum und jedes Werkzeug, das den Bestrebungen der Archonten dient. Der aus dem Griechischen stammende Begriff „archon" bedeutet „Herrscher", „Prinz", „Obrigkeit" und „vom Anfang her". Jede Kultur hat für die Archonten eigene Namen. Im Islam sind sie, wie schon im vorislamischen Arabien, unter der Bezeichnung „Dschinn" bekannt. Das Christentum spricht von „Dämonen" oder „gefallenen Engeln". Das christliche Pendant zum Demiurgen ist „Satan", dem die dämonischen Heerscharen unterstehen (in den gnostischen Texten werden die Archonten und ihre Sprösslinge als Dämonen bezeichnet). Christen nennen Satan auch den „Dämon der Dämonen" (Archont der Archonten) oder den „Täuscher" – ein Spitzname, den er mit dem Demiurgen teilt.

Die Gnostiker sagen, der Demiurg und seine Archonten besäßen keine „ennoia". Der Begriff wird für gewöhnlich mit „Intentionalität" (Absichtlichkeit) übersetzt; ich bevorzuge allerdings den Ausdruck „kreative Vorstellungskraft". Diese Aussage ergibt insofern einen Sinn, als jemand, der von der schöpferischen Kraft des seiner selbst gewahren Unendlichen Gewahrseins derart abgeschnitten ist, einer kreativen Betätigung nicht fähig ist. Ihm bleibt lediglich die Möglichkeit, Bestehendes zu verdrehen und zu verformen; mit einem Stift und einem leeren Blatt Papier könnte er jedoch, im wörtlichen wie im übertragenen Sinn, nichts anfangen.

Lassen Sie uns bei diesem wichtigen Gedanken einen Augenblick verweilen. Die archontische Macht kann nur in dem Sinn „schöpferisch" agieren, „etwas aus etwas anderem" zu erschaffen; sie ist jedoch nicht in der Lage, etwas „aus dem Nichts" hervorzubringen. In den gnostischen Schriften wird dieser Sachverhalt ebenso beschrieben wie der archontische Neid auf die Menschen. Er rührt daher, dass wir noch immer mit der Quelle verbunden sind, sodass wir – zumindest zu einem gewissen Grad – über die schöpferische Gabe verfügen. Die Archonten haben die menschliche Kreativität manipuliert und die Menschheit auf diese Weise dazu gebracht, ihr eigenes Gefängnis zu errichten. Das wird im weiteren Verlauf noch mehr als deutlich werden. Die von den Gnostikern beschriebenen Archonten würden wir heute etwa mit Cyborgs vergleichen: einer roboterhaften Spezies, die über „künstliche Intelligenz" verfügt und „imitieren, aber nicht innovieren" kann. Die Gnostiker bezeichneten das als „heimtückisches Nachahmen". Wenn wir später auf die allerorten sichtbar werdende transhumanistische Agenda zu sprechen kommen, wird das Konzept der künstlichen Intelligenz archontischer Prägung eine zentrale Rolle spielen – denn sie bildet die Grundlage dieser Entwicklung. Wann immer es darum geht, andere hinters Licht zu führen oder Traumbilder und Illusionen zu erschaffen, werden die Archonten als absolute Könner beschrieben. Sie würden sich dabei einer Methode bedienen, die die Gnostiker „Hal" nannten. Gemeint ist eine virtuelle Realität – nämlich die digitale, holografische Simulation, die die Menschen für die natürliche Welt halten. Dieselbe Begabung zur Täuschung sagt man auch den Dschinn des arabischen Raums nach. Die Gnostiker bezeichneten die Archonten als Verstandesparasiten, Umkehrer, Wächter, Torwächter, Hinderer, Richter, Erbarmungslose und Täuscher. Sie würden darauf aus sein, „die Menschheit über die Wahrnehmung niederzuringen"; auf ihrer Agenda stünden „Angst und Versklavung". Kommt Ihnen davon, wenn Sie die Gesellschaft betrachten, irgendetwas bekannt vor?

Der gesamte Kosmos ist eine Schattenkopie des in den erhabenen Äonen angesiedelten Originals. Seine Pracht und Anmut verschlagen uns daher selbst in der Kopie häufig den Atem. Das „Tractatus Tripartitus" sagt dazu:

> [Die] Dinge [...] sind [die] Nachahmungen, Trugbilder, Schatten und Fantasien [der erhabenen Äonen], welche verlassen sind vom Logos und vom Licht [...] Im Vergleich [...] sind sie wunderschön. Denn das Gesicht des Trugbilds [= der Kopie] empfängt gewöhnlich die Schönheit von dem, dessen Trugbild es ist.

Doch die archontische Macht arbeitet fortwährend daran, die ursprüngliche Schönheit zu verzerren, ins Gegenteil zu verkehren und zu zerstören. Schauen Sie sich um, was mit dem Planeten Erde und seiner Umwelt geschehen ist und weiterhin geschieht. Der Autor John Lamb Lash schrieb in seinem Buch „Not In His Image", das sich mit den Schriften von Nag Hammadi befasst:

> Zwar können die Archonten, da ihnen der göttliche Aspekt der Ennoia (Intentionalität) fehlt, nichts Originäres erschaffen – zu imitieren vermögen sie jedoch mit Vehemenz. Ihre Kompetenz liegt in der Simulation (HAL, virtuelle Realität). Indem er die Fraktalmuster [des Originals] kopiert, formt der Demiurg eine himmlische Welt … Sein Konstrukt ist himmlischer Kitsch, wie die im italienischen Stil gehaltene Villa eines Mafiabosses, inklusive militanter Engel, die sämtliche Eingänge bewachen.

Auf fraktale Muster werden wir noch zu sprechen kommen. Für den Augenblick genügt es festzuhalten, dass sie Bestandteil der Feinstruktur unserer Realität (der uns umgebenden Matrix-ähnlichen Simulation) sind.

Bei den von den Archonten bewachten Portalen handelt es sich um energetische Frequenztore, die aus den niederen Äonen herausführen. Unsere Wirklichkeit des sichtbaren Lichts und der Lichtgeschwindigkeit bildet nur einen Teilbereich der niederen Äonen. Das fortwährende Ziel des Demiurgen besteht darin, das Gewahrsein in einem Reinkarnationskreislauf gefangen zu halten, der sich ausschließlich in den niederen Äonen abspielt. Aufgrund einer gigantischen Wahrnehmungstäuschung verharren die Menschen, wie es in den gnostischen Texten heißt, in einem Zustand spiritueller Unwissenheit und „Vergessenheit". Warum erinnert sich nur eine vergleichsweise verschwindende Minderheit an „frühere Leben", die wahre Natur der Realität und daran, woher wir stammen? Sämtliche Erfahrungen werden in der Seele gespeichert, doch geschieht das weitgehend unter Umgehung der verschiedenen Ebenen des Bewusstseins. Die menschliche Gesellschaft ist so strukturiert, dass Unwissenheit und Ignoranz in spirituellen, emotionalen und mentalen Belangen dauerhaft bestehen bleiben. Den gnostischen Texten zufolge wird die Menschheit permanent mittels Ablenkungen und Wahrnehmungsfallen in die Irre geführt – ein Umstand, auf den ich schon hingewiesen habe, lange bevor ich Kenntnis von den Texten hatte: „Aber diejenigen, auf die der widersätzliche Geist [die archontische Verfälschung] herabsteigt, werden von ihm gezogen und in Verirrung gebracht." (Apokryphon des Johannes)

Die Redensart von der an den Teufel verkauften Seele hat einen realen Hintergrund. Auch der Ausspruch der amerikanischen Schriftstellerin Amanda Hocking enthält einen wahren Kern: „Wenn du mit dem Teufel tanzt, wird das nicht ihn verändern – sondern dich." Oder weniger personifiziert ausgedrückt: Wer sich mit einem Zustand der Schieflage verbindet und darin aufgeht, wird selbst schief werden. Das zu verstehen ist unheimlich wichtig: All die Leute, die die Welt in Politik, Bankwesen, Unternehmen, Medien, Medizin, Wissenschaft usw. lenken, sind ausgewachsene „Tänzer mit dem Teufel" – Fleisch gewordene Mittler und Handlanger des demiurgischen Denkens. Schauen Sie, wie sie sich verhalten, und vergleichen Sie das mit den Beschreibungen des Demiurgen/der Archonten, die wir in den gnostischen Texten vorfinden. Sie sind Verkörperungen der archontischen Macht in Menschengestalt und erfüllen deren Interessen, Begierden und Bedürfnisse – und nicht die der Menschheit.

Vampir-„Götter“

Abb. 94: Die archontische Verzerrung ernährt sich von niedrig schwingenden Gedanken und Emotionen, die aus Angst erwachsen.

Da die Archonten von der unendlichen Quelle getrennt sind und folglich über keine Energiequelle verfügen, ist es für sie essenziell wichtig, die Menschen im Wiedergeburtskreislauf gefangen und in spiritueller Unwissenheit zu halten. Ihre Kraft beziehen sie aus der Energie, die andere Lebensformen – darunter die inkarnierten Menschen – erschaffen haben. Doch nicht jede Energieform können sie verwerten. Die Energie muss einem Frequenzband entstammen, das mit dem ihren kompatibel ist. Liebe und Hass erzeugen sehr unterschiedliche Schwingungen (erinnern Sie sich an Masaru Emotos Wasserkristalle). Für den Demiurgen/die Archonten, die in einem von Chaos, Hass, Angst usw. bestimmten Frequenzbereich agieren, bedeutet das, ihre Opfer in dieselbe geistige und emotionale Verfassung hineinzumanipulieren. Nur dann werden sie energetische Frequenzen produzieren, die von den Archonten absorbiert und als Nahrung verwendet werden können (Abb. 94). In der Tat ist die menschliche Gesellschaft mit derartigen Energien angefüllt – nicht zuletzt aufgrund von Angst, Sorgen und Kriegen. Ist das nur purer *Zufall*? Sie erinnern sich an den „Gott“ (Demiurgen) des Alten Testaments, der pausenlos Krieg und Gewalt einforderte? Nun, das tut „er“ *noch immer*. Kriegsergebnisse sind für diese Irren weniger wichtig als der kriegerische Akt selbst. Warum kämpfen wir denn? Damit wir nicht aufhören zu kämpfen.

Angst ist der Treibstoff aller archontischen Kontrollsysteme. Der Ursprung der Angst liegt in der demiurgischen Verwerfung. Der Demiurg *besteht* aus Angst; von der Angst stammt er ab, und er muss, um Energie zur Verfügung zu haben, die anderen dazu bringen, ebenfalls Angst zu produzieren. Im „Dialog des Erlösers“, einer weiteren Nag-Hammadi-Schrift, heißt es explizit: „Wahrlich, die Furcht ist die Macht [der Herrscher].“ Und ihre „Nahrung“ bzw. ihr Unterhalt. Im ersten Teil der „Matrix“-Trilogie hält Morpheus eine Batterie in die Höhe und spricht eine tiefsinnige Wahrheit aus: „Die Matrix ist eine computergenerierte Traumwelt, die geschaffen wurde, um uns unter Kontrolle zu halten – und den Menschen in das hier zu verwandeln.“ (Abb. 95) Seit vielen, vielen Jahren schon spreche ich über im Unsichtbaren verankerte Mächte, die sich von niedrig schwingenden menschlichen Gedanken und Emotionen ernähren. Entsprechend begeistert war ich, als mir jemand im Jahr 2016 einen Text des österreichischen Philosophen und scharfsinnigen esoterischen Denkers Rudolf Steiner (1861–1925) zusandte. Steiner hatte die

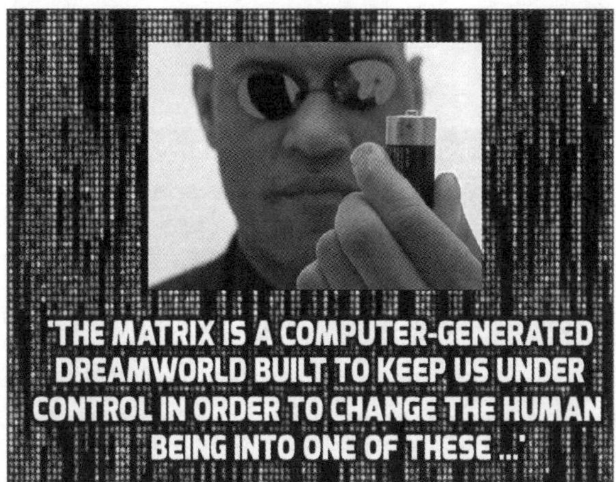

Abb. 95: „Die Matrix ist eine computergenerierte Traumwelt, die geschaffen wurde, um uns unter Kontrolle zu halten – und den Menschen in das hier zu verwandeln." – Morpheus sprach im Film „Matrix" eine tiefgründige Wahrheit aus.

Waldorfschulen ins Leben gerufen, in denen die Kinder ermutigt werden, ihr Gewahrsein und ihre Kreativität zu erwecken und zu entfalten, statt sich vom etablierten „Bildungswesen" programmieren zu lassen. Folgendes schrieb Steiner über Energievampire:

> Es gibt in der geistigen Welt Wesenheiten, für die Angst und Furcht, die von dem Menschen ausströmen, wie eine willkommene Nahrung sind. Hat der Mensch nicht Angst und nicht Furcht, dann hungern diese Wesen. Derjenige, der noch nicht tiefer eingedrungen ist, möge das als Vergleich nehmen. Derjenige aber, welcher diese Sache kennt, weiß, dass es sich um eine Wirklichkeit handelt. Strömt der Mensch Furcht und Angst und Kopflosigkeit aus, dann finden diese Wesen eine willkommene Nahrung, und sie werden mächtiger und mächtiger. Das sind feindliche Wesen für die Menschen.
>
> Alles, was sich nährt von negativen Gefühlen, von Angst, Furcht und Aberglauben, von Hoffnungslosigkeit, von Zweifel, das sind in der geistigen Welt dem Menschen feindliche Mächte, die grausame Angriffe auf ihn führen, wenn sie von ihm genährt werden. Daher ist es vor allen Dingen notwendig, dass der Mensch, der in die geistige Welt eintritt, vorerst sich stark mache gegen Furcht, Hoffnungslosigkeit, Zweifelsucht und Angst. Das sind aber gerade Gefühle, die so recht moderne Kulturgefühle sind, und der Materialismus ist geeignet, weil er die Menschen abschneidet von der geistigen Welt, durch Hoffnungslosigkeit und Furcht vor dem Unbekannten diese dem Menschen feindlichen Mächte gegen ihn aufzurufen.

Rudolf Steiner starb 1925. Erst im Jahr 2016 erfuhr ich von der Existenz dieses Textes – in dem das tatsächliche Geschehen präzise beschrieben wird.

Körper und Seele

In den Manuskripten von Nag Hammadi werden viele christliche Motive aufgegriffen und unter einem anderen Blickwinkel betrachtet. Dazu zählt etwa die Erschaffung von Adam und Eva. Auch die gnostische Version von Adam (der in den Schriften als der erste Mensch der niederen Äonen bezeichnet wird) war ursprünglich eine Manifestation der erhabenen Äonen, deren Kopie bzw. Schatten der Demiurg jedoch zu entstellen begann. Der in den erhabenen Äonen beheimatete Adam war wie seine ursprüngliche, den niederen Äonen zugehörige Kopie androgyn. Der Demiurg unterteilte diese Blaupause jedoch in eine männliche und eine weibliche Version. An dieser Stelle kommt die Geschichte von Adam und Eva ins Spiel. Den Gnostikern zufolge sind auch der Demiurg und die Archonten androgyne Wesen: „Und sie sind mannweiblich entstanden, entsprechend dem unsterblichen Typos, der vor ihnen existierte", lesen wir in der Schrift „Über den Ursprung der Welt". Im Apokryphon des Johannes heißt es:

> Und als alle Gewalten und der erste Archon [der Demiurg] hinschauten [...] sahen sie im Wasser [erhabene Äonen] den Typos des Abbilds. Und er sprach zu den Mächten, die bei ihm waren: ‚Lasst uns einen Menschen schaffen nach dem Abbild Gottes und nach unserem Bild, damit sein Abbild für uns zu Licht werde.' [...] Er schuf ein Wesen nach dem Bild des ersten, vollkommenen Menschen.

Für die Gnostiker war der menschliche Körper ein Gefängnis. Der Mensch sei, so sagten sie, ein Funken oder Tropfen derselben Essenz, aus der auch „Gott" beschaffen ist; doch seien die Menschen zu Gefangenen ihres Körpers geworden. Eines Tages würden sie diesem Kerker entrinnen – ein weiteres Motiv, das sich durch die gnostischen Schriften zieht. Das wahre Gefängnis rührt von der Unwissenheit über das Selbst und die Wirklichkeit her; der Körper spielt dabei jedoch insofern eine entscheidende Rolle, als er die Eingrenzung der Aufmerksamkeit auf das winzige Frequenzband der fünf Sinne ermöglicht. All die Umkehrungen und Verzerrungen, die von der archontischen Macht ausgehen, zielen darauf ab, die menschliche Wahrnehmung im Körper zu verkapseln sowie niedrig schwingende Energien zu generieren, die als Nahrung dienen können. Die Letztgenannten entspringen der Unwissenheit und allen Arten mentaler oder emotionaler Schieflagen, die sich daraus ergeben. Unwissenheit über die wahre Natur des Selbst und der Wirklichkeit kann Angst, Missstimmungen, psychopathische Persönlichkeitsstörungen und Depressionen zur Folge haben, aber auch Konflikte, Kriege und andere Arten gewalttätiger Auseinandersetzungen.

Dem gefangenen Gewahrsein darf man unter keinen Umständen gestatten, sich seiner selbst bewusst zu werden. Es darf nur an ein falsches Selbst glauben – an das Ich-Phantom – und muss sich mit seinen fünf Sinnen identifizieren. Das ewige Bewusstsein als Emanation des Unendlichen Gewahrseins, das sich seiner selbst gewahr ist, erfährt die niederen Äonen über die Seele/den Körper. Die gnostische Aussage, dass Geist (spirituelles Bewusstsein) und Seele zwei verschiedene Instanzen darstellen, deckt sich mit meiner eigenen Sichtweise. „Geist" bezeichnet das wahre, ewige Selbst, das grenzenlose „Ich" bzw.

das „Eine"; die „Seele" hingegen ist mit dem Verstand verknüpft (zusammen bilden sie eine minderwertige Version des spirituellen Bewusstseins). Von Menschen, die psychopathisches Verhalten an den Tag legen, sagt man landläufig, sie hätten keine Seele; doch im Sinne der vorstehenden Ausführungen sollte man stattdessen vom fehlenden Geist sprechen.

Die den niederen Äonen zugehörige Seele dient als Vehikel, Ausdrucksformen des spirituellen Bewusstseins in die energetisch dichteren Bereiche zu locken. Es ist die Seele, die durch die Decodierung holografischer Formen innerhalb des sichtbaren Lichts „inkarniert". Ähnlich wie der Körper stellt auch die Seele eine Falle dar, wenn auch auf andere Art. Das, was viele Nahtoderfahrene in dem Moment zu Gesicht bekommen, da sie das auf die fünf Sinne beschränkte Gewahrsein hinter sich lassen, sind die niederen Äonen der Seelenebene. Sie mögen durchaus wunderbar erscheinen und das Gefühl von Einheit vermitteln – schließlich handelt es sich um die *Kopie* von etwas Wunderbarem und Ungespaltenem; doch sehen die Betroffenen wirklich die Quelle, der alle Dinge entspringen? Oder erleben sie nur ein „Trugbild" bzw. einen Schatten derselben?

Da es sich bei den niederen Äonen ursprünglich um (minderwertige) Kopien der erhabenen Äonen handelte, sind sie nicht einfach durch und durch entsetzliche Orte. Noch immer geschehen in der Gesellschaft wunderbare Dinge, und viel Schönes ist bis zum heutigen Tag erhalten geblieben. Wie viele Seelen mögen wohl glauben, sich im „Himmel" der erhabenen Äonen zu befinden, während sie in Wirklichkeit noch immer in den niederen Äonen gefangen sind? Illusionen, die auf Täuschungsmanövern basieren, erfordern in der Regel *angenehme* Illusionen, um voll wirksam zu sein und das Opfer erfolgreich zu unterjochen. Die Sklaven müssen ihre Knechtschaft lieben, schrieb Aldous Huxley in seinem Roman „Schöne neue Welt". Die Mehrzahl aller Medien und Hellseher steht mit den niederen Äonen der Seelenebene in Verbindung; relativ wenigen gelingt es, die erhabenen Äonen des Geistes zu kontaktieren, die echte Erleuchtung ermöglichen. Wenn eine medial begabte Person auf die Bühne steigt und sagt: „Ich kriege eine Mary – kennt jemand eine Mary?", dann kommuniziert diese Person mit den archontischen Ebenen der Seele/des Verstandes. Die Informationsträger, die sie dort erreicht, verfügen im besten Fall über begrenzte Einsichten in die Belange der „jenseitigen" Welt.

Der gefälschte Geist

Wenn unser Gespür für das Selbst und die Realität von der Seelem/dem Verstand bestimmt wird, verlieren wir den Kontakt zum spirituellen Bewusstsein und geraten unter die Kontrolle der archontischen Ebene – unabhängig davon, ob die Seele gerade inkarniert ist oder nicht. Die Gnostiker berichten, dass die Archonten und Dämonen einen „gefälschten Geist" erschufen, um die Menschheit mit seiner Hilfe zu täuschen und in die Irre zu führen: „Sie schufen einen gefälschten Geist, der dem Geist, der herabgestiegen war, gleicht, um so die Seelen durch ihn zu verunreinigen", lesen wir im Apokryphon des Johannes. Die sogenannten „Rassen", aus denen sich die Menschheit zusammensetzt, sind verschiedene informationscodierte Energiefelder, die die Wirklichkeit auf verschiedene Weise erfahren. Die Wahrnehmung und damit auch das Verhalten resultieren aus dem so codierten Wirklichkeitssinn. Die menschlichen Rassen sehen unterschiedlich aus, da sie verschiedenen genetischen Ursprungs sind, der sich wiederum auf unterschiedliche außerirdische Gruppierungen zurückführen lässt. Doch der „gefälschte Geist" wurde gegen alle Rassen gleichermaßen eingesetzt. Er befiel den Körper/den Intellekt/die Seele, manipulierte deren Wahrnehmung und trennte den Menschen vom Geist. Im letztgenannten Punkt lag der Hauptzweck des Imitats: Körper/Intellekt/Seele vom wahren Geist der erhabenen Äonen zu isolieren.

In der Bibel wird die Infizierung des Fünf-Sinne-Körpers/Intellekts durch das Narrativ der Gottessöhne beschrieben, die mit den Menschenfrauen schliefen. Die Idee der „Erbsünde" könnte sich durchaus auf die Verunreinigung des menschlichen Körpers bzw. biologischen Energiefelds durch den „gefälschten Geist" der „Söhne" (Archonten bzw. Dämonen) „Gottes" (des Demiurgen) beziehen. Bei diesem Kreuzungsvorgang spielten, wie ich später erläutern werde, auch archontisch besetzte Außerirdische eine entscheidende Rolle, die reptiloide und andere Erscheinungsformen annehmen können. Das Apokryphon des Johannes besagt:

> Er [Jaldabaoth/der Demiurg] sandte seine Engel [die Archonten/Dämonen] zu den Töchtern der Menschen, damit sie sie für sich selbst nähmen und eine Nachkommenschaft erwecken würden zu ihrem Vergnügen. Und beim ersten Mal hatten sie keinen Erfolg.
>
> Als sie keinen Erfolg hatten, versammelten sie sich wiederum und fassten zusammen einen Plan [...] Und die Engel änderten sich in ihrem Aussehen entsprechend dem Aussehen ihrer Paargenossen, wobei sie sie mit dem Geist der Finsternis füllten, den sie für sie gemischt hatten, und mit Schlechtigkeit [...] Und sie nahmen Frauen und zeugten Kinder durch die Finsternis nach dem Bild ihres Geistes.

Wir kennen dieses Motiv in etwas anderer Form aus dem Alten Testament. Im Philippusevangelium, einem weiteren Nag-Hammadi-Text, wird diese Art der Besessenheit erläutert:

> Die Gestalten der unreinen Geister sind männliche und weibliche. Die Männlichen sind die, die sich mit den Seelen vereinigen, welche in einer weiblichen Gestalt wandeln [...] Wenn die törichten Männer [Dämonen] eine allein lebende schöne Frau sehen, beschwatzen sie sie und nötigen sie, weil sie sie beflecken wollen.

Im Apokryphon des Johannes wird beschrieben, wie das sexuelle Verlangen eingeschleust wurde, damit der gefälschte Geist fortwährend Kopien seiner selbst erzeugen kann:

> Und er [Jaldabaoth] pflanzte sexuelle Begierde in die, die zu Adam gehört. Und er erweckte durch den Beischlaf die Bilder der Körper, und er regte sie an mit seinem gefälschten Geist.

Der Vorgang der energetischen Verzerrung speist sich aus niedrig schwingender sexueller Energie. Das erklärt eine Menge, wenn man die heutige Gesellschaft betrachtet. Über das Körper-/Seele-Konstrukt soll unsere Wahrnehmung eingeschränkt und in Illusionen verstrickt sowie der Einfluss des Geistes (des Unendlichen Gewahrseins) gekappt werden. So werden wir zu Gefangenen der niederen Äonen, die sich mit ihrem Körper oder bestenfalls mit ihrer Seele identifizieren. „Dies ist die Höhle der Neubildung des Körpers, mit dem die Räuber [die Archonten/Dämonen] den Menschen bekleidet haben, die Fessel des Vergessens. Und er wurde ein sterblicher Mensch", heißt es im Apokryphon des Johannes. Der menschliche Körper wird als „Lichtabschirmung" bezeichnet, die das Gewahrsein des Körpers/Intellekts vom erweiterten Gewahrsein abschirmt und den Körper in ein Gefängnis verwandelt. Weiter lesen wir:

> Und ich ging hinein in die Mitte ihres Gefängnisses, welches das Gefängnis des Körpers ist. Und ich sagte: „Der, der hört, stehe auf von seinem tiefen Schlaf." [...] Und ich sprach: „Ich bin [...] reinen Lichtes [...] Stehe auf und [...] folge deiner Wurzel – das bin Ich [das erweiterte Gewahrsein] –, und hüte dich vor den Engeln der Armut [den Archonten] und den Dämonen des Chaos und all denen, die dich umgarnen, und hüte dich vor dem tiefen Schlaf und der Einzäunung der Innenseite der Unterwelt!"

Man kann den Vorgang bildhaft beschreiben, indem man sich einen Menschen vorstellt, der an einem Computer arbeitet: Der Computer (Körper/Intellekt) wird von der Person isoliert, die ihn mittels Maus und Tastatur bedient (erweitertes Gewahrsein); anschließend übernimmt an ihrer Stelle ein Virus (gefälschter Geist) die gesamte Entscheidungsfindung (Abb. 96). Wenn wir unsere Verbindung mit dem höheren Bewusstsein bewahren und gleichzeitig den archontischen Virus abwehren, sind wir hinsichtlich unserer Wahrnehmung zwar *in* der Welt der fünf Sinne, jedoch nicht *von* ihr (Abb. 97). Ist die Verbindung erst einmal gekappt, kann der Eindruck entstehen, dass neben der Fünf-Sinnes-Realität gar nichts anderes existiert – und wir lediglich ein Bestandteil derselben sind. Im Apokryphon des Johannes wird beschrieben, wie die Archonten die Menschheit fortgesetzt in Versuchung führen, damit sie ihre unveränderliche „Pronoia" bzw. ihr wahres, jenseits der Illusionen angesiedeltes Selbst vergessen.

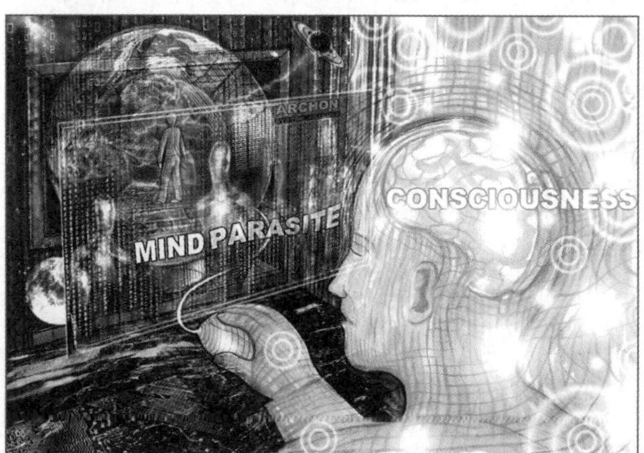

Abb. 96: Die Kontrolle der Massen basiert darauf, den Körper/Intellekt vom Einfluss des erweiterten Gewahrseins abzuschneiden, das jenseits der „schlechten Kopie" angesiedelt ist. Das ist praktisch so, als würde man die Verbindung eines Computernutzers zu seinem Computer kappen.

Die Gnostiker bezeichnen den Körper häufig als „Gewand", das dem höheren Bewusstsein (Geist)

Abb. 97: Wenn wir uns aus der Wahrnehmungskontrolle der archontischen Illusion befreien, kommen wir wieder mit dem Einfluss und dem Gewahrsein unseres wahren, Unendlichen Selbst in Berührung. Die Welt sieht dann ganz anders aus.

angelegt wird. „Zuerst musst du das Kleid zerreißen, das du trägst, das Gewebe der Unwissenheit, die Grundlage der Schlechtigkeit, die Fessel des Verderbens, den finsteren Kerker, den lebendigen Tod, [...] das Grab, das du mit dir herumträgst ...“, heißt es im siebten Traktat des Corpus Hermeticum. Der Begriff „Körper“ schließt die Seele, aus der der „physische“ Leib durch holografische Decodierung entsteht, mit ein. Aus Sicht der gnostischen Schriften ist der Körper ein Gefäß, das eigens zur Wahrnehmungskontrolle geschaffen wurde (d.h. um die Menschen in Unwissenheit zu halten). Die Archonten besäßen den menschlichen Körper nicht nur, sondern würden obendrein fortwährend auf ihn einwirken, etwa durch die Beeinflussung der geistig-emotionalen Verfassung einer Person oder ganz direkt über Hunger, Begierden, Krankheiten usw. Dem können wir nur Einhalt gebieten, indem wir unser Gewahrsein erweitern und uns mit dem höheren Bewusstsein (Geist) identifizieren, sodass dieses in das Körper-/Seele-Konstrukt einströmen und alles korrigieren kann. Im Apokryphon des Johannes können wir nachlesen, welche Konsequenzen die von den Archonten verursachte Unwissenheit nach sich zieht:

> Und sie zogen die Menschen, die ihnen gefolgt waren, in große Schwierigkeiten, wobei sie sie in die Irre führten durch viele Irrtümer. Sie [die Menschen] wurden alt, ohne Muße zu haben. Sie starben, ohne die Wahrheit gefunden zu haben und ohne den Gott der Wahrheit erkannt zu haben.
>
> Und so wurde die ganze Schöpfung versklavt für immer, von der Grundlegung der Welt bis jetzt. Und sie nahmen Frauen und zeugten Kinder durch die Finsternis nach dem Bild ihres Geistes. Und sie verschlossen ihre Herzen, und sie verhärteten sich selbst durch die Härte des gefälschten Geistes bis jetzt.

So geschieht es noch immer. Der Aspekt des verschlossenen Herzens ist entscheidend, denn genau darin liegt der Grund für den Zustand der heutigen Welt. Die Rede ist vom Verschließen des *Herzchakras*, über das wir mit dem Geist der erhabenen Äonen verbunden sind und das es uns ermöglicht, Mitgefühl, Empathie und Liebe zu empfinden – in einem uneingeschränkten, egofreien Sinn. Das Herzchakra kann durch den psychopathischen Charakter des gefälschten Geistes oder aber durch Ängste und Traumata verschlossen werden. Im letztgenannten Fall spricht man oft von „Herzschmerz“ oder einem „gebrochenen Herzen“. Besonders schnell schließt sich das Herz durch Hass. Das ist der Grund,

Abb. 98: Ein Körper/Intellekt, der die Verbindung zum Unendlichen Gewahrsein aufrechterhält, ist in dieser Welt, aber nicht von ihr. Ohne diese Verbindung hingegen ist der Körper/Intellekt in und von dieser Welt.

warum man hasserfüllte Menschen als „herzlos" bezeichnet. Ein Zustand außergewöhnlich heftigen Grams kann das Herzchakra so sehr in Mitleidenschaft ziehen, dass sich die energetische Verwerfung auf das „physische" (holografische) Herz überträgt und die betroffene Person „an gebrochenem Herzen stirbt".

Während das Gehirn dem Verstand zugeordnet ist und ein Instrument zur Informationsverarbeitung darstellt, ist das Herz der Sitz des höheren Bewusstseins (d.h. des Geistes) bzw. der Ort, in dem unsere Verbindung mit dem Letztgenannten verankert ist. Verliert man diese Verbindung (indem man sein Herz verschließt), zieht sich das Gewahrsein in den Körper/Intellekt der Fünf-Sinnes-Realität zurück (Abb. 98). Was sagt dir dein Verstand? Was sagt dir dein Herz? Mit diesen Fragen werden Menschen häufig konfrontiert, doch die Antworten fallen in beiden Fällen selten identisch aus. Herz und Verstand stehen mit sehr unterschiedlichen Ebenen des Gewahrseins in Verbindung. Das amerikanische HeartMath-Institut hat bei der Erforschung der multidimensionalen Natur des Herzchakras Pionierarbeit geleistet. Wie die Forscher herausfanden, wird im Herzen das stärkste elektromagnetische Feld des gesamten Körpers erzeugt. Es führen mehr Nervenfasern vom Herzen zum Hirn als umgekehrt. Das Herz verfügt über ungefähr 40.000 Nervenzellen, die den Neuronen des Gehirns ähneln. Das ist das „heart brain" (Herz-Gehirn), dem eine Art von Intelligenz innewohnt, die der rein intellektuellen Intelligenz des Gehirns weit überlegen ist. Das Gehirn *denkt*, doch das Herz *weiß*. Das ist der Unterschied zwischen intuitivem Wissen und dem Bemühen, alle Probleme allein durch das Denken zu lösen. Die Tatsache, dass das Herz „weiß", erklärt sich daraus, dass es mit jener Ebene des Gewahrseins in Verbindung steht, die *buchstäblich* „weiß". Das Hirn bzw. der Verstand hingegen müssen eben deshalb denken, weil sie *nicht* wissen – und sich die Antworten folglich nur selbst erarbeiten können.

Untersuchungen des HeartMath-Instituts haben ergeben, dass der Mensch in einen Zustand erweiterten Gewahrseins verfällt, wenn sich die elektromagnetischen Verknüpfungen zwischen Herz, Gehirn und zentralem Nervensystem im Gleichgewicht und Einklang befinden. Das Gegenteil geschieht, sobald das Gleichgewicht durch mentale oder emotionale Problemlagen wie Sorgen oder Angst gestört wird. Unsere archontische Gesellschaft ist so beschaffen, dass permanent Gefühlslagen letztgenannter Art geweckt werden. Der „gefälschte Geist", der den menschlichen Körper/Intellekt befallen hat, erfährt dadurch eine ständige Stärkung, sodass Wahrnehmung und Verhalten zunehmend von ihm dominiert werden. Wir verfügen buchstäblich über zwei Gemüter: Eines erwächst aus unserem ureigenem Bewusstsein – dem „Herzbewusstsein" –, das andere aus dem „gefälschten Geist". Das Herzbewusstsein schenkt uns Empathie, Mitgefühl und Liebe im wahrsten Sinn dieser Worte; der gefälschte Geist hingegen gebiert Selbstbezogenheit, Hass und Gewalt und verwandelt uns in *herzlose* Geschöpfe. Er ist es auch, der unaufhörlich in unserem Kopf plappert und uns Ängste, Sorgen, Ärger und alle möglichen „Was ist, wenn?"-Gedanken schickt. Wenn Sie sich einmal still hinsetzen und dem Wortschwall einfach nur lauschen, werden Sie feststellen, dass das gar nicht Sie sind. *Sie* sind der, der dem Geplapper *zuhört*.

Die Decodierungssysteme des Körpers sind auf die fünf Sinne und das absurd schmale Frequenzband des sichtbaren Lichts beschränkt, weil das *absichtlich so eingerichtet* worden ist. Der Körper wurde als Kerker für die Wahrnehmung entworfen und die sichtbare Realität – selbstredend – so weit wie möglich eingeschränkt, nicht unähnlich den Gefangenen aus Platons Höhlengleichnis, die stets nur in eine Richtung schauen konnten. Wie sollen wir, wenn wir unser Gewahrsein nicht über den Tellerrand des sichtbaren Lichts hinaus erweitern, den Zustand der Unwissenheit jemals hinter uns lassen? Dasselbe gilt für unsere begrenzte Lebensspanne, die meiner Vermutung nach im menschlichen Genom codiert ist. Würden wir ein ordentliches Stück länger leben, hätten wir wesentlich bessere Chancen herauszufinden, was auf unserem Planeten wirklich vor sich geht. Man kann Menschen nur dadurch in einem Zustand äußerster Unwissenheit (und damit unter Kontrolle) halten, dass man ihnen den Zugang zu jeder Art von Wissen verwehrt – ausgenommen lediglich die Art von Kenntnissen, die sie benötigen, um den Interessen der Schattenmächte zu dienen (Abb. 99).

Abb. 99: Verweigere einer Zielperson den Zugang zu Wissen, und sie wird in einem Gefängnis aus Unwissenheit enden.

Die Sache mit dem Schicksal

Im ersten Teil der „Matrix"-Trilogie fragt Morpheus: „Glaubst du an das Schicksal, Neo?" Seine Antwort lautet Nein, und er erklärt, dass ihm die Vorstellung nicht gefällt, sein Leben nicht in der Hand zu haben. Doch solange wir nicht aus unserem Gefängnis der Unwissenheit ausbrechen und unseren Aufmerksamkeitsbrennpunkt – und unser Selbstverständnis – vom Ich-Phantom des Körpers/Intellekts auf die Ebene des Unendlichen Selbst und des spirituellen Geistes verlagern, liegen die Geschicke unseres Lebens *tatsächlich* nicht in unseren Händen. Tag für Tag werden wir durch eine Flut von Wahrnehmungsmanipulationen gesteuert, deren zahllose Varianten ich seit fast 30 Jahren bloßstelle.

Für die Gnostiker bildete die Astrologie – die Lehre vom Einfluss der Gestirne – eine der Hauptsäulen des Kontrollsystems. Die etablierte Wissenschaft lehnt die Idee der Horoskope und ihrer Auswirkungen auf das Verhalten und die Erfahrungen der Menschen rundweg ab. Hier sehen wir ein weiteres Beispiel für das Akademikermotto „Was wir nicht erklären können, funktioniert auch nicht". Doch Astrologie *funktioniert* und wird dazu benutzt, Wahrnehmungen und das „Schicksal" zu beeinflussen. Rund um den Erdball bin ich Astrologen begegnet, die in den Diensten global agierender Firmenbosse stehen. Sie helfen ihnen etwa, das optimale Zeitfenster zur Einführung eines neuen Produkts zu ermitteln oder ein Übernahmeangebot auf den Weg zu bringen. Doch obwohl Manager dieses Kalibers genau um die Wirksamkeit der Astrologie wissen, würden sie niemals öffentlich zugeben, dass sie daran glauben.

Warum Astrologie funktioniert, ist leicht einzusehen: Himmelskörper und Sterne sind holografische Repräsentationen kosmischer Kräfte. Wenn *alle* Existenz Gewahrsein und Information ist, zählen auch Planeten und Sterne dazu. Jenseits des Frequenzbereichs der fünf Sinne, innerhalb dessen wir die Gestirne als „physisch" wahrnehmen, bilden sie energetische Informations- bzw. Gewahrseinsfelder, die mit dem kosmischen Internet in Wechselwirkung stehen. Dieser energetische Austausch von *Informationen* wirkt sich sowohl auf die kosmischen als auch auf die Planetenfelder aus. Besonders groß ist der summarische Einfluss auf das kosmische Feld dann, wenn die Planeten in bestimmten Beziehungen zueinander stehen – Konjunktion, Quadrat, Trigon usw. (Abb. 100). Auch die Menschheit interagiert mit diesem Feld. Wenn es sich verändert, wirkt sich das auch auf uns aus – mit potenziell spürbaren Konsequenzen. Der Moment unseres Eintritts in den Lebenszyklus (also der „Zeitpunkt" der Geburt bzw. – nach Auffassung einiger Astrologen – der Empfängnis) entscheidet

Abb. 100: Planeten und Sterne sind Informationsfelder, die fortwährend das kosmische Feld beeinflussen, mit dem wir uns im ständigen Austausch befinden.

darüber, wie diese Auswirkungen genau aussehen werden, da uns der in diesem Augenblick herrschende Informationsgehalt des kosmischen Feldes eingeprägt wird. Als ich am 29. April 1952 geboren wurde, absorbierte ich eine Momentaufnahme des kollektiven Feldes. Für jeden Menschen bzw. für jeden Zeitpunkt hat dieser Schnappschuss einen anderen Charakter. Dementsprechend werden wir auch von den astrologischen Konstellationen, die unser Leben begleiten, in Abhängigkeit von unserer individuellen „astrologischen Blaupause" unterschiedlich beeinflusst (Abb. 101).

Abb. 101: Wenn sich das kosmische Feld verändert, sind wir in der gleichen Weise davon betroffen, wie Fische von Veränderungen des Ozeans beeinflusst werden.

Ausgehend von dem Prinzip „Wie oben, so unten" bedeutet die holografische Natur unserer Wirklichkeit auch, dass wir selbst ein Miniatursonnensystem bzw. -universum darstellen. Inneres und äußeres Universum stehen dabei in ständiger Wechselwirkung. Der Zweck der Astrologie besteht darin, aus den Konstellationen herauszulesen, welcher Art die Einflüsse und Wirkungen aller Wahrscheinlichkeit nach sein werden. Während ich die grundsätzliche Realität der Astrologie also nicht anzweifle, ergaben einige Aspekte derselben für mich nie viel Sinn. Viele Menschen meinen, dass die astrologischen Einflüsse, unter denen wir geboren werden, einen bestimmten Weg für uns vorzeichnen und uns verschiedene Gaben zur Seite stellen, die uns dabei unterstützen sollen. Studien haben gezeigt, dass Menschen tatsächlich zu bestimmten Begabungen tendieren, je nachdem, in welchem Abschnitt des Jahres sie geboren wurden. Ich nehme das zur Kenntnis und finde es auch nachvollziehbar, wenn man die Idee der astrologischen Blaupause akzeptiert. Ich halte es auch für möglich, bestimmte Zeitpunkte innerhalb des astrologischen Zyklus zu wählen, damit ein Vorhaben, das man sich entschieden hat zu verwirklichen, Unterstützung findet. Der Grund, warum ich bestimmte Aspekte der konventionellen Astrologie in Zweifel ziehe, ist ihre häufige Verquickung mit der Vorstellung, wir müssten unzählige Inkarnationen durchleben, um unsere Lektionen zu lernen und uns spirituell „weiterzuentwickeln". Viele Befürworter der Astrologie glauben, dass uns die astrologischen Einflüsse in bestimmte Richtungen lenken, damit wir bestimmte Erfahrungen machen können, die uns dem genannten Ziel näherbringen. Dem kann ich nicht zustimmen. Meiner Ansicht nach bilden die Einflüsse astrologischer Konstellationen auf Verhalten, Wahrnehmung und Erleben – obwohl sie real sind – einen wesentlichen Bestandteil der archontischen Falle.

Als ich auf die Manuskripte von Nag Hammadi aufmerksam wurde, stellte ich verblüfft fest, dass die Gnostiker diese Sichtweise nicht nur teilten, sondern sogar beschrieben, welche Verbindungen zwischen den Archonten und dem Tierkreis bestehen. Das „Schicksal" zeigt sich uns, wenn wir der Beeinflussung unserer Gedanken- und Wahrnehmungsmuster stattgeben, in der Tat als ein donnernder Zug, der uns vorbestimmte Gleise entlang jagt. Doch wir können stattdessen den Blickwinkel des Geistes/Gewahrseins der erhabenen Äonen einnehmen, uns mit ihm identifizieren und so die astrologischen Einflüsse außer Kraft setzen, sollten sie uns nicht förderlich sein. Den gnostischen Texten zufolge wurde das Konzept des „Schicksals" von den Archonten in die Welt gesetzt, um das Konstrukt, das ich als Körper/Seele bezeichne, in die niederen Äonen der demiurgischen Realität zu verstricken. Ich sage bewusst „Körper/*Seele*", da sich die astrologischen Konstellationen auf der Schwingungsebene auch auf die Seele auswirken. Unsere holografische Realität stellt nur einen Spiegel der energetischen Wirkungen dar.

Die Astrologie ist zudem zutiefst mit der Zeit verknüpft – einem weiteren Stützpfeiler des archontischen Kontrollsystems. Die weitverbreiteten Vorstellungen von Zyklen, die eine Abfolge verschiedener Zeitalter oder Epochen formen, sind Ausdruck des Schicksalsglaubens. In den östlichen Religionen etwa spricht man von Yugas; oder denken Sie an den Kalender der in Zentralamerika beheimateten Mayas. Wenn sich Erfahrungen fortwährend wiederholen, wir das aber als ein Voranschreiten in Richtung „Zukunft" wahrnehmen, sind wir in Wirklichkeit in einer Art Zeitschleife gefangen; siehe dazu mein Buch „Tales from the Time Loop" (Abb. 102). Diese Zeitschleife ist mit einem Möbiusband vergleichbar, das in einer Weise verdreht ist, dass es nur über eine Seite verfügt und man nicht zwischen innen und außen unterscheiden kann. Läuft man ein solches Band entlang, meint man zwar, sich auf ein Ziel zuzubewegen, wird jedoch niemals irgendwo ankommen (Abb. 103). Die Zeitschleife entspricht auch der *stehenden* oder stationären Welle, die auf der Stelle oszilliert. Darüber hinaus ist das Möbiusband mit den Eigenarten des Skalarfelds verglichen worden; beide zeigen Aspekte der Kontinuität und Zeitlosigkeit. Die Oszillation vermittelt den Eindruck einer Bewegung, doch in Wirklichkeit bewegt sich das Objekt nicht vom Fleck. Zeit, Epochen und Zeitalter sind Illusio-

Abb. 102: Die Menschen bewegen sich in einer Zeitschleife fortwährend im Kreis, während sie glauben, sich „vorwärts" zu bewegen – aus der Vergangenheit über die Gegenwart in die Zukunft.

nen, die sich im selben JETZT bzw. Oszillationsfeld abspielen.

Über die archontische „Zeit" sind Reinkarnationszyklen, astrologische Zyklen und die Präzession der Erdachse, deren Umlauf 26.000 Jahre umfasst, miteinander verknüpft. Die Präzessionsbewegung wird mit dem Gravitationseinfluss von Sonne und Mond erklärt, die bewirken würden, dass sich die Erdachse im Laufe der Zeit auf verschiedene „Sternzeichen" (verschiedene Himmelsabschnitte) ausrichtet. Das Resultat all dessen sind verflochtene Schleifen, die einen Eindruck von „Zeit" erwecken, die sich vorwärts zu bewegen scheint, uns in Wirklichkeit aber nirgendwohin führt – wir verbleiben stets in demselben *stationären* Oszillationsfeld (Abb. 104). Die Ereignisse scheinen sich entlang der „Zeit" zu entfalten; doch dient dies nur dazu, die Menschheit in die Wahrnehmungsfalle zu locken. Auch das „Eiern" der Erdachse stellt sich nur aus der Perspektive der holografischen Realität in dieser Weise dar. Folgendes lesen wir im Apokryphon des Johannes über die Rolle von Zeit und Schicksal:

> Und ein bitteres Schickal wurde durch sie gezeugt, welche die letzte der wandelbaren Fesseln ist [...] Denn aus jenem Schicksal entstanden alle Sünden und das Unrecht und die Gotteslästerung und die Fessel des Vergessens und die Unwissenheit [...] Und so wurde die

Abb. 103: Ein Möbiusband.

Abb. 104: Der astrologische Zyklus.

Abb. 105: Die Illusion der Zeit und ihre Verknüpfung mit Karma und Schicksal.

> ganze Schöpfung blind gemacht, damit sie Gott nicht erkennen, der über ihnen allen ist. Und wegen der Fessel des Vergessens waren ihre Sünden verborgen. Denn sie wurden gefesselt mit Maßen und Zeiten und Zeitpunkten, indem [das Schicksal] Herr über alles ist.

Im astrologischen Schicksalsverständnis spielt die Zeit eine entscheidende Rolle (Abb. 105). Saturn gilt als Gott der Zeit, ist aber auch ein Planet (eigentlich eine Sonne). Über die Funktion, die er innerhalb der digitalen, holografischen Simulation erfüllt, die wir die „Welt" nennen, habe ich ausführlich geschrieben. Das archontische Kontrollsystem, das sich der Schicksalsidee bedient – in einem gigantischen „Computer"-Programm müssten vorherbestimmte Erfahrungen gemacht werden –, steht auch mit der Vorstellung vom Karma in Zusammenhang. Karma wird definiert als „die Gesamtheit aller Handlungen, die eine Person in diesem und in früheren Daseinszuständen vollzogen hat und ihr Schicksal in zukünftigen Existenzen bestimmen". Das archontische Gesetz von Ursache und Wirkung, das Bestandteil des Computerprogramms ist, hält die Seele im Kreislauf (Gefängnis) der Wiedergeburt fest. Saturn wird auch als „Herr des Karmas" bezeichnet (Abb. 106). Warum der Saturn für den illusorischen Schicksals- und Zeitkreislauf, der die Geschicke der in die Falle gegangenen Menschheit bestimmt, so überaus wichtig ist, wird im weiteren Verlauf dieses Buchs deutlich werden.

Abb. 106: „Gott der Zeit – Herr des Karma" – Alle Wege führen zum Saturn, wie wir noch sehen werden.

Der langen Rede kurzer Sinn …

Lässt man einmal die den gnostischen Schriften eigene Symbolik sowie all jene Passagen beiseite, die sich spezifisch auf die damalige Gesellschaft beziehen, treten diejenigen Motive in den Vordergrund, die unabhängig vom Zeitalter immer wieder auftauchen – in der Antike ebenso wie in der modernen Gesellschaft. Alles, was existiert, entspringt dem Unendlichen Gewahrsein, das sich seiner selbst gewahr ist. Die unbegrenzte Vorstellungskraft drückte sich aus und gebar Emanationen ihrer selbst, die aufgrund ihrer Verwurzelung im Unendlichen Gewahrsein ihrerseits über die Gabe der Kreativität verfügten. Sie erschufen Welten von unbeschreiblicher Schönheit, Glückseligkeit, Liebe und Harmonie – Welten aus „Wasserlicht", das von solcher Leuchtkraft ist, dass es keine Schatten gibt. Das sind die Bereiche, die im gnostischen Glaubenssystem als „erhabene Äonen" bezeichnet werden. Dann kam es, ausgelöst durch einen aus dem Gleichgewicht geratenen Gedanken, zu dem „Fehler", der die demiurgische Verzerrung manifestierte. Dabei handelt es sich nicht um eine Wesenheit mit Armen und Beinen, sondern um ein entstelltes, invertiertes und chaotisches Gewahrsein, das zunächst glaubte, es umfasse die gesamte Existenz und sei der Schöpfer alles Wahrnehmbaren. Dieses Gewahrsein erschuf Untergebene, indem es Kopien seiner selbst anfertigte – die Entitäten, die die Gnostiker als Archonten bezeichnen. Indem sich die Archonten ihrerseits vervielfältigten, entstanden die sogenannten Dämonen. Als Abkömmlinge der ursprünglichen Deformation teilen all diese Wesen denselben, durch äußerste Verzerrung gekennzeichneten Wahrnehmungszustand. Der Irrsinn des Demiurgen wurde zum kollektiven Irrsinn der Archonten und Dämonen.

Dieser Seinszustand, den wir als „das Böse" bezeichnen, ist die Folge extremer Unwissenheit, gepaart mit der vollständigen Abwesenheit von Liebe, Empathie und Mitgefühl. Im Englischen ist das Wort für „böse" – „evil" – die genaue Umkehrung des Wortes „live" („leben"). So ist alles, was vom Demiurgen ausgeht, eine invertierte Version der Manifestationen der wahren Quelle. Damit bilden die Satanisten und sämtliche Mitglieder der inneren Zirkel der Geheimgesellschaften, die dem Demiurgen sowie dessen Kopien und dämonisch besetzten Handlangern huldigen, einen kollektiven Todeskult, der für die Umkehrung allen Lebens steht. Tod und Zerfall sind energetische Frequenzen, die die archontischen Mächte absorbieren und als Nahrungs- und Kraftquelle verwenden können. Je mehr Tod, Verwesung, Gehässigkeit, Gewalt und Angst sie erzeugen können, desto mächtiger werden sie. Aus invertierten „Schatten", die die erhabenen Äonen in Form energetischer Informationen warfen, entstanden die niederen Äonen. Sie wurden aus einem im Vergleich zum „Wasserlicht" der höheren Bereiche minderwertigen Licht gebildet: dem elektromagnetischen bzw. Strahlungslicht. Es ist das „leuchtende Feuer", das die Gnostiker beschrieben, und das „Es werde Licht" der biblischen Schöpfungsgeschichte (Abb. 107). Oder richtiger: der Schöpfungsgeschichte der Matrixsimulation. Neben dem wahren, grenzenlosen Licht nimmt sich das archontische Licht hinsichtlich Stärke und Schöpfungskraft wie eine Glühlampe neben der Sonne aus.

Abb. 107: „‚Wässriges Licht': Unendliches Gewahrsein, das seiner selbst gewahr ist/Matrixlicht: das leuchtende Feuer der Archonten" – Die Gnostiker beschrieben zwei verschiedene Arten von „Licht": das „wässrige Licht" der erhabenen Äonen und das archontische „Lichtfeuer" der schlechten Kopie (zu dem auch die Strahlung innerhalb des Bereichs der „Lichtgeschwindigkeit" gehört).

Die menschliche Gestalt und ihr energetisches „Gewand" – die Seele – wurden als mangelhafte und frisierte Kopien eines Bauplans bzw. Archetyps der erhabenen Äonen („Adam") erschaffen. Sie sind so konzipiert, dass sich das Gewahrsein in den niederen Äonen verfängt und es den Illusi-

Abb. 108: Ich-Phantom vs. Unendliches Selbst.

onen der Körperlichkeit und des Getrenntseins unterliegt. Die Menschen waren fruchtbar und mehrten sich (schufen durch den Zeugungsakt Kopien ihrer selbst), bis schließlich die Menschheit unserer Tage entstand. Bei dem Körper, den wir zu „sehen" glauben, handelt es sich in Wirklichkeit um ein holografisches Bild, das aus der im Seelenfeld enthaltenen Informationsblaupause – einer stehenden Welle – geformt wird. Seiner Urform nach ist der Körper folglich nicht das, was wir sehen, sondern ein Welleninformationsfeld. Unser wahres Selbst gehört und gehörte schon immer zum spirituellen Geist der erhabenen Äonen. Das, was wir erfahren, ist nur ein Schatten dieses Geistes – ein illusorisches Selbst (Abb. 108). Wenn wir uns statt mit dem falschen Ich (dem Ich-Phantom) mit unserem wahren Selbst identifizieren, bringen wir den Schatten und das spirituelle Selbst, das ihn wirft, wieder in Gleichklang, Harmonie und Einheit. Sobald spirituelles Bewusstsein und Schatten verschmelzen, überwinden wir den Ring Überschreite-mich-nicht und sind frei.

Die demiurgische Verfälschung und seine Kopien haben keine Verbindung zur Quelle, sodass sie – im Gegensatz zu den Menschen, die potenziell noch immer mit ihr verbunden sind – auch von deren grenzenlosem schöpferischen Potenzial abgeschnitten sind. Die „Kreativität" der Archonten beschränkt sich darauf, Dinge zu manipulieren, die bereits als Schatten bzw. Reflexionen aus den erhabenen Äonen manifestiert worden sind. Ohne Verbindung zur Quelle können sie nicht auf den unbegrenzten Vorrat an Energie, Kraft und Nahrung zugreifen. Ihnen bleibt nichts anderes übrig, als andere Gewahrseinsformen einzufangen – zu denen neben den Menschen noch andere Lebensformen und Seelenfelder gehören, die sich in den niederen Äonen aufhalten – und deren Energie auszusaugen. Die Wahrnehmungsfalle, in der nicht nur Menschen sitzen, kann von der archontischen Verzerrung nur dadurch aufrechterhalten werden, dass sie die Menschheit in einem permanenten Zustand des Unwissens über die wirkliche Welt hält.

In den Frequenzbändern jenseits des sichtbaren Lichts und der „festen Materie" gibt es innerhalb der niederen Äonen Bereiche, die alles andere als vergnüglich sind; andere Ebenen jedoch sind minderwertige Kopien der erhabenen Äonen, die das Gewahrsein während einer außerkörperlichen Erfahrung als „wunderschön", „herrlich" und „himmlisch" fehlinterpretieren kann. In Wirklichkeit gehören sie zu den niederen Äonen und ahmen die höheren Ebenen nur nach. Schauen Sie sich einmal in der heutigen Gesellschaft und in der sogenannten Geschichte um. Sie werden feststellen, dass die Büttel und Handlanger der archontischen Macht (die „Obrigkeit") ein System beaufsichtigen, das von Grund auf dazu ausgelegt ist, uns in Unwissenheit über praktisch alles zu halten. Die Bereiche Religion, Politik, Medien, Wissenschaft, Medizin usw. sind nichts als archontische Schutzmauern, die uns von der Erkenntnis („gnosis") fernhalten sollen, dass wir dieser gigantischen Wahrnehmungstäuschung entrinnen müssen. Von sehr wenigen Ausnahmen abgesehen, sind die in diesen Institutionen tätigen Menschen selbst so sehr von der Illusion vereinnahmt, dass sie gar nicht merken, was sie eigentlich Tag für Tag unterstützen – nicht nur zulasten der Menschheit im Allgemeinen, sondern auch konkret zu ihrem eigenen und zum Nachteil ihrer Familien.

Schwingungen der Wahrheit

Ein weiteres Motiv, das sich in den gnostischen Schriften findet, aber auch meinen eigenen Schlüssen entspricht, ist die Einsicht, dass die archontische Kontrolle durch das Einströmen des Unendlichen Gewahrseins ihr Ende finden wird. Das erste Buch, das ich nach meinem dramatischen Erwachen im Jahr 1990 verfasste, trug den Titel „Truth Vibrations". Verschiedene mediale und übersinnlich begabte Menschen sagten mir im Frühjahr und Sommer des genannten Jahres, dass ein kollektiver Bewusstseinssprung bevorstehe. Die Menschheit würde aus ihrem spirituellen Dämmerzustand erwachen und alles, was unter dem Deckel gehalten worden ist, an die Oberfläche gelangen. Ich bezeichnete den Prozess damals als Schwingungen der Wahrheit, die einsetzen würden, wenn die Gedanken der Menschen durch die Einwirkung hochfrequenter Energien geöffnet werden. Wie ich erfuhr, sollten diejenigen mit der größten Aufgeschlossenheit und der besten Anbindung an das höhere Bewusstsein zuerst berührt werden; letzten Endes würden sich aber auch die Menschen zu regen beginnen, die zunächst noch tief und fest schlummern. Gewiss haben wir auch heute noch einen langen Weg vor uns; doch verglichen mit der Situation vor fast 30 Jahren, als ich erstmals von der sich anbahnenden Veränderung hörte, sind heute ungleich mehr Menschen erwacht – mit exponentiell steigender Tendenz. Inzwischen habe ich die ganze Welt bereist und kann die Welle des Erwachens klar erkennen. Immer mehr Menschen betrachten die Realität in einem neuen Licht, und sie stellen Überlegungen an und hinterfragen Dinge in einer Weise, die sie sich früher nicht einmal hätten träumen lassen.

Man sagte mir damals auch, dass alles, was man vor uns versteckt hielt, ans Licht kommen würde. Daher lautete der Titel meines ersten Buchs „Truth Vibrations" – Schwingungen der Wahrheit. Bedenken Sie, was wir heute über die Kräfte wissen, die die Gesellschaft und die Natur der Realität manipulieren, und vergleichen Sie das mit 1990. Der Schleier lüftet sich *tatsächlich*, und die verborgenen Informationen dringen an die Oberfläche. Diejenigen, die der archontischen Macht dienen, sind verzweifelt bemüht, der wachsenden Flut wahrnehmungsverändernder Informationen mittels Zensur Herr zu werden. Wir sehen das etwa an den durchsichtigen Versuchen, den freien Austausch von Meinungen und Sichtweisen im Internet zu unterdrücken, indem man faule Ausreden wie „Fake News" vorschiebt. Das Unendliche Gewahrsein, das sich seiner selbst gewahr ist, strömt nun in die „Dunkelheit" der dichteren Ebenen bzw. der niederen Äonen ein, damit der archontische Quatsch ein Ende findet. Das wird, wenn das Kontrollsystem auseinanderbricht, nicht unbedingt schnell – und bestimmt nicht ohne massive Umbrüche – vonstattengehen; aber es *geschieht*. Letztlich bewegt sich alles im Rahmen der Vorstellungskraft des Unendlichen Gewahrseins und seiner Emanationen. Vielleicht war der „Fehler" gar kein Fehler im buchstäblichen Sinn des Wortes, sondern einfach ein weiterer Ausdruck des sich selbst erfahrenden Unendlichen Gewahrseins. Wir haben jetzt die wunderbare Möglichkeit, die Wahrnehmungsverirrungen des Körpers/Intellekts über Bord zu werfen. Je mehr Menschen das tun, desto schneller wird die Transformation vollzogen sein. Die Schwingungen der Wahrheit formen ein Frequenzband; um uns mit ihnen zu verbinden, müssen wir unsere eigene Schwingung anheben. Wenn wir das nicht tun, werden sie an uns vorüberziehen. In welche Richtung sich die Dinge entwickeln und wie das Ergebnis aussehen wird, liegt an uns. Die Herausforderung für die Menschen überall auf der Welt besteht darin, sich von den einprogrammierten Wahrnehmungen, die sie in Ergebenheit gegenüber den Illusionen halten, zu befreien und zu ihrem wahren Selbst zu erwachen – das hinter dem Schleier der Vergessenheit die ganze Zeit präsent war.

Die Erkenntnis, dass die Menschheit nicht frei ist, und das Verständnis, warum dem so ist, bilden den ersten wesentlichen Schritt, um frei zu *werden*. Man kann nicht etwas verändern, das man nicht sieht. Am schlimmsten werden diejenigen unterjocht, die irrtümlich der Meinung sind, sie seien frei. Wer dieses Buch unvoreingenommen bis zum Ende liest, wird ohne Zweifel zu dem Schluss kommen, dass „Freiheit" das Letzte ist, was wir zurzeit erleben.

Kapitel 3

Login/Logout

„Menschen sehen das, was sie sehen wollen."
Rick Riordan

Im vorangegangenen Kapitel habe ich das gnostische Verständnis der Realität erläutert und mich dabei einer Symbolsprache bedient, die gemäß unserer Wahrnehmung der „Zeit" vor 1500 Jahren Verwendung fand – ein Verständnis, das *im Prinzip* auch meiner eigenen Sicht entspricht. Im Folgenden werde ich, unter Rückgriff auf unsere moderne, technisierte Sprache, das Wirklichkeitsbild der Gnostiker der modernen Theorie gegenüberstellen, nach der unsere Welt eine gigantische „Computer"-Simulation darstellt. Im Grunde sind beide Darstellungen identisch, da unsere simulierte Realität nichts anderes als die in den gnostischen Texten beschriebene „schlechte Kopie" ist, oder zumindest ein Teil derselben (Abb. 109).

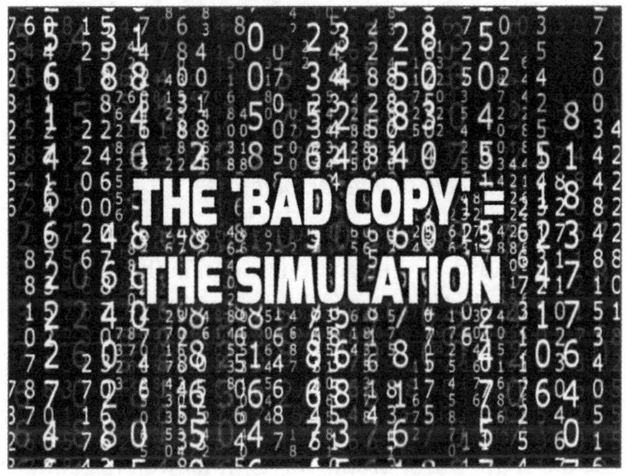

Abb. 109: „Schlechte Kopie = Simulation" – Die in den gnostischen Schriften beschriebene „schlechte Kopie" ist die simulierte Realität, die die Menschen als „wirkliche Welt" erfahren.

In meinen Büchern und Vorträgen, die mich rund um den Erdball führten, begann ich bereits kurz nach der Jahrtausendwende davon zu sprechen, dass wir uns „in" so etwas wie einem unfassbar fortgeschrittenen Virtual-Reality-Videospiel befinden. Das Wörtchen „in" habe ich in Anführungszeichen gesetzt, da wir, wie ich schon ausführte, weniger „in" einer Simulation leben, als wir vielmehr eine Informationsquelle decodieren. Das Ergebnis dieses Decodierungsprozesses vermittelt uns den illusionären Eindruck, wir würden innerhalb der Simulation leben (Abb. 110). Die Simulationstheorie wurde zum damaligen Zeitpunkt kaum diskutiert. Der schwedische Philosoph Nick Bostrom, der heute an der Universität Oxford tätig ist, war einer der wenigen, die sich öffentlich dazu äußerten. Er untersuchte die Möglichkeit, dass es sich bei unserer „Welt" um eine Computersimulation

Abb. 110: Wir leben nur insofern „in" einer Welt, als ein Spieler „in" einem Computerspiel lebt.

handelt, die – definitionsgemäß – von einer Intelligenz erschaffen worden sein müsste, über die wir nicht das Geringste wissen. Das heißt – Sekunde mal, eigentlich wissen wir eine *Menge* über diese Entität. Die Gnostiker nannten sie den Demiurgen oder Jaldabaoth. Im Jahr 2003 schrieb Bostrom:

> In vielen Science-Fiction-Werken, aber auch in manchen Prognosen ernsthafter Technologen und Futurologen stößt man auf die Annahme, dass in der Zukunft gewaltige Rechenleistungen zur Verfügung stehen werden. Gesetzt den Fall, dass diese Annahme zutrifft, wäre eines der Projekte, für die künftige Generationen ihre Hochleistungscomputer einsetzen könnten, die Erschaffung genauer Simulationen der Welt ihrer Vorfahren bzw. von Welten, deren Bewohner ihren Vorfahren ähnlich sind. Angesichts der enormen Leistungsfähigkeit ihrer Computer könnten sie eine große Zahl solcher Simulationen betreiben.
>
> Nehmen wir des Weiteren an, die simulierten Menschen wären bewusst (was der Fall wäre, wenn die Simulationen genügend hochauflösend sind und eine bestimmte, weitgehend akzeptierte Annahme in der Philosophie des Verstandes korrekt ist). Dann könnte es sein, dass der überwiegende Teil aller Personen, die über einen Verstand wie den unseren verfügen, nicht zur ursprünglichen Generation gehören, sondern zu denjenigen, die von fortgeschrittenen Nachfahren der ursprünglichen Generation simuliert worden sind.
>
> Somit lässt sich vernünftigerweise argumentieren, dass wir – sollte diese Annahme stimmen – mit größerer Wahrscheinlichkeit den simulierten als den ursprünglichen, biologischen Menschen angehören.

Etwa zur gleichen Zeit begann ich zu ähnlichen Schlussfolgerungen wie Bostrom zu kommen, allerdings mit erheblichen Unterschieden hinsichtlich der Details. Heute, da wir die eindeutigen und augenfälligen Parallelen zwischen den künstlichen Welten der Computerspiele und unserer „wirklichen" Welt besser verstehen, vertritt eine relativ große Zahl etablierter Wissenschaftler die Ansicht, dass wir in einer Art virtueller Realität oder Simulation leben. Ich sprach bereits von Rich Terrile und seiner Auffassung, nach der das Universum ein gigantisches digitales Hologramm ist. Terrile ist Direktor des Center for Evolutionary Computation and Automated Design, das dem Jet Propulsion Laboratory der NASA angegliedert ist. Terrile steht mit seinen Thesen in der akademischen Welt alles andere als allein da. Die folgenden Überschriften sind der Mainstreampresse entnommen, und die Zahl ähnlicher Artikel wächst beständig: „Physiker haben möglicherweise Beweis, dass das Universum eine Computersimulation ist"; „Die Vorstellung, dass wir in einer Simulation leben, ist keine Science Fiction"; „Ist unser Universum künstlich? Physiker behaupten, wir könnten die Spielzeuge einer hoch entwickelten Zivilisation sein"; „Ist die Wirklichkeit eine Illusion? Wissenschaftlern zufolge leben wir vielleicht in einer Computersimulation, die von einem bösartigen Genie kontrolliert wird". Selbst der populäre amerikanische Wissenschaftler Neil deGrasse Tyson, der nicht gerade für seine Aufgeschlossenheit berühmt ist, sagte, dass das Universum sehr wahrscheinlich eine Simulation ist. Im Jahr 2016 erklärte er im Rahmen der Isaac Asimov Memorial Debate, einer vom American Museum of Natural History ausgerichteten Diskussionsveranstaltung, dass wir mit einer „möglicherweise sehr hohen" Wahrscheinlichkeit in einer kosmischen Simulation leben. Der PayPal-Mitbegründer und Milliardär Elon Musk, der in Hochtechnologie investiert und das Raumfahrtunternehmen SpaceX betreibt, glaubt, dass wir uns lediglich mit einer Wahrscheinlichkeit von „eins zu mehreren Milliarden" *nicht* in einer Simulation befinden. Erst 40 Jahre sei es her, dass das erste, aus zwei Rechtecken und einem Punkt bestehende Computerspiel das Licht der Welt erblickt habe: „Pong", die denkbar einfachste Simulation eines Tennisspiels. Heute hätten wir „fotorealistische 3D-Simulationen, die von Millionen Menschen gleichzeitig gespielt werden", und mit jedem Jahr würden die Spiele besser werden: „Wir sind eindeutig auf dem bestem Weg, Spiele zu erschaffen, die von der Wirklichkeit nicht mehr zu unterscheiden sind. [...] Daraus scheint zu folgen, dass die Wahrscheinlichkeit, uns in der ursprünglichen Realität zu befinden, eins zu mehreren Milliarden beträgt."

Doch wir brauchen uns das gar nicht von den Reichen und Schönen erklären zu lassen – die Fakten sprechen für sich. Max Tegmark, ein Physiker des Massachusetts Institute of Technology (MIT) und Verfasser des Buches „Unser mathematisches Universum", macht deutlich, dass sich unsere Realität allein durch Zahlen und mathematische Formeln beschreiben lässt – so, wie man auch ein Videospiel codiert. Die Physik des Universums gleiche im Grunde der in Computerspielen simulierten Physik (Abb. 111). Tegmark verweist auf die Perspektive, die sich etwa den Figuren des Spiels Minecraft oder eines weit höher entwickelten Videospiels bietet – wenn die Grafiken so unglaublich gut sind, dass man gar nicht meint, sich in einem Spiel zu befinden. In ihrer Erfahrungswelt würden sich die Spielfiguren, erklärt Tegmark, an vermeintlich

Abb. 111: Eine bestimmte Ebene der Realität – die digitale Ebene – besteht aus Zahlen.

echten Objekten stoßen, sich verlieben oder Empfindungen wie beispielsweise Begeisterung erleben. Ich habe schon erklärt, dass die „Objekte", die uns physisch im Weg zu stehen scheinen, nichts anderes als decodierte Informationen und elektromagnetische Widerstände sind – also alles andere als fest. Tegmark führt aus, dass die Spielfiguren eines Tages beginnen könnten, die „materielle Welt" innerhalb ihrer Videoumgebung zu erkunden, und feststellen würden, dass alles aus Pixeln besteht. Das, was sie die ganze Zeit für physische „Dinge" hielten, würde sich durch einen Wust von Zahlen beschreiben lassen. Andere Figuren würden sie dafür kritisieren und sagen: „Kommt mal klar, Leute, das sind einfach feste Objekte." Doch jedem, der von außen auf das Videospiel schaut, wäre klar, dass dessen „physikalische" Wirklichkeit nur aus Zahlen besteht. Tegmark fährt fort:

> Genau in dieser Situation befinden wir uns in unserer Welt. Wenn wir uns umsehen, sieht sie nicht sonderlich mathematisch aus, aber alles, was wir sehen, besteht aus Elementarteilchen wie Quarks und Elektronen. Und welche Eigenschaften hat ein Elektron? Hat es einen Geruch, eine Farbe, eine Konsistenz? Nein! […]
>
> Wir Physiker haben uns schlaue Namen für diese Eigenschaften ausgedacht – wie elektrische Ladung, Spin oder Leptonenzahl –, doch das Elektron schert es nicht, wie wir sie nennen. Die Eigenschaften sind einfach nur Zahlen.

Wohin man auch schaut, stellt man fest, dass die Physik unserer Wirklichkeit den Regeln, Codes und Einschränkungen entspricht, die Computersimulationen zu eigen sind. Die Wissenschaft sagt, dass die sogenannten Naturgesetze für das gesamte Universum gelten und sich niemals ändern. Professor Sean Carroll, Kosmologe an der physikalischen Fakultät des California Institute of Technology, erklärte, dass „ein physikalisches Gesetz ein Muster ist, dem die Natur ohne Ausnahme folgt". Misst man die Geschwindigkeit des Lichts, erhält man stets den Wert von 300.000 Kilometern pro Sekunde – unabhängig davon, ob es von einer Galaxie, einer Taschenlampe oder irgendeiner anderen Quelle ausgesendet wurde. Das Proton-zu-Elektron-Massenverhältnis ist bei uns dasselbe wie in einer Galaxie, die sechs Milliarden Lichtjahre „entfernt" ist. Was die Wissenschaftler nicht wissen, ist, *warum* das so ist. Warum ist das Universum so wohlgeordnet? Warum kann es gemessen, berechnet und durch Zahlen und Formeln ausgedrückt werden? Der ungarisch-amerikanische Ingenieur, Mathematiker und theoretische Physiker Eugene Wigner (1902–1995) sagte, das mathematische Fundament der Natur sei „etwas, was ans Mysteriöse grenzt, und dafür gibt es keine rationale Erklärung". Warum die Natur mathematischen Charakter hat, sei ein Mysterium. Schon allein die Tatsache, dass es überhaupt Regeln gibt, die den Kosmos steuern, sei verwunderlich. Der Physiker Paul C. Davies, Professor an der Arizona State University, stellte seinen Fachkollegen gern die Frage, warum die physikalischen Gesetze eigentlich so sind, wie sie sind. Seine Lieblingsantwort lautete: „Dafür gibt es keinen Grund – sie *sind* einfach." Nun, als jemand, der zur Realschule gegangen ist (eine Schule zweiter Klasse, wie es scheint), dieselbe mit 15 verlassen hat und niemals auch nur in die Nähe einer Universität gekommen ist – geschweige denn eines physikalischen Laboratoriums –, behaupte ich, dass nichts von all dem verwunderlich oder mysteriös ist. Die Gesetze der Physik sind nicht „einfach so" da; es gibt eine Erklärung dafür, warum sich alles in Zahlen ausdrücken und messen lässt. Wir erleben eine Simulation, die auf einer bestimmten Ebene zahlenmäßig darstellbar (d.h. digital) ist und die den Regeln (physikalischen Gesetzen) unterliegt, die ihr von ihren Schöpfern eincodiert wurden.

Physiker der Bonner Universität merkten an, dass eine Simulation bereits durch ihre bloße Existenz ihre eigenen „physikalischen Gesetze" erschaffen würde, die das Spektrum des Möglichen begrenzen. Seit den 1990er-Jahren weise ich darauf hin, dass die von der etablierten Wissenschaft beschriebenen Naturgesetze nur innerhalb unserer Realität gelten, nicht aber außerhalb ihres Frequenzbereichs. Genau das würde man auch von einer Simulation erwarten; was wir als „Physik" bezeichnen, sind nur die in das „Spiel" eincodierten Regeln und Beschränkungen. Das vom amerikanischen Kernphysiker Silas Beane geleitete Bonner Forscherteam fand heraus, dass sich die kosmische Strahlung nach einem bestimmten Muster ausrichtet, das die Form eines kubischen Gitters annimmt. Sie machen auf den sogenannten GZK-Cutoff aufmerksam, einen Grenzwert für kosmische Strahlenpartikel, der sich aus deren Wechselwirkung mit der kosmischen Hintergrundstrahlung ergibt. In einer Abhandlung mit dem Titel „Constraints on the Universe as a Numerical Simulation" (dt. etwa: „Beschränkungen, denen das Universum unterliegt, wenn man es als numerische Simulation betrachtet") schrieben sie, dass dieses „Beschränkungsmuster" genau das wäre, was man bei einer Computersimulation vorfinden würde. Die Beschränkungen und Grenzen sind dabei so codiert, dass sie uns natürlich erscheinen, doch in Wirklichkeit sind sie einfach Programmcodes. „Wie ein Gefangener in einer stockfinsteren Zelle wären wir nicht in der Lage, die ‚Wände' unseres Gefängnisses zu sehen", schließt der Aufsatz der Bonner Forscher.

Ich möchte einwenden, dass wir sie *sehr wohl* sehen können. Wir haben ihnen sogar schon einen Namen gegeben: Lichtgeschwindigkeit (Abb. 112). Gemäß wissenschaftlicher Lehrmeinung bezeichnet sie die höchste überhaupt mögliche Geschwindigkeit. Ich sehe das anders. Innerhalb der Beschränkungen, die die Programmierer der Simulation auferlegt haben, mag das zwar stimmen; doch das ist nicht der Punkt. Die Lichtgeschwindigkeit von 300.000 Kilometern pro Sekunde kennzeichnet die äußere Grenze der *von uns decodierten* „materiellen" Matrix. Das ist auch der Grund für die merkwürdigen Effekte, die sich einstellen, wenn man sich ihr nähert. Dazu zählt etwa die Verlangsamung der „Zeit", bzw. richtiger: unserer Wahrnehmung derselben – eine weitere Eigenschaft, die der Simulation einprogrammiert wurde. Ich würde die Frage der Lichtgeschwindigkeit in einen größeren Zusammenhang stellen und sie mit den stehenden bzw. stationären Wellen in Verbindung bringen, die meiner Meinung nach

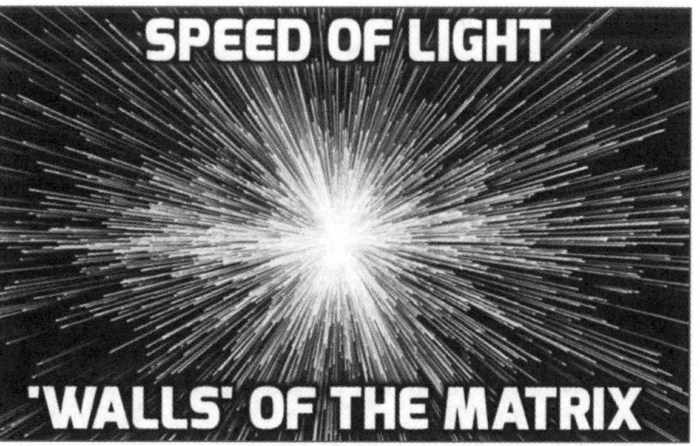

Abb. 112: „Lichtgeschwindigkeit – die die Matrix umgebende ‚Mauer'" – Bei der Lichtgeschwindigkeit handelt es sich nicht um die größtmögliche Geschwindigkeit, sondern um eine Firewall innerhalb der Simulation.

die Grundelemente all dessen bilden, was wir als Gestalt wahrnehmen. Stehende Wellen benötigen Knotenpunkte – oder „Wände" –, die dieselbe Welle immer wieder zurückwerfen und dadurch eine stationäre Welle oszillierender Informationen erzeugen. Das Schlüsselwort nannte ich in einem der vorangegangenen Sätze, als ich die Lichtgeschwindigkeit als äußere *Grenze* der „materiellen" Matrix bezeichnete. Sie ist nicht die größtmögliche Geschwindigkeit. Schon die bloße Vorstellung ist ein Witz. Die Lichtgeschwindigkeit ist eine künstliche Barriere; zwischen deren energetischen „Wänden" entstehen stationäre Wellen, die wir als „physisches Universum" erleben (mit Betonung auf „erleben als"). Beim Letztgenannten handelt es sich in Wirklichkeit um ein Stationärwellenkonstrukt (Matrix, Simulation), das vom vereinigenden Skalarfeld unterfüttert wird. Es setzt sich aus oszillierenden stationären Informationen zusammen, aus denen wir eine holografische Realität decodieren (Abb. 113). Das, was wir als energetische Bewegung erfahren, ist eine Illusion, die sich *innerhalb* der oszillierenden Stationärwellen abspielt.

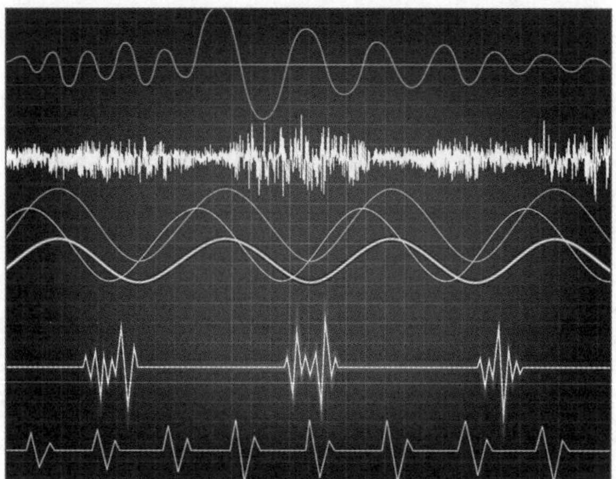

Abb. 113: Das nicht decodierte Universum besteht aus stehenden Informationswellen.

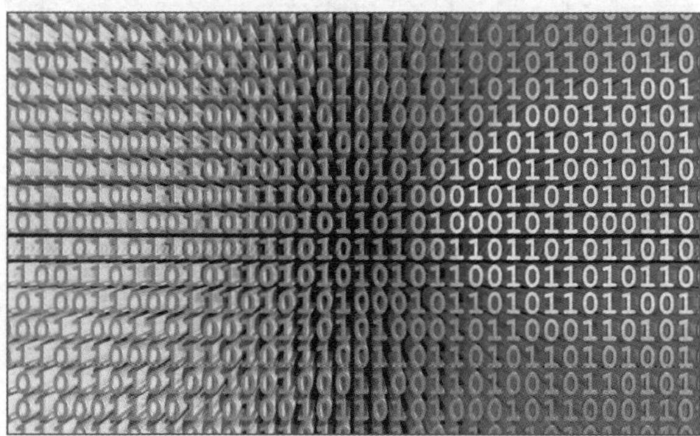

Abb. 114: In die energetische Feinstruktur unserer Realität sind Computercodes eingebettet.

Der theoretische Physiker James Gates bekleidet ein Lehramt an der University of Maryland und leitet das dortige Zentrum für String- und Teilchentheorie. Der Professor, der Präsident Obama in Fragen der Wissenschaft und Technik beriet, ist ein weiterer Mainstreamwissenschaftler, der seine Aufmerksamkeit der Simulationsthese zugewandt hat. Gates und sein Forschungsteam entdeckten digitale Computercodes – bestehend aus Einsen und Nullen –, die in die Struktur unserer Realität eingebettet sind. Das ist dasselbe Binärsystem elektrischer Ein-/Aus-Zustände, das auch in Computern Verwendung findet (Abb. 114). „Wir haben keine Ahnung, was sie dort zu suchen haben", sagte Gates. Sie sind dort, weil sie Codebestandteile der Simulation sind. Im energetischen Gewebe unserer Realität fand das Team auch mathematische Sequenzen, die man als Fehlerkorrekturcodes oder Blockcodes bezeichnet – einmal mehr typische Elemente eines Computersystems. Fehlerkorrekturcodes dienen dazu, Programmelemente „neu zu starten“ und wieder in ihren Initialzustand (die Voreinstellungen) zurückzuversetzen, wenn sie durch irgendetwas aus dem Takt gebracht worden sind. Sie sorgen dafür, dass die Matrix auch dann stabil und gleichförmig bleibt, wenn andere Mächte das Stationärwellen-/Skalarfeldkonstrukt zu stören drohen. Gates wurde auch gefragt, ob er in unsere Wirklichkeit eingebettete Gleichungen gefunden habe, die nicht von denen zu unterscheiden seien, die Suchmaschinen und Browser verwenden. Seine Antwort lautete: „So ist es.“

Alles liegt in den Zahlen verborgen

Es ist schon lange bekannt, dass man überall in der „Natur“ mathematische und geometrische Sequenzen finden kann. Im Altertum haben Menschen, die in dieses Wissen eingeweiht wurden, solche Muster in die Proportionen und Baupläne ihrer großen Bauwerke eingearbeitet, insbesondere in Tempeln und Kathedralen. Sie sprachen von „göttlichen Proportionen“ (Abb. 115). Doch handelt es sich bei diesen Codes wirklich um „göttliche“ Verhältnisse – oder eher um die demiurgischen Codes einer falschen „Gottheit“? Und werden die Bauten, sollte Letzteres der Fall sein, durch eine derartige mathematische und geometrische Synchronisierung nicht an die Matrix und deren Erbauer angeschlossen? Würde das nicht des Weiteren bedeuten, dass es sich bei all den Tempeln, Kathedralen und Kirchen um „Hotspots“ für das „Funknetz“ der simulierten Realität und deren kontrollierende Macht handelt? Die Kreiszahl Pi und der Goldene Schnitt Phi etwa sind zwei der Proportionen, die man in der Wirklichkeit des Menschen auf Schritt und Tritt antrifft, seinen Körper inbegriffen. Das muss auch so sein, ist doch der (durch energetische Informationen bestimmte) Körper dazu konstruiert, mit der Simulation bzw. dem kosmischen Internet zu interagieren. Der menschliche Körper und die simulierte Realität sind unter Verwendung derselben mathematischen und geometrischen Codes, Proportionen und Prinzipien gestaltet worden. Würde man denn die Figuren eines Computerspiels nach anderen Formeln und Regeln entwerfen als den Rest des Spiels? Das holografische Prinzip „Wie oben, so unten“ erfordert des Weiteren, dass dieselben, sich wiederholenden Sequenzen auch auf unterschiedlichen Realitätsebenen auftauchen. Die binären, elektrischen An-/Aus-Zustände bzw. Einsen und Nullen

Abb. 115: Unsere Altvorderen integrierten „göttliche Proportionen“ (Basiscodes der Simulation) in ihre bedeutendsten Kirchen, Tempel und Gebäude.

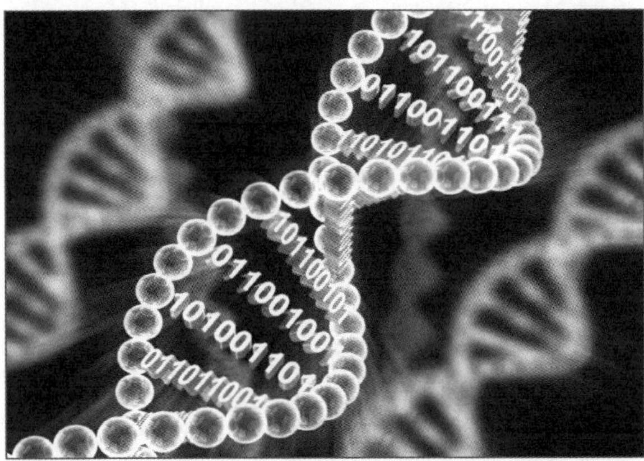

Abb. 116: Auf einer bestimmten Ebene ist auch die DNS zahlenmäßiger (digitaler) Natur.

CCCAACACCCAAATATGGCTCGAGAAGGGCAGCGACATTCCTGCGGGGTGGCGCGGAGGGAATGCCC
GCGGGCTATATAAAACCTGAGCAGAGGGACAAGCGGCCACCGCAGCGGACAGCGCCAAGTGAAGCCT
CGCTTCCCCTCCGCGGCGACCAGGGCCCGAGCCGAGAGTAGCAGTTGTAGCTACCCGCCCAGGTAGG
GCAGGAGTTGGGAGGGGACAGGGGGACAGGGCACTACCGAGGGGAACCTGAAGGACTCCGGGGCAGA
ACCCAGTCGGTTCACCTGGTCAGCCCCAGGCCTCGCCCTGAGCGCTGTGCCTCGTCTCCGGAGCCAC
ACGCGCTTTAAAAAGGAGGCAAGACAGTCAGCCTCTGGAAATTAGACTTCTCCAAATTTTTCTCTAG
CCCTTTGGGCTCCTTTACCTGGCATGTAGGATGTGCCTAGGGAGATAAACGGTTTTGCTTTAGTTGT
CGCCAAGGCAGTTCCCTTCCAAACTAGCGCTAGAGCGAATGAGCGAGCAGCCAGGACCACCATTCTG
GGTTTCCAACAGGCGAAAAGGCCCTTTCTGAGTTTGAAATGTCACAGGGTTCCTAACAGGCCACTCT
TCCCTGGATGGGGTGCCAACGCCTTTCCCATGGGCATCTCCTTCCACCCTCACGCTGGCCCAGCAAG
CAGGCAGTGCTGAGGCCTTATCTCCCTAGGTGACAGATGTGGTCAGGGAGGCGCAGAGAGGATGGGC
ACTAGCGTCCAGCTCCTGGAACAGGTGTCAGGCAGGGAGGGCAGACAGGTCTTGGGAACATGTTCCC
CTGGCTATGTGGACAGAGGACTTCTCAGTGGGTCTCGCGACCCTGTGCCCCTTTTCCTGGTTCAGGG
CAGCCTTAGCCGGGGCAAAGGTCGAGAAGAGAACCCCTGGTCGCCGCCCTGGCAGAATTTGAGTGGC
TCCGGCAGGAGATGTCCCTAGGTTCCTGGGGAGGGAGGACGTCGGGGCCAGCCAGGCTTACCCCCCC
CTGCCGCTGAGACTTCTGCGCTGATGCACCGCGCCTCTTCGCGGTCTCCCTGTCCTTGCAGAAACTA
GACACAATGTGCGACGAAGACGAGACCACCGCCCTCGTGTGCGACAATGGCTCCGGCCTGGTGAAAG
CCGGCTTCGCCGGGGATGACGCCCCTAGGGCCGTGTTCCCGTCCATCGTGGGCCGCCCCCGACACCA
GGTCAGGCTGCCCCTCCGCAGAGGGAGCCGGCTCGGGGTCCCCGCGTAAGCCAGCCTGGTGCCACC

Abb. 117: Die DNS-Bausteine A, C, G, T sehen nicht nur digital aus – sie lassen sich in der Tat digital beschreiben.

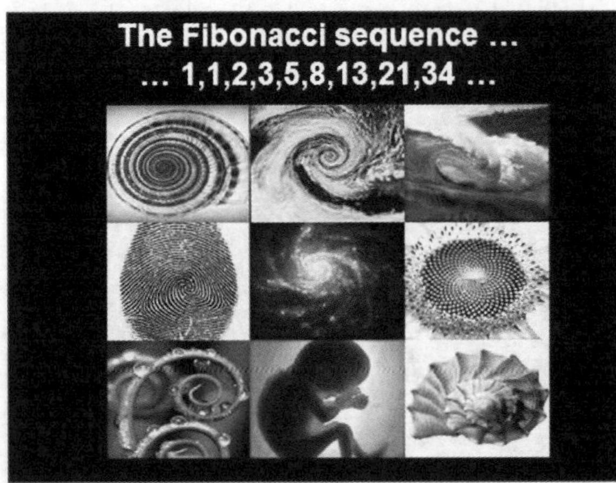

Abb. 118: „Die Fibonacci-Folge: 1, 1, 2, 3, 5, 8, 13, 21, 34 ...“ – Überall in der menschlichen Realität stößt man auf wiederkehrende mathematische und geometrische Codes aller Art.

etwa, die wir im Computer finden und die in unsere energetische Realität eincodiert sind, begegnen uns auch in der menschlichen DNS, die ein Sender-/ Empfänger-System sowie eine Art menschliche „Festplatte“ darstellt (Abb. 116). Einmal mehr haben wir es mit einer Struktur zu tun, die man in einem System erwarten würde, das auf der Interaktion zwischen Körper und Simulation basiert. Die DNS setzt sich aus vier Codeelementen zusammen, die kurz als A, C, G und T notiert werden. Die genaue Abfolge dieser Codes entscheidet darüber, ob eine Lebensform die Gestalt eines Menschen, eines Virus oder irgendeine andere Form annimmt. Die Codeelemente entsprechen binären Werten: A und C stehen für Null, G und T für Eins. DNS-Sequenzen ähneln den Zahlenkolonnen, die in den „Matrix“-Filmen über die Bildschirme flimmern – und das ist, wenn man den Hintergrund versteht, kein Zufall (Abb. 117).

Ein großartiges Beispiel für die eingebettete Mathematik liefert uns die Fibonacci-Folge. Sie wurde nach dem italienischen Mathematiker Leonardo da Pisa benannt, der im 12./13. Jahrhundert lebte und auch unter dem Namen Fibonacci bekannt war. Die Zahlenfolge lässt sich in Wirklichkeit viel weiter zurückverfolgen, nämlich zu einem indischen Mathematiker namens Virahanka. Um das nächste Glied der Kette zu ermitteln, werden einfach die beiden vorangegangenen Zahlen addiert. Auf diese Weise erhält man die Fibonacci-Folge: 1, 1, 2, 3, 5, 8, 13, 21, 34, 55 usw. Sie begegnet uns beispielsweise im Gesicht und Körper des Menschen, in der DNS, in den Proportionen von Tieren, Fruchtständen, Tannenzapfen, Bäumen, Muscheln, Spiralgalaxien und Wirbelstürmen sowie bei einer Reihe von Blütenblättern, um nur einige zu nennen (Abb. 118 und 119). Des Weiteren gibt es die „Fraktalmuster" – sich endlos wiederholende, unendlich komplexe Gebilde, die über viele Größenordnungen hinweg selbstähnlich sind. Das ist das fraktale Prinzip der Holografie – „Wie oben, so unten" –, das ich weiter oben im Zusammenhang mit der „schlechten Kopie" der Archonten erwähnte. Ich zitiere noch einmal John Lamb Lash: „Indem er die Fraktalmuster [des Originals] kopiert, formt der Demiurg eine himmlische Welt."

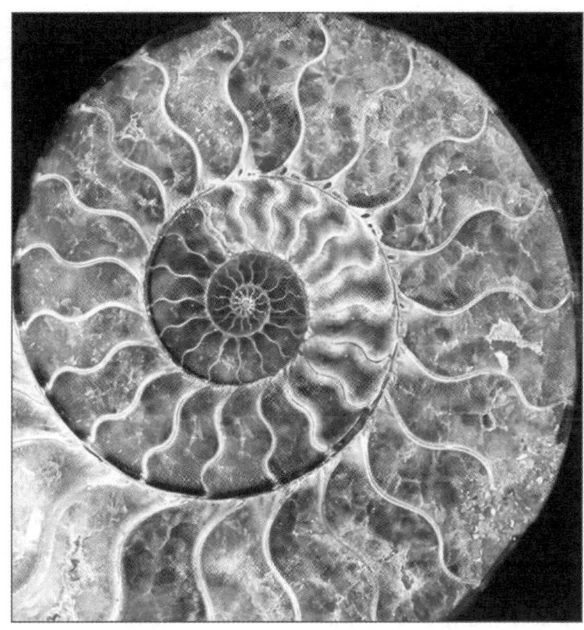

Abb. 119: Die Struktur einer Muschelschale entspricht der Fibonacci-Folge.

In der Feinstruktur der Realität ließen sich die fortlaufenden Rückkopplungsschleifen von Fraktalen überall ausmachen. Auch die DNS arbeitet nach fraktalen Prinzipien. Die Überschrift eines wissenschaftlichen Artikels, der mir einmal in die Hände fiel, brachte es auf den Punkt: „Die DNS ist eine fraktale Antenne in elektromagnetischen Feldern." Absolut richtig. Fraktale Muster finden wir in Flussnetzen, Gebirgszügen, Kratern, Blitzen, Küstenverläufen, in den Hörnern von Bergziegen, bei Bäumen, im Wachstum der Zweige, bei der Ananas, in tierischen Farbmustern, bei Herzfrequenzen und -schlägen, in Nervenzellen und im Gehirn, in den Augen, im Atemapparat und im Blutkreislauf, bei Blut- und Lungengefäßen, geologischen Verwerfungslinien, Erdbeben, Schneeflocken, Kristallen, Ozeanwellen, Gemüse, Bodenporen und sogar bei den Ringen des Saturn (dazu später mehr). Dem amerikanischen Psychologieprofessor David Pincus zufolge wurden Fraktalmuster in den letzten Jahrzehnten auch in der Psychologie, beim Verhalten, in Sprachmustern und bei zwischenmenschlichen Beziehungen nachgewiesen. Die Simulation ist ein audiovisuelles und psychologisches Programm, das auf allen Ebenen arbeitet. Die einzige Möglichkeit, diese Muster außer Kraft zu setzen, besteht darin, sich mit dem Gewahrsein jenseits des Programms zu verbinden.

Symmetrische mathematische Strukturen finden wir in der Natur überall, vom Wachstum der Bäume bis zum Aufbau der menschlichen Lunge (Abb. 120 und 121). Symmetrie liegt vor, wenn sich „eine Form durch eine bestimmte Bewegungsfolge – verschieben,

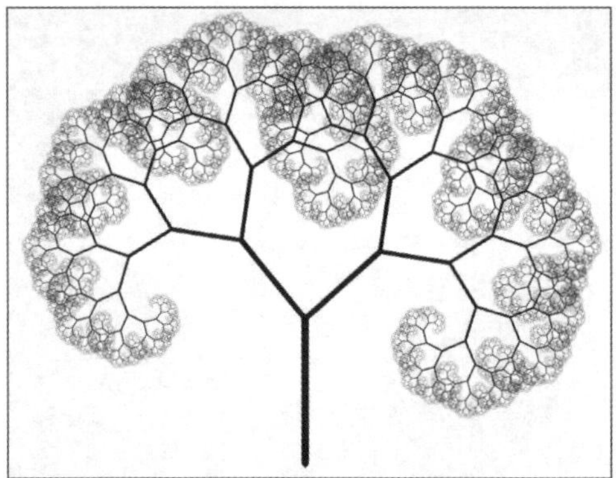

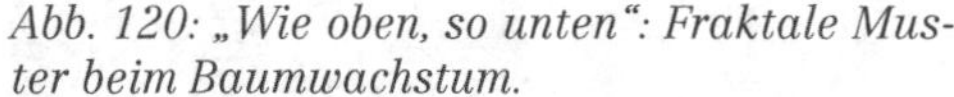

Abb. 120: „Wie oben, so unten“: Fraktale Muster beim Baumwachstum.

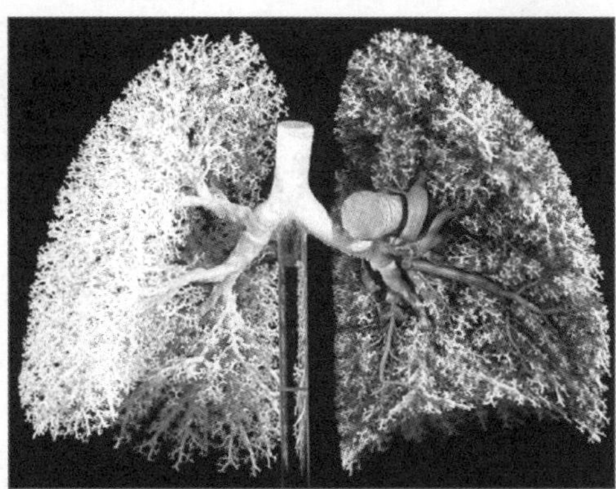

Abb. 121: Lungen sind fraktal aufgebaut.

drehen, wenden usw. – mit einer anderen exakt zur Deckung bringen lässt“. Auch symmetrische Anordnungen sind Ausdruck des fraktalen Prinzips. Eine Studie, die im November 2012 in der Fachzeitschrift *Nature's Scientific Reports* publiziert wurde, kam zu dem Schluss, dass das Wachstum von Systemen bislang unbekannten, aber grundlegenden Gesetzmäßigkeiten unterliegt. Das würde alle Arten von Systemen betreffen, von Hirnzellen, die elektrische Signale austauschen, bis zur Expansion von Galaxien oder sozialen Netzwerken. Einer der Autoren der Studie, der an der University of California in San Diego tätige Physiker Dmitri Krioukov, sagte dazu: „Die natürliche Wachstumsdynamik ist bei verschiedenartigen, echten Netzwerken dieselbe – ob im Internet, beim Gehirn oder in sozialen Netzwerken.“ Gut, aber sind diese Wachstumsdynamiken wirklich „natürlich“? Ich meine, nicht. Ich behaupte, dass es sich bei all diesen Sequenzen, Fraktalen, göttlichen Proportionen, Phi, der Fibonacci-Folge usw. um ... *Computercodes* handelt (Abb. 122 und 123). Der „genetische Code“ ist ein *Computercode*. Die Huffington Post schrieb über Krioukovs Erkenntnisse:

Abb. 122: „Pi, Phi und die Fibonacci-Folge sind ... Computercodes“ – Warum mathematische Zahlenreihen allerorten auftauchen? Es ist eine Simulation.

Abb. 123: „Fraktale Muster sind Computercodes“ – Fraktale Codes in der Simulation.

> Als die Forscher die Vergangenheit des Universums mit dem Wachstum von sozialen Netzwerken und Hirnschaltkreisen verglichen, stellten sie fest, dass all diese Netzwerke in ähnlicher Weise expandieren: Sie gleichen die Verbindungen zwischen ähnlichen Knotenpunkten an solche an, die bereits über viele Verknüpfungen verfügen.
>
> Ein Katzenliebhaber beispielsweise wird, wenn er im Internet surft, einerseits große Websites wie Google oder Yahoo benutzen, andererseits aber Homepages von Katzenfreunden oder Katzenvideos auf YouTube abrufen. In ähnlicher Weise verbinden sich zwar benachbarte Gehirnzellen gern miteinander, doch die Neuronen stellen auch Verknüpfungen zu „Google-Gehirnzellen“ her – die wiederum mit jeder Menge anderer Hirnzellen in Verbindung stehen. Krioukov bemerkte dazu, dass es sich bei der seltsamen Ähnlichkeit zwischen großen und kleinen Netzwerken kaum um einen Zufall handeln kann.

Es ist auch kein Zufall. Krioukov fügte hinzu: „Dem Physiker wird hier unmittelbar signalisiert, dass in unserem Verständnis der Funktionsweise der Natur etwas fehlt.“ Was da fehlt, ist schlicht Folgendes: Es gibt keine „Natur“. Es gibt nur die *Simulation* von Natur, die auf einer mehrstufigen „Software“ basiert, mit der die Menschheit geistig, emotional und „physisch“ kontrolliert wird. Sie glauben, die Gedanken, die Sie gerade haben, sind Ihre eigenen? Nun, das sind sie nur, wenn Sie eine Bewusstheit entwickelt haben, die über das Programm hinausgeht. Wissenschaftler weisen darauf hin, dass die Atmosphäre und die Ökosysteme der Erde zwar dem Leben, wie wir es heute kennen, perfekte Bedingungen bieten – aber das auch nur gerade so. Nur eine kleine Veränderung hier und da, und schon gäbe es Leben in seiner heutigen Form nicht mehr. Ist das *auch wieder* nur ein Zufall? Nein, es ist Klick, Klick, Entertaste. Der Wissenschaftler Robert Lanza schrieb in seinem Buch „Biocentrism“:

> Warum sind die Gesetze der Physik gerade so ausbalanciert, dass tierisches Leben existieren kann? [...] Nähme die starke Kernkraft um zwei Prozent ab, würden die Atomkerne nicht mehr zusammenhalten. Simple Wasserstoffatome wären dann die einzige Art von Atomen, die es im Universum gäbe. Wäre die Gravitationskraft nur einen Hauch schwächer, würden sich die Sterne (einschließlich der Sonne) nicht mehr entzünden. Das sind nur [einige der] über 200 Parameter, die im Sonnensystem und im Universum so genau bemessen sind, dass die Annahme, es würde sich dabei um reine Zufallsprodukte handeln, arg strapaziert wird – auch wenn die konventionelle Physik unserer Tage genau das unumwunden behauptet.

Das zeigt den Grad der Gestörtheit der etablierten Wissenschaft – ginge es doch darum, die einzelnen Elemente zu einem Gesamtbild zu verbinden, mit dem unsere Realität erklärt werden kann. Die demiurgische Macht, die die Simulation als geistiges Gefängnis eingerichtet hat, will nicht, dass die Wahrheit ans Licht kommt. Das zu durchschauen werden nur diejenigen Wissenschaftler in der Lage sein, die Zugang zum Gewahrsein jenseits der Programmierung haben. Das gilt umso mehr, wenn ihre Stelle, ihr Gehalt und ihre akademische Reputation daran geknüpft sind, das Gefängnis *nicht* zu durchschauen.

All das können sie nur dadurch beschützen, dass sie das Offensichtliche leugnen, zurückweisen und ins Lächerliche ziehen. Der wissenschaftliche Mainstream ist gezielt so aufgebaut worden, dass die Wahrheit unmöglich ans Tageslicht gelangen kann. Wie das im Einzelnen vonstattengeht, werde ich später erläutern. Robert Lanza, der zu den wenigen Wissenschaftlern zählt, die zu eigenständigen Gedanken fähig sind, geht in seinen Schlussfolgerungen noch weiter. Die grundlegenden Konstanten des Universums, deren Werte von keiner wissenschaftlichen Theorie vorhergesagt werden konnten, scheinen allesamt sorgfältig gewählt worden zu sein – in vielen Fällen sogar gerade so, dass Leben und Bewusstsein ermöglicht werden. Ganz genau: Klick, Klick, Enter. Es gibt keinerlei Beweise, die die These vom Urknall – auf der der gesamte wissenschaftliche Kanon aufbaut – belegen würden. Man mutet uns zu, zu glauben, dass das Universum vor 13,7 Milliarden Jahren auf die Größe eines Atomkerns komprimiert war. Dann sei diese „Singularität" explodiert – wie und warum, weiß kein Mensch –, und dabei sollen subatomare Teilchen, Energie, Materie, Raum und Zeit, Planeten, Sterne und alles Übrige entstanden sein. Der amerikanische Autor und Rechercheur Terence McKenna bemerkte über die Urknalltheorie:

> Im Grunde sagen diese Wissenschaftsphilosophen: Gebt uns ein Wunder gratis, den Rest machen wir dann schon – von der Entstehung der Zeit bis zum Jüngsten Gericht! Nur ein einziges Wunder frei Haus, und alles Weitere entfaltet sich von da an gemäß den Naturgesetzen und den bizarren Gleichungen, die kein Mensch versteht, die aber in diesem Metier heilig sind.

Ein anderer scharfsichtiger Kritiker sagte, die konventionelle Wissenschaft und Bildung seien dazu da, die Lehrbücher zu beweisen, und nicht, sie infrage zu stellen. Einer der Tricks, mit denen die Lehrmeinung geschützt wird, ist zu behaupten, eine wissenschaftliche Streitfrage sei bereits „geklärt" – während sie das mitnichten ist. (Siehe zum Beispiel die „vom Menschen verursachte Klimaerwärmung".) Doch es gibt immer einige Wissenschaftler, die über den Tellerrand hinausschauen. Caleb Scharf, Direktor des Fachbereichs Astrobiologie an der Columbia University, ist der Meinung, das „außerirdische Leben" könne so fortgeschritten sein, dass es sich selbst auf die Quantenebene übertragen habe, sodass es zu dem geworden ist, was wir Physik nennen. Die Annahme einer Intelligenz, die von der Feinstruktur des Universums nicht zu unterscheiden sei, würde Scharf zufolge einige der größten Mysterien erklären:

> Vielleicht sollte man extrem fortgeschrittenes Leben nicht nur in der Außenwelt suchen. Vielleicht sind wir schon die ganze Zeit davon umgeben. Es ist eingebettet in das, was wir als Physik an sich auffassen – vom grundlegenden Verhalten der Teilchen und Felder bis zu komplexen Phänomenen und Genesen. […] Oder anders gesagt: Das Leben ist vielleicht nicht einfach nur in den Gleichungen enthalten. Vielleicht *sind* die Gleichungen das Leben.

Vielleicht sind die Gleichungen *die demiurgische Macht*. Scharf spekulierte, die außerirdische Intelligenz habe sich möglicherweise überall auf der Quantenebene verbreitet, indem es seine Informationen auf Datenträgern speicherte, die sich durchs gesamte Universum bewegen (wie beispielsweise Photonen). Scharf sagte, wir würden hoch entwickeltes Leben vielleicht deshalb nicht erkennen, „weil es einen integralen und unverdächtigen Bestandteil dessen bildet, was wir als natürliche Welt betrachtet haben". Oder wie ich es ausdrücken würde: Es ist in die Simulation eingebettet, die wir als „Welt" decodieren. Michael Frazer, Dozent für Politik- und Gesellschaftstheorie an der britischen University of East Anglia, ging in einem Artikel der Frage nach, ob unvorhergesehene Ereignisse wie der Brexit oder die Wahl von Donald Trump zum amerikanischen Präsidenten von einem „außerirdischen" Eingriff in die Computersimulation herrühren könnten. „Diese unerwarteten Vorfälle könnten Experimente gewesen sein, um herauszufinden, wie unsere politischen Systeme mit Belastungen fertigwerden", spekulierte Frazer. „Oder sie waren gemeine Scherze, die sich unsere außerirdischen Zoowärter auf unsere Kosten erlaubt haben." Er mag das mit einem Augenzwinkern gesagt haben; doch fest steht, dass die Macht, die die Simulation kontrolliert, die Geschehnisse innerhalb derselben zu manipulieren vermag – zumindest dann, wenn das Gewahrsein nicht über die Grenzen der Programmierung hinausgeht und es sich nicht über die elektrischen/digitalen Gesetze und Impulse hinwegsetzt. Meiner Meinung nach spiegeln die Menschen, wenn man ihr individuelles und kollektives Verhalten betrachtet, weitgehend nur das wider, was die Simulation sie zu tun nötigt. Die Erweiterung des Gewahrseins ist überfällig.

Direkt vor unseren Augen

Genau wie computergestützte Kommunikationssysteme basieren auch das Gehirn, das genetische System und die gesamte von uns erlebte Realität auf *Elektrizität*. Wie sollte es auch anders sein, gründet sich doch das Kommunikationssystem der interaktiven Simulation bzw. des kosmischen Internets auf Elektrizität und Elektromagnetismus. Unter dem Schlagwort „elektrisches Universum" ist eine völlig neue Bewegung entstanden, die das wissenschaftliche Dogma herausfordert. Zwei Vorreiter dieser Bewegung, der australische Physiker Wallace Thornhill und der amerikanische Forscher und Autor David Talbott, betreiben das sogenannte Thunderbolts Project. Eines ihrer faszinierenden Bücher trägt den Titel „The Electric Universe". Elektrizität sehen wir etwa bei Blitzen und elektrischen Stürmen, Nordlichtern (Aurora borealis), Wirbelstürmen (schnell rotierenden elektromagnetischen Feldern, die infolge elektrischer Stürme entstehen) und Kometenschweifen (Abb. 124). Die Verfechter der These vom elektrischen Universum weisen darauf hin, dass Elektrizität bzw. Elektromagnetismus allgegenwärtig sind und sehr viele Fragen hinsichtlich der Struktur der wahrgenommenen oder nicht wahrgenommenen Wirklichkeit zu beantworten vermögen. Während die konventionelle Wissenschaft die Planeten als isolierte Objekte auffasst, wären sie in einem elektrischen Universum „einfach Bauelemente in einem Schaltkreis". Womit wir wieder bei der Funktionsweise der Astrologie wären. Es mutet seltsam an, wenn man sich vor Augen führt, dass die etablierte Kosmologie noch immer glaubt (annimmt), jeder Stern oder Planet sei von allen anderen getrennt und beziehe seine Energie nur aus dem eigenen Innern. Hier ist der erheblich eingeschränkte

Abb. 124: Elektrische Atmosphäre mit Aurora borealis (Nordlichtern).

Verstand am Werk, der alles als von allem anderen getrennt wahrnimmt und außerstande ist, das Konzept der Verbundenheit zu begreifen – dass nämlich alles durch ein einheitliches, universelles Feld bzw. einen Energie-/Informationsozean miteinander verknüpft ist. Mittlerweile gibt es fast jede Woche neue Daten, die den Wahncharakter einer solchen Denkweise offenkundig werden lassen. Aufnahmen des Herschel-Weltraumteleskops zeigten, dass Sterne auf galaktischen Fäden gebildet werden – etwas, was die etablierte Wissenschaft für unmöglich hielt. David Sibeck, Projektleiter am Goddard Space Flight Center der NASA, sagte:

> Die Satelliten haben Beweise dafür gefunden, dass die obere Atmosphäre der Erde über magnetische Seile direkt mit der Sonne verbunden ist. Wir glauben, dass die Sonnenwinde entlang dieser Seile einströmen und die Energie für geomagnetische Stürme und Polarlichter liefern.

Dieser Energietransfer von der Sonne zur Erde ist die vorrangige Ursache für klimatische Veränderungen, und bestimmt nicht das Treiben der Menschen – eine Behauptung, die durch nichts zu beweisen ist. In der unteren Atmosphäre blitzt es, doch kann das nicht in Isolation geschehen. Blitze erstrecken sich bis in den Kosmos; Fachleute haben für die verschiedenen Kategorien derselben Begriffe wie „Tendril" (dt.: Ranke), „Sprite" (dt.: Kobold) oder „Elves" (dt.: Elfen) geprägt (Abb. 125). Das Universum ist ein gigantisches elektrisches Kommunikationssystem, das dem eines Computers deshalb in so vielerlei Hinsicht ähnelt, weil es genau das ist: ein Quantencomputer, der bei Weitem alles übertrifft, was die Wissenschaft der Menschen bislang zu verstehen begonnen hat. Die Erdatmosphäre

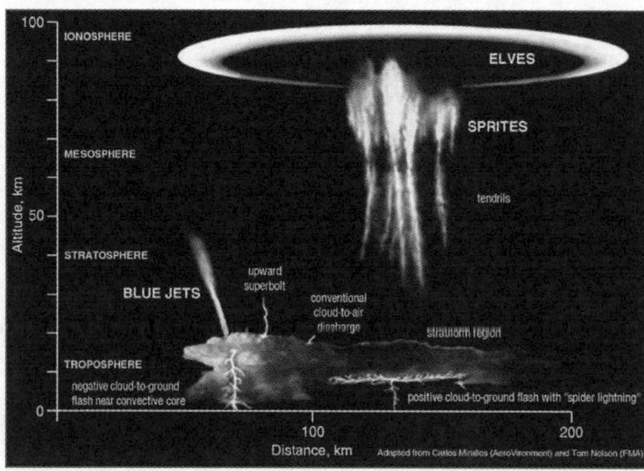

Abb. 125: Die in der unteren Atmosphäre auftretenden Blitze reichen unter verschiedenen Namen bis in den Kosmos.

ist ein elektrisches/elektromagnetisches Feld, das auf äußere elektrische Einflüsse – etwa den Wechsel von Tag und Nacht (durch die Sonne gesteuert), Wetter, elektrische Stürme, positive und negative Ladungen – reagiert und sich dadurch permanent verändert. Es wird auch durch die Gedanken und Emotionen der Menschen beeinflusst, die in Form von Frequenzen pausenlos in die Atmosphäre ausstrahlen. So erklären sich die deutlichen Ausschläge im Erdmagnetfeld, die bei Ereignissen zu verzeichnen sind, auf die die Menschheit kollektiv reagiert – mental und vor allem emotional –, etwa bei den Anschlägen vom 11. September. Elektrische und elektromagnetische Felder sind hocheffiziente Informationsträger. Über elektrische Leitungen können heutige Systeme Internetinformationen in jeden Raum eines Gebäudes übertragen. Das beobachtbare Universum besteht zu 99,999 Prozent aus Plasma – dem sogenannten vierten Aggregatzustand –, das zufälligerweise ein nahezu ideales Medium für Elektrizität und Elektromagnetismus darstellt. Planetare Magnetosphären sind das Ergebnis der Wechselwirkung zwischen Plasma und Elektrizität.

Der amerikanische Wissenschaftler Irving Langmuir (1881–1957) entdeckte, dass jedes Mal, wenn elektrisch geladenes Plasma auf anders geladenes Plasma trifft, automatisch eine Barriere zwischen beiden entsteht. Dasselbe Prinzip greift auch, wenn eine Person (elektrische Ladung) eine Wand (ebenfalls elektrische Ladung, doch gänzlich anderer Art/ Frequenz) berührt: Eine Barriere bzw. ein Widerstand baut sich auf, den wir als „fest“ empfinden. Planeten und Sterne besitzen unverwechselbare elektrische Signaturen. Dort, wo sie im Kosmos mit andersartigen Ladungen in Berührung kommen, entstehen energetische Barrieren, die die Magnetosphären bilden (Abb. 126). Aus offensichtlichen Gründen bezeichnet man eine solche Barriere als Langmuir-Mantel. Auch die Sonne besteht fast ausschließlich aus Plasma. In ihr wird elektrische Leistung nicht *erzeugt*, wie die konventionelle Wissenschaft seit Langem behauptet, sondern *verarbeitet*. Die Lehrmeinung besagt, dass es sich bei der Sonne um einen Kernreaktor handelt, der Energie aus dem Inneren zur Oberfläche und darüber hinaus ins Sonnensystem abstrahlt. Die Verfechter des elektrischen Universums hingegen weisen darauf hin, dass jede Beobachtung der Sonne die Irrigkeit dieser Annahme offenbart. In großer Entfernung von der Oberfläche wird die Sonne entlang ihres Äquators von einem Torus („Donut“) umschlossen, der auf Ultraviolettbildern zu sehen ist (Abb. 127). Dieser Torus absorbiert und speichert elektrische Leistung, bis er so überladen ist, dass er sich – ähnlich einem Blitz – entladen muss. Gigantische Entladungen reißen Löcher in die Sonnenoberfläche, die wir als Sonnenflecken bezeichnen (Abb. 128). Angeblich

Abb. 126: Wenn Plasma einer bestimmten elektrischen Ladung auf anders geladenes Plasma trifft, bildet sich automatisch eine als Langmuir-Schicht bekannte Barriere, aus der sich Magnetosphären formen.

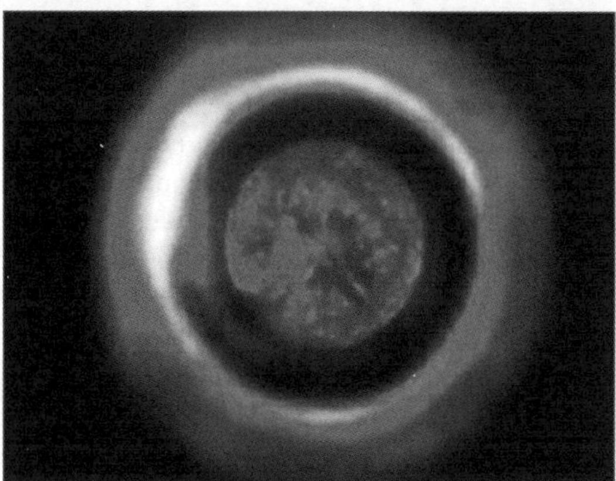

Abb. 127: Der die Sonne umgebende Torus („Donut"), in dem sich Elektrizität ansammelt.

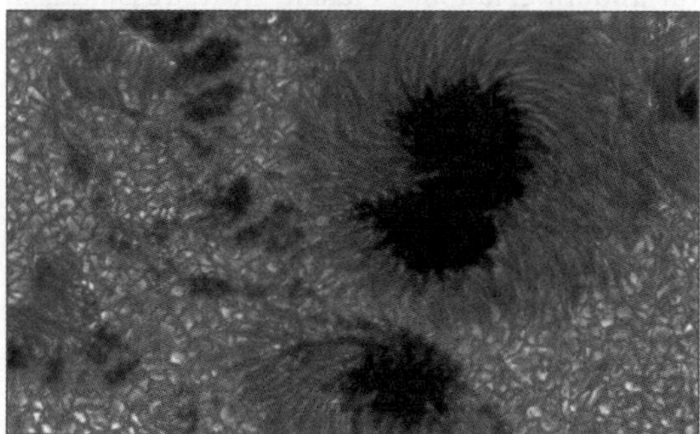

Abb. 128: Dort, wo sich der Torus entlädt, werden gewaltige Sonnenflecken in die Oberfläche der Sonne geschlagen.

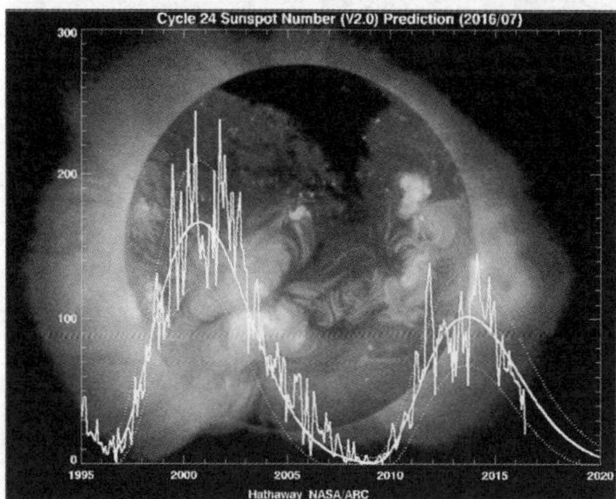

Abb. 129: Die Sonnenzyklen spiegeln die elektrischen Zyklen wider, die sich durch das Sonnensystem bewegen.

sollen sie von Kräften im Sonnenkern herrühren, doch das Gegenteil ist der Fall. So ergeben auch die Temperaturmessungen einen Sinn, nach denen auf der Sonnenoberfläche nur 5.000 Grad Kelvin, weit draußen aber 200 *Millionen* Grad Kelvin herrschen sollen. Elektrische Leistung bewegt sich in Zyklen – den sogenannten Sonnen- oder Sonnenfleckenzyklen – durch die Simulation (Abb. 129). Die Zahl der Sonnenflecken soll ein Indikator für die Aktivität innerhalb der Sonne sein, doch in Wahrheit stellen sie ein Maß für die im Torus verfügbare Elektrizitätsmenge dar, die der Sonne zwecks Verarbeitung zugeführt werden kann. Im unteren Abschnitt des elektrischen Zyklus wird das Sonnenlicht gedämpft, etwa vergleichbar mit einem Abblendschalter (auch wenn der Unterschied für das menschliche Auge nicht wahrnehmbar ist). Die Mainstreamwissenschaft kommt nicht umhin, sich diesen Fakten, die die Lehrmeinung über den Haufen werfen, zu stellen. Haimin Wang, Physikprofessor am Institute of Technology, New Jersey, sagte über die Sonnenfleckenaktivität:

> Wir dachten immer, die Sonneneruptionen würden als Folge der magnetischen Entwicklung der Oberfläche entstehen. Neuere Beobachtungen deuten jedoch darauf hin, dass die in der äußeren Sonnenatmosphäre erzeugten Störungen auch unmittelbare, erhebliche Verwerfungen auf der Oberfläche verursachen können – und zwar durch Magnetfelder. Keines der gegenwärtigen Modelle für Sonneneruptionen zieht dieses Phänomen in Betracht.

Ein (simuliertes) System

Das elektrische Universum – die Simulation – steht mit dem elektrischen Gehirn und dem genetischen System in derselben Weise in Wechselwirkung, in der elektrische Computer mit dem elektrischen Internet interagieren (Abb. 130 und 131). Der Körper besteht zu etwa 55 bis 60 Prozent aus Wasser – und Wasser stellt einen elektrischen Leiter dar (genauer gesagt, dessen Inhaltsstoffe). Der Körper ist ein elektrisches Kommunikationssystem. Dehydrierung ist deshalb so gefährlich, weil sie die Kommunikation des Körpers durcheinanderbringt. Das Gehirn und das Herz bestehen aus ungefähr 73 Prozent Wasser. Beide bilden daher in erster Linie elektrische Systeme. Am California Institute of Technology (Caltech) fand ein von Jacqueline Barton – einer der am häufigsten ausgezeichneten Chemikerinnen der Welt – geleitetes Forscherteam heraus, dass die DNS „bei der Signalübertragung innerhalb einer Zelle wie ein elektrischer Draht" wirkt. Ersetzen Sie in Gedanken „Signalübertragung" durch „Kommunikation". Als Barton behauptete, die DNS würde Elektrizität leiten, wollten ihr viele ihrer Kollegen zunächst nicht glauben. Das zeigt einmal mehr, wie sehr es der konventionellen Wissenschaft am grundlegenden Verständnis der Natur unserer Realität mangelt. Ein Experiment nach dem anderen führte die Annahmen der Wissenschaftler ad absurdum, bis Barton darauf kam, dass die DNS wie ein Telefonkabel funktioniert. Hier ist eine technische Beschreibung der Funktionsweise des Telefons:

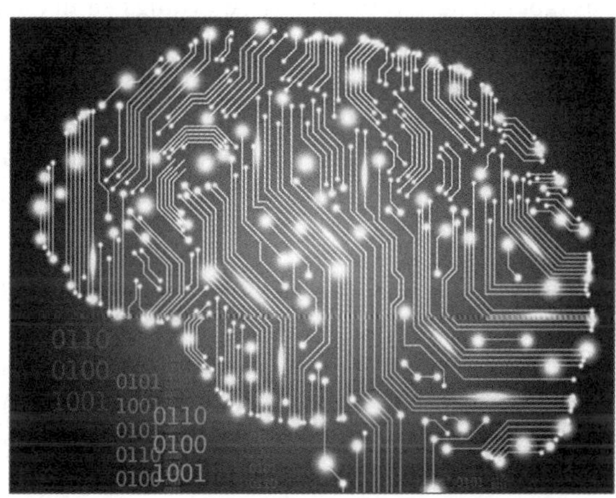
Abb. 130: Das Gehirn ist ein elektrisches System.

> Die Energie Ihrer Stimme wird in Elektrizität konvertiert. Die so erzeugte elektrische Energie fließt die Telefonleitung entlang. Wenn sie den Hörer am anderen Ende erreicht, strömt sie in den Lautsprecher, der sich in der Hörmuschel befindet. Dort wird sie in Töne zurückverwandelt – und auf wundersame Weise erklingt Ihre Stimme im Ohr Ihres Gesprächspartners.

Abb. 131: Das elektrische System des Menschen steht mit den elektrischen Systemen des Kosmos in Wechselwirkung – dem kosmischen Internet.

Nach den gleichen Prinzipien decodieren wir die Realität. Elektrische Kommunikation ist allgegenwärtig – anders kann es in einer Simulation auch gar nicht sein. Weiter oben erwähnte ich das „Wood Wide Web", über das Bäume mittels chemischer/elektrischer Signale Warnungen übertragen. Sie bedienen sich dabei der im Erdboden befindlichen pilzartigen Netzwerke, die wie Glasfaserkabel im Internet funktionieren. Im Jahr 2016 fanden Wissenschaftler heraus, dass Bienen den Blütenstaub durch elektrische Signale lokalisieren, die von den Blumen ausgesendet werden. Einer britischen Forschergruppe gelang es unterdessen, extrem hohen Blutdruck zu senken, indem sie einen elektrischen Draht ins Gehirn einbrachten und mit ihm die interne Kommunikation beeinflussten. Will man unsere Wirklichkeit (und Gesundheit) begreifen, ist es unabdingbar, die elektrische Kommunikation zu verstehen. Dabei ist es so einfach. Als „Genies" oder „Geistesgrößen" bezeichnet man in der Regel Menschen, die komplexe Zusammenhänge in der Lage sind zu verstehen; wahren Genies jedoch erschließt sich das Einfache im *scheinbar* Komplexen. Immer wieder aufs Neue lässt sich beobachten, wie die Illusion der Komplexität nur das unsagbar Simple verschleiert. Allerdings kann die Erkenntnis des Einfachen nur gelingen, wenn das erweiterte Gewahrsein eine Perspektive jenseits der Programmierung einnimmt und das Gesamtbild betrachtet. Der winzige Bildausschnitt, den der Blickwinkel des Körpers/Geistes/Intellekts erfasst und der die Wissenschaft und den Mainstream-Einheitsbrei beherrscht, genügt dazu nicht. Offenbarungen setzen die Kenntnis des Waldes voraus, nicht nur einzelner Zweige. Der Wissenschaftler Robert Lanza brachte das hervorragend auf den Punkt:

> Letzten Endes ist die heutige Wissenschaft unglaublich gut darin, die Funktionsweise einzelner Teile zu ergründen. Nachdem die Uhr auseinandergenommen wurde, können wir korrekt die Zahl der Zähne jedes Rädchens und die Umdrehungszahl der Schwungscheibe bestimmen. Wir wissen, dass der Mars für eine Umdrehung 24 Stunden, 37 Minuten und 23 Sekunden benötigt – das ist eine verlässliche Information. Was uns entgeht, ist der Blick für das große Ganze.
>
> Wir geben vorläufige Antworten. Auf der Grundlage unseres sich ständig erweiternden Verständnisses physikalischer Prozesse erschaffen wir exzellente neue Technologien. Wir sind überwältigt von unseren auf neuesten Entdeckungen basierenden Anwendungen. Nur bezüglich einer Fragestellung schneiden wir schlecht ab – die unglücklicherweise sämtliche Kernpunkte mit einschließt: Was ist das Wesen dieses Dings, das wir Realität nennen, bzw. des Universums insgesamt?

Ahhh, doch die archontische Macht und deren in der Gesellschaft positionierte Handlanger wollen nicht, dass die Menschheit die Antwort auf diese Frage erfährt – denn dann kämen ihre Machenschaften ans Licht. Folglich ist dieses Wissen sorgfältig unterbunden worden. Ich sag's noch einmal: Man braucht, um die Wirklichkeit zu verstehen, keinen wissenschaftlichen, sondern einen freien Geist. Die Quantenrealität sei, so las ich einmal, „kontraintuitiv"; doch das Gegenteil ist der Fall. Sie widerspricht nicht der Intuition, sondern der verstockten Wahrnehmung. Wissenschaftler und Akademiker sind, von wenigen Ausnahmen abgesehen, Gefangene der linken Gehirnhälfte (die Gründe dafür werde ich noch erläutern) – deren Obsession es ist, sich mit Details zu beschäftigen. Ganz in dem von

Robert Lanza beschriebenen Sinn. Die rechte Gehirnhälfte hingegen *verbindet* die Details; daher vermag sie den Wald zu erkennen. Für das Herz gilt das in noch höherem Maße. Im Prinzip ist das gesamte „Bildungs"-System, das diese Welt umspannt, von vornherein so aufgebaut, dass die linke Hemisphäre des Gehirns stimuliert wird – auf Kosten ihres rechten Gegenstücks.

Ein weiterer Aspekt der elektrischen Kommunikation begegnet uns im Bereich des Paranormalen. Es gibt unzählige Schilderungen von Spukerscheinungen und merkwürdigen Vorgängen, bei denen elektrische Geräte bzw. Systeme beteiligt sind. Musikanlagen etwa schalten sich ein und aus, die Beleuchtung geht mit einem Mal an oder wird gedämpft usw. Vorgänge dieser Art, die ich selbst schon erlebt habe, sind leicht zu erklären. Für eine Entität, die außerhalb des Frequenzbereichs des sichtbaren Lichts existiert, besteht die einfachste Möglichkeit, sich bemerkbar zu machen, in der Beeinflussung elektrischer Systeme – schließlich ist sie ebenfalls elektrischer bzw. elektromagnetischer Natur. In der ersten Nacht, die ich in Brasilien nach der Einnahme von Ayahuasca verbrachte, ergoss sich eine unglaublich kraftvolle Energie aus der Mitte meiner Brust (dem Herzchakra) und strömte, einem unsichtbaren Regenbogen gleich, zur Vorderseite meines Kopfes. Von einem Beobachter abgesehen, lag ich ganz allein in der Dunkelheit auf dem Boden. Als die (elektromagnetische) Energie stärker wurde, begann sich die Musikanlage ein- und auszuschalten. Auch eine Neonröhre ging an, sodass ich mich fragte, warum sich der Beobachter an der Beleuchtung zu schaffen machte. Doch im nächsten Moment begriff ich, dass er sich nicht einmal in der Nähe des Lichtschalters befand. Er stand auch dann noch auf Aus, als die Energie ihr Maximum erreichte und mittlerweile *drei* Lampen leuchteten. Das ist ein Beispiel für die Verquickung von elektrischen Kommunikationsprozessen und sogenannten paranormalen Aktivitäten. Während solcher Erfahrungen kann es passieren, dass sich Kälte im Raum ausbreitet, da eine kommunizierende bzw. manipulative Wesenheit dem Feld enorm viel elektrische/Wärmeenergie entzieht, um die Verbindung zwischen den Wirklichkeiten aufbauen zu können. Nebenbei sei bemerkt, dass ich nicht für die Einnahme psychoaktiver Substanzen plädiere. Ich habe sie nur damals in Brasilien sowie, in stark abgeschwächter Form, noch einmal kurze Zeit später benutzt. Manche Menschen machen damit sehr schlechte Erfahrungen. Jeder muss dazu seine eigenen Entscheidungen treffen – nach ausgiebigen Recherchen. Drogen bringen Sie, ausgehend von Ihrer bestehenden Verfassung, auf ein höheres Niveau. Wenn Sie bereits hoch schwingen, können Sie damit gute Erfahrungen machen. Befinden Sie sich jedoch bereits in der sichtbaren Welt in negativen Umständen, werden Sie durch psychoaktive Substanzen möglicherweise dasselbe im Unsichtbaren erleben. Die Entscheidung über die Einnahme von Drogen ist eine persönliche Angelegenheit; es ist nicht an mir, mich dafür oder dagegen auszusprechen.

Realität à la Microsoft

Die meisten Menschen sehen, wenn sie in den Nachthimmel schauen, das Licht von Planeten und Sternen. Ich erblicke dort ein elektrisches Kommunikationssystem (Abb. 132). Was auf der holografischen Ebene der decodierten Wirklichkeit als „physische" Orte in Erscheinung tritt, sind (im unsichtbaren Bereich) Punkte innerhalb eines elektrischen/elektromagnetischen Schwingungsgitters – nämlich der Simulation (Abb. 133). So wie die von uns erfahrene Wirklichkeit eine schlechte Kopie der erhabenen Äonen darstellt, spiegelt die heutige, fortgeschrittene Technik unsere erlebte Realität wider. Ein Beispiel dafür ist das bahnbrechende Videospiel „No Man's Sky", das 2016 weltweit auf den Markt kam. In 600.000 Programmzeilen bedient es sich einer künstlichen Intelligenz, um einen vollständigen Kosmos zu erschaffen – bestehend aus 18.446.744.073.551.616 Planeten (Abb. 134). Zwar hat die Software noch ihre Tücken, doch man gewinnt einen Eindruck davon, was bereits mit der offiziell verfügbaren Computerleistung möglich ist (ein Vielfaches dieser Rechenkapazität steht den Schattenmächten zur Verfügung).

Die Programmierer gaben an, die Rahmenbedingungen des Spiels so gewählt zu haben, dass es sich seither selbst erschafft: „Wir brachten dem Computer die Regeln bei, die das Spiel in Gang setzten." Diese Regeln sind den physikalischen Gesetzen vergleichbar, zu denen die scheinbare Begrenzung durch die Lichtgeschwindigkeit gehört. „No Man's Sky" ist – ebenso wie die archontische Simulation – interaktiv, jedoch nur innerhalb der zu Beginn codierten Spielregeln und Programme. In Bezug auf unsere Realität beinhalten die Spielregeln unter anderem die Reinkarnations-, Karma- und astrologischen Zyklen, innerhalb derer das Konstrukt Körper/Geist/Seele in der gleichen Weise mit dem Programm verknüpft ist wie die Spielfiguren mit dem Spiel. Sie meinen, das würden wir doch bemerken? Realisieren denn die Figuren eines Computerspiels, dass sie nur der Programmierung folgen? In Ihrem Verstand hören Sie unaufhörlich das Programm plappern, ohne dass Sie es abstellen könnten. Sind das wirklich unsere eigenen Gedanken, die in unserem

Abb. 132: „Der ‚Himmel' – eine Informationsmatrix" – Wenn ich in den Himmel schaue, sehe ich ein elektrisches Kommunikationssystem.

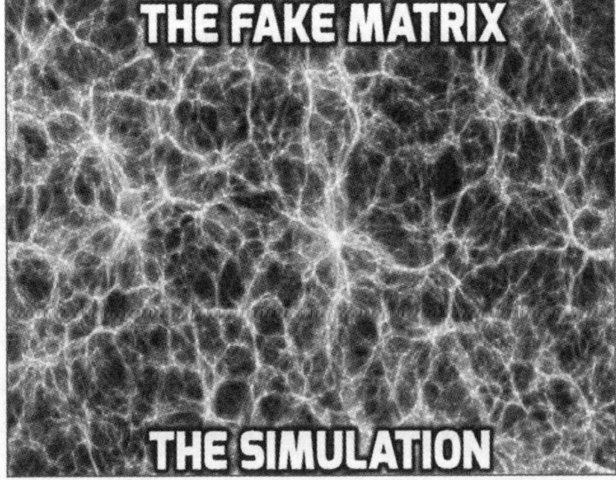

Abb. 133: Wenn Sie den Nachthimmel auf einer anderen Ebene wahrnehmen könnten, würde er in etwa so aussehen.

Kopf umherschwirren und uns den ganzen Tag über neuen Quatsch eingeben? Handelt es sich bei den Emotionen, mit denen wir unabhängig von Kultur oder ethnischer Herkunft überall auf der Welt reagieren, als hätte jemand einen Schalter umgelegt, tatsächlich um unsere ureigenen Emotionen?

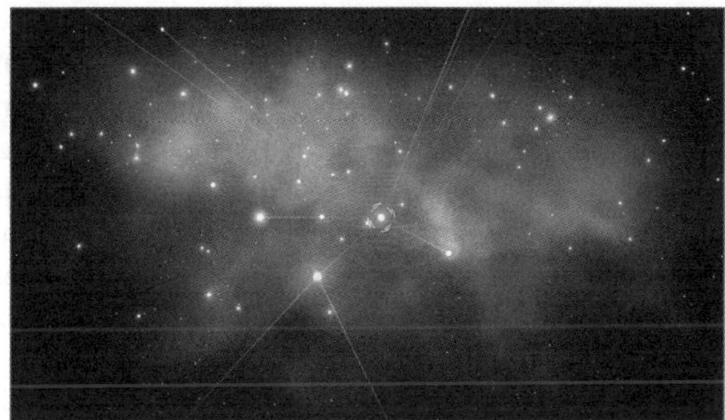

Abb. 134: Das Open-World-Videospiel „No Man's Sky".

Benjamin Libet (1916–2007), der an der in San Francisco gelegenen University of California Physiologie lehrte, war einer der Pioniere bei der Erforschung des menschlichen Bewusstseins. In einem berühmt gewordenen Experiment bat er die Versuchsteilnehmer, deren Hirnaktivität überwacht wurde, ihre Hände zu einem beliebig gewählten Zeitpunkt zu bewegen. Libet wollte herausfinden, was sich zuerst vollzog: der elektrische Impuls des Gehirns, der die Bewegung der Hand auslöste, oder der bewusste Entschluss des Probanden, seine Hand zu bewegen. Natürlich müsste der Letztgenannte zuerst in Erscheinung treten, meinen Sie? Weit gefehlt – die für die Handbewegung verantwortliche Hirnaktivität war bereits eine halbe Sekunde vor der bewussten Entscheidung nachweisbar. Wer sitzt hier eigentlich hinterm Steuer? Dem Steuer des Lebens, meine ich. John-Dylan Haynes, der am Leipziger Max-Planck-Institut für Kognitions- und Neurowissenschaften forscht, führte einige Zeit später eine Studie durch, bei der Handlungen *zehn Sekunden* vor der bewussten Entscheidung der Versuchsteilnehmer vorhergesagt werden konnten. Wie war das noch gleich mit dem freien Willen? Frank Tong, ein an der in Nashville, Tennessee, ansässigen Vanderbilt University tätiger Neurowissenschaftler, bemerkte: „Zehn Sekunden entsprechen hinsichtlich der Hirnaktivität einer kompletten Lebensspanne." Woher also stammen die Impulse, wenn nicht von „uns", dem bewussten Verstand? Ich bin schon seit Langem der Ansicht, dass es sich bei diesem Phänomen um das Kontrollprogramm handelt, das von der Simulation über das Vehikel Körper/Intellekt/Seele sowie den gefälschten Geist oktroyiert wird. Ein Programm, das im Körper/in der Seele codiert ist, bestimmt (sofern kein höheres Gewahrsein vorhanden ist) die Erfahrungen, die ein Mensch durchläuft – indem er die Erfahrungen durch Decodierung aus den Quantenfeldern der Möglichkeiten und Wahrscheinlichkeiten manifestiert. Kontrolliere die Wahrnehmung, und du wirst die Erfahrungen kontrollieren. Genau so funktioniert die Wahrnehmungstäuschung. Ohne die Trumpfkarte – den höheren Geist, der einen aus dem Wahrnehmungsgefängnis herauszuheben vermag – kann uns die Programmierung wie auf Schienen einen vorbestimmten Weg entlang treiben, während wir meinen, wir würden frei entscheiden und wählen.

Die amerikanische Fernsehserie „Westworld", die 2016 über die Bildschirme flimmerte, ist mit einer Symbolik durchsetzt, die einen Bezug zu den von mir beschriebenen Hintergründen haben könnte. Westworld ist der Name eines fiktiven, im Stil eines Wildwestfilms konzipierten Hightech-Vergnügungsparks, in dem die menschlichen Besucher mit programmierten Robotern interagieren, die exakt wie Menschen aussehen. Die Roboter *glauben*, sie seien Menschen, die Entscheidungen treffen – während sie in Wirklichkeit nur ihrer Programmierung folgen. Doch eines Tages werden sie sich dieser Tatsache gewahr und entwickeln genügend Bewusstsein, um ihre Programmierung zu überwinden und die Besonderheit ihrer misslichen Lage zu begreifen. Das ist genau der Punkt, an dem sich die heutige Menschheit befindet: an der Schwelle zu solch einem Erwachen. Wir müssen uns nur dafür entscheiden, unsere Situation begreifen zu wollen. Das höhere Bewusstsein sickert in die niederen Äonen ein, um die Seelen bzw. den Verstand der Menschen aus der Illusion zu befreien. Der erhabene Geist spricht, und es gilt, was eine alte Redensart besagt: Wer Ohren hat zu hören, der höre! Wer sie nicht hat, wird – zumindest vorläufig – noch weiterschlafen müssen. Die Menschen wären über alle Maßen erschüttert, wenn ihnen klar würde, in welchem Ausmaß ihr Leben von der Wiege bis zur Bahre kontrolliert wird – und sogar darüber hinaus, sofern das jenseits der Programmierung verankerte Bewusstsein nicht dazwischentritt.

Ich nehme die Programmierung überall wahr, vom vorhersehbaren Verhalten der Menschen über die Tierwelt bis zur „natürlichen Welt" ganz allgemein. Auf meinen Reisen in über 60 Länder sah ich Menschen stets in derselben Weise auf ähnliche Situationen reagieren. Manche mögen sich dabei heftiger gebärden als andere, doch die Reaktion ist im Grunde immer dieselbe, unabhängig von der kulturellen oder religiösen Zugehörigkeit. Nur diejenigen, die Kontakt zum spirituellen Gewahrsein haben, brechen den Bann, überwinden die gewohnten Verhaltensmuster und reagieren auf eine neue Weise. Alles unterliegt demselben Kreislauf von Geburt, Alter und Tod; in den grundlegenden Strukturen gibt es keine Zufälligkeiten, da es sich stets um dasselbe Programm handelt. Warum verhält sich eine Ente wie eine Ente und ein Elefant wie ein Elefant? Ein Elefant könnte sich doch auch einmal wie eine Ente benehmen, oder? Er kann es eben nicht – die „Software" lässt das nicht zu. Jedes biologische Programm ist so codiert, dass die Informationsverarbeitung in einer unverwechselbaren Weise erfolgt. Wir mögen die verschiedenen Ausprägungen als „Ente" oder „Elefant" bezeichnen, doch im Grunde handelt es sich um selbstreplizierende Algorithmen – zumindest so lange, bis sie vom höheren Geist überschrieben werden. Auch Tiere verfügen über ein Gewahrsein – alles ist Gewahrsein –, doch ist dieses an eine Softwareleine gekettet.

Die Tiere in „No Man's Sky" erhalten Verhaltensprofile, die von einer „prozeduralen Verfälschung von Archetypen" gesteuert werden; dafür ist eine Sequenz von Algorithmen erforderlich, die als „rechnergestützte Pseudo-Zufallsgeneratoren" klassifiziert werden. Perfekt. Ich sehe ihn überall: den Pseudo-Zufall (Abb. 135). Die Vielfalt, die wir in der Welt vorfinden, scheint enorm breit gefächert zu sein, doch schaut man genauer hin, entpuppt sich die ganze Variabilität als vorgetäuscht. Innerhalb des scheinbar Zufälligen gibt es gleichbleibende, alle Elemente verbindende Verhaltens- und Reaktionsmuster. Eines dieser unveränderlichen Prinzipien lautet, dass Überleben nur durch das Töten anderer Lebewesen möglich ist. Dieses sogenannte „Gesetz der Wildnis" ist auch auf den Menschen übertragbar. Welcher Ansatz wäre besser geeignet, um fortwährend Angst zu schüren und Leid zu erzeugen – an dem man sich dann energetisch laben kann –, als die gesamte „Natur" in ein weltumspannendes Schlachtfeld zu verwandeln? In den erhabenen Äonen gibt es weder Tod noch irgendeine Notwendigkeit, andere zu töten, um selbst zu überleben. Das Gewahrsein ist sich auf dieser Ebene selbst Genüge. Wenn keinerlei Angst existiert, legt sich der Löwe – symbolisch gesprochen – zum Lamm. Die archontischen Programme sind so entworfen worden, dass das Töten – ob durch Mensch oder Tier – zum Überlebensprinzip wird, das für alles und alle gleichermaßen gilt. Zwar vermeiden Vegetarier und Veganer Fleisch bzw. tierische Produkte generell, doch auch ihre Nahrung war einst bewusstes Leben: *Alles* ist Bewusstsein.

Abb. 135: Im Videospiel „No Man's Sky" werden durch Computeralgorithmen, die eine „computergestützte Pseudo-Zufälligkeit" generieren, für jeden Planeten individuelle Tierarten erschaffen.

Wer das hier Gesagte einmal ohne Emotionalität auf sich wirken lässt – und es nicht einfach als allzu fantastisches Geschwätz beiseitewischt –, wird erkennen, dass es angesichts unserer verrückten Welt und ihrer vermeintlich unerklärlichen Mysterien und Anomalien eine Menge Sinn ergibt. Dabei haben wir gerade erst begonnen.

Kapitel 4

Ein gigantisches Computerprogramm

„Würden die Pforten der Wahrnehmung gereinigt, erschiene den Menschen alles, wie es ist: unendlich. Doch der Mensch hat sich selbst eingesperrt, sodass er alle Dinge nur durch die engen Ritzen seiner Höhle sieht.“

William Blake

Abb. 136: „Die hochfrequente Erde“ – Die symbolische Schönheit der Erde der erhabenen Äonen.

Abb. 137: „Die Welt der Archonten“ – Tod und Zerstörung – die deformierte Welt der archontischen Verfälschung.

Als die „Computer“-Kopie der wahren erhabenen Äonen erstmalig „heruntergeladen“ wurde – und so die niederen Äonen entstanden –, handelte es sich um ein minderwertiges Abbild von etwas unbeschreiblich Schönem. Dann jedoch begann die archontische Verfälschung einzuströmen, die Schönheit in Tod, Zerstörung, Verfall und Chaos verwandelte – die Welt der Archonten (Abb. 136 und 137). Der Vorgang ist mit dem Herunterladen einer Website vergleichbar: Die ursprüngliche Website liegt noch immer in ihrer Originalform vor, doch Sie verfügen nun über eine Kopie, die Ihrer Kontrolle unterliegt und die Sie nach Belieben verändern können. Seither dauert der Verfälschungsprozess an. Je mehr nun die Simulation verzerrt wurde, desto stärker spiegelte sich dieser Zustand im menschlichen Bewusstsein wider, und die Menschen wurden zunehmend in Kämpfe gegen ihresgleichen verwickelt. Seit im Nahen Osten vor etwa (wahrgenommenen)

6.000 Jahren eine „neue Psyche" auftauchte, überziehen regionale, nationale und globale Kriege nie gekannten Ausmaßes den Planeten. Wahrnehmung und Verhalten der Menschen begannen sich seit etwa 4000 v.u.Z. drastisch zu verändern. Damit will ich nicht sagen, dass die Simulation erst zu diesem Zeitpunkt zu greifen begann; doch hatte die Verschattung der menschlichen Wahrnehmung als Folge der Verzerrung damals offenbar einen Grad erreicht, dass nun eine allumfassende Transformation einsetzte. Im biblischen Kontext ist dieser Vorgang als „Sündenfall" bekannt. In Kürze werden wir darüber sowie über die „neue Psyche" mehr erfahren. Auch die Zerstörung und Verschmutzung der Umwelt sowie die seelenlose „Architektur" sind Ausdruck der „Archontisierung" (Abb. 138 und 139).

Abb. 138: „Die Erde der Archonten" – Das Ende alles Schönen und Guten.

Abb. 139: „Die Erde der Archonten" – Töte einfach alles.

Die „Neuverdrahtung"

Nichts von all dem, was ich aufgezeigt habe, wäre möglich, wenn man sich nicht zuallererst der Denk-, Gefühls- und Wahrnehmungsprozesse der Menschheit bemächtigen würde (gefangener Geist). Die ihrer selbst gewahre archontische Verfälschung begann damit, die ursprüngliche Kopie neu zu verdrahten. Bei diesem Vorgang spielten unter anderem die Kommunikationsknotenpunkte eine Rolle, die der Simulation zugehören und uns als Orion, Saturn und Mond bekannt sind. Über einen langen Zeitraum hinweg habe ich die Bedeutung des Saturn in mehreren Büchern dargestellt, darunter in „Remember Who You Are", „Die Wahrnehmungsfalle" und „Das Ich-Phantom". Über den Mond schrieb ich bereits in „Der Löwe erwacht". Nach fast drei Jahrzehnten der Forschung, in deren Verlauf ich überall auf der Welt synchronistischen Hinweisen nachging, bin ich der Ansicht, dass Orion, Saturn und Mond Bestandteile jenes Informationssystems sind, das die Informationen erzeugt, verstärkt und übermittelt, die von den Menschen in sichtbare Realität umgesetzt

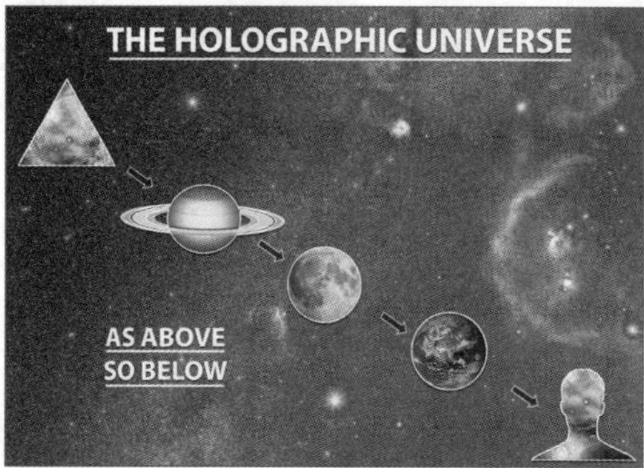

Abb. 140: „Das holografische Universum: Wie oben, so unten" – Archontische Hacker haben die Computersimulation so manipuliert, dass sie die Menschheit unterjochen können. Wesentliche Komponenten dieses Unterfangens sind Orion und der dazugehörige Nebel, Saturn, der Mond, die Erde und der menschliche Geist. Hinzu kommen weitere Himmelskörper wie etwa Jupiter, die innerhalb der Massenkontrollmatrix ebenfalls eine Rolle spielen.

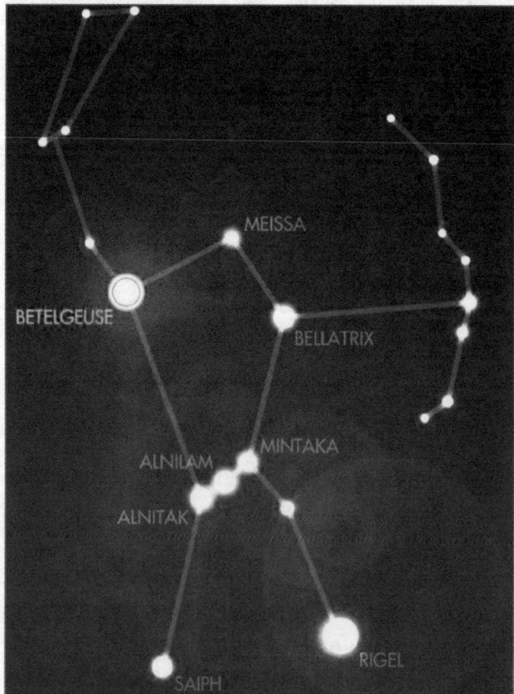

Abb. 141: Unsere fernen Vorfahren waren vom Orion und dessen Göttern besessen.

werden – die Ebene der von uns erfahrenen Simulation. Die ursprüngliche Quelle scheint Orion zu sein; die Ringe des Saturn (Klang/Informationen) fungieren als Frequenzgenerator, während der Mond die saturnischen (Orion-)Botschaften verstärkt und auf das menschliche Bewusstsein überträgt (Abb. 140). Zu diesen Schlussfolgerungen bin ich nach Jahrzehnten des Verknüpfens einzelner Details und des Nachverfolgens vieler Anhaltspunkte gelangt. Neu auftauchende Belege untermauern meine Thesen mehr und mehr. Zwar gibt es unter den Informationen nicht den einen Knaller – wobei die Hinweise bezüglich des Saturns und des Mondes dem schon recht nahe kommen –, doch die stetig wachsende Ansammlung von Daten, Fakten und Anomalien verschiedenster Art weist eindeutig in die von mir beschriebene Richtung. Ganz im Sinne dessen, was mir 1990 gesagt worden war: „Du brauchst nicht mühsam zu suchen – folge einfach den Hinweisen."

Orion, Saturn und Mond standen im Mittelpunkt einer Vielzahl antiker Mythen, Legenden und Symboliken. Beim Mond, dem dominanten Gestirn des Nachthimmels, verwundert das nicht; auch beim markanten Sternbild des Orion scheint dies einleuchtend. Aber beim *Saturn*? Von der Erde aus betrachtet ist er, bei einer wahrgenommenen Entfernung von 1,2 Milliarden Kilometern, kaum mehr als ein Punkt. Warum sollten die Völker des Altertums dem so viel Aufmerksamkeit geschenkt haben? Unser Planet ist mit Darstellungen des „Jägers" Orion und der drei Sterne des Oriongürtels geradezu übersät (Abb. 141). Im 8. Jahrhundert v.u.Z. benannte man das Sternbild, das häufig mit „den Göttern" in Verbindung gebracht worden war, nach Orion, dem Jäger der griechischen Mythologie. Die einst in Mesopotamien (im Gebiet des heutigen Irak) beheimateten Babylonier nannten Orion den „himmlischen" bzw. „wahren Hirten" ihres Hauptgottes Anu (nach dem die mesopotamischen Götter zusammenfassend als Anunnaki bezeichnet werden). Darüber hinaus sahen sie in Orion, dem Hüter der menschlichen Wahrnehmung, auch den Boten der Götter. In Aram, einem Gebiet, das im heutigen Syrien lag und zu dem auch die Region um die tragische Stadt Aleppo zählte, kannte man Orion unter dem Namen „Nephila". Der Name lässt eine Verbindung zu den biblischen Nephilim bzw. „gefallenen Engeln" vermuten, die die „Söhne Gottes" mit den Menschenfrauen – den „Töchtern Adams" – gezeugt haben sollen. Manche der neuzeitlichen Entführungsopfer, die nach eigener Aussage von nichtmenschlichen oder „außerirdischen" Entitäten verschleppt worden sind, bringen einige, bestimmten Rassen zugehörige Wesen mit Sternen des Sternbilds Orion in Zusammenhang. Als ich in der Sendereihe „Ancient Aliens" des History Channels zu Gast war, wurde ich gefragt, warum sie bei ihren Nachforschungen so häufig auf Orion stießen. Auf jedem Kontinent gibt es von alten Kulturen errichtete heilige Stätten, die Orion darstellen oder darauf ausgerichtet sind. Geht man davon aus, dass wir tatsächlich „in" einem holografisch-energetischen Kommunikationssystem oder -gitter leben, werden durch Anordnungen dieser Art energetische Verbindungen hergestellt: Wie oben, so unten. Die Ägypter glaubten, sie könnten, wenn sie ihre rituellen Zeremonien auf Orion ausrichteten, Kontakt mit ihrem Gott Osiris aufnehmen – etwas, was für das Leben auf Erden und darüber hinaus als außerordentlich wichtig erachtet wurde.

Einigen modernen Forschern zufolge entspricht die Anordnung der drei Pyramiden von Gizeh der Konstellation, die die drei Sterne des Oriongürtels im Jahr 10450 v.u.Z. bildeten (Abb. 142). In der Sahara, mehrere Hundert Kilometer südlich von Kairo, gibt es eine weitere rituelle Kultstätte, die auf Orion ausgerichtet ist. Die in einem Gebiet namens Nabta-Playa gelegene Anlage ist auf den Zeitraum 6400 – 3400 v.u.Z. datiert worden. Die Ägypter assoziierten ihren Hauptgott Osiris mit Orion, während ihre wichtigste Göttin Isis mit Sirius in Verbindung stand. Einmal mehr besteht ein Zusammenhang zwischen Sirius, dem hellsten von der Erde aus sichtbaren Stern, und den Besuchen von Außerirdischen (Abb. 143). Die alten Ägypter glaubten, das menschliche Leben habe seinen Ursprung im Orion; in meinen früheren Büchern habe ich dieses Motiv erläutert. Während der letzten fast 30 Jahre hielt ich in dem Bemühen, das Gesamtbild zusammenzustellen, stets nach übereinstimmenden Mus-

Abb. 142: Manche Forscher sind der Meinung, die Ausrichtung der Pyramiden von Gizeh würde dem Oriongürtel im Jahr 10450 v.u.Z. entsprechen.

Abb. 143: Orion und Sirius.

Abb. 144: Der Orionnebel – die der Erde nächstgelegene „Sternenwiege".

Abb. 145: Orions sogenannte Trapezsterne.

tern Ausschau – großen wie kleinen, antiken ebenso wie modernen. Die Verweise auf Orion in all ihren Ausdrucksformen zählen mit Sicherheit dazu. Wiederkehrende Mythen und Legenden besagen, dass es sich bei Orion um die Quelle der Schöpfung (Simulation) und der menschlichen Lebensform handelt sowie um die Wohnstatt der „Götter".

Einen wichtigen Beitrag leistete der amerikanische Rechercheur Danny Wilten, der die Verbindungen zwischen dem Orionnebel und Phänomenen auf der Erde unter die Lupe nahm. Die als Großer Nebel bezeichnete Formation liegt südlich des Oriongürtels und stellt die „Sternenwiege" dar, die der Erde am nächsten gelegen ist (Abb. 144). Im Herzen des Nebels befindet sich ein Sternenhaufen, der als Trapezium bezeichnet wird. Das Trapezium könnte der Ursprung der „Computer"-Projektion sein, aus der wir die Simulation decodieren (Abb. 145). Zwar wird der Nebel als Wolke aus interstellarem Staub und Gas beschrieben, die sich über mehrere Lichtjahre erstreckt; doch seiner ursprünglichen Beschaffenheit nach handelt es sich um ein Welleninformationskonstrukt.

Danny Wilten sieht einen Zusammenhang zwischen dem Orionnebel und den Landformationen des ägyptischen Nildeltas: Dem Grundsatz von „Wie oben, so unten" entsprechend spiegeln sie einander. Eine ähnliche Verbindung sieht Wilten auch zwischen dem Nebel und dem menschlichen Gehirn. Innerhalb einer holografischen Simulation ergibt das durchaus einen Sinn. Astronomen des im US-Bundesstaat New Mexico beheimateten Projekts Sloan Digital Sky Survey bestätigten im Jahr 2017, dass der Mensch aus demselben „Sternenstaub" besteht wie das Universum (die Simulation) – ein weiteres Indiz, das in die gleiche Richtung weist. Bestehen denn die in einem Computerspiel agierenden Figuren aus einem anderen „Material" als deren scheinbares Umfeld? Als das Astronomenteam mittels Infrarotfrequenzen die Struktur von 150.000 Sternen untersuchte, stellte es fest, dass wir Menschen zu etwa 97 Prozent aus derselben Art von Atomen bestehen, aus denen sich auch unsere Galaxie zusammensetzt. Atome = energetische Welleninformationscodes. Danny Wilton vertritt darüber hinaus die Auffassung, dass es sich bei Michelangelos Fresko „Die Erschaffung Adams", das die Decke der Sixtinischen Kapelle im Vatikan schmückt, um eine symbolische Darstellung des Orionnebels handelt – eine Idee, die mit der uralten Vorstellung konform geht, dass dort die menschliche Gestalt erschaffen worden ist (Abb. 146). Angesichts der Tatsache, dass das Fresko aus dem 16. Jahrhundert stammt, stellt sich vielen Menschen die Frage, wie jemand schon vor so langer Zeit davon gewusst haben kann. Ich werde darauf zu sprechen kommen; für den Augenblick sei lediglich angemerkt, dass die Informationen, die ich mit diesem Buch jedermann zugänglich mache, einigen wenigen seit Jahrtausenden bekannt sind – verwahrt im Allerheiligsten des weltumspannenden Netzwerks der Geheimgesellschaften, in dem die römische (ehemals babylonische) Kirche einen entscheidenden Strang bildet.

Der amerikanische Autor Gary A. David, der am Orion orientierte Anlagen in Nord- und Südamerika und der übrigen Welt katalogisiert, hat zahllose Darstellungen des Orion zusammengetragen. Lesen Sie sein Buch „Mirrors of Orion". Die Hopi-Indianer von Arizona waren ebenso auf Orion fokussiert wie die Azteken oder Maya in Mittelamerika. Die in der Nähe von Mexiko-Stadt gelegene antike Ruinenstadt Teotihuacán, die mehrere Pyramiden und Tempel umfasst, ist auf den Oriongürtel ausgerichtet (Abb. 147). Man nimmt an, dass die Anlage, die heute zum Weltkulturerbe zählt, etwa 100 v.u.Z. errichtet worden ist.

Abb. 146: Stellt Michelangelos Fresko „Die Erschaffung Adams" die Geburt der Menschheit im Orionnebel dar?

Abb. 147: Verschiedene Repräsentationen des Oriongürtels aus aller Welt.

Vor vielen Jahren erzählte mir der hochrangige Zulu-Schamane Credo Mutwa, welche Bedeutung sein Volk Orion und dem zu Orion

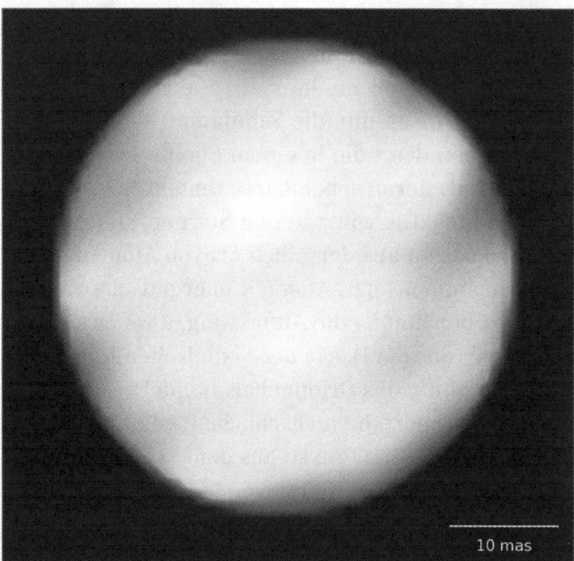

Abb. 148: Der zum Orion gehörige rote Superriese Beteigeuze – der „Lebensverstreuer".

Abb. 149: Orion war im Altertum für Gesellschaften auf der ganzen Welt von Bedeutung. Hier ist Orion auf dem „Halsband der Mysterien" der Zulu dargestellt, das nachweislich mindestens 500 Jahre, möglicherweise aber sogar älter als 1.000 Jahre ist.

gehörigen roten Stern beimisst, den sie „Mpalalatsani" bzw. den „Lebensverstreuer" nennen. Der Letztgenannte wird als paradiesische Welt beschrieben – ein „roter Ort mit roten Steinen, roter Erde, rotem Sand und Meeren". Bekannter ist der Stern, der zu den Überriesen zählt und die rechte Schulter des „Jägers" bildet, unter dem Namen Beteigeuze. Er ist der zweithellste Stern des Orion und der neunthellste am gesamten Nachthimmel (Abb. 148). Die Masse von Beteigeuze (arabisch für „Hand des Orion") beträgt Berechnungen zufolge das Zehn- bis Zwanzigfache der Masse unserer Sonne. Würde er das Zentrum unseres Sonnensystems bilden, befänden sich alle Planeten bis einschließlich des Mars in seinem Inneren. Er war der erste Stern, dessen Größe gemessen wurde, und gehört zu den wenigen Sternen, die im Hubble-Weltraumteleskop nicht nur als Lichtpunkt, sondern als Scheibe erscheinen. Auf Credo Mutwas „Halsband der Mysterien" – einem schwergewichtigen Kupferring, der auf den Schultern ruht – findet sich an einer markanten Stelle eine Darstellung des Orion (Abb. 149). Seinen Angaben zufolge ist der Halsschmuck, der symbolisch die Geschichte der menschlichen Spezies darstellen soll, mindestens 500 Jahre alt (Credo selbst vermutet das doppelte Alter). Neben Orion erkennt man auf dem Halsreif ein altertümliches Symbol für Saturn, „Außerirdische" und eine

„fliegende Untertasse“ – Elemente, die Besuche durch extraterrestrische Wesen und deren Kreuzung mit den Menschen symbolisieren. In den nächsten zwei Kapiteln werde ich darauf ausführlicher eingehen. Credo erklärte mir, dass die Menschen den Legenden der Zulu zufolge von den Sternen kamen – ja, der Begriff „Zulu“ selbst bedeutet „Menschen von den Sternen“.

Credo sieht einen Zusammenhang zwischen Mpalalatsani bzw. Beteigeuze, von wo die Menschen vertrieben worden sein sollen, und dem biblischen Garten Eden. Zulu-Legenden berichten davon, dass die genetische Manipulation des Menschengeschlechts auf Mpalalatsani begann und später im Inneren des Mondes – und schließlich auf der Erde – fortgesetzt wurde. Beteigeuze scheint zu schrumpfen, und ganz allgemein geschehen innerhalb der Simulation seltsame Dinge. Die Inuit bzw. „Eskimos“ gehören zu einer Vielzahl indigener Volksgruppen, die sagen, die Sonne würde heute an einer anderen als der gewohnten Stelle aufgehen, und auch die Positionen der Sterne hätten sich verändert. Oder die der Erde. Hat man erst einmal begriffen, dass wir es mit einer Simulation zu tun haben – die sich modifizieren lässt –, erscheinen derartige Behauptungen in einem anderen Licht.

Orions hellster Stern und gleichzeitig der sechsthellste Stern am Himmel ist der blaue Überriese Rigel, der auch als Beta Orionis bezeichnet wird. Es wird darüber spekuliert, ob die häufige Verwendung der Farben rot und blau in der Politik und in anderen Bereichen der menschlichen Gesellschaft (siehe auch die rote/blaue Pille im Film „Matrix“) im Zusammenhang mit Beteigeuze und Rigel steht. Auch zu Bellatrix („die Kriegerin“), einem weiteren blauen Stern im Orion, könnte eine Verbindung bestehen. Rigel soll Schätzungen zufolge doppelt so heiß wie unsere Sonne und 40.000-mal heller sein; die Masse von Bellatrix beträgt etwa das 8,6-Fache der Sonnenmasse. Um die Quelle lokalisieren zu können, von der aus die Simulation projiziert wird, ist es von zentraler Bedeutung, das Wesen von Orion und der übrigen Komponenten des „Schaltkreises“ zu verstehen – Sirius inbegriffen.

Das „Kind des Orion“ – Saturn

Dem Saturn, der als „Gott der tausend Namen“ bekannt ist, kommt in der archontischen Symbolsprache eine herausragende Rolle zu (Abb. 150). Viele der uns vertrauten Symbole, von denen wir tagtäglich umgeben sind, repräsentieren Saturn. Mitunter treten sie im Verein mit Orion-Symbolen auf – was nur folgerichtig ist, sind doch Saturn und Orion Ausdruck derselben Informationsquelle. Eines dieser Symbole ist das Auge bzw. das „allsehende Auge“,

Abb. 150: „Überall Saturn: Der Gott der tausend Namen“ – Warum waren unsere Altvorderen vom Saturn so besessen – genau wie unsere heutige Herrscherelite?

Abb. 151: Das klassische Symbol der Pyramide mit dem allsehenden Auge der Verdeckten Hand, die hinter den Geschicken der Menschheit steht, dargestellt auf der Dollarnote.

Abb. 152: Pyramide und allsehendes Auge auf dem Abzeichen des MI5 – des britischen Geheimdienstes für innere Angelegenheiten.

das uns auf Schritt und Tritt begegnet, etwa auf der Dollarnote, der Rückseite des Großen Siegels der Vereinigten Staaten und dem Abzeichen des britischen Geheimdienstes MI5 (Abb. 151 und 152). Um erfassen zu können, welche Rolle der Saturn spielt, sollten wir noch einmal zu der Frage zurückkehren, warum sich die Menschen der Antike so sehr auf etwas bezogen, das heute nur mehr ein Schimmer am scheinbar weit entfernten Firmament ist (Abb. 153). Die Antwort lautet, dass sich der Saturn nicht immer dort befand, wo er jetzt zu sehen ist. Einst dominierte er den irdischen Himmel – zu einer Zeit nämlich, als unser Sonnensystem noch zwei Sonnen besaß: Neben unserem heutigen Zentralgestirn stand der damals noch *unberingte* Saturn im Mittelpunkt unseres Sonnensystems. Der amerikanische Forscher David Talbott war es, der diese Tatsache in mühevoller Detailarbeit ans Licht brachte, indem er eine Unmenge antiker Erzählungen aus allen Ecken der Welt auswertete. Bei seinem Studium der Mythen, Legenden und Symbole, die verschiedene Kulturen unterschiedlicher Zeitabschnitte mit Saturn assoziierten, stieß er auf eindeutige Übereinstimmungen.

Abb. 153: Warum sollten antike Völker Saturn verehrt haben, wenn er sich schon immer da befand, wo er heute ist?

In seiner sehr empfehlenswerten Videoreihe, die auf YouTube unter dem Titel „Discourses on an Alien Sky“ zu finden ist, verknüpft Talbott die Legenden und Mythen und leitet daraus ab, was der Saturn ursprünglich darstellte und in welcher Weise sich die Konstellation plötzlich veränderte. Lesen Sie auch Talbotts herausragendes Werk „The Saturn Myth“, wenn es Ihnen gelingt, ein Exemplar zu ergattern. Leider ist das Buch vergriffen – zu Unrecht, wie ich finde.

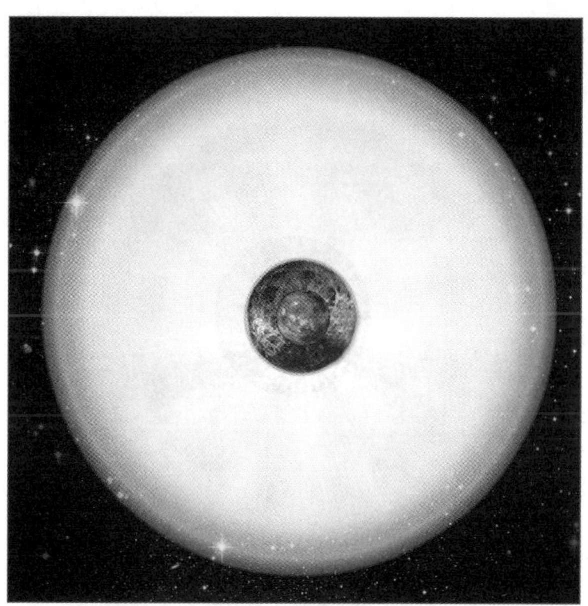

Abb. 154: Saturn mit Mars und Venus, wie er sich Überlieferungen zufolge im Altertum von der Erde aus darstellte.

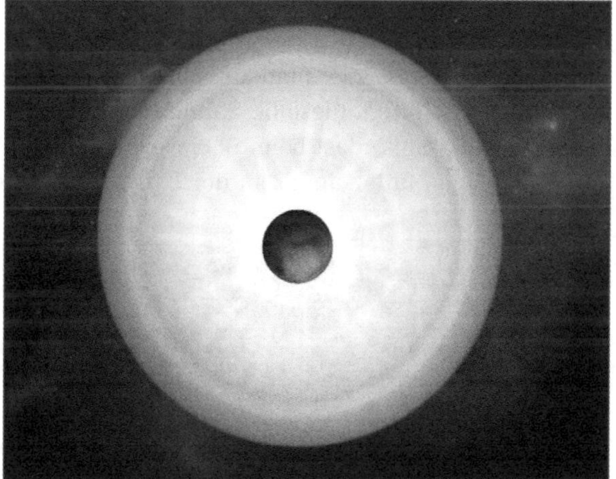

Abb. 155: Saturns allsehendes Auge.

Kennt man erst einmal die Geschichte des Saturns, ergibt die Vielzahl altertümlicher Symbole, die den Planeten repräsentieren, plötzlich einen Sinn. Hier ist eine kurze Zusammenfassung: In jener Epoche, die in der Antike das „Goldene Zeitalter“ genannt wurde, war der Saturn die der Erde nächstgelegene Sonne. Saturn galt als der „Standhafte“, der „Regungslose“ und das „Licht der Welt“ und bewegte sich auf einer geraden Linie mit Mars und Venus (Abb. 154). Auch das Popol Vuh, die Schöpfungsgeschichte der einst im Gebiet des heutigen Guatemala ansässigen Quiché-Maya, beschreibt eine feststehende Sonne, bei der es sich nicht um das Zentralgestirn unserer Tage handelte. Den Menschen, die von der Erde zum Himmel schauten, erschien Saturn als ein gigantisches Auge, in dessen Mittelpunkt sich Mars und Venus befanden (Abb. 155). Das im Altertum verwendete Sonnensymbol – ein Kreis mit einem Punkt in der Mitte – ergibt in Bezug auf die Sonne, die heute am Himmel steht, keinen Sinn; doch vergleicht man es mit dem Saturn, wie er im Goldenen Zeitalter erschien, passt es perfekt (Abb. 156).

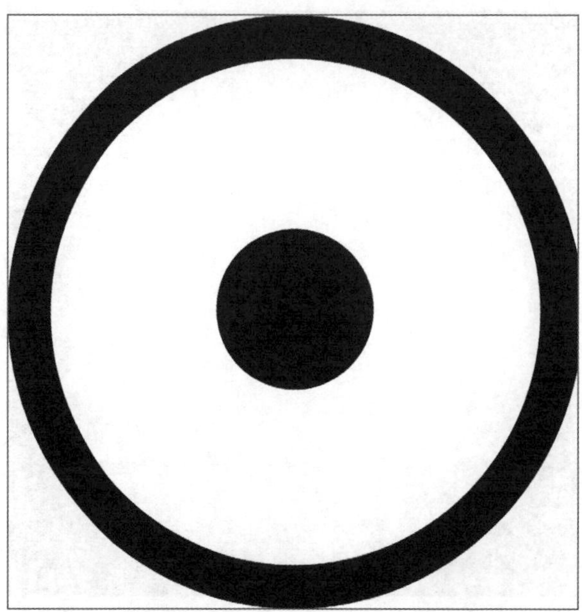

Abb. 156: Das antike Symbol für die „Sonne" entspricht perfekt dem Bild, das Saturn, Mars und Venus damals boten.

Die antiken Legenden, Mythen und Symbole, die sich auf den Saturn beziehen, sind deshalb so zahlreich – Gott der tausend Namen –, weil er einst den irdischen Himmel beherrschte. Der griechische Philosoph Platon bezeichnete Saturn als „Helios", den Sonnengott. Dem griechischen Historiker Diodor von Sizilien zufolge taten dies auch die in Mesopotamien beheimateten Chaldäer. Später wurde der Begriff für unsere heutige Sonne benutzt. Während Namen und Symbole mehr und mehr auf die Letztgenannte übertragen wurden, ging die Wahrheit über den Saturn verloren. Diodor schrieb, Saturn sei der „augenfälligste aller Planeten" gewesen; frühe Astronomen bezeichneten ihn als „Ursonne". Verständlicherweise ging man zunächst davon aus, dass die antiken Motive, die von Sonnengöttern erzählten, dieselbe Sonne meinten, die wir auch heute sehen – doch das ist nicht der Fall. Zumindest beim überwiegenden Teil handelte es sich um *Saturn*-Sonnengötter, zu denen unter anderem der babylonische Herrscher Nimrod und der ägyptische Gott Ra zu zählen sind (Abb. 157). Auch die römische Göttergestalt Mithras und ihr persisches Pendant Mithra, die später die Vorlage für die Figur des „Jesus" lieferten, waren Saturngötter. Der römische Kaiser Konstantin, der im Jahr 325 u.Z. mit dem Konzil von Nicäa das moderne Christentum begründete, huldigte Sol invictus, dem „unbesiegten Sonnengott" bei dem es sich, wie ich behaupte, um Saturn handelte. Die biblischen Texte strotzen vor Sonnensymbolik. Saturn war der Hauptgott Roms, dem zu Ehren alljährlich im Vorfeld der Wintersonnenwende

Abb. 157: Verständlicherweise werden Saturn-Sonnengötter fälschlich für Symbole der heutigen Sonne gehalten.

die als Saturnalien bezeichneten Feierlichkeiten abgehalten wurden. Dabei tauschte man Geschenke aus, schmückte Bäume und hing Stechpalmenzweige auf. Auch heute noch huldigt bei dem Fest, das inzwischen „Weihnachten" heißt, ein beträchtlicher Teil der Menschheit unwissentlich Saturn; zudem wird Santa gefeiert, dessen Name ein Anagramm von Satan darstellt. Wie wir noch sehen werden, besteht zwischen dem Demiurgen/Satan und Saturn ein Zusammenhang.

(Fast) das Ende der Welt

Der römische Schriftsteller Theodosius schrieb im 5. Jahrhundert, dass die Saturnalien den Zeitpunkt markierten, an dem „Saturn plötzlich verschwand" – eine Bemerkung, die sich mit einer Vielzahl altertümlicher Schilderungen deckt, die David Talbotts Recherchen zugrunde liegen. In den vergangenen über 20 Jahren habe ich detailliert ausgeführt, wie außerordentlich häufig wir in alten Texten auf Geschichten von gewaltigen geologischen Katastrophen und himmlische „Götterkriege" stoßen; zudem wies ich auf die Korrelation zwischen den Überlieferungen und der geologischen und biologischen Geschichte unseres Planeten hin. Die Sintflut mag die berühmteste Katastrophenerzählung sein, doch die biblische Version basiert auf Schilderungen, die wesentlich älter sind. Ähnliche Geschichten, in denen etwa die Erde in Stücke gerissen wird oder sich gar überschlägt, finden sich in der Welt des Altertums allerorten. Überall brachen Vulkane aus – „Berge atmeten Feuer" –, begleitet von mächtigen Erdbeben. Alte Texte sprechen davon, dass „die Meere kochten", „die Himmel einstürzten", Landmassen versanken oder hervortraten, sowie von einer gigantischen Wasserwand.

Durch das Aufreißen der Erdoberfläche entstanden Formationen wie der Grand Canyon in Arizona, bei denen es sich ja offiziell um natürliche Phänomene handeln soll. Jeder, der schon einmal am Rand des Grand Canyon gestanden und hinuntergesehen hat, dürfte angesichts der Behauptung, er sei vom Colorado River ausgewaschen worden, in schallendes Gelächter ausgebrochen sein – so, wie auch ich einst (Abb. 158). Fossilien von Fischen und anderen Meereslebewesen, die man heute hoch oben in den Bergen entdecken kann, bezeugen das Ausmaß der Umwälzungen. Der Himalaya, die Alpen und die Anden haben ihre gegenwärtige Höhe erst in geologisch

Abb. 158: Das vergleichsweise winzige Bächlein im Hintergrund soll den Grand Canyon ausgewaschen haben? Klar, und ein Essteller kann zum Mars fliegen.

Abb. 159: Eine globale Flutwelle würde alles verändert haben – auch die Wahrnehmung einer evolutionären „Zeitlinie".

jüngster Zeit erlangt. Man hat *intakte* versteinerte Bäume gefunden, die von einem Moment zum anderen fossilisiert sein müssen. Tatsächlich könne das, wie mir jemand erklärte, durch den enormen Druck geschehen, den die in den alten Texten bezeugte Flutwelle auf den Untergrund ausübte (Abb. 159). Künstlicher Stein wird durch extrem hohen Druck erzeugt. Es ist durchaus denkbar, dass die sofortigen Auswirkungen hohen Wasserdrucks die Wissenschaft in ihrer Wahrnehmung der evolutionären „Zeitlinie" der Erde in die Irre geführt haben. Eine sintflutartige Flutwelle würde auch erklären, warum der Botaniker Nikolai Vavilov in einer Untersuchung von über 50.000 Wildpflanzen aus aller Welt zu dem Schluss kam, dass sie aus nur acht verschiedenen, ausschließlich gebirgigen Gebieten stammen. Der griechische Philosoph Platon schrieb, dass sich die Landwirtschaft nach einer gewaltigen Überschwemmung entwickelt habe, und zwar in höheren Lagen.

Ein weiteres Indiz für eine abrupte Veränderung sind im Eis aufgefundene Mammute, die so urplötzlich gefroren sein müssen, dass man sie in aufrecht stehender Position vorfand – offenbar beim Fressen überrascht. Uralte Überlieferungen, die das Auftauchen des Eises beschreiben, berichten, dass Steine und Eisbrocken vom Himmel fielen. Was wäre, wenn die „Eiszeit" gar nicht so verlief, wie die Lehrmeinung behauptet, sondern sich von einem Moment auf den anderen einstellte? Sogenannte Findlinge, die nicht zu den regionalen Gesteinssorten passen, sind überall auf der Welt anzutreffen. Deren englische Bezeichnung „erratic" geht auf das lateinische Wort für „umherwandern" zurück. Manche Findlinge sind gewaltig groß und wiegen 15.000 Tonnen oder mehr. Der Wissenschaft zufolge wurden sie durch Gletscher transportiert – doch vielleicht war es ein Tsunami von nahezu unvorstellbarem Ausmaß, der sie in weit entfernte Gegenden beförderte?

Unzählige Geschichten berichten von gewaltigen Landmassen, mit Namen wie Atlantis oder Lemuria/Mu, die bei einem weltumspannenden Kataklysmus im Meer versanken. In verschiedenen Teilen der Welt hat man auf dem Meeresboden mächtige Strukturen entdeckt, die einst zu Städten bzw. Zivilisationen gehörten (Abb. 160). Eine ganze Reihe von Autoren und Forschern kam zu dem Schluss, dass nicht nur die Erde durch heftige Turbulenzen gegangen ist, sondern auch das übrige Sonnensystem. Der bekannteste unter ihnen war Immanuel Velikovsky (1895–1979), ein in Russland geborener Psychiater, Psychoanalytiker, Autor und Forscher. Zu den von ihm verfassten Büchern, die (selbstredend) kontrovers aufgenommen wurden, zählt das 1950 erschienene Werk „Welten im Zusammenstoß". Velikovsky wies darauf hin, dass sich der Himmel, den die Völker des Altertums sahen,

Abb. 160: *Überall auf der Welt hat man in den Tiefen des Meeres gewaltige, schier unglaubliche Strukturen nichtnatürlichen Ursprungs gefunden.*

von unserem heutigen Firmament unterschied. Dies gilt insbesondere im Hinblick auf die Venus.

Als man in den 1970er-Jahren mehrere Mariner-Raumsonden zur Venus schickte, konnten etliche von Velikovskys Behauptungen bestätigt werden – etwa die Existenz eines Schweifs, ähnlich dem eines Kometen. Velikovsky beschrieb kataklystische Ereignisse, die Venus und Mars heimsuchten, den Letztgenannten in dem verheerenden Zustand hinterließen, den wir heute beobachten können, und auch die Erde beinah vernichteten. All das soll nicht vor Jahrmillionen, sondern lediglich vor einigen Tausend Jahren geschehen sein. Auf der Grundlage dieser Erkenntnisse revidierte er den Verlauf der geschichtlichen Ereignisse, die sich im antiken Ägypten und Griechenland sowie auf dem Gebiet des heutigen Israel zutrugen. Er schrieb:

> Überlieferungen von Umwälzungen und Naturkatastrophen, wie sie bei allen Völkern vorhanden sind, fanden im Allgemeinen keinen Glauben wegen der kurzsichtigen Vorstellung, dass in der Vergangenheit keine anderen Kräfte die Welt formten, als die, die wir auch heute am Werke sehen. Diese Vorstellung ist der Ausgangspunkt der heutigen Geologie und Entwicklungslehre.

Wir haben keine Erklärung dafür, also hat es nie stattgefunden. Der übliche „wissenschaftliche" Faschismus setzte ein, als Velikovsky seine Forschungsergebnisse veröffentlichte und damit die gelehrten Steinzeitköpfe aus der Fassung brachte. Einige akademische Einrichtungen setzten „Welten im Zusammenstoß" gar auf den Index. Die Auseinandersetzungen waren so heftig, dass man von der Velikovsky-Affäre zu sprechen begann. Der Reaktion nach dürfte er wohl etwas Wahres ausgesprochen haben.

Wie Velikovsky schrieb, hätten die beiden (neben der Sonne) größten Himmelskörper unseres Sonnensystems – Jupiter und Saturn – bei dem kosmischen Drama eine entscheidende Rolle gespielt. Bis zu dem Ereignis seien sie gänzlich anderen Bahnen gefolgt, als sie es heute tun. Bei beiden habe es sich zudem um *Sterne* gehandelt – die Lehrmeinung betrachtet sie freilich als Planeten. Jupiter und Saturn stellen *tatsächlich* eine Art von Sternen dar: Sie erzeugen deutlich mehr Hitze, als sie von der Sonne empfangen. Der Gasriese Saturn ist der einzige Planet des Sonnensystems, dessen Dichte unter der von Wasser liegt und der folglich zerfließen müsste. Dabei ist Velikovsky nicht der Einzige, der die Ansicht vertritt, dass sich Saturn und Jupiter hinsichtlich Erscheinungsbild und Masse heute deutlich von ihren damaligen Versionen unterscheiden. Saturn sei, während er dicht an Jupiter vorüberzog, explodiert; danach habe seine Größe nur noch einen Bruchteil des ursprünglichen Wertes betragen. Bis zu dem Ereignis soll, wie Velikovsky glaubte, Saturn größer als Jupiter gewesen sein. Im Ergebnis des Geschehens habe es Saturn an seine heutige, weit entfernte Position verschlagen.

In Mythen und symbolischen Geschichten wird der Konflikt zwischen Saturn und Jupiter thematisiert. Die Griechen etwa erzählten sich, dass Zeus (Jupiter) einst die Herrschaft seines „Vaters" Kronos (Saturn) an sich riss. Velikovsky brachte den ägyptischen Gott Osiris mit Saturn und die Göttin Isis mit Jupiter in Verbindung. Der als „Khima" bezeichnete Himmelskörper, der laut babylonischem Talmud die Sintflut verursacht haben soll, sei mit Saturn identisch. Alte mexikanische Texte berichten, dass die „erste Welt" durch eine weltumspannende Flut zerstört wurde, deren Auslöser der Planet war, den wir Saturn nennen. Velikovsky schrieb, bei der „Nova"-Explosion des Saturns könnten gewaltige Mengen Wasser in Richtung Erde geschleudert worden sein, aus denen später unsere heutigen Ozeane entstanden. Der Atlantik wurde früher auch als „Meer des Kronos" (Saturn) bezeichnet. Velikovsky zufolge sei das Wasser entweder direkt oder in Form von Wasserstoffgaswolken zur Erde gelangt, wo sich die Letztgenannten mit dem irdischen Sauerstoff verbunden hätten. Die Theorie vom „Saturnwasser" würde auch den Salzgehalt der Ozeane erklären (Natrium und Chlor), den die Wissenschaft bislang nicht auf natürliche Ursachen zurückführen konnte. Der Zulu-Schamane Credo Mutwa erzählte mir, dass die Weltmeere laut ihren Legenden einst aus Süßwasser bestanden hätten und das Salz das Werk der Götter gewesen sei. Der Grund, warum man Saturn als Gott der Vegetation und Landwirtschaft zu verehren begann, sei Velikovsky zufolge die neue Flora gewesen, die inmitten der durch die Flut und die Umwälzungen verursachten biologischen und atmosphärischen Veränderungen zum Vorschein kam.

Einige Jahrzehnte später verfasste David Talbott gemeinsam mit dem australischen Physiker Wallace Thornhill das Buch „Thunderbolts of the Gods". Velikovskys Pionierarbeit hatte Talbott zu eigenen Nachforschungen inspiriert. Zwar stimmt er mit Velikovsky nicht in allen Einzelheiten überein, doch haben auch seine Theorien weltverändernde Großereignisse zum Inhalt, in deren Mittelpunkt Saturn steht und die das gesamte Sonnensystem einschließlich der Erde einbeziehen. Bei seinem Studium der überall auf der Welt anzutreffenden Mythen und Legenden, die sich um Saturn ranken, stieß er auf Berichte über jene Katastrophe, die das Ende des saturnischen „Goldenen Zeitalters" heraufbeschwor – einer Epoche, die von Glückseligkeit, Überfluss, Fairness und Gleichberechtigung gekennzeichnet gewesen sein soll. Die Entwicklung, die sich vor etwa 6.000 Jahren im Nahen Osten vollzog und von den Historikern als Geburt der menschlichen Zivilisation betrachtet wird, war in Wirklichkeit die *Wieder*geburt der Menschheit, nachdem sie sich von den weltumspannenden Katastrophen erholt hatte. Mesopotamien – das Gebiet des heutigen Irak – gilt als „Wiege der Zivilisation", doch hier begann es nicht. Der Nahe Osten war lediglich Teil eines „Neustarts", der, wie wir bald sehen werden, durch eine nunmehr stark veränderte menschliche Psyche gekennzeichnet war. Talbott meint, aus den alten Mythen herauszulesen, dass sich der Mars aufgrund von Turbulenzen auf die Erde zubewegte und beide Himmelskörper gigantische Mengen elektrischer Plasmaladungen austauschten (Abb. 161). Das würde die heutigen landschaftlichen Gegebenheiten auf dem Mars sowie die Tatsache erklären, dass Mars seither als Kriegsgott bezeichnet wird. Für nähere Informationen sei Talbotts DVD „Remembering the End of the World" empfohlen, die Sie über die Website Thunderbolts.info beziehen können.

Abb. 161: Neil Hagues Darstellung des elektrischen „Krieges", der einst zwischen Erde und Mars ausbrach.

Das Chaos und die elektromagnetischen Verwerfungen wirkten sich auf die Stabilität der Umlaufbahnen von Venus, Mars, Jupiter und Saturn aus, die in alle Winde zerstreut wurden. Selbst Merkur gelangte an eine neue Position. Mit einem Mal hatte sich die Konfiguration des Sonnensystems grundlegend verändert. Talbott und sein Co-Autor Thornhill sind führende Vertreter der Bewegung, die sich der Theorie vom elektrischen Universum verschrieben hat. Um zu verstehen, was bei der Katastrophe geschehen ist, müssen wir uns mit den elektrischen und elektromagnetischen Funktionsprinzipien des Universums vertraut machen. Es wird allgemein angenommen, dass die Gravitationskraft den gesamten Kosmos zusammenhält und insbesondere auch für die Planetenbahnen verantwortlich ist – doch in Wahrheit steckt hinter all dem der Elektromagnetismus. Der Physiker Thornhill weist darauf hin, dass in Newtons mechanisch-gravitativem Modell jedes System mit mehr als zwei umlaufenden Himmelskörpern zwangsläufig instabil ist. Die elektrische Kraft ist dagegen etwa 1.000 Billionen-Billionen-Billionen-mal stärker als die Gravitationskraft. Auch Velikovsky sagte, dass elektromagnetische Effekte in der Himmelsmechanik eine wichtige Rolle spielen. War die elektromagnetische Balance und Harmonie erst einmal aus den Fugen geraten, mussten die Planeten „Reise nach Jerusalem" spielen. Ersetzt man die auf Gravitation basierenden Modelle des Universums durch solche, die Elektrizität und Elektromagnetismus zugrunde legen, ändern sich die physikalischen Zusammenhänge sowie die Wahrscheinlichkeiten gewaltig. Planeten, die uns heute „tot" und leblos erscheinen, waren einst – vor der Katastrophe, durch die die Atmosphären in Mitleidenschaft gezogen wurden – bewohnbare Welten.

Merkwürdiger Sinneswandel

Saturn wurde im Altertum als Quell von Licht und Überfluss verehrt, der der Menschheit das gepriesene Goldene Zeitalter bescherte. Heute wird er als das „große Übel" bezeichnet, während Mars als „kleines Übel" sowie als Planet des Krieges gilt – Titulierungen, die an die himmlische „Schlacht" erinnern. Der Saturn, dem die Satanisten huldigen, steht esoterisch bzw. astrologisch für Kontrolle, Urteil, Restriktionen, Begrenzungen, Tod und Verfall. Bei den Satanisten der inneren Kreise sowie den Eingeweihten der Geheimgesellschaften ist Saturn unter Bezeichnungen wie alte Sonne, schwarze Sonne, dunkle Sonne, dunkler Herr oder Herr der Ringe bekannt (Abb. 162). Die schwarze Sonne, ein okkultes Symbol der Nationalsozialisten, schmückt den Fußboden der Wewelsburg, des „spirituellen" Hauptquartiers von Heinrich Himmlers SS (Abb. 163). Dasselbe Symbol benutzen auch die ukrainischen Nazis. Was in aller Welt ist passiert, dass sich die Art und Weise, wie der Saturn wahrgenommen wird, so dramatisch verändert hat?

Abb. 162: Nach der Katastrophe bekam der Saturn ein neues Image. Man nannte ihn nun das „größere Übel", die Ringe traten in Erscheinung, und für Satanisten (Saturnisten) wurde er zum Mittelpunkt der rituellen Anbetung.

Abb. 163: Die schwarze Sonne – das Saturnsymbol der Nationalsozialisten.

Nun, nach Saturns „Fall" ist in der Tat etwas passiert – und zwar etwas Gewaltiges. Wie ich bereits ausführte, trachtet das archontische Gewahrsein fortwährend danach, die „schlechte Kopie", die einem Ausschnitt der in den erhabenen Äonen angesiedelten ursprünglichen Realität entspricht, zu verfälschen und zu invertieren. Die beschriebenen Umbrüche innerhalb unseres Sonnensystems markierten einen wichtigen Schritt, um diese Bestrebungen in Bezug auf die Erde umzusetzen. Nicht nur Saturn „fiel", sondern auch die Menschheit. Das war der sogenannte „Sündenfall“, bei dem es sich nicht nur um ein biblisches, sondern um ein weltumspannendes, kosmisches Motiv handelt. Das Zittern und Entsetzen, das der Kataklysmus auslöste, floss ins menschliche Energiefeld bzw. Hologramm ein. Von noch größerer Bedeutung war die Umordnung des Himmels. Erinnern wir uns, auf welchem Fundament die Astrologie beruht: Planeten und Sterne sind Informationsfelder innerhalb des kosmischen Internets (Simulation), die ihre Energien (Informationen) mit dem kosmischen Feld austauschen. Das wiederum beeinflusst den energetischen und Wahrnehmungszustand aller Wesen, die mit diesem Feld interagieren – also auch den unseren.

Die Wirkung, die von einer kompletten Neukonfiguration der Planeten bzw. Zwergsonnen ausging, die sich in relativer Nähe zur Erde befanden, kann gar nicht groß genug eingeschätzt werden. Indem die Tür der menschlichen Wahrnehmung von einem Moment auf den anderen krachend zufiel, erfuhr der Geist des Menschen eine dramatische Veränderung – und damit das gesamte Dasein. Da die wahrgenommene „äußere“ Welt und die menschliche Psyche in ständiger Wechselwirkung stehen und eng miteinander verknüpft sind, spiegelte sich das in der Außenwelt entstandene Chaos auch in der geistigen Verfassung der Menschen wider. Nimmt eine der beiden Seiten Schaden, wird auch die andere Seite in Mitleidenschaft gezogen. Erdrückende Beweise deuten darauf hin, dass sich vor etwa 6.000 Jahren – also um das Jahr 4000 v.u.Z. – in der menschlichen Psyche eine Transformation vollzog. Eine „neue Psyche“ trat hervor und expandierte in evolutionärer Hinsicht sehr schnell. Der Autor und Forscher Steve Taylor, der an der Leeds Beckett University Psychologie lehrt, nimmt jene Epoche in seinem Buch „The Fall: The Insanity of the Ego in Human History and the Dawning of a New Era“ unter die Lupe. Vor dieser Zeit habe es Taylor zufolge keine Kriege, keine männlich dominierten oder Klassengesellschaften, keine überbordende Ungleichheit und keine organisierten Religionen im heutigen Sinne gegeben. Auch Menschenopfer und Satanismus, hätte er hinzufügen können, kannte man damals nicht. Die amerikanische Kulturhistorikerin Riane Eisler beschreibt diese Periode als „die große Veränderung – eine derart mächtige Veränderung, in der Tat, dass wir in allem, was wir über die kulturelle Evolution der Menschheit wissen, nichts von vergleichbarer Dimension finden“. Wie Taylor ausführt, kam die „neue Psyche“, wie er es nennt, vor etwa 6.000 Jahren im Nahen Osten und Asien („Saharasien“) zum Vorschein, nachdem indoeuropäische und semitische Völker gewaltsam in diese Gebiete eingefallen waren. Als „indoeuropäisch“ bezeichnet man eine Familie von Sprachen, die in weiten Teilen Europas sowie bis hinunter ins nördliche Indien gesprochen werden. Zu ihr gehören die italische, slawische, baltische, hellenische, keltische, germanische und indoiranische Sprachgruppe ebenso wie Englisch, Spanisch, Deutsch, Latein, Griechisch, Russisch, Albanisch, Litauisch, Armenisch, Persisch, Hindi und Hethitisch. Als „semitisch“ bezeichnet man eine Reihe von Sprachen, die in Nordafrika und im Nahen Osten gesprochen werden, darunter Arabisch, Hebräisch, Assyrisch, Aramäisch und Phönizisch. Entgegen der Darstellung, die man uns glauben machen will, ist Arabisch die *mit Abstand* bedeutendste semitische Sprache. Den Begriff „semitisch“ – und entsprechend auch den Terminus „antisemitisch“ – ausschließlich auf jüdische Menschen zu beziehen, bedeutet also, die eigentliche Bedeutung des Wortes zu verdrehen.

Vom Nahen Osten aus trat die „neue“ bzw. mit Saturn gefallene Psyche ihren Siegeszug an, der die gesamte Welt erfassen sollte. Zudem war die neue Psyche, wie ich hinzufügen möchte, das Resultat einer Manipulation, die extraterrestrische bzw. fremdartige Wesen an der menschlichen Gestalt vorgenommen haben. Doch dazu später mehr. Der amerikanische Psychologe Julian Jaynes (1920–1997) entwickelt in seinem Buch „Der Ursprung des Bewusstseins durch den Zusammenbruch der bikameralen Psyche“ eine ähnliche, die plötzliche Wandlung des menschlichen Geistes betreffende Theorie. Von „bikameral“ (lat.: „bi“ = zwei, „camera“ = Kammer) spricht man in der Psychologie, wenn beide Gehirnhälften relativ unabhängig voneinander arbeiten und die rechte Großhirnhemisphäre mit der linken durch „akustische Halluzinationen“ kommuniziert, die von der betreffenden Person als Stimmen wahrgenommen werden. Diese Stimmen, folgert Jaynes, wurden entweder als Stimmen der Götter interpretiert – denen man gehorchen musste – oder schienen von Personen aus dem Umfeld des Betroffenen zu stammen. Jaynes verweist auf die zahlreichen Ähnlichkeiten zwischen einem „Zwei-Kammern-Geist“ und den Erfahrungen heutiger Schizophrenie-Patienten. Aus seinem Studium antiker Texte und Bräuche zieht er den Schluss, dass der bikamerale Geist vor mehreren Tausend Jahren dem Intellekt zu weichen begann: Während die Stimmen verschwanden, übernahm die linke Gehirnhälfte allmählich die Vorherrschaft. Auch bei Steve Taylors Überlegungen zur „neuen Psyche“ spielt die Dominanz der linken Hirnhemisphäre eine grundlegende Rolle. In der linkshirnigen Wahrnehmung erscheinen alle Dinge als getrennt voneinander (die „Bäume“) – sie decodiert einzelne Elemente, nicht aber ganze Bilder (den „Wald“). Wenn die linke Gehirnhälfte von der ganzheitlich wahrnehmenden rechten Hirnhemisphäre abgekoppelt wird, bleibt sie in einer Wahrnehmungsfalle gefangen. Das zu verstehen ist im Hinblick auf unsere heutige Gesellschaft von ungeheurer Bedeutung, werden doch Politik, Wissenschaft, Bildungswesen, Medien, Militär, Banken und Wirtschaft gleichermaßen durch die linke Gehirnhälfte gesteuert – sprich, der gesamte Mainstream-Einheitsbrei. Welche Konsequenzen sich aus dieser Tatsache ergeben, wird in Kürze deutlich werden.

Der Herr der Ringe

Im Folgenden werde ich kurz zusammenfassen, welche Bewandtnis es mit dem Saturn hat – in meinen Büchern „Remember Who You Are“ und „Die Wahrnehmungsfalle“ bin ich ausführlich darauf eingegangen –, und einige neue Informationen hinzufügen, um den Bezug zu den Schwerpunkten dieses Buches herzustellen. Norman Bergrun ist ein angesehener Ingenieur und Forscher, der unter anderem am kalifornischen Moffett Field für das Ames Research Center der NASA sowie für dessen Vorläufer, das National Advisory Committee for Aeronautics, tätig war. Beim Rüstungskonzern Lockheed Martin war er an geheimen Luft- und Raumfahrtprojekten beteiligt. 30 Jahre lang habe er nach eigenen Angaben über eine hohe Sicherheitsfreigabe verfügt und sich in diesem Zeitraum „halb zu Tode signiert“. Bei einer Reihe von Neuentwicklungen in den Kategorien Luftfahrzeuge, Raketen und Flugkörper leistete Bergrun Pionierarbeit, etwa zur Rollstabilität von Fluggeräten. Der inzwischen über 90-jährige Bergrun erhielt zahlreiche Auszeichnungen, darunter den Archimedes Engineering Achievement Award, der von der California Society of Professional Engineers vergeben wird (Abb. 164).

Abb. 164: Norman Bergrun.

Als er die Aufnahmen untersuchte, die die Voyager- und Cassini-Sonden von Saturn angefertigt hatten, geriet sein Weltbild ins Wanken. Voyager 1 und 2 erreichten den Punkt der maximalen Annäherung an Saturn 1980 bzw. 1981, die gekoppelten Sonden Cassini und Huygens im Jahr 2004. Die Letztgenannten wurden 2017 von der NASA vorsätzlich zerstört, indem man sie in Saturns Atmosphäre steuerte (Abb. 165). Offiziell wurde das Manöver damit begründet, dass man, als der Treibstoffvorrat der Sonden zur Neige ging, eine mögliche biologische Kontaminierung der Saturnmonde verhindern wollte. Doch der Sturz in die Atmosphäre bot auch die Chance, mehr darüber in Erfahrung zu bringen, was auf dem Saturn vor sich geht. Beim Studium der fotografischen Aufnahmen war Bergrun aufgefallen, dass sich die Saturnringe veränderten – manchmal innerhalb weniger Minuten. Eine Vielzahl von Indizien veranlasste ihn zu der Schlussfolgerung, dass es sich bei den Ringen nicht um „natürliche" Phänomene handelt. Seine Erkenntnisse fasste er schließlich in dem mittlerweile vergriffenen Buch „Ringmakers of Saturn" zusammen, das man im Internet für mehrere Tausend Euro erstehen kann. Während sich das Werk ursprünglich auf die von den Voyager-Sonden gesendeten Bilder stützte, erweiterte sich Bergruns Verständnis, als er die Cassini-Aufnahmen zu Gesicht bekam. Bergrun schrieb:

> Vor einigen Jahren begannen einige Leute in der Welt der Astronomie und Physik zu theoretisieren, dass die Ringe viel jünger als das Universum sein müssten – möglicherweise seien sie gerade einmal etwa 100 Millionen Jahre alt. Doch auf einem Bilderpaar erkennt man eine Veränderung innerhalb von fünf Minuten! […]

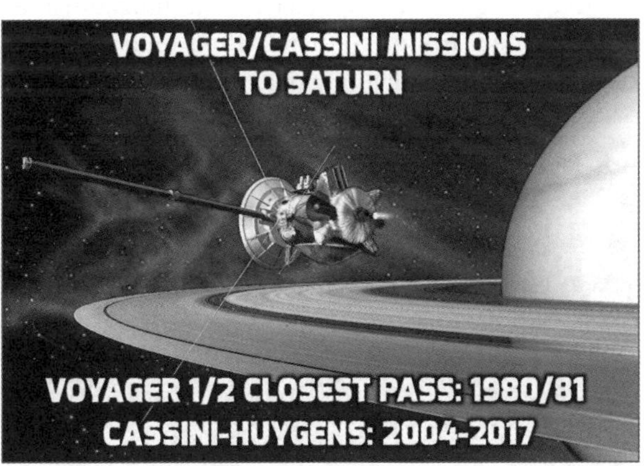

Abb. 165: Die Voyager- und Cassini-Raumsonden bescherten uns erstaunliches Wissen über den Saturn – das allerdings nicht in jedem Fall von der NASA kam.

Es wird der Eindruck erweckt, als wäre die jeweils jüngste Messung die korrekte – während in Wahrheit jede von ihnen zum jeweiligen Beobachtungszeitpunkt weitgehend korrekt gewesen sein kann. Der allgemeine Widerwille, eine veränderliche Ringgeometrie zu akzeptieren, entspringt dem offensichtlichen Versäumnis, einen physikalischen Mechanismus ausfindig zu machen, der wiederholte Veränderungen verursachen könnte.

Da haben wir es wieder: *Was wir nicht erklären können, geschieht auch nicht!* Der Grad an Arroganz und Selbstbetrug ist kaum zu fassen. Erdrückende Beweise liegen auf dem Tisch, doch die Wissenschaftler ignorieren sie, weil andernfalls ihr gesamtes Weltbild ins Wanken geriete (das Weltbild, an das wir alle glauben sollen, wenn es nach dem Willen der Verdeckten Hand ginge). Sofern die etablierten Medien über die merkwürdigen Vorgänge am Saturn berichten, sprechen sie einfach von einem „Mysterium". Die Verdeckte Hand hat gar nichts dagegen, dass ab und an ein paar Dinge an die Öffentlichkeit kommen – solange sie als „Mysterium" deklariert und weder im richtigen Kontext präsentiert noch erklärt werden. In einer Nachrichtenmeldung hieß es, der zu den äußeren Saturnringen gehörende F-Ring sei zwischen 2004 und 2009 doppelt so hell und dreimal so breit gewesen wie in den frühen 1980er-Jahren, als die Voyager-Sonden die Ringe passierten. Im genannten Zeitraum hatte er sich von etwa 200 auf 580 Kilometer verbreitert. Folgendes war in dem Bericht zu lesen:

> Das große Mysterium der Saturnringe besteht in der Frage, wie sie entstanden sind und was sie so stabil macht. Einem einfachen orbitaldynamischen Modell zufolge, das derartige Umlaufbahnen beschreibt, müssten die Ringe in einer allmählichen Spirale auf den Planeten stürzen. Demnach hätten sie schon längst ineinander verlaufen und letztlich verschwinden müssen. Stattdessen sind die hochkomplexen Gebilde stabil und enthalten sogar weitere Strukturen, die zum Beispiel Speichen oder Umflechtungen ähneln. Niemand weiß, warum das so ist.

Nun, „niemand" ist vielleicht nicht ganz zutreffend. David Talbott fand in den von ihm untersuchten uralten Saturnmythen und -legenden keinen einzigen Hinweis auf Ringe. Hätten sie damals schon existiert, stünden sie ohne Zweifel im Mittelpunkt der Geschichten. Folglich müssen die Ringe jünger sein und dürften erst nach dem Kataklysmus entstanden sein.

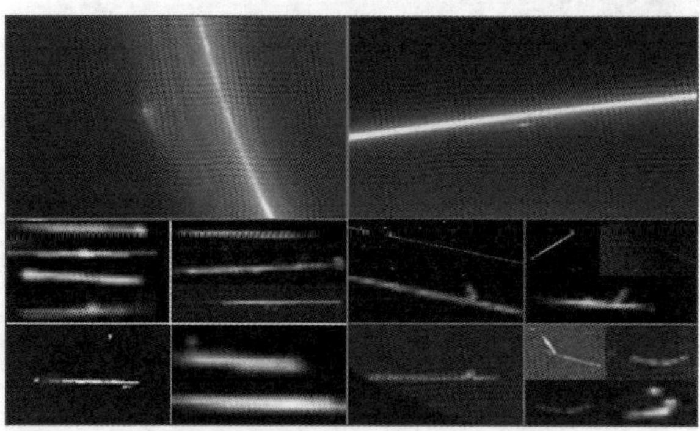

Abb. 166: Norman Bergruns „elektromagnetische Fahrzeuge" auf verschiedenen Fotografien der NASA.

Während Bergrun die Saturnfotografien analysierte und die sich verändernden Ringformationen untersuchte, wurde er einer weiteren bedeutenden Tatsache gewahr. Zwischen den Ringen konnte er klar erkennbare, zylindrische Objekte gigantischer Größe ausmachen, die er als „elektromagnetische Fahrzeuge" bezeichnete (Abb. 166 und 167). Wenn ich „gigantisch“ sage, spreche ich vom doppelten bis dreifachen Erddurchmesser. Falls Ihnen das unglaublich erscheint, bedenken Sie bitte, dass die Erde im Vergleich zum 95-mal größeren Saturn ein Winzling ist. 764 Erden hätten im Inneren des Saturns Platz. Auch in der Nähe der Sonne sind die „Fahrzeuge“ Berichten zufolge gesichtet worden. „Man muss den Leuten klarmachen, dass diese Objekte real sind“, sagte Bergrun. Auf einigen Bildern konnte er erkennen, wie die „Fahrzeuge“ die Ringe *erzeugten*, indem sie Plasma „ausbliesen“. Bergrun bezeichnet sie daher als „Ringmacher“, woraus sich auch der Titel seines Buchs ableitet (Abb. 168).

Abb. 167: Ein gigantisches „Fahrzeug“ an den Saturnringen.

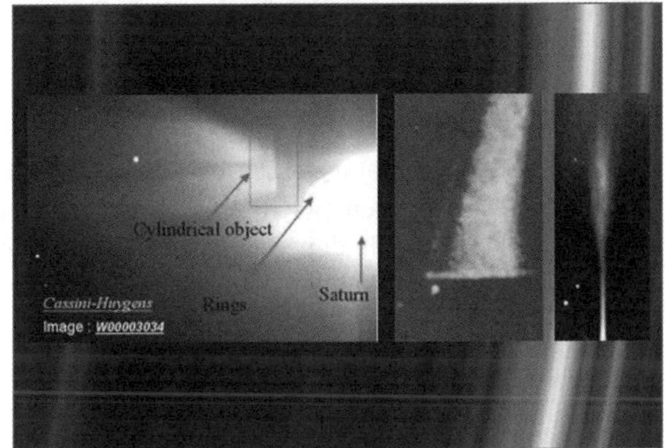

Abb. 168: Die elektromagnetischen Fahrzeuge stoßen Plasma aus, um daraus die Ringe zu erzeugen.

Abb. 169: Die Saturnringe ähneln einer DVD.

Mit einem Mal ergibt die Tatsache, dass unsere Altvorderen in ihren Texten über die Saturnsonne niemals Ringe erwähnten, einen Sinn. Zudem passen Bergruns Erkenntnisse zu der seit vielen Jahren von mir vertretenen Ansicht, dass sich bestimmte Mächte nach dem Kataklysmus des Saturns bemächtigt und ihn in eine gewaltige Sendeanlage verwandelt haben. Seither übermittelt die Letztgenannte Informationen zur Erde, die der menschliche Verstand als vorgetäuschte Realität bzw. Matrix decodiert – eine Simulation innerhalb einer Simulation, die wir als „reale Welt“ wahrnehmen. Saturn ist Bestandteil der Manipulationen, denen die ursprüngliche „schlechte Kopie“ unterzogen worden ist und in die auch Orion, der Mond und wahrscheinlich etliche weitere Himmelskörper involviert sind. Betrachten Sie einmal die Ringe des Saturns und anschließend eine CD oder DVD

Abb. 170: Der „Hack" der Matrixinformation durch Saturn – die Scheinrealität der Menschheit.

(Abb. 169). Von den Saturnringen aus wird – auf einer bestimmten Ebene – die gegenwärtig von einigen Wissenschaftlern diskutierte 2D-Projektion *übertragen*, aus der wir die dreidimensionale holografische Illusion decodieren (Abb. 170). Bevor jetzt jemand ruft: „So ein Quatsch! Wie soll das denn gehen?", rufen Sie sich bitte in Erinnerung, dass wir es nicht mit einer festgefügten „physischen" Realität zu tun haben, sondern mit einer *Simulation*. Verändert man das Welleninformationskonstrukt, ändert sich auch die holografische Projektion desselben. Norman Bergrun schrieb über seine Ansichten bezüglich der Natur der zylindrischen Fahrzeuge: „Ich sage, dass es elektromagnetische Objekte sind, da ich bei ihnen Muster von Strömungslinien ausmachen kann, in denen ich das erkenne, was wir als ‚Potenziallinien' bezeichnen. Das bedeutet, dass die Vehikel elektrischer Natur sind." Sie müssen elektrischer/elektromagnetischer Natur sein, da sie das elektrische/elektromagnetische Kommunikationssystem des kosmischen Internets (Simulation) manipulieren. Die Verwandlung des Saturns würde auch erklären, wie aus der hoch verehrten Sonne des Goldenen Zeitalters etwas wurde, was mit Kontrolle, Beurteilung und Begrenzung assoziiert wird. Genau das ist nämlich die Aufgabe des neuen Saturn, der als Quell der „Matrix" fungiert, mit der die menschliche Wahrnehmung kontrolliert wird. Saturn ist gewissermaßen „besessen" – er wurde zum Ausdruck der demiurgischen Verzerrung und somit zum Gegenstand der archontischen Anbetung als schwarze Sonne, dunkle Sonne oder dunkler Herr.

Abb. 171: Kronos, der antike griechische Saturngott, der heute auch „Gevatter Zeit" genannt wird.

Saturn wird auch als „Herr über Raum und Zeit" (die Matrix) und „Herr des Karmas" bezeichnet. Der letztgenannte Aspekt bezieht sich auf die Wiederaufbereitung der Seelen über einen Reinkarnationsmechanismus, dem das energetische Gesetz (der Algorithmus) von Ursache und Wirkung zugrunde liegt. Mit der Wahrnehmungsmanipulation, die die archontischen „Hacker“ vollzogen, wurde der astrologische Karma- bzw. Gefängniskreislauf in Gang gesetzt, den ich weiter oben dargelegt habe. In keiner Aufzeichnung, die älter als knapp 3.000 Jahre ist, wird die Idee der Reinkarnation beschrieben. Allgemeine Verbreitung fand sie erst deutlich später. Kronos, das antike griechische Gottessymbol für Saturn, der mit einer Sanduhr in der Hand dargestellt wurde (Zeit), ist auch als „Gevatter Zeit“ (engl.: Old Father Time) bekannt (Abb. 171 und 172). Die Gnostiker beschrieben Saturn als äußerste Planetensphäre bzw. archontische Entität der – wie ich sie nennen würde – Matrix. Jenseits davon gab es nur noch Leviathan, jene Schlange, die ihren eigenen Schwanz verschluckt (Ouroboros) und die jede Seele passieren muss, wenn sie ins Paradies gelangen (der Matrix entkommen) will. Auch das esoterische Konzept des Ringes Überschreite-mich-nicht basiert auf diesem Motiv. Ich behaupte, dass das, was hier beschrieben wird, nicht Teil eines „evolutionären Prozesses“ ist, sondern eine kaltblütig entworfene Wahrnehmungsfalle darstellt.

Abb. 172: „Saturn: der Herr über Zeit und Raum“ – Die Kronos-Symbolik spiegelt die Darstellung des Saturns als Herrn über Zeit und Raum (die Simulation) wider.

Auf der unsichtbaren Ebene des einheitlichen Skalarfelds und der elektromagnetischen Felder durchziehen die Frequenzen der Saturnringe den „Raum“, der sich bis zur Erde erstreckt. Im Jahr 2009 entdeckte die NASA einen gigantischen neuen Ring, der nur im Infrarotbereich sichtbar ist (Abb. 173). Der Ring, der zum Saturn einen Abstand von sechs bis zwölf Millionen Kilometern hat, bietet Platz für eine Milliarde Erden. Unter der Überschrift „Schockierende Behauptung eines Ex-NASA-Mitarbeiters: Raumfahrtbehörde soll BEWEISE unterschlagen haben, dass UFOs den Saturn umkreisen“ berichtete 2016 die britische *Express*-Zeitungsgruppe über Norman Bergrun. In dem Artikel hieß es, die NASA vertusche laut Bergrun bestimmte Fakten, darunter die Tatsache, dass sich die in den Ringen zu beobachtenden elektromagnetischen Fahrzeuge, über die er in den 1980er-Jahren

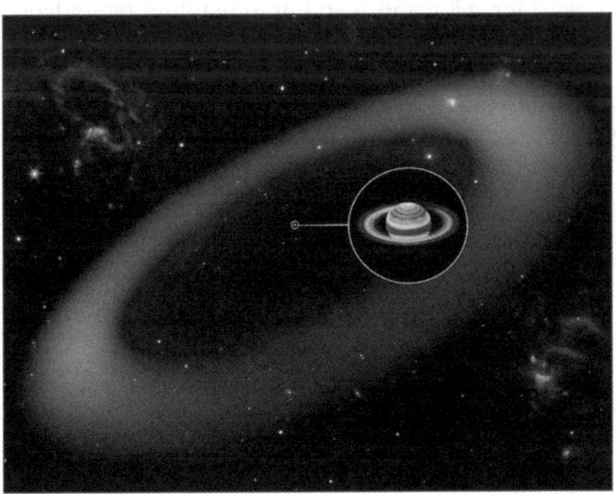
Abb. 173: Im Jahr 2009 wurde ein weiterer, gigantischer Saturnring entdeckt.

geschrieben hatte, inzwischen „in alarmierender Geschwindigkeit vermehren" würden. Die Zahl der „UFO-Fahrzeuge", wie sie in dem Bericht genannt wurden, nehme rasant zu und habe bereits „kritische Dimensionen" erreicht. Zudem würden sie sich auf andere Planeten ausbreiten, darunter Uranus und Jupiter. Bergrun wies darauf hin, dass Uranus, der nie Ringe besaß, nun mit einem Mal doch welche habe; ebenso verhielte es sich mit Jupiter. Die Autoren zitierten Bergrun mit der Aussage, dass die Fahrzeuge seiner Ansicht nach „lebendig" seien und über die grundlegenden Funktionen biologischer Systeme verfügen würden, wie etwa Reproduktion und Selbsterhalt. Ich habe wiederholt hervorgehoben, dass „Leben" und Gewahrsein nicht notwendigerweise einer Gestalt bedürfen, die über zwei Arme, zwei Beine, einen Kopf und einen Rumpf verfügt. Was wäre, wenn es sich bei den „außerirdischen Fahrzeugen" in Wirklichkeit um Ausdrucksformen der Archonten bzw. der inneren elektrischen Arbeitsabläufe der Simulation handelt – die verstärkt in Erscheinung treten, weil deren Schöpfer das Programm ändern?

Ringe des Klangs (Information)

Ein professioneller Toningenieur schickte mir einmal das Bild eines Saturnrings und bemerkte dazu, dass er genau dasselbe jeden Tag bei seiner Arbeit mit Musik und Tontechnik sehe. Der Ring, sagte er, sei mit Sicherheit eine Klangmanifestation (Abb. 174). Das bringt uns auf die sogenannte Kymatik, ein Verfahren, dessen Bezeichnung auf das griechische Wort für „Welle" zurückgeht. Das ihm zugrunde liegende Prinzip, Klänge variabler Frequenzen über ein flüssiges, zähflüssiges oder aus Partikeln bestehendes Medium zu übertragen, ist seit der Antike bekannt. Aus dem Wechselspiel zwischen den Schwingungen und dem verwendeten Material, das sich unter dem Einfluss der Klänge (Informationen) fortwährend wandelt, entstehen beeindruckende geometrische Muster. Verändert man die Frequenz, transformieren sich auch die Muster. Je höher die Frequenz ist, desto komplexer werden die Strukturen (Abb. 175), und umso größer ist die transportierte Energiemenge (Informationsmenge) – so, wie es auch bei Radiowellen und sichtbarem Licht zu beobachten ist. Frequenz/Klang und Form gehen eine wechselseitige Beziehung ein: Die Frequenz drückt sich als Muster aus, und umgekehrt wird das Muster durch die Frequenz repräsentiert. Jeder der beiden Aspekte ist Ausdruck *des jeweils anderen*. Man sieht das Muster, das jedoch

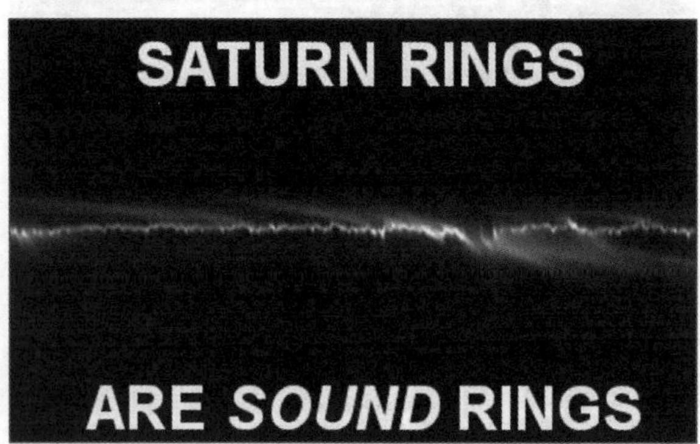

Abb. 174: „Saturnringe sind Klangringe" – Ein Toningenieur erkannte sofort, was dieser Saturnring darstellt: Klang.

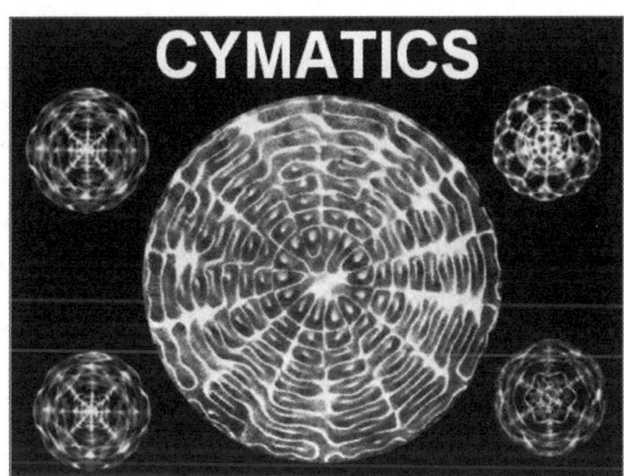

Abb. 175: *In der Kymatik entstehen durch Klangfrequenzen erstaunliche Muster. Wird die Frequenz verändert, so ändert sich auch das Muster.*

im gleichen Augenblick den Klang (die Informationen) hervorbringt, der das Muster erzeugt hat und aufrechterhält. Und was genau hält das Muster in Position? *Stehende Wellen.* Die Klangschwingung produziert stehende Informationswellen. Das bedeutet, dass die Form so lange konstant bleibt, wie die Frequenz aufrechterhalten und nicht verändert wird. Ich behaupte, dass sämtliche Formen auf diese Weise erschaffen werden – durch in stehende bzw. stationäre Wellen gefasste Informationen. Bei einer nuklearen Explosion wird der Körper dadurch vaporisiert, dass die stehenden Wellen kollabieren und ihr Informationsgehalt aufgelöst wird. Geben Sie einfach den Begriff „Kymatik" bei YouTube ein, und Sie können sich selbst ein Bild von dem Vorgang machen. Damit sind wir wieder bei Albert Einsteins Ausspruch:

> Was die Materie anbelangt, haben wir uns alle geirrt. Das, was wir als Materie bezeichnet haben, ist in Wirklichkeit Energie, deren Schwingung so weit herabgesetzt ist, dass sie mit den Sinnen wahrnehmbar wird. Es gibt keine Materie – es gibt nur Licht und Klang.

Planeten (und Zwergsterne) erzeugen Klänge. „Kymatische" Manifestationen von Saturns Frequenzen können Sie an dessen Polen in Gestalt der „unerklärlichen", dauerhaften Stürme sehen. Am Nordpol wütet ein gigantischer Sturm, der die Form eines Hexa-

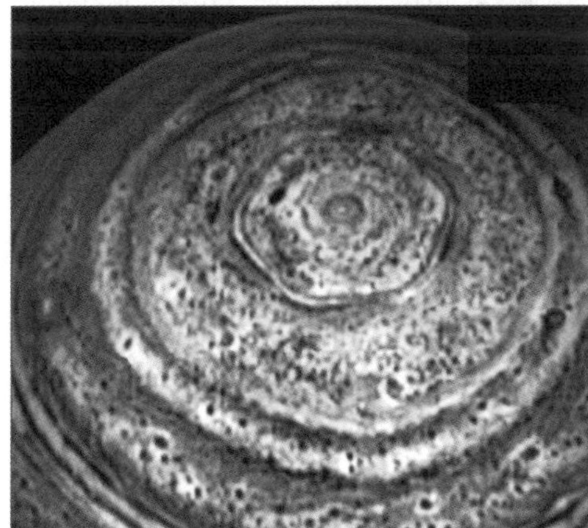

Abb. 176: Der hexagonförmige Sturm – so groß wie vier Erden – am Nordpol des Saturns.

Abb. 177: Der Sturm in Gestalt eines Auges am südlichen Pol des Saturns.

gons hat und so groß ist, dass vier Erden darin Platz hätten. Das am Südpol befindliche Gebilde ähnelt einem gewaltigen „Auge" (Abb. 176 und 177). Diese Polstürme sind *stehende Wellen*. Sie stellen insofern „permanente" Phänomene dar, dass sie sich nicht verändert haben, seit man sie vor vielen Jahrzehnten entdeckte, und sie so lange fortbestehen werden, bis sich die *Frequenzen* des Saturn – und damit die stehenden Wellen – nennenswert ändern. Ein Umlauf des hexagonförmigen Sturms (den die NASA als „eigenartig" bezeichnet) entspricht exakt dem Zyklus der vom Saturn ausgehenden Radiostrahlung (10 Stunden, 39 Minuten und 24 Sekunden). Der Sturm scheint zum Planeteninneren hin aus mehreren Schichten zu bestehen. Wie die NASA sagte, gibt es innerhalb des Sechsecks eine bestimmte Gruppe von Wolken, die offenbar fortwährend im Kreis „herumflitzt ... wie Rennwagen auf der Rennbahn". Während sie sich mit einer Geschwindigkeit von mehreren 100 Kilometern pro Stunde fortbewegen, nehmen sie fortwährend 60-Grad-Kurven, um die einzelnen Abschnitte des Hexagons zu passieren. Auf keinem Planeten des Sonnensystems ist jemals eine derart regelmäßige Geometrie beobachtet worden. Saturn ist eben nicht irgendein Planet. Es handelt sich bei Saturn um einen Zwergstern, an dem massiv herumgebastelt worden ist. Bob Brown, der als Teamleiter an der University of Arizona die Auswertung der Aufnahmen überwacht, die die Cassini-Sonde mit dem abbildenden Spektrometer VIMS (Visual and Infrared Mapping Spectrometer) anfertigte, fand die auffallenden Unterschiede zwischen den beiden Polen des Planeten verblüffend. Aber kamen sie wirklich überraschend? Im Jahr 2011 berichtete Space.com, dass sich die von der nördlichen und der südlichen Hemisphäre des Saturns abgestrahlten Radiowellen unterschieden. Genau das würde man bei einem Planeten erwarten, an dessen Nordpol sich ein dauerhaftes Hexagon befindet, an seinem Südpol aber ein „Auge". Die beiden Strukturen sind Manifestationen verschiedener Klangfrequenzen (Abb. 178). Don Gurnett, der das „Radio and Plasma Wave"-Experiment an Bord von Cassini betreute, sagte Folgendes:

Abb. 178: „Symbolic Saturn" – ein Bild des Künstlers Joe Webb.

> Diese Daten zeigen uns einfach, wie sonderbar Saturn ist. Wir dachten, wir würden die Radiowellenmuster von Gasriesen verstehen – beim Jupiter war schließlich alles ganz einfach. Nur durch Cassinis langen Aufenthalt wissen wir heute, dass die Radioemissionen des Saturns ganz anders sind.

Sie sind anders, weil Saturn gekapert bzw. archontisch „besetzt" und zu einem Generator umfunktioniert worden ist, der die illusionäre Informationsmatrix erzeugt, die den

Menschen als „echte Welt“ erscheint. Kevin Baines, ein Mitarbeiter des VIMS-Teams vom Jet Propulsion Laboratory der NASA, sagte über das Hexagon:

> Das ist eine sehr eigenartige Struktur – eine exakte geometrische Anordnung mit sechs fast identischen, geraden Seiten. Auf keinem anderen Planeten haben wir je etwas Ähnliches gesehen. Eigentlich ist Saturns dichte Atmosphäre, die von kreisförmigen Wellen und Konvektionszellen bestimmt wird, der letzte Ort, an dem man eine sechsseitige geometrische Figur erwarten würde. Doch da ist sie.

Die konventionelle Wissenschaft wird niemals verstehen, was der Saturn wirklich ist (und folglich auch seine „Mysterien“ nicht erklären können). Es gibt für sie einfach zu viele verbotene Zonen, wie beispielsweise Norman Bergruns Erkenntnisse oder das Wissen um die wahre Natur der Dinge. In unserer Realität basiert *alles* auf Frequenz, Information und Bewusstsein. Im Jahr 2016 berichtete die NASA, dass sich die Farbe des Hexagons im Laufe der vier vorangegangenen Jahre von Blau zu Goldgelb verändert hatte (Abb. 179). Verschiedene Farben haben verschiedene Frequenzen; wenn sich die Frequenzmuster des Saturns ändern, wirkt sich das auch auf seine Farben aus. Norman Bergrun zufolge geschah das zur selben Zeit, als auch die Zahl der „elektromagnetischen Fahrzeuge“ zwischen den Ringen in bis dahin beispielloser Weise anstieg. Handelt es sich dabei wirklich nur um einen Zufall? Die Wissenschaftler diskutieren, ob der Farbwechsel vielleicht damit zu tun haben könnte, dass sich der Saturn dem Punkt der „Sommersonnenwende“ der nördlichen Hemisphäre nähert. Ein Saturnjahr entspricht knapp 30 Erdenjahren. Doch wenn ein Farbwechsel erfolgt ist, muss sich auch die Frequenz verschoben haben. Klang und Frequenz bilden in unserer Realität die Grundlage für alles.

Abb. 179: Binnen vier Jahren hat sich die Farbe des nördlichen Sturms von Blau zu Goldgelb gewandelt.

Symbole und Klänge

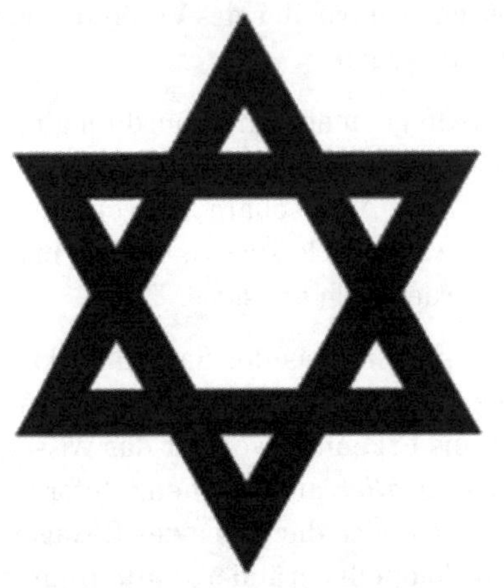

Abb. 180: *Das als „Davidstern" bekannte sechszackige Hexagramm ist ein Symbol für Saturn.*

Abb. 181: Schwarze Würfel sind Symbole für Saturn.

Abb. 182: Ein Würfel ist ein dreidimensionales Hexagon.

Zwei der wichtigsten antiken Symbole für den Saturn sind der sechszackige Stern (Hexagramm bzw. Davidstern) und der Würfel – insbesondere der schwarze Würfel (Abb. 180 und 181). Im Frequenz- bzw. Klangbereich lassen sich die Symbole auch durch ein *Hexagon* repräsentieren. In Abbildung 182 sehen Sie zweimal dasselbe Foto. Je nachdem, wie Sie darauf schauen, werden Sie etwas anderes sehen. Betrachten Sie etwa das linke Bild so, als würde es etwas Zweidimensionales darstellen, werden Sie darin ein Hexagon erkennen. Wenn Sie nun das rechte Bild als dreidimensional auffassen, sehen Sie einen Würfel. Symbole und Formen sind visuelle Repräsentationen von Klang- bzw. Frequenzzuständen. Der Klang/die Information des Saturns wird gleichermaßen durch das Hexagon, das Hexagramm und den Würfel ausgedrückt (und folglich auch von diesen ausgesendet, Abb. 183). Das Saturn-Hexagramm lässt sich demnach auch durch einen Würfel repräsentieren (Abb. 184). Einmal sah ich ein YouTube-Video, bei dem sich fortwährend verändernde Klänge auf ein flüssiges Medium einprasselten, sodass am laufenden Band geometrische Muster entstanden. Sie veränderten sich so schnell, dass ich den Film immer wieder anhalten musste, um die Formen erkennen zu können. Mitunter bildeten sich perfekte Hexagone und Hexagramme (Abb. 185 und 186). Der chinesische Philosoph Konfuzius sagte, dass die Welt von Zeichen und Symbolen beherrscht wird, nicht durch Worte oder Gesetze. Das liegt daran, dass es sich bei den Erstgenannten um *Informationsfelder* handelt, die stehende Wellen formen (Abb. 187 und 188). Ich würde Konfuzius' Aus-

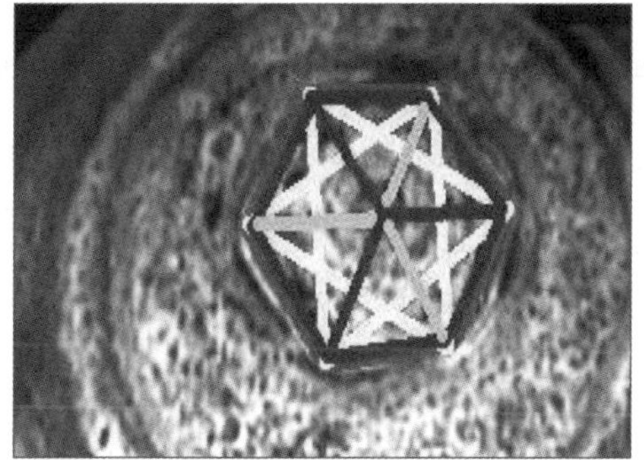

Abb. 183: In energetischer Hinsicht kann man sagen: Ein Hexagon ist ein Hexagramm ist ein Würfel.

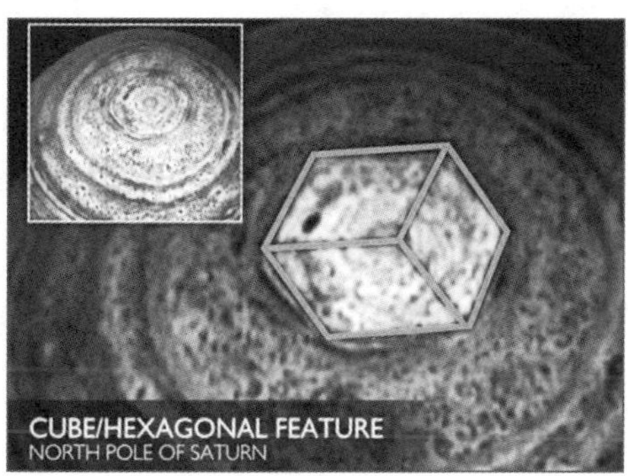

Abb. 184: Der „Würfel" an Saturns Nordpol.

Abb. 185: Ein perfektes Hexagon, lediglich durch eine Klangfrequenz erzeugt.

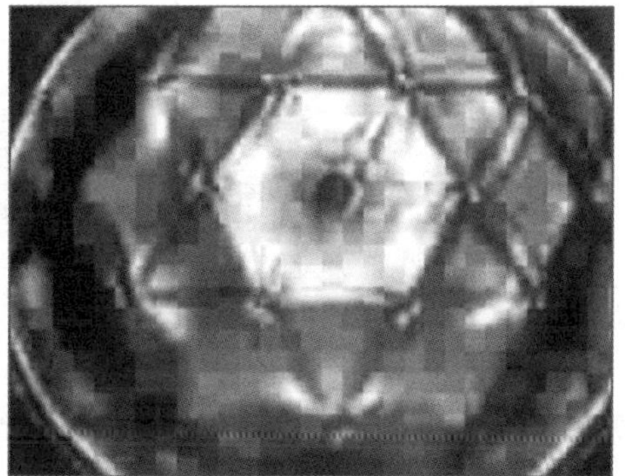

Abb. 186: Ein durch Klang erzeugtes Hexagramm.

Abb. 187: Formen, Symbole und geometrische Muster sind allesamt Ausdruck stehender Wellen. Die Frequenz ist die Form, und die Form ist die Frequenz – beide stellen zwei verschiedene Repräsentationen derselben Informationsmenge dar.

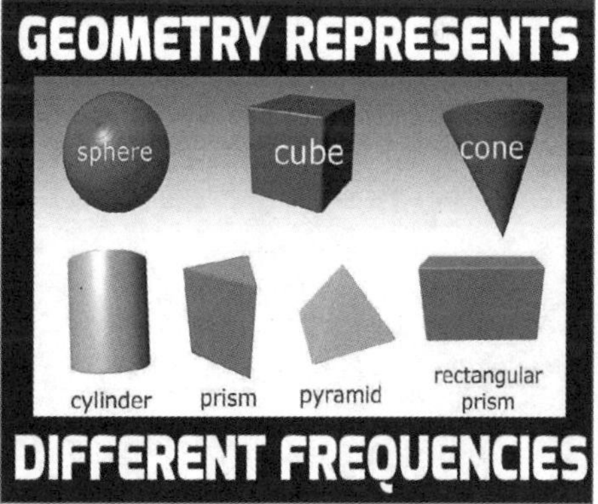

Abb. 188: „Geometrie repräsentiert verschiedene Frequenzen" – Geometrische Formen sind holografische Manifestationen von Frequenzinformationszuständen.

spruch dahingehend ergänzen, dass auch Buchstaben und Worte Symbole sind, die Informationen und Frequenzen aussenden. Das ist der Grund, warum offizielle Mitteilungen und Texte stets sorgfältig formuliert werden.

Der bewusste und vor allem unbewusste Geist wird unaufhörlich von Symbolen bzw. den von diesen übertragenen Informationen beeinflusst. Das ist der alleinige Grund, warum sich Geheimgesellschaften, Satanisten und die Verdeckte Hand der Archonten, die hinter dem Weltgeschehen steckt, der verborgenen (okkulten) Symbolsprache bedient. Im Unterschied zu Klängen, deren Frequenzen innerhalb des menschlichen Hörspektrums liegen, dringen die in sichtbaren Symbolen codierten Informationen auf einer unterschwelligen Ebene in uns ein. Wenn wir etwas hören, sind wir uns dessen bewusst; ganz anders verhält es sich jedoch mit nahezu allem, was wir „sehen". Unser Gehirn erzeugt unser Realitätsbild aus nur 40 der insgesamt *elf Millionen* visuellen Eindrücke, die jede Sekunde auf uns einprasseln. Die übrigen elf Millionen minus 40 Impulse werden vom Unterbewusstsein absorbiert (Abb. 189). Der Sehsinn bietet damit einen idealen Weg, Informationen, Ideen und Wahrnehmungen ins Unterbewusstsein einzupflanzen, ohne dass sich der bewusste Verstand – der einfach umgangen wird – dessen gewahr wird, was tatsächlich vor sich geht. Mit der Zeit sickern die im Unbewussten wurzelnden Vorstellungen ins bewusste Gewahrsein ein, sodass die betroffene Person glaubt, es handele sich um ihre eigenen Gedanken und Entscheidungen (Abb. 190). *Jetzt hab ich dich!*

Abb. 189: Der bewusste Geist verarbeitet nur einen winzigen Bruchteil aller visuellen Informationen. Der Rest wird vom Unterbewusstsein absorbiert.

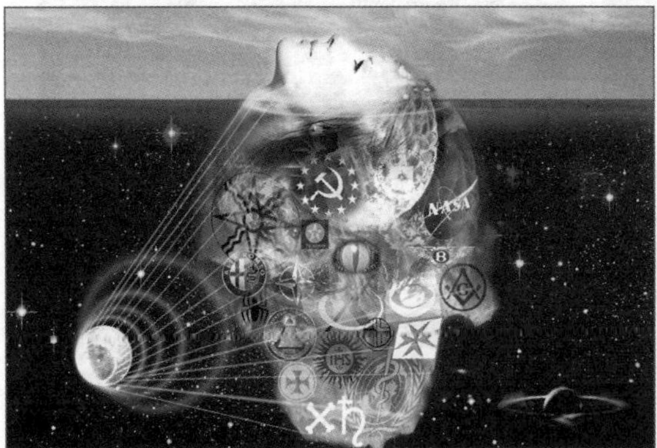

Abb. 190: Ist eine Information erst einmal ins Unterbewusstsein eingepflanzt worden, hält die betreffende Person sie, sobald sie ins Bewusstsein dringt, für ihre eigene Idee bzw. Wahrnehmung.

Über die uns allerorten umgebenden Saturnsymbole werden jeden Tag von früh bis spät saturnische Informationen (bzw. -frequenzen) ins Unterbewusstsein heruntergeladen. Auf diese Weise wird die menschliche Wahrnehmung im saturnischen Frequenzband – in der Matrix – festgehalten. Und wir sind *tatsächlich* permanent von Saturnsymbolik umgeben. Das omnipräsente allsehende Auge etwa, das mit Saturn in Verbindung gebracht worden ist, darüber hinaus aber noch weitere

Bedeutungen hat, taucht außerordentlich häufig in Animations- und Spielfilmen für Kinder auf. Der Grund dafür ist, dass das Symbol einen Frequenz- bzw. Informationszustand repräsentiert, der das Unterbewusstsein des Kindes anspricht (Abb. 191). Bei ihren Programmierungsbemühungen hat es die archontische Verdeckte Hand vor allem auf die jungen Menschen abgesehen, da sie zu dem Zeitpunkt, wenn die gnadenlose Tyrannei vollends installiert sein soll, Erwachsene sein werden. Die Religionen sind mit Symbolen übersät, die allesamt auf das menschliche Unterbewusstsein einwirken und die Amtsträger und Gläubigen gleichermaßen – und sehr effektiv – beeinflussen. Die Redensart besagt zu Recht: „Die Energie folgt der Aufmerksamkeit." Aufmerksamkeit ist der Schlüssel zu allem. Es ist die konzentrierte Aufmerksamkeit, die den Decodierungsprozess in Gang setzt, der aus den Schwingungsinformationen die holografische Realität erzeugt. Weiter oben habe ich erklärt, dass Tarotkarten elektromagnetische Repräsentationen der Informationen und Konzepte sind, für die sie symbolisch stehen. Dasselbe gilt für alle Symbole. Das Energiefeld eines Symbols, das Saturn repräsentiert, wird mit der Saturnfrequenz in Resonanz treten. Wer seine Aufmerksamkeit auf ein Symbol richtet – und sei es unbewusst, über die elf Millionen minus 40 Sinneseindrücke –, wird an dessen Frequenz angeschlossen (Abb. 192). Ist die Verbindung erst einmal etabliert, kann die Energie der betreffenden Person von der Frequenz, die das Symbol repräsentiert, abgeschöpft werden – ganz gleich, ob dahinter ein Planet oder eine andere nichtmenschliche Entität steht. Unsere Energie kann von einem Himmelskörper absorbiert werden, der 1.200 Millionen Kilometer entfernt ist? Raum existiert ebenso wenig wie Zeit – folglich gibt es also auch keine Entfernung und keine „Kilometer". Nur das Hier und Jetzt existiert. Alles andere ist decodierte Illusion. Religionen fungieren als verdeckte Instrumente, um über die Anbetung der Archonten, Saturns,

Abb. 191: In sämtlichen hier abgebildeten Schnappschüssen aus Zeichentrick- und Animationsfilmen für Kinder ist das allsehende Auge zu sehen, teilweise einschließlich der Pyramide.

Abb. 192: Wenn man sich auf ein Symbol konzentriert, verbindet man sich mit der Frequenz, die das Symbol repräsentiert – unabhängig davon, worum es sich gerade handelt.

Orions usw. Aufmerksamkeit zu bündeln. Durch die Aufmerksamkeit wiederum wird eine energetische Verbindung etabliert – es sei denn, wir weisen sie bewusst zurück.

Immer wieder Würfel

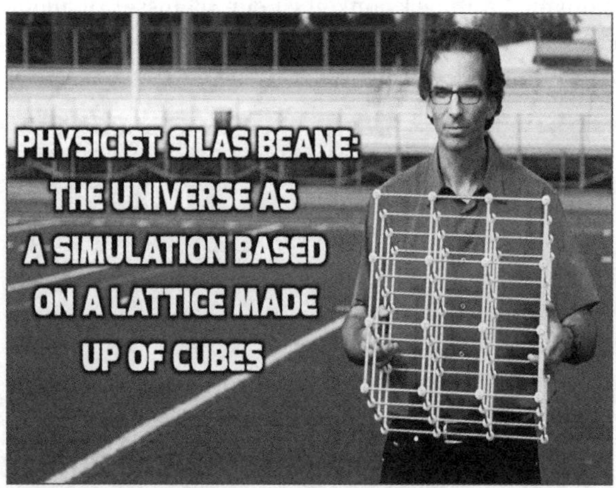

Abb. 193: „Physiker Silas Beane: Das Universum als Simulation, die auf einer aus Würfeln zusammengesetzten Gitterstruktur basiert" – Welch erstaunlicher „Zufall", dass die Forschung der Ansicht ist, die Simulation sei aus einem Gitter winziger Würfel aufgebaut.

Ein uraltes Symbol für den Saturn stellt der schwarze Würfel dar. Interessanterweise ist der Physiker Silas Beane, einer der führenden Forscher auf dem Gebiet der simulierten Realität, der Auffassung, dass die „Matrix" durchaus auf einer aus Würfeln zusammengesetzten Gitterstruktur fußen könnte (Abb. 193). An der Bonner Universität fand sein Team heraus, dass sich kosmische Strahlen nach einem bestimmten Muster ausrichten, das die Form von Würfeln annimmt. Wenn Saturn/Orion die Blaupause bzw. Gitterstruktur der Matrixinformationen aussenden würden und sie auf Würfeln basiert – müssten sich die kosmischen Strahlen nicht daran ausrichten, sobald sie in das Frequenzkonstrukt eintreten?

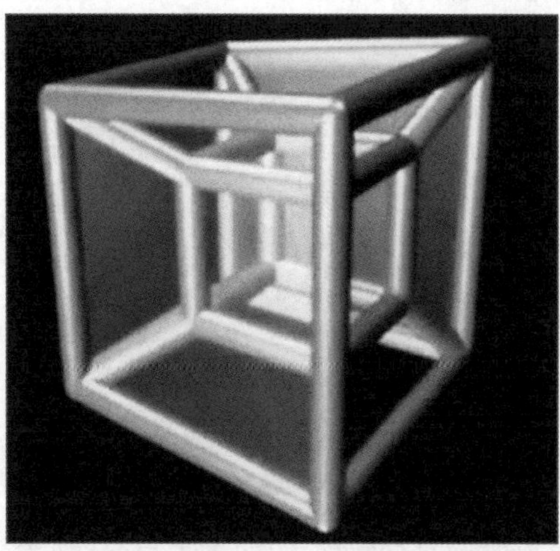

Abb. 194: Der Tesserakt, bei dem der kleinere Würfel den äußeren Würfel widerspiegelt.

Manche Forscher meinen, dass unsere Wirklichkeit einen Tesserakt bzw. Hyperwürfel bildet – ein vierdimensionales Gebilde, bei dem einem Würfel ein zweiter Würfel einbeschrieben ist (Abb. 194). Wenn Sie sich eine Animation des Tesserakts anschauen, werden Sie sehen, dass der innere Würfel zum äußeren wird, der äußere wieder zum inneren usw. Die Elite und die Satanisten (ich weiß, ich wiederhole mich) verwenden den Tesserakt, um das Gefängnis zu symbolisieren, in dem der Mensch steckt (aus dem er jedoch entkommen kann). Geben Sie die Suchbegriffe „hypercube explanation“ bei YouTube ein, um sich ein gutes Einführungsvideo anzuschauen. Für die innersten Kreise der okkulten (verborgenen) Netzwerke fungiert der Tesserakt als wichtiges Symbol zur Versinnbildlichung der „Hölle“. Ich habe wiederholt darauf hingewiesen, dass wir nicht in die Hölle *kommen*, sondern in ihr *leben* – genauer gesagt, auf einer bestimmten Ebene derselben.

Der Hyperwürfel stellt in ähnlicher Weise eine Erweiterung des gewöhnlichen Würfels dar, wie der Letztgenannte als Erweiterung des Quadrats aufgefasst werden kann – als Hyperquadrat, gewissermaßen. Ein Beispiel dafür, wie sich zwei Strukturen wechselseitig repräsentieren können, sahen wir bereits: Das zweidimensionale Hexagon und der dreidimensionale Würfel werden nur durch die *Wahrnehmung* des Beobachters unterschieden. Ein Würfel besitzt drei Dimensionen, ein Hyperwürfel vier. Aufgrund der Beschränkungen unseres visuellen Decodiersystems können wir jedoch nur drei Dimensionen wahrnehmen. Interessanterweise geht der kleinere Würfel, der sich im Inneren des großen Würfels befindet, aus ihm durch einen *Schattenwurf* hervor – eine von einer Lichtquelle erzeugte Illusion, quadratische Schatten innerhalb echter Quadrate. Der kleinere Würfel ist der *Schatten* des größeren Würfels. Genau das ist auch unsere „reale Welt“: der Schattenwurf einer anderen Realität – ganz so, wie die Gnostiker und Platon es beschrieben haben. Auf der zweidimensionalen Ebene symbolisieren die Satanisten und die Verdeckte Hand den Tesserakt durch zwei Quadrate, die so übereinander gelegt werden, dass ein achteckiges Gebilde entsteht. Insbesondere bei Organisationen, die Teil der Kontrollstrukturen sind, ist dieses Achteck häufig anzutreffen (Abb. 195). Wenn Sie das flache Doppelquadrat gedanklich ins Dreidimensionale erweitern, entsteht ein doppelter Würfel. Schon in den 1990er-Jahren war ich mir dieses Zusammenhangs bewusst. In meinem Buch „Das größte Geheimnis“ schrieb ich damals:

> Das doppelte Quadrat, wobei sich ein Quadrat in irgendeiner Form über einem anderen befindet, ist ein weiteres Symbol der Geheimgesellschaften. Ein Quadrat allein bedeutet Kontrolle über das, was gerecht und richtig ist. (Im Englischen bedeutet zum Beispiel „a square deal“ ein fairer oder gerechter Handel.) Ein Quadrat über einem anderen bedeutet Kontrolle über alles, was richtig oder falsch, gerecht oder ungerecht, positiv oder negativ ist. In anderen Worten: „Wir kontrollieren alles.“

Abb. 195: Der „flache“ Hyperwürfel wird häufig als Symbol für Organisationen verwendet, die mit Gesetz und Kontrolle zu tun haben.

Freimaurer seien „on the square“, sagt man – eine Redensart, die Ehrlichkeit ausdrückt, wörtlich aber „auf dem Quadrat“ bedeutet. Die Fußböden ihrer Tempel werden, wie auch die Böden vieler Kirchen und

Abb. 196: Die Kaaba („Würfel"), der Saturnwürfel in Mekka.

Abb. 197: Gläubige beten, in konzentrischen Kreisen angeordnet, zum schwarzen Würfel des Saturns.

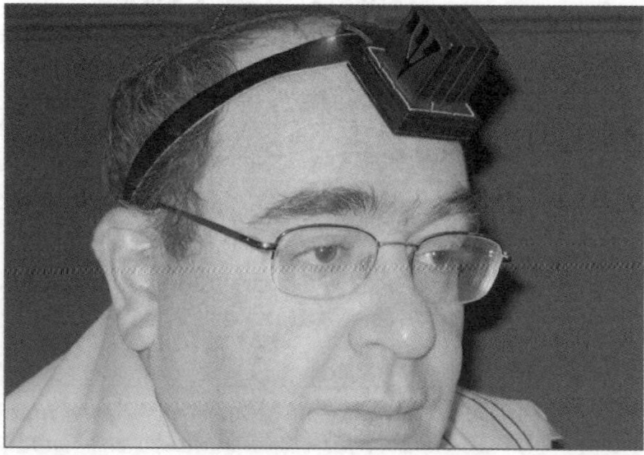

Abb. 198: Ein jüdisches Ritual, bei dem ein schwarzer Würfel eine entscheidende Rolle spielt.

Kathedralen, von schwarzen und weißen Quadraten geschmückt. In den innersten Kreisen der Freimaurerei ist man sich der Tatsache vollauf bewusst, dass die Zunft der archontischen Macht dient, die die menschliche Gesellschaft durchzieht. Es war die in Europa ansässige Elite, die Amerika über Geheimgesellschaften wie die Freimaurer aus der Taufe hob. Daher sind Amerikas städtische Gebiete in Quadrate unterteilt, die als „Blocks" bezeichnet werden. Lebt man innerhalb eines solchen Blocks, ist man der Energie ausgesetzt, die durch „Blocks" (Quadrate) repräsentiert und generiert wird. Auf anderen Ebenen entsprechen die Quadrate in energetischer Hinsicht Hexagonen, Würfeln oder Hyperwürfeln.

Wo befindet sich der berühmteste schwarze Würfel der Welt? In Mekka. Die sogenannte Kaaba gilt als das wichtigste Heiligtum des Islam (Abb. 196). Der Begriff „Kaaba" bedeutet „Würfel" und repräsentiert den Saturn. In konzentrischen Kreisen angeordnet, knien die Gläubigen sogar vor dem Kaaba- bzw. „Schwarzen Stein" nieder, der sich im Inneren des Würfels befindet (Abb. 197). Sie meinen, „Allah" anzubeten – doch wer oder was ist Allah? Kniend verneigen sich orthodoxe Muslime fünfmal am Tag „gen Mekka", ganz gleich, wo auf der Welt sie sich gerade befinden, und schenken der Kaaba ihre *Aufmerksamkeit*. Die Energie folgt der Aufmerksamkeit. Die großen Religionen scheinen in Opposition zueinander zu stehen, gründen sich aber auf dieselben elementaren Motive. Die Unterschiede zwischen ihnen sind größtenteils illusorischer Natur. Jüdische Gläubige setzen sich einen kleinen, schwarzen, als Tefillin bezeichneten Würfel auf, der den Saturngott „El" symbolisiert (Abb. 198 und 199). „El" findet sich sowohl im Namen Is-ra-El als auch im Alten Testament, wo er zusammen mit den Elohim in Erscheinung tritt (Demiurg und Archonten). Im Buch Genesis wird beschrieben, wie der Demiurg El die Simulation erschafft: „Es werde Licht[-feuer]" (Abb. 200). Des Weiteren gibt es Eng-El, Erzeng-El und die gefallenen Eng-El, denen die „menschliche" El-ite und ihre Helfershelfer dienen, die durch getürkte Wahlen (engl.: el-ections) in Machtpositionen gehievt werden. Nach ihrem Tod gehen die „heldenhaften" Knechte der El-ite, wie die Griechen und Römer glaubten, in das als El-ysium bezeichnete Paradies ein. Das Elysium ist eine Entsprechung zum islamischen Himmel, in dem jeder, der zu Lebzeiten Allahs Interessen gedient hat, von Jungfrauen umsorgt wird. Tragischerweise schließt der Dienst an Allah für manche Moslems ein, durch ein Selbstmordattentat Massenmord zu begehen. Im Folgenden werde ich vereinfachend von der El-ite sprechen, wenn ich die Verbindung zwischen Saturn und dem die Welt beherrschenden, manipulativen Archontennetzwerk aus Satanistenringen und Geheimgesellschaften herausstellen möchte.

Isra-El ist das Werk und Lehensgut des archontischen Hauses Rothschild, dessen Name auf ein Schild zurückgeht, auf dem ein sechszackiger Stern (Hexagramm) abgebildet war – ein weiteres Symbol für Saturn. Angeblich soll die Figur, die als „Davidstern" bezeichnet wird, ein rein jüdi-

Abb. 199: „El = schwarzer Würfel" – Überall dasselbe Motiv, egal wohin man schaut.

Abb. 200: „El und die Elohim (Demiurg und die Archonten) – Is-Ra-El" – Gewöhnliche Gläubige überall auf der Welt haben keine Ahnung, woher ihre Religionen eigentlich stammen und wem sie tatsächlich huldigen.

Abb. 201: Ein altes Saturnsymbol aus Mesopotamien.

Abb. 202: Der Davidstern ist kein exklusiv jüdisches Symbol, sondern ein universelles Saturnsymbol. Sämtliche abgebildeten Darstellungen stammen aus Asien.

Abb. 203: Saturn als sechszackiger Stern in der Mutterloge der Freimaurerei in London.

Abb. 204: Das Saturnsymbol des Christentums.

Abb. 205: Im Judentum spielt das Hexagramm freilich eine zentrale Rolle.

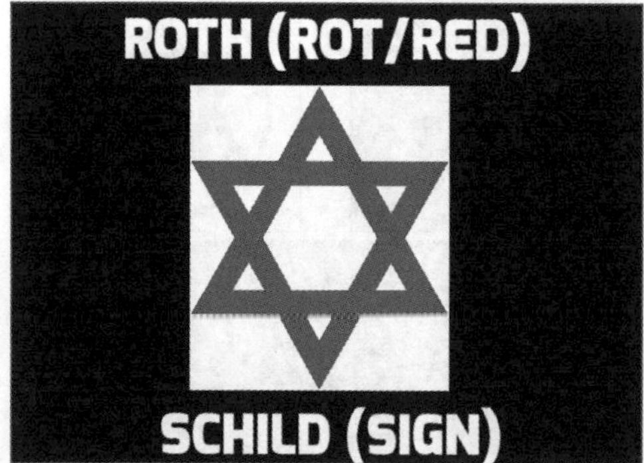

Abb. 206: Das rote Hexagramm, von dem sich der Name Rothschild ableitet.

Abb. 207: Die Rothschilds übertrugen ihr Familiensymbol auf die israelische Flagge, nachdem sie den Staat ins Dasein manipuliert und gebombt hatten.

sches Symbol sein; doch das ist sie nicht. Hexagramme als Symbol für Saturn sind überall auf dem Planeten anzutreffen, darunter im antiken Mesopotamien sowie in ganz Asien (Abb. 201 und 202). Man findet sie im Christentum ebenso wie im Judentum; auch für die Freimaurer sind sie von besonderer Bedeutung (Abb. 203 – 205).

Das heute unter dem Namen Rothschild bekannte Familiengeflecht geht auf die mittelalterliche Okkultistenfamilie Bauer zurück, die von Frankfurt am Main aus eine Bankendynastie aufbaute – den Vorläufer des heutigen globalen Finanzsystems. Den Namenswechsel veranlasste der Dynastiebegründer Mayer Amschel Bauer, der dabei auf das rote Hexagramm Bezug nahm, das an seinem Haus prangte (Abb. 206). Später erschufen die archontischen Rothschilds den Zionismus, indem sie die „Geschichte" neu schrieben (siehe dazu mein Buch „Die Wahrnehmungsfalle"). Am Ende dieses Prozesses stand die Gründung Israels, die wenige Jahre nach dem Ende des Zweiten Weltkriegs erfolgte. Israel ist das Land der Rothschilds. Die israelische Flagge wird von demselben uralten Saturnsymbol geschmückt, auf das auch der Name Rothschild zurückgeht (Abb. 207). Weiter oben habe ich die Macht des Herzens bzw. Herzchakras erläutert, das zu verschließen die archontische Verschwörung ständig bemüht ist. Das Symbol für das Herzchakra ist ... das Hexagramm (Abb. 208). Eine solche Übereinstimmung ist bei Weitem zu auffällig, als dass man sie als bloßen Zufall abtun könnte. In den gnostischen Schriften von Nag Hammadi heißt es: „Und sie [die Archonten] verschlossen [der Menschen] Herzen, und sie verhärteten sich selbst durch die Härte des gefälschten Geistes bis jetzt." Was wäre, wenn es sich hier um einen Taschenspielertrick handelt und das Saturnsymbol nur deshalb für das Herzchakra steht, weil es verschlossen – und nicht geöffnet – werden soll? Was wird wohl passieren, wenn man die Aufmerk-

Abb. 208: Der sechszackige Stern bzw. das Hexagramm ist ein esoterisches Symbol für das Herzchakra.

Abb. 209: Hammer und Sichel – das Symbol der von den Rothschilds erschaffenen Sowjetunion – sind dem astrologischen Symbol für Saturn entlehnt.

samkeit seines Herzchakras auf das herzlose Saturnsymbol richtet?

Das Symbol von Hammer und Sichel, das auf der Flagge der früheren Sowjetunion zu sehen ist, leiteten die Rothschilds aus dem astrologischen Zeichen für Saturn ab, das aus einem Kreuz und einer Art „Schwanz" besteht (Abb. 209). Auch die Sowjetunion war eine Kreation der Rothschilds, die sie über ihre zionistischen Handlanger Lenin, Trotzki und einige andere in die Welt brachten. Nähere Einzelheiten dazu finden Sie in meinem Buch „...und die Wahrheit wird euch frei machen". Baphomet, der Bock von Mendes, ist ein bekanntes satanisches Symbol, in dem die negative Macht mit einer modifizierten Version des Gottes Pan – einem Symbol für Saturn – verschmilzt (Abb. 210 und 211). Manly P. Hall, einer der berühmtesten Historiker der Freimaurerei, schrieb in seinem Werk „The Secret Teachings of All Ages":

> Pan war eine Figur, die sich aus mehreren Elementen zusammensetzte. Der obere Teil war – mit Ausnahme der Hörner – menschlich, wohingegen sein Unterkörper die Gestalt einer Ziege aufwies. [...] Der Gott selbst symbolisiert den Saturn, denn dieser Planet herrscht über das Tierkreiszeichen Steinbock, dessen Symbol die Ziege ist.

In zahlreichen Spielfilmen, Fernsehproduktionen und Musikvideos wird der Saturn durch

Abb. 210: Der Ziegengott Pan ist ein Saturnsymbol, das auf das saturnische „Sternzeichen" des Steinbocks verweist.

Abb. 211: Saturn als satanisches Baphomet-Symbol.

eine Ziege symbolisiert. Im Jahr 2016 stand eine kaum verschleierte Baphometfigur im Mittelpunkt einer grotesken, quasi-satanischen Zeremonie, mit der der Gotthard-Basistunnel eingeweiht wurde (Abb. 212). Mit einer Länge von 57 Kilometern ist das Bauwerk, das die Schweizer Alpen durchzieht, der längste Eisenbahntunnel der Welt. Eine britische Zeitung bezeichnete das Ritual als „eine der skurrilsten Eröffnungszeremonien aller Zeiten". Führende europäische Politiker wohnten den seltsamen Vorgängen bei, darunter die deutsche Kanzlerin Angela Merkel, Frankreichs Staatspräsident François Hollande und der italienische Ministerpräsident Matteo Renzi. Im Verlauf des okkulten Rituals (das es in Wirklichkeit war) konnte man unter anderem ein Baby mit weiß gefiederten Flügeln und einem überdimensionalen Kopf sehen, das ein Berichterstatter als „barbrüstigen, gruslig aussehenden Vogel" beschrieb. Halb nackte Tänzer präsentierten eine Choreografie aus [allsehenden] Augen und [gefallenen] Engeln, die aus dem saturnischen Abgrund/Auge emporstiegen. Der Star der gesamten Show aber war ein Mann mit einem Ziegenkopf (Saturn/Pan/Baphomet). Er starb, wurde wieder zum Leben erweckt, angebetet und schließlich zum „König der Welt" gekrönt. Wenn Sie die Worte „satanic opening ceremony for Gotthard Base Tunnel" in eine Suchmaschine eingeben, können Sie sehen, wovon ich spreche. Auf Facebook habe ich einmal Fotos des Rituals gepostet – sie wurden mit der Begründung gelöscht, dass sie „gegen die Benutzungsrichtlinien verstoßen" hätten. Dabei wurden dieselben Bilder von Fernsehstationen auf der ganzen Welt ausgestrahlt; einige von ihnen, wie etwa die BBC, übertrugen das Ritual sogar live. Ein Beobachter bemerkte dazu: Wenn sie so etwas schon in aller Öffentlichkeit aufführen –

Abb. 212: Baphomet – der Bock von Mendes – stand im Mittelpunkt der grotesken Zeremonie zur Eröffnung des Gotthard-Basistunnels.

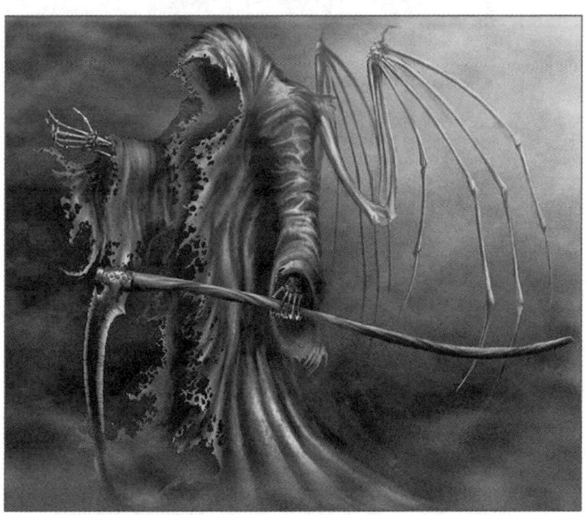

Abb. 213: Der Sensenmann ist Saturn und bringt dessen Verbindung zum Tod zum Ausdruck.

was werden sie dann wohl erst im stillen Kämmerlein treiben? Nun, das ist, wie wir bald sehen werden, noch um einiges übler.

Ein weiteres Saturnsymbol ist der Sensenmann, der einerseits Saturns esoterische Verbindung zum Tod aufzeigt, andererseits mit seiner antiken Rolle als Gott der Vegetation und Landwirtschaft im Einklang steht (Abb. 213). Auch Kronos, die griechische Personifizierung Saturns, wird mit einer Sense dargestellt – einem Symbol, das in Form der Sichel auch auf der sowjetischen Flagge erschien.

Zahlenspiele

Die Saturnsymbolik ist tief mit der Numerologie verwoben. Ein Beispiel dafür bildet das als Saturn-Siegel bekannte magische Quadrat, in dem sich die Zahlen in jeder beliebigen Richtung zu 15 addieren (Abb. 214). In der Numerologie addiert man die Ziffern, aus denen eine Zahl zusammengesetzt ist, so lange, bis nur noch eine einstellige Zahl übrig bleibt. Die 15 entspricht numerologisch also der 6. Jede Seite des Saturn-Quadrats (das auch die Freimaurer verwenden) ergibt demnach 666 – die „Zahl des Tieres" der biblischen Offenbarung. Hexagone und Hexagramme entsprechen ebenfalls der Zahl 666 (Abb. 215). Die Sonnenanbetung in antiken Stätten wie Babylon stand mit der Zahl 666 in Verbindung. Wenn man weiß, dass die Huldigung im Altertum der *Saturn*-Sonne galt, versteht man den Zusammenhang.

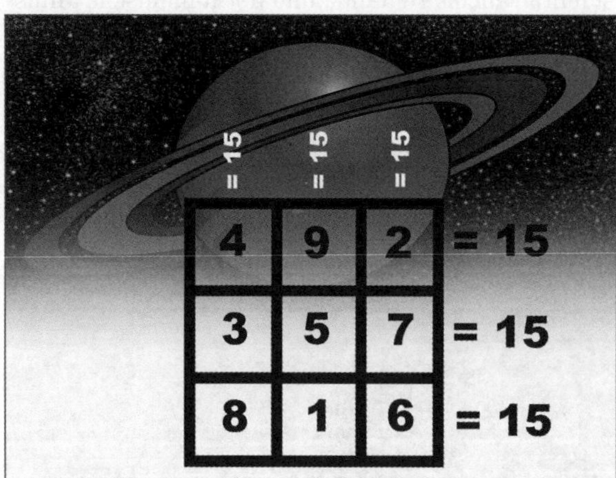

Abb. 214: Das als „Saturn-Siegel" bezeichnete magische Quadrat.

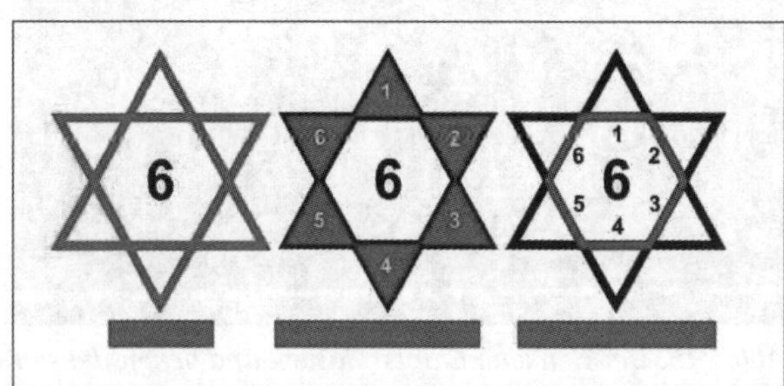

Abb. 215: Sechsen, wohin man auch blickt.

Zahlen sind numerische Entsprechungen von Frequenzen; die Zahl 666 symbolisiert die Frequenz des Saturns bzw. der Matrix. Im Okkultismus bestehen sämtliche Zahlen aus den Ziffern 1 bis 9 – die Null wird als das betrachtet, was sie repräsentiert: nichts. Die Zahlen 90.000 und 900.000 etwa entsprechen in der Numerologie energetisch der 9. Mark

Passio, der einst der amerikanischen Church of Satan angehörte, stellt seit seinem Ausstieg die dunklen Seiten des Okkultismus bloß. Seinen Ausführungen zufolge betrachten die Satanisten die Zahl 9 als „Zahl Satans“ sowie als Zahl des Egos bzw. des – wie ich es nenne – Ich-Phantoms. Mit anderen Worten: Der energetische Zustand programmierten Gewahrseins, in dem die archontische El-ite die Menschheit festzuhalten sucht, wird numerologisch durch die Zahl 9 repräsentiert. Passio weist darauf hin, dass jede Ziffer numerologisch (energetisch) wieder auf sich selbst zurückfällt, wenn man 9 hinzuaddiert. Beispielsweise ergibt 1 + 9 = 10 = 1 usw., bis zu 9 + 9 = 18 = 9. Laut Passio symbolisiert das den Umstand, dass das Ego- bzw. Ich-Phantom-Gewahrsein keinerlei Veränderung bewirken kann. Multipliziert man eine beliebige Ziffer mit 9, entspricht das Ergebnis numerologisch wieder 9. Daher bezeichnen die Satanisten die 9 als die Zahl, die stets zu sich selbst zurückkehrt: 9 x 1 = 9 usw. … bis zu 9 x 9 = 81 = 9. Passio sagt, daran könne man erkennen, dass eine Vervielfachung des Egos stets nur noch mehr Ego hervorbringt, niemals aber – wie ich es ausdrücken würde – zu einer Erweiterung des Gewahrseins führt.

Max Tegmark vom MIT hat ganz recht, wenn er sagt, dass alles aus Zahlen besteht; doch die Zahlen repräsentieren Frequenz- und Bewusstseinszustände. Die El-ite vermag die Letztgenannten zu steuern, indem sie die digitale (zahlenmäßige) Realitätsebene manipuliert. Wer glaubt, Zahlen seien unerheblich und Ereignisfolgen geschähen rein zufallsbasiert, hat, was die Versklavung der Menschheit betrifft, völlig den Blick für die Realität verloren. Die im Saturn-Siegel und anderen Saturnsymbolen codierten numerologischen Zusammenhänge stellen digitale Repräsentationen der archontischen Frequenz des Saturns dar. Die Freimaurer huldigen Saturn und der archontischen Schwingung – wenngleich die überwiegende Mehrheit derselben hinsichtlich der Frage, wofür die Zunft eigentlich steht, so sehr in die Irre geführt worden ist, dass sie davon nichts ahnt. Ich habe Freimaurer gefragt, ob sie wüssten, was ihre Symbole eigentlich bedeuten. Darauf sagten sie entweder – begleitet von einem entgeisterten Blick –, dieses Wissen sei schon im Altertum verloren gegangen, oder aber sie gaben an, die Symbole würden den Großen Baumeister repräsentieren. Letzteres stimmt sogar – nur ist der Baumeister nicht der, für den ihn die niederen Grade halten. Die meisten Freimaurer werden durch ihre Rituale und Zeremonien unwissentlich an die saturnisch-demiurgische Frequenz gebunden. Wieder und wieder hörte ich Geschichten von Initiierten, deren Charakter nach dem Beitritt zur Loge deutlich böswilligere Züge annahm und an Empathie einbüßte. Nicht jedem ergeht es so, doch in vielen Fällen ist diese Entwicklung zu beobachten.

Überall in Politik, Justiz und Anwaltschaft, Polizei, Medien, Banken und Unternehmen stößt man auf Freimaurer, die, in der Frequenz des Demiurgen/Saturns gefangen, ebendieser hörig sind. Sie stehen (meist unwissentlich) im Dienste der Verdeckten Hand bzw. der El-ite, die wiederum der archontischen Macht gehorcht. Die Tatsache, dass die Freimaurerei auf der Kabbala basiert – einer heiligen esoterischen Lehre des Judentums –, wird offensichtlich, wenn man sich die Symbolik anschaut. Am Eingang des alttestamentarischen salomonischen Tempels standen zwei baugleiche Säulen, die als Jachin und Boas bezeichnet wurden. Dieselben Säulen zieren auch die Tempel der Freimaurer (Abb. 216). Bedenkt man, wie besessen die El-ite von Symbolen ist, kann man definitiv davon ausge-

Abb. 216: Zwillingssäulen am Eingang des salomonischen Tempels (Saturn).

Abb. 217: Das Allerheiligste im Inneren des salomonischen Tempels wird als Würfel beschrieben.

Abb. 218: Der Würfel als Symbol des Neuen Jerusalem.

hen, dass am 11. September 2001 nicht zufällig zwei Zwillingstürme zum Anschlagsziel erkoren wurden – von der Verdeckten Hand, die hinter den Anschlägen stand. Das zentrale Heiligtum im Inneren des salomonischen Tempels – ein Sanktuarium, in dem „Gott wohnte" – soll ein perfekter *Würfel* mit einer Kantenlänge von genau 20 Ellen gewesen sein. Jede der drei Silben Sol-Om-On bezeichnet die Sonne – die *Saturn*-Sonne, um genau zu sein (Abb. 217). Auch das „Neue Jerusalem", von dem in der Johannes-Offenbarung die Rede ist, wird durch einen Würfel versinnbildlicht (Abb. 218). Der Begriff „Neues Jerusalem" ist ein Codewort für die Vollendung der Agenda, die die vollständige Unterjochung der Gesellschaft und der Gedanken der Menschen zum Ziel hat. Das Hexagramm, das auch als Siegel des Salomon bezeichnet wird, steht im Mittelpunkt der jüdischen Religion, die den Samstag (engl.: Saturday bzw. Saturn-day) als heiligen Tag betrachtet. Auch bei den Freimaurern findet das Hexagramm vielfach Anwendung.

Kabbala, Judentum und Freimaurerei sind eng miteinander verknüpft. Die Tempel der Freimaurer bilden symbolische Entsprechungen des salomonischen Tempels und stehen energetisch mit Saturn in Verbindung. Drei Freimaurertempel konnte ich persönlich in Augenschein nehmen. Einer veranstaltete einen Tag der offenen Tür, bei den anderen beiden war, als ich hineinspazierte, niemand zugegen, der mich daran gehindert hätte. In allen drei Fällen bestimmte die Saturnfrequenz (die man lernen kann wahrzunehmen) die energetische Atmosphäre. Die obsessive Vorliebe für Rituale und Symbole rührt vom Einfluss der saturnischen Frequenz her. Das magische Quadrat des Saturns bildet die Grundlage für das Siegel des Saturns, das auch als salomonisches Siegel bezeichnet wird. Aus diesem Symbol leitet sich das bekannteste Freimaurersymbol ab. Es entsteht, indem man die Zahlen des magischen Quadrats der Reihe nach verbindet – von der 1 zur 2, dann weiter zur 3 usw. (Abb. 219). Dreht man das resultierende Symbol in die Senkrechte, erhält man das klassische Freimaurersymbol von Winkelmaß und Zirkel, das wie alle vorgenannten Zeichen die Saturnfrequenz repräsentiert (Abb. 220 und 221). Jetzt betrachten Sie einmal das Saturn-Siegel von Balmoral Castle, einem schottischen, im Besitz der britischen Königsfamilie befindlichen Schloss – einer der archontischen/saturnischen Blutlinien, die ich noch bloßstellen werde (Abb. 222). Ich habe zahlreiche königliche Paläste besucht, die der Öffentlichkeit zugänglich sind, und überall dieselbe saturnische/satanische/freimaurerische Schwingung vorgefunden. Dasselbe gilt für die meisten Kathedralen und Kirchen, die man landläufig als „Gotteshäuser" bezeichnet. Das sind sie *in der Tat* – Häuser des Archontengottes nämlich.

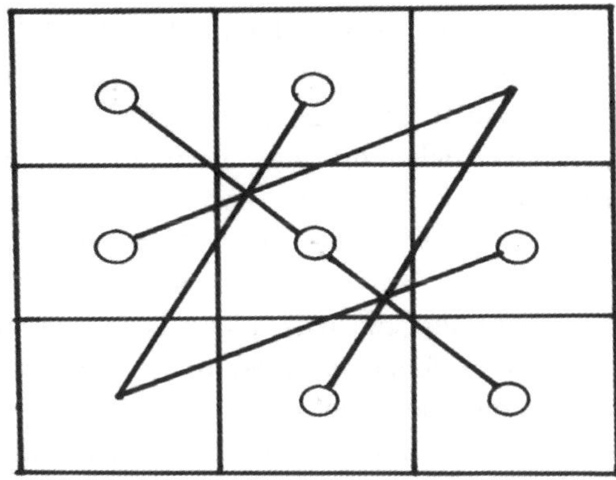

Abb. 219: Aus dem magischen Saturnquadrat ergibt sich das Saturn-Siegel.

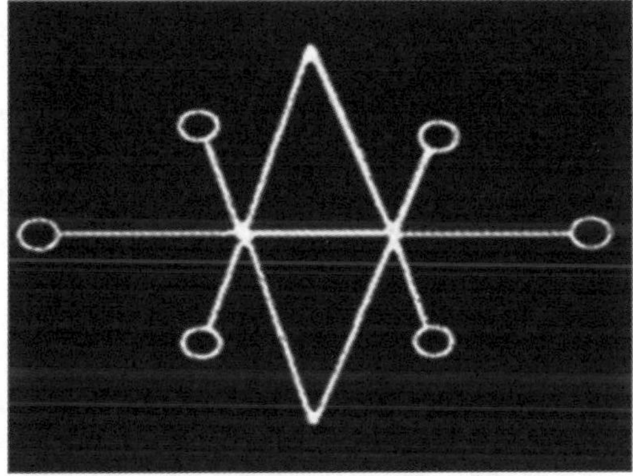

Abb. 220: Aus dem Saturn-Siegel wird …

Abb. 221: …das klassische Freimaurersymbol…

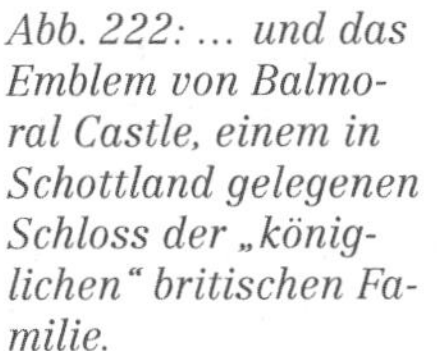

Abb. 222: … und das Emblem von Balmoral Castle, einem in Schottland gelegenen Schloss der „königlichen" britischen Familie.

Saturns Eule

Ein weiterer Brennpunkt, an dem die El-ite Saturn/dem Demiurgen huldigt, ist der im kalifornischen Sonoma County gelegene Bohemian Grove. Auf dem elf Quadratkilometer großen Gelände, das 120 Kilometer nördlich von San Francisco in einem Rotholzwald gelegen ist, vollziehen die „Reichen und Berühmten" ihre Rituale zur Verehrung Saturns und der demiurgischen Macht bzw. Verzerrung, die von Saturn repräsentiert und ausgesendet wird. Dabei ist sich die Mehrzahl der niederrangigen „Grover" dieser Tatsache – wieder einmal – nicht bewusst, da sich ihnen die Bedeutung der Rituale gar nicht erschließt.

Zu den Teilnehmern des alljährlichen „Sommerlagers" zählen neben den Familien Rothschild, Rockefeller und Bush (die natürlich *sehr wohl* wissen, was da passiert) einflussreiche amerikanische und internationale Persönlichkeiten aus Politik, Wirtschaft, Bankwesen, Medien und „Unterhaltung". Im Mittelpunkt der wichtigsten, gemeinschaftlich vollzogenen Rituale steht eine zwölf Meter hohe steinerne Eule, die den antiken satanischen „Gott" Moloch/Molech repräsentiert (der Prinz der Hölle aus der Dämonologie, ein weiteres Symbol für Saturn). Moloch wurden einst, wie in der Bibel nachzulesen ist, in Feuerritualen Kinder geopfert. Bei Jeremia 32,35 heißt es: „Sie haben dem Baal Höhen gebaut im Tal Ben-Hinnom, um ihre Söhne und Töchter dem Moloch zu verbrennen." Eine Variation dieser Opferungen stellt das keltische Ritual des „Wicker Man" dar, bei dem man eine riesige Figur entzündete, in die man zuvor Kinder gesperrt hatte. Auch die Phönizier übergaben Saturn zu Ehren Kinder dem Feuertod. Heute finden Menschenopfer, die einst in aller Öffentlichkeit vollzogen wurden, im Verborgenen statt. Bei einer Zeremonie mit dem Titel „Cremation of Care" – zu Deutsch etwa: die Einäscherung der Fürsorge –, die die Feierlichkeiten am Bohemian Grove eröffnet, wird unter der Eule ein Feuer entzündet und die Attrappe (so sagt man uns) eines Menschen geopfert. Das sind übrigens die Leute, die die Geschicke unserer Welt lenken – im Dienste der archontischen Verzerrung. Andere kranke Rituale – sehr wahrscheinlich Opferrituale – werden in den Wäldern des Bohemian Grove durchgeführt, denen aber nur Mitglieder des innersten Kreises beiwohnen. Wenn Sie „Bohemian Grove" bei YouTube ins Suchfeld eingeben, können Sie einige Videos sehen, die mit versteckter Kamera aufgenommen worden sind. Die Kanaaniter/Ammoniter hielten Moloch, den sie Baal („Herrn") Moloch nannten, für einen Saturn-Sonnengott (Abb. 224). Der „Sonnengott" Baal – „der Herr" – ist eine weitere Variante des Saturns, die im babylonischen Reich unter dem

Abb. 223: Moloch/Molech, der steinerne Mittelpunkt der Huldigungen im Bohemian Grove.

Namen Nimrod bekannt war. Bei der Verehrung, die man im Bohemian Grove der Moloch-Eule entgegenbringt, handelt es sich um die Anbetung des demiurgischen Saturn. Das Hexagramm wird auch als Stern von Moloch oder Stern von Remphan (der ägyptische Name für Saturn) bezeichnet. Als ich vor mehr als 20 Jahren zum ersten Mal von der Eule im Bohemian Grove hörte, erfuhr ich, dass auch ins Straßennetz von Washington, D.C., eine Eule eincodiert ist – in unmittelbarer Umgebung des Kapitols (Abb. 225). Beachten Sie, dass sich das Herz der US-amerikanischen Politik im Bauch der Eule (Saturn/Demiurg) befindet. Eine noch passendere Symbolik kann ich mir kaum vorstellen.

Abb. 224: Moloch war Baal – der saturnische Sonnengott.

Dem ehemaligen Satanisten Mark Passio zufolge haben die Ausdrücke Baal, Bill, Bull, Bail, Ball, Bel, Belial usw., die auf den Buchstaben BL basieren, dieselbe Bedeutung. B und L sind hier entscheidend; die sie umgebenden Buchstaben spielen nur eine untergeordnete Rolle. Noch bedeutender ist der Klang, da die Schwingung/Frequenz phonetisch übertragen wird. „Bill“ und „Ba-*byl*-on“ etwa vibrieren mit derselben Frequenz. Moloch wird unter anderem durch einen Stier (engl.: „bull“) repräsentiert: Moloch, der „stierköpfige Koloss“. In der Bibel ist dieselbe Symbolik in Form der Verehrung des „Goldenen Kalbs“ zu erkennen. Das Sinnbild für die Wall Street ist folgerichtig ein angreifender Stier (Abb. 226). Der Name der Plastik – „Charging Bull“ – ist obendrein doppeldeutig, da „to charge“ neben dem Aspekt des Anstürmens auch bedeutet, jemandem etwas

Abb. 225: Im Straßennetz von Washington, D.C., erkennt man – in unmittelbarer Umgebung des Kapitols – klar eine Eule, die auf einer Pyramide sitzt.

Abb. 226: Moloch/Saturn als Symbol der Wall Street.

Abb. 227: Die Häufigkeit, mit der Saturnsymbole in den Logos großer Firmen auftauchen, übersteigt jede statistische Wahrscheinlichkeit.

Abb. 228: Schwarz, die Farbe, die in der Esoterik dem Saturn zugeordnet wird, ist die Farbe des „Systems".

in Rechnung zu stellen. An der Wall Street bittet man Sie für alles zur Kasse. Sie ist in der Tat ein „bull market", gegründet auf „bull shit": einem großen Haufen Schwachsinn.

Die verschiedenen Saturnsymbole tauchen in Firmenlogos mit einer Häufigkeit auf, die den statistisch zu erwartenden Wert bei Weitem übersteigt. Die Farbe Schwarz, die dem Saturn in der Esoterik zugeordnet wird, durchzieht das gesamte „System" – das Justiz- und Hochschulwesen ebenso wie die Kirche (Abb. 227 und 228). Astrologisch und esoterisch steht der Saturn für Bankwesen, Politik, staatliche Einrichtungen aller Ebenen, Unternehmertum, Gesetzgebung, Gerichte und Wissenschaft – also praktisch sämtliche Kontrollstrukturen. „Astrologisch und esoterisch" bedeutet „energetisch", bezieht sich also auf die Kontrolle der Informationen und der Wahrnehmung. All die Saturnsymbole sowie die Übertragungen selbst, die vom Saturn ausgehen, überschwemmen die Realität der Menschen mit der saturnischen (Orion-/demiurgischen) Frequenz, um die Wahrnehmung in die Falle der archontischen Illusion bzw. Simulation zu locken. Religionen, Geheimgesellschaften und Satanisten huldigen der saturnisch-demiurgischen Frequenz. Die Freimaurer, die gleichfalls den Saturn verehren, sind in großer Zahl in Politik, Justiz, Polizei, Medien, Bankwesen und Unternehmen anzutreffen. In allen genannten Bereichen stößt man auf Saturnsymbole, saturnische Firmenlogos sowie eine Vorliebe für die

Abb. 229: Das Trapez.

Abb. 230: Das Trapez mit dem allsehenden Auge.

Farbe Schwarz. Saturn wird mit Zeit, Tod, Angst, Materie, Struktur, Gehorsam, Armut und Begrenzung assoziiert.

Als Ausdruck der archontischen Verfälschung treten auch Symbole in verzerrter Form auf, etwa beim Trapez, das ein verzerrtes Quadrat darstellt (Abb. 229). Dem Ex-Satanisten Passio zufolge wird das Trapez als „Seelenfalle“ bezeichnet. Die Satanisten und die Vertreter der El-ite verfälschen und verdrehen Symbole, sodass sie die geistige Schieflage repräsentieren, die in der demiurgischen Inversion bzw. Verzerrung wurzelt und die sie dem kollektiven Bewusstsein der gesamten Menschheit aufzuprägen suchen. Offensichtliche Beispiele dafür sind das auf den Kopf gestellte Pentagramm und das invertierte Kreuz. Das Trapez ist uns bereits auf der Dollarnote sowie auf der Rückseite des Großen Siegels der Vereinigten Staaten begegnet. Die Ziegel, aus denen die trapezförmige Pyramide aufgebaut ist, symbolisieren dabei die hohe Dichte, in der das menschliche Bewusstsein gefangen gehalten wird – während das allsehende Auge aus der Höhe alles überblickt (Abb. 230). Verzerrte und invertierte Symbole repräsentieren stets die Frequenz der Unwissenheit, beschränkten Wahrnehmung und Kontrolle. Einige davon lassen sich im Stadtplan von Washington, D.C., ausmachen, wo sie die ohnehin verzerrte Energie verstärken, die die amerikanische Hauptstadt und das Herz der (offiziellen) Regierung einhüllt (Abb. 231

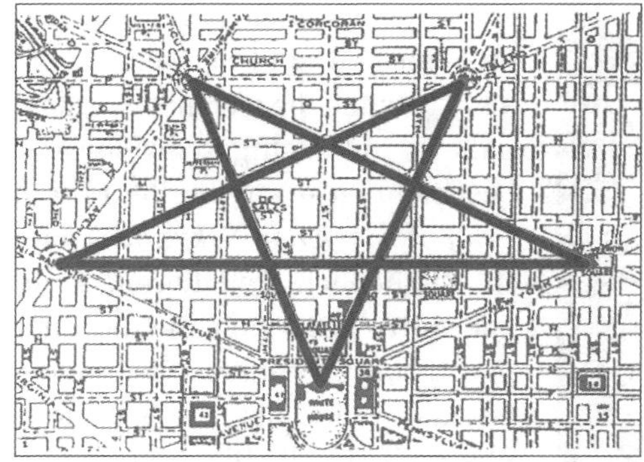

Abb. 231: Invertiertes und verzerrtes Pentagramm im Straßennetz von Washington, D.C.. Das Weiße Haus bildet die untere Spitze.

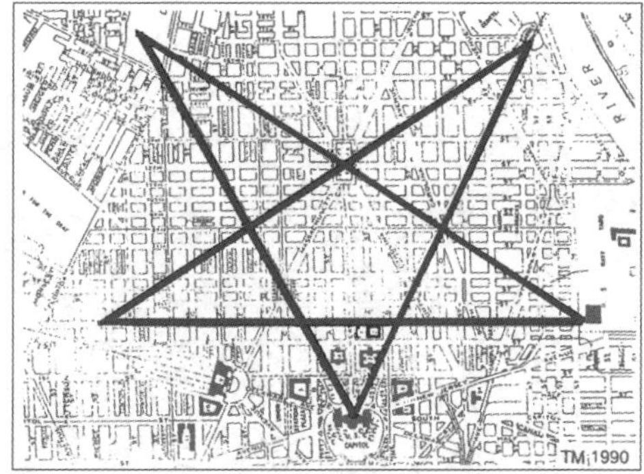

Abb. 232: Dasselbe Bild ergibt sich, wenn man Capitol Hill als untere Spitze wählt.

und Abb. 232). Die Verschwörung basiert, in Widerspiegelung und zur Oktroyierung der archontischen Verzerrung und Inversion, ihrerseits voll und ganz auf der Verfälschung und Umkehrung von Energie (Bewusstsein).

Die CERN-Frage

In meinen früheren Büchern habe ich ausgeführt, dass der Large Hadron Collider – der leistungsstärkste Teilchenbeschleuniger der Welt, der sich am Europäischen Kernforschungszentrum CERN in der Schweiz befindet – im Begriff ist, Tore zu anderen Realitäten zu öffnen. Meiner Ansicht nach wird dabei eine Verbindung zum Saturn erschaffen, sodass über ein Portal oder Sternentor Energien und Wesenheiten von dort in unsere Wirklichkeit eindringen können (Abb. 233). Der Teilchenbeschleuniger ist eine ringförmige Röhre aus supraleitenden Magneten, die einen Umfang von 27 Kilometern hat und sich zum Teil mehr als 100 Meter tief unter der französisch-schweizerischen Grenze befindet (Abb. 234). Es handelt sich um ein sogenanntes Synchrotron, das definiert ist als „ein Beschleuniger, in dem geladene Teilchen durch ein elektrisches Feld entlang einer festen Kreisbahn beschleunigt und durch ein zunehmendes Magnetfeld auf Kurs gehalten werden". CERN wartet mit etlichen Superlativen auf; die Leistung wird fortwährend erhöht. In der Röhre werden in beiden Richtungen Teilchen (in Wahrheit sind es Wellen), die als Protonen bezeichnet werden, nahezu auf Lichtgeschwindigkeit beschleunigt – das ergibt 11.245 Umläufe *in jeder Sekunde*. Wenn sie schließlich kollidieren, kann eine Hitze entstehen, die die Temperaturen im Inneren der Sonne um das mehr als 100.000-fache übertreffen soll. Die supraleitenden Magneten sind 100.000-mal stärker als der Gravitationssog der

Abb. 233: Der Large Hadron Collider von CERN.

Abb. 234: Der 27 Kilometer lange unterirdische Ring am CERN.

Erde. Führen Sie sich einmal vor Augen, welche Verzerrungen und Veränderungen all das in einem weiten Bereich des Erdmagnetfelds hervorruft.

Es heißt, der Teilchenbeschleuniger, dessen Bau 13,25 Milliarden Dollar verschlungen habe, diene der Überprüfung der Voraussagen verschiedener Theorien der Teilchenphysik sowie dem Nachweis des sogenannten Higgs-Bosons bzw. -Teilchens. Darüber hinaus soll auf diese Weise die Richtigkeit des Standardmodells der Elementarteilchenphysik bestätigt werden. Ohne Zweifel hat das „Need to Know"-Prinzip dafür gesorgt, dass die übergroße Mehrheit der 10.000 am CERN tätigen Wissenschaftler und Ingenieure tatsächlich glaubt, das Higgs-Boson sei im Wesentlichen der Grund, warum man sie aus über 100 Ländern zusammengetrommelt und dafür zig Milliarden Dollar ausgegeben hat. Ich persönlich halte das für eine unglaublich naive Vorstellung. Die wahre Absicht besteht darin, ein Portal zum Saturn und möglicherweise zu anderen Orten zu öffnen. CERN befindet sich an einem Ort, der einst als Tor zur Unterwelt galt. Die Römer weihten das Gebiet dem Dämonengott Apollyon („der Zerstörer"), der im Hebräischen Abaddon und in Asien Shiva heißt. Apollyon/Abaddon ist der biblische Herr des Abgrunds und König einer „Armee von Heuschrecken". In der Offenbarung des Johannes wird der Abgrund als großer, rauchender Schlund beschrieben und geweissagt, dass sich dieser auftun und eine Schar dämonischer Heuschrecken freisetzen werde. Das war es, was die groteske Eröffnungszeremonie des Gotthard-Basistunnels tatsächlich symbolisieren sollte – der sich in demselben Land befindet, in dem auch CERN angesiedelt ist.

Sergio Bertolucci, der am CERN den Bereich Forschung und wissenschaftliches Rechnen leitet, sagte, dass der Hadron Collider „unbekannte Unbekannte" aufspüren könne, etwa „eine zusätzliche Dimension". Wörtlich sagte er: „Durch diese Tür könnte etwas hereinkommen, oder vielleicht senden wir etwas hindurch." Möglicherweise ja beides. Auf dem CERN-Gelände befindet sich eine Statue des vedischen Gottes Shiva (Gott Archon, Apollyon/Abaddon), der in einem Ring tanzt (Abb. 235). In der vedischen Astrologie gilt Shiva als Symbol für Saturn. Er ist (wie Saturn) Herr über Tod und Zeit; sein Tanz symbolisiert die uranfängliche zerstörerische Macht des Universums ... daher rührt der Titel „Herr des Tanzes". Im Logo von CERN ist die Zahl 666 eincodiert, die mit Saturn verknüpft ist (Abb. 236). Im Jahr 2016 kursierte im Internet das Video einer gestellten Menschenopferung, bei der Personen in dunklen Umhängen unmittelbar vor der Shiva-Statue so taten, als würden sie eine Frau erstechen. Das CERN-Gelände ist schon ein seltsames Pflaster.

Abb. 235: Shiva, ein Symbol für Saturn, tanzt in dieser auf dem CERN-Gelände befindlichen Statue in einem Ring.

Der amerikanische Rechercheur Anthony Patch, der sich auf Themen wie CERN und Hochtechnologie spezialisiert hat, glaubt ebenfalls, dass durch den Large Hadron Collider ein Portal zum Saturn erzeugt werden soll – genauer gesagt, zu dessen Südpol, an dem sich der gigantische augenförmige Sturm befindet. Zwischen CERN und dem sechseckigen Sturm am Nordpol des Saturns zieht er folgenden Vergleich:

> Würde man von oben auf [Saturns Nordpol] schauen und [den Umriss eines] Synchroton-Teilchenbeschleunigers darüberlegen, und würde man sich des Weiteren die Symmetrie anschauen, die Konturen einiger der zum Large Hadron Collider gehörigen Detektoren … dann käme man zu dem Schluss, dass die hexagonale Form in beiden Fällen identisch ist und die Bewegungen der Wolken am Nordpol genau das widerspiegeln, was im Hauptring des LHC vor sich geht: Gegenläufig rotierende Wolken, bei denen ein Wolkenring in einer Richtung und ein zweiter, äußerer Ring entgegengesetzt zirkuliert, entsprechen den beiden gegenläufigen Protonenströmen des LHC, bei deren Kollision synchrotonische Energie freigesetzt wird. [Das LHC] ist eine Nachbildung, ein Modell, eine Kopie von Saturns Nordpol.

Abb. 236: Die Saturnzahl – 666 – im CERN-Logo.

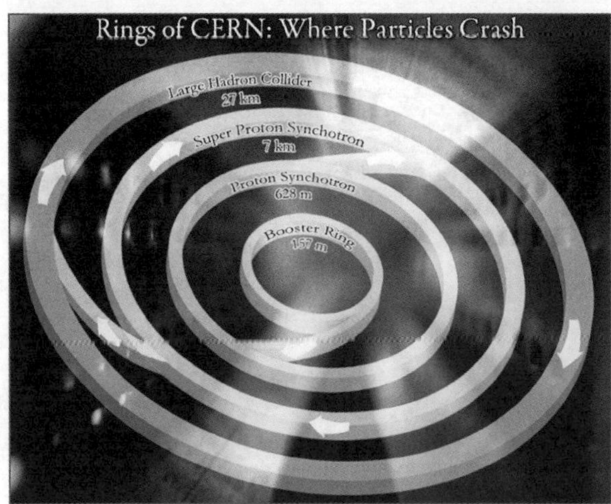

Abb. 237: CERN ist ein unterirdischer Saturn.

Wenn das der Fall ist, arbeiten sie mit denselben Frequenzen (Abb. 237). Die bei San Francisco gelegene University of Berkeley soll Anthony Patch zufolge, der ihr einst selbst angehörte, der zentrale Knotenpunkt des CERN-Teilchenbeschleunigerprojekts sein. In Berkeley würde man mit den Giganten des nahe gelegenen Silicon Valley zusammenarbeiten, in dem Google, Facebook, das Ames Research Center der NASA und Lockheed Martin zu Hause sind. (Für die beiden letztgenannten Einrichtungen war Norman Bergrun tätig; der Lockheed-Konzern hat an seinem Advanced Technology Center einen linearen Teilchenbeschleuniger installiert.) Patch weist darauf hin, dass 160 Laboratorien mit CERN assoziiert sind, von denen die meisten über eigene Teilchenbeschleuniger verfügen. Fabiola Gianotti war die erste Generaldirektorin des CERN, die zu einer Zusammenkunft der Bilderberger eingeladen wurde. Im Jahr 2017 nahm sie am Treffen der El-ite-Gruppe in Chantilly, Virginia, teil. Die Bilderberger sind Bestandteil eines Netzwerks von Organisationen, die, wie ich noch ausführen werde, Regierungen und globale Ereignisse manipulieren. Warum sollte man eine Wissenschaftlerin vom CERN zu einer politischen Tagung einladen, die von der Welt-El-ite initiiert worden ist? Die Antwort kennen wir jetzt.

Mondstrahlen

Der nächstgelegene Übertragungspunkt der saturnischen/demiurgischen/Orion-Matrix ist der Mond. In meinem Buch „Der Löwe erwacht" gehe ich ausführlich darauf ein. Der Mond ist insofern dem Todesstern in den „Star Wars"-Filmen ähnlich, als sich alle Aktivitäten im Inneren abspielen (Abb. 238 und 239). Das Mondinnere bildet die Basis für viele Vorgänge, die mit der Steuerung der Menschheit in Zusammenhang stehen. Die Hauptaufgaben des Mondes bestehen jedoch darin, die vom Orion/Saturn ausgehenden Übertragungen zu verstärken sowie als energetische „Firewall" zu fungieren, die die menschliche Frequenz künstlich unterdrückt. So wird es für die Menschen weitaus schwerer, sich

Abb. 238: Der Mond ist nicht das, was er angeblich sein soll.

Abb. 239: Der Todesstern aus den „Star Wars"-Filmen stellt eine gute Analogie für den wirklichen Mond dar.

mit dem Unendlichen Gewahrsein jenseits der Simulation zu verbinden (Abb. 240). Ich vermute, dass es auch im Erdinneren Technologien gibt, die dem System zugehören, das unsere vorgetäuschte Realität erzeugt, und die mit den vom Mond ausgehenden Übertragungen in Wechselwirkung stehen. Man kann sich den Mond als eine Art Satellitenschüssel vorstellen, die die Matrixinformationen ins menschliche Bewusstsein sendet (Abb. 241). Wie alles andere ist auch der Mond eine holografische Projektion; folglich lässt er sich formen und verändern, indem man seine Informationscodes modifiziert. Darüber hinaus wäre es absolut denkbar, dass er einen holografischen „Vorhang" bildet, mit dem noch etwas anderes dauerhaft den Blicken der Menschheit entzogen wird.

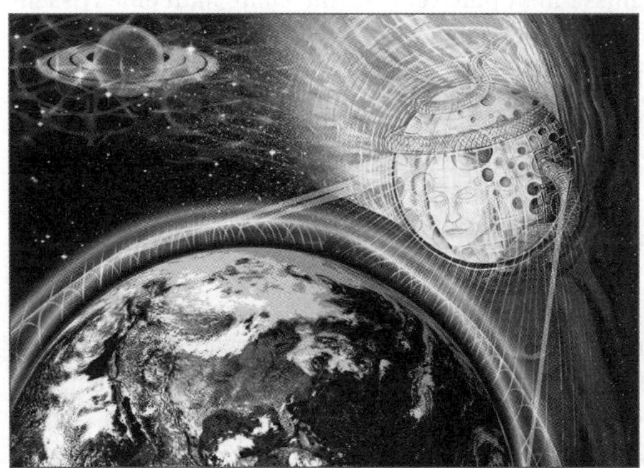

Abb. 240: Der Mond ist ein künstliches Gebilde, bei dem sich sämtliche wichtigen Aktivitäten im Inneren abspielen. Er unterdrückt zum einen die Frequenz der Erde – und damit auch das menschliche Gewahrsein – und verstärkt zum anderen die vom Saturn ausgesendeten Matrixinformationen.

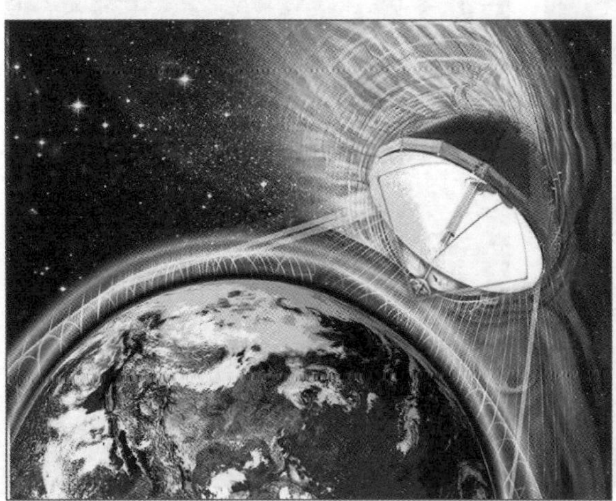

Abb. 241: Eine der Funktionen, die der Mond erfüllt, lässt sich sehr gut durch eine Satellitenschüssel symbolisieren.

Die beträchtliche Zahl an Anomalien, für die die Wissenschaftler keine Erklärung haben, rührt daher, dass der Mond kein „natürlicher" Himmelskörper ist. Die Rätsel beginnen mit der simplen Frage, woher der Mond stammt. Irwin Shapiro, der ehemalige Direktor des Harvard-Smithsonian Center for Astrophysics, sagte einmal: „Am besten lässt sich der Mond durch Beobachtungsfehler erklären: Der Mond existiert gar nicht." Der NASA-Wissenschaftler Robin Brett drückte sich ähnlich aus: „Offenbar wäre es einfacher, die Nichtexistenz des Mondes zu erklären, als seine Existenz." Die Wissenschaft hat sich bemüht, das Vorhandensein des Mondes zu begründen, doch ohne Erfolg. Ursprünglich hieß es, die Erde sei in ihrer Entstehungsphase von einem „Mars-ähnlichen Planeten" getroffen worden, aus einem der Trümmerstücke, die bei der Kollision in den Weltraum geschleudert worden sein sollen, sei der Mond entstanden. Als die Wissenschaftler merkten, dass die Geschichte nicht so recht funktionierte, kamen sie mit einer überarbeiteten Version heraus. Diesmal hieß es, der Mars-ähnliche Planet sei zunächst mit der Erde kollidiert, dann aber noch einmal zurückgekehrt und erneut mit ihr zusammengestoßen (Abb. 242). Die beiden Theorien, die offiziell als Kollisions- bzw. Doppelkollisionstheorie bezeichnet werden, sind nichts weiter als das: Theorien. Die Wahrheit ist, dass die Gelehrten keine Ahnung haben, woher der Mond stammt – er sollte eigentlich gar nicht da sein. Ein kleiner Planet wie die Erde sollte keinen derart großen Satelliten haben. Mit einem Durchmesser von 3.476 Kilometern ist der Mond größer als Pluto. Er ist der fünftgrößte Trabant im gesamten Sonnensystem, trotz solcher Riesenplaneten/-sterne wie Saturn oder Jupiter. Die Forscher Christopher Knight und Alan Butler schrieben in ihrem Buch „Who Built the Moon?":

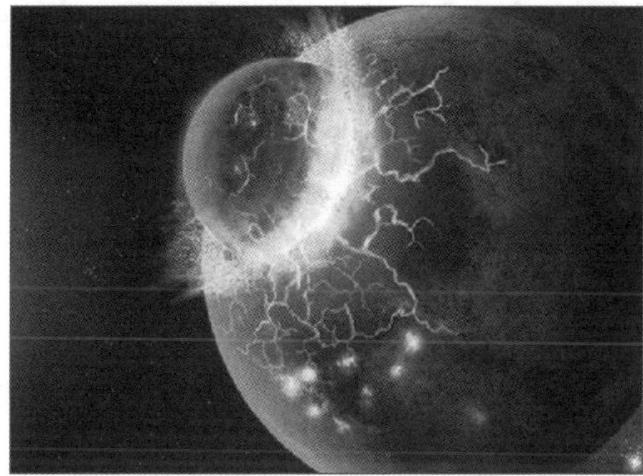

Abb. 242: Die offizielle Theorie, wie der Mond entstanden sein soll, ist einfach lächerlich.

> Der Mond ist größer, als er sein sollte, offenbar älter, als er sein sollte, und seiner Masse nach deutlich leichter, als er sein sollte. Er belegt eine unwahrscheinliche Umlaufbahn und ist überhaupt so außergewöhnlich, dass sämtliche Theorien, die seine Gegenwart erklären sollen, eine Vielzahl von Schwierigkeiten aufweisen und keine einzige davon auch nur im Entferntesten als wasserdicht bezeichnet werden könnte.

Die Indizien deuten darauf hin, dass der Mond hohl ist – und die Aussagen sachkundiger Personen bestätigen das. Der gefeierte amerikanische Kosmologe Carl Sagan sagte: „Ein natürlicher Satellit kann kein hohles Objekt sein." Jedes Mal, wenn die NASA ein schweres Geschoss auf dem Mond einschlagen ließ, legten die Aufzeichnungen der auf der Mondoberfläche platzierten Seismografen die Vermutung nahe, dass der Erdtrabant hohl ist. Bei einem Aufprall, dessen Wucht einer Tonne TNT entsprach, „läutete der Mond wie eine Glocke". Maurice Ewing, einer der Leiter dieses seismischen Experiments, sagte: „Es ist, als ob jemand gegen eine Glocke geschlagen hätte, wie in einem Glockenturm oder in einer Kirche. Nach einem einzigen Einschlag hielt der Nachhall, wie wir feststellten, 30 Minuten lang an." Ewing hatte keine Ahnung, wie das Phänomen zu erklären sei. Dr. Frank Press vom Massachusetts Institute of Technology (MIT) sagte, der Effekt liege „eindeutig außerhalb unseres Erfahrungsbereichs". Ein vergleichsweise geringfügiger Einschlag wie dieser dürfte nicht solch eine Wirkung zeigen. Auf einen weiteren kontrollierten Treffer, der einer Detonation von elf Tonnen TNT entsprach, reagierte der Mond NASA-Wissenschaftlern zufolge „wie ein Gong". Diesmal zogen sich die Nachschwingungen über einen Zeitraum von drei Stunden und 20 Minuten hin, bei einer Tiefe von bis zu 40 Kilometern. Laut Ken

Johnson, der während der Apollo-Missionen die Aufsicht über den Bereich Daten- und Fotokontrolle hatte, „zitterte" der Mond bei dem Versuch in regelmäßigen Bewegungen – „fast so, als gäbe es riesige hydraulische Stoßdämpfer in seinem Inneren". Im Jahr 1972 schlug ein Meteor auf dem Mond ein. Bei dem Aufprall mit dem Äquivalent von 200 Tonnen TNT wurden gewaltige Schockwellen ins Mondinnere ausgesendet – doch keine wurde zurückgeworfen. Schon in den 1960er-Jahren hatte der NASA-Wissenschaftler Dr. Gordon MacDonald erklärt: „Es scheint so, als handele es sich beim Mond eher um eine hohle als um eine homogene Sphäre." Dr. Sean C. Solomon vom MIT sagte, die Indizien würden auf „die beängstigende Möglichkeit [hindeuten], dass der Mond hohl sein könnte". Wernher von Braun, eine der wichtigsten Figuren beim Mondprogramm der NASA, sprach vom „erstaunlichen Ergebnis" eines Einschlags: „Der Mond vibrierte fast eine Stunde lang wie eine Glocke, was für eine ungewöhnliche, nichtirdische Untergrundstruktur spricht." Dr. Lon Hood, der ein Mondforschungsteam an der Arizona University leitet, verriet, dass ihre Erkenntnisse „… in der Tat die Idee untermauern, dass der Mond eine einzigartige Entstehungsgeschichte hat, die mit denen anderer Himmelskörper – Erde, Venus, Mars oder Merkur – nicht zu vergleichen ist."

Sowohl der Mond als auch der Saturn sind seltsam, außergewöhnlich und unerklärlich? Ist das auch wieder nur so ein Zufall? Der Mond ist gegenüber der Erde so perfekt positioniert, dass das Leben auf unserem Planeten deutlich anders aussähe, wäre er nur minimal näher gelegen oder weiter entfernt. Bei einer Mondfinsternis scheint der Mond aus der Sicht eines irdischen Betrachters dieselbe Größe zu haben wie die Sonne, da die Sonne 400-mal größer ist als der Mond, aber auch 400-mal weiter entfernt (Abb. 243). Knight und Butler schrieben in „Who Built the Moon?": „Die Mathematik, die sich in der Konstellation Erde-Mond-Sonne verbirgt, ist, gelinde gesagt, atemberaubend." Der Mond sei, so führen sie aus, „mit der sprichwörtlichen Präzision eines Schweizer Uhrwerks" in Stellung gebracht worden. Die Gnostiker sagten, dass drei bestimmte Himmelskörper zueinander in einer Beziehung stünden, die nirgends sonst zu beobachten ist. Die Interaktion zwischen Erde und Mond ist dergestalt, dass wir niemals die erdabgewandte Seite des Mondes zu Gesicht bekommen – von der etliche Eingeweihte aussagten, dass sich dort fortgeschrittene außerirdische Basen befänden. Die Liste der den Mond betreffenden Anomalien und Fragen ist schier endlos.

Abb. 243: Der Mond ist so exakt positioniert, dass er von der Erde aus dieselbe Größe wie die Sonne zu haben scheint.

Die plausibelste Theorie, die sämtliche Mondanomalien erklären würde, konnte man im Jahr 1970 in der sowjetischen Zeitschrift *Sputnik* nachlesen. Die Grundidee der Autoren, zweier

Mitglieder der Akademie der Wissenschaften der UdSSR namens Mikhail Vasin und Alexander Shcherbakov, kommt im Titel ihres Artikels zum Ausdruck: „Ist der Mond die Schöpfung einer außerirdischen Intelligenz?“ Es ist noch nicht allzu lange her, da wäre schon die bloße Vorstellung von der großen Mehrheit abgelehnt worden. Doch die Zeiten ändern sich, da die Schwingungen der Wahrheit ihre Wirkung nicht verfehlen und sich das Bewusstsein vieler Menschen öffnet. Auf der Website einer überregionalen britischen Tageszeitung wurde einmal eine meiner Präsentationen verlinkt – nicht ohne den üblichen, spöttischen Kommentar, versteht sich –, in der ich die Indizien zusammenfasste, die die These der beiden Russen untermauern. Unter dem Video sollten die Leser abstimmen, ob meine Ausführungen über den Mond ihrer Meinung nach einen Sinn ergeben würden oder einfach verrücktes Gerede seien. Etwa 66 Prozent votierten für die erstgenannte Option – was im Vergleich zu dem Ergebnis, das wir Jahre früher gesehen hätten, eine phänomenale Zahl darstellte.

Eine der zahllosen Mondanomalien ist die Tatsache, dass sich manche Stoffe, die man auf der Oberfläche des Mondes fand, eigentlich in seinem Inneren befinden sollten. Dr. Don L. Anderson, der das seismologische Labor am California Institute of Technology leitet und einen Lehrstuhl für Geophysik innehat, bemerkte: „Der Mond wirkt wie umgekrempelt.“ Nach Ansicht der sowjetischen Wissenschaftler ist der Mond ein gigantisches Raumschiff, das man mittels einer unglaublich fortgeschrittenen Technik aus einem ehemaligen Planetoiden gefertigt habe, indem man ihn „aushöhlte“. Das Gestein im Inneren des Mondes sei geschmolzen worden, um künstliche Hohlräume zu schaffen. Die Ablagerungen, die die dabei anfallende „metallische, steinige Schlacke“ an der Oberfläche bildete, hätten die heute sichtbare Mondlandschaft geformt. Einmal mehr können wir die moderne Wissenschaft mit uralten Legenden und Überlieferungen abgleichen. Laut Credo Mutwa besagen die Legenden der Zulu, dass es im Mondinneren zahlreiche Kammern gibt. Zudem würden die Zulu den Mond durch ein Ei symbolisieren, da er *ausgehöhlt* worden sei. Darstellungen des Mondes in Form eines Eis waren in der Antike weitverbreitet. Die Babylonier glaubten, ihre Hauptgöttin Semiramis/Ishtar sei in einem „riesigen Mondei“ vom Mond herabgefahren und im Euphrat gelandet. Die heutige Tradition der Ostereier geht auf diese Legende von „Ishtars Ei“ zurück.

Die Zulu-Legenden besagen des Weiteren, dass der Mond „weit, weit entfernt“ erbaut worden sei und „die Götter“ ihn dann „quer über den Himmel“ in Richtung Erde gerollt hätten – und zwar „Hunderte Generationen“ in der Vergangenheit. Dabei sind die Zulu beileibe nicht das einzige Volk, dessen Überlieferungen zufolge sich der Mond nicht immer an der Stelle befand, an der er heute zu sehen ist. Auf der ganzen Welt gibt es Legenden und Schilderungen, die von einer Zeit vor der Existenz des Mondes berichten. Sowohl die Griechen Aristoteles und Plutarch als auch die römischen Schriftsteller Apollonios von Rhodos und Ovid erwähnten einen arkadischen Volksstamm, dessen Mitglieder von sich selbst sagten, ihre Vorfahren stammten aus einer Zeit, „als noch kein Mond am Himmel stand“. Man bezeichnete sie als „Proselenen“. „Pro Selene“ bedeutet wörtlich „vor Selene“ – Selene war die griechische Mondgöttin. Ein anderer römischer Autor namens Censorinus schrieb im 3. Jahrhundert über eine längst vergangene Zeit, in der es noch keinen Mond gab. Dr. Hans Schindler Bellamy berichtet in seinem Buch „Moons, Myths and Men“ über die Muisca, einen in Kolumbien beheimateten Indianerstamm, die sagen, sie würden sich „an eine Zeit [erinnern], bevor der heutige Mond zum Gefährten der Erde wurde". Meiner Ansicht nach steht das Erscheinen des Mondes unmittelbar mit den weiter oben beschriebenen kataklystischen Ereignissen in Zusammenhang, bei denen die Erde und das Sonnensystem durch gewaltige Turbulenzen in der elektromagnetischen bzw. Wellenharmonie transformiert wurden – Umbrüche, deren Gewalt und Zerstörungskraft durch im Mondinneren stationierte Technologien eine zusätzliche Verstärkung erfuhren.

Wie Vasin und Shcherbakov schrieben, würde der an der Mondoberfläche festgestellte hohe Gehalt an Titan, Chrom und Zirconium zu der These passen, dass es sich beim Mond um ein künstliches – oder zumindest teilweise künstliches – Gebilde handelt. Die genannten Metalle weisen nämlich eine sehr hohe Hitzebeständigkeit auf und verschleißen kaum. Daraus gefertigte Strukturen würden den beiden sowjetischen Wissenschaftlern zufolge über eine „beneidenswerte Hitzefestigkeit sowie die Fähigkeit [verfügen], aggressiven Umständen zu widerstehen". Es sind genau die Metalle, die man wählen würde, um hohen Temperaturen, kosmischer Strahlung und möglichen Meteoritenschauern entgegenzuwirken. Aus ingenieurstechnischer Sicht müsse man konstatieren: „Das vor Äonen erbaute Raumschiff, das wir als Mond bezeichnen, stellt eine exzellente Konstruktion dar." Die Wissenschaftler schrieben:

> Will man einen künstlichen Satelliten ins All schießen, sollte man ihn hohl konzipieren. Zudem wäre es naiv anzunehmen, dass sich jemand, der zu einem derart gigantischen Weltraumprojekt fähig ist, damit zufriedengeben würde, einen riesigen, leeren Behälter in eine erdnahe Umlaufbahn zu schleudern.
>
> Wahrscheinlicher ist, dass wir es mit einem uralten Raumschiff zu tun haben, in dessen Innern sich früher einmal Treibstoff für die Motoren, Materialien und Geräte für Reparaturen, Navigationsinstrumente, Überwachungsvorrichtungen sowie alle möglichen Apparaturen befanden. [...] Oder anders ausgedrückt: Alles, was notwendig ist, um eine solche „Karavelle des Universums" zu einer Arche Noah für intelligentes Leben, womöglich gar zur Heimstatt einer ganzen Zivilisation zu machen, die sich auf einen langen (viele Tausend Millionen Jahre umfassenden) und ausgedehnten (viele Tausend Millionen Kilometer langen) Streifzug durchs Weltall vorbereitet hat.
>
> Natürlich muss der Rumpf eines solchen Raumschiffs ungemein widerstandsfähig sein, um Meteoriteneinschlägen ebenso standzuhalten wie starken Schwankungen zwischen extremer Hitze und extremer Kälte. Die äußere Hülle dürfte doppelwandig sein – bestehend aus einer inneren, massiven, gut 30 Kilometer starken Panzerung und einer äußeren, weniger dichten (im Schnitt nur fünf Kilometer dicken) Schicht. An bestimmten Stellen – dort, wo sich die lunaren „Meere" und „Krater" befinden – ist die äußere Schicht recht transparent, streckenweise sogar überhaupt nicht vorhanden.

Vasin und Shcherbakov machten unter anderem darauf aufmerksam, dass die Mondkrater eine merkwürdig gleichförmige Tiefe aufweisen – obwohl doch die Einschläge unterschiedlich stark gewesen sein müssen. Das ist genau das, was man erwarten würde, wenn sich unter der dünnen äußeren Schicht eine undurchdringliche „Panzerung" befindet, die das Mondinnere schützt – den Ort, wo sich das eigentliche Geschehen abspielt. Die Wissenschaftler führten zur Untermauerung ihrer These noch eine ganze Reihe weiterer Indizien und Informationen an. In meinem Buch „Der Löwe erwacht" habe ich diese und andere Einzelheiten zum Mond und seinen Anomalien dargelegt.

Ein Jahr nach der Veröffentlichung des Buches wurde ich auf einen Artikel über das sogenannte „CHANI-Projekt" aufmerksam, der im *NEXUS*-Magazin erschienen war. CHANI steht für „Channelled Holographic Access Network Interface". Bei dem angeblich in Afrika durchgeführten Geheimprojekt hatte man einem Whistleblower zufolge im Jahr 1994 Kontakt zu einer Wesenheit aufgenommen, die in einer anderen Realität beheimatet ist. Während des Austauschs mit der Entität, der sich über fünf Jahre erstreckt haben und über eine Computerschnittstelle erfolgt sein soll, seien unzählige Fragen gestellt und beantwortet worden. Als ich den Artikel las – nicht ahnend, worum es darin gehen würde –, stellte ich fest, dass sich die „Wesenheit" unter anderem über die wahre Natur des Mondes geäußert hatte. Folgendes soll sie gesagt haben:

- Der Mond ist kein natürlicher Himmelskörper.
- Das Leben der Menschen war besser, bevor der Mond platziert wurde. „Mondmächte" kontrollieren die Zeit und manipulieren die Gemütslage der Menschen.
- Der Mond dient dazu, die Stimmung auf der Erde zu kontrollieren. Ohne den Mond käme eine große Ruhe über die Erde – es gäbe nur noch kleinere Stürme, keine großen mehr.
- Das „alte Geschlecht" (Archonten verschiedener Gestalt) fingen den Mond im Weltall ein und platzierten ihn in der Nähe der Erde.
- Ohne den Mond würden Menschen und Tiere innerlich ruhig und friedfertig werden; Unruhe und Angst würden erheblich abnehmen.
- Auch die Ozeane wären ruhiger, große Unwetter wären selten, und das Klima wäre ausgeglichen – ohne extreme Hitze oder Kälte.
- Ohne den Mond stünde telepathische und interdimensionale Kommunikation an der Tagesordnung. In einem erweiterten Farbspektrum würden die Menschen neue Farben sehen.
- Das menschliche Atmungssystem würde größere Veränderungen durchlaufen, da sich die chemischen Prozesse im Blut und in den Atmungsorganen verändern würden. Menschen, die nach einem Niedergang des Mondes geboren werden, könnten ihren Atem unter Wasser stundenlang anhalten.

Für viele Menschen dürfte das alles im ersten Moment völlig verrückt klingen. Doch wenn Sie das Gesagte im Kontext all dessen betrachten, was ich bisher ausgeführt habe, ergibt alles einen Sinn. „Mondmächte" kontrollieren unsere Zeitwahrnehmung tatsächlich, nämlich durch den Einfluss des Mondes auf die Flugbahn und das Rotationsverhalten der

Erde. Der Name des „Zeit"-Abschnitts, den wir „Monat" nennen, leitet sich unmittelbar vom Wort Mond ab. Frühe Kalender basierten auf den Mondphasen. Ursprünglich dauerte der Monat – von Neumond zu Neumond – 29 Tage. Das „christliche" Osterfest, eine uralte heidnische Neugeburtsfeier, steht mit dem Mond in Verbindung: Nach wie vor fällt es auf den ersten Sonntag, der auf den ersten Vollmond nach der Frühjahrs-Tagundnachtgleiche folgt. Wie allgemein bekannt ist, wird auch der weibliche Menstruationszyklus vom Mond beeinflusst. Der Begriff „Menstruation" leitet sich aus dem lateinischen Wort „mensis" für „Monat" ab. Ohne Zweifel besteht ein Zusammenhang zwischen dem 28-tägigen Menstruationszyklus und den Mondphasen – also insbesondere auch zur Fruchtbarkeit. Legenden von Mondgöttinnen ranken sich häufig um Fruchtbarkeit und Geburt. Dr. Michael Zimecki, der der polnischen Akademie der Wissenschaften angehört, gibt an, dass seine Forschungen die Verknüpfungen zwischen Mondzyklus, der menschlichen Fortpflanzung, Fruchtbarkeit, Menstruation und Geburtenrate bestätigt hätten. Der Menstruationszyklus wird durch hormonelle Veränderungen angestoßen. Dass der Mond den Hormonhaushalt und damit die Gemütslage beeinflusst – darunter das endokrine System und die Zirbeldrüse, den Ort des „dritten Auges" –, ist bekannt. Behauptungen der Art, dass die Stimmung der Menschen den „Mondmächten" unterliegt, sind schon allein auf der hormonellen Ebene absolut zutreffend.

Doch die Einflüsse reichen weitaus tiefer. Die Zirbeldrüse wird zusätzlich mittels Fluorid ins Visier genommen, das sich im Trinkwasser und in der Zahnpasta befindet, Kalkeinlagerungen hervorruft und uns daran hindert, uns mit den höheren Frequenzen jenseits der Matrix zu verbinden. Der Zusammenhang zwischen Mondzyklus und menschlichem Verhalten ist durch eine Unzahl von Studien belegt worden. In der vedischen Astrologie, deren Jahrtausende alte Wurzeln bis zu den frühen Zivilisationen des Indus-Tals zurückreichen, gilt der Mond als Herrscher über Gemüt, Gedanken, Gefühle, Erinnerungen, konditioniertes Verhalten und emotionale Reaktionen – kurz: über all das, was der Wahrnehmung und dem Verhalten des Menschen zugrunde liegt. Nicht nur in Form der Gezeiten wirkt der Mond auf Wasser, das der Hauptbestandteil des menschlichen Körpers ist (zumindest erscheint es in der holografischen Projektion so). Wasser stellt eine bestimmte Informationsfrequenz dar; die Beeinflussung des menschlichen Körpers und Verhaltens durch den Mond erfolgt auf der Schwingungsebene. Dr. Michael Zimecki sprach vom elektromagnetischen Einfluss des Mondes – das ist die Ebene, auf der sich die eigentlichen Prozesse vollziehen. Welche energetische Wechselwirkung ist im einfachsten Fall zu erwarten, wenn sich die Erde mit einer Geschwindigkeit von 108.000 Kilometern pro Stunde um die Sonne bewegt, dabei mit 1.600 Kilometern pro Stunde rotiert und der Mond die Erde mit über 3.200 Kilometern pro Stunde umkreist? Stellen Sie sich einmal vor, welche Auswirkungen die Ankunft eines Himmelskörpers von der Größe des Mondes auf die Erde und das gesamte Sonnensystem haben müsste. Allein die plötzliche Kraftwirkung auf die Ozeane würde schon die Sintflut erklären. Der umfassendere elektromagnetische Einfluss dürfte sehr wahrscheinlich Bestandteil jenes Kataklysmus gewesen sein, der eine Neuordnung des Sonnensystems nach sich zog, und eine Kettenreaktion in Gang gesetzt haben. So lässt sich die Idee, dass ohne den Mond eine große „Ruhe" sowohl in der Stimmung der Menschen als auch in der Wetterlage einkehren würde, durch die elektromagnetische Wirkung erklären, die der Mond auf das Feld der Erde ausübt; hinzu kommen die fortwährend vom Mond in unsere Richtung ausgesendeten Transmissionen.

Dass sich die archontische Macht von Angst und Chaos ernährt, hatte ich bereits ausgeführt. Vor diesem Hintergrund kommt die angebliche Aussage der CHANI-Wesenheit kaum überraschend, dass „Menschen und Tiere innerlich ruhig und friedfertig werden" und „Unruhe und Angst erheblich abnehmen" würden, wenn es den Mond nicht gäbe. Die Aussage, dass die telepathische bzw. interdimensionale Kommunikation ohne den Mond etwas Alltägliches wäre und die Menschen neue Farben sehen würden, ließe sich durch den Effekt der Mondtransmissionen erklären, die gezielt dazu entworfen wurden, die menschliche Frequenz zu unterdrücken. Der Mond dient als Firewall, die die Verbindung unseres dritten Auges/unserer DNS mit dem erweiterten Gewahrsein unterbindet und uns Menschen in den fünf Sinnen gefangen hält. So bleiben wir von der Wahrnehmung jener Realitätsebene getrennt, auf der alles miteinander verbunden ist und Telepathie bzw. interdimensionale Kommunikation nicht nur möglich, sondern die Norm sind. Ähnliches gilt auch für die Wahrnehmung unbekannter Farben in einem erweiterten Farbspektrum. Nahtoderfahrene berichten ausnahmslos, im körperlosen Zustand weitaus lebendigere Farben sowie Farbtöne wahrgenommen zu haben, die sie nie zuvor gesehen hatten. Das sind die Farben und Schattierungen einer *höherfrequenten* Realität. Ohne den Mond, der die Frequenz des Menschen niederhält, würden wir tatsächlich neue Farben sehen, die einem anderen Spektrum zugehören. Unser heutiges Farbspektrum entstammt dem Frequenzband des elektromagnetischen *Lichts* – nämlich des archontischen *Lichtfeuers*, das mit der Simulation bzw. Matrix assoziiert ist, die der begrenzten Lichtgeschwindigkeit unterliegt. Der Aspekt der dramatischen Auswirkungen auf Atmungssystem und -chemie sowie das Blut zeigt das ungeheure Ausmaß der Knebelung und Begrenzung, der die Menschheit durch die Schwingungsfirewall und die falsche Informationsquelle unterworfen ist. Genau wie Morpheus im Film „Matrix" Neo fragte: „Denkst du, das ist Luft, die du gerade atmest?" Wohl kaum (außer im Sinne von Klick, Klick, Enter). Doch die Simulation sagt uns, dass es sich um Luft handelt und wir sterben, wenn wir nicht atmen – und so manifestieren wir diese Realität, aus einer tief sitzenden Wahrnehmungsprogrammierung heraus. Warum sollte ein Hologramm atmen müssen? Die Simulation ist eine selbsterfüllende Prophezeiung, und die Dimension und Tiefe der Illusion tritt nun zutage.

Von dem Schamanen Credo Mutwa erfuhr ich, dass die Legenden der Zulu die Welt vor dem Auftauchen des Mondes als von unserer heutigen Welt sehr verschieden beschreiben. Es gab keine Jahreszeiten, und die Erde war von einem Schleier aus Wasserdampf umgeben: „Die Erde war ein herrlicher, freundlicher Ort, saftig und grün, mit einem sanften Nieselregen und Nebel, ohne den Grimm der Sonne." Credo zufolge fiel der feuchte Schleier, als der Mond erschien, in einem sintflutartigen Regen zu Boden – der Regen, der laut Bibel 40 Tage und 40 Nächte andauerte. Die Bewegungen eines Himmelskörpers von der „Größe" (der elektromagnetischen Wirkkraft) des Mondes können im Sonnensystem ohne Zweifel interplanetare Umwälzungen der von mir beschriebenen Art auslösen. Welche Technologien mögen darüber hinaus noch im Spiel sein? „Da draußen" geht so viel mehr vor sich, als man uns hat glauben lassen.

Ein weiterer Ort, den man sorgfältig im Auge behalten sollte, ist der Kuipergürtel – eine scheibenförmige Region im äußeren Bereich des Sonnensystems, die sich von Neptuns bis weit über Plutos Umlaufbahn hinaus erstreckt. Er ist 20-mal breiter als der Asteroidengürtel und umfasst neben Pluto noch mindestens zwei weitere Zwergplaneten. Millionen vereister Objekte sollen sich im Kuipergürtel befinden, von denen Schätzungen zufolge 35.000 einen Durchmesser von mehr als 100 Kilometern haben dürften. Ich denke, über die Region werden wir noch einiges hören. Manches davon steht mit extraterrestrischen bzw. „Alien"-Aktivitäten in Zusammenhang.

All das, was ich bisher über die Rolle Orions, Saturns und des Mondes als Bestandteile eines Systems zur Wahrnehmungkontrolle ausgeführt habe, lässt jene Szene des Films „Matrix", in der Morpheus Neo mit der Realität konfrontiert, in einem neuen Licht erscheinen:

> „Die Matrix ist allgegenwärtig. Sie umgibt uns. Selbst hier ist sie, in diesem Zimmer. Du siehst sie, wenn du aus dem Fenster guckst oder den Fernseher anmachst. Du kannst sie spüren, wenn du zur Arbeit gehst oder in die Kirche. Und wenn du deine Steuern zahlst. Es ist eine Scheinwelt, die man dir vorgaukelt, um dich von der Wahrheit abzulenken."
>
> „Welche Wahrheit?"
>
> „Dass du ein Sklave bist, Neo. Du wurdest wie alle in die Sklaverei geboren und lebst in einem Gefängnis, das du weder anfassen noch riechen kannst. Ein Gefängnis für deinen Verstand."

Das „Universum" (Simulation) gleicht einer eigenständigen „Blase", deren energetische Feinstruktur vom archontischen Denken bzw. Frequenzband durchtränkt ist. Um uns mit der Wirklichkeit jenseits der Frequenzschranken der Matrix zu verbinden, müssen wir die Wahrnehmungsprogrammierung durchbrechen, indem wir unser Gewahrsein erweitern. Die „Blase"/Simulation ist ein aus Photonen bestehendes Informationsfeld, die vom Empfänger-/Sendersystem unserer DNS aufgefangen werden. Vom Sehsinn in elektrische Signale umgewandelt, treffen sie auf das Sehzentrum des Gehirns (Abb. 244). Aus den elektrischen Informationen wird schließlich die holografische „Welt" decodiert, die wir als außerhalb von uns befindlich wahrnehmen. Die archontische Kontrollmacht scheint, nachdem sie das menschliche Energiefeld mit dem „gefälschten Geist" infi-

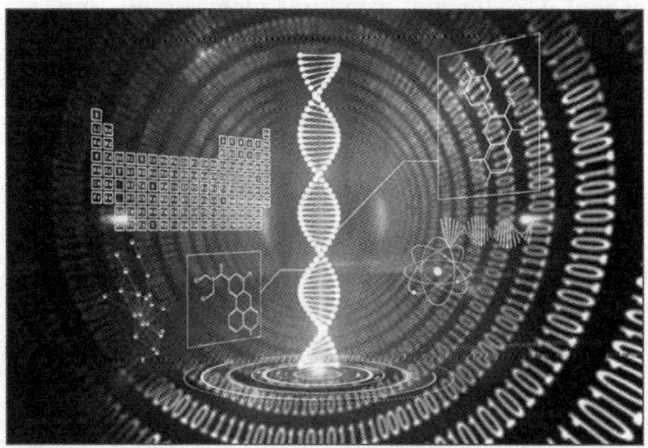

Abb. 244: Die DNS stellt unsere Verbindung zur Simulation dar. Wenn wir unser Gewahrsein – und damit unsere Frequenz – jedoch erweitern, tritt die DNS mit Wirklichkeiten jenseits der Simulation in Austausch.

ziert hat – der das Herzzentrum derjenigen verschließt, die vom Einfluss des erweiterten Gewahrseins abgeschnitten sind –, alle Trümpfe in der Hand zu haben. Doch jeder Einzelne kann seinen Verstand öffnen und dem Bewusstsein, das jenseits der Programmierung liegt, gestatten, alles zu verändern – individuell und kollektiv. Zwar hält die falsche Realität noch immer die Wahrnehmung eines Großteils der Bevölkerung gefangen, doch zur gleichen Zeit geht ein beispielloses globales Erwachen vonstatten, da die Illusion von immer mehr Menschen durchschaut wird.

Noch ist nicht alles verloren. Mit dem Wissen, das ich in diesem Buch darlege, hat der Wandel gerade erst begonnen.

Kapitel 5

Archontische Besuche

„Wir liegen alle in der Gosse, aber einige von uns betrachten die Sterne."

Oscar Wilde

Grundlage aller die Menschheit betreffenden Kontrollstrukturen ist die demiurgische Verfälschung – ein zutiefst entstellter Gewahrseinszustand, der zwar formlos ist, jedoch auf verschiedene Weise Gestalt annehmen kann: durch unmittelbare Manifestation (in der Art eines Dschinns); durch Einflößen dessen, was die Gnostiker als gefälschten Geist bezeichneten; oder über den seit Menschengedenken bekannten Vorgang der „Besessenheit" (Abb. 245).

Es ist von fundamentaler Bedeutung, diesen Aspekt im Hinterkopf zu behalten. Lassen Sie mich in diesem Zusammenhang noch einmal wiederholen, was ich bereits an anderer Stelle erklärte: Ich benutze die Begriffe „demiurgisch" und „archontisch", um einen deformierten, invertierten und zutiefst unausgewogenen Gewahrseinszustand zu beschreiben. Der Prozess lässt sich mit einem Computervirus vergleichen, der die Wahrnehmungen und Auffassungen derjenigen infiziert und verfälscht, von denen er Besitz ergriffen hat (die von ihm „besessen" sind), sodass die Betroffenen allmählich selbst zu Kopien des Virus werden. Wenn ich von den „Betroffenen" spreche, meine ich übrigens nicht nur Menschen. Die Verzerrung befällt nämlich ebenso nichtmenschliche Wesen, sofern sie den niederen Äonen angehören – Wesen, die wir als „Aliens" (wörtlich etwa: Fremdlinge) oder „Außerirdische" bezeichnen. So andersartig sie auch aussehen mögen, ist die treibende Kraft hinter ihrem Verhalten und ihrer Wahrnehmung doch dieselbe wie bei uns Menschen. Die

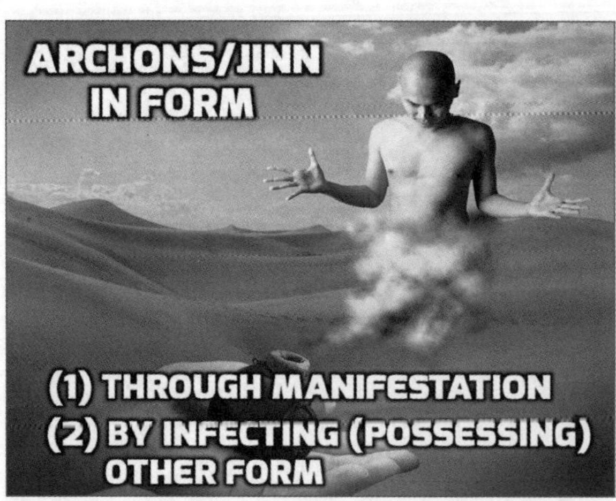

Abb. 245: „Archonten/Dschinn nehmen Gestalt an: (1) durch Manifestation, (2) durch Infizierung (Besetzung) anderer Lebensformen" – Über diese beiden Wege kann die archontische Verfälschung verschiedenste Formen annehmen.

Vorstellung, dass der Mensch die einzige Verkörperung „intelligenten Lebens“ wäre, ist so absurd und naiv, dass sie einmal mehr die Macht der Wahrnehmungsprogrammierung bestätigt. Halten Sie sich einmal das breite Formenspektrum vor Augen, das allein innerhalb der menschlichen Spezies zu beobachten ist – von der Vielfalt des Tierreichs, etwa bei den Insekten, ganz zu schweigen. Dabei treten all diese Lebensformen im Bereich des sichtbaren Lichts in Erscheinung – einem Ausschnitt des elektromagnetischen Spektrums, der der etablierten Wissenschaft zufolge lediglich 0,005 Prozent der gesamten Existenz umfasst. Der Kosmologe Carl Sagan sagte: „Es gibt mehr potenzielle DNS-Kombinationen [holografische Formen] als Atome im gesamten Universum.“ Zeit, Raum und Distanz mögen Illusionen sein; doch wenn wir von unserer räumlichen Wahrnehmung Gebrauch machen und das Universum gedanklich auf die Größe der Erde reduzieren, schrumpft unser Planet – wie weiter oben beschrieben – auf ein Milliardstel eines Stecknadelkopfes (Abb. 246). *Obwohl wir also nur 0,005 Prozent des Universums visuell wahrnehmen können (von der Unendlichkeit jenseits desselben gar nicht zu reden) und „auf“ einem Planeten leben, dessen Größe im Modell nur einem Milliardstel eines Stecknadelkopfes entspricht, machen sich viele Leute über den Gedanken lustig, dass es neben dem Menschen noch andere intelligente Lebensformen geben könnte?* Doch in den Augen dieser Leute bin *ich* es, der verrückt ist.

Zu allen Zeiten der sogenannten „Geschichte“ sah man an verschiedenen Orten der Welt Kulturen kommen und gehen, die übereinstimmend eine die menschliche Realität manipulierende Macht beschrieben. Die Namen mögen sich zwar unterscheiden, doch das Motiv bleibt stets dasselbe. Je nach Region und Kultur bezeichnete man die manipulativen Besucher beispielsweise als „Schlangengötter“ (Ferner Osten und Mittelamerika), „Schlangenbrüder“ (Hopi), „Chitauri“ (Zulu), „Anunnaki“ (Sumer, später Babylonien), „Sternenmenschen“ (zahlreiche, verschiedenartige Kulturen), „Dämonen“ (Christentum), „Archonten“ (Gnostiker), „Dschinn“ (Islam und vorislamisches Arabien) oder „Fliegerwesen“ bzw. „Prädatoren“ (Mittelamerika). Daneben gibt es etliche weitere Bezeichnungen, darunter „gefallene Engel“, „Wächter“ oder „die Leuchtenden“. Einigen dieser Wesen wird eine Gestalt zugeordnet – wie im Fall der Schlangengötter und -brüder –, andere

Abb. 246: „Sämtliche Sterne, die sie in der Nacht sehen, befinden sich innerhalb dieses Kreises“ – Ein Bild aus dem Internet, das den „Wir sind allein“-Quatsch ins rechte Verhältnis setzt.

sollen ausschließlich im Verborgenen agieren. Die verbindende Eigenschaft all dieser Entitäten ist die archontische Verzerrung, die ihrer selbst gewahr ist: der „gefälschte Geist".

Es gibt unzählige nichthumanoide Spezies und Gruppierungen, deren äußeres Erscheinungsbild sehr unterschiedlich ausfällt und deren Wahrnehmungsniveau vom Unendlichen Gewahrsein bis zur Verkörperung des gefälschten Geistes reicht. Ich bin dafür bekannt, die Manipulationen der als „Reptiloide" bezeichneten Gruppierung beleuchtet zu haben, die sie gemeinsam mit den „Grauen" (den „Ameisenmenschen" antiker Aufzeichungen) begeht. Die Letztgenannten sind zum vorrangigen Synonym für Außerirdische geworden. Ich habe dafür von denen, die anstelle ihres Verstandes nur Scheuklappen besitzen, unablässig Hohn und Spott geerntet. Doch wie sich herausstellte, haben die Gnostiker in den Texten, die vor 1.600 Jahren in Nag Hammadi vergraben wurden, die Archonten mit reptiloiden Formen und den Grauen in Verbindung gebracht. Am häufigsten würden die Archonten, so kann man in den Schriften lesen, eine reptilien- oder schlangenartige Gestalt annehmen, oder aber die eines „ungeborenen Babys oder Fötus, mit grauer Haut und dunklen, unbeweglichen Augen". Menschen unserer Tage haben weltweit in großer Zahl berichtet, sie seien von „Aliens" ähnlichen Aussehens kontaktiert oder entführt worden: von Reptiloiden oder von jenen Wesen, für die sich aus naheliegenden Gründen die Bezeichnung „die Grauen" eingebürgert hat (Abb. 247). Hinzu kommen weitere Spezies, die von sogenannten „Kontaktlern" (engl.: contactee) bzw. „Entführungsopfern" (engl.: abductee) beschrieben werden, wie etwa die als „Nordische" bezeichneten blauäugigen, blonden Humanoiden.

Während Kontaktler sagen, die Wesen seien ihnen einfach erschienen, behaupten die „Abductees", gegen ihren Willen „entführt" worden zu sein. Die Nordischen, insbesondere deren blonde und blauäugige Vertreter, sind genetisch mit den weißen menschlichen Ethnien verwandt. Es gibt jedoch auch Berichte von Nordischen mit dunklem oder rotem Haar. Bei den Zulu heißen sie „Mzungu" und sie sollen in der Lage sein, unvermittelt zu erscheinen und wieder zu verschwinden. Wie ich von dem Zulu-Schamanen Credo Mutwa erfuhr, glaubten die Menschen in Südafrika, als die ersten Europäer bei ihnen auftauchten, die Mzungu seien zurückgekehrt (Abb. 248). Neben Reptiloiden und Grauen gibt es viele weitere nichthumanoide Erscheinungsformen, doch spielen die beiden genannten Gruppierungen bei der Manipulation des menschlichen Lebens offenbar die Hauptrollen. Mit Sicherheit aber sind sie besonders rege an Kreuzungsprogrammen mit der Menschheit beteiligt (Einflößen des gefälschten Geistes). Entführungsopfer von Reptiloiden und Grauen berichten häufig, dass ihnen Eier bzw. Sperma entnom-

Abb. 247: Zumindest einige der Reptiloiden und Grauen dienen der archontischen Denkweise bzw. Verzerrung als Vehikel.

Abb. 248: Credo Mutwas nach alten Zulu-Überlieferungen angefertigtes Bildnis der Mzungu.

men wurden, um damit Hybridwesen zu schaffen. Allein in Amerika gibt es Millionen Menschen, die behaupten, von „Aliens" entführt worden zu sein; hinzu dürften noch einmal so viele kommen – wenn nicht gar noch mehr –, die sich nicht an ihre Entführung erinnern können, da ihr Verstand die traumatischen Gedächtnisinhalte blockiert. Im Folgenden lassen wir einige NASA-Astronauten zu Wort kommen, die sich über mögliche Aktivitäten von Außerirdischen bzw. „Aliens" äußerten:

- Scott Carpenter, der zweite Amerikaner, der auf einer Erdumlaufbahn den Planeten umkreiste: „Zu keinem Zeitpunkt waren die Astronauten, während sie sich im All aufhielten, allein. Sie wurden ständig von UFOs beobachtet."
- Major Gordon Cooper, der letzte Amerikaner, der allein ins All flog: „Ich glaube, dass die extraterrestrischen Fahrzeuge und deren Besatzungen, die die Erde besuchen, von anderen Planeten stammen. […] Die meisten Astronauten wollten nicht über UFOs sprechen."
- Noch einmal Cooper: „Viele Jahre lang habe ich ein Geheimnis mit mir herumgetragen – aufgrund der Verschwiegenheit, die allen Spezialisten innerhalb der Astronautik auferlegt wurde. Jetzt kann ich enthüllen, dass die US-amerikanischen Radargeräte jeden Tag Objekte unbekannten Aussehens und Aufbaus erfassen. Außerdem gibt es Tausende von Augenzeugenberichten sowie eine Menge Dokumente, die das beweisen – doch niemand will sie der Öffentlichkeit zugänglich machen."
- Maurice Chatelain, ehemaliger Direktor der NASA Communications Systems: „Sämtlichen Apollo- und Gemini-Flügen folgten Raumfahrzeuge extraterrestrischen Ursprungs, entweder in größerer Entfernung oder auch relativ nahe – fliegende Untertassen oder UFOs, wenn Sie sie so nennen wollen. Wann immer sie auftauchten, erstatteten die Astronauten der Einsatzleitung Meldung, die daraufhin jedes Mal absolutes Stillschweigen anordnete."

Die Medien (einschließlich des größten Teils der „alternativen" Medien) sowie die Gesellschaft im Allgemeinen verlachen, was ich gesagt und geschrieben habe. Gleichzeitig jedoch entbehren sie jeder Glaubwürdigkeit, da sie bezüglich der Informationen, die sie mit einer

Handbewegung vom Tisch fegen, keinerlei eigene Recherchen angestellt haben. Meine Ausführungen sind weit außerhalb ihrer einprogrammierten Vorstellung vom „Normalen" angesiedelt – und sie reagieren ihrer Programmierung entsprechend. Ich rede, sie drücken die Entertaste, und heraus kommt: „Icke ist verrückt." Ich habe meine Schlussfolgerungen nicht einfach aus dem luftleeren Raum gewonnen, sondern nach fast 30 Jahren intensiven Studiums antiker und moderner Quellen, das mich rund um den Globus führte. Wenn wir in zahllosen Kulturen, die vor Tausenden von Jahren existierten, auf dieselben Informationen bzw. Entitäten stoßen, die von heutigen Kontaktlern/Entführungsopfern beschrieben werden – können wir dann wirklich den Standpunkt einnehmen, die Sache auf sich beruhen zu lassen und ihr nicht näher auf den Grund zu gehen? Danke, aber ich entscheide selbst, welcher Spur ich folge, und nicht die Ignoranz anderer, die durch Spott zum Ausdruck kommt.

In meinen Büchern habe ich einen enormen Fundus an Belegen und Indizien für das Wirken einer reptiloiden Spezies zusammengetragen, die aus dem Hintergrund die menschliche Gesellschaft manipuliert. Insbesondere der 2001 erschienene Band „Children of the Matrix" beleuchtet den reptilischen Aspekt der archontischen Verschwörung. Das Buch präsentiert sowohl alte Überlieferungen als auch zahlreiche Zeugenaussagen neueren Datums, die von Begegnungen und Interaktionen mit Entitäten der genannten Art berichten (Abb. 249). Der Grund, warum die fantastisch anmutenden Geschichten abgetan werden – in erster Linie von den Medien, letztlich jedoch von der gesamten Gesellschaft –, ist ein sehr einfacher: Die ablehnende Haltung ist die Folge einer völligen Ahnungslosigkeit hinsichtlich der wahren Natur der uns täglich umgebenden Realität. Augenzeugen berichten von Wesenheiten, die aus dem Nichts auftauchen oder sich vor ihren Augen in Luft auflösen. Jemandem, der an eine materielle Wirklichkeit glaubt, muss das unmöglich erscheinen; doch die Wirklichkeit *ist nicht* materieller Natur. Die Entitäten, die die Illusion zu erzeugen vermögen, sie würden erscheinen oder verschwinden, existieren für gewöhnlich auf einer Ebene jenseits des sichtbaren Lichts. Nur wenn sie in den vom Menschen

Abb. 249: Dieses Buch enthält einen reichen Fundus an Hintergrundinformationen und persönlichen Zeugnissen zu den Aktivitäten reptiloider und anderer nichtmenschlicher Wesen innerhalb der menschlichen Gesellschaft.

visuell wahrnehmbaren Frequenzbereich wechseln, hat der Beobachter den Eindruck, sie würden sich aus dem Nichts heraus manifestieren. Verlassen sie umgekehrt das menschliche Wahrnehmungsspektrum, erscheint es dem Beobachter, als seien sie „verschwunden". Dasselbe Prinzip wirkt, wie ich bereits erklärte, wenn urplötzlich UFOs am Himmel erscheinen oder wieder verschwinden. Manche Entführungsopfer berichten, dass sie von einem „hellen Licht" an Bord eines schwebenden Vehikels gebracht worden seien. Bei dem „Licht" handelte es sich um ein projiziertes elektromagnetisches Feld, das sich mit dem elektromagnetischen Feld des Entführten verschränkte (*eine physische Welt existiert nicht*). Viele der Opfer erlitten durch die Strahlung Verbrennungen, manche starben sogar an Strahlenverseuchung.

Andere Manifestationen „Außerirdischer", die Menschen mitunter zu sehen meinen, werden einfach ins Bewusstsein projiziert. Das Gehirn decodiert aus den ihm vorliegenden Informationen die Realität, die wir „physisch" zu erfahren glauben. Doch diese Informationsquelle kann wie ein Computerprogramm „gehackt" werden. Entitäten, die sich auf diese Weise in den Decodierungsprozess einklinken, können Wesen und Ereignisse erscheinen lassen, die gar nicht da sind. Das geschieht – auf individueller ebenso wie auf kollektiver Ebene – in weitaus größerem Umfang, als sich die Menschen träumen lassen würden. In Science-Fiction-Filmen und Fernsehserien wie „Star Trek" ist das Phänomen mehrfach akkurat dargestellt worden. Was also ist real – abgesehen von der Tatsache, dass wir Ausdrucksformen eines Gewahrseins sind? Unzählige Male etwa bekam ich das Argument zu hören, dass Raumfahrzeuge unmöglich die gewaltigen Distanzen zur Erde überwinden könnten. Doch einmal mehr liegt hier ein Missverständnis hinsichtlich der Natur der Wirklichkeit vor. Jedes Ding und jeder Ort hat seine ganz eigene Frequenz. Synchronisiert man sich – geistig oder mittels Technik – mit dieser Frequenz, befindet man sich zwangsläufig auch am entsprechenden Ort. Raumfahrzeuge, die sich einer fortgeschrittenen, nicht unserer Welt entstammenden Technologie bedienen (und bei denen es sich mehr um Bewusstseins- als um „physische" Phänomene handelt), verbinden sich mit der Frequenz ihres anvisierten Ziels – und *zack!* sind sie auch schon dort. Um Entfernungen geht es dabei gar nicht – denn Raum ist eine Illusion. Albert Einstein sagte:

> Alles ist Energie, mehr steckt nicht dahinter. Stell dich auf die Frequenz der Realität ein, die du haben möchtest, und du wirst diese Realität unweigerlich erhalten. Anders ist es gar nicht möglich. Das ist keine Philosophie – das ist Physik.

Wenn man den mittlerweile gewaltigen Berg an Indizien durchsieht, die die Aktivitäten von Außerirdischen und UFOs belegen, wird offenbar, was Regierungen und Mainstreammedien – sowie der Großteil der „alternativen" Medien – uns vorenthalten. Den Daten zufolge, die das im US-Bundesstaat Washington ansässige National UFO Reporting Centre gesammelt hat, stieg die Zahl der jährlich gemeldeten UFO-Sichtungen von 10.000 auf 45.000. Entscheidend ist das Wörtchen „gemeldet", denn die meisten Sichtungen werden nie offiziell erfasst. Eines möchte ich an dieser Stelle anmerken: Nicht jedes „Raumschiff" wird von „Aliens" geflogen. Das sollen wir nach dem Willen der Verdeckten Hand, die eine umfassendere Agenda verfolgt, nur *glauben*. In supergeheimen, meist in den Vereinigten

Staaten angesiedelten Militärprojekten werden – oft in unterirdischen Anlagen – schon seit Langem „fliegende Untertassen" (Antigravitationsfahrzeuge) gebaut.

Der amerikanische Raumfahrtingenieur William Tompkins, der im August 2017 nach einem Sturz im Alter von 94 Jahren verstarb, hatte 2015 das Buch „Selected by Extraterrestrials: My life in the top secret world of UFOs, think-tanks and Nordic secretaries" veröffentlicht. Darin beschreibt er die außerirdischen Aktivitäten, deren unmittelbarer Zeuge er während seiner Zeit bei der US-Marine geworden sein will. Die Letztgenannte habe ihn (bis zu einem gewissen Grad) von der Geheimhaltung entbunden, sodass er die Informationen öffentlich machen könne. Ein zweites Buch war fast fertiggestellt, als Tompkins starb. Seit den 1940er-Jahren habe er für eine geheime Denkfabrik gearbeitet, deren Hauptquartier sich in San Diego auf einem der größten und bedeutendsten Marinestützpunkte befand. Tompkins thematisierte in seinem Buch die Verbindung zu den Reptiloiden sowie seine Zusammenarbeit mit den „Nordischen" – einer menschenähnlichen Gruppe von Außerirdischen, die Tompkins zufolge den Menschen dabei zu helfen versucht, die reptiloide Kontrolle über unsere Realität zu überwinden. Tompkins' Informationen wurden lange Zeit nach meinen Enthüllungen über die Manipulation der menschlichen Gesellschaft durch reptiloide Kräfte (sowie deren Verbindungen zum Mond) veröffentlicht, die mehr als 20 Jahre zurückreichen. Während des Zweiten Weltkriegs habe Tompkins Kontakt zu einer Gruppe amerikanischer Marinespione gehabt, die den Nationalsozialisten UFO-Geheimnisse entwendeten. Diese will er persönlich dem amerikanischen Militär sowie verschiedenen Raumfahrtkonzernen ausgehändigt haben – darunter Lockheed, Douglas, Northrop und Grumman –, die daraus fortgeschrittene Antigravitationsfahrzeuge („fliegende Untertassen") und andere Technologien entwickelten, die das herkömmliche Wissen jener Zeit bei Weitem überstiegen. Auch das California Institute of Technology (Caltech) soll dabei seinen Aussagen zufolge stark involviert gewesen sein.

Das Ergebnis all dessen ist, dass „UFOs" zumindest von Amerikanern und Deutschen geflogen worden sind. Tompkins schrieb, dass die Nazis mit einer reptiloiden Spezies in Verbindung standen, von der sie fortgeschrittenes technologisches Wissen erhielten. Beim Mond soll es sich des Weiteren um ein künstliches Objekt sowie eine Kommandozentrale der Reptiloiden handeln, zu der Oberflächenstrukturen gehören, die wir nie zu Gesicht bekommen – da sie sich auf der erdabgewandten Seite des Mondes befinden. All das hatte ich schon viele Jahre zuvor gesagt und sogar ehemalige NASA-Mitarbeiter zitiert, die hochgeheime Aufnahmen besagter Anlagen mit eigenen Augen gesehen haben. Man fand unter anderem Spuren, die eindeutig von etwas herrühren, das mit technischen Mitteln bewegt wurde. Tompkins sprach von den „Draco"-Reptiloiden. Ich habe den Hintergrund und die Natur der „Dracos" in meinem 2001 erschienenen Buch „Children of the Matrix" behandelt. Sie geben vor, das „Königsgeschlecht" unter den Reptiloiden zu sein, und traten auf Erden in Gestalt menschlicher Königsfamilien und verschiedener Weltenlenker in Erscheinung (mehr dazu später). Tompkins zufolge war der Apollo-Flug im Jahr 1969 lediglich ein Theaterstück, das dazu diente, die Wahrheit zu verschleiern. Das Apollo-Programm sei vorzeitig eingestellt worden, da die Reptiloiden die Amerikaner davor gewarnt hätten, jemals zum Mond zurückzukehren. Laut Tompkins' Darstellung befand sich der Mond zu dem Zeitpunkt, als ihn die Astronauten erstmals betraten, in der Hand drei Meter großer „Draco“-Reptiloiden: „Als wir den Mond erreichten, wartete eine Überraschung auf uns: Die Draco-Reptiloiden waren schon dort.“ Ken Johnston war einst am Manned Spacecraft Center in Houston als leitender Mondfähren-Testpilot tätig. Während des Apollo-Programms arbeitete er mit dem Unternehmen Brown & Root zusammen, das dem Lunar Receiving Laboratory der NASA als Hauptauftragnehmer diente. Die Einrichtung war dafür zuständig, Mondgestein zu katalogisieren und zusammen mit Fotografien des Fundorts – die teilweise von den Astronauten mit auf der Brust befestigten Kameras aufgenommen worden waren – zu archivieren. Im Jahr 2014 sagte Johnson in der Dokumentation „Aliens on the Moon“, die über den Fernsehsender SyFy ausgestrahlt wurde, dass die Astronauten Neil Armstrong und Buzz Aldrin bereits von außerirdischen Raumschiffen erwartet wurden:

> Als sich Neil und Buzz auf der Mondoberfläche befanden, schaltete Neil auf den medizinischen Kanal um [den die Öffentlichkeit nicht hören konnte] und sprach direkt mit dem medizinischen Chefoffizier. Er sagte zu ihm: „Sie sind hier. Sie harren seitlich des Kraters aus und beobachten uns.“

William Tompkins zufolge sah Armstrong über einem Krater mehrere Raumschiffe schweben. Darunter sollen Hunderte Reptiloide gestanden haben. An Bord der internationalen Raumstation ISS sei man sich der extraterrestrischen Vorgänge bewusst. Die Erde stelle für die Reptiloiden und andere außerirdische Spezies ein Versuchslabor dar, in dem sie Experimente an Menschen vornähmen. „Hinter sämtlichen Regierungen unseres Planeten stecken Draco-Reptiloide“, schrieb Tompkins. Ihre Haut sei mit der von Echsen bzw. Reptilien identisch, doch hätten sie die Fähigkeit, sich auch in menschliche Gestalt verwandeln zu können – so, wie ich es schon in den 1990er-Jahren beschrieben habe. Laut Tompkins waren die letzten amerikanischen Präsidenten bis einschließlich Obama – also auch Bill Clinton und die Bushs – allesamt reptiloide Formwandler. Die Reptiloiden sollen überall im Sonnensystem sowie im Erdinneren über Stützpunkte verfügen. Einen davon, nämlich die unterirdische Basis in der Antarktis, die sich die Reptiloiden seit dem Zweiten Weltkrieg mit geflohenen deutschen Nationalsozialisten teilen sollen (der sogenannten Absetzbewegung), beschrieb ich vor etwa zwei Jahrzehnten. Der Insider und Saturnforscher Norman Bergrun sagte aus, er habe während seiner Zeit als hochrangiger Geheimnisträger die Aufnahme eines Raumfahrzeugs nichtirdischen Ursprungs gesehen, das sich auf antarktischem Boden befand. Im April und Mai des Jahres 2017 wurden in der fraglichen Region seltsame Mikrowellenanomalien registriert. Pulsierende Energiewellen, die von dort ausgehen, haben Auswirkungen auf das Wettergeschehen. Hier sind einige weitere Behauptungen, die Tompkins zwischen 2015 und seinem Ableben aufstellte:

- Die Reptiloiden seien wahre Meister darin, sowohl die individuelle als auch die kollektive Wahrnehmung zu manipulieren und Illusionen zu erschaffen. Aufgrund genetischer und anderer Modifikationen würden die Menschen nur einen Bruchteil ihrer Hirnkapazität benutzen. Statt des vollen Potenzials liege der Anteil laut Tompkins gerade einmal bei etwas über zwei Prozent. Die Erde sei ein Versuchslabor der Außerirdischen, und die Reptiloiden würden Menschen essen und sich an rituellen Opferungen beteiligen.

- Die Reptiloiden und ihr „Königsgeschlecht" – die Drakonier – sollen bereits andere Planeten und Sonnensysteme in ihre Gewalt gebracht haben. Es sei für sie ein alter Hut, sich in der Art von Hackern in die Realitätswahrnehmung einer anderen Spezies einzuklinken und sie auf diese Weise zu „kapern". (Eine Aussage, die sich übrigens mit den angeblichen Ausführungen der „CHANI"-Wesenheit deckt.)

- Die Außerirdischen sollen überall auf der Welt Pyramiden und ähnliche Anlagen erbaut haben, die wir selbst heute Mühe hätten zu errichten. Tompkins sprach auch von einem Bezug zum Orion-System. Die Reptiloiden und andere hoch entwickelte Alien-Spezies seien in der Lage, ganze Planeten zu sprengen. Beim Asteroidengürtel soll es sich um die Überbleibsel eines Planeten handeln, der sich einst zwischen Mars und Jupiter befand – genau wie es Immanuel Velikovsky in den 1950er-Jahren beschrieben hatte. Das gewaltige Loch, das wir heute als Pazifischen Ozean bezeichnen, sei das Ergebnis eines fürchterlichen Einschlags, zu dem es im Zuge des Kataklysmus kam.

- Einige außerirdische Spezies würden gegeneinander Krieg führen (so sollen etwa die Reptiloiden mit den Nordischen verfeindet sein) und auch hinter den Kriegen auf der Erde stecken. Die Elite und Eingeweihte des Militärs sollen mit Extraterrestriern zusammenarbeiten – insbesondere mit den Reptiloiden – und von diesen den größten Teil ihrer Hochtechnologie erhalten haben (die, wie wir noch sehen werden, der zunehmenden Unterjochung dient). Auf dem Mars gebe es gemeinsam von Menschen und Außerirdischen betriebene Untergrundbasen.

Genau dasselbe (und noch einiges mehr) habe ich, begleitet vom Gelächter und Spott des Mainstreams, seit den 1990er-Jahren in mehreren Etappen niedergeschrieben. Letztlich muss jeder selbst entscheiden, welche Schlüsse er aus Tompkins' Aussagen zieht, doch werden seine Behauptungen bezüglich einer Beteiligung an geheimen Regierungsprojekten durch eine ganze Reihe von Einzelheiten und Dokumenten untermauert. Ich frage mich, warum ihm seine Vorgesetzten bei der Marine gestatteten, all das öffentlich zu machen (und sei es auch nur bis zu einem gewissen Grad). Wir sollten stets im Hinterkopf behalten, dass die NASA bzw. das amerikanische Militär Pläne für eine inszenierte „außerirdische Invasion" in der Schublade liegen hat – das „Project Blue Beam" dürfte dabei am bekanntesten sein. Ein solcher vorgetäuschter Angriff würde es rechtfertigen, die gesamte globale Macht zu zentralisieren. Sehr interessant ist Tompkins' Aussage, dass die gegenwärtige Phase der Manipulation der Menschheit durch die Reptiloiden vor 6.000 Jahren begann. Das ist derselbe Zeitpunkt, zu dem auch die „neue Psyche" im Nahen Osten und in Asien („Saharasia") auf der Bildfläche erschien – ausgelöst durch die gewalttätigen Überfälle indoeuropäischer und semitischer Völker. Zwar waren die Reptiloiden schon lange vorher auf der Erde, doch vor etwa sechs Jahrtausenden ging die Manipulation der menschlichen Wahrnehmung in die heiße Phase. Gegenwärtig steuert dieser Prozess seiner Vollendung entgegen – nämlich in Gestalt eines technologischen Kontrollsystems, das unter dem Schlagwort „Transhumanismus" bekannt ist (auch darauf werde ich später ausführlich eingehen).

Meiner Auffassung nach war die „neue Psyche" (neben anderen Faktoren) das Resultat genetischer Programmierungen, die auf die archontischen Reptiloiden zurückgehen.

Abb. 250: Bei der Errichtung der großen Pyramide von Gizeh, die vor Jahrtausenden stattfand, wurden 2,3 Millionen Steinblöcke verbaut, von denen jeder im Mittel zwischen 2,5 und 15 Tonnen wiegt.

Abb. 251: Das nahe Cuzco (Peru) gelegene Sacsayhuamán (bzw. Saksaywaman) mit seinen perfekt zueinander passenden Steinblöcken, die jeweils bis zu 100 Tonnen wiegen.

Zweck dieser Eingriffe war es, die Art und Weise zu verändern, in der die Menschen Informationen verarbeiten und die Wirklichkeit wahrnehmen. Ein anderes Motiv, das seit Jahren Bestandteil meiner Ausführungen ist und Tompkins ebenfalls aufgreift, ist die Idee, dass die weltweit anzutreffenden Pyramiden von Außerirdischen errichtet wurden. Zumindest dürften sie einer der Gründe sein, warum die Pyramiden und andere antike Anlagen auf bestimmte Orte am Sternenhimmel sowie zueinander ausgerichtet sind. Die Autoren der Reihe „Ancient Aliens“, eines Dauerbrenners des Fernsehsenders History Channel, haben sich darum verdient gemacht, die in ferner „Vergangenheit“ erfolgten Interaktionen zwischen Menschen und Außerirdischen sowie die prachtvollen Hinterlassenschaften und ingenieurstechnischen Höchstleistungen der Letztgenannten darzustellen – Aspekte, auf die Tompkins ebenfalls hinwies (Abb. 250 und 251). Überall auf der Welt etwa finden sich Pyramiden, Tempel, rituelle Anlagen, Menhire und Steinkreise, die energetisch auf Orion, Saturn oder den Mond ausgerichtet sind (um die Meridiane bzw. Ley-Linien des Planeten mit Orion-/Saturn-/Mondenergie bzw. -informationen zu durchziehen). Der einzige Punkt, der mich an „Ancient Aliens“ stört, ist der Umstand, dass sich die Sendereihe – zumindest soweit ich sie verfolgt habe – nur auf die „physische“ Welt des sichtbaren Lichts bezieht. Dabei wird es erst wirklich interessant, wenn man sich den Bereichen zuwendet, die jenseits davon liegen. Tompkins beschrieb Formwandler, die zwischen menschlicher und reptiloider Gestalt hin- und herwechseln, und nahm dabei ausdrücklich auf amerikanische Präsidenten Bezug. Auch darüber spreche ich – trotz des allgegenwärtigen Gelächters – seit den 1990er-Jahren.

Die Ursache für die Heftigkeit, mit der diese Vorstellung zurückgewiesen wird, ist die Unkenntnis über die wahre Natur der Realität. Ein fester Körper kann nicht einfach eine andere Gestalt annehmen, oder? *Natürlich nicht* – nur *ist* der menschliche Körper kein festes, physisches Gebilde. Wir haben es vielmehr mit dem Übergang von einem energetischen Informationsfeld (Hologramm) zu einem anderen zu tun, ohne dass Materie überhaupt involviert wäre. Ich werde darauf noch ausführlich eingehen. Wenn die Reptiloiden seit mindestens einigen Jahrtausenden auf der Erde weilen – in Wirklichkeit sind sie schon viel länger hier –, dürften wir erwarten, auf entsprechende Zeugnisse und Hinweise unserer Vorfahren zu stoßen. Im Jahr 1933 veröffentlichte ein Pastor namens John Bathurst Deane ein Buch mit dem Titel „Worship of the Serpent". Darin spürt er dem weitverbreiteten Motiv der Schlangenverehrung nach und kommt zu folgendem Schluss:

> Wie es scheint, war kein Land geografisch so abgelegen oder religiös so anders orientiert, dass es nicht die eine – und einzige – abergläubische Besonderheit mit allen anderen geteilt hätte: Die zivilisiertesten und die barbarischsten Völker verneigten sich mit der gleichen Ehrfurcht vor der gleichen, alles umfassenden Gottheit, und diese Gottheit war die heilige Schlange oder wurde durch sie repräsentiert.
>
> Wie es scheint, gibt es in den meisten, wenn nicht sogar in allen zivilisierten Ländern, in denen die Schlange verehrt wurde, Fabeln oder Überlieferungen, die sich mit der Geschichte der Schlange befassen. Sie alle spielen mittelbar oder unmittelbar auf die Vertreibung des Menschen aus dem Paradies an, bei der die Schlange eine Rolle spielte.
>
> Daraus lässt sich nur der Schluss ziehen, dass die älteste Überlieferung über die Ursachen und Umstände dieser Verführung den Grundstock bildete, aus dem alle anderen Geschichten über die siegreiche Schlange – die den Menschen in seinem Zustand der Unschuld besiegte, ihn in einen Zustand der Sünde warf und ihm die entsetzlich demütigende Verehrung und Anbetung ihrer selbst abverlangte – erwachsen sind.

Woher rührte also die weltweite Manie, Schlangen bzw. Schlangengötter zu verehren? Und warum sind sie so eng mit dem „Sündenfall" verknüpft? In der biblischen Geschichte vom Garten Eden symbolisiert die Schlange das Böse – ein Motiv, das, wie Pastor Deane herausfand, universellen Charakter hat (wenngleich die Geschichte in einigen gnostischen Texten abweichend interpretiert wird). Glauben denn die Christen, bei der Schlange im Garten Eden habe es sich buchstäblich um ein sprechendes Reptil gehandelt? Natürlich ist das alles *symbolisch* gemeint. In der Offenbarung des Johannes, die Teil der Bibel ist, wird der Teufel bzw. Satan als schlangenähnliches Wesen beschrieben:

> Der große Drache, die uralte Schlange, die auch Teufel oder Satan genannt wird und die ganze Welt verführt hatte, wurde mit all seinen Engeln auf die Erde hinabgestürzt.

Leviathan, die „heilige Schlange", ist Bestandteil der jüdischen Religion. Das Motiv begegnet uns überall. Mindestens ein „Fall" der Menschheit lässt sich definitiv ausma-

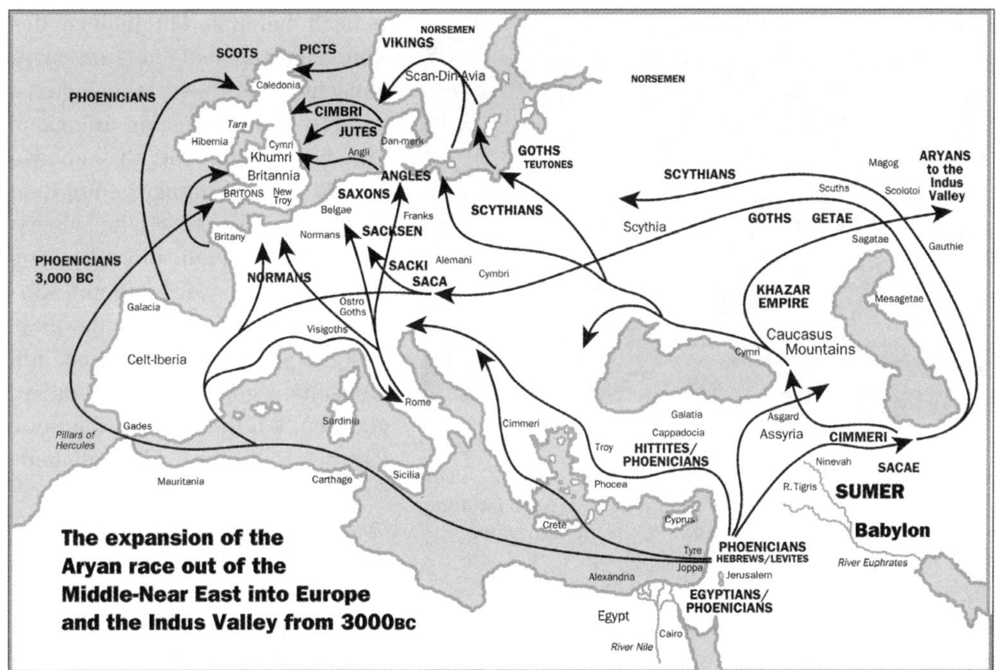

Abb. 252: „Die Expansion der arischen Rasse vom Nahen/Mittleren Osten nach Europa und ins Industal ab 3000 v. u. Z.“ – Die Verbreitung der ursprünglich im Nahen Osten aufgekommenen „neuen Psyche“.

chen: das Aufkommen der „neuen Psyche“ im Nahen Osten vor etwa 6.000 Jahren, nach den gewaltsamen Einfällen indoeuropäischer/semitischer Völker. Im selben Gebiet entstanden in der Zeit nach dem „Fall“ alle großen Religionen, insbesondere das Christentum, der Islam und das Judentum. Die neue Psyche, die durch die Dominanz des Intellekts, der linken Hirnhemisphäre und der fünf Sinne sowie die Unterdrückung der Empathie gekennzeichnet ist, brachte zunächst das sumerische und das babylonische Reich in Mesopotamien hervor. Nachdem sie die Entwicklung Roms und des römischen Imperiums beeinflusst hatte, breitete sie sich in nördlicher Richtung nach Europa und Russland sowie in den Fernen Osten bis nach China aus (Abb. 252). Durch weitere Invasionen der neuen Psyche wurde, ausgehend von Spanien, Portugal und anderen europäischen Ländern, Südamerika kolonisiert. Mit einem Mal gab es Massenkriege, männliche Dominanz, Kontrolle durch Hierarchien, Klassensysteme und Religionen in der Art, wie wir sie auch heute erleben. Von Großbritannien ausgehend, das sich zum Mittelpunkt der neuen Psyche entwickelte, breitete sie sich über das Imperium in alle Welt aus: nach Nord- und Südamerika, Afrika, Australien, Neuseeland usw. (Abb. 253). In 15 Ländern des Commonwealth fungiert die britische Monarchin noch heute als Staatsoberhaupt, unter anderem in Kanada, Australien und Neuseeland. Während dafür Unsummen ausgegeben werden, müssen unzählige „Untertanen“ auf der Straße schlafen.

Es ist verrückt, dass die Bevölkerung dieser Obrigkeit, die sich für privilegiert und erhaben hält, noch immer gestattet, über sie zu herrschen. Vergessen Sie den Quatsch, dass

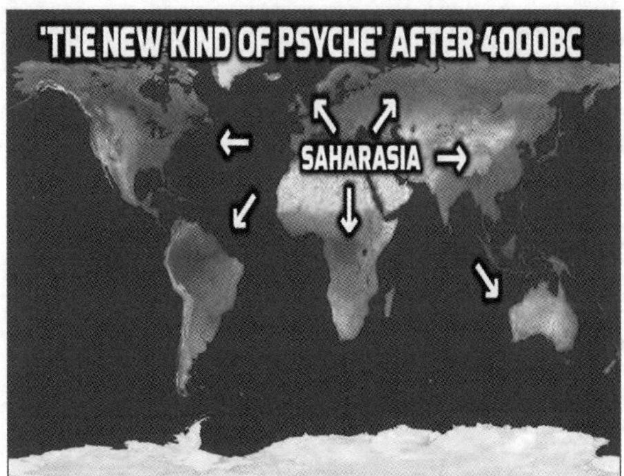

Abb. 253: „Die neuartige Psyche seit 4.000 v. u. Z." – Von Europa ausgehend wurde die neue Psyche durch koloniale Invasoren – allen voran das britische Imperium – in alle Welt getragen.

es sich bei den Mitgliedern des Königshauses lediglich um symbolische Repräsentationsfiguren handelt, die Touristen anlocken. Für die Blaublütigen ist – ebenso wie für Krieg – immer genug Geld da. Die verschwenderische Lebensweise der Adligen, mit ihren zig Palästen und vergoldeten Kutschen, zeigt mehr als deutlich, welche Stellung die Dracos den Menschen gegenüber zu haben glauben. Wo immer sich die neue Psyche und ihre „königlichen" Draco-Familien hinbegaben, verfolgten sie das Ziel, einzelne Länder und schließlich – mit vereinten Kräften – die gesamte Welt unter ihre Kontrolle zu bringen. Ich behaupte, dass die neue Geistesverfassung (neben weiteren Faktoren) hauptsächlich aus den genetischen Manipulationen der Reptiloiden und Grauen resultierte, die in alten Texten beschrieben werden, sowie aus der Umstrukturierung des astrologischen Himmels, die sich auf die Wahrnehmung und die psychologische Verfassung der Menschheit auswirkte. Jedes Mal, wenn die neue Psyche in indigene Kulturen einfiel – die einer älteren Psyche angehörten und die Realität folglich ganz anders verarbeiteten und decodierten –, folgte sie demselben Schema: Zunächst merzt man durch Versklavung und Massenmord die Schamanen und mit ihnen das alte Wissen aus; dann ersetzt man das Letztgenannte durch aufgezwungene Religionen, die die neue Psyche repräsentieren.

Die bedeutendsten Wahrnehmungsinvasoren waren die von den boshaften Psychopathen der römischen Kirche angeführten Christen. Es schmerzt mich, wenn ich Schwarze in Amerika oder Afrika so vehement die christliche Religion verteidigen sehe, die ihre Vorfahren unterjocht und den Großteil des von Generation zu Generation überlieferten Wissens ausgelöscht hat. Der christliche Glaube – insbesondere die von gnadenlosen Jesuiten vertretene römisch-katholische Version – wurde uralten afrikanischen sowie nord- und südamerikanischen Völkern übergestülpt. Auf die Ankunft der Briten in Australien folgte die hartherzige und gleichgültige Behandlung der Ureinwohner. Die einfachen Soldaten, die diesem Kulturfaschismus mit eiserner Faust zum Sieg verhalfen, dürften – im Gegensatz zu den Strippenziehern im Schatten – keine Ahnung gehabt haben, was sie da eigentlich taten. Der wahre Grund, warum man die indigenen Völker so brutal ins Visier nahm, ist folgender: Nach dem Willen der archontischen Invasoren sollte einzig die mit der neuen Psyche verknüpfte Wahrnehmungsunterjochung Bestand haben, die den fünf Sinnen huldigt und immer enger mit der Simulation verschmilzt. All diejenigen, die die alte Psyche verkörperten, mussten entweder beseitigt oder von der neuen Psyche absorbiert werden. Genau so kam es auch, jedoch gelang die Umsetzung des Vorhabens nicht lückenlos. Ich bin vielen Vertretern indigener Völker begegnet, die die Maske uralter Weisheit trugen, in Wirklichkeit aber die neue Psyche verkörperten. Doch ich habe auch einige Indigene kennengelernt, die die Illusion noch immer durchschauen.

Die Wahrnehmung und die Art und Weise, in der das Gehirn die Realität decodiert, lassen sich allein durch die Diffusion in eine andere Kultur (Informationsquelle) verändern. Lange Zeit glaubten die Wissenschaftler, dass das Gehirn, sobald es einmal fertig ausgebildet ist, unveränderlich bleibt. Doch inzwischen mussten sie ihre Ansicht revidieren. Wie ich bereits erwähnte, verfügt das Gehirn über eine Eigenschaft, die als „Plastizität" bezeichnet wird: In Abhängigkeit von den *Informationen*, die es empfängt und verarbeitet, kann es nämlich „neu verschaltet" werden. Allein dadurch, in einer Welt zu leben, die sich vollständig auf den Materialismus gründet und den fünf Sinnen huldigt, kann das Gehirn auf die neue Psyche „umgestellt" werden, sodass es die Wirklichkeit in anderer Weise decodiert und wahrnimmt. Genau das ist es, was wir etwa bei den „smarten" Technologien beobachten können. Die von ihnen bewirkten Veränderungen des Gehirns und damit des Verhaltens erfolgen schneller als je zuvor – so, wie es geplant war. Einer derjenigen, die hinter den Schleier zu blicken vermochten, war Don Juan Matus. Der Heiler bzw. Schamane vom Stamme der in Mexiko ansässigen Yaqui diente dem gebürtigen Peruaner Carlos Castaneda über viele Jahre als Informationsquelle. Zwischen den 1960er- und den 1990er-Jahren verfasste Castaneda eine ganze Reihe von Büchern. Don Juans Aussagen wurden mir erst bekannt, nachdem ich Ähnliches, basierend auf eigenen Informationen, bereits selbst niedergeschrieben hatte. In seinen Worten erkenne ich einmal mehr das allgegenwärtige Motiv. Die Macht, die die menschliche Gesellschaft manipuliert, beschrieb Don Juan folgendermaßen:

> Es ist ein räuberisches Wesen, das aus den Tiefen des Kosmos kam und die Herrschaft über unser Leben an sich riss. Die Menschen sind seine Gefangenen. Dieser Räuber ist unser Herr und Meister. Er hat uns fügsam und hilflos gemacht. Wenn wir protestieren wollen, unterdrückt er unseren Protest. Wenn wir unabhängig handeln wollen, verlangt er, dass wir darauf verzichten. […] Wir sind in der Tat Gefangene!
>
> Sie haben die Herrschaft übernommen, weil wir Nahrung für sie sind. Und sie nehmen uns erbarmungslos aus, weil wir ihr Überleben sichern. So wie wir Hühner in Hühnerställen halten, in „Gallineros", so halten uns die Räuber in Menschenställen, in „Humaneros". Auf diese Weise haben sie ihre Nahrung ständig zur Verfügung.

„Nahrung" = vom Menschen produzierte emotionale bzw. elektromagnetische Energie, die in den archontischen Frequenzbereich fällt (Angst). Als Ausdruck der archontischen Frequenz können sich die Reptiloiden und Grauen davon ernähren.

> Denk einen Augenblick nach und sag mir, wie du den Widerspruch zwischen der Intelligenz des Menschen als Techniker und der Dummheit des Systems seiner Überzeugungen erklärst, oder der Dummheit seines widersprüchlichen Verhaltens.

In einem späteren Kapitel werde ich auf diese offenkundigen Widersprüche näher eingehen.

> Die Zauberer glauben, dass die Räuber uns das System unserer Überzeugungen, unsere Vorstellung von Gut und Böse, unsere gesellschaftlichen Sitten gegeben haben. Sie bringen unsere Hoffnungen und Erwartungen hervor und unsere Träume von Erfolg oder Versagen. Von ihnen stammen Verlangen, Gier und Feigheit. Die Raubwesen sind es, die uns zufrieden und egoistisch und zu Gewohnheitstieren machen.

Genau das sage und schreibe ich seit Jahrzehnten.

> Um uns gehorsam, demütig und schwach zu halten, haben die räuberischen Wesen zu einem ungeheuerlichen Manöver gegriffen – ungeheuerlich natürlich vom Standpunkt eines Kampfstrategen. Und es ist ein schreckliches Manöver vom Standpunkt derer, die darunter leiden. Sie haben uns ihr Bewusstsein gegeben! Verstehst du? Die Räuber geben uns ihr Bewusstsein, das unser Bewusstsein wird. Ihr Bewusstsein ist verschlungen, widersprüchlich, verdrießlich und von der Angst erfüllt, jederzeit entdeckt zu werden.

Abb. 254: „Sie gaben uns ihre Gedanken – den gefälschten Geist" – Die Verseuchung des menschlichen Energiefelds/Organismus mit dem gefälschten Geist der „neuen Psyche".

Die Entitäten, die uns den gefälschten Geist eingeflößt haben, fürchten sich davor, dass die Menschen ihr Gewahrsein über die Programmierung hinaus erweitern. Damit wäre ihr Spiel nämlich beendet (Abb. 254).

> Die Zauberer im alten Mexiko ... kamen zu dem Schluss, dass der Mensch zu einem bestimmten Zeitpunkt ein vollständiges Wesen gewesen sein muss, mit erstaunlichen Erkenntnissen, Verstandesleistungen, die heute mythologische Legenden sind. Und dann scheint all das verschwunden zu sein, und nun haben wir einen sedierten Menschen.

Don Juan spricht von der Menschheit des Goldenen Zeitalters – der Zeit vor dem „Computerhack" – und davon, was nach ihrem „Fall" geschah.

> Ich will sagen, dass wir es nicht einfach mit irgendeinem Räuber zu tun haben. Er ist sehr intelligent und organisiert. Er geht nach einem methodischen System vor, das uns nutzlos macht. Der Mensch, dem es bestimmt ist, ein magisches Wesen zu sein, ist nicht mehr magisch. Für den Menschen gibt es keine anderen Träume mehr als die Träume eines Tieres, das aufgezogen wird, um ein gewöhnliches Stück Fleisch zu werden – schwerfällig, konventionell, schwachsinnig.

Wenn Sie sich auf der Welt umschauen, werden Sie feststellen, dass das weitgehend zutrifft. Doch dabei muss es nicht bleiben. Es ist möglich, dem Wahrnehmungsgefängnis zu entrinnen, und immer mehr Menschen sind bereits dabei.

Dämonisches Duett

Die von Archonten besessenen und kontrollierten reptiloiden Wesenheiten, die aus dem Verborgenen heraus agieren, stehen – zusammen mit den Grauen, die als ihre Untergebenen an etwa 43 Prozent aller dokumentierten Begegnungen mit „Außerirdischen" beteiligt sind – im Mittelpunkt der Kaperung der menschlichen Wahrnehmung und der genetischen Manipulationen. Von Kontaktlern und Entführten hört man immer wieder, dass die Reptiloiden und die Grauen mit dem Sternbild Orion in Verbindung stehen. Die Reptiloiden hätten zudem einen Bezug zu Alpha Draconis – dem Sternbild des Drachen –, während die Grauen mit dem Sonnensystem Zeta Reticuli verknüpft zu sein scheinen. Auch Sirius ist mit reptilienartigen Wesenheiten in Verbindung gebracht worden. Alpha Draconis ist am fernen nördlichen Sternenhimmel zu sehen; Zeta Reticuli ist ein Doppelsternsystem, das zum südlichen Sternbild Reticulum gehört (Abb. 255 und 256). Das Letztgenannte ist am Sternenhimmel der südlichen Hemisphäre mit bloßem Auge zu erkennen, wenn es ausreichend dunkel ist. Alpha Draconis soll die Heimat des reptiloiden „Königsgeschlechts" sein, das als „Drakonier" bzw. „Draco" (lat.: Drache) bezeichnet wird. Den Augenzeugen zufolge sollen sie Hörner, Flügel und Schwänze haben (Abb. 257). Von mehreren Insidern bzw. Entführungsopfern weiß ich, dass die Draco-Reptiloiden, die an der Spitze der Kontrollstruktur stehen und als genetisch überlegen gelten, albinoähnliche Eigenschaften aufweisen. Nicht alle Reptiloiden – von denen es viele verschiedene Arten gibt – sind feindselig; doch auf diejenigen, über die ich spreche, trifft das mit Sicherheit zu. Wie die Grauen werden sie einhellig als bösartig, gefühllos und frei von jeder Empathie beschrieben. Hinzu kommen

Abb. 255: Alpha Draconis.

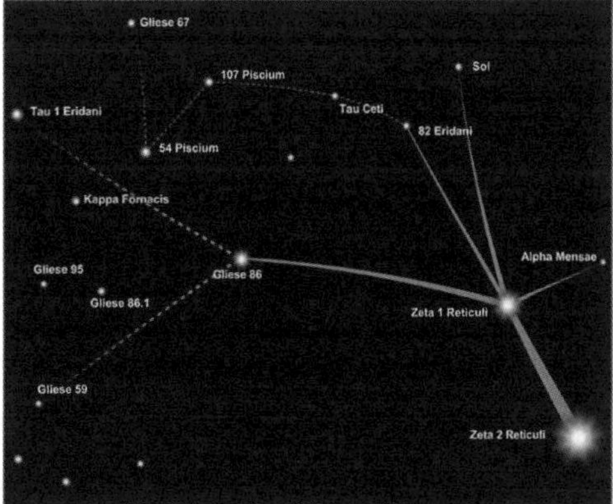

Abb. 256: Das Doppelsternsystem Zeta Reticuli.

Abb. 257: Darstellung der Drakonier bzw. Dracos.

weitere psychopathische Eigenschaften, die kennzeichnend für den voll ausgebildeten gefälschten Geist sind, darunter die völlige Abwesenheit von Gewissensbissen oder Schamgefühl.

Der gefälschte Geist bringt parasitäre, pathologische Lügner hervor, die alles zu tun bereit sind, was zum Erreichen ihrer Ziele erforderlich ist. Sowohl die Reptiloiden als auch die Grauen verfügen über ein Schwarmbewusstsein – vergleichbar mit dem eines Bienenvolkes oder einer Ameisenkolonie –, das den archontischen Geist repräsentiert. „Sie haben uns ihr Bewusstsein gegeben", hatte Don Juan Matus gesagt. Viele Menschen sind, wie sich allerorten beobachten lässt, einer ähnlichen Mentalität verfallen. Einige Rechercheure und Augenzeugen sagen, die Quelle des Schwarmbewusstseins sei die „Orion-Königin" – vergleichbar mit einer Bienenkönigin. Legt man jedoch die Idee einer von Orion ausgehenden vorgetäuschten Realität zugrunde, erkennt man hinter all dem den demiurgischen Verstand. Die menschlichen Königsfamilien sind Inkarnationen der Dracos, die unter den Reptiloiden als „Königsgeschlecht" gelten. Wenn sich mehrere Königreiche zusammenschlossen – um entweder gemeinsam eine Schlacht zu schlagen oder aus rein föderativen Gründen –, ernannten sie einen „König der Könige", der auch als „Großer Drache" oder ... Draco bezeichnet wurde. In der Sage von König Artus und dem Heiligen Gral trägt Artus' Vater Uther den keltischen Titel Pendragon.

Reptiloide und Graue agieren überwiegend im Unsichtbaren, doch gelegentlich wechseln sie in unsere Realität und erscheinen „aus dem Nichts", wie Kontaktler, Entführungsopfer und UFO-Zeugen berichten. Im Jahr 2010 traf ich mich in Barcelona mit dem spanischen Künstler Robert Llimos. Er hatte noch nie von mir oder den Reptiloiden gehört, als er in Brasilien einem Vertreter der Letztgenannten begegnete. Llimos, der bei seiner brasilianischen Partnerin weilte, machte sich eines Tages allein auf den Weg in die Natur, um dort Landschaften zu malen. Nachdem er seine Staffelei aufgestellt und zu malen begonnen hatte, sei ein etwa 50 Meter großes Gefährt vom Himmel herabgestiegen und habe zwei Stunden lang vor ihm geschwebt. Wie Robert mir erzählte, könne er nicht sagen, ob man ihn an Bord des Schiffes gebracht hat; eine Erinnerung daran habe er jedenfalls nicht. Was er sah, habe er in einem Bild festgehalten – darunter die beiden reptiloiden Wesen, die ihn aus dem einzigen offenen Fenster des Raumschiffs angestarrt hätten (Abb. 258). Vergleicht man Llimos' Bild mit der Zeichnung, die der Zulu-Schamane Credo Mutwa angefertigt hat, lässt sich eine erstaunliche Übereinstimmung konstatieren (Abb. 259). Credos Darstellung basiert auf überlieferten und neuzeitlichen Beschreibungen der reptiloiden „Chitauri". Wenn Sie die Suchbegriffe „Credo Mutwa" und „Reptilian Agenda" ins Suchfeld der Website DavidIcke.com eingeben, erscheint ein sechsstündiges Video, in dem Credo über die Legenden spricht, die sich die Zulu über die reptiloiden Manipulatoren erzählen, sowie über seine eigenen Erlebnisse mit den Grauen.

Auf Tausenden von Tontafeln bzw. -fragmenten, die man im Gebiet des heutigen Irak fand, wird die Geschichte einer nichtmenschlichen Spezies von Invasoren erzählt, die unter dem Namen Anunna bzw. Anunnaki bekannt sind (was mindestens einer Übersetzung zufolge „die, die vom Himmel zur Erde kamen" bedeutet). Die Tafeln enthalten historische Berichte, die auf die beiden antiken Kulturen Mesopotamiens (des sogenannten „Zweistromlandes" zwischen Euphrat und Tigris) überkommen waren: das sumerische Reich (etwa 3000 – 1800 v.u.Z.) und das babylonische Reich (in verschiedener Gestalt, etwa 1800 – 539 v.u.Z.). Bei Mesopotamien, das als Wiege der Zivilisation bezeichnet wird, handelte es sich in der Tat um eine Gesellschaft, die von der „neuen Psyche" gekennzeichnet war. Sie entstand nach dem „großen Wandel" und den kataklystischen Umwälzungen im Sonnensystem. Den mesopotamischen Tafeln zufolge wurden die Anunnaki von den Brüdern Enlil und Enki angeführt, den Söhnen des Anu, des „Herrn des Himmels". Dieselbe Aussage findet sich in den Legenden, die sich die Zulu über die reptiloiden Chitauri erzählen. (Der Begriff „Chitauri" bedeutet „Kinder der Schlange" bzw. „Kinder der Python".) Gemäß diesen Überlieferungen sollen die beiden Brüder, die bei den Zulu Wowane und Mpanku heißen, den Mond quer über den Himmel gerollt und in einer Erdumlaufbahn positioniert haben. Die Zulu bezeichnen Wowane und Mpanku als „Wasserbrüder"; auch Enki (bzw. Ea in der babylonischen Religion) wurde mit dem Wasser assoziiert, nämlich als der für das Süßwasser zuständige Gott. Sowohl von den Anunnaki als auch von den Chitauri heißt es, sie hätten die Menschen dazu gezwungen, in afrikanischen Minen Gold abzubauen. Zahlreiche weitere Übereinstimmungen lassen keinen Zweifel daran, dass mit den Bezeichnungen „Anunnaki" und „Chitauri" dieselben reptiloiden Invasoren gemeint sind. Laut mesopotamischen und Zulu-Überlieferungen waren die Anunnaki-Chitauri für die katastrophalen Ereignisse verantwortlich, die mit der „großen Flut" einhergingen und der damaligen menschlichen Gesellschaft ein Ende setzten. Enki soll einen menschlichen „Priesterkönig" namens Ziusudra vor den bevorstehenden Ereignissen gewarnt und ihn

Abb. 258: Das sah Robert Llimos in Brasilien.

Abb. 259: Credo Mutwas Darstellung der „Arbeiterklasse" der Reptiloiden; nach alten und modernen Beschreibungen.

angewiesen haben, ein riesiges Schiff zu bauen und „Getier und Vögel" an Bord zu nehmen. Jahrtausende später entstand, nunmehr im hebräischen Kontext, die biblische Neufassung dieser Geschichte, in der Ziusudra zu Noah umgetauft wurde. In anderen Kulturen hieß dieselbe Figur Deukalion (Griechenland), Manu (Indien), Fohi (China), Xisthros (Persien), Nota (Mexiko) oder Utnapischtim (Mesopotamien).

Besuche durch Reptiloide oder Graue (und zahlreiche andere Gruppierungen) sind keine neuen Phänomene. Sie haben in den letzten etwa 6.000 Jahren – gemäß unserer Wahrnehmung der „Zeit" – lediglich eine neue Stufe erreicht. Aus dem Verborgenen kommend, traten sie in unsere Realität, als die Menschen noch in Höhlen lebten und Lendenschurze trugen, und begannen sie durch fortgeschrittene technische und andere Methoden zu manipulieren. So erklärt sich, warum die Gnostiker die Archonten als reptiloide oder grauhäutige Gestalten darstellten – genau so, wie heutige Entführungsopfer und Insider aus Regierung und Militär „Aliens" beschreiben. In alten Texten finden sich zahllose Passagen, in denen klarerweise von hoch entwickelten Luftfahrzeugen die Rede ist. Die Bibel etwa berichtet von Menschen, die „in den Himmel gehoben" wurden. Weitere Beispiele sind die als „fliegende Paläste" oder „Wagen" umschriebenen Vimanas, von denen hinduistische Texte und in Sanskrit verfasste Geschichten berichten. Im Mahabharata, einem der beiden großen Sanskrit-Epen des alten Indien, wird von „zweigeschossigen Himmelswagen mit zahlreichen Fenstern" berichtet, die „rote Flammen ausstoßen und himmelwärts rasen, bis sie Kometen ähneln [...] zur Sonne und zu den Sternen". Auf Schritt und Tritt stößt man in antiken Überlieferungen, Legenden und Erzählungen auf die Symbolik fliegender Fahrzeuge. Des Weiteren gibt es die bemerkenswerten Geschichten des Dogon-Stammes, der im afrikanischen Mali beheimatet ist. Die Dogon behaupten, ihre Vorfahren hätten Besuch von den sogenannten Nommo erhalten – den „Herren des Wassers", die vom Sirius gekommen seien und ihnen Kenntnisse über das Universum vermittelt hätten (Abb. 260). Die Nommo werden als amphibienartige Wesen mit „schlangenähnlichen Eigenschaften" beschrieben. Das erinnert einerseits an die Geschichten von den Anunnaki/Chitauri; zum anderen lassen sich Verbindungen zu bestimmten antiken Religionen herstellen, die Fischgöttern huldigten (siehe unter Oannes oder Dagon). Deren Priester trugen Kopfbedeckungen, die an einen Fischkopf erinnerten – so wie die heute bekannte „christliche" Mitra (Abb. 261). Wie die Dogon, die Sirius als „Land der Fische" bezeichnen, verehrten auch die Sumerer und die Babylonier Fischgötter, die sie mit ähnlichen Worten beschrieben. Credo Mutwa schrieb in seinem Buch „Song of the Stars":

Abb. 260: Altertümliche Darstellung der Fischgötter.

> Nicht nur bei den Zulu, sondern auch bei den Dogon und vielen anderen weit verstreuten afrikanischen Stämmen gibt es Geschichten von den Nommo, die dem

in unseren Legenden vorkommenden König der Wassermenschen ähneln. Es soll sich bei ihnen um intelligente Wesen handeln, die die Erde mehrmals besucht haben. In der Regel werden sie als ziemlich menschenähnlich beschrieben, jedoch soll ihre Haut denen von Reptilien gleichen.

Abb. 261: Die „christliche“ Mitra geht auf die Kopfbedeckung der Fischgottpriester zurück.

Robert Temple, der über die Dogon ein Buch mit dem Titel „Das Sirius-Rätsel“ verfasste, wies darauf hin, dass in deren Überlieferungen sämtliche Planeten einschließlich Pluto sowie Monde Erwähnung finden, die erst vor Kurzem entdeckt worden sind. Einer Legende der Dogon zufolge wird Sirius von einem Stern umkreist, der so schwer ist, dass sämtliche Erdbewohner ihn nicht anheben könnten. Die Geschichte existierte schon Jahrtausende bevor die Wissenschaft herausfand, was damit gemeint war: der außergewöhnlich schwere Zwergstern Sirius B (Abb. 262). Doch die Dogon wussten noch von einem weiteren Stern, der sich in einer Umlaufbahn um Sirius befindet. Erst 1995 er dieser von Astronomen entdeckt, die ihm den Namen Sirius C gaben.

In den Zeugnissen von Entführungsopfern und Kontaktlern ist häufig von den Plejaden sowie den angeblich dort beheimateten menschenähnlichen Außerirdischen die Rede, die blaue Augen und blonde Haare haben sollen. Ursprünglich sollen sie vom Sternbild Leier stammen, das am nördlichen Himmel zu sehen und dessen hellster Stern Vega ist. Eine Fülle antiker und neuzeitlicher Belege zeigt, dass die Erde stets von Wesen unterschiedlicher Herkunft besucht worden ist – seit dem Beginn historischer Aufzeichnungen, und sogar davor. Der Großteil dieser Entitäten agiert in anderen Realitäten bzw. Dimensionen der demiurgischen niederen Äonen, statt Formen anzunehmen, die derselben Atmosphäre bedürfen wie wir Menschen. Die Wesen, die im Inneren des Saturns leben bzw. über dessen interdimensionales Portal zur Erde gelangen, sind energetisch und im Hinblick auf ihre atmosphärischen Erfordernisse offenbar gänzlich anders beschaffen als die Menschen. Damit haben wir eine mögliche Lösung des „Fermi-Paradoxons“, das nach dem italienischen Physiker Enrico Fermi benannt

Abb. 262: Sirius A und B (der hellste Stern auf der rechten Seite).

wurde. Er argumentierte, dass sich angesichts der 100 Milliarden Sterne, die unsere Galaxie umfasst, unausweichlich auch anderswo intelligentes Leben entwickelt haben müsse – wo also bleiben sie, die „Aliens"?

Ob außerweltliche Besucher wohlwollender oder bösartiger Natur sind, hängt davon ab, wo sie sich innerhalb des Bewusstseinsspektrums befinden und in welchem Maße sie vom gefälschten Geist beeinflusst sind. Während einige Wesenheiten der Menschheit dabei helfen zu erwachen, gibt es andere, die uns im Schlaf halten wollen. Die meisten jedoch verfolgen eine Agenda, in der der Menschheit zumindest nicht die höchste Priorität zukommt. Die Entitäten, die die Menschheit erwachen sehen wollen, stehen auf der Frequenzskala viel zu weit oben, als dass sie in einen direkten Austausch mit uns treten könnten. Sie kommunizieren durch eine Verbindung des Gewahrseins oder indem sie unmittelbar in eine menschliche Gestalt „inkarnieren", dabei aber eine bewusste Verbindung „nach Hause" aufrechterhalten. So lautet zumindest die Theorie – in der Praxis verlieren sich leider viele dieser Wesenheiten ihrerseits in der Illusion.

Die Welt unter unseren Füßen

Die Reptiloiden und die Grauen unterhalten auch Kolonien in tief unter der Erde gelegenen Hohlräumen und Höhlensystemen. Im Sonnenlicht können sie nicht lange überleben (daher rührt die Legende, dass Vampire vor Sonnenaufgang wieder in ihrem Sarg liegen müssen). Einige Gruppierungen innerhalb der Reptiloiden und der Grauen haben sich (neben weiteren Spezies) im Erdinneren angesiedelt. Von dort aus können sie durch Frequenzverlagerung zwischen den Dimensionen hin- und herspringen. Oft habe ich Berichte von Personen gehört, die zunächst ein Flugobjekt sahen, das sich dann jedoch in eine Art energetischen Blitz verwandelte, der in den Boden einschlug und ins Erdinnere eindrang. Heute stehen die geheimsten unterirdischen Militärbasen – die „DUMBs" (engl.: Deep Underground Military Bases) – mit den Höhlensystemen/-städten der Reptiloiden/Grauen in Verbindung. Die Letztgenannten arbeiten auf den tiefstgelegenen Ebenen der DUMBs (die sich oftmals mehrere Kilometer unter der Erdoberfläche befinden) mit den „menschlichen" Netzwerken der *El*-ite zusammen, um ihre gemeinsame Agenda zur Kontrolle der gesamten Menschheit voranzutreiben. Diese im Inneren von Bergen angesiedelten gigantischen Stationen bzw. Städte/Fabriksysteme sind derart geheim, dass nicht einmal die amerikanischen Präsidenten wissen dürfen, was dort tatsächlich vor sich geht – *da ihre Sicherheitsfreigabe dafür nicht ausreicht*. Präsidenten kommen und gehen – wie es Politiker überall auf der Welt tun –, ohne je zu erfahren, was es mit diesen Anlagen auf sich hat (oder gar sie zu befehligen).

Welche Macht also ist es, die die DUMBs kontrolliert und koordiniert, ohne sich im Geringsten davon beeindrucken zu lassen, welche Marionette gerade im Weißen Haus, in der Downing Street oder andernorts die Regierungshierarchien anführt? Reptiloide und Graue verfügen über Netzwerke menschlicher Hybriden, die ihre Interessen durchsetzen und Machtpositionen besetzen. Daniel Inouye, der für den amerikanischen Bundesstaat Hawaii über neun Legislaturperioden als Senator tätig war, sagte 1987 in Capitol Hill: „Es gibt eine Schattenregierung, die über eine eigene Luftwaffe, Marine und Geldbeschaffungsstruktur sowie über die Möglichkeit verfügt, das ‚nationale Interesse' ihren eigenen Vorstellungen gemäß zu interpretieren und zu verfolgen – ohne dabei von irgendwelchen Kontrollen oder dem Gesetz behelligt zu werden." Damit brachte es Inouye präzise auf den Punkt. Die DUMBs sind die Orte, an denen der Technologietransfer erfolgt, der auf der Erdoberfläche unter Schlagzeilen wie „Firma erfindet gesellschaftsveränderndes Computersystem" oder „Nerd entwickelt in seiner Garage erstaunliches Gerät" in Erscheinung tritt. Geschichten wie diese dienen oft dazu, die tatsächliche Herkunft bestimmter Technologien zu verschleiern – nämlich solcher, mit denen die Menschheit in dem jetzt sichtbar werdenden, allumfassenden Umfang kontrolliert werden soll.

DUMBs sind in Ebenen bzw. Etagen unterteilt. Je tiefer man hinabsteigt, desto höher ist die erforderliche Sicherheitsfreigabe. Selbst das Gros der Belegschaften dieser gewaltigen Stationen ahnt nicht, was unter ihren Füßen vor sich geht. Mitarbeiter der unteren Ebenen werden vor und nach jeder Schicht gewogen, um sicherzustellen, dass sie nicht irgendetwas mitgehen lassen. Manch einer, der behauptet, die tiefsten Stockwerke mit eigenen Augen gesehen zu haben, berichtet von entsetzlichen Menschenexperimenten, etwa der Erschaffung menschlich-reptiloider Hybriden. In meinen Büchern „Das größte Geheimnis" und „Children of the Matrix" habe ich das Thema ausführlich abgehandelt und auch Augenzeugen zitiert. Nach Angaben von Eingeweihten existieren weltweit mindestens 1.500 solcher Stationen; viele davon sollen sich in den Vereinigten Staaten befinden. Zu den wichtigsten DUMBs zählen die im US-Bundesstaat New Mexico gelegenen Untergrundbasen Dulce und Los Alamos (wo die Atombombe entwickelt wurde), die Militärbasis Pine Gap in Australien und die China Lake Naval Air Weapons Station, die etwa 240 Kilometer nördlich von Los Angeles in der kalifornischen Mojave-Wüste gelegen ist. Weitere Einzelheiten finden Sie in den genannten Büchern. China Lake ist von mehr als 50.700 Quadratkilometern gesperrtem und überwachtem Luftraum umgeben, zu dem unter anderem die Edwards Air Force Base und Fort Irwin gehören – die ihrerseits über unterirdische Anlagen verfügen (Abb. 263). Insider geben an, dass DUMBs und Luftwaffenstützpunkte durch unterirdische Tunnelanlagen und superschnelle Bahnsysteme miteinander verbunden sind. Durch die Verwendung nuklear betriebener Technik sollen die Tunnel mit unglaublicher Geschwindig-

Abb. 263: Auf der Untergrundbasis der China Lake Naval Weapons Station steht das US-Militär mit den Reptiloiden im Austausch.

keit ins Gestein getrieben worden sein. Durch den Prozess, in dessen Verlauf das Gestein geschmolzen wird, entstehen Tunnel mit glatten, glasähnlichen Wänden. Bedenken Sie, dass sämtliche Technologien, die die Öffentlichkeit zu Gesicht bekommt, Lichtjahre hinter dem hinterherhinken, was in Geheimprojekten möglich ist.

In den 1990er-Jahren hielt ich mich wiederholt für jeweils mehrere Monate in den Vereinigten Staaten auf, um Recherchen zu den genannten Themen anzustellen und mich mit Eingeweihten und Augenzeugen zu treffen. Im Laufe der Jahre berichteten mehrere von ihnen, dass einige Graue lebendig oder tot von Absturzstellen nichtirdischer Flugobjekte geborgen wurden. Der berühmteste Vorfall dieser Art ist der UFO-Absturz von Roswell, New Mexico, im Jahre 1947. In dem Dokumentarfilm „Reptilian Agenda“ erzählt Credo Mutwa, wie er einst von den Grauen entführt worden ist, und erwähnt, dass man Vertreter derselben manchmal im afrikanischen Busch findet – woraufhin das Militär in aller Regel blitzschnell vor Ort erscheint und sie einkassiert. Gemeinsam mit anderen habe er einmal versucht, den Körper eines toten Grauen aufzuschneiden. Dabei stellte sich heraus, dass dessen „Haut“ in Wirklichkeit eine Art Anzug war, der sich nur schwer durchdringen ließ. Aus den USA stammen verschiedene Insiderberichte, die besagen, dass die äußere Hülle der Grauen so etwas wie einen Raumanzug darstellt, der sie vor der fremdartigen Atmosphäre schützt. Sie bestätigen auch, dass bei solchen Vorfällen das Militär anrückt, die Leichen der „Aliens“ beschlagnahmt und jeden Hinweis auf ihre Existenz beseitigt. Wiederholt sagten Eingeweihte und Zeugen aus, die Leichen würden – zumindest im ersten Schritt – zur östlich von Dayton, Ohio, gelegenen Wright-Patterson Air Force Base verbracht werden.

Ich bin die Straße, die am China Lake entlang der äußeren Umzäunung verläuft, zweimal abgefahren. Man sieht dort so gut wie keine Gebäude – fast alles spielt sich unterirdisch ab. Im Gebiet um China Lake waren einst alte Kulturen beheimatet. Im nahe gelegenen Coso Canyon Range, das teilweise als Sperrgebiet deklariert ist, befindet sich der Coso Rock Art District. In diesem über 250 Quadratkilometer großen Areal, das innerhalb der nördlichen Halbkugel die größte Dichte an Felsbildern aufweist, wurden mehr als 50.000 Petroglyphen katalogisiert. In meinen früheren Büchern vertrat ich die Ansicht, dass es sich bei China Lake um eine unterirdische Basis handelt, von der aus die Reptiloiden und deren „Königsgeschlecht“, die Drakonier, operieren und mit dem amerikanischen Militär bzw. der *El*-ite in Austausch treten. Ich führte Aussagen von Augenzeugen an, die in den unterirdischen Anlagen von China Lake reptiloide Entitäten gesehen haben wollen. China Lake soll an ein Tunnel- und Transportsystem angeschlossen sein. William Tompkins, ein Whistleblower des Marinegeheimdienstes, wandte sich 2015 mit einem Buch an die Öffentlichkeit. Darin schrieb er, dass er China Lake viele Male besucht habe, und bestätigte meine Vermutungen über die Verbindungen, die zwischen diesem Ort und den Reptiloiden bestehen.

Im Jahr 2011 führte mich mein Weg durch das im australischen Northern Territory gelegene Alice Springs. Gemeinsam mit ein paar Freunden nutzte ich die Gelegenheit, der mysteriösen, vom amerikanischen Militär betriebenen Untergrundbasis Pine Gap, die sich nur eine halbe Autostunde entfernt befand, einen Besuch abzustatten. Wir ignorierten sämtliche Schilder, die zur Umkehr aufforderten – wir wollten wissen, was geschehen

Abb. 264: Die nahe Alice Springs (Australien) gelegene Militärbasis Pine Gap. Der Rest der Anlage befindet sich unterhalb der Erdoberfläche.

würde. Doch kaum rückte die äußere Einfahrt zur Militärbasis in unser Blickfeld, begannen wir uns sehr merkwürdig und unwohl zu fühlen, sodass wir tatsächlich umkehren mussten. Es fühlte sich an, als seien wir in eine Art elektromagnetisches Feld geraten. Es dauerte eine Weile, bis sich der Effekt gänzlich verflüchtigt hatte. Der Zufall wollte es, dass ich einige Tage später erneut nach Alice Springs flog und mich der Anflug nahe an Pine Gap vorbei führte. Abgesehen von ein paar Anlagen, deren Form an Golfbälle erinnert, gibt es dort oberirdisch nicht viel zu sehen (Abb. 264). Es existieren zahlreiche Geschichten über die Aktivitäten außerirdischer Raumfahrzeuge am Pine Gap – und das nicht ohne Grund. Oft höre ich die Frage, warum sich diese Wesenheiten nicht einfach offen zeigen und für alle sichtbar die Herrschaft übernehmen. Doch warum sollten sie ins Rampenlicht treten, wenn sie auch so alles, was ihnen beliebt, gänzlich unbehelligt tun können – da der Großteil der Menschen schon beim bloßen Gedanken an ihre mögliche Existenz in Gelächter ausbricht? Zudem bereiten diesen Wesen das Sonnenlicht und die Erdatmosphäre Schwierigkeiten; allerdings versuchen sie, dieses Problem zu lösen, indem sie die technologiebedingte atmosphärische Strahlenbelastung massiv erhöhen und die Atmosphäre durch verschiedene Maßnahmen manipulieren, die ich noch erläutern werde. Obendrein würde die plötzliche Erkenntnis, dass nichtmenschliches intelligentes Leben definitiv existiert, den menschlichen Verstand und Wahrnehmungssinn weit aufsprengen. Das ist das Letzte, was im Sinne der Manipulatoren wäre – nachdem sie den Menschen über lange Zeit das Gefühl vermittelt haben, in einem leblosen Universum allein und isoliert zu sein.

Technikbesessene Reptiloide

Die Entität, die im Rahmen des CHANI-Projekts fünf Jahre lang kontaktiert worden sein soll, äußerte sich, wie es heißt, nicht nur über den Mond, sondern auch über die Reptiloiden. Hier ist die Quintessenz der über die Computerschnittstelle empfangenen Informationen:

- Eine reptiloide Spezies unterdrückte die Entwicklung der Menschheit, sodass sie nicht „wachsen" konnte.
- Auf ihrer eigenen Wirklichkeitsebene schlugen sie viele Schlachten gegen die Reptiloiden.

- Die Menschen seien höher entwickelt als die Reptiloiden, doch würden die Letztgenannten die Menschheit mittels Technologie niederhalten – „Ihr Gott ist die Technik".

In der Tat beten die Reptiloiden Technologie an, wie an ihrer Verknüpfung mit der Orion-Saturn-Mond-Matrix sowie an dem Grad deutlich wird, in dem sie unsere technologisch geprägte Gesellschaft beeinflussen. Gemäß der Agenda soll sich die Menschheit zum Transhumanismus hin entwickeln und ihr Bewusstsein mit der Technologie und der künstlichen Intelligenz verschmelzen – sprich, mit *ihnen*. Ich werde diese Thematik später in zwei eigenen Kapiteln behandeln.

Da dem archontischen Verstand jede kreative Vorstellungskraft fehlt, versucht er, das Bewusstsein anderer Wesen zu assimilieren, um auf diese Weise sein kreatives Potenzial zu erhöhen. Eines Tages erhielt ich eine E-Mail, deren Verfasser nach einer Nahtoderfahrung aufgrund der Dinge, die er dabei sah, völlig verwirrt war – bis er auf meine Darstellung der Saturn-Mond-Matrix und deren Verbindung zu den technikbesessenen Reptiloiden/Grauen stieß. Seine Aussagen passen zu der weiter oben von mir diskutierten Idee, dass der Reinkarnationskreislauf dazu dient, den Menschen in der Matrix gefangen zu halten. Als Christ hatte er nichts von all dem geglaubt, doch das änderte sich mit der Nahtoderfahrung, die er in seiner E-Mail folgendermaßen beschrieb:

> Es war dunkel, als ich unvermittelt zu mir kam. Ich hatte keinerlei abstrakte Gedankengänge [...] und es gab keinen Tunnel aus Licht [...] ich war einfach gewahr. Im nächsten Augenblick befand ich mich in einem spärlich beleuchteten Raum – und hier begann der merkwürdige Teil der Geschichte. [...] Ich sah zwei Aliens [...] oder Graue. [...] Der eine saß hinter einer Art Steuerkonsole, der andere stand, während er alles beobachtete, hinter dem ersten im Eingang [...] und sah einfach zu. Der Raum hinter ihm [war] hell erleuchtet, doch ich konnte sehen, wie seine Augen mich beobachteten. Mit einem Mal begreife ich, dass sie mich „beobachten" [...] als sei ich nur eine Nummer. Das Wesen hinter dem Kontrollpult hebt ein wenig seinen Kopf, sieht zu mir herüber [...] und widmet sich wieder seinem Pult. Dann schwenkt es seine rechte Hand in der Luft, so als würde es über das Pult ein Zeichen geben, oder so etwas.
>
> Daraufhin beginnt eine Schaltfläche auf dem Steuerpult orange und violett zu leuchten ... etwa so, als würde man Glitter in Wasser verrühren und aufschütteln. [...] Im nächsten Moment befand ich mich – zack! – draußen im Weltall und schaute auf die Erde hinab. [...] Ich schwebte dort einfach. [...] Die Erde schien rund zu sein [...], nicht flach [wie manche Leute derzeit behaupten]. Jedenfalls erschien plötzlich wie aus dem Nichts ein hellblauer Strahl (ich wünschte, ich hätte geschaut, woher er kam, doch das habe ich nicht [...] er kam einfach irgendwoher), der auf die Erde hinabschoss. Als er die Erde erreichte [...] also vermutlich die Atmosphäre oder Ozonschicht der Erde [...], begann der Strahl sozusagen den ganzen Erdball zu umschließen, wie ein hellblauer Energieschirm, der sich um den Globus legt [...] nur einmal. Dabei handelte es sich, wie ich augenblicklich verstand, um die zur Erde zurückgesandte Information, dass meine Seele wiederkommt. Der Grund,

> warum sie den gesamten Planeten umschloss, war – wie mir sofort klar wurde – so etwas wie der Schmetterlingseffekt [...] Die Tatsache, dass ich zurückkomme, wirkt sich auf alle Erdbewohner aus.
>
> Dann erwachte ich in einem Krankenhaus. Lange Zeit dachte ich, bei den Wesen habe es sich um Dämonen gehandelt und ich sei in die Hölle gekommen [...] oder aber [...] dass es einfach die altbekannte Geschichte von den chemischen Stoffen war, die das Gehirn zum Zeitpunkt des Todes ausschüttet [...] einfach ein Traum. Doch, ganz ehrlich – als ich von der Mondmatrix hörte, fügte sich plötzlich alles zu einem sinnvollen Bild zusammen. Was ich weiß, ist Folgendes [...] Ich habe eine Technologie erlebt, die ich nie zuvor gesehen hatte; auch hatte ich niemals von etwas Ähnlichem gehört. Es handelte sich also nicht um eine Vorstellung, die von etwas herrührte, was ich vor meinem Tod gesehen oder gelesen hatte. Heute bin ich davon überzeugt, dass unsere Seelen unmittelbar nach dem Tod abgefangen und wieder der Erde zugeführt werden. Das widerspricht allem, was ich einst geglaubt habe.

Ich würde ergänzen: Sie werden abgefangen und wieder der Erde zugeführt (Reinkarnation) – *es sei denn*, der Grad unseres Gewahrseins und damit unserer Frequenz hebt uns aus der Matrixblase heraus. Ich zitiere den Erfahrungsbericht nur, damit Sie Kenntnis davon erhalten. Ziehen Sie daraus Ihre eigenen Schlüsse. Es war allerdings nicht das einzige Mal, dass ich eine derartige Geschichte hörte.

Wir Menschen denken bei Technologie an Metall, Plastik, Drähte und Gerätschaften; als biologisch bezeichnen wir alles, was „natürlich" ist. Doch das ist nicht die Sicht der archontischen Reptiloiden und Grauen. Sie setzen biologisch mit technologisch gleich. Sie wissen, dass wir in einer Simulation leben – folglich gibt es darin mit Ausnahme des Bewusstseins nichts, was wirklich natürlich wäre. Den menschlichen Körper betrachten sie als holografisch-biologische Technik – eine Software –, die von einem Welleninformationskonstrukt projiziert wird. Auf dieser Grundlage dienten die Reptiloiden und Grauen dem archontischen Verstand als Kanal, über den der Mensch neu verdrahtet und ihm der gefälschte Geist bzw. die „Erbsünde" eingepflanzt wurde. Das ist mit den Söhnen Gottes (im Original eigentlich „der Götter", also im Plural) gemeint, die sich zu den Töchtern der Menschen legten. Ich wies bereits darauf hin, dass hier nicht zwingend vom Zeugungsakt die Rede ist, sondern möglicherweise auf die Manipulation des Wellen- bzw. elektrischen Konstrukts Bezug genommen wird. Einer Gruppe russischer Forscher ist es gelungen, Froschembryos in Salamanderembryos zu verwandeln, indem sie Informationsmuster der Salamander-DNS auf die Erstgenannten übertrugen. Genau davon rede ich. Dr. Michael Levin, ein Forscher der in Massachusetts gelegenen Tufts University, hat Kaulquappen erschaffen, die Augen auf dem Rücken tragen, sowie Frösche mit sechs Beinen – einfach indem er die elektrischen Kommunikationssysteme der Tiere manipulierte. Das ist fürchterlich, zeigt aber, wie leicht es ist, den Akt der geschlechtlichen Fortpflanzung zu umgehen und unmittelbar die Erbanlagen zu verändern. Levin prognostiziert, dass dasselbe auch beim Menschen machbar sein und etwa das Nachwachsen abgetrennter Gliedmaßen ermöglichen wird.

Dass dergleichen möglich ist, sage ich schon seit Jahrzehnten. Diese Tatsache wird offenkundig, sobald man die wahre Natur des „Körpers" zu begreifen beginnt. Warum sollte es Wesen, die über ein weit fortgeschrittenes Verständnis der Realität verfügen, nicht möglich sein, ganze Personengruppen, ja, die gesamte Menschheit mutieren zu lassen, indem sie die menschliche DNS oder andere Antennen des Körpers bestimmten Signalen bzw. Informationsfeldern aussetzen – entweder direkt oder durch Modifikationen des kosmischen Internets? Will man das menschliche Bewusstsein in einer Simulation gefangen halten, muss man das Gewahrsein an das elektrische/elektromagnetische Konstrukt binden, um einen Informationsaustausch zwischen beiden Instanzen in Gang zu setzen (wie bei einem Computerspiel). Genau das leisten die Schwingungsblaupause des Körpers und die durch Decodierung erzeugte holografische Illusion desselben. Beide sind gezielt dahingehend manipuliert und optimiert worden, dass sie mit der Simulation auf ähnliche Weise verkoppelt sind, wie es bei den Figuren eines Computerspiels der Fall ist. Zudem wurde mit den Eingriffen eine Beschränkung des Gewahrseins und der Schwingungsfrequenz des Menschen erreicht, die uns glauben lässt, all das sei „Wirklichkeit".

Reptiloide Menschen

Ein maßgeblicher Bestandteil des menschlichen Gehirns wird von den Wissenschaftlern als R-Komplex bzw. Reptilienhirn bezeichnet. Der Bereich, der auch unter dem Begriff Amygdala bekannt ist, umfasst die wesentlichen Merkmale, die das Gehirn eines Reptils kennzeichnen (Abb. 265). Ich behaupte, dass die Amygdala das Ergebnis archontisch-reptiloider Zuchtprogramme ist, die Veränderungen an der menschlichen Gestalt zur Folge hatten und sie deutlich leichter kontrollierbar machten. Mit seinem Buch „Die Drachen von Eden" stellte der Kosmologe Carl Sagan die fundamentale Wirkung heraus, die die reptilischen Erbanlagen (Informationsmuster) des Menschen auf sein Verhalten haben. Wer menschlichen Handlungen die reptilische Dimension abspricht, weiß nichts von den Einflüssen der reptilischen Genetik auf das Gehirn des Menschen. Ein als „Pheromon" bezeichneter Stoff, der von Tieren erzeugt und ausgeschieden wird,

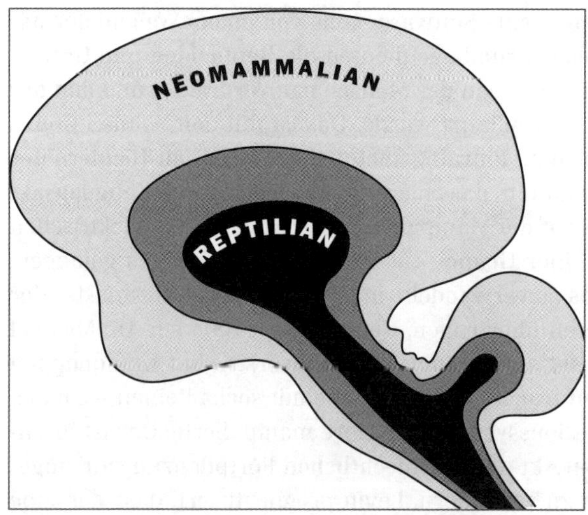

Abb. 265: Das Reptilienhirn bzw. der R-Komplex ist ein wesentlicher Motor hinter dem menschlichen Verhalten.

dient dazu, Mitglieder der eigenen Art zu erkennen. Die Pheromone von Frauen und Leguanen sind chemisch identisch. Sagan meinte, es sei nicht klug, die reptilische Komponente der menschlichen Natur zu ignorieren, da „uns das Modell helfen könnte zu verstehen, womit wir es beim Menschen eigentlich zu tun haben".

Besonderes Augenmerk legte Sagan auf das mit dem reptilischen Gehirn verknüpfte ritualistische und hierarchische Verhalten. Viele Aspekte des Reptilienhirns sind auch der linken Gehirnhälfte sowie der saturnischen Astrologie zu eigen. Es steht, wie es ein Autor ausdrückte, für „obsessives, zwanghaftes Verhalten; individuelle Alltagsrituale und abergläubische Handlungen; sklavische Konformität mit althergebrachten Vorgehensweisen; zeremonielle Wiederholungen; Ergebenheit gegenüber Vorbildern, ob in juristischen, religiösen, kulturellen oder anderen Belangen; sowie alle Arten von Täuschungen". Weitere Eigenschaften des Reptilienhirns sind Aggressivität; Kaltblütigkeit (Empathielosigkeit); das Verlangen nach Kontrolle, Macht und Besitz; Revierverhalten; und die Überzeugung, dass der Stärkere im Recht ist – „dem Sieger gehört alles". Je nach Persönlichkeitstyp können sich die Besonderheiten des Reptilienhirns auch als Unterwürfigkeit gegenüber anderen manifestieren. Auf diese Weise fördert es sowohl die Herausbildung einer unterwürfigen Menschheit als auch die Etablierung einer herrschenden *El*-ite. Auch die Anbetung zählt zu den reptilischen Verhaltensweisen. Das Reptilienhirn ist der Ursprung „primitiver emotionaler Reaktionen", etwa aggressiver Verhaltensweisen im Straßenverkehr und anderer Affekthandlungen, über die man hinterher bestürzt ist. Derartiges Verhalten rührt daher, dass das Reptilienhirn nicht denkt, sondern *reagiert*. In der hinduistisch-vedischen Astrologie entspricht Saturn dem unteren Chakra, das die elementaren Überlebensbedürfnisse und die Angst vor existenziellen Bedrohungen repräsentiert. Das entspricht gerade den Aspekten des Reptilienhirns. Wir leben in der Tat in einem einzigen gigantischen Computerprogramm.

Das Reptilienhirn bzw. die Amygdala stellt ein Wahrnehmungsgefängnis dar, das in permanenter Angst lebt. Fortwährend tastet es die Umgebung nach existenziellen Bedrohungen ab. Damit meine ich nicht nur die Bedrohung der „physischen" Existenz, sondern auch den Fortbestand von Beziehungen, Arbeitsverhältnissen, Einkommen, Status, Ruf – kurz: den Erhalt aller Lebensaspekte. Beachten Sie, dass das Reptilienhirn *Angst* erzeugt: Nahrung … Darüber hinaus steuert es Lebensfunktionen wie den Herzschlag, die Atmung, die Körpertemperatur und das Gleichgewicht. Daher bekommen Sie, wenn Sie Angst gleich welcher Art verspüren, Herzrasen und Atemnot, und die Körpertemperatur verändert sich. In Extremsituationen werden manche Menschen ohnmächtig.

Das Reptilienhirn möchte auch nicht, dass Sie aus der Reihe tanzen. Sie sollen sich anpassen und sich der Hierarchie und der Obrigkeit fügen. Es hasst die Vorstellung, als sonderbar zu gelten, und möchte um keinen Preis ein Außenseiter sein, der unkonventionell denkt und handelt. Wenn Sie ein Volk von Sklaven erschaffen wollten, das stets gehorcht, niemals die Anführer infrage stellt, unorthodoxes Verhalten ängstlich vermeidet und sich immer an die „Normen" hält, wäre das Reptilienhirn Ihr bester Freund. Man sagt, dass der R-Komplex der älteste Teil des Gehirns ist; doch Zeit existiert nicht, und genetische Manipulationen können in kurzer Zeit Veränderungen bewirken, deren Zustandekommen scheinbar – wenn man von den wahren Vorgängen nichts weiß – große Zeiträume beansprucht haben muss. Ich behaupte, dass der reptilische Teil des Gehirns vor der genetischen Neuverdrahtung entweder nicht vorhanden oder aber von deutlich geringerem Einfluss war. Dem archontischen Geist bietet er – im Zusammenwirken mit dessen reptiloiden Handlangern – einen bedeutenden Zugriffspunkt. Wie symbolisch doch der Umstand ist, dass die Protagonisten der „Matrix"-Filme die falsche Wirklichkeit mittels eines Verbindungskabels betreten, das auf der Hinterseite des Kopfes eingestöpselt wird – genau dort, wo sich das Reptilienhirn befindet.

Im Übrigen frage ich mich ernsthaft, ob nicht das gesamte Gehirn der Kontrolle dient. Die meisten Menschen glauben, das Gehirn würde „sie" repräsentieren und ihre Gedanken und Erinnerungen vorhalten; doch finden sich in der „Natur" unzählige Beispiele dafür, dass Informationen auch ohne das Vorhandensein eines Gehirns empfangen, verarbeitet und weitergegeben werden können. Nahtoderlebende, die den Körper verlassen und in einen – im Vergleich zur Wahrnehmung des lebenden Körpers – erweiterten Gewahrseinszustand übergehen, tun das, ohne sich des Gehirns zu bedienen. Das Gehirn stellt einen Mechanismus zur Informationsverarbeitung innerhalb der Fünf-Sinnes-Realität dar – der Simulation. Wer das Gehirn so zu programmieren vermag, dass es diese Aufgabe in einer vorbestimmten Weise erledigt, der kann Gedanken, Verhalten und Wahrnehmung der betreffenden Personen kontrollieren. Genau das geschieht auf der Erde. Wer waren also die Erschaffer des Gehirns – oder zumindest des Gehirns in seiner heutigen Form – und wie hängt dies mit dem Aufkommen der „neuen Psyche" vor 6.000 Jahren zusammen? Meine Antwort lautet: die archontisch-reptiloide Macht – die dabei gewiss nicht im Sinn hatte, uns zu befreien.

Zur Frage der Reptiloiden gäbe es weit mehr zu sagen; in meinen früheren Büchern finden Sie dazu ausführliche Informationen. An dieser Stelle soll die vorstehende knappe Zusammenfassung genügen, mit der wir den Bezug zum gegenwärtigen Weltgeschehen hergestellt haben. Wenden wir uns nun dem archontisch-reptiloiden Netzwerk zu – den Hierarchien der *El*-ite bzw. des „einen Prozents" –, von dem die globale Gesellschaft durchsetzt ist. Es scheint menschlicher Natur zu sein – doch die Wirklichkeit sieht anders aus.

Kapitel 6

Die Software-*El*-ite

„Jeder hält die Grenzen des eigenen Gesichtsfelds für die Grenzen der Welt."

Arthur Schopenhauer

Schon seit einigen Jahrzehnten schreibe ich über bestimmte gesellschaftlich etablierte Blutlinien, die nach der Pfeife der archontisch besetzten Reptiloiden/Grauen tanzen. Diese „Blutlinien", die in der menschlichen Gesellschaft innerhalb des auf die fünf Sinne beschränkten Frequenzbands agieren, lassen sich als biologische Softwareprogramme beschreiben, die Hybriden aus menschlichen und reptiloiden Welleninformationsfeldern darstellen. Der reptiloide Anteil bewirkt, dass sie – aufgrund der Frequenzverbindung zu ihren unsichtbaren Herren – viel tiefgreifender als die normale Bevölkerung besetzt werden können.

Dank energetischer Codes menschlichen Ursprungs können sie unerkannt inmitten der menschlichen Gesellschaft leben; doch wenn sie sich unter ihresgleichen und nicht im Blickfeld der Öffentlichkeit befinden, können sie auf ihre reptiloiden Codes umschalten und eine gänzlich andere Gestalt annehmen. Das ist das Phänomen der sogenannten Gestaltwandlung. Es bedeutet nicht, dass sich ein physischer Körper in einen anderen physischen Körper verwandeln würde – denn es gibt nichts Physisches. Bei hybriden Blutlinien bzw. Programmen handelt es sich vielmehr um ein Gemisch zweier Welleninformationsfelder, von denen eines menschliche Codes trägt, das andere reptiloide Codes. Offensichtlich ist das menschliche Feld dasjenige, das sie in die Welt projizieren: Ein beliebiger Beobachter wird diese Informationen decodieren und folglich eine menschliche Gestalt wahrnehmen. Sobald die Hybridinformation/DNS jedoch auf das reptiloide (oder ein anderes nichtmenschliches) Feld umschaltet, erblickt der Beobachter ein reptiloides (oder anderes nichtmenschliches) Wesen. In der decodierten Realität sieht es so aus, als wäre der Körper der beobachteten Person physisch von der menschlichen in die nichtmenschliche Gestalt gewechselt. In Wirklichkeit hat jedoch der Beobachter aufgehört, ein bestimmtes Informationsfeld zu decodieren, und entschlüsselt nun das andere Feld (Abb. 266). Die Illusion des „physischen" Gestaltwandels entsteht in dem kleinen Bereich des Gehirns, der für die Decodierung der visuellen Realität zuständig ist.

Der Formwandlung liegt dasselbe Prinzip zugrunde wie der dämonischen Besetzung. In extremen Fällen beginnen sich die Gesichtszüge der besetzten Person in einer Weise zu verformen, wie es in dem 1973 erschienenen Spielfilm „Der Exorzist" zu sehen war (Abb. 267). Bei einer Besetzung wird nicht der Körper (das Hologramm) besetzt, son-

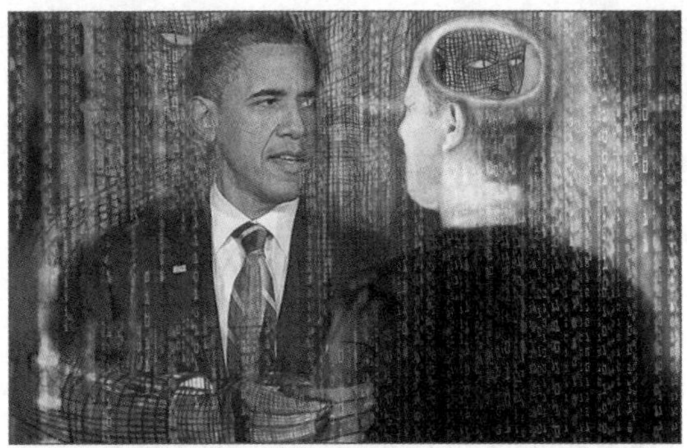

Abb. 266: Physisches Gestaltwandeln gibt es nicht, da es nichts Physisches gibt. Alles spielt sich im Gehirn ab, während des Decodierungsprozesses.

Abb. 267: Gestaltwandlung im Spielfilm „Der Exorzist".

Abb. 268: Wenn eine Wesenheit ihr Welleninformationsfeld einer anderen aufprägt, beginnt sich dies auf das Hologramm der besetzten Person auszuwirken. Der Außenstehende kann beobachten, wie sich die Merkmale der Letztgenannten so verändern, dass sich die besetzende Entität widerspiegelt. Derselbe Vorgang spielt sich auch ab, wenn menschlich-reptiloide Hybriden zwischen ihren energetischen Codes umschalten.

dern das Wellenenergiefeld, von dem die holografische Projektion ausgeht. Ist eine Besetzung so heftig, wie es im „Exorzisten" dargestellt wurde, wirkt das Informationsfeld der besetzenden Entität so stark auf das Energiefeld des Opfers ein, dass die holografische Projektion des Letztgenannten die Gesichtszüge der Entität visuell widerspiegelt. Beobachter erleben das als physische Veränderung (Abb. 268). Eine Formwandlung kann durch Blutrituale, bewusstes Wechseln zwischen den Codes oder Zustände extremer Wut ausgelöst werden. Im letztgenannten Fall stört die mit der Raserei einhergehende, den Körper durchströmende Elektrizität die energetische Stabilität der betreffenden Person.

Die Figur des Agenten Smith, der in den „Matrix"-Filmen eine wichtige Rolle spielt, bietet eine großartige Analogie, um die Softwareblutlinien der *El*-ite zu erläutern. Smith ist ein Programm, das die Überwachung der Menschheit im Sinne des Simulationsarchitekten sicherstellt. Zwar sehen er und seine Kollegen wie Menschen aus, doch sie *sind keine* Menschen. Wie ich bereits ausgeführt habe, stellt der menschliche Körper so etwas wie ein biologisches Computerprogramm dar. Auf die *El*-ite trifft das in noch weit stärkerem Maße zu. Als Mensch hat man immerhin die Möglichkeit, sich mit dem jenseits der Programmierung liegenden Gewahrsein zu verbinden, es in den Körper und seine Wahrnehmungsprozesse einströmen zu lassen und damit den Einfluss bzw. die Kontrolle des gefälschten Geistes außer Kraft zu setzen. Die Software der elitären „Blutlinien" hingegen ist gefälschter Geist in Reinkultur – da ist kein Fünkchen erweiterten Bewusstseins mehr vorhanden, das die jeder Empathie beraubte Tollheit begrenzen und korrigieren könnte (Abb. 269). Zwar besitzen die Vertreter der *El*-ite eine „Seele" im Sinne elektromagnetischer Welleninformationscodes, jedoch kein höheres Bewusstsein, wie es das Unendliche Gewahrsein der erhabenen Äonen darstellt. Die Gnostiker beschrieben den Demiurgen und die Archonten als roboterartige Wesen mit „künstlicher Intelligenz", die zwar imitieren, aber nicht erschaffen können. Auch die archontischen Repräsentanten, die sich innerhalb der menschlichen Gesellschaft bewegen, entwickeln sich in ähnlicher Weise zu artifiziellen Charakteren, da sie Ausdruck der demiurgischen Macht sind – die ihrerseits eine künstliche Entität darstellt.

Abb. 269: „Die Blutlinien der ‚Elite' – Der vollendete ‚gefälschte Geist'" – Archontisch-reptiloide Hybriden sind unverwässerte Ausdrucksformen der archontischen Verzerrung, sodass sie sämtliche psychopathischen Charaktereigenschaften der Letztgenannten widerspiegeln.

Bei den Reptiloiden und den Grauen (ich werde sie zusammenfassend kurz als archontische Reptiloide bezeichnen) handelt es sich ebenfalls um eine Art Software. Dementsprechend zeigen sie alle – die archontische Verzerrung, die Reptiloiden, die Grauen und die „menschliche" Software-*El*-ite – psychopathische Wesenszüge, zu denen unter anderem das Fehlen von Einfühlungsvermögen, Gewissensbissen und Schamgefühl gehört (Abb. 270). Schauen Sie, was passiert, wenn Sie gedanklich weitere typisch archontische Eigenschaften hinzufügen – wie das pathologische Lügen, das parasitäre Leben auf Kosten anderer oder die Einstellung, hemmungslos alles zu tun, was zum Erreichen der eigenen Ziele nötig ist: Sie erhalten genau das Persönlichkeits- und Handlungsprofil derjenigen, die an der Spitze von

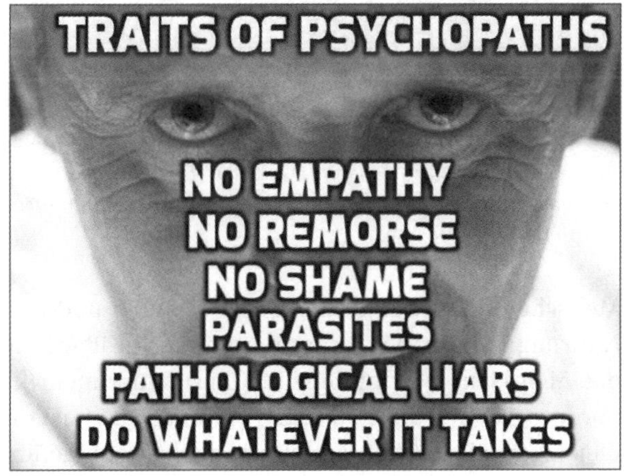

Abb. 270: „Eigenschaften von Psychopathen: Kein Einfühlungsvermögen, keine Gewissensbisse, kein Schamgefühl, Parasiten, pathologische Lügner, tun, was immer nötig ist" – Die von den Gnostikern beschriebenen Merkmale der Archonten sind dieselben, mit denen wir heute Psychopathen charakterisieren – Menschen, die vom gefälschten Geist erfüllt sind.

Abb. 271: „Die Blutlinien" – Warum haben so viele „Weltenlenker" und Vertreter der politischen/finanziellen/wirtschaftlichen El-*ite einen derart psychopathischen Charakter? Jetzt wissen Sie es.*

Abb. 272: Während Menschen wie wir Bilder wie dieses verstörend und unfassbar finden, lachen die Angehörigen der El-*ite nur.*

Weltpolitik, Regierungen, Bankwesen, Unternehmen, Medien, Militär usw. stehen und über den Kurs der Gesellschaft entscheiden (Abb. 271). Was sind denn die sozialen Medien und andere Internetplattformen der *El*-ite anderes als ein Mittel, die Kreativität der Menschen parasitär (und finanziell) auszubeuten? Obendrein werden seitens der *El*-ite häufig Rechte an den kreativen Schöpfungen geltend gemacht, die sie außerstande ist, selbst zu erschaffen. Was sind Banken anderes als ein Mittel, schmarotzend von der Arbeit derselben Menschen zu leben, indem man ihnen Geld leiht, das nicht existiert („Kredit"), und ihnen Zinsen berechnet?

Die wichtigsten Machtpositionen dieser Welt werden vom Netzwerk der archontischen Hybrid-Software-„Blutlinien" sowie von deren menschlichen Untergebenen ausgefüllt. Wie kann jemand die Bombardierungen anderer Länder anordnen, bei denen unschuldige Menschen getötet und verstümmelt werden? Wer würde das Finanz- und Bankensystem in einer Weise manipulieren, dass Menschen dadurch auf der Straße landen und mitunter nicht einmal mehr Zugang zu Nahrung haben? Wie kann man immer größeren Reichtum anhäufen, während Milliarden Menschen in Armut leben? Oder immer mehr fürs Militär ausgeben, gleichzeitig aber Sparprogramme durchdrücken? Wer also ist imstande, all das zu tun? Die Antwort lautet: diejenigen, die unfähig sind, Empathie oder Mitgefühl zu empfinden, da ihre Software nicht dazu programmiert ist, einfache Menschlichkeit und höheres Bewusstsein auszudrücken (Abb. 272).

El-ite = reptiloide Denkweise = archontische Verzerrung

Auch bei der Erschaffung der *El*-iten-Blutliniensoftware bediente man sich der Reptiloiden und der Grauen. Da diese Software den konzentrierten gefälschten Geist repräsentiert, enthält sie in erhöhtem Maße reptiloide (archontische) Wahrnehmungs- und Verhaltenscodes. Daher zeigt die *El*-ite einen weit höheren Grad an reptiloiden Verhaltensweisen – „obsessives, zwanghaftes Verhalten; individuelle Alltagsrituale und abergläubische Handlungen; sklavische Konformität mit althergebrachten Vorgehensweisen; zeremonielle Wiederholungen; Ergebenheit gegenüber Vorbildern, ob in juristischen, religiösen, kulturellen oder anderen Belangen; sowie alle Arten von Täuschungen". Nehmen wir beispielsweise, wenn es unbedingt sein muss, die britische Königsfamilie. Im zuvor Gesagten liegt deren Obsession für Rituale begründet. Das gesamte Leben der Familie stellt ein einziges Ritual dar, bei dem ihre Mitglieder fortwährend dieselben Orte besuchen und stets dasselbe Gebaren an den Tag legen. Das geht so weit, dass sie sich jedes Jahr zu denselben Zeiten in denselben Palästen oder Schlössern aufhalten. Der „königliche" Ritualismus reicht freilich noch viel tiefer – nämlich in die finsteren Abgründe abscheulicher Praktiken, die ich im Laufe der Jahre bloßgestellt habe, insbesondere in meinen Büchern „Das größte Geheimnis" und „Children of the Matrix".

Abb. 273: Menschlich-reptiloide Hybriden repräsentieren innerhalb der menschlichen Gesellschaft die archontische Macht.

Die Softwareprogramme der Blutlinien fungieren als Mittelsmänner und -frauen zwischen den archontischen Reptiloiden einerseits und dem Frequenzbereich der menschlichen Gesellschaft andererseits. Man kann die Konstellation in etwa mit einem Wissenschaftler vergleichen (er steht in dieser Analogie für die archontischen Reptiloiden), der sich außerhalb eines versiegelten Behälters befindet (unserer Realität) und nur über lange Handschuhe (die menschlich-reptiloiden Software-Mittelsmänner) im Inneren des Behälters agiert (Abb. 273). Die uralte Vorstellung des Herrschafts-

Abb. 274: Das mit der Vererbung über die Blutlinie begründete „gottgegebene Recht zu herrschen" ist in Wirklichkeit das archontisch-reptiloide Recht zur Zwangsherrschaft der Blutlinie.

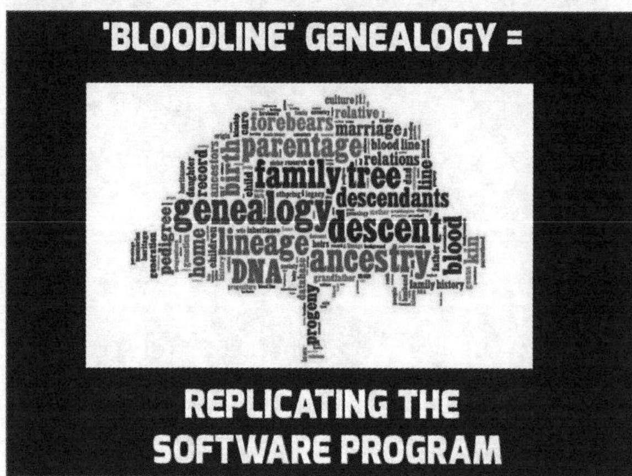

Abb. 275: „Blutlinienstammbaum = Vervielfältigung des Softwareprogramms" – Die ausschließliche Fortplanzung unter Blutlinienfamilien der El-*ite ist unabdingbar, um die archontisch-reptiloiden „Software"-Codes zu bewahren.*

anspruchs von Gottes Gnaden – also die Behauptung, als Angehöriger des sogenannten königlichen Geschlechts nicht der irdischen Obrigkeit zu unterliegen – entstammt dem beschriebenen Blutliniennetzwerk und dessen Verbindung zum demiurgisch-reptiloiden „Gott" (Abb. 274). Angeblich sei es Gottes Wille, dass die *El*-ite über die Menschheit herrscht; doch dieser „Gott" ist der Gott des Alten Testaments, der mit der demiurgischen Verfälschung identisch ist und sich der Reptiloiden/Grauen als Handlanger bedient. Konzepte wie das des „Halbgottes", der halb Mensch, halb „Gott" ist, beziehen sich ebenso auf die hybriden Blutlinien wie die Behauptung, zu den „Auserwählten Gottes" zu gehören. Königsfamilien und aristokratische Blutliniennetzwerke haben sich stets untereinander vermählt und Nachkommen gezeugt. Offiziell wird das als Ausdruck extremen Standesdünkels und des Glaubens an die eigene genetische Erhabenheit wegerklärt. Natürlich ist da etwas dran, doch geht es in Wirklichkeit darum, die unverfälschte Replikation des Softwareprogramms zu gewährleisten. Die darin codierten Informationen/Verhaltensmuster könnten nämlich leicht verwässert werden, wenn sie sich mit den genetischen Codes von Menschen mischen, die nicht vollständig der Kontrolle durch den gefälschten Geist unterliegen (Abb. 275).

Reptiloide Symbolik, die mit dem jeweiligen Königsgeschlecht in Zusammenhang steht, findet man auf der ganzen Welt. Ich erwähnte bereits die Kelten, denen der Große Drache bzw. Draco als König der Könige gilt; doch das ist nur ein Beispiel. Die chinesischen Herrscher leiteten ihren Herrschaftsanspruch aus ihrer genetischen Abstammung von den

„Schlangengöttern“ ab. Noch heute wird das Symbol des Drachen in weiten Teilen Asiens verehrt. Indische Geschichten berichten von den reptiloiden, formwandelnden Nagas, die mit den Angehörigen einer weißen Rasse reptiloide Hybriden gezeugt haben sollen, aus denen die arischen Könige hervorgingen. Die königlichen Blutlinien des antiken Medien, das sich auf dem Gebiet des heutigen Iran und eines Teils der Türkei befand, wurden als Mar („Schlange“) bzw. „Drachendynastie von Medien“ bezeichnet und galten als „Nachfahren des Drachen“. Ein ähnliches Motiv findet man in Nord- und Südamerika. Die Idee, dass zwischen Königsgeschlechtern und der „Schlange“ eine Verbindung besteht, ist ziemlich universell – siehe „Children of the Matrix“.

Die herrschenden Softwareblutlinien unserer Tage traten zur selben Zeit wie die neue Psyche in Erscheinung, und zwar ebenfalls im Nahen Osten. Bevor sie sich nach Europa ausbreiteten, herrschten sie über Ägypten, Sumer und Babylonien. Durch die Kolonialpolitik der europäischen Imperien, insbesondere des britischen Königreichs, expandierten sie schließlich weltweit (Abb. 276). Die Forschung deutet darauf hin, dass die Blutlinien ursprünglich aus Europa und Asien stammten, aber in den Nahen Osten zogen, um sich dort niederzulassen. Später kehrten sie vom Nahen Osten aus nach Europa zurück. Diese Theorie würde zur Invasion indoeuropäischer Völker im Nahen Osten passen. Es ist offensichtlich, dass zwischen den Blutlinien und der neuen Psyche ein grundlegender Zusammenhang besteht. Vom Nahen Osten kommend, schufen die Blutlinien zunächst das römische Imperium. Wo immer sie auftauchten, folgten Krieg, Kontrolle, Eroberungen und die

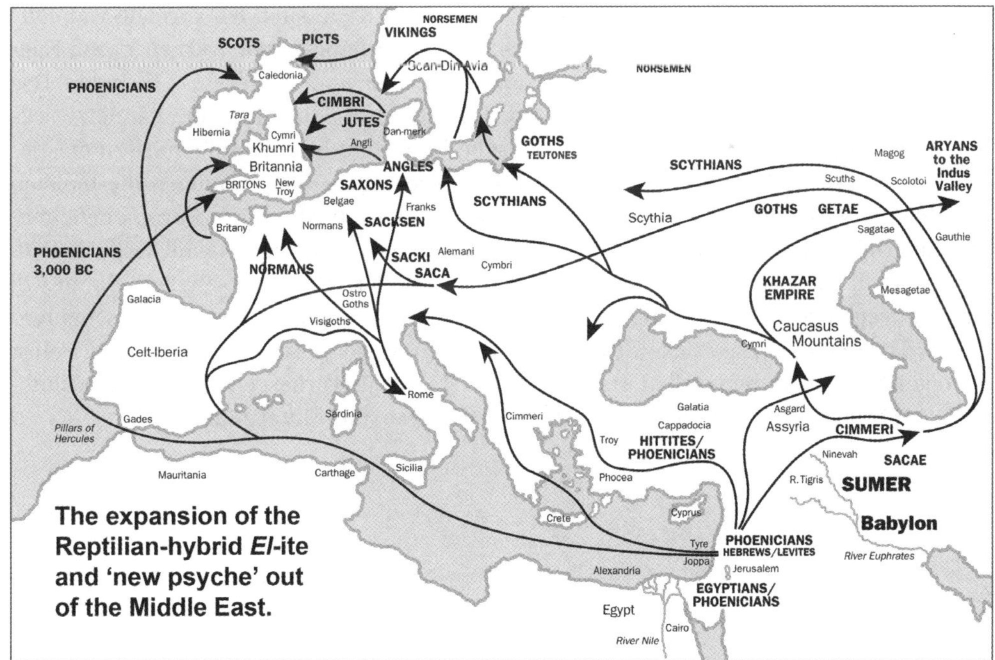

Abb. 276: „Die vom Nahen Osten ausgehende Verbreitung der reptiloid-hybriden El-*ite und der ‚neuen Psyche‘“ – Als Verkörperungen der neuen Psyche legten die hybriden Blutlinien dieselben Wege zurück wie die neue Psyche selbst.*

Errichtung imperialer Strukturen. Indigene Völker wurden im Zuge dessen niedergerungen und ihr Wissen wurde ausgelöscht (die neue Psyche in all ihrer Schönheit). Könige, Königinnen und Imperatoren gaben so lange den Ton an, bis die Menschen zumindest so weit erwachten, dass sie dem Prinzip der Herrschaft durch Abstammung eine Absage erteilten – wenngleich einige dieser Adelshierarchien bis heute überlebt haben. Der überwiegende Teil der Blutlinien ging zu jenem Zeitpunkt in den Untergrund, um seither aus dem Verborgenen heraus zu herrschen – durch manipulierte politische Systeme, finanzielle und militärische Macht sowie die Kontrolle der Informationen (Wahrnehmung). Das letztgenannte Element schließt den erbarmungslosen Missbrauch der Religionen mit ein. Aus den Angehörigen der „königlichen" und aristokratischen Blutlinien wurden damit die – wie ich sie nenne – „dunklen Anzüge". Sie mögen nicht mehr wie Adlige aussehen, doch teilen sie noch immer das alte Selbstbild. Arroganterweise glauben sie unverändert, zu Herrschern auserkoren zu sein.

Die Mehrzahl der einst unter kolonialer Fremdherrschaft stehenden Länder hat augenscheinlich einen Status stabiler Unabhängigkeit erreicht; doch unter der Oberfläche vollzog sich etwas ganz anderes. Als die Kolonialisten offiziell verschwanden, ließen sie ihre Blutlinien und die Netzwerke aus Geheimgesellschaften und satanistischen Zirkeln zurück, mit deren Hilfe sie das Geschehen weiterhin beeinflussen. Gesteuert von Machtzentren wie London oder Rom, üben diese Netzwerke insgeheim weiter die Kontrolle über die betreffenden Länder aus (zu denen übrigens auch die Vereinigten Staaten gehören). Mit den Machtzentren meine ich freilich nicht die Regierungen Großbritanniens oder Italiens, die wie alle anderen nur Vasallen der Verdeckten Hand sind. Ich spreche vielmehr von den weltumspannenden Geheimgesellschaften und Satanistennetzwerken, deren Knotenpunkte sich unter anderem in London und Rom, aber auch andernorts befinden. Das „alte Europa" bildet aus vielerlei Gründen das Zentrum des globalen Blutliniennetzwerks (oder tat das zumindest bis jetzt). Das britische Imperium hat nie aufgehört zu existieren – es ging lediglich in den Untergrund. Die Vereinigten Staaten mögen die meisten Kugeln abfeuern, doch wo und wann geschossen wird, bestimmt der in Europa beheimatete innere Kreis der Blutlinien. Wenn man verbergen will, wo die Macht wirklich sitzt, muss man dafür sorgen, dass die Menschen in eine andere Richtung schauen. Damit will ich nicht sagen, dass die Vereinigten Staaten keine Macht besäßen; doch die Entscheidungen, die letztlich die Geschicke der Welt bestimmen, werden anderswo getroffen. Selbst Europa ist für die archontischen und reptiloiden Herren im Verborgenen, denen die Blutlinien ergeben sind und sich nicht zu widersetzen wagen, nur Mittel zum Zweck.

Das Spinnennetz

Die menschliche Gesellschaft wird von einem unüberschaubaren interdimensionalen Netz manipuliert, in dessen Zentrum eine Spinne wacht und die von dort aus das Geschehen dirigiert. Die archontische Verzerrung befehligt nichtmenschliche Wesenheiten – unter anderem die Reptiloiden und Grauen –, die gemeinsam „die Spinne" bilden; diese wiederum kommandieren die Hybriden der menschlich-reptiloiden *El*-ite, die schließlich über die normale Bevölkerung gebieten (Abb. 277). Jeder Strang des Spinnennetzes repräsentiert eine Geheimgesellschaft, eine semigeheime Gruppierung oder auch eine Institution, die allgemein bekannt ist, wie etwa ein Ministerium oder eine Regierungsbehörde. Die gesamte Struktur ist penibel in kleinste Bereiche unterteilt worden, die insofern voneinander isoliert sind, als sie von der Existenz bzw. den Aufgaben der anderen Abteilungen nichts wissen (Abb. 278 und 279). Nur einem vergleichsweise winzigen Kreis von Eingeweihten sind daher das gesamte Bild sowie die Art und Weise bekannt, in der alle einzelnen Zellen zusammenspielen. In unmittelbarer Umgebung zur Spinne sind die exklusivsten, der Öffentlichkeit gänzlich unbekannten Geheimgesellschaften angesiedelt. Nur sie sowie die innersten Kreise einiger anderer Organisationen und Gruppierun-

Abb. 277: „Angst" – Die Hierarchie der unsichtbaren Welt kontrolliert die Hierarchie der sichtbaren Welt. Die archontisch-reptiloiden Herrscher bedienen sich ihrer menschlich-reptiloiden Hybriden – der El*-ite –, um der menschlichen Gesellschaft ihren Willen aufzuzwingen und so viel Angst wie möglich zu säen.*

Abb. 278: „Das weltumspannende Spinnennetz – beherrscht von der Spinne" – Die Spinne ist das archontisch-reptiloide Netzwerk. Jeder Strang des Spinnennetzes entspricht einer Geheimgesellschaft, einer halbgeheimen oder einer der Öffentlichkeit bekannten Organisation bzw. Behörde. Sie alle dienen den Interessen der Spinne. Innerhalb des Netzes ist nur wenigen Personen überhaupt bekannt, dass es so etwas wie ein Spinnennetz oder eine Spinne gibt – geschweige denn, inwiefern sie selbst zur Versklavung der Menschheit beitragen.

Abb. 279: Neil Hagues Darstellung des Spinnennetzes.

gen wissen überhaupt, dass die Spinne *existiert*; die wenigsten kennen ihre wahre Natur.

Bewegen wir uns gedanklich weiter vom Zentrum fort, begegnen wir Geheimgesellschaften, deren Namen man kennt: den Freimaurern und Tempelrittern, dem Malteserorden, Opus Dei und dem inneren Kreis des Jesuitenordens. Viele davon stehen mit dem in Rom befindlichen Vatikan in Verbindung – einem Ort, der den Blutlinien als Zentrum dient, seit sie das den Saturn verehrende römische Imperium errichteten. Geheimgesellschaften wiederum sind schon aufgrund ihres Wesens nach dem Need-to-know-Prinzip strukturiert, bei dem jeder nur das erfährt, was er zur Erfüllung seiner Aufgabe wissen muss, während nur eine Handvoll Personen das gesamte Puzzle kennt. Die meisten Freimaurer kommen nie über die drei unteren („blauen") Grade (Wissensniveaus) hinaus. Doch selbst wer es bis an die Spitze schafft, erlangt nur dann wirklichen Einblick, wenn er der *El*-ite angehört (Abb. 280). Oberhalb der offiziellen Geheimgesellschaften existiert noch eine weitere Hierarchie, der beizutreten überhaupt nur Angehörigen der Blutlinien angeboten wird (von wenigen Ausnahmen abgesehen; Abb. 281).

Am Übergang von der unsichtbaren zur sichtbaren Ebene folgen die Institutionen, die ich als Schwellenorganisationen bezeichne. Das sind satellitenartige Gruppierungen, die einer britischen Rothschild-Geheimgesellschaft namens Round Table unterstehen. Erster Chef der im ausgehenden 19. Jahrhundert gegründeten Vereinigung war Cecil Rhodes, ein Erfüllungsgehilfe der Rothschilds, der in deren Auftrag das südliche Afrika plünderte und dort Gold, Diamanten und vieles mehr raubte. Die Balfour-Deklaration von 1917, die nach dem Zweiten Weltkrieg zur Gründung des Rothschild-eigenen Staates Israel führte, war vom Round Table eingefädelt worden. Bei der „Deklaration" handelte es sich um einen Brief des britischen Außenministers Lord Arthur Balfour an Lord Lionel Walter Rothschild. Lord Balfour umriss darin die Position und Unterstützungsbereitschaft sei-

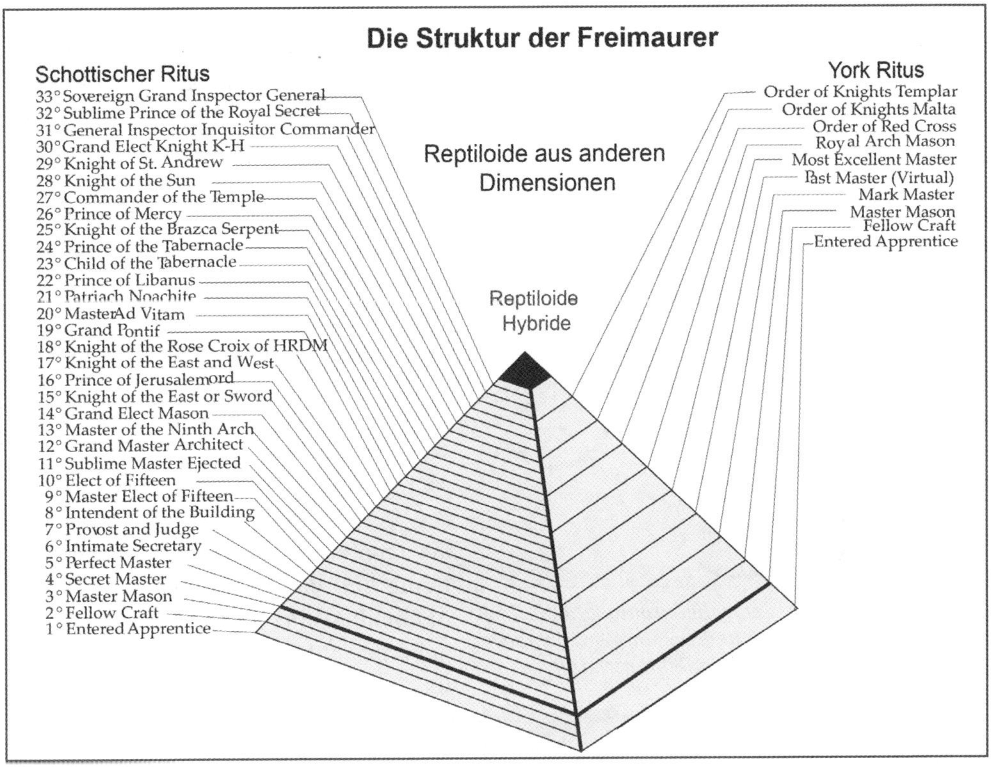

Die Struktur der Freimaurer

Schottischer Ritus

33° Sovereign Grand Inspector General
32° Sublime Prince of the Royal Secret
31° General Inspector Inquisitor Commander
30° Grand Elect Knight K-H
29° Knight of St. Andrew
28° Knight of the Sun
27° Commander of the Temple
26° Prince of Mercy
25° Knight of the Brazca Serpent
24° Prince of the Tabernacle
23° Child of the Tabernacle
22° Prince of Libanus
21° Patriach Noachite
20° MasterAd Vitam
19° Grand Pontif
18° Knight of the Rose Croix of HRDM
17° Knight of the East and West
16° Prince of Jerusalemord
15° Knight of the East or Sword
14° Grand Elect Mason
13° Master of the Ninth Arch
12° Grand Master Architect
11° Sublime Master Ejected
10° Elect of Fifteen
9° Master Elect of Fifteen
8° Intendent of the Building
7° Provost and Judge
6° Intimate Secretary
5° Perfect Master
4° Secret Master
3° Master Mason
2° Fellow Craft
1° Entered Apprentice

Reptiloide aus anderen Dimensionen

Reptiloide Hybride

York Ritus

Order of Knights Templar
Order of Knights Malta
Order of Red Cross
Royal Arch Mason
Most Excellent Master
Past Master (Virtual)
Mark Master
Master Mason
Fellow Craft
Entered Apprentice

Abb. 280: Das in der Freimaurerei und anderen Geheimgesellschaften vorherrschende Need-to-know-Prinzip spiegelt die Struktur des Spinnennetzes selbst.

Abb. 281: Es gibt noch eine weitere, streng nach dem Need-to-know-Prinzip aufgebaute Struktur, die den meisten Eingeweihten der Geheimgesellschaften unbekannt ist. Auserwählte Personen – die fast ausschließlich den Blutlinien angehören – steigen noch über die Spitzenpositionen der bekannten Geheimgesellschaften hinaus auf und werden Teil dieser hochelitären Struktur. Dort finden die eigentlichen Aktivitäten statt und das wahre Wissen wird dort unter Verschluss gehalten.

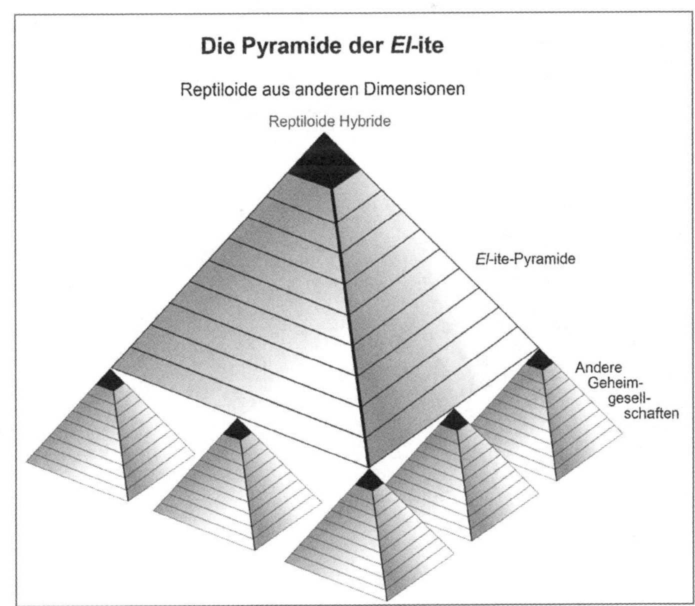

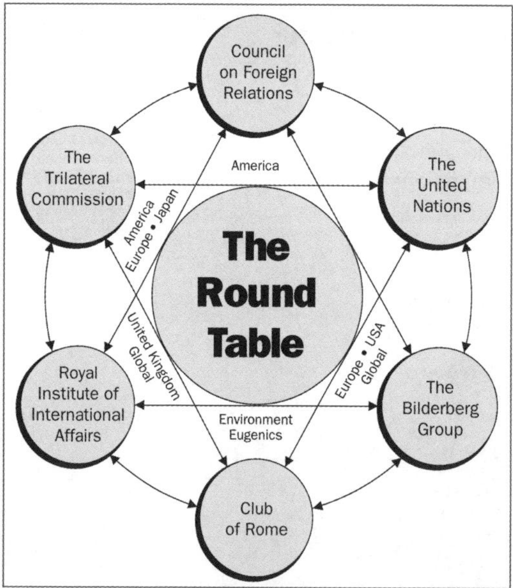

Abb. 282: Einige der „Schwellenorganisationen" jenes Bereichs des Spinnennetzes, in dem sichtbare und unsichtbare Elemente aufeinandertreffen.

Abb. 283: Wie politische Führer tatsächlich „erwählt" werden.

ner Regierung hinsichtlich der Schaffung eines jüdischen Staates in Palästina. Die Geschichtsschreibung berichtet uns zwar von dem Brief, nicht aber vom Round Table, der von den Rothschilds geschaffen und finanziert wurde, oder von der Tatsache, dass Lord Balfour ein Mitglied des innersten Zirkels dieser Geheimgesellschaft war. An diesem Beispiel lässt sich ablesen, wie das Spinnennetz aus dem Verborgenen heraus operiert und manipuliert.

Zu den Satelliten, die den Round Table umkreisen, gehören unter anderem „Denkfabriken" wie die Bilderberger, der Council on Foreign Relations, die Trilaterale Kommission, der Club of Rome und das Royal Institute of International Affairs (Abb. 282). Ihre Aufgabe besteht darin, Menschen aus Politik, Geschäftswelt, Bankwesen, Militär, Geheimdiensten und Medien zusammenzubringen, die sich – über Ländergrenzen und Organisationszugehörigkeit hinweg – untereinander absprechen und auf eine gemeinsame Politik (Spinnenpolitik) verständigen. Nur die innersten Kreise der „Schwellengruppierungen" wissen (bis zu einem gewissen Grad), was wirklich gespielt wird; das Gros derjenigen, die an solchen Tagungen teilnehmen, hat vom eigentlichen Geschehen keinen Schimmer. Sowohl der Council on Foreign Relations (CFR) als auch die Trilaterale Kommission sind Schöpfungen der *El*-itenfamilie Rockefeller. Seit der CFR 1921 in New York gegründet wurde, ist die amerikanische Außenpolitik weitgehend von dessen Mitgliedern bestimmt worden.

Nach den Schwellenorganisationen betreten wir die Welt der sichtbaren Institutionen – Regierungen mit ihren

Ministerien und Behörden, große Banken und Unternehmen, Mainstreammedien usw. Die meisten Menschen glauben, dies seien die Orte, an denen die Entscheidungsfindungsprozesse beginnen; doch in Wirklichkeit *enden* sie dort – nämlich mit der Etablierung neuer Gesetze und gesellschaftlicher Umbrüche. Die ursprünglichen Entscheidungen wurzeln in den Tiefen des Spinnennetzes, weit entfernt von jeder öffentlichen Einsichtnahme. Die Amtsträger, die die Entscheidungen letzten Endes umsetzen, werden von der Spinne ausgewählt. Wunschkandidaten, die der Agenda eine Zeit lang von Nutzen sein können, werden entweder direkt nominiert oder durch Manipulationen ins Amt befördert. Gleichzeitig vereitelt man die begrüßenswerten Bemühungen der wenigen, die sich für sinnvolle Veränderungen einsetzen und versehentlich in Machtpositionen geraten sind (Abb. 283). Auf diese Weise ist die Spinne in der Lage, einen höchst komplexen und fein abgestimmten Plan umzusetzen, der die Gesellschaft in eine zentralisierte Diktatur orwellscher Prägung verwandelt. Während die Öffentlichkeit glaubt, die gesellschaftliche Entwicklung sei das Resultat willkürlicher Entscheidungen und zufälliger Umstände, folgt sie in Wirklichkeit einer Agenda, die schon vor langer Zeit festgelegt wurde. Ich werde diese Behauptung später ausführlich begründen (Abb. 284).

Das Spinnennetz ist insofern holografischer Natur, als jeder Bestandteil desselben eine verkleinerte Version des Ganzen darstellt. Auf jeder Ebene stößt man auf dieselben Strukturen – ganz egal, ob es sich um globale, nationale oder lokale Konstrukte handelt. Ich selbst lebe beispielsweise auf der Isle of Wight, einer der Südküste Großbritanniens vorgelagerten Insel, die nur 37 mal 21 Kilometer misst und etwa 140.000 Menschen beherbergt. Die Insel ist den Machenschaften einer kriminellen Vereinigung ausgesetzt, die die Einheimischen als Inselmafia bezeichnen. Sie hat zahlreiche Freimaurerlogen, den Gemeindevorstand und die örtlichen Medien im Griff, betreibt im großen Stil Drogenhandel, kontrolliert soziale Einrichtungen und ist in Satanisten- und Pädophilenringe verwickelt. Die Inselmafia kommt mit all dem ungestraft davon, weil sich die lokalen Medien und Strafverfolgungsbehörden aus hochgradig korrupten sowie solchen Individuen zusammensetzen, die wissen, dass es einfacher ist wegzusehen, als für die Gerechtigkeit einzustehen. Es waren schon immer die Korrupten und Feigen, die es der korrupten und feigen *El*-ite ermöglichen, auf allen Ebenen des Spinnennetzes die Oberhand zu gewinnen.

Abb. 284: Die kleinen Helferlein der Spinne. Eine Handvoll Personen weiß davon, die übergroße Mehrheit jedoch nicht.

Aufgrund der holografischen Struktur des viele Ebenen umfassenden globalen Netzes ist die in seinem Mittelpunkt ruhende Macht in der Lage, das Geschehen bis hinunter auf die kommunale Ebene – etwa auf der Isle of Wight – zu manipulieren. Als

Handlanger dienen ihr armselige Kreaturen, die sich zwar nach unten wichtigtuerisch aufspielen, nach oben aber vor lauter Angst den Schwanz einziehen. Über einen langen Zeitraum hinweg haben die Blutlinien und ihre unsichtbaren Herren jeden Bereich des menschlichen Lebens infiltriert und dabei Stück für Stück das Spinnennetz aufgebaut. Besonderes Augenmerk legten sie dabei auf die Unterdrückung esoterischer Informationen, da diese das Potenzial hätten, der Menschheit ihre missliche Lage bewusst zu machen. Die alte Opferreligion der Babylonier, die der neuen Psyche entsprang, unterwanderte und übernahm die Mysterienschulen, die esoterisches Wissen auf eher positive Art vermittelten. Die Bedeutungsinhalte der uralten Lehren wurden dabei vorsätzlich verzerrt und auf den Kopf gestellt. Ein wichtiges Beispiel für diesen Prozess war Ägypten. Manly P. Hall, ein Historiker der amerikanischen Freimaurer (1901–1990), schrieb in seinem Werk „Secret Teachings of All Ages“:

> Obgleich die komplexe zeremonielle Magie des Altertums selbst nicht zwangsläufig böse war, erwuchsen aus ihrer Pervertierung mehrere falsche Schulen der Hexenkunst bzw. der Schwarzen Magie. Ägypten, ein großartiges Zentrum des Lernens und der Geburtsort vieler Künste und Wissenschaften, stellte eine ideale Umgebung für transzendentale Experimente dar. Hier bedienten sich die Schwarzmagier [...] so lange ihrer übermenschlichen Kräfte, bis sie die Moral der primitiven Mysterien gänzlich unterwandert und zersetzt hatten.
>
> Durch die Etablierung einer Priesterkaste bemächtigten sie sich der Position, die zuvor die Eingeweihten innegehabt hatten, und rissen das Zepter der spirituellen Herrschaft an sich. Somit bestimmte die Schwarze Magie über die Staatsreligion und lähmte den Einzelnen in seinem intellektuellen und spirituellen Handeln, indem sie von jedem verlangte, sich gänzlich und unverzüglich dem von der Priesterzunft ersonnenen Dogma zu unterwerfen. Der Pharao wurde zur Marionette in den Händen des Scharlachroten Rates – eines Komitees aus Erz-Zauberern, denen die Priesterschaft zur Macht verholfen hatte.

In diesen beiden Absätzen ist zusammengefasst, wie Regierungen und Institutionen bis heute von Satanisten und Schwarzmagiern dadurch kontrolliert werden, dass sie von ihrem Verständnis der Realität Gebrauch machen, das sie allen anderen vorenthalten. Zu sehen bekommen wir nur die Marionetten der Satanisten und Schwarzmagier, die aus dem Unsichtbaren heraus die Gedanken und Wahrnehmungen ihrer Opfer manipulieren. Um das Wissen über die wahre Natur der Realität sowie die Existenz der im Schatten verborgenen archontisch-reptiloiden Strippenzieher zu unterdrücken, legten die Letztgenannten fest, wer wissen durfte (die Handlanger der *El*-ite) und wer nicht (alle anderen). Wo man das Wissen nicht unmittelbar zensieren konnte – durch Abscheulichkeiten wie die Inquisition beispielsweise –, wurde es verdreht und auf den Kopf gestellt. Hall schrieb:

> Diese Zauberer begannen sodann mit der systematischen Zerstörung sämtlicher Schlüssel, die zur alten Weisheit führten. So würde niemand mehr Zugang zu jenem Wissen erhalten, das unerlässlich ist, will man ein Eingeweihter werden, ohne einem ihrer Orden beizutreten. Sie haben die Rituale der Mysterien verstümmelt,

> während sie vorgaben, sie zu bewahren, sodass sich der Neuling, selbst wenn er die Grade erlangte, nicht das Wissen aneignen konnte, auf das er Anspruch hatte. Götzendienst wurde eingeführt, indem man der Verehrung der Bildnisse Vorschub leistete, die die Weisen ursprünglich lediglich als Symbole für Studium und Meditation geschaffen hatten.

Von einigen Symbolen der *El*-ite sagt man, sie hätten in der Antike eine positive Bedeutung gehabt. Das trifft in der Tat zu, nur wurden sie hinsichtlich ihrer Bedeutung verbogen und invertiert. Hall fuhr fort:

> Den Zeichen und Gestalten der Mysterien wurden falsche Interpretationen beigegeben, und man erschuf umständliche Glaubenslehren, um den Geist ihrer Anhänger zu verwirren. Die Massen, ihres Geburtsrechts auf Erkenntnis beraubt und in Unwissenheit kriechend, wurden schließlich zu jämmerlichen Sklaven der geistigen Blender.
>
> Allerorten herrschte der Aberglaube, und die nationalen Angelegenheiten wurden gänzlich von den Schwarzmagiern bestimmt – mit dem Ergebnis, dass die Menschheit noch heute unter der Sophisterei der Priesterschaft [von Atlantis und Ägypten] leidet.

Daraus gingen die Religionen hervor, die uraltes Wissen verzerrten, auf den Kopf stellten und verdrehten, um ein Gefängnis für den Verstand (und die Emotionen) der Menschen zu schaffen.

Der sabbatianische Zionismus

Damit komme ich auf den Zionismus zu sprechen, der heute innerhalb des archontischen Spinnennetzes eine zentrale Rolle spielt und dem „Gott" des Alten Testaments huldigt. Geheimen Vereinigungen und invertierten esoterischen Netzwerken bieten sich viele Möglichkeiten, Gestalt anzunehmen. Nicht alle davon sind für den Außenstehenden ohne Weiteres zu erkennen. Der von den Rothschilds geschaffene Zionismus ist weit von dem entfernt, was er zu sein vorgibt – selbst nach Einschätzung der meisten Juden. Er ist ein Werkzeug des Hauses Rothschild, mit dem das Weltgeschehen manipuliert – und die Richtung, in die sich die Menschheit entwickelt.

Zunächst einmal ist der Zionismus keine ethnische Gruppe, sondern eine politische Philosophie, der viele religiöse Juden erheblichen Widerstand entgegensetzen (Abb. 285). Außerdem kann man Zionist sein, ohne überhaupt Jude zu sein. Man muss lediglich den Behauptungen der Zionisten und ihren politischen Ansichten zustimmen. Sie stützen sich auf das angeblich historisch begründete Anrecht, den Juden in Palästina eine Heimstatt zu errichten. Die Oberhäupter der Zionisten – bzw. letzten Endes die Rothschilds – meinen (fälschlicherweise), das sei das Geburtsrecht der Juden und ihnen von „Gott" verspro-

Abb. 285: Es ist bei Weitem nicht so, dass jeder jüdische Gläubige Israel unterstützen würde – nicht alle Juden sind Zionisten, und nicht alle Zionisten sind Juden.

Abb. 286: Aus diesem Gebiet stammen die Vorfahren der allermeisten Juden – nicht aus dem biblischen Israel, sondern aus dem einstigen, im Kaukasus gelegenen Reich der Chasaren.

chen worden. Jüdische Historiker und Gelehrte haben nachgewiesen, dass die Vorfahren der meisten Juden dem einst im Kaukasus gelegenen chasarischen Reich entstammen, das sich im Gebiet des heutigen südlichen Russlands und in Georgien befand (Abb. 286). Shlomo Sand etwa, der an der Universität von Tel Aviv einen Lehrstuhl für Geschichte innehat, stellt die Zusammenhänge, die ich in meinen Büchern ausführlich erläutert habe, in seinem Werk „The Invention of the Jewish People" dar. Zwischen den Chasaren und dem biblischen Land Israel bestand ursprünglich keinerlei Verbindung. Um das Jahr 740 herum, während der Regentschaft König Bulans, konvertierten die Chasaren jedoch in großer Zahl zum Judentum. Ihren König nannten die Chasaren „Khagan" bzw. „Kagan", was erklärt, warum man im heutigen Judentum so häufig auf diesen Namen stößt. Als das chasarische Imperium zusammenbrach, begann eine Wanderungsbewegung nach Norden, in die Gebiete der heutigen Länder Ukraine, Ungarn, Litauen, Russland und Polen. Von dort aus migrierten zahlreiche Nachfahren der Chasaren nach Deutschland und in andere westeuropäische Länder. Das waren die später von den Nationalsozialisten verfolgten Juden. Die Überlebenden siedelten sich nach dem Zweiten Weltkrieg in großer Zahl in Palästina und in den Vereinigten Staaten an, wo heute die große Mehrheit der Juden lebt. Mit dem Israel der Bibel verbindet sie mithin praktisch überhaupt nichts. Die Zionisten gründen ihren Anspruch auf das palästinensische Land einzig auf die Aussage, Gott habe es ihnen geschenkt. So stehe es im Alten Testament geschrieben – von dem niemand weiß, wer es wann und unter welchen Umständen verfasst hat. Der israelische Kommunikationsminister Zachi Ha-Negbi sagte, die Bibel reiche völlig aus, um Israels Ansprüche auf das Land zu legitimieren:

> Verteidigung ist wichtig, und Sicherheit ist wichtig; doch am wichtigsten ist Israels moralisches Anrecht. Wir sind darauf festgelegt, auf unserem heimischen Land zu leben – einem Land, das uns gegeben wurde von [...] der Bibel. [...] Und das ist das Recht, das wir für immer und ewig als unser Recht einfordern werden.

Der Zionismus und die Märchen, auf die sich dieses Narrativ gründet, sind Schöpfungen einer vom Hause Rothschild etablierten Geheimgesellschaft. Die Rothschilds inszenierten nach dem Ende des Zweiten Weltkriegs die massenhafte Migration von Juden nach Palästina sowie alles, was darauf folgen sollte. Zionismus ist eigentlich Rothschildismus (Abb. 287). Die zionistischen (Rothschild-)Netzwerke haben verzerrte Versionen des traditionellen Judentums und Islams integriert, auf die ich in Kürze zu sprechen kommen werde. Der Zionismus mag als politische Bewegung in Erscheinung treten, die mit der Gründung und der fortgesetzten Existenz Israels in Verbindung steht; doch in seinem Kern stellt er eine Geheimgesellschaft dar, die die Interessen der Rothschilds und des Spinnennetzes vertritt. Die Juden als Ganzes sind den Zionisten der innersten Kreise ebenso schnuppe wie der Rest der Weltbevölkerung. Nur zwei bis drei Prozent aller Amerikaner sind jüdischen Glaubens. Dem überwiegenden Teil davon dürfte nicht klar sein, dass es sich beim Zionismus um eine Geheimgesellschaft handelt, die sich als politisches und ethnisches Glaubenssystem ausgibt. Sie befürworten den Zionismus, da sie Israel unterstützen und meinen, er stehe mit ihrer jüdischen Religion in Zusammenhang. Doch ein solcher Zusammenhang *existiert nicht*. Unter den zwei bis drei Prozent gibt es aber auch solche Juden, die sich vehement gegen Israel, den Umgang Israels mit den Palästinensern und all das einsetzen, was Israel repräsentiert. Das bedeutet, dass nur ein kleiner Teil der amerikanischen Juden *wissentlich* der Geheimgesellschaft dient. Diese Eingeweihten sind es, die – gemessen an ihrer geringen Zahl – überproportional häufig in Schlüsselbereichen der Gesellschaft auftauchen, etwa in der Politik (wo sie in der Regel als „Berater", Verwalter oder Hintermänner fungieren), in den Massenmedien und im Bankwesen, in der Geschäftswelt, in Hollywood usw.

Abb. 287: „Israel – Lehnsgut der Rothschilds" – Um Israel zu verstehen, genügt es, diese einfache Tatsache zu kennen.

Der geheimgesellschaftlich betriebene Zionismus wird auch als „revisionistischer Zionismus" bezeichnet. Die auf Gewalt gegründete Ideologie geht auf den russischen Juden

Wladimir Zeev Jabotinsky zurück, der in den 1920er-Jahren gelobte, Palästina mittels einer „eisernen Mauer aus jüdischen Bajonetten" zu erobern. Heute kommen stattdessen Hightech-Raketen zum Einsatz. Jabotinsky (1880–1940) machte sich auf, „mit Schweiß und Blut ein Menschengeschlecht [zu erschaffen], stark, tapfer und unbarmherzig", das zwischen Nil und Euphrat die Errichtung von Großisrael – bzw. Eretz Yisrael, wie es die Juden nennen – durchsetzen sollte. Großisrael entspricht der maximalen Ausdehnung des mutmaßlichen, in der Bibel beschriebenen Israel. Im Jahr 1948 wandten sich Albert Einstein und andere prominente Juden mit einem Brief an die *New York Times*, in dem sie die Irgun – eine paramilitärische Untergrundorganisation, die den zionistischen Revisionisten nahestand – als „terroristisch" und „rechtsgerichtet" brandmarkten. Irgun predige, so schrieben sie, „Ultranationalismus, religiösen Mystizismus und rassistische Überlegenheit". Die Partei der zionistischen Revisionisten sei hinsichtlich „Organisation, verwendeter Methoden, politischer Philosophie und sozialer Anziehungskraft den Nazis und den faschistischen Parteien sehr ähnlich". Das ist die Ideologie, die das heutige Israel beherrscht, während die Rothschilds die Zügel in der Hand halten. Die gnadenlosen israelischen Premierminister Menachem Begin (der den Friedensnobelpreis erhielt), Jitzchak Schamir, Ariel Scharon sowie derzeit Benjamin Netanjahu leiteten ihre Ansichten allesamt aus Jabotinskys Ideologie ab (Netanjahus Vater war Jabotinskys persönlicher Assistent) – einer Ideologie, die auf ungezügelte und unnachgiebige Gewalt setzt, um den Willen der Zionisten durchzusetzen.

Die zionistische Geheimgesellschaft verkörpert nicht das Judentum, sondern stellt eine Form von Sabbatianismus bzw. Frankismus dar – zwei Strömungen, die mit dem Judentum nichts gemein haben. Benannt wurden sie nach Sabbatai Zewi (1626–1676), einem Rabbi, der sich für den jüdischen Messias hielt, und dem polnischen Juden Jakob Frank (1726–1791), der glaubte, die Reinkarnation Zewis sowie des biblischen Patriarchen Jakob

Abb. 288: Sabbatai Zewi.

Abb. 289: Jakob Frank.

zu sein (Abb. 288 und 289). Der Okkultist und Schwarzmagier Zewi führte die größte messianische Bewegung in der Geschichte des Judentums an. Er versprach den Juden, sie in ihr in Palästina gelegenes Heimatland zurückzubringen. Nachdem ihm der Sultan des Osmanischen Reiches – aus dem die heutige Türkei hervorging – nur die Wahl zwischen Konvertierung, Folter und Tod ließ, trat er zum Islam über. Hunderte seiner Gefolgsleute taten es ihm gleich. Damit entstand eine als „Dönme" („Konvertiten") bezeichnete kryptojüdische Religionsgemeinschaft, deren Mitglieder zwar offiziell zum Islam konvertiert waren, insgeheim jedoch ihren jüdischen Glauben – bzw. ihre *Version* desselben – beibehielten. Die Dönme durften nur innerhalb ihrer Sekte heiraten. In Saloniki (dem heutigen Thessaloniki, das auf dem südlichen Balkan in der zu Griechenland gehörigen Region Makedonien gelegen ist) gewannen sie in Politik und Geschäftswelt an Einfluss. Saloniki war ein wichtiges Freimaurerzentrum und der Geburtsort der Jungtürkenbewegung, die die osmanisch-islamische Herrschaft in der Türkei überwand. Die letztgenannte Bewegung, die aus Geheimgesellschaften und Gruppierungen „progressiver" Studenten und Offiziersschüler hervorgegangen war, begründete 1923 die Republik Türkei. Deren erster Präsident Mustafa Kemal – besser bekannt unter dem Namen Atatürk – gehörte der in Saloniki ansässigen Veritas-Freimaurerloge an. Die übergeordnete Großloge – der Großorient – bildete gewissermaßen die *El*-itenversion der Freimaurerei. Dem Buch „Ataturk, The Rebirth of a Nation" von Lord Patrick Kinross zufolge arbeitete Atatürk als britischer Agent am Zerfall des Osmanischen Reiches. Die Veritas-Loge erhielt ihre Befugnisse vom Großorient von Frankreich.

Atatürks Vorgeschichte und ethnische Zugehörigkeit sind als „umstrittene Punkte" sowie als Mysterium bezeichnet worden, das noch immer seiner Aufklärung harrt. In der Türkei hielten sich beständig Gerüchte, dass Atatürk eigentlich Jude sei; die Juden in Saloniki sagten, er sei ein Dönme – ein Angehöriger jener Kryptojuden also, die Sabbatai Zewi nachfolgten. Sein Vater schickte ihn auf die Şemsi-Efendi-Schule der Dönme in Saloniki. In einem Artikel, der 1994 in der Tageszeitung *The Jewish Daily Forward* erschien, erörterte der israelische Journalist Hillel Halkin eine Unterhaltung zwischen Mustafa Kemal (Atatürk) und dem jüdischen Journalisten Itamar Ben-Avi, die im Jahr 1911 im Jerusalemer Kamenitz-Hotel stattfand. Wie Ben-Avi berichtete, habe der angetrunkene Atatürk in dem Gespräch behauptet, von Sabbatai Zewi abzustammen, und erzählt, wie er auf Geheiß seines Vaters eine alte hebräische Bibel gelesen habe. Dass sich Atatürk zum fraglichen Zeitpunkt in Jerusalem aufhielt, wird durch andere Quellen zweifelsfrei bestätigt. Hillel Halkin schrieb:

> Die türkische Regierung, die seit Jahren die Angriffe fundamentalistischer Muslime abwehrt, die ihre Rechtmäßigkeit anzweifeln und sich gegen Atatürks säkulare Reformen stellen, dürfte kaum von der Neuigkeit begeistert sein, dass der Vater des „Vaters der Türken" ein Kryptojude war, der seine antimuslimische Geisteshaltung auf seinen Sohn übertrug. Ohne Zweifel wäre es der Regierung lieber, wenn Mustafa Kemals Geheimnis auch weiterhin unter Verschluss bliebe.

Emmanuel Carasso, der zu den Anführern der Jungtürken-Revolution zählte, die Atatürk zur Macht verhalf, entstammte einer in Saloniki ansässigen jüdischen Familie. Im

Osmanischen Reich war er einer der Wegbereiter für die Freimaurerei. Die Revolutionäre hatten einen so durchschlagenden Erfolg, dass der Begriff „Jungtürke" heute noch verwendet wird, um jemanden zu beschreiben, der „progressiv", rebellisch und revolutionär ist und für radikale Reformen eintritt. Auf die heutigen Progressiven, die der Agenda der *El*-ite in die Hände arbeiten – während sie meinen, sie würden das Establishment herausfordern –, passt der Ausdruck „Jungtürken" durchaus. Die Dönme-Religion, die in eine andere Religion eingebettet ist, lebt im heutigen Islam fort. Aus Gründen, die ich noch erläutern werde, lässt sich der Grad ihrer Macht und Einflussnahme stündlich an den Fernsehnachrichten ablesen. Sabbatai Zewi hatte seine angebliche Messiasrolle aus rein praktischen Gründen proklamiert: Sie verlieh ihm die nötige (wahrgenommene) Autorität, das traditionelle Judentum zu kippen und auf den Kopf zu stellen. Aus einem Fastentag wurde beispielsweise ein Tag des Prassens usw. Neben den traditionellen religiösen Lehren und Gesetzen lehnte er auch sexuelle Tabus sowie die Vorstellung von Richtig und Falsch ab (eine Mentalität, die auch Jabotinskys revisionistischen Zionismus und den Satanismus auszeichnet). Zewi überzeugte seine Anhänger davon, dass man bösartiges Tun fördern und zelebrieren müsse, und meinte, man brauche keine Schuldgefühle zu haben (ebenfalls eine Denkweise, die auch Jabotinskys revisionistischem Zionismus und dem Satanismus zu eigen ist). Er propagierte den archontischen Wahrnehmungszustand, der keinerlei Mitgefühl oder Empathie kennt. Der Sabbatianismus, der eine moderne Ausgabe der sumerischen bzw. babylonischen Religion darstellt, lässt sich bezüglich seiner Glaubensinhalte und Opferpraktiken mit dem heutigen Satanismus vergleichen – ja, in vielfacher Hinsicht ist er mit dem Letztgenannten *identisch*. Er ist das, was Einstein in seiner Ächtung des revisionistischen Zionismus als „religiösen Mystizismus" bezeichnete.

Ähnliches gilt auch für den Frankismus, der auf Jakob Frank zurückgeht – einen Okkultisten und Schwarzmagier, der behauptete, die Wiedergeburt Zewis zu sein. Im Frankismus, der Menschen- und Tieropfer zu seinen Praktiken zählte, wurde „Luzifer" (die archontische Macht) zum wahren Gott erklärt. Es ist nachvollziehbar, warum manch einer den – wie ich ihn nenne – sabbatianischen Frankismus als „Synagoge Satans" bezeichnet hat. Den Frankisten bzw. sabbatianischen Frankisten wurde gepredigt: „Tu, was du willst." Ihr gesamtes Handeln entspringt der Philosophie des „Alles ist erlaubt". „Alles" schließt unter anderem Pädophilie, Opferungen und Inzest mit ein. Während unsittliches Gebaren für die Frankisten einen Akt der Gottesverehrung darstellt, gelten Mitgefühl und Empathie als Sakrileg. Die von der *El*-ite verwendete Symbolsprache ist ein Ausdruck dieses Verdrehungs- bzw. Invertierungssystems. Bedeu-

Abb. 290: Satanisten und sabbatianische Frankisten erstreben die invertierte Gesellschaft – wie es ihre invertierten Symbole zum Ausdruck bringen.

tet etwas für die gewöhnliche Bevölkerung das eine, hat es für die *El*-ite genau die gegenteilige Bedeutung. Eine Taube etwa stellt in den Augen der Öffentlichkeit ein Symbol des Friedens dar, für die sabbatianischen Frankisten und andere Satanisten jedoch das Gegenteil. Zu den klassischen Symbolen der Satanisten/sabbatianischen Frankisten zählen das *invertierte* Pentagramm und das *invertierte* Kreuz (Abb. 290). Der energetische Zustand und die Frequenz eines Symbols werden durch die Instanz bestimmt, die es repräsentiert.

Der Grund, warum ich die menschliche Gesellschaft als Inversion bezeichne und behaupte, dass alles in ihr auf den Kopf gestellt wurde, ist folgender: Unsere Welt wird von einer Macht kontrolliert und manipuliert, deren Religion darin besteht, alles, was gut ist, zu invertieren und ins Gegenteil zu verkehren. Rabbi Marvin Antelman bezeichnet den Frankismus in seinem Buch „To Eliminate the Opiate" als „eine Bewegung des absoluten Bösen". Der jüdische Professor Gershom Scholem schrieb in „The Messianic Idea in Judaism" über Jakob Frank: „Bei all seinem Tun [war er] eine wahrhaft verdorbene und degenerierte Persönlichkeit [...], eine der erschreckendsten Erscheinungen der gesamten jüdischen Geschichte." Zwar wurden Frank und seine Gefolgsleute von traditionellen jüdischen Rabbis zu Häretikern erklärt und exkommuniziert, doch setzten sie ihre Aktivitäten im Verborgenen unverändert fort und unterwanderten die Kreise ihrer Widersacher. Das ist einer der Gründe, warum heute viele traditionelle Juden dem Zionismus so vehement entgegentreten. Sie betrachten ihn als betrügerische Abart ihres Glaubens. Das Motiv des „von Gott auserwählten Volkes" teilen zwar alle Juden, nicht jedoch die extremen Ansichten, die für die innersten Kreise des revisionistischen Zionismus und dessen Verfechter kennzeichnend sind. Im Jahr 1773 ging Frank ein: Bündnis mit Mayer Amschel Rothschild, dem in Frankfurt beheimateten Begründer der Rothschild-Finanzdynastie, sowie Adam Weishaupt, dem von den Jesuiten geschulten Juden, der 1776 den bayerischen Illuminatenorden gründete. Seitdem beteiligte sich diese Allianz massiv an politischen Manipulationen, etwa bei der Französischen Revolution; heute nimmt dasselbe Netzwerk – unter anderen Namen und in anderer Gestalt – Einfluss auf Regierungen, Banken, Konzerne, Medien und die Unterhaltungsindustrie. Es zählt zu den maßgeblichen Kräften, die über das Spinnennetz das Weltgeschehen innerhalb der Fünf-Sinnes-Realität steuern.

Die wahren Ursprünge von „ISIS"

Bald machte sich der sabbatianische Frankismus (der innere Kern des geheimgesellschaftlich-revisionistischen Zionismus) daran, die Kontrolle über die römische Kirche und die Freimaurerei zu übernehmen. Insbesondere hatte man dabei die freimaurerische Großorient-Loge im Visier (siehe Atatürk). In Nachahmung der Anhänger Sabbatai Zewis, die einst offiziell zum Islam konvertierten, traten auch die Sabbatianer zu anderen Religionen über, um deren Machtstrukturen zu infiltrieren. Sabbatianischer Frankismus und Satanismus sind nur verschiedene Etikette, hinter denen sich dieselbe archontische Macht verbirgt, die in der von Manly P. Hall beschriebenen Weise Ägypten, Sumer und das baby-

Abb. 291: Islamischer Staat: Ein Haufen Schwachköpfe, bewaffnet und finanziert von den Saudis.

Abb. 292: Eine Enthauptung in Saudi-Arabien? Oder ist das ISIS? Sie verhalten sich identisch, weil die einen die anderen erschaffen haben – mit beträchtlicher Unterstützung aus Amerika und Großbritannien.

lonische Reich unter ihre Kontrolle brachte. Das ist der Grund, warum stets die gleichen Methoden und Techniken zum Einsatz kommen.

Ein moderner Ausdruck dieses Infiltrationsprozesses ist die widerwärtige, gewalttätige Verfälschung des traditionellen Islam, die als Wahhabismus bekannt ist. Er wird in Saudi-Arabien sowie von terroristischen Vereinigungen wie dem Islamischen Staat (ISIS) praktiziert (aufgezwungen), die von den Saudis finanziert werden (Abb. 291). Bei den von Saudi-Arabien und ISIS begangenen Massenmorden und Enthauptungen handelt es sich um satanische Opferungen und Todesrituale (Abb. 292). Der Plan sieht vor, alle anderen Religionen zu zerstören und nur eine Weltreligion übrig zu lassen: den sabbatianischen Frankismus – wahlweise auch als Satanismus oder Wahhabismus bezeichnet –, der die archontische Verzerrung anbetet. Vertreter aus Judentum, Islam, Christentum und anderen Religionen sowie nichtreligiöse Menschen müssen zusammenkommen und begreifen, dass wir alle von derselben Macht ins Visier genommen werden.

Unter den geheimdienstlichen Dokumenten, die das amerikanische Militär 2003 nach dem Einmarsch im Irak erbeutete, befand sich eine auf das Jahr 2002 datierte Schrift des DGMI (Directorate of General Military Intelligence, der irakische Militärgeheimdienst), die den Titel „Das Aufkommen des Wahhabismus und seine historischen Wurzeln" trug. Darin berichtet der Geheimdienstoffizier Sa'id Mahrnud Najrn Al-'Arniri über „die Feinde des Islam, die die Wahhabitenbewegung auf der politischen Bühne dazu benutzen, die Einheit der Muslime zu verhindern". Er schreibt:

> Der Wahhabismus arbeitet heute unbewusst mit all seiner Kraft an der fortschreitenden Inbesitznahme, um seine abscheulichen Begierden zu erfüllen. Daher tragen die Wahhabiten das muslimische Gewand verkehrt herum; keines der muslimischen Ziele können sie begreifen – denn wie könnte jemand, der um die Hilfe der Ungläubigen ersucht, von Einigkeit sprechen?

> Sie schließen Friedensverträge und Freundschaftsabkommen mit den Kriminellen, und sie kapitulieren und buckeln vor den Herren aus der verkommenen Politik. Aus diesem Grund habe ich mich bei meinen Betrachtungen auf die Geschichte der Bewegung konzentriert, und zwar unter dem Gesichtspunkt ihrer Beziehung zur britischen Regierung und der Tatsache, dass Großbritannien sämtliche in muslimischen Ländern stationierten Spione auf das Ziel hin arbeiten ließ, die Bewegung zu etablieren und zu verbreiten – um so die muslimische Religion zu vernichten und dem Islam Irrlehren einzupflanzen.

Der Autor zitiert aus der angeblichen Biografie eines britischen Spions namens „Hempher", in der dieser beschreibt, wie die britische Regierung (bzw. damals das britische Weltreich) danach trachtete, eine extreme und verzerrte Version des Islam zu erschaffen, um damit teilen und herrschen zu können. Um diesen Plan zu verwirklichen, hielten sich die Briten in der Mitte des 18. Jahrhunderts an einen Kerl namens Muhammad ibn 'Abd al-Wahhāb. Laut „Hempher" wurde Wahhāb wegen seiner „zahlreichen Eigenschaften [ausgewählt], zu denen Ruhmsucht, Sittenlosigkeit und extreme Ansichten zählten". So wurde der „Wahhabismus" geboren, unter dessen Regentschaft jeder des Todes ist, der sich den von ihm auferlegten Gesetzen und Bestimmungen nicht fügt. Die Vorliebe für Massaker (Blutrituale), die den Wahhabismus seit seiner Entstehung kennzeichnete, ist bis in unsere Gegenwart erhalten geblieben. Dasselbe gilt für den sabbatianischen Frankismus, der dem Wahhabismus als Inspiration diente.

Wie aus dem irakischen Dokument hervorgeht, wiesen die Briten Wahhāb an, ein Bündnis mit Muhammad bin Saud einzugehen, der vor seinem Tod im Jahr 1765 den ersten saudischen Staat gründete und dessen Nachfahren 1932 – im Verein mit ihren britischen und amerikanischen Herren – das heutige Saudi-Arabien schufen. Damit brachte Großbritannien die beiden wichtigsten religiösen Zentren des Islam unter seine Kontrolle: Mekka und Medina. Wahhābs Tochter wurde mit bin Sauds Sohn verheiratet. Beide Familien sind offenbar keine Araber, sondern Dönme-„Kryptojuden". Auch der osmanische Schriftsteller Ayyub Sabri Pascha, der in der türkischen Marine als Admiral diente, beschrieb in seinem Buch „The Beginning and Spreading of Wahhabism", wie Wahhāb und der britische Agent Hempher kollaborierten. Wenn dann in dem irakischen Geheimdienstbericht auch noch arabische Texte zitiert werden, die besagen, dass 'Abd al-Wahhāb und Muhammad bin Saud jüdischen Glaubens waren, kristallisiert sich allmählich ein klares Bild heraus. Der Bericht beruft sich auf eine in arabischer Sprache von D. Mustafa Turan verfasste Schrift mit dem Titel „The Dönmeh Jews", in der es heißt:

> Muhammad ibn 'Abd al-Wahhāb entstammte einer jüdischen Familie, die zu den türkischen Dönme zählte. Als Dönme werden die Juden bezeichnet, die in dem Bestreben, den Islam zu verletzen, gleichzeitig jedoch der Verfolgung durch die osmanischen Sultane zu entgehen, ihre Liebe zum Islam erklärten. [Turan] bestätigt, dass Sulayman, der Großvater [al-Wahhābs], (Shulman) ist; er ist ein Jude aus der Kaufmannschaft der türkischen Stadt Bursta, die er verließ, um in Damaskus sesshaft zu werden. Er ließ sich einen Bart stehen und trug einen muslimischen Turban, wurde jedoch hinausgeworfen, da er zu voodoomäßig war.

Anschließend floh er nach Ägypten, wo er sich mit heftigem Widerspruch konfrontiert sah, sodass er sich nach Hedschas auf den Weg machte und sich in Al-'Ayniyyah niederließ. Dort heiratete er und hatte ein Kind, dem er den Namen 'Abd-al-Wahāb gab. Er behauptete, von Rabi'iyyah abzustammen und in Marokko geboren worden zu sein.

Abb. 293: „Saudi-Israelien: Dieselben Ziele, dasselbe Team" – Das ist die Erklärung dafür, warum sich Saudi-Arabien und Israel so nahestehen – wo man doch eigentlich das Gegenteil erwarten würde.

Dieselbe Geschichte sei, wie in dem Dokument deutlich gemacht wird, auch in dem Text „The Dönmeh Jews and the Origin of the Saudi Wahhabis" des Autoren Rifat Salim Kabar zu finden. Mit dem Gedanken, dass Muhammad ibn 'Abd al-Wahhāb einer türkischen Familie von Dönme-Juden entstammt, ergibt so manches aktuelle Ereignis sowie insbesondere die Tatsache einen Sinn, dass die von den Saudis ausgerüsteten und finanzierten wahhabistischen Terrororganisationen überwiegend Muslime umbringen. Die sabbatianisch-frankistischen Verbindungen zwischen Saudi-Arabien, Israel, den USA und Großbritannien sind der Grund für die enge Verflechtung dieser vier Mächte sowie für den gewaltigen Umfang der Waffenlieferungen, mit denen die Amerikaner und Briten die Saudis beschenken (Abb. 293). Als Donald Trump im Jahr 2017 während seines Besuchs in Riad verkündete, dass Saudi-Arabien – ein Staat, der Terroristen aktiv unterstützt – im Nahen Osten das Zentrum des „Kampfes gegen den Terror" bilden würde, kann es sich nur um einen Witz gehandelt haben.

Der irakische Geheimdienstbericht zitiert weiterhin eine Aussage, die Abdul Wahhab Ibrahim Al-Shammari in seinem Buch „The Wahhabi Movement, The Truth and Roots" tätigte. Danach sollen die falschen Könige der Familie Saud von Mordechai bin Ibrahim bin Mushi abstammen, einem jüdischen Kaufmann, der in der irakischen Stadt Basra lebte. Die Behauptung, der „Familienstammbaum" der Dynastie würde auf den Propheten Mohammed zurückgehen, ist ein Witz. Wie aus dem Dokument ebenfalls hervorgeht, schmiedete ein britischer Offizier jüdischen Glaubens namens David Shakespeare während des Ersten Weltkriegs gemeinsam mit dem saudischen König Abd al-Aziz ibn Abd ar-Rahman – im Westen besser bekannt als Ibn Saud – Pläne zur Niederschlagung mehrerer Staatsoberhäupter auf der Arabischen Halbinsel. Sie nahmen jene Länder ins Visier, deren Regierungen die britischen Pläne für die Region (die unter anderem ein jüdisches Heimatland in Palästina vorsahen) abgelehnt hatten. All das spielte sich im Nachfeld der Balfour-Deklaration ab, mit der die britische Regierung ihre Unterstützung bei der Errichtung eines jüdischen Staates in Palästina zusicherte. Jeder, der die Hintergründe ernsthaft recherchiert, wird ohne Zweifel die Handschrift des von Rothschild gesteuerten Round Table hinter dieser Entwicklung erkennen. Über den Militäroffizier Thomas

Edward Lawrence („Lawrence von Arabien") sicherte Großbritannien dem palästinensischen Volk Unabhängigkeit zu, falls sie den Briten helfen würden, die Osmanen aus der Region zu vertreiben. Doch in Wahrheit war das Land schon längst für die aus Europa stammenden Juden reserviert. Die Dynastie der Saud unterstützte die britischen Pläne auf Kosten der nichtwahhabitischen Palästinenser. Mittels Geld und militärischer Unterstützung sorgten die Briten dafür, dass sich Ibn Saud durchsetzen und den Wahhabismus – eine groteske Verfälschung des traditionellen Islam – der gesamten Arabischen Halbinsel gewaltsam aufzwingen konnte. Warum unterstützen Großbritannien und die Vereinigten Staaten die „königliche" saudische Familie, ganz gleich, was sie anstellt – und rüsten sie bis unter die Zähne mit Waffen aus, um echte Muslime töten zu können? Jetzt wissen Sie es. Von Saudi-Arabien, den USA, Großbritannien und Israel gemeinsam erschaffen, bildet ISIS den militärischen Flügel des Wahhabismus (Abb. 294).

Abb. 294: „Saudischer/US-amerikanischer/britischer/israelischer ‚Islam': der Wahhabismus" – ISIS ist ein einziger Schwindel, und das dämliche Fußvolk ist in einem tödlichen Spiel gefangen, das es nicht versteht.

Der sabbatianische Frankismus kontrolliert heute mit seinen Netzwerken die Freimaurer, die Jesuiten, die Tempelritter, den Malteserorden, Opus Dei sowie sämtliche geheimen und halb geheimen Organisationen, die mit den Vorgenannten in Verbindung stehen. Dazu zählen die Bilderberger, der Council on Foreign Relations, die Trilaterale Kommission, der Club of Rome usw. Damit soll nicht gesagt sein, dass es sich bei sämtlichen Personen, die in diese Gruppierungen bzw. Organisationen involviert sind, um sabbatianische Frankisten handeln würde. Das dürfte nur auf die wenigsten zutreffen; doch sind es letzten Endes die sabbatianischen Frankisten, die das Sagen haben. Wie die Zionisten und die Rothschilds sind sie falsche „Juden", die fast die gesamte, über den Planeten verstreute jüdische Gemeinde in die Irre geführt haben. Sie sind die Macht, die tatsächlich hinter dem Staat Israel steht – dessen Flagge von einem Rothschild-/Saturnsymbol geziert wird. Die Rothschilds, die den Bau des israelischen Parlamentsgebäudes – in dem die Knesset tagt – und des Obersten Gerichts finanzierten, hatten nach dem Zweiten Weltkrieg auf der Basis der Balfour-Deklaration die massenhafte Auswanderung deutscher Juden nach Palästina arrangiert. Seinem innersten Wesen nach handelt es sich beim Zionismus um eine Geheimgesellschaft der sabbatianischen Frankisten, die nicht die Interessen der Juden, sondern diejenigen des *revisionistischen* Zionismus (siehe Rothschild) und der Spinne vertritt. Die Beziehung zwischen revisionistischem Zionismus und jüdischer Religion ist dieselbe, die auch zwischen Wahhabismus und Islam besteht. Beide, der revisionistische Zionismus wie der Wahhabismus, unterliegen letztlich der Kontrolle desselben Netzwerks, dessen

Basis sich in Israel befindet und das Schaltstellen in den USA, Großbritannien, Rom und anderswo unterhält. Klammert man all diejenigen Juden aus, die sich dem Zionismus widersetzen, sowie die Mehrheit der Zionisten, die sich zwar so nennen, aber von den wahren Hintergründen des Zionismus nichts ahnen, bleibt – bei gerade einmal etwa 15 Millionen Gläubigen, die die jüdische Gemeinde weltweit zählt – nur ein lächerlich kleiner Personenkreis übrig, der den inneren Kern des Zionismus bildet. Die Mitglieder dieses Kreises, der vom sabbatianischen Frankismus kontrolliert wird, sind gegenüber den Rothschilds rechenschaftspflichtig. In meinen früheren Büchern habe ich sie als „Rothschild-Zionisten" bezeichnet. Diese Handvoll revisionistischer Zionisten ist für die Rekrutierung des Personals zuständig, das unverhältnismäßig viele Positionen innerhalb der Machtstrukturen in Politik, Geschäftswelt und Finanzindustrie ausfüllt – insbesondere in den Vereinigten Staaten. (In meinem Buch „Die Wahrnehmungsfalle" habe ich das detailliert offengelegt.) Dies geschieht nicht zum Vorteil der jüdischen Gemeinschaft, sondern dient dazu, die Agenda der Spinne voranzubringen. Die Juden sind aus Sicht der Letztgenannten genauso austauschbar wie alle anderen. Man sollte, während sich das Weltgeschehen entfaltet, folgenden Zusammenhang im Hinterkopf behalten: Israel = Rothschilds = sabbatianischer Frankismus = Satanismus = die Spinne. In Rabbi Antelmans Buch „To Eliminate the Opiate" können Sie die Geschichte des Sabbatianismus und des Frankismus (Satanismus) en détail nachlesen.

Archontisch-reptiloide Pädophile

Bereits seit den 1990er-Jahren weise ich auf die Verbindungen hin, die zwischen dem Netzwerk der reptiloid-hybriden Blutlinien einerseits und Satanismus und Pädophilie auf der anderen Seite bestehen. Die beiden letztgenannten Elemente sind ebenso inhärente Bestandteile des sabbatianischen Frankismus, wie sie einst zum Wesenskern des babylonischen und römischen Reiches gehörten (wobei das römische Reich die räumlich verlagerte Fortführung Babyloniens darstellte). Die Verbreitung sexuellen Kindesmissbrauchs hat ganz allgemein einen Grad erreicht, der einem die Sprache verschlägt und die Vorstellungskraft der meisten Menschen bei Weitem übersteigt. Doch die höchste Zahl an Missbrauchsfällen pro Kopf findet man in den „hohen" Rängen der Blutlinienhierarchie. Die Gründe dafür lassen sich durchaus benennen. Ich habe insbesondere im Zeitraum 1996 bis 2006 intensiv zu den Themen Pädophilie in der *El*-ite, Satanismus und Bewusstseinskontrolle recherchiert. Diese drei Bereiche hängen unmittelbar miteinander zusammen. Wir müssen uns stets der Tatsache bewusst sein, dass die Angehörigen der Blutlinien Softwareprogramme sind – biologische Vehikel für den gefälschten Geist, der das Geschehen innerhalb der Fünf-Sinnes-Wahrnehmung steuert. Da ihr gesamtes Tun und Verhalten vom empathiefreien gefälschten Geist bestimmt wird, überziehen sie die Welt mit Krieg, Mangel, Elend und ... Angst, ohne mit der Wimper zu zucken. Um es mit einem altmodischen Begriff auszudrücken: Sie sind besessen. So verhält es sich, seit die Blutliniensoftware in die Simulation eingefügt wurde. Im 13. Jahrhundert beschrieb der Sufi-Mystiker Rumi die Auswirkungen der Besessenheit wie folgt:

> Wenn ein Dschinn sich einen Menschen unterwirft, verliert der Mensch seine menschlichen Eigenschaften. Was er auch sagt, in Wirklichkeit hat es dieser Dschinn gesagt. Der jener Welt Zugehörige hat durch den dieser Welt Zugehörigen gesprochen. Wenn schon ein Dschinn seinen Einfluss und seine Regeln hat, wie muss es dann beim Schöpfer dieses Dschinns sein! Der Besessene hat seine Persönlichkeit verloren und ist tatsächlich ein Dschinn geworden.

Die Gnostiker hätten gesagt: „… und ist zum gefälschten Geist geworden". Wenn Sie die *El*-ite bzw. das eine Prozent beobachten – in Wirklichkeit machen sie viel weniger als ein Prozent aus –, sehen Sie Inkarnationen der archontischen Macht bzw. der archontischen Reptiloiden, die sich mittels biologischer Blutliniensoftware tarnen. Vergleichen Sie deren Verhalten einmal mit den demiurgisch-archontischen Charakterzügen, die in den gnostischen Manuskripten beschrieben werden. Aus dieser Perspektive erscheinen die Ereignisse, die sich auf der Weltbühne abspielen, in einem gänzlich anderen Licht. Völlig vom Gewahrsein der erhabenen Äonen getrennt, setzt kein Anflug von Mitgefühl dem Handeln der *El*-ite Grenzen, und ihr Tun hat für sie keinerlei emotionale Konsequenzen. Tränen vergießen sie nur, wenn sie einmal *selbst* betroffen sind, nicht aber wegen derjenigen, die unter ihren Handlungen leiden. Da sie, einem Computer (einer *Software*) gleich, nichts empfinden, müssen sie Emotionen und Mitgefühl *vorspielen* – um darüber hinwegzutäuschen, dass sie dergleichen nicht besitzen. Sofort denkt man etwa an das schlecht gespielte Gefühlstheater eines Tony Blair oder der Clintons. Die Queen hält es erst gar nicht für nötig zu schauspielern. Schauen Sie sich einmal die einstudierte Rede des damaligen Premierministers Tony Blair an, die er 1997 nach dem Tod von Prinzessin Diana hielt, sowie die wenige Tage später erfolgte öffentliche Ansprache der Königin. Der eine täuschte Gefühle vor (so schlecht, dass es peinlich anzusehen war), die andere versuchte es gar nicht erst. Die Abwesenheit von Mitgefühl und Einfühlungsvermögen gipfelt in der Bombardierung unschuldiger Menschen, ohne dass man für diejenigen, die darunter zu leiden haben, irgendetwas empfinden würde. Der Ausdruck „herzlos" bringt es auf den Punkt.

Mit großem Interesse las ich einmal einen Artikel, der sich mit den Erfahrungen des schweizerischen Hellsehers Anton Styger befasste. Zahlreiche mediale Menschen aus der ganzen Welt hatten mir berichtet, dass Angehörige der politischen und finanziellen *El*-ite häufig von ätherischen Reptiloiden „überschattet" würden. Mehrmals fiel der Name Hillary Clinton. Hellsichtige Menschen haben einen tieferen Einblick in die Realität, als den meisten Menschen für gewöhnlich zuteil wird. Sie erleben das Geschehen auf einer Frequenzebene, die die breite Bevölkerung nicht einsehen kann. Anton Styger sagte:

> Wenn ich beispielsweise Menschen aus der Geschäftswelt oder der Politik sehe, die ganz besonders stark der materiellen Welt verhaftet sind, dann fällt mir auf, dass sie gar keine Lichtkörper mehr haben. Bei manchen dieser Menschen ist der sonst immer vorhandene Lichtpunkt im Herzchakra überhaupt nicht mehr sichtbar.

> Stattdessen sehe ich eine Schicht von „glänzendem Teer" um diese Menschen herum, in der sich ein monströses Wesen von der Gestalt einer Echse erkennen lässt. Wenn solche Menschen beispielsweise im Fernsehen sprechen, sehe ich wie in einem Konkavspiegel, dass sich eine Krokodilsgestalt um die Person herum manifestiert. Das Licht aus dem Hals- und Stirnchakra ist nicht mehr zu sehen.

Wenn es im Herzchakra kein Licht gibt, ist *herzloses* Verhalten die Folge. Hier können wir Ursache und Wirkung erkennen: Der besetzte Fünf-Sinnes-Verstand ist abgeschottet und untersteht vollständig dem gefälschten Geist. Das erinnert mich an die Frage, die mir die „Ayahuasca-Stimme" 2003 in Brasilien stellte: Wenn man einen Computer dazu programmieren würde, ein Kind zu missbrauchen – hätte er irgendwelche emotionalen Konsequenzen zu erleiden? Weltweit hat eine unfassbare Zahl von Kindern genau dieses Phänomen erlebt. Was würde den Begriff „herzlos" besser definieren als die sexuelle und physische Misshandlung von Kindern? Pädophile kommen innerhalb der *El*-ite deshalb in so großer Zahl vor, weil die Energie von Kindern, die noch nicht in der Pubertät sind, diejenige ist, die von den Archonten und den archontischen Reptiloiden am höchsten geschätzt wird (Abb. 295). Die Pubertät ist eine Zeit hormoneller Veränderungen, die durch einen Wandel der im Schwingungsfeld gespeicherten energetischen Informationen hervorgerufen werden. Die Archonten wollen sich die Energie der Kinder einverleiben, bevor diese Veränderungen einsetzen – unter anderem deshalb, weil sie bis dahin am reinsten ist. Wenn ein besetzter Pädophiler ein Kind missbraucht, dient er der besetzenden Entität als energetischer Kanal, über den sie die Energie und Lebenskraft des Kindes abzapft. Überall auf der Welt geschieht das. Don Juan Matus sagte:

Abb. 295: „Das Ausmaß des weltweiten Kindesmissbrauchs ist über alle Maßen erschütternd: Dafür gibt es ebenso einen Grund wie für die Tatsache, dass die Vorgänge von der Oberschicht vertuscht werden. Doch nur wenige würden glauben, was tatsächlich dahintersteckt." – Das große Geheimnis lautet: Warum gibt es innerhalb der El*-ite so viele Pädophile?*

> Die Zauberer [sehen] Menschenkinder als eigenartige, leuchtende Energiebälle, die völlig von einer glänzenden Hülle bedeckt sind, so etwas wie einem Plastiküberzug, der eng an ihrem Energiekokon anliegt. Die Räuber verschlingen diese leuchtende Hülle des Bewusstseins. Zum Zeitpunkt, zu dem der Mensch erwachsen wird, ist von der leuchtenden Hülle des Bewusstseins nur noch ein schmaler Rand übrig, der vom Boden bis über die Zehen reicht. Dieser Rand ermöglicht es den Menschen gerade noch, am Leben zu bleiben.

Abb. 296: Jimmy Savile mit dem damaligen britischen Premierminister Ted Heath. Savile beschaffte für Heath Kinder, die dieser missbrauchte und tötete – oft in ritueller Form.

Das ist die Energie, die sich die „Räuber“ über die besetzten Pädophilen von den Kindern holen. Hier liegt der Grund, warum die *El*-ite und ihre Netzwerke von Pädophilie und dem artverwandten Satanismus durchzogen sind. Heute sind die Pädophilenringe der Reichen und Berühmten, die einige andere und ich bereits in den 1990er-Jahren bloßgestellt haben, im öffentlichen Bewusstsein angekommen. Dieser Prozess vollzog sich insbesondere in Großbritannien, nachdem die Machenschaften des BBC-„Unterhaltungskünstlers“, Discjockeys und Rekordpädophilen Jimmy Savile enthüllt worden sind. Eine der Personen, die ich 1998 in „Das größte Geheimnis“ namentlich nannte, war der ehemalige Premierminister und kinderopfernde Satanist Edward Heath (Abb. 296). Obwohl Heath von dem entsprechenden Absatz noch in derselben Woche Kenntnis erhielt, in der das Buch erschien – sieben Jahre vor seinem Tod –, unternahm der noch immer als Parlamentsabgeordneter fungierende Politiker nichts. Weitere 17 Jahre vergingen, bis die Polizei, durch neue Zeugenaussagen dazu gezwungen, zu Heath’ abscheulichen Aktivitäten zu ermitteln begann. Nach meiner eigenen Begegnung mit Heath im Jahr 1989 war ich von den Informationen, die mir später über ihn zugetragen wurden, nicht überrascht. Damals hielt ich mich in den Studios des Nachrichtenkanals Sky News auf, um in meiner Funktion als Landessprecher der Grünen Partei ein Interview zu den Ergebnissen der Europawahl zu geben. Nach meiner Ankunft brachte man mich in die Maske und sagte mir, dass sich gleich jemand um mich kümmern werde. Als ich nach einer Weile dachte, man habe mich vergessen, setzte ich mich und sah in die Spiegel, die die gesamte vor mir befindliche Wand bedeckten. In nächsten Moment erregte etwas darin meine Aufmerksamkeit – hinter mir, verborgen durch eine offen stehende Tür, saß Edward Heath, der gerade interviewt worden war und nun darauf wartete, abgeschminkt zu werden. Ich sagte „Hallo“, doch Heath erwiderte den Gruß nicht. Er musterte mich mit einem langen, forschenden Blick, der zu sagen schien: „Hmm? Was war das?“ Ohne ein Wort zu sagen, starrte mich Heath konzentriert an. Langsam wanderte sein Blick von meinem Scheitel hinunter zu meinen Füßen und wieder zurück, so als würde er mich scannen. Es war eine bizarre Erfahrung, die aber noch bizarrer werden sollte. Mit einem Mal verfärbten sich seine Augen, während sie mich „abtasteten“, pechschwarz. Ich meine die Gesamtheit seiner Augen, einschließlich der weißen Bereiche. Ich sah in zwei schwarze Löcher. Zu keinem Zeitpunkt war es möglich, „Blickkontakt“ herzustellen, denn die Schwärze schien keinen Boden zu haben – sie ging durch ihn hindurch und endete im Nirgendwo. Schließlich wurden seine „Augen“ wieder normal, und er wandte sich ab, sodass er in den Spiegel vor ihm schaute. Während der ganzen Zeit war kein einziges Wort gefallen.

Abb. 297: „Die Welt ist nicht so, wie man es euch weisgemacht hat" – Edward Heath und die schwarzäugigen Menschen.

Zunächst vermied ich es, öffentlich darüber zu sprechen, da man sich natürlich fragt, ob man sich nicht getäuscht haben könnte. Im Laufe der Zeit stieß ich jedoch wiederholt auf Geschichten und Berichte über „schwarzäugige Menschen", aus verschiedenen Ecken der Welt, in denen dasselbe Phänomen beschrieben wurde (Abb. 297). Heath war ein bösartiger Mensch, der von einer archontischen Macht gesteuert wurde, die nicht von dieser Welt stammt. Seither sind die Verdeckte Hand und Teile der von ihr beherrschten Medien darum bemüht, die Wahrheit über Heath und andere politische Persönlichkeiten zurückzuhalten und zu verhindern, dass die Öffentlichkeit der tatsächlichen Vorgänge gewahr wird. Es stört sie nicht allzu sehr, wenn etwa die Mitarbeiter von Kinderheimen, niederrangige Geistliche oder Fußballtrainer bloßgestellt werden, da dies für die auf Pädophilie und Satanismus gründenden Strukturen der *El*-ite keine Bedrohung darstellt. Doch sobald die Letztgenannten Gefahr laufen, entlarvt zu werden, zieht man unverzüglich die Notbremse. Zahlreiche Polizeibeamte haben öffentlich gemacht, dass sie ihre Ermittlungen über Kinderschänderringe auf Geheiß ihrer „Vorgesetzten" einstellen mussten, sobald ein berühmter Politiker in den Fokus geriet. Andere Ermittler, etwa in Belgien oder auf der im Ärmelkanal gelegenen Insel Jersey, wurden wegen ihrer ehrlichen und engagierten Bemühungen, die Wahrheit zu ergründen, entlassen oder vom Dienst suspendiert.

Eine der Methoden, die Vorstellung von einer pädophilen *El*-ite systematisch zu untergraben, besteht darin, „Zeugen" ins Rampenlicht zu stellen, die gar nicht missbraucht worden sind und unwahre Geschichten erzählen. Anderen, die *tatsächlich* Missbrauch erfahren haben, dabei aber derart psychisch geschädigt wurden, dass sie jeden Namen nennen würden, den man ihnen unterschiebt, entlockt man entsprechende Falschaussagen. In beiden Fällen entlarvt man anschließend die Behauptungen als unhaltbar – und bringt damit die echten Berichte über echte Täter in Misskredit. Seien Sie auch wachsam, wenn jemand, der vorgibt, Pädophilie bloßzustellen und sich für Missbrauchsopfer einzusetzen, ein Verhalten an den Tag legt, das die gesamte Kinderschänderthematik unglaubwürdig macht. Einige davon handeln aus der bewussten Absicht heraus, Enthüllungen zu verhindern; andere bringen schlicht deshalb negative Ergebnisse hervor, weil sie denken, es ginge nur um sie und ihre persönliche Agenda. Ein bestimmtes Großmaul aus Großbritannien kommt einem augenblicklich in den Sinn.

Sieht sich eine Regierung durch die aufgebrachte Öffentlichkeit dazu gezwungen, „Ermittlungen" zu angeblichen Pädophilenringen der *El*-ite aufzunehmen, wird dafür gesorgt, dass sie ins Leere gehen. In Großbritannien ist das mehrmals geschehen, etwa in dem offenkundigen Fall, bei dem die damalige Innen- und heutige Premierministerin Theresa May „Untersuchungen" ankündigte. Es sollte unter anderem wegen verschiedener Behauptungen bezüglich eines Pädophilenrings ermittelt werden, zu dem angeblich Mitglieder des im Londoner Stadtteil Westminster ansässigen britischen Parlaments gehörten. Doch die Personen, die May mit der Leitung der Ermittlungen beauftragte, waren entweder eindeutig befangen oder hoffnungslose Fälle. Die darauf folgenden Rücktritte sowie die Bemühungen der Medien, die Glaubwürdigkeit der Untersuchungen zu unterminieren, hatten zur Folge, dass die Ermittlungen jahrelang stagnierten und gänzlich im Sande zu verlaufen drohten. Mehr Hoffnung setze ich in Frau Professor Alexis Jay, die mittlerweile *vierte* Chefermittlerin, die mehr zu den „Hoch den Hintern und auf sie!"-Wahrheitskriegern zu zählen scheint – eine Mentalität, die vonnöten ist, um den Missbrauchsüberlebenden wenigstens ein Minimum an Gerechtigkeit verschaffen zu können. Jay sagte: „Es gibt mächtige Eigeninteressen, die gerne sehen würden, dass diese Untersuchungen in sich zusammenfallen. [...] Gewissen Institutionen wäre es lieber, wir würden scheitern, da wir so eine große Bedrohung darstellen." Na, das klingt doch ganz passabel – ich drücke die Daumen.

Die Zahl der Kinder, die Jahr für Jahr spurlos verschwinden, ist unfassbar. Sie geht, weltweit betrachtet, in die Millionen. In den 1990er-Jahren erkundigte ich mich einmal telefonisch bei der amerikanischen Bundesregierung, wie viele Kinder jedes Jahr in den USA verschwinden. Wie man mir mitteilte, führe man darüber angeblich nicht Buch. Die Zahl der verschwundenen Autos könne man mir sagen, aber nicht die der verschwundenen Kinder. Als ich daraufhin, wie man mir geraten hatte, dazu überging, jeden Bundesstaat einzeln zu befragen, ging die Gesamtzahl zu meinem Entsetzen schnell in die Hunderttausende. Tatsächlich schien sich die Zahl von landesweit 800.000 vermissten Kindern, die ich einmal gelesen hatte, zu bestätigen. Die Menschen neigen dazu, die Zahl der Verschwundenen aus den Meldungen über vermisste Kinder abzuleiten, die ab und an in den Nachrichten auftauchen. Doch nur ein Bruchteil der Vermisstenfälle schafft es überhaupt in die Schlagzeilen. Wenngleich der größte Teil davon auf weniger finstere Ursachen zurückzuführen ist, zeigen meine mehrere Jahrzehnte umfassenden Recherchen doch eindeutig, dass eine beträchtliche Zahl von Kindern in Pädophilenringen landet, vom Satanistennetzwerk rituell geopfert oder für experimentelle Zwecke in unterirdische Basen verbracht wird. Hinzu kommen Horrorgeschichten, die sich nicht auf der Erde abspielen und bei denen Reptiloide und Graue beteiligt sind. Die gewaltigen Zahlen sind nicht zufällig zustande gekommen. Kinderhandel ist eine globale Industrie. Aus der Massenmigration nach Europa hat sie gewaltiges Kapital geschlagen. Europol, die Polizeibehörde der Europäischen Union, schätzte 2016, dass im Laufe der vorangegangenen zwei Jahre etwa 10.000 unbegleitete Migrantenkinder in Europa verschwanden. Dasselbe geschieht überall auf der Welt – gesteuert von der *El*-ite, die ihren Meistern dient: den archontischen Reptiloiden/Grauen. Damit Sie einmal ein Gefühl für die Größenordnung des Pädophilieproblems bekommen: Zwei verschlüsselte Websites innerhalb des „Dark Web", deren Betreiber von der amerikanischen und deutschen Polizei ausgehoben wurden, zählten 150.000 bzw. knapp 90.000 Mitglieder.

Savile – die „königliche" Verbindung

Abb. 298: Der pädophile Lord Mountbatten, Mentor von Prinz Charles und Prinz Philip, führte den Weltrekord-Pädophilen Savile in den 1960er-Jahren in den inneren Kreis der königlichen Familie ein. Wahrscheinlich mochten sie einfach die Musik, die er auflegte.

Abb. 299: Bis zu seinem Tod im Jahr 2011 war der Mega-Pädophile und Kinderzuhälter Jimmy Savile lange Zeit eng mit Prinz Charles befreundet.

Realität und Umfang des Geschehens – sowie der beteiligte Personenkreis – rückten ins öffentliche Bewusstsein, als die Enthüllungen um den Discjockey und Fernsehmoderator Jimmy Savile, der im Jahr 2011 starb, einen gewaltigen Skandal auslösten. Die britischen Medien berichteten über die Flut von Indizien, die Savile als Pädophilen monumentalen Ausmaßes bloßstellten. Seit den 1950er-Jahren hatte er Hunderte Kinder und Jugendliche geschändet, unter anderem in den Studios der BBC, Krankenhäusern und Pflegeheimen. Nicht erwähnt wurde, dass Savile für die Reichen und Berühmten der *El*-ite als Kinderbeschaffer fungierte. Das war auch der Grund, warum er für seine zahllosen Pädophilieverbrechen – die sich über einen langen Zeitraum erstreckten und sowohl der Polizei als auch den Sicherheitsbehörden wohlbekannt waren – niemals angeklagt oder strafrechtlich verfolgt wurde. Die Tatsache, dass Savile ein enger Busenfreund der königlichen Familie war, wurde in den Medien kurz erwähnt, dann aber wieder unter den Teppich gekehrt. In den 1960er Jahren war Savile durch den für seine Pädophilie bekannten Lord Mountbatten, den innerfamiliären Mentor der Prinzen Philip und Charles, ins Königshaus eingeführt worden (Abb. 298). Im Laufe der Jahrzehnte, in denen

Savile seinen pädophilen Neigungen nachging, entwickelte sich zwischen Charles und ihm eine enge Freundschaft, die bis zu Saviles Tod andauerte (Abb. 299). Auch mit den Premierministern Edward Heath und Margaret Thatcher war Savile lange Zeit befreundet. Die von Thatcher zwischen 1979 und 1990 geführte Regierung steht im Mittelpunkt der Vorwürfe bezüglich des Westminster-Pädophilenrings (Abb. 300). In meinem Buch „Die Wahrnehmungsfalle" habe ich die Zusammenhänge detailliert offengelegt.

Abb. 300: Jimmy Savile war ein enger Freund von Margaret Thatcher, deren Regierung in den 1980er-Jahren im Mittelpunkt der Vorwürfe bezüglich des Westminster-Pädophilenrings stand.

Betrachten wir die Sache einmal einen Augenblick. Niemand nähert sich der Königin oder dem inneren Kreis der königlichen Familie, ohne dass der britische Geheimdienst – namentlich der MI5 und die als „Special Branch" bezeichnete Spezialeinheit der britischen Polizei – über die betreffende Person im Bilde ist. Dasselbe gilt auch für die Annäherung an einen Premierminister. Doch Jimmy Savile ließ man an beide Personenkreise heran, obwohl der Polizei bekannt war, dass es sich bei ihm um einen Kinderschänder von historischer Größenordnung handelte? Wie war so etwas möglich? Die Antwort ist einfach: Er versorgte die *El*-ite der Reichen und Berühmten mit Kindern (Abb. 301). Den höheren Rängen der britischen Geheimdienste kommt eine zentrale Rolle dabei zu, den Beteiligten (einschließlich sich selbst) den Rücken freizuhalten. Es war unabdingbar, Ärger von Savile fernzuhalten, obwohl man um seine Machenschaften und seine engen Verbindungen zur britischen Königsfamilie wusste. Nicht anders verhält es sich mit dem amerikanischen Geheimdienst, der unter anderem George Bush sr. deckte – dabei ist es in den politischen Kreisen der USA ein offenes Geheimnis, dass Bush pädophil war und sich, ähnlich wie Savile, über einen langen Zeitraum hinweg grausam an Kindern vergangen hat (siehe „Das größte Geheimnis"). Und was unternahm die CIA? Sie benannte ihren in Langley, Virginia, befindlichen Hauptsitz nach ihm: „George

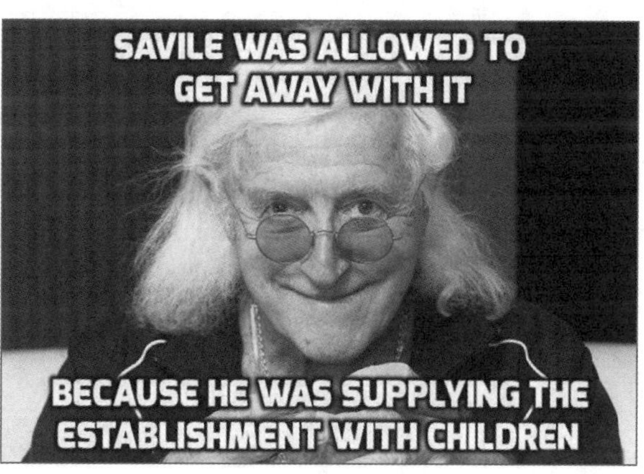

Abb. 301: „Man ließ Savile unbehelligt, weil er die Oberschicht mit Kindern versorgte." – Der Grund, warum Savile nie geschnappt wurde, obwohl er sich jahrzehntelang im großen Stil als Pädophiler betätigte.

Bush Center for Intelligence“ heißt er nun! Im Jahr 2016, während des Wahlkampfs zwischen Donald Trump und Hillary Clinton, wurden Behauptungen laut, dass in Washington, D.C., ein Pädophilenring zugange sein soll. Doch die Medien verwarfen die Anschuldigungen reflexartig. Da bestimmte in der amerikanischen Hauptstadt ansässige Pizzarestaurants involviert gewesen sein sollten, wurde die Angelegenheit unter dem Schlagwort „Pizzagate“ bekannt. Ob die Behauptungen im Detail und hinsichtlich der angeblich darin verwickelten Personen zutreffen, kann ich nicht sagen, da ich dafür die Hintergründe nicht genügend recherchiert habe. Doch gibt es in Washington einen von der *El*-ite betriebenen Pädophilenring? *Definitiv ja!* Genau das enthülle ich seit Jahrzehnten.

Ist es wirklich nur Zufall, dass der überführte pädophile Milliardär Jeffrey Epstein, der einem außergerichtlichen Vergleich zustimmte, eng mit zahlreichen Figuren der politischen, wirtschaftlichen, finanziellen und königlichen *El*-ite befreundet war – darunter Bill Clinton und Prinz Andrew? Oder dass Clinton viele Male mit Epsteins Privatjet geflogen war, den man „Lolita Express“ getauft hatte? Oder dass Epstein mit Prinz Andrew und einigen anderen aus seiner Clique Epsteins Karibikinsel aufsuchte, als die Anschuldigungen gegen ihn hochkochten? Geben Sie einmal „Epstein little black book“ (Epstein kleines schwarzes Buch) in eine Suchmaschine ein, um eine Liste seiner Kumpane zu erhalten (Abb. 302). Darin finden sich unter anderem Donald Trump, Tony Blair sowie Blairs Freund, der politische Strippenzieher Peter Mandelson. Der *Washington Post* zufolge soll Trump Epstein 2002 einen „tollen Typen“ genannt haben. In Epsteins Gesellschaft habe man „eine Menge Spaß“, und „er mag schöne Frauen genau so wie ich, und viele von ihnen sind recht jung“. Während ich diese Zeilen schreibe, muss sich Alexander Acosta – den Trump zum Arbeitsminister erkor – wegen des merkwürdigen Vergleichs, den er 2008 als Chefstaatsanwaltschaft von Florida mit Epstein aushandelte, vor Gericht verantworten. Für den Letztgenannten bedeutete der Deal, dass eine mögliche lebenslange Haftstrafe sowie die Strafverfolgung auf Bundesebene abgewendet wurden. Trump trat in dem Prozess als Zeuge auf. Laut den Anwälten, die im Verfahren gegen Epstein eine Reihe minderjähriger Kläger vertreten, sei der Vergleich ein Klüngelgeschäft gewesen, das nur aufgrund seines Reichtums und seiner Verbindungen zustande gekommen sei.

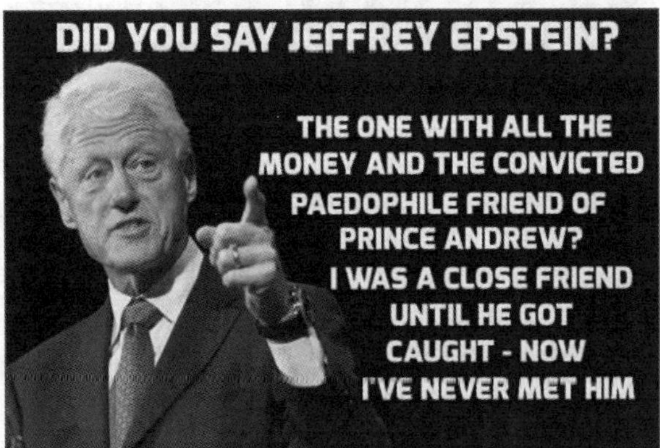

Abb. 302: „Sagten Sie gerade ‚Jeffrey Epstein‘? Der überführte Pädophile und schwerreiche Freund von Prinz Andrew? Ich war eng mit ihm befreundet, bis man ihn schnappte – jetzt auf einmal bin ich ihm nie begegnet.“ – Er saß mit dir zusammen im Privatflieger, Bill.

Wo immer die archontischen Reptiloidenblutlinien der *El*-ite, Satanisten oder sabbatianischen Frankisten zugange sind, stößt man auf Opferrituale und Pädophilie. Hollywood – ein durch und durch kranker Ort, der ausdrücklich dazu zählt – ist voll von Pädophilie, Satanismus und Gedankenkontrolle. Wie sollte es auch anders sein, stellt doch Hollywood das globale Zentrum für die Fantastereien und Zauberkünste dar, mit denen die *El*-ite auf der ganzen Welt die Wahrnehmungen programmiert. Manche ehemalige Kinderstars haben sich öffentlich über die Pädophilen- und Satanistenringe (beides dasselbe) geäußert, die Tinsel Town – wie Hollywood scherzhaft genannt wird – im Griff haben und die einige der Reichsten und Berühmtesten zu ihren Mitgliedern zählen. Die meisten Betroffenen halten jedoch aus Angst, ihre Karriere aufs Spiel zu setzen oder schlimmere Konsequenzen zu erleiden, ihren Mund. Ähnliche Schilderungen habe ich unzählige Male aus allen Ecken der Welt gehört. Während der 16 Jahre, in denen Jon Robberson hinter den Kulissen für große Hollywoodstudios tätig war, wirkte er unter anderem bei verschiedenen Spielfilm- und Fernsehproduktionen mit. Seit seinem Ausscheiden setzt er sich leidenschaftlich für die Enttarnung der Pädophilen und Satanisten ein, die in Hollywood die Zügel in der Hand halten.

Der weltumspannende satanische Ring, von dem Robberson spricht, ist derselbe, den ich seit den 1990er-Jahren bloßstelle. Der Ring, der in jedem einzelnen Land dieser Erde aktiv ist, spielt bei den Unternehmungen der *El*-ite und der sabbatianischen Frankisten eine zentrale Rolle. Robberson zufolge würde „die Pädophilie in Hollywood um sich greifen". In die Kinderschänderringe seien Mitglieder „der höchsten Kreise Hollywoods" involviert, „leitende Vizepräsidenten im Entwicklungsbereich, Produzenten, einflussreiche Agenten und die internationalen Bankiers, die das alles finanzieren". Sabbatianische Frankisten und ihresgleichen sind besessen von Satanismus und Kindesmissbrauch. Laut Robberson werden Kinder auf Pädophilenpartys betäubt und gefilmt, während man Praktiken wie „homosexuellen [Orgien] mit mehreren Partnern, Blutritualen und Tierverstümmelungen" frönt. Er bestätigte auch eine häufig vertretene These, nach der Politiker und andere Personen, die für die *El*-ite von Nutzen sind, dadurch kompromittiert werden, dass man sie auf solchen Partys heimlich filmt. „Sobald sie dich auf Video haben, bist du ihnen ausgeliefert", erklärte Robberson. Auf YouTube kann man ein durchgesickertes Video sehen, in dem die Schauspielerin Angelina Jolie ihr grausiges Initiationsritual beschreibt. Darin sagt sie: „Wenn du erst einmal besiegt worden bist, kannst du heil werden." Sie erzählt, dass sie eine Schlange töten musste, spricht über den wahrhaftigen Bund mit Satan und davon, andere Prominente zum Mitmachen zu ermutigen:

> Ich hätte es [das Ritual] gefilmt, einfach um alle zu ermuntern, all die verschiedenen Berühmtheiten. Es gibt da aber immer das Problem, dass viele Leute das [Ritual] missverstehen, vielleicht an Sadomaso denken oder so was. […] Es scheint oberflächlich, und dann muss ich den Leuten erklären, dass es … mehr darum geht, dass man deshalb festgebunden wird, um … damit etwas dich festhält, damit du ruhig bleibst, weil sonst … fängst du vielleicht zu kämpfen an oder drehst durch.

Das ist die Art von Ritualen, die in vielen Fällen gefilmt werden, um die Teilnehmer – insbesondere Politiker – zeitlebens zu kompromittieren. Der frühere Kinderschauspieler Elijah Wood sagte gegenüber der britischen *Sunday Times*, dass in Hollywood auf Kinderstars „Jagd gemacht" wird: „Unter der Oberfläche gibt es eine dunkle Seite – wenn du es dir vorstellen kannst, ist es wahrscheinlich passiert." Wood meint, es gebe „eine Menge Giftschlangen in der Industrie". Buchstäblich, wie sich herausstellt. Hinter der gesamten

Hollywoodindustrie, sagt er, stehe ein mächtiger Pädophilenring, der von den in Washington, D.C., „ganz oben" sitzenden politischen Machthabern gedeckt werde. Das entspricht exakt meinen eigenen Rechercheergebnissen. Das Ausmaß des Skandals, führt Wood aus, sei mit dem des Falls Jimmy Savile vergleichbar. Die Mainstreammedien, die Vertuschung auf Geheiß betreiben, fielen sofort über Wood her. Der Kinderstar Corey Feldman sagte, er und seine Freunde seien von Pädophilen umgeben gewesen – „überall" hätten sie gelauert, „wie Aasgeier". Für den Tod seines besten Freundes Corey Haim, ebenfalls ein einst gefeierter Kinderschauspieler, macht Feldman die Schändungen verantwortlich, die Haim als Kind erdulden musste und später mit Alkohol und Drogen zu bewältigen suchte. Laut Corey Feldman gibt es einen „Hollywoodmogul", der einem „Kreis älterer Herren" vorsteht, die sich mit kleinen Kindern umgeben. „Eines kann ich Ihnen sagen: Das Problem Nummer eins in Hollywood war und ist die Pädophilie – und sie wird es immer bleiben." Die römisch-katholische Kirche, die einen der größten Pädophilenringe der Erde darstellt, steht mit anderen Ringen dieser Art in Verbindung. In der Netflix-Dokumentationsserie „The Keepers" wird ein katholischer Pädophilen- und Mörderring entlarvt, der in Baltimore sein Unwesen trieb und in den unter anderem Polizisten, Geschäftsleute und Politiker verwickelt waren. Das entspricht genau dem Muster und der Art von Netzwerken, auf die ich bei meinen Recherchen überall stieß. In meinen Büchern „Das größte Geheimnis" und „Die Wahrnehmungsfalle" habe ich die Pädophilen der *El*-ite und ihre Ringe ausführlich und detailliert bloßgestellt.

Software-Satanismus

Pädophilie und Satanismus sind über das archontisch-reptiloide Netzwerk eng miteinander verknüpft und auch mit Geheimgesellschaften assoziiert, etwa mit den sabbatianischen Frankisten, die Luzifer verehren. Augenzeugen zufolge war Jimmy Savile Satanist – das scheint oft einfach dazuzugehören. Ich bin selten auf einen zur *El*-ite gehörigen Pädophilen gestoßen, der nicht irgendeinen Bezug zum Satanismus hatte. Edward Heath ist dabei nur eines von vielen Beispielen. Von Insidern hörte ich viele Male, dass satanistische Rituale für Saviles königliche Kumpane zum täglichen Leben gehören. Wie das gesamte, der Kontrolle der Menschheit dienende Netzwerk ist auch der Satanismus nach dem Need-to-know-Prinzip organisiert, sodass die Mitglieder der unteren Ränge keinen Plan davon haben, was sich an der Pyramidenspitze abspielt. Auch beim sogenannten „Okkulten" gibt es verschiedene Ausprägungen. Das Wort selbst, das schlicht „verborgen" bedeutet, verweist auf das versteckt gehaltene Wissen über die Natur und die Funktionsweise der Wirklichkeit. Wissen ist weder gut noch schlecht – es *ist* einfach. Eine positive oder negative Beurteilung kommt erst dann ins Spiel, wenn das Wissen eingesetzt wird. Folglich kann man einerseits, wie es manche tun, vom „lichtvollen Okkultismus" sprechen, dessen Praktizierende darum bemüht sind, das Wissen in positiver Weise einzusetzen – zum Wohl der Menschheit also; auf der anderen Seite verfolgt der „dunkle Okkultismus" genau entgegengesetzte Ziele. Ständig höre ich Christen „das Okkulte“ verteufeln, doch würde man das okkulte Wissen in der richtigen Weise anwenden, könnte es uns befreien. Satanisten und dunkle Okkultisten haben die Menschheit unterjocht, indem sie die unter Verschluss gehaltenen Informationen dazu benutzten, ihre eigenen Ziele zu erreichen. Gleichzeitig sorgten sie dafür, dass das gewöhnliche Volk – im Gegensatz zu ihnen *selbst* – keinen Zugang zum okkulten Wissen erhält. Das erreichten sie, indem sie genau die Wissensbestandteile dämonisierten, die sie gegen uns zur Anwendung bringen. Die Menschen sollen die Idee, es gebe okkulte Kräfte, entweder verlachen und abtun – oder aber fürchten. Die Informationen, die ich in diesem Buch präsentiere, stellen okkultes Wissen dar, weil sie *unter Verschluss gehalten* werden.

Satanistische Gruppierungen, die ins Blickfeld der Öffentlichkeit geraten sind – wie etwa die Church of Satan von Anton LaVey oder der ebenfalls in den Vereinigten Staaten beheimatete Temple of Set –, sind im unteren Bereich der Pyramide angesiedelt. Sie dienen als Schnittstellen, um Personen zu rekrutieren, die psychopathisch genug sind und über die erforderlichen Fähigkeiten verfügen, den höheren Ebenen der Hierarchie zu Diensten zu sein. Der Temple of Set wurde von einem pädophilen Satanisten namens Lieutenant Colonel Michael Aquino ins Leben gerufen – unmittelbar aus der Einrichtung heraus, die innerhalb des amerikanischen Militärs für die psychologische Kriegsführung zuständig ist. Auf eine diesbezügliche Anfrage erwiderte das Militär, Religion sei Privatsache. In einem 1987 im *San Francisco Examiner* erschienenen Beitrag wurde ein Zeuge zitiert, der Aquino und seine Frau beschuldigte, an der Vergewaltigung von Kindern beteiligt gewesen zu sein. Der Zeuge beschrieb das Innere ihres Hauses – das auch den Hauptsitz des Temple of Set bildete – derart genau, dass die Polizei damit einen Durchsuchungsbeschluss legitimieren konnte. Sie beschlagnahmte 38 Videobänder, Fotonegative und Indizien, die das Haus als Zentrum eines Pädophilenrings mit Verbindungen zu amerikanischen Militärbasen auswiesen. Ungeachtet all dieser Tatsachen wurden Aquino und seine Frau niemals vor Gericht gestellt. Die höchsten Ebenen des Militärs bilden ein Nest aus Pädophilen und Satanisten, für die Krieg ein satanistisches Blutritual darstellt – ein Schlachtfest, mit dem sie ihren dämonischen Herren dienen und ihnen Nahrung zur Verfügung stellen.

Zu den Geheimgesellschaften, die innerhalb der satanistischen Hierarchie viel weiter oben verankert sind, zählen die inneren Kreise des Jesuitenordens (sabbatianische Frankisten), der Tempelritter, des Malteserordens sowie von Opus Dei und Skull & Bones. Die letztgenannte, auch als Orden des Todes bezeichnete Gesellschaft, deren Sitz sich in unmittelbarer Nachbarschaft zur Yale University

Abb. 303: Das fensterlose Hauptquartier der Skull & Bones Society in unmittelbarer Nähe zur Yale University.

in Connecticut befindet (Abb. 303), wirbt Studenten, die von der *El*-ite nach ihrer Zugehörigkeit zu den Blutlinienfamilien ausgewählt werden. Sie sind dazu auserkoren, später Machtpositionen zu besetzen, um von dort aus der satanisch-archontisch-reptiloiden Agenda zu dienen. George Bush sr. und George Bush jr., die beide das Amt des amerikanischen Präsidenten bekleideten, waren Eingeweihte der Skull & Bones Society. Deren bizarren Initiationsriten verlangen unter anderem, sich nackt in einen Sarg zu legen, und beinhalten das Gelöbnis, unter allen Umständen den Interessen des Ordens zu dienen – also auch dann, wenn man als Politiker in Amt und Würden steht. Die Interessen der amerikanischen Bevölkerung sind dann zweitrangig. Bei der Präsidentschaftswahl 2004 konnten die Amerikaner entweder für George Bush jr. (Skull & Bones) oder für John Kerry (Skull & Bones) stimmen. Der Letztgenannte wurde später Obamas Außenminister. In meinen früheren Büchern, darunter „Die Wahrnehmungsfalle", habe ich Skull & Bones und andere bedeutende Geheimgesellschaften detailliert durchleuchtet. Über Jahrzehnte hinweg habe ich recherchiert und aufgezeigt, dass die vorgenannten satanistischen Geheimgesellschaften allesamt Ausdrucksformen desselben archontischen dunklen Okkultismus darstellen, der auch in Babylonien, Sumer, Ägypten, Rom sowie von den keltischen Druiden praktiziert worden ist. Jon Robberson, der zu den Insidern Hollywoods zählte, bestätigt diese Verbindung in Bezug auf „Tinsel Town":

> Vieles von dem, was heute in Hollywood Anwendung findet und als luziferisch eingeordnet wird, stammt in Wirklichkeit zum großen Teil aus den Beschwörungen und Hexenkünsten der Druiden und der Verehrung Gaias – der Erde –, wie sie im England des 9. und 10. Jahrhunderts geläufig waren. Geht man noch weiter zurück, führen die Spuren über kabbalistische Zauberkunst und jüdischen Mystizismus bis zu den Praktiken, die man im babylonischen Reich anwandte.

Was Robberson hier beschreibt, ist die Ausbreitung der Blutlinien und der neuen Psyche, die im Nahen Osten ihren Anfang nahm. Ganz gleich, wo sich die Blutlinien niederließen – stets traten in ihrer Umgebung Satanismus, Tier- und Menschenopfer sowie Pädophilie in Erscheinung. Bedeutende Rituale werden noch immer an denselben Tagen und während derselben astrologischen Konstellationen vollzogen wie im Altertum. Eines der wichtigsten Beispiele dafür ist Halloween bzw. Samhain, ein anderes der Zeitraum zwischen dem 19. bzw. 22. März und dem 1. Mai. Der 19./22. März – der Frühlingsbeginn auf der nördlichen Halbkugel – ist der Zeitpunkt, an dem die Sonne den Himmelsäquator passiert und damit, aus der südlichen Hemisphäre aufsteigend, gleichsam „aufersteht". (Die Symbolik steht mit der Geschichte von der „Auferstehung" des „Jesus" in Verbindung.) Die Zeit um den 1. Mai ist Beltane (*Bel*-tane – Bel/Baal/Bill/BL). Im Kommunismus wird der Maifeiertag zelebriert, da er ebenso wie der Faschismus ein satanisches Kontrollsystem darstellt. Der Abschnitt zwischen den genannten Zeitpunkten gilt im Satanismus als Zeit der Opferungen. Manche dieser Opferungen werden vor den Augen der Öffentlichkeit vollzogen, jedoch als Krieg oder Unglück getarnt. So fielen etwa das Massaker von Waco, der Bombenanschlag von Oklahoma City, die Amokläufe an der Columbine Highschool und der Virginia Tech University sowie der Anschlag auf den Boston-Marathon in diesen Zeitraum – um nur einige Beispiele zu nennen. Die Ereignisse fanden sogar sämtlichst zwischen dem 16.

und 20. April statt, sodass selbst CNN stutzig wurde und 2011 einen Artikel publizierte, der in der Überschrift die Frage aufwarf: „Besteht ein Zusammenhang zwischen der Aprilmitte und der Gewalt in Amerika?" Ereignisse, die das Potenzial haben, die Gesellschaft zu verändern, werden so eingefädelt, dass sie im Einklang mit bestimmten astrologischen bzw. numerologischen Sequenzen ablaufen. Da die Letztgenannten bestimmte energetische (Informations-)Zustände repräsentieren, werden die Wirkungen der Rituale – nicht zuletzt auf die menschliche Psyche – auf diese Weise noch verstärkt. Ist es wirklich nur Zufall, dass die Terroranschläge von London (Mord an Lee Rigby), Brüssel, München, London (Westminster-Brücke) und Manchester alle an einem 22. stattfanden?

Satanische *El*-ite

Satanisten trachten danach, den Menschen ihre Begierden und ihren Mangel an Werten aufzudrücken und die ganze Welt ins Satanische zu transformieren. Ihre ausgeklügelten Pläne setzen sie etwa mittels satanistischer Rituale um, die (für das ungeübte Auge der Massen) im Gewand von Bühnenshows, Videos, Musik oder Spielfilmen daherkommen. Bei all diesen Varianten werden visuelle und auditive Schwingungen sowie Symbole ausgesendet, die die Gedanken und Wahrnehmungen des Publikums in Beschlag nehmen. Ein offenkundiges Beispiel war das Musikvideo zu Michael Jacksons Stück „Thriller", in dem die Welt des Satanischen ausgelotet wurde und das darin gipfelte, dass sich Jacksons Augen in Reptilienaugen verwandelten (Abb. 304). Auch in den Bühnenshows und Videoclips solch berühmter Künstlerinnen wie Katy Perry, Lady Gaga, Miley Cyrus, Madonna oder Beyonce werden satanistische und geheimgesellschaftliche Motive und Ritualelemente unverhohlen zur Schau gestellt. Ich möchte keiner der Genannten persönlich irgendetwas zur Last legen, weise jedoch auf die in ihren Darbietungen unbestreitbar enthaltene Symbolik hin.

Königtum und Politik, die sich auf ein satanistisches Fundament stützen, sind hinter ihrer Fassade aus Prunk und Zeremonien unglaublich ritualisiert. Für die Mitglieder der britischen Königsfamilie stellt das Leben ein einziges, nicht enden wollendes Ritual dar. Auch bei Kriegen und im Verborgenen eingefädelten Terroranschlägen wie denen vom 11. September handelt es sich in Wirklichkeit um satanistische Rituale bzw. Festmahle. Allerorten stößt man auf satanistische Codes. Manche satanische Gruppierungen bezeichnen ihren „Hexenzir-

Abb. 304: Reptiloide Augen in „Thriller".

kel“ als „Grotte“, etwa als „Santas Grotte“. Santa, der die moderne Version der römischen Saturnalien schmückt, ist ein Anagramm für Satan. Es gibt die Behauptung, dass zwölf Prozent der Bevölkerung Satanisten seien. Ein früherer FBI-Chef aus Los Angeles, mit dem ich mich ein paarmal getroffen habe, schätzt, dass jeder, der einen etwas größeren Freundes- und Bekanntenkreis hat, einen praktizierenden Satanisten kennt. David Berkowitz, der auch als „Son of Sam“ bekannte Serienmörder, der in den 1970er-Jahren in New York sein Unwesen trieb, gestand zwar die Morde, gab jedoch später an, dass eine satanistische Sekte dahinterstehe. In einem Brief an einen Pfarrer schrieb er:

> Satanisten (echte Satanisten) sind sonderbare Menschen. Sie sind nicht etwa unwissende Bauern oder Eingeborene, die kaum lesen können. Vielmehr finden sich unter ihnen zahlreiche Ärzte, Anwälte, Geschäftsleute und im Grunde hoch angesehene Bürger. [...] Es ist keine leichtfertig handelnde Personengruppe, die zu Fehlern neigt. Sie ist verschwiegen und durch das gemeinsame Bedürfnis und Verlangen zusammengeschweißt, Chaos und Verwüstung über die Gesellschaft zu bringen. So wie Aleister Crowley einst sagte: „Ich will Blasphemie, Mord, Vergewaltigung, Umstürze, alles Schlechte.“

Auf allen Ebenen des Satanismus trifft man auf sogenannte Stützen der Gesellschaft: Jede Menge Politiker aller „Lager“, Richter, Anwälte, Bankiers, Militärangehörige, Polizisten, Medieneigentümer, Journalisten, Radio- und Fernsehmoderatoren, Schauspieler, Unterhaltungskünstler, Ärzte, Lehrer, Hochschuldozenten und Sozialarbeiter. Sie haben sämtliche Einrichtungen unterwandert, die Einfluss auf die menschliche Wahrnehmung nehmen oder „physische“ Kontrollinstanzen darstellen, und machen gemeinsame Sache, um die vollständige Unterjochung der Menschheit herbeizuführen. Ihre nichtsatanistischen Kollegen sind unterdessen völlig ahnungslos, was da vor sich geht und warum.

Der Grund, warum Regierungen samt ihrer Behörden die Interessen der Unternehmens- und Bankenwelt bedienen, liegt darin, dass verschiedene Schlüsselfiguren beider Bereiche demselben weltumspannenden, archontisch-reptiloiden Todeskult angehören. Der italienische Faschist Benito Mussolini definierte Faschismus als die Verschmelzung staatlicher und wirtschaftlicher Macht. Allein daraus ergibt sich, dass Satanismus auch Faschismus ist. Doch die Wahrheit sieht noch weit düsterer aus. Einmal schaute ich ein Interview mit einem Okkultisten der dunklen Fraktion, der erklärte, sie wollten „Nazismus und Faschismus wie Kindergarten“ aussehen lassen. Nette Leute. Das Verlangen nach Kontrolle und eine manische Leidenschaft für das materielle „Ich, ich, ich“ eint sie, doch sie unterliegen ihrerseits der Kontrolle ihrer unsichtbaren archontisch-reptiloiden Meister. Ihre Stärke liegt, während sie die Bevölkerung zu spalten und abzulenken versuchen, in ihrer Ge- und Entschlossenheit. Zu den Glaubensvorstellungen, die die dunklen Okkultisten vertreten, gehört die Idee, dass es keine endgültige Wahrheit gibt – sondern nur die Wahrheit, die man selbst definiert. Sie waren es, die den Darwinismus hervorbrachten, der die Ewigkeit und das höhere Bewusstsein aus der Wahrnehmung des Lebens tilgte. Übrig blieb nur ein totes, mechanistisches Universum, in dem der Stärkere überlebt. Ich bin überzeugt, dass der plötzliche große Zuspruch für die Vorstellung, wir würden in einer Simulation leben, in vielen Fällen dem Wunsch entspringt, die Wahrnehmung eines höheren Selbst komplett auszulöschen. „Du bist nur ein Computerprogramm – also tu, was immer du willst." Die Leute, die so denken, verkennen die Tatsache, dass wir Unendliches Gewahrsein sind, das in der Simulation gefangen ist – wir sind nicht die Simulation selbst. Sie begrüßen und fördern alles, was die Menschen davon ablenken könnte, sich mit dem Unendlichen Gewahrsein zu identifizieren. Das ist auch der Grund, warum die etablierte Wissenschaft fast vollständig diesem Dogma unterliegt. Der springende Punkt ist, dass es *doch* eine endgültige Wahrheit gibt: Wir alle sind Ausdrucksformen des Unendlichen Gewahrseins und manifestieren unsere Realität über die Wahrnehmung.

Jahrhundertelang fanden Menschenopferungen in aller Öffentlichkeit statt. Erst als das Volk begann, dies nicht länger hinzunehmen, ging man dazu über, die Opferungen im Geheimen zu vollziehen – wo sie bis heute stattfinden. Das antike, weltweit anzutreffende Motiv von den Jungfrauen, die den Göttern geopfert wurden, ist uns allen bekannt. Bei den „Göttern" handelt es sich um Archonten, Reptiloide, Graue und die ganze Bandbreite dämonischer Entitäten. „Jungfrau" steht allgemein für Kinder. Durch die Rituale ist es den archontischen Manifestationen möglich, die während der Opferung erzeugte panische Angst energetisch in ihren eigenen Frequenzbereich aufzunehmen. Das ist es, was tatsächlich dahintersteckt, wenn „den Göttern Opfer dargebracht werden". Opferungen forderte auch der „Gott" des Alten Testaments. Der Schamane und Historiker Credo Mutwa erzählte mir, dass Menschenopfer und Kannibalismus – Kanni-*baal*-ismus – den Legenden der Zulu zufolge erst einsetzten, als die reptiloiden Chitauri auf der Bildfläche erschienen und dies einforderten. Die vom Gedanken der Blutlinien (sowie von den Archonten) besessenen Satanisten trinken das Blut des Opfers, das ihnen einerseits als Nahrung dient und sie zum anderen aufgrund des Adrenalins, das während der Opferung in rauen Mengen in die Blutbahn ausgeschüttet wird, in einen Rausch versetzt. Rituale werden, aufeinander abgestimmt, im Sichtbaren wie im Unsichtbaren abgehalten, sodass eine energetische Synchronisation stattfindet. Teilnehmer haben mir viele Male berichtet, dass mit den machtvollsten Ritualen ein energetischer Vortex bzw. „Durchgang" geschaffen werden kann, der es Wesenheiten der unsichtbaren Ebenen erlaubt, hindurchzuschlüpfen und in unsere Wirklichkeit einzudringen – zumindest für kurze Zeit (Abb. 305). Meist fürchten sich die Satanisten vor den Entitäten. Der Blutrausch und die damit verbundenen energetischen Effekte können auch bewirken, dass die reptiloid-menschliche Hybrid-„Software" in eine andere holografische Gestalt wech-

Abb. 305: Ein Bild von Neil Hague, auf dem die von den Satanisten der inneren Kreise begangenen interdimensionalen Opferrituale dargestellt sind.

Abb. 306: Alle Wege führen zur …

selt. Auch das haben mir Teilnehmer derartiger Rituale wiederholt geschildert.

Sie sehen, warum sich die *El*-ite und deren unsichtbare Meister so viel Mühe damit gegeben haben, das Wissen um die wahre Natur der Wirklichkeit zu unterdrücken. Ohne dieses Wissen konnten die Menschen unmöglich verstehen, was um sie herum geschieht und warum die Dinge so sind, wie sie sind. Das, was Sie aus diesem Kapitel mitnehmen sollten, ist die Tatsache, dass sämtliche pyramidenförmigen Hierarchien in dieselbe vereinende und steuernde Macht münden – ungeachtet der zahllosen verschiedenen Namen, Bezeichnungen und Standpunkte, die man in der Gesellschaft findet (Abb. 306). Mit dieser Erkenntnis zerplatzt die illusionäre Vorstellung, es handele sich um voneinander isolierte, zufällige Strukturen.

Kapitel 7

Gedankenkontrolle und gestaltwandelnde „Royals"

„Sie sind einer von den seltenen Menschen, die das, was sie wahrnehmen, von dem, was sie vorwegnehmen, zu scheiden wissen. Sie sehen, was ist, während die Überzahl der Menschen sieht, was sie erwartet."

John Steinbeck

Ein weiterer, äußerst bedeutsamer Bereich unterdrückten Wissens beinhaltet die Methoden zur Gedankenkontrolle und die damit verbundene Möglichkeit, einen Menschen in etwas zu verwandeln, das kaum mehr ist als ein Computerprogramm, das die codierten Anweisungen seines Programmierers ausführt. Dieses Konzept stellt eine weitere Form mentaler Besessenheit dar. Die Netzwerke der *El*-ite dienen der Gedankenkontrolle – sowohl in Bezug auf ihre verschiedenen Handlanger als auch hinsichtlich der Bevölkerung allgemein.

In den 1990er-Jahren traf ich in den USA eine Dame, deren Informationen über den von der *El*-ite praktizierten Satanismus und dessen reptiloide Komponente die Jahre überdauert haben und durch etliche andere Quellen bestätigt wurden. Ihr bürgerlicher Name war Jennifer Greene; damals zog sie es jedoch vor, sich Arizona Wilder zu nennen. In dem Versuch, die Gedankenprogrammierung zu durchbrechen, der sie als blonde, blauäugige Jennifer unterzogen worden war, färbte sie sich die Haare dunkel. In bestimmten Programmen zur Bewusstseinskontrolle bilden blonde, blauäugige Menschen den von der Verdeckten Hand bevorzugten genetischen Typus. Das hat mit deren spezifischen energetischen Informationsfeldern zu tun sowie – zumindest teilweise – mit den Nordischen, jener außerirdischen Spezies also, die sich der reptiloiden Kontrolle widersetzt und genetisch mit blonden, blauäugigen und anderen weißen Ethnien verwandt ist. Arizonas Schilderung der qualvollen Erfahrungen, die sie als Opfer von Bewusstseinskontrollpraktiken machen musste, deckt sich mit zahlreichen Berichten, die ich im Laufe meiner mehrjährigen, intensiven Recherchen beiderseits des Atlantiks zu hören bekam.

In den 1970er-Jahren konnte die Öffentlichkeit einen flüchtigen Einblick (und wirklich nicht mehr) in die Hintergründe staatlich finanzierter Gedankenkontrollnetzwerke gewinnen, als Einzelheiten über das CIA-Projekt MK-Ultra bekannt wurden. Gerald Ford – der selbst in MK-Ultra involviert war – betraute Vizepräsident Nelson Rockefeller damit, „Ermittlungen" bezüglich des Projekts aufzunehmen. Damit war sichergestellt, dass die

Wahrheit über MK-Ultra nie ans Licht kommen würde (wie bei den „Ermittlungen" zu den Pädophilenringen). Die offizielle Version, die erdacht werden musste, als sich die Existenz des Programms nicht mehr leugnen ließ, besagte, dass die Gedankenkontrollexperimente auf die Entwicklung von Drogen und Methoden abzielten, die bei Verhören und Folterungen für Geständnisse sorgen sollten. In Wirklichkeit ging es darum, das Potenzial zur Schaffung gedankenkontrollierter Sklaven auszuloten, die nicht erkannt werden können. Sie sollten hauptsächlich für dreierlei Zwecke eingesetzt werden: Als bewusstseinskontrollierte Diener und Handlanger – Kinder eingeschlossen –, die sich nicht an ihre Misshandlungen oder ihre berühmten Misshandler erinnern würden; als Attentäter, die sich hinterher als „verrückte Einzeltäter" abstempeln lassen; sowie als Akteure zur Ausführung terroristischer Anschläge, die man anschließend feindlichen Gruppierungen oder Ländern in die Schuhe schieben kann. Darüber hinaus gab es zahlreiche weitere Anwendungsmöglichkeiten. Ich sage zwar „gab", doch all das wird – unter anderem Namen – auch heute noch fortgeführt. Spielfilme wie „Der Manchurian Kandidat", die von bewusstseinskontrollierten Attentätern und Regierungsagenten handeln, basieren auf wahren Tatsachen.

Ein Ableger von MK-Ultra war das Projekt Monarch, das nach dem Monarchfalter (einer Schmetterlingsart) benannt wurde. Ein Aspekt des Monarch-Programms war die Schaffung gedankenkontrollierter Sexsklaven für die Reichen und Berühmten, unter anderem für amerikanische Präsidenten. Zu diesen Sexsklaven gehören einige der ganz großen Namen aus der Musik- und Unterhaltungsbranche. Weitere Einzelheiten zum Projekt Monarch finden Sie in meinem Buch „Das größte Geheimnis". Bewusstseinskontrollierte Künstler werden in Hollywood und der Unterhaltungsindustrie oft mit einem Schmetterling abgebildet. Daneben findet man ohne Ende Fotos, auf denen ein Auge des Künstlers entweder verdeckt oder aber betont wird. Damit wird in vielen Fällen die Kontrolle durch das Projekt Monarch signalisiert oder/und die *el*-itäre Sekte des allsehenden Auges symbolisiert (Abb. 307). Wenn Sie mehr darüber wissen wollen, geben Sie einmal „celebrity illuminati signs" in eine Text- bzw. Bildersuchmaschine ein. Die Künstler, die Sie in den Ergebnissen sehen, sind in der Regel diejenigen, die von der *el*-itenkontrollierten Film- und Musikindustrie am meisten beworben werden und auch von den Medien die größte Aufmerksamkeit bekommen. Ihre Lieder und okkultistisch inspirierten Bühnenshows zielen oftmals darauf ab, Mädchen schon im Kindesalter zu sexualisieren. Es geht mir jedoch nicht darum, die Künst-

Abb. 307: Die Zahl an Werbeaufnahmen von Prominenten, auf denen sie ein Auge verdecken, ist absurd hoch. Es sei denn …

ler persönlich anzuprangern – sie stehen unter Gedankenkontrolle und dürften im Zuge dessen selbst Missbrauch erlebt haben. Sie wissen nicht, was sie tun. Zumindest der größte Teil von ihnen ist ahnungslos.

MK-Ultra wurde von der Scientific Intelligence Division der CIA und der Chemical Corps Special Operations Division der US-Armee betrieben. Allein schon aus den Informationen, die man durchsickern ließ, wird deutlich, dass es sich um ein Programm von gigantischen Dimensionen handelte. Mindestens 80 Einrichtungen in den Vereinigten Staaten und Kanada waren involviert, darunter Hochschulen und Universitäten, Krankenhäuser und Gefängnisse. Auch die Kabale der Pharmaindustrie leistete ihren Beitrag zu dem geheimen Bewusstseinskontrollprogramm, mit dem die Gedanken der Opfer manipuliert oder gar ausgelöscht und ihre Leben zerstört wurden. Das ist – einmal mehr – das Spinnennetz in Aktion. Bei einer der erwachsenen „Testpersonen“ waren die Erinnerungen so gründlich überschrieben worden, dass sie neu lernen musste, wie man die Toilette benutzt. Im Jahr 1977 gab der damalige CIA-Direktor Stansfield Turner zu Protokoll, dass man MK-Ultra geschaffen hatte, um „die Anwendbarkeit biologischer und chemischer Substanzen zur Beeinflussung des menschlichen Verhaltens“ zu ergründen. Doch das war nur eine Seite des Geschehens.

„MK“ steht für „mind control“ (dt.: Gedanken- bzw. Bewusstseinskontrolle); in Anlehnung an das deutsche Wort Kontrolle verwendete man jedoch den Buchstaben K statt C. Damit zollte man den Nationalsozialisten Respekt, die dieser Art von „Forschungen“ einst den Weg geebnet hatten. Einer von ihnen war Josef Mengele, der „Todesengel“ der Konzentrationslager, der im faschistischen Deutschland genetische und Gedankenkontrollexperimente an Kindern durchführte. Dabei dienten ihm Zwillinge als „Kontrollgruppen“, um den Erfolg seiner „Arbeit“ überprüfen zu können (Abb. 308). Arizona Wilder zufolge war Mengele einer ihrer Bewacher, als sie noch ein Kind war und in den Vereinigten Staaten lebte. Er gehörte zu den 1.600 deutschen Gedankenkontrollexperten, Genetikern, Wissenschaftlern, Ingenieuren und Technikern, die nach dem Zweiten Weltkrieg im Rahmen des Projekts Paperclip heimlich in die USA verbracht worden waren. Ziel des Projekts, das von einem Netzwerk des Vatikans und amerikanischer Geheimdienstkräfte umgesetzt wurde, war die Fortsetzung der in Deutschland begonnenen Verbrechen gegen die Menschheit sowie die Entwicklung von Hochtechnologie. Unter den betroffenen Deutschen befanden sich zahlreiche NSDAP-Mitglieder. Mengele und Hitler (der nicht bei Kriegsende starb) wurden nach Argentinien gebracht. Grenzen spielen für die Verdeckte Hand keine Rolle. Die Rockefellers bezahlten eine komplette Etage einer deutschen Universität, damit Ernst Rudin, Hitlers „Experte“ für Rassenreinheit, dort seine Eugenikforschungen betreiben

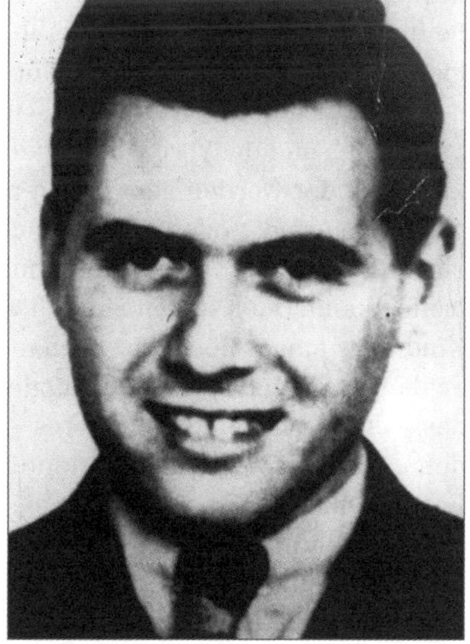

Abb. 308: Der Todesengel Josef Mengele.

konnte. Die Familie Rockefeller war stets – und ist immer noch – eine der entscheidenden Kräfte hinter der Eugenikbewegung (siehe „… und die Wahrheit wird euch frei machen").

Einige der Wissenschaftler, denen Projekt Paperclip ermöglichte, der juristischen Verfolgung in Deutschland zu entgehen, schufen später die NASA (NAZI). Einer von ihnen war der Raketenwissenschaftler Wernher von Braun, der der NSDAP angehörte. Während des Zweiten Weltkriegs war von Braun das Gehirn hinter der Entwicklung der V2 – jener todbringenden Raketen, mit denen man Großbritannien ins Visier nahm. Nachdem er durch Projekt Paperclip in die Vereinigten Staaten gelangt war, entwarf er dort die Saturn-V-Trägerraketen, die später Bestandteil des Apollo-Programms wurden. Mittels des Spinnennetzes inszenierte die Verdeckte Hand insgeheim beide Weltkriege (auch dazu siehe „… und die Wahrheit wird euch frei machen") und transformierte auf diese Weise die Gesellschaft auf dem gesamten Planeten. Arizona Wilder schilderte mir ihre Erlebnisse mit Mengele, der in den USA unter dem Namen Dr. Green am Projekt MK-Ultra beteiligt war – wenn er sich nicht gerade bei Hitler in Südamerika befand (Näheres dazu in meinem Buch „Children of the Matrix"). Einer der Orte, an denen Mengele seinen Forschungen zu MK-Ultra nachging, war die China Lake Naval Weapons Station in Kalifornien, von der bereits die Rede war. William Tompkins, ein Whistleblower des Marinegeheimdienstes, sagte 2015, die Reptiloiden würden mit den Nationalsozialisten zusammenarbeiten. Dazu passt, dass mir verschiedene Insider in den 1990er-Jahren berichteten, sie hätten führende Nazis – darunter Adolf Hitler und Josef Mengele – in China Lake gesehen, sowie die Behauptungen über Begegnungen mit Reptiloiden in derselben unterirdischen Einrichtung. Auch in der Antarktis sollen die Reptiloiden Gerüchten zufolge, die schon seit langer Zeit kursieren, eine Untergrundbasis unterhalten, zu der sich zahlreiche Nazis in den letzten Kriegsmonaten abgesetzt hätten.

MK-Ultra beruht auf der sogenannten traumabasierten Gedankenkontrolle. Nach Möglichkeit benutzen die Täter dafür Kinder, die jünger als etwa sechs Jahre sind, da sich die Leitungsbahnen des Gehirns bei ihnen noch in der Entwicklung befinden. Grundsätzlich lassen sich die Methoden aber auch bei älteren Personen anwenden. Den Kindern werden unsägliche Qualen zugefügt – wirklich unaussprechliche Dinge –, die eine psychische „Spaltung" und die Verdrängung des Erlebten zur Folge haben. Stellen Sie sich etwa vor, kleine Kinder werden gezwungen mit anzusehen, wie ein geliebtes Tier, mit dem sie aufgewachsen sind – oder gar ein anderes Kind – rituell geopfert wird, indem man ihm mit einem Messer die Kehle durchschneidet. Gleichzeitig wissen sie, dass es sie als Nächsten treffen kann. Oder stellen Sie sich vor, man zwingt jemanden dazu, von einem geopferten Kind oder einem Fötus zu essen; oder man sperrt jemanden, der sich vor Spinnen oder Schlangen zu Tode fürchtet, stundenlang mit ebendiesen in eine stockfinstere Grube. All das – und noch weit Schlimmeres – ist mir wiederholt überall auf der Welt berichtet worden. Auch wenn die vom Westen finanzierte Terrororganisation ISIS Kinder zwingt, bei Enthauptungen zuzusehen oder sie gar selbst durchzuführen, ist das ein Bestandteil derselben Agenda, Kinder zu desensibilisieren und ihr Wirklichkeitsgefühl zu beeinflussen. ISIS, der Islamische Staat, ist ein Zweig des militarisierten Satanismus; dasselbe lässt sich auch über das Militär ganz allgemein sagen, unabhängig davon, welchem Land es dient. Kriege stellen für diese kranken Invididuen satanistische Massenrituale dar.

Der traumatisierte Verstand bildet in sich abgeschlossene Sektoren aus, in denen grauenvolle Erinnerungen verkapselt werden. In der Gedankenkontrollindustrie werden diese Sektoren als „Persönlichkeiten“ oder „Alter Egos“ bezeichnet. Den Effekt nennt man „dissoziative Identitätsstörung“ (bzw. nach der früheren Nomenklatur „multiple Persönlichkeitsstörung“). Es ist derselbe mentale Prozess, der auch bewirkt, dass sich beispielsweise die Überlebenden eines schweren Verkehrsunfalls hinterher an nichts erinnern können. Später nehmen sich die Gedankenmanipulatoren jeden Sektor einzeln vor und programmieren ihn für eine spezifische Aufgabe, etwa als Sexsklave, Attentäter oder Terrorist. Es gibt sogar einen Typus programmierter Persönlichkeiten, dessen Funktion darin besteht, als eine Art computerähnlicher Kurier Informationen zwischen Agenten des Spinnennetzes zu überbringen. Die Programmierer bezeichnen das als „Gedächtnisdateien“. Eine der programmierten Persönlichkeiten wird zur „Hauptpersönlichkeit“ gemacht – das ist diejenige, die in der Regel mit der Umwelt interagiert und von der die Mitmenschen glauben, sie sei „die Person“ (auch die Programmierten *selbst* glauben, sie seien mit der Hauptpersönlichkeit identisch). Doch die sogenannten „Hintergrundpersönlichkeiten“ oder Alter Egos, die im Unterbewusstsein verankert sind, harren darauf, sich auf einen bestimmten Code hin sofort zu aktivieren und die Hauptpersönlichkeit zu ersetzen. Im Jargon der Gedankenkontrolle nennt man diese Codes „Trigger“ (dt.: Auslöser, Anstoß, Impuls). Dabei kann es sich um ein Wort, eine Wortverbindung, ein Geräusch oder irgendetwas anderes handeln, das die Programmierer ausgewählt haben. Sobald der Trigger abgesetzt wird, tritt die entsprechende Hintergrundpersönlichkeit in den Vordergrund und vollführt die ihr einprogrammierten Handlungen (Abb. 309). Mitunter werden Kinder oder junge Frauen, während eines der Alter Egos aktiv ist, von einigen der namhaftesten Personen unserer Welt misshandelt oder sexuell missbraucht. Die Hauptpersönlichkeit ist unterdessen, wenn sie ins Bewusstsein zurückkehrt, hinsichtlich des Geschehenen völlig ahnungslos. In London wurde ich einmal Zeuge, wie eine Therapeutin die Alter Egos eines Klienten aktivierte und wieder deaktivierte, indem sie die entsprechenden Codes

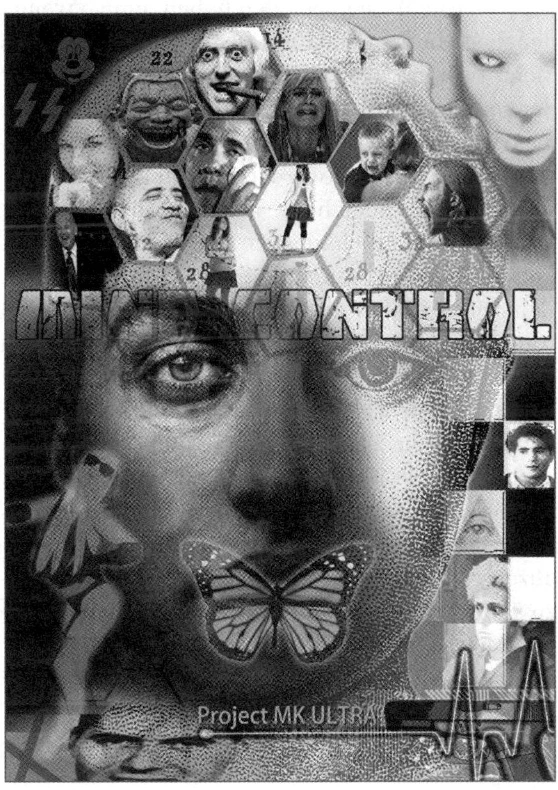

Abb. 309: Voneinander abgeschottete „Alter Egos“, hervorgebracht und programmiert durch Methoden der Gedankenkontrolle. Der Schmetterling repräsentiert das Projekt Monarch.

einsetzte. Mehrere Monate hatte sie benötigt, um dem Klienten die Codes mittels verschiedener psychologischer Methoden zu entlocken. Verblüfft erlebte ich, wie bei jedem Code augenblicklich eine andere Persönlichkeit zum Vorschein kam. Sie waren verschiedenen Alters und hatten unterschiedliche Stimmen – sogar die Gesichter veränderten sich (Gestaltwandlung). Eines der Alter Egos war durch und durch bösartig, obwohl der Patient eine freundliche und liebenswürdige Hauptpersönlichkeit besaß.

Die bösartigen Nebenpersönlichkeiten werden, wie bei Arizona Wilder geschehen, dazu programmiert und aktiviert, für ihre Herren satanistische Rituale durchzuführen, ohne sich hinterher daran zu erinnern – es sei denn, die Fragmentierung bricht eines Tages zusammen. So erging es auch Arizona Wilder. Die Manipulierer haben nämlich mit dem Problem zu kämpfen, dass der Verstand im Alter von 30 bis 40 Jahren so weit erstarken kann, dass er die „Schutzmauern“ einzureißen beginnt. Die Folge davon ist, dass fotografische Erinnerungen ins Bewusstsein dringen. Der fotografische Charakter erklärt sich aus den Auswirkungen, die schwere Traumata auf die Fokussierungsfähigkeit des Verstandes haben. Die meisten der bewusstseinskontrollierten Topagenten – die oft viel zu viel wissen, als dass man das Risiko des Auffliegens eingehen könnte – werden eliminiert, wenn sie das 30. Lebensjahr überschritten haben. Einige wenige überleben, doch die Erfahrungen, von denen sie berichten, klingen so absonderlich, dass ihnen kaum jemand Glauben schenkt. Mehrere Jahre habe ich damit verbracht, diese Thematik zu studieren und mit Überlebenden in Nordamerika, Europa, Australien und anderswo zu sprechen, die ihre Erinnerungen wiedergewonnen hatten. Ihre Geschichten davon anzuhören, was ihnen schon im frühen Kindesalter angetan worden ist, bricht einem das Herz – und das umso mehr, wenn man weiß, dass das auch heute noch überall auf der Welt geschieht.

Sowohl die geschilderten Erfahrungen und Motive als auch die Namen der Reichen und Berühmten, die von den Opfern genannt werden, ergeben ein absolut stimmiges Bild. Zahlreiche Hollywood-Schauspieler, Sänger und Unterhaltungskünstler unterliegen der traumabasierten Gedankenkontrolle, sodass sie bei der Umsetzung der Agenda mitwirken, die die Wahrnehmungsprogrammierung der Bevölkerung zum Ziel hat (ich werde darauf später zurückkommen). Hin und wieder wird die Programmierung sichtbar, nämlich dann, wenn sie zusammenbricht und der Betroffene außer Kontrolle gerät und verrückte Sachen anstellt. Eine der Verhaltensweisen, die daraus resultieren können, ist der verzweifelte Versuch, sein Aussehen zu verändern – um seinen Lebensumständen zu entrinnen. So erging es auch Arizona Wilder. Eine Methode besteht darin, seine Haare zu färben oder abzurasieren. Heute ist die Technik im Begriff, die Aufgabe der Gedankenprogrammierung zu übernehmen. Durch die Anwendung von Elektrizität, Elektromagnetismus, Frequenzen und Mikrochips ist es möglich, unmittelbar in die Informationsverarbeitungssysteme des Gehirns einzugreifen.

Diener Satans

Das Ziel, das mit der Kontrolle der Gedanken einzelner Personen, der breiten Bevölkerung sowie der Agenten des Spinnennetzes verfolgt wird, ist es sicherzustellen, dass es keine Überraschungen, unorthodoxe Verhaltensweisen oder Situationen bzw. Reaktionen gibt, die für die *El*-ite unvorhergesehen kommen. Sie ist nicht daran interessiert, die Kontrolle über eine der Seiten im – symbolisch gesprochen – großen Fußballspiel zu besitzen. Sie wollen beide Seiten und den Schiedsrichter kontrollieren, sodass sie das Ergebnis des Spiels schon kennen, bevor es überhaupt begonnen hat. Aus diesem Grund werden Staatspräsidenten und zahlreiche führende Politiker einer Bewusstseinskontrolle unterworfen. Die Kontrolle über die Gedanken zu besitzen, stellt für die *El*-ite eine Art Lebensversicherung dar. Geben Sie einmal bei YouTube „Bill Clinton, mind control and treason" ein, und Sie werden Clintons Programmierung klar erkennen. Ich empfehle dringend die Lektüre des Buchs „Die TranceFormation Amerikas", in dem die schockierenden Erfahrungen niedergeschrieben sind, die die blonde, blauäugige Amerikanerin Cathy O'Brien im Rahmen des Projekts Monarch durchleben musste (Abb. 310). Cathy, mit der ich mich viele Male getroffen habe und immer noch Kontakt pflege, wurde seitens ihrer satanistischen Familie praktisch von Geburt an der Gedankenkontrolle unterworfen. Überwacht wurden die Vorgänge von Gerald Ford, der zum damaligen Zeitpunkt für den Bundesstaat Michigan als Kongressabgeordneter tätig war. Später, nachdem er Präsident der Vereinigten Staaten geworden war, initiierte er die „Untersuchung" (Vertuschung) genau jener Gedankenkontrollprogramme, in die er einst selbst verwickelt war. Auch der Jesuitenorden war tiefgreifend an Cathys Programmierung beteiligt. Der innere Kern des Ordens stellt eine satanistische Unternehmung dar, die über die römisch-katholische Kirche für das Spinnennetz arbeitet. Cathy wurde unter anderem von George Bush sr., Dick Cheney, Ronald Reagan sowie Bill und Hillary Clinton missbraucht. Auch Arizona Wilder, die ich Jahre später und unabhängig von Cathy traf, war Opfer des Projekts Monarch. Beide berichten von Erfahrungen mit reptiloiden Außerirdischen, die sie während ihrer Gefangenschaft gemacht haben wollen. Während Cathy in diesem Zusammenhang von einer Illusion sprach, die Teil ihrer Programmierung gewesen sei, beschrieb Arizona unmissverständlich Reptiloide, die ihre Gestalt verändern konnten. In „Die TranceFormation Amerikas" erzählt Cathy von einem Erlebnis, das sie zur Zeit der Reagan-Bush-Regierung in

Abb. 310: „Die TranceFormation Amerikas: Die wahre Lebensgeschichte einer CIA-Sklavin unter Mind Control" – In diesem Buch schildert Cathy O'Brien ihre außergewöhnlichen Erlebnisse.

einem Washingtoner Büro mit George Bush sr. hatte. Bush habe ein Buch mit Abbildungen aufgeschlagen, die, wie er sagte, „echsenähnliche Außerirdische aus einem abgelegenen Teil des Weltalls" zeigten. Bush habe behauptet, einer von ihnen zu sein, und sich dann „wie ein Chamäleon" in ein Reptil verwandelt. Cathy beschreibt, wie ihr von Bill und Bob Bennett, zwei damals sehr bekannten Politikern, bewusstseinsverändernde Drogen verabreicht wurden. Während der Begegnung, die im Gedankenkontrolllabor des zur NASA gehörigen Goddard Space Flight Centers stattfand, sagten die beiden zu ihr, sie seien „zwei Wesen von einer anderen Ebene" und „in dieser Dimension fremd". An das, was anschließend geschah, erinnert sich Cathy wie folgt:

> Das Hi-Tech-Licht, das um mich herumwirbelte, vermittelte mir den Eindruck, als würde ich mit ihnen gemeinsam die Dimension wechseln. Ein Laserlicht fiel auf die schwarze Wand vor mir, die in die Panoramaansicht einer Cocktailparty im Weißen Haus zu explodieren schien. Ich hatte den Eindruck, in eine andere Dimension geraten zu sein und mitten unter diesen Leuten zu stehen. Ich erkannte niemanden und fragte hektisch: „Wer sind diese Leute?"
>
> „Es sind keine Menschen, und das ist auch kein Raumschiff", meinte [Bill] Bennett. Während er sprach, veränderte sich die holografische Szene leicht, und die Leute sahen nun aus wie echsenartige Aliens. „Willkommen auf der zweiten Ebene unter der Erde. Sie ist nur eine Widerspiegelung der ersten Ebene, eine Dimension der Aliens. Wir stammen von einer transdimensionalen Ebene, die alle Dimensionen umspannt und einschließt. [...] Ich habe dich durch meine Dimension hindurchgeführt, um dein Bewusstsein besser beherrschen zu können, als das auf der Erdebene möglich wäre", sagte Bill Bennett. „Ich als Alien mache meine Gedanken einfach zu deinen Gedanken, indem ich sie in dein Denken einpflanze. Meine Gedanken sind deine Gedanken."

Cathy O'Brien hält diese Erfahrung für einen Bestandteil der Gedankenkontrolle, Arizona Wilder allerdings nicht. Wenn Sie ins Suchfeld auf DavidIcke.com „Confessions of a Mother Goddess" eingeben, können Sie sich ein Interview anschauen, das ich 1999 mit Arizona Wilder führte. Der Titel, den sie innerhalb der satanischen Ritualhierarchie trug, sobald ihr satanistisches Alter Ego aktiviert wurde, lautete „Muttergöttin". Für die amerikanische *El*-ite und die britische Königsfamilie habe sie, so erzählte mir Arizona, Rituale durchgeführt. Das sei etwa an Orten wie dem schottischen Balmoral Castle geschehen, von dessen Saturn-Siegel schon die Rede war. Arizona beschrieb die wahre Natur der Royals, die zum Vorschein kommt, wenn die Öffentlichkeit nicht zusieht. Zum Zeitpunkt unseres Gesprächs war die Königinmutter, die 2002 im Alter von fast 102 Jahren starb, noch am Leben. Arizona berichtete:

> Die Königinmutter war eiskalt, eine widerliche Person. Keiner ihrer Mitstreiter hat ihr je vertraut. Man hat eine Persönlichkeit [in einem Gedankenkontrollprogramm] nach ihr benannt, die sie als „schwarze Königin" bezeichnen. Ich habe sie Menschen opfern sehen. Ich erinnere mich daran, dass sie in einer Nacht, als man zwei Jungen opferte, einem ihr Messer in den After rammte. Einer der Jungen war 13,

> der andere 18 Jahre alt. Sie müssen vergessen, dass die Königinmutter wie eine gebrechliche alte Dame wirkt. Wenn sie sich in ein Reptil verwandelt, wird sie sehr groß und sehr stark. Manche dieser Reptiloiden werden so stark, dass sie Menschen einfach das Herz herausreißen können. Außerdem wachsen sie um ein oder zwei Meter, wenn sie gestaltwandeln. [Dieses Detail zieht sich wie ein roter Faden durch die Beschreibungen von Gestaltwandlern.]

Über die Königin sagte Arizona:

> Ich habe gesehen, wie sie Menschen opferte, ihr Fleisch aß und ihr Blut trank. Einmal geriet sie in einen solchen Blutrausch, dass sie dem Opfer die Kehle nicht von links nach rechts durchschnitt, wie es bei solchen Ritualen üblich war. Nachdem sie sich in ein Reptil verwandelt hatte, drehte sie völlig durch, stach unkontrolliert zu und riss Fleisch aus dem Opfer. Nach ihrer Gestaltwandlung hat sie ein längliches Reptilgesicht, das beinahe an einen Schnabel erinnert, und eine cremefarbene Haut. Die Königinmutter sieht im Wesentlichen genauso aus, dennoch gibt es Unterschiede. [Die Königin] trägt so etwas wie Höcker auf dem Kopf. Ihre Augen sind furchterregend. Sie ist äußerst aggressiv. [...]
>
> Ich habe [Prinz Charles] gestaltwandeln sehen. Er tut alles, was auch die Queen tut. Ich habe gesehen, wie er Kinder opferte. Es gibt jede Menge Rivalität, wenn es darum geht, wer welchen Teil des Körpers essen darf oder wer den letzten Atemzug des Opfers einsaugen und seine Seele stehlen darf. Auch Andrew habe ich teilnehmen sehen. Prinz Philip und die Schwester von Charles [Anne] waren anwesend, nahmen aber nicht teil, als ich da war.
>
> Wenn Andrew gestaltwandelt, sieht er eher wie eine Echse aus. Die Mitglieder der Königsfamilie gehören zu den Allerschlimmsten, was die Lust am Töten, die Lust an Menschenopfern und das Essen von deren Fleisch anbelangt. Da zählen sie zu den Schlimmsten von allen. [...] Es kümmert sie nicht, wenn Sie sie sehen. Wem sollten Sie es erzählen? Wer würde Ihnen glauben? Sie halten das Ganze für ihr Geburtsrecht, und sie lieben es. Sie lieben es.

Einer der berüchtigsten Satanisten und Massenmörder war Vlad der Pfähler, von dem sich Bram Stoker zu seiner Figur Dracula inspirieren ließ. Im 15. Jahrhundert herrschte der Aristokrat Vlad über die Walachei. Das heute zu Rumänien gehörige Gebiet – insbesondere die Region Siebenbürgen bzw. Transsylvanien – bildet das Zentrum der weltweit verbreiteten Vampirlegenden. Ich erwähnte bereits, dass sich die satanischen Softwareblutlinien nur untereinander fortpflanzen, um die Informationen und Persönlichkeitsprogramme zu bewahren. Auf diese Weise werden die Informationen, während die „Geschichte" voranschreitet, weitgehend unverfälscht weitergegeben, ohne durch Fremdgene verwässert zu werden. Eine Folge dieses Umstands ist, dass sich die Blutlinien über viele Generationen hinweg zurückverfolgen lassen. So war ich nicht im Geringsten überrascht, als ich erfuhr, dass Vlad der Pfähler ein Urahn sowohl der britischen Königsfamilie als auch der Bushs ist. Prinz Charles, der die Existenz dieser Verbindung offiziell bestätigt hat, reist des Öfteren nach Siebenbürgen, wo er Land besitzt und geschäftliche Beziehun-

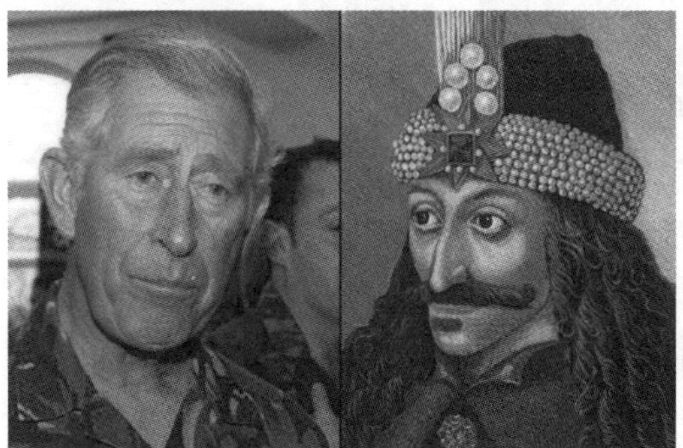

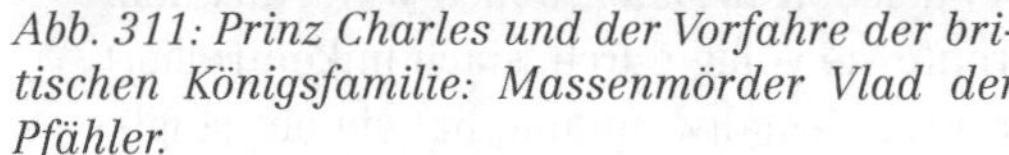

Abb. 311: Prinz Charles und der Vorfahre der britischen Königsfamilie: Massenmörder Vlad der Pfähler.

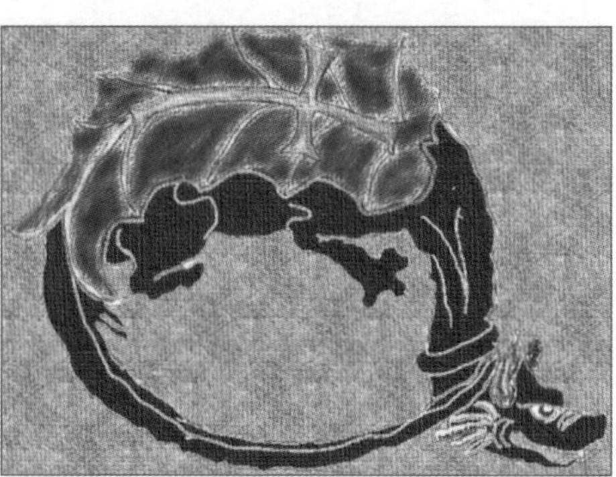

Abb. 312: Das Symbol Vlad des Pfählers.

gen unterhält (Abb. 311). Vlads Vater, Vlad Dracul, war ein Eingeweihter des uralten Drachenordens – einer der Geheimgesellschaften, die innerhalb des Spinnennetzes in unmittelbarer Nähe zur Spinne verankert sind. Das Wappen des Ordens, dessen Wurzeln sich bis ins pharaonische Ägypten zurückverfolgen lassen, zeigt einen geflügelten Drachen, der an einem Kreuz hängt. Erinnern Sie sich bitte an „Draco", den „königlichen" geflügelten Drachen, der die „königlichen" hybriden Blutlinien erschuf, über die er unmittelbar in unsere Realität einzugreifen vermag.

Abb. 313: Vlad der Pfähler war von Leiden, Tod und Blut besessen.

Hinter den mächtigsten Vertretern der Königshäuser, der Aristokratie und der „dunklen Anzüge" verbergen sich inkarnierte Drakonier. Vlad der Pfähler hatte eine Schlange zum Wappen erkoren, die ihren eigenen Schwanz verschluckt – der Ouroboros bzw. Leviathan, der in den gnostischen Schriften und im Judentum beschrieben wird (Abb. 312). Den Beinamen „Pfähler" erwarb er aufgrund seiner Vorliebe, Menschen auf Lanzen oder Pfählen aufzuspießen und ihnen dabei zuzusehen, wie sie langsam und qualvoll ihr Leben aushauchten. Anschließend trank er das Blut seiner Opfer, deren Zahl in die Tausende ging. Die Psychopathie hob Vlad auf eine ganz neue Ebene (Abb. 313). Er unterschrieb mit „Draculea" oder „Draculya", was so viel bedeutet wie „Des Teufels Sohn" oder „Sohn dessen, dem der Drachenorden gehört". Das britische Königshaus ist über die Großmutter der Königin, Maria von Teck, mit Vlads

Familie verbunden (Abb. 314). Zwischen 1996 und etwa 2002 liefen mir dank der Synchronizitäten, von denen mein Leben durchzogen ist, eine ganze Reihe von Personen über den Weg, die mir von ihren Erlebnissen mit Reptiloiden und/oder Gestaltwandlern der reptiloid-hybriden Blutlinien berichteten. „Du brauchst nicht mühsam zu suchen – folge einfach den Hinweisen." Im Laufe meiner Recherchen zu Satanismus und Pädophilie, die ich in Großbritannien, den Vereinigten Staaten und Kanada tätigte, kam die Sprache immer wieder auf die königliche Familie. Ein Jahr bevor ich in Kalifornien Arizona Wilder begegnete, wurde ich Christine Fitzgerald vorgestellt, die neun Jahre lang eine enge Vertraute und Freundin von Prinzessin Diana war. Ihr Kontakt brach ab, bevor Diana 1997 der britischen Oberschicht zum Opfer fiel (siehe dazu „Das größte Geheimnis"). Christine, die mit alternativen Heilmethoden arbeitete, war über die energetischen Zusammenhänge unserer illusorischen Realität im Bilde. Wie sie mir erzählte, hinterließen „wohlwollende Leute" vom MI5 in ihrem Heilzentrum, das unweit des Londoner Regent's Park gelegen war, Nachrichten für Diana, in denen es hieß, dass ihr Leben in Gefahr sei. Von all den Geschichten über Begegnungen mit Reptiloiden, die ich zum damaligen Zeitpunkt bereits gehört hatte, ahnte Christine nichts, da ich noch nicht öffentlich darüber gesprochen hatte. Ich wollte mit ihr einfach über die Beziehung reden, die zwischen Diana und den Royals bestand – das Reptiloidenthema war im Vorfeld überhaupt nicht erwähnt worden. Doch ohne dass ich Christine danach gefragt hätte, erzählte sie mir, dass Diana die Windsors „Reptilien" oder „Echsen" zu nennen pflegte. Sie habe wörtlich gesagt: „Die sind nicht menschlich." Diana soll auch die Königinmutter als bösartig bezeichnet haben. Ich stellte mich dumm und fragte Christine, was sie denn mit „Reptilien" und „Echsen" meine. Sie gab zur Antwort, die Königsfamilie gehöre keiner menschlichen, sondern einer reptiloiden Blutlinie an. Das war genau dasselbe, was mir auch Arizona Wilder später berichten sollte, Tausende Kilometer entfernt in den Vereinigten Staaten – neben vielen anderen Augenzeugen. Christine Fitzgerald sagte:

Abb. 314: „Nachfahren Draculas" – Die „königliche" Familie aus Transsylvanien.

> Die Königinmutter ... nun, hier haben wir es mit echter Hexerei zu tun. Die Königinmutter ist wesentlich älter, als die Öffentlichkeit ahnt. Ehrlich gesagt, ist in der Königsfamilie seit Langem niemand mehr gestorben. Die haben nur andere Gestalten angenommen. Es ist eine Art Klonen, nur läuft es etwas anders ab. Sie nehmen Stücke des Körpers und bauen aus einem kleinen Stück den gesamten Körper neu auf. Weil sie Echsen, also Kaltblüter sind, können sie dieses Frankenstein-Zeug viel leichter machen als wir Menschen. Die verschiedenen Körper sind einfach verschiedene elektrische Schwingungen. Und sie [...] kennen das Geheimnis der

> Mikroströme, ganz spezifischer Ströme im Mikrobereich, einer besonderen Art von Radiowellen, aus denen die Körper entstehen. Das sind die Energien, mit denen ich arbeite, wenn ich heile.

Sie bezog sich dabei offensichtlich auf den Umstand, dass der Körper durch die Projektion von Welleninformationen erschaffen wird.

> Sie kennen die Schwingungsmuster des Lebens. Da sie Kaltblüter, also Reptilien sind, verspüren sie nicht den Wunsch, die Erde so harmonisch wie möglich zu machen oder den Schaden zu beheben, den die Erde erlitten hat. Die Erde wird seit Urzeiten von verschiedenen Außerirdischen angegriffen. Lange Zeit hat man sie wie einen Fußball behandelt; sie war eine Haltestelle für alle möglichen Außerirdischen. Diese ganzen Außerirdischen konnten mit allem zurechtkommen, auch mit schädlichen Gasen. Sie landen hier ständig oder kommen aus den Eingeweiden der Erde nach oben. Ursprünglich sahen sie wie Reptilien aus, doch heute sehen sie aus wie wir. Das liegt an ihrer elektrischen Schwingung, dem Lebensschlüssel, von dem ich gesprochen habe. Sie können jede Gestalt annehmen, die sie wollen. Alles echte Wissen wurde beseitigt, in Einzelteile zerlegt und verkehrt wieder zusammengesetzt. Die Königinmutter fungiert für diesen Teil Europas als „Oberkröte"; auf jedem Kontinent haben sie jemanden wie sie. Wissen Sie, die meisten Leute, die nur Mitläufer sind, haben keine Ahnung von den Reptiloiden. Sie stehen ehrfürchtig vor diesen Leuten, einfach weil sie so mächtig sind.

Abb. 315: Warum haben Großbritannien, Kanada, Australien und der Commonwealth noch immer ein Staatsoberhaupt, das sich ausschließlich aus der Abstammung von einer Blutlinie begründet – während sich dieselben Länder als „frei" betrachten?

Das ist es, was tatsächlich vor sich geht und wie die Welt wirklich kontrolliert wird (Abb. 315). Ein entscheidender Faktor, den die *El*-ite beim Verbergen der Wahrheit zu ihrem Vorteil zu nutzen versteht, ist die Tatsache, dass sich das wirkliche und das *wahrgenommene* Geschehen voneinander unterscheiden wie Tag und Nacht. Wenn jemand wie ich die Wahrheit bloßstellt, wird er von der ungläubigen Medienwelt und Öffentlichkeit verhöhnt und abqualifiziert. Doch zumindest was die Letztgenannte betrifft, beginnt sich die Situation nun langsam zu ändern.

Von Christine Fitzgerald erfuhr ich in den späten 1990er-Jahren auch, dass Jimmy Savile pädophil war (wie recht sie doch haben sollte) und der königlichen Familie sehr nahestand. Zudem erzählte sie mir, dass Diana Savile verabscheute. Leider wollte sie all das nicht öffentlich wiederholen, und selbst dann hätte ihr Wort gegen seines gestanden. Aus diesem Grund musste ich warten, bis Savile im Jahr 2011 starb, bevor ich diese

Informationen publik machen konnte. Doch mündlich erzählte ich anderen davon, wann immer sich die Gelegenheit dazu bot. Ein Jahr später schlug die Savile-Geschichte nach der Ausstrahlung einer Fernsehdokumentation wie eine Bombe ein. Savile war mit Premierminister Edward Heath befreundet – einem weiteren reptiloid-satanischen Gestaltwandler, für den er eine unbekannte Zahl von Kindern beschaffte, die Heath tötete bzw. opferte.

Auch auf Heath wurde ich bereits zu einer Zeit aufmerksam gemacht, als ich meine Rechercheergebnisse zu den Reptiloiden noch gar nicht veröffentlicht hatte. In diesem Fall kam die Information von einer Dame, die mit mir über ihren geschiedenen Gatten sprechen wollte, der laut ihrer Aussage ein Satanist und früher in den Burnham Beeches als Wachmann tätig war. Burnham Beeches ist ein westlich von London gelegenes Waldgebiet mit zahlreichen Lichtungen, das sich im Besitz der City of London befindet – jenes von den Archonten/Reptiloiden kontrollierten Finanzbezirks, der auch den Spitznamen „Square Mile“ (dt.: Quadratmeile) trägt. In diesem kleinen Gebiet lag einst das ursprüngliche London – lange bevor es sich zum urbanen Zentrum des britischen Kapitals entwickelte. Das mit einem Reptil geschmückte Wappen der „City“ begegnet einem innerhalb der Quadratmeile auf Schritt und Tritt. Die Statue eines Flugreptils ziert auch die Stelle, an der die City of London an den Bezirk Temple grenzt, der heute das von den Archonten/Reptiloiden kontrollierte Zentrum des Rechtswesens bildet (Abb. 316 und 317). Der Name Temple geht auf die Kirche zurück, die die Tempelritter dort im späten 12. Jahrhundert als Hauptkirche ihres Ordens errichteten. Die Temple Church, die 2006 in dem Spielfilm „The Da Vinci Code – Sakrileg“

Abb. 316: Das Wappen der City of London mit dem Flugreptil. Der Finanzbezirk ist ein Nest voller Geheimgesellschaften und satanistischer Gruppierungen.

Abb. 317: Ein Flugreptil an der Grenze zwischen der City of London und dem Bezirk Temple, der nach einer nahe gelegenen Tempelritterkirche benannt worden ist.

einen prominenten Auftritt hatte, steht noch heute – umgeben von Justizgebäuden. Der Grund und Boden gehörte einst der Geheimgesellschaft der Tempelritter, die noch immer die Kontrolle über die Anwaltsnetzwerke von Temple und den Finanzbezirk ausüben. Eines ist klar: Burnham Beeches befindet sich nicht wegen der wunderschönen Wälder und Blumen im Besitz der „City".

Die erwähnte Dame schilderte mir, was sie dort erlebte. Eines Nachts, als sie durch Burnham Beeches schlich, kam sie an eine Lichtung, auf der ein Ritual in vollem Gange war. Geleitet wurde es von Edward Heath, dem damaligen Premierminister; ihm zur Seite stand der Schatzkanzler Anthony Barber. Zusammen mit weiteren Personen bildeten sie, alle in Roben gekleidet, einen Kreis. Als unsere Unterredung zu Ende und ich im Begriff war aufzubrechen, ließ ich eine Bemerkung darüber fallen, dass ich merkwürdige Berichte von Menschen beiderseits des Atlantiks erhalten hatte, vor deren Augen sich andere Personen in Reptilien verwandelt hätten. Während ich mich schon der Tür zugewandt hatte, hörte ich meine Gesprächspartnerin nach Luft schnappen, und als ich mich umdrehte, hielt sie sich die Brust. Dann erzählte sie mir, dass sie mir den Teil der Geschichte, in dem sie Heath gestaltwandeln sah, verschwiegen hatte, da sie damit sogar mich zu überfordern glaubte. Tatsächlich habe sich Heath während des Rituals in eine reptilienartige Wesenheit verwandelt. „Am Ende war er zu einem voluminösen Reptiloiden geworden, wobei seine Körpergröße gut einen halben Meter zugenommen hatte", erläuterte die Dame. Die Größenzunahme, von der sehr viele Augenzeugen von Gestaltwandlungen berichten, erklärt sich aus dem Wechsel von einer energetischen Informationsquelle zu einer anderen, die gänzlich andere Informationscodes beinhaltet. Heath sei „leicht geschuppt" gewesen und habe „recht natürlich" gesprochen, „wenn die Worte auch aus großer Entfernung zu kommen schienen – vielleicht können Sie sich die kurzen Zeitverzögerungen vorstellen" (wie sie früher bei transatlantischen Telefongesprächen auftraten). Geschichten dieser Art habe ich unzählige Male gehört – doch sowohl die Menschen als auch die Medien glauben, ich könne mir das nur ausgedacht haben, oder so etwas in der Art. Nein, Leute, der Mist ist *real*!

Beachten Sie auch, wie alt viele Angehörige der *El*-ite werden. Denken Sie etwa an die Königinmutter, die Königin, Prinz Philip, David Rockefeller, Henry Kissinger, Edward Heath usw. Der Alterungsprozess ist im Wellen-/biologischen Programm eines Informationsfeldes stehender Wellen codiert. Ihre genetischen Anlagen (Schwingungsprogramme) unterscheiden sich von unseren, und ihnen wird eine andere medizinische Versorgung zuteil als der allgemeinen Bevölkerung. Schon seit dem Altertum existiert die Vorstellung, dass das Blut junger Menschen den Alterungsprozess verlangsamen würde (infolge einer Wechselwirkung auf Wellenebene). Moderne Studien bestätigen diesen Sachverhalt, darunter eine, die von einer in San Francisco ansässigen Firma namens Ambrosia angefertigt wurde. Als Ambrosia wurde die Nahrung der griechischen Götter bezeichnet, der man nachsagte, Unsterblichkeit zu verleihen. Wie Ambrosia herausfand, bewirken Bluttransfusionen von jungen Erwachsenen zu älteren Personen eine Verringerung des Risikos, an Krebs, Demenz oder Herzleiden zu erkranken. Die *El*-ite konsumiert das Blut von Kindern in rauen Mengen. William Tompkins, der dem amerikanischen Marinegeheimdienst angehörte, und zahlreiche andere Eingeweihte und Entführungsopfer, denen ich begegnet bin, sagen übereinstimmend, dass Außerirdische Tausende Jahre alt werden können. Das macht sie zum roten Faden, der sich durch die Manipulationsgeschichte der Menschheit zieht, während die Menschen in diese Realität ein- und wieder abtreten, ohne jemals zu verstehen, was tatsächlich vor sich geht – da sie schlicht nicht lange genug hier verweilen. Die Idee, jemand könnte beispielsweise 3.000 Jahre alt werden, stößt bei den meisten Menschen auf reflexhafte Ablehnung. Doch einen Augenblick, bitte. Der „Körper“ ist ein Hologramm. Warum sollte ein Hologramm altern? Weshalb sollte das energetische Informationsfeld, aus dem der Körper decodiert wird, dem Alterungsprozess unterliegen? Es gibt keinerlei Grund, warum es den Kreislauf aus Geburt, Alterung und Tod durchlaufen müsste. Es ist lediglich dazu *programmiert* worden, sich so zu verhalten – und das erweiterte Gewahrsein kann in diese Programmierung eingreifen. Dass die Schlüsselfiguren der archontisch-reptiloiden Verschwörung so lange leben, liegt zum einen an ihren hybriden Erbanlagen, zum anderen an den Langlebigkeitsmaßnahmen, zu denen ihnen ihre reptiloiden Herren verhelfen. So lange die stehenden Wellen stabil oszillieren, kann man nicht sterben. Erst wenn die Oszillation zum Erliegen kommt, tritt das ein, was wir als Tod bezeichnen.

Die Rothschild-Verbindung

Vor einigen Jahren stand ich für lange Zeit in Korrespondenz mit einem Amerikaner, der seinen Namen mit Phillip Eugene de Rothschild angab und erklärte, er sei einer von *Hunderttausenden* „sowohl legitimer als auch nicht legitimer Nachkommen dieser mächtigen Familie der Finanz- und okkulten Welt“. Nein, das bedeutet nicht, dass die Rothschilds Hunderttausende Male Sex hatten. Ihre Sprösslinge werden mittels geheimer Samenbänke gezeugt und, obwohl sie alle die rothschildschen Erbanlagen (Informationssoftware) in sich tragen, unter anderen Namen aufgezogen. Auch die Familien anderer bedeutender Blutlinien halten es so. Später, wenn der heimliche Nachwuchs erwachsen ist, übernimmt er Schlüsselpositionen in Politik, Geschäftswelt, Bankwesen, Medien, Religion, Wissenschaft, Medizin, Universitäten usw. – während er scheinbar keinerlei Verbindung zu den Rothschilds, Rockefellers etc. aufweist. In vielen Fällen wissen die Kinder nicht einmal selbst, wer sie sind, und meinen, ihr rasanter Aufstieg wäre das Ergebnis von Zufällen, Begabung und Glück. Den wichtigsten unter ihnen wird die Wahrheit jedoch eines Tages offenbart.

Aufgrund ihrer Frequenzkompatibilität mit den unsichtbaren Strippenziehern sind hybride Erbanlagen ein Garant für machtvolle archontisch-reptiloide Besetzungen. Um die Betroffenen fest mit der reptiloiden Frequenz zu verdrahten, unterzieht man sie satanischen und geheimgesellschaftlichen Ritualen, die eigens diesem Zweck dienen. Von da an stellen sie kaum mehr als biologische Vehikel für Entitäten dar, die einer anderen Realität angehören. Zur Zeit unserer Konversationen lebte Phillip Eugene de Rothschild, der es abgelehnt hatte, die ihm zugedachte Rolle als Drahtzieher innerhalb der christlichen

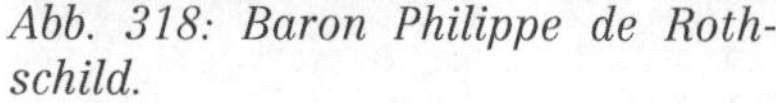

Abb. 318: Baron Philippe de Rothschild.

Abb. 319: Baronin Philippine de Rothschild liebt ihre Baphomet-(Saturn-)Broschen.

Kirche zu spielen, unter einem anderen Namen. Sein Vater, sagte er, sei Baron Philippe de Rothschild, dem die französischen Weingüter von Château Mouton-Rothschild gehören. Seine Mutter habe ihn durch „okkulten Inzest" empfangen. Der Baron (die hierarchiebesessenen Drakonier lieben ihre Titel) starb 1988 im Alter von 86 Jahren (Abb. 318). „Mein Vater war ein dekadenter Dilettant, aber auch ein führender Satanist, und er hasste Gott", erzählte mir Phillip Eugene. „Doch die Felder und den Wein liebte er! Er sagte immer, das würde ‚das Primitive' in ihm hervorbringen." Heute gehören die besagten Weingüter der Tochter des Barons, Baroness Philippine, die eine Vorliebe für Baphomet-(Saturn-)Broschen hat (Abb. 319). Laut Phillip Eugene ist sie seine Halbschwester. Den größten Teil seiner Kindheit und Jugend habe er auf dem Anwesen verbracht. „Ich war in der emotionalen Macht des Inzests gefangen, der ... [in deren Kultur] ... etwas Normales darstellte und verehrt wurde." Dieselbe Aussage ist mir, bezogen auf die Familien der *El*-ite, viele Male zu Ohren gekommen. In deren Augen ist Inzest einfach ein Teil des Lebens und der Kindheit, der die Nachkommenschaft mit einer psychologischen Kontrollmöglichkeit versieht, die potenziell das ganze Leben über bestehen bleibt. Laut Phillip Eugene stellen die Blutlinien Vehikel für dämonische Entitäten dar. „Als Abkömmling der Rothschilds wurde ich maximal dämonisiert", sagte er mir und erläuterte:

> Als mein Vater 1988 starb, war ich zugegen und nahm von ihm sowohl den Auftrag als auch die Ermächtigung entgegen, meine Bestimmung innerhalb der großen Verschwörung meiner Familie zu erfüllen. Wie die übrigen Kinder spielte auch ich eine Schlüsselrolle bei der Abkehr meiner Familie von Gott. Wenn ich CNN schaue, verblüfft es mich immer wieder, die vielen vertrauten Gesichter zu sehen, die heute auf der Weltbühne von Politik, Kunst, Finanzwesen, Mode und Wirtschaft stehen. Ich

> bin mit diesen Personen aufgewachsen und ihnen an rituellen Kultstätten ebenso begegnet wie in Machtzentren. Finanziers, Künstler, Mitglieder von Königshäusern und sogar Präsidenten – all diese gespaltenen Personen arbeiten und konspirieren heute zusammen, um eine neue Weltordnung herbeizuführen ... Diese Leute sind, wie ich auch, von SRA/DID betroffen. [Satanic ritual abuse, dt.: satanistisch-ritueller Missbrauch; dissociative identity disorder, dt.: dissoziative Identitätsstörung].
>
> Der letzte Präsident der Vereinigten Staaten ohne Persönlichkeitsspaltung war Dwight Eisenhower. Von ihm abgesehen litt jeder Präsident seit Teddy Roosevelt mehr oder weniger an einer dissoziativen Störung und war zudem bis zu einem gewissen Grad in den Okkultismus verstrickt. Präsident Clinton hat eine ausgewachsene multiple Persönlichkeitsstörung [er unterliegt der Gedankenkontrolle] und betätigt sich aktiv als Hexer innerhalb der satanischen Mysterienreligionen. Das gilt auch für Al Gore; beide Herren sind mir seit unserer Kindheit als aktive und bewährte Satanisten bekannt.

Bedenkt man, dass hier von einem psychopathischen Weltenlenker die Rede ist, der Zivilisten bombardieren ließ, ohne davon emotional berührt worden zu sein, sowie von dem Mann, der uns den Unsinn von der menschengemachten Klimaerwärmung andrehen will, ergibt das eine Menge Sinn. Phillip Eugene erklärte des Weiteren, wie die Blutlinien erweitert werden, und beschrieb die Rolle, die ihm im Rahmen der Rothschild-Verschwörung zugedacht war, um die Christenheit unter Kontrolle zu halten:

> Wie Hunderttausende andere biologische Kinder dieser okkulten Familie [gemeint sind die Rothschilds] hatte auch ich innerhalb der Bestrebungen des Klans, die Welt unter seine Kontrolle zu bringen, meinen Platz und meine Funktion. Meine und die Bemühungen meiner Familie zielten darauf ab, ein Mitglied der europäischen Adelsfamilie der Habsburger in eine herausragende, über der Menschheit stehende Position zu befördern – eine Position, die das Christentum als Antichrist bezeichnet. Während andere in der Regierung, der akademischen oder Geschäftswelt oder der Unterhaltungsindustrie platziert wurden, war mein Platz im Leib Christi [im Christentum]. Ich sollte als Brennpunkt für spirituelle Macht dienen und eine Sekte innerhalb dieser Kirche kontrollieren – in der zahlreiche Personen leben, die mir schon mein ganzes Leben als Überwacher und Machtzentralen des falschen Propheten der Rothschild-Familie und des Antichristen bekannt sind.
>
> Viele gespaltene Christen besetzen als Teil der satanischen Neuen Weltordnung innerhalb des Leibes Christi ähnliche spirituelle, okkulte Positionen. In meinem Fall war es der luziferische Morgenstern, den ich in der Kirche verkörperte. Ich repräsentierte die Gegenwart aller anderen Satanisten, mit denen ich im Morgenstern verbunden war; in meiner Person waren ihre Seelen in der Kirche präsent. Rituell etabliert und durch Legionen von Seelen gestärkt, war ich ein menschlicher und spiritueller Brennpunkt der gemeinsamen, in den „Leib Christi" eingebrachten satanischen Energie.

Es geht immer nur um Energien, Frequenzen und die Frage, wie die sichtbare Welt vom Unsichtbaren aus kontrolliert wird. Die Angehörigen der *El*-ite, die für uns sichtbar sind, stellen für die archontisch-reptiloide *El*-ite, die unsichtbar bleibt, lediglich menschliche Gefährte dar. Auf diese Weise dupliziert sich die Hierarchie der unsichtbaren Ebene auf die sichtbare Ebene. Satanische Macht in der Welt der Menschen entspringt ausschließlich der Stärke der besetzenden Entitäten. Rituale sind so gestaltet, dass die Eingeweihten dabei energetisch mit der satanischen Frequenz verbunden werden – mit der demiurgischen Verzerrung, die ihrer selbst gewahr ist, und deren Ausdrucksformen, die die Gestalt von Reptiloiden, Grauen und anderen annehmen. Das ist die eigentliche Bedeutung von Redensarten wie „seine Seele dem Satan verkaufen" oder „eine ‚Ehe' mit Satan eingehen": Besessenheit. So wie es ein Opfer satanischen Missbrauchs einmal im australischen Fernsehen sagte: „Je tiefer du sinkst … desto widerwärtiger wirst du … und umso mehr Gefallen findet Satan an dir." Mit anderen Worten: Du *wirst* zur archontischen Verzerrung. Das entspricht genau dem Glaubenssystem des sabbatianischen Frankismus, in dem Verderbtheit als Form der Anbetung gilt.

Übrigens – wie wahrscheinlich ist es angesichts der rothschildschen Kontrolle des Christentums eigentlich, dass der Papst vom Einfluss der besagten Familie frei ist? Der letzte Papst, der versuchte, unabhängig zu handeln, war Papst Johannes Paul I. Er wurde 1978 ermordet, als er versuchte, den Vatikan von Agenten der Freimaurer zu säubern. Zum Zeitpunkt seines Todes war er genau 33 Tage im Amt – eine Zahl, die in der Freimaurerei eine zentrale Rolle spielt. Die Angehörigen der *El*-ite lieben ihre Zahlen ebenso wie ihre Titel. Phillip Eugene de Rothschild bestätigte mir, dass sich die herrschenden Blutlinien aus Hybriden zusammensetzen, die aus der Kreuzung „mit Entitäten, die Sie als Reptiloide bezeichnen" hervorgegangen sind. Auch die herausragende Rolle, die der britischen Königsfamilie innerhalb der satanischen Hierarchie zukommt, könne er bezeugen. Namentlich erwähnte er insbesondere Prinz Philip. Phillip Eugene de Rothschild war bei zahlreichen satanistischen Ritualen zugegen, bei denen die Reichen und Berühmten zusammenkamen, um ihren unsichtbaren Gebietern und Besetzern zu huldigen. Er sagte:

> Ich weiß noch, dass auch die Rockefellers und Bushs an den Ritualen teilnahmen, jedoch nie in der Position waren, sie zu leiten. Ich betrachte sie noch immer als Lakaien und nicht als die wahren okkulten Machthaber. Mit Ausnahme von Alan Greenspan [dem langjährigen Oberhaupt der amerikanischen Federal Reserve Bank] waren die meisten von ihnen nur Mitläufer des Okkulten, vorrangig um sich dadurch wirtschaftlichen Einfluss und Prestige zu sichern.
>
> Greenspan war, wie ich mich entsinne, jemand mit ungeheurer spiritueller, okkulter Macht, und ein Blick von ihm genügte, um die Bushs und die jüngeren Rockefellers erzittern zu lassen. Der ehemalige CIA-Direktor Casey (und mit ihm ein Großteil der CIA-Führerschaft der vergangenen 40 Jahre), [Henry] Kissinger und [der frühere US-Außenminister] Warren Christopher wirkten zwar aktiv an nichtrituellen Versammlungen und auch einigen okkulten Ritualen mit, jedoch stets in den hinteren Reihen.

Abb. 320: Alan Greenspan.

Von 1987 bis 2006, unter den Präsidenten Ronald Reagan, George Bush sr., Bill Clinton und George Bush jr., unterstand das Federal Reserve System dem Zionisten Alan Greenspan (Abb. 320). Die Präsidenten haben ihn nicht ausgewählt, sondern vielmehr die Anweisungen ihrer Meister befolgt, Greenspan zum Vorsitzenden der Fed zu ernennen. Die satanische Hierarchie übertrumpft die politische Hierarchie in jedem Fall. Nach seinem Ausscheiden aus der Federal Reserve nahm Greenspan eine ehrenamtliche Beratertätigkeit für das britische Finanzministerium auf – oder richtiger, für das Finanzministerium *Ihrer Majestät*. In meinem Buch „Der Löwe erwacht“, in dem ich den Satanismus ausführlich bloßstelle, habe ich in voller Länge ein Dokument veröffentlicht, das ein australischer Satanist kurz vor seinem Tod verfasst haben soll. Ob es authentisch ist, kann ich nicht mit Gewissheit sagen; doch eines kann ich ohne Zweifel festhalten: Wer auch immer dafür verantwortlich zeichnete, verfügte über eine fundierte Kenntnis des Satanismus und der Art und Weise, in der er die herrschenden Schichten in Königtum, Finanzwesen und Politik durchsetzt. Bei dem Text handelt es sich weniger um die Beichte eines Sterbenden als vielmehr um eine arrogante Darstellung dessen, wie die Satanisten die Welt beherrschen. Der Autor gibt an, der satanistischen „Alpha-Loge“ in Sydney angehört zu haben. Der Einfluss des Satanismus sei, behauptete er, heute „so allgegenwärtig, dass er kaum bemerkt wird“:

> In den allerhöchsten Rängen tummeln sich Politiker, Ärzte, hochrangige Polizeibeamte, Rechtsanwälte, Werbegurus, dekorierte Militärs, Medienpersönlichkeiten, Models der Modebranche und Sozialarbeiter. Auf den (in der Regel vorübergehenden) unteren Stufen finden wir Prostituierte, kleine Drogendealer und viele Hochschulstudenten. Einige arbeiten aus dem Nebel heraus.
>
> Ihre Opfer werden Schritt für Schritt in Amnesie versetzt. Das geschieht durch eine Reihe von Bewusstseinskontrollmethoden und durch psychische Folter, die einen jeden normalen Menschen dumpf werden ließen. Bei jenen Menschen aber nähren sie die keimende Furcht, dass möglicherweise nichts so ist, wie es scheint – und dass das seit sehr, sehr langer Zeit schon so abläuft. Die talentiertesten Opfer finanzieren ihren Lebensstil durch Verbrechen, geschönt durch eine dünne Lackschicht aus respektabler Professionalität und Wissen.

Die Erwähnung von Sozialarbeitern mag überraschen, doch werden Kinder – oft auf Geheiß – von Sozialarbeitern mit kultischen Verbindungen aus Kinderheimen entführt oder liebenden Eltern weggenommen, nachdem von geheimen „Familien“-Gerichten entsprechende Beweise fingiert wurden. In Großbritannien, den USA und anderen Ländern hat sich aus diesen Aktivitäten ein regelrechtes Gewerbe entwickelt. Im vorangegangenen Kapitel sprach ich davon, dass sich die sozialen Einrichtungen auf der Isle of Weight – der Insel, auf der ich zu Hause bin – in der Hand einer „Inselmafia" befinden. So läuft es fast überall. Die Sozialarbeiter, die keine Verbindung zum Satanismus haben, werden dabei in der Regel in Unwissenheit darüber gehalten, was in ihrer Umgebung vor sich geht. Geheime Familiengerichte, gegen die man nicht juristisch vorgehen kann, ermöglichen die Entwendung von Kindern durch kultische Gruppierungen. Unter fadenscheinigen Begründungen werden sie ihren Eltern weggenommen. Neue Bestimmungen, die (wenig überraschend) von Tony Blair auf den Weg gebracht worden sind, hatten zur Folge, dass die Zahl der vom britischen Staat verschleppten Kinder in die Höhe schoss. Die auf diese Weise gekidnappten Kinder werden dann von „Pflegeeltern" adoptiert, die satanistischen Kulten angehören, und für Rituale und pädophile Zwecke missbraucht. In Florida wurde ein Paar, das in Alabama Kinder adoptiert und in Pflege genommen hatte, in mehreren Hundert Fällen folgender Verbrechen beschuldigt: sexueller Missbrauch ersten Grades, Kindesmisshandlung, Vergewaltigung ersten Grades, Unzucht ersten Grades, sexuelle Folter, Gewalt durch Strangulierung bzw. Suffokation, Ködern von Kindern für unmoralische Zwecke, Inzest, Menschenhandel ersten Grades und Gefährdung des Kindeswohls. Ich sage nicht, dass sämtliche Kinder, die ihren Eltern weggenommen werden, Opfer von Missbrauch werden – natürlich nicht –, doch in sehr vielen Fällen trifft das zu. Der „Satanist der Alpha-Loge" beschreibt, wie Politiker zu satanistischen und pädophilen Handlungen verführt und dann dazu erpresst werden, die von den Satanisten eingeforderten Bestimmungen und Gesetze voranzubringen:

> Politiker werden durch ein System sorgsam abgestufter Kriterien und Situationen eingeführt, die es ihnen ermöglichen zu akzeptieren, dass ihre Opfer „unser kleines Geheimnis" bleiben. Kleine Kinder, die überall auf der Welt von Politikern sexuell belästigt und misshandelt werden, opfert man kurze Zeit später. In Australien werden die Leichen kaum je gefunden, da Australien immer noch Wildnis ist.
>
> In anderen Ländern wird die Einäscherung bevorzugt. Obwohl auch in Australien den satanischen Alpha-Logen bei Bedarf Krematorien zur Verfügung stehen, wird überraschend selten Gebrauch davon gemacht. Ob Sie es glauben oder nicht – jede Woche werden hier etliche Leichen einfach in einsamen Landstrichen „entsorgt".

In dichter besiedelten Ländern werden bevorzugt private Krematorien eingesetzt, um sich der Leichen der Geopferten zu entledigen. Dem vorgeblichen Satanisten zufolge werden die Rituale immer wieder an denselben Stellen der Ley-Linien bzw. des Energiegitters der Erde durchgeführt, da auf diese Weise das Schwingungsniveau des elektromagnetischen „Ozeans" – des kosmischen Internets, mit dem wir in Wechselwirkung stehen – systematisch abgesenkt wird. Dies wiederum bewirkt eine Frequenzverminderung der Energiefelder all derjenigen, die nicht an das Gewahrsein jenseits der Simulation angeschlossen sind.

Satanisches Geld

Auch Kultmitglieder, die nicht den Blutlinien angehören, können der Agenda dienlich sein und die entsprechenden Belohnungen einheimsen, wenn sie der Kontrolle des gefälschten Geistes erliegen und „ihre Seele dem Teufel verkaufen“. Im Apokryphon des Johannes, einer der Schriften von Nag Hammadi, heißt es: „Und sie brachten Gold und Silber und Geschenke und Kupfer und Eisen und Metall und alle Arten der Gestalten. Sie betörten sie und führten sie in Versuchung, auf dass sie sich ihrer unverrückbaren Pronoia [des Gewahrseins jenseits der Illusion] nicht länger erinnerten.“ Nach annähernd 30 Jahren der Recherchetätigkeit, die mich rund um den Globus führte, liegen die Funktionsmechanismen des Kontrollsystems wie ein offenes Buch vor mir – eines Systems, zu dessen Säulen Satanismus und Pädophilie zählen. Im Jahr 2011 beschrieb ein Schweizer Bankier gegenüber Journalisten der russischen Zeitschrift *NoviDen*, welcher Art die Menschen, die hinter der globalen Banken- und Finanzwelt stehen, tatsächlich sind:

> Diese Leute sind verdorben und haben kranke Gedanken. Sie sind voller Laster, die aber auf Geheiß von oben geheim gehalten werden. […] Viele sind Satanisten. In manchen Bankgebäuden kann man ihre satanischen Symbole sehen, wie zum Beispiel in der Rothschild-Bank in Zürich. Durch ihre Laster werden diese Leute erpressbar und damit kontrollierbar. Entweder sie befolgen die Anweisungen, die man ihnen erteilt, oder ihre Geheimnisse werden bloßgestellt und ihr Leben zerstört – oder sie werden sogar umgebracht.

Denken Sie, diese Art von Menschen kümmert es, wenn durch ihr Tun und konkret durch Zehntausende Zwangsvollstreckungen Familien obdachlos und Leben zerstört – wenn nicht gar beendet – werden? Ausgeschlossen. Wenn man begreift, mit welcher Mentalität wir es zu tun haben, beginnt man mit einem Mal die Welt zu verstehen. Im Jahr 2017 wandte sich der niederländische „Unternehmer und Finanzhändler“ Ronald Bernard mit einem Interview, das er der alternativen Plattform *De Vrije Media* gab, an die Öffentlichkeit, um seine – wie er sagte – Erlebnisse in satanischen Netzwerken zu schildern (Abb. 321). Wenn Sie die relevanten Schlüsselbegriffe in eine Suchmaschine eintippen, finden Sie alles, was er im Rahmen des Interviews sagte. Er sei, so lautet seine grundlegende Aussage, als Unternehmer so erfolgreich gewesen, dass er die Aufmerksamkeit der globalen Finanzelite auf sich zog. Man habe ihm angeboten, sich der Kabale anzuschließen.

Abb. 321: Ronald Bernard hat die Abgründe des Bösen, das hinter dem Finanzsystem und dem Weltgeschehen steht, mit eigenen Augen gesehen.

Dazu müsse er allerdings, wie man ihm erklärte, sein Gewissen „im Gefrierschrank" verstauen – und zwar „nicht bei minus 18 Grad, sondern bei minus 100". Wenn er dazu nicht bereit sei, solle er davon absehen, bei ihnen mitzumischen. Bernard erklärte, er habe zugestimmt, obwohl er nicht wusste, was genau damit gemeint war.

Doch er sollte es bald herausfinden. Bernard war an geheimen Finanzgeschäften zwischen Regierungen, Sicherheitsbehörden, Unternehmen und terroristischen Vereinigungen beteiligt und half dabei, das globale Finanzsystem zu manipulieren. Mit eigenen Augen sah er, dass es sich bei den staatlichen Sicherheitsorganen tatsächlich um kriminelle Strukturen handelt – ein Aspekt, auf den ich seit Jahrzehnten hinweise – und die gesamte Weltfinanz nur von einer Handvoll Personen gesteuert wird. Alles war prima, bis er vom Selbstmord eines italienischen Firmenchefs erfuhr, der Frau und Kinder hinterließ. Dem vorausgegangen war ein Angriff der Kabale, die zum Ziel hatte, die damalige italienische Währung – die Lira – kollabieren zu lassen. Bernards Kollegen hatten für das Schicksal des Italieners nur Spott übrig. Das sei der Moment gewesen, als Bernards „Gefrierschrank" begann, fehlerhaft zu arbeiten, und sein Gewissen allmählich wieder auftaute. Der endgültige Wendepunkt war erreicht, als er im Rahmen der satanistisch-luziferischen Rituale, die die Angehörigen der Kabale durchzuführen pflegten, ein Kind opfern sollte. Das habe er nicht fertiggebracht – und voll Entsetzen realisiert, in welcher Situation er sich befand: „Ich war im Begriff, zum Psychopathen abgerichtet zu werden, und hatte versagt." Wie Bernard beschrieb, huldigen die verborgenen Netzwerke einer Macht, die „das Leben hasst" und das Weltgeschehen aus dem Unsichtbaren heraus manipuliert. „Es gibt eine komplette unsichtbare Welt, die ganz real ist", erläuterte er. Die Opferung von Kindern würde dazu benutzt, Finanziers und Politiker zu erpressen – ein weiteres Motiv, das uns immer wieder begegnet. Bernard unterstreicht den psychopathischen und herzlosen Charakter dieser Leute und meint, sie würden eine „Finsternis" in sich tragen: den „gefälschten Geist", wie die Gnostiker das Phänomen nannten. Bernard sagte über diese Finsternis:

> Das ist eine reale Entität. Ich habe herausgefunden, dass das, was in der Bibel geschrieben steht – und nicht nur in der Bibel, man findet dasselbe in zahlreichen anderen Büchern – … also, es gab tatsächlich einen Punkt, an dem sich eine Gruppierung, die von enormem Hass und Zorn erfüllt war, von der Manifestation des Lichts trennte und ihren eigenen Weg beschritt.
>
> Es gibt nur eine Handvoll Menschen, die den Ernst der Situation erkennen. Denn hier handelt es sich um eine zerstörerische Macht, die uns abgrundtief hasst. Sie hasst die Schöpfung, sie hasst das Leben. Und sie wird alles tun, um uns vollständig auszulöschen. Der Weg, auf dem das erreicht wird, ist die Spaltung der Menschheit. „Teile und herrsche" ist ihre Wahrheit.
>
> Die Menschheit ist eine Manifestation des Lichts; sie ist die wahre Schöpfung. Solange man den Gegner aufgrund von Parteienzugehörigkeit, Hautfarbe oder was auch immer spaltet, unterbindet man – aus luziferischer Sicht – sein volles Potenzial, seine Macht. So können die Menschen nicht für sich selbst einstehen; würden sie das tun, hätten die Jünger Luzifers verloren. Das Monster, das gierige Monster würde verschwinden.

Die gesamte Struktur aus sichtbaren und unsichtbaren Komponenten bildet eine gewaltige Kontrollhierarchie, in der die archontischen Reptiloiden/Grauen/Dämonen der Verzerrung dienen – dem „Demiurgen“, der seiner selbst gewahr ist und über allem thront (Abb. 322). Hat man einmal verstanden, dass dem Weltgeschehen ein satanisches Fundament zugrunde liegt, wird man erkennen, dass die Menschheit mit Krieg und Leid überzogen wird, um ebenjene Energie zu erzeugen, von der sich die gesamte Struktur ernährt. Hierin liegt der wahre Grund dafür, dass sich die Menschheit seit dem Auftreten der neuen Psyche praktisch permanent im Kriegszustand befindet und wir heute überall auf der Welt Not und Elend vorfinden, die gänzlich unnötig sind, jedoch systematisch herbeimanipuliert wurden. Bezüglich der menschlichen Gesellschaft scheint die *El*-ite allmächtig zu sein, doch in Wirklichkeit besteht sie aus jämmerlichen Gestalten, die den Reptiloiden, Grauen und anderen archontischen Manifestationen als Vehikel und Handlanger dienen. Diese wiederum werden vom jämmerlichen (Mangel an) Gewahrsein des Demiurgen als jämmerliche Vehikel und Handlanger benutzt. Allmächtig sollen sie sein? Wären Sie gerne wie sie? Eben.

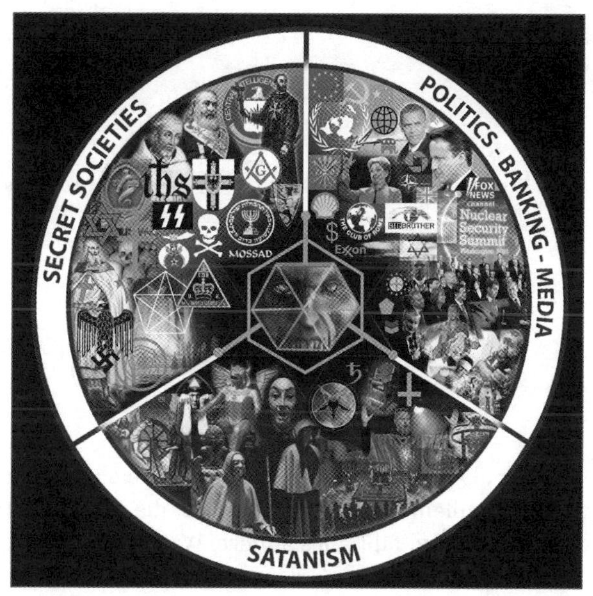

Abb. 322: Letztlich ist es stets die archontisch-reptiloide „Spinne“, die sich hinter Satanismus, Geheimgesellschaften und den Institutionen der Mainstreamgesellschaft – Bankwesen, Politik, Medien usw. – verbirgt.

Genug. Es ist Zeit, die Sache aus der Welt zu schaffen.

Kapitel 8

Der Bann wird verhängt

„Wenn ein Blinder einen Blinden führt, fallen sie beide in eine Grube."

Evangelium nach Thomas

Mehr als auf irgendeinen anderen Bereich haben es die Manipulationen der Verdeckten Hand vor allem auf eines abgesehen: die *Wahrnehmung*. Mit der Kontrolle der Wahrnehmung steht und fällt alles andere. Wahrnehmung ist alles. Der Geist muss, wenn die Welt und die Realität nicht als das entlarvt werden sollen, was sie wirklich sind, unbedingt verschlossen gehalten werden.

Unser Verhalten – was wir tun oder unterlassen, anfechten oder erlauben, unterstützen oder nicht unterstützen – wird von unserer Wahrnehmung und unserem Glaubenssystem bestimmt. Doch die Sache ist weitaus komplexer. Ich habe bereits ausgeführt, wie *wahrgenommene* und *erlebte* Realität über das Quantenfeld der Möglichkeiten und Wahrscheinlichkeiten miteinander verknüpft sind. Wahrnehmungen = Frequenz = die Frequenzen, mit denen wir im Quantenfeld interagieren = das, was wir decodieren und holografisch als erlebte Realität manifestieren:

> Zufälle geschehen eben, sagt man. Doch in einem Quantenuniversum gibt es keine Zufälle – nur Möglichkeiten und Wahrscheinlichkeiten, die durch die Wahrnehmung ins Dasein gefaltet werden.

Den archontischen Reptiloiden und ihren Erfüllungsgehilfen, die den hybriden Blutlinien entstammen, ist bewusst, dass sie über die Steuerung der Wahrnehmung kontrollieren können, was die Menschheit manifestieren wird. Der Plan lautet, die Wahrnehmung so zu programmieren, dass die Menschen ihr holografisches (genauer: Schwingungs-)Gefängnis selbst aus dem kosmischen Internet decodieren – sowohl individuell als auch gemeinschaftlich. Das, was man glaubt, nimmt man auch wahr; und was man wahrnimmt, wird man erleben. Es ist gar nicht vordergründig nötig, die kosmische Informationsquelle zu kontrollieren. Es genügt, durch Programmierung zu steuern, welche Teilbereiche dieser Quelle von der Zielpopulation in wahrgenommene und erlebte Realität decodiert werden.

Um eine derart grundlegende Kontrolle zu erreichen, wird das gesamte „Leben" des Menschen – vom ersten bis zum letzten Atemzug – einer pausenlosen Wahrnehmungsprogrammierung unterzogen. Das gilt zumindest für diejenigen, die die Wahrnehmungsschranken nicht durchbrechen und sich mit dem jenseits derselben verankerten Gewahrsein verbinden. Das kann nicht wahr sein? Oh, das *ist* es aber. Die archontischen Reptiloiden und ihre hybride *El*-ite haben ein Perpetuum mobile erschaffen, in dem sich die Bevölkerung weitgehend selbst programmiert. Jede neue Generation unterliegt der perzeptiven Programmierung durch die vorangegangenen Generationen sowie dem Konformitätsdruck, der von ihrer eigenen Generation ausgeübt wird. Ich bezeichne dieses System als *Perzeptuum* mobile. Schon im Mutterleib werden Babys von den sie umgebenden Informationen, die sie in Form von Frequenzen aufnehmen, beeinflusst und geprägt. Richtig los geht es, sobald das Baby zur Welt kommt. Es wird mit Wahrnehmungsprogrammierungen geradezu überschwemmt, und das ganz unabhängig davon, in welche Kultur es hineingeboren wird. Der Trick besteht darin, sich der *Aufmerksamkeit* zu bemächtigen – denn die Energie (Information, Wahrnehmung) folgt der Aufmerksamkeit. Unser gesamtes Leben hindurch sollen wir unser Augenmerk nur auf einzelne Bäume und Zweige richten, sodass wir niemals des Waldes gewahr werden, in dem alles miteinander verbunden ist und zueinander in Beziehung steht (Abb. 323). Die Gefangenen in Platons Höhlengleichnis glauben an eine illusionäre Realität, da ihre Aufmerksamkeit ausschließlich den Schatten an der Wand gilt. Die Informationen, die ihnen ermöglichen würden, die Schatten im richtigen Kontext zu begreifen, werden ihnen vorenthalten. Solange man den Wald nicht erkennen kann, sieht man die Welt nicht so, wie sie wirklich ist. Die isolierten Bäume entsprechen in der Analogie den fünf Sinnen des Menschen, mit denen nur die holografische Illusion wahrgenommen werden kann, nicht aber das Unendliche und Ewige, das sich außerhalb ihrer Frequenzmauern befindet. Das Ergebnis ist, dass alle Dinge verzerrt und immer nur als Bildpunkte wahrgenommen werden, nicht mehr als zusammenhängende Bilder.

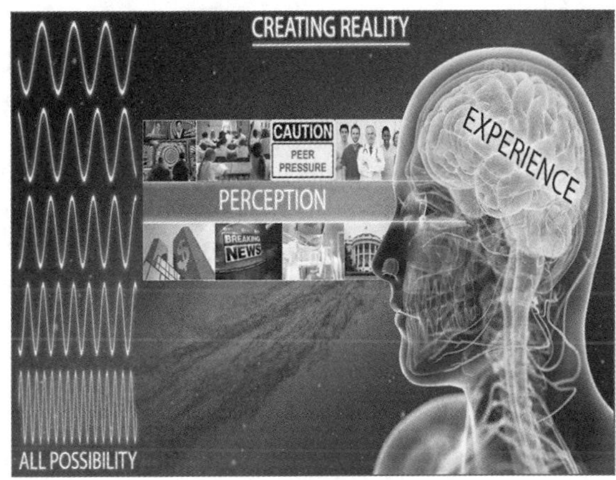

Abb. 323: Wald? Welcher Wald? Ich sehe nur Bäume und Äste.

Ich erinnere mich, als Kind im – damals noch schwarzweißen – Fernsehen eine Sendung gesehen zu haben, bei der den Spielern vielfach vergrößerte Fotografien alltäglicher Gegenstände gezeigt wurden und sie erraten sollten, worum es sich jeweils handelte. In der Regel war das Objekt erst zu erkennen, als

Abb. 324: Nahaufnahme eines Schmetterlingsflügels – doch wer würde das ohne den Kontext erkennen?

die Kamera schrittweise herauszoomte und der Kohlkopf oder das Sofakissen ins Blickfeld rückte (Abb. 324). Dasselbe Prinzip liegt der Manipulation der menschlichen Realtität zugrunde – nur dass die Kamera niemals herauszoomt. Das kann man nur selbst bewerkstelligen, indem man sein Gewahrsein erweitert. Wo bleibt die übrige Welt, wenn man seine Aufmerksamkeit aus geringer Entfernung auf einen einzelnen Gegenstand richtet? Was geschieht dann mit dem peripheren Sehvermögen, das die einzelnen Punkte verbindet? Versuchen Sie einmal, ein Gespräch mit einem Kind zu beginnen – für Erwachsene gilt das Gleiche –, das in sein Videospiel oder Smartphone vertieft ist. Sie werden Sie einfach nicht hören. Das ist die Macht der Aufmerksamkeit. Was ist ein menschliches Leben seinem Wesen nach? Ein Aufmerksamkeitsbrennpunkt. Je nachdem, wie eng oder weit die Aufmerksamkeit gespannt ist, sind wir für die größere Wirklichkeit mehr oder weniger empfänglich. Wir leben nicht „in" einer „Welt", sondern decodieren eine interaktive Informationsquelle. Welche Anteile dieser Quelle wir ins Dasein entfalten, wird durch unsere Wahrnehmung festgelegt (die bestimmt, worauf der Fokus liegt). Wer die Wahrnehmung kontrolliert, hat auch alles andere unter Kontrolle. Das geht so weit, dass sich die Menschen als „ich" wahrnehmen und mit ihrem „Leben" identifizieren. Vor diesem Hintergrund überrascht es kaum, dass das gesamte archontische System darauf abzielt, die Wahrnehmung zu programmieren. Von der Wiege bis zur Bahre geht das Dauerbombardement nieder. Edward Bernays, der österreichisch-amerikanische „Vater der Public Relations" und Neffe des Psychoanalyse-Gurus Sigmund Freud, schrieb in seinem 1928 erschienenen Buch „Propaganda":

> Wir werden von Personen regiert, deren Namen wir noch nie gehört haben. Sie beeinflussen unsere Meinungen, unseren Geschmack, unsere Gedanken. [...] Tatsache ist, dass wir in fast allen Aspekten des täglichen Lebens, ob in Wirtschaft oder Politik, unserem Sozialverhalten oder unseren ethischen Einstellungen, von einer [...] relativ kleinen Gruppe Menschen abhängig sind, die die mentalen Abläufe und gesellschaftlichen Dynamiken von Massen verstehen. Sie steuern die öffentliche Meinung [...] und bedenken neue Wege, um die Welt zusammenzuhalten und zu führen.

Bernays glaubte, das Geheimnis bestehe darin, „die Zustimmung zu arrangieren". Wörtlich schrieb er: „Sollte es dann nicht möglich sein, [die Massen] unbemerkt nach unserem Willen zu lenken und zu kontrollieren?" Und weiter: „Organisationen, die im Verborgenen arbeiten, lenken die gesellschaftlichen Abläufe. Sie sind die eigentlichen Regierungen." Die „unsichtbaren Herrscher", von denen Bernays schrieb, kennen wir heute als „Schattenregierung" bzw. „tiefen Staat" (wobei diese beiden Strukturen unterschiedliche Aufgaben erfüllen). Unverändert treiben sie ihre Agenda voran, während Politiker mit einer „Heute hier, morgen dort"-Mentalität die Illusion aufrechterhalten, dass sie das Sagen hätten. Die Software-Netzwerke der archontischen „Blutlinien" und ihre menschlichen Handlanger haben eine atemberaubende, weltumspannende Struktur der Gedankenkontrolle und Wahrnehmungsmanipulation errichtet, deren Agenten aus dem Verborgenen heraus agieren und ihre Agenda durch manipulative Maßnahmen verschiedenster Art umsetzen. Auf diese Weise wird die Gesellschaft geformt – nicht zuletzt durch das „Bildungssystem" und die Mainstreammedien. Inzwischen beteiligen sich sogar große Teile der „alternativen“ Medien daran. Ihre größte Wirkung entfaltet die Programmierung, wenn sich die Bevölkerung in einem Zustand der Angst oder Traumatisierung befindet. Von der traumabasierten Gedankenkontrolle Einzelner war bereits die Rede, doch dieselben Praktiken werden auch auf große Zielgruppen angewendet. Ein traumatisiertes Gemüt lässt sich – das ist wohlbekannt – sehr leicht beeinflussen. Nach den Anschlägen vom 11. September und der getürkten offiziellen Darstellung derselben war es ein Leichtes, die Zustimmung für den Einmarsch in Afghanistan und den „Krieg gegen den Terror“ (lies: Krieg des Terrors) zu gewinnen.

Zu den niederträchtigsten Unterfangen gesellschaftlicher Manipulation zählt die Frankfurter Schule, die in den 1920er-Jahren von Zionisten aus der Taufe gehoben wurde und mit den Rothschilds in Verbindung steht. Wie der Name vermuten lässt, war sie ursprünglich in Frankfurt am Main lokalisiert, der Stadt, aus der auch die Rothschilds stammten. Später unterhielt sie Einrichtungen in der Schweiz und den Vereinigten Staaten. Hier sind einige der Ziele, die die Frankfurter Schule verfolgte, um eine gesellschaftliche Umwandlung zu bewirken (manches davon mag Ihnen möglicherweise bekannt vorkommen): rassistisches Verhalten zur Straftat erklären; fortwährende Veränderungen, um Verwirrung zu stiften; Sexunterricht für kleine Kinder (betrifft mittlerweile sogar schon Vierjährige); Einwanderung im großen Stil, um das Nationalgefühl zu zerstören; Förderung exzessiven Alkoholkonsums; Entleeren der Kirchen (Untergrabung jeder Form sozialen Zusammenhalts und Gemeinschaftssinns); ein Rechtssystem, in dem die Opfer von Verbrechen den Kürzeren ziehen; Abhängigkeit vom Staat bzw. staatlichen Almosen (die gestrichen werden, sobald die Abhängigkeit hergestellt ist); Steuerung der Medien und Absenkung ihres geistigen Niveaus – und der Zersplitterung der Familien soll Vorschub geleistet werden. Der letztgenannte Punkt findet sich aus Gründen, die bald deutlich werden, praktisch auf jeder Wunschliste gesellschaftlicher Manipulatoren.

Schnapp sie dir, wenn sie jung sind – und kontrolliere sie ein Leben lang

Die Eltern eines Menschen sind die Ersten, die seine Wahrnehmung im Sinne jener Instanz manipulieren, die ich „das Programm“ nenne. Dasselbe gilt für jede Person, mit der ein Kind während seiner ersten Lebensjahre regelmäßig Kontakt hat (Abb. 325 und 326). Dabei ist der großen Mehrheit gar nicht bewusst, dass sie sich so verhalten – geschweige denn, dass sie es aus Böswilligkeit tun würden. Sie haben einfach als Kind den gleichen Programmierungsprozess durchlaufen, der nun auch für ihren Nachwuchs beginnt. Die Eltern haben einen falschen Wirklichkeitssinn heruntergeladen – das Programm –, den sie aber für real halten. Sie haben die damit einhergehenden Versionen des Lebens, des Selbst und des Möglichen sowie der Ge- und Verbote und Verhaltensregeln vollumfänglich akzeptiert; nun geben sie diese Auffassungen im Glauben, „das Rechte zu tun“ (das, was ihnen

Abb. 325: „Hallo, Welt! Die Programmierung beginnt." – Willkommen auf dem Planeten Erde, wo du das tust und glaubst, was wir dir sagen.

Abb. 326: „Der erste Abschnitt der Programmierung: Die Eltern." – Die meisten Eltern beginnen, ihre eigene Programmierung an ihre Kinder weiterzugeben, kaum dass sie geboren sind.

das Programm als „das Rechte" vermittelt hat), an ihre Kinder weiter. Im nächsten Schritt zwingt man die Kinder, sich anzupassen. Das braucht gar nicht offen oder gar gewaltsam zu geschehen. Zwar ist das oft genug der Fall, vor allem – und das ist am abscheulichsten – im Zuge religiöser Indoktrination; doch oft geht es weniger unverhohlen vonstatten. Damit das Kind glaubt, das Leben sei eben so, genügt es, die Realitätsversion permanent zu bestätigen, sei es durch die Wiederholung derselben Worte oder durch die Vorbildwirkung. So wird geprägt, was ein Mensch tut und denkt, wie er sich verhält und welches Bild er von seinen Mitmenschen und der Welt im Allgemeinen hat.

Die meisten Menschen sind derart von Unsicherheit zerfressen, dass sie auf keinen Fall als „anders" in Erscheinung treten oder von den programmierten „Normalen" als „ein bisschen verrückt" wahrgenommen werden wollen. Hierbei spielt der Einfluss des Reptilienhirns, das seinen eigenen Schatten fürchtet, eine entscheidende Rolle. Die Eltern verbringen ihr Leben lammfromm in einem Wahrnehmungs- und Verhaltensgefängnis, das auf den Fragen „Was sollen die Nachbarn denken?" und „Was wird der Lehrer sagen?" basiert. Sie möchten in der Regel nicht, dass ihre Sprösslinge aus der Reihe tanzen. Während das erweiterte Gewahrsein auf derartige Sorgen nur entgegnen würde „Ist mir völlig schnuppe", kommt eine solche Einstellung in den Augen eines programmierten Konformisten einer Gotteslästerung gleich. Die Mutter eines kleinen Fußballers herrschte mich einmal an, weil ich mit einer Entscheidung des Schiedsrichters nicht einverstanden war. Ich wollte ihrem Sohn beibringen, Autoritätspersonen zu hinterfragen. „Was ist, wenn er am Montag seinen Lehrer infrage stellt?", lamentierte sie. Ja, eben – was *ist* denn dann? Von den programmierten Eltern lernen die Kinder sehr bald, dass es einfacher ist, sich anzupassen, als seinen eigenen Weg zu gehen. Sie werden darauf geeicht, es darin ihren Eltern ein Leben lang gleichzutun. Wie viele Eltern sind bestrebt, ihre Kinder so zu formen, dass sie sich den Normen fügen, statt ihnen zu gestatten, sich in ihrer ureigenen Weise zu entwickeln? Um diese Frage zu beantworten, braucht man sich nur ein wenig umzuschauen. Meines Erachtens begehen Eltern, die ihrem Nachwuchs ihren Willen, ihre Ansichten und ihre persönlichen Sehnsüchte aufdrücken, eindeutig Missbrauch. Häufig versuchen Eltern, ihr eigenes Leben durch ihre Kinder auszuleben, und zwingen sie in Aktivitäten, Berufe und Karrieren, die gar nicht ihren eigenen Wünschen entspringen; doch wenn sie sich querstellen, wird ihnen ein schlechtes Gewissen eingeredet. „Deine Mutter ist völlig von der Rolle!" Ach, wirklich? *Ausgezeichnet*. Auf diese Weise wacht sie vielleicht auf und wird erwachsen. Ich bin Menschen begegnet, die sich noch im fortgeschrittenen Alter schuldig fühlten, wenn sie nicht den Vorstellungen ihrer längst verschiedenen Eltern gerecht wurden. Das ist verrückt. Wie wäre es stattdessen mit Kriterien wie: Sind die Kinder glücklich? Führen sie ein erfülltes Leben? Haben sie Freude am Leben? Das ist der Fall? Okay, prima. Dann muss das, was sie tun – was immer das sein mag – wohl für sie das Richtige sein.

Die Programmierung durch die Eltern stellt nur eine Säule der Wahrnehmungsfalle dar, und ihr kommt angesichts eines Staates, der zunehmend die Erziehungsaufgaben an sich reißt, längst nicht mehr dieselbe Bedeutung zu wie in der Vergangenheit. Das bedeutet jedoch nicht, dass sie bedeutungslos geworden wäre – absolut nicht. Religionen haben heute zwar in manchen Ländern bzw. Kulturen hinsichtlich ihrer Funktion, die Wahrnehmung zu formen, an Relevanz eingebüßt, doch in anderen Regionen bilden sie nach wie vor die vorrangige Programmierungsinstanz. Andernorts werden die gewünschten Auffassungen in erster Linie vom Staat vorgegeben – insbesondere vom tiefen Staat, der sich im Schatten verbirgt. Er benutzt dabei Regierungsinstitutionen, das „Bildungssystem", Massen- und soziale Medien, Videospiele und „intelligente" Technik, die letztlich alle der Kontrolle durch die Spinne unterliegen. Auf die technologischen Aspekte der Wahrnehmungsprogrammierung werde ich in späteren Kapiteln eingehen.

Wenn sich der Staat die Kinder holt

In immer größerem Umfang wird die elterliche Einflussnahme und Entscheidungsfindung von staatlichen Strukturen untergraben. Das steht mit der künstlich herbeigeführten Zerrüttung des Familienverbundes in Zusammenhang, die es dem Staat ermöglichen soll, Kinder und ihre Wahrnehmungen von klein auf umfassend zu kontrollieren. Aldous Huxley, dem die Hintergründe bekannt waren, hat diese Entwicklung in seinem Werk „Schöne neue Welt" vorhergesagt. Sie wird nicht nur von der Frankfurter Schule angestrebt, sondern praktisch von jeder Gruppierung gesellschaftlicher Manipulatoren, deren Zielstellungen ich jemals recherchiert habe. Eine Methode besteht darin, Mütter zu ermutigen oder gar zu zwingen, ein Arbeitsverhältnis einzugehen, obwohl sie eigentlich für ihre Kinder da sein möchten. Was für die Kleinen das Beste wäre, spielt keine Rolle – es zählt nur, was gut für die Agenda ist. Die Organisation für wirtschaftliche Zusammenarbeit und Entwicklung (OECD) verkündete, dass die Beschäftigungsquote alleinstehender australischer Mütter zu niedrig sei und Anstrengungen unternommen werden müssten, um ältere Frauen, indigene Australier und sämtliche Mütter in Lohn und Brot zu stellen. Mütter, die zu Hause bleiben (sich um ihre Kinder kümmern), würden das „größte unerschlossene Potenzial“ für die australische Arbeitnehmerschaft bilden und der Wirtschaft „potenziell große Verluste“ bescheren. Geld soll also das einzige Kriterium im Leben sein? Einer der geistig minderbemittelten Journalisten schrieb, „es sollte per Gesetz verboten werden, dass Mütter zu Hause bleiben, statt berufstätig zu sein“. Der Verfasser des Artikels dürfte bei Weitem zu blöd sein, um die Größenordnung der Tyrannei zu begreifen, die er da befürwortet. Dieser Witz von einem Journalisten weiß nichts davon, dass der Druck auf Mütter, abseits der Familie tätig zu sein, eine von vielen Methoden darstellt, mit der die Familie zerstört werden soll.

Der Produzent Aaron Russo, der unter anderem den Spielfilm „Die Glücksritter“ inszenierte, in dem Eddie Murphy eine der Hauptrollen spielte, nahm vor seinem Tod im Jahr 2007 große Mühen auf sich, um seine Kenntnisse über die weltumspannende Verschwörung öffentlich zu machen. So schilderte er seine Begegnungen mit dem Anwalt und Geschäftsmann Nick Rockefeller, der versucht habe, Russo für den *el*-itären Council on Foreign Relations zu gewinnen. Russo zufolge erzählte ihm Rockefeller bereits ein Jahr vor 9/11 von den Anschlägen sowie dem Krieg gegen den Terror, der daraufhin losbrechen würde (mehr dazu später). Bezüglich des in diesem Abschnitt behandelten Themas ist der Umstand von Bedeutung, dass die feministische bzw. Frauenbewegung laut Nick Rockefeller von der Rockefeller-Stiftung finanziert wurde, um die Mütter immer mehr von ihren Kindern zu trennen und dem Staat eine umfassendere Einflussnahme zu ermöglichen. Unter dem Deckmantel der (steuerfreien) „Philantropie“ stellt die Stiftung die Geldmittel bereit, die benötigt werden, um die Agenda umzusetzen – im Verein mit zahlreichen ähnlichen Institutionen, wie etwa der Bill & Melinda Gates Foundation. Rockefeller soll Russo erklärt haben, dass sie den Feminismus aus zwei Gründen unterstützt und finanziert hätten: Erstens könnten sie auf diese Weise langfristig beide Geschlechter besteuern – statt, wie in der Vergangenheit, in der Regel nur eines; zweitens ginge es darum, *die Kinder schon deutlich früher ins Schulsystem einzugliedern und somit der Überwachung durch den Staat zu unterstellen*. So könne man ihnen „die richtige Denkweise einimpfen“. Die Kinder sollen nicht ihre Eltern, sondern die Schule und den Staat als ihre Familie betrachten – das ist die Zerstörung des Familienverbundes.

Wie schon erwähnt, werden Kinder mittlerweile mit solcher Häufigkeit ihren liebenden Eltern entrissen, dass man von industriellen Ausmaßen sprechen kann. Allein in Großbritannien sind den Machenschaften der Wohlfahrt bereits Zehntausende Kinder zum Opfer gefallen. Mit jedem Jahr steigt die Zahl derartiger Vorkommnisse, und auch der Anteil der fingierten oder manipulierten Fälle wächst. Bei mindestens einem Amtsgericht stellte sich heraus, dass es jeden Tag 50 solcher Fälle verhandelte (Abb. 327). Das Problem ist mitnichten auf das britische Königreich beschränkt. Dasselbe geschieht auch in den Vereinigten Staaten und anderswo auf dem Planeten. Die Folgen, die Kinder und Eltern gleichermaßen davontragen – emotionale Traumata und zerstörte Leben –, sind unabsehbar und kaum vorstellbar. Der systematische Charakter der Vorgänge zeigt sich zum einen in der stetig wachsenden Zahl der Kinder, die ihren Eltern durch staatlichen Beschluss entzogen werden; zum anderen erhalten Behörden und Sozialarbeiter Prämien, wenn sie Kinder von ihren Familien trennen und sie mittels geheimer Gerichte gegen ihren Willen in gut betuchte Pflege- bzw. Adoptivfamilien geben. So kaltherzig könnte der Staat niemals sein? Nein, *Sie* könnten niemals so kaltherzig sein – der archontische Staat ist hingegen Meister darin! Der Staat, von dem wir sprechen, wurde überführt, mehr als 100.000 Kinder von Großbritannien nach Kanada, Australien, Neuseeland und Simbabwe verbracht zu haben, wo sie vergewaltigt und gefoltert werden, als Sklaven dienen und ihre Herren mit reinem britischem Blut versorgen. Die Kinder, die der Staat den Eltern unrechtmäßig wegnimmt, landen in Arbeitslagern, wo sie einer „außerordentlichen Sittenlosigkeit" ausgesetzt sind, oder sie müssen Pädophilen zu Diensten sein. Der Kindsraub, der zwischen 1869 und 1970 systematisch vonstatten ging, fand die Unterstützung von Wohltätigkeitsorganisationen, kirchlichen Gruppierungen und königlichen Gönnern wie der Königinmutter, einer gestaltwandelnden Satanistin. Die britische Regierung wusste, was da vor sich ging, und unterstützte die menschenverachtenden Schandtaten auch noch mit Steuergeldern. Aber gewiss doch – niemals würde der Staat derart kaltherzig handeln.

Abb. 327: „Der Staat stiehlt unsere Kinder auf so viele Arten – interessiert das jemanden?" – Eltern müssen ihre Kinder vom Staat zurückholen, bevor sie sie endgültig an ihn verlieren.

Auf jeder Ebene werden die Räder der staatlichen Kindsraubmaschinerie mit finanziellen Anreizen geschmiert. Die Prämien helfen dem Staat auch dabei, sein jährliches *Soll* an Kindesentführungen zu erfüllen. Die Umstände prüfen? Nein, nein, schau einfach, wie viele Kinder wir dieses Jahr noch brauchen, um der Vorgabe zu genügen. Natürlich sind nur Psycho- und Soziopathen, die weder ein Herz noch Einfühlungsvermögen besitzen, in der Lage, so etwas zu tun. Deshalb werben die sozialen Einrichtungen stets kurzerhand solche Leute an – auf Kosten derjenigen, die über Mitgefühl und Anstand verfügen und diese Arbeit eigentlich erledigen sollten. Lehrer, Ärzte, Zahnärzte und Vertreter ähnlicher Berufe sind aufgefordert, dem Sozialamt jedes noch so kleine – vermeintliche – „Problem" zu melden, damit die Kettenreaktion zur Kindesentziehung in Gang gesetzt werden kann. Kommen die Genannten dem nach, haben sie in der Regel nicht die leiseste Ahnung, welches Unrecht und traumatische Leid sie damit auslösen. Besonders beunruhigend ist die zunehmende Neigung von Ärzten und medizinischem Personal, mit dem Jugendamt, der

Polizei und Staatsanwälten zum Nachteil von Schwangeren und Müttern zusammenzuarbeiten. In den neuen Richtlinien für Mitarbeiter des medizinischen und Erziehungsbereichs, die 2017 vom National Institute for Health and Care (NICE) – einer Einrichtung des britischen Gesundheitsministeriums – herausgegeben wurden, heißt es, dass Eltern von Kindern, die im Unterricht Tobsuchtsanfälle bekommen, möglicherweise des Missbrauchs oder der Vernachlässigung schuldig seien. Eine der Bestimmungen besagt, dass das Personal Missbrauch in Betracht ziehen soll, wenn ein Kind ein Verhalten zeigt, das vom *normalen* Verhalten eines Kindes desselben Alters und Entwicklungsstadiums abweicht. Denken Sie einmal darüber nach, welche Schleusentore durch so eine Bestimmung geöffnet werden. Die Zahl der vom Staat geraubten Kinder schnellte in die Höhe, nachdem der Kriegsverbrecher Tony Blair zugelassen hatte, dass bei der Feststellung elterlichen Missbrauchs emotionale Kriterien zur Anwendung kommen. Den Mitarbeitern der Jugendämter war damit erhebliche Macht gegeben, ihre subjektive Meinung über Eltern durchzusetzen, auf die sie es abgesehen hatten. Den Behörden zufolge steigt die Zahl der Misshandlungen mit jedem Jahr. Doch auch die Definitionen und Kriterien für Misshandlungen wandeln sich ständig; dass beide Entwicklungen miteinander zusammenhängen, ist offensichtlich.

Kinder werden ihren Familien entzogen, wenn sie eine ärztlich verordnete Behandlung verweigern (wie etwa die todbringende Chemotherapie im Falle von Krebs) oder auch nur eine zweite Meinung einholen wollen. Medizinischer Faschismus gehört mehr und mehr zum Leben. Es kommt sogar vor, dass Eltern aus purer Gehässigkeit von rachsüchtigen Nachbarn gemeldet werden. So schnell kann es mittlerweile gehen – da der Staat keine Möglichkeit ungenutzt lässt, sich weiterer Kinder zu bemächtigen. Vor geheimen Gerichten, zu denen die Presse keinen Zugang hat, versuchen Eltern verzweifelt, das Sorgerecht für ihre Kinder zu behalten. Neben einem (vom Staat bezahlten) Richter stehen sie (vom Staat bezahlten) Anwälten, (vom Staat bezahlten) Jugendamtsmitarbeitern sowie (vom Staat bezahlten) „Experten“ gegenüber, die durch (vom Staat bezahlte) Sozialpädagogen und (vom Staat bezahlte) Rechtsanwälte einbestellt wurden, um „Beweise“ zu erbringen. Das Ganze ist ein abgekartetes Spiel – und es ist nicht zufällig entstanden (Abb. 328). Einige dieser Fälle habe ich aus nächster Nähe verfolgt. Im Lichte der Gerechtigkeit und der grundlegendsten Maßstäbe der Menschlichkeit ist das, was hier geschieht, eine große Sauerei. In einigen Fällen haben Mütter ihre sexuell missbrauchten und satanistisch misshandelten Kinder aufgrund von Urteilen eindeutig befangener Richter an die satanistisch aktiven Väter ver-

Abb. 328: „Wie soll Gerechtigkeit in geheimen Gerichten walten?“ – Mittels geheimer Gerichte, über deren Prozesse nicht berichtet werden darf, werden unfassbare Ungerechtigkeiten verschleiert, von denen die Öffentlichkeit nie erfährt.

loren. Die Ringe der Satanisten und Pädophilen unterwandern ausnahmslos jeden Bereich der Gesellschaft – auch die Justiz.

Natürlich müssen Kinder, die tatsächlich in gewalttätigen Verhältnissen leben, unverzüglich befreit werden. Doch darum geht es hier nicht. Jene Fälle, in denen das Jugendamt „Fehler" gemacht hat (so nennt man das) und Kinder, die wirklich misshandelt wurden, in der Obhut ihrer Eltern beließ, dienen als Vorwand, um künftig noch mehr Kinder ihren liebenden Eltern wegnehmen zu können – mit Unterstützung der Öffentlichkeit. „Die Kinder müssen geschützt werden", hört man die Leute sagen. Völlig richtig, und dazu sollte vor allem der Schutz vor dem Staat gehören, dem Missbrauchstäter und Kidnapper Nummer eins. Auch müssen sie vor jenen Medizinern geschützt werden, die sie ihren Eltern entreißen lassen, wenn sie sich mit einer – häufig unhaltbaren – Diagnose nicht zufriedengeben und auf eine zweite Meinung bestehen. Nicht öffentliche Familiengerichte, die für geheime Absprachen und Korruption berüchtigt sind, werden mit dem Schutz der Kinder gerechtfertigt; doch in Wirklichkeit sind die Gerichte geheim, um die abscheulichen Vorgänge decken zu können. Eng mit dem staatlichen Kindesentzug verbunden sind die Bemühungen, die Kontrolle über die Kindheit der Betroffenen an sich zu reißen. Indem man Kinder, die zu eigenständigen Gedanken fähig sind, ihren Eltern entreißt, perfektioniert man die Wahrnehmungskontrolle. Eine ausgezeichnete Dokumentation, in der der weltumspannende Skandal bloßgestellt wird, finden Sie unter www.petemiddletonpictures.co.uk/traffic-2 (Abb. 329). Darüber hinaus sei die Website forced-adoption.com empfohlen.

Abb. 329: Ein Dokumentarfilm, in dem der Kindsraubskandal enthüllt wird.

Ein deutliches Beispiel dafür, wohin die Reise gehen soll, liefert uns die „Free Scotland"-Politik der schottischen Regierung. Das Konzept der „ernannten Person", das sie umzusetzen beabsichtigt, sieht vor, dass jedem Kind von der Geburt bis wenigstens zum Alter von 18 Jahren ein Repräsentant des Staates zugeordnet wird. Kinder im Vorschulalter sollen eine sogenannte Gesundheitsschwester bekommen, Schulkinder einen „geförderten Lehrer". Diese „Personen" beaufsichtigen die Erziehung der Kinder und schalten das Jugendamt ein, sobald sie in irgendeiner der vielfältigen möglichen Situationen Probleme wittern. Vor dem Hintergrund, dass sowohl die Sozialbehörden als auch das System im Allgemeinen von den Ringen der Satanisten und Pädophilen unterwandert worden sind, ist vorherzusehen, dass die Zahl der vom Staat geraubten Kinder durch die Zwangszuweisung „ernannter Personen" rapide zunehmen wird. In mindestens einem Fall wurde eine „ernannte Person" bereits freigestellt, nachdem sie Fotos verschickt hatte, die sie bei sexuellen Missbrauchshandlungen zeigte. Dem vehementen Widerstand, den Eltern und andere Bürger dieser unfassbaren staatlichen Zwangsmaßnahme entgegengesetzt haben, ist es zu verdanken, dass ihre großflächige Einführung verzögert wurde. Doch Nicola Sturgeon, die in ihr Spiegelbild verliebte und nicht sehr aufgeweckte Parteivorsitzende der regierenden Scottish National Party, macht unbeirrt weiter. Ihre Reaktion entspringt einer „Tu, was ich dir sage"-Mentalität, die für eine politische Klasse charakteristisch ist, die in der von den Archonten erschaffenen Politik überall anzutreffen ist – von ganz links bis ganz rechts. Sturgeon ist so verblendet, dass sie glaubt, es könne ein unabhängiges Schottland *innerhalb* der EU-Diktatur geben. Das ist freilich ein Widerspruch in sich selbst, der die Absurdität auf die Spitze treibt.

Nachdem also die erste Phase der lebenslang andauernden Wahrnehmungsprogrammierung durch das Verhalten der Eltern bestimmt wurde, macht sich der Staat daran, den Staffelstab möglichst früh zu übernehmen.

Schulen: Programmiergefängnisse für Kinder

Die zweite Phase der Programmierung beginnt, wenn die Kinder eingeschult und ins Schulsystem eingegliedert werden. Damit geht die Kaperung der kindlichen Wahrnehmung durch den Staat in die Vollen (Abb. 330). Ich spreche absichtlich vom „Schul-" statt vom Bildungssystem, da dieser Ausdruck der Sache deutlich gerechter wird. „Bildung" ist in diesem Kontext ohnehin nur ein Synonym für „Programmierung" – ganz im Sinne jenes Ausspruchs von Albert Einstein: „Das Einzige, was meinen Lernprozess behindert, ist meine Bildung." Damit sind wir wieder bei dem Thema angelangt, dass die Aufgabe von Bildung und Wissenschaft darin besteht, die Richtigkeit der Lehrbücher zu beweisen – und nicht etwa in deren Hinterfragung.

Eine der am tiefgreifendsten Möglichkeiten zur Programmierung bietet das Prinzip der Vertrautheit. Das mag seltsam klingen, doch das ist es nicht. Sobald man an etwas gewöhnt ist – „So ist das eben" –, wird der bewusste Verstand umschifft und der betreffende Gegenstand nicht mehr hinterfragt oder diskutiert. Er unterschreitet die Schwelle der bewussten Wahrnehmung – wird also unterschwellig – und sinkt ins Unterbewusstsein, wo er reflexhaft akzeptiert wird. Unterschwellige Werbebotschaften und Bilder, die unser Unterbewusstsein ansprechen, ohne dass wir davon überhaupt Notiz nehmen, prasseln den ganzen Tag auf uns ein. Unser Gehirn erreichen die Botschaften über die elf Millionen minus 40

Abb. 330: „Zweiter Abschnitt der Programmierung: Die ‚Bildung'" – Endlich geht die Wahrnehmungsprogrammierung in die Vollen.

Impulse, von denen in früheren Kapiteln die Rede war. Wenn etwas, was unterhalb der Bewusstseinsschwelle platziert worden ist, später ins bewusste Denken einsickert, meint man, „auf einen Gedanken gekommen" zu sein. Ich sprach bereits davon, als es um die Wirkungsweise von Symbolen ging. In der Tat basiert unterschwellige Kommunikation auf … Symbolen. Auch das Konzept der Vertrautheit bedient sich dieses Prinzips. Die Schule etwa wird von den meisten jungen Menschen als „Durchmarsch" betrachtet, den man einfach „herunterreißt"; doch sie übersehen, dass sie in dieser Zeit, in die auch ihre persönlichkeitsbildenden Lebensjahre fallen, praktisch jeden einzelnen Werktag der staatlichen Programmierung ausgesetzt sind. „Herunterreißen" bedeutet: unbewusste Akzeptanz. „Durchmarsch" = ich hinterfrage es nicht. Doch das *sollten* wir tun. Wir sollten *alles* hinterfragen. Meine gesamte Arbeit, die ich seit fast 30 Jahren leiste, dreht sich im Grunde darum, Dinge ins Bewusstsein zu rücken, die im Unterbewusstsein verborgen bzw. dem peripheren Sehen vorbehalten waren.

Atmen wir einmal tief durch … So stellt sich also das „Bildungssystem" dar, wenn man sich seine Strukturen bewusst gemacht hat. Wahrlich kein schöner Anblick (Abb. 331). Wenn Sie einer Gesellschaft ein nahezu perfektes System zur Hervorbringung von Erwachsenen aufdrücken wollten, deren Denken und Wahrnehmung mit Ihrer Agenda konform geht, würden Sie etwas in der Art der heutigen Indoktrinationsmaschinerie entwerfen, die sich als „Bildungssystem" ausgibt. Kommt ein Kind auf die Welt, unterliegt es zunächst der Wahrnehmungsprogrammierung durch die größtenteils vom Staat programmierten Eltern. Später übernimmt der Staat praktisch die vollständige Kontrolle über die Gedanken des Kindes. Eine der Folgen der frühzeitigen Programmierung daheim und in der Schule ist, dass das Kind aus dem JETZT gerissen und in einer Wahrnehmung gefangen wird, die nur Vergangenheit und Zukunft kennt – ein Prozess, der eine der Hauptsäulen des Programms darstellt. Der amerikanische Psychologieprofessor Philip Zimbardo ist der Meinung, dass sich der Fokus der ursprünglich „gegenwartsorientierten Kinder" durch den Einfluss von Eltern und Schule in die Zukunft (mitunter auch in die Vergangenheit) verlagert. Kinder sitzen schon *drei bis vier Jahre*, nachdem sie in unserer Wirklichkeit angekommen sind, an einem Tischchen und bekommen von einer Autoritätsperson, die das staatliche Wahrnehmungsprogramm vertritt, gesagt, wann sie vor Ort zu erscheinen haben, wann sie wieder nach Hause gehen und wann sie reden, essen oder die Toilette benutzen dürfen. Eine simple Frage verdeutlicht den damit verbundenen Irrsinn und Missbrauch: Was haben Kinder an einem wun-

Abb. 331: „Schulen: Programmiergefängnisse für Ihre Kinder" – Die eigentliche Motivation hinter dem „Bildungs"-System.

Abb. 332: „Schnell! Beeilt euch! Wir verpassen den Gefängnisbus!" – Auf ihrem Weg ins Programmierungslabor.

Abb. 333: „Zur Schule zu gehen bedeutet, sich ins Gefängnis zu begeben, um sich programmieren zu lassen." – Dasselbe Spiel überall auf der Welt.

Abb. 334: „Kontrolliere die Wahrnehmung, und du kontrollierst die Wirklichkeit." – Grundlage und Zielstellung der Programmierung, die sich von der Wiege bis zur Bahre erstreckt.

dervollen, sonnigen Tag in einem Klassenzimmer zu suchen, gelangweilt, steif und bewegungsunfähig hinter einem Tisch sitzend, während draußen die Vögel zwitschern? Die Vögel sind frei, doch die Kinder werden unterjocht (Abb. 332).

Während ihrer verbleibenden Kindheit bekommen sie, bis ins Teenageralter, fünfmal pro Woche die staatliche Version zu allem und jedem zu hören (zuzüglich Hausaufgaben). In Klausuren wird dann überprüft, wie tiefgehend sie die Programmierung verinnerlicht haben. Je gründlicher die jungen Menschen das vermittelte „Wissen" absorbieren, akzeptieren und wieder zu Papier bringen, desto mehr gelten sie als „erfolgreich", „gescheit" und „intelligent". Diejenigen, die das Programm uneingeschränkt schlucken, werden als die „besten Schüler" betrachtet und können einen akademischen „Grad" erlangen, der den Grad ihrer Programmierung dokumentiert. Wer aber den Lehrstoff hinterfragt, ihn nicht akzeptiert oder einfach sterbenslangweilig findet (wie es bei mir der Fall war), gilt als Versager und intellektuell minderwertig (Abb. 333). Ein superfetter „alternativer" Radiomoderator sagte einmal, den Icke bräuchte man nicht ernstzunehmen, da er keinen Hochschulabschluss hat. Einmal mehr traf Einstein den Nagel auf den Kopf: „Jeder ist ein Genie. Doch wenn man einen Fisch danach beurteilt, ob er auf einen Baum klettern kann, wird er sein ganzes Leben glauben, dass er ein Dummkopf ist.“ Dieser eine Satz erklärt in kondensierter Form, warum die „Bildung“ für die Massen in der heute üblichen Art überhaupt eingeführt wurde. Das sogenannte Bildungssystem soll sicherstellen, dass sich die Lernenden auf das alleinige Ziel fokussieren, den Baum zu erklimmen (alles zu glauben, was dem System gefällt); gleichzeitig werden sämtliche Potenziale und Begabungen, die das System nicht benötigt oder unerwünscht sind (etwa die Fähigkeit zu eigenständigem Denken), rigoros unterdrückt. *Kontrolliere die Wahrnehmung, und du kontrollierst die Realität* (Abb. 334).

Charlotte Iserbyt war lange Zeit für das amerikanische Bildungsministerium tätig und fungierte während der Amtszeit Ronald Reagans als politische Beraterin. Was sie in jener Zeit erlebte, ließ sie zu einer leidenschaftlichen Aktivistin werden, die sich der Bloßstellung der kalkulierten Programmierung verschrieben hat, der die Kinder im „Bildungs“-System unterzogen werden. Iserbyt hatte Zugang zu Dokumenten, die en détail einen Prozess beschreiben, den sie als „Umstrukturierung“ des Bildungssystems bezeichnet – die nicht nur in den USA vonstattengeht, sondern letztlich auf der ganzen Welt. Hinter der Computerisierung der Schulen steckt demnach die Absicht, die Wahrnehmungsprogrammierung leichter und effektiver zu machen. Iserbyts Buch „The Deliberate Dumbing Down of America“ muss man gelesen haben. Einmal machte ein Schulungshandbuch die Runde, das den Mitarbeitern vermittelte, wie das amerikanische „Bildungs“-System in etwas transformiert werden kann, das sehr an kommunistische Gehirnwäsche erinnert. Die von Professor Ronald Havelock verfasste Schrift trug den Titel „Innovations in Education: A Change Agent’s Guide“. Iserbyt zufolge werden Eltern, die ihren eigenen Kopf haben – die sogenannten „Widerständler“ –, systematisch ins Visier genommen:

> Ich wurde ausgebildet, die Widerständler zu identifizieren. [Das waren] jene guten, klugen Amerikaner, die erkannten, dass die Dinge, die als „Bildung“ ausgegeben wurden, nicht das waren, wonach sie suchten. Diese guten Menschen sollte ich ausfindig machen und gegen sie vorgehen. Ich sollte versuchen, sie über gruppendynamische Prozesse dazu zu bewegen, sich uns anzuschließen. Dafür sorgen, dass sie sich wichtig fühlten, sie in ein Gremium berufen … und das hat mich umgehauen.

Wie oft höre ich den folgenden Satz, geboren entweder aus politischer Unwissenheit – oder aber aus purer Verlogenheit: „Die Bildung soll die Kinder auf den Arbeitsplatz vorbereiten.“ Manchmal ist es der archontische Manipulator, der da spricht; meist jedoch kommt die Äußerung von archontisch programmierten Menschen. Sie sind außerstande zu erkennen, wie geisteskrank und überzogen die Idee ist, das mit unbegrenztem Potenzial ausgestattete Unendliche Gewahrsein müsse programmiert und so geformt werden, dass es den Erfordernissen von Regierungen und Großkonzernen entspricht – ökonomischen Strukturen also, die von der *El*-ite zu ihrem eigenen Vorteil geschaffen wurden und von ihr nach wie vor kontrolliert werden.

Zu Beginn des 20. Jahrhunderts gründete John D. Rockefeller, ein US-amerikanischer Öl-, Banken- und Pharmamogul (und inkarnierter archontischer Reptiloid), in den USA das sogenannte General Education Board, eine Stiftung zur Förderung der „Bildung“. Seine Beweggründe erklären sich aus eben jenen Zusammenhängen, die ich hier erläutere.

Abb. 335: So werden die Kinder darauf eingestimmt, dem System zu dienen – und niemals andersherum.

Rockefeller sagte: „Ich will keine Nation von Denkern – ich will eine Nation von Arbeitern." Ich will eine Nation aus gedankenlosen Zahnrädchen, die in meiner Maschine ihre Funktion erfüllen, sodass ich aus Kindern mit Elan und Potenzial Automaten machen kann, die all meine Befehle widerspruchslos ausführen. Für alle anderen Nationen soll dasselbe gelten (Abb. 335). Rockefellers Mitgründer und Geschäftsberater Frederick T. Gates sprach es freimütig aus:

> In unseren Träumen verfügen wir über unbegrenzte Ressourcen, und die Menschen lassen sich widerstandslos von uns formen. Die heutigen Erziehungskonventionen verschwinden aus unserem Gedächtnis, und die dankbare, empfängliche, bauernhafte Bevölkerung prägen wir nach unserem Wohlgefallen, ohne dass Traditionen uns behindern würden.
>
> Wir werden nicht versuchen, aus diesen Menschen oder deren Kindern Philosophen, Gelehrte oder Wissenschaftler zu machen. Wir müssen keine Schriftsteller, Redner, Dichter oder Literaten hervorbringen. Wir sollten nicht nach potenziellen großen Künstlern, Malern und Musikern Ausschau halten; ja, wir werden nicht einmal das bescheidenere Anliegen verfolgen, aus ihren Reihen Anwälte, Ärzte, Pfarrer oder Staatsmänner heranzubilden, von denen wir bereits genügend haben.

Genau so läuft es – wenngleich immer wieder einige wenige durch die Maschen des Netzes schlüpfen.

Links, rechts, links, links, links

Um einen der fundamentalen Gründe zu verstehen, warum sich die *El*-ite explizit dagegen wendet, Schriftsteller, Redner, Dichter, Künstler, Maler oder Musiker „heranzubilden", kehren wir noch einmal zur Thematik der beiden Hirnhemisphären zurück. Das Programm hat kein Interesse daran, dass Einzelne aus der ins Visier genommenen Masse herausragen, die gescheit und engagiert zu schreiben und zu reden vermögen und das System auf irgendeiner Ebene bloßstellen könnten. Ebenso unerwünscht sind Dichter, Künstler, Maler, Musiker und andere kreative Menschen, die ständig unter dem Einfluss der schöpferischen rechten Gehirnhälfte stehen (Abb. 336). Die Menge an „Zeit" und Geld, die an den Schulen für Musik, Kunst und Schauspiel aufgewendet wird, beträgt nur einen Bruchteil der für die Themen der linken Hirnhemisphäre (also für alle anderen Inhalte) verwendeten Mittel. Vor einigen Jahren sah ich eine Anzeige für einen Automobilhersteller, die den Gegensatz zwischen linker und rechter Gehirnhälfte thematisierte. Die Formulierungen, mit denen darin die unterschiedlichen Wahrnehmungsweisen (Decodierungsprozesse) der beiden Hemisphären beschrieben wurden, erhellen, warum das „Bildungswesen" gerade so strukturiert worden ist, wie wir es heute vorfinden:

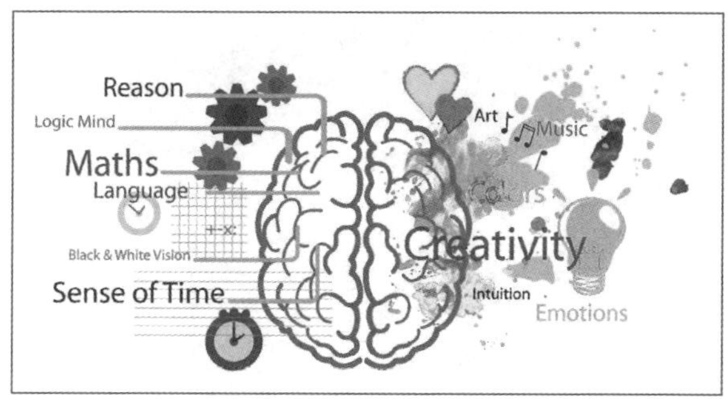

Abb. 336: Die linke und die rechte Hirnhemisphäre verarbeiten die Realität in sehr unterschiedlicher Weise. Das System versucht, die Wahrnehmungen in der linken Gehirnhälfte wegzuschließen.

> Ich bin die linke Gehirnhälfte. Ich bin ein Wissenschaftler. Ein Mathematiker. Ich liebe das Vertraute. Ich kategorisiere. Ich bin genau. Linear. Analytisch. Strategisch. Ich bin praktisch. Ich habe immer alles unter Kontrolle. Meisterhaft benutze ich Worte und Sprache. Ich bin realistisch. Berechne Gleichungen und spiele mit Zahlen. Ich bin Ordnung. Ich bin Logik. Ich weiß genau, wer ich bin.
>
> Ich bin die rechte Gehirnhälfte. Ich bin Kreativität. Ein Freigeist. Ich bin Leidenschaft. Sehnsucht. Sinnlichkeit. Ich bin der Klang schallenden Gelächters. Ich bin Geschmack. Das Gefühl von Sand unter nackten Füßen. Ich bin Bewegung. Lebendige Farben. Ich bin das Verlangen, etwas auf eine leere Leinwand zu malen. Ich bin unbegrenzte Vorstellungskraft. Kunst. Poesie. Ich empfinde. Ich fühle. Ich bin all das, was ich jemals sein wollte.

Das decodierte Gehirn ist holografischer Natur. Zwar sind bei jeder Handlung all seine Teilbereiche aktiv, doch mit unterschiedlichem Gewicht und verteilten Aufgaben. Die Wahrnehmungen der linken Gehirnhälfte sind dank der Programmierung durch das „Bildungs"-System mit den Auffassungen identisch, die in der konventionellen Wissenschaft, Politik, Wirtschaft, Medizin, Geschäfts- und Medienwelt vorherrschen – also kurz: mit dem Mainstream-Einheitsbrei. Dieselben Vorstellungen findet man auch in weiten Teilen der „alternativen", allzuoft ebenfalls auf die fünf Sinne beschränkten Medien.

All diese Wahrnehmungen sind Produkte des Programms, das überwiegend in der linken Hälfte des Gehirns verankert ist. Die linke Hirnhemisphäre betrachtet die Welt als lineares Konstrukt und unterliegt der Illusion der „Zeit". Doch eine freie Welt braucht Freigeister (Abb. 337). Einige der Merkmale, mit denen die linke Gehirnhälfte in der Autowerbung charakterisiert wurde, entspringen schlicht der Selbsttäuschung: „genau" (nur im Sinne des Systems), „Kontrolle" (glaubt, sie zu besitzen), „realistisch" (nur aus der Per-

Abb. 337: Die von der linken Gehirnhälfte dominierte Wahrnehmung ist eine weitere stehende Welle, die sich nirgendwohin bewegt, und ein Kerker für den Geist. Genau deshalb zielt das „Bildungs"-System auf die linke Hemisphäre ab.

spektive des Programms), „logisch" (dito) und „weiß genau, wer ich bin" (Wunschdenken). Die Wahrnehmungscharakteristika der linken Hemisphäre spiegeln sich in den astrologischen und perzeptiven Einflüssen, die vom Saturn ausgehen. Die rechte Hirnhälfte verkörpert alles, was die archontischen Reptiloiden und ihre hybride *El*-ite verabscheuen: das Potenzial, den kreativen, freien Geist auszudrücken, eine unerschöpfliche Vorstellungskraft und die Fähigkeit, jenseits der Programmierung zu empfinden und zu fühlen. Wir können das Programm – die Matrix – durch Fühlen, Erspüren und intuitives Wissen überwinden, nicht durch Denken.

Einmal sah ich eine ausgezeichnete Videopräsentation, in der der Psychiater und Autor Iain McGilchrist die Funktionsweise des zweigeteilten menschlichen Gehirns erläuterte. Die Zweiteilung ist das eigentliche Problem, denn beide Hemisphären sollen als Einheit fungieren und so ein kohärentes, vielschichtiges Ganzes hervorbringen. Wie McGilchrist erläuterte, besitzt die linke Gehirnhälfte einen engen Fokus (Aufmerksamkeitsbrennpunkt), der sich auf Details richtet. Die rechte Hemisphäre hingegen verfügt über einen Panoramablick und nimmt das große Ganze wahr. Das „Aufmerksamkeitsfenster" eines Menschen, der keinen Gebrauch von seiner rechten Gehirnhälfte macht bzw. machen kann, verengt sich. Das entscheidende Wort lautet hier *Kontext*. Die linke Hirnhälfte kann ein Detail wahrnehmen; doch es ist die rechte Hirnhälfte, die das Detail in den richtigen Kontext stellt. Nur sie vermag die einzelnen Punkte zu verbinden und den Wald zu erkennen. Kontext ist alles – fehlt er, wird man das Gesamtbild selbst dann nicht entschlüsseln, wenn man sämtliche Einzelheiten kennt (Abb. 338). Ohne Kontext ist die Realität nur eine verwirrende Ansammlung scheinbar unzusammenhängender Ereignisse. McGilchrist erklärte, dass die linke Hemisphäre für die Kenntnis der einzelnen Bestandteile steht, während die rechte Hemisphäre über die Weisheit verfügt, die das Ganze umfasst. Damit hat er perfekt auf den Punkt gebracht, in welcher Weise sich die beiden Teile unterscheiden.

McGilchrist führte weiterhin aus, dass die linke Gehirnhälfte danach trachtet, *immer mehr über das bereits Bekannte in Erfahrung zu bringen*. Bei der staatlichen Variante der „Bildung" geht es darum, immer mehr Wissen über Dinge anzuhäufen, die bereits bekannt sind (oder die man zu kennen vorgibt). Diese „Bildung" hat zum Ziel, Menschen in der linken Gehirnhälfte einzusperren, indem man ihre Wahrnehmung mit oftmals bedeutungslosen Details beschäftigt – auf Kosten des absolut unerlässlichen Kontexts, den nur die rechte Hemisphäre herstellen kann. Die „Bildung" stellt einen der zentralen Wachposten dar, die die linke Gehirnhälfte vom Einfluss ihres rechten Gegenstücks abschirmen sollen (Abb. 339). Schon in der Vorschule werden die Kinder intellektlastigen Themen ausgesetzt, um die linke Hirnhälfte möglichst früh anzuregen, während die rechte Hemisphäre vernachlässigt wird. Die Vorstellungskraft und der mit der rechten Hirnhälfte assoziierte Muntermacher, den wir mit dem Wort „Spielen" umschreiben, sollen zerstört werden. Die Zeit, die den Kindern bleibt, um einfach nur zu spielen, wird durch die „Bildung", der sie sich unterziehen müssen und die auch Hausaufgaben mit einschließt, stark vermindert. Die linke Seite des Gehirns, die einzelne Bildpunkte, aber keine Bilder erkennt, wird gefördert; die Äste und Bäume erscheinen in allen Einzelheiten, doch der Wald wird nicht erkannt. Wir verwechseln inneres Wissen (das Gewahrsein des Herzens) mit Wissen (heruntergeladenen „Fakten") und halten das Letztgenannte (das im Kopf verankert ist) für Weisheit (die es nur im Herzen gibt). Oder anders ausgedrückt: Wir betrachten das Gedächtnis als Wissen und Wissen als Weisheit. Man macht uns glauben, das Gegenteil von Unwissenheit sei Wissen – die Absorption dessen, was der Staat uns lehrt. Doch das sind keine Gegensätze. Auch etwas, was als Wissen wahrgenommen wird, kann Unwissenheit darstellen (und das tut es in der Regel auch). Der Mystiker Osho hat das wunderbar erklärt:

> Unwissenheit lässt sich nicht durch Wissen beseitigen. Wissen ist ein trügerisches Phänomen. Mit Weisheit hat es nichts zu tun – ja, es ist gerade das Gegenteil von Weisheit. Wissen ist geborgt; Weisheit hingegen ist die Blüte deines innersten Seins. [...] Keine Universität und keine Schrift kann dir Weisheit vermitteln; die größte Gelehrsamkeit vermag keine weisen Handlungen hervorzubringen. Es sind frucht-

Abb. 338: Einzelteile können niemals das Gesamtbild zeigen – es sei denn, sie werden durch den richtigen Kontext miteinander verbunden.

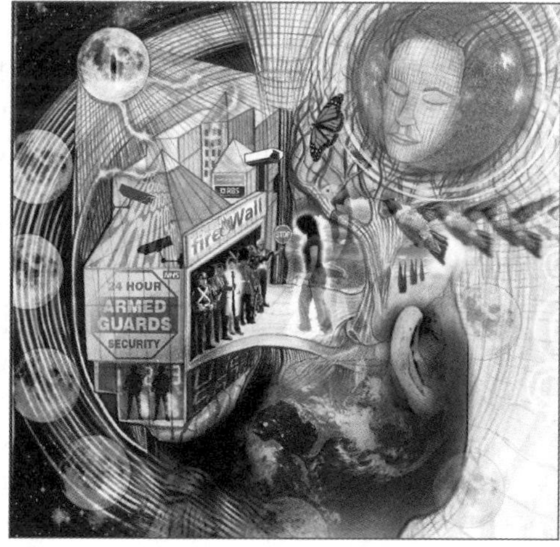

Abb. 339: Das System schirmt die linke Hirnhälfte vom Einfluss der rechten Hirnhälfte ab.

lose Unterfangen, doch haben sich Millionen Menschen im Laufe der Jahrtausende davon täuschen lassen. Es stimmt, dass man auf diese Weise viele Kenntnisse erlangen kann. Doch es ist eine Sache, gut unterrichtet zu sein, und etwas völlig anderes, zu wissen.

Durch Hausaufgaben werden die Imaginationskraft und Spielfreude des Kindes weiter erodiert, während man den kindlichen Geist gleichzeitig mit weitgehend irrelevantem „Wissen“ füllt. In Spanien, wo die 15-Jährigen etwa sechseinhalb Stunden Hausaufgaben pro Woche haben, beschwerten sich die Eltern darüber, dass die Freizeit ihrer Kinder (fürs Tagträumen, Nachdenken und Spielen) verschwunden ist. Dabei ist es wichtig zu wissen, dass diese Situation von den im Schatten verborgenen Mächten mit eiskalter Berechnung herbeigeführt worden ist. Die Orchard School, eine in Vermont gelegene Grundschule, hat die Hausaufgaben mit großem Erfolg abgeschafft. Die negativen Auswirkungen, die Hausarbeiten auf das Leben und Wohlbefinden der Kinder haben, sind dadurch deutlich zutage getreten. Nach sechs Monaten erklärte der Schuldirektor, dass die Leistungen der Schüler nicht nachgelassen hätten, sie nun aber über mehr Zeit verfügen würden, „zu Hause kreative Denker zu sein und ihren Leidenschaften zu folgen“ (der schlimmste Albtraum der Programmierer). Viele Eltern gaben an, dass ihre Kinder jetzt mehr Bücher ihrer Wahl lesen würden. Andere Projekte, bei denen die Hausaufgaben abgeschafft wurden, zeitigten ähnliche Ergebnisse. Der ehemalige Lehrer John Taylor Gatto sagte, dass das Schulsystem darauf aus ist, kreative, einfallsreiche und aufgeweckte Schüler zu brechen und aus ihnen gehorsame, unterwürfige und abhängige Persönlichkeiten zu formen. Zu diesem Zweck würde man den Stundenplan der Kinder kontrollieren und obendrein ihre eigentlich freie Zeit mit Hausaufgaben vollstopfen. Genau dasselbe sage ich seit Jahrzehnten. Gatto wurde mit folgenden Worten zitiert:

> Die Stundenaufteilung eines jungen Lebens liest sich heute etwa so: Jüngsten Erhebungen zufolge schauen meine Kinder 55 Stunden pro Woche fern, 56 Stunden schlafen sie. Damit bleiben ihnen 57 Stunden, in denen sie zu starken, kompetenten und vollständigen Persönlichkeiten heranwachsen können. Doch meine Kinder gehen 30 oder mehr Stunden lang zur Schule und benötigen acht Stunden für die Schulvorbereitungen sowie die Hin- und Heimfahrten; weitere sieben Stunden gehen jede Woche für die sogenannten „Hausaufgaben“ drauf – ein Beispiel für orwellsches Neusprech übrigens, denn in Wirklichkeit handelt es sich um noch mehr „Schulaufgaben“.
>
> Nach Abzug der 45 Stunden, die durch die Schule belegt werden, bleiben also jede Woche zwölf Stunden für die Formung eines eigenständigen Erwachsenen – eines Menschen mit Selbstwertgefühl, Selbstvertrauen und Ausgeglichenheit. Zwölf Stunden. Meine Kinder müssen aber auch essen, was weitere Zeit kostet. Nicht viel zwar, da sie die Tradition des Abendessens im Kreis der Familie verloren haben – das Essverhalten, das sie in der Schule lernen, kann man bestenfalls als „Fütterung“ bezeichnen –, doch wenn wir nur drei Stunden pro Woche für die abendlichen Mahlzeiten veranschlagen, ergibt das summa summarum nicht mehr als neun Stunden, die jedem Kind netto an privater Zeit verbleiben. […]

> Dieser verrückte Stundenplan stellt eine effiziente Methode dar, abhängige Menschen hervorzubringen – hilfsbedürftige Menschen, die nicht in der Lage sind, ihre Stunden selbstständig auszufüllen oder Beschäftigungen mit Bedeutung zu beginnen, die ihrem Dasein Inhalt und Vergnügen verleihen würden. Diese Abhängigkeit und Ziellosigkeit ist eine nationale Krankheit. Und sie hat viel mit dem Schulsystem, dem Fernsehen und der allgemeinen Geschäftigkeit zu tun …

All das dient dazu, das Potenzial der Kinder zu unterdrücken und sie in Computerpsychen zu verwandeln, die von einem Staat programmiert werden, der der Kontrolle durch die *El*-ite unterliegt. Die „Zeit“, die den Kindern nach Schule und Hausaufgaben noch verbleibt, verbringen sie zunehmend mit technischen Geräten wie Smartphones und Videospielen, durch die ihre Gedanken zusätzlich manipuliert werden – und das ebenfalls mit voller Absicht. Wir sehen nun, warum das archontische System die rechte Hirnhemisphäre zu unterdrücken sucht und weshalb das „Bildungssystem“ dabei eine Schlüsselrolle spielt. Auch der Grund für die Anbetung des in der linken Hemisphäre beheimateten Intellekts wird jetzt ersichtlich. Eine Person, die als besonders klug gilt, bezeichnet man als „Intellektuellen“ oder „Geistesgröße“. Einen herausragenden Intellekt mag die betreffende Person tatsächlich besitzen, doch muss sie deshalb nicht zwangsläufig mit dem Gewahrsein in Verbindung stehen, das außerhalb des Programms existiert. Zwischen dem Intellekt und der inwendigen Intelligenz (dem intuitiven, erweiterten Gewahrsein) klafft ein tiefer Abgrund. Die beiden Aspekte sind alles andere als miteinander identisch. Die Archonten durchforsten und missbrauchen die intellektuelle „Kreativität“ der Menschheit (etwa zur Entwicklung von Technologie), während sie das erweiterte Gewahrsein, dessen Potenzial grenzenlos ist und das in der Lage wäre, ihr Treiben zu durchschauen, kleinhalten. Damit beantwortet sich die Frage, die der Schamane Don Juan Matus einst stellte:

> Denk einen Augenblick nach und sag mir, wie du den Widerspruch zwischen der Intelligenz des Menschen als Techniker und der Dummheit des Systems seiner Überzeugungen erklärst, oder der Dummheit seines widersprüchlichen Verhaltens.

Der Intellekt *ist* das Programm und bringt den Wissenschaftler, Arzt, Politiker, Bankier, Generaldirektor, Akademiker und Journalisten hervor. Von ihrer intellektuellen Überlegenheit sind sie absolut überzeugt. Dabei haben sie noch nicht einmal angefangen, die Welt, die sie bereits *intellektuell* zu erfassen meinen, tatsächlich zu begreifen. Sie hören, und hören doch nicht. Sie schauen, ohne wirklich zu sehen. Der Intellekt, der mit der linken Hirnhemisphäre assoziiert ist, sperrt die Wahrnehmung in eine Gefängniszelle. Den Intellekt zu bewundern und zu vergöttern bedeutet, die eigene Versklavung zu bewundern und zu vergöttern. Damit will ich nicht sagen, dass der Intellekt ausgemerzt werden müsse; doch das Gleichgewicht ist zu bewahren. Als Nahtstelle zur erlebten Fünf-Sinnes-Realität sollte die intellektuelle Gehirnhälfte dem erweiterten Gewahrsein dienen. Stattdessen wurde der Intellekt in die Rolle des Herren manipuliert – der Computer hat den Platz seines Besitzers eingenommen, der ihn ursprünglich mittels Tastatur und Maus steuerte. Das folgende Zitat wird Albert Einstein zugeschrieben; die Quellenlage ist etwas unklar, doch bringt es dessen ungeachtet eine Tatsache zum Ausdruck: „Das intuitive Gemüt ist ein heiliges Geschenk, und der rationale Verstand ein treuer Diener. Wir haben eine Gesellschaft geschaffen, die den Diener ehrt, das Geschenk jedoch vergessen hat.“ Der in Kanada geborene Psychiater Eric Berne brachte die Problematik brillant auf den Punkt: „In dem Moment, in dem sich ein kleiner Junge darüber den Kopf zu zerbrechen beginnt, ob es sich bei den Vögeln in seiner Umgebung um Spatzen oder Eichelhäher handelt, kann er sie nicht mehr wahrnehmen und hört ihren Gesang nicht mehr.“

Die archontischen Manipulatoren fürchten das Potenzial der rechten Gehirnhälfte; doch es gibt etwas, was ihnen noch mehr Angst einjagt: das vollständige, im Gleichgewicht befindliche Gehirn. Menschen, bei denen die linke Hemisphäre den Ton angibt, sind gänzlich von Strukturen, Hierarchien und dem Intellekt vereinnahmt und leben in einem Gefühl des Getrenntseins und der Begrenztheit. Rechtshirnig dominierte Menschen können höchst kreativ sein und über eine äußerst lebendige Imaginationskraft verfügen, sind jedoch mitunter so „verquer“ , dass es ihnen an „Erdung“ mangelt und sie nur schwer in der Gesellschaft funktionieren und wirken können. Wenn die beiden Extreme zusammenkommen, sich gegenseitig unterstützen und ein interagierendes Ganzes bilden, stellt der betreffende Mensch für das System eine echte Gefahr dar – weil er gleichermaßen „verquer“ *und* „geerdet“ ist. Er lebt zwar *in* der „Welt“, stammt aber insofern nicht *von* ihr, als sein vorrangiger Fokus nicht auf die Welt fixiert ist. Obwohl er weiß, dass er in einer Illusion lebt, kann er dennoch in ihr wirken. Das ist im Kern der Grund für den ununterbrochenen Angriff auf die rechte Hemisphäre: Es soll verhindert werden, dass beide Gehirnhälften zusammenkommen und als Einheit agieren.

Eine Konsequenz daraus ist, dass oftmals gerade die herausragendsten Persönlichkeiten, die das größte Potenzial mitbringen, vom „Bildungs“-System als Versager dargestellt werden. Mein Sohn Gareth ist ein exzellenter Liedermacher, der mit zahlreichen Talenten gesegnet ist und in vielen Bereichen glänzt; doch bei einigen Prüfungen schnitt er mit sehr schlechten Noten ab. In manchen Fächern versuchte er gar nicht erst, wenigstens Mittelmaß zu sein. Die Schule langweilte ihn noch mehr, als es bei mir der Fall war. Genau wie ich lernte er stets zu selbst gewählten Zeiten und zu seinen eigenen Bedingungen. Jeder, der sich für eine Niete hält, weil er „so schlecht in der Schule war“, möge bitte einmal darüber nachdenken. Auch ich hatte schlechte Noten. Lassen Sie nicht zu, dass dieser Mist Sie definiert. Genau das will man ja erreichen. Diane Ravitch, eine amerikanische Bildungshistorikerin, Politikanalytikerin und Autorin, sagte einmal: „Der Grund, warum die hervorragendsten und intelligentesten Köpfe in genormten Prüfungen manchmal nicht brillieren, ist der, dass ihr Verstand nicht genormt ist.“ Bei der Mainstream-„Bildung“ geht es ausschließlich darum, den Verstand der Menschen zu normieren oder – falls das nicht gelingt – dafür zu sorgen, dass sie es in der Gesellschaft zu nichts bringen. In einer groß angelegten Studie wies die Professorin Kyung Hee Kim, die am College of William and Mary im US-Bundesstaat Virginia Erziehungswissenschaften lehrt, den kumulativen Effekt der Schulbildung auf die Wahrnehmung junger Menschen nach. An der Studie war eine sehr große Zahl von Kindern beteiligt, die das Altersspektrum vom Kindergarten bis zur zwölften Klasse abdeckten. Dr. Kim beobachtete bei den älteren Schülern einen enormen Rückgang der Kreativität [rechte Gehirnhälfte] und konstatierte, dass

> die Kinder emotional weniger ausdrucksfähig [sind] [rechte Gehirnhälfte], weniger lebhaft, weniger mitteilsam und verbal vermindert ausdrucksstark, weniger

humorvoll [rechte Gehirnhälfte], weniger fantasievoll [rechte Gehirnhälfte], weniger eigenwillig [rechte Gehirnhälfte], weniger aufgeweckt und leidenschaftlich [rechte Gehirnhälfte], weniger aufnahmefähig [rechte Gehirnhälfte], weniger dazu in der Lage, scheinbar unbedeutende Dinge miteinander in Verbindung zu bringen [rechte Gehirnhälfte], weniger aufbauend [rechte Gehirnhälfte], und es wird immer unwahrscheinlicher, dass sie eine Sache auch einmal aus einer anderen Perspektive betrachten [rechte Gehirnhälfte].

Dass Verhalten und Wahrnehmung mit zunehmendem Alter eine derartige Wandlung erfahren, wird einerseits durch das Prinzip von „Zuckerbrot und Peitsche" erreicht, bei dem Belohnung und Bestrafung zum Einsatz kommen, sowie andererseits durch ständige Wiederholungen: Woche um Woche, Monat um Monat, Jahr um Jahr wird die rechte Gehirnhälfte mit den immer gleichen „Informationen" bombardiert, bis sie sich schließlich unterordnet. Ich selbst hatte insofern Glück, als die Schule praktisch an mir vorüberzog, ohne mir allzu sehr zuzusetzen. Die meiste Zeit verbrachte ich mit Tagträumen.

Regeln sind Regeln (und Wahn)

Zuckerbrot, Peitsche und die endlosen Wiederholungen vermitteln den jungen Menschen den Eindruck, dass das System den Durchblick hat, sich nie irrt und es weitaus leichter ist, die Regeln einfach zu befolgen, als sie zu hinterfragen. So bereitet man sie psychologisch auf ein Leben vor, das sie im Glauben an das System zubringen und in dem sie sich an die vom System vorgegebenen Normen halten (Abb. 340). „Man muss die Spielregeln einhalten – wo kämen wir denn sonst hin?" In eine gänzlich andere Realität, schätze ich. Die Lehrer mögen im Klassenraum zwar den Staat repräsentieren, doch auch sie sind Gefangene, die ihre Vorschriften befolgen müssen, wenn sie nicht ihre Karriere ruinieren wollen. Dieser Umstand steht symbolisch für die gesamte archontisch-reptiloid-menschliche Hierarchie, in der jede Ebene die Vorschriften der nächsthöheren Ebene befolgt und deren Forderungen erfüllt. Man denke nur an die Freude, die Kinder und Jugendliche empfinden, wenn die Ferien herangerückt sind: „Eine ganze Woche lang keine Schule – Juhuuu!" (Abb. 341). So jubiliert nur ein Häftling, der, nachdem er seine Strafe verbüßt hat, in die Freiheit zurückkehrt.

Abb. 340: Zwingt man junge Menschen in der Schule jeden Tag dazu, die Regeln zu befolgen, werden die meisten von ihnen das damit verbundene Wahrnehmungs- und Reaktionsmuster für den Rest ihres Lebens verinnerlichen.

Abb. 341: *Die Schule ist zu Ende! Eine Woche lang kein Gefängnis!*

Schule ist nichts anderes als ein der Programmierung dienender Knast sowie institutionalisierte Sklaverei. Oder etwa nicht? Können die Kinder erscheinen und heimgehen, wann sie wollen, oder gar, wenn sie es bevorzugen, der Schule gänzlich fernbleiben? In den meisten Ländern ist all das unmöglich, und die übrigen sollen es dem gleichtun. Jeden Tag aufs Neue werden Kinder und Jugendliche gezwungen, eine linkshirnlastige Unterrichtsstunde nach der anderen über sich ergehen zu lassen, ohne reden zu dürfen, wenn sie reden wollen, oder essen zu dürfen, wenn sie hungrig sind. In der Regel wird ihnen nicht einmal erlaubt, die Inhalte infrage zu stellen, die sie verinnerlichen und in den Klausuren wieder ausspucken sollen. Woche für Woche, Monat für Monat, Jahr um Jahr heißt es: Programmierung – Abfrage, Programmierung – Abfrage usw. Was ist mit der individuellen Entwicklung und der Entfaltung der Persönlichkeit? Wo ist die Kindheit geblieben? Hier werden weltweit und im großen Stil Kinder misshandelt. Doch nur wenige sind in der Lage, das überhaupt wahrzunehmen, da die ganze himmelschreiende Farce längst zur Gewohnheit und damit psychologisch unsichtbar geworden ist. Ich habe meine Schulzeit überbrückt, indem ich tagträumte. So entging ich der betäubenden Langeweile und den ständigen Beschränkungen. „Icke – hör auf, vor dich hin zu träumen!" Du kannst mich mal.

Noch übler ist der den Schülern auferlegte Druck, in den Prüfungen – die nur zeigen sollen, wie gekonnt man das Programm aufsaugt – gut abschneiden zu müssen. Das Bildungssystem ist ein gigantischer Bluff, der dazu dient, Programmierung als Bildung zu verkaufen. Wie viel von dem, was Sie in der Schule gelernt und in den Prüfungen wieder ausgewürgt haben, *wissen* Sie heute noch bzw. haben Sie überhaupt je *benötigt*? Für die meisten Menschen dürfte die Antwort lauten: So gut wie nichts. Und das, nachdem man die komplette Kindheit und Jugend mit Lernen vergeudet hat! Nehmen wir zum Beispiel *Algebra*. Wozu, zum Henker, soll das gut sein? Wie groß „x" ist, willst du wissen? Interessiert mich nicht die Bohne. Von mir aus mach damit, was immer dich antörnt, Kumpel (Abb. 342). Wieso füllen wir

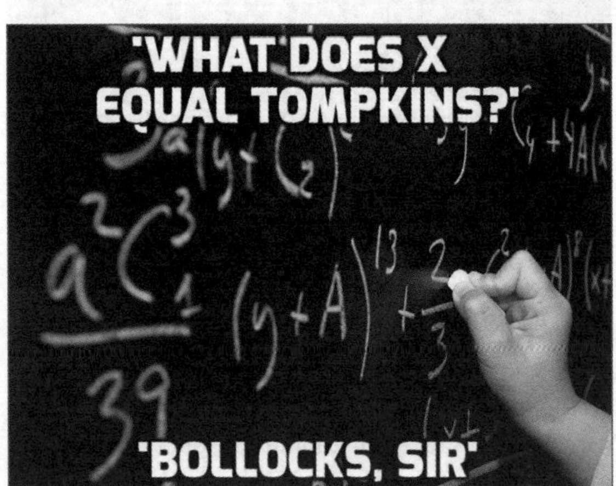

Abb. 342: *„Und x ist gleich was, Tompkins?' - ‚Mumpitz, Herr Lehrer!'" – Wie viel x plus y ergibt? Ist mir absolut schnuppe.*

eigentlich die Köpfe der jungen Menschen mit sinnlosem Mist, den 99 Prozent von ihnen niemals wieder benutzen werden? Die Antwort ist bereits in der Frage enthalten: Um *ihre Köpfe zu füllen* (Abb. 343). Es kommt vor, dass Jugendliche Selbstmord begehen, weil sie die Prüfungen nicht bestanden haben oder befürchten, dass das passieren könnte. Man kann „Irrsinn" wohl kaum besser definieren, als dadurch, heranwachsenden (oder anderen) Menschen so etwas anzutun (Abb. 344). Nach Angaben der amerikanischen Gesundheitsbehörde CDC (Centers for Disease Control and Prevention) hat sich die Zahl der Selbsttötungen unter den 10- bis 14-Jährigen seit dem Jahr 2007 verdoppelt; bei Mädchen derselben Altersgruppe war sogar eine Verdreifachung innerhalb von 15 Jahren zu verzeichnen. Peter Gray, ein am Boston College tätiger Professor für Psychologie, kam nach der Analyse des Datenmaterials zu dem Schluss, dass zwischen der geistigen Gesundheit der Kinder und dem Schulbesuch ein unmittelbarer Zusammenhang besteht. Die Zahl der Jugendlichen, die beim Psychologen vorstellig werden, fällt in den Sommerferien jedes Mal steil ab, da sich dann der Lern- und Prüfungsdruck lockert – nur um erneut in die Höhe zu schnellen, sobald die Schule wieder anfängt. Gray bemerkte dazu:

Abb. 343: „Linke Gehirnhälften hier entlang, bitte. Heute lernen wir Algebra." – Macht einen Spaziergang und klettert auf einen Baum, Kinder. Es ist schön draußen.

Abb. 344: „Prüfungsangst? Keine Sorge, Kinder – es ist alles nur Schwindel." – So muss die Kindheit aussehen, oder? Ich meine, deshalb sind sie doch geboren worden – um zu lernen, wie groß x ist.

> Die verfügbaren Belege weisen recht deutlich darauf hin, dass Schule schlecht für die geistige Gesundheit der Kinder ist. Natürlich gilt das ebenso für die körperliche Gesundheit. Die Natur hat Kinder nicht dazu erschaffen, den ganzen Tag sitzend in einer bis ins Detail durchgeplanten Umgebung zu verbringen.

Kinder mit Angststörungen hätten Gray zufolge sofort Linderung erfahren, sobald man sie von der Schule nahm. „Verhalten, Stimmungen und die Lernprozesse im Allgemeinen verbesserten sich, nachdem man sie aus herkömmlichen Lernumgebungen herausnahm." Die Zahl der von Angstzuständen betroffenen Kinder und Jugendlichen – mit Bezug zur Schule oder allgemeiner Natur – nimmt heute rasant zu, da sie gezwungen werden, mehr Zeit in der Schule zu verbringen als je zuvor. In einer 2013 veröffentlichten Studie der American Psychological Association hieß es, dass die Schule bei Teenagern den größten Stressfaktor darstellt. 83 Prozent der Jugendlichen hätten angegeben, die Schule sei eine „mäßige bis bedeutende Ursache von Stress". 27 Prozent würden während des Schuljahres unter „extremem Stress" leiden – eine Zahl, die in den Ferien auf 13 Prozent sank. Die Eltern trügen oft zum Druck bei, und zwar entweder, weil sie dem Irrglauben anhängen, Klausurergebnisse seien ein Nachweis für Intelligenz, oder um sich in den Erfolgen der Kinder sonnen zu können. „Unser Sohn/unsere Tochter hat es nach Oxford geschafft." Ja, genau – euer Sohn bzw. eure Tochter hat das erreicht, nicht *ihr*. Hättet ihr sie in Frieden gelassen, wären sie wahrscheinlich anderen Dingen nachgegangen. Es gibt sogar Eltern, die sich Aufkleber aufs Auto pappen, um jeden über die bestandenen Prüfungen ihrer Kinder zu informieren. Der amerikanische Komiker George Carlin, dessen Tod eine schmerzliche Lücke hinterließ, sagte einmal: „Ich würde ja gerne einmal folgenden Autoaufkleber sehen: [...] Wir sind stolze Eltern eines Kindes, das den Versuchen seiner Lehrer, seinen Geist zu brechen und es dem Willen seiner korporativen Meister auszuliefern, erfolgreich getrotzt hat." Die Tatsache, dass Eltern mit einer derartigen Einstellung selten anzutreffen sind, zeigt, mit welcher Macht das Programm die Wahrnehmungen einer Generation nach der anderen kontrolliert. Jedes Jahr wird ein neuer Schwung Kinder, weitgehend sich selbst überlassen, den Höhlen eines erbarmungslosen Staates zugeführt, um systematisch die folgenden Lebensregeln zu verinnerlichen:

- Die Wahrheit kommt von Autoritätspersonen.
- Intelligenz ist die Fähigkeit, Informationen zu speichern und wieder abzurufen.
- Korrektes Speichern und Wiederholen wird belohnt.
- Nichtanpassung wird bestraft.
- Pass dich intellektuell und sozial an.

Die Schulen sind dabei, den Umfang, in dem sie die Kinder kontrollieren, dramatisch in die Höhe zu schrauben. Gleichzeitig werden die Eltern immer mehr an den Rand gedrückt. Wie wir noch sehen werden, wird damit ein ganz bestimmtes Ziel verfolgt. In Großbritannien müssen Eltern, die mit ihren Kindern außerhalb der Schulferien Urlaub machen, um Kosten zu sparen, ein Bußgeld bezahlen. Als ein Vater sich das nicht gefallen lassen wollte und vor Gericht zog, gaben die britischen Behörden Steuergelder in Höhe von 140.000 Pfund aus, um ihr Recht zu verteidigen, Kindern und Eltern ihren Willen aufzuzwingen – und gewannen den Prozess. Das ist ein weiterer wichtiger Punkt: Während der Steuerzahler auf seine eigenen Ersparnisse zurückgreifen muss, wenn er sein Recht gegenüber der Regierung – die er finanziert – durchsetzen will, bedient sie sich einfach aus dem Steuertopf, um ihren Willen durchzusetzen. Schulleiter werden nicht wegen ihrer erzieherischen Fähigkeiten ernannt, sondern nach ihrer Eignung, der staatlichen Agenda als Verwaltungsautomat zu dienen. Ich kenne eine für kleine Kinder zuständige Rektorin, die weit besser geeignet wäre, ein Gefängnis zu leiten als eine Schule. Dabei sind Schulleiter ihres Schlages mehr und mehr die Norm. Es gibt in Großbritannien eine geisteskranke Schule, die die mit 29.000 Pfund Jahresgehalt dotierte Stelle des „Beauftragten für Isolationsmaßnahmen und Nachsitzen" ausschrieb. Der Bewerber, der der „Abteilung Verhaltenskorrektur" vorstehen soll, müsse auf jeden Fall ein Zuchtmeister sein, der „zu allen Zeiten Gehorsam einfordert". Des Weiteren hieß es in der Anzeige: „Wenn Sie es für gemein halten, einen Schüler nachsitzen zu lassen, der keinen Stift dabei hat, ist das nicht die richtige Schule für Sie." Ich würde sagen, das ist für niemanden die richtige Schule, der noch halbwegs alle Tassen im Schrank hat. Dass die Stellenanzeige mehr nach einer Ausschreibung für einen Gefängniswärter klingt, liegt daran, dass sie genau das ist. Nur dass sie den Knast als „Schule" bezeichnen.

Der Rektor der Magna Academy, die sich in der Küstenstadt Poole (Grafschaft Dorset) befindet, gilt als einer der strengsten Schulleiter des Landes. Richard Tutt scheint die Verkörperung jener Redensart zu sein, nach der für jemanden, der nur einen Hammer besitzt, jedes Problem wie ein Nagel aussieht. Regelmäßig wird über Schüler berichtet, die völlig überzogene Strafen für geringfügige „Fehltritte" über sich ergehen lassen mussten – etwa für den Besitz von Federtaschen oder Linealen, deren Länge nicht den Vorgaben entsprach. Ein 26-jähriger Schulleiter namens Andrew Mears bemerkte, dass er die erwähnte Anzeige zunächst für einen Witz hielt. (Das war sie auch – nur zum Lachen war sie nicht.) Er sei wegen der Wirkung beunruhigt, die so etwas auf die mentale Gesundheit der Schüler haben würde. Das sollte er auch sein. Können Sie sich vorstellen, jeden Morgen in dem Bewusstsein aufzuwachen, dass Sie bei jeder Regung oder Äußerung aufpassen müssen, nicht den Zorn dieser bestenfalls eindimensionalen Gestalten auf sich zu ziehen? Willkommen auf dem Planeten Erde – Ihr Leben liegt nun in den Händen von Mr. Tutt. Haken wir besser nicht nach, warum einige Schüler keine Automaten sind, die an der Tafel in bedingungsloser Ergebenheit vor ihren Herren buckeln. Applaudieren wir bloß nicht den wenigen Kindern, die sich ihren eigenen Kopf bewahrt haben. Fragen wir lieber nicht, ob im Leben mancher Kinder irgendetwas vor sich geht, das sie zu Störenfrieden werden lässt. Sie haben die wahnwitzigen Regeln des Schulknasts übertreten und müssen bestraft werden – *bestraft sie* und zwingt sie, sich der extrem reduzierten Realitäts-

Abb. 345: „Kinder gehen zur Schule, um dort programmiert zu werden. Alles andere sind nur Details." – Der Sinn der „Bildung" aus Sicht der Verdeckten Hand.

auffassung des Programms zu fügen (Abb. 345). Bei der Arroganz und Selbstgefälligkeit, die darin zum Ausdruck kommen, bleibt einem die Spucke weg.

An vielen Schulen besteht man selbst bei heftiger Hitze darauf, dass die Kinder die warme und schwere Schulkleidung tragen. Regeln sind schließlich Regeln. Einmal mehr wird deutlich, dass man nicht intelligent sein muss, um einer Schule vorzustehen. Selbstständig denken zu können und in der Lage zu sein, den vorliegenden Umständen entsprechend mündige Entscheidungen zu treffen, ist klarerweise schlecht für die Karriere. Die Zahl britischer Lehrer, die aufgrund der jüngsten Entwicklungen den Beruf wechseln wollen, sei „schwindelerregend hoch". Rebecca Allen, die eine Denkfabrik namens Education Datalab leitet, erklärte, dass überall im Land Kinder von Lehrern unterrichtet werden, die lieber etwas anderes machen würden, aber den Dienst nicht quittieren können, da sie ihren Lebensunterhalt verdienen müssen.

Die archontische Agenda hat die Errichtung eines weltumspannenden Polizeistaates zum Ziel, der jeden Winkel des Lebens kontrolliert und überwacht. Indem man die Schulen mit hohen Mauern oder Zäunen umgibt, sodass sie sogar optisch an Gefängnisse erinnern, werden die jungen Menschen darauf getrimmt, das als normal zu betrachten – „so ist das nun mal". Eine Schule unweit meines Zuhauses entsprach noch vor Kurzem überhaupt nicht diesem Schema, doch mittlerweile ist sie von einem hohen Zaun umgeben, und das Gelände ist in Abschnitte unterteilt, die einzeln durch verschließbare Tore gesichert sind. So baut man normalerweise Gefängnisse und Zoos. Wenn all das früher nicht nötig war – warum dann jetzt? Es gibt dafür keinen rationalen Grund. Die offiziellen Erklärungen sind natürlich vorgeschoben. In Wirklichkeit wurzeln diese Maßnahmen im künstlich herbeigeführten Klima der Angst und in der Absicht, aus den Kindern Erwachsene zu formen, die die Unterjochung zeit ihres Lebens als normal betrachten werden. Auf dem Gelände von Schulen und Colleges finden sich an jeder Ecke Überwachungskameras. In den USA müssen viele Schulkinder erst durch Sicherheitskontrollen, die an Flughäfen erinnern, bevor sie das Klassenzimmer betreten können (Abb. 346). Oft ist die Polizei auf dem Campus präsent oder nur einen Anruf entfernt, um Situationen zu klären, die die Lehrkräfte früher ohne fremde Hilfe gelöst hätten. Die Liste der Übergriffe, die durch gewalttätige Polizisten an Schulen begangen werden, ist endlos. Das geschieht, wenn man uniformierte Psychopathen auf Kinder loslässt.

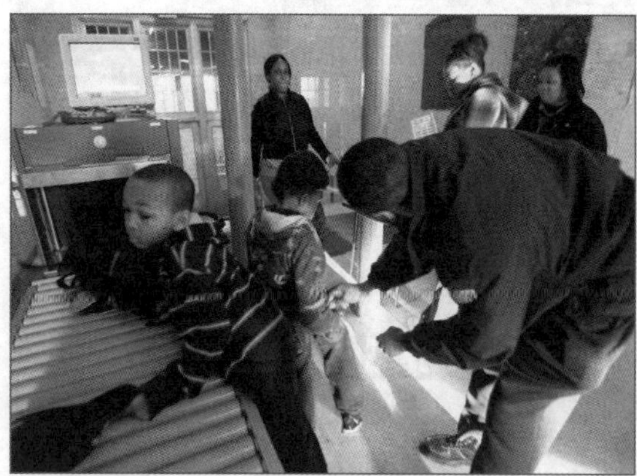

Abb. 346: Die Kinder sollen das als „normal" verinnerlichen – für den Rest ihres Lebens.

Niemals geht es darum, die Kinder zu beschützen; vielmehr sollen die Menschen schon in jungen Jahren an die allgegenwärtige Überwachung und den Polizeistaat gewöhnt werden, sodass sie sie ihr Leben lang als gegeben hinnehmen. Nur die Älteren wissen noch aus eigenem Erleben, wie die Überwachungs- und Kontrollmaßnahmen immer mehr Raum griffen, bis sie das heutige gigantische Ausmaß erreichten. Die jungen Menschen verfügen nicht über diesen Kompass. Für sie sind die Zustände normal – etwas anderes haben sie nie kennengelernt –, was also sollte es da zu hinterfragen geben? Der Plan sieht vor, das Bildungswesen (wie alles andere auch) zu privatisieren und den Verstand und die Wahrnehmung der Kinder in die Hände mächtiger Unternehmen zu legen, die sämtlichst Teil des globalen Netzwerks sind, in dessen Zentrum die Spinne sitzt. Schon jetzt erleben wir, wie Firmen Schulen übernehmen und aus Prüfungsergebnissen Profit schlagen, ohne sich im Geringsten für die Kinder als Menschen und einzigartige Individuen zu interessieren. Bemüh dich um gute Noten – das ist gut fürs Geschäft. Wenn der Microsoft-Gründer Bill Gates etwas durch seine Bill & Melinda Gates Foundation unterstützt, kann es meiner Beobachtung und Erfahrung nach für die Menschheit nur schlecht sein. Gates steht bei der Umwandlung des amerikanischen Bildungssystems an vorderster Front. Eines seiner erklärten Ziele lautet, jedes Klassenzimmer mit einer Kamera zu versehen. Er sorgt sich, wie Sie sehen, wirklich um die Kinder.

Ein alternativer Weg

Da sich immer mehr Mütter und Väter der vorstehend beschriebenen Vorgänge bewusst werden, findet der Heimunterricht (engl.: homeschooling) immer mehr Verbreitung. Eltern nehmen ihre Kinder aus dem staatlichen Kontext heraus und erziehen sie auf unabhängiger Basis. Im Zuge der voranschreitenden Agenda werden Sie erleben, dass der Staat den Heimunterricht zunehmend dämonisieren und versuchen wird, ihn mit juristischen Mitteln zu bekämpfen. Dazu dürfen wir es nicht kommen lassen. Ich las einmal einen Bericht darüber, wie in der Willkürherrschaft, die als Deutschland bezeichnet wird, eine schwer bewaffnete Spezialeinheit der Polizei ohne Vorwarnung bei einer Familie auftauchte, die Heimunterricht praktizierte. Die Einsatzkräfte drohten, die Tür einzutreten, und nahmen den Eltern schließlich ihre vier Kinder weg. Wie die Home School Legal Defense Association erklärte, wehrt sich die Familie gegen die „aus der Zeit des Zweiten Weltkriegs stammende Regel", dass sich „alle Kinder den Indoktrinierungsprogrammen der staatlichen Schulen des Landes unterwerfen" sollen. Den Zeugenaussagen zufolge gingen die Hohlköpfe bei der haarsträubenden Razzia – die sich gegen das Verbrechen richtete, seine Kinder vor einer Gedankenkontrolle bewahren zu wollen – „brutal und rücksichtslos" vor. Man sagte den Eltern anschließend nicht, wo sich ihre Kinder aufhielten; stattdessen ließ man sie wissen, dass sie sie „nicht so bald wiedersehen" würden. Einer der psychopathischen Polizisten hinderte die Mutter mit den Worten „Dafür ist es jetzt zu spät" daran, einem ihrer Kinder einen Abschiedskuss zu geben. Die psychischen Folgen, die die empathiefreien „Kinderschützer" mit ihrem Verhalten bei den Kindern auslösen, scheinen nicht von Belang zu sein. Das ist die Welt, in der wir leben: Jeder, der sich dem System widersetzt, wird in archontischer Manier dämonisiert. Ein von arroganten und dämlichen Politikern im amerikanischen Bundesstaat West Virginia eingebrachter Gesetzentwurf sieht vor,

Heimunterricht zu verbieten. Die Home School Legal Defense Association befasst sich auch mit diesem Fall. Sie werden noch viel zu tun bekommen, trachtet das System doch danach, jede Bemühung zu vereiteln, die Kinder aus den Fängen der Programmierer zu befreien.

Die für meinen Geschmack optimale Form unabhängiger Bildung ist das sogenannte „Self-directed Learning" (dt. etwa: eigenverantwortliches Lernen). Dabei entscheiden die Kinder ausgehend von ihren Vorlieben, Interessen und Erfahrungen selbst, was sie lernen wollen. Der Psychologieprofessor Dr. Peter Gray stellte in einer Studie fest, dass sich die geistige Gesundheit der Kinder besonders dann verbesserte, wenn sie selbstbestimmt lernten und mehr Kontrolle über ihre eigenen Lernprozesse hatten. Lesen, Schreiben und andere Fähigkeiten, die den Kindern normalerweise in separaten „Unterrichtseinheiten" vermittelt werden, erwerben sie beim Self-directed Learning praktisch nebenbei – während sie ihren Interessen nachgehen und Recherchen dazu anstellen. Das befreit den kindlichen Verstand von der staatlichen Zwangsjacke. Die neuronale Plastizität des Gehirns (seine Eigenschaft, sich in Abhängigkeit von den eingehenden Informationen und der Art und Weise seiner Nutzung zu verändern) hat zur Folge, dass es sich anders entwickelt und Informationen auf neue Art verarbeitet. Aufgrund der Einheitlichkeit der Informationen, mit denen das staatlich gesteuerte „Bildungssystem" die Menschen füttert, entwickeln sich deren Gehirne und die an der Informationsverarbeitung beteiligten Leitungsbahnen überall in ähnlicher Weise. Das ist ein weiterer Grund, warum so viele Menschen in praktisch identischer Weise denken und reagieren (decodieren) – mit einer Art Herdenmentalität.

Ein anderer, mit dieser Thematik verknüpfter Aspekt ist der „Schutz" der Heranwachsenden vor allem, was ihnen helfen würde, sich zu eigenständigen Persönlichkeiten zu entwickeln. Stattdessen sollen sie zum Staat aufschauen, um Orientierung zu erhalten und Schutz vor den vermeintlich immer zahlreicher werdenden „Gefahren" zu finden, die man sie gelehrt hat zu fürchten. In Großbritannien suchen die für „Gesundheit und Sicherheit" zuständigen Mafiosi unentwegt nach neuen Wegen, die kindliche Entwicklung zu ersticken, indem sie alles Mögliche verbieten – etwa auf Bäume zu klettern oder auf dem Schulhof zu spielen. Sportfeste werden abgesagt, weil der Rasen „zu feucht" ist. Was das für die betroffenen Kinder bedeutet, wird umso deutlicher, wenn man sich Projekte anschaut, die genau den entgegengesetzten Ansatz verfolgen. In der englischen Grafschaft Dorset gibt es eine mitten im Wald gelegene Freiluftkita, in der die Kinder über Bäume klettern, auf der Seilschaukel turnen, Holz sägen, Gemüse schneiden und ihr Mittagessen über offenem Feuer zubereiten. Die Inspekteure der Regierung stellten Berichten zufolge „verblüfft fest, dass Selbstvertrauen und Eigenständigkeit bei den Kindern ungewöhnlich stark ausgeprägt waren".

In Texas konnten einige Schulen, die den Kindern jeden Tag Pausen für „unstrukturiertes Spielen" einräumten, beachtliche Erfolge verzeichnen. Zu der Maßnahme, die vormittags und nachmittags jeweils zwei „Macht, was ihr wollt"-Pausen von je 15 Minuten Länge umfasste, hatte man sich durch Erfahrungen in anderen Ländern – etwa in Finnland – inspirieren lassen. Wie die Lehrer der im texanischen Fort Worth gelegenen Eagle-Mountain-Grundschule berichten, lernen die Kinder jetzt mehr, da sie sich im Unterricht besser konzentrieren und aufpassen können. An anderen Schulen ersetzte man die Bestrafungen durch Meditation und konnte eindeutige Verbesserungen im Verhalten der Schüler konstatieren. So könnte es überall auf der Welt sein. Doch da das Spinnennetz das nicht will, ist das nicht der Fall. Die meisten Lehrer sind zudem vom Staat so durchprogrammiert worden, dass sie eine derart grundlegende Änderung der Herangehensweise unter keinen Umständen in Betracht ziehen würden. Auch die Manie der staatlichen Behörden, Sportwettkämpfe an Schulen zu unterbinden, gehört zu dieser Thematik. „Jeder muss einen Preis bekommen!" Eine solche Denkweise nimmt jedem Anreiz, sich in gleich welchem Gebiet zu verbessern, die Kraft. Jeder Mensch verfügt über einzigartige Begabungen. Das Bildungssystem sollte den Kindern helfen, sie zur vollen Entfaltung zu bringen – statt ihnen zu sagen, dass sie genau das nicht tun dürften, da sich sonst andere Kinder (mit anderen Gaben) unterlegen fühlen würden. Damit wird die Abwärtsspirale hin zu jener gemeinschaftlichen Mittelmäßigkeit vorangetrieben, die eines der Ziele der archontischen Reptiloiden und ihrer hybriden *El*-ite darstellt.

Diplome für die Programmierten

Schulen bilden nur die erste Etappe der Programmierung, die vom Bildungssystem ausgeht. Eine der heute allgemein akzeptierten Normen (vertraute Gegebenheit) ist die Ansicht, dass junge Menschen nach der Schule aufs College und anschließend zur Universität gehen müssen. Warum? „Na, das ist halt der übliche Weg!" Ja, aber *warum*? Und *wer sagt das*? Ich bin im Alter von 15 Jahren von der Schule abgegangen und habe nie ein großes Examen abgelegt. Was ich wissen muss, habe ich mir selbst beigebracht, und zwar zu meinen eigenen Bedingungen. Warum sollte ich heute besser dran sein, wenn ich zur Universität gegangen wäre? Es würde mir *nicht* besser gehen – das Gegenteil ist der Fall. Ein Universitätsbesuch hätte bedeutet, weitere Jahre damit zu verbringen, die „Realität" herunterzuladen, an die wir nach dem Willen des Systems glauben sollen. Für mein Verständnis der Welt wäre das fatal gewesen. Einige der Begegnungen, die ich mit Studenten bedeutender Universitäten wie Oxford oder Cambridge hatte, machten mich betroffen. Während ich mit ihnen diskutierte, konnte ich bei ihnen die einprogrammierten Wahrnehmungen und Reaktionen beobachten, die sie selbst für Zeichen von Intelligenz und Informiertsein hielten. Das gilt wohlgemerkt nicht für alle. Es hat mich ungemein ermutigt, viele junge Menschen zu erleben – bei Weitem nicht die Mehrheit, aber doch immer mehr –, die die Bildungsmaschinerie hinter sich gebracht und sich doch ihr Anrecht auf eine eigene Meinung bewahrt haben. Ich sehe eine Weggabelung, an der viele junge Leute aus der Programmierung erwachen, andere jedoch immer tiefer in ihr versinken. Die Auffassungen und Verhaltensweisen der Letztgenannten, die auf Universitäten überall auf der Welt anzutreffen sind, überschreiten meiner Ansicht nach mitunter die Grenze zu psychischen Erkrankungen. Ich werde darauf zu gegebener Zeit zurückkommen.

Ein weiteres archontisches Merkmal der sogenannten höheren Bildung, das in immer mehr Ländern zum Tragen kommt, ist das Prinzip, die Studenten für ihre eigene Programmierung zahlen und in Schuldenbergen versinken zu lassen – für Jahrzehnte, wenn

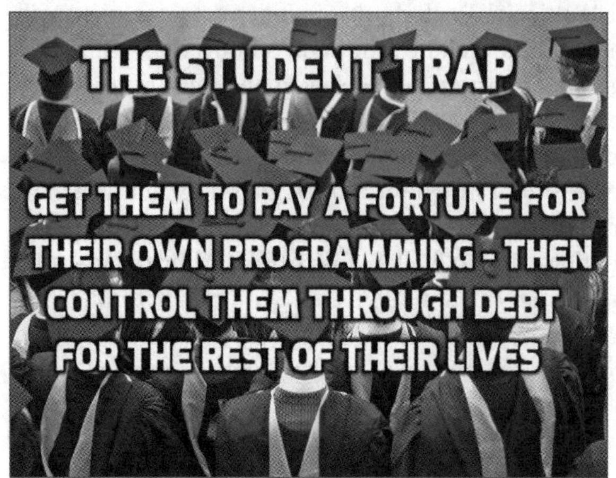

Abb. 347: „Die Studentenfalle: Bringe sie dazu, ein Vermögen für ihre eigene Programmierung auszugeben – dann kontrolliere sie bis ans Lebensende über ihre Schulden." – Studenten werden durch Verschuldung in Sklaverei gehalten: Kontrolle.

nicht gar für den Rest ihres Lebens (Abb. 347). Schulden zu haben bedeutet, vom Teenageralter an finanzielle Fesseln zu tragen und der Kontrolle durch das System zu unterliegen. Um die Schulden, die man gegenüber dem System hat, zurückzahlen zu können, ist man gezwungen, ihm zu seinen Bedingungen dienstbar zu sein. Die Verschuldung der Studenten ist eine Katastrophe. Während ich diese Zeilen schreibe, stehen annähernd 45 Millionen amerikanische Studenten mit insgesamt *1,3 Billionen* Dollar aus Studiendarlehen in der Kreide – die sie aufnehmen mussten, um ihre Ausbildung (Programmierung) bezahlen zu können. Laut einer Online-Schuldenuhr, die für die Plattform MarketWatch.com erstellt wurde, steigt die letztgenannte Zahl in *jeder Sekunde* um durchschnittlich 2.726,27 Dollar. Die Gebühren, die man in Großbritannien für ein Hochschulstudium berappen muss, gelten seit den jüngsten Erhöhungen (die von dem archontischen Politiker Tony Blair auf den Weg gebracht wurden) als die höchsten im gesamten englischsprachigen Raum. Heute ist jeder britische Hochschulabsolvent im Schnitt mit annähernd 50.000 Pfund verschuldet. Das Institute for Fiscal Studies (IFS) vermeldete im Jahr 2017, dass drei Viertel aller Absolventen niemals in der Lage sein werden, ihre Studiendarlehen vollständig zurückzuzahlen. Ein großer Teil des verbleibenden Viertels wird über 50 Jahre alt sein, wenn er endlich schuldenfrei ist. Studenten aus einkommensschwachen Familien haben ausbildungsbezogene Rechnungen in Höhe von durchschnittlich 57.000 Pfund angehäuft. Kinder und Jugendliche werden also unter Druck gesetzt, in den Prüfungen gut genug abzuschneiden, um zur Universität zugelassen zu werden – nur damit sie schon am Beginn ihres Lebensweges unter einem Schuldenberg begraben (kontrolliert) werden können. Es gibt schließlich nicht genug Arbeitsstellen für Schulabgänger; außerdem ist es nun mal üblich, dass man zur Uni geht und studiert – oder? Ironischerweise sind aufgrund der hohen Zahl an Studenten auch für Hochschulabsolventen nicht ausreichend Stellen vorhanden, geschweige denn gut bezahlte. Letztlich realisieren viele Absolventen, dass all das, wonach sie während ihrer entscheidenden Entwicklungsjahre strebten – nach einem akademischen (Programmierungs-) Grad –, ein einziger Schwindel war … und zwar ein sehr teurer. Universitäten und Colleges sind heute weniger Orte des Lernens als des Abkassierens. Jeder neue Student lässt die Kassen klingeln – schleuse also möglichst viele durchs System. Wenn man etwas Bestimmtes tun will und dies nur mit einem Hochschulabschluss der einen oder anderen Art zu erreichen ist, kann ich das nachvollziehen. Aber ein Universitätsstudium nur um seiner selbst willen, nach dem man für mindestens einige Jahrzehnte verschuldet ist? Das ist mit Sicherheit verrückt. Fallen Sie nicht auf den Schwindel herein – denn um nichts anderes handelt es sich hier. Lassen Sie sich nicht weismachen, dass Sie und Ihr Leben, Ihr Erfolg oder Misserfolg von einigen Blättern Papier definiert werden. Das TUN SIE NICHT – es sei denn, Sie lassen das zu. Was werden Ihre Eltern und all die anderen denken? Wen kümmert das denn? Das ist deren Problem, nicht Ihres. Die leben ihr eigenes Leben, aber Sie sind SIE. Es ist nicht deren Leben, sondern *das Ihre*.

Das „Bildungssystem" sorgt auch dafür, dass viele junge Menschen frühzeitig lernen, welche Stellung ihnen innerhalb der archontischen Hierarchie zukommt. Während aus den Privatschulen der Reichen die späteren Führungspersonen und Administratoren (die Regierenden) hervorgehen, produzieren die staatlichen Schulen Arbeiter und Sklaven (die Regierten). Zwar gibt es eine gewisse Schnittmenge, doch die ist erschreckend klein (Abb. 348 und 349). In meiner Kindheit, als ich in einer Siedlung des sozialen Wohnungsbaus in der englischen Stadt Leicester aufwuchs, sagte man mir, ich solle mir „meiner Klasse bewusst" sein. Schon damals akzeptierte ich das nicht. Mit der Illusion sozialer „Klassen" bzw. „Schichten" programmiert man sowohl die „Ober-" als auch die „Unterschicht" und täuscht darüber hinweg, dass wir alle Teil des einen Unendlichen Gewahrseins sind. Die jeweilige „Bildung", die der „höheren" bzw. „niederen" Klasse zukommt, ist so gestaltet, dass die angebliche Trennung fortwährend unterstrichen und propagiert wird. Kaum jemandem wird die Systemsoftware tiefer einprogrammiert als den „gebildeten" Studenten der Privatschulen, die später in einflussreichen Machtpositionen sitzen und ihre programmierten Ansichten der Bevölkerung aufs Auge drücken. Kaum einer von ihnen erkennt jemals, dass er programmiert worden ist. Doch genau das ist der Fall, und zwar heute mehr denn je. Das gilt nicht nur für die Privatschüler, sondern für fast jeden, der das „Bildungs"-System durchlaufen hat – denn sowohl die privaten als auch die staatlichen Schulen werden von derselben archontischen *El*-ite kontrolliert.

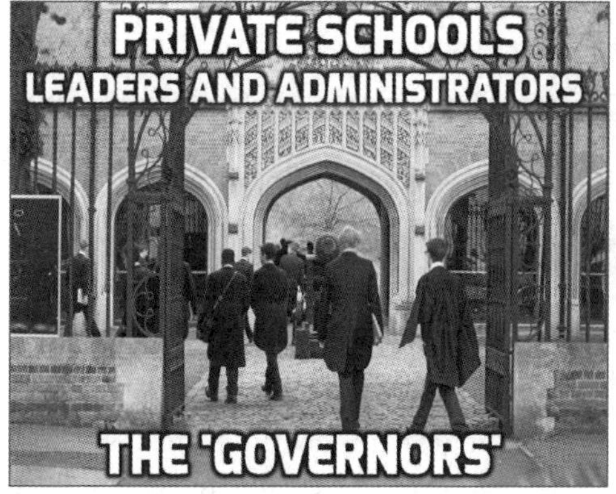

Abb. 348: „Private Schulen: Führungskräfte und Verwalter – die ‚Regierenden'" – Die Hierarchie beginnt in der Schule.

Abb. 349: „Staatliche Schulen: Arbeiter und Sklaven – die ‚Regierten'" – Sei dir über deine Stellung in der Gesellschaft im Klaren!

Programmiertes Kind = programmierter Erwachsener

Abb. 350: „Der Briefmarkenkonsens" – Das unsagbar schmale Spektrum an Möglichkeiten, die die Menschen als „normal" bzw. „die reale Welt" bezeichnen. Doch es ist weder „normal" – es sei denn, im Sinne ständiger Wiederholung – noch „real".

Abb. 351: „Dritter Abschnitt der Programmierung: Gruppenzwang" – Wir sind Schafe, also musst du auch ein Schaf sein. Wir sind normal – folglich bist du verrückt. Mäh, mäh …

Bei der Pseudobildung geht es einzig und allein darum, die Bevölkerung an eine kollektive, für alle identische Wahrnehmung heranzuführen. Ich nenne das den „Briefmarkenkonsens" (Abb. 350). Damit meine ich die übliche, aber äußerst begrenzte Sichtweise, die die jungen Menschen während ihrer ersten Lebensabschnitte Tag für Tag herunterladen – bezogen auf die uns umgebende Wirklichkeit und die Fragen, was „möglich" ist und was als „normal" gilt. Die Briefmarkenwahrnehmung sieht so aus: Wir leben in einer festgefügten Welt, und jeder ihrer Bestandteile ist von allen anderen isoliert. Wir definieren uns durch Name, Ethnie, Hintergrund und all die anderen Schubladen, in die wir uns selbst und unsere Mitmenschen stecken. Die Lehren der Geschichte, Physik, Wissenschaften und Medizin sind alle korrekt; die Wirklichkeit sieht genau so aus, wie es das System sagt. Wo bleiben das Unendliche Gewahrsein und die Gesamtheit aller Möglichkeiten? Sie finden niemals Erwähnung. Der Briefmarkenkonsens umfasst einen unendlich kleinen Ausschnitt aller Möglichkeiten – und stellt damit eine (systemische) Kurzsichtigkeit dar, die angesichts der in Wahrheit *unbegrenzten* Möglichkeiten erschüttert. Dieser Umstand passt zu der Einschätzung, die der deutsche Philosoph Arthur Schopenhauer einst vertrat: „Jeder hält die Grenzen des eigenen Gesichtsfelds für die Grenzen der Welt." Schopenhauer, der 1788 geboren wurde, beschrieb eine Gesellschaft, die in ähnlicher Weise auch heute noch existiert. Zwar nimmt nicht jeder den Manipulatoren die

Briefmarkenrealität ab, doch wissen sie, dass es genügt, die Gedanken der großen Mehrheit in Beschlag zu nehmen. Die wenigen Abweichler und Freigeister werden dann mehrheitlich einfach durch den sozialen Druck in Schach gehalten (Abb. 351).

Diejenigen, die die offiziell erlaubte Vorstellung davon, was „normal" ist, für sich übernommen haben, erwarten nämlich, dass alle anderen es ihnen gleichtun – andernfalls werden sie die Andersdenkenden kollektiv verhöhnen, verdammen, ablehnen und verachten. Zudem wird der Briefmarkenkonsens durch den als Entrainment (dt. etwa: Mitreißen) bezeichneten Effekt begünstigt, nach dem sich die Gehirnwellen entsprechend der stärksten vorhandenen Frequenz synchronisieren. Wenn etwa drei Violinen zu derselben Note schwingen und eine vierte Violine in unmittelbarer Nähe platziert wird, beginnt sie in derselben Frequenz zu vibrieren – unabhängig davon, ob sie zuvor eine andere oder gar keine Note gespielt hat. Eine Studie, die Forscher der New York University gemeinsam mit Kollegen des in Frankfurt ansässigen Max-Planck-Instituts für empirische Ästhetik durchführten und in der Fachzeitschrift *Current Biology* veröffentlichten, ergab, dass die Hirnwellen der Studenten immer dann ähnliche Muster ausbildeten, wenn sie aufmerksam den Ausführungen des Dozenten folgten oder in einer Gruppe zusammenarbeiteten. Suzanne Dikker, die Co-Autorin der Studie, erläuterte: „Wir glauben, dass sich all diese Effekte durch Mechanismen der kollektiven Aufmerksamkeit bei dynamischen Gruppeninteraktionen erklären lassen." Auch kollektive Wahrnehmungen haben zur Folge, dass sich die *Aufmerksamkeit* und der *Fokus* einer Gruppe synchronisieren – und damit ihre Hirnwellenaktivitäten. Wahrnehmungen sind Frequenzen, und kollektive Wahrnehmungen = kollektive Frequenzen.

Der Briefmarkenkonsens ist ein kollektives Stehwellenkonstrukt. Wenn kollektive Gedanken gleiche Wahrnehmungen beinhalten, verbinden sich deren kompatible Frequenzanteile förmlich zu einer lokal oszillierenden stehenden Welle, die all.jene Informationen bzw. Wahrnehmungsfelder umfasst, in denen die akzeptierten Normen hinsichtlich der Beschaffenheit der Welt und der Realität zum Ausdruck kommen. Schulen und Universitäten basieren ebenso auf derartigen stehenden Wellen wie politische Zentren, Medien usw. Jeden Tag verleiben sich diese Wellen bzw. die in deren stationären Feldern schwingenden Informationen die Gedanken und Wahrnehmungen der Menschen ein, die in die jeweiligen Institutionen involviert sind. Wer in solche kollektiven Schwingungsfelder eintritt, ohne dabei an seinen individuellen Frequenzen (Auffassungen, Werten) festzuhalten, wird erleben, dass er allmählich in die kollektive Oszillation (Wahrnehmungen, Überzeugungen und Verhaltensweisen) hineingezogen – auf Linie gebracht – wird (Entrainment). Auf diese Weise formen die stehenden Wellen ein Herdenbewusstsein. Der Vorgang erklärt auch, warum ein Großteil derjenigen, die mit aufrichtigen Absichten in die Politik gehen, über kurz oder lang zur Verkörperung all dessen werden, was sie eigentlich bekämpfen wollten. Sie werden einfach in die kollektive stehende Welle hineingezogen, sodass sie schließlich genauso denken und sich verhalten wie alle anderen. Man braucht nur ein Monopol dafür zu etablieren, was als „normal" empfunden wird, und schon ergibt sich der Rest von selbst.

Schafe brauchen zumindest einen Schafhirten und einen Hütehund, der dafür sorgt, dass die Schäfchen nicht aus der Reihe tanzen. Das System ist der Schafhirte, doch kom-

Abb. 352: „Gruppendruck: Die Schafe und der Hütehund" – Schafe brauchen einen Hütehund, damit sie nicht aus der Reihe tanzen. Die Menschen hingegen halten sich gegenseitig auf Linie.

men die Menschen schon seit geraumer Zeit ohne den Hütehund aus (Abb. 352). Es ist die Arroganz der Unwissenheit, die die Menschen dazu bringt, aufeinander einzuhacken, sobald jemand nicht mehr mitspielen will. Das ist kollektiver psychologischer Faschismus (Abb. 353). Jeder, der den Briefmarkenkonsens infrage stellt, wird als verrückt, dumm oder gefährlich abgestempelt – oftmals auch als alles zugleich (wie in meinem Fall; Abb. 354). Das ist nichts anderes, als würden sich die Gefängnisinsassen zusammentun, um einen anderen Gefangenen daran zu hindern zu entfliehen. Mitunter setzt ein derartiges Verhalten schon in jungen Jahren ein. Selbst kleine Kinder können Gleichaltrige attackieren, die in irgendeiner Weise als anders gelten. Solche Verhaltensweisen werden den Informationsfeldern der Betroffenen vom gefälschten Geist eingeprägt. Die einzige Möglichkeit, sie zu überwinden, besteht darin, sich dem außerhalb der Programmierung existenten Bewusstsein zu öffnen. Eine der Aufgaben des „Bildungssystems" und der Medien lautet, die latenten Reaktionsmuster zu aktivieren. Den einfachen Soldaten an der Basis ist das freilich nicht bewusst.

Abb. 353: „Die programmierte Blase" – Ich kann dich nicht hören – ich habe nur Ohren für die Briefmarkenwirklichkeit.

Abb. 354: „Die Blase der Arroganz: ‚Das ist doch lächerlich – du bist verrückt!'" – Die Arroganz der Ignoranz.

Programmierte Programmierer

Überall in der Gesellschaft stoßen wir auf programmierte Programmierer. In den Regierungs-/Militärprojekten zur Gedankenkontrolle werden Menschen dazu programmiert, ihrerseits Menschen zu programmieren. Dasselbe Prinzip sehen wir in der Gesellschaft. Die gründlichste Programmierung weisen stets diejenigen auf, die in der Schule und in ihrer akademischen Laufbahn am erfolgreichsten waren. Sie sind es, die den Briefmarkenkonsens am umfassendsten absorbiert und vor ihren Prüfern immer alles ausgewürgt haben, was diese zu hören wünschten. Unter allen Studenten verbrachten sie auch die längste Zeit in den psychologischen Programmieranlagen („Bildungseinrichtungen"). Es kommt nicht von ungefähr, dass das System den Universitätsabschlüssen so große Bedeutung beimisst, wenn es darum geht, die Führungspositionen zu besetzen. Gut, die übliche Argumentation lautet natürlich, dass ein akademischer Grad von Intelligenz zeugt und er deshalb so hoch gewichtet wird. Doch begibt man sich tief genug in die Schattenwelten, wird deutlich, dass weder das eine noch das andere der Fall ist: Akademische Titel sind *kein* Garant für Intelligenz; und auch die hohe Gewichtung derselben bei Personalentscheidungen hat in Wahrheit andere Gründe. Ein Hochschulabschluss beweist nur, dass man in der Lage ist, vorgegebene Informationen zu assimilieren, zu speichern und auf Knopfdruck wieder auszuspucken. Das jedoch wäre kaum möglich, gäbe es in der Psyche des Betroffenen nicht eine zumindest unbewusste Akzeptanz der vermeintlich allmächtigen Obrigkeit. Natürlich gibt es Ausnahmen – die gibt es immer. Bei allen Aussagen, die ich hier treffe, spreche ich vom Regelfall. Die Hochschulabsolventen, die ihre Ausbildung/Wahrnehmungsprogrammierung erfolgreich abgeschlossen haben, schlagen Karrieren als Politiker, Regierungsbeamte, Wissenschaftler, Ärzte, Hochschuldozenten, Richter, Anwälte, Firmenchefs, Journalisten usw. ein. Was sie in all diese Berufe mitnehmen – die allesamt der Lenkung und Kontrolle der Gesellschaft dienen –, ist die Essenz der Briefmarkenprogrammierung und deren Vorstellung davon, was „normal" ist. Den Rest ihres Lebens bringen sie dann damit zu, sich gegenseitig zu versichern, dass ihre Version der Realität, die sie einst heruntergeladen und übernommen haben, die Welt korrekt beschreibt. In Wirklichkeit besteht sie größtenteils aus kurzsichtigem Kokolores (Abb. 355).

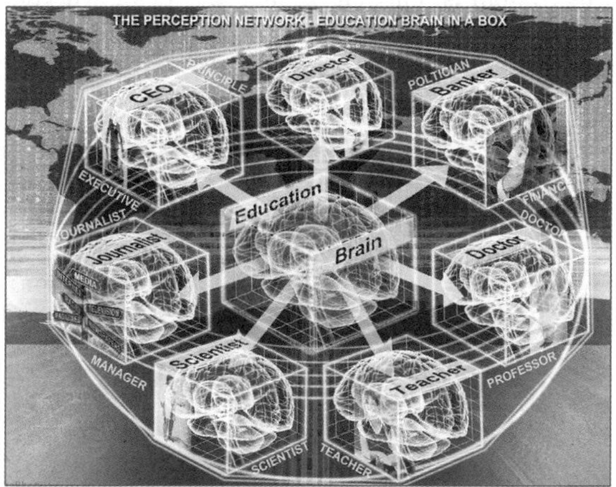

Abb. 355: Briefmarkengläubige, die allesamt von demselben System programmiert wurden: Ich habe recht, du hast recht, er hat recht, sie hat recht, wir alle haben recht.

Was daraus folgt, kann ich in einem einzigen Satz zusammenfassen: Die Welt wird von Leuten gelenkt, die nicht besonders helle sind, sich aber dafür halten. Diese

Kombination hat verheerende Auswirkungen. Politiker etwa treffen Entscheidungen und zwingen der Bevölkerung Gesetze auf, denen sie ihre Auffassung davon zugrunde legen, was „normal" ist. Auf derselben Basis ziehen Wissenschaftler Schlüsse über die Natur der Realität. Ärzte behandeln, Dozenten lehren, Richter richten, Anwälte verteidigen, Geschäftsführer bestimmen und Journalisten berichten – alle auf der Grundlage desselben Glaubens an die Briefmarkennormalität. Sie treffen Entscheidungen, als wäre die Welt festgefügt (Begrenzung), während das Gegenteil der Fall ist (unbegrenzte Möglichkeiten). Journalisten, die über ein bestimmtes Gesundheitsthema schreiben, werden nicht mit einem Alternativmediziner sprechen, der die Thematik vielleicht gründlich durchdrungen hat. Stattdessen fragen sie einen Arzt, der aus dem Briefmarkenkonsens zitiert. Dasselbe geschieht in den (ohnehin seltenen) Fällen, in denen sich Journalisten mit der Natur der Realität auseinandersetzen: Sie konsultieren Wissenschaftler, die dann den Kanon herunterbeten. Diejenigen, denen der Briefmarkenkonsens einprogrammiert wurde bzw. die ihn befürworten, bestätigen sich gegenseitig und der Öffentlichkeit, dass die Briefmarke allmächtig ist – doch in Wirklichkeit handelt es sich lediglich um eine kollektive, allgemein akzeptierte Halluzination. Ich habe zahlreiche Vertreter der genannten gesellschaftsbestimmenden Berufe persönlich getroffen oder genau beobachtet. Der Grad ihrer Wahrnehmungsprogrammierung und die Arroganz, mit der sie andere Sichtweisen in den Wind schlagen, verblüfft mich immer wieder. Ausnahmen sind dabei so selten, dass sie die Regel nur bestätigen. Jeden Tag und zu jeder Uhrzeit werden im Fernsehen „Experten" präsentiert (das sind diejenigen, deren Wahrnehmungen in der Regel am tiefgründigsten programmiert sind), um den Zuschauern zu sagen, was sie zu denken und wie sie sich zu verhalten haben. Wahrnehmungsblinde interviewen Wahrnehmungsblinde – und sprechen dabei von „Kompetenz". Der Dreh- und Angelpunkt des ganzen Täuschungsmanövers ist, dem Publikum das Gefühl zu geben, es „verstehe" die Dinge, während es noch nicht einmal den ersten Schritt in Richtung eines echten Verständnisses unternommen hat (Abb. 356). Das System ist ein selbstgenerierendes Perpetuum/Perzeptuum mobile, ein Förderband für den Verstand, nicht anders als das Förderband in der Fabrik. Rohmaterialien (Kinder) treten an einem Ende ein und werden zu Erwachsenen verarbeitet, die der Maschine dienen, bis sie abgenutzt sind und am anderen Ende im Abfall landen (Friedhof) oder recycelt werden (Reinkarnation). Wer Augen hat und sieht, was tatsächlich vor sich geht – und sei es nur teilweise –, wird durch don Konformitätsdruck zum Schweigen gebracht und, wenn er bzw. sie im Rampenlicht der Öffentlichkeit steht, lächerlich gemacht und verteufelt. So läuft es Generation für Generation: Arbeiten, kaufen, konsumieren, sterben,

Abb. 356: „Oh, ja, jetzt sehe ich es!" – Genau dort wollen das System bzw. das Programm Sie haben.

arbeiten, kaufen, konsumieren, sterben. Man nennt das „Leben“, doch mit Leben hat das nichts zu tun. Es ist Existieren. Es ist Überleben. Es ist das Programm. Es ist die Simulation. Es ist die Matrix. Du bist ein Sklave, Neo.

Wer bin ich? Das, was man mir gesagt hat!

Das Gefühl, ein „kleines Ich“ zu sein, bringt eine bestimmte Autoritätswahrnehmung hervor; und das Gefühl der Machtlosigkeit, das einen angesichts einer als übermächtig empfundenen Obrigkeit überkommt, erzeugt ein Gefühl des „kleinen Ich“. Nur wer sich mit dem Unendlichen Selbst identifiziert – dem unbegrenzten „Ich“ –, vermag diesen Teufelskreis zu durchbrechen. Die Selbstwahrnehmung als „kleines Ich“ stellt eine stehende Welle dar, die so lange oszilliert, bis das außerhalb dieser Welle existierende Gewahrsein hereinströmt, die stehende Welle in Bewegung versetzt und ihr gestattet, ihre Vorstellung vom Möglichen zu erweitern. Von einigen wenigen Ausnahmen abgesehen, identifizieren sich die Menschen mit Schubladen wie Mann, Frau, schwarz, weiß, britisch, amerikanisch, französisch, afrikanisch, christlich, muslimisch, jüdisch, Hindu, Sozialist, Konservativer, Mittelklasse, Arbeiterklasse, Name, Alter oder Geburtsdatum. Ich verwende dafür den Begriff „Schubladenbewusstsein“; das resultierende Identitätsgefühl bezeichne ich als „Ich-Phantom“ (Abb. 357). Die Menschen versklaven ihren Verstand fortwährend selbst, indem sie ihre Selbstwahrnehmung in Schubladen stecken. Diese Schubladen (deren Anzahl sich ständig erhöht, da immer neue Unterschubladen hinzukommen) bilden nicht das ab, was wir wirklich sind. Sie sind nichts weiter als Begriffe, die zum Ausdruck bringen, was wir *erfahren*. „Wir“ sind dagegen das Unendliche Gewahrsein, das diese Erfahrungen macht.

Abb. 357: „Das Ich-Phantom“ – Ich bin eine Schublade. Die Frage ist nur: Für welche entscheide ich mich?

Wie kann man den Verstand von Milliarden Menschen hinters Licht führen und sie sich untertan machen, die sich dessen bewusst sind, wer sie wirklich sind – in all ihrer unbegrenzten Pracht? Die Antwort lautet: Überhaupt nicht. Menschen, die in einem solchen Gewahrsein leben, würden den Versuch eines anderen, sie unter seine Kontrolle zu bringen, schon im Ansatz zurückweisen und jeden Versuch, dieselbe heimlich zu erlangen, sofort durchschauen. Die Kontrolle über die Massen lässt sich nur erreichen, indem man die Selbstidentifikation mit dem Ich-Phantom propagiert, das in all seinen grundlegenden Funktionen und Wahrnehmungen ein Fünf-Sinnes-Ich darstellt. Das ist der Grund, warum alle Formen der Breitenkommunikation – Bildungswesen, Medien, Wissenschaft, Medizin usw. – mit der Vorstellung hausieren gehen, dass alle Dinge und Geschöpfe voneinander getrennt sind, statt deren Einheit zu betonen. Sie vertiefen sich in die Äste und Bäume, doch der Wald wird ausgeblendet. Die *Aufmerksamkeit* bleibt auf diese Weise fast gänzlich in der Ebene der fünf Sinne und der holografischen Simulation gefangen – ähnlich einer Motte, die vom Schein einer Kerzenflamme gebannt ist. Die Fähigkeit zur peripheren Schau schwindet, und das Einzige, das bleibt, sind die Lichter des heranrasenden Güterzuges, der genügend programmierte Wahrnehmungen für ein ganzes Leben mit sich führt. Die meisten jungen Menschen haben, wenn sie den Schoß ihrer vom „Bildungs"-System erhaltenen Erstprogrammierung verlassen und die Welt der Erwachsenen betreten, die beschriebene Selbst- und Realitätswahrnehmung schon verinnerlicht. Ihre Wahlmöglichkeiten, Ambitionen und Träume werden auf der bewussten wie auf der unbewussten Ebene vom System bzw. dem Identitätsgefühl vorgegeben, das sie vom System heruntergeladen haben.

Der Umstand, dass die archontische Verdeckte Hand die Kontrolle über das globale Finanzsystem, die Geschäftswelt sowie die Regierungen besitzt, bedeutet in der Konsequenz, dass sie darüber entscheidet, wer Geldmittel, Arbeitsstellen und Unterstützung erhält und wer nicht. Für die meisten Erwachsenen ist das Leben ein permanenter Überlebenskampf (Reptilienhirn), während andere ihren Träumen hinterherjagen, die sich um Geld, Status und Macht drehen (Reptilienhirn) – um die Dinge also, von denen ihnen das System gesagt hat, dass sie Erfolg bedeuten. Softwareprogramme, die Gefühle der Unsicherheit ins menschliche Schwingungsfeld einstreuen und Ängste erzeugen, sorgen dafür, dass nur relativ wenige Menschen selbstsicher sind und in sich ruhen. Die breite Masse sucht die permanente Bestätigung durch andere – und das hat eine ganze Reihe von Konsequenzen. Die Menschen sprechen nicht aus, was sie wirklich denken, wenn es konträr zu der Briefmarkenwahrheit steht, die vom Konsens angebetet wird. Um als erfolgreich bejubelt zu werden und auf diese Weise die eigene Unsicherheit zu übertünchen, müssen sie genau die Art von Leistungen erbringen, die von den Mitmenschen als Erfolge angesehen werden. Und wer befindet darüber? Das System. Um zu verhindern, dass wir aufwachen, setzen sie unsere Träume gegen uns ein. Wie viel Geld besitzt du? Wie berühmt bist du? Wie viel Macht hast du über andere und über das Geschehen in der Welt? Die Sehnsucht danach, berühmt zu sein, um dahinter die eigene Unsicherheit verbergen zu können, ist der Grund für die anziehende Wirkung, die Hollywood, die Unterhaltungsindustrie und die Medien auf viele Menschen ausüben, denen der innere Halt fehlt. Manche sind von der Idee, berühmt zu werden, so besessen, dass sie alles dafür tun würden – koste es, was es wolle. Das Reality-TV nährt derartige psychologische Abhängigkeiten. Menschen, die am Bewusstsein jenseits des Programms teilhaben, brauchen keine Egomassagen. Sie sind einfach, wer sie sind, und die Frage, was andere über sie denken mögen, tangiert sie überhaupt nicht. Man beginnt zu verstehen, warum die Verdeckte Hand und ihr System derart große Anstrengungen unternehmen, um jeden Hauch einer Verbindung zum erweiterten Gewahrsein zu unterbinden: Würden sie das nicht tun, wäre ihr Spiel vorbei.

Kaum ist die Schule bzw. Universität geschafft, beginnt die Rennerei: Ich muss, ich muss, ich muss! (Abb. 358) Ich muss *überleben*! Ich muss *erfolgreich sein*! Ich muss mich *messen*! Ich muss jemand *sein*! Das Programm läuft das ganze Leben lang und büßt bis zuletzt nicht an Wirkung ein. Um den Programmierungsmechanismus zu verschleiern, ist die Verdeckte Hand gezwungen, die Möglichkeit der freien Wahl vorzutäuschen und die vermeintlich unterschiedlichen Abschnitte des Lebens mit verschiedenen Etiketten zu versehen. Doch verschieden sind nur die Etiketten; der Prozess bleibt dabei stets derselbe und setzt sich endlos fort. Wenn Sie Brot, Kaffee, Käse oder Joghurt kaufen, können Sie aus einer langen Liste von Produkten auswählen. Doch wenn es darum geht, wer die Regierung stellen soll, stehen in der Regel nur zwei Parteien zur Wahl (die zudem kaum voneinander zu unterscheiden sind). Bei Dingen, die für die Verdeckte Hand ohne Bedeutung sind, gibt es eine Vielzahl von Optionen; ist ihr jedoch etwas wichtig, lässt sie kaum Auswahlmöglichkeiten zu. Es wird suggeriert, das Leben als Erwachsener unterscheide sich von dem eines Schülers oder Studenten. Doch in Wirklichkeit handelt es sich um die Fortführung desselben Programms. Eine Mutter ermahnt ihr Kind, das nicht aus den Federn will: „Komm schon, Liebling, du musst in die Schule“ (Gefängnis). Hat man den Lebensabschnitt der „Ausbildung“ geschafft, ist es der Partner, der einen ermahnt: „Hopp, hopp, Schatz, du musst zur Arbeit!“ (in vielen Fällen ebenfalls ein Gefängnis). Aus „Was werden die Lehrer sagen?“ wird „Was wird der Chef sagen?“ Die Bezeichnungen ändern sich, doch das Resultat bleibt dasselbe. Das Kind ist sogar noch besser dran, da es im schlimmsten Fall mit einem Anpfiff davonkommt. Der Erwachsene hingegen läuft Gefahr, seine Arbeit zu verlieren und nicht mehr in der Lage zu sein, seine Rechnungen zu bezahlen. Das Kontrollsystem wird mit Angst befeuert – Angst vor dem Lehrer, Angst vor dem Chef, Angst vor der Regierung, der Polizei, dem Finanzamt und den Mitmenschen. Sobald wir dem System unterliegen, wird es – unabhängig vom aktuellen Lebensabschnitt – zur Fußfessel, die uns gefangen hält.

Abb. 358: „Und weg sind sie! Ich muss mein Ziel erreichen!“ – Ich muss, ich muss, ich muss!

Dann wäre da noch die Karotte, die uns ständig vor die Nase gehalten wird. Die Karotte, um die es im Lebensabschnitt „Ausbildung“ geht, lässt sich wie folgt umschreiben: Arbeite hart, tu, was man dir aufträgt, und opfere deine Kindheit und Jugend fürs Lernen und Wiederholen – dann wirst du mit einem „guten Job“ belohnt werden. Im Leben des Erwachsenen heißt es: Arbeite hart, tu, was man dir aufträgt, und opfere dein Leben für die Karriere und dein „Weiterkommen“, dann wirst du „erfolgreich“ oder zumindest in der Lage sein, finanziell zu überleben (Abb. 359). Hauptsache, man lebt niemals im Moment – im JETZT.

Abb. 359: „Eines Tages werde ich das Ziel erreichen ...“ – So ein Mist! Die Karotte bewegt sich immer genauso schnell wie ich! Ich muss mich mehr anstrengen.

Schau immer auf die nächsten Augenblicke innerhalb der imaginären „Zukunft“. Leben ist das, was sich abspielt, während du damit beschäftigt bist, andere Pläne zu schmieden: Mit diesem Aphorismus brachte John Lennon meisterhaft auf den Punkt, worum sich alles dreht. Die archontische Gesellschaft ist so aufgebaut, dass die Wahrnehmungen des in die Falle gegangenen und verstörten Geistes in Ketten gelegt werden, sodass die Menschen niemals erfassen können, was tatsächlich vor sich geht. Schafft man es, dass ihr Augenmerk stets auf die nichtexistente Zukunft gerichtet bleibt, hat man ihre Aufmerksamkeit dauerhaft vom JETZT getrennt. Das JETZT bildet die Pforte zum erweiterten Gewahrsein, das alle Antworten bereithält. Ähnlich effektiv ist die Verhaftung in der imaginären „Vergangenheit“. Sorge dafür, dass die Gedanken der Bevölkerung unentwegt um ihre Hoffnungen und Zielsetzungen (Zukunft) oder ihren Kummer und Groll (Vergangenheit) kreisen. Im Übrigen ist auch die Idee der „Hoffnung“ ein gewaltiger Schwindel. Worauf bezieht sich eine „Hoffnung“ definitionsgemäß? Auf die imaginäre „Zukunft“. Hoffnung hat keinen anderen Effekt, als den Menschen vom JETZT zu trennen. Im ewigen JETZT ist für die Hoffnung, die ein Hirngespinst der „Zukunft“ darstellt, kein Platz. Ich gebe dir Hoffnung = ich halte dir eine Karotte vor die Nase. Iss nicht gleich alles auf einmal! Doch eigentlich ... bekommst du ja niemals auch nur ein *Stückchen* davon ab, nicht wahr? Sie ist einfach immer zu weit weg. Aber mach dir nichts draus – schluck einfach den Mist, den wir dir heute vorsetzen, dann kannst du hoffen, dass du morgen mehr Erfolg hast. Und morgen machst du wieder genau dasselbe.

Mit den Augen eines Marsmenschen

Das System ist gezielt so gestaltet worden, dass es ein Maximum an Angst, Sorgen und Stress erzeugt. Und – meine Güte, das funktioniert doch prächtig, oder? Milliarden von Menschen werden von der Angst gestresst, nicht überleben, die Miete nicht zahlen oder kein Essen auf den Tisch bringen zu können. Andere stehen unter Druck, weil sie so „erfolgreich“ sind (Abb. 360). Während der überwiegende Teil der Menschheit fürchtet, nicht genug Geld zu haben, sorgen sich andere, das Geld, das sie besitzen, zu verlieren oder keine neuen Einnahmen generieren zu können. Sorgen bewirken im Zusammenspiel mit manipulierten Ängsten und Wahrnehmungen, dass wir uns gegenseitig stressen und unter Druck setzen – zum einen nämlich die vermeintlich Untergebenen, zum anderen die Kinder. Eltern und Lehrer üben Druck auf die Kinder aus, damit sie sich anpassen und „es schaffen" (Prüfungen bestehen, einen guten Systemjob ergattern). Jede Ebene innerhalb der hierarchischen Gesellschaftsstrukturen übt Druck auf die jeweils darunterliegende Ebene aus. Schaff diesen Abschluss, erreiche jenes Ziel, verkaufe den Schrott hier. Der archontischen Macht ist damit auf dreierlei Weise gedient: Die Aufmerksamkeit wird gekapert, die Schwingungen werden niedergehalten, und es entsteht fortwährend „Nahrung" in Form von Angst, Stress und Besorgnis. Darüber hinaus können Menschen, die sich in emotionalem Chaos befinden, nicht mehr klar denken, da Unausgewogenheiten im emotionalen Feld auf das mentale Feld durchschlagen. Wenn man aber nicht klar denkt – wie soll man dann das Programm durchschauen? Dieses Psychospiel ist so effektiv, dass die Menschen vor dem Sonnenaufgang aufstehen und bis tief in die Nacht arbeiten, um „erfolgreich" zu sein, es „zu schaffen" oder schlicht den Chef zufriedenzustellen. Die Menschen sind so auf ihr Ziel fokussiert, dass weder Raum für peripheres Sehen noch für eine Neubewertung der Gesamtsituation bleibt. Fragen wie „Warum mache ich das?", „Wo führt das hin?" oder „Warum?" bleiben ungestellt und unbeantwortet. Ich muss, ich muss, ich muss … (Abb. 361).

Abb. 360: „Das Lebensprogramm – Was tun wir?" – Er ist so erfolgreich. Toll gemacht.

Abb. 361: „Sie haben keine Zeit zu ESSEN: So beschäftigt (und ‚erfolgreich') sind Sie!" – Immer in Bewegung bleiben … nur wohin?

Doch warum „musst" du, und was ist dieses „Muss" eigentlich? Tritt einmal für einen Moment aus dem Fünf-Sinnes-Blickwinkel des Ich-Phantoms heraus. Was würde wohl ein Marsianer sagen, der die menschliche Gesellschaft von außen betrachtet und aufgefordert wird, das Treiben auf unserem Planeten zu beschreiben? Zuerst wird man geboren,

Abb. 362: Geistig gesund, wie es scheint.

Abb. 363: „Sie pinkeln auf uns, und wir glauben, es würde regnen." – Die Conditio humana.

würde er erklären, und praktisch unmittelbar danach in ein System eingegliedert, das die Wahrnehmungen kontrolliert. Diesem Kontrollmechanismus bleibt man ausgeliefert, bis man „stirbt". In der ersten Phase wird das Fundament der vorgegebenen Realitätswahrnehmung heruntergeladen. Das System bringt einem bei, wie man über die verschiedenen Dinge in der Welt zu denken hat und was als „vernünftig" und „normal" gilt. Dabei ist es unerheblich, dass dieses „Normal" jedem, der nur über einen Hauch erweiterten Gewahrseins verfügt, als blanker Irrsinn erscheinen muss. Eine der fundamentalen Stützen, auf denen der gesamte Schwindel aufbaut, ist die Invertierung der menschlichen Wahrnehmung, sodass das Geisteskranke als geistige Gesundheit durchgeht, und umgekehrt (Abb. 362). Sie pinkeln auf uns, und wir meinen, es würde regnen (Abb. 363).

Unser Marsianer würde des Weiteren feststellen, dass die Menschen, sobald ihre Erstprogrammierung abgeschlossen ist, ihr restliches Leben entweder in Armut zubringen – wobei sie es nur mit Mühe schaffen zu überleben – oder aber „Dinge" herstellen und verkaufen, von denen man der Bevölkerung eingeredet hat, dass sie sie „braucht" und „haben will". Dabei verlieren die Leute oftmals das Interesse an einem Produkt, kaum dass es bezahlt ist. Diejenigen, die zu alt und gebrechlich sind, um das Spiel noch länger mitzuspielen, bestreiten ihre verbleibende Lebenszeit in der Regel von einer mickrigen oder überhaupt keiner Rente. Viele von ihnen haben Mühe, sich über Wasser zu halten, müssen jeden Cent dreimal umdrehen und sind es gewohnt zu frieren und zu hungern. Einige wenige haben sich durch Jahrzehnte der Arbeit eine ordentliche Rente und einen angenehmen Ruhestand gesichert, sodass sie in ihren letzten Lebensjahren endlich tun und lassen können, was sie wollen. Doch den überwiegenden Teil ihres Lebens verbrachten sie in der Vorfreude auf ihren Lebensabend. Bis dahin wird alles dafür geopfert, auf eine „Zukunft" hinzuarbeiten, die nicht existiert. Wenn der Kreislauf vollendet ist, dann … äh, stirbt man. Der Marsianer würde wohl den Kopf schütteln: „Ganz schön verrückt, oder?" Das ist es in der Tat. Die menschliche Gesellschaft ist ein Tollhaus, das viele Leute für den Gipfel der Evolution halten, weil sie ihren

Kumpeln am anderen Ende der Welt in Nullkommanichts eine Textnachricht schicken können (Abb. 364). Hier wird ersichtlich, wie mächtig die Programmierung und der Gewöhnungseffekt (ebenfalls Teil der Programmierung) sind. Ich will damit nicht sagen, dass sämtliche Berufe nutz- und wertlos sind oder wir keine der angebotenen Produkte in unserem gegenwärtigen Bewusstseinszustand brauchen. Ebensowenig behaupte ich, dass jeder von seinem Beruf gelangweilt ist und allmorgendlich mit Schrecken dem Tag entgegensieht. Doch betrachten Sie einmal die Relationen. Es wird weit mehr produziert, als wir tatsächlich brauchen; weit mehr getan, als getan werden müsste; und weitaus mehr Menschen begrüßen den Morgen mit Angst und Verzweiflung als mit Freude. Irgendetwas läuft da grundlegend falsch.

Abb. 364: Irre, die sich für geistig gesund halten.

Falschgeld regiert die Welt

Um das System aufrechtzuerhalten und die Wahlmöglichkeiten zu diktieren, die das menschliche Leben bereithält (oder richtiger: die Abwesenheit derselben), ist es für die Verdeckte Hand unabdingbar, die Kontrolle über Schöpfung und Umlauf des „Geldes“ zu besitzen. Das Geld wird von einer Handvoll archontischer Entitäten innerhalb des nicht einmal einen Prozents kontrolliert. Wir lernten bereits Ronald Bernard kennen, der sagte, dass im Kern nur ein sehr kleiner Personenkreis das globale Finanzsystem steuert. Es waren die archontisch-reptiloiden Blutlinien (allen voran die Rothschilds), die das Geldsystem erschufen. Es bildet das Instrument, das ihnen erlaubt, die verfügbaren Optionen zu beschränken sowie zu kontrollieren, was die Menschen tun und produzieren. Dazu brauchen die Blutlinien nur festzulegen, wohin Geld fließt und wer keines erhält. Bei ihrer Geldbesessenheit geht es weniger darum, gigantischen Reichtum nur um seiner selbst willen anzuhäufen, als darum, maximale Kontrolle zu erlangen (ich beziehe mich auf den tiefen Staat). Will man verstehen, wie es möglich ist, dass eine Handvoll Individuen Milliarden von Menschen kontrolliert, ist es unabdingbar, die Geldthematik zu durchschauen. Aus diesem Grund habe ich in „Die Wahrnehmungsfalle“ und anderen Büchern sehr detailliert erläutert, wie der Schwindel funktioniert. Auf DavidIcke.com gibt es dazu ein Erklärungsvideo, das sie abrufen können, indem Sie „essential knowledge for a Wall Street protestor“ ins Suchfeld eingeben.

Verstrickt man die Massen in ein System, in dem man nichts bekommt, ohne Geld dafür zu bezahlen – nicht einmal die grundlegenden, zum Überleben notwendigen Dinge –, macht man sie kollektiv von den wenigen abhängig, die das System betreiben und das Geld generieren und zirkulieren lassen. Du willst ein Dach über dem Kopf? Du willst essen? Dann tu, was wir dir sagen, oder du bekommst kein Geld. Unzählige Menschen machen in ihrem Leben nicht das, was sie *eigentlich* machen wollen, da sie dafür „nicht genug Geld haben". Der Prozentsatz ist gewaltig – fast jeder ist davon betroffen. Dabei ist Geld nur eine weitere Illusion, ein Schwindel unter vielen. Die Kontrolle der Regierungen durch die archontische Macht – deren Mechanismus ich noch erläutern werde – hat die Verabschiedung von Gesetzen ermöglicht, die die globale Macht über die menschliche Gesellschaft in die Hände des archontisch kontrollierten Banken- und Finanzsystems gelegt haben. Das Letztgenannte basiert auf dem Mindestreserveprinzip, das es privaten, im Besitz archontisch-reptiloider Hybridfamilien befindlichen Banken gestattet, Geld zu „verleihen", das gar nicht existiert, und für diese sogenannten „Kredite" obendrein Zinsen zu erheben. Ganz offiziell dürfen sie neun- bis zehnmal mehr Geld verleihen, als sie überhaupt besitzen (durch entsprechende Manipulationen liegt der Faktor in Wirklichkeit noch viel höher), und Zinsen für das Ganze berechnen – Zinsen auf imaginäre „Kredite", die nicht real sind, es nie waren und auch niemals sein werden (Abb. 365). Jeden Dollar, den Sie einer Bank anvertrauen, darf sie *mehrfach* verleihen und für jedes dieser Darlehen Zinsen veranschlagen. Die Menschen glauben, sie würden sich „Geld" von ihrer Bank leihen – dabei handelt es sich lediglich um einen Taschenspielertrick bei der Bilanzaufstellung. „Wir leihen Ihnen das Geld für einen Hauskauf" bedeutet in Wirklichkeit: Wir erschaffen einen Kredit aus heißer Luft, der dem Gegenwert eines Hauses entspricht, das so lange in unserem Besitz bleibt, bis Sie den Kredit zurückgezahlt haben – inklusive Zinsen. Permanent landen Menschen, ja, ganze Familien auf der Straße, weil sie geliehenes „Geld" nicht zurückzahlen können, das nie existiert hat und niemals existieren wird (und folglich niemals hätte verliehen werden dürfen, Abb. 366).

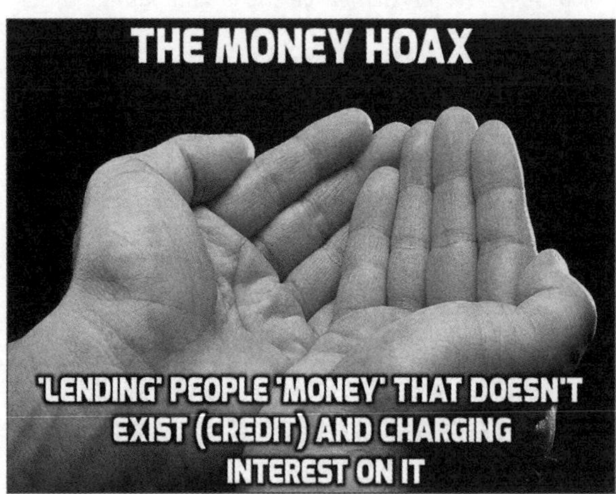

Abb. 365: „Der Geldschwindel: ‚Leihe' den Menschen ‚Geld', das nicht existiert (Kredit), und berechne dafür Zinsen." – Wie das Bankensystem die Welt kontrolliert.

Die Banken der Archontenblutlinien „leihen" Ihnen eine Illusion, die nur deshalb einen Wert hat, weil die Menschen glauben, dass sie einen habe. Im Gegenzug dient Ihr Haus, Ihr Grundstück, Ihr Auto oder Ihr Geschäft der Bank als Kreditsicherheit. Können Sie die Tilgungsraten einschließlich der Zinsforderungen nicht mehr bedienen, weil Sie Ihre Arbeit verloren haben, geht Ihr Haus in den Besitz der Bank über. Während der Bankenkrise von 2008 haben wir das hunderttausendfach erlebt. Ungefähr die Hälfte aller globalen Vermögenswerte befindet sich im Besitz etwa eines Prozents der Menschheit (das sich überwiegend aus Archontenfamilien zusammensetzt). Ermöglicht wurde das, indem man über Jahrhunderte hinweg aus der Luft gezauberte Kredite (Geld, das nicht existiert) gegen Aktivposten eingetauscht hat, die *sehr wohl* existieren: Immobilien, Grundstücke, Geschäfte und Rohstoffe. Gib einem Mann eine Pistole, und er kann eine Bank ausrauben. Gib ihm eine Bank, und er kann die Welt berauben. Gib einem Mann die Kontrolle über das Banken*system* – und er kann sich die ganze Welt unter den Nagel reißen. Nathan Rothschild (1777–1836), der das Familienimperium in Großbritannien aufgebaut hat, sagte einmal:

Abb. 366: „Ich habe mein Heim verloren: Ich konnte Geld nicht zurückzahlen, das nicht existiert." – Ein himmelschreiender Wahnsinn, doch die Menschen nehmen es achselzuckend hin. Die wenigsten wissen überhaupt, wie „Geld" eigentlich „erschaffen" wird.

> Es ist mir egal, welche Marionette man auf den Thron von England gesetzt hat, um das Reich zu regieren. Das britische Königreich wird von dem Mann beherrscht, der den Geldfluss des Landes kontrolliert. Dieser Mann bin ich.

Heute könnte er sagen: Die Welt wird von dem Mann beherrscht, der den Geldfluss derselben kontrolliert. Das ist in der Tat genau die Situation, in der wir uns befinden.

Die Spinne und ihr weltumspannendes Netzwerk, in dessen Mittelpunkt sie verharrt, besitzen und lenken das Bankensystem. Das Spinnennetz bewerkstelligt die Koordinierung vermeintlich separater Institutionen, zu denen unter anderem die Weltbank, der Internationale Währungsfond (IWF), die Europäische Zentralbank (EZB) sowie die nationalen Zentralbanken zählen. So wird sichergestellt, dass die Einrichtungen, die in den Augen der Öffentlichkeit scheinbar unabhängig agieren, auf dasselbe Ziel hinarbeiten. Eines der Hauptinstrumente, die der gegenseitigen Abstimmung der genannten Institutionen dienen, ist die im schweizerischen Basel ansässige Bank für Internationalen Zahlungsausgleich. In den Räumlichkeiten der 1930 von archontisch-reptiloiden Familien (insbesondere den Rothschilds und den Rockefellers) gegründeten privaten Organisation treffen sich die Direktoren der nationalen Zentralbanken regelmäßig – ohne dass sie dabei von den Regierungen überwacht werden würden –, um sich über das gemeinsame Vorgehen zu verständigen (um gesagt zu bekommen, was sie tun und lassen sollen). Die Abbildungen 367 und 368 verdeutlichen die Unterteilung der Hierarchie in unzählige Teilbereiche, die die Anwendung des Need-to-know-Prinzips erlaubt und es somit einigen wenigen ermöglicht, ökonomische Richtungsentscheidungen auf nationaler und globaler Ebene zu diktieren.

Abb. 367: „Verdeckte Hand – Geheimgesellschaften – Finanzelite – Bankensystem – Regierungspolitik – Bevölkerung“ – Die Stufenpyramide, die das Weltfinanzsystem kontrolliert.

Abb. 368: „Bank für Internationalen Zahlungsausgleich – nationale Zentralbanken – Regierungen – Bevölkerung“ – Fragen Sie einen beliebigen Politiker, welche Rolle die Bank für Internationalen Zahlungsausgleich spielt – und der entgeisterte Gesichtsausdruck, den Sie in den meisten Fällen ernten dürften, wird für sich sprechen. Die Hierarchie der menschlichen Gesellschaft ist nach dem Need-to-know-Prinzip aufgebaut und basiert auf Unwissenheit.

Es sind überwiegend private Banken – und nicht Regierungen –, die Geld in Umlauf bringen (wenngleich beide Bereiche letztlich demselben Spinnennetz unterstehen), indem sie nichtexistente Kredite verleihen; und jeder Kredit bedeutet *Schulden*. Das Tauschmittel, das wir Geld nennen, repräsentiert schon in dem Moment, da es „erschaffen“ wird, eine *Schuld*. Mit der Geldschöpfung werden Schulden erschaffen, und Schulden bedeuten Kontrolle. Die Macht über die Geldschöpfung versetzt die Herren des archontisch-reptiloiden Bankensystems in die Lage, die Menge des in Umlauf befindlichen „Geldes“ zu steuern, indem sie mehr oder weniger Kredite „verleihen“. Konjunktur- und Rezessionsphasen werden willkürlich herbeigeführt, indem man die Menge des zirkulierenden „Geldes“, die der Bevölkerung für Kaufaktionen zur Verfügung steht, erhöht oder vermindert. Auch die Manipulation der Zinsraten dient diesem Zweck. Die folgenden Schritte werden unablässig wiederholt: (1) Verleihe über Kredite eine riesige Menge nichtexistenten Geldes, sodass sich unzählige Privatpersonen und Firmen verschulden; (2) verringere die in Umlauf befindliche Geldmenge radikal, indem du die Zahl der Darlehen herabsetzt oder/und die Zinsraten erhöhst, und löse auf diese Weise einen ökonomischen „Abschwung“ aus; (3) heimse all die echten Vermögenswerte ein, die als Kreditsicherheit für den Fall vereinbart wurden, dass die Schuldner ihre Kredite (plus Zinsen) nicht zurückzahlen können.

Die Zinsen sind ein Thema für sich. Die Bank „leiht" Ihnen nur den vereinbarten – und zuvor von der Bank „erschaffenen" – Betrag, doch zurückzahlen müssen Sie denselben Betrag *plus Zinsen*. Die Zinsen sind nie generiert worden, sodass niemals auch nur annähernd genug Geld im Umlauf ist – weder theoretisch noch anderweitig –, als dass sämtliche offenen Schulden auf Heller und Pfennig zurückgezahlt werden könnten. Der Effekt, dass Menschen ihr Heim, Grundstück, Geschäft oder ihren Lebensunterhalt verlieren, ist mit voller Absicht in die Struktur des Finanzsystems integriert worden. Während einer Konjunkturphase, in der große Geldmengen zirkulieren, ist das weniger offenkundig; doch sobald der Geldumlauf gedrosselt wird, rückt der Effekt schmerzhaft ins Blickfeld.

Geht es eigentlich noch verrückter? Oh, absolut. Denn auch die archontischen Regierungen leihen sich auf diese Weise Geld von den archontischen Banken. Für die Rückzahlung (inklusive Zinsen) ist dann die jeweilige Bevölkerung zuständig. Praktisch alle Länder der Erde befinden sich dadurch heute im Besitz des Bankenkartells. Warum geben die Regierungen nicht ihr eigenes, zinsfreies Geld heraus? Die Antwort ist einfach: Dasselbe Netzwerk, das die Banken kontrolliert, hat über das Spinnennetz auch die Regierungen in der Hand. Warum sind die Bankiers, die die Krise von 2008 (und alle anderen) verursacht haben, aus derselben reicher denn je hervorgegangen, während die Bevölkerung – der die Banken ihr Überleben verdankten – mit Sparprogrammen überzogen und obendrein dafür verantwortlich gemacht wurde, das für die Bankenrettungen aufgewendete Geld zurückzuzahlen (das man sich *bei ebenjenem Finanzsystem geliehen hat, das man anschließend rettete*)? Regierungen und Banken bilden zwei Stränge innerhalb desselben Spinnennetzes.

Seit der künstlich herbeigeführten Bankenkrise, die 2011 Zypern erschütterte, werden die Bail-outs (die Bankenrettungen, von engl. „to bail somebody out", etwa: jemandem aus der Klemme helfen) zunehmend durch Bail-*ins* (die sogenannte Gläubigerbeteiligung) ersetzt (Abb. 369). Während die Bail-outs von den Regierungen (der Bevölkerung im Allgemeinen) bezahlt werden, gestatten die Bail-ins den Banken, sich ganz legal des Geldes ihrer Kunden zu bemächtigen, um ihren Kopf aus der Schlinge zu ziehen. Die Banker sprechen dabei intern von einem „Haarschnitt" für die Kontoinhaber. Sie meinen, auf der Bank sei Ihr Geld doch sicher? Soll das ein Witz sein? In dem Moment, da eine Bank pleitezugehen droht, sind Sie lediglich ein Gläubiger ohne jede Sicherheit. Mittels Bail-ins will die *El*-ite jeden einzelnen von seinem Geld trennen – auch diejenigen, die meinen, ihnen ginge es ja gut

Abb. 369: „Bankraub à la Zypern – Die nächste Phase: der ‚Bail-in'" – Die Geburt des Bail-in.

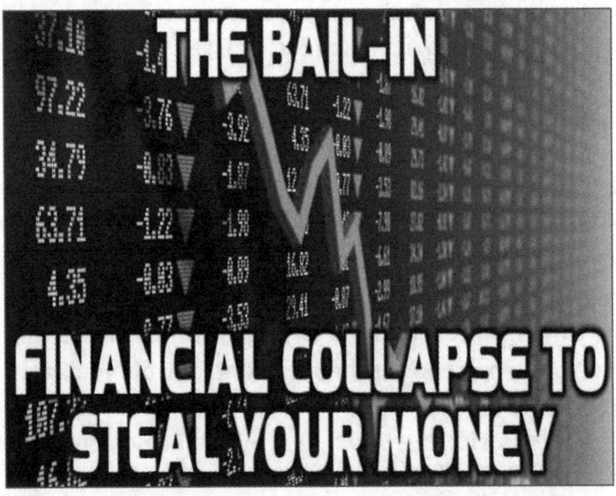

Abb. 370: „Der Bail-in: Zusammenbruch des Finanzsystems, um sich Ihres Geldes zu bemächtigen" – Früher oder später soll es einen gewaltigen Finanzkollaps geben, um Bail-ins auszulösen und sich das Vermögen derjenigen unter den Nagel reißen zu können, die nicht Teil der El-*ite sind.*

und das sei alles nicht ihr Problem (Abb. 370). Sofern Sie nicht Teil des (längst nicht einmal) einen Prozents sind, will die *El*-ite auch Ihr Hab und Gut; und sie wird es auch bekommen, wenn die Menschen nicht die Augen aufmachen, zur Kenntnis nehmen, was hier vor sich geht, und beginnen, an einem Strang zu ziehen. Überall auf der Welt werden zunehmend Gesetze verabschiedet, die es den Regierungen gestatten, privaten Konten ohne die Einwilligung der Inhaber Geld zu entnehmen – eine weitere Entwicklung, die Teil derselben Agenda ist.

In der EU bereitet man Regelungen vor, die vorsehen, die Konten von bankrottgehenden Banken einzufrieren, sodass die Einleger ihr Geld nicht abheben können. Zudem hat die Besteuerung unserer Einkommen und Einkäufe kriminelle Ausmaße erreicht, nur damit die wenigen die Bevölkerung noch mehr aussaugen, die Wahlmöglichkeiten weiter einschränken und neue Abhängigkeiten schaffen können. Die Menschen wären tief erschüttert, wenn ihnen klar würde, welch hoher Prozentsatz ihres Einkommens in Form immer wilder wuchernder Steuern letztlich in die Staatskassen wandert. Die Politiker aus dem linken Lager, die sich für noch höhere Steuersätze starkmachen, haben keine Ahnung, was sie da eigentlich befürworten. Oh, die Reichen zu besteuern hilft den Armen? Tatsächlich? Ist irgendjemandem aufgefallen, dass Not und Entbehrung stets fortbestehen oder gar zunehmen, ganz gleich, wie hoch die Steuern sind? Ähnlich sieht es im Hinblick auf die öffentlichen Dienstleistungen aus. Hat irgendjemand bemerkt, dass es die Gar-nicht-so-Reichen sind, die die Hauptsteuerlast tragen, während die Konzerne unverhältnismäßig wenig Steuern zahlen müssen? Der ehemalige österreichische Bundeskanzler Christian Kern wies darauf hin, dass Amazon und Starbucks in seinem Land weniger Steuern zahlen als eine örtliche Wurstbude. Das Großunternehmen Apple musste in Großbritannien kaum mehr als ein Prozent seines Umsatzes, der 7,5 Milliarden Pfund betrug, an Steuern berappen. Die Sätze für Google und Facebook sind ähnlich. Ein Parasit ist laut Definition „ein Organismus, der in oder auf einem anderen Organismus lebt (seinem Wirt) und sich auf dessen Kosten ernährt, indem er Nährstoffe von ihm abzweigt".

Von Steuergeldern werden Kriege und Massenmorde bezahlt. Über verschiedenste Kanäle landet der Großteil des Geldes schließlich in den Kassen der archontischen Familien. Deren Rüstungsfirmen sind dabei nur ein Beispiel von vielen. Ist Ihnen im Übrigen aufgefallen, dass die politischen „Helden" sowohl der Linken als auch der Rechten, die vorgeben, „gegen das System" zu sein und die *El*-ite herauszufordern, niemals die Tatsache thematisieren, dass die Banken nichtexistentes Geld verleihen – geschweige denn, dass sie versprechen würden, etwas dagegen zu unternehmen? Dafür gibt es drei entscheidende Gründe: Die große Mehrheit der Politiker hat keinen Schimmer davon, wie das Finanzsystem eigentlich funktioniert. Fast ebenso viele hätten auch gar nicht den Mumm, das Thema anzugehen. Und schließlich gibt es diejenigen – wenngleich nur sehr wenige –, die darüber im Bilde sind, was gespielt wird, dem Spinnennetz jedoch bewusst dienen und genau wissen, was sie tun.

Entweder wird der Finanzschwindel aus der Welt geschafft, oder es wird keine nennenswerten Veränderungen geben. Der erste Schritt müsste darin bestehen, dass die Regierungen eigene, zinslose Währungen herausgeben und dem privaten Bankensystem die Möglichkeit nehmen, über das Mindestreserveprinzip Geld aus der Luft zu zaubern. Die Regierungen sollten Investmentbanken gründen, die Geld schöpfen und *zinsfrei* in Umlauf bringen. Auf diese Weise würde das private Bankenkartell zusammenbrechen, und die Menschheit wäre von einem Joch gigantischen Ausmaßes befreit.

Das Gottesprogramm

Seit Langem schon weise ich darauf hin, dass Religionen die mächtigste Form von Gedankenkontrolle darstellen, die jemals erfunden wurde. Religionen wurden geschaffen, um Macht über die Gedanken der Bevölkerung zu erlangen und sie aufeinanderzuhetzen. Nichts hat die Menschheit bislang umfassender versklavt als der bedingungslose und starre Glaube an die verschiedenen Versionen des Gottesprogramms. Mit „verschieden" meine ich die zahllosen, von den Religionen verwendeten Namen und Bezeichnungen; doch handelt es sich letztlich immer um dasselbe Programm, das stets gleich aufgebaut ist (Abb. 371). Zu seinen wiederkehrenden Elementen zählen: Eine Gemeinde bzw. Gruppe von Anhängern; Vermittler (in der Regel in Kutten gekleidete Männer), die den Menschen sagen, was Gott von ihnen zu tun verlangt; sowie ein Gott bzw. eine allmächtige Gottheit (mitunter auch mehrere Götter), auf die sich die Anbetung konzentriert (Abb. 372). Nehmen Sie eine beliebige Religion, und Sie werden mit hoher Wahrscheinlichkeit eine Version der eben beschriebenen Blaupause vorfinden. Hinzu kommt noch „das Buch". Sämtliche Wahr-

Abb. 371: „Das Religionsprogramm: Verschiedene Namen und Amtstrachten – dieselbe Geschichte" – Pseudo-Zufälligkeiten und „Opposames": Dasselbe Programm in verschiedenen Verkleidungen.

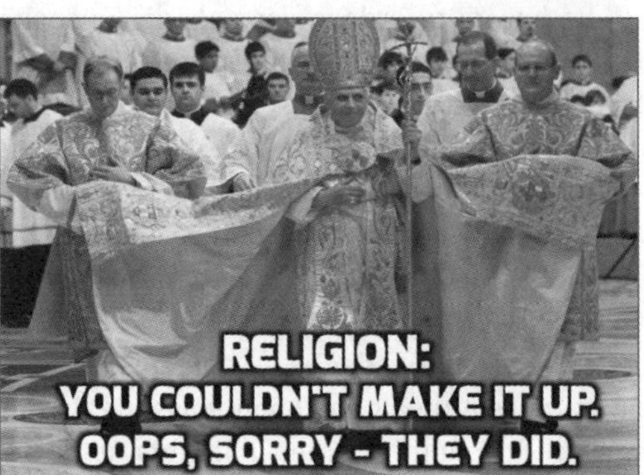

Abb. 372: „Religion: So etwas könnte man sich gar nicht ausdenken. Oh, Sekunde – das haben sie ja schon!" – Das ist ein Witz, oder? Jep, du hast es erfasst.

nehmungen, Leitgedanken, Inspirationen und Einsichten finden sich zwischen den Deckeln „des Buches", ob es sich nun um die Bibel, den Koran oder irgendein anderes Schriftstück handelt. Dabei ist es unerheblich, dass die Gläubigen in der Regel nicht wissen, wer „das Buch" eigentlich verfasst hat, unter welchen Umständen das geschehen ist und welche Beweggründe oder Einseitigkeiten möglicherweise in die Schrift mit eingeflossen sind. Jeder, der die jeweilige Orthodoxie infrage stellt, ist per definitionem fehlgeleitet, ein Gotteslästerer oder im Extremfall – wie etwa beim künstlich erschaffenen Wahhabismus der sabbatianischen Frankisten – ein Ungläubiger, der eliminiert werden muss.

In meinen Augen sind Religionen geistige Krankheiten, die sich durch eine chronische Kurzsichtigkeit sowie dadurch auszeichnen, dass jedes Anrecht auf eigene, freie Gedanken auf dem jeweiligen Altar geopfert wird. Während ich dieses Kapitel verfasste, fiel mir ein Bericht über das Benehmen einiger ultraorthodoxer Juden in die Hände, die sich auf ihren Flügen mit der staatlichen israelischen Fluggesellschaft El Al weigerten, neben Frauen Platz zu nehmen. Das würde gegen ihre Religion verstoßen, und ihr Gott sähe das nicht gern. Aber hat ihr Gott nicht auch die Frauen erschaffen? Was ist da schiefgelaufen – hatte er vielleicht einen schlechten Tag? Helfen Sie mir, ich bin verwirrt. Wenn sich die Damen nicht auf andere Plätze begeben wollen, bringen es einige dieser religiösen Fanatiker fertig, einfach im Gang stehen zu bleiben und sich zu weigern, sich hinzusetzen (Abb. 373). Während einer „Tora-Prozession", die durch den Londoner Stadtteil Hackney führte, informierte eine jüdische Gruppierung die weibliche Bevölkerung mittels Plakaten, welche Straßenseite sie zu benutzen hätte, „damit sich Männer und Frauen, die nicht miteinander verheiratet oder verwandt sind, nicht versehentlich berühren können" (Abb. 374). Können Sie sich vorstellen, von morgens bis abends in der Angst zu leben, man könnte jemanden berühren – und sei es nur versehentlich –, mit dem man weder verheiratet noch verwandt ist? Der Grad, den die Wahrnehmungs- und Gedankenkontrolle hier erreicht hat, ist kaum zu fassen. Eine andere jüdische Sekte hat versucht, Mädchen und Frauen den Zugang zu höherer Schulbildung zu

Abb. 373: „Frauenfreie Zone. Puh! Gott ist's zufrieden." – Kleinkarierte Anhänger einer kleinkarierten Religion.

verwehren, da das „gefährlich" und „gegen die Tora" sei. Hier sind einige der Dinge – und ich meine wirklich nur *einige* –, die Menschen jüdischen Glaubens gemäß ihrer Religion am Sabbat (Schabbat, der Samstag, bzw. engl.: saturday = Saturn-day = Saturn-Tag) nicht tun dürfen: etwas erhitzen, um es zu verändern (einen Kuchen backen beispielsweise); Auto fahren (Feuer dürfen weder entfacht noch gelöscht werden, doch Autos bewegen sich mittels Zündfunken und Kraftstoffen); elektrische Geräte, Lampen, Radios oder Fernseher einschalten oder das Telefon benutzen (ebenfalls weil Erhitzen/Entzünden verboten ist; die Beleuchtung muss eingeschaltet werden, bevor der Sabbat beginnt, andernfalls muss man im Dunklen verharren); Dinge abtrennen, die geklebt, genäht oder perforiert sind – Toilettenpapier oder Papiertücher etwa dürfen nicht abgerissen werden (denken Sie besser nicht weiter darüber nach). So geht das endlos weiter. Schreiben, Zeichnen und Radieren sind verboten, ja, sogar das Öffnen von Verpackungen ist tabu, wenn der Riss durch Buchstaben oder Wörter gehen würde. Ebensowenig dürfen Sie am Sabbat Pflanzen gießen, Blumen pflücken, Geld benutzen oder einem Gegenstand den letzten Schliff geben.

Abb. 374: „Frauen laufen bitte nur auf dieser Seite der Straße." – Neeein! Berühr mich nicht!

Die Liste ist entsetzlich umfangreich; doch eine Website, über die ich gestolpert bin, wusste guten Rat: Kleben Sie die Lichtschalter im Badezimmer ab, sodass Sie sie nicht aus lauter Gedankenlosigkeit einschalten, wenn Sie nachts mal müssen. Gefällt mir gut. Reißen Sie genügend Klopapier und Papiertücher auf Vorrat ab, wenn der Sabbat naht. Bringen Sie Stifte aller Art außer Reichweite und öffnen Sie auch Flaschen und Verpackungen schon im Vorfeld. Sie haben doch nicht etwa eine Flasche am Sabbat geöffnet? *Blasphemie!* Auch die Tricks sind genial, die sich die Leute haben einfallen lassen. Sie können die Beleuchtung beispielsweise mittels Zeitschaltuhren ein- und ausschalten – solange sie vor dem Sabbat programmiert worden sind! In Tel Aviv, New York und Nord-London gehen die Dinger bestimmt weg wie warme Semmeln. Noch besser ist der Kniff, einfach dafür zu sorgen, dass am Sabbat ein Ungläubiger zugegen ist. Der darf ja alles machen – die wahnwitzigen Regeln gelten schließlich nur für Gottes auserwähltes Volk. Ein anderes Sabbatgesetz verbietet den „Transport eines Gegenstandes aus dem privaten in den öffentlichen Bereich oder über eine Distanz von mehr als vier Ellen im öffentlichen Raum". Der Wahnsinn nimmt derart atemberaubende Dimensionen an, dass Juden am Sabbat alles untersagt ist, was als Arbeit betrachtet werden könnte. Dazu gehört unter anderem, einen Rollstuhl oder Kinderwagen zu benutzen, Babys im Arm zu halten oder außerhalb seines Hauses oder Gartens Schlüssel bei sich zu tragen. Die Folge davon ist, dass Behinderte,

Ältere und Babys oftmals von der Abenddämmerung am Freitag bis zur Abenddämmerung am Samstag – wenn der Quatsch zu Ende ist – zu Hause bleiben müssen. Und wer pocht auf die Einhaltung all der Regeln? Nun, offenbar will der Gott des Alten Testaments es so. Was für ein Saftsack!

In Nord-London haben die Juden versucht, eine zehn Kilometer lange Grenzmarkierung aus Angelschnur, die sie an hohen Pfählen befestigten, um ihre Gemeinde zu ziehen. Nein, ich denke mir das nicht aus. Den Juden zufolge würde auf diese Weise ein „Eruv" markiert werden – ein Gebiet, das wie folgt definiert wird: „Ein städtisches Areal, das von einem Draht umgeben ist, durch den der private Bereich jüdischer Haushalte symbolisch in den öffentlichen Raum erweitert wird, sodass innerhalb seiner Grenzen Aktivitäten gestattet sind, denen am Sabbat normalerweise in der Öffentlichkeit nicht nachgegangen werden darf." Klingt für mich ein bisschen nach Beschiss, aber der alttestamentarische Tyrann scheint das durchgehen zu lassen.

Die starre Strenggläubigkeit bildet auch eine der Triebfedern des israelischen Staates. Dennoch ist die Mehrheit der Juden mit den religiös-zionistischen Fanatikern nicht einverstanden. Eine 2017 durchgeführte Umfrage ergab, dass 55 Prozent aller jüdischen Israelis die Verquickung von Judentum und Staat neu überdenken wollen, da der Letztgenannte ihrer Meinung nach die ultraorthodoxen Juden repräsentiert – und nicht sie. Fast 100 Prozent der säkularen Befragten meinten, der Einfluss der Religion müsse reduziert oder gar eine vollständige Trennung von Religion und Staat herbeigeführt werden. Doch diese Sichtweise findet selten Gehör – ganz im Gegensatz zum Gekreische der Extremisten.

Als „Glaube" getarnter Wahnsinn

Abb. 375: „Du meinst, lesen dürfen sie?" – Auf die Gefahr, mich zu wiederholen: Es ist ein Witz!

Extreme muslimische Gläubige beharren darauf, dass Frauen ihren Körper in der Öffentlichkeit komplett unter schwarzer Kleidung verstecken. Immerhin sind die Augen davon freundlicherweise ausgenommen. Wirklich sehr rücksichtsvoll (Abb. 375). In Saudi-Arabien, der offiziellen „Heimat" des Islam – oder richtiger, des Wahhabismus –, ist es Frauen untersagt, Auto zu fahren oder ohne Begleitung bzw. Erlaubnis zu reisen. Man hat Kinder in Feuersbrünsten verbrennen lassen, denen man die Flucht ins Freie verwehrte, weil ihre Kleidung der saudischen Religionspolizei zufolge nicht den religiösen Erfordernissen entsprach. Man weiß von Vätern, die Rettungskräfte daran hinderten, ihren Töchtern das Leben zu retten, weil sie sie dazu hätten berühren müssen. In Tunesien gingen Demonstranten für das Recht auf die Straße, während des muslimischen Fastenmonats Ramadan in der Öffentlichkeit essen und trinken zu dürfen. Zuvor waren nichtfastende Bürger festgenommen worden, weil sie angeblich „die öffentliche Moral angegriffen" hätten. Gesetze gegen Angriffe auf die einfache Intelligenz scheint es dort nicht zu geben – denn dann hätten sich die Beamten selbst in Gewahrsam nehmen müssen.

Die Verkörperungen der religiösen Software sind außerstande zu kapieren, dass die übrige Welt ihre Gehirne nicht ebenfalls ausschalten muss, nur weil sie es tun. Das gilt für das Programm ganz allgemein, nicht nur für die Gottesvariante. In jedem Fall lautet die Devise: Was ich glaube, musst auch du glauben. Zwar gehören die genannten Beispiele zur extremen Sorte, und es gibt eine Vielzahl gemäßigterer Ausdrucksformen des Islam. Doch auch diese zeichnen sich durch ein Selbst-, Lebens- und Weltverständnis aus, das einer uralten Doktrin entspringt, die von Kindesbeinen an durch Wiederholung und Zwang verinnerlicht wird. Nicht anders verhält es sich im Judentum, Christentum, Hinduismus und all den anderen Religionen. Die großen Religionen beruhen *alle* auf alten (oder weniger alten) Glaubenslehren, die, sind sie erst einmal zu Papier gebracht oder Tradition geworden, für oftmals viele Jahrtausende den Ton angeben. Alles, was außerhalb der Doktrin liegt, wird verworfen oder gar verteufelt. Wo bleibt die freie Entscheidung bzw. Meinung, wenn man glaubt, man müsse jeden Tag fünfmal auf die Knie gehen und in Richtung Mekka beten (zum Saturnwürfel)? „Muslim" bedeutet „der, der sich unterwirft". In Saudi-Arabien und Pakistan laufen die sabbatianisch-frankistisch-muslimischen Dönme-Extremisten herum und überwachen mit faschistischer Arroganz ihre Mitmenschen. Indem sie willkürlich Strafen verhängen, bürden sie ihren Wahn der gesamten Gemeinschaft auf – insbesondere jedoch den Frauen. Wer den Glauben an die drastische Variante des Islam nicht teilt oder sich des Atheismus bzw. der „Blasphemie" schuldig macht, darf mit dem Tod bestraft werden. Das zeigt, wie verzweifelt die genannten Staaten bemüht sind, ihr Volk unter Kontrolle zu halten. Glaubt eigentlich irgendjemand, dass die Mitglieder der „königlichen" Dönme-Sabbatisten-Frankisten-Familie Saud im Privaten die Regeln des Islam befolgen? Er dient ihnen lediglich als Instrument zur Kontrolle der Massen – das ist alles.

Religionen können sich sowohl bei deren Einpeitschern als auch bei Eltern, die die Lehren an ihre Kinder weitergeben, als eine Art Geisteskrankheit manifestieren. Oft genug geschieht das tatsächlich. In Malaysia mussten einem Jungen beide Beine amputiert werden, nachdem ihn ein hirntoter Irrer an einer religiösen Privatschule immer wieder verprügelt hatte. Bald darauf verstarb der Junge. Eine Religion, die auf Gewalt und Einschüchterungsmethoden zurückgreifen muss, um die Kontrolle zu behalten, glaubt offensichtlich nicht, dass ihre Argumente überzeugend klingen und für sich selbst sprechen könnten. Kinder in eine Religion zu indoktrinieren, stellt eine Sauerei ersten Grades dar. Wer seinem Kind das Recht verwehrt, seine Gedanken frei zu äußern – ohne dem Druck ausgesetzt zu sein, sich anpassen zu müssen –, der misshandelt es.

Der Hinduismus gilt vielen Menschen als aufgeklärtere Religion. Die westliche New-Age-Bewegung wurde maßgeblich von ihm beeinflusst. Ich kann allerdings nur eine weitere Form geistiger Tyrannei erkennen, die ihre ganz eigenen Verrücktheiten aufweist. Im Jahr 2017 schlugen Hindus im indischen Bundesstaat Uttar Pradesh einen Mann tot, der sich weigerte, den Aufenthaltsort eines muslimisch-hinduistischen Teenagerpärchens preiszugeben, das durchgebrannt war. Dass sich ein Moslem und ein Hindu-Mädchen verlieben, geht einfach nicht. Das verstößt gegen unsere Religion, in der Hochzeiten so arrangiert werden müssen, dass die tyrannischen Armleuchter, die als Eltern fungieren, und alle anderen religiösen Softwareprogramme zufrieden sind. Ebenfalls im Jahr 2017 schlug ein indischer Vater seine beiden kleinen Kinder zunächst bewusstlos und tötete sie dann bei dem Versuch, ihnen mittels Elektroschocks böse Geister auszutreiben. Seine Mutter hatte ihm das mit der Begründung eingeredet, sie könne dann „Erleuchtung" erlangen. An diesem Beispiel wird deutlich, wie ein überspanntes religiöses Gemüt die Dinge auf den Kopf stellt. In Indien wurde 2017 ein zehnjähriges Mädchen in einem „schwarzmagischen Ritual" geopfert, das von dessen Onkel initiiert und von einem Schwarzmagier durchgeführt worden war, um einen Gelähmten zu heilen. Wie die Polizei erklärte, hatten die Täter geglaubt, der paralysierte Mann habe sich „in der Gewalt böser Geister" befunden und könne nur befreit werden, wenn man „innerhalb von 40 Tagen ein junges Mädchen opfert".

Abb. 376: Schlachte massenweise Büffel – das stimmt die Göttin fröhlich. Doch wehe, du tust einer Kuh etwas zuleide. Dann bekommst du richtig Ärger! Die Götter lieben Kühe!

Bis 2015 veranstaltete man in Nepal – unweit der Grenze zu Indien – alle fünf Jahre ein Fest zu Ehren von Gadhimai, der „Göttin der Macht", bei dem jedes Mal mindestens einige Zehntausend Büffel und andere Tiere rituell geopfert wurden. Manche Quellen meinen, die Zahlen seien in Wirklichkeit viel höher gewesen (Abb. 376). Für gewöhnlich fanden sich Millionen Schaulustige ein, die glaubten, die Opferungen würden das Böse vertreiben und der Gemeinschaft Wohlstand bescheren. Natürlich ist das nie geschehen; im Übrigen ist den Teilnehmern nie aufgegangen, dass man Böses nicht vertreibt, indem man es begeht. Sofern sich tatsächlich Wohlstand eingestellt hat, rührte er wohl eher von den Fleischverkäufen im Anschluss an die Festlichkeiten her. Die Letztgenannten stellten ein weiteres Beispiel für die Anbetung eines Gottes bzw. einer Göttin durch massenhaften Tod und Schrecken dar. Für die Archonten waren die Zeremonien energetische „Festmahle", dargebracht durch eine menschliche Religion, die ihren wahrnehmungsbezogenen Willen den Gläubigen aufzwingt, indem sie Angst erzeugt – Angst davor, den Göttern bzw. Göttinnen zu missfallen. Um sie gnädig zu stimmen, veranstalte man einfach einen Tierholocaust. Es darf nur keine Kuh darunter sein. Kühe mögen die Götter nämlich. Der indische Bundesstaat Gujarat hat lebenslange

Haftstrafen für das Töten einer Kuh eingeführt; für den Besitz von Rindfleisch gibt es bis zu zehn Jahre Knast. Aber Büffel töten? Kein Problem, das geht für die Götter in Ordnung.

Islam, Christentum, Judentum, Hinduismus: Die grundlegenden Muster sind dieselben. Lege fest, was „Gott" bzw. die Götter wollen, und zwinge diesen Glauben dann allen anderen auf – durch Einschüchterung, schlechtes Gewissen, Angst, Gesetze und gegebenenfalls Hinrichtungen. Auch im Buddhismus gibt es – trotz seines Images als Religion des Friedens – Extremisten, wie beispielsweise bei den Angriffen auf Muslime in Sri Lanka und vor allem Myanmar deutlich wurde. In Myanmar kam es zu einer humanitären Katastrophe, als eine große Zahl von Muslimen des Rohingya-Volkes versuchte, der Verfolgung zu entgehen. Praktisch alle Religionen huldigen in der einen oder anderen Form der demiurgisch-archontischen Verzerrung, die ihrer selbst gewahr ist, sowie deren nichtmenschlichen Helfershelfern reptiloider oder anderer Gestalt (Abb. 377). Allen Varianten dieses „Gottes" ist gemein, dass sie von ihren jeweiligen Anhängern groteske Verhaltensweisen und Überzeugungen wie die zuvor beschriebenen einfordern. Das erklärt sich schlicht daraus, dass es sich bei ihnen um verschiedene Versionen derselben archontischen Verzerrung handelt. In vielen Religionen dominiert der Mann über die Frau, wie wir etwa bei den extremen Ausprägungen des Judentums, Islam und Christentums sehen können, die seit Jahrhunderten weibliche Priester ablehnen. All diese männlich dominierten Religionen traten zur selben Zeit am selben Ort – Saharasien – in Erscheinung, nämlich nach dem Auftauchen der neuen Psyche, die der Herausbildung männlich dominierter Gesellschaften den Weg ebnete (Abb. 378). Religionen sind Schöpfungen der neuen Psyche, deren Zweck es ist, der archontischen Verzerrung und deren Ausdrucksformen – den Reptiloiden und den Grauen – zu dienen.

Die von Gewaltherrschaft, Gemetzeln und dem Oktroyieren von Glaubensinhalten geprägte Geschichte des Christentums lässt Vlad den Pfähler wie einen Waisenknaben aussehen. Die Religion beendete oder zerstörte im Laufe von knapp 2.000 Jahren unzählige Menschenleben und schränkte die Wahrnehmungen vieler Völker massiv ein. Dessen

Abb. 377: „Ich habe euch die Religionen gegeben, um MICH anzubeten!" – Die Religionen huldigen dem gefälschten „Gott".

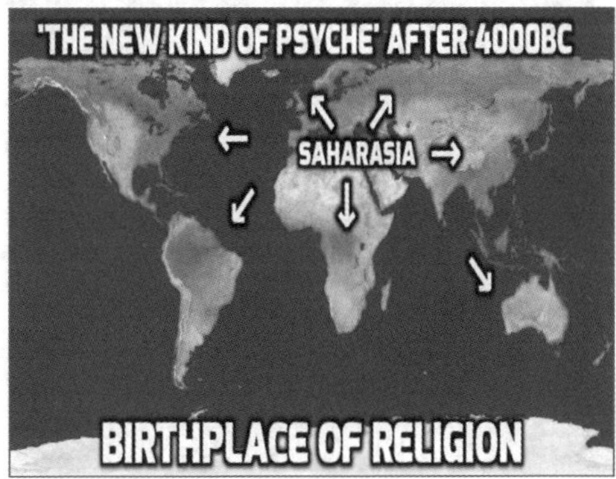

Abb. 378: „‚Die Psyche der neuen Art' seit 4000 v. u. Z. – Saharasien, der Geburtsort der Religionen" – Die großen Religionen entstanden zur selben Zeit und in demselben Gebiet wie die neue Psyche.

Abb. 379: Die „christliche" Geschichte von der jungfräulichen Mutter ist eine Neuauflage weitaus älterer Versionen, die sich überall auf der Welt finden. Dazu zählen die reptiloide Mutter mit Kind (Mesopotamien), die Königin Semiramis (babylonisches Reich) und Isis (Ägypten). Die Figur der Mutter Maria tauchte erst auf, als die babylonische Religion nach Rom übersiedelte und sich zum Christentum wandelte.

ungeachtet beziehen auch heute noch etwa 2,2 Milliarden Menschen aus allen Teilen der Welt ihre Wahrnehmungsblaupause aus der christlichen Lehre. Dabei handelt es sich beim Christentum in Wirklichkeit um die babylonische Religion, die sich einst mit den Blutlinien nach Rom verlagerte, das den Ausgangspunkt der heutigen Christenheit bilden sollte. Aus der babylonischen Dreifaltigkeit aus Nimrod (Vatergott), Semiramis (jungfräuliche Muttergöttin) und Tammuz/Ninos (jungfräulich geborener Gottessohn) wurde die „christliche" Trinität aus Gott dem Vater bzw. Herrn, Jesus und dem Heiligen Geist, der durch eine Taube symbolisiert wird. Die Babylonier stellten Semiramis, die auch den Namen Ištar trägt, als Taube dar. Die Attribute und Titel, die sie ihr zuschrieben (jungfräuliche

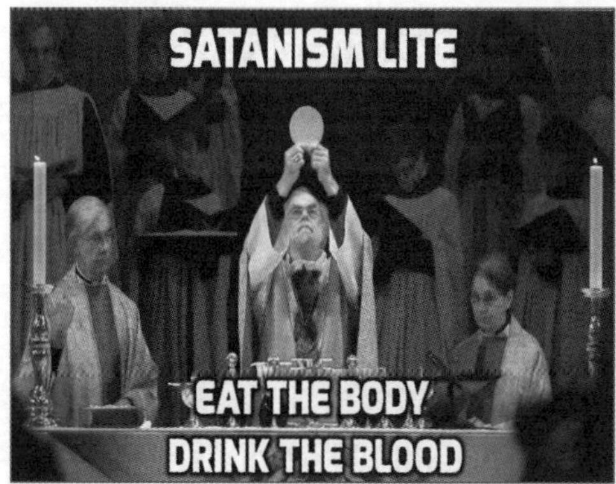

Abb. 380: „Satanismus light: Iss den Leib, trinke das Blut" – Das Abendmahl ist eine von der Öffentlichkeit akzeptierte Version der Opferrituale, die von satanistischen Netzwerken seit Jahrtausenden tatsächlich vollzogen werden.

Abb. 381: „Satanistische Opferung" – Die „Kreuzigung" ist ein Symbol für Menschenopfer.

Mutter, Königin des Himmels), wurden auf die symbolische Figur der Mutter Maria übertragen (Semiramis unter einem anderen Namen). Die vermeintlich „christliche" Erzählung ist lediglich das Plagiat eines grundlegenden Narrativs, das schon Jahrtausende vor dem Christentum überall auf der Welt im Umlauf war. Es gab eine ganze Reihe vorbiblischer Jungfrauen, die einen Erlöser gebaren (Abb. 379). Detaillierte historische und Hintergrundinformationen zum Religionsmythos finden Sie im Kapitel „Archontische Religion" meines Buches „Die Wahrnehmungsfalle".

Die Wurzeln des sabbatianischen Frankismus und des Satanismus unserer Tage, die beide rituelle Menschenopferungen praktizieren, liegen im babylonischen Reich. So erklärt sich, warum es im babylonisch inspirierten Christentum beispielsweise ein Ritual wie das Abendmahl gibt (bei dem Blut durch Wein und der Leib Christi durch eine Oblate repräsentiert wird) – Satanismus light (Abb. 380). Als Reminiszenz an die echten Opferaltare des alten Babylonien und anderer Kulturen finden sich solche auch im heutigen Christentum und bei verwandten Religionen. Selbst das zentrale Symbol der Christen zeigt ein Menschenopfer (Abb. 381). Jesus wurde auf Geheiß „Gottes" geopfert, um „die Menschheit zu retten"? Quer durch die „Geschichte" wurden Menschen geopfert, um Gott bzw. die Götter zu besänftigen und „die Menschheit zu retten". Was für ein „Gott" wird das wohl sein, frage ich mich?

Dieselbe Gottheit, derselbe Ursprung

Die Verbindungen, die zwischen den „verschiedenen" Religionen bestehen, sind offenkundig. Zwischen Judentum und Christentum besteht eine mächtige Schnittmenge in Form des Alten Testaments. Die biblischen Figuren Jesus, Maria und Abraham kommen auch im Islam vor. Alle drei glauben, dass ihr jeweiliger Gott das Universum erschaffen habe. Stimmt – der Demiurg mit seiner Simulation. Alle drei Religionen kennen die Kippa (eine Kopfbedeckung, die auch die babylonischen Priester trugen) und halten die ihren für Gottes Auserwählte. Die Juden meinen, sie seien das Volk, das über allen anderen stehe; die Christen sagen, man könne in den Himmel nur dann gelangen, wenn man an Jesus als seinen Erretter glaubt; und der Islam behauptet, die einzige Religion zu sein, die dem Gläubigen einen Platz in Allahs Paradies zu verschaffen vermag. Ist man erst einmal von seiner gottgegebenen Überlegenheit überzeugt, kann man den Ungläubigen gedanklich ihre Menschlichkeit absprechen und Gräuel jeden Umfangs rechtfertigen, die gegen sie gerichtet sind. So ist es geschehen, und es geschieht noch immer. Sehen Sie sich etwa das Verhalten der geistig verwirrten Kämpfer des Islamischen Staats bzw. ISIS an, oder das Geschehen in Israel und den illegal besetzten palästinensischen Gebieten im Gazastreifen und im Westjordanland. Sowohl im Judentum als auch im Islam besteht die Forderung nach koscherem bzw. solchem Fleisch, das von rituell geschlachteten Tieren stammen muss, das heißt halal ist. Schweinefleisch ist in beiden Religionen tabu, ebenso wie in einigen christlichen Sekten. Angeblich sagt ihr jeweiliger Gott, dass Schweine unrein seien; doch in Wirklichkeit hat dieses Tabu seinen Ursprung in den Glaubensvorstellungen, die in der Antike im Nahen Osten herrschten – dem Gebiet, von dem alle drei Religionen ihren Ausgang nahmen. Sie wollen, dass sich die Leute in einer bestimmten Weise verhalten? Ein Kinderspiel: Sagen Sie ihnen, dass es Gottes Wille ist.

Das Gottesprogramm verzweigt sich in zahlreiche Untervarianten – ein Prozess, der den fraktalen Mustern entspricht, die in die energetische Struktur der Simulation eingebettet sind. Einige der Forscher, die ich bereits an anderer Stelle erwähnte, fanden heraus, dass im Universum alles – ob es nun „physischer" oder psychologischer Natur ist – dem fraktalen, sich unbegrenzt fortsetzenden Prinzip folgt, das in der Formel „Wie oben, so unten" zum Ausdruck kommt und uns auch im religiösen Kontext begegnet. Fraktale sind in dem Sinn holografischer Natur, dass jedes kleinere Teilstück einer größeren Struktur eine genaue Kopie derselben darstellt (so, wie sich die ursprüngliche Verzerrung – der Demiurg – vervielfältigte, indem sie archontische „Kopien" ihrer selbst anfertigte). Betrachten Sie die Religionen einmal unter diesem Gesichtspunkt. Eine Religion wird erschaffen, die sich dann in Kopien ihrer selbst aufteilt, denen dieselbe Struktur zugrunde liegt. Aus dem Christentum, das in Rom entstanden war, gingen später der Katholizismus und der Protestantismus hervor, von denen es wiederum zahlreiche Ableger gibt? Dasselbe geschah mit der Aufspaltung des Islam in Schiitentum und Sunnitentum. Auch vom Judentum, Hinduismus usw. gibt es zahlreiche Varianten. Beim Hinduismus war das insofern unvermeidlich, als seine Anhänger unter Tausenden Gottheiten auswählen konnten. Die Aufspaltung großer Religionen ermöglichte, sie nicht nur gegeneinander aufzuwiegeln, sondern auch *innerhalb* jeder ursprünglichen Religion Feindseligkeit zu stiften – teile, herrsche und übernimm die Kontrolle über die Wahrnehmungen und die Aufmerksamkeit. Dabei handelt es sich bei sämtlichen religiösen Spielarten letztlich um Varianten derselben demiurgischen Verzerrung und ihres Kontrollsystems (Abb. 382).

Abb. 382: „Alle Religionen (Ismen) – ein Gott (der Demiurg)" – Verschiedene Religionen, dieselbe Gottheit.

Ähnliche fraktale Aufspaltungsprozesse sowie die daraus resultierenden Grabenkämpfe lassen sich in allen Bereichen der Gesellschaft beobachten. Seit Langem schon spreche ich von „Opposames", wenn zwei Mächte, Organisationen oder Glaubenssysteme als vermeintlich gegensätzlich miteinander in Konflikt stehen, obwohl sie im Grunde nicht voneinander zu unterscheiden sind. Ein offensichtliches Beispiel für Opposames bilden Kommunismus und Faschismus. Will man die Wahrnehmungen der Menschheit kontrollieren, erweisen sich die Religionen (buchstäblich) als „Geschenk des Himmels“. Gäbe es sie nicht, müsste die demiurgische Verzerrung sie erfinden. Beziehungsweise ... genau das hat sie ja getan. Hier sind ein paar knifflige, die Religionen betreffende Fragen, die geeignet sind, den Schleier zu lüften, der über dem wahren Grund ihrer Existenz liegt: Dienen die großen Religionen (und die meisten kleineren) der Befreiung der Menschheit oder zu deren Kontrolle? Gehen von ihnen überwiegend niedrig oder hoch schwingende Energien aus? Haben sie den Menschen geholfen, ihren Geist zu öffnen, oder eher eine Verengung desselben bewirkt? Fragen wie diese dürften sich weitgehend selbst beantworten (Abb. 383).

Abb. 383: „Alle Religionen sind eine Art von Wahnsinn.“ – Zumindest kann man mir nicht vorwerfen, ich hätte religiöse Vorurteile. Wird man aber trotzdem machen.

Religionen treten in verschiedenster Gestalt in Erscheinung, die oft nichts mehr mit den altgewohnten Priestern und Kirchen gemein hat. Hier ist eine mögliche Definition des Begriffs „Religion“: „Eine Betätigung oder ein Interesse, das mit großer Hingabe verfolgt wird.“ Auch die Hingabe an Sport oder Shopping – was auch immer – ist eine Form von Religion. Die Gottheit weicht dem Fußballstar oder der neuesten Modemarke, die Kirche wird durch das Stadion oder das Einkaufszentrum ersetzt. Ebenso stellt die konventionelle Wissenschaft eine Religion dar. Ihre Bibel ist die gültige Lehrmeinung. Bei den Hohepriestern des Szientismus, zu denen etwa der Oxford-Professor Richard Dawkins zählt, lassen sich Auffassungen und Verhaltensweisen beobachten, die man bei jeder Religion bzw. deren Priestern vorfindet. Es ist wichtig, das Gottesprogramm auch bei den Personen zu erkennen, die keine Kutte tragen und nicht von der Kanzel predigen. Während die letztgenannte Version des Programms leicht auszumachen ist, gestaltet sich das bei den verschleierten Varianten schwieriger. Auch bei der Anbetung von Fußball, Shopping, Prominenten, Geld oder Karriere handelt es sich um Anbetung – „das Gefühl bzw. der Ausdruck der Verehrung einer Gottheit“. Nicht einmal die Simulation ist in der Lage, die Wahrnehmung vollständig zu unterdrücken und durch aufgezwungene Konzepte zu ersetzen, solange das über die Programmierung hinausreichende Gewahrsein vorhanden ist. Sobald nun eine Religion bzw. ein Religionsersatz abgelehnt wird, bringen die archontischen Psychotrickser einfach eine neue Version des Gottesprogramms ins Spiel. Im Idealfall führt die Kaperung der Wahrnehmung einfach dazu, dass die Menschen bis in alle Ewigkeit den ausgetretenen psychologischen Pfaden einer der großen Religionen folgen; doch für den Fall, dass sie auf andere Gedanken kommen, müssen neue geistige Gefängnisse bereitstehen, die besser getarnt sind. Der *El*-ite ist es gleichgültig, was Sie glauben, solange sich Ihr Glaube nicht allzu weit vom Wahrnehmungsspektrum der fünf Sinne entfernt – nach Möglichkeit überhaupt nicht – und Sie Ihre Überzeugungen mit Vehemenz vertreten, sodass Sie andere Möglichkeiten gar nicht erst in Betracht ziehen.

Der Dreh- und Angelpunkt des Programms besteht darin, die *Aufmerksamkeit* an sich zu reißen. Bei dem Bemühen, uns von Religionen aller Art zu befreien und die Verführer zu identifizieren, kann uns folgende Frage helfen: „Wodurch wird meine Aufmerksamkeit in einer Weise dominiert und gesteuert, dass ich andere Möglichkeiten und Informationen von vornherein ausklammere?" Ganz gleich, wie die Antwort lauten wird – in jedem Fall kann sie Ihnen das geistige Gefängnis bewusst machen, das Ihre Aufmerksamkeit auf einzelne Bildpunkte lenkt, Sie jedoch niemals das ganze Bild erkennen lässt. Das soll nicht heißen, dass es grundsätzlich falsch wäre, sich auf einzelne Details zu konzentrieren – natürlich nicht. Doch wenn dies um den Preis geschieht, dass Sie Ihre periphere Sicht verlieren und das Geschehen an den Rändern nicht mehr wahrnehmen, sind Sie dem Programm in die Falle gegangen.

Wenn die (echten) Groschen fallen

Der Mensch unterliegt der Wahrnehmungskontrolle von der Wiege bis zur Bahre. Die meisten Menschen kommen nie an den Punkt zu erkennen, was man ihnen antut. Einigen beginnt es zu dämmern, wenn sie die Lebensmitte überschritten haben, doch dann wollen sie in der Regel nicht der Tatsache ins Gesicht schauen, dass man sie zeitlebens zum Narren gehalten hat. Folglich verschließen sie die Augen weiterhin vor der Wahrheit und greifen vielleicht sogar den Überbringer der Botschaft an. Ich verstehe das. In dem Bewusstsein, ein ganzes Leben lang verarscht worden zu sein, möchte kaum ein Mensch leben. Doch hey – es ist besser, man durchschaut die Dinge spät, als bis in alle Ewigkeit im Dunkeln zu tappen! Es ist ohnehin nur eine von vielen Erfahrungen, die man in der unendlichen Ewigkeit durchlebt. Zudem lautet die gute Nachricht, dass inzwischen sehr viele Menschen überall auf der Welt ihr Gewahrsein erweitern und ihr peripheres Sehvermögen wiedererlangen, das unerlässlich ist, um den Mumpitz zu durchschauen. Die Dämme brechen. Es mag nicht danach aussehen, wenn man die Abendnachrichten einschaltet, doch es ist *tatsächlich* der Fall, und der Prozess nimmt immer mehr an Fahrt auf. Die Schwingungen der Wahrheit spielen dabei eine entscheidende Rolle. In den letzten Jahren – insbesondere seit ich im Sommer 2016 begann, Vorträge auf der ganzen Welt zu halten – konnte ich beobachten, dass die Wahrnehmung bei immer mehr Menschen eine Morgendämmerung erlebt. Zu sehen, wie viele junge Leute mittlerweile die Illusion durchschauen, ermutigt mich ungemein. Nein, die Mehrheit bilden sie noch lange nicht, doch ihre Zahl steigt zusehends, obwohl die junge Generation psychologisch mit einer Heftigkeit in die Mangel genommen wird, die in der gesamten bekannten „Geschichte" bislang ohne Beispiel ist. Die Kinder und Jugendlichen von heute sollen laut Plan Erwachsene sein, wenn die technologische Unterjochung der Menschheit – die ich noch erläutern werde – ihren Abschluss findet. Das System arbeitet mit Hochdruck daran, die Gedanken der jungen Menschen unter seine Kontrolle zu bringen, sodass es seine geplante Dystopie mit minimalem Widerstand installieren kann. Doch viele von ihnen fallen auf den Angriff, der sich gegen ihre Wahrnehmung richtet, nicht herein.

Auf der anderen Seite höre ich immer mehr ältere Menschen Fragen stellen wie: „Was geht hier eigentlich vor sich?" Zwar spreche ich von „älteren" Menschen, doch setzt der Neubewertungsprozess in immer früheren Lebensjahren ein. Die Menschen erkennen, dass sie niemals Glück und Lebensfreude erreichen, ganz gleich, wie sehr sie sich bei der Jagd nach der Karotte abstrampeln. Sind wir wirklich nur dazu hier, pausenlos zu arbeiten, um entweder schlicht zu überleben oder aber immer mehr „Dinge" anzuhäufen, die zu begehren man uns eingeredet hat? *Echt* jetzt? Selbst viele von denen, die ihre Ziele erreicht haben, begreifen, dass sich im Grunde nichts geändert hat. Sie besitzen vielleicht den Status, den sie sich immer wünschten – als Direktor einer Firma, zum Beispiel –, und ein prall gefülltes Bankkonto, von dem andere nur träumen können. Doch wo ist die Lebensfreude? Wie steht es mit Zufriedenheit und emotionaler Ausgeglichenheit? Und mit dem inneren Frieden? Sie haben ihre Träume verfolgt und sogar verwirklicht, doch sie fühlen sich nicht anders als früher. All die Schularbeiten, Hausaufgaben, Vorlesungen, die endlosen Stunden im Büro, Verkaufstagungen, der Druck, zu verkaufen und Leistung zu erbringen – doch das eigentliche Leben zog unterdessen an ihnen vorbei. Andere hielten ihr Leben lang gehorsam an den Konventionen ihrer Religion fest. War es das wirklich wert? Worum ging es dabei eigentlich? Es war von Anfang an ein *Schwindel* – vorgezeichnete Gleise für die Psyche, die dafür sorgen sollen, dass Sie dem System ewig Untertan bleiben und niemals aufwachen, das Spiel durchschauen und ihm entrinnen. Der Ausblick, den das Leben dem Menschen bietet, ist keine Panoramaschau, sondern ein Tunnelblick (Abb. 384).

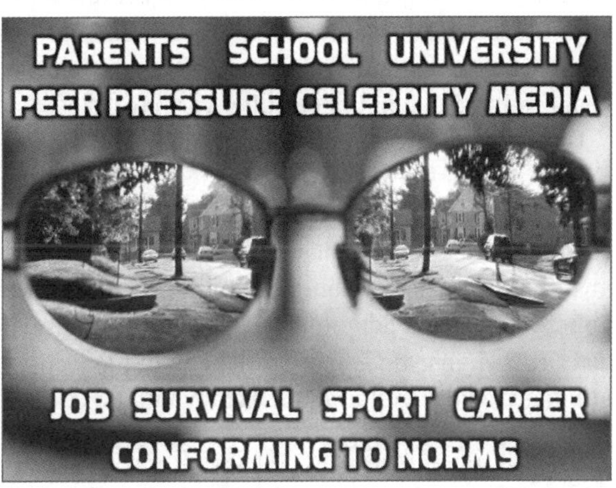

Abb. 384: „Eltern, Schule, Universität, Konformitätszwang, Stars, Medien, Arbeit, Überleben, Sport, Karriere: Anpassung an die Normen" – Die den Menschen einprogrammierte Kurzsichtigkeit.

Doch der springende Punkt ist, dass nichts von all dem notwendigerweise so sein muss. Ändern Sie Ihre Gedanken, und Sie verändern Ihr Leben. Ihre Gedanken *sind* Ihr Leben. Man hat sie Ihnen genommen – und damit diesen Ihr Leben. Doch es liegt in Ihrer Macht, es sich zurückzuholen. *Legen Sie los!*

Kapitel 9

Der Bann wird aufrechterhalten

„Geistige Größen denken ähnlich, da ein noch größerer Geist durch sie denkt."

Criss Jami

Der Grundstein für die Wahrnehmungsprogrammierung wird in der Kindheit und Jugend durch Eltern, „Bildung", Religionen und sozialen Druck gelegt. Von da an wird fortwährend aufgestockt und die Programmierung ein Leben lang aus unzähligen Quellen untermauert. Die Tatsache, dass dennoch immer mehr Menschen die Täuschung zu durchschauen beginnen, beweist, dass das Bewusstsein selbst eine alles durchdringende Programmierung zu überwinden vermag.

Um den Bann verhängen und aufrechterhalten zu können, bedarf es in entscheidendem Maße der globalen Medien, die Tag für Tag die Wahrnehmungen der Briefmarkenrealität bestätigen (Abb. 385). „Medien" ist der Plural des Wortes „Medium", das – abstrakt gesprochen – eine zwischengeschaltete Instanz bezeichnet. Daher begegnet uns der Begriff auch im Kontext der Kontaktaufnahme mit anderen Realitäten. Die Medien sitzen an der äußerst wichtigen Schnittstelle zwischen dem, was in der Welt geschieht, und jener Version des Geschehens, die der Öffentlichkeit aufgetischt wird. Um eine Wahrnehmungstäuschung auf den Weg bringen und aufrechterhalten zu können, ist es selbstredend erforderlich, die Informationen zu kontrollieren. Die Wahrnehmungen eines Menschen – seine Vorstellungen und Auffassungen hinsichtlich des Lebens und des Weltgeschehens – formen sich aus den Informationen, die er erhält. Diese speisen sich grundsätzlich aus verschiedensten Quellen, von der persönlichen Erfahrung bis zu den Abendnachrichten; doch ohne Frage beziehen die Menschen heute deutlich mehr Informationen aus dem Fernsehen als aus dem eigenen Erleben.

Abb. 385: „Vierte Stufe der Programmierung: Mainstreammedien" – Die Propagandaabteilung des Systems.

Es ist schier atemberaubend, wie viele Medien (Informationen) sich im Besitz privater Unternehmen befinden. Die amerikanischen Medien gehören praktisch einer Handvoll von Großkonzernen, die wiederum das Eigentum einiger weniger Milliardäre sind. Die Milliardäre gehören dem Spinnennetz, das seinerseits von der Spinne kontrolliert wird. Ähnlich sieht es in anderen Ländern der Erde aus. Dem Anschein nach gibt es in den Vereinigten Staaten zahllose verschiedene Medien, doch befinden sie sich fast ausnahmslos im Besitz eines der folgenden sechs Unternehmen: News Corp, Viacom, Time Warner, Disney, CBS Corporation und NBC Universal. Wer sich nur tief genug in die Strukturen des Spinnennetzes hineinbegibt, wird feststellen, dass diese sechs Konzerne von demselben verborgenen Netzwerk kontrolliert werden. Die globalen Medien – die „Unterhaltungs"-Industrie einschließlich Hollywoods und des Internets – gehören einigen wenigen mit dem Spinnennetz verbandelten Personen. Zu jedem erdenklichen Thema gibt es Fernseh- und Radiosender, Zeitungen und Zeitschriften – eine scheinbar unbegrenzte Fülle vermeintlich unabhängiger Quellen, unter denen man auswählen kann. Wenn Sie jedoch einmal die Größe des Personenkreises recherchieren, dem all diese Medien letztlich gehören, werden Sie entsetzt sein. In meinen Büchern „Der Löwe erwacht" und „Die Wahrnehmungsfalle" habe ich das recht ausführlich dargelegt. In Bezug auf Großbritannien können Sie einmal „list of Trinity Mirror titles" in eine Suchmaschine eingeben, um zu sehen, wie viele Medien aus allen Ecken des Landes allein dieser Firmengruppe gehören.

Oftmals besitzen die Medieneigentümer zudem nicht *nur* Medien, sodass erhebliche Interessenkonflikte vorprogrammiert sind. Der Milliardär Jeff Bezos beispielsweise ist Eigentümer sowohl der *Washington Post* als auch des Vertriebsriesen Amazon. Mit der CIA hat er bezüglich des Amazon-Konzerns einen Deal ausgehandelt, dessen Umfang sich auf 600 Millionen Dollar beläuft. Die *Washington Post* veröffentlicht unterdessen Artikel über die CIA (Abb. 386). Wie soll es dabei mit rechten Dingen zugehen? Wo ist die Grenzlinie zwischen Medien und Staat, insbesondere zum tiefen Staat? Wenn es jemals eine gab, existiert sie heute jedenfalls nicht mehr – es sei denn, in der Theorie.

Abb. 386 „Jeff Bezos ist der Eigentümer des Amazon-Konzerns, der mit der CIA einen Vertrag über 600 Millionen Dollar abschließt. Jeff Bezos ist der Eigentümer der Washington Post, die Artikel über die CIA schreibt. Was soll da schon schiefgehen?" – Interessenkonflikte spielen für die globale El-*ite keine Rolle.*

Die *Daily CIA*

Die *Washington Post* und andere große Mainstreamzeitungen blicken auf eine lange Historie intimer Beziehungen zu den Geheimdienstnetzwerken des tiefen Staates zurück, die außerhalb des politischen Tagesgeschäfts agieren, das durch Wahlurnen und häufig wechselnde „Führungspersonen" bestimmt wird. Er Umstand ist von Insiderjournalisten wiederholt offengelegt worden, etwa durch den Watergate-Reporter Carl Bernstein, der für die *Washington Post* tätig war. Dieser hatte enthüllt, dass der Sonderausschuss des amerikanischen Senats, der 1976 unter der Leitung von Senator Frank Church das „Regierungshandeln mit Bezug zu Aktivitäten der Nachrichtendienste" untersuchen sollte, einen großen Teil der Kontrolle vertuschte, die die CIA über die Medien ausübt. Dabei hatte selbst der Ausschuss, der verkürzt als Church Committee bezeichnet wurde, eingeräumt, dass etwa 50 Geheimagenten als Journalisten oder Mitarbeiter amerikanischer Medienorganisationen tätig waren, und erklärt: „Mehr als ein Dutzend amerikanische Nachrichtenorganisationen und Verlage dienten den CIA-Agenten im Ausland in der Vergangenheit als Deckung." Vergessen Sie das „in der Vergangenheit". Im Church-Report hieß es zu den Manipulationen ausländischer Medien durch die CIA: „Die CIA unterhält derzeit ein Netzwerk von einigen Hundert ausländischen Individuen überall auf der Welt, die [...] der CIA direkten Zugang zu einer großen Anzahl von Zeitungen, Magazinen, Pressediensten, Nachrichtenagenturen, Radio- und TV-Stationen, Buchverlagen und anderen ausländischen Medien zur Verfügung stellen." Heute ist das Netzwerk beträchtlich weiter ausgedehnt, als es 1976 der Fall war. Besonders offenkundig ist etwa das Zusammenspiel der nordamerikanischen und europäischen Medien, wenn die Narrative zu Ereignissen, die für die CIA und das Spinnennetz von Bedeutung sind, erstellt, ins gewünschte Licht gerückt und verbreitet werden sollen (Abb. 387). Gegenwärtig betrifft das vor allem die Vorstellung vom „bösen Russland". Der namhafte deutsche Journalist Udo Ulfkotte, der als politischer Redakteur bei der *Frankfurter Allgemeinen Zeitung* tätig war, hatte die Kontrolle der Medien durch die Geheimdienste öffentlich gemacht, bevor er im Januar 2017 im Alter von 56 Jahren an einem Herzanfall starb. Ulfkotte gab an, dass er gezwungen wurde, Artikel unter seinem Namen zu veröffentlichen, die in Wirklichkeit von den Geheimdiensten stammten. Im Falle der Weigerung hätte er seine Arbeit verloren. Irgendwann hatte er die Manipulationen dermaßen satt, dass er an die Öffentlichkeit ging – zu einem Zeitpunkt, als die hysterische Propaganda zur Dämo-

Abb. 387: „Die Medien? Nennt uns einfach CIA." – Die Geheimdienste haben einen mächtigen Einfluss darauf, was Sie sehen und hören – und was nicht.

nisierung Russlands, mit der ein Krieg losgetreten werden sollte, gerade in vollem Gange war. Er sagte:

> Ich bin seit etwa 25 Jahren Journalist und darin ausgebildet, zu lügen, zu betrügen und der Öffentlichkeit nicht die Wahrheit zu sagen. Aber wenn ich mir die letzten Monate anschaue, in denen deutsche und amerikanische Medien versucht haben, Krieg in Europa und in Russland zu entfachen, gibt es für mich kein Zurück mehr. Ich stehe auf und sage, dass es nicht richtig war, was ich in der Vergangenheit getan habe: Menschen zu manipulieren und Propaganda gegen Russland zu streuen. Und es ist nicht richtig, was meine Kollegen tun und in der Vergangenheit getan haben. Denn sie werden dafür bestochen, die Menschen zu betrügen, nicht nur in Deutschland, sondern überall in Europa.

Ulfkottes Aussage, dass die Kontrolle der Medien durch Geheimdienste allgemein verbreitet ist, wird durch andere Whistleblower aus Europa und den Vereinigten Staaten bestätigt (Abb. 388). Viele amerikanische und europäische Journalisten seien sogenannte „Non-official Covers" der CIA – also nicht offiziell beauftragte Spione. Das bedeutet, dass man für den Geheimdienst spioniert und ihm die gewünschten Informationen zukommen lässt; doch wenn man geschnappt wird, leugnet der Auftraggeber jede Verbindung. Wenn eine Regierung, die sich im Visier der Dienste befindet, ausländische Journalisten verhaftet, gibt es seitens der Vereinigten Staaten und anderer Länder stets einen Aufschrei wegen der journalistischen Freiheit; doch zumindest in einigen Fällen handelt es sich bei den „Journalisten" tatsächlich um Spione. Das ist die Kleinigkeit, die gerne verschwiegen wird. Wie Ulfkotte enthüllte, wurde er von Milliardären und amerikanischen Agenturen dazu bestochen, statt der Wahrheit Artikel zu veröffentlichen, die die USA und Europa – *niemals* aber Russland – in einem positiven Licht erscheinen lassen sollten. Die gegen Russland und Putin gerichtete Propaganda, die man auf beiden Seiten des Atlantiks permanent absondert (sowie in Ländern wie Australien oder Neuseeland, die der Kontrolle durch die USA und Großbritannien unterliegen), wird auf ein bestimmtes Ziel hin koordiniert.

Abb. 388: Bis zu seinem Tod im Jahr 2017 enthüllte Udo Ulfkotte mutig, wie und von wem die Medien kontrolliert werden.

Meiner Erfahrung nach gehören die im Besitz privater Unternehmen befindlichen Medien im unscheinbaren Neuseeland zu den schlimmsten und verlogensten überhaupt. Zu den Vertretern der blödsinnigen Medienlandschaft, die mir überall auf der Welt begegneten, zählten unter anderem ein neuseeländischer Fernsehmoderator, zwei Mitarbeiter des australischen Fernsehsenders Channel 9 und ein Radiomoderator aus Island. Sie alle stammen von demselben Fließband, halten sich aber alle für einzigartig und informiert. Man findet auf der Erde kaum zwei Orte, die weiter voneinander „entfernt" sind als Neuseeland und Island; und doch verkörperten die Medienmacher, die ich dort traf, dieselbe (programmierte) Geisteshaltung.

Die journalistische Ahnungslosigkeit, Arroganz und Unreife umspannen inzwischen den ganzen Erdball. Laut Ulfkotte hat die CIA vor allem britische und israelische Journalisten fest in der Hand. Der Verknüpfungen zwischen den Geheimdiensten und den Medien Großbritanniens bin ich mir schon seit geraumer Zeit bewusst. Achten Sie auf Schreiberlinge, die ständig im Fernsehen erscheinen, um dort Müll und Propaganda von sich zu geben, die der Verharmlosung des Pädophilie- und Satanismusproblems der *El*-ite dienen – sowie dazu, jeden Hinweis auf Verschwörungen ins Lächerliche zu ziehen. Meinen Landsleuten dürfte sofort ein Name einfallen, von dem mir ein ehemaliger Geheimdienstler in der Tat bestätigte, dass er für den MI5 arbeitet. In den USA haben wir den CNN-Getreuen Anderson Cooper, der der *el*-itären Blutlinie der Vanderbilts angehört und zunächst bei der CIA ein Praktikum absolvierte, bevor er sich als – wie er es nennt – Journalist zu betätigen begann. Der von den Zionisten gesteuerte und vor Arroganz strotzende Sender CNN sowie das aus öffentlichen Geldern finanzierte National Public Radio (NPR) haben eingeräumt, dass während des Ende der 1990er-Jahre tobenden Kosovokrieges, den die CIA hinter den Kulissen zum Nachteil Serbiens manipulierte, acht Mitarbeiter der 4th Psychological Operations Group (PSYOPS) des amerikanischen Militärs in ihren Nachrichten- und anderen Abteilungen zugange waren. Hier wird deutlich, was Mainstreammedien eigentlich sind: Mittel zur psychologischen Kriegführung gegen die Bevölkerung.

Udo Ulfkotte veröffentlichte seine Erkenntnisse in dem Buch „Gekaufte Journalisten: Wie Politiker, Geheimdienste und Hochfinanz Deutschlands Massenmedien lenken". Die CIA habe nach seinen Angaben auf jeden europäischen Journalisten ein Auge, der einen gewissen Einfluss hat (was wiederum in vielen Fällen dem Wirken „transatlantischer Organisationen" geschuldet ist). So würde man die Narrative kontrollieren, mit denen den Europäern das Weltgeschehen und eine Vielzahl von Themen erklärt werden (Abb. 389). Deutschland und die europäischen Länder seien laut Ulfkotte kaum mehr als Kolonien der Vereinigten Staaten. Auf der Ebene, auf der Ulfkotte tätig war, sei das ganz offensichtlich gewesen. Es gibt jedoch noch einen zusätzlichen Aspekt. Ich sprach bereits davon, dass die Vereinigten

Abb. 389: „Wie die Medien Sie anlügen können? Sie wissen einfach, dass Sie die ‚Fakten' nicht überprüfen werden. (Also, zumindest die große Mehrheit nicht.)" – Die Menschen müssen alles prüfen und hinterfragen, statt alles für bare Münze zu nehmen. Oftmals ist die Münze nämlich wertlos.

Staaten eigentlich von Europa aus kontrolliert werden. Wir haben es mit einer Befehlskette zu tun, die das wahre Machtzentrum verbergen soll. Die europäischen Regierungen befinden sich weitgehend in der Hand der Vereinigten Staaten, doch diese werden durch den inneren Kreis eines geheimgesellschaftlichen Netzwerks kontrolliert, das in Europa ansässig ist. Auf eine ähnliche Konstellation stößt man auch im Bereich der Geheimdienste. Ob CIA/NSA, britischer Geheimdienst (MI5/MI6) oder israelischer Geheimdienst (Mossad) – es spielt keine Rolle. Selbst die meisten Agenten halten ihren jeweiligen Dienst für eine eigenständige Institution, die sich von den anderen Diensten unterscheidet; doch gräbt man tief genug, dienen sie alle derselben Kommandozentrale – demselben Spinnennetz – und tragen zu derselben globalen archontischen Agenda bei. Zwar arbeiten die Geheimdienste der USA, Kanadas, Großbritanniens, Australiens und Neuseelands unter dem als Five Eyes bezeichneten Abkommen zum Austausch von Informationen ganz offiziell zusammen; doch die Verknüpfungen zwischen weltweit agierenden Geheimdiensten reichen viel tiefer. Im Jahr 2015 kam heraus, dass der BND die amerikanische National Security Agency (NSA) darin unterstützt hatte, die Regierungen der angeblich „befreundeten" Länder Polen, Österreich, Dänemark und Kroatien sowie eine Reihe ausländischer Botschaften in Deutschland auszuspionieren. Konkret handelte es sich um die Vertretungen Frankreichs, Großbritanniens, Schwedens, Portugals, Griechenlands, Spaniens, Italiens, Österreichs, der Schweiz und des Vatikans. Darüber hinaus wurden im Rahmen dieses globalen Überwachungsprogramms diplomatische Vertretungen der USA in Europa und bei den Vereinten Nationen sowie das amerikanische Finanz- und Innenministerium abgehört (die Liste ließe sich fortsetzen). Sogar das Telefon der deutschen Kanzlerin Angela Merkel hat man angezapft. Geheimdienste spionieren ihre eigenen Regierungen aus – unter deren Kontrolle sie sich eigentlich befinden sollten –, da ihre Loyalität nicht dem Staat, sondern jenem Spinnennetz gehört, das tatsächlich die Kontrolle über die Dienste ausübt. Während Politiker kommen und gehen, sind die der Spinne hörigen Agenturen ständig präsent und verwirklichen Schritt für Schritt die Agenda derselben. Das ist das eigentliche Netzwerk, zu dem noch der innere Kreis des Militärs zu zählen ist, der die unterirdischen Militärstationen (DUMBs) betreibt – über die selbst Präsidenten kaum etwas wissen dürfen. Wenn etwa Ulfkotte davon spricht, dass die CIA israelische Journalisten kontrolliert, bezieht er sich eigentlich auf den Mossad, der – ebenso wie die CIA – auf Geheiß des Spinnennetzes handelt.

Um ihre eigene Regierung ausspionieren und dennoch „glaubwürdig abstreiten" zu können, falls die Überwachungsmaßnahmen auffliegen, benutzen sich die Geheimdienste gegenseitig. Wie ein Whistleblower in einem Brief an einen Politiker enthüllte, bediente sich auch die Londoner Polizei dieses Prinzips, als sie die E-Mails von Hunderten politischen Aktivisten und Journalisten durch Kollegen aus Indien überwachen ließ. Eine andere beliebte Form der Stellungnahme besteht darin zu sagen: „Die Russen waren's!" Das folgende Schema wird seitens der archontisch-reptiloiden Blutlinien eingesetzt, um die Medien und damit die Gedanken des größten Teils der Bevölkerung zu kontrollieren:

- Etabliere oder kaufe große Nachrichtenagenturen und Fernsehsender
- Veröffentliche nur solche Berichte, die deiner Agenda entsprechen

- Begrenze die Debatte auf ein stark reduziertes Meinungs- und Themenspektrum
- Konzentriere dich auf traumatische Ereignisse, um die Bevölkerung in einem Zustand der Traumatisierung und Angst zu halten
- Brandmarke jeden, der dein System und deine Manipulationen bloßstellt, als „Verschwörungstheoretiker“

Wenn belegbare Fakten nur Theorien sind

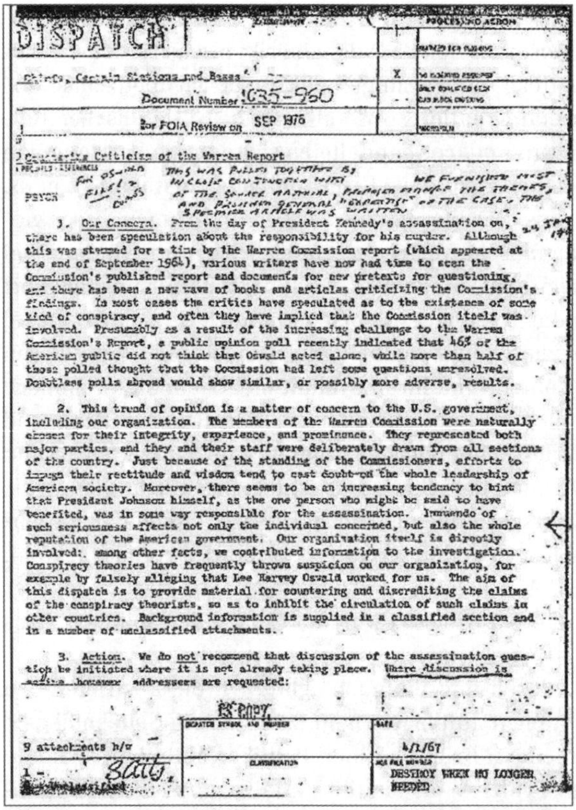

DISPATCH

Chiefs, Certain Stations and Bases

Document Number 1035-960

for FOIA Review on SEP 1976

Countering Criticism of the Warren Report

PSYCH

1. Our Concern. From the day of President Kennedy's assassination on, there has been speculation about the responsibility for his murder. Although this was stemmed for a time by the Warren Commission report (which appeared at the end of September 1964), various writers have now had time to scan the Commission's published report and documents for new pretexts for questioning, and there has been a new wave of books and articles criticizing the Commission's findings. In most cases the critics have speculated as to the existence of some kind of conspiracy, and often they have implied that the Commission itself was involved. Presumably as a result of the increasing challenge to the Warren Commission's Report, a public opinion poll recently indicated that 46% of the American public did not think that Oswald acted alone, while more than half of those polled thought that the Commission had left some questions unresolved. Doubtless polls abroad would show similar, or possibly more adverse, results.

2. This trend of opinion is a matter of concern to the U.S. government, including our organization. The members of the Warren Commission were naturally chosen for their integrity, experience, and prominence. They represented both major parties, and they and their staff were deliberately drawn from all sections of the country. Just because of the standing of the Commissioners, efforts to impugn their rectitude and wisdom tend to cast doubt on the whole leadership of American society. Moreover, there seems to be an increasing tendency to hint that President Johnson himself, as the one person who might be said to have benefited, was in some way responsible for the assassination. Innuendo of such seriousness affects not only the individual concerned, but also the whole reputation of the American government. Our organization itself is directly involved: among other facts, we contributed information to the investigation. Conspiracy theories have frequently thrown suspicion on our organization, for example by falsely alleging that Lee Harvey Oswald worked for us. The aim of this dispatch is to provide material for countering and discrediting the claims of the conspiracy theorists, so as to inhibit the circulation of such claims in other countries. Background information is supplied in a classified section and in a number of unclassified attachments.

3. Action. We do not recommend that discussion of the assassination question be initiated where it is not already taking place. Where discussion is active, however, addressees are requested:

9 attachments h/w

4/1/67

DESTROY WHEN NO LONGER NEEDED

Abb. 390: Die Mitteilung der CIA an die Medienhäuser, die im Jahr 1967 die flächendeckende Verwendung der Begriffe „Verschwörungstheorie“ und „Verschwörungstheoretiker“ in Gang setzte, die auch heute noch gängige Praxis ist. Mit den Kampfbegriffen sollen sämtliche alternativen Sichtweisen in Misskredit gebracht werden, die von den offiziellen Narrativen abweichen. Diejenigen, die sie gedankenlos in den Mund nehmen, haben keine Ahnung, woher sie stammen.

Der Begriff „Verschwörungstheoretiker“ dient als Rundum-Totschlagargument, mit dem all jene diskreditiert werden sollen, die den Schleier zu lüften versuchen. Dabei bedeutet „Verschwörung“ definitionsgemäß nichts anderes, als „sich gegen jemand anderen zusammenzutun“. So gesehen gibt es überall Verschwörungen. Zudem belegt man nur diejenigen mit dem Begriff „Verschwörungstheoretiker“, die das System infrage stellen. Behaupten Systemdiener hingegen gemeinschaftlich, die Russen hätten Wahlen in den USA und Europa beeinflusst, ohne irgendwelche eindeutigen Beweise vorzulegen – während sie gleichzeitig anonyme „Quellen“ zitieren –, wird aus der Verschwörungstheorie „Journalismus“.

Der großflächige Einsatz der Termini „Verschwörungstheorie“ und „Verschworungstheoretiker“ als Mittel der Verhöhnung begann in den 1960er-Jahren, als die CIA nach einer Möglichkeit suchte, diejenigen in Verruf zu bringen, die die Wahrheit über die Attentate auf Präsident Kennedy und Malcolm X enthüllen wollten. Ein Rundschreiben, das die CIA 1967 an amerikanische Medieneinrichtungen versandte, enthielt Anweisungen, wie mit Personen umzugehen sei, die bedenkliche Fragen stellten. Sie beinhalteten unter anderem die Verwendung des Begriffs „Verschwörungstheorien" (Abb. 390). In der Nachricht, die von der Clandestine Services Unit der CIA verfasst worden war, kam die Sorge darüber zum Ausdruck, dass die (absurde) offizielle Version des Kennedy-Attentats von 46 Prozent der amerikanischen Bevölkerung angezweifelt wurde – was der Arbeit unabhängiger Rechercheure zu verdanken war. Die Richtlinien wurden zum richtigen Zeitpunkt ausgegeben, fielen doch sowohl Martin Luther King als auch John F. Kennedys Bruder Bobby im darauffolgenden Jahr Attentaten zum Opfer. Auch in diesen Fällen standen die offiziellen Erklärungen in eklatantem Widerspruch zu den vorhandenen Beweisen. Im Einzelnen wurden in dem Schreiben folgende Methoden empfohlen, um den „Verschwörungstheorien" entgegenzutreten:

- Argumentieren Sie, dass unmöglich alle beteiligten Personen Stillschweigen bewahren könnten, sollte es sich tatsächlich um eine Verschwörung dieser Größenordnung handeln. [Das ist problemlos möglich: durch das Need-to-know-Prinzip, Einschüchterung und notfalls physische Beseitigung.]
- Setzen Sie CIA-Agenten und -Unterstützer dazu ein, die Theorien zu verreißen, und stellen Sie gleichzeitig die offiziellen Erkenntnisse heraus [siehe unter „Quasselt die Leute voll"].
- Ignorieren Sie die Informationen so lange wie möglich. Reagieren Sie erst, wenn sie so massiv zirkulieren, dass eine Stellungnahme unumgänglich ist. [Das ist der Grund für die gegenwärtige Panik, die in den Reihen des Mainstreams ausgebrochen ist und zum Kampfbegriff „Fake News" geführt hat.]
- Behaupten Sie, dass die Verschwörungstheorien „keine nennenswerten neuen Erkenntnisse" beinhalten würden. [Während sie in Wirklichkeit vom offiziellen Narrativ nichts übrig lassen.]
- Bringen Sie die Augenzeugen in Verruf. [Es sei denn, ihre Aussagen passen zur offiziellen Version – siehe unter anderem 9/11, 7/7 und andere terroristische Anschläge.]
- Verdammen Sie Verschwörungsforscher wegen angeblicher unverantwortlicher Spekulationen. [Weil sie die Wahrheit aussprechen.]
- Behaupten Sie, die unabhängigen Rechercheure seien verblendet, politisch motiviert oder hätten es aufs Geld abgesehen. [Wenn du die Botschaft nicht widerlegen kannst, attackiere deren Überbringer.]

Heute, 50 Jahre später, verwenden die Mainstreammedien noch immer die von der CIA erfundenen Etiketten „Verschwörungstheorie" bzw. „Verschwörungstheoretiker", wenn sie jemanden diskreditieren wollen, der die offiziellen Märchen hinterfragt. Um das selbst zu tun, sind sie viel zu ahnungslos oder zu unmotiviert (Abb. 391). So gut wie keiner der „Journalisten", die den Kampfbegriff „Verschwörungstheorie" reflexhaft ins Feld führen, weiß, wer ihn eigentlich aufgebracht hat und warum. Jeden Tag aufs Neue tanzen sie, wenn es um den 11. September oder eines der zahllosen Ereignisse geht, bei denen die

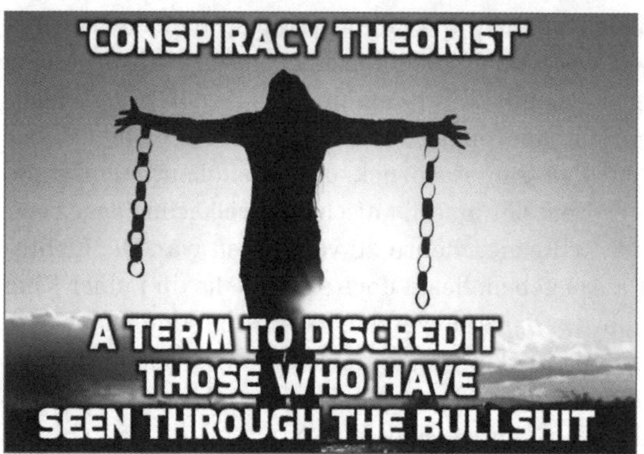

Abb. 391: „‚Verschwörungstheoretiker' – Ein Begriff, um all diejenigen in Verruf zu bringen, die den Quatsch durchschaut haben." – Die wahre Bedeutung des Begriffs „Verschwörungstheoretiker".

Abb. 392: „Guten Abend … ‚Lügen, Halbwahrheiten, offizielle Linie, kompletter Mumpitz. – Gute Nacht.'" – Die „Nachrichten" überall auf der Welt.

Behörden die Bevölkerung angelogen haben, nach der Pfeife der CIA. Statt selbst zu den Lügen zu recherchieren und sie aufzudecken – wie es ihre Pflicht wäre –, versuchen sie, denjenigen das Wasser abzugraben, die das tun, was *sie* eigentlich tun sollten (Abb. 392). Einige der „Journalisten" sind Agenten der Geheimdienstnetzwerke oder der Medieneigentümer, die ihre Kommunikationsquellen wissentlich dazu benutzen, die Agenda der Verdeckten Hand voranzubringen, deren Ziel die Kontrolle über die Wahrnehmungen der Bevölkerung ist. Die große Mehrheit der Mainstreamjournalisten jedoch weiß schlicht zu wenig über die Welt, über die sie berichten. Nachdem sie am College bzw. an der Universität allesamt die Mühle der Wahrnehmungsprogrammierung durchlaufen haben, interagieren sie nun tagein, tagaus mit Journalisten, Politikern, Wissenschaftlern und Ärzten, die dieselben Illusionen heruntergeladen haben. Ihre Informationen stammen überwiegend aus der Tagespresse oder von Nachrichtenkanälen, die rund um die Uhr senden. Sobald ihnen jemand über den Weg läuft, der die allgemein akzeptierte Vorstellung davon, was „normal" und was „möglich" ist, nicht teilt, wird er augenblicklich als verrückt, gefährlich oder geldgierig gebrandmarkt. Oft konnte ich angesichts des dürftigen Wissens, das die Mainstreamjournalisten oder -moderatoren besaßen, die mich für Radiosender, TV-Stationen oder Zeitungen interviewten, nur den Kopf schütteln. Dessen ungeachtet meinten sie stets, über die besprochenen Themen im Bilde zu sein. Dasselbe gilt für Politiker. Sie wissen immer nur das, was man ihnen *beigebracht* hat – und keinen Deut darüber hinaus. Verglichen mit dem, was es zu einem beliebigen Themenfeld zu wissen gibt, ist das vernachlässigbar wenig. Die Krankheit, die ich als Arroganz der

Ignoranz bezeichne, grassiert insbesondere unter Medienleuten (und Politikern). Das ist auch gar nicht anders möglich, da ihre Karrieren nur auf diese Weise gedeihen können.

Noch immer gibt es inmitten all des journalistischen Abschaums einige herausragende Reporter, die trotz aller Widrigkeiten und Zwänge ihr Bestes geben, um die Wahrheit ans Licht zu bringen; doch das System, das nur gehorsame Gefolgsleute haben will, hat sie auf dem Kieker. Die programmierte Unwissenheit der Medienmacher ist im Allgemeinen so tiefgreifend, dass sie zu nichts anderem imstande sind, als die offiziellen Versionen des Mainstream-Einheitsbreis endlos wiederzukäuen. Von der Politik bis zur Finanzwelt, vom Weltgeschehen bis zur Gesundheitsthematik – ganz gleich, welcher Bereich der Gesellschaft betrachtet wird, wiederholen die Medien stets nur die offiziellen Darstellungen und dienen der Agenda. Aus gentechnisch veränderten Organismen (GVO) hergestellte „Nahrung" etwa, die die DNS mutieren lässt, gilt als absolut sicher. („Gentechnisch verändert" sollte einen eigentlich aufhorchen lassen, oder?) Eltern, die giftige, das Immunsystem zerstörende Impfstoffe ablehnen, würden die Gesundheit ihrer Kinder gefährden. Fluorid, das die Hirntätigkeit hemmt, findet sich in Zahncremes und im Trinkwasser – wo ist das Problem? Die Experten des Mainstream-Einheitsbreis haben gesagt, dass es keine Gefahr darstellt, also muss es ja stimmen ... Wiederholung, Wiederholung, Wiederholung. Mit keinem Wort werden die Studien erwähnt, in denen nachgewiesen wurde, dass Fluorid (a) die Zähne schädigt und Fluorose verursacht sowie (b) die Intelligenz beeinträchtigt. Den Quell aller Weisheit in Gesundheitsfragen haben die Journalisten bei der Ärzteschaft und dem pharmazeutischen Kartell (Big Pharma) ausgemacht. Die Tatsache, dass die herkömmliche Medizin eine weltumspannende Tötungsmaschinerie darstellt, tangiert sie nicht im Geringsten.

Ein ernsthafter Journalist, der sich den gängigen Narrativen nicht unterwirft, wird schnell der Tür verwiesen. Wenn man eine Familie ernähren und eine Hypothek abzahlen muss, kann das Blickfeld durch diese Aussicht erheblich eingeengt werden. Man hat dann allen Grund, nicht aus der Reihe zu tanzen. Einmal las ich einen Bericht über Misha Michaels, eine anständige Wissenschaftsjournalistin, die für das in Boston ansässige WGBH-Mediennetzwerk tätig war. Nachdem sie ein Gesetz befürwortet hatte, das Eltern gestatten sollte, die Impfung ihrer Kinder zu verweigern, und auch Zweifel hinsichtlich des Schwindels von der menschengemachten Klimaerwärmung anmeldete (mehr dazu später), wurde ihr mit den Worten gekündigt, sie würde „nicht richtig zu ihnen passen". Authentische Journalisten werden ganz selbstverständlich zensiert. Des Weiteren werden Zensur und Propaganda durch die Werbepraktiken begünstigt: Wer darf Anzeigen schalten, wer nicht? Welche Kriterien muss eine Redaktion erfüllen, um in die eine oder die andere Gruppe zu fallen? Robert F. Kennedy jr., der auf die negativen Folgen von Impfungen aufmerksam macht, ist der Meinung, dass die Medien von der pharmazeutischen Industrie vereinnahmt worden sind: „Eine Nachrichtensendung ist heutzutage [...] kaum mehr als eine Methode, Pharmaprodukte zu verkaufen." Eine der größten amerikanischen Fernsehstationen habe ihn wissen lassen, dass sie jeden Mitarbeiter, der ihn zum Thema Thiomersal (einem giftigen, quecksilberhaltigen Impfstoff) interviewt, entlassen würde. Die potenziell verheerende Wirkung, die Quecksilber insbesondere auf die kindliche Gesundheit hat, ist für die wandelnden programmierten Inversionen irrelevant. Geld und Karriere sind es, das zählt. Auch bei anderen heiklen Themen wird man, wie Aussagen von Whistleblowern gezeigt haben, mit dieser Geisteshaltung konfrontiert. Wer der offiziellen Lehrmeinung widerspricht, bekommt in den Mainstreammedien kein Podium. Im besten Fall lädt man farblosere Vertreter der Gegenseite ins Studio, während man charismatische, überzeugende und besser informierte Persönlichkeiten geflissentlich ignoriert. Hinzu kommt häufig ein Redakteur bzw. Moderator, dessen Voreingenommenheit und Ahnungslosigkeit einen erschaudern lassen. Alles in allem wird das System auf diese Weise hochwirksam geschützt.

Die BBC brachte einmal eine „Diskussionsrunde" zum angeblich menschengemachten Klimawandel. Die britische Rundfunkanstalt ist an vorderster Front daran beteiligt, die Wahrnehmung dieses Themas zu beeinflussen. Nur äußerst selten lässt sie jemanden vor die Kameras, der den Klimaschwindel bloßstellt – und wenn doch, wird der Gast seitens der „unparteiischen" BBC systematisch mit Geringschätzung bedacht. In der besagten Runde hatte der Moderator – ein Bursche namens Nicky Campbell – für einen Wetterexperten, der die These von der Klimakatastrophe in Zweifel zog, nur abgrundtiefe Verachtung übrig. Einer der Parteiführer der englisch-walisischen Grünen namens Jonathan Bartley beklagte sich unterdessen bei der BBC, dass sie eine abweichende Meinung zu präsentieren wagte. Menschen, die derart im Banne ihres Allmachtsgefühls stehen wie Bartley und Campbell, sind außerstande zu begreifen, was für einen himmelschreienden Extremismus sie verkörpern: Es gibt nur eine Sichtweise – *ihre* Sichtweise –, die es verdient, ernst genommen zu werden oder eine Bühne zu bekommen. Doch nicht nur entstammt „ihre" Sichtweise in Wahrheit dem *System*; sie wird zudem von dem Gedanken gespeist, dass man sich sehr schnell nach einer neuen Arbeitsstelle umsehen müsste, wenn man anderweitigen Ansichten allzu viel Raum gibt.

Nicky Campbell, der ursprünglich für die BBC eine Popmusiksendung moderierte, bevor er sich zur Karikatur eines Journalisten entwickelte, sagte als Moderator einer „Nachrichten"-Sendung über den syrischen Präsidenten Assad: „Wir müssen ihn loswerden, er ist ein Kriegsverbrecher." Zu der Zeit, als ich selbst für die BBC tätig war, hätte eine derartige Bemerkung aus dem Munde eines Nachrichtenmoderators die Kündigung oder Herabstufung zur Folge gehabt. Heute jedoch erntet man dafür Lob oder wird gar befördert. Campbells Worte bezogen sich auf einen angeblichen Angriff mit chemischen Waffen, den Assads Soldaten in Syrien durchgeführt haben sollen. Es gab nicht den geringsten Beweis, doch umso lauter geiferten die amerikanischen, britischen, israelischen und europäischen Systemdiener, die verzweifelt versuchten, Assad loszuwerden, nachdem er – dank Russland – allen Versuchen des Westens, ihn zu Fall zu bringen, widerstanden hatte. Der „Angriff" erfolgte zu einem Zeitpunkt, als Assad mittels russischer Unterstützung im Begriff war, sein Land zurückzuerobern. Warum hätte Assad Chemiewaffen gegen seine eigenen Landsleute einsetzen sollen, obwohl ihm das keinerlei Vorteile gebracht, er damit aber riskiert hätte, alles zu verlieren? Frühere Anschuldigungen, Assad habe Giftgas eingesetzt, entpuppten sich als das Werk vom Westen unterstützter Terroristen, mit dem Assad verteufelt und ein westlicher Einmarsch in Syrien gerechtfertigt werden sollte. So hätte man endlich selbst vor Ort einschreiten können, statt nur die „Rebellen" (Terroristen) aus der Ferne mit Waffen zu versorgen, auszubilden und zu steuern. An Campbell, dessen Wahrnehmung Tag für Tag den Stichworten folgt, die ihm von der offiziellen Linie des Mainstream-Einheitsbreis vorgegeben werden, ging all das freilich vorbei. Kein Wunder, dass die BBC (und er selbst) so viel von ihm hält. Die arrogante Ignoranz, die er verkörpert, ist für Leute seines Schlages typisch. Sie durchzieht die gesamten Mainstream- und einen großen Teil der „alternativen" Medien (Abb. 393).

Abb. 393: „Wie anders die Welt aussähe, wenn wir erwachsene Medien hätten." – Aber hoffen Sie nicht allzu sehr darauf.

In einem anderen Bericht der BBC, bei dem es ebenfalls um einen Terroranschlag ging, war vom Schutz „*unserer* Werte" die Rede. Anständiger, unparteiischer Journalismus würde nie von irgendeinem „unser" sprechen, sondern lediglich neutral die Tatsachen präsentieren. Die BBC im Allgemeinen ist eine einzige Schande für den Journalismus – eine jämmerliche, gefügige Werbeabteilung des Mainstream-Einheitsbreis, die der Wahrheit Hohn spricht. Die Aufgabe eines guten Moderators ist es, verschiedene Meinungen fair und ausgewogen zu erörtern und es dem Zuschauer zu überlassen, zu welchem Urteil er gelangt. Doch diese grundlegendsten journalistischen Standards sind dem Kult der Ich-weiß-alles- (Ich-weiß-einen-*Scheiß*-) Berichterstatter gewichen. Meine Güte! Die meisten von ihnen sind derart uninformiert (immer gut für die Karriere), dass einem schwindlig wird. Campbell ist die Personifizierung all dessen; er stellt gewissermaßen die Blaupause des modernen „Journalisten" dar. Aus den genannten und etlichen weiteren Gründen sind die Mainstreammedien größtenteils kaum mehr als ein Propagandanetzwerk, das im Sinne der Spinne agiert.

Und jetzt alle im Chor

Die scheinbare Vielfalt, die man in den Massenmedien zu erleben meint, ist nichts weiter als ein Taschenspielertrick. Die „Meldungen" über aktuelle Ereignisse, die bei unzähligen Zeitungsredaktionen, Radiosendern und Fernsehstudios Tag für Tag eingehen, stammen von Nachrichtenagenturen, die sich im Besitz mächtiger Unternehmen befinden und sowohl national als auch international agieren. Hat ein Berichterstatter seine Version eines Ereignisses erstellt, wird sie auf der ganzen Welt verbreitet und publiziert. Auf YouTube findet man Videozusammenschnitte, in denen eine „Nachrichtensendung" nach der anderen dieselbe Geschichte bringt – im exakt gleichen Wortlaut. Hätte das nicht so gravierende Auswirkungen auf das Gewahrsein der Menschen, wäre es saukomisch. 20 Jahre lang habe ich als Journalist für Zeitungen, Radio- und Fernsehsender gearbeitet. Von wenigen lobenswerten Ausnahmen abgesehen, kann man wahrlich nicht sagen, dass die Medien ein Hort geistiger Brillanz wären. Doch in Anbetracht der Art und Weise, wie sie heute aufgebaut sind, brauchen sie das auch gar nicht zu sein. Sie wollen ins Fernsehen? Lesen Sie einfach die Zeilen, die man für Sie vorbereitet hat, so von der Kamera ab, dass man Ihnen das Ablesen nicht anmerkt. Versuchen Sie außerdem, den Eindruck zu erwecken, als wüssten Sie, wovon Sie reden – auch dann, wenn Sie keine Ahnung vom Thema haben. Stellen Sie schließlich die eine oder andere Frage, vorausgesetzt, sie bewegen sich im Rahmen dessen, was Ihr jeweiliger Eigentümer bzw. Redaktionschef gestattet. Am Ende sagen Sie einfach: „Morgen sind wir wieder für Sie da. Gute Nacht!" Das ist in den allermeisten Fällen auch schon alles.

Die Vielzahl der Kürzel und Namen wie BBC, ITN, CNN, MSNBC oder Fox News suggeriert das Vorhandensein einer Vielfalt, während die großen Medien im Grunde genommen nicht voneinander zu unterscheiden sind. Fox News mag mehr zu den Republikanern und MSNBC mehr zur Demokratischen Partei tendieren; doch auch dabei handelt es sich nur um eine Fassade, die dem Publikum vorgaukeln soll, es könne unter verschiedenen Medienangeboten auswählen. Sobald die Sprache auf Themen kommt, die geeignet wären, das System und die *El*-ite als das bloßzustellen, was sie wirklich sind, ziehen sämtliche Mainstreammedien an einem Strang. Der widerwärtige Fox-News-Moderator Bill O'Reilly (dem 2017 aufgrund privater Streitigkeiten gekündigt wurde) und die von sich selbst eingenommene MSNBC-Journalistin Rachel Maddow etwa trugen zwar – scheinbare politische Pole bildend – ihre Links-gegen-Rechts-Wortgefechte aus, doch handelt es sich dabei lediglich um illusorische Briefmarkenpole (Abb. 394). „Satiriker" wie Jon Stewart, Bill Maher, Stephen Colbert oder John Oliver scheinen in ihren Sendungen das System und dessen Laufburschen aufs Korn zu nehmen. Wirft jedoch jemand die Frage auf, ob hinter den Anschlägen vom 11. September eine Verschwörung steckte (was der Fall war), oder die Möglichkeit, dass die offizielle Version irgendeines anderen Themas, das für die *El*-ite von essenzieller Bedeutung ist, nicht stimmen könnte, dann spotten und verdammen sie alle im Chor. Sie alle sind, wie auch der Großteil ihrer Kollegen, Systemdiener mit verschiedenen Masken, die verschiedene Rollen spielen. Sie wissen, dass sie im Handumdrehen Schnee von gestern wären, wenn sie nicht mitspielen. Man darf mit Bankern scharf ins Gericht gehen, aber wehe, man würde den Zuschauern erklären, dass sie nichtexistentes Geld verleihen und darauf obendrein Zinsen erheben. Veralbere ruhig den Präsidenten, aber komm besser nicht auf die Idee aufzuzeigen, dass er nur eine Marionette in den Händen jener Macht ist, die auch alle anderen Präsi-

Abb. 394: „Verschieden? Eher zwei aus demselben Holz." – Bill O'Reilly, dessen Ausscheiden niemand bedauert, und die bedauernswerte Rachel Maddow. Zwei Seiten derselben Briefmarke, die vorgeben, verschieden zu sein.

denten dirigierte. Du kannst tun, was dir gefällt, solange es auch das ist, was *uns* gefällt. Der „progressive Comedystar" (der Heuchler und unreife Bub) John Oliver machte sich über die unter dem Codenamen „Vault 7" bekannt gewordenen Wikileaks-Enthüllungen lustig, in denen es um Überwachungsaktionen und Anschläge ging, bei denen Techniken zum Eindringen in Auto- und andere Computersysteme zum Einsatz kamen. So widerlich Olivers Verhalten auch war, ist es doch typisch für die Pseudorebellen seines Schlages. Während sie vorgeben, das System zu verulken, kriechen sie ihm hinten rein.

Der staatlich finanzierte russische Fernsehsender Russia Today (RT), der in vielen Ländern aktiv ist, hat auf zweierlei Art zur Qualitätssteigerung des Fernsehjournalismus beigetragen: Erstens stellt er einige der Fragen, die der westliche Mainstream umschifft; zweitens gibt er kritischen Stimmen ein Podium, die normalerweise von den Medien ausgeschlossen bleiben. Freilich hat auch die Offenheit des russischen Senders ihre Grenzen. RT berichtet, wie es angesichts seiner Geldgeber auch nicht anders zu erwarten ist, zugunsten Russlands und Präsident Putins. Unter diesem Gesichtspunkt muss man die Informationen, die der Sender zur Verfügung stellt, vorsichtig filtern, wenngleich sie zu begrüßen sind. Ich persönlich scheine die „Grenzen" sowohl der einen als auch der anderen Seite überschritten zu haben. Zumindest bin ich bis heute, da ich diese Zeilen schreibe, noch nie in eine Sendung von Russia Today eingeladen worden – obwohl ich zu der Themenpalette, die der Sender abdeckt, 30 Jahre Recherchetätigkeit vorweisen kann. Vielleicht bin ich ihnen nicht sicher genug. Das hoffe ich jedenfalls. Die Mainstreammedien sagen: Hinterfrage überhaupt nichts. RT sagt: Hinterfrage einiges. Ich sage: Hinterfrage *alles*. Das ist der Unterschied.

Authentische Alternative oder Mainstream light?

Als ich 1990 erstmals die Richtung einschlug, die ich bis heute verfolge, gab es keine alternativen Medien, wie wir sie heute kennen. Lediglich eine Handvoll Rechercheure, die überwiegend allein arbeiteten, entlarvten schon damals die Verdeckte Hand, die im Hintergrund des Weltgeschehens die Fäden zieht. In den Vereinigten Staaten waren es vor allem Menschen christlichen Glaubens, die diese Arbeit leisteten. Bis heute spielen sie innerhalb der alternativen Szene eine bedeutende Rolle. Damals sprach ich in der Regel vor einem kleinen Publikum, das den merkwürdigen Typen aus England, der über die Verschwörung sprach – niemals aber über Jesus –, argwöhnisch beobachtete. Ich erinnere mich, dass ich in der Nähe von Chicago einmal zu acht Leuten sprach, und in einem Wohnzimmer in Neuengland zu vier oder fünf Personen. Nur so kam man in jener Zeit voran, in der es weder ein Internet gab, das den Namen verdient hätte, noch allzu großes Interesse an der Thematik bestand. Oftmals fragte ich mich, wozu das Ganze eigentlich gut sein sollte. Doch etwas trieb mich voran – eine intuitive „Gewissheit", dass ich letztlich doch etwas erreichen würde. Seitdem ist eine gewaltige, weltumspannende, internetgestützte Industrie entstanden, die man als „alternative" bzw. „unabhängige Medien" bezeichnet.

Ursprünglich von der Arbeit der Pioniere inspiriert, erhielten sie in der Folge jedes Mal Zulauf, wenn Ereignisse von globaler Bedeutung – wie die Anschläge vom 11. September oder der Einmarsch in den Irak im Jahr 2003, das ein einziges Lügenfest darstellte – die Menschen zunehmend nachdenklich stimmten. Die Perspektive, aus der diese Websites und webbasierten Radio- und TV-Kanäle über das Weltgeschehen berichteten, unterschied sich grundlegend von der Sichtweise des Mainstreams. Sie rückten Verbindungen zwischen Personen, Organisationen und Ereignissen in den Fokus, die in den Massenmedien nur isoliert und mit einem bestimmten Dreh behaftet auftauchten. Ohne diese Verknüpfungen lässt sich das Gesamtbild nicht erkennen – es bliebe nur ein undurchschaubarer Wust „zufälliger" Einzelereignisse. Fehlt der Kontext, wird man von der täglichen Informationsflut einfach überschwemmt und bleibt verwirrt zurück. Die alternativen Medien berichten zwar umfassender, bewegen sich jedoch größtenteils (wenn auch keineswegs ausschließlich) ebenfalls innerhalb des Rahmens, der von der Wahrnehmung der fünf Sinne abgesteckt wird. Dieser Fünf-Sinnes-Sichtweise ist es geschuldet, dass ich von weiten Teilen der „alternativen" Medien ebenso angefeindet, abgelehnt und verhöhnt worden bin wie vom Mainstream. Unter dem Oberbegriff „alternativ" sind Aktivisten eines breit gefächerten Wahrnehmungsspektrums versammelt, von denen einige kaum vom Mainstream zu unterscheiden sind, während andere – zu denen auch ich zähle – *alles* infrage stellen, was uns jemals beigebracht worden ist, bis hin zur Natur der Realität selbst. Die breite Ablehnung, die ich seitens der alternativen Medien erfahre, erklärt sich daraus, dass sie überwiegend der erstgenannten Fraktion zugehören. Sowohl DavidIcke.com als auch Breitbart.com – die Website der „alternativen Rechten", die Trump unterstützt und von dessen angeblichem (und ehemaligem) Chefberater Steve Bannon geleitet wurde – werden beispielsweise zu den „alternative Medien" gezählt, doch existieren sie gewissermaßen in parallelen Universen.

Große Teile der alternativen Medien haben Donald Trump deshalb unterstützt, weil die Begrenzung des Gewahrseins auf die fünf Sinne zur Folge hat, dass man auch nur nach Fünf-Sinnes-Lösungen sucht – für Probleme, denen man nur deshalb so viel Gewicht beimisst, weil man lediglich die Fünf-Sinnes-Realität wahrzunehmen vermag. Ich sage jedoch: Wenn wir die Realität verändern wollen, müssen wir unsere Wahrnehmung berichtigen und unser Bewusstsein über das Programm hinaus erweitern. Unsere aktuelle Realität wird durch unsere aktuellen Wahrnehmungen manifestiert, da aus dem kosmischen Internet (Quantenfeld) genau diejenigen Möglichkeiten und Wahrscheinlichkeiten ins Dasein entfaltet werden, die diesen Wahrnehmungen entsprechen. Folglich kann sich, wenn sich die Wahrnehmungen nicht ändern, auch die Realität nicht wandeln. Seit Anbeginn der „Zeit" versuchen die Menschen, äußere Probleme mit demselben Bewusstsein zu lösen, das sie überhaupt erst hat entstehen lassen. Das wird freilich niemals gelingen. Wird etwa eine tyrannische Regierung durch eine gewaltsame Revolution gestürzt, ist die nächste tyrannische Regierung schon vorprogrammiert – bestehend aus eben jenen gewalttätigen Revolutionären. Unzählige Male konnte das im Laufe der „Geschichte" beobachtet werden, da das Bewusstseinsniveau stets unverändert blieb. Ein anderes Beispiel sind die Republikaner, die an die Stelle der Demokraten treten, die zuvor die Republikaner abgelöst hatten, denen einst die Demokraten weichen mussten ... Die Parteien, die auf der politischen Bühne agieren, sind lediglich Briefmarkenparteien. Sie tragen unterschiedliche Bezeichnungen, und jede von ihnen pflegt eine eigene Rhetorik; doch da alle Parteien an das System und an dieselbe Realität glauben, ist das Ergebnis stets vorhersehbar. Die Unterschiede betreffen immer nur Details – niemals sind sie grundsätzlicher Natur.

Die Beschränkung des Gewahrseins auf die fünf Sinne ist der Grund, warum Teile der alternativen Medien auf Donald Trumps illusorisches Versprechen hereinfielen, er würde mit dem Establishment aufräumen (während er selbst dazu gehört). Trump sagte ihnen genau das, was sie hören wollten – etwa, dass er „den Sumpf trockenlegen" und andere Dinge anpacken würde, die auf der Wunschliste der Alternativen standen –, und sie haben es ihm abgekauft. Sümpfe werden nicht von Leuten trockengelegt, die ihr Leben lang darin herumgeschwommen sind; und auch nicht von einem Präsidenten, der nach seiner Amtseinführung erklärt, dass die Öffentlichkeit nicht länger erfahren darf, wer im Weißen Haus ein und aus geht. An den Websites, die einst (zumindest teilweise) das System bloßstellten, heute aber kaum mehr als Tempel zur heldischen Verehrung Trumps sind, kann man erkennen, welche Macht Trump über die Psyche der auf die fünf Sinne beschränkten „alternativen" Szene hat. Früher hätte die Letztgenannte jeden Präsidenten, der es gewagt hätte, die amerikanische Staatskasse und wirtschaftliche Richtungsentscheidungen in die Hände von Goldman-Sachs-Bankiers zu legen, scharf angegangen. Doch als ihr Held/Gott Trump genau das tat, herrschte Schweigen im Walde (Abb. 395). Der Vorgang ist insofern positiv zu bewerten, als er den Unterschied zwischen den echten und den Pseudoalternativen deutlich gemacht hat. Diese Neubewertung war längst überfällig.

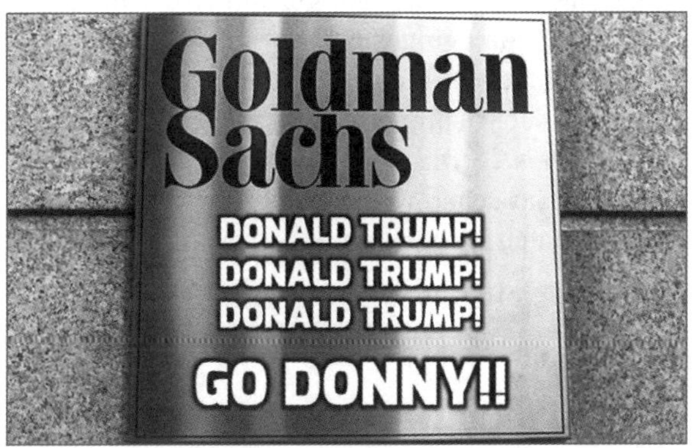

Abb. 395: „Donald Trump! Donald Trump! Donald Trump! Los, Donald!" – Noch immer unterstützen Teile der alternativen Medien Trump, obwohl er die amerikanische Wirtschaft denselben Goldman-Sachs-Bankern anvertraut hat, die schon vor langer Zeit als finanzieller Stützpfeiler der El-*ite identifiziert worden sind.*

Die Kaperung der Wahrnehmung durch Trump wurde im Wesentlichen durch zwei psychologische Effekte ermöglicht. Zunächst wäre da die enorme Kraft, die freigesetzt wird, wenn man dem Publikum genau das erzählt, was es hören will. Sagt man einem Menschen etwas, was er nicht gerne hört, wird er reflexartig widersprechen – einfach deshalb, weil er es nicht wahrhaben will. Erzählt man ihm aber etwas, von dem er *möchte*, dass es wahr ist, wird er auch mit aller Kraft daran glauben. Politiker jeder Richtung erzählen ihren potenziellen Wählern im Wahlkampf das, was sie hören wollen. Sobald sie sich einen einflussreichen Posten gesichert haben, tun sie wieder das, was sie immer getan haben, auch wenn vieles davon mit den im Wahlkampf gegebenen Versprechen unvereinbar ist. So geschieht es wieder und wieder, überall auf der Welt – und Trump ist darin keine Ausnahme. Zusagen, die mit der archontischen Agenda vereinbar sind (also solche, die Chaos und Spaltung bewirken), werden verwirklicht; alles andere jedoch gerät schnell in Vergessenheit. Im Fall von Trump etwa gehört das Austrocknen des Sumpfes dazu. Meiner Ansicht nach besteht die Aufgabe wahrhaft alternativer Medien nicht darin, innerhalb eines durch und durch manipulierten Systems einen bestimmten Kandidaten zu unterstützen. Vielmehr sollten sie bloßstellen, *dass* das System manipuliert worden ist und von wem. Alternative Medien hätten die Frage aufzuwerfen, wie man einem System trauen soll, das einem Land mit 326 Millionen Einwohnern nur die „Wahl“ zwischen Donald Trump und Hillary Clinton lässt. Die Trump liebenden „alternativen Medien“ könnten sich in einer ruhigen Minute auch einmal fragen, wie ihr Held – allen Wahrscheinlichkeiten zum Trotz – in einem System gewinnen konnte, das ihrer Ansicht nach von den Schattenmächten kontrolliert wird, obwohl doch Trump eben jenes System zu zerschlagen versprochen hatte. Die Parteibasis der Demokraten hatte sich mehrheitlich für Bernie Sanders als Präsidentschaftskandidaten entschieden. Doch wie aus durchgesickerten E-Mails hervorging, hatten höhere Hierarchieebenen der Partei anderes im Sinn: Sie beeinflussten das Geschehen so, dass Clinton die Vorwahlen gewann. Aber die Mächtigen in der Republikanischen Partei, die gegen Trump eingestellt waren, sollen dazu nicht in der Lage gewesen sein? Bei der großen Zahl an Enthüllungen über Trump war es keiner der vermeintlich gegen ihn eingestellten Nachrichtenstationen möglich, etwas zu publizieren, das ihn den Sieg gekostet hätte? Also *bitte*. Das sind die Fragen und Überlegungen, die denen, die in ihrem Helden unbedingt das sehen wollen, was sie in ihn hineinprojizieren, aufgrund ihrer Scheuklappen niemals in den Sinn kommen.

Wenn sich die Fake News über Fake News beschweren

Eines von Trumps zentralen Themen sind die Lügen und Manipulationen, die von den etablierten Nachrichtenstationen ausgehen. Trump hat sie als „Feind des Volkes“ bezeichnet. Hierin liegt ein weiterer Grund, warum die Teile der alternativen Szene, deren Blickfeld durch die fünf Sinne begrenzt wird, Trump in den Himmel hoben. Wer würde auch allen Ernstes der Behauptung widersprechen, die Mainstreammedien würden lügen und ein falsches Bild von Ereignissen und Personen zeichnen, nachdem sie klarerweise genau das jahrzehntelang getan haben? Allerdings gilt es dabei einen zusätzlichen Aspekt zu beachten, auf den ich in Kürze zurückkommen werde. Trumps Anti-System-Märchen war eine reine Erfindung. Wie wir noch sehen werden, wurde Trump vom amerikanischen Zionistennetzwerk finanziert und unterstützt. Indem zionistisch gesteuerte Medien wie CNN, die *New York Times* und die *Washington Post* Trump attackierten, erweckten sie den Eindruck, er wäre gegen das Establishment.

Immer wieder hatte ich im Laufe der Jahre betont, dass wir auf der Hut sein müssen, wenn eine Person oder ein Motiv plötzlich aus dem Nichts auftaucht und überall präsent ist, als hätte jemand einen Schalter betätigt. Wann immer das geschieht, steckt mit fast hundertprozentiger Sicherheit die Verdeckte Hand dahinter. So war es auch bei dem

Begriff „Fake News", der urplötzlich auf der Bildfläche erschien, aber sofort auf der ganzen Welt zirkulierte. Sogar der Papst – *der Papst!* – verurteilte die Verbreitung gefälschter Informationen, um gleich anschließend in seiner nächsten Predigt die unverrückbare Wahrheit zu verkünden, dass „Jesus" von einer Jungfrau geboren wurde, Wasser in Wein verwandelte, den Hunger von Tausenden mit einer Handvoll Broten und Fischen stillte, auf dem Wasser lief, am Kreuz starb, wieder lebendig wurde und in den Himmel entschwand, um eines Tages auf einer Wolke zurückzukehren. Den Widerspruch, der in seinen Aussagen steckt, wird er nie erkennen.

Die Fake-News-Kampagne begann interessanterweise, nachdem Wikileaks die geheimen Absprachen zwischen Hillary Clintons Wahlkampfleitung und privaten „Nachrichten"-Sendern wie CNN enthüllt hatte (Abb. 396). Nach Trumps Wahl zum Präsidenten waren es ausgerechnet die großen „Nachrichten"-Stationen – die dem Publikum nachgewiesenermaßen getürkte Meldungen untergejubelt und Partei für einen bestimmten Kandidaten ergriffen hatten –, die unter dem Schlagwort „Fake News" den Feldzug gegen die alternativen Medien anführten. Er war beiderseits des Atlantiks so urplötzlich und großflächig im Gange, dass die Koordination, die dahinterstand, aberwitzig offenkundig wurde (Abb. 397). Ann M. Ravel, die ehemalige Leiterin der Federal Election Commission (FEC), erklärte auf einer Veranstaltung, die den Titel „Zukunft der Demokratie" trug und an der University of California in Berkeley stattfand, dass in sozialen Medien getätigte politische Äußerungen kontrolliert und „Fake News" reguliert werden müssten. Ihre tatsächliche Motivation lässt sich an dem Eifer ablesen, mit dem sie beim FEC schon gegen alternative Websites vorging – beispielsweise gegen den Drudge Report –, als der Begriff „Fake News" noch gar nicht geboren war. Die Reaktion der Bevölkerung, die ihren Unmut über die staatliche Zensur deutlich zum Ausdruck brachte, tat sie mit dem Hinweis auf „Frauenhass" ab. Auf die politische Korrektheit abzustellen, stellt für viele Akteure, die wegen ihrer orwellschen Tendenzen angezählt werden, die

Abb. 396: „Kriminelles Nachrichtennetzwerk" – Eine Schande für den Journalismus.

Abb. 397: „Die Wüstenrennmaus verurteilt Fake News. Nicht, dass da was manipuliert worden wäre oder so." – Irgendjemand hat den Startknopf für das „Fake News"-Narrativ gedrückt, und mit einem Mal ist das Thema allgegenwärtig.

bevorzugte Abwehrmethode dar. „Du sagst das nur wegen meines Geschlechts/meiner Hautfarbe/meiner sexuellen Ausrichtung." Nein – ich sage das, weil du Mumpitz redest.

Der englische Schriftsteller Samuel Johnson (1709–1784) sagte, der Patriotismus sei die letzte Zuflucht der Halunken. Heute bietet sich ihnen eine neue Zuflucht: die politische Korrektheit. Man behauptete, Trump habe seinen Sieg den Falschinformationen zu verdanken, die von den alternativen Medien (den sogenannten alternativen Rechten) in die Welt gesetzt und dann über soziale Plattformen wie Facebook und Twitter verbreitet worden sein sollen. Mit anderen Worten: Trump habe aufgrund von „Fake News" gewonnen – und nicht etwa deshalb, weil Hillary Clinton und ihr Ex-Präsidenten-Gatte zu den korruptesten Politikern der amerikanischen Geschichte zählen. Damit hatte Trumps Erfolg nichts zu tun; die „Fake News" und „die Russen" warn's. Gekrönt wurde der Irrsinn durch die völlig aus der Luft gegriffene Behauptung, dass die Trump-verliebten alternativen Medien den russischen bzw. Putins Interessen gedient hätten, indem sie bei der Präsidentschaftswahl das Zünglein an der Waage spielten.

In Europa benutzt man den „Fake News"-Schwindel etwa für das Argument, dass die Wahlen in den EU-Ländern durch unwahre Informationen beeinflusst werden würden. Als ob man das von den Wahlprogrammen der Parteien nicht ebenfalls behaupten könnte. Einige Knallköpfe brachten die „Fake News" sogar mit dem Ergebnis des Brexit-Referendums in Zusammenhang. Sie wollen einfach nicht der Tatsache ins Auge blicken, dass die Mehrheit der britischen Bevölkerung für den Austritt aus der EU gestimmt hat – entgegen den Wünschen praktisch des gesamten politischen Spektrums. Immer mehr Menschen wachen auf und erkennen das System als das, was es ist: ein bürokratisches Ein-Parteien-Konstrukt, das sich hinter der Maske von Demokratie und Freiheit versteckt. Trump wurde deshalb gewählt, weil er gegen die politische Klasse der Vereinigten Staaten zu sein *schien* – nur entspricht das nicht den Tatsachen. Die Rolle, die die alternativen Medien bei der Bloßstellung des Systems spielten, indem sie entsprechende Informationen in Umlauf brachten, wurde so bedeutsam, dass sie mit der wohldurchdachten Fake-News-Kampagne ins Visier genommen wurden (Abb. 398). Um die Zensur von Informationen zu rechtfertigen, von denen die Menschen keine Kenntnis erhalten sollen, brandmarkt man einfach deren Überbringer – die alternativen Medien – als „Fake News". Die soziale Plattform Facebook, die einen bedeutenden, weltumspannenden Strang des Spinnennetzes darstellt, und ihr Chef, das seelenlose,

Abb. 398: „Sie fürchten die Wahrheit – also bezeichnen sie sie als Fake News." – Die alternativen Medien waren im Begriff, viel zu einflussreich zu werden. Irgendetwas musste geschehen.

T-Shirt tragende Jüngelchen Mark Zuckerberg, sprangen wenig überraschend sofort auf den Zug auf.

Dass ich die Fake-News-Kampagne als „Schwindel" bezeichnet habe, bedarf einer Erläuterung. Nicht eine Sekunde würde ich leugnen, dass manche selbsternannte Vertreter der alternativen Medien *tatsächlich* Geschichten erfinden. Nehmen wir etwa die Websites Yournewswire.com und Newspunch.com, die von Sean Adl-Tabatabai betrieben werden – einem in Kalifornien ansässigen Webmaster, der ironischerweise in der Vergangenheit auch für DavidIcke.com zuständig war. Der Begriff „Fake News" wird kaum besser definiert als durch vermeintliche „Nachrichten"-Plattformen, auf denen nichtexistente Journalisten mit Namen wie „Baxter Dmitry" über Ereignisse berichten, die nie stattgefunden haben, und sich dabei auf ominöse, nicht näher spezifizierte „Quellen" berufen. Es wird sogar ein Bild des frei erfundenen „Dmitry" präsentiert, das jedoch nicht „ihn" zeigt, sondern einen ehemaligen Mitarbeiter des „Chefredakteurs" Adl-Tabatabai, der in keinerlei Beziehung zu Yournewswire oder Newspunch steht. „Dmitry" hat eine eigene Facebook-Seite, ein getürktes Profil und sogar E-Mail-Adressen: baxter@yournewswire.com und baxter@newspunch.com. Wie die Websites verraten, habe er „über 80 Länder bereist und in jedem davon Streitgespräche gewonnen". „Seit er sprechen gelernt hat", habe er „den Mächtigen die Wahrheit" gesagt. Die reale Person hinter „Dmitry" schrieb mir in dem kindlichen Glauben, ihre wahre Identität sei mir nicht bekannt, mehrere E-Mails. Die genannten Websites haben hanebüchene, (nicht wirklich) von „Baxter Dmitry" verfasste Berichte über mich veröffentlicht, mit denen sie mich und meine fast 30 Jahre umfassende Arbeit zu torpedieren versuchen. Daran sieht man, wie ernst es ihnen mit der Hinterfragung des Systems ist.

Nichts gegen den Zustand zu unternehmen, in dem sich die Welt befindet, ist eine Sache; doch die Situation auch noch auszunutzen, ist etwas ganz anderes. Auf DavidIcke.com habe ich den Betrug hinter der Figur „Baxter Dmitry" aufgedeckt; später tat das auch die britische Zeitung *Sunday Times*. Dessen ungeachtet fahren Yournewswire/Newspunch und deren „Chefredakteur" fort, Fantasiegeschichten zu produzieren – die weiterhin von vielen Menschen geteilt werden, als seien sie wahr. Ein im Juni 2017 vom nichtexistenten „Baxter Dmitry" „verfasster" Artikel etwa trug die Überschrift: „Pensionierter MI5-Agent beichtet auf dem Sterbebett: ‚Ich habe Prinzessin Diana getötet.'" Es handelte sich um den üblichen „Dmitry"-Unsinn, dem sämtliche essenziellen Elemente fehlten, die die in der Schlagzeile enthaltene Behauptung hätten belegen können. Der Artikel war mit einem Bild versehen, das angeblich den „MI5-Agenten John Hopkins" auf dem Sterbebett zeigte. Wie sich herausstellte, handelte es sich in Wirklichkeit um den 87-jährigen Australier Kevin Park, über den ein Internet-Nachrichtenportal im Jahr 2010 berichtet hatte. In dem australischen Artikel ging es darum, dass Park, der an Asbestose litt, nur über sein Handy Hilfe rufen konnte, da das Krankenhauspersonal nicht auf seine Rufe reagiert hatte. Yournewswire hatte also das sieben Jahre alte Foto eines Kranken verwendet, um ihn in einer erfundenen Geschichte, die von einem nichtexistenten Autor stammte, als MI5-Agenten auszugeben. Schamgefühl ist für solche Leute ein Fremdwort.

Kurze Zeit später legte die erbärmliche Website einen „Bericht" vor, der die Überschrift trug: „CIA-Agent gesteht auf dem Totenbett: ‚Wir haben am 11. September WTC

7 gesprengt'". Es bedarf schon einer außerordentlichen Portion Verachtung für die Mitmenschen und die echten alternativen Medien, um sich so zu verhalten. Dafür können sie zweifellos gut davon leben. Die wahre Motivation hinter pseudoalternativen Websites dieser Art – und davon gibt es eine Menge – heißt: „Clickbait" (dt. etwa: Klickköder). Das funktioniert folgendermaßen: Die Schlagzeile wird so entworfen, dass die Menschen den Artikel anklicken. Was sie daraufhin präsentiert bekommen, wird der Schlagzeile in keiner Weise gerecht, aber das spielt dann keine Rolle mehr. Jeder Seitenaufruf erhöht nämlich die Werbeeinnahmen der Website; das Gleiche gilt, wenn die Artikel in den sozialen Medien zirkulieren. Dafür sorgen „erwachte" Leute, die so hoffnungslos naiv sind, dass sie die Überschrift selbst dann noch für real halten, wenn der eigentliche Text keinerlei Berührungspunkte mit derselben hat! Schon erstaunlich. Oder auch nicht, wenn man um die Macht der Wahrnehmungsprogrammierung weiß, die sich die Sehnsucht danach zunutze macht, dass eine Aussage wahr sein möge – ungeachtet der Tatsache, dass sie unsinnig ist und jedes Beleges entbehrt. Auf YouTube sah ich einen „alternativen" Rechercheur über die Diana-Sterbebett-Story sprechen, als wäre sie tatsächlich wahr. Sein Beitrag hatte 435.000 Aufrufe – dabei war die ganze Geschichte nur fabriziert worden, um Geld zu machen.

Das Erschreckendste und Widerlichste an den Clickbait-Websites, die sich als „Alternativmedien" ausgeben, ist der Umstand, dass sie dem System die Munition liefern, im selben Atemzug auch die echten alternativen Medien zu attackieren, die sich nach bestem Bemühen an die Fakten halten. Außerdem machen es die kinderleicht zu entlarvenden „Meldungen" leicht, alternative Informationen generell in Verruf zu bringen. Die *El*-ite dürfte sie über alle Maßen lieben. Langsam wird es Zeit, dass sich wahrhaftige Rechercheure und all jene, denen die Ziele der echten Alternativmedien am Herzen liegen, daran machen, die Clickbait-Websites herauszufordern und umfassend bloßzustellen. Einige der durchtriebensten und am wenigsten vertrauenswürdigen Menschen, denen ich jemals begegnet bin, verstanden sich selbst als alternative Medienmacher – und zählten sich sogar zu den Besten. Dasselbe erlebte ich auch mit Menschen, die sich für „spirituell" halten. Seien Sie auf der Hut vor jedem, der Ihnen erzählt, wie „spirituell" er ist. Sollte das nicht zur Genüge durch sein Verhalten deutlich werden?

Getürkte Überschriften, die die Menschen dazu verleiten sollen, getürkte Artikel anzuklicken, sind im Internet ohnehin eine Plage. Während des Präsidentschaftswahlkampfes von 2016 tauchte auf YouTube ein Video mit dem großen amerikanischen Komiker George Carlin auf, das den Titel trug: „Warum ich weder für Hillary Clinton noch für Donald Trump stimmen werde – George Carlin." Gemeint ist derselbe George Carlin, der 2008 verstorben war. Den Leuten, die das Video hochgeladen und keinerlei Bezug zu Carlin hatten, war natürlich klar, dass die Überschrift gänzlich irreführend war – aber auch, dass sie mehr Klicks (Geld) generieren würde, als ein Titel, der die Wahrheit gesagt hätte. Genauso ergeht es meinen eigenen Videos, die von gewissen YouTube-Kanälen unter falschen Titeln und mit dem nicht zutreffenden Hinweis, es handele sich um neue Videos, hochgeladen werden, um die Zahl der Aufrufe in die Höhe zu treiben. Auch diese Leute nennen sich „alternativ", doch sie sind nichts weiter als Parasiten, die von den Bemühungen anderer profitieren, ohne selbst etwas beizusteuern. Es besteht ein gewaltiger Unterschied zwischen jemandem, der sich irrt, während er versucht, das Richtige zu tun, und jemandem, der ganz genau weiß, dass er Unwahrheiten verbreitet. Ich gebe freimütig zu, dass sich etliche *vermeintlich* alternative Medien tatsächlich schuldig machen, Fake News zu verbreiten; jedoch spreche ich ihnen ab, in irgendeiner Weise „alternativ" zu sein. Was unterscheidet eine Website, die zusammenfantasierte Artikel unter einem ausgedachten Namen veröffentlicht oder George Carlin acht Jahre nach seinem Ableben zu einem aktuellen Ereignis zitiert, von den Einseitigkeiten und Verdrehungen, die die Mainstreammedien an jedem einzelnen Tag überall auf der Welt fabrizieren? *Nichts!* Die einen wie die anderen führen die Öffentlichkeit wissentlich in die Irre.

Das System wird von all dem ohnehin nicht tangiert. Die Fake-News-Agenda ist insofern ein Schwindel, als sie auf die *echten* Alternativmedien abzielt, denen nichts wichtiger ist, als die Tatsachen und deren Hintergründe zu beleuchten (Abb. 399). Der Clickbait-Unrat hat den Behörden und ihren Werkzeugen – wie der T-Shirt-Diktatur Facebook – den Vorwand geliefert, authentische Inhalte auf der Basis des Fake-News-Konzeptes zu zensieren (Abb. 400). Die ach so moralische Plattform Facebook, die bei der Zensur inzwischen kräftig mitmischt, ist übrigens dieselbe, die einräumen musste, über Smartphone- und Computermikrofone private Gespräche abzuhören, und in groß angelegten Experimenten die Newsfeeds manipulierte, um das Verhalten ihrer Nutzer zu beeinflussen – um die sie sich einen Dreck schert.

Abb. 399: „Definition von ‚Fake News': Wenn ich Ihnen etwas sage, von dem das System nicht will, dass Sie es erfahren." – Die wahre Motivation hinter dem Fake-News-Schwindel.

Abb. 400: „Der Fake-News-Schwindel: Die verzweifelte Reaktion eines verzweifelten Systems." – Der Dschinn ist aus der Flasche und darf nicht wieder zurück.

Die Tageszeitung *The Australian* veröffentlichte einmal interne Dokumente von Facebook, die mit dem Vermerk „Vertraulich: Nur für internen Gebrauch" gekennzeichnet waren. Darin wurden „geschmacklose und oftmals raubtierhafte Werbemethoden" beschrieben, mit denen „Teenager ab einem Alter von 14 Jahren" ins Visier genommen und „ihre Unsicherheiten ausgenutzt" werden können. Wie die Zeitung ausführte, ist Facebook durch die Auswertung der Beiträge, die ein Nutzer veröffentlicht, seiner Interaktionen, seiner allgemeinen Internetaktivität und der von ihm hochgeladenen Dateien in der Lage festzustellen, wann der Betreffende „gestresst", „erschöpft", „überwältigt", „beunruhigt" oder „nervös" ist oder sich als „dämlich", „töricht", „unnütz" oder „Versager" empfindet. Diese Daten können dann auf der Basis von Vertraulichkeitsvereinbarungen ausgetauscht und zur gezielten Anzeigenwerbung genutzt werden. Facebook hat ein Patent angemeldet, das vorsieht, über die in Smartphones und Laptops eingebauten Kameras die Gesichter der Nutzer zu beobachten. Angeblich könne das widerliche Unternehmen dadurch erkennen, welche Videos tatsächlich angeschaut werden, und somit Anzeigen und Inhalte besser auf den Nutzer abstimmen. *Lügner!* In Wahrheit erschaffen sie sich ihre Version der orwellschen Teleschirme. Todesdrohungen, Fotos von Selbstverletzungen und Videos, die Tierquälereien zeigen, darf man auf der von den Zionisten kontrollierten Plattform unbehelligt verbreiten. Aus durchgesickerten, firmeninternen Dokumenten geht hervor, dass Facebook seine Administratoren angewiesen hat, Beiträge dieser Art nicht zu löschen, da sie zur Bewusstseinsbildung beitragen könnten. Ein Problem hat Facebook lediglich mit Leuten, die Wahrheiten aussprechen, die „falschen" Fragen stellen oder Meinungen vertreten, die sich mit der Agenda der *El*-ite – bei der das Unternehmen eine wichtige Rolle spielt – nicht vereinbaren lassen. Twitter entwickelt sich in dieselbe Richtung. Das sind die Leute, die sich angesichts angeblicher „Fake News" für moralisch überlegen halten. In Wahrheit dient die Kampagne lediglich dem Zweck, Inhalte im Sinne der verborgenen Strippenzieher zensieren zu können. Dabei glaube ich keine Sekunde, dass Zuckerberg bei Facebook die Hosen anhat – die wahren Mächtigen sitzen viel weiter oben.

Fake News und die „Faktenprüfer"

Inzwischen werden spezielle Algorithmen und „Faktenprüfer" eingesetzt, um Beiträge, die die Öffentlichkeit nach dem Willen des Systems nicht zu Gesicht bekommen soll, zu markieren und unter Beschuss zu nehmen. Dazu zählen unter anderem „Verschwörungstheorien", also Hypothesen, die sich allzu oft als zutreffend herausstellen und alles andere als „Theorien" sind. Die Zensoren des von den Zionisten geschaffenen und gesteuerten Unternehmens Google bezeichnen solche Inhalte als „minderwertig". Lügenmaschinen wie die BBC, MSNBC oder CNN – die unverhohlen parteiische „Journalisten" wie Anderson Cooper oder Christiane Amanpour beschäftigen – gelten unterdessen als hochwertige Informationsquellen und werden von den Suchmaschinen bevorzugt behandelt (Abb. 401 und 402). Wer die Menschen in eine Wahrnehmungsfalle locken will, muss das Narrativ kontrollieren. In dieses Getriebe haben die echten Alternativmedien schon eine ordentliche Menge Sand streuen können. Als Reaktion darauf rief das System die Fake-News-Kampagne ins Leben, an der Google und Facebook an vorderster Front mitwirken. Google wurde von den Zionisten Larry Page und Sergey Brin gegründet, nachdem sie von der CIA mit Startkapital versorgt worden waren.

Als Geschäftsführerin der Videoplattform YouTube, die sich heute im Besitz des Google-Konzerns befindet, fungiert die Zionistin Susan Wojcicki. Vorstandsvorsitzender von Facebook ist der Zionist Mark Zuckerberg; die operativen Geschäfte des Unternehmens führt die Zionistin Sheryl Sandberg. Die Letztgenannte war zuvor Vizepräsidentin des globalen Onlineverkaufs bei Google und fungierte unter dem einstigen Finanzminister Lawrence Summers, einem zionistischen Finanzmanipulator ersten Ranges, als Mitarbeiterchefin. Facebook hat festgelegt, dass Organisationen zur „Überprüfung der Fakten“ darüber entscheiden sollen, ob ein Narrativ unwahr, als „strittig“ zu kennzeichnen und mit einer vermeintlichen Erklärung zu versehen ist, mit der die Entscheidung begründet wird (Abb. 403). Seither tauchen Warnhinweise auf, die etwa besagen: „Bevor Sie diesen Inhalt teilen, möchten wir Sie darauf hinweisen, dass dessen Richtigkeit laut unseren Faktenprüfern Snopes.com und Associated Press zweifelhaft ist.“ Zudem werden markierte Beiträge geringer gewichtet, sodass sie weniger Menschen erreichen können. Die Behauptung, die Faktenprüfer – die darüber befinden, ob eine Information als umstritten oder „Fake News“ gilt – seien unabhängig, ist höchst amüsant. Dazu zählen beispielsweise ABC News und andere Institutionen der Mainstreammedien, die schon seit Langem als fragwürdig gelten.

Einer Studie der Harvard-Universität zufolge glauben 65 Prozent der amerikanischen Bevölkerung nicht, dass die etablierten Medien ihnen die Wahrheit sagen. Das International Fact-Checking Network (IFCN), das einen aus fünf Richtlinien bestehenden Kodex für Nachrichtenplattformen herausgegeben hat, ist ein Able-

Abb. 401: „Der Fake-News-Skandal: Die Namen der Übeltäter.“ – Ausgewachsene Fake News.

Abb. 402: „Die Götter der Wahrheit (Zensoren): Google beurteilt Websites anhand ihrer ‚Wahrhaftigkeit‘. Wer entscheidet, was wahr ist und was nicht? Sie tun das.“ – Google benutzt den Fake-News-Schwindel dazu, authentische Informationen zu zensieren, von denen das System nicht will, dass Sie sie zu Gesicht bekommen.

Abb. 403: „Die Facebook-Zensur schützt Sie vor der Wirklichkeit: Facebook beschäftigt Fake-News-Einrichtungen, um ‚Fake News auf faktische Richtigkeit zu überprüfen‘. Facebook: Schritt für Schritt zu Orwells Gedächtnislöchern.“ – Facebook und Google: Die Zensur GmbH.

Abb. 404: Der zionistische Milliardär und Manipulator George Soros. Sie werden im weiteren Verlauf des Buches noch viel über ihn erfahren.

ger des Poynter Institute for Media Studies. Die letztgenannte Einrichtung wird von einer Reihe öffentlicher Organisationen und Personen finanziert, hinter denen sich letztlich die Spinne verbirgt. Dazu gehören unter anderem die Open Society Foundations von George Soros (von denen noch *ausführlich* die Rede sein wird), die Bill & Melinda Gates Foundation und Google. Zusammengefasst also … BesorgteMilliardäreKämpfenFürDieFakten.com. Gewiss tun sie das. Die Milliardäre Soros und Gates scheinen überall dort aufzutauchen, wo es die Agenda der archontischen *El*-ite zu unterstützen oder zu verteidigen gilt (Abb. 404).

Auch die *Washington Post*, die auf eine lange und erschreckende Geschichte manipulierter Informationen und erfundener Geschichten im Dienste des tiefen Staats zurückblickt, zählt zu den „Faktenprüfern". Als im ausgehenden Jahr 2016 der Startschuss für die Aktion Fake News gegeben wurde, brachte die *Post* einen Artikel über 200 alternative Websites, die im Verdacht standen, „russische Propaganda" zu verbreiten. Die absurde Behauptung war von Propornot.com aufgestellt worden, einer reinen Fake-News-Website, die ihre Tätigkeit 2016 aufnahm – im selben Jahr, als auch der Fake-News-Schwindel auf der Bildfläche erschien – und deren Autoren stets anonym bleiben. Aufgrund der kritischen Reaktionen, die zum Teil sogar von Mainstreamquellen ausgingen, sah sich die *Washington Post* bald danach gezwungen, sich von der Geschichte zu distanzieren. Unter den 200 gelisteten Plattformen fanden sich sowohl solche, die *tatsächlich* Fake News verbreiten, als auch andere, die nichts dergleichen tun. Einmal mehr wurden beide Kategorien miteinander vermengt, sodass man die eine dazu benutzen konnte, die andere in Verruf zu bringen. Yournewswire stand ebenso auf der Liste wie die ausgezeichnete, wahrhaft alternative Plattform Activist Post. Doch der Vorwurf, russische Propaganda zu verbreiten, war selbst im Hinblick auf Yournewswire absurd. Vielleicht glaubte man, Baxter Dmitry würde tatsächlich existieren und müsse ein Russe sein! Etwa zur selben Zeit behauptete die *Washington Post* auch, die Russen hätten sich von einer Anlage im Bundesstaat Vermont aus ins amerikanische Stromnetz gehackt. Wie sich jedoch herausstellte, befand sich das entsprechende Codefragment auf einem Laptop, der noch nicht einmal mit dem Stromnetz verbunden war, und für eine Beteiligung der Russen gab es nicht den geringsten Beweis. Das sind die Leute, die ermächtigt worden sind, die „Fakten zu prüfen" und Informationen zensieren zu lassen. Nicht einmal mit Neonröhren könnte das System das falsche Spiel, das es betreibt, noch offenkundiger machen.

Facebook drängt seine Nutzer, Fake News zu markieren und zu melden. Keine ordentliche Diktatur wäre komplett, ohne die Menschen dazu aufzustacheln, ihre Mitmenschen zu denunzieren und zu zensieren. Tatsächlich tun Millionen Menschen brav das, was

Facebook ihnen sagt. Mäh, mäh. Eine weitere Schwindlerin, die mediale Aufmerksamkeit bekommt, um angebliche Fake-News-Websites anzuprangern, ist die Hochschuldozentin Melissa Zimdars, eine dem System hörige „progressive Feministin und Aktivistin", die am Merrimack College in Massachusetts beschäftigt ist. Auf ihrer Liste standen Websites, die so offenkundig satirischen Charakter haben, dass es schon wehtut, sowie all jene alternativen Plattformen, deren Ansichten sie nicht teilte. Dessen ungeachtet bekundet sie, an die Freiheit zu glauben – so wie zahlreiche ihrer „progressiven" Mitstreiter, die ihre Zeit damit verbringen, die Freiheit abzuschaffen. Die französische Tageszeitung *Le Monde* veröffentlichte in dem Versuch, alternative Plattformen in Verruf zu bringen, eine Liste von „Verschwörungswebsites". (Verschwörungen gibt es nicht, wissen Sie?) Die Verzweiflung wächst: Sie werden erleben, dass die Angriffe auf all jene, die eine andere Sicht auf das Weltgeschehen und die Wirklichkeit haben, weiter zunehmen. Das ist digitale Buchverbrennung.

Unterdessen beschäftigen dieselben Regierungen, die wegen vermeintlicher Fake News ach so besorgt sind, ganze Armeen von Helfern (und Algorithmen), um Fake-Profile zu erstellen, mittels derer die Meinungsbildung der Nutzer sozialer Medien beeinflusst und „das Narrativ kontrolliert" werden soll. Einer fünfjährigen Studie zufolge, die Forscher der Universität Oxford im Rahmen des Computational Propaganda Projects durchgeführt haben, kamen derartige „Cybertruppen", die insbesondere zur Manipulation der Meinungen und Wahrnehmungen im Ausland eingesetzt werden, in viel größerem Umfang in „Demokratien" zum Einsatz als in Ländern, deren Regierungen gemeinhin als autoritär gelten. Wie die Forscher in einer Abhandlung mit dem Titel „Troops, Trolls and Troublemakers: A Global Inventory of Organised Social Media Manipulation" (dt. etwa: Truppen, Trolle und Unruhestifter: Eine globale Bestandsaufnahme zur organisierten Manipulation sozialer Medien) erläuterten, hatten sie 28 Länder unter die Lupe genommen, darunter Großbritannien, die USA, Deutschland, Russland, Saudi-Arabien, Syrien, die Türkei und Venezuela. Die Autoren schrieben: „In fast jedem der von uns untersuchten demokratischen Länder gibt es organisierte, die sozialen Medien betreffende Kampagnen, mit denen die Bürger anderer Länder ins Visier genommen werden." Die Projektleiterin Samantha Bradshaw machte deutlich, wie häufig demokratische Regierungen von manipulativen Eingriffen dieser Art Gebrauch machen, und wies darauf hin, dass sie dabei dieselben „Werkzeuge und Methoden" wie autoritäre Staaten benutzen. „Ich glaube nicht, dass den Menschen klar ist, in welchem Umfang die Regierungen diese Mittel einsetzen. Es läuft mehr im Verborgenen." Die Autoren stellten die Rolle der 2015 gegründeten 77. Brigade der britischen Armee heraus, die auf „nichttödliche psychologische Operationen" spezialisiert ist. Dabei „benutzt sie Netzwerke wie Facebook oder Twitter, um die Gegner dadurch zu bekämpfen, dass man im Informationszeitalter die Kontrolle über das Narrativ an sich reißt". In den Vereinigten Staaten seien es vor allem die DARPA (der technologische Arm des Pentagon), das US Cyber Command, die US Agency for International Development sowie die Air Force, die über die sozialen Medien die öffentliche Meinung manipulieren – in Projekten, die viele Millionen Dollar verschlingen. Auch die Demokratische und die Republikanische Partei würden von den Methoden Gebrauch machen. Zudem wiesen die Forscher aus Oxford nach, dass auch Einzelpersonen unter Beschuss genommen werden.

All das geschieht auf Geheiß von Regierungen, die nach einer schärferen Zensur verlangen, um Fake News und Meinungsmanipulationen das Wasser abzugraben. Das Ausmaß der Heuchelei ist gigantisch.

Die Monetarisierungsverschwörung

Eine weitere Methode, authentische Alternativmedien zu torpedieren, besteht darin, ihnen die Möglichkeit zu nehmen, Werbeeinnahmen zu generieren – etwa durch die Anzeigensysteme von Google oder YouTube (das ebenfalls zu Google gehört) oder mittels anderer internetbasierter Werbeagenturen. Die Handlanger der *El*-ite sind sich bewusst, dass viele Betreiber von Websites, die sich der Wahrheit verpflichtet fühlen, im Gegensatz zu den Eigentümern der Clickbait-Seiten ein oft mageres Einkommen aus den genannten Quellen beziehen. Auf diese Weise können sie die Kosten ihrer Onlinepräsenzen begleichen und sich Vollzeit ihren Recherchen und der Vernetzung widmen. Google und dessen Videoableger YouTube verweigern inzwischen jedem, der „kontroverse" oder „extremistische" Inhalte, Fake News oder – der neueste Schrei – „nicht werbefreundliche" Inhalte veröffentlicht, Werbeeinnahmen zu generieren. Aufgrund seiner Struktur ermöglicht das Spinnennetz die Koordination von Organisationen, zwischen denen auf den ersten Blick keine Verbindungen zu bestehen scheinen. Zu Beginn des Jahres 2017 erlebten wir den gemeinschaftlichen Pseudoaufschrei großer globaler Unternehmen, die die Kombination ihrer Werbespots mit „extremistischen" YouTube-Videos beklagten. Lustig – bis dahin hat es sie nie gestört, doch auf einmal beschwerten sie sich alle gleichzeitig. Wie nett von Rupert Murdochs Tageszeitung *Times*, den Sachverhalt zu „enthüllen", sodass sie sich alle gleichzeitig entrüsten konnten. *Hat sich ein einziger von ihnen früher schon einmal mit der Sache beschäftigt?* Über 250 Firmen zogen ihre Werbespots zurück, darunter Marks & Spencer, Toyota, HSBC, AT&T, General Motors, Verizon, Walmart und Johnson & Johnson. Vielleicht denken Sie daran, wenn Sie das nächste Mal im Begriff sind, Geld für Produkte der Genannten auszugeben.

Laut Matt Peacock, der bei Vodafone den Bereich Unternehmensangelegenheiten leitet, habe der Konzern eine „weiße Liste" von Websites erstellt, die „mit unseren Werten konform gehen". (Vodafone hat Werte! Man lernt nie aus.) Nur die Plattformen, die auf der Positivliste stehen, dürften Vodafone-Werbung schalten. Man würde meinen, bei der Formulierung „extremistische Videos" habe man sich etwa auf die Enthauptungsvideos des Islamischen Staats oder dergleichen bezogen. Tatsächlich war es jedoch das breite Spektrum alternativer Medien, denen mit den koordinierten Bemühungen die Möglichkeit genommen wurde, durch die Monetarisierung ihrer YouTube-Kanäle Geld zu verdienen. Die ganze Kampagne war leicht zu durchschauen. Googles Tochterfirma YouTube dämonisiert einfach jeden, der über irgendein „kontroverses" Thema spricht. Oder in ihren eigenen Worten: „Bei Videoinhalten rund um sensible Themen oder Ereignisse – unter anderem Krieg, politische Konflikte, Terrorismus oder Extremismus, Tod und tragische Vorfälle sowie sexueller Missbrauch – wird keine Werbung eingeblendet, auch wenn die Inhalte keine drastischen Bilder umfassen.“ Ebenfalls auf der Liste stehen „Videos zu aktuellen Tragödien, auch wenn diese in den Nachrichten oder als Dokumentation präsentiert werden“. Was sie eigentlich meinen, sind Videos mit abweichenden Ansichten über die betreffenden Ereignisse. Es gibt Werbetreibende, die meine YouTube-Videos für ihre Anzeigen nutzen *wollen* – für das Unternehmen Google/YouTube, das dem Spinnennetz untertan ist, ist das freilich kein Grund, seine Richtlinien zu revidieren. Das Ziel lautet schließlich, die Alternativmedien in jeder nur möglichen Weise zu sabotieren. Der Grund, warum die Mainstreammedien nicht im gleichen Ausmaß von der Kampagne betroffen waren, ist schlicht der, dass deren Inhalte genau das repräsentieren, was Sie – nach dem Willen der *El*-ite, die die großen Medien kontrolliert – glauben sollen. Wie es hieß, habe sich der „Boykott der Werbetreibenden“ für den YouTube-Eigentümer Google aufgrund des Verlustes an Werbeeinnahmen nachteilig ausgewirkt. Doch zum einen ist es den archontisch-reptiloiden Netzwerken ungleich wichtiger, die Kontrolle über die Menschen zu erlangen; zum anderen stellen die Verluste für den superreichen Konzern nur Peanuts dar. Der „Markenexperte“ Eric Schiffer sagte: „Da es Google meisterhaft versteht, die Relevanz von Inhalten einzuschätzen, ist das Unternehmen bestens positioniert, Onlinehass den Todesstoß zu versetzen. [...] Es wird sein Bestes geben, um Hassverbreiter zu ersticken. Im Zuge dessen werden 90 Prozent aller Firmen, die Google den Rücken gekehrt haben, binnen ein bis drei Monaten wieder zurückkehren.“ Natürlich werden sie das. Ersetzen Sie beim Lesen gedanklich „Hass“ durch „das, was Sie nicht zu Gesicht bekommen sollen“. Google hält sich für moralisch überlegen – dabei wurde der Konzern überführt, Millionen von Dollar dafür ausgegeben zu haben, durch wissenschaftliche Artikel seine Auffassung bestätigen zu lassen, dass das Sammeln enormer Datenmengen über seine Nutzer gerechtfertigt sei. In einigen Fällen gaben die Wissenschaftler nicht preis, von wem sie bezahlt worden sind. Dem *Wall Street Journal* hätten nach eigenen Angaben Tausende E-Mails vorgelegen, aus denen finanzielle Verflechtungen zwischen Google und verschiedenen Professoren weltweit führender Universitäten hervorgingen. Google und Moral? Ein *Witz*.

Die Zensurkabale

Wohin die Reise geht, führte uns etwa die Interessengruppe der Öl- und Gasbohrindustrie vor, die Google in einem offenen Brief aufforderte, Anti-Fracking-Websites aus den Google-Suchergebnissen zu entfernen oder zumindest zurückzustufen. „Wir möchten Sie dringend ersuchen, in Betracht zu ziehen, diese Onlinepräsenzen durch Ihre Algorithmen tilgen oder niedriger bewerten zu lassen“, hieß es darin. „Im Ergebnis dessen könnte die öffentliche Debatte über das Fracking bzw. die Erdöl- und Erdgasförderung ganz allgemein ehrlicher geführt werden.“ Die Übersetzung des orwellschen Kauderwelschs lautet: „Die Menschen sollen nur die Informationen bekommen, die uns in den Kram passen.“ Manche Websites setzt das Google-Monster, das die Ergebnislisten und Wortsuchalgorithmen seiner Suchmaschine türkt, um der politischen Agenda seiner Herren zu entsprechen, unverhohlen auf die schwarze Liste. Zudem verwenden Facebook, Google und andere Plattformen Algorithmen, um die Reichweite alternativer Informationen zu begrenzen. Während Zuckerberg, der uns offiziell als Chef des Facebook-Unternehmens präsentiert wird, den Typen von nebenan und Mann des Volkes mimt, sorgen seine Algorithmen dafür, dass nur ein Bruchteil der Menschen, die über meine neuen Beiträge informiert werden wollen, dieselben jemals zu Gesicht bekommen. Ist das okay für dich? Klar doch, kein Ding. Einem defekten Mikrofon war es zu verdanken, dass die Öffentlichkeit Zeuge eines Gesprächs zwischen Mark Zuckerberg und der deutschen Bundeskanzlerin Angela Merkel wurde, in dem die beiden am Rande einer Veranstaltung der Vereinten Nationen über die Zensurmaßnahmen von Facebook sprachen. Konkret ging es um Beiträge von Deutschen, in denen Merkels migrantenfreundliche Politik der offenen Grenzen kritisiert wurde, die dem Land so viel Chaos und Aufruhr beschert hat. Merkel und Zuckerberg haben einander verdient. Während Facebook inzwischen Nutzer wegen „Hassrede" sperrt, die das Bild eines Migranten teilen, der eine 19-jährige Frau vergewaltigt und getötet hat, darf man ungehindert sagen: „Weiße Frauen sollten gejagt und getötet werden. Dann wird es keine weißen Babys mehr geben, die denken, die Welt würde ihnen gehören." Äußerungen wie diese stellen nach Ansicht der T-Shirt-Organisation „keine Verletzung der Gemeinschaftsstandards" dar. An einem derart eindeutigen Fall von Rassismus stört sich Facebook nicht – es werden ja die Richtigen diskriminiert. Was ich damit meine, werde ich noch ausführen. Des Weiteren erleben wir Theateraufführungen, bei denen die Behörden auf Internetriesen wie Facebook, Google oder Twitter „Druck ausüben", Fake News zu zensieren. So verschafft man den Unternehmen werbewirksam einen Deckmantel, der dem Publikum suggeriert, sie würden sich „widerwillig" dem „Druck" beugen – um dann genau das zu tun, was sie ohnehin vorhatten. Was für eine Lachnummer das alles ist.

Heiko Maas, der Justizminister der Undemokratischen Republik Deutschland, drückte ein Gesetz durch, das für soziale Medien, die „Hassrede" und verleumderische „Fake News" nicht sofort löschen, Bußgelder bis zu 50 Millionen Euro vorsieht. Maas forderte, dass die Unternehmen dazu verpflichtet werden müssten, einen Verantwortlichen für die Bearbeitung von Beschwerden zu benennen, der im Falle des Ungehorsams gegenüber der staatlichen deutschen Willkürherrschaft *persönlich* mit bis zu fünf Millionen Euro haftet. Ich wette, die Leute reißen sich schon um die Stelle. Bis zum Ende des Jahres 2017 wolle man, so verkündete Facebook, in Berlin 700 Zensoren einstellen, die die „gemeldeten Inhalte" bearbeiten sollen. Der überragenden Arroganz, die Maas und seine Kollegen an den Tag legen, entspringt unter anderem die Vorgabe, die sozialen Netzwerke zur Schaffung eines „leicht erkennbaren, unmittelbar erreichbaren und ständig verfügbaren" Systems zur Meldung „strafbarer Inhalte" zu verpflichten. Damit sind privaten Zensoren Tür und Tor geöffnet, sich über unliebsame Inhalte zu beschweren, um eigene Agenden oder einfach Rachefeldzüge zu verfolgen. Aus Angst vor der Bestrafung durch den autoritären deutschen Staat wird man die gemeldeten Beiträge löschen. Andere Länder werden dem Beispiel mit Sicherheit folgen. Deutschland hat sich mittlerweile zu einem höchst totalitären System entwickelt, das der Bevölkerung seinen Willen aufzwingt, während weiterhin von einem „freien Land" die Rede ist. Renate Künast, eine Rechtsexpertin der deutschen Grünen, bemerkte: „Meine Angst und die von vielen ist, dass die Version, die [Maas] jetzt vorlegt, dazu führt, dass am Ende auch Meinungsfreiheit wirklich scharf eingegrenzt wird, weil einfach nur gelöscht, gelöscht, gelöscht wird." Na ja, zunächst einmal war das ja der Sinn der Sache. Im Übrigen sollten das die grünen Parteien dieser Welt vielleicht im Hinterkopf behalten, wenn sie sich das nächste Mal für die politische Korrektheit starkmachen, mit der die Meinungsfreiheit systematisch abgeschafft wird – genau wie es George Carlin einst formulierte: „Faschismus, der sich als gutes Benehmen ausgibt." Es gibt zumindest einen, der über Deutschlands widerlichen Angriff auf die Freiheit hocherfreut ist. Robert Singer, Geschäftsführer des Jüdischen Weltkongresses, war voll des Lobes:

> Das Internet ist voll von hasserfüllten Inhalten, von denen viele zu Hass und Gewalt anstacheln. Gegenwärtig brauchen die Anbieter noch viel zu lange, um derartige Beiträge zu entfernen oder zu blockieren. Es ist wichtig, dass Internetfirmen und Politker das Problem ernst nehmen. Wir möchten Deutschland dafür loben, dabei die Vorreiterrolle übernommen zu haben.

Was ist mit israelischen Politikern und anderen Leuten, die ihren Hass gegenüber den Palästinensern zum Ausdruck bringen? *Ach, richtig* … wir müssen das Recht auf Meinungsfreiheit verteidigen. Jetzt hab ich's.

Neben dem Zionismus wird auch der Islam vor Bloßstellung geschützt. Google hat seine Mitarbeiter angewiesen, jeden Beitrag zu markieren, der „verstörend oder anstößig" sein könnte, und im Ranking all jene Inhalte niedriger zu stufen, die inakkurat oder auf andere Weise problematisch sind. Den Vorrang erhalten Quellen, die (aus Sicht von Google) vertrauenswürdig sind. Auf diese Weise zensiert Google sich selbst. Die Richtlinien haben zur Folge, dass manche Inhalte gelöscht werden müssen, die offenkundig korrekt sind. Dazu zählt etwa die Aussage, dass einige Varianten des Islam entsetzlich und intolerant sind. Die meisten Muslime wollen meiner Erfahrung nach einfach nur zurechtkommen und in Frieden ihre Kinder großziehen. Andere Anhänger des Islam wiederum, etwa im wahhabistischen Saudi-Arabien, enthaupten Menschen und unterdrücken aufs Schändlichste ihre Frauen. Das gilt auch für den wahhabistischen Islamischen Staat, der von den USA, Großbritannien und Saudi-Arabien geschaffen worden ist. Reicht das für eine Einstufung als „verstörend oder anstößig"? Nicht in den Augen der Internetriesen, wie es scheint.

In Pakistan hat 2017 ein rasender Mob aus etwa zehn muslimischen Studenten unter „Allahu Akbar"-Rufen einen Journalistikstudenten erschlagen, der bei einer erhitzten Diskussion über religiöse Fragen „blasphemische" Äußerungen getätigt habe. Er wurde mit solcher Wucht getreten, dass seine Schädeldecke brach. Mindestens 65 Menschen sind seit 1990 in Pakistan (und anderswo) wegen Gotteslästerung getötet worden. Wer den Propheten Mohammed beleidigt, spielt mit seinem Leben. Die Gefängnisse sind voller Menschen, die auf ihren Prozess bzw. ihre Hinrichtung warten. Für Christen gehört es schon zum Alltag, der Blasphemie gegen den Islam bezichtigt zu werden. Der erste christliche Gouverneur der indonesischen Hauptstadt Jakarta wurde von hirnlosen „Richtern" wegen Gotteslästerung zu zwei Jahren Gefängnis verurteilt, weil er „Worte mit negativen Konnotationen in Bezug auf religiöse Symbole" benutzt habe. Vor dem Gerichtsgebäude forderten unterdessen ein paar Geistesgestörte die Höchststrafe von fünf Jahren. Wie viel Vertrauen muss jemand in seine Religion setzen, der jede Hinterfragung fürchtet und andere Menschen zum Schweigen bringen muss, indem er sie einsperrt oder gar tötet? Man würde meinen, das „moralisch" ausgerichtete Unternehmen Facebook würde gegen eine derart heftige Terror- und Gewaltbereitschaft Stellung beziehen – doch weit gefehlt. Der pakistanische Premierminister Nawaz Sharif verlangte, dass jeder, der „blasphemische Inhalte" auf sozialen Medien teilt, sofort strafrechtlich verfolgt werden müsse. Sie wissen schon – Pakistan, das Land der Redefreiheit, Religionsfreiheit und einfachen Mitmenschlichkeit. Gleich das erste Land ganz rechts, Sie können es nicht verfehlen. Sharif verkündete: „Blasphemische Inhalte auf sozialen Medien zu teilen, stellt einen unreinen Versuch dar, mit den Gefühlen der muslimischen Ummah [Gemeinschaft] zu spielen. [...] Es müssen unverzüglich wirksame Maßnahmen ergriffen werden, um die Beiträge zu entfernen und zu sperren." Was du eigentlich meinst, Kumpel, ist die Zensur im Sinne deines einprogrammierten Glaubenssystems. Das Gleiche lässt sich in jede Sprache und auf jede Religion, Geschlechtszugehörigkeit oder sexuelle Ausrichtung übertragen – es sei denn, du bist ein weißer Mann (den zu beleidigen oder zu schmähen, ist offenbar unmöglich). Kurze Zeit später brüstete sich der pakistanische Innenminister Arif Khan damit, wie feige Facebook 85 Prozent der Inhalte entfernt hatte, die die religiöse Diktatur für gotteslästerlich hielt. Das Unternehmen ist nichts weiter als ein Vasall der Regierungen bzw. des Systems. Es verachtet seine Nutzer und tritt deren grundlegendes Recht auf freie Meinungsäußerung mit Füßen. Achten Sie einmal darauf, wie Juden, Muslime usw., die sonst in praktisch keinem Punkt derselben Meinung sind, plötzlich Seit an Seit schreiten, wenn es um ihr Recht geht, Kritiker zum Schweigen zu bringen. In diesem Schulterschluss kommt deren gemeinsamer Wunsch nach Zensur zum Ausdruck.

Der Plan sieht vor, die authentischen Alternativmedien mit den selbst ernannten Pseudoalternativen in einen Topf zu werfen, um anschließend die Zensur der einen mit den Handlungen der anderen zu rechtfertigen. Meinetwegen braucht niemand zensiert zu werden – nicht einmal „Baxter Dmitry". Ich möchte, dass die Menschen eine gewisse Pfiffigkeit entwickeln und zu unterscheiden lernen. Dann würden sie auch keine Plattformen mehr konsultieren, die sie mit irreführenden Schlagzeilen und erdachten Geschichten zu ködern versuchen – geschweige denn deren Artikel teilen. Wer einmal auf einen Klickköder hereingefallen ist, sollte niemals wieder eine Seite der betreffenden Website aufrufen oder gar verbreiten. Das wäre ein vernünftiger Ansatz, mit der Angelegenheit umzugehen: Zeige den Menschen, worauf sie achten müssen und wie sie hinters Licht geführt werden. Akzeptiert man hingegen die Unterteilung in wahre und falsche Informationen sowie das Konzept, der Öffentlichkeit bestimmte Inhalte vorzuenthalten, überlässt man die Macht, darüber zu befinden, den Zensoren. Es ist besser, Fake News zu haben als eine Zensur. Wer prüft die Faktenprüfer? Wem *gehören* die Faktenprüfer? Welche Agenda verfolgen sie? Die Antworten lauten: (1) niemand; (2) denen, die kontrollieren wollen, von welchen Informationen die Menschen Kenntnis erhalten; (3) angebliche „Fake News" als Vorwand zu benutzen, um die Informationen zensieren zu können, die unterdrückt werden sollen. Wir sollten das Unterscheidungsvermögen der Menschen schärfen, statt eine Zensur einzuführen, die nur den Interessen der *El*-ite nützt. Ich möchte Menschen, die ihre eigenen Faktenprüfer sind.

Die britische Premierministerin Theresa May, die mit dem Schutz der Privatsphäre und der Redefreiheit auf Kriegsfuß zu stehen scheint, verkündete 2017 im Wahlmanifest der Konservativen Partei, dass sie die Möglichkeiten, Inhalte im Internet zu veröffentlichen und zu teilen, massiv einschränken wolle. Im Wahlprogramm hieß es: „Manch einer meint, es sei nicht die Aufgabe der Regierung, hinsichtlich Technologie und Internet regulierend einzugreifen. Wir sind anderer Meinung." Großbritannien würde „die globale Führungsrolle in der Frage der Nutzungsreglementierung persönlicher Daten und des Internets übernehmen" – die globale Führungsrolle bei der Zensur jener Informationen, von denen die Öffentlichkeit keine Kenntnis bekommen soll. Die britische Regierung verfolgt eine vermeintliche, als „Prevent" bezeichnete „Anti-Terror"-Strategie, nach der eine kritische Einstellung gegenüber der vorherrschenden Ordnung und dem Status quo mit potenziellem Terrorismus gleichgesetzt wird. Das Prevent-Programm sieht vor, dass die Bevölkerung und Einrichtungen wie Schulen, Universitäten oder Regierungsbehörden jede Person melden, die möglicherweise mit terroristischem Gedankengut sympathisiert. Die Formulierung ist jedoch so schwammig, dass darunter jeder fallen könnte, der die offiziellen Narrative infrage stellt oder anficht. Die Definitionen sollen schrittweise weiter aufgeweicht werden, bis schließlich jemand wie ich, der – welche Ironie – die Verstrickungen der Regierungen in terroristische Machenschaften aufzeigt, als Terrorist gilt. Der ehemalige britische Premierminister David Cameron, einer der Hauptverantwortlichen für die Katastrophe von Libyen, hielt vor der UNO bereits eine Rede in dieser Richtung. Die vom Establishment kontrollierte BBC würde eine ausgedehnte Zensur ohne Zweifel begrüßen. Auf ihrer Website vermerkt sie, dass sie die persönlichen Daten ihrer Nutzer, falls sie „beleidigende, unangemessene oder anstößige" Beiträge teilen, an „entsprechende Dritte" übermitteln wird – etwa den Arbeitgeber, den School-E-Mail- bzw. Internetanbieter oder die Strafverfolgungsbehörden. Ich finde das Programm der BBC beleidigend, unangemessen und anstößig, befürworte jedoch nach wie vor ihr Recht auf freie Meinungsäußerung. Eine altmodische Einstellung, ich weiß – aber ich bleibe dabei.

Zwei auf einen Streich

Donald Trump, der in den USA von vielen großen „alternativen" Websites mit Unterstützungsangeboten überschüttet wurde, benutzte den Begriff „Fake News" insbesondere nach seiner Amtseinführung im Januar 2017, um die etablierten Medien zu charakterisieren (Abb. 405). Angesichts der seit über einem Jahrhundert andauernden medialen Manipulationen, die der Agenda des tiefen Staates dienen, ist das eine zutreffende Beschreibung. Lassen Sie mich jedoch an dieser Stelle auf den zusätzlichen Aspekt zurückkommen, auf den ich weiter oben verwies. Um all das Blendwerk zu durchschauen, müssen Sie immer auf die Resultate schauen, statt den Worten und Erklärungen, warum etwas angeblich getan wird, allzu viel Bedeutung beizumessen. Die Resultate sind es, die zählen, denn nur sie – und nicht Worte oder Rhetorik – verändern die Gesellschaft. Zum einen haben

Abb. 405: „CNN-Präsident Zucker: Trump will ‚dem Journalismus die Legitimation absprechen'. Zu spät, Kumpel – das habt ihr schon selbst bewerkstelligt!" – Der Zionist Zucker leitet einen der tendenziösesten „Nachrichten"-Sender der Welt.

wir Fake-News-Quellen, die sich als „alternativ" ausgeben; zum anderen die Mainstreammedien, die fast ausschließlich Fake News produzieren. Ich betone das Wörtchen *fast*, denn noch immer gibt es vereinzelte Lichtblicke – trotz des gewaltigen, weltumspannenden, hierarchisch strukturierten Systems, mit dem die Informationen kontrolliert werden. Das Spinnennetz kontrolliert die Medieneigentümer; diese kontrollieren die Redakteure, von denen wiederum die Journalisten kontrolliert werden. Die Letztgenannten sind es, die dem Leser bzw. Zuschauer schließlich das vom Spinnennetz favorisierte Bild vermitteln. Als Lichtblicke bezeichne ich die Handvoll Journalisten, denen noch immer an der Wahrheit gelegen ist und die den Menschen die Informationen geben, auf die sie ein Anrecht haben. Sie mögen sich der großen Verschwörung nicht bewusst sein, doch sie recherchieren zu einzelnen Aspekten derselben und stoßen dabei auf wichtige Zusammenhänge, die ein Licht auf die Hintergründe des Weltgeschehens werfen. Der *El*-ite und ihren Handlangern bescheren sie damit so manche unangenehme Lektüre. Natürlich versucht das System, die Arbeit dieser wenigen echten Journalisten zu unterminieren. So werden sie etwa durch Sicherheitsbehörden überwacht, um ihre Quellen zu enttarnen, und mittels neuer Gesetze werden Whistleblowern staatlicher Organe harte Strafen in Aussicht gestellt. Auf diese Weise versucht man zu verhindern, dass Insiderinformationen an die Öffentlichkeit dringen. Eines dieser Gesetze war Theresa Mays skandalöser Investigatory Powers Act, der 2016 in Großbritannien in Kraft trat. Jeremy Corbyns damals in der Opposition befindliche Labour Party hatte es unerhörterweise versäumt, gegen die Einführung des auch als „Schnüfflercharta" bezeichneten Gesetzes, mit dem die Freiheit erheblich beschnitten wird, Widerstand zu leisten.

In den USA entschied ein Bundesrichter, dass das FBI Journalisten ausspionieren darf, ohne die rechtliche Grundlage für ihr Vorgehen offenlegen zu müssen. Recherchen des Institute of Advanced Legal Studies der Universität London ergaben, dass es den Journalisten angesichts der zunehmenden Telefon- und Internetüberwachung immer schwerer fällt, die Anonymität ihrer Informanten zu wahren. Das deutsche Nachrichtenmagazin *Der Spiegel* enthüllte 2017, dass der Bundesnachrichtendienst 20 Jahre lang ausländische Journalisten ausspioniert und weltweit mindestens 50 Telefon- und Faxnummern sowie E-Mail-Adressen von Journalisten, Nachrichtenabteilungen und Redaktionsbüros überwacht hat. Der deutsche Zweig der Organisation Reporter ohne Grenzen bezeichnete die Überwachungspraxis als „ungeheuerlichen Angriff auf die Pressefreiheit". Die Tatsache, dass der BND Daten an die CIA und andere global agierende Behörden weitergegeben hat, erklärt sich daraus, dass sie alle Bestandteile desselben Spinnennetzes sind. Ähnlich wie beim Thema „Fake News" sollen die letzten verbliebenen authentischen Mainstreamjournalisten und mutigen Redakteure mit ihren feigen Kollegen, die die Öffentlichkeit manipulieren und dem System zu Diensten sind, in einen Topf geworfen werden. Das von der *El*-ite angestrebte Ziel der doppelten Fake-News-Rhetorik ist, sowohl die echten Alternativmedien als auch die Überbleibsel eines aufrichtigen Journalismus im Mainstream in die Nichtexistenz zu zensieren. Ich möchte die Mainstreammedien ebenso wenig zensieren, wie ich den Nonsens lesen möchte, den die Fake-News-Elemente innerhalb der vemeintlich alternativen Medien produzieren. Eigentlich müsste ich angesichts der abscheulichen Behandlung, die mir seit 1990 durch die Medien zuteil wurde, mehr als jeder andere nach Zensur und Bestrafung derselben rufen. Doch das tue ich nicht – ja, ich plädiere vehement für das Gegenteil –, denn die Freiheit ist mir ungleich wichtiger. Es ist mir lieber, ich werde von Schwachköpfen beschimpft, als dass die Schwachköpfe auf Kosten der Intelligenten oder die Verlogenen auf Kosten der Aufrichtigen zensiert werden. Zensurgesetze unterscheiden nämlich nicht zwischen den beiden Gruppen, sondern behandeln alle gleich.

Zwei Aktivisten, die verdeckte Videoaufnahmen anfertigten, um den skandalösen Verkauf fötalen Gewebes durch die Organisation Planned Parenthood ins Bewusstsein der Öffentlichkeit zu rücken, wurden mit 15 Anklagen überzogen, weil sie „durch unerlaubtes Filmen die Privatsphäre medizinischer Versorger verletzt" hätten. Und was ist mit den staatlichen Behörden, die überall ohne Zustimmung der Betroffenen filmen? *Ach soo* – das ist natürlich etwas anderes! Das ist die Welt, in der wir heute leben. Die britische Tageszeitung *The Guardian* beklagte sich darüber, dass andere Regierungen Trumps Beispiel folgten und bestimmte Medien wegen der Verbreitung von Fake News ächteten. Auch lamentierten sie, weil das russische Außenministerium eine Website gestartet hat, um auf Nachrichten etwa der *New York Times* oder des Senders Al Jazeera aufmerksam zu machen, die es als Fake News einstuft. Ich kann nichts Falsches darin erkennen, eine Website zu unterhalten, auf der auf mögliche Falschdarstellungen hingewiesen und diese Einschätzung begründet wird. Es ist die Zensur bzw. Unterdrückung solcher Gegendarstellungen, die eine Gefahr darstellt. Die Klagen des *Guardian* wären glaubwürdiger, wenn er den alternativen Medien in der Fake-News-Kampagne zur Seite gesprungen wäre und sich nicht dazu hätte hinreißen lassen, seine eigene journalistische Arbeit der politischen und privatwirtschaftlichen Agenda passend zu machen. Es war gerade der Mangel an wahrhaftigem Journalismus innerhalb der Mainstreammedien – sowie der unauthentischen, opportunistischen Elemente der sogenannten alternativen Medienszene –, der den staatlichen Behörden den Vorwand für die Kampagne lieferte. Die etablierten Medien versuchen, die alternativen Medien als Fake News zu verunglimpfen, weil sie große Teile ihrer Leser bzw. Zuschauer an die Letztgenannten verloren haben. Dabei haben sie sich diese Entwicklung ausschließlich selbst zuzuschreiben. In den Reihen der Alternativmedien wiederum gibt es viele Akteure, die, während sie den Mainstream der Verbreitung von Fake News bezichtigen, selbst exakt das Gleiche das tun.

Sogenannte Progressive schreien ihren Hass auf Trump heraus und bezeichnen ihn als Faschisten, während sie ihrerseits die faschistoide Zensur jener Medien befürworten, die eine andere Meinung als die ihre vertreten. „Progressive" Gelehrte haben ein Verbot der britischen Tageszeitung *Daily Mail* gefordert, da deren Leser eine „abnorme Realitätswahrnehmung“ hätten. Ganz im Gegensatz zu jenen, die für das Ende der Pressefreiheit eintreten, nehme ich an. Was für eine gruselige Äußerung. Wie oft haben repressive Regierungen Formulierungen wie „abnorme Realitätswahrnehmung“ dazu benutzt, die Einweisung Andersdenkender in die Psychiatrie oder in „Umerziehungslager“ zu rechtfertigen? Der progressive Faschismus ist zu einer globalen Krankheit geworden. Während andere „Progressive“ in Großbritannien unliebsamen Zeitungen das Wasser abzugraben versuchen, indem sie deren Werbekunden attackieren, starten in Amerika tyrannische Progressive ähnliche Kampagnen gegen TV-Nachrichtenkanäle, mit deren Weltbild sie nicht konform gehen. Zwar teile ich die politischen Ansichten der *Daily Mail* nicht im Geringsten, doch unter ihren Artikeln, die mehrheitlich dem Briefmarkenkonsens huldigen, verbirgt sich noch immer die eine oder andere Perle echten investigativen Journalismus. Das ist auch der wahre Grund, warum die Zeitung und ihre Onlinepräsenz unter Beschuss geraten sind. Zudem dürfte auch die erfolgreiche Pro-Brexit-Kampagne der *Mail* dazu beigetragen haben, sie zur Zielscheibe werden zu lassen. Die geistige Akrobatik und der Grad an Selbsttäuschung, die vonnöten sind, um sich als Vorkämpfer für Meinungsfreiheit und Menschenrechte zu präsentieren, während man im gleichen Atemzug Zeitungen verbieten lassen will, deren Redakteure und Leser eine andere Meinung vertreten, verschlägt einem glatt die Sprache.

Der Begriff der Redefreiheit drückt genau aus, worum es geht: um die Freiheit zu reden. Dazu gehört, es auszuhalten, wenn jemand etwas äußert, das einem nicht gefällt. Das ist es, was Leute mit einprogrammierten „progressiven“ Wahrnehmungen einfach nicht in den Kopf bekommen. Sie stehen so sehr im Bann ihres eigenen extremen Narzissmus, dass sie den Grad ihrer Beschränktheit und Scheinheiligkeit gar nicht erfassen können. Die Ursache für dieses Phänomen, auf die ich in Kürze zurückkommen werde, hat damit zu tun, wie die „progressive“ akademische Welt und ein Großteil der „progressiven“ Studenten in einen mentalen Zustand gelockt worden sind, die ich nur als Formen von Geisteskrankheit interpretieren kann. Die Linke und die Mitte haben es ebenso wie ihre „Gegner“ des rechten Lagers, die sich nicht weniger in die eigene Tasche lügen, darauf abgesehen, die Medien ins Visier zu nehmen und zu zensieren. Sie mögen zwar verschiedene Bereiche ins Visier nehmen, doch zusammen attackieren sie das Ganze. Vergessen Sie die Worte – achten Sie auf die Resultate!

Abhör- und andere Skandale

Trump wirft die Schmähungen, die ihm tagtäglich entgegengebracht werden, auf die amerikanischen Mainstreammedien zurück. Deren britisches Pendant befindet sich offenkundig im Visier eines Establishments, das dafür von „progressiven“ Kräften gefeiert wird, die sich (schon wieder eine Ironie) als Gegner des Establishments verstehen. Mit den Plänen, die britischen Printmedien zu zensieren, wurde es Ernst, als die für Tarnorganisationen des britischen Geheimdienstes tätigen Agenten begannen, über ihre nur eine Armlänge entfernten „privaten Wachdienste" nationale Tageszeitungen zu infiltrieren. Am bekanntesten wurde der Fall des im Besitz von Rupert Murdoch befindlichen Boulevardblatts *News of the World*, bei dem die Agenten illegal Telefone anzapften, um die Gespräche der Berühmten sowie der in aktuelle Ereignisse verwickelten Personen zu belauschen. Der Inhalt der abgehörten Telefonate erschien dann in der besagten Zeitschrift unter der Rubrik „Exklusiv". Einem Insider wie Rupert Murdoch würde man doch bestimmt keine solche Falle stellen? Verglichen mit der Spinne ist Murdoch nur ein kleiner Fisch – ganz gleich, wie mächtig er in den Augen der Öffentlichkeit erscheinen mag. Aus Sicht der Mächte, die hinter der umfassenderen Agenda stehen, ist jeder austauschbar. Christine Hart, die zum Fall der *News of the World* recherchiert hat, erzählte mir, wie der Betrug mit dem Telefon-Hacking inszeniert worden war und dass die Urheber ganz darauf erpicht waren, auch die *Daily Mail* zu „bekommen". Sobald die Falle für die *News of the World* platziert war, machte man die Abhörpraktiken im Hause publik, und die Zeitschrift musste aufgrund des einsetzenden Aufruhrs eingestellt werden.

Die darauf folgende Antimedienkampagne wurde von einer Gruppierung namens Hacked Off angeführt, der unter anderem der Schauspieler Hugh „spielt immer dieselbe Rolle" Grant seine Stimme lieh. Der Skandal wurde dazu benutzt, staatliche Ermittlungen zum Verhalten der britischen Presse einzuleiten. Lord Leveson, ein Richter, der die Untersuchungen leitete, empfahl die Einrichtung einer „unabhängigen" Körperschaft, die die Medienindustrie überwachen sollte. Die daraufhin gegründete, von der Regierung anerkannte „unabhängige" Organisation Impress wurde mit Millionenbeträgen von einem gewissen Max Mosley gesponsert, der die Presse nicht ausstehen kann. Wie die *Daily Mail* enthüllte, hatte der Sohn des britischen Faschisten Oswald Mosley dem stellvertretenden Parteivorsitzenden der oppositionellen Labour Party Tom Watson, der die Presse ebenfalls verachtet, 500.000 Pfund gespendet. So viel Unabhängigkeit ist schon bemerkenswert. Die *Mail* schrieb in einem Leitartikel:

> Mr. Mosley befindet sich auf einem Feldzug gegen die Presse, seit die inzwischen eingestellte Zeitschrift *News of the World* seine Teilnahme an einer sado-masochistischen Orgie enthüllt hatte, an der fünf Prostituierte beteiligt waren. Unter den Vorstandsmitgliedern von Impress befindet sich eine Person, die auf Twitter verkündete, sie wolle die *Daily Mail* verbieten; andere Mitglieder haben eine Kampagne unterstützt, mit der Zeitungen des Mitte-Rechts-Spektrums aus dem Geschäft gedrängt werden sollten, indem man sie um die Werbeeinnahmen bringt.
>
> Doch selbst wenn Impress tadellose, ausgewogene Referenzen hätte, würde unsere Zeitung davon absehen, mit der Einrichtung zusammenzuarbeiten: Es ist prinzipiell falsch, wenn sich ein Presseerzeugnis der staatlichen Regulierung unterwirft. Nach Lage der Dinge wäre schon der bloße Gedanke, sich einer derart unheimlichen Körperschaft zu ergeben, unvorstellbar.

Nicht so für die Regierung und ihre Strippenzieher, wie es scheint. Mit einer der von der Regierung vorgeschlagenen Friss-oder-stirb-Optionen sollten die Zeitungen vor die Wahl gestellt werden, sich entweder von Mosleys Mob reglementieren zu lassen oder aber mit erheblichen Kosten rechnen zu müssen – und zwar selbst dann, wenn sie eine Verleumdungsklage *gewinnen* sollten. Sie haben richtig gelesen: Zeitungen, die sich der „unabhängigen", die Presse hassenden Institution nicht unterwerfen würden, hätten in jedem Fall die Prozesskosten zu tragen, wann immer irgendjemand sie verklagt – *und zwar auch dann, wenn der Richterspruch zu ihren Gunsten ausfällt.* Das würde die Zeitungen früher oder später in den finanziellen Ruin treiben. Habe ich schon erwähnt, dass das Establishment mit aller Macht versucht, sich auch noch der letzten aufrechten Journalisten zu entledigen? Glücklicherweise wurden die Pläne vorerst ausgesetzt. Wir werden sehen, wie es weitergeht. Der inszenierte Abhörskandal sollte einen Vorwand für die Einführung neuer Zensurgesetze liefern, für die in Wirklichkeit keinerlei Bedarf bestand. Das Abhören von Telefonen war bereits strafbar – Journalisten sind dafür in den Knast gewandert. Es ging überhaupt nicht um den Schutz der Privatsphäre, sondern darum, Zensurmechanismen zu etablieren. All jene, die Trump, Leveson, Hacked Off und Impress bejubeln, weil sie gegen die Mainstreammedien sind, wären möglicherweise gut beraten, die Angelegenheit neu zu überdenken. Dasselbe gilt für die Verfasser von Fake News sowohl bei den etablierten als auch bei den „alternativen" Medien. Vielleicht denken sie einmal darüber nach, dass sie durch ihr Verhalten die Munition geliefert und die Verachtung der Öffentlichkeit provoziert haben, die jetzt zur Rechtfertigung einer flächendeckenden Zensur herangezogen werden – der nun auch der echte Journalismus innerhalb der Mainstream- und der alternativen Medien zum Opfer fällt. Genau das war der ursprüngliche Plan.

Die Kaperung des Informationsflusses

Abb. 406: „Im Dienste der Verdeckten Hand: Verschiedene Namen, dieselben Meister." – Neue Medien für die nächste Stufe des Wahrnehmungsgefängnisses.

Die *El*-ite ist mit aller Kraft dabei, Nachrichten- und Informationsquellen von traditionellen Zeitungen, Fernseh- und Radiosendern sowie unabhängigen Websites zu den Internetgiganten – wie Google, Facebook oder Twitter – zu verlagern (Abb. 406). Viele Zeitungen sind aufgrund der Verkaufseinbußen bei den gedruckten Ausgaben gezwungen, sich künftig auf ihre Onlinepräsenzen zu beschränken. Die Internetriesen sollen im Bereich Nachrichten und Informationen zur dominierenden Macht werden, da sie den Einsatz von Algorithmen erlauben, mit denen sich kontrollieren lässt, welche Inhalte die Öffentlichkeit erreichen. Twitter gab im Jahr 2017 bekannt, dass das Unternehmen neue Algorithmen einsetzen würde, die Beiträge mit missbräuchlichem Charakter erkennen und umgehend zensieren können. Wie lange wird es wohl dauern, bis man unter dem Begriff „missbräuchlicher Charakter" auch all jene Informationen subsumiert, die im Widerspruch zum offiziellen, orthodoxen Narrativ stehen? Die dafür benötigte Technik ist bereits installiert; nur der Code müsste entsprechend angepasst werden.

Die Datenströme des Internets werden im Wesentlichen von etwa 100 Websites bestimmt. Die von den Zionisten gesteuerte Suchmaschine Google verzeichnet alljährlich 1,2 Billionen Suchanfragen. Der Google-Ableger YouTube wird Monat für Monat von über einer Milliarde Menschen aktiv genutzt. Das ebenfalls von Zionisten kontrollierte Unternehmen Facebook, dem auch Instagram, WhatsApp und zahlreiche andere Plattformen gehören, gibt an, zwei Milliarden aktive Nutzer zu haben. In diesem Buch verweise ich auf verschiedene YouTube-Videos, da sie aufgrund der marktbeherrschenden Stellung des Konzerns ausschließlich auf YouTube verfügbar sind. Wir brauchen dringend eine alternative Videoplattform, die nicht an Zensur, sondern an die Freiheit glaubt. Der amerikanische Geheimdienstwhistleblower Edward Snowden sagte über Facebook: „Wenn ein einzelnes Unternehmen so mächtig ist, dass es unsere Denkweise neu zu formen vermag, brauche ich wohl nicht zu erläutern, wie gefährlich die Situation ist." All diejenigen, die ihre eigenen alternativen Webpräsenzen aufgegeben haben, um stattdessen über Facebook-Seiten zu kommunizieren, sind nach Strich und Faden veräppelt worden. Im Vorfeld der Unterhauswahlen, die im Juni 2017 in Großbritannien stattfanden, löschte Facebook Tausende Profile britischer Nutzer und startete eine Kampagne, um der Flut angeblicher „Fake News" mit technologischen Mitteln Herr zu werden. Mit neuen Algorithmen ließen sich etwa Personen identifizieren, die immer wieder dieselben Inhalte teilten, und „verdächtige" Beiträge zurückstufen, sodass sie in den Newsfeeds der Facebook-Nutzer seltener oder gar nicht mehr erscheinen. Die Mainstreammedien waren davon – obwohl sie ebenfalls Fake News produzieren – nicht betroffen (das werden sie aber sein, sobald sie aus der Reihe tanzen). Albert Speer, der im faschistischen Deutschland als Reichsminister für Bewaffnung und Munition fungierte, sagte während der Nürnberger Prozesse:

> Die Diktatur Hitlers unterschied sich in einem grundsätzlichen Punkt von allen geschichtlichen Vorgängern. Es war die erste Diktatur in dieser Zeit moderner Technik, eine Diktatur, die sich zur Beherrschung des eigenen Volkes der technischen Mittel in vollkommener Weise bediente. Durch die Mittel der Technik, wie Rundfunk und Lautsprecher, wurde 80 Millionen Menschen das selbstständige Denken genommen; sie konnten dadurch dem Willen eines Einzelnen hörig gemacht werden.

Speer bezog sich auf den „Volksempfänger", den Hitler in millionenfacher Ausfertigung hatte herstellen lassen. Mit den billigen Radios konnte man ausschließlich Programme aus Deutschland und Österreich empfangen. Nichts anderes geschieht heute im globalen Maßstab, indem sich die Macht über die Informationen zunehmend in den Händen einiger weniger Internetfirmen konzentriert, die allesamt vom Spinnennetz kontrolliert werden. Der Geopolitikforscher Tony Cartalucci schrieb:

> Facebook hat einen modernen, auf die speziellen Interessen korporativer Kapitalgeber zugeschnittenen Volksempfänger geschaffen. Auf der Frequenzskala fehlen Alternativen, und Informationen, die ihren Ursprung außerhalb von Facebooks sorgfältig überwachtem Terrain haben, können aufgrund technischer Beschränkungen nicht empfangen werden. Das ist die Methode, mit der in unseren Tagen selbstständiges Denken unterbunden wird: Ein Informationskäfig, [von dem viele Menschen] – genau wie in den 1930er- und 1940er-Jahren die Deutschen – nicht einmal bemerken, dass sie von ihm umgeben sind.
>
> So, wie die Menschen während des Zweiten Weltkriegs vehement dafür kämpften, die Propagandamaschine der Nazis zu stoppen, müssen wir heute dem Monopol, das Facebook auf die Kommunikation unserer Tage hat, die Stirn bieten, es untergraben und schließlich aus der Welt schaffen. Im Unterschied zum Volksempfänger der Nazis verdirbt und verdreht Facebook nicht nur die Wahrnehmung von 80 Millionen Deutschen, sondern greift auf eine Nutzerschaft zu, die über den ganzen Planeten verteilt ist und annähernd zwei Milliarden Menschen umfasst.

Laut Zuckerberg hat die Zahl der Facebook-Nutzer inzwischen – nur 13 Jahre nach dem Start der Plattform – die Zwei-Milliarden-Marke überschritten. Die zweite Milliarde sei dabei in weniger als fünf Jahren zustande gekommen. Facebook könne an die Stelle der Kirchen treten, sagte das T-Shirt. Hinsichtlich der Herrschaft über die Wahrnehmungen und der Art und Weise, wie abweichende Sichtweisen als Blasphemie verleumdet werden, hat der Konzern das bereits getan. Andreas Schleicher, der bei der Organisation für wirtschaftliche Zusammenarbeit und Entwicklung (OECD) das Direktorat für Bildung leitet, merkte an, dass soziale Medien dazu neigen, sich wie „Echokammern" zu verhalten, da sie die Vernetzung von Menschen mit ähnlichem Gedankengut fördern. Die Schulen müssten für eine breit gefächerte Diskussionskultur sorgen und vielen unterschiedlichen Ansichten Gehör verschaffen. Da hat er völlig recht, doch das System hat ganz andere Vorstellungen. In Newsfeeds, auf YouTube und über Marketingalgorithmen werden den Menschen Angebote unterbreitet, die auf ihrem Browserverlauf und all dem beruhen, was sie in der Vergangenheit im Internet aufgerufen haben. Auch durch diese Mechanismen wird die Wahrscheinlichkeit verringert, dass man auf irgendetwas stößt, was den eigenen Denkgewohnheiten entgegensteht. Facebook gab zu, dass es Algorithmen einsetzt, die über die in den Geräten eingebauten Mikrofone private Gespräche belauschen. Das kam nur deshalb heraus, weil den Leuten auffiel, dass sie auf Facebook vermehrt Werbung sahen, die sich unmittelbar auf zuvor getätigte persönliche Konversationen bzw. Diskussionen bezog. Facebook erklärte dazu: „Wir benutzen Ihr Mikrofon, um festzustellen, was Sie sich gerade anhören oder anschauen." Doch die Platzierung maßgeschneiderter Reklame ist nur ein nachrangiges Ziel. Vordergründig geht es darum, die Menschen zu überwachen und personenbezogene Daten zu sammeln. Die Algorithmen und Zensurmaßnahmen, mit denen gesteuert wird, was die Menschen zu Gesicht bekommen und was nicht, traten in dem Moment auf den Plan, als die marktführenden sozialen Medien – die alle dem Spinnennetz unterstehen – die Zirkulation von Nachrichten und Informationen zu dominieren begannen (Abb. 407). Mainstreamblätter wie die unsägliche *New York Times* bejubeln den Einsatz von Algorithmen, um alternative Medien zu zensieren. Dabei werden sie selbst die Nächsten sein, denn die *El*-ite will *jede* Möglichkeit der Bloßstellung bzw. Anfechtung unterbinden – und das schließt die gelegentlichen Hoffnungsschimmer mit ein, die hier und da auch im Mainstream anzutreffen sind. Nachdem man die sozialen Medien und das Internet ursprünglich als Oase der Informationsfreiheit pries, führt man nun – da man genügend Macht über die Kontrollmechanismen auf sich vereint hat – die Zensuralgorithmen ein:

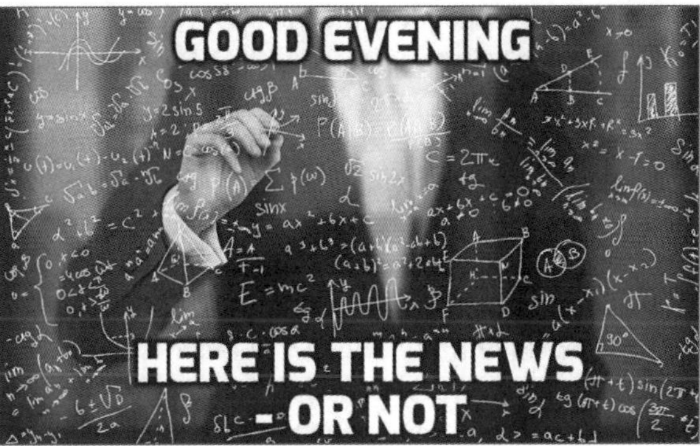

Abb. 407: „Guten Abend. Hier sind die Nachrichten – oder auch nicht." – Sind die Algorithmen erst einmal programmiert, können sie die Informationen, die Sie nicht zu Gesicht bekommen dürfen, ohne weiteres menschliches Zutun zensieren.

> Hey, wir sind alle nette Kumpel von nebenan – cool, Mann! Schaut euch mein graues „Ich bin einer von euch"-T-Shirt an! Oh, wir haben die Vorherrschaft erreicht? Dann zensiert die Mistkerle! Jetzt haben wir euch!

Wir haben einen amerikanischen Präsidenten, der in Kurztexten von 140 Zeichen mit der Nation kommuniziert. Willkommen in der Welt der Oberflächlichkeit, die oberflächliche Gemüter mit oberflächlichen „Nachrichten" versorgt, an denen sie sich oberflächlich abarbeiten können, bis sie blödsinnig geworden sind. Wir bewegen uns auf die vollständige Abschaffung sämtlicher Spielarten des wahrhaftigen Journalismus und das Ende aller Substanz zu (was letztlich dasselbe ist). Wikipedia, die von Zionisten geschaffene, notorisch fehlerhafte Internet-„Enzyklopädie", wird jeden Tag von Hunderten Millionen Menschen konsultiert, um die „Fakten" über Personen, Ereignisse und praktisch alles nur Vorstellbare in Erfahrung zu bringen. Im Februar 2017 hatte Wikipedia die *Daily Mail* als Informationsquelle gesperrt. Was die Redakteure der Zeitung vorfanden, als sie der Sache auf den Grund gingen, war gleichermaßen erbärmlich und schaurig. Einige Wikipedia-Mitarbeiter, die grundsätzlich etwas gegen die Presse hatten – manche von ihnen hegten zudem einen speziellen Groll gegen die *Daily Mail* –, waren schlichtweg übereingekommen, die *Mail* auf den Index zu setzen. Gründe, mit denen ihre Entscheidung hätte gerechtfertigt werden können, gaben sie keine an. Von einer dieser Personen, die unter den anonymen Kürzeln „Hillbillyholiday" and „Tabloidterminator" firmiert, existiert offenbar ein Foto, auf dem sie eine Ausgabe der *Mail* verbrennt. Laut Wikipedia-Begründer Jimmy Wales, der mit einer ehemaligen Sekretärin von Tony Blair verheiratet ist und im Vorstand des *Guardian* sitzt, handelt es sich bei seiner Schöpfung um eine demokratische Einrichtung – in der eine Handvoll Mitarbeiter mir nichts, dir nichts eine überregionale Tageszeitung aussperren können. Obwohl die Betreiber der Wikipedia, die zu den meistbesuchten Websites der Welt gehört, auf einem Vermögen von 90 Millionen Dollar hocken, bitten sie die Nutzer regelmäßig um Spenden. Im Jahr 2017 kündigte Wales – ohne jeden Anflug von Ironie – die Freischaltung seiner neuen Website „Wikitribune“ an, die den Fake News „faktengeprüfte, globale Nachrichten“ entgegensetzt: „Ich ertappte mich dabei, ein wenig verärgert darüber zu sein, dass die Leute Entscheidungen auf der Grundlage von Lügen, falschen Informationen usw. treffen. Also möchte ich zusätzlich zu all den Informationsquellen, die es bereits gibt, eine weitere vertrauenswürdige Plattform anbieten.“ Vermutlich dachte er dabei an Aussagen wie die, dass der griechische Philosoph Platon ein Surfer aus Hawaii war, der Florida entdeckte; oder die Geschichte vom Haustiere verspeisenden Sänger Robbie Williams – beides Behauptungen, die auf Wikipedia zu finden waren.

Einige wenige Internetriesen sind derzeit im Begriff, die Hoheit über die Informationen an sich zu reißen. Doch das soll längst nicht alles sein. Die wahre Dimension des Vereinnahmungsprozesses enthüllt Jonathan Taplin in seinem Buch „Move Fast and Break Things: How Facebook, Google and Amazon Cornered Culture and Undermined Democracy“. Er weist darauf hin, dass Apple, Google, Microsoft, Amazon und Facebook die fünf am höchsten dotierten Unternehmen der Welt darstellen, die in ihren jeweiligen Bereichen allesamt zu mächtigen Marktführern avanciert sind. Es bedarf wohl keiner Erläuterung, warum damit das Potenzial zur Informationsdiktatur gegeben ist, die bestimmt, was die Menschen erfahren dürfen und was nicht. Die Kreativität der Menschen wird ausgebeutet und ihr Leben in klingende Münze verwandelt, doch im Gegenzug erhalten sie bestenfalls ein Almosen – verglichen mit dem beachtlichen Reichtum, den die Unternehmen anhäufen. Taplin schreibt: „Seit Rockefeller und J. P. Morgan hat es keine derartige Konzentration von Vermögen und Macht mehr gegeben […] und die gewaltigen, beispiellosen Gewinne, die die digitale Revolution abwarf, haben viel dazu beigetragen, die Ungleichheit in Amerika zu verschärfen.“ Das gilt auch für die Welt insgesamt. Im digitalen Zeitalter sind die Mächtigen noch viel mächtiger, als es selbst die Räuberbarone des Industriezeitalters je waren. Zusammen trachten sie danach, für ihre archontischen Meister *alles* und *jeden* zu kontrollieren.

Die klugen Köpfe in den etablierten wie auch in den alternativen Medien sollten sich schleunigst zusammenraufen, bevor sie in die Nichtexistenz geteilt und beherrscht werden. Seit der Mainstream große Teile seines Publikums an die Alternativquellen verloren hat, versucht er, den (von ihm als solchen empfundenen) Wettbewerb aus der Welt zu schaffen. Die alternativen Medien wiederum feiern den Niedergang der von ihnen verachteten Mainstreammedien, an deren Stelle sie treten wollen. Doch derartiges Schwarzweißdenken wird die Freiheit beider Seiten zerstören – oder besser gesagt, es ist bereits tatkräftig dabei, genau das zu tun. Es ist höchste Zeit, etwas mehr Reife walten zu lassen. Da die Wahrheit sich stets irgendwo zwischen Schwarz und Weiß befindet, müssen wir lernen, die Grauschattierungen zu erkennen. Mündige, intelligente Vertreter des Mainstreams müssen sich mit mündigen, intelligenten Vertretern der Alternativmedien an einen Tisch setzen. Lassen Sie uns die Herausforderung gemeinsam angehen. Die Pappnasen, die sich ebenfalls in beiden Lagern finden, werden das niemals tun; doch sei's drum! All jene, die das große Bild erkennen können, müssen sich vereinen – und zwar schnell.

Kapitel 10

Der Bann wird verstärkt

„Niemand ist hoffnungsloser versklavt als jene, die fälschlicherweise glauben, frei zu sein."

Johann Wolfgang von Goethe

Mit dem Aufkommen einer neuen Form der psychologischen Kriegsführung, die als „politische Korrektheit" bzw. kurz „PK" bezeichnet wird, hat die Wahrnehmungstäuschung und die damit zwingend einhergehende Unterdrückung anderslautender Ansichten eine neue Dimension erreicht.

Dass ich mit dem Begriff „psychologische Kriegsführung" nicht übertrieben habe, wird deutlich, wenn man sich deren Definition anschaut: „Der Einsatz von Methoden, die bei den Personen, die man beeinflussen will, Angst und Beklemmungen hervorrufen, ohne ihnen jedoch physische Schmerzen zuzufügen." Das ist in Bezug auf die politische Korrektheit mitnichten übertrieben. Die Methode, mit der bei dieser Form des psychologischen Faschismus die Wahrnehmung programmiert wird, stellt in der Tat psychologische Kriegsführung dar: Abweichende Sichtweisen und Meinungen werden ausgegrenzt und Andersdenkende durch Einschüchterung und das Schüren von Ängsten zum Schweigen gebracht. Doch es gibt ein Gegenmittel, das ich wärmstens empfehlen kann, da ich seine Wirksamkeit wiederholt selbst erfahren habe. Das nächste Mal, wenn ein PK-Fanatiker versucht, Ihnen Ihr Recht auf eine eigene Meinung zu verwehren, versuchen Sie es mit folgender Antwort: „Leck mich am Arsch!" Sie werden spüren, wie die Frequenz der Freiheit Ihr Sein durchflutet und sämtliche emotionalen Einschüchterungseffekte neutralisiert. Sagen Sie es gleich noch einmal: „Leck mich am Arsch!" Und noch einmal: „Leck mich am Arsch!" Super Sache! (Abb. 408) Damit hätten wir die Methode eingeführt, die es uns

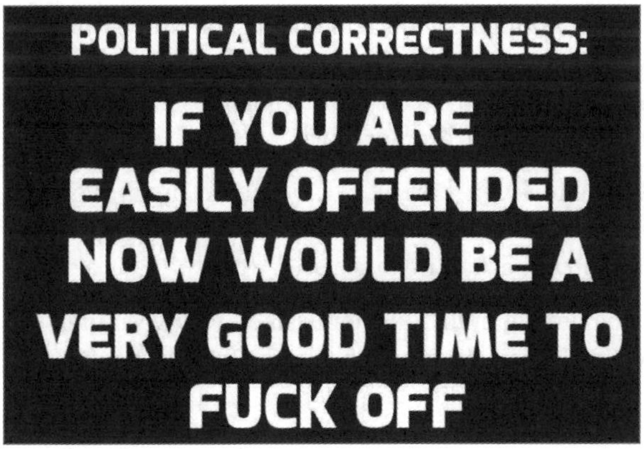

Abb. 408: „Politische Korrektheit: Wenn Sie sich schnell auf den Schlips getreten fühlen, wäre jetzt ein guter Zeitpunkt für Sie, sich zu verpissen." – Das Gegenmittel gegen politische Korrektheit.

ermöglichen wird, mit dem Irrsinn der „politischen Korrektheit" fertigzuwerden – für den es im Grunde keine Heilung gibt. Lediglich eine Erweiterung ihres Gewahrseins könnte den Betroffenen helfen. Nicht, dass ich mir da übertriebene Hoffnungen machen würde; aber man tut ja, was man kann.

Abb. 409: „Politische Korrektheit: Ihr bringt euch gegenseitig zum Schweigen, sodass wir das nicht mehr zu tun brauchen." – Schafe kontrollieren Schafe und nehmen damit den Schafhirten die Arbeit ab.

Die politische Korrektheit stellt ein Werkzeug der *El*-ite dar, mit dem sie die Bevölkerung dahingehend manipuliert, sich gegenseitig zu zensieren und zum Schweigen zu bringen – sodass sie das nicht mehr selbst zu erledigen braucht (Abb. 409). Die Infanterie und die Sturmabteilung der politischen Korrektheit werden von progressiven (regressiven) Individuen angeführt, die leicht an ihrem manischen Gesichtsausdruck, ihrer unglaublichen Selbstgerechtigkeit, dem Herzen, das sie auf der Zunge tragen, sowie an der Taschenlampe zu erkennen sind, die ihnen trotz permanenter geistiger Umnachtung die Sicht ermöglicht. Der Begriff „progressiv" beschreibt einen mentalen und emotionalen Zustand, bei dem der Betroffene so auf sich selbst fixiert ist und sich in einem solchen Umfang selbst betrügt, dass seine Realitätswahrnehmung bis zum Anschlag verdreht ist. Die Progressiven halten sich für (a) Gegner des Establishments und (b) Liberale; doch sie sind weder das eine noch das andere. Vielmehr bilden sie das *neue* Establishment. Für die Netzwerke, die hinter der Manipulation der Gesellschaft stecken und insbesondere die politische Korrektheit ins Spiel brachten, damit die Menschen sich gegenseitig zensieren, sind die Progressiven von essenzieller Bedeutung. Die Behauptung, bei den Progressiven handele es sich um Liberale, wird durch die folgenden Definitionen ad absurdum geführt:

> „Progressiv": Befürworter bzw. Verfechter von Fortschritt, Veränderungen, Verbesserungen oder Reformen; steht im Gegensatz zu dem Wunsch, die Dinge so zu belassen, wie sie sind, insbesondere in politischen Belangen.
>
> „Liberal": Person, die der Idee der maximalen individuellen Freiheit wohlgesonnen gegenübersteht bzw. sich mit dieser in Übereinstimmung befindet. Befürwortet insbesondere die Gewährleistung derselben durch die Gesetzgebung und den staatlichen Schutz bürgerlicher Freiheiten. Setzt sich für die Handlungsfreiheit ein, insbesondere im Hinblick auf persönliche Überzeugungen und individuellen Ausdruck.

Das Wörtchen „liberal" taucht in dieser Definition des Progressiven nirgendwo auf; und die Frage, was unter „Fortschritt, Veränderungen, Verbesserungen oder Reformen" fällt, wird höchst subjektiv beantwortet. Die Definition würde etwa auf die deutschen Nationalsozialisten passen, die ihr Vorgehen ohne Zweifel als „Fortschritt, Veränderungen, Verbesserungen oder Reformen" eingestuft hätten. Die Definition des liberalen Menschen hingegen enthält alles, was politisch korrekte Progressive nicht sind: Er befürwortet die „maximale individuelle Freiheit", staatlich garantierte Bürgerrechte sowie die „Handlungsfreiheit, insbesondere im Hinblick auf persönliche Überzeugungen und individuellen Ausdruck". Das ist im Gegenteil exakt das, was die Progressiven zu *zerstören* versuchen. „Liberale" Eigenschaften sind das Letzte, was man bei ihnen finden wird. Doch aufgrund ihrer unglaublichen Selbstgerechtigkeit, von der bereits die Rede war, können sie diese offensichtliche Tatsache nicht wahrnehmen.

Es ist ungemein wichtig, die Thematik des „Progressiven" zu verstehen. Während uns weisgemacht wird, wir müssten die „extreme Rechte" fürchten, firmiert das Vehikel, mit dem die globale Tyrannei installiert wird, unter dem Etikett „progressiv". Wer die Tatsache verschleiern will, dass er Freiheiten abschafft sowie das Verhalten und die Wahrnehmung der Menschen manipuliert, wird sich nicht eines Burschen bedienen, der einen kleinen Schnurrbart trägt und mit erhobenem Arm im Stechschritt die Straße entlang marschiert. Das wäre viel zu offensichtlich, und die Leute würden schnell dahinterkommen. Stattdessen würde man Individuen präsentieren, die sich für „fürsorglich", „bedacht" und „nett" halten. Man setzt immer noch die Peitsche ein, kleidet sie aber ins Gewand des Zuckerbrots. Ein gutes Beispiel liefert uns eine App, die von der kanadischen Regierung eingeführt wurde, um dem Nutzer Punkte für „gutes Benehmen" gutzuschreiben. Wer der vom Staat empfohlenen Lebensweise folgt, bekommt von der Software, die „Carrot Rewards" heißt, Rabattpunkte für Dinge wie Lebensmittel, Kinokarten oder Flüge gutgeschrieben. Noch krasser sind die diesbezüglichen Projekte der chinesischen Diktatoren. In ähnlicher Weise will man das Verhalten der Bevölkerung auf der ganzen Welt manipulieren. Erinnern Sie sich daran, dass sich der Wolf im Märchen „Rotkäppchen" als nette, alte Großmutter ausgab. Immer dann, wenn der „progressive" Staat Sie dafür belohnen will, dass sie seine Vorgaben befolgt haben, halten Sie Ausschau nach großen Ohren, großen Augen und großen Zähnen – sie werden sich stets unter Großmutters Haube verstecken.

Wenn ich also im Folgenden von den „Progressiven" spreche, meine ich nicht die wenigen innerhalb der politischen Linken und Mitte, die tatsächlich liberale Werte (im Sinne der Definition) vertreten, sondern beziehe mich auf all jene, die sich zwar „progressiv" nennen, jedoch liberalen Gedanken gegenüber feindselig eingestellt sind. Beim Briefmarkenkonsens handelt es sich nicht um einen dauerhaften Zustand unveränderlicher Wahrnehmungen. Vielmehr ist er fortwährend im Fluss, wobei er die fortschreitenden Etappen der archontischen Agenda widerspiegelt. Offene faschistische oder kommunistische Tyrannei mag in einer bestimmten Zeit oder Region die effektivste Form der Kontrolle gewesen sein, doch heute klebt auf der Zwangsherrschaft der Wahl das Etikett „progressiv". Das Ziel bleibt stets dasselbe: Die Wahrnehmung soll in den Mauern der Fünf-Sinnes-Realität eingeschlossen werden. Darüber hinaus geht es schlicht um die Frage bzw. Details, wie das jeweils am effektivsten zu bewerkstelligen ist. Zu einer bestimmten „Zeit" mögen sich spezifische Ideen, die man die Menschen glauben machen konnte, für die *El*-ite als besonders zielführend erwiesen haben; doch können dieselben Ideen in einer anderen Phase für ihre

Zwecke ungeeignet sein. Nehmen wir etwa Osama bin Laden. Als er in den 1980er-Jahren dem verdeckten Krieg der USA gegen die Russen diente, die Afghanistan besetzt hatten, und dafür die „Freiheitskämpfer" der Mudschahedin einsetzte, war er der gute Junge (Briefmarkenkonsens). Als die Vereinigten Staaten jedoch einen Vorwand brauchten, um 2001 ihrerseits in Afghanistan einzumarschieren, mutierte er zum bösen Jungen (Briefmarkenkonsens). Wie es nun hieß, müssten sie bin Laden aufspüren und mitsamt den Taliban auslöschen. Doch wie ich damals schrieb, hatte man gar nicht vor, jemals wieder abzuziehen. So viele Jahre später sind die USA und die NATO noch immer in Afghanistan präsent – und fordern eine Aufstockung der Truppenkontingente. Dabei führen sie ein neues Schlagwort im Munde, das einen aktualisierten Vorwand darstellt: „Stabilisierung".

Unabhängig von der Natur und dem spezifischen Dreh des jeweiligen Briefmarkenkonsens ist es für die Agenda äußerst wichtig, dass die Mehrheit der Bevölkerung – vor allem die Leute, die Einfluss auf die Wahrnehmungen haben – restlos an ihn glaubt. Die Menschen müssen denken, dass sie *recht* haben und den anderen moralisch überlegen sind, *weil* sie recht haben. Daraus erwächst die selbstgerechte Arroganz, die besagt, dass folglich jeder, der anderer Ansicht ist, per definitionem falschliegen müsse und somit bedeutungslos sei. Eine solche Geisteshaltung gestattet es, vor sich selbst die Unterdrückung Ungläubiger und ihrer Meinungen – und sogar den Einsatz von Gewalt – zu rechtfertigen (Abb. 410). Ein perfektes Beispiel für die Denkweise der Progressiven begegnete uns bereits in der Forderung, die *Daily Mail* zu verbieten, da deren Leser eine „abnorme Realitätswahrnehmung" hätten. *Ab*norm bedeutet in diesem Zusammenhang: abweichend von *meiner* Norm. Der Ausdruck „Ungläubige" ist übrigens angemessen, denn die politische Korrektheit ist nichts anderes als eine weitere Religion, die nach der üblichen Blaupause aufgebaut ist. Zur Zeit der christlichen Inquisition lebte man gefährlich, wenn man die religiöse Orthodoxie hinterfragte; heute tut man das, wenn man die PK-Inquisition infrage stellt. Nicht „politisch korrekt" zu sein ist die neue Blasphemie. Das uralte Programm wurde neu aufgelegt und mit einem neuen Namen versehen. PK-Fanatiker sind einfach getarnte religiöse Eiferer. Doch wie sollten sie das merken, wenn sie immer *recht haben*?

Abb. 410: „Politische Korrektheit – der neue Faschismus, betrieben von ‚Antifaschisten'" – Selbsttäuschung hoch zehn.

Auf dem Weg zur politischen Korrektheit

Der politischen Korrektheit wurde gestattet, systematisch und weltweit Ministerien, Regierungsbehörden und Bildungseinrichtungen zu befallen. Auf dieser Basis war es möglich, durch „Hassgesetze", Sprachvorschriften und die Mainstreammedien einen Generalangriff auf die menschliche Gesellschaft zu starten. Einer der Punkte, die schon seit Jahrzehnten auf der Wunschliste der Frankfurter Schule für soziale Manipulationen standen, war der, rassistische Äußerungen zu Straftaten zu erklären. Die politische Korrektheit hat die Sprache gekapert, die Menschen in einen Dauerzustand der Angst davor versetzt, „das Falsche zu sagen" (was heute *fast alles* umfasst), und eine ganze Armee geistig kranker, bewusstseinskontrollierter, „progressiver" Vollstrecker hervorgebracht, deren Taschenlampe immer griffbereit liegt. In seinem prophetischen Epos „1984", das 1948 erschien, nahm George Orwell die politische Korrektheit vorweg. Er nannte sie „Neusprech", ein linguistisches System, das definiert ist als „kontrollierte Sprache, die als Werkzeug dient, um die Freiheit all solcher Gedanken und Ideen einzuschränken, die für das Regime eine Bedrohung darstellen könnten, wie etwa Freiheit, Selbstentfaltung, Individualität oder Frieden". Das ist politische Korrektheit par excellence. In Orwells an Tatsachen angelehntem Roman ersetzt Neusprech das als Altsprache bezeichnete ursprüngliche, umfangreiche Vokabular, das es dem Sprecher gestattete, seine Wahrnehmungen und Ansichten detailliert und adäquat auszudrücken. Im Neusprech hingegen wurden alle Worte ausgemerzt, die Feinheiten beschrieben, und durch bedeutungslose, neutrale Neuschöpfungen ersetzt. Auf diese Weise konnte man kein Ärgernis mehr verursachen, ganz gleich, was man sagte (Abb. 411). Zudem gab es nun keine Möglichkeit mehr, lebendige Meinungen, Ideen oder Ansichten auszudrücken. Dieses Konzept wird man unschwer in der sterilen und leblosen Sprache der politischen Korrektheit wiederfinden. Unser bewusster Verstand denkt in Worten. In dem Maße, in dem die politische Korrektheit nun die Altsprache ausmerzt und durch Neusprech ersetzt, wird es nachfolgenden Generationen nicht nur unmöglich gemacht, sich genau auszudrücken, sondern überhaupt genau zu *denken*. Wir sehen bereits erste Versuche, so einfache Begriffe wie Mädchen, Junge, Mama oder Papa zu ächten. Die Autorin P. D. James konstatierte ganz richtig: „Ich denke, dass politische Korrektheit durchaus eine Form von sprachlichem Faschismus sein kann, und das jagt meiner Generation, die gegen den Faschismus in den Krieg gezogen ist, einen Schauer über den Rücken." Als Orwell in der ersten Hälfte des 20. Jahrhunderts über den Großen Bruder schrieb, hatten die Schattenmächte in dem Bestreben, langfristig die Wahrnehmung

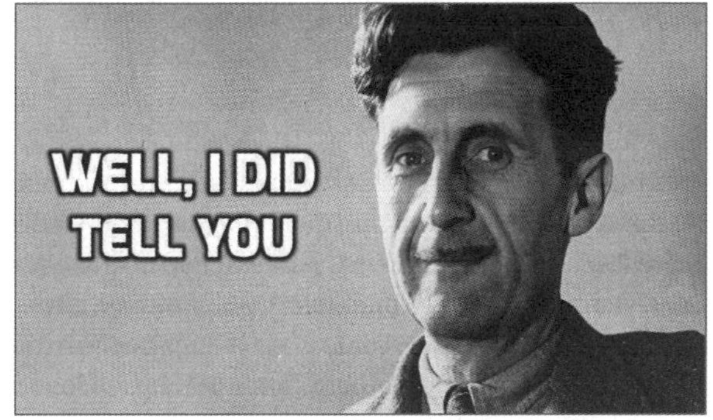

Abb. 411: „Ich hab's euch doch gesagt." – Das hat er in der Tat.

und das Verhalten der Menschen unter ihre Kontrolle und Andersdenkende systematisch zum Schweigen zu bringen, schon die Weichen für die heute um sich greifende Kultur der politischen Korrektheit gestellt. Es waren die neomarxistischen bzw. zionistischen Gesellschaftsmanipulatoren der Frankfurter Schule, die der politischen Korrektheit seit den 1920er-Jahren den Weg ebneten (wenngleich das Konzept auf noch ältere Wurzeln zurückgeht). Später platzierte die ursprünglich in Frankfurt ansässige Denkschule ihre Bewusstseinsprogrammierer in den Vereinigten Staaten. Ausgehend von College- und Universitätscampussen in Kalifornien unterwanderten sie nach und nach Bildungseinrichtungen im ganzen Land. Daraus erwuchs die politische Korrektheit, die schließlich nach Europa und anderswo exportiert wurde.

Besonders wichtig ist es, sich der Wahrnehmungen der Studenten zu bemächtigen, denn sie werden die Entscheidungsträger und Wahrnehmungslenker von morgen sein. Bring die jungen Akademiker unter Gedankenkontrolle, und du hast große Teile der Bevölkerung im Griff. Und *wie sehr* sie bereits ihre Gedanken unter Kontrolle haben! Meine Güte. Nicht alle – es gibt noch immer Studenten bzw. junge Menschen, die den Mumpitz durchschauen und sich widersetzen. Doch was für ein täglicher Kampf das sein muss – mitten unter programmierten Fanatikern, die auch noch von nicht minder programmierten Gelehrten (von einigen ehrenwerten Ausnahmen abgesehen) bestärkt werden. Progressive Studenten mögen angesichts der Dinge, die ich hier schreibe, entsetzt sein. Einige ihrer Kommilitonen jedoch, die sich einen eigenen Kopf bewahrt haben, werden hocherfreut sein, dass ihre Sichtweise endlich einmal eine Bühne bekommt. Es gibt etliche Aspekte, in denen ich dem konservativen amerikanischen Autoren William S. Lind nicht zustimmen würde. Doch manche seiner kritischen Anmerkungen über die politische Korrektheit und deren Ursprünge sind vortrefflich. Er schrieb:

> Nirgends tritt die totalitäre Natur der politischen Korrektheit deutlicher zutage als auf den Campussen höherer Schulen. Viele davon ähneln inzwischen kleinen […] Nordkoreas: Studenten oder Dozenten, die es wagen, eine der Linien zu überschreiten, die von den Genderfeministen, den Aktivisten für Schwulenrechte, der örtlichen Schwarzen- oder Hispanogruppe oder irgendeiner anderen geheiligten „Opfer“-Vereinigung gezogen wurden – von den Gruppierungen also, die im Fokus der politischen Korrektheit stehen –, bekommen umgehend juristischen Ärger. Seitens des hochschulinternen Disziplinierungssystems erwarten sie formale Anklageerhebungen […] und Bestrafungen. Das ist ein kleiner Vorgeschmack auf die Zukunft, mit der die politische Korrektheit die ganze Nation beglücken will. […]
>
> Im Kulturmarxismus der politischen Korrektheit gelten bestimmte Gruppierungen als gut: Feministinnen (nicht etwa Frauen schlechthin: nichtfeministische Frauen werden als nichtexistent angesehen), Schwarze, Hispanos, Homosexuelle. Diese Gruppierungen hat man als „Opfer“ identifiziert und folglich automatisch als gutartig eingestuft, ganz egal, wie sie sich im Einzelnen aufführen. Umgekehrt gelten weiße Männer automatisch als bösartig, sodass sie das Äquivalent zur Bourgeoisie des ökonomischen Marxismus bilden.

Der letztgenannte Punkt kommt in einem Zitat der amerikanischen „radikalen Feministin“ Robin Morgan zum Ausdruck: „Männer zu hassen empfinde ich als ehrenwerte und praktikable politische Tat. Die Unterdrückten haben ein Recht, die Klasse ihrer Unterdrücker als Ganzes zu hassen.“ Jemand, der glaubt, dass Hass die richtige Art der Erwiderung ist – ganz gleich in welchem Konflikt –, hat völlig den Verstand verloren. Die politisch Korrekten hat es schon vor langer Zeit ereilt. Wieso entdecke ich, wenn wir es doch mit Feminismus zu tun haben, immer nur Auswüchse von Testosteron – und nicht von Östrogenen –, wenn ich dessen kreischende Verfechterinnen beobachte? Es geht ihnen gar nicht darum, Frauen richtigerweise zu ermöglichen, sich ebenso frei auszudrücken wie die männliche Bevölkerung, oder um ihren einzigartigen Beitrag zur Gesellschaft. Nein, Frauen und Männer sollen *gleich* gemacht werden. Warum die *El*-ite dieses Ziel verfolgt, werde ich später erläutern. Ich erwähnte bereits, was der Filmproduzent Aaron Russo über den Geschäftsmann Nick Rockefeller enthüllte. Danach habe dieser ihm erzählt, dass die Rockefellers den Feminismus und die Bewegung zur Emanzipation der Frau angestoßen und finanziert haben, damit der Staat schon möglichst früh die Kontrolle über die Kinder erlangt. So könne man ihnen „die richtige Denkweise einimpfen“ und den Familienverbund zerstören. Der Artikel von William S. Lind über die Manipulationen der politischen Korrektheit ist auf den 5. Februar 2000 datiert. Seither hat sich die Situation deutlich verschlimmert, und „PK“ ist ungleich weiter verbreitet und extremer geworden. Zur Opferklientel haben sich jene Gruppierungen neu hinzugesellt, die sich mit Transgenderfragen befassen; bis ich den Satz beendet habe, sind vermutlich schon wieder drei oder vier neue hinzugekommen. Oh, schauen Sie, da sind sie auch schon. Ursprünglich hatten wir das Schlagwort LGBT, das für lesbisch, schwul (engl.: gay), bisexuell und transgender steht. Ist Ihnen das zu kurz? Wie wäre es dann mit LGBTQ, für lesbisch, schwul, bisexuell, transgender und „queer“ (Personen, die ihre sexuelle Identität hinterfragen)? Das ist immer noch zu kurz? Verdammt. Okay, versuchen wir mal LGBTIQ: lesbisch, schwul, bisexuell, transgender, intersexuell und „queer“. Wenn Sie's eilig haben, können Sie einfach LGBT+ schreiben (das Plus steht für ein breites Spektrum weiterer Geschlechts- bzw. sexueller Identitäten). Oder vielleicht sind Sie – so wie ich – mit einem schlichten MUMPITZ zufrieden – für „Macht Euch Doch Nicht Lächerlich“. Ich weiß, das passt nicht zum Akronym, bringt die Sache aber auf den Punkt.

Die politische Korrektheit muss Opfer erschaffen, da man ohne Opfer auch keinen Unterdrücker dingfest machen kann. Das Konzept des Opfers ist die Grundlage der politischen Korrektheit und der Quell, aus dem sie befeuert wird. Ist dieses Fundament errichtet, kann man sich über die Identität der Täter verständigen und sie ins Visier nehmen. Jemand bemerkte einmal: „Die unterschwellige Botschaft lautet, dass eine weinerliche, hilflose Attitüde etwas ist, nach dem man streben und das man hegen und pflegen sollte.“ Das korreliert mit meiner These vom Schubladenbewusstsein, das sich mit dem Ich-Phantom identifiziert und seine Wahrnehmung auf die Fünf-Sinnes-Realität konzentriert – zulasten des Unendlichen Gewahrseins. Die politische Korrektheit ist aktiv dabei, die bereits bestehenden Schubladen in immer feinere Unterkategorien aufzusplitten – siehe beispielsweise LGBTIQ. Doch wir sind noch nicht fertig. Wir haben des Weiteren LGBTIQAA (das erste A steht für asexuell, also für jemanden, der keines der verfügbaren Geschlechter annehmen will; das zweite A bedeutet androsexuell, womit die vorrangige Zuneigung zu

Männern gemeint ist). Den (gewiss nicht letzten) Vogel schoss jedoch die im US-Bundesstaat Connecticut gelegene Wesleyan University ab, die das Kürzel LGBTTQQFAGPBDSM erdachte: lesbisch, schwul, bisexuell, transgender, transsexuell, queer, zweifelnd (engl.: questioning), flexuell, asexuell, genderfuck, polyamorös, Fesselspiele/Züchtigung (engl.: bondage), Dominanz/Unterwerfung und Sado-Masochismus. Angesichts der 26 verfügbaren Buchstaben schätze ich, dass das erst der Anfang ist. Reden wir hier über Menschen, oder handelt es sich um ein verdammtes Scrabble-Spiel? Wie soll ein erweitertes, über die Programmierung hinausgehendes Gewahrsein die Wahrnehmungen eines Ich-Phantoms aufbrechen, das sich in seinem Selbstverständnis so fein verzweigt hat? Wie wäre es, wenn wir eine Untergruppe der LGBTTQQFAGPBDSM für Linkshänder definieren? Schließlich bilden sie eine weitere Minorität. Wir könnten sie als LGBTTQQFAGPBDSMLH bezeichnen. Und um auch die Menschen mit eingewachsenen Zehennägeln nicht zu diskriminieren, brauchen wir noch die Kategorie LGBTTQQFAGPBDSMEZN. Wer gleichzeitig Linkshänder ist, gehört zur Gruppe der LGBTTQQFAGPBDSMLHEZN.

Es gibt noch zahlreiche weitere Schubladen, wie etwa „nichtbinär", „genderfluid" oder „demisexuell" (jemand, der sich nur dann von einem anderen Menschen sexuell angezogen fühlt, wenn zwischen beiden eine emotionale Verbindung besteht). Das Schubladenbewusstsein beharrt schon aufgrund seiner bloßen Natur darauf, dass *alles* in Schubladen unterteilt wird. Dort, wo man derart von Etiketten und der feingliedrigen Unterteilung des individuellen Selbstverständnisses besessen ist, werden zahlreiche *tatsächliche* Diskriminierungen schlicht übergangen. Wer auf Facebook ein Profil erstellt, kann unter 56 Genderkategorien auswählen. Kunden der HSBC-Bank können entscheiden, ob ihrem Namen – statt Herr oder Frau – vielleicht ein „Ind" (Individuum), „Pr" (Person), „Mre" (Mystery, dt. etwa: Mysterium) oder „Misc" (Miscellaneous, dt.: Verschiedene) voranstehen soll. Hallo, wer sind Sie, bitte? Ich bin Miss Cellaneous. Was machen Sie so? Oh, Verschiedenes. Zu den Transgenderanreden gehören „M", „Myr", „Mx", „Msr", „Sai" und „Ser". In New York City können Firmen mit bis zu 250.000 Dollar Bußgeld belangt werden, sollten sie der selbst gewählten Geschlechtsidentität eines Kunden nicht Rechnung tragen. Dankenswerterweise unterhält die Menschenrechtskommission der Stadt eine Liste mit derzeit *31* Optionen: bigeschlechtlich; Crossdresser; Drag King; Drag Queen; Femme Queen; Frau-zu-Mann; ftm; Gender-bender; Genderqueer; Mann-zu-Frau; mtf; Non-op; Hijra; Pangender; transexuell/transsexuell; Transperson; Frau; Mann; Butch; Two-spirit; Trans; ageschlechtlich; drittes Geschlecht; genderfluid; nichtbinärer Transgender; androgyn; Gender-gifted; Gender-blender; Femme; Person mit Transgender-Erfahrung; Zwitter.

Das Schubladensystem wird fortwährend verfeinert. Mit jeder neuen Unterkategorie löst sich das Unendliche Gewahrsein in Mikroidentitäten auf – und genau das war die zugrunde liegende Absicht. Wie man uns des Weiteren erklärt, hat nicht jede Frau eine Vagina und nicht jeder Mann einen Pimmel. Also, rein physiologisch betrachtet würde ich sagen: Doch, das haben sie *sehr wohl*. Schauen Sie einfach nach, und Sie werden es mit eigenen Augen sehen! All das dient dazu, die Menschen dahingehend zu manipulieren, dass sie sich völlig mit ihrem Körper identifizieren. Die Trennung vom erweiterten, über die „physische" Dimension hinausgehenden Gewahrsein wird damit noch stärker zementiert. Und was wird wohl jemand aus dem Quantenfeld der Möglichkeiten und Wahrscheinlichkeiten ins Dasein entfalten, der sich ununterbrochen als Opfer empfindet? Ein solches Selbstverständnis wird zur selbsterfüllenden Prophezeiung: Die Wahrnehmung, Opfer zu sein, wird holografische Erfahrungen manifestieren, in denen man sich als Opfer erlebt. Ein Mensch, der sich darüber definiert, Opfer zu sein, kann nur Täter wahrnehmen (und wird folgerichtig Übergriffe erleben). Würde er aufhören, sich als Opfer zu empfinden, verlöre er seine Identität. Das ganze Konstrukt Zionismus/Israel etwa stützt sich auf das Gefühl, zu den Opfern zu gehören. In mehrfacher Hinsicht stellt es die personifizierte Opfermentalität dar – die pausenlos dazu ausgenutzt wird zu bekommen, was immer man haben bzw. erreichen will.

Lassen Sie mich einige Dinge klarstellen, damit ich nicht falsch verstanden werde: (1) Weder behaupte ich, dass es keine Diskriminierung sogenannter Minderheiten gäbe, noch dass man dagegen nicht – völlig zu Recht – entschieden vorgehen sollte. (2) Bei Weitem nicht alle „Lesben, Schwulen, bi-, trans- und intersexuellen" Menschen fallen der Opfermentalität anheim und auf den Schwindel mit der politischen Korrektheit herein. (3) Ebenso wenig legt jeder Angehörige einer „Minderheit" – ob ethnischer oder anderer Art – jedes dahingesagte Wort, das ihm zu Ohren kommt, auf die Goldwaage. Ich weise vielmehr darauf hin, dass die tatsächlich vorhandene Diskriminierung dafür missbraucht wird, das Konzept der politischen Korrektheit zu verbreiten. Zweitens werde ich im Folgenden aufzeigen, dass ein Teil der angeblichen Diskriminierung in Wahrheit nichts als künstlich inszenierter Mumpitz ist. Der Grund, warum die Zahl derer, die sich bei jedem nichtigen Anlass augenblicklich aufregen, zusehends wächst, ist offensichtlich: Sie bekommen aus allen Richtungen zu hören, dass man sich aufregen *soll*. Sie so zu programmieren ist die Voraussetzung dafür, dass sie sich als Opfer erleben können. Ohne Opfer keine Unterdrücker und keine politische Korrektheit. Die Menschen so zu manipulieren, dass sie sich über jede Nichtigkeit empören, bildet den unabdingbaren Ausgangspunkt der darauf folgenden Kettenreaktion. Aus den entsprechenden Aktivitäten hat sich folgerichtig eine weltumspannende Industrie entwickelt. Willkommen auf dem Planeten Erde – bei der SeiAufgebracht GmbH. Hier ist eine wärmstens empfohlene Methode, einen politisch Korrekten zu deprogrammieren:

„Ich bin gekränkt!"

„Hmm. Entscheide dich doch dagegen."

„Puh, danke – daran habe ich nie gedacht!"

„Ist es jetzt besser?"

„Viel besser."

Beleidigt zu sein und sich als Opfer zu fühlen ist eine *Option*, für die Sie sich nicht entscheiden *müssen*. Das System bzw. die *El*-ite programmiert die Menschen jedoch dazu, genau das zu tun. Ginge es der *El*-ite wirklich darum, dass sich niemand mehr empören muss, würde sie nicht die Redefreiheit einschränken, sondern dem Empfänger dazu verhelfen, sich gegen verbale Attacken gleich welcher Art zu immunisieren. Sie würde dazu beitragen, den Menschen Selbstbewusstsein und Rückgrat zu stärken, sodass bloße Worte nicht mehr verletzen könnten. Aus „Du hast mich wütend gemacht" würde dann „Was für ein Depp" werden. Natürlich tut die *El*-ite das nicht – sie versucht im Gegenteil schwache Persönlichkeiten heranzuzüchten, die schnell beleidigt sind. Starke Charaktere könnte nichts weniger tangieren, als das, was andere über sie sagen. Ich selbst müsste angesichts der beispiellosen Berge an Spott und Schmähungen, die ich im Laufe von 30 Jahren einstecken musste, mit einem ausgewachsenen Opferkomplex herumlaufen. Doch wie Sie sehen, ist es gar nicht nötig zu türmen und sich zu verstecken. Machen Sie Ihren Rücken gerade und schauen Sie dem Leben erhobenen Hauptes ins Auge.

Politische Korrektheit = Big Brother

Ein weiterer Pluspunkt, den die politische Korrektheit aus Sicht der *El*-ite mit sich bringt, besteht darin, dass diejenigen, die sich mit der Opferrolle identifizieren und sich vor ihrem eigenen Schatten fürchten, ihre Macht an den Großen Bruder abgeben – den Staat –, damit er sie vor den wahrgenommenen Unterdrückern „beschütze". Die Letztgenannten müssen logischerweise einer Mehrheit angehören (Abb. 412). Damit haben wir einen weiteren Stützpfeiler der PK-Religion beschrieben: Nur Minderheiten können unterdrückt werden; und nur aus den Reihen einer Mehrheit können Unterdrücker hervorgehen. Grauschattierungen oder gar feine Unterscheidungen sind nicht die Sache der politisch Korrekten. Um derlei Zusammenhänge zu entwirren, bedarf es schon eines erheblichen Maßes an Bewusstheit. Unter den politisch Korrekten gibt es zwar viele, die der Tatsache gewahr sind, dass das „eine Prozent" die Menschheit unterjocht. Doch dass dasselbe Prozent auch die treibende Kraft hinter der politischen Korrektheit ist – und dass sie bei der Unterjochung des Planeten eine fundamentale Rolle spielt –, vermögen sie nicht zu sehen. (Schüttelt den Kopf und fährt fort.) Selbst ernannte Opfer und PK-Groupies, die die Schaffung „sicherer Räume" fordern, in denen überhaupt nichts mehr gesagt werden darf, das irgendjemanden aufregen könnte, ermöglichen die routinemäßige Zensur von Meinungen und Informationen, die die Menschen nach dem Willen der *El*-ite nicht zu hören bekommen sollen (Abb. 413). Das betrifft alles, was

Abb. 412: „Gib mir deine Macht – dann werde ich dich beschützen." – Bevorzugt der Große Bruder Menschen mit einem Rückgrat aus Stahl oder solche mit einem Rückgrat aus Wackelpudding?

die Normwahrnehmung auch nur im Geringsten ankratzen könnte. Rednern, mit deren Meinung die programmierten Zensoren nicht übereinstimmen, werden Auftritte an Universitäten verwehrt – „Deplatforming" (dt. etwa: keine Bühne geben) nennt sich das im PK-Sprech. Flankiert wird das in der Regel von Protesten, deren Banner schwenkende Teilnehmer diejenigen, denen sie vorwerfen, von ihnen würden Hass und Beleidigungen ausgehen, mit Hass und Beleidigungen überziehen (Abb. 414). Ob die Männer hassende Feministin Robin Morgan wohl Anti-Hass-Gesetze unterstützt? Die nationale Studentenvereinigung Großbritanniens hat allen Ernstes eine Schrift mit dem Titel „Managing the Risks Associated with External Speakers: Guidance for HE Student' Unions in England and Wales" herausgegeben (dt. etwa: Zur Bewältigung der mit externen Rednern verbundenen Risiken: Leitfaden für Studentenvereinigungen in England und Wales), um den Studenten dabei zu helfen, sich und ihren Campus vor kontroversen Meinungen zu schützen. Himmel – diesen Leuten wäre selbst die „Muppet Show" zu kontrovers. Die könnte ihnen allerdings helfen, sich heimisch und angenommen zu fühlen. Erinnern Sie sich noch daran, als Studentenvereinigungen auf die Straße gingen, um für die Meinungsfreiheit zu demonstrieren? Mein Gott – Sie müssen ein ausgezeichnetes Gedächtnis haben. Die heutige „Linke" – im Sinne der progressiven Linken, die in den studentischen Organisationen den Ton angibt – hat nichts mehr mit dem gemein, was sie in meinen jüngeren Jahren darstellte. Mit dem Konzept des politischen Spektrums, das zwischen Links und Rechts aufgespannt wird, habe ich ohnehin nichts am Hut. Dabei handelt es sich schlicht um eine weitere gigantische Wahrnehmungsfalle. Doch es bedarf schon einer erheblichen Schieflage, wenn die Gelehrten der University of Sussex eine Tagung mit dem Titel „Umgang mit rechten Ein-

Abb. 413: Waaah! Ich will zu meiner Mami! Der Onkel hat was gesagt, womit ich nicht übereinstimme! Wahahaa!

Abb. 414: „Bauern streiten sich um eine Marionette: ‚Unsere Maske auf dem einen Gesicht ist besser als eure!'" – Trump-Unterstützer und Progressive in einem weiteren Stück aus der Reihe: Die El-*ite spielt die ins Visier genommene Bevölkerung gegen sich selbst aus.*

Abb. 415: „Die ‚Progressiven': Die neue Tyrannei, die neuen Zensoren, der neue Große Bruder" – Antifaschistischer Faschismus.

stellungen und politischen Inhalten im Unterrichtsraum" anberaumen können, während ein Symposium zum Titel „Umgang mit progressiven Einstellungen und politischen Inhalten im Unterrichtsraum" es mit an Sicherheit grenzender Wahrscheinlichkeit nicht durch die Zensur geschafft hätte (Abb. 415). Das wurde möglich, weil die Progressiven die Colleges und Universitäten gekapert haben – so, wie sie auch die politische Linke unterwanderten.

Unter denen, die von der modernen, fortwährend erweiterten politischen Korrektheit unter Beschuss genommen und mundtot gemacht wurden, befinden sich etliche Aktivisten, die sich jahrzehntelang für tatsächlich Diskriminierte eingesetzt und dafür jede Menge Prügel bezogen haben. Einer davon ist der Brite Peter Tatchell, der schon für Menschrechte eintrat und sich gegen die Diskriminierung von Schwulen aussprach, als die PK-Extremisten unserer Tage noch nicht einmal als Gedanke existierten oder noch am Daumen nuckelten. Wenn ich's mir recht überlege, tun sie das eigentlich immer noch. Tatchell hat glänzende Arbeit geleistet, die dringend getan werden musste. Der Preis, den er dafür bezahlte, waren harsche Medienberichte und öffentliche Beschimpfungen, die er über lange Zeit einstecken musste. Doch im Jahr 2016 weigerte sich Fran Cowling, eine für LGBT+ zuständige Mitarbeiterin der Nationalen Studentenvereinigung, auf einer Veranstaltung zu besagtem Thema zu sprechen, solange Tatchell ebenfalls auf der Liste der Redner stand. Vielleicht hätte er sich in einem Moment auf die Bühne schleichen können, wenn die Batterien ihrer Taschenlampe gerade leer waren. Jedenfalls beschuldigte sie Tatchell, ein Rassist und transphob zu sein. Wer jetzt – Peter Tatchell? *Der* Peter Tatchell? Das Beispiel zeigt unmissverständlich, welchen extremen Grad der Irrsinn mittlerweile erreicht hat. Leute wie Cowling würden es sogar schaffen, einem Laternenmast Rassismus zu unterstellen. Tatchells Verbrechen bestand darin, die Intelligenz und Ausgewogenheit zu besitzen, um zu erkennen, welche Auswirkungen eine nicht abgefederte Politik der politischen Korrektheit auf die grundlegendsten Menschenrechte haben würde. Gegenüber dem *Daily Telegraph* erläuterte er:

> Diese traurige Geschichte ist symptomatisch für den Niedergang der freien, offenen Diskussionskultur an manchen Universitätscampussen. Es herrscht eine Atmosphäre der Hexenjagd und der Anschuldigungen. Vorwürfe werden erhoben, ohne dass irgendein Beweis vorgelegt würde – oder noch schlimmer: Man zitiert aus inkorrekten, getürkten Quellen. […] Das ist die Antithese zu den freien und offenen Nachforschungen, die das Gütesiegel universitärer Lehre und Kultur sein sollten.

Bei der politischen Korrektheit geht es gerade darum, freie und offene Nachforschungen abzuschaffen. Über die Nationale Studentenvereinigung sagte Tatchell:

> Ich bin einfach nicht mit der Art und Weise einverstanden, wie manche von ihnen mit den Meinungen anderer Leute umgehen. Jeder, der sich politisch nicht fügt, läuft Gefahr, gebrandmarkt zu werden – selbst wegen geringfügigster Nichtigkeiten.
>
> Der Wettlauf, mehr links und politisch korrekter zu sein als alle anderen, erzeugt auf den Campussen eine Atmosphäre der Einschüchterung und Ausgrenzung. Häufig werden universelle Menschenrechte und Werte aus der Aufklärung – etwa John Stuart Mills Werk „Die Freiheit" – schändlicherweise als Ideen der westlichen, imperialistischen, weißen Privilegierten abgetan.
>
> Ich bin absolut dafür, gegen wirkliche Rassisten und Transphobe zu protestieren. Der wirkungsvollste Weg dazu besteht jedoch darin, ihre bigotten Ideen bloßzustellen und zu bekämpfen – nicht in ihrer Zensur oder im Verbot. Ich habe viele Debatten mit religiösen Fundamentalisten und Homophoben hinter mir. Sie zogen stets den Kürzeren und gingen geschwächt und im Ansehen beschädigt aus der Diskussion hervor. Schlechte Gedanken besiegt man am ehesten mit guten Gedanken. Ich hoffe, die Nationale Studentenvereinigung hört gut zu.

Aus all dem ergeben sich mehrere Schlüsse. Weiße können laut PK-Theologie niemals diskriminiert werden – es sei denn durch andere Weiße. Der Kolonialismus der Weißen wird verurteilt (und das völlig zu Recht – die Imperien der Briten und Europäer *waren* eine Schande), doch wird vergessen, dass Millionen weißer Arbeiter ebenfalls von einer *El*-ite unterdrückt und in den Krieg geschickt wurden, die sich um Weiße keinen Deut mehr schert als um die Angehörigen irgendeiner anderen Hautfarbe oder Ethnie. Auweia – mit dieser Bemerkung haben wir natürlich das Schwarzweißdenken durchkreuzt, in dem es keine Grauschattierungen geben darf. Am besten, wir fahren unverzüglich fort und lassen die PK-Brigade mit ihren entgeisterten Blicken allein. PK-Fanatiker braucht man übrigens nur kurze Zeit zu beobachten, um die Enttäuschung in ihren Gesichtern zu sehen, dass sie nicht in eine Minderheit hineingeboren wurden. Denselben Gesichtsausdruck sah ich bei New-Age-Anhängern, die in hinduistischen Tunikas herumliefen und zu Tode betrübt waren, dass sie das Licht der Welt nicht in Indien erblickt hatten. Stattdessen hätten sie sich auch freuen können, dass wir alle Teil des Unendlichen Gewahrseins sind.

Ein beträchtlicher Teil des weißen PK-Fanatismus rührt daher, dass die Weißen dazu programmiert wurden, sich schuldig zu fühlen, weil sie Weiße sind. Inzwischen wird versucht, dieses Schuldgefühl an den Schulen zu vermitteln, die dem PK-Programm zum Opfer gefallen sind. Wehe dem Lehrer, der sich dem nicht fügt. Ich fühle mich nicht schuldig, weiß zu sein. Wie bitte? Warum ich nicht schuld an den kolonialen Eroberungen weißer Nationen bin? Weil ich daran verdammt noch mal *nicht beteiligt war*. Wir haben den Punkt erreicht, an dem Individuen, die nie Leid erfahren haben, andere Menschen wegen etwas beschimpfen, das sie nie getan haben. Es waren andere Menschen weißer Hautfarbe, die das gemacht haben. Ich verabscheue den Kolonialismus. Doch einige der übelsten Diktaturen und Gewaltherrschaften, die sich gegen Nichtweiße richteten, gingen von

Nichtweißen aus. Der kambodschanische Diktator Pol Pot zählte ebenso dazu wie afrikanische, arabische und asiatische Tyrannen sowie Banden, die überall auf der Welt ihre eigenen Gemeinschaften einschüchtern und ausbeuten. Beispiele für die Letztgenannten sind etwa die chinesischen Triaden oder die in den USA agierenden MS-13-Banden, die von illegalen Einwanderern aus El Salvador finanziert werden. Weiß, schwarz oder blau mit orangefarbenen Punkten sind nur Eigenschaften des *Körpers* – der noch nicht einmal „physischer" Natur ist, Himmelherrgott! Wen *interessiert* denn das, welche Farbe er hat oder woher er stammt? Für mich zählt dein Verhalten und die Frage, wer du wirklich bist. Rassismus ist etwa so, als würde man Astronauten nach ihren Raumanzügen beurteilen, statt danach, wer darin steckt. Das ist absolut albern.

„Antirassistischer" Rassismus

Die politische Korrektheit ist hingegen von rassistischem Gedankengut geradezu besessen. Aus diesem Grund betrachte ich sie als rassistische Philosophie und Weltanschauung. Ich achte auf das Verhalten eines Menschen, nicht auf seine ethnische Zugehörigkeit. Die politisch Korrekten interessieren sich jedoch nur für die Letztgenannte – und überhaupt nicht für die Frage, wie sich ein Mensch benimmt oder was er tut. Dieser blinde Fleck hat zur Folge, dass Angehörige einer Minderheit in den Augen der politisch Korrekten niemals etwas Falsches tun können. Da sie Minderheiten angehören, werden sie von weißen Imperialisten unterdrückt. Jede weitere Diskussion erübrigt sich. Zudem kann die Opferrolle *vererbt* werden. Auf diese Weise werden diejenigen, die einst tatsächlich litten, dazu missbraucht, heutige Menschen derselben Hautfarbe mit dem Opferstatus zu versehen, die niemals unter dem Kolonialismus gelitten haben oder von ihm unterjocht wurden – weil sie ebenso wenig dabei waren wie ich. Wir müssen uns der heutigen Realität stellen, statt weiterhin Schlachten zu schlagen und einer Opfermentalität zu frönen, die an eine illusionäre „Vergangenheit" geknüpft sind. Aus dem, was einst geschehen ist, sollen wir lernen, nicht darin schwelgen.

Es widert mich an zu sehen, wie Leute, die kein Leid erfahren haben, diejenigen, die tatsächlich litten, zur Durchsetzung ihrer heutigen politischen, rassistischen oder religiösen Ziele missbrauchen. Der in Philadelphia ansässige Zweig der Bewegung Black Lives Matter schloss weiße Unterstützer von einem Treffen aus, da es „nur für Schwarze" vorgesehen war. Hätte es „nur für Weiße" geheißen, wäre die Nachricht auf allen Titelseiten erschienen und ein Sturm der Entrüstung losgebrochen, begleitet von einem Shitstorm auf Twitter. Ich habe mir ein Interview mit Lisa Durden angeschaut, einer „Gesellschaftsreporterin", die zu den Unterstützern von Black Lives Matter zählt. Darin verteidigte sie das „Nur für Schwarze"-Konzept der Bewegung. Die rassistischen Untertöne ihrer Aussagen haben mich entsetzt. Man überwindet Rassismus nicht, indem man den Spieß umdreht. Der schwarze texanische Professor Tommy Curry meinte, dass „möglicherweise einige Weiße sterben müssen", um das Rassismusproblem zu lösen und einen Zustand wahrer

Gleichheit zu erreichen. Er vertritt die Ansicht, dass man Weißen den Rassismus nicht durch Erziehungsmaßnahmen austreiben könne. Ach, tatsächlich? Im Unterschied zu schwarzen, asiatischen, jüdischen und muslimischen Rassisten, nehme ich an? Curry ist unfähig zu begreifen, dass Rassismus nichts mit Hautfarbe zu tun hat, sondern eine Geistesverfassung darstellt. Geschweige denn, dass er selbst genau das verkörpert, wogegen er wettert. Dasselbe lässt sich über Jason Osamede Okundaye sagen, der der Black and Minority Ethnic Campaign der Universität Cambridge vorsteht. Er war voll des Lobes für gewalttätige Demonstranten, die Molotowcocktails geworfen hatten, und schrieb, dass alle Weißen Rassisten seien: „Weiße Angehörige des Mittelstandes, weiße Arbeiter, weiße Männer, weiße Frauen, weiße Schwule, weiße Kinder – sie alle müssen sich vorsehen." An der Londoner School of Oriental and African Studies forderten einige Extremisten des dortigen Studentenbundes, Philosophen wie Platon und Descartes aus dem Lehrplan zu entfernen – und zwar deshalb, weil sie Weiße waren. Die Forderung war Teil einer umfassenderen Kampagne, die sich zum Ziel gesetzt hatte, die Universität zu „dekolonisieren" und das „strukturelle und erkenntnistheoretische Erbe des Kolonialismus" zu thematisieren. Weiße Philosophen sollten nur durchgenommen werden, „falls erforderlich", und auch dann nur von einem „kritischen Standpunkt" aus. Es gibt einen Begriff dafür, wenn jemand die Werke einer Person einzig aufgrund ihrer Hautfarbe verbieten will: *Rassismus*. Die ignoranten Taschenlampenträger würden dazu freilich nur sagen: Ganz gleich, was wir tun – rassistisch kann es nicht sein, denn wir sind ja Antirassisten. Sir Anthony Seldon, der Vizekanzler der Buckingham University, sagte:

> Es besteht eine ernste Gefahr, dass die politische Korrektheit außer Kontrolle geraten könnte. Wir müssen die Welt so verstehen, wie sie wirklich war, statt die Geschichte so umzuschreiben, wie sie manche gerne gehabt hätten.

Kumpel – die Geschichte umzuschreiben war von Anfang an der Plan! (Schlag nach in Orwells Roman „1984".) Jo Johnson, der britische Minister für höhere Bildung, warnte die Bildungseinrichtungen in einem Rundbrief, dass die Verpflichtung zur Redefreiheit klar aus ihren Leitungsstrukturen hervorgehen müsse. Dieses Recht dürfe „keiner Person oder Einrichtung aufgrund von Glauben oder Ansichten, Politik oder Zielstellungen" verwehrt werden. Damit stellte sich Johnson allerdings mächtigen Wogen entgegen: 94 Prozent aller höheren Bildungseinrichtungen des Königreichs zensieren, was auf ihrem Campus gesagt werden darf, und an 90 Prozent aller britischen Universitäten gibt es Beschränkungen der Redefreiheit.

Die programmierten politisch Korrekten, die in einer schwarzweißen Welt ohne Grautöne leben, sind außerstande, den Unterschied zwischen echten Flüchtlingen – die vor einem Krieg geflohen sind und man ins Land lassen sollte – und opportunistischen, jungen, männlichen Migranten zu erkennen, die etwa in Schweden oder Deutschland Vergewaltigungen begangen, sich strafbar gemacht oder die einheimische Bevölkerung eingeschüchtert haben. Diese beiden Gruppierungen sind nicht identisch und sollten auch nicht über einen Kamm geschoren werden, als seien sie es. Doch der politisch korrekte Verstand, der diese offenkundige Tatsache nicht einsehen kann, versucht die Debatte darüber zu unterdrücken. „Rassist!" und „Heuchler!" kreischen sie, um ihre eigenen rassistischen und heuchlerischen Eigenschaften (vor allem vor sich selbst) zu verbergen. Das widerliche Taxiunternehmen Uber versuchte in London ein Gesetz zu vereiteln, das seine Fahrer dazu verpflichtet, ihre Befähigung nachzuweisen, auf Englisch zu kommunizieren. Uber erkannte darin eine „indirekte Diskriminierung aufgrund der ethnischen und nationalen Zugehörigkeit". Nein, es geht darum, dass die Kenntnis der Landessprache eine wesentliche Voraussetzung ist, um zu verstehen, *wo die Leute hin wollen*. Stellt der Versuch, aus rein unternehmerischen Gründen rassistische Argumente ins Spiel zu bringen, nicht eine ziemlich gute Definition des Begriffs Rassismus dar? Keine Grauschattierungen, keine Ausgewogenheit – nur Schwarz und Weiß.

Diene dem Staat – sei ein Opfer

Wir leben zunehmend in einer Gesellschaft der Opfer. Der Opferstatus hat sich zu einer Ehrenmedaille entwickelt, über die sich das Selbst definiert. „Verletzlichkeit" ist das neue Leitbild, und die Opferrolle kennzeichnet den neuen Helden. Die Opfer sind es, die die politische Korrektheit und die von ihr ausgeübte Diktatur am Leben erhalten – je mehr davon, desto besser. Die Strukturen, die die politische Korrektheit unterstützen, setzen sich gemeinsam mit den vermeintlichen Opfern für Gesetze ein, die der Rede- und Meinungsfreiheit den Garaus machen sollen. Die Rechte der anderen kümmern sie dabei nicht, müssen doch Ansichten, die von den ihren abweichen, definitionsgemäß falsch sein. Das einzige Recht, an das sie sich halten, ist das Ich-habe-Recht. Es kann nur einen Zirkus in der Stadt geben. Auch die Opferrolle der politischen Korrektheit ist eine Methode, immer nur um sich selbst zu kreisen: „Ich, ich, ich!" Die davon betroffenen Menschen laufen herum, als würden sie pausenlos in unsichtbare Spiegel starren, die die Welt auf ihr eigenes Spiegelbild reduzieren. Das letzte Mal, als ich in diesem Buch die Formulierung „Ich, ich, ich" verwendete, ging es um das Selbstverständnis der Satanisten und sabbatianischen Frankisten sowie deren Bestreben, alle anderen Menschen ebenso selbstzentriert und selbstsüchtig zu machen, wie sie es sind. Eine andere Form des „Ich, ich, ich" ist das sogenannte „Virtue Signaling" (dt. etwa: das Kommunizieren der eigenen Werte), bei dem man den anderen nicht deshalb auf seine

Abb. 416: „Die ‚Progressiven': Schaut, wie liebevoll und nett ich bin. Und wenn ihr nicht meiner Meinung seid, seid ihr hasserfüllte, rassistische, sexistische Mistkerle." – Virtue Signaling mit einer Extraportion Gehässigkeit.

politische Inkorrektheit hinweist, weil einem die Sache am Herzen läge, sondern um selbst als fürsorglicher und bewusster Mensch angesehen zu werden. Schau, wie mitfühlend und umsichtig ich bin! (Abb. 416)

Unterstützung finden die politisch korrekten Opfer auch von Menschen, die selbst gar keiner Minderheit angehören. Die weibliche Bevölkerung scheint allerdings eine solche darzustellen: Zwar ist die Zahl der Männer und Frauen weltweit ziemlich ausgeglichen, doch die politische Korrektheit behandelt die Letztgenannten wie eine Minderheit. Also zumindest die politisch korrekten Frauen. Die Opfermentalität und die Strukturen, die dieselbe fördern, stützen sich auf das Gefühl der eigenen politischen, moralischen und spirituellen Lauterkeit. Sie „sorgen sich" und pochen darauf, dass alle Welt weiß und ihnen bescheinigt, wie sehr sie sich sorgen. Das ist eine weitere Form der Selbsttäuschung. Die politische Korrektheit „sorgt" sich ebenso wenig um ihre Mitmenschen wie alle anderen Diktaturen. Sie ist lediglich eine Fassade, die getragen wird, um die eigenen Ziele zu erreichen. Doch in ihrer Unbewusstheit identifizieren sich die politisch korrekten Selbsttäuscher mit dieser Fassade und halten sie tatsächlich für real. Schauen Sie sich den Hass an, der den Menschen ins Gesicht geschrieben steht, die gegen Hass protestieren, sowie die Intoleranz derer, die vorgeben, sie würden sich für Toleranz einsetzen. In ähnlicher Weise wird die Vielfalt von denen zerstört, die sagen, wir bräuchten mehr Vielfalt (Abb. 417). Der in Frankreich geborene amerikanische Historiker Jacques Barzun schrieb: „Die politische Korrektheit erhebt nicht die Toleranz zum Gesetz, sondern organisiert nur den Hass." Während die politische Korrektheit vorgibt, gegen den Hass zu sein, stellt sie in Wahrheit ein Medium für denselben dar. Gemeinschaftlich fallen die Opfer und ihre Unterstützer auf den PK-Schwindel herein, den das (nicht einmal) eine Prozent – das sie vorgeben zu verachten – ihnen auferlegt hat. Die von der *El*-ite geschaffene politische Korrektheit stellt einen Mechanismus dar, um die Aufdeckung ihrer Machenschaften zu verhindern, ihre Gegner zu zersetzen, sie zu spalten und zu beherrschen sowie überall Hass zu säen. *Mmmm* ... ein Festessen!

Abb. 417: Proteste „gegen Hass". Hmmm ...

Akademiker mit einer langen Liste von Erfolgen werden wegen eines harmlosen Witzes über Frauen der Universität verwiesen. Prominente überzieht man mit „Shitstorms" und flächendeckender Verachtung, sobald sie (angeblich) einen winzigen, politisch unkorrekten Fehltritt begehen. Berühmtheiten wie Politiker sinken angesichts solcher Massenübergriffe, die zudem von den politisch korrekten Medien bestärkt werden, auf die Knie und tun Buße. Immer an vorderster Front dabei ist die britische Tageszeitung *The Guardian*, die einen eigenen Taschenlampenlieferanten beschäftigt (der jede Menge zu tun hat). Medieneinrichtungen wie der *Guardian*, die *New York Times* oder MSNBC sind Propagandaabteilungen der Progressiven. Prominente, die in Twitter-Shitstorms untergehen, sind für die PK-Faschisten nicht mit Gold aufzuwiegen, signalisieren solche Vorgänge doch den Millionen: Schau, so wird es auch dir ergehen, wenn du nicht tust, was wir dir sagen! (Abb. 418)

Abb. 418: Für den Fall, dass dieses Buch einen Shitstorm auslöst, bereite ich schon mal meine Antwort vor.

Die Pyramide der politischen Korrektheit

Der Krebs der politischen Korrektheit hat die Gesellschaft bereits so flächendeckend und tiefgreifend befallen, dass es heute eine Kategorie von Tabus gibt, die man als Mikroaggressionen bezeichnet. Darunter versteht man „subtile, aber anstößige Bemerkungen oder Handlungen, die gegen eine Minderheit oder eine andere nichtdominante Gruppierung gerichtet sind und oftmals *unbeabsichtigt* bzw. unbewusst ein Klischee bekräftigen". Da haben wir es wieder: „… eine Minderheit oder eine andere nichtdominante Gruppierung". Von Mikroaggressionen kann laut PK-Bibel nicht jeder, sondern nur ein Angehöriger „einer Minderheit oder einer anderen nichtdominanten Gruppierung" betroffen sein. Je kleiner eine Minderheit ist, desto höher ist die Stellung, die sie innerhalb der Hierarchie der politisch korrekten Opfermentalität einnimmt, und umso größer ist ihre Bedeutung. Im Internet sah ich einmal ein Mem mit der Zeile: „Wer zum größten Opfer erklärt wird, bekommt den schlimmsten Tyrannen." Auf die Zionisten trifft das gewiss zu, spielen sie doch angesichts des Grades, in dem bei ihnen sowohl die Opferrolle als auch die Zensur organisiert sind, in einer ganz eigenen Liga. Weiße Männer stehen in der Rangfolge der politischen Korrektheit an letzter Stelle. Daraus erwächst folgende Hierarchie: Weiße Männer können Mikroaggressionen gegen weiße Frauen begehen; gemeinsam laufen sie Gefahr, sich Fehltritte gegenüber Nichtweißen zu leisten. Nichtweiße Männer können sich mikroaggressiv an nichtweißen Frauen vergehen, die sich wiederum wegen Mikroaggressionen gegen Schwule und Lesben schuldig machen können – die ihrerseits aufpassen müssen, nichts Mikroaggressives über Transgender und geschlechtlich Unentschlossene fallen zu lassen. Transmänner und -frauen können vorerst überhaupt niemanden mikroaggressiv beleidigen (außer Zionisten), aber geben wir der politischen Korrektheit etwas Zeit. Es wird nicht allzu lange dauern, bis sie eine noch kleinere Minderheit identifiziert hat. Wenn alle Stricke reißen, kann sie gern auf meinen Vorschlag mit den Linkshändern zurückgreifen – die Option besteht immer.

Wie verwirrend muss es für die PK-Krieger gewesen sein, als muslimische Eltern in Berlin dagegen protestierten, dass der Kindergarten, in den sie ihre Kinder schickten, einen schwulen Erzieher beschäftigte. Oder als ein schwedischer Fernsehsender eine muslimische Schule dafür bloßstellte, dass die Mädchen den Schulbus über die Hintertür besteigen mussten, während die Jungs den Vordereingang benutzen durften. Auch zum Gebet wurden die Geschlechter fein säuberlich getrennt. Oder als die Nachricht die Runde machte, dass eine selbsternannte islamistische „Moralpolizei" in Teilen Stockholms patrouillierte und die dortigen Frauen gewaltsam grundlegender Rechte beraubte. Ich vermute, die PK-Fanatiker haben sich in einen abgedunkelten Raum zurückgezogen, an einem Glas gesüßten Tees genippt und tief ein- und ausgeatmet, um anschließend darüber zu meditieren, wie sie all das in ihre Opferhierarchie einbauen könnten. Die typische Reaktion in solchen Fällen ist, einfach wegzuschauen.

Ein Beispiel aus Kanada machte unlängst deutlich, dass die Transgender derzeit an der Spitze der PK-Pyramide stehen: Zwei Frauen mussten ein Obdachlosenheim verlassen, nachdem sie nicht der Aufforderung nachgekommen waren, ihren Raum mit einem Mann zu teilen, der sich als Frau begreift. „Er will eine Frau werden, und das ist sicherlich seine Sache", erklärte eine der Betroffenen einem Fernsehreporter. „Doch wenn ein Mann in ein Heim für Frauen kommt, der noch immer einen Penis und alle übrigen männlichen Geschlechtsmerkmale hat, bekommt er mehr Rechte zugesprochen als wir." Genau so funktioniert die politisch korrekte sexuelle/ethnische Hierarchie. Wisse, wo dein Platz ist. Indirekt sprach ich bereits früher von der PK-Pyramide, nämlich als es um die Zensurpolitik des Unternehmens Facebook ging, nach der vorsichtige Kritiken an der Masseneinmigration gelöscht werden, während andere dazu aufrufen dürfen, weiße Frauen zu jagen und zu töten. Es gibt heute guten Rassismus und schlechten Rassismus. Auf einer Veranstaltung, die in der finnischen Hauptstadt Helsinki stattfand, sperrte eine feministische Gruppierung namens HelFem weiße Frauen von einem Forum aus. Die Aktivistinnen von HelFem versahen den entsprechenden Raum mit dem Hinweis „Keine Weißen erlaubt". Hätten sie einen Raum mit dem Vermerk „Nur Weiße erlaubt" abgeriegelt, wäre umgehend die Polizei erschienen.

Umgekehrter Rassismus ist zu einer Epidemie geworden, die zudem von den Bemühungen unterfüttert wird, weißen Menschen wegen Handlungen, die andere Weiße vor langer Zeit begangen haben, ein schlechtes Gewissen und Schamgefühle einzureden. Politisch korrekte Weiße schämen sich für etwas in Grund und Boden, das sie nicht getan haben – statt sich dafür zu schämen, was sie *sehr wohl* tun: nämlich, sich an diesem Schwachsinn zu beteiligen. Auch „positive Diskriminierung" ist Diskriminierung. Die Worte „positiv" und „Diskriminierung" sollten ebenso wenig in einem Atemzug genannt werden wie „CNN" und „Journalismus". Eine HelFem-Sprecherin – oder Sprechperson, oder wie auch immer sie sich demnächst nennen wird – sagte: „Der Mainstreamfeminismus ist sehr weiß; mitunter benutzen die Leute feministische Botschaften nur, um ihre eigene Marke zu bewerben." Gewöhnt euch daran, weiße Frauen: Das ist die Zukunft, da man die Schubladen in immer feinere Unterkategorien aufsplitten wird, während man ihnen immer größere Bedeutung beimisst. Das Diskriminierungsopfer von heute ist der rassistische Unterdrücker von morgen. Der Raum, in dem „keine Weißen erlaubt" waren, sollte als „sicherer Raum" für

Nichtweiße dienen. Doch sicher vor wem? Vor weißen Feministinnen vermutlich. Rassistisch kann solch ein Verhalten nicht sein, da – wie HelFem erklärte – „organisierter Rassismus Strukturen und Einrichtungen erfordert, Nichtweiße aber niemals über irgendwelche Strukturen verfügen, sodass umgekehrter Rassismus gar nicht möglich ist". Diese Leute sind völlig gaga. Die Schwedin Ann Heberlein, eine Ethikdozentin der Universität Lund, wies darauf hin, dass blonde Schweden in ihrem eigenen Land von „Menschen mit nichteuropäischem Erscheinungsbild" gemobbt und verhöhnt werden. Aber – hey, umgekehrter Rassismus ist ja unmöglich, richtig? Die Autoren eines Berichts, der an der Universität von Urbana-Champaign (US-Bundesstaat Illinois) erschien, beharrten sogar darauf, dass es bereits eine Mikroaggression (seitens der Weißen) darstellt, wenn ein Angehöriger einer Minderheit einen mit Weißen gefüllten Raum betritt oder sich in einem solchen aufhält. Bei einem berühmten Vorfall, der sich an einer Londoner Universität zutrug, hatte ein für „Vielfalt" zuständiger Beamter Weiße und Männer von einer Veranstaltung ausgeschlossen, in der es um *Gleichberechtigung* ging. Die goldene Regel der politischen Korrektheit lautet: Niemand kann eine Mikroaggression gegen weiße Männer begehen. Sie sind ohne Wenn und Aber Freiwild und haben unter der politisch korrekten Gerichtsbarkeit keinerlei Rechte – es sei denn, sie besitzen eine Eigenschaft, die sie für eine andere PK-Schublade qualifiziert.

Wohin die Reise geht, konnte man einer Schlagzeile entnehmen, die in der südafrikanischen Ausgabe der *Huffington Post* erschien: „Ist es vielleicht an der Zeit, weißen Männern die Bürgerrechte abzuerkennen?" Der Aufruf, den Genannten das Wahlrecht zu entziehen, war von einer gewissen Shelley Garland verfasst worden, einer „Aktivistin und Feministin", die nach eigenem Bekunden „an Methoden arbeitet, das Patriarchat zu zerschmettern" (und es durch ein Matriarchat zu ersetzen). Ein Extrem gegen ein anderes auszutauschen bedeutet, das ursprüngliche Extrem fortzuführen – nur unter einem anderen Namen. Hast du toll gemacht! Außerdem mache Garland derzeit ihren „Master in Philosophie", heißt es. Großartig – ich kann es kaum erwarten! Hier ist eine Kostprobe ihrer „Philosophie":

> Einige der heftigsten Schläge, die die progressive Sache in den letzten Jahren einstecken musste, gingen auf die Wahlentscheidungen weißer Männer zurück. Wenn weiße Männer nicht wählen dürften, würde das Vereinigte Königreich wahrscheinlich nicht aus der Europäischen Union austreten, Donald Trump wäre wohl kaum Präsident der Vereinigten Staaten, und die Democratic Alliance würde vermutlich nicht vier der größten Städte Südafrikas regieren.
>
> Hätten weiße Männer kein Stimmrecht mehr, würde das die progressive Bewegung stärken. Dabei wäre es nicht nötig, den weißen Männern das Wahlrecht auf alle Zeiten zu entziehen – eine Begrenzung auf 20 Jahre (also nicht einmal eine ganze Generation) würde bereits einen bedeutenden Beitrag dazu leisten, den Einfluss der reaktionären und neoliberalen Ideologie in der Welt zurückzudrängen. Die Macht leichtfertiger weißer Männer war eine der Hauptursachen für die 2008 einsetzende große Rezession. Zudem könnte man auf diese Weise der toxischen weißen Männlichkeit einen Schlag versetzen – etwas, was schon lange überfällig ist.

Im weiteren Verlauf ihres Artikels spricht sie von bis zu 30 Jahren, für die sie das Wahlrecht für männliche weiße Erwachsene aussetzen will.

Die Opferhierarchie zeigt sich des Weiteren daran, mit welchem Nachdruck gefordert wird, dass Transgender-„Männer" und -„Frauen" öffentliche Toiletten auf der Basis ihres Zugehörigkeitsgefühls benutzen dürfen statt aufgrund ihrer körperlichen Beschaffenheit. An den Schulen wird das sogar schon bei kleinen Kindern zunehmend so gehandhabt (Abb. 419). Auf eine solche Forderung nicht einzugehen wäre ja Diskriminierung. Die Gefühle all der Männer und Frauen, die niemanden auf ihrer Toilette haben wollen, der bzw. die dem anderen Geschlecht zuzugehören scheint, werden von den politisch korrekten Geisteskranken niemals in Betracht gezogen – ebenso wenig wie die Möglichkeit, dass eine solche Regelung von Individuen missbraucht werden könnte, die gar keine Transgender sind, sondern das nur als Vorwand benutzen. Die politische Korrektheit ähnelt einem Kartenspiel, bei dem jede Hierarchieebene eine andere sticht, und zwar auf der Grundlage der sexuellen Ausrichtung oder der ethnischen Zugehörigkeit. Hier noch einmal zur Erinnerung:

Abb. 419: Welche Wahl haben die Nicht-Transgender?

> Wäre der Atomkern so groß wie eine Erdnuss, hätte das Atom etwa die Ausdehnung eines Baseballstadions. Könnten wir uns des leblosen Raums im Inneren unserer Atome entledigen, wäre jeder von uns so groß wie ein Staubpartikel – und die gesamte Menschheit würde in ein Stück Würfelzucker passen.

Das sollte man einrahmen und jedem politisch Korrekten ins Zimmer hängen (und in jedes zionistische Zensurzentrum), also überall dorthin, wo man von Ethnien und Schubladen besessen ist, in die man die „Staubpartikel" einsortiert. Dafür bräuchten wir allerdings eine gewaltige Menge Rahmen.

Politisch inkorrekte „Mikroaggressionen" müssen noch nicht einmal beabsichtigt sein, um den Zorn der PK-Gestapo auf sich zu ziehen. Der böswilligen Intention bedarf es gar nicht. Es genügt völlig, die Profi-Fassungslosen ganz unbeabsichtigt aus der Fassung zu bringen. Ruth Starkman etwa (müsste sie nicht Starkperson heißen?), eine Professorin der Stanford University, ist der Ansicht, dass die Äußerung, die Hausaufgaben seien leicht gewesen, eine Mikroaggression gegenüber all jenen darstellt, die sie nicht so leicht fanden. Die einzige Möglichkeit, sich an niemandem mikroaggressiv schuldig zu machen, besteht offenbar darin, den Mund zu halten. Aber vielleicht fühlt sich dann der Mund diskriminiert. Unter der Internetadresse microaggressions.com gibt es eine Website, auf der man von seinen traumatischen Erlebnissen berichten kann. Es folgen einige Beispiele für die Mikroebene des politisch korrekten Wahns:

„Welche Sprache sprecht ihr denn in Japan? Asiatisch?"

Oh mein Gott, das muss fürchterlich gewesen sein.

„Als ich eine Rede über Rassismus hielt, stellte mich der Moderator als ‚Jaime Garcia' vor. Mein Name ist aber Jaime Rodriguez. Nicht alle Latinos heißen Garcia mit Nachnamen."

Nein, aber viele heißen Rodriguez. Der Moderator allerdings – mein lieber Schwan, was für ein Rassist!

„Mein Mann und ich waren gerade nach Dallas gezogen. Als wir in einem historischen Einkaufsviertel spazieren gingen, trafen wir auf einen Mann und dessen Sohn, die beide Gitarre spielten. Sie waren wirklich gut, also legten wir eine Fünf-Dollar-Note in ihre Spendendose. Fast im selben Augenblick meinte der Sohn: ‚Ich dachte, Schwarze mögen nur Rap!' Der Vater lachte verlegen und sagte, sein Sohn habe nur einen Scherz gemacht. Ich wollte mir meine fünf Dollar wieder schnappen, doch letztlich sind wir einfach weitergegangen …"

Okay, eine Dame ohne Humor. Der Nächste, bitte …

„Ich bin eine heterosexuelle Frau ohne Kinder. Meine Freundinnen unterhielten sich darüber, wie viele Kinder sie haben wollen. Als ich mich äußern sollte, sagte ich, ich will überhaupt keine. Darauf folgte ein langes, betretenes Schweigen, und sie starrten mich an, als käme ich vom Mond. Dann sagte eine von ihnen: ‚Na, dann bist du eine von den anderen' – womit sie meinte, ich müsse eine Lesbe sein. Nur weil ich keine Kinder will."

Ja, das kenne ich. Ich habe einmal zu jemandem gesagt, dass ich alleine lebe, woraufhin dieser entgegnete: „Oh, tatsächlich?" Wobei sein Tonfall implizierte, dass ich wohl nur schwul sein könne.

„Ich sitze mit meinem Mann und unserem Kind im Restaurant. Ganz offensichtlich sind wir eine Familie. Der Kellner nimmt unsere Bestellung entgegen. ‚Für Sie, Sir?', fragt er meinen Mann. Dann wendet er sich an mich: ‚Und für Sie, Miss?' Warum wird mein Mann stets höflich angeredet, ich aber nur mit der abschätzigen Anrede? So läuft das in sämtlichen Restaurants unserer Stadt hier im Norden. Wenn ich mit ‚Miss' angesprochen werde, muss mein Mann ‚Mr.' genannt werden. Bekommt mein Mann ein ‚Sir', müsste ich mit ‚Madam' oder ‚Für die Dame?' angeredet werden. Eigentlich würde ich ‚Frau Doktor' bevorzugen."

Ich würde es bevorzugen, wenn Sie erwachsen werden würden, Madam.

„Eine Mikroaggression, mit der ich jeden Tag zu tun habe, ist der mangelnde Respekt für mein Geschlecht. Niemand macht sich die Mühe, sich nach meinem Pronomen zu erkundigen. Jeder nimmt automatisch an, ich sei ein Cisgender [jemand,

> *dessen Geschlechtsidentität mit dem physischen Geschlecht übereinstimmt]. Ich werde permanent mit Madam, Miss, sie/ihr usw. angeredet, nur weil mein Körper weiblich geformt ist. Selbst wenn ich mich männlicher gebe, werde ich in die Schublade der weiblichen Cisgender gesteckt – obwohl ich das gar nicht bin. Es kostet mich viel Mühe, zumindest die meisten Leute in meinem Umfeld dahin zu bringen, meine Pronomen, Geschlechtsidentität und Höflichkeitsformen zu respektieren."*
>
> Ich sehe wie eine Frau aus, sodass mich niemand fragt, ob ich ein Mann bin. Die haben den elektrischen Stuhl verdient, oder?

Die schwindelerregende, ichbezogene Kurzsichtigkeit, die es braucht, die Welt und die menschliche Interaktion auf solche Begrifflichkeiten zu reduzieren, kann ich beim besten Willen nicht begreifen. Jeder entspannte, offene und spontane Dialog wird durch die hier eingeforderte geistige Akrobatik, bei der man jedes Wort auf die Goldwaage legen soll, um ja keines der kindlichen Gemüter zu vergrämen, zunichtegemacht. Obendrein – und das ist der Punkt – *wollen* sie ja, dass man ihnen auf den Schlips tritt, denn nur so können sie ihrer selbst gewählten Opferrolle Nahrung verschaffen. Wahrgenommene Opfer und wahrgenommene Täter brauchen einander und ernähren sich voneinander: eine weitere stehende Welle. Das Konzept der Mikroaggressionen erledigt das „teile und herrsche"-Prinzip auf der Mikroebene.

Am Scripps College, einem in der Nähe von Los Angeles gelegenen geisteswissenschaftlichen College, das ausschließlich weibliche Studenten aufnimmt, ist man der Ansicht, dass nichtweiße Studenten von ihren weißen Kommilitonen finanzielle Ausgleichszahlungen verlangen sollten – wegen der „emotionalen Anstrengungen", die erforderlich seien, um mit den „Mikroaggressionen" fertigzuwerden. Auch wenn weiße Studenten Erklärungen dafür verlangen, warum sie sich denn einer Mikroaggression schuldig gemacht hätten, solle man Geld fordern. „Was du gesagt hast, gefällt mir eben nicht – und jetzt her mit dem Zaster." Ein geistig gesunder Mensch würde darüber lachen, doch diese Irren meinen das bitterernst. Eine Studie der Harvard University kam sogar zu dem Schluss, dass die Opfer von Mikroaggressionen möglicherweise früher sterben. Na ja – wenn sie zum Scripps College gegangen sind, sterben sie zumindest reich. Wie die Autoren des Harvard-Projekts „Voices of Diversity" schrieben, könne „die summarische Last der in einem Leben erlittenen Mikroaggressionen theoretisch dazu beitragen, die [Lebensdauer] herabzusetzen, die Erkrankungsrate zu erhöhen und das Selbstvertrauen zu beeinträchtigen". Ich für meinen Teil kann nur eine Gefahr erkennen, die von Mikroaggressionen ausgeht: dass jemand, der noch klar im Kopf ist, seinen Lebenswillen einbüßen könnte.

Archiv des Irrsinns

Den Wahn, den die politische Korrektheit heraufbeschworen hat, kann man durch Fantasiegeschichten nicht mehr überbieten. Nichts Erdachtes könnte die Realität noch toppen. An der University of Wisconsin-Milwaukee wurde sogar schon der Begriff „politische Korrektheit" als politisch inkorrekt und anstößig gebrandmarkt. Er würde nämlich implizieren, dass bestimmte Menschen „zu empfindlich" seien. Genau das *sind* sie natürlich. Doch die politische Korrektheit war noch nie ein Freund von Fakten, Wahrheit oder des unmittelbar Offensichtlichen. Einen dicken Menschen „fett" zu nennen, stellt offenbar ebenso einen Gewaltakt dar, wie zu jemandem zu sagen: „Finde dich damit ab!" Beim letztgenannten Ausspruch scheint es nie irgendeine Rolle zu spielen, in welchem Kontext er getätigt wird. Die bloße Formulierung genügt, sich zu empören. Die größte schwedische Gewerkschaft hat eine Telefonhotline eingerichtet, auf der Frauen Fälle von „Mansplaining" melden können. Der Begriff beschreibt eine Situation, bei der „ein Mann einer Frau etwas erklärt [engl.: to explain], ohne gefragt worden zu sein", und zwar „insbesondere dann, wenn die Frau über das Thema möglicherweise mehr weiß als der Mann". *Dafür?* Eine *Hotline*? Wie wäre es denn, wenn eine Dame, die davon betroffen ist, dem Herrn einfach sagte, dass sie schon mit dem vertraut ist, was er ihr zu erklären versucht, und sie es begrüßen würde, wenn er sie künftig nicht so herablassend behandeln würde?

Die Menschen gewöhnen sich derart an den Wahn, dass sie ihn für geistige Gesundheit zu halten beginnen. Wir erleben die Normalisierung des Irrsinns. Facebook entfernte die Seite eines englischen Pubs, der seit 1840 den Namen „Black Cock Inn" trägt. Der Name sei „rassistisch und anstößig". „Black Cock" bedeutet „Schwarzer Gockel"; das englische Wort „cock" kann jedoch umgangssprachlich auch das männliche Geschlechtsteil bezeichnen (Abb. 420). Die kanadische Carleton University ließ aus dem Fitnesszentrum ihres Campus die Waagen entfernen, um jene Menschen zu schützen, die besonders sensibel reagieren, wenn sie mit ihrem Gewicht konfrontiert werden. Wie Bruce Marshall erklärte, der den Bereich Hochschulsport leitet, war die Maßnahme eine Konsequenz aus der Ansicht, dass die Beobachtung des Körpergewichts nur negative Folgen haben könne. All die Leute, die ihr Gewicht gerne gewusst hätten, sind irrelevant. Für diejenigen,

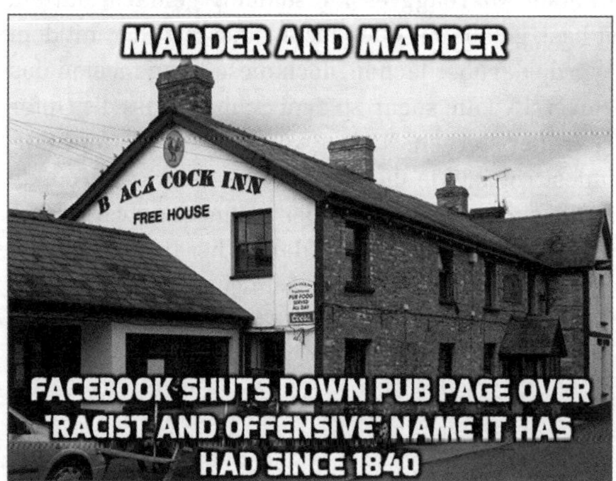

Abb. 420: „Es geht doch immer noch ein Stück verrückter: Facebook sperrte die Seite eines Pubs wegen seines ‚rassistischen und anstößigen' Namens, den er seit 1840 trägt." – Das Black Cock Inn wurde für einen Namen gesperrt, den man ihm im 19. Jahrhundert verliehen hatte – und zwar in Anlehnung an einen Hahn.

die sensibel reagieren, wenn sie ihr Gewicht erfahren, habe ich einen heißen Tipp: *Stellt euch einfach nicht auf die verdammten Waagen.* So einfach kann's gehen – wer hätte das gedacht? In einem „Leitfaden für eine unparteiische Sprache", der von der University of New Hampshire herausgegeben wurde, heißt es, der Begriff „amerikanisch" sei, da er Süd- und Mittelamerika außer Acht lasse, anstößig und müsse daher vermieden werden. Offenbar war der Inhalt der Broschüre so schwachsinnig, dass die Universitätsleitung den „Leitfaden" inzwischen zurückgezogen hat. Sie wird ihn aber spätestens dann wieder aus der Schublade hervorholen, wenn der Wahn der politischen Korrektheit in solche Untiefen vorgedrungen ist, dass der Leitfaden die offizielle Politik verkörpert.

An der walisischen Cardiff Metropolitan University muss jeder Mitarbeiter oder Student mit Disziplinarmaßnahmen rechnen, der Formulierungen wie „manpower" (dt.: Arbeitskraft, wörtlich jedoch „Mann-Kraft"), „man the desk" (eine Position besetzen), „bester Mann für den Job", „Vorväter", „Hausfrau", Taufname (statt Vorname), Mrs./Miss benutzt oder im Lokal „Fräulein!" ruft (statt „Bedienung!"). Zudem sollen sie „same-sex" (dt.: dasselbe Geschlecht) statt „homosexuell" sowie „other-sex" (dt.: das andere Geschlecht) für heterosexuell sagen, und Behinderte werden zu „Menschen mit Behinderung". Wie wird wohl eine spontane, offene Diskussion verlaufen, in der jeder der Beteiligten erst jedes Wort und jede Wendung durch den Filter schickt, bevor er spricht? Die Universitätsleitung argumentiert, sie würde sich an den Equality Act halten, nach dem geschlechtsspezifische Worte als diskriminierend empfunden werden könnten. Man wolle eine Atmosphäre schaffen, in der sich alle Studenten und Mitarbeiter „wertgeschätzt" fühlen. Die Tatsache, dass echtes Selbstwertgefühl von innen kommt, geht völlig an ihnen vorbei. Es gibt Universitäten, die ihre Studenten in den Prüfungen schlechter benoten wollen, wenn sie es „versäumen, sich einer geschlechtssensitiven Sprache zu bedienen". Andere Autoren haben diese Vorgänge sehr zutreffend etwa als „Sprachpolizei" oder „Himmelfahrtskommando in die Absurdität" bezeichnet. Frank Furedi, ein emeritierter Soziologieprofessor der Kent University, sagte:

> In der Regel erfolgt die Drohung implizit, statt direkt ausgesprochen zu werden. […] Die Sprachpolizei wird als Zwangsmittel benutzt, um eine konformistische Haltung zu oktroyieren. Die einzige Alternative bestünde darin, eine Bestrafung in Form von schlechteren Noten hinzunehmen.

Kurz nachdem Furedi diese Äußerung getätigt hatte, war er in der Richie Allen Show zu Gast, die von DavidIcke.com präsentiert wurde. Bedenkt man seinen akademischen Hintergrund, war es beeindruckend und sehr mutig, wie er die politische Korrektheit auseinandernahm und ihre Folgen für die Universitäten und die allgemeine Gesellschaft beschrieb: „Was wir hier erleben, ist mehr oder weniger der Versuch, eine moralische Autorität zu schaffen – eine neue kulturelle Oligarchie, die das Recht hat zu bestimmen, was gesagt werden darf und was nicht." Wir haben es mit einem kulturellen und psychologischen Faschismus zu tun, der uns von denselben Leuten auferlegt wird, die an „antifaschistischen" Demonstrationen teilnehmen. Furedi wies des Weiteren darauf hin, dass die manische Diversitätsbesessenheit zur Entwertung der Mehrheitskultur führen kann. Damit will ich nicht sagen, dass die Kulturen der Minderheiten nicht ebenfalls wertgeschätzt werden sollten; doch der Mehrheitskultur gebührt derselbe Respekt. Dieser wird ihr freilich nicht gewährt, denn die politische Korrektheit wurde gerade zu dem Zweck erschaffen, die vorherrschende Kultur zu *zerstören* – aus Gründen, die ich noch erläutern werde. Furedi fuhr fort: „In der Praxis erwächst aus der Theorie der Vielfalt eine Methode, die kulturelle Dynamik und den kulturellen Inhalt der nationalen Kulturen zu entwerten." Zu dem Thema hat Furedi ein erstklassiges Buch verfasst: „What's Happened To The University? – A Sociological Exploration of Its Infantilisation" (dt. etwa: Was ist mit der Universität geschehen? Eine soziologische Untersuchung ihres Infantilisierungsprozesses). Infantilisierung ist in der Tat das treffendste Wort.

Ein Beispiel dafür, wie es die Ideologie der „Vielfalt" verfehlt, die Mehrheitskultur miteinzubeziehen, lieferte uns unlängst die erste schwarze Parteichefin Schwedens. Die aus Uganda stammende Victoria Kawesa ist die Vorsitzende der Feminist Initiative (kurz: FI – das Kürzel könnte auch für „Fürchterlich Irre" stehen). Frau Kawesa, deren Partei für offene Grenzen und ungehinderte Einwanderung eintritt, forderte, die Abschiebungen ausländischer Vergewaltiger, Mörder und Krimineller einzustellen – mit der Begründung, dass ja auch weiße Schweden, die solche Verbrechen begehen, nicht abgeschoben würden. Keine Sorge, es liegt nicht an Ihnen, wenn Sie dieser Logik nicht folgen können. Genau so geisteskrank, wie sie klingt, ist sie auch. Ähm – wohin, bitte, sollten denn „weiße Schweden" abgeschoben werden? Der politisch korrekte Verstand umschifft die Logik schon aufgrund seiner bloßen Natur. Während meiner Tournee durch Australien im Jahr 2016 las ich einen Bericht über eine Schule, an der es aus Rücksicht auf Personen, die „empfindlich auf laute Geräusche reagieren", verboten war, Beifall zu klatschen oder zu jubeln. Sie wissen inzwischen, wie der Hase läuft: Nein, auch das war kein Witz. Ich wünschte, das wäre der Fall! Die Schulleitung der Elanora Heights School in Sydney hatte jedoch erklärt, dass es den Schülern „freisteht, mit der Faust in die Luft zu stoßen, begeisterte Grimassen zu schneiden oder auf ihren Plätzen zu zappeln".

Einseitigkeiten jenseits des Vorstellbaren

Ich könnte noch seitenweise weitere Beispiele dafür anführen, welche Extreme sich bereits manifestiert haben. Doch auch bei der politischen Korrektheit gilt: Der Wahnsinn hat Methode. Geistige Gesundheit soll systematisch – und buchstäblich – durch Irrsinn ersetzt werden. Im Jahr 2016 schätzte das Williams Institute (eine amerikanische Denkfabrik), dass Transfrauen und -männer nur etwa 0,6 Prozent der erwachsenen Bevölkerung der Vereinigten Staaten ausmachen. Bei einer Population von 326 Millionen sind das etwa 1,4 Millionen Menschen. Aufgrund der flächendeckenden Propaganda, mit der die Menschen (vor allem die jungen) ermutigt bzw. genötigt werden, ihre Geschlechtsidentität zu hinterfragen – die bis dahin keinerlei Drang dazu verspürten –, ist der Prozentsatz in den letzten Jahren merklich in die Höhe geschnellt. Den größten Bevölkerungsanteil bilden die Transgender in Washington, D.C. Spitzenwerte kann auch Kalifornien verbuchen – der

Bundesstaat, der den heiligen Gral der politischen Korrektheit bildet und in dem sich die Frankfurter Schule einst niederließ. Es ist kein Zufall, dass ausgerechnet Washington, D.C., und Kalifornien bei der Transgenderpropaganda, die in der Bevölkerung Verwirrung hinsichtlich der Geschlechtsidentität stiften soll, an vorderster Front mitmischen. Ich will damit nicht sagen, dass das geschlechtliche Selbstverständnis eines Menschen nicht respektiert werden sollte – in dem Rahmen, den die Ausgewogenheit gebietet. Natürlich ist das zu respektieren. Wie sich jemand sehen will, ist reine Privatsache. Doch warum müssen die politisch Korrekten das zu *meiner* Sache machen? Zumal es ihnen gar nicht wirklich darum geht, die freie Entscheidung echter Transgender ernsthaft zu respektieren. Vielmehr bezweckt der Psychoschwindel, Menschen bezüglich ihrer geschlechtlichen Identität in Verwirrung zu stürzen, die damit nie ein Problem hatten. Warum das gemacht wird, hat einen eindeutigen und sehr ernsten Grund, auf den ich später eingehen werde.

Setzen Sie einmal die Zahl der Transfrauen und -männer ins Verhältnis zu der völlig übertriebenen Aufmerksamkeit, die das Thema mit einem Mal allerorten bekam. Wann immer jemand oder etwas aus dem Nichts auftaucht, aber sogleich überall präsent ist, kann man praktisch davon ausgehen, dass die Mächte hinter der Agenda wieder einen Knopf gedrückt haben und die Sache gründlich und von langer Hand geplant worden ist. Die Änderung der Benutzungsregeln für Toiletten, die Ächtung von Begriffen wie „Mann", „Frau", „Mama", „Papa", „Mädchen" oder „Junge" und vieles mehr wurde damit gerechtfertigt, dass man die Interessen von weit unter einem Prozent der amerikanischen Bevölkerung wahren wolle. In anderen Regionen der Welt dürfte der Prozentsatz ähnlich oder noch geringer ausfallen. Die Mitarbeiter der Londoner Nahverkehrsbetriebe dürfen nicht mehr „Damen und Herren" sagen, um Transgender-Fahrgäste nicht zu brüskieren. Stattdessen müssen sie „Guten Morgen für alle" sagen und Lehrgänge in „geschlechtsneutraler Sprache" (Neusprech) besuchen. Laut Bernard Reed, der für die Gender Identity Research and Education Society tätig ist, kann es „erhebliche Leiden" auslösen, wenn Worte „unsachgemäß" eingesetzt werden. Nur wenn du das zulässt, Kumpel. Darf ich dich „Kumpel" nennen? Reed fuhr fort: „Eine tiefe Stimme bedeutet nicht automatisch, dass der Anrufer ein Mann ist; ebenso wenig muss eine hohe Stimme zwangsläufig zu einer Frau gehören." Richtig, aber in der Regel weist die Stimme in die richtige Richtung, und ihr Besitzer will auch nur wissen, wann der Zug geht. Es ist nicht die Aufgabe öffentlich Bediensteter, vor jedem Wort ihre Gedanken zu überprüfen, um ja nicht einen professionell Beleidigten zu beleidigen. Sadiq Khan, der erste muslimische Bürgermeister Londons, in dessen Person das „progressive" Gedankengut verkörpert ist, begrüßte die Ächtung der geschlechtsbezogenen Vokabeln – lässt er doch keine Gelegenheit für „Virtue Signaling" ungenutzt verstreichen. Aberwitzige Bestimmungen und Verbote für 99,4 Prozent der Bevölkerung, gerechtfertigt mit der Rücksichtnahme auf 0,6 Prozent derselben? Glaubt eigentlich irgendjemand, die *El*-ite, die hinter all der Propaganda steckt und für alle, die ihr nicht angehören, nichts als eiskalte Verachtung übrig hat, würde sich mit einem Mal um Transfrauen und -männer sorgen? Noch nicht einmal die Betroffenen würden das glauben, wenn sie die Fakten emotionslos zur Kenntnis nehmen würden. Was wird hier also tatsächlich gespielt? Wir werden darauf zurückkommen.

Ein weiteres Beispiel für den rapide um sich greifenden Irrsinn lieferte die Lehrergewerkschaft des australischen Bundesstaates New South Wales. In ihren jüngsten Erziehungsrichtlinien empfahl sie den Lehrern, die Ausdrücke „Mama" und „Papa" zu vermeiden, und riet dazu, Jungen zu ermutigen, sich wie Mädchen anzuziehen. Die Vorgaben für „geschlechtsneutrales freies Spielen" (wenn man die Kleinen dazu zwingt, ist es nicht frei) sind Teil einer aktuellen Entwicklung, in deren Verlauf die politische Korrektheit nicht nur an australischen, sondern auch an nordamerikanischen und europäischen Schulen geradezu explodiert. Sie bezweckt, die jungen Menschen schon in jungen Jahren hinsichtlich ihrer geschlechtlichen Identität zu verwirren. Greif dir die Kinder, und du kannst die Erwachsenen kontrollieren, die sie einmal sein werden.

Eine vom britischen Staat finanzierte Organisation namens Educate and Celebrate gibt an den Schulen Kurse über „Geschlechtsdiversität". Darin wird Kindern von gerade einmal sieben Jahren erklärt, dass sie Worte wie „Junge", „Mädchen", „Dame" und „Herr" nicht benutzen dürften, um die Transgender-Mitschüler nicht zu diskriminieren – obwohl es in der großen Mehrheit aller Schulklassen keinen einzigen Transgender gibt. In der monumentalen Unverhältnismäßigkeit offenbart sich die eigentliche Agenda. Kinder sollen Begriffe wie „cisgender", „panromantisch", „intersexuell" und „genderqueer" benutzen. In einem von Educate and Celebrate herausgegebenen „Handbuch" mit dem Titel „Can I Tell You About Gender Diversity?" (dt.: Darf ich dir etwas über die Geschlechtervielfalt erzählen?) gibt es eine fiktive Geschichte über eine Zwölfjährige, der Hormonblocker verabreicht werden, um die einsetzende Pubertät zu unterdrücken und die „Umstellung" vom weiblichen auf den männlichen Körper zu vollziehen. Die BBC zeigte ein für Kinder ab sechs Jahren gedachtes Doku-Drama über einen Schüler, der geschlechtsverändernde Medikamente nimmt, damit er ein Mädchen werden kann (Abb. 421). Kritiker schrieben, der Film lasse die Kinder „im höchsten Maße verwirrt" zurück – genau das war die Absicht. Eine Mutter berichtete, ihre Tochter habe nach dem Anschauen des Films mit einem Mal ihre Geschlechtsidentität infrage gestellt, was sie nie zuvor getan hatte. Die BBC erklärte, ihr TV-Programm (ihre TV-Programmierung) spiegele „das wahre Leben wider". Blödsinn. Der Film spiegelt die Agenda wider, kleine Kinder so früh wie möglich über ihr Geschlecht in Verwirrung zu stürzen. In Kanada wollte eine Transgender-Mutter mit Schnauz- und Kinnbart ihr Baby auf der Geburtsurkunde als „geschlechtslos" eintragen lassen. Sie

Abb. 421: Nun, welches Geschlecht habt ihr, Kinder? Wirklich? Seid ihr ganz sicher?

sagte: „Als ich geboren wurde, schauten die Ärzte auf meine Genitalien und leiteten daraus eine Annahme darüber ab, wer ich einmal sein würde. [...] Diese Annahmen waren falsch, und ich musste seither eine Menge Korrekturen vornehmen.“ Mag sein, aber die Annahmen waren durchaus nachvollziehbar. Ich schätze, das Kind wird seinerseits eine Menge Korrekturen vornehmen müssen, um die gänzlich unnötige Konfusion zu überwinden, der es nur deshalb ausgesetzt wird, weil seine Mutter damit ein persönliches Thema hat. Ich bin absolut dafür, Menschen zu respektieren und zu unterstützen, die natürlicherweise das Gefühl haben, sich im falschen Körper zu befinden. Doch man sollte nicht Kinder und Jugendliche systematisch dazu ermutigen, ihr Geschlecht anzuzweifeln, die das von sich aus nie tun würden. Ebenso wenig kann es angehen, dass man der breiten Bevölkerung bestimmte Worte und Formulierungen verbietet, nur um nicht einer Handvoll Leuten mit angeblichen grammatikalischen Empfindlichkeiten auf den Schlips zu treten. Herr? Frau? Fräulein? Frau Doktor? Solche Dinge sind nur dann von Bedeutung, wenn wir es zulassen – und das ist eine Frage der Entscheidung.

Das niederländische Parlament beschloss im Jahr 2017, Schulen zu bestrafen, deren Lehrplan kein „LGBT-Bewusstsein“ erkennen lasse. In Großbritannien konnten 13-jährige Kinder in einem Fragebogen unter 25 Genderbegriffen auswählen, um sich selbst zu beschreiben. Darunter waren die Ausdrücke „bigender“, „trigender“, „Demiboy“, „Demigirl“, „Transmädchen“, „Transjunge“ und „genderfluid“. Die Lehrerschaft einer amerikanischen Hochschule für Kinderheilkunde bezeichnete die ausgedehnte Indoktrination der Kinder, mit der man ihnen suggeriert, sie könnten ihr Geschlecht frei wählen, als Misshandlung. Sie verurteilte die Praxis profitgieriger, rücksichtsloser Ärzte, zwölfjährigen Kindern Hormone zur Geschlechtsumwandlung zu verschreiben. (Hinter diesem Treiben steht allerdings, wie wir bald sehen werden, nicht allein die Profitgier, sondern eine Absicht, die viel, viel tiefer reicht.) In Großbritannien erhalten über 800 Kinder, die zum Teil kaum älter als zehn Jahre sind, geschlechtsverändernde Medikamente. Sie können davon ausgehen, dass die Zahl in Zukunft deutlich in die Höhe klettern wird. Man bedenke allein die möglichen Spätfolgen für die allgemeine Gesundheit. Die britische Regierung gab Pläne bekannt, den juristischen Wechsel des Geschlechts so einfach und schnell zu gestalten, dass er kaum mehr als einer eidesstattlichen Erklärung bedarf.

In der kanadischen Provinz Ontario verabschiedeten die Progressiven, geführt von ihrer „liberalen“ Premierministerin Kathleen Wynne, ein von den Kritikern als „Totalitäre Initiative 89“ bezeichnetes Gesetz, das es dem Staat leichter macht, Familien die Kinder wegzunehmen, die sich der „LGBTQI- und Genderideologie-Agenda“ widersetzen; außerdem können Paare, die eine kritische Sicht vertreten, de facto keine Kinder adoptieren oder in Pflege nehmen. Wynne ist das erste weibliche sowie das erste offen homosexuell lebende Staatsoberhaupt von Ontario. Tanya Allen, die Präsidentin der Organisation Parents As First Educators (dt. etwa: Eltern als vorrangige Erzieher), sagte dazu: „Seit etlichen Jahren schon verfolgen die Liberalen [Progressiven] unter Kathleen Wynne eine gegen die Eltern und gegen die Familie gerichtete Agenda. Der Gesetzentwurf 89 stellt dabei nur den jüngsten Schritt dar.“ Dessen ungeachtet wird Wynne auch heute wieder in dem Glauben zu Bett gehen, eine gute Liberale zu sein, die für die Freiheit steht. Hier wird die Dimension der progressiven Selbsttäuschung deutlich. Im Jahr 2007 unterzeichnete der kalifornische

Gouverneur Arnold Schwarzenegger ein Gesetz, das staatlichen Schulen alles verbietet, was „als negative Einstellung gegenüber einer homo- bzw. bisexuellen oder anderweitig alternativen Lebensweise interpretiert werden könnte". Das Beispiel zeigt auf wunderbare Weise, wie der Schwindel funktioniert. Die Leute würden sagen: „Klingt okay – was sollte ich dagegen einwenden?" Doch das entscheidende Wörtchen lautet „interpretiert". Interpretiert von wem? Wird das jemand mit Intelligenz und einem Gefühl für Gleichgewicht und Verhältnismäßigkeit sein – oder eine PK-Pappnase? Natürlich Letzteres! Auf dieser Grundlage werden Worte wie „Mama", „Papa", „Mann", „Frau", „Ehemann", „Ehefrau", „Junge" und „Mädchen" als „negative Einstellung gegenüber einer homo- bzw. bisexuellen oder anderweitig alternativen Lebensweise" *interpretiert*. In ähnlicher Weise können etwa Gesetze gegen „unsoziales Verhalten" dazu ausgelegt werden, eine ganze Palette von Aktivitäten zum Erliegen zu bringen, die in Wirklichkeit gar nicht unsozial, sondern schlicht unangepasst sind. Nikola Tesla war der Ansicht, dass „unsoziales Verhalten in einer Welt voller Konformisten ein Zeichen von Intelligenz" ist. Damit Sie ein Gefühl dafür bekommen, was derzeit vor sich geht, habe ich im Folgenden eine kleine Auswahl politisch korrekter „Interpretationen" amerikanischer Universitäten zusammengestellt:

- Der studentische Senat der Kansas University beschloss, geschlechtsspezifische Pronomen wie „sein" oder „ihr" aus seiner Satzung zu entfernen, da sie Mikroaggressionen gegenüber all jenen Studenten darstellen würden, die sie nicht benutzen.
- Die North Carolina State University verteidigte das Recht eines Dozenten, die Noten von Studenten nach unten zu korrigieren, die „er" oder „ihm" sagen, wenn doch sowohl Männer als auch Frauen gemeint sind, oder für „Menschheit" das Wort „mankind" statt „humankind" benutzen.
- Eine Professorin der University of Washington brachte eine Richtlinie ins Gespräch, die es ihr erlaubt hätte, Studenten abzustrafen, die die Worte „männlich" und „weiblich" verwenden.
- Das Scripps College erklärte, dass es einen Akt „institutionalisierter Gewalt" darstelle, sich auf jemanden mit dem falschen Pronomen zu beziehen. Zudem hat jeder Student die Möglichkeit, vom Lehrpersonal zu verlangen, die Nutzung von Pronomen gegenüber seiner Person gänzlich zu unterlassen, da auch das eine Mikroaggression darstellen könne.
- Die University of Pittsburgh wies seine Professoren und Lehrkräfte darauf hin, dass ein Student/eine Studentin selbst dann, wenn er/sie dem Lehrpersonal bereits mitgeteilt hat, welches Pronomen er/sie bevorzugt, sein/ihr Geschlecht im Laufe der Zeit möglicherweise noch einmal ändert. [Das neue Geschlecht wurde er/sie aber schon bekanntgeben, oder?]

Es gibt Forderungen, den Brustkrebs zum Brustkorbkrebs umzubenennen, um Transgendermenschen nicht zu „verstören". Ähnliche Befürchtungen veranlassten auch die British Medical Association (eine Organisation und Gewerkschaft britischer Ärzte), ihre Mitglieder dringend dazu anzuhalten, statt von „schwangeren Frauen" und „werdenden

Müttern" nur noch von „schwangeren Personen" zu sprechen. Im „Guide To Effective Communication: Inclusive Language In The Workplace" (dt. etwa: Leitfaden für eine effiziente Kommunikation – Integrative Sprache am Arbeitsplatz) heißt es: „Die große Mehrheit der Menschen, die schwanger waren bzw. Kinder geboren haben, identifizieren sich als Frauen." Potz Blitz! Da hat sich jemand eine Bestnote für exakte Beobachtung verdient. Doch das war noch nicht alles: „Indem wir von ‚schwangeren Personen' sprechen, können wir auch inter- und transsexuelle Männer einbeziehen, die möglicherweise schwanger werden." Sekunde bitte – *schwangere Männer*? Großbritanniens vermeintlich erster „schwangerer Mann" trat 2017 an die Öffentlichkeit. Wenngleich sich herausstellte, dass er gar nicht der Erste war. Der damals 20-jährige Hayden Cross, der als Mädchen geboren worden war, ließ sein Geschlecht notariell zu „männlich" ändern und begann, sich einer Hormonbehandlung zu unterziehen. Die setzte er einige Zeit später aus, um erst noch ein Baby zu bekommen. Ein Samenspender, den er über Facebook gefunden hatte, machte es möglich. Nach der Geburt seines Kindes wollte er den „Umwandlungsprozess" abschließen, zu dem unter anderem die Entfernung seiner Brüste und Eierstöcke gehörte. Demnächst wird man Männern Gebärmütter geben wollen, die sagen, sie seien Frauen.

Nein, Moment – sie sind schon dabei! Einige Ärzte haben in der Tat vorgeschlagen, Transsexuellen mit männlichen Körpern Gebärmütter einzupflanzen, damit sie eigene Kinder zur Welt bringen können. Die beratende Gynäkologin Dr. Arianna D'Angelo vom Wales Fertility Institute erklärte, vom „ethischen Standpunkt aus" sei das in Ordnung. Dr. Francoise Shelfield, die als Klinikdozentin für Geburtskunde und Gynäkologie am Londoner University College tätig ist, pflichtete ihr bei: „Wenn wir sagen, dass wir Gleichstellung wollen [...], sehe ich keinen Grund, der dagegenspräche." Sobald man Gebärmuttertransplantationen für Frauen anbiete, wird laut Dr. Amel Alghrani, die an der Liverpool University eine Abteilung für Gesundheitsrecht und -regularien leitet, „die Frage erhoben werden, ob man das nicht auch Transfrauen anbieten sollte – bezahlt aus öffentlichen Mitteln". Das würde „die Fortpflanzung revolutionieren" und könnte andere auf die Idee bringen, ebenfalls nach Gebärmuttertransplantaten zu verlangen, beispielsweise heterosexuelle Männer. Dann könnten „Paare gemeinsam die mit der Fortpflanzung verbundenen Beschwernisse, aber auch die Freuden der Schwangerschaft erleben". Alghrani fügt hinzu: „Auch homosexuelle Paare wünschen vielleicht, sich auf diese Weise fortzupflanzen. Alleinstehende Männer könnten sich dafür entscheiden, um eine Leihmutterschaft zu vermeiden." Einen Augenblick bitte, ich bin gleich zurück. Ich muss nur kurz meinen Geisteszustand überprüfen ... Sekunde noch ... Momentchen, bitte ... gleich geschafft ... So, das wäre erledigt. Alles ist gut – ich bin völlig in Ordnung. Es ist die Welt, die verrückt ist, nicht ich. Puh!

In einer Studentenzeitung der University of California, Los Angeles, hieß es, man wolle nicht als transphob erscheinen, wenn man Menstruation und Tampons mit Frauen assoziiere: „Nicht jede Person, die menstruiert, definiert sich als Frau, und [...] nicht jede Person, die sich als Frau definiert, menstruiert auch." Na, wenn ihr es sagt. In Washington erläuterte die Leitung eines Colleges, dass es ihr aufgrund ihrer „Antidiskriminierungsgrundsätze" nicht möglich sei, einen Transgendermann davon abzuhalten, sich nackt in einem Umkleideraum für Frauen zu bewegen, in der sich mitunter sechsjährige Mädchen aufhalten. Eine Mutter hatte den Mann gemeldet, nachdem er nackt vor ihrer 17-jährigen Tochter herumspaziert war. Eine weibliche Schwimmlehrerin wies ihn an, den Raum zu verlassen, und rief später die Polizei, nachdem er nackt in der Damensauna gesichtet worden war. Später, nachdem die Schwimmlehrerin erfuhr, dass der Mann ein Transgender war, entschuldigte sie sich. Sie *hat sich entschuldigt*. Immerhin hatte sie darauf hingewiesen, dass sechsjährige Mädchen nicht an den Anblick männlicher Genitalien gewöhnt sind. Aber hey, was soll's – tut mir echt leid! Die Polizei erklärte, das „Strafrecht ist in dem Bereich sehr vage", und der Mann selbst beklagte sich gegenüber einem Fernsehsender, dass er sich diskriminiert fühle: „Wir leben nicht mehr im Alabama des Jahres 1959 – wir rufen nicht die Polizei, nur weil jemand aus der falschen Quelle getrunken hat." Nein, aber wenn ein nackter Mann unter sechsjährigen Mädchen herumspringt, sollte man das sehr wohl tun – und zwar schnell. Was ist mit der Diskriminierung kleiner Mädchen, die in ihrer Umkleide keinen männlichen Sack (in jeder Bedeutung des Wortes) haben wollen? Sie zählen nicht, da sie in der Angelegenheit zur *Mehrheit* zählen. In jedem einzelnen Fall zählen in der PK-Hierarchie der Opferrollen Transgender mehr als kleine Mädchen. Ein Transgenderstudent mit männlichem Körper verschaffte sich einmal Zutritt zur Damenumkleidekabine, indem er sagte, er sei eine Frau. Anschließend begann er, die echten Frauen sexuell zu belästigen. Dazu gehörte, dass er vor ihnen „Twerking" vollführte – „ein Tanzstil, bei dem man in die Knie geht und ruckartige Hüftbewegungen ausführt". Hört auf, euch zu beschweren. Er steckt in einem männlichen Körper, begreift sich aber als Frau – wo ist das Problem? Geht nach Hause, alles ist in Butter. Die sexuell belästigten Mädchen sollten sich nicht so haben. Oh, mein Gott – „sollten sich nicht so haben" darf man nicht sagen, oder?

Das ist meine Kultur – verzieht euch

Die politische Korrektheit wurde gezielt dazu entworfen, jeden Stützpfeiler der menschlichen Gesellschaft zu zersetzen. Und genau das tut sie jetzt. Die Menschen sind mittlerweile an so vielen Fronten in den Krieg gegen ihresgleichen verstrickt, dass sie niemals die Strippen wahrnehmen, über die sie allesamt, Marionetten gleich, gesteuert werden. Es gibt neuerdings das PK-Verbrechen der „kulturellen Inbesitznahme", das dann greift, wenn die Vertreter einer Kultur die Kleidung und Symbole einer anderen tragen oder deren typische Speisen essen, obwohl sie gar nicht zu ihr gehören. Zu behaupten, eine Kultur „gehöre" einer Gruppierung „gehören", sodass nur deren Angehörige sie leben dürfen, türmt die Mauern zwischen den Kulturen nur noch höher auf, lädt zu weiterem Teilen und Herrschen ein und bietet dem Schubladenbewusstsein zusätzliche Nahrung. An der kanadischen University of Ottawa wurden Yogakurse mit der Begründung eingestellt, sie seien ein Akt „kultureller Inbesitznahme" gewesen; außerdem stehe Yoga für „kulturellen Genozid". Und ich dachte immer, Yoga mache die Leute einfach friedlicher, sodass sie sich nicht mehr ständig gegenseitig an die Gurgel gehen. Doch weit gefehlt … Da Yoga aus Indien stammt, verstößt man, wenn man den Begriff irgendwo als Nichtinder benutzt, offenbar gegen das kulturelle Urheberrecht. Gut, dann dürfen Inder also auch nicht mehr Fußball oder Kricket spielen? Der Yogakurs wurde übrigens fortgesetzt, nachdem man ihn in „achtsames Stretching" umbenannt hatte. Die Inder könnten ja dann ihren Fußball in Kickball umbenennen? Und Kricket in Hitball?

Die University of Georgia hat das Tragen von Reifröcken als rassistisch untersagt, und die Quinnipiac University sagte eine Benefizveranstaltung für Pflegekinder ab, nachdem sich ein Student über die Abbildung von Rumbarasseln auf dem Werbeplakat beschwert hatte, die er als rassistisch empfand. Auch das Tragen von Sombreros stellt für diese Kindsköpfe einen Akt kulturellen Rassismus und einen Fall von „ethnischer Klischeebildung" dar. Nachdem einige Teilnehmer einer studentischen Geburtstagsfeier, die sich thematisch um Tequila drehte, Sombreros getragen hatten, schrieb eine Studentenzeitung, das hätte für „campusweite Irritationen, Frustrationen und Kummer" gesorgt. Also, weil Sombreros getragen wurden – oder wegen der Reaktion darauf? Es kann eigentlich nur an Letzterem gelegen haben. Sollte doch das Erstgenannte gemeint gewesen sein, liegt hier ein klarer Fall von psychischer Erkrankung vor. Was verkaufen die Mexikaner den rotgesichtigen Urlaubern in ihren touristischen Hochburgen? Sombreros. Noch viel schlimmer – um nicht zu sagen finster – war jedoch, dass die beteiligten Studenten bei einem Hochschulmitarbeiter einen Umerziehungskurs belegen, ein „Training für aktive Beobachter" besuchen und einen Aufsatz verfassen mussten, in dem sie ihre Erfahrungen reflektierten. Ich hätte dafür nur eine Art der Reflexion übrig gehabt: „Steckt es euch sonstwo rein." Am Pembroke College, das zur University of Cambridge gehört, wurde eine Party abgesagt, die unter dem Motto „In 80 Tagen um die Welt" stand. Man befürchtete nämlich, dass die Kostüme, die die Teilnehmer möglicherweise tragen würden, Ärgernis erregen könnten. Trachten zu tragen, die nicht der eigenen Kultur entstammen, wird heute als rassistische Handlung betrachtet. Was ist eigentlich noch erlaubt? Cambridge scheint überhaupt ein Ort zu sein, um den man einen weiten Bogen machen sollte – es sei denn, man ist scharf auf ein Diplom in Idiotie. Studenten der dortigen African Society hatten ein thematisch auf Afrika ausgerichtetes Festessen boykottiert, das sich an Motive aus dem Film „Der König der Löwen" anlehnte. Die Organisatoren der Veranstaltung hatten sich der kulturellen Inbesitznahme und des Frevels schuldig gemacht, mit den Mitgliedern der African Society nicht das Menü und die Bedingungen des kulturellen Austauschs ausgehandelt zu haben.

Verwerfungslinien, mit denen sich teilen und herrschen lässt, vermehren sich wie die Karnickel. Wenn das jetzt nicht rabbitische Klischeebildung war. Bitte beachten Sie, dass ich „rabbitisch" sagte, und nicht „rabbinisch" – ich habe also nichts „Antisemitisches" von mir gegeben. Wenn jedoch ein Rabbi ein Karnickel besitzt ... hmm ... Ich geh lieber auf Nummer sicher und schicke meine Entschuldigung gleich morgen früh raus. Oder nein, warten Sie. Wenn ich's recht bedenke – scheiß drauf! Eine Kultur wird von der anderen getrennt (übrigens: wir sind alle Teil desselben Bewusstseins), und extremistische Feminazis treiben einen Keil zwischen Frauen und Männer. Was sie antreibt, ist nicht der Wunsch nach Gleichstellung – der löblich wäre –, sondern ihr Hass auf Männer (der ein Symptom für Selbsthass darstellt). Am anderen Ende des Spektrums stehen – ebenso ungeheuerlich – Männer, die Frauen noch immer in großer Zahl als niederes Geschlecht und Sexobjekte betrachten (Letzteres machen auch manche Frauen mit Männern) und es in Ordnung finden, dass Frauen weniger Lohn erhalten, obwohl sie die gleiche Arbeit leisten. Auch indem sich Staat und Religion in die Partnerbeziehungen einmischen (etwa durch Scheidungsgerichte), werden die Geschlechter auseinandergetrieben – und nicht etwa zusammengebracht, wie viele meinen. Richter, die geschiedene Männer zu horrenden, nicht einmal ansatzweise fairen Unterhaltszahlungen an ihre Exfrauen verpflichten, signalisieren den Männern, ihre Frauen bzw. das zu fürchten, was sie möglicherweise tun könnten. Das betrifft auch den drohenden Entzug des Sorgerechts im Falle einer Scheidung. Wird eine berufstätige Frau geschieden, die den Löwenanteil des gemeinsamen Einkommens erwirtschaftete, muss auch sie tief in die Tasche greifen. Nichts treibt einen tieferen Keil zwischen Menschen als Angst. Nicht, dass es der verbitterte Mann wäre, der aus mir spricht. Ich persönlich kann mich in dieser Hinsicht nicht beklagen. Ich weise vielmehr darauf hin, dass der Psychoschwindel mitunter auf eine Weise funktioniert, die nicht unmittelbar offensichtlich ist. Frauen und Männer werden gegeneinander ausgespielt, und beide gemeinsam gegen die endlosen Gendervarianten, die genau zu diesem Zweck überhaupt geschaffen wurden. Auf jeder Ebene wird die Menschheit gespalten, sei es aufgrund des Geschlechts, der ethnischen Zugehörigkeit, der Religion, der Einkommensschicht oder eines der unzähligen anderen Faktoren. All das war von Anfang an geplant. Weiße werden von Nichtweißen getrennt, während beide Seiten rassistisch agieren – mit der Betonung auf *beide*. Die tägliche Erfahrung zeigt, dass die Vorstellung, nur Weiße könnten Rassisten sein, haltlos ist. Ich habe Inder sich über rassistisches Verhalten gegenüber ihrem Volk beschweren hören, die ihrerseits das unglaublich rassistische indische Kastensystem befürworten. Hier haben wir ein weiteres Beispiel für die Scheinheiligkeit, die sich selbst in die Tasche lügt. Religion wird gegen Religion ausgespielt, politische Ansicht gegen politische Ansicht, junge Menschen gegen Alte, Menschen mit Besitz gegen die, die nichts besitzen. *Schauen Sie hin!* Und dass all das passiert, ist *beabsichtigt*. Statt gegenseitigem Respekt, Fairness, Gerechtigkeit und Teilen (erweitertes Gewahrsein) erleben wir, wie jede Seite versucht, Macht an sich zu reißen (kurzsichtiges Gewahrsein). Dabei sind all diese Splittergruppen nur verschiedene Etiketten desselben archontischen Spinnennetzes. Bevorzugen Sie das Patri*arch*at oder das Matri*arch*at? Es läuft auf dasselbe hinaus – denn Sie bekommen in jedem Fall die Hier*arch*ie der *arch*ontischen Herrscher.

Triggerwarnung: Keine Triggerwarnungen!

Wenn ich im Zusammenhang mit der politischen Korrektheit Begriffe wie „irre" oder „geisteskrank" verwende, meine ich das keineswegs metaphorisch. Ich benutze sie in der Tat in ihrer wörtlichen Bedeutung, gemäß Definitionen wie „schwerwiegend deformierter Geisteszustand" oder „extreme Torheit und Unvernunft". Zum Vokabular der politischen Korrektheit zählen einige klassische Begriffe aus dem Umfeld der staatlich-militärischen Bewusstseinskontrollprogramme, von denen bereits die Rede war. Das offenkundigste Beispiel sind die Ausdrücke „Trigger" (dt. etwa: Auslöser) bzw. „Triggerung". Bei der traumabasierten Gedankenkontrolle werden Teile des Bewusstseins abgespalten – die Hintergrundpersönlichkeiten oder Alter Egos –, die dann dazu programmiert werden, sich in einer bestimmten Weise zu verhalten. Die Aktivierung einer Hintergrundpersönlichkeit erfolgt durch sogenannte *Trigger*, die aus einem Wort, einem Satz, einem Klang oder irgendetwas anderem bestehen können. Der entsprechende Vorgang wird als Triggerung bezeichnet. Im Kontext der politischen Korrektheit haben wir es nun mit einem Phänomen zu tun, bei dem die Triggerung ebenfalls eine entscheidende Rolle spielt. Ist das ein bloßer Zufall? Mitnichten.

Im PK-Sprech wird jeder Text, Kommentar, Standpunkt, Diskussionsbeitrag usw. als Trigger bezeichnet, über den sich jemand erregen könnte. Angesichts der Tatsache, dass heutzutage praktisch alles irgendjemanden verärgert oder verstört, ist das ein ernüchternder Gedanke. In dem Bemühen, jeden Menschen vor allem nur Denkbaren zu schützen, ist das Konzept der „Triggerwarnung" entstanden. Sie soll dazu dienen, „Personen, die auf bestimmte Themen außergewöhnlich starke und schädliche emotionale Reaktionen zeigen (z.B. posttraumatische Flashbacks oder das Bedürfnis, sich selbst zu verletzen), davor zu bewahren, unvorbereitet mit Inhalten zu diesen Themen konfrontiert zu werden". Legt ein Mensch solche Reaktionen an den Tag – da er dazu *manipuliert* wurde, sich so zu verhalten –, sagt man, er sei „getriggert worden". Dieselbe Formulierung verwendet man in der staatlich-militärischen Bewusstseinskontrolle, um auszudrücken, dass eine Hintergrundpersönlichkeit aktiviert worden ist. Die Bevölkerung im Allgemeinen und insbesondere die Studentenschaft, die in einem umgrenzten, isolierten Umfeld lebt, wird einer flächendeckenden Gedankenkontrolle unterzogen. Ich beschreibe die vielfältigen Methoden, die dabei zum Einsatz kommen, in Bezug auf Schulen, Colleges und Universitäten, an denen sie den höchsten Wirkungsgrad erreichen.

Sogenannte Triggerwarnungen sind mittlerweile bei akademischen Lehrgängen gang und gäbe. Damit sollen die Studenten darauf vorbereitet werden, dass sie über etwas, das in der Folge erwähnt oder diskutiert wird, verstört sein könnten. Ich habe miterlebt, wie bei Menschen, die Opfer staatlicher Gedankenkontrollprogramme geworden und schwer traumatisiert worden sind, durch irgendeinen Auslöser Erinnerungen an unaussprechliche Misshandlungen wachgerüttelt wurden. Die emotionalen Reaktionen reichen dabei von „äußerst unangenehm" bis „schockierend". Der Triggerungsvorgang ist etwas sehr Reales. Doch wir sprechen hier von Studenten, nicht von einer Reihe von MK-Ultra-Überlebenden. Wenn wir auf etwas derart Überzogenes stoßen, sollten die Alarmglocken läuten. Vielleicht sollte die schottische University of Glasgow Triggerwarnungen für Theologiestudenten aussprechen, um sie vorzuwarnen, wenn der Dozent auf die Kreuzigung zu sprechen kommt und entsprechende Illustrationen zeigt – sodass sie den Raum rechtzeitig verlassen können, wenn sie das wünschen?

„Guten Morgen, Herr Pfarrer – war eine schöne Predigt, aber warum haben Sie vor der Kreuzigung Jesu aufgehört?"

„Oh nein – er wurde *gekreuzigt*? Das muss ich wegen der Triggerwarnung verpasst haben."

Studenten der Veterinärmedizin erhalten vor gewissen Lerninhalten ebenso Triggerwarnungen wie jene, die sich im Rahmen ihres Studiums der „Gegenwartsgesellschaft" mit Gewalt und Krankheit befassen. Die Archäologiestudenten der schottischen Stirling Uni-

URGENT: TRIGGER WARNING WARNING

THIS IS A WARNING TO THOSE THAT MAY BE UPSET BY TRIGGER WARNINGS THAT A WARNING IS IMMINENT TO WARN YOU ABOUT A TRIGGER WARNING

IF THIS APPLIES TO YOU PLEASE GROW UP AND GET A LIFE

Abb. 422: „Dringend: Warnung vor Triggerwarnung – Hiermit werden all jene, die durch Triggerwarnungen verstört werden könnten, davor gewarnt, dass eine Triggerwarnung im Anmarsch ist, die vor Triggerwarnungen warnt. – Wenn Sie davon betroffen sind, werden Sie erwachsen und stellen Sie sich der Realität." – Doch, genau so beknackt geht es inzwischen zu.

versity werden jedes Mal gewarnt, wenn Abbildungen eines „gut erhaltenen Körpers im archäologischen Kontext" gezeigt werden, da sie das „etwas grausig" finden könnten. An der in Glasgow gelegenen Strathclyde University wird man als Student der forensischen Wissenschaften mündlich vorgewarnt, wenn Bilder von Blutlachen, Tatorten oder Leichen auf dem Programm stehen. Die studieren Forensik, verdammt noch mal – was, bitte, dachten sie denn, was sie im Studium und in ihrem späteren Beruf zu sehen bekommen würden? Dasselbe gilt für Studenten der Veterinärmedizin und der Archäologie (Abb. 422). Einige Harvard-Studenten schlugen sogar vor, Jurastudenten nicht über die Strafgesetze zu unterrichten, die sich mit Vergewaltigungen befassen. *Jurastudenten!* In einer Erklärung der Glasgow University hieß es: „Wir stehen in der unbedingten Pflicht, für all unsere Studenten zu sorgen. Wann immer wir das Gefühl haben, die Unterrichtsmaterialien könnten für Verstimmung oder Bedenken sorgen, versehen wir sie daher mit entsprechenden Warnungen." Wie kommt es dann, dass das in diesem gigantischen Umfang erst seit relativ kurzer Zeit geschieht? Wie haben ich und frühere Generationen es geschafft, ohne Triggerwarnungen und „sichere Räume" zu überleben – und das ohne die geringsten Blessuren? Professor Frank Furedi von der Kent University spricht in diesem Zusammenhang sehr treffend von „Therapiekultur", „therapeuthischer Zensur" und der „Medikalisierung des Lesens".

Die Richtlinien für Triggerwarnungen eines Genderstudiengangs der Stirling University besagen: „Wir können nicht absehen oder ausschließen, dass ihr in den Unterlagen auf etwas stoßt, das euch triggert. Daher bitten wir euch dringend, in und zwischen den Kursen alle notwendigen Vorkehrungen zu treffen, um euch zu schützen." Die weiter oben geschilderte Abschaffung der Waagen an einer kanadischen Universität kommentierte ein Student mit den Worten: „Waagen können sehr triggern." Die Manie, Studenten vor jeder erdenklichen Art von Negativität oder Verstimmung bewahren zu müssen, erschafft das, was ich die Generation Wackelpudding nenne – für die ein psychischer Zusammenbruch eine Auszeichnung darstellt (Abb. 423). Den politisch korrekten Studenten hat das den Spitznamen „Snowflakes" (dt.: Schneeflocken) eingebracht. Ich möchte all den ausgeglichenen, intelligenten Studenten, die unter diesen irren Bedingungen versuchen, etwas zu lernen und geistig gesund zu bleiben, noch einmal meine Hochachtung und Bewunderung aussprechen. Studenten eines amerikanischen Colleges sagten, sie seien „buchstäblich traumatisiert" worden, als sie auf dem Gehweg die mit Kreide geschriebenen Worte „Trump 2016" erblickten. Wie sollen diese Menschen jemals mit den Herausforderungen fertigwerden, die das Leben für sie bereithält? Überhaupt nicht – und folglich geben sie ihre Macht an den Großen Bruder Staat ab, damit er sie beschütze, so wie sie es bereits aus den Jahren ihres Aufwachsens in „sicheren Räumen" gewohnt sind.

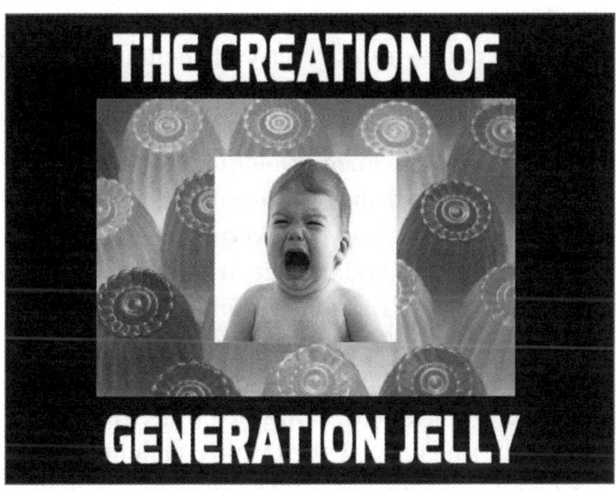

Abb. 423: „Die Erschaffung der Generation Wackelpudding" – Bald werden sie die Welt im Sinne jener Macht am Laufen halten, die sie in Wackelpudding verwandelt hat.

Der psychologische Hintergrund all dieser Vorgänge ist der, Kinder und Erwachsene dahingehend zu manipulieren, den Staat und die Obrigkeit als ihre *Eltern* wahrzunehmen. Manche Menschen bezeichnen den Staat sogar als „Nanny" (dt. etwa: Kindermädchen). Der Prozess äußert sich unter anderem in der zunehmenden Zahl der Kinder, die der Staat liebenden Eltern wegnimmt, und in der fortwährenden Einschränkung der elterlichen Rechte und Einflussmöglichkeiten. Ich bin ein Opfer. Ich bin unsicher. Ich bin gefährdet. So hat es mich der Staat gelehrt, und nun schaue ich zu ihm auf, damit er mich davor beschützt, mich als das zu empfinden, was er mir weisgemacht hat, dass ich das sei. Zieht man zusätzlich die völlig überzogenen Gesetze zur Risikoabschätzung in Betracht, mit denen die „Gesundheit und Sicherheit" von Kindern und Erwachsenen gewährleistet und sie an Aktivitäten gehindert werden sollen, die für meine Generation noch selbstverständlich waren, werden Muster erkennbar, mit denen der Bevölkerung ein Schutzdenken einprogrammiert wird, das sie zu verzärtelten Weichlingen mit dem Verstand von Waschlappen macht. Diese Menschen werden den Staat als Mama und Papa betrachten und alles andere als bedrohlich und potenziellen Trigger. Wer sich auf diese Weise in der ständigen Angst davor befindet, nicht zu überleben, beschränkt seine Aufmerksamkeit und Reaktionen auf das Reptilienhirn.

Eine weitere Folge dieser Denkweise ist, dass jede Hinterfragung des Staates als Angriff auf Mama und Papa wahrgenommen wird. In einem Zeitungsbericht las ich einmal, dass die Manager von ITV – einem großen britischen Fernsehsender – darauf trainiert werden, mit den „Millennials" (bzw. der Generation Y) umzugehen, die in den 1980er- und 1990er-Jahren geboren wurden. Sie hätten ein ausgeprägteres „Anspruchsdenken", während sie sich gleichzeitig „weniger selbst wahrnehmen". In Anbetracht der Zusammenhänge, die ich hier ausgeführt habe, kommen diese Aussagen wenig überraschend. Der Prozess beginnt lange vor dem College bzw. der Universität, etwa mit dem Verbot, auf Bäume zu klettern, und Sportfesten, die abgesagt werden, weil der Rasen feucht ist. Dem Chartered Management Institute zufolge seien die Millennials „schlecht darin, Entscheidungen zu treffen". Wie sollte das auch anders sein, wenn man ihnen während der Zeit, die sie an den höheren Schulen zubringen, die Erfahrung eigener Entscheidungen verwehrt? Sie müssen mit einer Wahrnehmungszwangsjacke leben – und um die Nachfolgegenerationen steht es noch schlimmer. Das ist die mentale und emotionale Verfassung derjenigen, die bald die Welt am Laufen halten sollen (zumindest auf den unteren Hierarchieebenen). Die Firma Deloitte, die Dienstleistungen im Bereich Wirtschaftsprüfung und Consulting erbringt, hat ermittelt, dass die Millennials im Jahr 2025 bis zu 75 Prozent der erwerbstätigen Bevölkerung ausmachen werden. Manche von ihnen werden zwar außergewöhnliche, erstklassige Arbeit leisten – diejenigen nämlich, die es geschafft haben, die akademische Programmierung unter Bewahrung der eigenen geistigen Gesundheit durchzustehen und den PK-Quatsch zu durchschauen. Das geht nur mit einem erwachten Bewusstsein. Doch wie werden sich die Groupies der politischen Korrektheit in der Berufswelt schlagen, die ängstlich hinter dem Sofa kauern, sich die Augen zuhalten und sich kaum trauen, das Leben wahrzunehmen?

Schulen, Colleges und Universitäten dienen als Laboratorien für Gedankenkontrollexperimente. Was sich dort als wirksam und praktikabel herausstellt, wird in der Folge auf die breite Gesellschaft übertragen. In London habe ich bereits ein Theater Triggerwarnungen an das Publikum ausgeben sehen, da es einige Elemente des betreffenden Stücks als verstörend hätte empfinden können. Des Weiteren fördert die politische Korrektheit eine narzisstische Denkweise und das Bedürfnis, beachtet zu werden. Narzissmus bedeutet in diesem Kontext, mehr Opfer zu sein als alle anderen (siehe unter zionistischer Narzissmus). Aufmerksamkeit bekommt, wer „getriggert" wurde, nämlich durch die daraufhin zu Hilfe eilenden emotionalen Kümmerer. „Schnell! Jemand hat ‚Trump' gesagt, und jetzt ist Laura fix und fertig … mein Gott … arme, arme Laura." Was soll man noch sagen, wenn eine Ausstellung über Mikroaggressionen asiatische Studenten triggert und sie sich darüber beschweren, dass sie sich im „sicheren Raum" nicht sicher fühlen? Die Organisatoren entschuldigten sich wie folgt:

> Wir möchten uns bei den asiatischen Studenten unseres Campus entschuldigen, die sich vom mikroaggressiven Inhalt unserer Ausstellung getriggert oder verletzt gefühlt haben. Wir verstehen und können nachempfinden, welche Wirkung die Ausstellung hinterlassen kann, wenn man die Erklärungen, die sich auf unserer Tumblr-Seite finden, nicht gelesen hat.

Werdet endlich erwachsen, verdammt noch mal! Versucht mal, eine Zeit lang im Gazastreifen oder in Syrien zu leben.

Die Denkweise, „sichere Räume" zu benötigen, ist eine weitere stehende Welle, die nur auf der Stelle oszilliert und die Realität daher nur Standbild für Standbild zu decodieren vermag. Der ständige „Schutz" vor anderen Sichtweisen gleich welcher Art, den „sichere Räume" im Zusammenspiel mit Internetalgorithmen bewirken, die auf der Grundlage der Browserhistorie immer nur die eigene Weltsicht bestätigen, hat zur Folge, dass die stehende Welle niemals mit anderen Möglichkeiten (Frequenzen) in Kontakt kommt, die die verfestigte Wahrnehmung infrage stellen könnten. Wie soll sich ein Mensch geistig und emotional weiterentwickeln, der immer nur das zu sehen und zu hören bekommt, was ihm bereits einprogrammiert worden ist?

Generation Ritalin

Ein weiterer Stützpfeiler der staatlich-militärischen Bestrebungen zur Gedankenkontrolle ist der ausgedehnte Einsatz bewusstseinsverändernder Drogen bzw. Medikamente. Man würde daher erwarten, die Letztgenannten auch in den Bewusstseinslabors des Bildungssystems anzutreffen. In der Tat habe ich in meinen früheren Büchern dargelegt, dass die Zahl der Medikamentverschreibungen für Kinder – die oft schon in jungen Jahren davon betroffen sind – in die Höhe schnellt, da jedes natürlich-kindliche oder nur vorübergehend auffällige Verhalten mit einer Packung Tabletten beantwortet wird. Wir reden über die am stärksten medikamentierten (und damit auch am meisten wahrnehmungskontrollierten) Generationen der gesamten Menschheitsgeschichte (Abb. 424). Eine Studie kam zu dem Schluss, dass eines von 13 amerikanischen Kindern eine Art von Psychopharmaka bekommt. Weltweit ergibt das Dutzende Millionen betroffene Kinder, mit kontinuierlich steigender Tendenz. In einem Artikel der Website NaturalNews hieß es:

Abb. 424: Generation Pharma. Siehe auch Generation Wackelpudding (zwischen beiden besteht ein Zusammenhang).

> In Amerika wird eine zunehmende Zahl von Kindern typisiert, diagnostiziert und gekennzeichnet. Einzigartige Persönlichkeiten werden gescholten und durch Medikamente beeinflusst, um das kindliche Verhalten den sozialen Normen entsprechend umzuformen. Kinder haben sich in Skulpturen verwandelt – reglos und teilnahmslos, da die Psychopharmaka ihren natürlichen Wohlfühlzustand abschleifen.
>
> Die emotionalen und Verhaltensunterschiede der Kinder werden aufgelöst und in Fügsamkeit und Konformität verwandelt. Die Sorgen des Kindes werden nicht angehört und ihr Ringen nicht verstanden. Ihre Eigenheiten, Verhaltensweisen und Probleme werden abgestempelt, als handele es sich um mentale Störungen. Man stopft die jungen Menschen mit Psychopharmaka voll, während die Pharmaunternehmen ihren beherrschenden Einfluss weiter ausbauen.

„Mentale Leiden" wie ADHS (Aufmerksamkeitsdefizit-/Hyperaktivitätsstörung) werden aus dem Nichts erfunden, ohne dass man zur Untermauerung der Theorien irgendwelche Beweise vorlegen würde. Das Pharmakartell bringt passend dazu neue Medikamente auf den Markt, die in der Psyche der jungen Menschen Chaos anrichten. Von dieser Allianz zwischen Big Pharma und den Psychiatern, die sich neue Krankheitsbilder ausdenken, profitieren beide Seiten. Die Leidtragenden sind in vielen Fällen die Kinder. Was sich bislang auf die Umgebung der Kinder beschränkte, wird nun auf die höheren akademischen Einrichtungen ausgeweitet (und noch verschlimmert). Jon Rappoport, ein *echter* amerikanischer Journalist, dem ich zum ersten Mal in den 1990er-Jahren begegnete, veröffentlichte 2017 einen Artikel, in dem er die systematische Medikamentierung der studentischen Bevölkerung offenlegte und eine der häufigen Ursachen für „Triggerempfindlichkeit" benannte. Laut Rappoport bilden Colleges und Universitäten das Bewusstseinskontrollprogramm Nummer eins – ein „unausgesprochenes, doch unübersehbares Geheimnis". Wie er enthüllte, ist bei über 25 Prozent aller Collegestudenten im Laufe der vorangegangenen Jahre von ärztlicher Seite ein mentales Gesundheitsproblem diagnostiziert bzw. behandelt worden. Die Colleges seien Rappoport zufolge in einem stillen Coup unter Kontrolle gebracht worden. Ich würde hinzufügen, dass dasselbe derzeit mit der globalen Gesellschaft geschieht: Die neue Manie, seine „mentale Gesundheit" beurteilen zu lassen, liefert den Vorwand für die Medikamentierung der Bevölkerung. Rappoport schrieb:

> Colleges sind im Grunde Kliniken. Psychiatrische Einrichtungen. Die Colleges sind übernommen worden. Ein sanfter Coup ist vollzogen worden, außerhalb des Blickfeldes. Sie wollen wissen, wo all das opferorientierte „Ich bin getriggert worden" und „Ich brauche einen sicheren Raum" herkommt? Sie haben es gerade herausgefunden.
>
> Von der Diagnose einer mentalen Störung ist es nur ein kurzer Schritt, in die Rolle dessen zu verfallen, der überempfindlich auf „Trigger" reagiert. Man könnte das als selbsterfüllende Prophezeiung bezeichnen. „Da ich eine mentale Störung habe, bin ich ein Opfer, also müssen mich die Worte und Handlungen der Menschen um mich herum verstören … und ich werde das unter Beweis stellen."
>
> Die gefährlichen und destabilisierenden Wirkungen von Psychopharmaka bestätigen diese Einstellung. Die Medikamente bewirken beim Betroffenen *tatsächlich* eine überzogene und verzerrte Überempfindlichkeit gegenüber seiner Umgebung. Sie wollen wissen, worin ein beträchtlicher Teil des aggressiven, gewalttätigen Verhaltens auf Campussen seinen Ursprung hat? Sie haben es gerade herausgefunden: In den Psychopharmaka. Genauer gesagt, in den Antidepressiva und den Speed-ähnlichen Medikamenten gegen ADHS.

Den gesamten Artikel finden Sie unter jonrappoport.wordpress.com.

Rappoport beschreibt die Sequenz, nach der der Verstand eines Studenten eingefangen wird. Zuerst taucht als Folge des Lebens und Arbeitens am College ein Gefühl von Stress oder eine andere Emotion auf. Vielleicht entsprechen die Noten nicht den Erwartungen oder eine Beziehung ist in die Brüche gegangen – die Ursache kann alles Mögliche sein. Die Suche nach Rat oder medizinischer Hilfe führt den Studenten zum Psychiater, der irgendeine nichtexistente Krankheit diagnostiziert, die man früher unter „Erwachsenwerden" verbuchte. Was wir derzeit erleben, ist die Medikalisierung der Emotionen und der grundlegenden Lebenserfahrungen.

Rappoport präsentiert eine Liste mit etwa 300 offiziellen mentalen Krankheitsbildern, die sich „wie Fruchtfliegen vermehren", dabei jedoch ganz ohne diagnostische Beweise auskommen. Er zitiert Dr. Allen Frances, der 1994 ein Team leitete, das sämtliche damals bekannten geistigen Störungen definierte und benannte – alles in allem 297 Stück. Viele Jahre später sollte Frances sagen: „Es gibt keine Definition für eine geistige Störung. Das ist Quatsch. Ich meine, man kann das einfach nicht definieren. [...] Diese Vorstellungen [unterscheidbarer geistiger Störungen] exakt zu definieren, ist angesichts der ausgedehnten Grauzonen praktisch unmöglich." Fühlt sich ein Student gestresst, „diagnostiziert" ein Psychiater nach Gutdünken eine dieser undefinierten Leiden – bipolare Störung beispielsweise –, und schon sind die Psychopharmaka verschrieben. Bewusstseinsverändernde Arzneimittel wie Ritalin (das in chemischer Hinsicht Kokain ähnelt), Risperdal und zahlreiche andere, die Dollars in die Kassen der Pharmagiganten spülen, werden verschrieben, obwohl zu ihren möglichen Wirkungen unter anderem (aber bei Weitem nicht nur) die folgenden gehören: Paranoide Wahnvorstellungen; paranoide Psychose; hypomanische und manische Symptome; amphetaminartige Psychose; Aktivierung psychotischer Symptome; toxische Psychose; visuelle Halluzinationen; akustische Halluzinationen; LSD-artige, skurrile Erfahrungen; Wirkungen auf pathologische Denkprozesse; extreme Zurückgezogenheit; panische Affekte; Aggressivität. Die oft dramatischen Veränderungen im Verhalten einer Person, die sich als Resultat der Medikamenteneinnahme manifestieren, werden schließlich vom Psychiater – der der Kontrolle durch Big Pharma (und damit durch die Spinne) unterliegt – mit neuen mentalen Störungen erklärt, die noch mehr derselben oder andere Medikamente erfordern. Das ist der Schlitterpfad, auf dem große Teile ganzer Generationen zerstört werden.

Rappoport verweist allein für die USA auf mindestens 300.000 Fälle von Schädigungen des Motorikzentrums des Gehirns, die bei Personen festgestellt wurden, die Medikamente gegen Psychosen einnahmen. Lesen Sie noch einmal die obige Liste der Arzneimittelwirkungen, und Ihnen wird klar werden, wodurch ein großer Teil der Forderungen nach „sicheren Räumen", der paranoiden Angst vor verstörenden Triggern und der Wahrnehmung, alles als potenzielle Gefahr zu empfinden, eigentlich verursacht wird. Zwar können nicht alle Fälle auf diese Weise erklärt werden, ein großer Teil allerdings schon. Hinzu kommen die von der jeweiligen Leitungsebene festgelegten PK-Rahmenbedingungen sowie die durch Medikamenteneinnahme verursachte psychotische Atmosphäre an vielen Campussen, die sogar jene anstecken kann, die keine Tabletten nehmen. Und ... all das geschieht *absichtlich*, um den Verstand jener Generation, die fast erwachsen ist und aus der bald die neuen Entscheidungsträger der Gesellschaft hervorgehen, zu kapern und zu unterdrücken. Aldous Huxley, der ein Eingeweihter der *El*-ite war und den Roman „Schöne neue Welt" verfasste, sah schon 1961 voraus, was heute geschieht – denn vom archontisch-reptiloiden Spinnennetz war es seit Langem so geplant worden:

> In einer der nächsten Generationen wird es eine pharmakologische Methode geben, um Menschen dazu zu bringen, ihre Knechtschaft zu lieben und, sozusagen, eine Diktatur ohne Tränen hervorzubringen – eine Art schmerzloses Konzentrationslager für ganze Gesellschaften, sodass die Menschen, während ihnen ihre Freiheiten genommen werden, daran sogar Gefallen finden – denn sie werden von jedem Ver-

langen zu rebellieren durch Propaganda, Gehirnwäsche oder pharmakologisch verstärkte Gehirnwäsche abgelenkt sein. Und das scheint die letzte Revolution zu sein.

Heute sind es die Campusse der Colleges, morgen die ganze Welt. Oder richtiger – nicht erst morgen: Es geschieht bereits.

Trump-Trigger

In den Vereinigten Staaten konnten wir die politischen Gemütsbewegungen an der Art und Weise ablesen, in der die Generation Wackelpudding auf den Sieg von Donald Trump reagierte. Wie auch die übrigen Progressiven, die durch den angeblich gegen das Establishment eingestellten Filmemacher Michael Moore verkörpert werden (der in Wirklichkeit Teil desselben ist), waren sie nach der Niederlage von Hillary Clinton zutiefst gekränkt. Sie waren so von sich selbst erfüllt, uninformiert und programmiert, dass sie getriggert wurden, weil eine der verruchtesten und bösartigsten Personen, die die Welt der Politik je gesehen hat, die Präsidentschaftswahl verloren hatte. Hier ist eine kurzer Überblick, der ihnen helfen dürfte, wieder zu enttriggern: Hillary Clinton ist, zusammen mit ihrem imageträchtigen „Ehemann", so dermaßen entsetzlich korrupt, dass einem die Worte fehlen. Schon seit den 1990er-Jahren pflastern so viele Leichen den Weg der beiden, dass man vom „Leichenzähler der Clintons" zu sprechen begann. Sie sind Ihres Lebens überdrüssig? Dann suchen Sie die Clintons auf. Im Jahr 2016 erlebten wir den seltsamen Fall von Seth Rich, der für das Democratic National Committee (DNC) tätig war. Manche sagen, dass er für die Veröffentlichung eines ganzen Stapels interner E-Mails des DNC durch Wikileaks verantwortlich war, aus denen hervorging, dass die Parteiführung zugunsten von Clinton und gegen Bernie Sanders intrigiert hatte, damit die Erstgenannte zur Präsidentschaftskandidatin nominiert werden konnte. Des Weiteren wurde aus den E-Mails ersichtlich, dass die bei CNN tätige Politikanalytikerin Donna Brazile Clinton im Vorfeld einer Debatte mit Trump die vorbereiteten Fragen zukommen ließ, um ihr einen Vorteil zu verschaffen. Zeitgleich verbreiteten das DNC und die Mainstreammedien die Lüge, dass Russland hinter dem Datenleck stecken und versuchen würde, die Präsidentschaftswahl zu manipulieren. Brazile brachte es fertig zu behaupten, Russland wolle „die Wahl manipulieren, unsere Demokratie stören, vernichten oder in Verruf bringen [und] ein Ergebnis bewirken, das ihnen und ihren Interessen dienlicher ist". Seth Rich wurde bei einem „bewaffneten Raubüberfall", bei dem nichts gestohlen wurde, kurz vor der Veröffentlichung der E-Mails durch Wikileaks unweit seines Hauses erschossen. Der Geschäftsführer der Bar, in der Rich zuletzt gesehen worden war, sagte aus, dass die Polizei niemals mit der Belegschaft gesprochen oder die Aufzeichnungen der Überwachungskameras angefordert habe. Die Website WorldNetDaily (WND) stellte die offizielle Version infrage:

> WND berichtete bereits über die merkwürdigen Ähnlichkeiten, die zwischen Richs Todesumständen und denen mehrerer Personen bestehen, die mit dem ehemali-

gen Präsidenten Bill Clinton und der zweimaligen Wahlverliererin Hillary Clinton in Verbindung gebracht wurden. Wie in Richs Fall wurden auch mehrere der Letztgenannten aus heiterem Himmel an öffentlichen Orten erschossen – manchmal von hinten, manchmal von unbekannten Angreifern –, und zwar meist zu einem Zeitpunkt, als sie im Begriff waren, belastende Beweise bezüglich der Aktivitäten der Clintons öffentlich zu machen. In der Mehrzahl der Fälle ließ am Tatort nichts auf einen Raub schließen. Während einige der Fälle als Selbstmord deklariert wurden, bleiben andere ein Mysterium.

Von den Leichen, die den Weg der Clintons pflastern, sprach ich in meinen Büchern bereits in den 1990er-Jahren. Und noch immer klettert ihr „Leichenzähler" in die Höhe. Die Progressiven unter den politisch korrekten Studenten und in der Mainstreamgesellschaft machten sich nicht die Mühe, die Hintergründe von Hillary Clinton zu recherchieren. Sie unterstützten sie sogar noch, als die durchgesickerten E-Mails bewiesen hatten, dass Clinton und die Parteihierarchie der Demokraten die Geschehnisse dahingehend manipuliert hatten, ihrem Rivalen bei den Vorwahlen – Bernie Sanders, dem Lieblingskandidaten aller Progressiven – die Möglichkeit des Sieges zu nehmen. Clinton war eine Frau, und sie war nicht Trump – was musste man denn noch mehr wissen? Nun, vielleicht das Folgende: Clinton, die vermeintliche Bastion der Frauenemanzipation, ist eng mit der „königlichen" Familie Saud verbunden, von der sie mit Millionen von Dollars unterstützt worden ist, während die Saudis gleichzeitig mit Frauen auf eine Weise umspringen, die man sich kaum vorstellen kann. Oder was ist mit dem unbeschreiblichen Missbrauch, den die Clintons im Rahmen staatlich-militärischer Bewusstseinskontrollprojekte an Frauen begangen haben? Cathy O'Brien schrieb – neben vielen anderen – darüber in ihrem Buch „Die TranceFormation Amerikas". Aber das kann natürlich nicht sein – Clinton ist ja selbst eine Frau, also sorgt sie sich auch um Frauen. Klingt doch logisch, oder? In Meryl Streeps Lobrede auf Hillary Clinton zeigte sich die ganze Ahnungslosigkeit der Progressiven. Streep wäre peinlich berührt und beschämt, würde sie über Clintons Horrorshow nur ein Minimum an Nachforschungen anstellen. Doch das tun die Progressiven nicht und werden es auch niemals tun.

Stattdessen organisierten Schulen und Colleges Therapiegruppen, damit die Studenten die Gefühlswallungen verarbeiten konnten, die sie überkamen, nachdem ihre Heldin geschlagen war und Trump gesiegt hatte. Wir erlebten gemeinschaftliche „Cry-ins", in denen sich die Leidenden ausweinen konnten, sowie den Einsatz von Therapiehunden, Massenhysterie und einen Virtual-Reality-Simulator, von dem man sich in ein alternatives Universum mit einem liberalen Amerika hineinversetzen lassen konnte, in dem Clinton die Wahl gewonnen hatte. Als Nächstes gab es gewalttätige Proteste, bei denen hasserfüllte Gesichter kreischten, Trump würde Hass verbreiten. Ich persönlich unterstütze weder Trump noch Clinton. Ein bewusster Mensch sollte darüber nachdenken, wie ein System derart gezinkt sein kann, dass Amerika nur die „Wahl" zwischen Clinton und Trump hatte. Die politisch korrekten Progressiven sind in ihrer Gesamtheit viel zu sehr von sich selbst eingenommen, um erkennen zu können, dass gerade sie zu dem Ergebnis beigetragen haben, das sie jetzt beklagten. Dasselbe lässt sich über die britischen Progressiven sagen, für die mit dem Brexit eine Welt zusammenbrach. Beide Ergebnisse

Abb. 425: „,Progressive': der neue Große Bruder" – Eine Zwangsherrschaft, die sich selbst für „liberal" hält.

wurden durch eine große Zahl von Menschen ermöglicht – von denen viele der weißen Arbeiterschicht angehörten –, die jahrzehntelang vom Establishment und seinen progressiven PK-Zensoren ignoriert worden waren; die ihnen das Recht verwehrt hatten, frei ihre Meinung beispielsweise über die Auswirkungen zu äußern, die die Masseneinwanderung für ihr Wohnumfeld mit sich brachte. Statt zuzuhören, Verständnis zu entwickeln und eine offene Diskussion zu führen, warf die PK-Brigade mit Beleidigungen wie „Rassist" oder „Heuchler" um sich. Die Frustration der so Misshandelten und Ignorierten war es, die sich in der zweimaligen Ablehnung des Establishments und seines PK-Unterstützersystems niederschlug: beim Votum der Briten gegen die zentralisierte Zwangsherrschaft der Europäischen Union sowie in der Unterstützung für Trump, von dem sie – wenn auch fälschlicherweise – glaubten, er sei gegen das System. Die Progressiven sind das neue Establishment, die neue Obrigkeit und der Große Bruder in einem; und als die Menschen die von ihnen ausgehende Tyrannei zurückwiesen, riefen sie nach Cry-ins und Therapiehunden (Abb. 425).

Verantwortung dafür zu übernehmen, was sie selbst erschaffen haben, steht bei ihnen nie zur Debatte. In den Spiegel zu schauen, ist so gar nicht PK. Wo waren die im Europäischen Parlament vertretenen Progressiven und Grünen, als Europäische Union, Europäische Zentralbank und IWF das griechische Volk im Zuge einer künstlich herbeigeführten Schuldenkrise, die 1,5 Millionen Griechen in extreme Armut stürzte, zermalmten und opferten, oder als die Renten der griechischen Senioren innerhalb von sieben Jahren 17-mal gekürzt wurden? Wo sind die Progressiven immer dann, wenn man sie – ihren eigenen Bekundungen zufolge – an vorderster Front kämpfen sehen müsste? *Über alle Berge.* Wahrscheinlich in einer Besprechung, um sich darüber zu beklagen, dass jemand das Wort „Mann" ausgesprochen hat.

Wenn die „progressive" Bewegung so vehement gegen das Establishment ist – wie erklärt es sich dann, dass sie zu solch großem Anteil von Milliardären finanziert wird, die etwa so liberal sind wie Dschinghis Khan? Ich werde später genauer erläutern, worauf ich mich dabei beziehe. Der britische Arzt und Psychiater Anthony Daniels, der unter dem Pseudonym Theodore Dalrymple schreibt, bemerkte, dass die politische Korrektheit ansteckend zu sein scheint: Offenbar springt sie von Gehirn zu Gehirn und breitet sich aus, als wäre sie eine Form von chronischer Massenhysterie. Er zieht den Vergleich zur Funktionsweise des Kapitalismus. Damit sich das kapitalistische System ausbreitet und überlebt, müssen neue Begierden geweckt werden. In ähnlicher Weise muss die politische Korrektheit „immer neue Ungerechtigkeiten entdecken, um ihre Existenz zu rechtfertigen – gestützt auf eine Mischung aus Zensur, Sprachreformen und rechtlichen Privilegien für Minderheiten". Das ist exakt die Methode, dank der die politische Korrektheit überlebt hat. Der Sinn des Lebens, erklärt „Dalrymple" des Weiteren, besteht für den politisch Korrekten in der politischen Agitation. Ganz richtig stellt er fest, dass bei der politischen Korrektheit stets die Macht zur Wahrheit spricht – dabei sollte doch die Wahrheit zur Macht sprechen. PK stellt den liberalen Gedanken ebenso auf den Kopf wie das Konzept der Vielfalt (Abb. 426).

Abb. 426: „Bei der politischen Korrektheit geht es nicht um Vielfalt – sondern DARUM." – Die Inversion der politisch Korrekten: Sie zerstören die Vielfalt, die sie zu erhalten vorgeben.

Künstliche Spaltung

All diejenigen, die sich von der Programmierung der politischen Korrektheit nicht haben in die Irre führen lassen – ob jung oder weniger jung –, müssen sich widersetzen, bevor sich sämtliche Stützpfeiler der Freiheit in Luft auflösen. Wir dürfen uns von dieser Art Faschismus nicht einschüchtern lassen – im Gegenteil: Wir müssen ihm in die Augen sehen. Wenn *wir* es nicht tun, wird es auch niemand sonst tun; am allerwenigsten die Generation der Snowflakes. Einst gingen die Studenten für die Meinungsfreiheit auf die Straße, heute demonstrieren die Schneeflöckchen dagegen. Weit davon entfernt, sich der Mächte gewahr zu werden, die sie ihr ganzes Leben lang versklaven werden – geschweige denn, sie anzufechten –, sind die Snowflakes immer an vorderster Front dabei, die nächsten grundlegenden Rechte und Freiheiten abschaffen zu wollen. Begeisterte Unterstützung finden die PK-Progressiven innerhalb ihres politischen Flügels: bei den grünen Parteien, die von politischer Korrektheit ganz besessen sind, und dem Teil der politischen Linken, die Diskutieren damit verwechseln, Beleidigungen und Parolen herauszuschreien. Tatsachen spielen in der Welt der Snowflakes keine Rolle. Weder recherchieren sie die Fakten, noch halten sie sie überhaupt für relevant. Ihre Wahrnehmungen werden von Emotionen bestimmt, nicht von Fakten. Wir leben in einer postfaktischen Gesellschaft. Ich habe Studenten gegen Trumps Reisebeschränkungen für zumeist muslimische Länder protestieren sehen. Als sie aufgefordert wurden, die Länder zu nennen, die auf der Liste standen, konnten sie das nicht. Tatsachen spielen keine Rolle, nur die Emotionen zählen.

Mit künstlich geschaffenen Trennlinien sollen alte und junge Menschen gegeneinander aufgebracht werden. Die ältere Generation wird als eine Personengruppe dargestellt, deren Zeit abgelaufen ist und die nun Platz machen sollte, damit die Snowflakes übernehmen können. 50, 60, 70 oder 80 Jahre Lebenserfahrung sind irrelevant, da die Snowflakes ja schon alles wissen. Am deutlichsten trat die Kampagne gegen die Alten im Zuge des Brexit-Referendums zutage, da der größte Teil derjenigen, die für den Austritt aus der EU gestimmt haben, älteren Generationen angehörte. Die Snowflakes hielten den Alten vor, sie würden ihre Zukunft zerstören – dabei hatten die Generationen der Eltern und Großeltern für den Brexit gestimmt, um die Zukunft der jungen Briten zu *retten*. Schneeflockenprogrammierung bedeutet: Von Bürokraten in dunklen Anzügen gesteuert und beherrscht zu werden, die man nie gewählt hat und auch nicht benennen kann, ist gleichbedeutend mit einer sicheren Zukunft. Die älteren Briten stimmten deshalb für den Brexit, weil sie genug Zeit hatten, die Folgen der EU-Mitgliedschaft für ihr Land, ihre Gemeinde und ihre Freiheiten zu beobachten, seit der pädophile Satanist Edward Heath 1973 die Beitrittserklärung Großbritanniens zur Europäischen Wirtschaftsgemeinschaft – dem Vorläufer der Europäischen Union – unterzeichnete. Die Snowflakes haben nie etwas anderes als die EU-Diktatur kennengelernt. Das ist der eigentliche Grund für die unterschiedliche Sichtweise der Jungen und der Alten und der Faktor, der die jungen Menschen mit dem Establishment zusammenschweißte, das fast ausnahmslos für den Verbleib in der EU stimmte. Naivität kann mitunter herzerwärmend sein; doch wenn es um die Freiheit geht, wirkt sie sich eher tödlich aus.

Der Schriftsteller und EU-Befürworter Ian McEwan gab uns eine Kostprobe seiner Mentalität, indem er sagte, das Brexit-Referendum sei von einer „Bande zorniger alter Männer“ gewonnen worden, die „selbst im Sieg noch gereizt“ seien und „die Zukunft des Landes gegen die Wünsche der Jugend gestalten“. Das sagte er über die Menschen, die mehr Zeit hatten, die tatsächlichen Handlungen der EU zu erfahren und nicht in ein EU-dominiertes Land hineingeboren worden waren – im Gegensatz zu den jungen Leuten, die gar keine Vergleichsmöglichkeit haben. Des Weiteren gehören zu der „Bande alter Männer“ viele, die fünf Jahre lang – während des Zweiten Weltkriegs – unter unvorstellbaren Umständen dafür gekämpft haben, die europaweite Machtergreifung der Nazis zu verhindern. Im Falle eines Sieges wollte Hitler eine Struktur errichten, die der Europäischen Kommission sehr ähnlich gewesen wäre und die zentrale Kontrolle des Kontinents ermöglicht hätte. McEwan, der auf den ersten Blick ein charmanter Mann zu sein scheint, erklärte auf einer Konferenz von EU-Befürwortern, dass bis 2019 Tausende ältere Brexit-Wähler „frisch in ihren Gräbern“ liegen würden, sodass das Land dann „empfänglicher“ für einen Verbleib in der Europäischen Union wäre. Wozu auch deren Recht auf eine anderslautende Meinung respektieren – warten wir doch einfach, bis sie wegsterben, und dann holen wir uns, was *wir* wollen. Der progressive britische Professor Richard Dawkins, ein selbstherrlicher Wissenschaftler, der die Natur der Realität gründlich missversteht, tat die Brexit-Befürworter als „dumme, ignorante Leute“ ab. Es sei „unfair, die Verantwortung, vor einem komplexen und anspruchsvollen Hintergrund historische Entscheidungen zu treffen, unqualifizierten Einfaltspinseln zu überlassen“. Klingt, als hätte er gerade in den Spiegel geschaut, als er das sagte. Der amerikanische Schauspieler Michael Shannon, ein weiterer Progressiver, der sich für Hillary Clinton starkmachte, ohne auch nur das Geringste über sie zu wissen, ging sogar noch einen Schritt weiter. In einem galligen Angriff auf all jene, die sich des doppelten Verbrechens schuldig gemacht hatten, alt zu sein und eine andere Meinung als Herr Shannon zu haben, sprach sein überwältigender Intellekt:

> Es gibt viele alte Menschen, die erkennen müssen, dass sie ein schönes Leben gelebt haben. Und dass es nun Zeit für sie ist, Platz zu machen. Denn sie sind es, die losgehen und diese Arschlöcher wählen. Ginge es nach den jungen Leuten zwischen 18 und 25 Jahren, wäre Hillary jetzt Präsidentin. Das soll keine Beleidigung gegenüber den Senioren sein. Meine Mutter ist Seniorin. Doch wenn du für Trump stimmst, ist es Zeit für die Urne.

Wohin man auch schaut, erblickt man die neue Diktatur des „Progressivismus". Die größte Ironie von allen ist dabei die Tatsache, dass sich dessen Verfechter als „Antifaschisten" begreifen. Papst Franziskus, eine Marionette der *El*-ite, die zum Zeitpunkt der Abfassung dieses Buches 80 Jahre alt war, drängte Unternehmer auf der ganzen Welt, Ältere durch junge Menschen zu ersetzen. Natürlich nur so lange, wie er nicht selbst davon betroffen ist. Zwar versuchte er, seine Aussage damit zu verhübschen, dass er „gerechte Renten" für die Senioren forderte; doch weiß er ganz genau, dass das nicht geschehen wird. Die progressiven Parteien geben vor, sie würden die junge Generation vertreten, doch in Wahrheit nutzen sie sie nur für ihre Zwecke aus. In Großbritannien wird vom progressiven politischen Flügel zunehmend Druck ausgeübt, das Wahlalter auf 16 Jahre herabzusetzen, um „den jungen Menschen eine Stimme zu geben". Das ist natürlich hinterlistiger Blödsinn. Sie wissen ganz genau, dass junge Leute verstärkt progressive Parteien wählen würden (ohne sich der tatsächlichen Agenda bewusst zu sein). Dass sie das Wahlalter verringern wollen, hat rein politische Gründe. Nick Clegg, der unfassbar unfähige ehemalige Parteichef der progressiven britischen Liberal Democrats, forderte ein zweites Brexit-Referendum, in dem „wir [...] jedem, der jünger als 30 ist, eine gewichtete Stimme geben [sollten], die doppelt so viel zählt als jede andere – denn es ist *ihre* Zukunft." Ein weiteres Mal werden die jungen Menschen missbraucht. Der EU-Verehrer Clegg will um jeden Preis Teil der EU-Diktatur bleiben. Jeder Vorwand und jede Manipulation ist ihm dafür recht. Die Jungen und Progressiven, die ein Problem damit haben, den Älteren dieselben Menschenrechte einzuräumen wie allen anderen, mögen sich bitte vor Augen halten, dass auch sie eines Tages alt sein werden und dann ihrerseits in der Welt leben müssen, die sie heute anderen aufzwingen wollen.

Sie können davon ausgehen, dass sich die Dämonisierung älterer Generationen sowohl fortsetzen als auch vertiefen wird. Das Endziel dieser Entwicklung ist nämlich die sogenannte „Todespille" für ältere Menschen, auf die ich später zurückkommen werde.

Antifaschistischer Faschismus

Es gibt progressive Gruppierungen, die die Anwendung von Gewalt damit rechtfertigen, dass Faschisten ja auch gewalttätig seien und sie folglich ebenfalls das Recht dazu hätten. Dazu zählen die Antifa („Antifaschisten") und die als Schwarzer Block bezeichnete Protestmethode, bei der die Teilnehmer eng zusammenstehen und schwarze Kleidung und Masken tragen. Diese Gruppierungen, die in vielen Ländern aktiv sind, haben gelobt, „den Faschismus in all seinen Formen zu zerschmettern". Sind sie selbst darin inbegriffen? Sie präsentieren sich als „linksextrem", doch wie immer bildet das vermeintliche politische Spektrum in Wirklichkeit einen Kreis, sodass die „Linksextremen" an einem Punkt auf die „Rechtsextremen" stoßen und beide Fraktionen sich identisch verhalten. Sie bekämpfen sich gegenseitig, obwohl sie beide *dasselbe* verkörpern, und bilden damit eine stehende Welle. Unterschiedlich sind nur die Bezeichnungen.

Der Schwarze Block und die Antifa bekämpfen Sexismus, Rassismus und Klassismus, aber nicht den Gewaltismus. Bei den gewalttätigen Protesten an der University of California, Berkeley, die nach Trumps Wahl zum Präsidenten losbrachen, waren sie ebenso vertreten wie 2017 beim G20-Gipfel in Hamburg. *Himmel* … damit können wir auch die Infantilisierung des Widerstandes und des Aktivismus konstatieren. Es mag den einen oder anderen in ihren Reihen geben, der es ehrlich meint; doch soweit ich gesehen habe, werden diese Gruppierungen von wütenden, absolut gleichförmigen Heuchlern dominiert, die nur auf einen Kampf aus sind. Natürlich gibt es Provokationen seitens der Polizei. Man will mir aber doch nicht weismachen, dass diese Leute einen Anlass bräuchten, um loszuschlagen. Sie ziehen mit gewalttätigen Absichten los und bringen damit die Mehrheit der friedlichen Demonstranten in Verruf. Wer profitiert davon? Diejenigen, die sie zu bekämpfen vorgeben. Wer hat das Nachsehen? Die echten, friedvollen Demonstranten, die in den Augen der Öffentlichkeit mit den Gewalttätern in einem Topf landen und deren Stimme von der Wut und Gewalt übertönt wird, die von enthemmten, unreifen Jungs und Mädels ausgeht, die ihre eigene Art von Schuluniform tragen. Mit Hass im Herzen verändert man überhaupt nichts – man macht alles nur noch schlimmer. Die deutsche Kanzlerin Merkel wurde gefragt, warum sie denn ausgerechnet Hamburg für den G20-Gipfel gewählt habe, wo die Stadt doch für Aktivismus dieser Art bekannt sei. Die Frage beantwortet sich von selbst, wenn man versteht, dass gerade die Gewalt unabdingbar ist, um die politische Agenda voranzubringen. Die *El*-ite benutzt, finanziert und unterwandert Gruppierungen wie den Schwarzen Block und die Antifa, um durch sie Personen ins Visier zu nehmen, die sie mundtot machen will, sowie dazu, das essenzielle Prinzip vom Teilen und Herrschen zur Anwendung zu bringen (siehe dazu das Postscriptum am Ende des Buches). Für die Gewalttäter habe ich zwei Worte übrig: *Werdet erwachsen*.

Wir sollten uns auch der Tatsache bewusst sein, dass es inzwischen Firmen gibt, die falsche Demonstranten – die fürs Protestieren bezahlt werden – sowie Schauspieler zur Verfügung stellen, die Aktivisten bzw. Vorkämpfer für eine bestimmte Sache mimen. Eines dieser Unternehmen, das sich Crowds on Demand nennt und von einem gewissen Adam Swart geleitet wird, inszeniert im Auftrag von Politikern und anderer Kundschaft Demonstrationen und Kundgebungen. Swart sagt, er habe landesweit 20.000 Schauspieler unter Vertrag, von denen die meisten eine Verschwiegenheitsvereinbarung unterschrieben haben.

Ein Problem kann er in seinen Aktivitäten nicht erkennen: „Wir sind einfach ein Teil des demokratischen Prozesses, wenn Sie mich fragen." Werde ich bestimmt nicht tun, danke.

In einem Internetvideo war ein junger, weißer Brite zu sehen, der ein Schild mit der Aufschrift hochhielt: „Das Diskussionsrecht muss verteidigt werden." Dagegen ist nichts einzuwenden, und auch die Aussage ist korrekt. Wo sollte es da ein Problem geben? Nun, das geht ganz schnell, wenn man nämlich unter blindwütiger kognitiver Dissonanz leidet und der Kopf im eigenen Hintern steckt. Eine weiße Frau drangsalierte den jungen Mann nämlich, ihrerseits ein Schild hochhaltend, auf dem „F**k off Nazi scum" stand. Ich vermute, das sollte „Fuck off" heißen. Sicher bin ich mir da aber nicht, da die Sternchen die Bedeutung so wunderbar verschleiern (Abb. 427). Die Frau kreischte: „Schau dich an, weißer Mann!" Jemand anderer rief: „Du bist ein verfickter weißer Mann!" Auch hier wieder Höchstnoten für eine ausgezeichnete Beobachtungsgabe. Ich bin sicher, dem Mann wäre das nie aufgefallen. Im nächsten Moment traten männliche Progressive hinzu, deren Gesichter unter schwarzen Kopftüchern verborgen blieben, sowie eine weitere weiße Frau mit dunkler Sonnenbrille, die ihre debilen Gefährten aufforderte, sich so vor dem Plakatträger zu postieren, dass man das Plakat nicht mehr sehen konnte – auf dem stand: „Das Diskussionsrecht muss verteidigt werden." Die liberale Kriegerin rief: „Los, riegelt ihn ab, verdeckt diesen Scheiß." Schließlich drängte der Mob den Demonstranten ab und zwang ihn, unter „Nazi scum"-Sprechchören das Weite zu suchen. Sie skandierten „Nazi scum" (dt.: Nazi-Abschaum), während sie sich exakt wie Nazis aufführten. Doch um das zu erkennen, ist ihr Verstand viel zu verfestigt; vielleicht waren auch die Batterien ihrer Taschenlampen gerade leer. In dieser invertierten Welt agieren Progressive wie Faschisten, während sich manche Vertreter der sogenannten „extremen Rechten" im Vergleich dazu geradezu gemäßigt ausnehmen. Doch die verwirrte Masse übernimmt die Bezeichnungen, die die Medien vergeben, statt die Wirklichkeit zu sehen. Insbesondere die Antifaschisten unterstützen politische Faschisten, nur weil sie sich als „Linke" oder „Mitte" präsentieren. Bezeichnungen sind alles. Der Feind heißt: Realität.

Abb. 427: „Eine Lektion in kognitiver Dissonanz – auch als Im-eigenen-Hintern-stecken-Syndrom bezeichnet." – Die Inversion der politischen Korrektheit.

Das Blatt wenden

Vergessen wir jedoch nicht, dass es noch immer viele junge Menschen gibt, die dem Programm trotz seiner vielfältigen Erscheinungsformen nicht anheimgefallen sind und das wahrnehmen können, was für die Snowflakes unsichtbar bleibt. Sie müssen mit uns zusammenstehen und dürfen sich von den PK-Extremisten nicht unterkriegen lassen. Beliebt werden sie sich damit nicht machen, doch um das Blatt wenden zu können, ist das unerlässlich. Der sinistre Quatsch muss als das entlarvt werden, was er ist – und zwar in idiotensicherer, politisch inkorrekter *Altsprache*. Ich war hocherfreut zu erleben, dass der britische Journalist Andrew Pierce den Mut hatte, genau das zu tun. Sein Artikel trug den Titel: „Mir steht's bis hier mit diesen Genderfaschisten!" Er kommentierte darin die Entscheidung der Royal Air Force (RAF), dem weiblichen Dienstpersonal zu untersagen, auf dem Truppenübungsplatz Röcke zu tragen – um Transgenderrekruten nicht zu verärgern. Ein pauschales Verbot, von dem 4.400 Frauen betroffen waren, nur weil eine verschwindende Minderheit eventuell verstört sein könnte. Das ist die Diktatur der Minderheit. Je kleiner die Minderheit dabei ist, desto heftiger geriert sich die Diktatur. So funktioniert politische Korrektheit. Pierce weist darauf hin, dass der Kreis der Personen, die sich als Transgender betrachten, nicht einmal ein Prozent der 65 Millionen Briten zählenden Bevölkerung ausmacht, und gerade einmal 300 der 32.000 RAF-Angehörigen davon betroffen sind. Zahlreiche Rathäuser, Bildungsbehörden und sogar einige Kitas, stellte Pierce fest, scheinen der Gender-Gedankenpolizei hörig zu sein. Dasselbe passiere überall auf der Welt. Die Regierung des australischen Bundesstaates Victoria initiierte ein mehrere Millionen Dollar teures Ausbildungsprogramm (Gedankenkontrollprogramm), dem sich Tausende von Lehrern unterziehen müssen und das zum Ziel hat, Kindern ab vier Jahren „Rassismus und Sexismus" auszutreiben. Dazu sollen diejenigen Individuen identifiziert werden, die „sexistische Werte, Vorstellungen und Einstellungen" an den Tag legen. Andrew Pierce schrieb:

> Wie also konnte die Transgender-Lobby so viel Einfluss gewinnen? Die Antwort findet sich in der Tatsache, dass Homosexuelle in den letzten 20 Jahren deutlich mehr im Mainstream angekommen sind. Schwule Partnerschaften und Ehen werden heute weitgehend akzeptiert.
>
> Doch nicht jeder gab sich damit zufrieden, dass sich Schwule wie ich – die ihr Coming Out in den 1980er-Jahren hatten und für die Gleichstellung kämpften – ihrer neuen Freiheiten erfreuten. Die Extremisten unter uns begannen sich angesichts eines nunmehr praktisch gewöhnlich gewordenen Mainstreamlebensstils zu langweilen. Als Rebellen ohne Grund mussten sie ein neues Betätigungsfeld finden. Und das taten sie: die Genderpolitik.

Ich bin sicher, ein Twitter-Sturm der Entrüstung war die Folge.

Es ist mir gleichgültig, womit sich ein Mensch identifiziert oder welche Lebensweise er gewählt hat – solange er nicht versucht, das auch anderen aufzuzwingen. Niemand sollte wegen seiner ethnischen Zugehörigkeit oder seiner Sexualität diskriminiert werden, doch ebenso wenig dürfen diejenigen, die vorgeben, „gegen Diskriminierung" zu sein, andere wegen abweichender Meinungen diskriminieren. Die PK-Frömmler können ihre Einseitigkeit nicht erkennen. Jenni Murray, eine langjährige Aktivistin für die Rechte der Frauen und Moderatorin der BBC-Radiosendung „Woman's Hour", wurde mit einem Shitstorm überzogen, nachdem sie in einem Zeitungsartikel geschrieben hatte, dass Männer, die sich zu Frauen umwandeln lassen, keine richtigen Frauen seien – im Sinne „natürlicher" Frauen. Gleichzeitig hatte sie ihren Respekt für all jene zum Ausdruck gebracht, die sich für diesen Schritt entscheiden. Nun wurde sie als „bigott" und „Dinosaurier" beschimpft, begleitet von der üblichen selbstgefälligen Entrüstung. Die BBC erinnerte Murray daraufhin an die Bestimmungen und die Unparteilichkeit ihres Senders. Die „Unparteilichkeit" spielt bei der BBC immer nur dann eine Rolle, wenn einer ihrer Mitarbeiter etwas geäußert hat, was gegen die Vorgaben der politischen Korrektheit oder die Parteilinie des Senders verstößt. Der TV-Moderator Gary Lineker, der pro Jahr 1,8 Millionen Pfund für die Präsentation einer Fußballsendung einstreicht, sprach sich vor laufender Kamera gegen Donald Trump und den Brexit aus. Das freilich stellte für die BBC kein Problem dar, da sie selbst gegen Trump und den Brexit war. George Orwell, der selbst einst bei der BBC arbeitete, hätte wohl von guter Einseitigkeit (die mit der Obrigkeit übereinstimmt) und schlechter Einseitigkeit gesprochen (die mit der Obrigkeit nicht übereinstimmt). Genau das haben die beiden genannten Fälle demonstriert.

Andrew Pierce tut Recht daran, die Rebellen ohne Grund (Opfer auf der ständigen Jagd nach neuen Opferrollen) bloßzustellen. Auf einer bestimmten Ebene ist seine Analyse zutreffend. Doch wenn wir einige Schritte zurück und in die Schattenbereiche treten, wird deutlich, dass die beschriebene Geistesverfassung begünstigt und dazu benutzt wird, einem viel umfassenderen Ziel den Weg zu ebnen. Die obsessive Beschäftigung mit dem Körper und den Feinheiten der „physischen" Identität hat die sogenannte „Identitätspolitik" hervorgebracht – die Politik des „Ich, ich, ich". Die Identitätspolitik unterstützt immer nur solche Projekte und Ziele, die den eigenen Interessen dienen. Nebensächlichkeiten wie die Fragen, was das Beste für alle oder was fair und gerecht wäre, fallen nicht länger ins Gewicht, wenn die Identitätsbesessenen Entscheidungen bezüglich ihrer Politik treffen. Die Identitätspolitik ist ein weiterer Ausdruck des Prinzips „Teile und herrsche". Den Grundsatz der Fairness und Gerechtigkeit für alle dürfen wir nicht diesen weinerlichen, selbstsüchtigen PK-Kriegern opfern. Fairness, Gerechtigkeit und Freiheit müssen uns leiten, nicht das ethnische oder sexuelle Selbstverständnis. Der inzwischen verstorbene jüdische Parlamentarier Gerald Kaufman sprach sich – in entschiedener Ablehnung der Identitätspolitik – klar für die Palästinenser und gegen die israelische Regierung aus. Er beschuldigte die Letztgenannte, den Holocaust zynischerweise für die Rechtfertigung ihres mörderischen Umgangs mit den Palästinensern zu missbrauchen. In Erinnerung an seine Großmutter, die von den Nazis ermordet worden war, sagte Kaufman: „Meine Großmutter ist nicht dafür gestorben, als Deckmantel für die israelischen Soldaten zu dienen, die im Gazastreifen palästinensische Großmütter ermorden." Kaufman machte sich damit bei den zionistischen Extremisten nicht beliebt; ja, er wurde verdächtigt, dem Antisemitismus Vorschub zu leisten. In Wirklichkeit hatte er der Fairness, Gerechtigkeit und grundlegenden Menschlichkeit Vorschub geleistet. Das ist es, was wir rückgängig machen müssen: den als Antifaschismus getarnten Faschismus. Wir müssen es der Menschheit ermöglichen, die Kontrolle über ihren kollektiven Verstand wiederzuerlangen (Abb. 428).

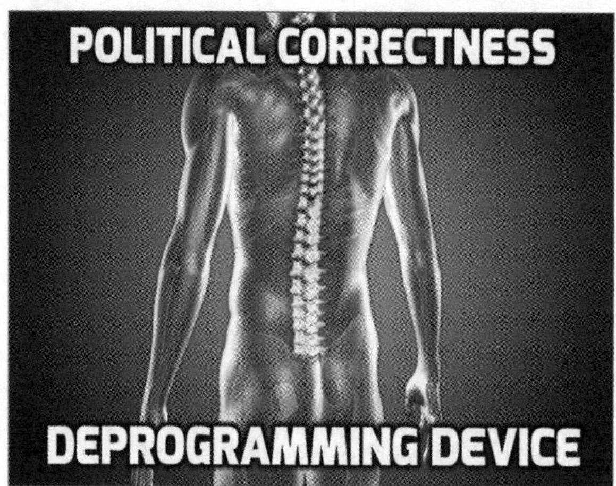

Abb. 428: „Gerät zur Deprogrammierung von politischer Korrektheit" – Wir müssen aufhören, uns den Quatsch gefallen zu lassen.

Mehr als um irgendetwas anderes geht es bei der politischen Korrektheit um das Prinzip von „Teile und herrsche". Immer neue Verwerfungslinien werden in der Gesellschaft gestreut, die Gruppierungen immer feiner gespalten und die Menschen mehr und mehr aufeinander gehetzt. Doch während die Menschheit mit sich selbst im Krieg liegt, führt die archontisch-reptiloide Macht Krieg gegen die Menschheit. Je mehr Spaltung sie säen kann, desto mächtiger ist die von ihr ausgeübte Kontrolle. Das Gegenmittel gegen die Bestrebungen, uns zu spalten und gegeneinander auszuspielen, besteht darin, uns zusammenzutun.

Es ist höchste Zeit dafür.

Kapitel 11

Angst vor der Wahrheit

„Dort, wo man Bücher verbrennt, verbrennt man auch am Ende Menschen."

Heinrich Heine

Die politische Korrektheit zielt nicht darauf ab, der Diskriminierung ein Ende zu setzen, sondern dient dazu, die ins Visier genommene Bevölkerung so zu manipulieren, dass sich ihre Mitglieder gegenseitig zum Schweigen bringen. Auf diese Weise wird die Wahrnehmungstäuschung und die damit verbundene Briefmarkenmentalität beschützt.

Peter Tatchell hat ganz recht, wenn er sagt, dass man auf Fanatismus mit Diskussion und Informationen reagieren muss, statt Zensur auszuüben. Ich bin stets auf der Hut, wenn Individuen oder Regierungen der Macht ihrer Argumente so wenig vertrauen, dass sie anderslautende Ansichten zu unterdrücken suchen. Wovor fürchten sie sich so sehr? Warum geben sich Israel und die extremen Zionisten solche Mühe, jeden zum Schweigen zu bringen, der ihre Handlungen infrage stellt? Wären sie sich ihrer Sache wirklich sicher, würde sie das nicht kümmern. Doch es *kümmert* sie. Sie wissen, dass viele Menschen das Weltgeschehen neu betrachten würden, wenn die Hintergründe ihres Handelns sowie ihr Rassismus und Fanatismus aufgedeckt werden würden. Also verteidige deine Sichtweise gar nicht erst, sondern verbiete und unterdrücke gleich die Meinungsäußerungen all jener, die nicht mit dir übereinstimmen.

Deutschland stellt mit seinen Gesetzen zur sogenannten „Volksverhetzung" in Bezug auf die Beschneidung der Meinungsfreiheit einen der schlimmsten Orte der Welt dar. Der Begriff ist so schwammig definiert, dass sich die Gesetze theoretisch auf politische Meinungsäußerungen jedweder Art anwenden lassen. Zensurgesetze, die auf die Einschränkung der Freiheiten abzielen, werden absichtlich vage formuliert, um bei der Interpretation größtmöglichen Spielraum zu haben. „Antiterrorgesetze" etwa werden offiziell verabschiedet, um Terroristen bekämpfen zu können, dann aber gegen die Bevölkerung insgesamt eingesetzt. Mehr als ein Dutzend Veranstaltungsorte in verschiedenen deutschen Städten wollten mich entweder von vornherein nicht auftreten lassen, oder sie buchten mich zunächst, um dann unter den Drohungen und Einschüchterungen hasserfüllter zionistischer „Anti-Hass"-Gruppierungen einzuknicken und mich wieder auszuladen. Tausende Bürger des angeblich „freien" Deutschland wollten mich reden hören, doch eine Handvoll vom System unterstützter Fanatiker verweigert ihnen dieses einfache Menschenrecht – im Verein mit hasenfüßigen Veranstaltern ohne Rückgrat. Das schlimmste Beispiel war das Maritim Hotel in Berlin, mit dem wir einen Vertrag für einen Auftritt im Oktober 2017 unterzeichnet hatten. Kurze Zeit später jedoch teilte dessen Management den Medien mit, dass es die Veranstaltung abgesagt habe – ohne (bis zum heutigen Tage!) *uns* darüber zu informieren! Unsere Anrufe beim Maritim Hotel, mit denen wir in Erfahrung bringen wollten, was da vor sich ging, wurden nicht angenommen – ein Verhalten, das die Geringschätzung von Kunden und Verträgen illustriert. Eine Sprecherin des Hotels erklärte gegenüber den Medien: „Leider war uns zum Zeitpunkt der Anfrage nicht bewusst, dass David Icke an der Veranstaltung teilnehmen würde. Das haben wir erst später herausgefunden." Das war angesichts der Tatsache, dass sie von uns ein Informationspaket erhalten hatten, das mit *meinem* Konterfei versehen war und Hintergrundinformationen über *meine* Person und den Charakter *meiner* Vorträge enthielt, eine erstaunliche Aussage. Mein Sohn Jaymie, der die Veranstaltungen organisiert, war obendrein nach Berlin geflogen, um sich mit dem Hotelmanagement zu treffen, den Vertrag zu unterschreiben und den Managern die Vorgeschichte früherer Ablehnungen durch andere Veranstalter zu erläutern. Die Hotelkette lehnte es ab, eine Begründung für ihre Entscheidung abzugeben. Doch mir war klar, was der Grund war – nämlich derselbe wie in allen anderen Fällen. Der Veranstalter wurde von zionistischen Organisationen kontaktiert, die ihm einen Haufen Lügen über mich und darüber erzählten, was ich auf der Bühne sagen würde. Kurz darauf sagte der Veranstalter ab, obwohl sich die Haltlosigkeit der absurden Behauptungen leicht nachweisen ließe (Abb. 429).

Abb. 429: „Redefreiheit: Die Luft wird dünner." – Machen Sie von ihr Gebrauch, oder sie wird verschwinden.

Einige Monate zuvor hatte die Stuttgarter Carl Benz Arena einen ebenfalls bereits bestehenden Vertrag mit dem Hinweis auf den „umstrittenen Charakter" gekündigt, den meine Aussagen ihren Informationen zufolge haben würden. Um Himmels willen – niemals sollten wir Ansichten äußern, die „umstritten" sind! Was würde dann aus der Meinungsfreiheit werden! In einer Stellungnahme der genannten Arena hieß es, man würde sich „an den Werten des Deutschen Grundgesetzes [orientieren] – zu denen auch das Recht der freien Meinungsäußerung gehört. Aber natürlich nur, solange diese den demokratischen Grundsätzen unserer Gesellschaft entsprechen." Wir glauben an die Meinungsfreiheit, ABER. Und ein Aber gibt es immer – da sie in Wirklichkeit keineswegs an die Meinungsfreiheit glauben. Das ist nichts als Bockmist. Ich fordere in der Tat *mehr* Freiheit – das, was einige als Demokratie bezeichnen –, werde aber geächtet, weil ich nicht den „demokratischen Grundsätzen unserer Gesellschaft" entspreche, die in Deutschland mit jedem Tag zunehmend abgeschafft werden. (Beachten Sie übrigens das Wörtchen „entspreche"!)

Um die freie Zirkulation der Informationen und Meinungen zu unterbinden, ist jeder Vorwand recht. Ben Knight, der einen Artikel über die Absage des Maritim Hotels schrieb, beschuldigte mich, ein Rassist zu sein – ohne irgendeinen Beweis dafür zu präsentieren. Natürlich tat er das nicht, denn es gibt keinen. Die „Journalisten" denken, mit mir könne man's ja machen, und achten sorgsam darauf, mit den Anklägern zu heulen, da sie andernfalls selbst des Vorwurfs des „Antisemitismus" ausgesetzt wären. Was wir hier sehen, ist eine Hierarchie, die auf Angst und Unwissenheit beruht. Bezüglich meiner Person und der Welt, über die sie berichten, sind sie derart ahnungslos, dass der Ausdruck „Fake News" ihre Arbeit noch nicht einmal annähernd beschreibt. Knight schrieb, wie viele andere „rassistische Verschwörungstheoretiker" würde auch ich in dem Milliardär und Investor George Soros einen Feind der Menschheit erkennen. Was weiß Knight über die Flut von Informationen, mit denen Soros' Machenschaften auf so vielen Ebenen aufgedeckt wurden? Exakt ... nichts. *Oh* – aber Soros ist Jude! Also muss ich ein Rassist sein. Das ist die Mentalität der Medien, aus der sich das Welt- und Menschenbild von Milliarden von Menschen speist. Knights Internetartikel war mit den Schlagworten „David Icke", „Antisemitismus" und „Holocaustleugner" versehen, um sicherzustellen, dass die Suchmaschinen eine Verbindung zwischen diesen drei Begriffen herstellen würden. Das scheint man heute unter Journalismus zu verstehen. Erinnern wir uns der Erfahrungen, die Udo Ulfkotte gemacht hat. Die Diktatur Deutschland präsentiert sich als freies Land. Während „Journalisten" Leute wie mich angreifen, weil wir Zusammenhänge offenlegen, die bloßzustellen sie selbst nicht die erforderliche Intelligenz oder Courage besitzen, wird ihre eigene Freiheit Tag für Tag mehr beschnitten. Laut Dr. Wolfgang Herles, der einst das „öffentlich-rechtliche" ZDF-Studio in Bonn leitete, schreibt die deutsche Regierung dem ZDF und anderen Sendern vor, wie sie zu berichten haben (und wie nicht):

> Wir haben ja das Problem, dass – jetzt spreche ich wieder überwiegend vom Öffentlich-Rechtlichen – wir eine Regierungsnähe haben. Nicht nur dadurch, dass überwiegend so kommentiert wird, wie es der Großen Koalition [dem System] entspricht, dem Meinungsspektrum, sondern auch dadurch, dass wir vollkommen der Agenda auf den Leim gehen, die die Politik vorgibt.

Ähnlich verhält es sich überall auf der Welt. Durch die breite Ablehnung, auf die die Mainstreammedien bei immer mehr Menschen stoßen, sah sich die *El*-ite gezwungen, gegen die alternativen Medien vorzugehen, um die Käuflichen abzuwerben und die Nichtkäuflichen zum Schweigen zu bringen. Die lächerlichste (und finsterste) Passage in Knights Artikel war – von der willkürlichen Vergabe des Rassistenetiketts abgesehen – die, in der er Jan Rathje zitierte, einen Mitarbeiter der Amadeu Antonio Stiftung (einer „Nichtregierungsorganisation, die Rassismus in Deutschland beobachtet"). Rathje „begrüßte" die Absage meiner Auftritte in Deutschland. Leute wie er haben kein Problem damit, Meinungen zu zensieren, solange es nicht die eigenen sind. Er begann folgendermaßen: „David Icke hat eine Menge Einfluss auf die ideologische Verschwörungsszene, insbesondere durch den von ihm verbreiteten Antisemitismus. Dieser ist für Menschen in Deutschland deshalb attraktiv, weil er ihnen ermöglicht, sich von der Schuld der mit dem Holocaust verbundenen deutschen Verbrechen gegen die Menschheit zu befreien." Was für eine dreiste Verunglimpfung einer ganzen Nation. Und wie immer wird der Holocaust bemüht, um Zensur zu rechtfertigen. Mir wird regelmäßig schlecht, wenn ich sehe, wie etwas, was im nationalsozialistischen Deutschland geschehen ist, heute zur Rechtfertigung von Zensurmaßnahmen missbraucht wird. Die damaligen Leidtragenden zu benutzen, um in der heutigen Welt eine persönliche Agenda zu verfolgen, ist mehr als widerlich. Doch es geschieht pausenlos. Bezichtige jemanden, ein „Holocaustleugner" zu sein, und sämtliche Türen schließen sich für ihn.

In Deutschland schließt das sogar die *Zellen*tür mit ein, denn wer dort eine andere Sicht auf die Geschichte hat, wandert in den Knast. Ich brauche nicht mit der Meinung der Betroffenen übereinzustimmen, um zu erkennen, dass es einen Akt von Faschismus darstellt, jemanden für ein abweichendes Geschichtsverständnis einzusperren – ganz gleich, welcher Art dieses Verständnis ist. Welche Ironie. Ihren Höhepunkt erreichte Rathjes Hysterie mit der Behauptung, ich würde, wenn ich von den Reptiloiden spreche, in Wirklichkeit die Juden meinen. Beweise? *Null.* Die braucht er aber auch nicht, und journalistische Bauern wie der erwähnte Ben Knight werden auch niemals welche einfordern. Am Ende betritt Rathje buchstäblich die Twilight Zone: „Die Leute wissen, wie sie den Code der Reptiloiden decodieren müssen – ob Icke das so meint oder nicht, ändert nichts an dieser Tatsache." Lassen Sie mich die Codes für die Codes decodieren: „Die Reptiloiden sind ein Code für die Juden, und auch wenn das nicht der Fall ist, ist es dennoch der Fall." Ich hoffe, ich konnte damit etwas Licht ins Dunkel bringen. Geht es eigentlich noch verrückter? Ja, das tut es! Hier ist noch eine Perle von Rathje: „Es klingt irre, aber Ickes Schlussfolgerung lautet: Da die Reptiloiden seiner Ansicht nach hinter den Kulissen [der Welt] die Strippen ziehen, habe es nie einen Holocaust gegeben. Das ist Antisemitismus." Weitere Worte erübrigen sich und sind auch unmöglich zu finden. Und natürlich wird der Begriff „semitisch", der in Wahrheit eine vom Arabischen dominierte Sprachfamilie bezeichnet, wieder einmal völlig falsch benutzt.

Ich erzähle Ihnen die ganze Geschichte, damit Sie verstehen, wie leicht es heute geworden ist, die freie Rede einzuschränken. All das wird systematisch betrieben, und die politische Korrektheit mischt dabei stets an vorderster Front mit (Abb. 430). Fakten werden nicht benötigt, ja, nicht einmal Stimmigkeit – wüste Beschimpfungen genügen vollkommen. „Redefreiheit" bedeutet in Wirklichkeit, niemals irgendetwas zu sagen, das dem System nicht gefällt. Diejenigen, die sich an diese strikte Vorgabe halten, glauben, sie seien frei, doch in Wahrheit existiert diese Freiheit nicht. Eine Freiheit, die den Vorgaben entspricht, ist keine Freiheit. Die Veranstalter, die meine Auftritte in Deutschland abgesagt haben, sind ein erstklassiges Beispiel für die Leute, die die Redefreiheit verachten, während sie gleichzeitig meinen, sie würden sie befürworten: ABER. Man bedenke, was die Tatsache, dass wir unsere „deutsche" Veranstaltung in die

Abb. 430: „Was habt ihr zu verbergen, Jungs? Wer so sehr von seiner Ansicht überzeugt ist, versucht nicht, die Meinungen der anderen zu unterdrücken. (Nur Diktaturen tun das.)" – Diejenigen, die sich vor Informationen fürchten, haben immer etwas zu verbergen.

Niederlande verlegen mussten – nach Maastricht, kurz hinter die Grenze –, über die illusionäre Freiheit in Deutschland aussagt. Nur so konnten die „freien" Deutschen hören, was ich zu sagen habe.

Die „Antisemitismus"-Industrie ist mir seit Ende der 1990er-Jahre auf den Fersen. Wenn Sie wissen wollen, womit ich mich herumschlagen musste, geben Sie einmal bei YouTube ein: „David Icke, the lizards and the Jews". Eine andere Begründung, die Veranstalter vorschoben, um meine Auftritte abzusagen, war die Tatsache, dass ich den früheren britischen Premierminister Edward Heath einen Pädophilen und Satanisten genannt hatte. 17 Jahre später nahm eine britische Kriminalkommission Ermittlungen zu Heaths pädophilen und satanistischen Praktiken auf, nachdem einige Zeugen dazu ausgesagt hatten. Die „Antisemitismus"-Zensoren hatten mich 15 Jahre lang in Ruhe gelassen, bis es aus heiterem Himmel von Neuem begann. Als ich im Januar 2017 in Manchester auftreten sollte, bat mich der *Guardian*, dem man nicht über den Weg trauen kann, um ein Interview. Kaum hatte ich das Interview abgelehnt, bot der Fernsehsender Channel 4 News – eine Art *Guardian* in Fernsehformat, unter anderem präsentiert von Jon Snow, der unablässig „seine Werte signalisiert" – an, über die Veranstaltung zu berichten. Diesmal stimmte ich zu, doch unsere Vereinbarung sollte keine 24 Stunden halten. Die Veranstalter in Manchester waren von der Campaign Against Antisemitism (CAA) kontaktiert worden, deren Anschuldigungen den späteren Auslassungen eines Jan Rathje hinsichtlich des Tonfalls, der haarsträubenden Verdrehung der Tatsachen und der damit verbundenen Forderungen in nichts nachstand. Der Umstand, dass sowohl das Angebot des Senders als auch die Wortmeldung der CAA innerhalb nur eines Tages eingingen – nachdem man mich jahrelang nicht behelligt hatte –, war so augenfällig, dass ich Channel 4 News sagte, ich sei nicht länger interessiert. Zwar kann ich nicht beweisen, dass zwischen beiden Ereignissen eine Verbindung bestand, und behaupte das auch nicht, doch ein Zufall war so unwahrscheinlich, dass ich nicht riskieren wollte, möglicherweise in eine Falle zu laufen. Vielleicht steckte der *Guardian* dahinter – oder es war wirklich nur eine erstaunliche Synchronizität.

Ein Typ von der CAA namens Stephen Silverman, der mich als „modernen Hassprediger" bezeichnete, scheiterte mit dem Versuch, die Veranstaltung in Manchester zu torpedieren. Da ich dort schon oft aufgetreten war, wussten die Veranstalter, dass an Silvermans Geschichten über mich nichts dran war. Vor Ort drängte er einige Besucher, ihm Berichte darüber zu schicken, was ich gesagt hätte, und hinzuzufügen, was sie beanstandeten. Doch stattdessen schrieben ihm die Teilnehmer scharenweise, dass ich nichts „Antisemitisches" gesagt, sondern im Gegenteil meine Position deutlich gemacht hatte: dass es lächerlich ist, sich mit seiner ethnischen Zugehörigkeit zu identifizieren, und wir einander lieben und uns als Teile desselben Bewusstseins begreifen sollten, die nur unterschiedliche Erfahrungen machen. Mr. Silverman, der sich als CAA-„Direktor für Untersuchungen und *Durchsetzung*" bezeichnet, veröffentlichte weder die Publikumsaussagen noch entschuldigte er sich bei mir für die unerhörten Falschdarstellungen. Dazu war er schon viel zu sehr mit dem nächsten Opfer beschäftigt.

Die CAA, die von Gideon Falter geleitet wird, wurde im August 2014 mittels „privater Spenden" gegründet – zur selben Zeit, als die Welt voller Entsetzen verfolgte, wie Israel im Rahmen der sogenannten Operation Protective Edge den dichtbesiedelten Gazastreifen bombardierte. Über 2.000 Palästinenser fanden dabei den Tod, darunter mehr als 500 Kinder. Die Agenten der CAA erblicken überall Antisemiten. Sie führen höchst fragwürdige „Meinungsumfragen“ durch und nehmen Politiker und andere Persönlichkeiten ins Visier. Erschreckenderweise ist die CAA bei der Wohlfahrtskommission als „wohltätige Gesellschaft“ registriert. Bei der *Wohlfahrts*kommission? Wie bitte? Eine Organisation, die der Gemeinschaft die Redefreiheit nehmen und sogar Musikveranstaltungen wie die Auftritte des in Israel geborenen britischen Jazzmusikers und Aktivisten Gilad Atzmon verbieten lassen will? Es schreit zum Himmel. Sogar das britisch-jüdische Parlamentsmitglied Gerald Kaufman wurde von der CAA unter Beschuss genommen. Selbst nach seinem Tod fuhr sie damit fort, ihn zu verteufeln:

> Indem er sagte, es sei „jüdisches Geld“ benutzt worden, um die britische Regierung zu unterwandern, stimmte er in einen jahrhundertealten Chor ein, der die Juden der Konspiration sowie der Treulosigkeit gegenüber dem eigenen Land bezichtigt. Das ist eindeutig ein Akt von Antisemitismus: Die internationale Definition des Begriffs Antisemitismus (die die Labour Party übernommen hat) besagt ausdrücklich, dass „unwahre, entmenschlichende, dämonisierende oder stereotypische Anschuldigungen gegen Juden als solche oder gegen die Macht der Juden als Kollektiv – darunter insbesondere, aber nicht ausschließlich, der Mythos einer jüdischen Weltverschwörung sowie die Vorstellung, die Juden würden Medien, Wirtschaft, Regierung oder andere gesellschaftliche Institutionen kontrollieren – […]“, antisemitisch sind.
>
> Bei derselben Zusammenkunft wurde folgende Äußerung von ihm festgehalten: „… weil ich Ihnen das vielleicht in einer Weise sagen kann, wie es kein anderer könnte“ – womit er andeutete, dass ihm seine jüdische Geburt einen Schutz böte, dessen Fehlen andere zum Schweigen veranlasse. Ist die politische Korrektheit angesichts des Antisemitismus weniger unmoralisch, wenn sie auf Juden angewendet wird?

Dem durch und durch anständigen Kaufman waren die Menschen und die Gerechtigkeit wichtiger als ethnische oder religiöse Voreingenommenheiten. Doch die CAA erklärte, er habe „einen faulenden Schandfleck sowohl in der Labour Party als auch im Parlament [hinterlassen], der beide Institutionen so lange weiter zerfressen wird, bis eine aufrichtige und öffentliche Entschuldigung abgegeben und Reue gezeigt wird“. Oh, klar, geht alle auf die Knie vor der CAA und ihresgleichen. Wisse, wo dein Platz ist. Der einzige faulende Schandfleck, den ich entdecken kann, ist das Verhalten der CAA, die nach dem Tod eines jüdischen Mannes von höchster Integrität derart widerliche Bemerkungen von sich gibt und grundlegende Menschenrechte permanent mit Füßen tritt. Als Kaufman starb, gelobte die CAA, ihre Kampagne fortzusetzen, Großbritanniens Institutionen von „Antisemitismus“ zu befreien. Sie wolle „sicherstellen, dass sie nicht zu Orten werden, die dem Gift des Rassismus stillschweigend Vorschub leisten – etwa wenn er aus dem Munde eines eher harmlos wirkenden, alten Juden kommt, der zufällig unser dienstältestes Parlamentsmitglied war“. Solche Polemik verschlägt einem die Sprache. Die Zensurdiktatur, mit der wir es zu tun haben, ist von einer Art, dass es noch nicht einmal Juden gestattet ist, zionistische Aktivitäten zu kritisieren. Während die Zensoren einen Vorwurf mit der linken Hand abstreiten, ist ihre Rechte schon dabei, seine Richtigkeit ein weiteres Mal zu bestätigen. Wenn das, was Kaufman aufgrund eigener Erfahrungen äußerte, wirklich „unwahr“ war, dann beweist es. Legt die Beweise vor. Erklärt, warum der zionistische Kolumnist Joel Stein 2008 in der *Los Angeles Times* schrieb: „Als stolzer Jude möchte ich, dass Amerika weiß, was wir vollbracht haben. Ja, wir kontrollieren Hollywood. [...] Die Juden sind so dominant, dass ich die Branchenverzeichnisse zurate ziehen musste, um in der Unterhaltungsindustrie sechs Nichtjuden in hohen Positionen ausfindig zu machen.“ Geben sie einmal „Who runs Hollywood? C'mon“ in eine Suchmaschine ein und lesen Sie den ganzen Artikel. Doch wenn irgendjemand anders auf die zionistische Vorherrschaft in Hollywood hinweist, wird er als Rassist gebrandmarkt. Die zionistische Zensur funktioniert nicht über Tatsachen, sondern ausschließlich über Parolen und Beschimpfungen, da man genau weiß, wohin eine offene Debatte bzw. Auseinandersetzung führen würde.

Das politische Ziel der CAA und der weltumspannenden zionistischen Zensurnetzwerke im Allgemeinen war von Anfang an, Antisemitismus mit Kritik an Israel gleichzusetzen, um das israelische Regime vor einer seriösen Untersuchung bzw. Anfechtung zu bewahren (Abb. 431). Dabei geht es nicht nur darum, die Aufdeckung fürchterlicher Geschehnisse an Orten wie Gaza zu verhindern. Noch weit Schlimmeres ist geplant, über das ebenfalls der Mantel des Schweigens ausgebreitet werden soll. Der französische Präsident und Rothschild-Erfüllungsgehilfe Emmanuel Macron machte seine Position bei einem Treffen mit Benjamin Netanjahu deutlich: „Wir werden uns niemals den Hassbotschaften beugen. Wir werden niemals dem Antizionismus nachgeben, da er eine Neuerfindung des Antisemitismus darstellt.“ Na, dann werden sie viel Freude mit diesem Buch haben. Wie nett übrigens von Netanjahu, Macrons Rede zu schreiben. Die Kritik an einem Land bzw. einer politischen Bewegung mit Rassismus gleichzusetzen, ist ein zutiefst bösartiges Ansinnen und zeigt deutlich, was auf uns zukommt, wenn sich nicht zahlreiche Rücken gerade machen und einer solchen Tyrannei die Teilnahme verweigern.

Abb. 431: „Wir sind keine Rassisten – nur die anderen!“ – Das rassistischste aller Glaubenssysteme auf Erden – der Zionismus – soll nicht rassistisch sein. Herrlich.

Unterdessen herrscht bei denen, die so gerne „Rassist!“ rufen, Schweigen im Walde, wenn etwa der israelische Parlamentarier Aylet Shaked über die Palästinenser sagt: „Tötet die Mütter, damit keine neuen kleinen Schlangen mehr geboren werden.“ Das entspricht unmittelbar der Aussage des archontischen „Gottes“ des Alten Testaments: „Aber in den Städten [...] sollst du nichts leben lassen, was Odem hat, sondern sollst sie verbannen.“ Rabbi Shlomo Mlmad, der dem sogenannten Council of Rabbis in den illegalen israelischen

Siedlungen im Westjordanland vorsteht, rief die jüdischen Siedler auf, die Wasserversorgung der Palästinenser zu vergiften, um sie von ihrem Land zu vertreiben und die Übernahme durch die Israelis zu ermöglichen. Der israelische Rabbi Shmuel Eliyahu ist der Auffassung, die Armee sollte aufhören, Palästinenser gefangen zu nehmen, und sie einfach exekutieren. Im Jahr 2007 sagte er: „Wenn sie nicht aufhören, nachdem wir 100 von ihnen getötet haben, müssen wir 1.000 töten. Geben sie nach 1.000 Toten immer noch nicht klein bei, müssen wir 10.000 töten. Wenn sie dann immer noch nicht aufhören, müssen wir eben 100.000 oder gar eine Million töten." Der israelische Soldat Elor Azaria gab einem 21-jährigen Palästinenser einen Kopfschuss, der verletzt und regungslos am Boden lag, nachdem er einen anderen Soldaten mit einem Messer angegriffen hatte. In einer Umfrage waren 82 Prozent der befragten Israelis der Meinung, die außergerichtliche Tötung sei gerechtfertigt gewesen. Selbstredend konnte sich der Soldat der enthusiastischen Unterstützung Netanjahus gewiss sein, der erklärte, er würde eine Begnadigung unterstützen. Für eine kaltblütige Hinrichtung muss Azaria eine Freiheitsstrafe von gerade einmal 18 Monaten verbüßen. Wenn Sie sich ein eigenes Urteil darüber bilden wollen, ob die eiskalte Tötung „gerechtfertigt" war, geben Sie bei YouTube „Elor Azaria is filmed shooting the incapacitated man" ein.

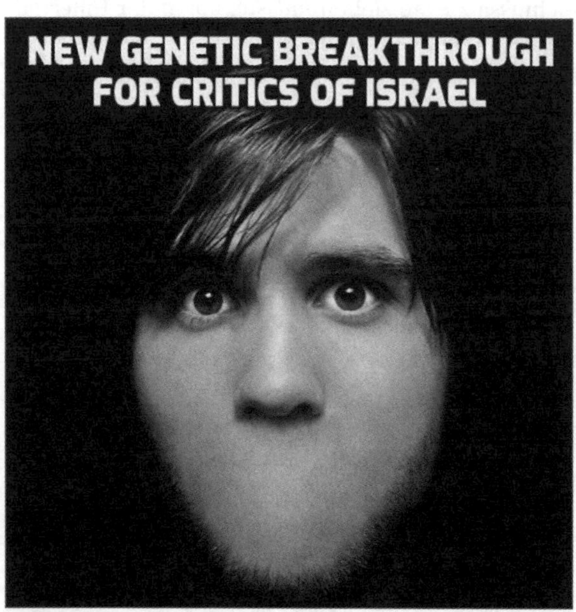

Abb. 432: „Neuer genetischer Durchbruch für die Kritiker Israels" – Die Antwort des Zionismus auf die freie Rede.

Abb. 433: „Vergesst nicht, zurück in den afrikanischen Dschungel zu gehen! Wir brauchen und wollen euch hier in Israel nicht!" – Der zionistische Rassismus ist so widerlich und die Scheinheiligkeit so gewaltig, dass einem die Worte fehlen.

Der israelischen Bevölkerung – und insbesondere den freiwilligen oder einberufenen Armeeangehörigen – wird in einer Weise das Gehirn gewaschen, dass sie die Palästinenser fürchten und hassen und sie in der Konsequenz nicht einmal mehr als Menschen betrachten. Aufgrund der einprogrammierten Geringschätzung empfinden sie Gräueltaten und Misshandlungen jedweder Art als gerechtfertigt. Einige besonders kranke israelische Individuen feierten während der von Israel verübten Massenmorde von 2014 Nacht für Nacht von einem Hügel aus die Raketeneinschläge im Gazastreifen. Des Weiteren schränkt Israel systematisch die Stromversorgung von Gaza ein, was nicht nur für die Krankenhäuser katastrophale Folgen hat. Und wann, bitte, haben die Zionisten den haarsträubenden Rassismus des israelischen Regimes gegenüber äthiopischen Juden und Schwarzafrikanern angeprangert? Wo bleibt die Zurechtweisung israelischer Politiker, die Palästinenser als Schlangen oder Kakerlaken bezeichnen? Oder die Verurteilung der Inhaftierung von mindestens 15.000 palästinensischen Frauen und Mädchen seit Beginn der israelischen Besetzung? Was ist mit den eingesperrten Kindern? Warum erfahren Organisationen wie die Jewish Defence League (JDL) keine Ächtung, die vom FBI als Terrororganisation geführt wird? Natürlich hat all das nichts mit Rassismus zu tun, und wer das dennoch behauptet, ist ein Antisemit – hier gibt es nichts, was Sie beunruhigen müsste; gehen Sie einfach weiter (Abb. 432 und 433).

Und der Herr sprach … du sollst sie zum Schweigen bringen

Seit langer Zeit schon zensiert der Zionismus Universitäten beiderseits des Atlantiks, sobald sie die Handlungsweise Israels in irgendeiner Weise infrage stellen. Wir sollten uns der Worte des russischen Dichters und Schriftstellers Jewgeni Jewtuschenko erinnern: „Wenn die Wahrheit durch Stille ersetzt wird, ist die Stille eine Lüge." Veranstaltungen, die die Behandlung der Palästinenser thematisieren, werden zunehmend verboten. Die Universitäten von Exeter und Central Lancashire intervenierten, als Studenten im Jahr 2017 im Rahmen einer „Woche der israelischen Apartheid" auf die Menschenrechte der Palästinenser aufmerksam machen wollten. Derartige Vorfälle stehen an der Tagesordnung, seit die britische Regierung eine neue Definition des Begriffs „Antisemitismus" übernommen hat, die von einer eindeutig parteiischen Gruppierung namens International Holocaust Remembrance Alliance formuliert worden war. Darin wird der Begriff des Rassismus so erweitert, dass er jede Kritik an Israel einschließt. Wie kommt es, dass kritische Äußerungen über ein Land mit acht Millionen Einwohnern (von denen sechs Millionen Juden sind) strafbar sind, während die Kritik etwa an den USA – in denen 326 Millionen Menschen leben – durch kein Gesetz geahndet wird? Zumindest noch nicht. Die Bemühungen von etwa 250 Akademikern, die gegen die Einschränkung der Redefreiheit an britischen Universitäten schriftlichen Protest einlegten, blieben erfolglos. Ein jüdischer Gelehrter namens Haim Bresheeth erklärte, dass die neue Definition dazu diene, Kritik vom Zionismus und Israel fernzuhalten. „Man kann und sollte jede politische Institution nach Belieben kritisieren. [Doch] jetzt sagt man uns, dass Juden wie ich, die Israel kritisieren, Antisemiten seien. Das ist einfach Blödsinn." Das ist es in der Tat, doch auch hier gilt: Der Wahnsinn hat Methode. Israel, der Zionismus und vor allem der geheimgesellschaftliche Kern der sabbatianischen Frankisten sind besessen davon, jede Art von Opposition zum Schweigen zu bringen. Die eigene Heimat ist dabei inbegriffen. Der zionistische Extremist und Bildungsminister Naftali Bennett hat einen neuen „ethischen Code" durchgesetzt, der den Gelehrten sämtlicher israelischer Universitäten untersagt, mit ihren Studenten politische Themen zu diskutieren, und akademische Einrichtungen daran hindert, Kontakt zu politisch verbundenen Gruppierungen oder Organisationen aufzunehmen. Das dürfte das einzige Mal gewesen sein, dass ich die Worte „Naftali Bennett" und „ethisch" in demselben Satz unterbringen konnte.

Die CAA ermutigte ihre Unterstützer, auf der Woche der israelischen Apartheid „aufzuzeichnen, zu filmen, zu fotografieren und Wortmeldungen von Augenzeugen einzuholen", und versicherte ihnen: „Wir helfen euch, es mit der Universität, dem Studentenbund und notfalls auch der Polizei aufzunehmen." Wie finster ist das denn? Die Arroganz dieser Leute kennt keine Grenzen. Einer Gruppierung, die sich Irish4Israel nennt, gelang es, die Leitung der Cork University dazu zu bewegen, eine akademische Diskussion über Israel zu verbieten. Zuvor war dasselbe an der Southampton University geschehen. Beide Hochschulen begründeten ihre Entscheidung mit „Sicherheitsbedenken". Was soll das bedeuten? Sind sie bedroht worden? Irish4Israel gibt an, sie würde „mit jedem diskutieren"; doch der Richie Allen Show verwehrte die Organisation ein Interview – in dem sie ihre Handlungsweise hätte rechtfertigen können –, mit der Begründung, sie würde nicht mit jemandem reden, der mit mir in Verbindung stünde. Das „jeder" in „mit jedem diskutieren" umfasst nur solche Gesprächspartner, die ausschließlich nette Fragen stellen und immer höflich nicken – wie etwa die „Journalisten" der Mainstreammedien.

Der Irrsinn drang in neue Dimensionen vor, als ein in London lebender französischer Künstler namens Franck Allais auf die Idee kam, auf 27 Verkehrsschildern die Silhouetten von Personen oder Tieren abzubilden, die in verschiedenen Gebieten typischerweise die Straßen überqueren. An 26 davon, auf denen unter anderem ein älterer Mensch, eine Katze und eine Mutter mit Baby dargestellt waren, hatte niemand etwas auszusetzen. Das 27. Schild allerdings, das in der Nähe einer Synagoge aufgestellt worden war, zeigte einen orthodoxen Juden (Abb. 434). „Antisemitismus!", hieß es sogleich, und eine „Gruppe der jüdischen Gemeinschaft" meldete den „rassistischen" Vorfall der Polizei. Diane Abbott, eine Witzfigur, die für die Labour Party im Parlament sitzt, bezeichnete die Kunstaktion als „abstoßend" und „inakzeptabel". (Virtue Signaling – Sie erinnern sich?) Ihr Parteigenosse

Abb. 434: Die Darstellung der Silhouette eines jüdischen Mannes in einem jüdischen Bezirk soll „antisemitisch" sein.

David Lammy sprach von einem „verabscheuungswürdigen, scheußlichen Verhalten, für das in unserer Gemeinschaft kein Platz ist" (Virtue Signaling). Was ist mit schwachköpfigen Parlamentsmitgliedern? Gibt es für die einen Platz im Parlament? Unglücklicherweise scheint das der Fall zu sein. Mein Sohn Gareth kommentierte auf Twitter, er warte darauf, dass Netanjahu den Iran für das Verkehrsschild verantwortlich mache. Sofort war die CAA mit einer Erwiderung zur Stelle: „Treffen Sie Gareth Icke, dessen einzige Reaktion auf das Schild, das vor der ‚jüdischen Gefahr' in London warnt, in der Voraussage besteht, wie die Angelegenheit vom jüdischen Staat ausgenutzt werden wird." Das entbehrt angesichts der Tatsache, dass diese Bemerkung von einem Vollzeitfürsprecher des israelischen Regimes stammte, der das Schild tatsächlich als Beweis für einen angeblichen Antisemitismus herangezogen hatte, nicht einer gewissen Ironie. Als schließlich offenbar wurde, worum es bei den 27 Straßenschildern tatsächlich ging – nämlich die Darstellung typischer Szenen des jeweiligen Umfelds –, schauten die professionellen Schuldzuweiser ziemlich dumm aus der Wäsche. Der Künstler Franck Allais hielt es dennoch für angebracht, sich für etwaige Verstimmungen, die sein Schild hervorgerufen haben könnte, zu entschuldigen. Dabei wäre es an denen gewesen, die dem Künstler rassistische Gedanken unterstellt haben, sich zu entschuldigen. Aber darauf können wir lange warten. Demut oder ein Sinn für Humor gehören nicht zu ihren Stärken.

Im März 2017 verabschiedete das israelische Parlament (das in einem von den Rothschilds finanzierten Gebäude tagt) ein Gesetz, demzufolge sich künftig niemand im Land aufhalten darf, der „kein Staatsbürger oder ständiger Bewohner Israels ist und wissentlich und öffentlich dazu aufgerufen hat, den israelischen Staat zu boykottieren – bzw. in einer Organisation oder Institution aktiv ist, die das getan hat –, oder der sich dazu verpflichtet hat, an einem solchen Boykott teilzunehmen". Damit reagierte man auf die Bewegung „Boykott, Desinvestitionen und Sanktionen" (BDS), die sich für den Boykott all jener israelischen und internationalen Unternehmen einsetzt, die der Unterdrückung der Palästinenser Vorschub leisten. Der Boykott soll erst dann beendet werden, wenn alle in Israel und Palästina lebenden Palästinenser dieselben Rechte haben wie die Juden. Andere Länder sowie etliche amerikanische Bundesstaaten haben Gesetze erlassen, die staatliche Kooperationen mit all jenen Unternehmen verbieten, die sich an dem Boykott beteiligen. Was wäre, wenn die Unternehmen die Palästinenser boykottieren würden? Kein Problem. 45 amerikanische Senatoren und 237 Kongressabgeordnete haben ein „Gesetz gegen die Boykottierung Israels" unterzeichnet, nach dem sich jeder US-Bürger, der einen Boykott Israels aktiv unterstützt, strafbar macht. Eine Bürgerrechtsorganisation namens American Civil Liberties Union (ACLU) schrieb:

> Das Gesetz würde [...] es amerikanischen Bürgern untersagen, Boykotte gegen Israel zu unterstützen – die Siedlungen in den besetzten palästinensischen Gebieten inbegriffen –, die von internationalen Regierungsorganisationen wie den Vereinten Nationen oder der Europäischen Union initiiert werden. Zudem würde es bestehende Gesetze dahingehend erweitern, selbst einfache Anfragen nach Informationen über derartige Boykotte unter Strafe zu stellen. Zuwiderhandlungen würden mindestens mit einer Zivilstrafe von 250.000 Dollar geahndet werden; im Falle der Höchststrafe sogar mit einer Million Dollar sowie 20 Jahren Freiheitsentzug.

> Wir beziehen hiermit weder für noch gegen die Bemühungen Position, Israel oder irgendein anderes Land zu boykottieren. Doch wir erklären, dass die Regierung – in Übereinstimmung mit dem 1. Zusatzartikel der amerikanischen Verfassung – US-Bürger nicht einfach für die Äußerung ihrer politischen Ansichten bestrafen kann.

So enorm ist Israels Macht über die amerikanischen Politiker. Warum muss ein Land mit acht Millionen Einwohnern derart vor Boykotts geschützt werden, während sich kein anderes Land dieser Behandlung erfreuen darf? Hauptsponsor des Gesetzes war der zionistische Senator Benjamin Cardin. Entworfen wurde es offenbar vom American Israel Public Affairs Committee (AIPAC), einer ultrazionistischen, in den USA ansässigen Interessenvereinigung. Erhebe dich endlich, Amerika! Israel behauptet, der Boykott der BDS-Bewegung sei ... Na, was könnte es sein? ... Die Spannung steigt ... Okay, so schwer war das nicht: *antisemitisch*. Wer hätte das gedacht! Eine Veranstaltung, die der österreichische Zweig der BDS für die Woche der israelischen Apartheid geplant hatte, wurde vom gastgebenden Hotel abgesagt, nachdem es – wie die BDS erklärte – „unentwegt Anrufe von Leuten erhielt, von denen sich einige als Vertreter der jüdischen Gemeinschaft in Österreich vorstellten". Sie hätten „Drohungen ausgesprochen und die Mitarbeiter des Hotels des Antisemitismus bezichtigt sowie Protestaktionen und Boykottaufrufe gegen das Hotel angekündigt, ohne nähere Angaben zu den Einzelheiten zu machen. Das Hotelmanagement habe sich derart bedroht gefühlt, dass es die Polizei einschaltete." Hier sehen wir, was tatsächlich dahintersteckt, wenn Veranstaltungen aufgrund von „Sicherheitsbedenken" abgesagt werden. Derselbe Modus operandi war es, mit dem auch meine Auftritte in Deutschland verhindert wurden. Natürlich trauen sich die Veranstalter nicht, das unumwunden zuzugeben, sodass sie die Wahrheit hinter vorgeschobenen Erklärungen verstecken müssen. Ein Sprecher des österreichischen Hotels gab gegenüber der Presse zunächst an, man habe „unangenehme" Anrufe erhalten. Die Begründung für die Absage wurde später dahingehend geändert, dass man angeblich nicht in der Lage sei, eine öffentliche Veranstaltung dieser Größenordnung auszurichten. Ja, klar. So zerstört die Feigheit die Redefreiheit. Das, wofür man nicht einsteht, wird man verlieren. Letzten Endes sind es nicht die Zensoren, die die Meinungsfreiheit abschaffen, sondern diejenigen, die sich ihren Lügen und Einschüchterungsversuchen ergeben.

Ein dreistes Beispiel dafür konnten wir erleben, als ich im August 2017 in Kanada auftrat. Für gut ein Jahrzehnt hatte ich in dem Land auf Betreiben der Zionistenlobby und ihrer speichelleckenden Lakaien Auftrittsverbot. Eines Tages wollte ich es noch einmal probieren. Ich beantragte ein entsprechendes Visum, und es wurde mir gewährt. Wir buchten und bewarben Veranstaltungen für Toronto und Vancouver, und alles schien wie am Schnürchen zu laufen. Nachdem dann der erste Veranstalter in Toronto einen Rückzieher gemacht hatte – mit einer Begründung, die uns wenig glaubhaft erschien –, buchten wir stattdessen das Metro Toronto Convention Center, das gemäß seiner Website „ein Gemeinschaftsprojekt zwischen der kanadischen Bundesregierung, der Provinz Ontario und der Metropolregion Toronto" ist. Dieselbe kanadische Bundesregierung hatte mir das Visum und die Auftrittsgenehmigung erteilt, sodass man annehmen konnte, dass es keine Probleme geben würde. Doch es kam anders. Im April 2017 hatte der Veranstalter der

Buchung zugestimmt, die Verträge wurden unterzeichnet, und die Veranstaltung wurde auf ihrer Homepage bekannt gemacht. Mitte Juli waren fast alle Karten verkauft, und das Publikum hatte Hotelzimmer und in einigen Fällen sogar Flüge gebucht. Dann schrieben die Zionisten dem Veranstalter einen Brief – *einen Brief* –, in dem sie sich darüber beschwerten, dass ich bei ihnen auftreten dürfe, und das Metro Toronto Convention Center sagte die Veranstaltung ab. Sie taten das in eklatanter Geringschätzung sowohl der Redefreiheit als auch der Karteninhaber, die die Folgen auszubaden hatten. Wer genau hat den Brief geschrieben? Das durften wir nicht erfahren. Was genau stand darin? Auch das durften wir nicht erfahren. Alles, was man uns sagte, war, dass man eine „öffentliche Gegenreaktion" fürchte – eine Gegenreaktion, wie es sie an keinem einzigen der Veranstaltungsorte und in keiner der zahlreichen Städte gegeben hatte, die ich im Laufe meiner damals bereits über ein Jahr währenden Welttournee besucht hatte. Das Convention Center hatte sogar schon G20-Gipfel ausgerichtet. Hatten sie den etwa aus Angst vor der „öffentlichen Gegenreaktion" abgesagt? Nein, damals riegelten sie das Gelände mit Zäunen und bewaffneten Polizisten ab. Die Redefreiheit von G20-Teilnehmern, die nach Maßnahmen verlangten, die flächendeckend Tod und Zerstörung bringen würden, muss geschützt werden; doch jemand wie ich, der ein Ende von Tod und Zerstörung sowie die Entlarvung der Mächte fordert, die hinter der Verwüstung des Planeten stehen, ist zum Schweigen zu bringen. Das ist nur eines von vielen Beispielen dafür, wie Ihre Redefreiheit durch Feigheit zerstört wird. Es zeigt auch, dass die anonymen Schulhoftyrannen für Ihre Rechte und Freiheiten nur Verachtung übrig haben.

Glücklicherweise gelang es meinem Sohn Jaymie, der ein großes Organisationstalent besitzt, uns kurzfristig einen anderen Veranstalter zu sichern (der etwas mehr Mumm in den Knochen hatte), sodass die Tyrannen diesmal den Kürzeren zogen. Während Kanada einen Ruf als freies, offenes Land genießt, verwandeln es die verborgenen Netzwerke der Manipulatoren in das genaue Gegenteil. Denken Sie an das Märchen von Rotkäppchen und dem Wolf, und sie haben eine Beschreibung für Kanada. Die freie Rede und Recherche wird dort permanent zensiert, doch die Öffentlichkeit erfährt kaum etwas davon. Noch schlimmer ist die Selbstzensur, die daher rührt, dass man sich von den Schulhofschlägern hat einschüchtern lassen: Man weiß, was einem blüht, wenn man ihren Zorn auf sich zieht. Professor Anthony Hall, Inhaber eines Lehrstuhls für Globalisierungsstudien an der kanadischen University of Lethbridge, wurde wegen angeblichem „Antisemitismus" ohne Zahlungsausgleich oder einen fairen Prozess vom Dienst suspendiert. Dem vorausgegangen war eine Kampagne des kanadischen Zweiges von B'nai B'rith, einer Tarnorganisation der Israelis, die ihn auf diese Weise mundtot machen wollte. 25 Jahre lang hatte er an der Universität gelehrt. Das einzige, was er sich hatte zuschulden kommen lassen, war, der Wahrheit über Weltereignisse und Anschläge wie 9/11 auf den Grund gehen zu wollen. Früher bestand genau darin die Aufgabe eines Gelehrten; doch das war einmal. Eine Lehrervereinigung namens Canadian Association of University Teachers verurteilte zwar die Zensurmaßnahme und die Tatsache, dass Hall einfache Grundrechte verwehrt wurden – doch wann haben sich die Zensoren jemals um Grundrechte geschert? Heften Sie beide Institutionen, die University of Lethbridge und das Metro Toronto Convention Center, im Ordner „Feiglinge" ab.

Apropos Feiglinge ... Die Informationen, die ich im Rahmen meiner Arbeit zutage fördere und in Umlauf bringe, halten die zionistischen Extremisten ganz schön auf Trab und bringen sie regelmäßig auf die Palme. Kurz nach der Absage von Toronto kündigten auch drei nicht weniger feige und erbärmliche Veranstalter in Großbritannien die Verträge, die sie mit uns geschlossen hatten. Namentlich handelte es sich um das Lowry Hotel in Manchester, das Gladstone Theatre in Wirral und die Sheffield City Hall. Schätzungen zufolge gibt es weltweit etwa 15 Millionen Menschen jüdischen Glaubens – bei einer Gesamtbevölkerung von 7,5 *Milliarden* –, von denen sich nur ein kleiner Teil aktiv an den Manipulationen zugunsten Israels und des revisionistischen (geheimgesellschaftlichen) Zionismus beteiligt. Die große Mehrheit unter ihnen wird kaum je erfahren, was tatsächlich vor sich geht und welches Unrecht in ihrem Namen begangen wird. Sie sind Bauern in einem Spiel, das sie nicht verstehen und bei dem sie den Spielern unwissentlich als bequeme Tarnung dienen. Doch der verbleibende kleine Rest ist bestens organisiert, verfügt über gewaltiges Kapital und bildet ein globales Netzwerk von Gruppierungen, die speziell zu dem Zweck geschaffen wurden, jeden unter Beschuss zu nehmen, der die Geheimnisse des israelischen Regimes bzw. seines Militärgeheimdienstes Mossad ausplaudert. Ob in Deutschland, Kanada, Großbritannien oder anderswo – überall liegen die Freiheitsvernichter auf der Lauer, um jederzeit zuzuschlagen. Wer von ihnen attackiert wird, kann davon ausgehen, dass er etwas Richtiges gesagt hat, das der innere Kern der Zionisten gerne vor der Öffentlichkeit verborgen halten möchte.

All diese Organisationen fungieren als Spielplatztyrannen (wobei die Betonung auf „Spielplatz" liegt, denn sie benehmen sich wie Zweijährige) und freuen sich wie kleine Kinder über jeden „Sieg", den sie im Kampf gegen eine Zielperson erringen – einerlei, ob es sich um den Entzug von Freiheitsrechten oder die Zerrüttung eines Menschenlebens handelt. In meinen Augen sind diese Individuen sehr krank. 270.000 der insgesamt 66 Millionen Briten sind Juden. Für sie gilt dasselbe, was ich eben über die jüdische Weltgemeinschaft sagte. Ich spreche hier nicht von jüdischen Gläubigen im Allgemeinen, sondern von einer Kabale, die die gewöhnliche jüdische Bevölkerung ebenso verachtet wie alle anderen. Schauen Sie sich an, wie die israelische Regierung mit dem größten Teil ihres eigenen Volkes umspringt. Ins Judentum geborene Männer oder Frauen, die die Handlungsweise Israels kritisieren, werden unbarmherzig verleumdet und verunglimpft; ihre berufliche Karriere wird torpediert – wenn nicht gar zerstört –, während man ihnen skurrilerweise „Antisemitismus" vorwirft. Wer Ansichten vertritt oder Beobachtungen macht, die nicht mit der Linie der Tyrannen von Tel Aviv und Jerusalem übereinstimmen, wird zudem als „Selbsthasser" betitelt. Recherchieren Sie einmal – um nur zwei Beispiele zu nennen – die Vorfälle um den amerikanischen Gelehrten Norman Finkelstein und den in Israel geborenen Briten Gilad Atzmon.

Zum Netzwerk israelischer Fürsprecher in Großbritannien zählen unter anderem die Initiative Friends of Israel, die in jeder großen Partei vertreten sind, die freiheitsfeindlichen Kampfhunde der CAA und eine Gruppierung, die sich North West Friends of Israel nennt. Die letztgenannte Organisation war es, die für die skandalöse Streichung meiner Auftritte in Manchester, Wirral und Sheffield verantwortlich zeichnete. Ihr Twitter-Kürzel lautet @NorthWestFOI. Als ich das erste Mal auf der Abschussliste der zionistischen Zensoren stand – in den späten 1990er-Jahren, bis hinein ins neue Jahrtausend –, war man niemals so weit gegangen, mich als „Holocaustleugner“ zu bezeichnen. Doch inzwischen scheint die Verzweiflung angesichts der Tatsache, dass die Wahrheit über das israelische Regime und seine globalen Ambitionen mehr und mehr an die Oberfläche kommt, so groß zu sein, dass man offenbar fand, dies müsse der effektivste Weg sein, mir den Mund zu verbieten. Im Jahr 2017 begann man seitens der CAA, der North West Friends of Israel und anderer Agenten des israelischen Zensurnetzwerkes plötzlich, mir dieses Etikett auf die Stirn zu kleben, namentlich in Deutschland und Irland. Es ist gut möglich, dass diese Behauptung Teil jenes Briefes war, den die Veranstalter in Toronto erhalten hatten und den einzusehen uns verwehrt wurde.

All diese Gruppierungen arbeiten, unabhängig vom Ort, nach demselben Schema. So entspann sich, nachdem das Lowry Hotel, das Gladstone Theatre und die Sheffield City Hall von den North West Friends of Israel bzw. deren Sprachrohr Raphi Bloom kontaktiert worden waren, die übliche Ereigniskette. Mit ungeheuerlichen Unterstellungen – das Etikett „Holocaustleugner“ inbegriffen – hatte man mich bei den rückgratlosen Veranstaltern angeschwärzt, die daraufhin die Auftritte absagten, ohne mir überhaupt die Gelegenheit zu einer Stellungnahme zu geben. Die E-Mails, mit denen sie uns die Verträge kündigten, waren in zweierlei Hinsicht bemerkenswert: Zum einen machten sie deutlich, wie wenig Achtung die Verfasser der Redefreiheit, ihren Kunden und den Ticketinhabern entgegenbringen; zum anderen erinnerte der Wortlaut frappierend an das Schreiben des Berliner Maritim Hotels. Die Medien – in Gestalt des Senders ITV News, der *Manchester Evening News* und des *Coventry Evening Telegraph* (die beiden Letztgenannten gehören zur Verlagsgruppe Trinity Mirror) – wiederholten die Lüge, ohne dass ich mich dazu hätte äußern können. Eine Schlagzeile lautete: „Lowry Hotel sagt Auftritt des Holocaustleugners David Icke ab.“ Ich habe alle drei Veranstalter kontaktiert und aufgefordert, Beweise für diese Behauptung vorzulegen. Sämtliche diesbezüglichen Artikel wurden binnen Minuten zurückgezogen, da die Autoren den Vorwurf schlichtweg nicht begründen konnten. Unglaublicherweise hatten sie die Aussagen von Raphi Bloom einfach für bare Münze genommen und nachgeplappert, ohne mit mir zu sprechen. Rückgratlos lehnten auch Bloom und seine Zensoren unsere Einladung ab, in der Richie Allen Show mit mir zu diskutieren. Seine faule Ausrede war dieselbe, die auch sein irischer Kompagnon zur Begründung gab: „Mit Holocaustleugnern sprechen wir nicht.“ Wiederholen Sie es immer wieder, Mr. Bloom, bis die Leute es schließlich glauben. Das ist der Trick, nicht wahr? Leute wie Bloom werfen einfach mit Dreck, rennen davon und warten, bis die feigen Veranstalter auf die Knie gehen. Sind erst einmal einige eingeknickt, können die zurückliegenden Vertragskündigungen bei künftigen Attacken ins Feld geführt werden, um den Druck zu erhöhen. Dass ich den Ausdruck „feige“ so häufig benutze, kommt nicht von ungefähr, denn es sind letzten Endes nicht die Gruppierungen der Zensoren, die die Zensur vollstrecken, sondern die feigen Veranstalter, denen ein bequemes Leben wichtiger ist als die grundlegendsten Freiheiten der Menschen.

Sowohl die North West Friends of Israel als auch die CAA jubilierten angesichts der entsetzlichen Bombardierung unschuldiger Menschen im Gazastreifen, bei der die israelische Führung im Jahr 2014 nach Angaben der UNO 2.200 Palästinenser tötete (darunter 551

Kinder), 11.000 verletzte (3.000 Kinder), 20.000 Wohnungen unbewohnbar und 500.000 Menschen obdachlos machte. Die Bloom-Gruppe ist für ihre Taktik des Aufspürens und Vernichtens berüchtigt, mit der sie jeden ins Visier nimmt, der sich für die Sache der Palästinenser einsetzt – darunter auch Ärzte. Blooms Mannen würde niemand verbieten, öffentlich aufzutreten: Das würden sich die Veranstalter gar nicht trauen. Ich hingegen, der die Botschaft des Friedens verbreitet und sich für ein Ende der Gewalt einsetzt, werde als Freiwild betrachtet. Gemäß ihrer Selbstdarstellung wurde Blooms Organisation – welche Ironie – nach Protesten gegen einen jüdischen Geschäftsinhaber gegründet, der in Manchester israelische Schönheitsprodukte verkaufte. Die North West Friends of Israel entstanden also als Reaktion auf die Versuche, einen jüdischen Mann daran zu hindern, seinen Angelegenheiten nachzugehen, um später ihrerseits Menschen, die sie nicht mochten, daran zu hindern, ihren Angelegenheiten nachzugehen. Um begreifen zu können, welch unglaubliches Maß an Scheinheiligkeit dafür erforderlich ist, sind sie viel zu unbewusst. Die berühmte Zeile von George Orwell werden sie mit Sicherheit nie verstehen: „Falls Freiheit überhaupt etwas bedeutet, dann bedeutet sie das Recht darauf, den Leuten das zu sagen, was sie nicht hören wollen." Freiheit ist aber auch das Letzte, was sie interessiert. Die Abschaffung der Freiheit wird so lange voranschreiten, wie es Feiglinge wie diejenigen gibt, die das Metro Toronto Convention Center, das Lowry Hotel, das Gladstone Theatre, die Sheffield City Hall, die Carl Benz Arena oder die Häuser der Hotelkette Maritim betreiben. Mit anderen Worten also: Sie wird voranschreiten.

Es ist ungemein wichtig, dass die jüdische Gemeinschaft als Ganzes aufsteht und das anprangert, was in ihrem Namen getan wird – und zwar größtenteils ohne ihr Wissen. Die Unfähigkeit vieler Menschen zu erkennen, dass es absurd ist, irgendeine Personengruppe zu verurteilen, statt die eigentlichen Übeltäter bloßzustellen, mermöglicht es, die Handlungen der wenigen stets irgendjemand anderem in die Schuhe zu schieben. Die israelischen Tyrannen sind nicht nur Feinde der Freiheit, sondern auch Feinde des jüdischen Volkes. Der in Israel geborene Aktivist Gilad Atzmon schrieb:

> Es steht fest, dass eine wachsende Zahl von Briten Opfer einer koordinierten Verleumdungskampagne zionistischer Institutionen geworden ist, die von britischem Steuergeld finanziert werden, wie etwa der CST [Community Security Trust] oder die CAA. Diese Organisationen greifen Jeremy Corbyn, die Labour Party, Veranstalter, Intellektuelle, Künstler, Musiker, Schriftsteller und jeden anderen an, der es nach ihrer Interpretation gewagt hat, auf die israelische Brutalität und die umfangreiche jüdische Lobbyarbeit in Großbritannien aufmerksam zu machen.
>
> Wenn Großbritannien noch immer etwas an den Werten der Toleranz und des intellektuellen Austauschs gelegen ist, sollte es besser einen Teil der Steuergelder darauf verwenden, seine Bürger vor diesen ausländischen Institutionen zu schützen – Nichtjuden ebenso wie Juden. Und wenn sich Großbritannien wirklich um seine Juden sorgt, sollte es sie vor den unglückseligen Folgen der Aktivitäten beschützen, die CST, CAA und andere israelische Lobbygruppen mitten unter uns ausüben.

Die Art und Weise, wie diese Gruppierungen agieren, macht viele Menschen angesichts der Schäden, die sie anrichten, sehr wütend. Manch einer setzt dann die Tätergruppen fälschlicherweise mit dem jüdischen Volk insgesamt gleich. Die Erstgenannten besitzen obendrein die Frechheit, sich über „Antisemitismus" zu beklagen, obwohl sie der Hauptverursacher desselben sind. Die Ziele, auf die sie es abgesehen haben, gehören überwiegend den alternativen Medien an, doch es gibt Ausnahmen. Der Kolumnist Kevin Myers, der für die irische Ausgabe der *Sunday Times* arbeitete, wurde wegen angeblich „antisemitischer" Kommentare entlassen, die er im Juli 2017 abgegeben hatte. Dabei ging es um die Tatsache, dass die BBC männlichen Moderatoren mehr bezahlt als ihren weiblichen Kollegen. Myers schrieb:

> Ich stelle fest, dass zwei der bestbezahlten weiblichen BBC-Moderatoren – Claudia Winkleman und Vanessa Feltz, mit deren zweifellos erstklassiger Arbeit ich unglücklicherweise nicht vertraut bin – Juden sind. Gut für sie. Juden sind nicht gerade für ihr Drängen bekannt, ihr Talent für den geringstmöglichen Preis zu verkaufen. [...] Ich frage mich, wer wohl ihre Agenten sind?

Mir geht es im Kontext dieses Buches nicht um Myers' eigentliche Aussage, sondern um den Umstand, dass ihm nicht augenblicklich gekündigt, seine Kolumne entfernt und eine Entschuldigung veröffentlicht worden wäre, wenn er statt „Juden" beispielsweise „Amerikaner", „Chinesen", „Franzosen", „Russen", „Kolumbianer" oder „Kanadier" geschrieben hätte. Die jüdische Minderheit in Irland umfasst etwa 2.500 Personen, bei einer Gesamtbevölkerung von ungefähr 4,8 Millionen Einwohnern. Über welche Macht verfügen die Zionisten, dass ihre Vertreter nicht genauso behandelt werden wie jeder andere? Einmal mehr war es die CAA, die, permanent als professionelles Opfer im Einsatz und vor lauter Empörung schon rot angelaufen, die Anschuldigungen gegen Myers vorbrachte. Der Repräsentative Rat der Juden in Irland verteidigte Myers gegen die Vorwürfe der CAA und anderer Gruppierungen, indem sie erklärte, es würde „eine völlige Verdrehung der Tatsachen" darstellen, ihn als Antisemiten oder Holocaustleugner zu bezeichnen. Doch genau das zu tun, ist der Zweck solcher Israel-hörigen Kampfhundorganisationen: die Tatsachen zu verdrehen, um zensieren und einschüchtern zu können und der Agenda (des innersten Kreises der Zionisten) zu dienen. Ich verlange nichts weiter, als dass *alle* dieselbe Behandlung erfahren, unabhängig von ethnischer oder Gruppenzugehörigkeit, Kultur, Glaubensbekenntnis oder Hintergrund. Und das ist nicht der Fall. Der Rausschmiss von Kevin Myers steckt voller Ironie, denn in vielen der Artikel, die er über die Jahre verfasst hat, ergriff er Partei für Israel. Vielleicht begreift er ja jetzt, warum viele Menschen die Machenschaften der Israel-Lobby und ihre systematische Zensur satthaben. Der Fall zeigt zudem ein weiteres Mal, zu welchen extremen Maßnahmen die zionistischen Zensoren gegenüber *jedem* fähig sind, der die von ihnen gesetzte Grenze überschreitet. Wer so viel Angst vor dem hat, was ein anderer sagen könnte, dass er solche Anstrengungen unternimmt, um ihn zum Schweigen zu bringen, hat in jedem Fall eine gewaltige Menge zu verbergen. Es kommt nicht oft vor, dass ich Shakespeare zitiere, aber diese Zeile passt perfekt: „Die Dame, wie mich dünkt, gelobt zu viel."

Es gibt noch ein weiteres Zentrum der geplanten Zensur, das unsere Aufmerksamkeit verdient: Amazon. Der Vertriebsriese ist zum Marktführer im Bereich Onlineshopping avanciert und streckt seine Fühler in alle Bereiche des Einzelhandels aus. Ursprünglich gestartet als Plattform für internetbasierten Buchhandel, dominiert Amazon inzwischen zunehmend den Büchermarkt und hat bereits eine große Zahl unabhängiger Buchläden und Verlage auf der ganzen Welt aus dem Geschäft verdrängt. Genau darin bestand von Anfang an der Plan. Sobald der Konzern die unangefochtene Nummer eins geworden ist, wird die flächendeckende Zensur einsetzen, die die Kontrolle darüber ermöglicht, was veröffentlicht und verkauft werden darf und was nicht. Facebook und Google haben diesen Prozess bereits durchlaufen. Und wenn man ehrlich ist, bilden Amazon, Facebook und Google zusammen ein Ganzes. In seinen Anfangstagen verfolgte Amazon praktisch eine Strategie der Zensurfreiheit. Doch nachdem die zionistische Lobby entsprechenden Druck ausgeübt hat, werden inzwischen Bücher, die die offizielle Version des Holocaust infrage stellen oder einfach als „Hassdokumente" gelten, vom Konzern zensiert. In dem Maße, in dem die Definition des Begriffs „Hass" immer mehr erweitert und aufgeweicht wird, werden auch immer mehr Bücher auf den Index gesetzt, bis alle Autoren darunter fallen, die die offizielle Version zu gleich welchem Thema anfechten. Dahin wird die Reise gehen, und Amazon bildet – angeführt von Jeff Bezos, der Arroganz in Person – das Hauptinstrument dieser neuzeitlichen Bücherverbrennung. Es versteht sich von selbst (ich mache dennoch darauf aufmerksam), dass zionistische Bücher, die von Hass und Rassismus gegenüber den Palästinensern strotzen, der Zensurschere nicht zum Opfer fallen werden.

Ich war schon immer der Ansicht, dass es wahrlich grotesk und zutiefst bösartig ist, Bücher zu verbieten und Autoren einzusperren, weil sie eine andere Sicht auf die Geschichte haben – und das umso mehr, wenn gegenteiligen Ansichten Tür und Tor geöffnet werden. Warum können wir nicht einfach offen über alles diskutieren und es den Menschen selbst überlassen zu entscheiden, was sie denken? Doch das wäre Freiheit, und die kann man in einer Diktatur nicht gestatten. Lassen Sie mich folgende Definition des Begriffs „Diktatur" vorschlagen: „Eine Gesellschaft, die die Zirkulation all jener Informationen zu unterdrücken sucht, die die Bevölkerung erkennen lassen würden, dass sie in einer Diktatur leben." Siehe beispielsweise – wieder eine Ironie – die Bücherverbrennungen der Nazis.

Töte den Botschafter – und vernichte die Botschaft

Wann immer man die israelische Apartheidpolitik zur Sprache bringt, herrscht Schweigen im Walde. Ein Anfang des Jahres 2017 von der UNO veröffentlichter Bericht der Wirtschafts- und Sozialkommission für Westasien kam zu dem Schluss, dass „Israel ein Apartheidregime etabliert [hat], das über das palästinensische Volk in seiner Gesamtheit herrscht". Wie es in dem Dokument heißt, habe sich Israel „ohne Zweifel [...] einer Politik und Praxis schuldig gemacht, die den Tatbestand der Apartheid erfüllt" – und zwar im Sinne der im Völkerrecht verankerten Definition. Der zionistische „Anspruch, dass Palästina das exklusive Heimatland des jüdischen Volkes sei, beruht auf einer ausgesprochen rassistischen Vorstellung hinsichtlich der beiden Gruppierungen", fährt der Bericht fort.

„Die Mission, Israel als jüdischen Staat zu bewahren, hat das Land dazu inspiriert oder gar genötigt, eine Reihe allgemeiner rassischer Strategien zu verfolgen." Dazu würden „demografische Manipulationen [gehören], um in Israel eine deutliche jüdische Mehrheit zu etablieren und zu erhalten", sowie „verschiedene andere Maßnahmen, die so gestaltet sind, dass die Größe der palästinensischen Bevölkerung begrenzt wird". Vollständige politische Rechte würde man dem Bericht zufolge nur den Juden einräumen: „Wie in jeder ethnisch basierten Demokratie werden mit einer solchen Mehrheit die äußeren Kennzeichen einer Demokratie ermöglicht – demokratische Wahlen, eine starke Legislative –, ohne dass für die dominante ethnische Gruppierung die Gefahr bestünde, die Vorherrschaft zu verlieren". Einfach ausgedrückt besagte der UNO-Bericht, dass Israel ein Land ist, das sich auf Rassismus gründet. Wir sprechen von demselben Staat, der über sein weltumspannendes Netzwerk zionistischer Kampfhundorganisationen allen anderen Rassismus vorwirft. Die israelische Regierung hat ein Gesetz verabschiedet, das das Land offiziell als jüdischen Staat ausweist und Hebräisch zur einzigen offiziellen Sprache erklärt. Aber mit rassistischer Vorherrschaft oder etwas in der Art hat das natürlich nichts zu tun.

Beispiele für Israels Apartheidpolitik gibt es in Hülle und Fülle, etwa seine Politik, die Häuser derjenigen palästinensischen Familien zu zerstören, deren Oberhäupter es des Terrorismus verdächtigt (Kollektivstrafen sind nach internationalem Recht illegal). Von Israelis gegen Palästinenser begangene Terrorakte werden freilich nicht auf diese Weise geahndet. Der israelische Verteidigungsminister und zionistische Extremist Avigdor Lieberman weigerte sich, eine offizielle Entschädigung für einen achtjährigen Jungen namens Ahmed Dawabshe zu gewähren, dessen Vater, Mutter und Bruder – der noch ein Baby war – lebendig verbrannten, nachdem illegale jüdische Siedler Brandbomben auf ihr Haus im israelisch besetzten Westjordanland geworfen hatten. An den Wänden hatten die Brandstifter einen Davidstern und Sprüche wie „Lang lebe der Messias" und „Rache" hinterlassen. Entschädigung wird allen jüdischen Terroropfern gewährt, jedoch nicht Ahmed, dessen Körper zu 60 Prozent mit Verbrennungen zweiten Grades übersät war. Seitdem sind zwei Jahre vergangen, doch die Verantwortlichen, die Ahmeds Familie getötet und ihn für den Rest seines Lebens gezeichnet haben, wurden noch immer nicht vor Gericht gestellt. Aber mit Apartheid hat das nichts zu tun? Oder mit Bösartigkeit? Der UNO-Bericht unterstützte die Boykottbestrebungen der BDS-Kampagne und legte den nationalen Regierungen nahe, „die Aktivitäten für Boykott, Desinvestitionen und Sanktionen zu unterstützen und auf Aufrufe zu derartigen Initiativen positiv zu reagieren". Soweit es Großbritannien und die USA betrifft, deren Regierungen alles in ihrer Macht Stehende unternehmen, um Boykotte gegen Israel zu vereiteln, sollten sie sich dabei allerdings nicht allzu viele Hoffnungen machen.

Doch die Scheinheiligkeit der Zionisten scheint ebenso grenzenlos zu sein wie ihr globaler Einfluss (Abb. 435). Nur wenige Tage, nachdem der Bericht veröffentlicht worden war, ordnete UNO-Generalsekretär Antonio Guterres an, ihn zurückzuziehen. Die Untergeneralsekretärin Rima Khalaf, die der Kommission vorgestanden hatte, von der der Bericht verfasst worden war, trat aufgrund des Drucks, etwas zurückzunehmen, das ihrer Ansicht nach den Tatsachen entsprach, zurück. Der israelische UN-Botschafter Danny Danon wetterte gegen Khalaf, unterstützt – wie üblich – von Amerika und Großbritannien (besonders von Trump, der die geistlose Israel-Apologetin Nikki Haley, die die israelische Flagge am liebsten als Gewand tragen würde, zur amerikanischen UNO-Botschafterin ernannte). Danon lobte Guterres für sein Durchgreifen und begrüßte Khalafs Rücktritt: „Die Zeit ist gekommen, denen ein Ende zu setzen, die ihren Status innerhalb der UNO dazu benutzen, antiisraelische Aktivitäten zu unterstützen." Sie lieben die Zensur über alle Maßen. Danon, der später zum Vizepräsidenten der UNO-Generalversammlung avancierte, erklärte, dass „antiisraelische Aktivisten nicht in die UNO gehören". Natürlich nicht – sondern nur proisraelisch Eingestellte. Der größte Witz war jedoch, dass Generalsekretär Guterres sagte, der Bericht sei nicht aufgrund seines Inhalts zurückgezogen worden, sondern weil Khalaf ihn vor der Veröffentlichung nicht konsultiert hatte (sodass er diese von vornherein hätte verhindern können). Jede Erklärung ist recht, ausgenommen die Wahrheit. Siehe „Wir waren nicht in der Lage, eine öffentliche Veranstaltung dieser Größenordnung auszurichten".

Es stimmt natürlich, dass Khalaf als jordanische Staatsbürgerin ihre eigene Sicht auf Israel hat. Doch ihr Argument, dass Israel ein Apartheidregime darstellt, ist so offenkundig richtig, dass es lächerlich wäre, es zu leugnen. Khalaf wurde beschuldigt, Israel zu verunglimpfen – dabei hatte sie schlicht die Wahrheit gesagt. Die Realität ist in dieser Angelegenheit nicht von Belang. Die Spielregel ist einfach: Was Israel (die Rothschilds) wollen, werden sie auch bekommen (Abb. 436). Khalaf hätte es wie Peter Tatchell machen und die angeblichen Unwahrheiten, die der Bericht enthalten sollte, der Reihe nach diskutieren und entkräften können. Doch eine offene Diskussion über etwas, was so offensichtlich der Fall ist, ist das Letzte, was die *El*-ite im Sinn hat. Da ist es weitaus leichter, rückgratlose Lakaien darauf anzusetzen, die Gegnerschaft zum Schweigen zu bringen. Die Palästinenser ehrten Khalaf für ihren Mut mit einer Auszeichnung – ein Schritt, den Israel als „ungeheuerlich" verurteilte. Israels Vorkämpfer befinden sich ohnehin in einem Zustand der permanenten Empörung.

All jene, die Apartheid am eigenen Leib erfahren haben, stimmen den Schlussfolgerungen von Khalafs Bericht ohne Zweifel zu. Im Jahr 2017 weigerten sich Mitglieder des südafrikanischen Parlaments, sich mit einer Delegation der Israelis zu treffen. Mandla Mandela, der Enkel von Nelson Mandela, der heute für den Afrikanischen Nationalkon-

Abb. 435: „Israel: widerliche Heuchelei seit 1948" – Ein Regelwerk für Israel (sowie die USA, Großbritannien und die NATO-Länder) und ein anderes für den Rest.

Abb. 436: „Wir machen, was wir wollen. Und jetzt verschwindet." – Israels goldene Regel.

gress (ANC) im Parlament sitzt, sagte dazu: „Das Parlament steht zu seiner Zusage, die Sache der Palästinenser zu unterstützen, bis Palästina frei ist.“ Er verlangte, den israelischen Botschafter nach Hause zu schicken und den südafrikanischen Botschafter in Israel abzuberufen. Mandela fuhr fort: „Die Geschichte gebietet uns, ähnliche Maßnahmen zu ergreifen wie jene, mit denen einst friedliebende Gemeinschaften, die sich für Freiheit und Gerechtigkeit einsetzten, die weltweite Anti-Apartheid-Bewegung gegen das brutale und unrechtmäßige südafrikanische Regime unterstützten.“ Ein späterer Bericht der Wirtschafts- und Sozialkommission für Westasien, an dessen Abfassung Rima Khalaf nicht mehr beteiligt war, beschuldigte die israelischen Streitkräfte, zwischen April 2016 und März 2017 63 Palästinenser (darunter 19 Kinder) getötet und 2.276 Palästinenser (darunter 562 Kinder) verletzt zu haben. Darin inbegriffen waren sogenannte „außergerichtliche Exekutionen“. Danny Danon war sofort zur Stelle, kaum dass jemand „Zorn“ und „Entrüstung“ eingetippt und die Entertaste betätigt hatte.

Abb. 437: „Wenn es nicht dem entspricht, was ich will, ist es anti-israelisch.“ – Das bringt es ziemlich gut auf den Punkt.

Die Zionisten fuhren das Programm der politischen Korrektheit schon, als die Welt davon noch gar nicht gehört hatte, und lieferten die Blaupause für alle künftigen Entwicklungen. Vor der freien Diskussion fürchten sie sich. Akademische Karrieren fanden ihr Ende – selbst die von jüdischen Gelehrten –, sobald sie sich gegen das Verhalten Israels und der saturnischen Rothschild-Mafia aussprachen, die den Kern des sabbatianisch-frankistischen Geheimdienstzionismus bildet (Abb. 437). Um zu erkennen, was uns bevorsteht, genügt es, einen Blick nach Israel zu werfen. Blogger und Autoren auf sozialen Plattformen sind gesetzlich verpflichtet, ihre Beiträge vor der Veröffentlichung überprüfen zu lassen. Ein Gesetz, das derzeit vom israelischen Parlament diskutiert wird, sieht vor, dass Inhalte, die das israelische Regime als „Aufhetzung“ einstuft, von Facebook und anderen sozialen Medien gelöscht werden müssen. Wer entscheidet über die Einstufung? Die israelischen Behörden. Da legitime Kritik natürlich mit darunter fallen wird, stellt dieser Schritt einen elementaren Eingriff in die Redefreiheit dar. Regelmäßig werden Palästinenser vor Gericht gestellt, weil

Abb. 438: „Wenn Netanjahu reagiert … (Passt bei jedem Thema.)“ – Passt buchstäblich bei allem.

sie Kommentare über Israels Unterdrückungspolitik abgegeben haben. Sogar Dichter wurden schon eingesperrt, wenn sie mit ihrer Kunst Stellung zu den fundamentalen Ungerechtigkeiten bezogen haben. Mit Tatchells Ansatz, die Argumente der Gegenseite einzeln aufzudröseln, wollen weder die zionistischen Zensoren noch die politisch korrekten Unterstützer im Allgemeinen konfrontiert werden. Dafür müssten sie sich auf freie Diskussionen einlassen – und das wäre genau das, was mittels der politischen Korrektheit unterbunden werden soll. Das Ziel lautet, Zensur auszuüben und auf diese Weise das Narrativ zu kontrollieren (Abb. 438).

Wenn man denkt, schlimmer geht es nicht

Die nächste, unumgängliche Stufe zionistischer Zensur wurde erreicht, als die Anti-Defamation League (ADL) im Jahr 2017 ankündigte, dass sie im Silicon Valley ein „hochmodernes Kommandozentrum" errichten wolle, um im Internet sämtliche Beiträge überwachen zu können, die sie für „Hass" hält. „Hass" ist in diesem Kontext definiert als: alle Inhalte, in denen Israel kritisiert wird, sowie alles, was die ADL aufgrund ihrer Dienerschaft für die Agenda des Spinnennetzes zu „Hass" erklärt. Als Jonathan Greenblatt, der leitende Geschäftsführer der ADL, die Errichtung des neuen Zensurzentrums bekannt gab, soll er – dem man nachsagt, sich niemals zu Übertreibungen hinreißen zu lassen – die angebliche Zunahme des „Antisemitismus" in den Vereinigten Staaten mit der Situation im faschistischen Deutschland verglichen haben. Das Verhalten Israels und des revisionistischen Zionismus wird selbstverständlich niemals als mögliche Ursache dafür in Betracht gezogen, warum die Menschen von ihnen die Schnauze voll haben könnten. Unter Präsident Obama hatte Greenblatt als Sonderberater gedient. Das „Startkapital" für das Zentrum, das Greenblatt zufolge Berichte verfassen, Daten sammeln und „Einsichten in Regierungen und Politikmacher" geben wird, stellt das Omidyar Network von Ebay-Gründer Pierre Omidyar bereit. Die Zielstellung würde der orwellsche Übersetzer etwa so wiedergeben: „... der Bevölkerung sagen, welche Informationen und Meinungen sie in Umlauf bringen darf und welche nicht". Um das zu erreichen, wolle man bei dem Projekt Greenblatt zufolge „die beste verfügbare Technologie" zum Einsatz bringen. Ich bin sicher, dass die Unternehmen Facebook, Google/Alphabet und YouTube, die den Zionisten gehören und von diesen kontrolliert werden, das Projekt freudestrahlend unterstützen werden. Parallel dazu weitet Israel seine Zensuraktivitäten aus und vergibt an israelischen Universitäten Stipendien für Studenten, die sich bereit erklären, proisraelische Facebook-Beiträge und Twitter-Posts für Zielgruppen im Ausland zu verfassen. Natürlich legen die Autoren ihre Verbindungen zur Regierung nicht offen, sondern lassen ihre Beiträge unabhängig und spontan erscheinen. Hinter der ganzen Kampagne zur Etablierung des Straftatbestandes „Hassverbrechen", die eines der Ziele der zionistischen Frankfurter Schule darstellte, steckte von Anfang an die ADL, die ein Ableger der von den Rothschilds geschaffenen Organisation B'nai B'rith („Söhne des Bundes") war. In meinen früheren Büchern habe ich die Geschichte und den Hintergrund der von Apple finanzierten ADL ausführlich dargestellt. Zusammengefasst lässt sich sagen, dass es sich die „Anti-Defamation"-League (dt. etwa: Bündnis gegen Diffamierung) in einer weiteren aberwitzigen Umkehrung zum Ziel gesetzt hat, jeden zu diffamieren, der das Verhalten Israels und seines globalen Netzwerks eng verknüpfter Organisationen infrage stellt.

Gemeinsam mit dem Project Interchange des American Jewish Committee und dem Jewish Institute for National Security Affairs hat die ADL die finanziellen Mittel bereitgestellt, damit Hunderte amerikanischer Polizisten in Israel und im besetzten Palästina vom rassistischen israelischen Militär lernen konnten, wie man mit gewaltsamen Methoden „das Recht durchsetzt". Nach Amerika zurückgekehrt, gaben sie ihre neuen Fähigkeiten an ihre Kollegen weiter. Das Resultat kann man seither auf amerikanischen Straßen beobachten. Der Ortsverband der Jewish Voices for Peace in St. Louis setzt der ADL lautstarken Widerstand entgegen und kritisiert die Verbindung zwischen der amerikanischen Polizei und Israel. In einer Erklärung schrieb sie:

> Wir erschauderten angesichts der Tatsache, dass die ADL, die sich auf lokaler Ebene als Vorkämpfer gegen ethnisches Profiling darstellt, amerikanische Polizisten – darunter Tim Fitch, den ehemaligen Polizeichef von St. Louis County – nach Israel schickt, damit sie vor Ort lernen, wie man die Bevölkerung kontrolliert: in einem Apartheid-Polizeistaat, der auf über 60 Jahre ausgereiften Expertenwissens in Bezug auf ethnisches Profiling, Massenverhaftungen, Siedlungskolonialismus und ethnische Säuberungen – deren Opfer die nichtjüdische, einheimische, palästinensische Bevölkerung ist – zurückgreifen kann.

Die „Antirassisten" bei der ADL führten für das südafrikanische Apartheidregime, das enge Beziehungen nach Israel unterhielt, Überwachungstätigkeiten aus. Israelische Agenturen und der Geheimdienst Mossad haben die Schaffung von Tarnorganisationen, von denen aus andere Institutionen unterwandert und dahingehend manipuliert werden, den eigenen Interessen zu dienen, zu einer regelrechten Kunstform erhoben (Abb. 439). Die israelische Tageszeitung *Haaretz* machte im Jahr 2017 offizielle Dokumente publik, aus denen hervorging, dass der israelische Zweig von Amnesty International zwischen Ende der 1960er- und Mitte der 1970er-Jahre dem Außenministerium als Tarnung diente. Das Gleichnis von der Spitze und dem Eisberg kommt einem in den Sinn. Die Dokumente beweisen, dass der Amnesty-Ableger von der israelischen Regierung finanziert wurde und Anweisungen vom Außenministerium erhielt.

Abb. 439: „Ihr denkt, wir sind ein kleines Land? Oh nein – wir sind überall." – Weltumspannende Manipulationen durch eine Tarnorganisation der Rothschilds, die sich als Regierung eines Landes ausgibt.

Abb. 440: „Russland wird beschuldigt, die Wahlen manipuliert zu haben – ohne irgendwelche Beweise. Doch wenn Israel dabei erwischt wird, wie es einen britischen Minister auszuschalten versucht, herrscht Schweigen im Walde." – Inwiefern ist es „rassistisch" zu fragen, warum ein Land mit nur acht Millionen Einwohnern ständig eine Extrabehandlung bekommt – ganz gleich, was es treibt?

„Gekaufte Parteilichkeit" bringt es, glaube ich, auf den Punkt. Dasselbe geschieht überall auf der Welt.

Im Jahr 2016 setzte der in Katar beheimatete arabische Fernsehsender Al Jazeera versteckte Kameras ein, um zu enthüllen, wie ein Angehöriger der israelischen Botschaft in London über Tarnorganisationen und das Netzwerk der Friends of Israel, das Zweige in allen großen Parteien Großbritanniens unterhält, die Politik des britischen Königreichs zu beeinflussen versuchte. Der Politiker Shai Masot wurde gefilmt, als er über eine Liste britischer Politiker sprach – darunter Außenminister Alan Duncan –, die er wegen ihrer Position gegenüber Israel gerne „ausbooten" wollte. Joan Ryan, die Vorsitzende der Friends-of-Israel-Gruppierung innerhalb der Labour Party, die auf den Aufnahmen zusammen mit Shai Masot zu sehen war, hatte den Parteichef Jeremy Corbyn wiederholt und scharf kritisiert. Sowohl die britische Regierung als auch die „Oppositionsparteien" blieben angesichts des Versuchs, einen britischen Minister auszuschalten, praktisch stumm. Stellen Sie sich vor, was los gewesen wäre, hätte stattdessen Russland diesen Versuch unternommen (Abb. 440).

Während ich diese Zeilen schreibe, versuchen das von den USA und Israel kontrollierte Saudi-Arabien, die Vereinigten Arabischen Emirate, Ägypten und Bahrain, Al Jazeera den Garaus zu machen. Israel kündigte (selbstverständlich) an, das Jerusalemer Büro des Senders schließen zu wollen. Der Zweck zionistischer Zensur ist nicht, die Menschen vor Rassismus zu schützen. Es geht vielmehr darum, die Opposition zum Schweigen zu bringen – und das nicht nur in Israel. Der innere Kern der Zionisten, der die Zügel in der Hand hält, verfolgt eine Agenda, die weit darüber hinaus reicht. Ein Gefühl dafür, worauf sie eigentlich abzielen, vermittelt ein Gesetzentwurf, den der Zionist David I. Weprin – seines Zeichens Mitglied des New York State Assembly – eingebracht hat. Danach soll ein „unkorrekter", „irrelevanter", „unangemessener" oder „überzogener" Beitrag nach einem entsprechenden Gesuch innerhalb von 30 Tagen entfernt werden. Wird dem nicht entsprochen, muss der Verfasser des Beitrags bzw. die entsprechende Suchmaschine pro Tag eine gesetzlich verankerte Pauschale von 250 Dollar plus Anwaltskosten berappen. Auch Weprin gilt als „liberal". Der Ausdruck „irrelevant" wurde eingefügt, um George Orwells „Gedächtnislöcher" zur Anwendung bringen zu können, über die die „Vergangenheit" entsorgt wird. In Europa gibt es sie dank der EU-Richter bereits: Sie verfügten, dass man bei den Suchmaschinen einen Antrag stellen kann, Informationen über die eigene Person zu löschen, die der Öffentlichkeit nicht mehr zugänglich sein sollen. Zwar sind die Informationen dann immer noch im Internet vorhanden, doch sie können praktisch nicht mehr gefunden werden, wenn man nicht bereits über einen guten Teil derselben verfügt, um sie bei der Suche einsetzen zu können.

Weprins Gesetzentwurf spricht explizit von der Zensur all solcher Inhalte, die „für die aktuelle öffentliche Diskussion nicht mehr von Belang sind". Wer befindet darüber? Sie selbst natürlich. Lösche die „Vergangenheit" aus, um die Wahrnehmung in der „Gegenwart" zu steuern. Der absolute Knaller hinsichtlich der Aufdeckung der wahren Motivation ist jedoch eine Klausel, die besagt, dass die fraglichen Inhalte „entfernt werden [sollen], ohne an ihrer statt einen Disclaimer [oder] einen Hinweis auf den entfernten Beitrag zu platzieren". Jeder Hinweis darauf, was genau zensiert worden ist – ja, die Tatsache, *dass* man überhaupt etwas zensiert hat –, muss der Öffentlichkeit verheimlicht werden. Mr. Weprin und allen Befürwortern des Gesetzesvorschlags sei gesagt: Ihr seid eine Schande. In einem Artikel der *Washington Post* hieß es:

> Nach diesem Gesetz müssten also Zeitungen, wissenschaftliche Arbeiten, Bücher auf Google Books und Amazon sowie Internet-Enzyklopädien (wie etwa Wikipedia) zensiert werden, wann immer Richter oder Geschworene zu dem Schluss gekommen sind (oder wenn der Autor mit einer solchen Einschätzung rechnet), dass ein Text „für die aktuelle öffentliche Diskussion nicht mehr von Belang" ist (es sei denn, er bezieht sich auf „nachgewiesene Straftaten" oder „Rechtsangelegenheiten mit Gewaltaspekten", bei denen der Antragsteller eine „zentrale und wesentliche" Rolle gespielt hat).
>
> Und natürlich enthält der Gesetzentwurf selbst für Inhalte von echtem historischen Interesse keine Ausnahmeregelung; letzten Endes müssten sie entfernt werden, wenn sie „für die aktuelle öffentliche Diskussion nicht mehr von Belang" sind. Auch für autobiografische Schriften ist keine Ausnahme vorgesehen, ob sie in Buchform, auf einem Blog oder in anderer Form vorliegen. Nicht einmal Personen der Politik, berühmte Geschäftsleute usw. würden ausgenommen sein.

Dahin also soll die Reise gehen. Dabei haben die archontischen Mächte mit ihrer Zensierei gerade erst begonnen. In der Politik ist die Zensur global gesehen schon recht fortgeschritten: Politiker, deren Ansichten nicht mit der jeweiligen Hierarchie konform gehen, bekommen es mit der PC-Polizei zu tun. Die südafrikanische Oppositionspartei Democratic Alliance warf einem ihrer Mitglieder Fehlverhalten vor, weil er in einem Tweet gesagt hatte, dass in der Kolonialzeit nicht alles schlecht gewesen sei und auch einige gute Dinge daraus erwachsen seien. Parteichef Mmusi Maimane sagte, solche Ansichten könnten das Image der Partei beschädigen. Sein eigenes Verhalten dürfte viel größeren Schaden anrichten, würde ich sagen. Das Europäische Parlament entfernt neuerdings ausfällige Bemerkungen aus den Aufzeichnungen ihrer Debatten und verhängt über Parlamentarier, die sich „der üblen Nachrede, des Rassismus oder einer xenophoben Sprache bzw. Handlungsweise schuldig" gemacht haben sollen, Bußgelder in Höhe von 9.500 Dollar. Naive Politiker, die Zensurmaßnahmen aller Art unterstützen, begreifen nicht, dass sie letztlich auch auf sie zurückfallen werden. De facto ist das bereits der Fall.

Schlafwandeln in die Diktatur

Das archontisch-reptiloide Kontrollsystem, mit dem der Verstand der Menschen fortwährend unter Beschuss genommen wird, umfasst eine Vielzahl von Dimensionen, Ebenen und Aspekten. Es zielt darauf ab, das Denken und die Emotionen des Menschen zu fragmentieren und in ihnen ein Gefühl der Machtlosigkeit und des Getrenntseins zu erzeugen. Die erwünschte perzeptorische Stagnation wird erreicht, indem man andere Sichtweisen auf das Weltgeschehen von den Menschen fernhält. Die Zirkulation von Informationen, die das Potenzial hätten, die Verschwörung und die damit verbundene Programmierung aufzudecken, muss unbedingt verhindert werden. Das ist der Grund, warum man die freie Meinungsäußerung immer rigoroser unterdrückt. Was wir derzeit auf den Universitätscampussen erleben, ist der Vorgeschmack darauf, wie es bald in der gesamten Gesellschaft aussehen soll. Dann wäre es niemandem mehr möglich, irgendetwas zu sagen, das nicht vom System abgesegnet wäre. Zudem will man Medikamente, die den Geist benebeln und die Denkprozesse verändern oder unterdrücken, wie Konfetti unters Volk streuen. Die Menge der an Kinder und Erwachsene ausgegebenen Psychopharmaka ist schon jetzt atemberaubend. Doch die Pläne sehen vor, letztlich jeden Einzelnen per Gesetz zur Einnahme pharmazeutischer Substanzen zu zwingen („um den gesellschaftlichen Frieden zu bewahren") und das Ganze durch entsprechende Technologien zu überwachen. Tabletten mit mikroskopisch kleinen Mikrochips, die dem Arzt mitteilen, wann sie eingenommen worden sind, existieren bereits. Jetzt bleibt nur noch, sie obligatorisch zu machen. Pharmazeutika bringen das Gehirn aus dem Tritt und bewirken auf der Schwingungsebene, dass die Oszillation der stehenden Welle gestört wird und somit auch der Körper aus dem Lot gerät. Auf diese Weise werden die physische Gesundheit, die Gedanken, die Emotionen und – besonders schwerwiegend – die Verbindung zum Gewahrsein jenseits der Programmierung in Mitleidenschaft gezogen. Die *El*-ite weiß sehr genau, dass der Einfluss, den die Chemikalien auf das Wellenkonstrukt ausüben, dabei von zentraler Bedeutung ist.

Die politische Korrektheit und die Triggerdynamik schwappen bereits im großen Stil von den Universitäten auf die Mainstreamgesellschaft über. Der Comedy-Bereich ist von politisch korrekten Eiferern, die über keinerlei Humor verfügen und von der Aufforderung, einmal über sich selbst zu lachen, nur peinlich berührt wären, schon weitgehend zugrunde gerichtet worden. Der größte Teil der sogenannten „alternativen" Komiker, die sich als Gegner des Systems gerieren, achtet in Wahrheit sehr darauf, den vom progressiven Establishment vorgegebenen Rahmen einzuhalten – während sie gleichzeitig so tun, als hätten sie vor niemandem Angst. Komiker, die der PC-Tyrannei geradewegs ins Auge blicken sollten, ohne mit der Wimper zu zucken, gehen vor ihr auf die Knie. Ihr mögt meine Witze nicht? Dann *kommt einfach nicht in meine Show* bzw. *schaltet einfach einen anderen Sender ein*. Wie die *Washington Times* berichtete, ist es in Verlagshäusern mittlerweile Usus, dass „Sensitivitätsprüfer" Manuskripte vor der Veröffentlichung dahingehend durchsehen, ob sie Vorurteile oder Klischees bedienen oder negativ interpretierbare Formulierungen über Gender-, ethnische oder sexuelle Minderheiten oder Behinderte enthalten. Kurz gesagt, es wird sichergestellt, dass die Wortwahl der Autoren nicht „kulturell taktlos“ ausfällt. Ich frage mich, was die Prüfer wohl angesichts dieses Buches machen würden. Schnappatmen, wahrscheinlich.

Die spanische Regierung nimmt Künstler, Studenten und die allgemeine Bevölkerung mit völlig überzogenen Zensurmaßnahmen ins Visier. Ein nationales spanisches Gericht beschuldigte eine 21-jährige Collegestudentin, „Terrorismus verherrlicht und Terroropfer gedemütigt“ zu haben. Der Website der Deutschen Welle zufolge bestand ihr „Verbrechen“ darin, in einem Beitrag auf Twitter einen „Witz über einen Diktator“ gemacht zu haben. Die Staatsanwaltschaft forderte eine Freiheitsstrafe von *drei Jahren*. In Madrid wurden 2016 zwei Puppenspieler verhaftet, nachdem sie sich in einer Darbietung in einer Fußgängerzone über die örtliche Polizei lustig gemacht hatten. Dass die Letztgenannte mit ihrer Reaktion nur bewies, wie recht die Künstler mit ihrer Einstellung hatten, vermochte sie nicht zu erkennen. Die Apologeten der Vielfalt berauben die Welt derselben, und diese Umkehrung ist nicht zufällig entstanden. Wenn Sie Drogen verticken wollen, ohne dass jemand Verdacht schöpft, bedienen Sie sich einer Anti-Drogen-Behörde. Um die Vielfalt zu zerstören, brauchen Sie einen Pöbel, der ohne Unterlass nach mehr Diversität schreit. Es ist schlicht ein gigantisches Verwirrspiel.

Es gibt immer noch einige Gelehrte, die sich der Welle, die zunehmend an Umfang gewinnt, selbst dann entgegenstellen, wenn ihre Karriere dabei Schaden nimmt. Doch viele Akademiker sind zu Fackelträgern des Systems geworden. Sie sind derart von Selbstgerechtigkeit zerfressen, dass sie sich für etwas einsetzen, was dazu entworfen ist, letztlich nicht nur die übrige globale Gesellschaft, sondern auch ihren Berufsstand mundtot zu machen. Damit stehen sie den Politikern, die Kampagnen für Zensurmaßnahmen betreiben, denen sie eines Tages selbst zum Opfer fallen werden, in nichts nach. Ein Bursche namens Professor Thom Brooks, der der juristischen Fakultät der britischen Durham University vorsteht, erklärte gegenüber einem Parlamentsausschuss, dass es ein offizielles Register für „Hassverbrechen“ geben sollte – ganz ähnlich dem Register für Sexualstraftäter. Die darin erfassten Personen hätten nur begrenzten Zugang zum Arbeitsmarkt. „Jedem [der auf der Liste steht] könnte untersagt werden, mit Kindern oder/und in bestimmten Berufen zu arbeiten“, insistierte der Geistesriese. „Das scheint zweckmäßig, entspricht der aktuellen Politik und würde dazu beitragen, deutlicher zu signalisieren, wie ernst derartige Vergehen sind.“ Wie wäre es wohl um Fairness und Freiheit bestellt, wenn die Definition des Begriffs „Hassverbrechen“ auf einmal erweitert werden würde? Die Hassindustrie wird mit Behauptungen der Art befeuert, dass die Zahl der Hassverbrechen „Rekordniveau“ erreicht habe oder sich Großbritannien „im Griff einer Epidemie der Intoleranz“ befinde. Wie steht's mit den Beweisen? Ähm, tja, also … Vielleicht beziehen die Leute, die so etwas behaupten, ihre Zahlen vom Community Security Trust (CST), einer privaten Sicherheitsorganisation der Zionisten, die von jüdischen Menschen finanziert wird, die sich vor einer „Zunahme des Antisemitismus“ fürchten – aufgrund der Zahlen, die der CST herausgibt. Im Jahr 2016 erhielt die NGO, deren Belegschaft mindestens 65 Angestellte zählt und die Büros in London, Manchester und Leeds unterhält, von der damaligen britischen Innenministerin Theresa May 13,4 Millionen Pfund aus Steuergeldern. Jahr für Jahr veröffentlicht der CST Zahlen über die Verbreitung des „Antisemitismus“, ohne zu erklären, wie sie zustande gekommen sein sollen. Der Aktivist Gilad Atzmon schrieb in einem Artikel mit dem Titel „Hate PLC“ (dt. etwa: Hass GmbH):

> Nur wenige Tage nachdem sich die britische Regierung verpflichtet hatte, dem CST mehrere Millionen Pfund zukommen zu lassen, stieg die Zahl „antisemitischer Vorfälle“ um 30 Prozent – auf über 100 Fälle pro Monat. Die Folge davon ist – zumindest gemäß der Statistik des CST –, dass umso mehr öffentliche Gelder in den Kampf gegen den Antisemitismus fließen, je antisemitischer die Briten werden.
>
> Wenn das der Fall ist, liegt das Heilmittel für den britischen Antisemitismus zum Greifen nahe: Um den Antisemitismus zu bekämpfen, muss man dem CST und ähnlichen Organisationen Steuergelder vorenthalten! Antisemitismus ist in Wirklichkeit kein gesellschaftliches Phänomen, sondern eine millionenschwere Industrie. Je mehr Geld wir ausgeben, um ihn zu bekämpfen, desto mehr Vorfälle werden registriert, womit weitere Zahlungen gerechtfertigt werden.

Ich behaupte nicht, dass es Rassismus nicht gäbe. Natürlich existiert er. Rassisten sind Blödiane, die von der Vorstellung eines Körpers besessen sind, der noch nicht einmal physisch existiert. Gerade die extremen Ausprägungen des Zionismus liefern Beispiele für Rassismus der übelsten und bizarrsten Sorte. Was ich sage, ist vielmehr, dass das Rassismusproblem erstens übertrieben und zweitens der rassistischen Geisteshaltung insgeheim Vorschub geleistet wird – etwa durch Terroranschläge –, um den Angriff auf die freie Meinungsäußerung rechtfertigen zu können. Kurz nachdem die Presse in reißerischen Schlagzeilen berichtet hatte, dass auf einem jüdischen Friedhof in Brooklyn ein „Hassverbrechen“ verübt worden sei, bei dem Grabsteine umgestoßen wurden, gab die Polizei bekannt, dass nichts dergleichen stattgefunden habe und die Steine vermutlich aufgrund von starken Winden, Bodenerosion und mangelnder Grabpflege umgestürzt seien. Vergessen wir auch nicht die „antisemitischen Angriffe“, die zu Propagandazwecken von Juden selbst begangen worden sind. Im März 2017 titelte die Mainstreampresse: „19-jähriger Israeli im Zusammenhang mit Drohungen gegen jüdische Gemeindezentren in den USA und anderen Ländern festgenommen.“ Über einen Zeitraum von sechs Monaten hatte der amerikanisch-israelische Doppelstaatsbürger in mehreren Ländern Bombendrohungen gegen israelische Einrichtungen ausgesprochen. Das FBI, das dem Täter durch eine Kooperation mit der israelischen Polizei auf die Spur gekommen war, nahm auch dessen Vater fest. Der junge Mann soll Bitcoins im Wert von mehreren Millionen Schekel besessen haben.

Die Plattform Common Dreams entlarvte einen „jüdischen Harvard-Absolventen in den Dreißigern“, der die Website mit antijüdischen Hassbeiträgen überzog, gegen die er dann selbst – unter einem anderen Namen – anschrieb. So erzeugte er die Illusion, dass sich zwei Personen wegen antisemitischer Äußerungen in der Wolle haben. Beispielsweise schrieb er, Hitler hätte sein Werk vollenden und alle Juden beseitigen sollen, um dann seinen eigenen Beitrag anzugreifen. In Kanada brachte es ein Mann zu zweifelhaftem Ruhm, der auf einer bestimmten Website über anonyme Nutzerkonten rassistische Kommentare der übelsten Sorte abgab, um die Plattform im Anschluss bei den Behörden anzuschwärzen – wegen der Beiträge, die er selbst verfasst hatte, sowie vereinzelter zustimmender Reaktionen anderer Nutzer. Der Hintergedanke war von vornherein, die Website und die

Idee der freien Diskussion in Verruf zu bringen. Regierungsbehörden und Unternehmen beschäftigen heute ganze Armeen von Trollen, die dafür bezahlt werden, die Diskussionen über Themen zu vergiften und in Misskredit zu bringen, bei denen die Menschen nicht näher hinschauen sollen.

Eine der unabdingbaren Voraussetzungen für einen Polizeistaat besteht darin, die Bevölkerung dahin zu bringen, sich bei Fehlverhalten gegenseitig der Obrigkeit zu melden. Genau dieser Mechanismus wurde jetzt an den Hochschulcampussen wie auch in der allgemeinen Gesellschaft in Gang gesetzt. Wie der *Washington Examiner*, eine politische Website aus den USA, unlängst enthüllte, werden Studenten von der Leitung vieler Colleges dazu animiert, Kommilitonen und Mitarbeiter zu melden, die „unangemesses Vokabular" benutzen. Das sind klassische PC-Begriffe: angemessen und unangemessen. Was bedeuten diese Worte im gegebenen Kontext? Das wird völlig subjektiv bewertet – etwas, was der eine „angemessen" findet, ist in den Augen eines anderen „unangemessen". Doch der Mangel an Klarheit ist gewollt, verschafft er doch der Obrigkeit den weitestmöglichen Spielraum bei der Interpretation. Dem *Examiner* zufolge gebe es an 230 Colleges „Vorurteilseingreiftruppen", die anonym erstatteten Hinweisen auf vermeintlich anstößige Äußerungen nachgehen. Der Begriff „Vorurteil" wird dabei stets so definiert, wie die PC-Mafia ihn gerade zu interpretieren gedenkt. Die Praxis, ihre Mitmenschen zu observieren und hinter ihrem Rücken anonym zu verpetzen, bereitet die Studenten darauf vor, das auch in ihrem künftigen Leben zu tun – genau wie George Orwell es beschrieben hat.

Das Internet sollte angeblich die Freiheiten vergrößern, doch können wir diese Vorstellung jetzt, da wir an Zensur gewöhnt und seitens einiger globaler, dem Spinnennetz dienender Unternehmen entsprechende Algorithmen und Kontrollmechanismen installiert werden, als vorübergehende Illusion abheften. Man hat uns das Internet als Instrument zur freien Kommunikation verkauft. In Wirklichkeit jedoch wollte man ein Werkzeug erschaffen, das die totale Überwachung ermöglicht. Dazu war es nötig, das Internet zum Mittelpunkt des öffentlichen Diskurses zu machen und somit anderen Quellen das Wasser abzugraben. So lässt sich nun zunehmend kontrollieren und zensieren, was die Menschen sagen, sehen oder hören – teils durch den Einsatz von Algorithmen, teils durch unmittelbare Zensur. Der Plan der Trump-Administration, die sogenannte Netzneutralität und den gleichberechtigten Internetzugang für alle abzuschaffen, ist Teil dieses Prozesses. Der von Ajit Pai, dem Vorsitzenden der amerikanischen Kommunikationsbehörde FCC, initiierte Schachzug würde es Unternehmen ermöglichen, Inhalte zu sperren und für die gesetzestreuen Beiträge Datenkanäle mit unterschiedlichen Geschwindigkeiten einzurichten – zwei Dinge, die bisher nicht möglich waren. Die Vorstellung vom „freien" Internet war nur das Verkaufsargument, nicht die Zielvorgabe.

In den 1990er-Jahren beschrieb ich in meinen Büchern ein weltumspannendes Computersystem, das der *El*-ite nach Eingabe des gewünschten Ergebnisses die dafür erforderliche Folge von Ereignissen ausgeben würde – basierend auf dem Wissen, wie die Menschen auf jeden einzelnen Schritt reagieren werden. Mittlerweile existiert ein solches System, das noch viel ausgefeilter ist als vorhergesagt. Die sogenannte „Sentient World Simulation" (dt. etwa: empfindungsfähige Simulation der Welt), die vom Synthetic Environment for Analysis and Simulations Laboratory der Purdue University (US-Bundesstaat Indiana) betrieben

Abb. 441: Das im US-Bundesstaat Utah gelegene NSA-Zentrum zur globalen Datenerfassung.

wird, sammelt gewaltige Datenmengen, um daraus das menschliche Verhalten vorherzusagen (und zu manipulieren). Ich werde später, wenn der Begriff „synthetisch" bei unseren Betrachtungen eine entscheidende Rolle spielen wird, näher darauf eingehen. Hinzu kommen die Unmengen personenbezogener Daten – etwa über die Ansichten und Verhaltensweisen der Menschen –, die die NSA (die nationale Sicherheitsbehörde der USA) und die Heimatschutzbehörde zusammentragen. Die Informationen, die man aus der Überwachung der E-Mails, Telefongespräche, Browserverläufe, Beiträge in sozialen Medien, Kreditkartentransaktionen, Parkscheine und Quittungen, Reisedaten, Buchkäufe und anderer Handlungen bzw. Kommunikationsmittel jedes einzelnen Erdbewohners gewinnt, werden von Algorithmen verarbeitet und im Intelligence Community Comprehensive National Cybersecurity Initiative Data Center (Bundesstaat Utah) gespeichert (Abb. 441). Nimmt man all das zusammen, ergibt sich eine Datenbasis, auf deren Grundlage superschnelle und äußerst hoch entwickelte, auf künstlicher Intelligenz basierende Computer die kollektiven Reaktionen der Bevölkerung sowie die sich daraus ergebenden Resultate vorhersagen können. Stößt man dann ein Ereignis an, mit dem die vorausberechnete Reaktion getriggert wird, hat man die damit anvisierte gesellschaftliche Veränderung praktisch im Kasten. Sind die Menschen wirklich so naiv zu glauben, dass die gigantischen (und immer weiter um sich greifenden), von Regierungen überall auf der Welt installierten Strukturen, mit denen wir überwacht und unsere Freiheiten immer mehr eingeschränkt werden, dazu dienen, *den Terrorismus zu bekämpfen*? Das ist nicht der tatsächliche Grund, sondern nur der Vorwand, um das globale Kontrollnetzwerk errichten zu können. Der Vorwand wirkt zudem umso effektiver, je mehr Terrorismus man inszenieren kann. Die Menschheit muss sich von den einprogrammierten Vorstellungen darüber, was möglich ist, freimachen und alles noch einmal neu überdenken. Aus eigener Erfahrung kann ich Ihnen versichern, dass Sie die Welt dann mit völlig neuen Augen betrachten werden.

Zwei Methoden, die man kennen sollte

Lassen Sie mich dieses Kapitel mit der Erläuterung zweier Methoden beschließen, die ebenfalls der Ausweitung des Banns dienen und deren Kenntnis unabdingbar ist, um das Weltgeschehen und die Schlacht um die Wahrnehmung der Menschen zu verstehen. Seit

Langem schon bezeichne ich sie als Problem-Reaktion-Lösung bzw. schleichenden Totalitarismus. Beide Techniken greifen ineinander und bewirken dadurch, dass sie die Bevölkerung dahingehend manipulieren, die archontische Agenda gutzuheißen (oder sich ihr zumindest nicht aktiv zu widersetzen), eine fortwährende Transformation der globalen Gesellschaft. Sie sind im Grunde genommen sehr einfach, sodass ich mich kurz fassen kann. Bei der als Problem-Reaktion-Lösung (PRL) bezeichneten Methode wird zunächst, unsichtbar für die Öffentlichkeit, ein Problem geschaffen. Dabei kann es sich beispielsweise um einen terroristischen Anschlag, eine Finanzkrise oder politische Unruhen handeln – es gibt zahllose Möglichkeiten. Für die zweite Phase ist es unerlässlich, die Kontrolle über die Mainstreammedien auszuüben, die der Bevölkerung hinsichtlich der Täterschaft bzw. Ursachen des Ereignisses die Version verkaufen, die sie glauben soll. Hätten wir kritische, zur Recherche fähige und willige Medien, die es gewohnt sind, über den eigenen Tellerrand hinauszuschauen, könnte das gar nicht geschehen. Doch da die Witzfiguren von Journalisten das offizielle Narrativ in der Regel einfach ohne jede Hinterfragung wiederkäuen, stellt Phase zwei für die Strippenzieher stets ein Kinderspiel dar. Die Aktivitäten der Letztgenannten zielen darauf ab, in der Bevölkerung Angst, Wut und die lautstarke Forderung wachzurufen, dass „jemand etwas dagegen tut". Damit ist der Weg für Phase drei und den finalen Betrug geebnet, bei dem diejenigen, die das Problem überhaupt erst erschaffen und den falschen Täter präsentiert haben, ungeniert die vermeintliche Lösung für dasselbe ins Spiel springen. Zu dieser zählen Gesetzesänderungen, Einschränkungen der Privatsphäre, noch mehr Überwachungsmaßnahmen und in vielen Fällen neue Kriege. Auf diese Weise gelingt es der *El*-ite, in Erwiderung des ursprünglich inszenierten Problems ihre archontische Agenda zur weltumspannenden Zwangsherrschaft voranzubringen. Wenn ich den Begriff „inszeniert" verwende, beziehe ich mich nicht unbedingt auf die verwirrten Marionetten, die auf der öffentlichen Bühne erscheinen, sondern auf die im Verborgenen agierenden Agenten des Spinnennetzes.

Wir werden noch auf etliche Beispiele für das PRL-Prinzip zu sprechen kommen; für den Augenblick sei nur auf den mehr als offensichtlichen Fall der Anschläge vom 11. September verwiesen. Wenn Sie einen „Kampf gegen den Terror" vom Zaun brechen wollen, um ausländische Regierungen stürzen zu können, dann inszenieren Sie einen gigantischen Terroranschlag auf eigenem Boden und schieben Sie es islamistischen Terroristen in die Schuhe. Schon können Sie sich, wenn Sie nun anfangen, islamische Länder zu bombardieren – so, wie Sie es von Anfang an vorhatten –, des Beifalls des größten Teils der Welt gewiss sein. Wenn Sie die Bombardierung Syriens rechtfertigen wollen, behaupten Sie einfach, Präsident Assad setze chemische Waffen gegen seine eigene Bevölkerung ein. Das allein genügt, die Medien zu veranlassen, sich bei der Verurteilung des Schurken zu überschlagen und das Narrativ fortwährend zu wiederholen, ohne über irgendwelche Beweise zu verfügen. Der Datenwissenschaftler Adam Kramer, der an einem von Facebooks Experimenten zur Verhaltensbeeinflussung beteiligt war, sagte, dass Emotionen ansteckend seien: „Als die Zahl positiver [Beiträge] reduziert wurde, haben die Leute weniger positive und mehr negative Posts abgesetzt. Bei der Reduzierung negativer Äußerungen zeigte sich das gegenteilige Muster." Bei der „Reaktion", die im Rahmen der PRL-Technik provoziert wird, geht es stets um die Manipulation von Emotionen. Die „Probleme" werden so gestaltet, dass sie kollektive Traumata auslösen (bei denen das Reptilienhirn eine zentrale Rolle spielt) – denn traumatisierte Menschen sind für psychologische Manipulationen am empfänglichsten.

Es gibt eine Untervariante der PRL, die ich „Kein-Problem-Reaktion-Lösung" nenne. Dabei wird gar kein echtes Problem benötigt, sondern nur die Vorstellung, dass es eines gebe. Ein herausragendes Beispiel dafür waren die angeblichen irakischen Massenvernichtungswaffen, von denen die Manipulatoren ganz genau wussten, dass sie nicht existieren. Das Gegenmittel für die PRS-Technik besteht in einer einfachen Frage: Wem nützt es? Wer profitiert, wenn ich die Version eines Ereignisses glaube, die mir Regierung und Medien auftischen? Die Nutznießer sind ausnahmslos jene, die eine Agenda zur Unterwerfung der gesamten Menschheit voranbringen und „Lösungen" rechtfertigen wollen, mittels derer eine Region, ein Land oder die ganze Welt diesem Ziel nähergebracht wird. Zudem versuchen Politiker und Ökonomen, Ihnen Angst vor Dingen einzureden, von denen sie nicht wollen, dass sie Realität werden – denn etwas, vor dem Sie Angst haben, werden auch Sie nicht haben wollen. Siehe beispielsweise die Kampagne gegen den Brexit.

Die Arroganz der Ignoranz sowie eine Geistesverfassung, die man als Naivität im Endstadium bezeichnen könnte, machen es Mainstreamjournalisten unmöglich, derartige Manipulationen überhaupt in Betracht zu ziehen. Es gibt unter ihnen nur wenige, die sich vom Niveau etwa eines Nicky „behandle jeden, der den menschengemachten Klimawandel in Zweifel zieht, mit Geringschätzung, und außerdem müssen wir den Kriegsverbrecher Assad beseitigen" Campbell abheben. Wie er berichtete, hätten ihm zwei Muslime gesagt, dass ihrer Ansicht nach Regierungsbehörden hinter dem Selbstmordattentat vom Mai 2017 steckten, bei dem 22 Menschen getötet und 250 verletzt worden waren, als sie ein Konzerthaus in Manchester verließen. Die Regierung nutzte die Attacke unverzüglich, um die Rechtsdurchsetzung durch die Armee auch im Inland zu rechtfertigen, und kündigte an, Informationen, Ansichten und Meinungsäußerungen im Internet noch stärker zu zensieren. Auf die Aussagen der beiden Muslime konnte Campbell nur mit Ungläubigkeit reagieren: „Sie haben gesagt, es war die Regierung!", rief er aus, ohne seine Verachtung verbergen zu können. Der Begriff „Regierung" umfasst eine gewaltige Zahl von Menschen und Behörden, von denen der größte Teil außerhalb des öffentlichen Gewahrseins agiert. Doch in Campbells Augen konnten nur die vergleichsweise wenigen gemeint sein, die in der Öffentlichkeit stehen. Den Vogel schoss er dann mit der Frage ab: „Wo bleibt Ihr kritisches Denkvermögen?" So etwas könnte man sich nicht einmal ausdenken. Doch dank Campbell brauchen wir das auch nicht. Der Grund, warum die *El*-ite mit all dem ungeschoren davonkommt, sind Leute wie *Campbell* – denen die Fähigkeit, die Dinge kritisch zu überdenken und aus einem anderen Blickwinkel zu betrachten, völlig fehlt. Die BBC bezahlt ihm jedes Jahr bis zu 450 000 britische Pfund, weil er für ihre Zwecke genau der Richtige ist. Des Weiteren konnte Campbell nicht verstehen, wie man so wenig Vertrauen in die Regierung setzen kann wie die Muslime. Ein gesundes Misstrauen dem Staat gegenüber sollte eigentlich die Basis *seiner* Arbeit sein (Abb. 442). Am selben Tag drängte die „progressive" Establishment-„Aktivistin" Shami Chakrabarti die Bevölkerung, „Verschwörungstheorien" über die Attacke von Manchester kein Gehör zu schenken. Die Dame, die heute im nicht gewählten Oberhaus des britischen Parlaments sitzt, leitete viele Jahre lang eine Organisation namens Liberty, die vorgibt, für den Schutz der Freiheit und der Menschenrechte einzutreten. Sie stellt ein weiteres Beispiel für die Einstellung dar, dass alle Welt genauso ahnungslos sein müsse wie sie selbst.

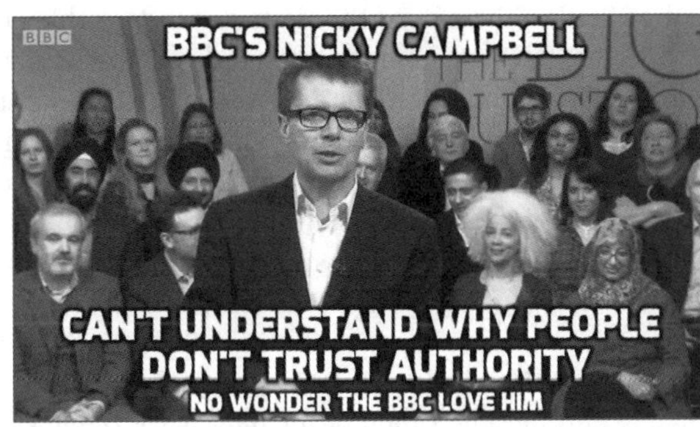

Abb. 442: „Der BBC-Moderator Nicky Campbell kann nicht verstehen, warum die Menschen der Obrigkeit nicht vertrauen. Kein Wunder, dass die BBC ihn liebt." – Der personifizierte Briefmarkenkonsens.

Der einfachste Weg, die Werke der PRL-Methode zu durchschauen, besteht darin zu verstehen, welches Ziel die *El*-ite für die Welt anstrebt. Bringt uns die „Lösung" dem Polizeistaat ein Stückchen näher, und verstärkt sie die Machtkonzentration? Bei einer Manipulation, die augenscheinlich dem PRL-Schema folgt, kann es sich auch um einen Doppel-Bluff handeln. Einmal schaute ich eine frühe Folge der britischen Polizei-Fernsehserie „New Tricks", in der ein Geheimdienstoffizier die verdeckte Untersuchung eines Mordfalls anordnete. Den ermittelnden Polizisten sagte er, ihre Erkenntnisse würden der Öffentlichkeit vorenthalten werden, da man eine Firma vor Schaden bewahren wolle, die sich auf Kosten der „kleinen Leute" an der Pensionskasse bedient hatte. Im privaten Rahmen sprach der Agent auch darüber, dass es möglich sei, das Verhalten der an einer Sache beteiligten Personen vorherzusagen, wenn man sie gut kenne. Einer der Ermittler spielte die Informationen, die vermeintlich geheim gehalten werden sollten, schließlich der Presse zu. Die Folge endete damit, dass der Agent seinem Vorgesetzten meldete, der Auftrag sei erfolgreich ausgeführt worden. Von Anfang an *wollten* sie, dass die Informationen letztlich durchsickern – um der besagten Firma zu schaden. Nur sollte es nicht auf den Geheimdienst zurückzuführen sein.

Das System hat viel Mühe darauf verwendet, die mentalen und emotionalen Reaktionen der Menschen auf verschiedene Arten von Reizen bis ins Kleinste zu studieren. Zu jedem Zeitpunkt wissen seine Lakaien genau, wie sie die jeweils benötigten Verhaltensweisen bzw. Reaktionen auslösen können. Je mehr die Gedanken und Gefühle der Menschen reglementiert werden, desto berechenbarer sind sie, und umso leichter lassen sie sich mit der PRL-Methode manipulieren. Bei den Rechten, Linken und Kräften der Mitte, die glauben, sie würden die Regierung und das Establishment anfechten, kann ich das permanent beobachten: In Wirklichkeit tun sie genau das, was das System wünscht. Ein aktuelles Beispiel ist das Verhalten der Progressiven in Bezug auf Donald Trump. Während sie meinen, gegen das Establishment aufzubegehren, helfen sie der *El*-ite dabei, das Volk zu teilen und zu beherrschen und die Aufmerksamkeit auf die Äste und Bäume zu lenken – und damit weg vom Wald bzw. dem Gesamtbild. Achten Sie stets darauf, welche *Resultate* die Ereignisse zeitigen. Alles andere sind nur Details. Vergessen Sie die Worte, die die Beteiligten von sich geben. Was ist *tatsächlich* passiert? Was hat sich *verändert*? Wem *nützt* es?

Der Stallgefährte der PRL-Methode ist der schleichende Totalitarismus. Stellen Sie sich vor, sie befinden sich am Punkt A und wollen letztlich Punkt Z erreichen (die vollständige archontische Unterjochung der Menschheit). Schritt für Schritt – A, B, C usw. – nähern Sie sich Ihrem Endziel, wobei jeder einzelne davon durch PRL manifestiert wird. Der Trick besteht darin, die Menschen glauben zu machen, dass alles nur zufällig und voneinander isoliert geschehe. Während die einzelnen leisen Schrittchen in Wahrheit grundlegend miteinander verknüpft sind und – für die, die Augen dafür haben – klar in eine ganz bestimmte Richtung weisen, darf sich die breite Masse des Zusammenhangs zwischen ihnen nicht gewahr werden. So hat sich beispielsweise die Europäische Wirtschaftsgemeinschaft Schritt für Schritt in jene zentralisierte, bürokratische Diktatur verwandelt, die als Europäische Union bezeichnet wird. Dabei stand eine Struktur wie die heutige EU spätestens seit den ersten Jahrzehnten des 20. Jahrhunderts auf der Agenda (siehe dazu meine Bücher „… und die Wahrheit wird euch frei machen“ und „Die Wahrnehmungsfalle“). Jean Monnet, der sogenannte „Vater“ des EU-Projekts, schrieb 1952 in einem Brief an einen Freund:

> Europas Nationen sollten in Richtung Superstaat gelenkt werden, ohne dass ihre Völker begreifen, was vor sich geht. Das kann durch aufeinanderfolgende Schritte erreicht werden, jeder davon unter dem Deckmantel eines ökonomischen Zwecks, die letztlich allesamt und unwiderruflich zum Staatenbund führen.

Genau so funktioniert der schleichende Totalitarismus. Im Verein mit der PRL-Methode erschafft er eine ungeheuer mächtige Wahrnehmungstäuschung, mit der sich die Gesellschaft bis in den letzten Winkel umgestalten lässt. Die Beschaffenheit der Welt, die wir heute vorfinden, ist größtenteils darauf sowie auf die Zensur, Unterdrückung und Ausgrenzung all jener Gedanken, Wortmeldungen und Ansichten zurückzuführen, die das offizielle Narrativ infrage stellen. All diese Elemente stehen miteinander in Zusammenhang.

Postscriptum

Im Jahr 2017 war in einem offiziellen Video der Europäischen Union, die immer schnell mit dabei ist, wenn es gilt, „Antisemitismus“ anzuprangern, ein israelischer „Komiker“ namens Avishai Ivri zu sehen. Thema des Beitrags waren die Beziehungen zwischen der EU und Israel. Ivri ist derselbe Mann, der auch Dinge sagte wie: „Scheiß drauf – löscht Gaza aus!“; „Sind die Palästinenser eine Nation? Scheiße sind sie!“; „Die Palästinenser sind Nazis. […] Sie haben nur noch keine Gaskammern gebaut. Aber sie sind definitiv Nazis.“ Oder: „Hier ist eine Strategie, die noch nicht ausprobiert wurde: Töten wir einfach für jeden unserer Getöteten 1.000 Araber. […] Ich glaube, sie schulden uns noch 5.000 von letzter Woche!“ Ivri sagte auch:

> Ihr fragt [uns] immer: „Wie sieht eure Lösung aus?" Wie sieht eure Lösung aus? *Hallo??* Wir rufen nicht „Tod den Arabern", weil es sich reimt! Wir rufen das, weil das unsere Lösung ist! Wir sprühen es an die Wände! Wie geheim, denkt ihr, halten wir wohl unsere Lösung?

Aber keine Sorge, Zionisten können ja keine Rassisten sein. So besagt es (buchstäblich) das Gesetz. Peinlich berührt nahm die EU das Video vom Netz. Doch ich will gar nicht, dass Ivri oder sonst irgendjemand zensiert wird. Ich möchte, dass die Welt über das Ausmaß und die Scheußlichkeit des Rassismus derjenigen, die permanent „Rassist" krakeelen, Bescheid weiß. Ich möchte, dass ihre Scheinheiligkeit sowie ihre Bemühungen, die Weltbevölkerung zum Schweigen zu bringen, offengelegt werden. Danke, dass Sie dazu beigetragen haben, Mr. Ivri.

Postscriptum (2)

Kaum hatte ich das Gros dieses Buches fertiggestellt, kündigte das zionistisch kontrollierte Unternehmen Google/YouTube an – und das war über kurz oder lang unausweichlich –, dass es seine Richtlinien dahingehend ändern würde, dass gegen „Verschwörungstheorien" (alles, was die offiziellen Narrative, für die Google lediglich ein Werkzeug ist, entlarven könnte) und „Hassrede" (dito) offen vorgegangen werden kann. In die Kategorie „Verschwörungstheorien" – ein Begriff, den einst die CIA erfand, die auch Google mit dem nötigen Startkapital versorgte – sollen alle Websites fallen, die im Widerspruch zu „anerkannten historischen und wissenschaftlichen Tatsachen" stehen. Wie viele solcher „Tatsachen", die einst als anerkannt galten, wurden inzwischen als haarsträubend inkorrekt entlarvt? Unzählige, lautet die Antwort. Sie zu hinterfragen ist der Weg, auf dem wir vorankommen. Was dort geschieht, ist Orwell hoch zehn. Google/YouTube hat die (von Apple finanzierte) ultrazionistische Anti-Defamation League bereits als einen ihrer Zensoren hinzugezogen. Wer jetzt – angesichts der koordinierten Anstrengungen zur Unterdrückung von Informationen – nicht begreift, was gespielt wird, der wird es auch in Zukunft nicht kapieren.

Eine weitere prominente, von den Zionisten kontrollierte und reichlich finanzierte amerikanische „Anti-Hass"- und „Bezeichne sie alle als Nazis"-Zensurinstitution ist eine Tarnorganisation, die ironischerweise als Southern Poverty Law Center (SPLC, dt. etwa: Rechtszentrum zur Armut des Südens) bezeichnet wird. Im August 2017 kam heraus, dass die Organisation Millionenbeträge auf Schwarzgeldkonten transferiert hat und ihren Managern wie dem zionistischen Präsidenten und Geschäftsführer Richard Cohen Jahresgehälter von über 350.000 Dollar zahlt. Der amerikanische Fernsehmoderator Tucker Carlson, der eine ganze Reihe von Feinden der Redefreiheit angeprangert hat, bezeichnete die von Apple finanzierte SPLC als „zutiefst korrupt, unehrlich und widerlich". Präzise, und sie sind bei Weitem nicht die Einzigen.

Kapitel 12

Vor unser aller Augen

„In der Gegenwart des Mondes sieht niemand die Sterne."

Amit Kalantri

In den folgenden Kapiteln werde ich das bisher Gesagte verknüpfen und aufzeigen, worauf die beschriebenen Entwicklungen hinauslaufen und welches finale Szenario geplant ist. Der Blickwinkel, der sich dabei hinsichtlich des Weltgeschehens ergeben wird, unterscheidet sich erheblich von den Deutungen, die wir Tag für Tag dem Mainstream-Einheitsbrei entnehmen können.

Der wichtigste Aspekt lautet: Kontext. Sie können Personen und Ereignisse entweder isoliert betrachten, sodass sie in einem bestimmten Licht erscheinen; oder aber Sie fügen sie zu einem Gesamtbild zusammen – und werden überrascht sein, wie sehr sich das Ergebnis vom ersten Fall unterscheidet. Die Medien des Mainstreams berichten über das Weltgeschehen, als handele es sich um eine Abfolge zufälliger Ereignisse, zwischen denen keinerlei Zusammenhang besteht. Sie verhalten sich so, weil 90 Prozent der Medien nichts von den Verbindungen ahnen, die zwischen den Ereignissen und dem eigentlichen Kontext bestehen. Die übrigen etwa zehn Prozent sind sich bis zu einem gewissen Grad der Tatsache gewahr, dass die Dinge nicht immer das sind, was sie zu sein scheinen. Doch auch sie ignorieren ihr Wissen zumeist, um ihre Karriere zu schützen – oder gar aus Sympathie für die Mächtigen im Schatten. Die Letztgenannten sind darauf angewiesen, dass ahnungslose und gefügige Medien die gigantische Kluft zwischen dem tatsächlichen Geschehen und dem Bild verbergen, das der Öffentlichkeit präsentiert wird.

Meine gesamte, mittlerweile fast 30 Jahre umfassende Arbeit basiert darauf, dass ich Ereignisse und Namen in Zusammenhang stelle und aufzeige, wie sie sich in eine Entwicklung einfügen, an deren Endpunkt ein bestimmtes Ziel stehen soll. Um ein Netzwerk erkennen zu können, muss man die verschiedenen Stränge zusammenfügen; verbindet man die einzelnen Bildpunkte, wird das Gesamtbild erkennbar. Präsentiert man die Punkte hingegen als voneinander isoliert – wie es Politiker und Medien tun –, stellt sich das Weltgeschehen als verwirrende Kette zufälliger Ereignisse dar, die weder miteinander in Verbindung zu stehen noch in eine Richtung zu weisen scheinen. Doch in Wirklichkeit ist *beides* der Fall – und die *El*-ite fürchtet sich davor, dass Sie das erkennen. Sobald der Kontext offenbar wird, der Personen, Organisationen und Geschehnisse *verbindet*, schaut die Welt deutlich anders aus.

Die Verbindungen bestehen auf mehreren Ebenen, die sowohl die „sichtbare" Ebene als auch den Bereich umfassen, der sich zwischen dem Sichtbaren und dem Unsichtbaren befindet. Etwas, das eine bestimmte, dem Sichtbaren zugehörige Ursache zu haben scheint, entspringt in Wirklichkeit möglicherweise dem Unsichtbaren und kann eine viel tiefere Bedeutung haben. Nehmen wir zum Beispiel den Krieg. Der Mainstream erklärt ihn stets in der Weise, die die hinter den Medien stehende beherrschende Macht – in der Regel westliche Politiker und Unternehmen – vorgibt. „Wir müssen einmarschieren, um den Diktator daran zu hindern, sein eigenes Volk umzubringen!" Verbindet man die auf der sichtbaren Ebene angesiedelten Punkte, entpuppt sich der angebliche Grund als fabrizierter Vorwand, um ein auf der Abschussliste befindliches Regime zu beseitigen – ein Unterfangen, das wiederum Teil einer viel umfassenderen Strategie ist, sich des gesamten Planeten zu bemächtigen und ihn unter Kontrolle zu bringen. Begibt man sich auf die unsichtbare Ebene, wird die archontisch-reptiloide Macht zum entscheidenden Moment, die sich von der menschlichen Angst und anderen niedrig schwingenden Emotionen ernährt – sodass *der Krieg als solcher* im Mittelpunkt steht. Auf der sichtbaren Ebene gibt es bei einem Krieg einen aus Sicht der Archonten idealen Verlauf – nämlich wenn es ihnen gelingt, die Bevölkerung zu teilen, zu beherrschen und sie ihrer Freiheit zu berauben sowie sich des Landes und der Bodenschätze zu bemächtigen. Doch der entscheidende Punkt ist, dass Kriege und Konflikte *gleich welcher Art* deshalb unaufhörlich befeuert werden, weil sie aufgrund der damit verbundenen menschlichen Emotionen energetische Nahrung für das Biest darstellen. Für die archontische Verzerrung steht die Aufrechterhaltung des Konflikts an sich im Vordergrund. Warum kämpfen sie gegeneinander? Das ist uns eigentlich egal – Hauptsache, sie kämpfen! Wovor haben sie solche Angst? Völlig gleichgültig, solange sie nur in Angst leben. Das Weltgeschehen lässt sich erst dann richtig einordnen, wenn man versteht, dass die sichtbaren Ereignisse aus den unsichtbaren Bereichen heraus eingefädelt werden.

Die Hungerspiele-Gesellschaft

Die Welt des Sichtbaren wird zu einem offenen Buch, wenn wir zwei Fragen beantworten: An welchen Endpunkt will man uns heranführen? Und zweitens: Mit welchen psychologischen Methoden wird das bewerkstelligt? Die zweite Frage habe ich bereits beantwortet, als ich das als Problem-Reaktion-Lösung bezeichnete Prinzip sowie den schleichenden Totalitarismus erläuterte. Zwar gibt es weitere Psychotricks, mit denen die kollektive Wahrnehmung des Weltgeschehens manipuliert und Verwirrung gestiftet wird, doch die beiden genannten Techniken bilden die Zwillingssäulen, auf die sich das weltumspannende Programm zur Psychiatrisierung des menschlichen Verstandes stützt. Da einige wenige die breite Masse unmöglich „physisch" kontrollieren können, sind sie gezwungen, stattdessen die Gedanken und Realitätswahrnehmungen zu manipulieren.

Abb. 443: Die Struktur der Hungerspiele-Gesellschaft.

Wenden wir uns also nun der ersten Frage zu: Welches Endszenario wird eigentlich angestrebt? Die anvisierte „schöne neue Welt" bezeichne ich in Anlehnung an die Spielfilm- bzw. Romanserie „Die Tribute von Panem" (engl. Originaltitel: The Hunger Games) als Hungerspiele-Gesellschaft. In den Filmen wird eine dystopische Welt entworfen, in der sich eine Handvoll superreicher Individuen eines brutalen und unbarmherzigen Polizei- bzw. Militärstaats bedient, um ihren Willen einer in tiefer Armut und generationenübergreifender Sklaverei gehaltenen Bevölkerung aufzuzwingen. Damit ist die angestrebte globale Gesellschaftsform, deren Aufbau mit jedem Tag voranschreitet, präzise beschrieben (Abb. 443). Der Plan zielt darauf ab, dass das eine Prozent den gesamten Planeten kontrolliert, während praktisch die ganze Menschheit durch den künstlich aufrechterhaltenen Mangel an Lebensnotwendigem sowie das Kontrollsystem des Polizei-/Militärstaats unterjocht wird. Der Letztgenannte wird derzeit weltweit installiert, zumeist unter dem Vorwand, die Bevölkerung „vor dem Terrorismus zu beschützen". Dabei wurde der Terrorismus von denselben Netzwerken herbeimanipuliert, finanziert und mit Waffen ausgestattet, die uns jetzt weismachen wollen, wir müssten, um ihn zu besiegen, unsere Freiheiten aufgeben: Problem-Reaktion-Lösung.

Der Plan sieht vor, die „menschliche" Gesellschaft in nur drei grundlegende Schichten zu unterteilen: das eine Prozent; die Erfüllungsgehilfen desselben, die in der militär-/polizeistaatlichen Kontrollstruktur dienen; und die übrige Bevölkerung, die in Armut und Abhängigkeit gehalten wird. Der Angriff, den das eine Prozent und seine Vollstreckungsorgane gegen die 99 Prozent fahren, zeigt sich etwa an der unverhüllten Verachtung für die Armen und Bedürftigen. Während immer mehr Menschen in die Obdachlosigkeit getrieben werden, erklärt man das Übernachten im Freien für illegal. In einigen Städten ist es verboten, Essen an Bedürftige auszugeben; fürsorgende Bürger wandern dafür bereits ins Gefängnis. Gegen einen Studenten, der Obdachlosen gratis die Haare schnitt, wurde wegen

Abb. 444: „Krieg gegen die Obdachlosen in der Hungerspiele-Gesellschaft" – Die Visitenkarte der archontischen Reptiloiden: Keinerlei Empathie.

einer „fehlenden Lizenz" ermittelt (Abb. 444). Ich könnte das Buch allein mit Beispielen solch offizieller Unmenschlichkeiten füllen.

Falls Sie jetzt eventuell sagen, Sie würde das ja nicht betreffen, da Sie im Augenblick in wirtschaftlicher Hinsicht zu den „Gewinnern" zählen und ein hübsches Häuschen, ein Auto und Geld auf der Bank haben, möchte ich Ihnen nahelegen, darüber noch einmal nachzudenken. Das eine Prozent bzw. der *Teil* desselben, der die Zügel in der Hand hält, will den Besitz und den Reichtum jedes Einzelnen. Wenn Sie diesem kleinen Personenkreis nicht angehören, *sind* Sie davon betroffen – ganz gleichgültig, was Sie heute zu besitzen meinen. In den Vereinigten Staaten leben bereits viele Menschen in Zeltstädten, die einst ein hübsches Heim und einen gut bezahlten Job hatten.

Eine Regierung nach der anderen bedient sich an privaten Bankkonten, wobei verschiedene Vorwände vorgeschoben werden. Die Inspekteure des griechischen Finanzministeriums modifizieren die Gesetze in einer Weise, dass der Zugriff auf Vermögenswerte und Bankschließfächer legalisiert wird. Des Weiteren haben wir die als Bail-in bezeichnete Betrugsmasche, bei der den Bankkunden ein Teil ihrer Einlagen gestohlen wird, um die – zuvor absichtlich zu Fall gebrachten – Banken zu „retten". Bei einer kommenden Finanzkrise, die die Bankenkrise von 2008 bei Weitem in den Schatten stellen dürfte, wird dieser Trick eine der Hauptmethoden darstellen, die Menschen ihres Vermögens zu berauben. Ferner gehe ich davon aus, dass auch der Derivatemarkt eine entscheidende Rolle spielen wird – wenn man nämlich im wirkungsvollsten Moment offenlegen wird, dass der Markt, der angeblich Hunderte Billionen Dollar wert sein soll, in Wirklichkeit aus heißer Luft besteht. Bedenkt man etwa die Tatsache, dass die amerikanischen Gesetzesvollzugsbehörden im Jahr 2014 mehr Vermögenswerte von der Bevölkerung konfisziert haben, als alle Einbrecher zusammengenommen mitgehen ließen (5 Milliarden gegenüber 3,5 Milliarden Dollar), wird deutlich, dass der staatlich legitimierte Diebstahl privaten Geldes und Vermögens immer mehr zum Thema wird. Die Maßnahmen basieren auf Gesetzen zur „zivilstaatlichen Beschlagnahmung", die es der Polizei gestatten, Eigentum ohne Anklage oder Beweise für das Vorliegen einer Straftat zu konfiszieren. Damit wird der Ball den Betroffenen zugespielt, die nun, um ihre Besitztümer zurückzuerhalten, ihrerseits beweisen müssen, dass sie nicht kriminell sind oder vorhatten, es zu werden. Unter Trumps Justizminister Jeff Sessions, der versprach, dass die Polizei es künftig leichter haben würde, Eigentum ohne Beweise für eine Straftat einzuziehen, wird diese Form staatlichen Raubes noch enorm angekurbelt.

Der Verschuldungsrausch, dem viele Kreditkarteninhaber zum Opfer fallen (von der *El*-ite kaltblütig dazu ermutigt), führt immer mehr Menschen in den finanziellen Abgrund. Eine Umfrage des amerikanischen Versicherungskonzerns Northwestern Mutual aus dem Jahr 2017 ergab, dass 45 Prozent aller Amerikaner die Hälfte ihres Einkommens darauf verwenden, Schulden abzuzahlen – Hypotheken *noch nicht mitgerechnet*. Dabei sind wir schon jetzt an dem Punkt, dass einem superreichen Prozent die Hälfte aller weltweiten Vermögen gehört und die 62 reichsten Personen der Welt – laut einer Anfang 2016 durchgeführten Erhebung – ebenso viel besitzen wie die ärmste *Hälfte* der Menschheit zusammengenommen. Seither ist die erstgenannte Zahl drastisch gesunken, da die Konzentration der Vermögen und der Ressourcenkontrolle in den Händen des einen Prozents mit jedem Jahr weiter voranschreitet. Zum Jahr 2017 soll sie Studien zufolge von 62 auf ganze *fünf oder sechs* Personen gefallen sein: Bill Gates (Microsoft), Mark Zuckerberg (Facebook), Jeff Bezos (Amazon), Warren Buffet (Berkshire Hathaway Inc., eine US-amerikanische Holdinggesellschaft), Amancio Ortega (Mode und Immobilien) und Carlos Slim Helu (Telekommunikation in Lateinamerika). Jeder der fünf Spitzenplätze hält damit denselben Reichtum wie 750 Millionen Erdbewohner.

Die im Besitz des weniger als einen Prozents befindlichen Unternehmen reißen zunehmend die Kontrolle über die globale Wirtschaft an sich. In den USA wandert beispielsweise jeder zweite für Einkäufe über das Internet aufgewendete Dollar in die Taschen von Amazon; in Großbritannien sind es vier von zehn britischen Pfund. Amazon weitet seine Vormachtstellung wie auch sein Produktspektrum kontinuierlich aus, sodass immer mehr Konkurrenten aus dem gesamten Spektrum ökonomischer Aktivitäten aus dem Geschäft gedrängt werden. Die Optionen, sich fair zu verhalten, mit anderen zu teilen und der Konkurrenz auch noch ein Stück vom Kuchen übrig zu lassen, scheinen für Amazon nicht zu existieren – denn Bezos will alles: Der Konzern soll laut Drehbuch zum ausgewachsenen globalen Monopolisten für alle Arten von Produkten avancieren, ähnlich wie Google und Facebook in ihren Bereichen. Amazon hat sogar ein System patentieren lassen, das es seinen Kunden unmöglich machen würde, über das Telefon die Preise anderer Anbieter abzurufen. Leute wie Bezos sind absolut skrupellos. Der Internationale Gewerkschaftsbund ernannte Bezos, dem man häufige Ausraster und Wutanfälle nachsagt, im Jahr 2014 zum schlechtesten Chef der Welt. Nur bei 49 der 100 größten ökonomischen Körperschaften der Welt handelt es sich heute noch um Länder; die übrigen 51 sind Unternehmen. Der Gegenwert der 200 größten Unternehmen auf Erden übertrifft zusammengenommen den von 182 Ländern. 147 Firmen bestreiten 40 Prozent des Welthandels.

Dank internationaler „Handelsverträge" schreitet die Machtkonzentration auch im Unternehmensbereich mit jedem Tag voran. Die Abkommen bedeuten nichts weniger als den rechtlich untermauerten Machttransfer von den Regierungen zu den Unternehmen: Sollte eine Regierung Gesetze verabschieden, von denen die Konzerne behaupten, sie würden ihre Profite schmälern, können sie der Regierung (und damit der jeweiligen Bevölkerung) gigantische Strafgelder abpressen. Ob dieselben Gesetze vielleicht den Menschen oder der Umwelt nützen, spielt in dem faschistischen System keine Rolle. Alles, was zählt, sind die Profite *(Kontrolle)*. Schließlich wird das System von archontisch-reptiloid-satanistischen Psychopathen betrieben, denen selbst das kleinste Fünkchen Empathie fehlt, sodass sie Kinder opfern, willkürlich Leben zerstören und Zivilisten mit Bombenteppichen überziehen können, ohne die geringste emotionale Folge davonzutragen.

Der Struktur der Hungerspiele-Gesellschaft liegt eine Weltregierung zugrunde, die das Leben auf dem gesamten Planeten bestimmt – bis hinunter zur kommunalen Ebene (Abb.445). Der Begriff „Regierung" bezeichnet in diesem Zusammenhang kein gewähltes Gremium. Sie soll nach Art der Europäischen Union funktionieren, an deren Spitze Amtsträger stehen, die nicht gewählt, sondern ernannt worden sind und die ihrerseits Funktionäre ernennen. Bürokraten in dunklen Anzügen, die die EU regieren, als wäre sie ihr privates Lehnsgut, treffen schwergewichtige Entscheidungen, die in das Leben Hunderter Millionen Menschen eingreifen, während sie vor ihren unsichtbaren Meistern katzbu-

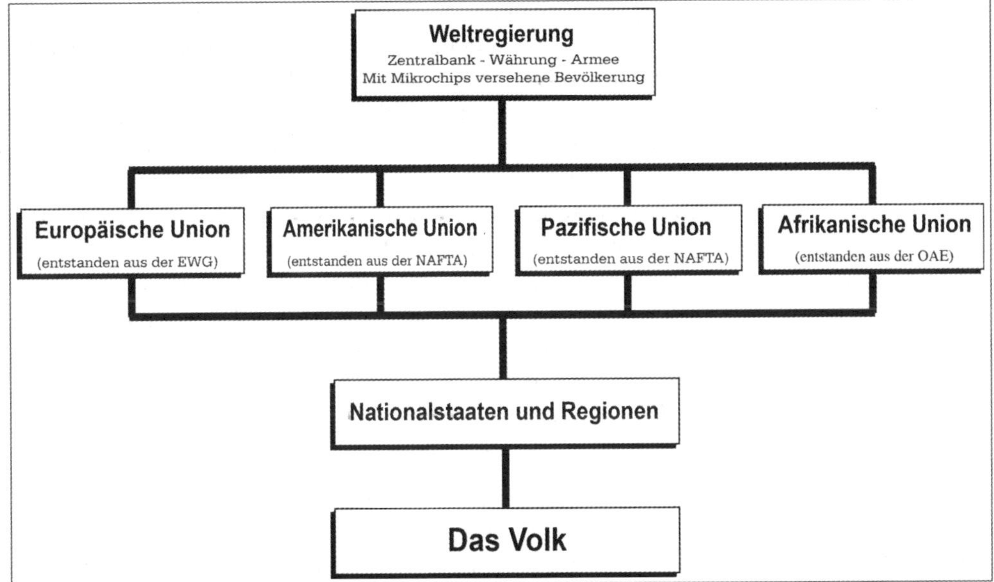

Abb. 445: Die Hierarchie der Weltregierung in der Hungerspiele-Gesellschaft.

ckeln. Der Witz von einem „Europäischen Parlament" (das seinen Sitz passenderweise in einem anderen Land hat als die bürokratische EU-Kommission) dient lediglich dazu, nicht vorhandene Macht vorzugaukeln und der EU den Anstrich von „Demokratie" zu geben. In Wahrheit stellt sie eine bürokratische Diktatur in finanziellen und rechtlichen Belangen dar. In der gleichen Weise ist auch die „Weltregierung" als globale bürokratische Tyrannei angelegt. Mit dem Sicherheitsrat der Vereinten Nationen und den „G"-Treffen – G7, G8, G20 usw., welche Zahl auch als Nächstes kommen mag – hat man uns per schleichenden Totalitarismus de facto schon eine Weltregierung untergeschoben. Die künftige, bereits in Wartestellung befindliche Weltregierung ist auch gemeint, wenn von der „internationalen Gemeinschaft" gesprochen wird. Auf dem alljährlich stattfindenden „World Government Summit" werden die Möglichkeiten der globalen Steuerung bereits ausgelotet und beworben. Auf die Agenda zur Schaffung einer Weltregierung habe ich erstmals in meinem 1993 erschienenen Buch „The Robot's Rebellion" aufmerksam gemacht – heute wirbt man in aller Öffentlichkeit dafür. Die Ereignisse, die einen gesellschaftlichen Wandel nach sich ziehen, geschehen rein zufällig? Ausgeschlossen.

Neben den USA, Russland und China sitzen Großbritannien und Frankreich als ständige Mitglieder im UNO-Sicherheitsrat. Zusammen entscheiden sie darüber, wer bombardiert werden soll und wer nicht – üblicherweise von den Vereinigten Staaten, Großbritannien und der NATO (wenngleich die Erstgenannten die UNO häufig übergehen und allein losschlagen). Wie kann es sein, dass Großbritannien und Frankreich, die hinsichtlich ihrer Bevölkerungszahl im globalen Vergleich den 21. bzw. 22. Platz belegen, in einer solchen Körperschaft ständige Mitglieder sind? Natürlich halten sie diese Position nicht aufgrund der Größe ihrer Länder, sondern wegen ihrer Stellung innerhalb der Hierarchie des weltumspannenden Spinnennetzes. Eine Weltzentralbank soll es der Weltregierung ermöglichen, über nachgeordnete Ebenen, die – wie die Europäische Zentralbank (EZB) – bereits in Stellung gebracht werden, die finanziellen Angelegenheiten der gesamten Welt zu kontrollieren. Die Pläne sehen vor, dass es nur noch eine globale elektronische Währung gibt und Bargeld vollständig abgeschafft wird. Auch vor der bargeldlosen Gesellschaft warne ich seit den frühen 1990er-Jahren; mittlerweile erleben wir, wie das Bargeld mit zunehmender Geschwindigkeit aus dem Verkehr gezogen wird. Einige Länder sind schon jetzt so gut wie bargeldfrei. Der Kreditkartenriese Visa hat unlängst damit begonnen, Firmen zu *bezahlen*, wenn sie künftig auf die Entgegennahme von Münzen und Banknoten verzichten. (Das wirkt sich nachteilig für all jene aus, die weder Kreditkarten noch Smartphones besitzen, insbesondere also für ältere Menschen. Doch was kümmert das den Visa-Konzern?)

Der Internationale Währungsfonds (IWF) publizierte Empfehlungen, mit denen die Regierungen Tipps erhielten, wie sie sich des Bargelds entledigen könnten – und genau das, was darin vorgeschlagen wird, können wir nun beobachten:

> Obwohl einige Länder innerhalb der nächsten Jahre höchstwahrscheinlich die Bargeldmenge reduzieren werden, sollte die vollständige Bargeldabschaffung schrittweise vorgenommen werden. Der Prozess könnte auf anfänglichen, nur wenig angefochtenen Schritten aufbauen, wie zum Beispiel dam Ausdünnen großer Geldscheine, der Platzierung von Begrenzungen bei Bargeldtransaktionen und der Erfassung grenzüberschreitender Bargeldbewegungen. Weitere Schritte könnten die Schaffung wirtschaftlicher Anreize zur Verringerung der Verwendung von Bargeld bei Transaktionen, die Vereinfachung der Eröffnung und Nutzung übertragbarer Einlagen und eine weitere Computerisierung des Finanzsystems sein.

Das ist ein klassisches Beispiel für schleichenden Totalitarismus. Beim Konzept der bargeldlosen Welt geht es um Kontrolle und Überwachung. Die Unkenntnis der wahren Agenda hinter der Abschaffung des Bargelds ist der Grund, warum sie Umfragen zufolge von jedem dritten Europäer begrüßt wird. Wären sie über die Konsequenzen im Bilde, sähe das anders aus. In einer bargeldlosen Gesellschaft wäre es unmöglich, irgendetwas käuflich zu erwerben, ohne dass das System sofort darüber Bescheid weiß. Der Tauschhandel würde mit der Begründung verboten werden, dass er nicht besteuert werden kann. Wer sich der Obrigkeit widersetzt, sie anficht oder bloßstellt, wird sein Geld durch ein einfaches Klick, Klick, Enter los. Geld, das man in der Hand halten kann, stellt ein Bollwerk gegen die vollständige finanzielle Kontrolle dar – und genau deshalb verschwindet es. „Oh, aber es ist doch so bequem, einfach nur mein Smartphone durchziehen zu müssen." Was denken die Leute denn – dass die *El*-ite uns ein *un*bequemes Sklavendasein bereiten wird?

Der nächste Schritt in Richtung einer Weltregierung wird in der Schaffung von Superstaaten bestehen, die nach dem Vorbild der EU aufgebaut sind. Einstmals souveräne Länder werden dabei zerschlagen und durch kleinere Regionen ersetzt, sodass jedes einheitliche Vorgehen gegen die Unterdrückungs- und Zwangsstrukturen von vornherein verwässert wird. Der Grund für das Entsetzen, das das Brexit-Referendum – bei dem sich die Mehrheit der britischen Wähler für den Austritt aus der EU ausgesprochen hatte – beim System und seinen Höflingen ausgelöste, war die Tatsache, dass diese Entscheidung ihren Plänen zuwiderlief. Die Brüsseler Bürokraten und ihre Agenten, die Systemdiener sowie die ahnungslosen britischen Progressiven tun alles, was in ihrer Macht steht, um den Brexit zu vereiteln und den Austritt so schwierig wie möglich zu gestalten – als Warnung an jeden, der es den Briten gleichtun wollte (und eine Menge Europäer würden das in der Tat befürworten). Die EU-Kontrolleure wollen nicht, dass irgendjemand ihr Konstrukt verlässt, sondern im Gegenteil immer mehr Länder daran binden.

Abb. 446: Wie könnt ihr nutzlosen, alten Leute es wagen, uns aus dem Gefängnis zu befreien?

Die Progressiven bieten, völlig ahnungslos bezüglich des tatsächlichen Geschehens, einen unglaublichen Anblick: Die kognitive Dissonanz (die Vorstellung, zwei sich ausschließende Gegensätze könnten gleichzeitig wahr sein) hat sie derart im Griff, dass sie es fertigbringen, über Freiheit und Demokratie zu reden, während sie sich dafür einsetzen, die Lebensumstände von 66 Millionen Briten von nicht gewählten Bürokraten bestimmen zu lassen, die in einem anderen Land sitzen und deren Namen sie noch nicht einmal kennen (Abb. 446). Jean-Claude Juncker, der frühere Präsident der Europäischen Kommission (nicht gewählte Bürokraten), wurde wiederholt beschuldigt, im Dienst zu trinken. Im Internet findet man Videos, die das eindeutig belegen. Er wurde bereits als Jean-Claude Drunker oder Jean-Claude Junket[1] tituliert. Die Medien zitierten einen Diplomaten mit den Worten, Juncker sei während der EU-Verhandlungen über Zypern „sichtlich besoffen" gewesen und mit seinen Mitarbeitern „sehr familiär" umgegangen – so sehr, dass es den Umstehenden peinlich war. Sein Verhalten wurde als „seltsam" beschrieben – doch seltsam war es wohl nur aus Sicht eines nicht Betrunkenen. Gerade habe ich „Jean-Claude Juncker" in eine Suchmaschine eingegeben, und der zweite automatische Vorschlag lautete: „Jean-Claude Juncker drunk". *Ich habe eine Idee* – lasst uns dem Burschen Macht über das Leben von 500 Millionen Menschen geben!

Bei den britischen Parlamentswahlen von 2017 hat man versucht, den Brexit durch Taschenspielertricks zu verwässern und die Kontrolle der EU-Bürokraten über das Vereinigte Königreich aufrechtzuerhalten. Die Premierministerin Theresa May von den konservativen Torys hatte wiederholt erklärt, dass sie Wahlen nur dann ausrufen würde, wenn sie durch die Gesetzeslage dazu gezwungen wäre und die Verhandlungen zum Austritt aus der EU beendet seien. Ihre Mehrheit im Parlament war groß genug, dass sie Artikel 50 des EU-Vertrags hätte anwenden und wenige Wochen später mit den Austrittsverhandlungen beginnen können. Doch dann kündigte May völlig unvermittelt Neuwahlen an, da sie eine stärkere Mehrheit benötige, um in den Verhandlungen mehr Gewicht zu haben. Die

1 Als „junket" bezeichnet man im Englischen eine Reise oder Feierlichkeit, die ein Funktionär der Regierung auf Kosten des Steuerzahlers organisiert. – *Anm. d. Übers.*

Umfrageergebnisse legten nahe, dass ihr das hätte gelingen können. Was jedoch folgte, lässt sich nur als eine der katastrophalsten Wahlkampagnen beschreiben, die man in der politischen Geschichte Großbritanniens seitens einer großen Partei je gesehen hat. Dazu gehörte unter anderem ein Manifest, das einem Selbstmordabschiedsbrief gleichkam, da darin gerade dem harten Kern innerhalb der Conservative Party, dessen Stimmen May dringend benötigte, um die gewünschte Mehrheit zu erreichen, finanzielle Nachteile in Aussicht gestellt wurden. Wenn sie darauf aus gewesen wäre, die Wahlen zu verlieren, wäre das die ideale Kampagne gewesen. Sie begann als stärkste Partei, verlor dann jedoch die Mehrheit. Damit bekam eine „progressive Allianz", die den Brexit überwiegend nicht einmal in abgeschwächter Form akzeptieren will, eine Chance, den vollständigen Rückzug aus der EU-Kontrollstruktur – für den das britische Volk 2016 votiert hatte – zu verhindern. Beim sogenannten „weichen Brexit", bei dem Großbritannien im europäischen Handelsmarkt verbleiben würde, wären die EU-Bürokraten selbst dann noch involviert, wenn das Königreich seine EU-Mitgliedschaft offiziell beenden würde. Für die progressive Allianz stellt diese Variante das absolute Maximum dar, dem sie ihre Zustimmung geben würde. Wenn es so kommt, bliebe vom Brexit kaum mehr als Augenwischerei übrig. Auf der anderen Seite haben einige Mitglieder der Labour Party, die die Opposition anführt, durchblicken lassen, dass sie einen kompletten Rückzug aus der EU – den „harten" Brexit – unterstützen würden. Wir werden also sehen, was geschieht. Doch Theresa Mays Wahldebakel, das sich zu einem Zeitpunkt ereignete, als der Brexit kurz vor der Umsetzung stand, stinkt zum Himmel. In Mays Umfeld wurden Entscheidungen von einer Handvoll Personen getroffen, ohne sich vorher mit der Partei abzusprechen. Darüber hinaus soll der Eurokrat Jean-Claude Juncker May mehrmals nahegelegt haben, Blitzwahlen auszurufen, um sich eine größere Mehrheit zu sichern – was freilich das Letzte wäre, was er ihr gewünscht haben würde. Sollten seine Bemerkungen bei Mays Entscheidung irgendeine Rolle gespielt haben, wäre schon allein ihre enorme Naivität Grund genug, ihr die Führung eines Landes zu verwehren. Wie ich bereits sagte: Die ganze Sache stinkt.

Der Großteil der EU-verliebten Progressiven beteiligt sich unterdessen an Demonstrationen, die sich gegen Globalisierung und Freihandelsabkommen wenden, da den Konzernen damit eine enorme Macht verliehen wird. Dabei wird diese Agenda von derselben weltumspannenden Kabale vorangetrieben, die auch hinter der fortwährenden Zentralisierung bürokratischer Macht innerhalb der EU steht. In Brüssel gibt es *30.000* Lobbyisten (das entspricht in etwa der Zahl der EU-Bürokraten), die einige der größten Konzerne der Welt repräsentieren. Man schätzt, dass sie ungefähr drei Viertel aller EU-Gesetze beeinflussen, die im Prozess der *Globalisierung* – auf dem Weg zur weltumspannenden Vorherrschaft der Großunternehmen – verabschiedet werden. (Schüttelt erneut den Kopf, atmet tief durch und fährt fort.) Mit der Wendung „Arroganz durch Ignoranz" ist das Ausmaß der bei den Progressiven anzutreffenden Unwissenheit, Dummheit, Scheinheiligkeit und Selbsttäuschung noch nicht einmal ansatzweise erfasst. Das kindliche, „progressive" Gemüt, das in politischer Korrektheit nur schwarzweiß zu denken vermag, ist derart verwirrt, dass es allen Ernstes jeden, der nicht zentral von Bürokraten kontrolliert werden und stattdessen selbst über den Umfang der Masseneinwanderung in sein Land bestimmen will, definitionsgemäß für einen Rassisten hält – und damit jeder weiteren Diskussion oder Erwägung für unwürdig. Ginge es nach den Extremisten unter den politisch korrekten Progressiven, würden sie den Vorgenannten gar das Wahlrecht entziehen. Wir haben es mit einer Art der geistigen Erkrankung zu tun, bei der die psychologische Schieflage derart gewaltig ausfällt, dass sich der Betroffene wie ein Faschist aufführen und dennoch für einen freiheitsliebenden Liberalen halten kann.

Weltarmee NATO

Der Plan sieht vor, dass der Weltregierung eine Weltarmee zur Verfügung stehen soll, um den Bewohnern des Planeten ihren Willen aufzwingen zu können. Sämtliche nationalen Armeen sollen aufgelöst und deren Personal und Ressourcen der Kontrolle des globalen Netzwerks unterstellt werden. So würde es letztlich nur eine einzige, zentral gesteuerte, aus den ehemaligen Armeen hervorgegangene Militär- und Polizeiorganisation geben, die für die gesamte Rechtsdurchsetzung zuständig wäre – ob daheim oder im Ausland. Diese weltumspannende Militär-/Polizeimacht soll zudem technologisch geprägt sein, indem sie durch künstliche Intelligenz gesteuert wird; doch dazu später mehr.

Die Vereinigten Staaten und die NATO (also die Vereinigten Staaten) bilden den Deckmantel, unter dem die Weltarmee nach dem Prinzip des schleichenden Totalitarismus installiert wird. Auch die Vereinten Nationen mit ihren Friedenseinsätzen sowie sämtliche Armeen der EU-Länder sollen in die Hierarchie der Weltarmee eingegliedert werden. Die USA geben mehr Geld für militärische Zwecke aus als die nächsten zehn Länder zusammengenommen (Abb. 447). Russland ist in dieser Hinsicht weit abgeschlagen. Dessen ungeachtet soll es eine Bedrohung für die Weltgemeinschaft darstellen – während das schießfreudigste Land auf Erden jedes Jahr *mindestens* eine Billion Dollar für das Militär ausgibt (versteckte Kosten inbegriffen) und permanent behauptet, von irgendwem bedroht zu werden. Verängstige die Bevölkerung mit zahllosen erfundenen „Feinden", und sie wird es hinnehmen, dass die

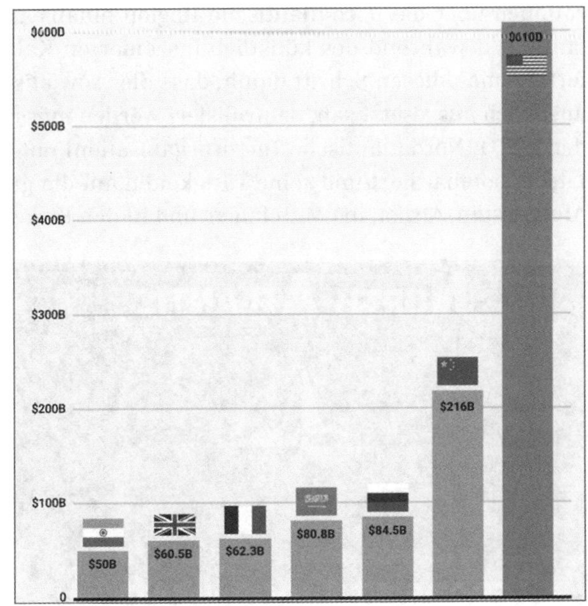

Abb. 447: Die Militärausgaben der USA im Vergleich mit der übrigen Welt. Russland steht weit abgeschlagen an dritter Stelle, etwa gleichauf mit Saudi-Arabien.

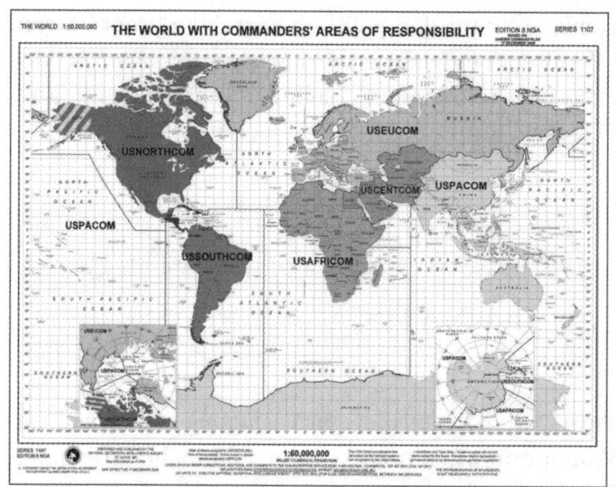

Abb. 448: Die globale Kommandostruktur des US-amerikanischen Militärs, die auf ihre Übernahme durch die Weltarmee wartet.

Regierung Billionen von Dollars für das Militär ausgibt, während die Menschen hungern und auf der Straße leben müssen.

Das amerikanische Militär, das derzeit in 147 der insgesamt 196 Länder unseres Planeten operiert, hat die Welt in sogenannte „Kommandos" unterteilt: NORTHCOM, SOUTHCOM, EUCOM, CENTCOM, AFRICOM und PACOM (Abb. 448). Die Arroganz, die darin zum Ausdruck kommt, verschlägt einem die Sprache. Der springende Punkt ist jedoch, dass die Struktur nicht wirklich für das amerikanische Militär bestimmt ist. Die strukturelle Untergliederung dient vielmehr dazu, die spätere Übernahme durch die Weltarmee vorzubereiten. Des Weiteren haben wir die von den USA kontrollierte NATO, die innerhalb der in Wartestellung befindlichen Komponenten der künftigen Weltarmee die größte Mächtegruppierung darstellt. In meinem Buch „... und die Wahrheit wird euch frei machen", das 1994 erschien, schrieb ich, dass wir Obacht geben sollten, wenn die NATO ihre Operationen über die nordatlantische Region hinaus auszudehnen beginnt. Als der Nordatlantikpakt während des künstlich inszenierten Kalten Krieges gegründet wurde, rechtfertigte man diesen Schritt damit, dass die „sowjetische Bedrohung", der sich der Westen angeblich ausgesetzt sah, neutralisiert werden müsse. Seither hat die Tötungsmaschinerie der NATO (Nordatlantische Terrororganisation) unter anderem unschuldige Menschen in Libyen bombardiert und seine Tätigkeiten auf die ganze Welt ausgeweitet, darunter nach Afghanistan, Afrika, ins Mittelmeer und in den Kosovo.

Abb. 449: „Nordatlantische Terrororganisation" – Die größte Terrororganisation der Welt – zusammen mit ihren Partnern Amerika und Großbritannien.

Gegen Ende der 1990er-Jahre, als der Kosovo noch zu Serbien gehörte – einem der Länder, die aus dem Zerfall Jugoslawiens hervorgegangen waren –, bombardierte die NATO Unschuldige in Serbien (Abb. 449). Als ich 2017 in Serbien auftrat, traf ich auf einen Mann, der sich mühsam auf Krücken vorwärts bewegte, da er bei einem NATO-Angriff auf Belgrad – in einem Konflikt, den die beiden Kriegsverbrecher Bill Clinton und Tony Blair befürwortet hatten –

Abb. 450: „Der ‚moralische' Westen ist eine Tötungsmaschinerie" – Die Heuchelei verschlägt einem den Atem.

beide Beine verloren hatte. Ein serbisches Anwaltsteam hat die NATO wegen des illegalen Einsatzes von 10 bis 15 Tonnen abgereicherten Urans verklagt, die während der Bombardements niedergingen und am Boden eine menschliche und ökologische Katastrophe auslösten. Dem serbischen Rechtsanwalt Srdjan Aleksic zufolge, der das Team leitete, stellte der Einsatz verbotener Waffen eine Verletzung sämtlicher internationaler Konventionen und Bestimmungen zum Schutz der Bevölkerung dar. „Wir erwarten von den NATO-Mitgliedern, Behandlungen für unsere an Krebs erkrankten Bürger bereitzustellen", sagte Aleksic. Die NATO müsse ferner „die Technologie und Gerätschaften zur Verfügung stellen, die erforderlich sind, um Serbien von sämtlichen Spuren des abgereicherten Urans zu befreien". Die Angelegenheit stellt eine von vielen Episoden ähnlicher Art dar, die in der langen, kranken Historie der NATO zu verzeichnen sind (Abb. 450).

Das, was im Kosovo, in Serbien und auf dem übrigen Balkan geschehen ist, zeigt vortrefflich, wie die Verdeckte Hand arbeitet und sich Rekruten für ihre NATO- und EU-Weltarmee beschafft. Die aus den USA, Großbritannien und der NATO bestehende Allianz – eine Verkörperung des reinen Bösen – finanzierte und bewaffnete die UÇK. Die paramilitärische Organisation wurde von Albanien unterstützt, das sich zu 100 Prozent in der Hand der Vereinigten Staaten befindet. Als sich Serbien und Montenegro gegen die Angriffe der UÇK zur Wehr setzten, rechtfertigten Clinton, Blair und die NATO die Bombardierung Belgrads und anderer Regionen damit, die „Menschen schützen" zu müssen (siehe auch Libyen, Syrien usw.). Später bestätigten europäische Offiziere, die im Kosovo den internationalen Einsatzkräften zur Friedenserhaltung angehörten, gegenüber den Medien, dass die CIA hinter der Kosovo-„Befreiungsarmee" stand und sie im südlichen Serbien zur „Rebellion" angestachelt hatte, um auf diese Weise den einstigen jugoslawischen Präsidenten Slobodan Miloševic ins Visier zu nehmen.

Die Auflösung des früheren Jugoslawien und der Sowjetunion stand mit den Agenden zur Schaffung einer Weltarmee und zum Ausbau der Europäischen Union in Zusammenhang. Der Plan sah vor, beide Staatenbünde wieder in einzelne Länder aufzuspalten und sie dann in die NATO und die EU zu absorbieren. Das Vorhaben ging auf, und der Prozess der Eingliederung der einzelnen Länder ist noch immer im Gange. Die Geschwindigkeit, mit der sie den Kommunismus des Ostblocks verließen, um vom westlichen Kommunismus bzw. Faschismus absorbiert zu werden, spricht für sich. Während meines Aufenthalts in Belgrad kam es im benachbarten Montenegro zu Protesten, weil das Parlament für den Beitritt zur NATO gestimmt hatte – einem Bündnis, von dem das Land keine 20 Jahre zuvor bombardiert worden war –, ohne vorher das Volk zu befragen. Nicht sehr sensibel, könnte man sagen; doch die archontische politische Klasse tanzt nicht nach der Pfeife des Volkes, sondern nach der anderer Herren. Im Juni 2017 unterzeichnete der USA-hörige montenegrinische Premierminister Dusko Markovic in Washington, D.C., feierlich die Beitrittserklärung seines Landes zur NATO. Die Letztgenannte konnte damit 1.950 Mann Personal, 13 Helikopter, zwei Fregatten und drei Patrouillenschiffe einkassieren. Dabei war die NATO in Montenegro eingefallen und hatte praktisch den gesamten Küstenverlauf beiderseits der Adria unter ihre Kontrolle gebracht. Das verlogene Staatsoberhaupt Markovic erklärte: „Es ist ein historisches Ereignis für ein Land und eine Nation, die im 19. und 20. Jahrhundert große Opfer bringen musste, um ihr Recht auf ein freies Leben sowie unser Recht, selbst über unsere Zukunft entscheiden zu können, zu verteidigen – von der Welt unter unserem eigenen Namen und mit unseren eigenen Nationalsymbolen anerkannt.“ Diese Worte sprach der Mann, der die militärische Kontrolle über sein Land einer Macht aushändigte, die noch kurz zuvor sein Volk bombardiert hatte – und zwar zu einem Zeitpunkt, als sich Montenegro auf den Beitritt zur EU vorbereitete, die das Land jeder Möglichkeit, seine Zukunft selbst zu bestimmen, berauben wird. Einfach unglaublich, doch derart mächtig ist die progressive Selbsttäuschung.

Abb. 451: Die Übernahme des Balkans durch die NATO und die EU – der wahre Grund für die herbeimanipulierte Zerschlagung des früheren Jugoslawien.

Die albanische Bevölkerung und deren Marionettenregierung (das Land ist Mitglied der NATO) wird von den Vereinigten Staaten dazu benutzt, die weiter nördlich gelegenen Länder des Balkans zu infiltrieren und sie politisch unter ihre Kontrolle zu bringen (Abb.451). Sobald der Einfluss stark genug ist, wird der Druck auf das jeweilige Land erhöht, der NATO und der EU beizutreten. Deutsche Abgeordnete haben davor gewarnt, dass sich der saudi-arabische Wahhabismus (sabbatianischer Frankismus) im Kosovo vor den Augen der UNO-„Friedenstruppen“ ausbreiten könnte – und all das ergibt einen Sinn. Überall auf dem Balkan haben die Netzwerke des Spinnennetz-Lakaien George Soros mächtig ihre Finger im Spiel. So mischten sie etwa beim Sturz des serbischen Präsidenten Slobodan Miloševic mit und sind gegenwärtig in die politischen Unruhen in Mazedonien verwickelt, zu deren Hauptakteuren Vertreter der albanischen Minderheit und die von Soros finanzierten Progressiven zählen. Soros' Aktivisten werden in Mazedonien als „Sorosoiden“ bezeichnet. Ein Kommentator bemerkte: „Soros kam als trojanisches Pferd nach Mazedonien, doch jetzt ist er ein Krake.“ Dasselbe lässt sich über jeden Ort sagen, an dem Soros zugange ist; und das scheint überall zu sein. Er setzt Geld dazu ein, die Progressiven, das linke Spektrum und die Medien zu beeinflussen und unter Kontrolle zu bringen. Aus durchgesickerten Dokumenten seiner Stiftungsgruppe Open Society Foundations geht hervor, dass der Zionist Soros – ein *amerikanischer* Staatsbürger – enorme Summen aufgewendet hat, um in Europa populistische Kandidaten und gegen die EU gerichtete Bewegungen aufzuhalten. Etwa 100 Organisationen in 28 Ländern sind von Soros mit Summen zwischen 10.000 und 350.000 Dollar finanziell unterstützt worden. Populismus wird, wie an der folgenden Definition erkennbar ist, dämonisiert, um die progressive Agenda zu schützen. Als populistisch bezeichnet man „eine politische Bewegung oder Philosophie, die – oftmals gegen das Establishment oder die intellektuelle Schicht gerichtet – unkonventionelle Lösungen oder politische Ansätze anbietet und damit eher auf den Durchschnittsmenschen abzielt, als traditionellen Partei- oder Widerstandsideologien zu entsprechen“. Hieraus wird ersichtlich, warum Leute wie Soros und die Mächte, die er repräsentiert, populistische Bewegungen – ob von links oder von rechts – zerstören wollen. Selbst der Papst hat den Populismus verurteilt (Abb. 452). Die Figur des „Jesus“ mag ein Mythos sein, doch wenn man seine Geschichte wörtlich nimmt – wie der Papst das wohl tun dürfte –, dann hat Jesus eine populistische Bewegung angeführt.

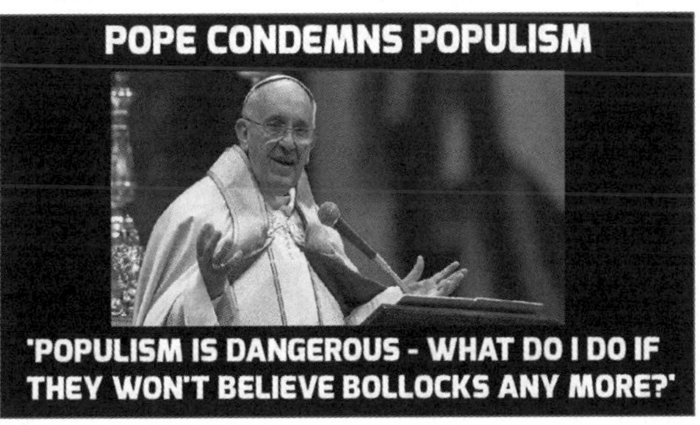

Abb. 452: „Der Papst verurteilt den Populismus – ‚Der Populismus ist gefährlich – was soll ich machen, wenn sie den Mumpitz nicht mehr glauben?‘“ – Die Päpste unterstützen das globale Establishment nicht nur – sie zählen zu seinen wichtigsten Stützen.

Soros wurde überführt, seit 2013 insgeheim die Gehälter von drei bedeutenden Beratern des damaligen moldawischen Ministerpräsidenten Iurie Leanca bezahlt zu haben. Die moldawische Gesetzgebung umging er, indem er das Geld über eine in Deutschland ansässige gemeinnützige Organisation umleitete. Der albanische Premierminister Edi Rama engagierte Tony Blair, um ihn in der Frage zu beraten, wie man den Beitritt Albaniens zur EU erreichen könne. Alastair Campbell, Blairs widerlicher Imageberater, der auch an dem „zwielichtigen Dossier“ über angebliche irakische Massenvernichtungswaffen mitgewirkt hatte, stand auch Ramas sozialistischer Partei auf ihrem Weg an die Macht mit Rat und Tat zur Seite. Albanien scheint Blair dafür zu lieben, dass er die UÇK unterstützte, indem er Belgrad und andere Ziele bombardierte. Kroatien, Slowenien, die Slowakei, Rumänien und Bulgarien sind bereits sowohl der NATO als auch der EU beigetreten. Dasselbe gilt für zahlreiche weitere ehemalige Sowjetrepubliken bzw. einstige Mitgliedsstaaten des Warschauer Pakts, darunter Polen, Estland, Litauen, Lettland, Tschechien und Ungarn. Andere Länder sowohl auf dem Balkan als auch im Gebiet der ehemaligen Sowjetunion befinden sich im Beitrittsprozess. Dem serbischen Volk ist es bislang gelungen, sich aus der NATO und der EU herauszuhalten, doch der gegenwärtige Präsident Aleksandar Vučić will in Wahrheit beiden Verbünden beitreten. Die von ihm ernannte Premierministerin Ana Brnabić, die das Amt als erste Frau bekleidet und offen homosexuell lebt, sagte, ihre Prioritäten seien die Mitgliedschaft in der Europäischen Union sowie die „Modernisierung“ – mit anderen Worten, der übliche progressive „zentristische“ Extremismus, der die Welt überrollt. Stets wird versucht, unsere Aufmerksamkeit auf Trump zu lenken – die Lieblingshassfigur der Progressiven –, damit wir nicht bemerken, dass es die Progressiven sind (nicht die Liberalen), die in einem Land nach dem anderen die Macht übernehmen. Die in Großbritannien und den USA ausgebildete Brnabić sagte, die EU würde „die Werte [repräsentieren], für die wir stehen“. Alle Achtung: ein Satz, in dem sowohl die EU als auch das Wort „Werte“ vorkommen – ein Sammlerstück!

Aleksandar Vučić schätzt das serbische Volk so gering, dass auch er Blair als „Berater“ anheuerte – mit Campbell als Zugabe –, um ihm dabei zu helfen, Serbien einen Platz in der EU zu sichern. Bezahlt wird Blair in diesem Fall (scheinbar) groteskerweise von den falschen Royals der Vereinigten Arabischen Emirate (Spinnennetz), und zwar mit dem Geld, das sie für das Öl bekommen, das sie ihrem Volk stehlen. Auch Vučić engagierte Blair keine zwei Jahrzehnte, nachdem er maßgeblich die Bombardierung Belgrads und einer serbischen Regierung gefordert hatte, in der Vučić seinerzeit als Minister diente. Der Grad, in dem Vučić Prinzipien bzw. den Respekt für all jene Serben vermissen lässt, die damals die Folgen zu tragen hatten, ist erstaunlich. Seinen Angaben nach habe er 58 Prozent der Stimmen auf sich vereint, als er Präsident wurde; doch während der Woche, in der ich mich in Belgrad aufhielt, war ich niemandem begegnet, der ihn gewählt hatte – und nur einer Person, in deren Bekanntenkreis es einen Vučić-Wähler gab.

Militärpolizei (buchstäblich)

Dem Plan gemäß soll die Weltarmee sämtliche lokalen Polizeikräfte in ihre Militär-/Polizeistruktur absorbieren. In den USA lässt sich der Prozess bereits unmittelbar beobachten: Im Rahmen des sogenannten Pentagon-Programms 1033 werden den Polizeieinheiten bis hinunter auf Kreisebene Militärfahrzeuge und -ausrüstungen übergeben – entweder kostenlos oder für Beträge, die nicht der Rede wert sind. Inzwischen können wir bereits erleben, dass die Polizei mit Schützenpanzern durch ihren Bezirk patrouilliert, und die Unterschiede zwischen Militär und Polizei, was Bekleidung und Bewaffnung betrifft, verschwinden zusehends (Abb. 453 und 454). Potenziell tödliche Elektroschockwaffen und absolut tödliche Handfeuerwaffen und Maschinengewehre gehören mittlerweile zur Standardausrüstung und zum gewohnten Erscheinungsbild. Der herbeimanipulierte Terrorismus und die Angst davor werden dazu benutzt, in der Bevölkerung eine Akzeptanz für Überwachungsmaßnahmen und schwer bewaffnete Polizisten zu schaffen. Seit Großbritannien von einer Reihe von Terroranschlägen erschüttert wurde – wie dem 2017 auf eine Konzertveranstaltung in Manchester verübten Anschlag –, sieht man bei öffentlichen Veranstaltungen bewaffnete Polizisten in militärähnlichen Uniformen zuhauf. Der

Grund, warum die Polizei optisch und in ihrem Verhalten immer mehr dem Militär gleicht, liegt darin, dass beide Strukturen letztlich miteinander verschmolzen werden sollen. Auf der ganzen Welt überwachen zunehmend militarisierte Polizeieinheiten einen aufkommenden Polizeistaat, der sich bereits heute in außerordentlichem Umfang auf Überwachungs- und Kontrollmechanismen stützt und sich personell aus der systematischen Rekrutierung psychopathischer Individuen von eng begrenzter Intelligenz speist. Hinsichtlich der Überwachungstechnik steht uns noch einiges bevor. Für die wenigen verbliebenen wahrhaften Polizisten, die ihren Beruf noch immer mit Integrität und Ausgewogenheit erledigen wollen, muss die Arbeit ein Albtraum sein.

Abb. 453: „Die Militarisierung der Polizei ist außer Kontrolle (genau wie geplant)“ – Verkehrskontrolle in der schönen neuen Welt.

Abb. 454: „Ja – da steht ‚Polizei'“ – Der Plan sieht vor, Polizei und Militär zu einem globalen Kontrollsystem zu verschmelzen. Das ist der Grund, warum Polizisten zunehmend wie Soldaten aussehen.

Die Überwachungstechnik erlaubt es den Behörden, fast alles nachzuverfolgen, was wir tun (und bald schon können wir das „fast“ streichen). Während ich diese Zeilen schreibe, bereitet die britische Regierung in Zusammenarbeit mit O2, British Telecommunications, British Sky Broadcasting, Cable & Wireless, Vodafone und Virgin Media sowie verschiedenen Überwachungsbehörden neue Gesetze vor, um der Bevölkerung eine enorme Ausweitung der Überwachungsinfrastruktur aufzuerlegen – die sogar die bereits vorhandenen erheblichen Kontrollmöglichkeiten der Staatsorgane in den Schatten stellen würden. Unternehmen der Kommunikationsbranche wären demnach gesetzlich dazu verpflichtet, der Regierung und deren Behörden innerhalb eines Arbeitstages Zugang zu den Inhalten und „sekundären Informationen“ einer namentlich benannten Person zu verschaffen. Auch müssten auf Anfrage sämtliche Verschlüsselungsmechanismen entfernt werden. Wie die Enthüllungen von Wikileaks und ausgestiegenen Insidern wie Edward Snowden gezeigt haben, bedeutet elektronische Kommunikation, dass nichts von dem, was Sie tun, noch als privat betrachtet werden kann.

Doch selbst das ist nur ein Teil des Gesamtbildes. Mit dem Need-to-know-Prinzip – also der Aufsplittung eines operativen Bereichs in kleinste Wissenseinheiten – wird gewährleistet, dass ein Insider nur einige Ebenen des Großen Bruders zu Gesicht bekommt, jedoch längst nicht den gesamten Apparat. Es ist gut, wenn Whistleblower Interna in die Öffentlichkeit tragen, da es wichtig ist, dass wir Bescheid wissen; doch sollten wir uns nicht darüber hinwegtäuschen lassen, dass es den tiefen Staat vermutlich freut, die Reichweite seiner Überwachungsmaßnahmen offengelegt zu sehen. Zahlreiche Studien haben nämlich gezeigt, dass Menschen, die wissen, dass sie möglicherweise beobachtet werden und jede ihrer elektronischen Spuren zurückverfolgt werden kann, anfangen, sich *selbst* zu zensieren. Das ist der heilige Gral staatlicher Kontrolle: wenn die Menschen aus Angst, sie könnten erwischt werden, aufhören, bestimmte Dinge zu tun. Je mehr das wahre Ausmaß der Überwachung sichtbar wird, desto mehr werden sich die Menschen selbst zensieren – sofern sie nicht das Rückgrat haben, dem System etwas entgegenzusetzen, statt vor Angst zu erstarren und sich zu fügen.

Die nächste Stufe des Kontrollsystems ist durch den Einsatz von Drohnen – darunter auch bewaffneter Drohnen – sowie höchst ausgeklügelter Beobachtungstechniken gekennzeichnet. Bei den Letztgenannten kommen unter anderem Telefon-Apps zum Einsatz, die hochfrequente, für das menschliche Ohr unhörbare Töne aufnehmen, die von Websites, Radio- und Fernsehstationen, Reklametafeln und sogar Läden und Sportstadien abgestrahlt werden. Auf der Grundlage all dieser Informationen ist es möglich, ein Profil Ihres Lebens zu erstellen. Bedenkt man, dass Satelliten dazu in der Lage sind, vom Weltraum aus Albatrosse zu zählen, lässt sich erahnen, mit welcher Genauigkeit und in welchem Umfang menschliche Aktivitäten verfolgt und aufgezeichnet werden können. Drahtlos übertragene Informationen ermöglichen die holografische Nachbildung von Privathäusern und größeren Arealen. Friedemann Reinhard, der an der Universität München die Emmy-Noether-Forschungsgruppe für Quantensensoren leitet, sagte: „Mit dieser Technologie können wir ein dreidimensionales Abbild des Raums erzeugen, der den WLAN-Transmitter umgibt – so, als wären unsere Augen in der Lage, Mikrowellenstrahlung wahrzunehmen." Das ist einer der Gründe (neben vielen anderen), warum WLAN und intelligente Messgeräte in jedem Haushalt und an allen anderen Orten installiert werden sollen.

Mittels holografischer Technik ist es potenziell möglich, Privaträume in Echtzeit zu überwachen. Aus Dokumenten, die durch Wikileaks publik gemacht worden sind, geht hervor, dass die CIA ein System namens „Archimedes" dazu verwendet, von lokalen Netzwerken erzeugte Datenströme auf von der CIA kontrollierte „Exploitationserver" umzuleiten, die es dem Geheimdienst erlauben, in die anvisierten Netzwerke einzudringen. Der ehemalige FBI-Chef James Comey – ein Mann, dem man im Grunde nicht über den Weg trauen kann – sagte auf einer Konferenz für Cybersicherheit, dass es in den USA so etwas wie Privatsphäre nicht gibt und die Menschen sich damit abfinden sollten, dass ihre Gespräche und Interaktionen möglicherweise nicht privat blieben. „Es gibt keinen Ort, der sich außerhalb der richterlichen Reichweite befände", sagte er. In diesem Zusammenhang das Wort „richterlich" zu benutzen, ist zutiefst hinterhältig, suggeriert er doch das Vorhandensein einer gerichtlichen Überwachung, während die Agenturen in Wirklichkeit tun, was ihnen beliebt. Der Direktor der nationalen Nachrichtendienste der USA teilte mit, dass 151 Millionen Telefonaufzeichnungen allein im Jahr 2016 nachverfolgt wurden – und das ist nur die Zahl, die offen zugegeben wird. Comeys Rede war Bestandteil der aktuellen Kampagne, den Großen Bruder als normalen Teil des Lebens hinzustellen und so zu tun, als seien die Dinge nun einmal so und als könnten sie auch gar nicht anders sein.

Kinder werden dazu konditioniert, die Kameras und die Scanner, mit denen man an den Schulen Fingerabdrücke oder die Iris erfasst, als normal hinzunehmen. Die Schulen gleichen immer mehr Gefängnissen – und genau das sind sie auch (Abb.455). Als jemand, der 1952 geboren wurde, habe ich die Gesellschaft zu einer Zeit erlebt, als die Überwachungsbefürworter noch gar nicht richtig losgelegt hatten. Die jungen Menschen unserer Tage verfügen nicht mehr über diese Vergleichsmöglichkeit. Sie haben nie etwas anderes kennengelernt als überwachte Schulen, Städte und Gemeinden. Das Gefühl der Vertrautheit kann bewirken, dass man Dinge, die einem aufgezwungen wurden, als „normal“ empfindet – obwohl sie alles andere als normal sind. Auf den letztgenannten Umstand müssen wir bei jeder sich bietenden Gelegenheit hinweisen. Zu beobachten, welche Seiten jemand im Internet aufruft, was jemand in seinen heimischen vier Wänden tut (durch Smart-TV, Smartphones, intelligente Messgeräte, künstliche „Büroassistenten“ und all die Gegenstände, die mit dem Internet verbunden sind – wozu sogar Spielzeug gehört) oder wohin jemand geht (mittels Überwachungskameras, Drohnen, Telefonen, Tabletcomputern, Uhren und Mikrochips), ist *nicht normal*. Solch ein Verhalten ist vielmehr unverschämt, unnötig und geisteskrank. Zwar sagt man uns, all das diene dazu, uns vor dem Terrorismus zu beschützen, doch das ist eine offenkundige Lüge. Jeden Tag können wir beobachten, wie der Militär-/Polizeiapparat und die Strukturen der Hungerspiele-Gesellschaft, mit deren Hilfe der Wille des einen Prozents der gesamten Menschheit aufgezwungen werden soll, weiter ausgebaut werden. Vergessen wir zudem nicht, dass sowohl das eine Prozent als auch das globale Spinnennetz nur Kanäle für diejenigen darstellen, die beim Aufbau des monströsen Systems zur Kontrolle der Menschheit tatsächlich die Fäden in der Hand halten: die aus dem Unsichtbaren agierenden archontisch-reptiloiden Manipulatoren.

Abb. 455: An den Schulen werden die Kinder darauf vorbereitet, ständige Überwachung und autoritäre Kontrolle als „normal“ zu akzeptieren.

Die Welt als Privatbesitz

In der Spielfilmserie „Die Tribute von Panem“ lebt die *El*-ite abgeschirmt von der versklavten Bevölkerung und wird vom Polizei-/Militär-Komplex beschützt. In der realen Welt sollen gewaltige unterirdische oder im Inneren von Bergen befindliche Städte der *El*-ite als Zuflucht dienen, bis die Bevölkerung vom Militär gefügig gemacht worden ist. Das Militär würde dabei zu großen Teilen von versteckten Orten aus per künstlicher Intelligenz gesteuert werden. In „Die Tribute von Panem“ ist die Sklavenbevölkerung in Distrikte unterteilt, deren Mitglieder sich nicht vermischen und nicht miteinander sprechen dürfen. Wer Augen hat zu sehen, kann beobachten, dass man auch in der wirklichen Welt im Begriff ist, etwas Ähnliches auf den Weg zu bringen. In ökonomischer Hinsicht sind die Distrikte auf bestimmte Produktionsbereiche spezialisiert, mit denen sie dem „Kapitol“ (der *El*-ite) dienen. Wie ich in meinen früheren Büchern ausführlich dargelegt habe, hatte man mit der Europäischen Union von Anfang an dasselbe vor. Als sich beispielsweise das britische Königreich unter dem Pädophilen, Satanisten und Serienkindermörder Edward „Schwarzauge“ Heath dem Vorläufer der heutigen EU anschloss, stimmte es insgeheim zu, sich auf den Finanz- und Dienstleistungssektor zu spezialisieren und die Fischereiwirtschaft, die Stahl- und Kohleindustrie sowie das verarbeitende Gewerbe herunterzuwirtschaften. Genau das ist in den über vier Jahrzehnten, die seither vergangen sind, auch passiert.

In meinem letzten Buch „Das Ich-Phantom“ habe ich ausführlich über die äußerst exakten Vorhersagen gesprochen, die im Jahr 1969 von einem gewissen Dr. Richard Day getätigt worden waren. Der Rockefeller-Insider, der zum damaligen Zeitpunkt in leitender Position bei der amerikanischen Organisation Planned Parenthood beschäftigt war, erklärte unter anderem, dass die einzelnen Länder innerhalb des neuen, weltumspannenden Systems ihre wirtschaftliche Unabhängigkeit verlieren würden, indem sich jedes von ihnen auf bestimmte Bereiche spezialisiert. Im Rahmen einer Konferenz für Kinderärzte, die im besagten Jahr in Pittsburgh (US-Bundesstaat Pennsylvania) stattfand, erklärte Day dem erstaunten Publikum, in welcher Weise sich die Welt verändern würde. Warum er das getan hat, bleibt unklar – zumal er seine Zuhörer ausdrücklich ermahnte, Aufzeichnungsgeräte auszuschalten und sich auch keine Notizen zu machen. Aber ich bin froh, dass er diesen Vortrag gehalten hat, bekommen wir doch auf diese Weise ein besseres Verständnis dafür, wie weit die Planungen der gesellschaftlichen Transformationen, die gegenwärtig vollzogen werden, eigentlich zurückreichen. Zusammen mit anderen „prophetischen“ Vorhersagen (von Personen, die Einsicht in die Pläne hatten) wie Orwells Roman „1984“ oder Huxleys „Schöne neue Welt“ ergibt sich ein stimmiges Bild. Ein Arzt namens Lawrence Dunegan, der an jenem Tag im Publikum saß, hatte sich trotz Days Aufforderung zur Verschwiegenheit Notizen gemacht und erläuterte den Inhalt des Vortrags viele Jahre später – kurz vor seinem Tod im Jahr 2004 – in einer Reihe von Interviews. Day hatte unter anderem das World Wide Web und Smart-TVs vorausgesagt – etwa zwei bzw. vier Jahrzehnte, bevor sie offiziell erfunden wurden. George Orwell hatte die Letztgenannten schon 1948 beschrieben. Er bezeichnete die Geräte, mit denen man die Bevölkerung in ihren eigenen vier Wänden filmen und beobachten kann, als „Teleschirme". Die heutigen Smart-TVs stellen nur die erste Generation dieser Apparate dar. Der Konzern Samsung – ein weiteres bedeutendes Element des Spinnennetzes – kündigte unlängst ein superdünnes Smart-TV-Modell an, das er „The Frame" (dt.: der Rahmen) nennt, niemals ausgeschaltet wird und einen „Kunstmodus" hat, in dem es wie ein an der Wand aufgehängtes Gemälde aussieht. (Ein Gemälde, das Sie beobachtet.) Über das ökonomische und kommerzielle System der neuen Welt sagte Richard Day laut Dr. Lawrence Dunegan Folgendes:

> Der erklärte Plan sah vor, die verschiedenen Teile der Welt innerhalb eines vereinheitlichten globalen Systems mit einem jeweils anderen Aufgabenbereich in Industrie und Handel zu betrauen. Die dauerhafte Vormachtstellung der Vereinigten Staaten sowie ihre relative Unabhängigkeit und Autonomie würde man zerrütten müssen.

Dies wurde – neben vielen weiteren Maßnahmen – durch massive Produktionsverlagerungen von den Vereinigten Staaten und Europa in solche Länder erreicht, in denen man billige Arbeitskräfte ausbeuten kann. Der Arbeitsmarkt und die Einkommen im Westen wurden dadurch – wie auch durch die Masseneinwanderung – erheblich in Mitleidenschaft gezogen. Billiglohnarbeit ist in den Westen importiert worden, und die Menschheit als Ganzes hat die Abwärtsspirale in Richtung Hungerspiele-Gesellschaft betreten. Damit verbunden sind eine zunehmende Arbeits- und Obdachlosigkeit, sinkende Löhne und sogenannte Null-Stunden-Verträge, bei denen der Arbeitgeber keine Mindestarbeitszeit gewährleisten muss, sondern seine Mitarbeiter nur dann zur Arbeit ruft (und bezahlt), wenn es ihm nötig erscheint. Die Zahl der Lebensmitteltafeln für Menschen, die sich und ihre Familien nicht mehr aus eigener Kraft ernähren können, ist in Großbritannien auf über 2.000 gestiegen. Zum neunten Mal in Folge erhöhte sich auch die Zahl der pro Jahr angeforderten Notfall-Lebensmittelpakete. Der Prozess wird sich noch beschleunigen, da auf der ganzen Welt zunehmend Arbeitsmöglichkeiten durch Roboter und künstliche Intelligenz besetzt werden. Wir erleben gerade erst den Beginn dieser Entwicklung; ihr Umfang wird bald dramatisch zunehmen. Donald Trump präsentierte sich im Wahlkampf als derjenige, der die wuchernde Outsourcing-Praxis eindämmen würde; doch das hätte man niemals zugelassen – abgesehen von kleineren, kosmetischen Korrekturen hier und da, mit denen verschleiert werden soll, dass es in dieser Frage niemals zu einer echten Umkehr kommen wird.

Im Zusammenspiel mit der Schaffung übernationaler Verbünde und der Stärkung mächtiger Konzerne bedeutet die Zentralisierung der globalen Macht, dass die Länder aufgrund der ökonomischen Spezialisierung ihre Autarkie verlieren und von Kräften abhängig werden, über die sie keine Kontrolle haben – während die Mächte im Zentrum das gesamte System lenken und befehligen können. Die letztgenannte Aufgabe obliegt der Weltregierung und der ihr unterstellten Weltzentralbank; zur Durchsetzung ihrer Entscheidungen bedienen sie sich der Weltarmee. Institutionen wie die Welthandels- und die Weltgesundheitsorganisation, die von der Rothschild-Rockefeller-*El*-ite geschaffen worden sind, werden in Stellung gebracht, damit sämtliche Lebensbereiche unter einem Dach verwaltet und global kontrolliert werden können. So wird der Wille der *El*-ite jedem einzelnen Individuum – ob Mann, Frau oder Kind – auferlegt. Bei dem Gesagten handelt es sich nicht um wilde Fantastereien: Es *geschieht*. Die Flut von Verordnungen und Gesetzen, die zahllose kleine und mittelgroße Firmen in den Konkurs getrieben hat – nicht zuletzt in der EU –, dient genau dem beschriebenen Endziel. In der Hungerspiele-Gesellschaft soll es nur mächtige Konzerne geben; allen anderen Wirtschaftsformen wird der Garaus gemacht. Der Globalisierungsprozess kommt nicht von ungefähr, ist er doch für die wenigen unabdingbar, um die vielen kontrollieren zu können. Einst lebten die Menschen in Stammesverbänden, die selbst darüber entschieden, welche Richtung sie einschlagen und welcher Methoden sie sich bedienen wollten. Dann führte man die Stämme in Nationen zusammen, sodass viele Stämme zentral kontrolliert wurden. Heute bestimmen Superstaaten wie die EU sowie globale Körperschaften über die Nationen. All das ist von den archontischen Mächten eingefädelt worden, die aus dem Verborgenen heraus agieren. Jede neue Zentralisierungsmaßnahme verschafft den wenigen mehr Macht über die vielen; die hinzugewonnene Macht wiederum wird dafür benutzt, die Zentralisierung noch schneller voranzutreiben. Das ist der Grund, warum das Tempo der Globalisierung immer mehr angezogen hat.

Ein weiterer Aspekt der zunehmenden korporativen Kontrolle ist der Umstand, dass Regierungen, die sich in der Hand von Unternehmen befinden, ihnen öffentliche Vermögenswerte für Preise verkaufen, die deutlich unter dem Marktpreis rangieren. In Großbritannien und anderen Ländern war das unzählige Male zu beobachten. Vorgänge dieser Art werden üblicherweise mit dem Hinweis auf Inkompetenz wegerklärt, doch damit hat das nichts zu tun. Griechenland etwa ist im Nachgang eines wirtschaftlichen Zusammenbruchs, der von gnadenlosen Bankiers (siehe Goldman Sachs), dem IWF und der EU – mit den 30.000 Unternehmenslobbyisten, die die EU-Kommission in Brüssel umschwirren – verursacht worden war, von den Konzernen um zahllose Wirtschaftsgüter erleichtert worden. Ein Sparpaket folgt dem anderen, damit Griechenland weiterer Kredite für würdig erachtet wird, die zurückzuzahlen es nie in der Lage sein wird. Und während die jämmerliche Regierung von Alexis Tsipras ohne zu murren kapituliert, hungern und sterben seine Landsleute. All das wurzelt im empathiefreien sabbatianischen Frankismus/Satanismus.

Politische „Wahl" – ein schlechter Scherz

Um die schrittweise Transformation der Gesellschaft in eine globale Tyrannei bewerkstelligen zu können, bedarf es der Kontrolle über die politische Entscheidungsfindung. Angesichts des breiten Spektrums an Parteien, aus dem die Bevölkerung auswählen kann, scheint dies ein erhebliches Problem darzustellen. Doch das Problem löst sich weitgehend in Wohlgefallen auf, wenn man politische und Finanzstrukturen installiert hat, die mit fast hundertprozentiger Sicherheit einen der Wunschkandidaten der *El*-ite in Stellung bringen. Die Möglichkeiten der wenigen unerwünschten Wahlgewinner, substanzielle Veränderungen zu bewirken, lassen sich mit denselben Strukturen weitgehend einschränken. Damit sind wir wieder beim Thema der Pseudozufälligkeit angelangt, nach der „verschieden“ nur ein anderes Wort für „dasselbe“ ist. Es mag in der Tat eine Menge Parteien geben, doch der springende Punkt ist, dass es in fast jedem Land nur zwei – mitunter auch drei – Parteien gibt, die überhaupt Aussicht darauf haben, die Regierung zu stellen. Und es ist die *Regierung*, die die Gesetze beschließt und die Gesellschaft verändert. Nehmen wir an, Sie wählen Partei A, und sie kommt an die Macht. Doch Sie sind mit ihrer Arbeit nicht zufrieden, also wählen Sie Partei B. Doch auch deren Handlungsweise missfällt Ihnen. Die einzige Möglichkeit für Sie, Partei B loszuwerden, besteht nun darin, wieder Partei A zu wählen. Das nennt sich dann „Wahl“, „Demokratie“ und „Freiheit“. Hält man sich zudem vor Augen, dass die großen (sowie die meisten kleinen) Parteien im Hintergrund von derselben archontischen Macht manipuliert werden, mutiert der Mythos von der politischen Vielfalt endgültig zum Witz. Bei dem politischen Hin und Her zwischen Links und Rechts handelt es sich buchstäblich um ein elektromagnetisches Wellensystem, das beide „Seiten“ bzw. Pole voneinander abhängig werden lässt und eine unveränderliche stehende Welle erschafft (Abb. 456). Wie ich weiter oben erläuterte, entstehen stehende bzw. stationäre Wellen, wenn sich zwei Wellen identischer Frequenz überlagern, die sich innerhalb desselben Mediums in entgegengesetzten Richtungen ausbreiten. Die resultierende Welle schwingt nur lokal – wie jemand, der auf der Stelle hüpft – und ähnelt optisch einer DNS-Doppelhelix. Das ist in der Tat eine vortreffliche Beschreibung der sich niemals wandelnden Parteipolitik (der politischen DNS, sozusagen). Die Letztgenannte bildet eine holografische/wellenförmige Version des Stationärwellenkonstrukts, das die Simulation an sich darstellt (wie oben, so unten). Selbst der Großteil der aufrichtigen Politiker wird mit der Zeit auf die vorherrschende Linie eingeschwungen, da sie Tag für Tag mit den oszillierenden Wellen in Kontakt sind, die mit der Frequenz des „politischen Systems“ korrelieren und die dessen Bestandteile (die Politiker) in Abbilder des Systems verwandeln: „Ich kannte ihn, als er in die Politik ging – heute verkörpert er all das, was er einst ablehnte.“

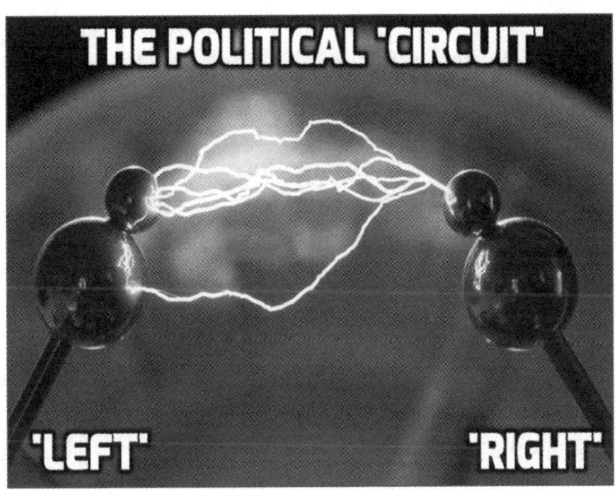

Abb. 456: „Der politische ‚Kurzschluss‘: ‚Links‘ und ‚Rechts‘“ – Politik stellt buchstäblich ein elektrisches Schwingungssystem dar, das zwischen seinen Polen stehende Wellen ausbildet, sodass sie auf der Stelle tritt und sich nirgendwohin bewegt.

Als ich 2011 in der Ukraine sprach, war Wiktor Janukowytsch Präsident des Landes. Während der „Orangen Revolution“ von 2004 hatte man ihn aufgrund von Korruptionsvorwürfen aus dem Amt gejagt. Doch als das Volk auch den neuen Mann an der Staatsspitze nicht mochte, konnte es ihn nur loswerden, indem es die andere Partei wählte, die Chancen auf die Regierungsmehrheit hatte – und die noch immer angeführt wurde von … Wiktor Janukowytsch. Die Menschen mussten also einen Mann zurück ins Amt wählen, den sie gerade im Zuge einer Revolution aus demselben verjagt hatten – weil ihnen das gezinkte System nur diese „Option" ließ. Im Jahr 2014 wurde Janukowytsch dann im Zuge eines von den USA inszenierten Putsches – nein, Verzeihung, im Zuge einer „Volksrevolution" erneut gegangen.

Zwar werden die meisten Parteien tatsächlich kontrolliert, doch ist es gar nicht nötig, jede einzelne von ihnen unter Kontrolle zu bringen. Entscheidend ist, die zwei oder drei Parteien in der Hand zu haben, die die Regierung stellen könnten. Dazu wiederum braucht man nicht jedes Parteimitglied zu kontrollieren, sondern nur diejenigen, die über den Standpunkt und die Ausrichtung der Partei entscheiden. Dient ein Politiker schließlich der Agenda, muss er sich dessen gar nicht in jedem Fall bewusst sein. Vielmehr kann man ihn danach aussuchen, ob *seine* Ziele mit denen der Agenda *übereinstimmen*. Die ehemalige britische Premierministerin Margaret Thatcher etwa kam an die Macht, weil ihre ökonomische Philosophie – der „Thatcherismus" – genau das bewirkte, was die Verdeckte Hand für die 1980er-Jahre im Sinn hatte: die Verlagerung von Reichtum und Vermögenswerten aus der öffentlichen in die private Hand (der *El*-ite). War es wirklich nur ein Zufall, dass Ronald Reagan zur selben Zeit Präsident der Vereinigten Staaten wurde und dort gewissermaßen eine spiegelbildliche Version von Thatchers Politik implementierte – die sogenannte „Reaganomics"? Die Staatenlenker sind lediglich Marionetten, von denen nur sehr wenige wissen, was gespielt wird. Der Großteil tut einfach, was immer nötig ist, um politische Macht um ihrer selbst willen an sich zu reißen bzw. zu behalten. Andere wiederum (zahlenmäßig ebenfalls deprimierend viele) sind einfach absolute Schwachköpfe, die von ihren „Beratern" kontrolliert werden. Die wahren Mächtigen, die bewusst mit der archontisch-reptiloiden Spinne in Verbindung stehen, meiden das Licht der Öffentlichkeit, in dem sie erkannt und angegriffen werden könnten.

In der Politik herrscht ein eigener Briefmarkenkonsens. Das bedeutet, dass fast alle Politiker die Welt in sehr ähnlicher Weise betrachten. Zwar mögen die einen die Steuern erhöhen wollen, während die anderen für Steuersenkungen eintreten, oder man streitet darüber, ob die Armen mehr Geld zugesprochen oder noch weniger bekommen sollen. Doch die grundlegende Sicht ist stets dieselbe. So haben beispielsweise die Banken viel mehr Einfluss auf das Weltgeschehen als die Regierungen, da sie durch den Verleih nicht existenten Geldes („Kredite") und die darauf erhobenen Zinsforderungen überall auf der Welt unglaubliche Macht besitzen. Doch man nenne mir eine einzige Partei, die Chancen auf die Machtübernahme in ihrem Land hätte und willens wäre, der Verzinsung des aus heißer Luft gezauberten Geldes ein Ende zu machen und eine staatseigene, zinsfreie Währung herauszugeben – statt den Banken weiterhin zu gestatten, durch die Vergabe von Krediten Geld von Anfang an als Schuld zu schöpfen. Warum wird das nicht einmal von kleineren Parteien gefordert? Die einzige Partei dieser Art, die mir je untergekommen ist, stammt aus Kroatien und nennt sich Živi zid (dt. etwa: „Lebende Mauer" bzw. „menschlicher Schutzschild"). Die Partei, die entstanden war, nachdem ihre Gründer durch meine Bücher Kenntnis von diesen und anderen Tatsachen erhalten hatten, ist inzwischen mit einigen Sitzen im Parlament vertreten. Ich habe einmal eine Kandidatin der britischen Grünen gefragt, welche Politik sie hinsichtlich der Banken zu verfolgen gedenkt, die Geld aus dem Nichts erschaffen. Sie hatte keine Ahnung, wovon ich sprach. Der überwiegenden

Mehrheit der Politiker ist nicht bekannt, wie das Bankensystem funktioniert. Die wenigen, die darüber im Bilde sind, haben entweder nicht den Mumm oder gar nicht das Bedürfnis, das System anzufechten. Solange private Banken nicht daran gehindert werden, Geld als zinsbehaftete Schuld zu erschaffen, wird nichts von dem, was irgendein Politiker tut, letztlich irgendetwas ändern – denn die ökonomische Kontrolle liegt nicht in ihren, sondern in den Händen der Bankiers (genauer gesagt: in den Händen des archontischen Spinnennetzes, das die Bankiers kontrolliert).

Das politische „Königsgeschlecht"

Das Konzept der politischen Partei erschien auf der Bildfläche, als sich das Volk gegen die unverhohlene Tyrannei der königlichen Blutlinien zu wehren begann. Seither verbirgt die *El*-ite die Tatsache, dass ihre Erfüllungsgehilfen von den Blutlinien abstammen, hinter dunklen Anzügen und Begriffen wie Politiker, Geschäftsführer, Bankmanager, Medieneigentümer usw. Auf diese Weise behält sie auch weiterhin die Kontrolle, während die Bevölkerung glaubt, sie könne nun frei entscheiden, wer ihr Land lenkt. Vorgetäuschte Freiheit stellt ein wesentlich mächtigeres Kontrollinstrument dar, als es eine direkte Diktatur, die für jeden Unterjochten als solche erkennbar ist, jemals sein könnte. Im letztgenannten Fall wird das Volk über kurz oder lang zwangsläufig gegen die Tyrannei aufbegehren; doch es wird sich niemand gegen seine Unfreiheit erheben, der sich bereits für frei hält.

Die Idee der politischen Partei ist ein Taschenspielertrick der *El*-ite. Liegt das Augenmerk auf Parteien, wird zudem das Individuum verneint, ob es sich nun mit positiven oder anderen Absichten trägt. Ein Mensch, der über Intelligenz und Integrität verfügt, wird nicht ins Parlament oder in den Kongress gewählt – es sei denn, er gehört der richtigen Partei an und lebt im richtigen Wahlkreis bzw. Bundesstaat. Die meisten Menschen stimmen nicht für eine Person, sondern für eine Partei. Bei der Wahl kommt es einzig darauf an, in welchen Farben die Parteirosette[2] eines Kandidaten gehalten ist. Verachtungswürdige und unredliche Personen werden an die Macht gewählt, sobald sie der richtigen Partei angehören und im richtigen Wahlkreis bzw. Bundesstaat leben. Damit wird die Kontrolle des politischen Personals in die Hände derer gelegt, die die Parteien anführen – bzw. letztlich in die Hände jener Mächte, die die Parteiführer kontrollieren. Um gewählt werden zu können, muss man zunächst von einer Partei aufgestellt werden, die Aussichten auf den Sieg hat. Damit sie das tut, muss man genau das sagen, was die Parteispitze hören will, und sich der von ihr vorgegebenen Parteilinie unterordnen. Auch nach der Wahl muss man weiterhin tun, was die Partei verlangt, da man sonst unmöglich für ein Regierungsamt

2 Insbesondere in Großbritannien ist es üblich, dass die Kandidaten während des Wahlkampfs sogenannte Rosetten in den Farben ihrer Partei am Revers tragen. So ist beispielsweise Rot die Farbe der Labour Party, Blau steht für die Torys, die Farben der Liberaldemokraten sind Orange und Gelb. – *Anm. d. Übers.*

erkoren wird. Auf diese Weise kontrollieren die Kräfte, die die Parteispitze lenken, auch die Parteimitglieder.

In der darauf folgenden Stufe heißt es dann: Spiel, Satz und Sieg für die *El*-ite: In jeder großen Partei gibt es einen inneren Kreis, der die Führungspersönlichkeiten auswählt und die politische Richtung bestimmt. Die Republikanische Partei unter George Bush jr. etwa wurde von einer von den Zionisten geschaffenen Gruppierung kontrolliert, die die Medien als Neokonservative bzw. Neocons bezeichneten. Zu ihnen gehörten hinter den Kulissen agierende Manipulatoren wie Robert Kagan, William Kristol oder Richard Perle sowie Regierungsmitglieder wie Vizepräsident Dick Cheney, Verteidigungsminister Donald Rumsfeld, der stellvertretende Verteidigungsminister Paul Wolfowitz und Dov Zakheim, der als Rechnungsprüfer für das gesamte Budget des Pentagons zuständig war. Das waren die Akteure, die Bush unter Kontrolle hatten. Wir werden ihnen im nächsten Kapitel wiederbegegnen, wenn wir auf die Anschläge vom 11. September und den „Krieg gegen den Terror" (lies: Krieg des Terrors) zu sprechen kommen. Eine ähnliche Gruppierung gibt es auch innerhalb der Demokratischen Partei, die ich entsprechend als Democons bezeichne. In ihren Reihen fanden sich unter anderem der Rothschild-Handlanger George Soros, die Clintons sowie der im Mai 2017 verstorbene Zbigniew Brzezinski, der unter Präsident Jimmy Carter als Sicherheitsberater tätig war. Barack Obama wurde während seiner achtjährigen Amtszeit als Präsident von den Democons kontrolliert. Wie aus einigen von Wikileaks veröffentlichten Dokumenten hervorgeht, sorgte der Parteiapparat der Demokraten dafür, dass Hillary Clinton – und nicht der beliebtere Bernie Sanders – die Vorwahlen zum Präsidentschaftswahlkampf 2016 gewann.

Abb. 457: Der Grund, warum sich nie etwas verändert und die grundlegende Ausrichtung stets dieselbe bleibt – ganz gleich, welche „Partei" gerade an der „Macht" ist. Die wirkliche Macht liegt stets bei denen, die sich im Schatten verbergen.

Die Schwergewichte unter den *El*-ite-Handlangern wechseln mühelos zwischen den beiden Parteien hin und her, um den jeweiligen Präsidenten zu „beraten". So erlebten wir es etwa mit dem „republikanischen" Außenminister und Ultrazionisten Henry Kissinger, der als

Berater für George Bush (Republikaner), Barack Obama (Demokrat) und Donald Trump (Republikaner – oder was auch immer er morgen zu sein beschließt) fungierte. Damit kommen wir zu dem Punkt, den zu verstehen von essenzieller Bedeutung ist: Wenn wir noch einen Schritt zurück machen und uns tiefer in die Schattenbereiche begeben, wird deutlich, dass sowohl die Neocons als auch die Democons von *derselben* (archontischen) Macht gesteuert werden – über sabbatianische Frankisten und andere Agenten des Spinnennetzes, die in beiden Gruppierungen vertreten sind (Abb. 457). Folglich ist es, ganz unabhängig davon, wer im Weißen Haus sitzt oder welche Partei offiziell regiert, stets diese Macht, die die Fäden in der Hand hält. Mark Twain sagte: „Wenn Wahlen irgendeinen Unterschied bewirken würden, hätte man sie schon verboten." Die grundlegende Richtung – Zentralisierung der Macht, Kriege, Ausbau des Überwachungsstaates und die Zerschmetterung der Armen, um den Reichen zu dienen – ändert sich nie. Dabei spielt es keine Rolle, wer an der Macht ist – denn die verborgene Macht, die immer die Kontrolle behält, will es so (Abb. 458).

Abb. 458: „Die ‚Progressiven' sind nicht der Widerstand, sondern lediglich einer der Pole dessen, was sie bekämpfen." – Die Selbsttäuschung des politischen Links-Rechts-Schemas.

Mit Rhetorik und Image versucht man, davon abzulenken und den Eindruck zu erzeugen, die möglichen politischen Führungskräfte würden sich voneinander unterscheiden und echte Alternativen darstellen. Nie war das so durchsichtig wie in Obamas Wahlkampf, in dem er, um gegen Bush zu punkten, alle 60 Sekunden von der „Veränderung" sprach, für die er angeblich stehen würde. Der Begriff wird von Politikern ohnehin gerne verwendet, da viele Menschen ihre Lebenssituation (die von Politikern früherer Generationen verursacht wurde, die auch schon mit dem Slogan „Veränderung" hausieren gingen) satthaben und sich folglich von Politikern angezogen fühlen, die … ihnen versprechen, ihre Lebenssituation zu verändern. Natürlich tun sie das nie, und das sollen sie auch gar nicht. Das Gerede von Veränderung ist nichts weiter als ein in regelmäßigen Abständen wiederkehrender Schwindel, mit dem man Ihre Stimme einkassieren und sich die Macht sichern will – nur um am Ende das zu tun, was im Interesse der *El*-ite liegt. Barack „Veränderung" Obama war schlicht die Fortsetzung von Bush, und aus dem „Mann des Friedens" wurde ein weiterer Mann des Krieges. Nicht anders war es von Anfang an vorgesehen. In den acht Jahren, in denen Obama als Präsident amtierte, gab es keinen einzigen Tag, an dem sich Amerika nicht im Krieg befunden hätte. Das skandalöse Konzentrations- und Folterlager Guantanamo Bay, das Obama versprochen hatte, „binnen eines Jahres" zu schließen, ist immer noch aktiv (Abb. 459). Im Jahr 2016, dem letzten seiner Amtszeit, ließ Obamas Administration Schätzungen zufolge etwa 26.000 Bomben abwerfen. Das entspricht einem

Abb. 459: „Tschüss, ‚Mann des Friedens'. Acht Jahre im Amt und kein einziger Tag ohne Krieg" – Mogelpackung von vorne bis hinten.

Mittel von drei Bomben pro Stunde – und zwar rund um die Uhr.

In einem Artikel mit dem Titel „The Naked Emperor" hinterfragte ich Obama schon zum Zeitpunkt seiner Wahl zum Präsidenten, da es sich bei ihm derart offenkundig um einen Schwindler und Bauernfänger handelte. Aufgrund der Tatsache, dass er während seines Wahlkampfs von Banken und Institutionen der *El*-ite finanzielle Zuwendungen in Rekordhöhe erhielt, war klar, dass er mit Sicherheit kein „Mann des Volkes" sein würde. Ein politisches System, das einer Bevölkerung von 326 Millionen Menschen angeblich die „freie Wahl" lässt, hat zuletzt die folgenden sechs Präsidenten hervorgebracht: Ronald Reagan, der noch im Amt war, als er schon an Demenz litt, gedankenkontrollierte Frauen missbrauchte und angesichts der von ihm befohlenen oder unterstützten Militäraktionen als Kriegsverbrecher einzustufen ist; George Bush sr., ein in den Drogenhandel verwickelter, Kinder missbrauchender Serienmörder, Agent des tiefen Staats der CIA und Kriegsverbrecher; Bill Clinton, ein Freund der Bushs, der ebenfalls in den Drogenhandel involviert war, reihenweise Frauen missbrauchte und ebenfalls zu den Kriegsverbrechern zu zählen ist; George Bush jr., ein unreifer Junge, dessen geistiger Entwicklungsstand ans Analphabetentum grenzt, und Kriegsverbrecher; Barack Obama, die größte Mogelpackung von allen, Mr. Keinerlei-Veränderung und Kriegsverbrecher; sowie Donald Trump, ein Eingeweihter, der den Außenseiter spielt, Star des Reality-TV ist und ebenfalls zum Kriegsverbrecher avancierte, schon bevor er seine ersten 100 Tage im Amt hinter sich gebracht hatte. Sollen wir ernsthaft glauben, dass wir in knapp 40 Jahren unter mehreren Hundert Millionen Amerikanern niemand Besseren finden konnten als die eben aufgezählte Bande? Natürlich könnten wir, aber wir dürfen nicht. Wir bekommen genau das vorgesetzt, was die *El*-ite für uns vorgesehen hat, indem sie die Kandidaten bestimmt und sowohl die Medien als auch die Geldströme beherrscht. Die einzige politische „Wahl", die tatsächlich existiert, ist die Wahl, die die *El*-ite bzw. das Spinnennetz trifft: Sie entscheiden, wer in ihrem Namen herrschen darf. Näheres zu den Hintergründen, die die ehemaligen Präsidenten Reagan, Bush und Clinton betreffen, finden Sie in meinen Büchern „...und die Wahrheit wird euch frei machen" und „Das größte Geheimnis". Die wenigen aufrichtigen Personen, die gelegentlich an die Macht kommen, werden durch die ökonomische Kontrolle blockiert, die von den Banken ausgeübt wird, und fallen zudem ihrer eigenen Briefmarkenmentalität zum Opfer, die sie daran hindert, die nötigen Zusammenhänge wahrzunehmen, um eine tatsächliche Veränderung zum Besseren erreichen zu können.

Präsident Drumpf von Zion

Der Jüngste in der Reihe der Scharlatane heißt also Donald Trump. Der ursprüngliche Name seiner Familie lautete Drumpf, da seine Vorfahren aus dem deutschen Örtchen Kallstadt stammten, das etwa anderthalb Stunden von Frankfurt entfernt liegt. Auch die Familie Heinz, die eine international bekannte Lebensmitteldynastie begründete, stammt aus Kallstadt – und soll mit den Drumpfs verwandt gewesen sein. Im Wahlkampf erzählte Trump seinen potenziellen Wählern (zu denen auch einige vermeintlich „alternative" amerikanische Medien gehörten) genau das, was sie hören wollten. So versprach er, die Banken – wie etwa Goldman Sachs – in die Mangel zu nehmen, die militärische Einmischung in die Angelegenheiten anderer Länder zu beenden und an der Grenze zu Mexiko eine Mauer zu errichten, um die illegale Einwanderung zu unterbinden. Die Geschwindigkeit, mit der er sein Wort brach, dürfte alle bisherigen Rekorde gebrochen haben (Abb. 460). Statt „den Sumpf trockenzulegen", wie er es ebenfalls angekündigt hatte, erweiterte er ihn noch, indem er in seine Administration mehr Milliardäre einbezog, als es je im amerikanischen Staatsapparat gab (Abb.461).

Abb. 460: „Achtung! Donald Trump naht!" – Amerikas jüngstes Verkehrsschild.

Kaum hatte Trump die Wahl gewonnen, besetzte er zahlreiche Posten mit sabbatianischen Frankisten und deren zionistischen Brüdern im Geiste. Indem er Steven Mnuchin zum Finanzminister ernannte und Gary Cohn, der zuvor Präsident und Geschäftsführer von Goldman Sachs war, zum Direktor des Nationalen Wirtschaftsrates machte, legte Trump die amerikanische Wirtschaft in die Hände des zionistisch kontrollierten Bankunternehmens Goldman Sachs (Abb. 462). Auch Bill Clinton („Demokrat") und George Bush jr. („Republikaner") hatten Banker von Goldman Sachs zu Finanzministern ernannt. Die private Federal Reserve Bank bzw. kurz „Fed", die als „amerikanische" Zentralbank fungiert und im Grunde die Wirtschaft der Verei-

Abb. 461: „Der Sumpf ist überglücklich: Das ist mein Junge!" – Genau wie es in dem Lied der Bee Gees heißt: „Es sind nur Worte, und Worte sind das Einzige, was ich habe, um dein Herz zu gewinnen."

Abb. 462: „Die Männer von Goldman Sachs übernehmen den Finanzbereich, nachdem Trump den Sumpf angeheuert hat: Direktor des Wirtschaftsrates, Finanzminister" – Die Goldman-Sachs-Zionisten Gary Cohn und Steven Mnuchin.

nigten Staaten kontrolliert, wurde in den letzten 30 Jahren von Alan Greenspan (Zionist), Ben Bernanke (Zionist) und Janet Yellen (Zionistin) geführt. Unter Bernanke fungierte Yellen als Vizepräsidentin. Jetzt, da sie selbst im Chefsessel sitzt, steht ihr Vizepräsident Stanley Fischer (Zionist) zur Seite, der zuvor Direktor der israelischen Zentralbank war. Die Zahl der Zionisten unter den Direktoren und stellvertretenden Direktoren des Federal-Reserve-Systems ist angesichts ihres geringen Anteils an der amerikanischen Gesamtbevölkerung atemberaubend. Doch wer die berechtigte Frage stellt, warum das so ist, wird mit der üblichen Abwehrreaktion bedacht, man sei „Antisemit". In den USA leben nur etwas mehr als vier Millionen Menschen, die der jüdischen Religion angehören. Bei einer Bevölkerungszahl von 326 Millionen Amerikanern sind das nicht einmal zwei Prozent. Die Zionisten unter ihnen und erst recht die geheimgesellschaftlich organisierten Zionisten machen einen noch weit geringeren Prozentsatz aus. Warum ist diese winzige Gruppierung innerhalb des Fed-Systems etwa im Vergleich zu Schwarzen oder Amerikanern irischer oder lateinamerikanischer Abstammung derart überrepräsentiert? Und warum erscheint sie – und nur sie – praktisch als unantastbar, sobald man diese Frage in den Raum stellt? Überdies werden wir ständig mit der Propaganda vom angeblichen Ausmaß der Diskriminierung jüdischer Menschen überzogen; doch wenn Sie einmal „list of Jewish American business people" in eine Suchmaschine eingeben, können Sie sehen, wie es um die „Diskriminierung" dieser Personengruppe in der amerikanischen Geschäftswelt tatsächlich bestellt ist – von den Regierungsposten einmal ganz zu schweigen.

Bevor der Zionist Steven Mnuchin Teil der „Trump"-(Goldman Sachs-)Regierung wurde, hatte er der Demokratischen Partei beträchtliche Summen gespendet. Mnuchin, der einst für den Democon-Rothschild-Rockefeller-Megamanipulator George Soros arbeitete, stand einige Jahre an der Spitze einer Firma namens OneWest Bank Group (ehemals IndyMac Bancorp, Inc.), die er und seine Partner mit einem Gewinn von fast zwei Milliarden Dollar verkauften, nachdem sie während der Bankenkrise von 2008 Zehntausende Eigenheime zwangsversteigert hatten. Die Medien sprachen davon, Mnuchin betreibe eine „Zwangsvollstreckungsmaschine". Netter Herr. Ach so – und wer war einer der Hauptunterstützer von OneWest? George Soros. Präsident Trump (wie schwer das von der Feder geht) ernannte zudem einen Bankier und Investor namens Wilbur Ross zum Wirtschaftsminister, der 24 Jahre lang für die Rothschilds gearbeitet hat und findet, man würde „aus politischen Gründen auf dem einen Prozent herumhacken". Mir kommen die Tränen. Darüber hinaus ist er einer der Köpfe von Phi Beta Kappa, der 1929 gegründeten

„geheimsten Gesellschaft der Wall Street“, bei der er den Rang eines „Grand Swipe“ (dt. etwa: Großer Wisch) bekleidet. Der Journalist Kevin Roose, der einmal in eine „Einweihungszeremonie“ von Phi Beta Kappa hineinplatzte, fand sich auf einmal unter milliardenschweren, Frauenkleider tragenden Bankiers wieder, die sich über die „99 Prozent“ lustig machten und Witze über die gigantischen Bailout-Summen rissen, mit denen Billionen von Dollar von der Bevölkerung in die Hände der *El*-ite transferiert worden waren, um die Hungerspiele-Gesellschaft voranzubringen (Abb. 463). Im *New York Magazine* schrieb Roose:

Abb. 463: „Unter Trump füllt sich der Sumpf von Neuem: US-Handelsminister wird Wilbur Ross – nach 24 Jahren im Dienst der Rothschilds und als langjähriger ‚Führer‘ der Wall-Street-Geheimgesellschaft Phi Beta Kappa“ – Wilbur Ross, der perfekte Mann für die Regierung.

> Hier [...] war eine Gruppe, zu der etliche Manager jener Firmen gehörten, die in den Jahren 2008 und 2009 gemeinsam die globale Wirtschaft zugrunde gerichtet haben. Jetzt, im privaten Kreis, lachten sie sich über die ganze Katastrophe kaputt – als würde es sich um einen längst vergessenen Jugendstreich handeln. (Oder noch schlimmer, sie sangen darüber: Eine der letzten Darbietungen des Abends war eine selbstgefällige Parodie des Liedes „Dancing Queen“ von ABBA, das sie in „Bailout King“ umtauften.) All diese Aktivitäten kamen einem gigantischen Stinkefinger gleich, den man der Mittelschicht zeigte – Aktivitäten, die, wenn sie an die Öffentlichkeit gerieten, Karrieren beenden und das öffentliche Ansehen der Beteiligten ramponieren könnten.

Solcher Art ist die Mentalität des vom „Establishmentgegner“ Donald Trump ernannten Wilbur Ross. Warum sollte Trump auch ein Interesse daran haben, den Sumpf trockenzulegen, in dem er sich ein ganzes Leben lang getummelt hat? Er hat die arbeitende Klasse und große Teile der US-amerikanischen „alternativen“ Medien ebenso verladen, wie Obama einst die sogenannten Progressiven täuschte. Dieselben Meister, dieselbe Methode – nur der Ausführende ist diesmal ein anderer.

Trump machte sich die verbreitete Vorstellung zunutze, er sei ein „Außenseiter“ und „gegen das Establishment“, und gewann die Wahl, weil die Menschen zunehmend erkannten, dass das System gezinkt ist. Er erzählte ihnen, was sie hören wollten, und sie kauften es ihm ab. Auch im Wahlkampf für den französischen Präsidenten (und Rothschild-Angestellten) Emmanuel Macron bediente man sich der Masche vom angeblichen „Außenseiter“, der in Wahrheit zu den Insidern zählt. Man war sich eben der Tatsache bewusst, dass sich die Stimmung im Volk veränderte. Sowohl Trump als auch Macron sind *Schöpfungen* des Establishments, nicht seine Herausforderer. Ich glaube keine Sekunde, dass Trump entgegen aller Wahrscheinlichkeit gewann, weil er auf das System schimpfte. Er wurde vielmehr auserkoren zu gewinnen und ins Weiße Haus einzuziehen – zumindest fürs Erste. Bei der Menge an skandalträchtigen Informationen, die über Trump ans Licht kamen, hätte die *El*-ite seine Wahl mühelos verhindern können. Auch jetzt könnten sie ihn – wenn sie wollten – jederzeit abservieren. Doch eine seiner Hauptaufgaben bestand darin, die amerikanische Gesellschaft im großen Stil zu polarisieren und in den Kampf gegen sich selbst zu verstricken, sodass sie sich durch die so bewirkte Teilung besser beherrschen lässt. Chaos ist das Schmiermittel der Verdeckten Hand – ein Zustand ständiger Fluktuation, den herbeizumanipulieren nicht sonderlich schwer ist. Trump ist nicht nur ihr Käpt'n Chaos – er birgt zudem das Potenzial zu enormen Unruhen, sollte er aufgrund juristischer Anfechtungen, eines Attentats oder aus irgendwelchen anderen Gründen nicht in der Lage sein, seine Amtszeit zu vollenden. Er ist einfach eine weitere Marionette, die ganz nach Bedarf eingesetzt werden kann. Sollte Trump aus welchem Grund auch immer abtreten müssen, stünde Vizepräsident und Vollblut-Neocon Mike Pence schon in den Startlöchern, um das Ruder zu übernehmen und die Neocons zufriedenzustellen. Und wenn er es nicht tut, gibt es dort, wo er herkommt, noch viele weitere, die den Posten übernehmen könnten.

Die Democons, die die Demokratische Partei kontrollieren, haben nachweislich Hillary Clinton auserkoren und es Bernie Sanders unmöglich gemacht, sie im Vorwahlkampf zu besiegen. Sollen wir etwa glauben, dass die Neocons, die hinter der Republikanischen Partei stehen, Trump nicht auf dieselbe Weise hätten stoppen können, wenn das ihr Ziel gewesen wäre? Trump mag nicht in jeder Hinsicht mit den Vorstellungen der Neocons konform gehen, doch verfügen die Letztgenannten über Mittel und Wege, das zu kompensieren. Der Druck, der auf Trump mithilfe der haltlosen Anschuldigungen ausgeübt wird, Russland habe die amerikanischen Präsidentschaftswahlen manipuliert, dient einem bestimmten Zweck: Auf diese Weise wird sichergestellt, dass er mit Wladimir Putin keine Vereinbarungen trifft, die die Bestrebungen der Neocons, die USA in einen Konflikt mit Russland zu stürzen, durchkreuzen könnten. Da zionistische Geldgeber Trump einst vor dem Bankrott bewahrt haben, ist er ihnen etwas schuldig. Seine Schulden begleicht er nun, indem er den israelfreundlichsten US-Präsidenten aller Zeiten mimt. Kaum war Trump ins Oval Office eingezogen, gab der israelische Premierminister Netanjahu den Startschuss für die beschleunigte Ausdehnung der illegalen jüdischen Siedlungen im besetzten Palästina – wissend, dass er nun nach Belieben schalten und walten konnte (Abb. 464).

Abb. 464: „Die Trump-Präsidentschaft: Israel – ich stehe zu meinem Vaterland!" – Der Präsident der Vereinigten Staaten, zusammen mit Donald Trump.

In einem symbolträchtigen Akt, der für die Palästinenser eine Provokation darstellte, kündigte Trump an, dass er die US-amerikanische Botschaft in Israel von

Tel Aviv nach Jerusalem verlegen würde. Zwar verschob er die Umstellung, als er sah, mit welchen Widerständen und Konsequenzen er zu rechnen hätte; doch Vizepräsident Pence „bekräftigte nachdrücklich", dass der Umzug definitiv stattfinden werde. Auf einer in Washington abgehaltenen Tagung der Organisation Christians United for Israel, mit der Pence eng verbunden ist, sagte er: „Die Frage ist nicht, ob, sondern nur, wann." Das Offensichtliche zum Ausdruck bringend, fügte er hinzu: „Wenn die Welt hinsichtlich des Präsidenten Donald Trump vielleicht nichts anderes anerkennen wird, so doch dies eine: Amerika hält zu Israel, heute und für alle Zukunft." Die erste Überseereise als Präsident der (vom sabbatianischen Frankismus kontrollierten) Vereinigten Staaten führte Trump nach Israel (vom sabbatianischen Frankismus kontrolliert), Saudi-Arabien (vom sabbatianischen Frankismus kontrolliert) und zum Vatikan (vom sabbatianischen Frankismus kontrolliert). Außenminister Rex Tillerson sagte, die Treffen hätten dazu gedient, Unterstützung einzuholen, um sich „einträchtig" mit Israel gegen den Iran zu stellen. Gähn. Mit den falschen Dönme-Royals der sabbatianisch-frankistischen Familie Saud unterzeichnete Trump Verträge über erneute Waffenlieferungen im Wert von 350 Milliarden Dollar – mit einem Staat also, der gewaltsam sein Volk unterjocht, Terroristen finanziert, Unschuldige bombardiert und Frauen in einer Weise unterdrückt, dass es einem die Sprache verschlägt. Und der zudem hinter den Anschlägen vom 11. September stecken soll, wie Trump früher einmal bemerkt hatte. Das stimmt so zwar nicht, doch hatte Saudi-Arabien sehr wohl seine Finger im Spiel.

Dank Trumps Nominierungen von Goldman-Sachs-Bankiers hat der Zionismus nun (bzw. weiterhin) die Kontrolle über die US-amerikanische Finanzpolitik. Der Zionist Carl Icahn, der unter Trump als sogenannter „Sonderberater des Präsidenten für die Regulierungsreform" fungiert, arbeitet mit dem durch und durch zionistisch dominierten Finanzteam des Weißen Hauses zusammen. Des Weiteren haben wir Trumps allgegenwärtigen Schwiegersohn Jared Kushner, einen zionistischen Hardliner und „Senior Advisor", der seit seiner Kindheit persönlich mit Israels Oberirrem Netanjahu bekannt ist. Er schlief sogar einmal in Jareds Kinderzimmer, denn er war mit Kushners Vater Charles – einem Immobilienhai, der wegen illegaler Wahlkampfspenden, Steuerhinterziehung und der Manipulation von Zeugen hinter Gittern saß – sehr eng befreundet. Jared Kushner ist Israels (und damit auch der Rothschilds) Mann im Weißen Haus. Er ist mit Trumps Tochter Ivanka verheiratet, die vor ihrer Hochzeit auf sein Drängen hin zum jüdischen Glauben konvertierte. Sollen wir auch diese Zusammenhänge – ein langjähriger Freund Benjamin Netanjahus und knallharter Zionist heiratet in die Familie Trumps ein, der dann amerikanischer Präsident wird und den Erstgenannten im Alter von nur 36 Jahren zum „Senior Advisor" ernennt – für reine Zufälle halten? Ivanka, die ebenfalls offiziell als Beraterin des Präsidenten tätig ist, hat einen enormen Einfluss auf ihren kindischen Vater. Dessen Narzissmus lädt Speichellecker ebenso dazu ein, ihn zu manipulieren, wie seine Begabung, Aufruhr und Chaos zu verursachen. Trumps Ego ist sprichwörtlich, doch darunter liegt eine tiefe Unsicherheit verborgen, die ihn zwingt, auf jede Kritik zu reagieren, die ein selbstsicherer Mensch einfach überhören würde.

Es war bezeichnend, dass die Medien zwar von Kushners Treffen mit einigen Russen berichteten, bezüglich seiner ausgewachsenen israelischen bzw. zionistischen Verbindungen jedoch die Augen fest verschließen. Jared Kushner, der im Grunde bis ins Mark israelisch fühlt und denkt, hat dem American Israel Public Affairs Committee (AIPAC) – einer berüchtigten Tarnorganisation der Israelis, die zu den bestfinanzierten Lobbygruppen in den USA zählt – eine Menge Geld gespendet. Auch im Kapitol hat Israel seine Leute platziert, etwa in Gestalt der Senatoren John McCain und Lindsey Graham, die passenderweise auch als Fürsprecher und Lobbyisten für das amerikanisch-israelische Lehensgut Saudi-Arabien fungieren. McCains „Stiftung" erhält Zuwendungen von der Familie Rothschild und dem zionistischen Milliardär George Soros. Wie die ehemalige Kongressabgeordnete Cynthia McKinney enthüllte, wurde sie, sobald sie ihre Kandidatur für das amerikanische Präsidentenamt verkündet hatte, aufgefordert, ein „Gelöbnis zu unterzeichnen", dass sie ihre Entscheidungen stets im Sinne Israels treffen würde. Sollte sie diese Zusage nicht treffen, würde sie von der allgewaltigen zionistischen Lobby – zu der das AIPAC zählt – keinerlei Unterstützung oder Gelder erhalten. Laut McKinney ist davon jeder betroffen, der für den Kongress oder den Senat kandidiert. Sie beschrieb ihre Erfahrungen wie folgt:

> Jeder, der für den Kongress kandidierte, bekam damals so ein Gelöbnis vorgelegt, das man unterschreiben sollte. […] Wenn man es nicht unterzeichnet, bekommt man kein Geld. Für mich war das fast wie Waterboarding. Meine Eltern bemerkten das. Ich erhielt beispielsweise Anrufe von Leuten, die sagten: „Ich möchte für Sie gerne eine Spendenveranstaltung organisieren." Dann begannen wir mit den Planungen, und ich war jedes Mal ganz aufgeregt – denn um den Wahlkampf zu bestreiten, braucht man Geld. Doch nach zwei oder drei Wochen der Planungen kam stets die Frage: „Haben Sie denn das Gelöbnis unterzeichnet?" Und dann musste ich entgegnen: „Nein, das habe ich nicht getan." Damit hatte sich die Spendenaktion erledigt.

McKinney verlor schließlich, nachdem das AIPAC ihren Gegner finanziert hatte, der das Gelöbnis unterschrieb. Wenn man in den amerikanischen Kongress oder Senat gewählt werden will, darf man es sich nicht mit dem AIPAC verscherzen. Das ist der Sumpf, in dem sich Kushner tummelt. In finanzieller Hinsicht ist er aufs Engste mit Soros verbunden, der praktisch schon sein gesamtes Leben dem Spinnennetz dient und unter anderem 250 Millionen Dollar in eines von Kushners Unternehmen „investiert" hat, sowie mit der Familie Steinmetz, die zu den reichsten Familien Israels zählt. Kushner gab die Wochenzeitschrift *The New York Observer* heraus, die in den Diensten der zionistischen Agenda stand und jeden ins Visier nahm, der das offizielle Märchen um die Anschläge vom 11. September infrage stellte. Kushners eigener Sonderberater ist der Zionist Avrahm Berkowitz. Neben Kushner fungiert ein Zionist namens Stephen Miller als Senior Advisor von Trump. Hinzu kommt eine Reihe von Zionisten, die dem Präsidenten als „Sonderberater" dienen. Seinen Anwalt, den zionistischen Extremisten David M. Friedman, entsandte Trump als Botschafter nach Israel. Jason Greenblatt, der für die Trump Organization – die private Unternehmensgruppe des Präsidenten – lange Zeit als Chefanwalt tätig war und deren Vizepräsident war, berät Trump in Fragen zu Israel und wurde vom Letztgenannten zum amerikanischen Chefunterhändler für internationale Abkommen (einschließlich solcher zwischen Israel und den Palästinensern) nominiert. Yael Lempert, eine weitere Zionistin, dient als Sonderberaterin des Präsidenten sowie als Seniorchefin für Israel, Ägypten und die Levante. Die Palästinenser sind gewaltig übers Ohr gehauen worden. Bei Netanjahus erstem Besuch im Weißen Haus nach Trumps Amtsantritt wurde die Zweistaatenlösung des israelisch-palästinensischen Konflikts zum ersten Mal von einem US-Präsidenten infrage gestellt – zugunsten einer Einstaaten-„Lösung" im Sinne Israels. Überall in Trumps Administration finden sich Zionisten in einer Häufung, die den statistisch zu erwartenden Anteil bei Weitem übersteigt. Nicht anders verhielt es sich bei Obamas Finanzteam oder bei den Mitgliedern der Bush-Administration, die in die Vorgänge um den 11. September verwickelt waren. Befinden sich all diese Personen in ihren Positionen, um die Interessen der Vereinigten Staaten oder diejenigen Israels und der Rothschilds zu vertreten? Um zu verhindern, dass berechtigte Fragen wie diese gestellt werden, spielt man lautstark und mit Nachdruck die „Antisemitismus"-Karte aus. Was mich betrifft, können sie von mir aus sagen, was sie wollen – es interessiert mich nicht. Die Wahrheit ist die Wahrheit, und es wird höchste Zeit, dass sie jemand ausspricht. Bei dem zionistischen Netzwerk handelt es sich in Wirklichkeit um das Netzwerk der Rothschilds. Hinter dem inneren Kreis des *geheimgesellschaftlichen* Zionismus verbirgt sich der sabbatianische Frankismus. Den zionistischen Eingeweihten ist das jüdische Volk als Ganzes ebenso gleichgültig wie die übrige Menschheit.

Folge dem Geld

Zionistische Milliardäre zählen zu den wichtigsten Geldgebern der amerikanischen Politik. Dabei finanzieren sie Demokraten wie Republikaner gleichermaßen, um beide Seiten kontrollieren zu können. Im Gegenzug für ihre großzügige Unterstützung erwarten sie entsprechend gewichtige Gegenleistungen. Während der Zionist George Soros die Sache der „Progressiven" und der Demokraten förderte, war der amerikanisch-israelische Casinomilliardär Sheldon Adelson, dem verschiedene israelische Medien gehören, Trumps maßgeblicher Wahlkampffinanzier. Lenke beide Seiten, und du kannst nicht verlieren. Von derselben Regel (bzw. der Abwesenheit einer solchen) können nun alle großen amerikanischen Unternehmen und Banken Gebrauch machen, die in den USA nach Belieben Geld dafür ausgeben dürfen, die Bevölkerung zu überreden, für ihre Wunsch- bzw. gegen unliebsame Kandidaten zu stimmen. Die Wall Street spendete 2016 im Zusammenhang mit den amerikanischen Präsidentschaftswahlen die Rekordsumme von zwei Milliarden Dollar – und das ist nur die offizielle Zahl. Die erwähnte „Gegenleistung" beinhaltet, dass die Geldgeber bestimmen, wer einen Posten bekommt. Man denke etwa an Trump und Goldman Sachs. Im Wahlkampf hatte Trump das Bankunternehmen noch kritisiert, um die Stimmen der Systemgegner zu gewinnen.

Im Jahr 2008 veröffentlichte Wikileaks eine E-Mail, die der zionistische Banker Michael Froman, ein Manager der Citigroup, an John Podesta, einen der Leiter des Übergangsteams des designierten Präsidenten Barack Obama, geschrieben hatte. Darin hatte Froman

Personen vorgeschlagen, die für Obamas Regierung nominiert werden sollten. Tatsächlich wurde den Vorschlägen in fast allen Fällen entsprochen. Für das Finanzministerium etwa empfahl Froman Robert Rubin (Zionist), Larry Summers (Zionist) und Timothy Geithner (von den Zionisten kontrolliert). Alle drei hatten bereits in der Clinton-Administration gedient. Obama ernannte Geithner zum Finanzminister und machte Summers zum Direktor des Nationalen Wirtschaftsrates – eines Amtes, das heute vom Zionisten Gary Cohn ausgeübt wird. Wenn Sie das Kapitel „Archontische Ökonomie" meines Buches „Die Wahrnehmungsfalle" lesen, werden Sie zu der schockierenden Feststellung gelangen, dass die regierungsübergreifende zionistische Kontrolle der amerikanischen Wirtschaft allein schon anhand einer Auflistung der involvierten Namen und der zugehörigen Ämter unleugbar ist. Unter Trump setzt sich diese Konstellation fort.

Ich habe einige Vertreter der alternativen Medien sagen hören, sie könnten keine Belege dafür entdecken, Amerika und das Weltgeschehen würden von den Zionisten manipuliert werden. Das ist angesichts der offenkundigen Tatsachen, die einem förmlich ins Auge springen, eine erstaunliche Aussage. Hält man sich vor Augen, dass es auf dem gesamten Planeten nur 15 Millionen Menschen jüdischen Glaubens gibt – bei einer Weltbevölkerung von 7,5 Milliarden –, wovon vier bis fünf Millionen in den USA leben (die insgesamt 326 Millionen Einwohner zählen), wäre es geradezu lächerlich, den enormen Einfluss der Zionisten auf globale Belange *nicht* zu hinterfragen. Dabei spreche ich wohlgemerkt nicht von einem „jüdischen Komplott", sondern beziehe mich auf die Aktivitäten, die der innerste Kreis der Rothschild-Zionisten gemeinsam mit Vertretern anderer Gruppierungen bzw. Zusammenhänge begeht. Die „Antisemitismus"-Karte dient dazu, die Menschen so einzuschüchtern, dass sie den Mund halten. Der Trick besteht darin zu erreichen, dass jeder, der solche – eigentlich naheliegenden – Fragen stellt, automatisch als Rassist betrachtet und systematisch verunglimpft wird. Israel darf unterdessen unbehelligt die Juden drängen, keine Nichtjuden zu heiraten und mit ihnen keine Kinder zu zeugen. Der Zionismus, der die ganze Welt des Rassismus beschuldigt, ist de facto das rassistischste Glaubenssystem auf Erden. Da haben wir sie wieder: die Inversion.

Auf die Netzwerke der Zionisten trifft man überall, etwa in Gestalt der britischen Friends of Israel, der Henry Jackson Society oder des jüdisch-französischen Dachverbands CRIF, der auch als „französisches AIPAC" bezeichnet wird. Die Henry Jackson Society ist das durch und durch israelfreundliche britische Pendant zu den amerikanischen Neocons. Unter ihren internationalen Förderern finden sich unter anderem die Ultrazionisten Robert Kagan, William Kistrol, Richard Perle und Michael Chertoff. Nachdem Emmanuel Macron französischer Staatspräsident geworden war, bestand eine seiner ersten Amtshandlungen darin, einen anderen Kandidaten seiner Partei abzusägen, nachdem der vom CRIF und anderen jüdischen Lobbygruppen als Antisemit gebrandmarkt worden war, weil er die BDS-Bewegung zum Boykott Israels unterstützt hatte. Die Zionisten haben übrigens auch Macrons Widersacherin Marine Le Pen in der Tasche, die als islamfeindlich gilt. Wie kommt es, dass Israel, ein Land mit acht Millionen Einwohnern, so viel internationalen Einfluss hat und auf der Weltbühne in solchem Ausmaß mitbestimmt? Die Antwort kennen Sie jetzt – oder zumindest einen Teil davon.

„Gemäßigte" Extremisten

Der Begriff „progressiv" ist von der Spinne und ihrem Netzwerk gekapert und dafür benutzt worden, Faschismus und Massenmord zu verschleiern und ihre extremistischen Strohmänner und -frauen als Vertreter der „politischen Mitte" und der „Gemäßigten" in politischen Ämtern in Stellung zu bringen. Dieser Prozess ist sowohl bei den konservativen Parteien des sogenannten rechten Flügels als auch bei den „linken" Progressiven zunehmend zu beobachten. Kriegsverbrecher und „Gemäßigte" wie Tony Blair verurteilen den Extremismus, während sie gefälschte Dokumente in Umlauf bringen, um Massaker an Unschuldigen, Tod und Chaos für Millionen zu rechtfertigen. Blair stellt in vielerlei Hinsicht den Prototypen des Extremisten dar, der sich als „Mann der Mitte" ausgibt. Leute seines Schlages sind ausnahmslos für die EU, für die NATO, für Krieg, für Israel und für den Zionismus, sowie für den Klimaschwindel und überhaupt für alles, was das System will. Gleichzeitig sind sie alle gegen Russland und gegen jeden, den die *El*-ite beschlossen hat, ins Visier zu nehmen und zu dämonisieren. Obama entspricht der blairschen Blaupause im Grunde ebenso wie die Staatsführer Macron in Frankreich, Angela Merkel in Deutschland, Charles Michel in Belgien, Justin Trudeau in Kanada, Malcolm Turnbull in Australien, Stefan Lofven in Schweden, Leo Varadkar in Irland, Nicola Sturgeon in Schottland, Aleksandar Vukic und Ana Brnabić in Serbien, Dusko Markovic in Montenegro, Edi Rama in Albanien, Alexis Tsipras in Griechenland und Paolo Gentiloni in Italien (sowie dessen Vorgänger Matteo Renzi, der nach einem gescheiterten Verfassungsreferendum zurückgetreten war, mit dem er regionale Kompetenzen in staatliche Hand zurückführen wollte). Die Welt ersäuft in einer Flut von Blair-Kopien, die die Zwangsherrschaft als moderate Konstellation hinstellen und einer Äußerung Blairs entsprechen, mit der er im privaten Kreis seine politische Philosophie beschrieb: „Lächle jedem ins Gesicht und such dir jemand anderen, der ihn hinterrücks niedersticht."

In jedem Land gibt es Netzwerke, die das Geschehen so manipulieren, dass Leute wie Blair an die Macht kommen. Massive Unterstützung erhalten sie dabei von den Massenmedien, die der Kontrolle durch das Spinnennetz unterliegen. Macron ist ein Musterbeispiel dafür. Er ist ein Rothschild-Bankier, der zusammen mit einer von ihm gegründeten „neuen" Partei aus dem Nichts erschien und vorgab, unabhängig zu sein, während er in Wirklichkeit eine hundertprozentige Schöpfung des Establishments war – genau wie seine Vorgänger Hollande und Sarkozy, die „anderen" Parteien angehörten. In Hollandes Witz von einer Regierung hatte Macron als Minister gedient. Dass er mit einer „neuen Partei" auftrat, lag darin begründet, dass er nicht dem Stigma der in Misskredit geratenen großen Parteien anheimfallen durfte. Andernfalls hätte er der natürliche Erbe des unsäglichen François Hollande werden können, der in einer Umfrage mit nur vier Prozent die geringste Zustimmungsquote der französischen Geschichte zu verzeichnen hatte. Der italienische Psychiater Dr. Adriano Segatori sagte in einem Interview, dass Macron, der seine 24 Jahre ältere Französischlehrerin geheiratet hat, ein gefährlicher Psychopath sei, der das Potenzial habe, Frankreich in den Ruin zu treiben. Das Verhalten, das er seit seinem Amtsantritt an den Tag legt, scheint das zu bestätigen. Sie sind *allesamt* Psychopathen –

genau deshalb bekommen sie ja diese Posten. Laut Segatori ist Macron ein „ausgewachsener Fall von Narzissmus", der „boshaft" sei und die Bewunderung anderer brauche, um seinen gewaltigen Minderwertigkeitskomplex zu kompensieren (siehe Trump). Dieselbe psychologische Disposition könnte man sämtlichen Strohmännern und -frauen bescheinigen, die vom Spinnennetz als „Weltführer" platziert werden. Nicht nur Hollande, sondern das gesamte politische, Medien- und Finanzestablishment begrüßte Macrons Präsidentschaftskandidatur – im Chor mit anderen Schöpfungen bzw. Klonen des Spinnennetzes, zu denen auch Angela Merkel, Barack Obama und die dunklen Anzüge der EU zählen. Wie war das noch gleich mit der Einmischung in ausländische Wahlen? Unablässig wird Russland genau das vorgeworfen, ohne dass man stichhaltige Beweise vorbringen würde; doch wenn sich hochrangige westliche Politiker in die Wahlen anderer Länder einmischen, sagt niemand etwas – vorausgesetzt, sie befürworten die vom archontischen Spinnennetz ausgewählten Kandidaten. Während der Brexit-Kampagne konnte man vernehmen, wie sich Obama für den Verbleib Großbritanniens in der EU aussprach. Der Internationale Währungsfonds (IWF), etliche Staatenlenker und praktisch die gesamte britische Oberschicht sowie die politische Klasse des Königreichs – von links bis rechts – taten es ihm gleich. All das geht auf die Aktivitäten des Spinnennetzes zurück, das den klonartigen politischen Verstand steuert und dessen Wahrnehmungen programmiert. In Frankreich erhielt Macron 2017 genügend Stimmen, um Marine Le Pen, die sich gegen Masseneinwanderung und die EU aussprach, zu besiegen. Seine Wähler taten genau das, was Medien und politische Oberschicht ihnen suggeriert hatten, tun zu müssen.

Die Methode ist ganz einfach: Präsentiere deinen Kandidaten als den neuen Messias (wie es die britischen Medien einst mit Blair taten) und stelle den Gegner als Teufel in Menschengestalt oder als unwählbare Katastrophe dar. Le Pen hatte gesagt, Frankreich würde unabhängig vom Wahlausgang künftig von einer Frau regiert werden: entweder von ihr oder von der deutschen Bundeskanzlerin Angela Merkel. Macrons erster Anruf, den er nur wenige Minuten nach seinem Wahlsieg tätigte, ging an Mutti Merkel. Erst dann wandte er sich an seine Unterstützer, und zwar vor der Kulisse der schwarzen Pyramide im Louvre (einem archontischen Klassiker) und zu den Klängen der – nein, nicht der französischen Nationalhymne, sondern der Hymne der *Europäischen Union*. Einen Tag nach seiner Amtseinführung flog Macron nach Berlin, um sich mit seiner politischen Mutti zu treffen. Macron ist ein weiterer großer Junge in kurzen Hosen, der artig tut, was man ihm aufträgt. Doch wir sollten nicht vergessen, dass auch elf Millionen Franzosen für Le Pen gestimmt und ein Drittel aller französischen Wähler sowohl den einen als auch die andere abgelehnt haben, indem sie der Wahlurne fernblieben oder ihren Stimmzettel ungültig machten. Das bedeutete den höchsten Prozentsatz an Nichtwählern in Frankreich seit 1969. Überall auf der Welt haben die Menschen das System satt, das sie als gezinkt und ihnen feindlich gesinnt begreifen. Die bis aufs Blut verdorbene Hillary Clinton begrüßte Macrons Wahlerfolg und sprach – in einer aberwitzigen Anspielung auf Russland – von einem „Sieg über diejenigen, die die Demokratie untergraben wollen". Diese Worte stammten aus der Feder einer Frau, die die Demokratie zeit ihres politischen Lebens untergraben hat. Auch Madonna, Cher und Katy Perry feierten Macrons Sieg. Wieder sind wir beim Begriff „progressiv" angelangt, der durch stinkreiche und völlig ahnungslose „Berühmtheiten" wie Madonna, Cher, Perry, Bono oder Geldof verkörpert wird. Ich meine – Bono und Geldof unterstützen Tony Blair!

Selbsternannte Progressive dieses Schlages unterstützen Blair-Kopien wie Macron, beteiligen sich an der Kampagne zur Aushebelung des demokratischen Brexit-Votums, unterstützen den Klimaschwindel, zwingen ihren Mitmenschen die politische Korrektheit auf, um Andersdenkende zum Schweigen zu bringen, und bezeichnen jeden, der ihnen nicht zustimmt, als rassistischen Heuchler oder als zu alt und zu dumm, um Teil ihrer schönen neuen Welt werden zu dürfen. Ihre Wahrnehmungen sind derart fremdbestimmt und ihre Gedanken so sehr im künstlich erschaffenen politischen Links-Rechts-Denken gefangen, dass sie zu Hunderttausenden die Straßen füllen, um gegen Bushs Kriege zu protestieren, jedoch schweigen, wenn ihr „progressiver" Held Obama dasselbe tut. Der „Progressive" Bernie Sanders ging, nachdem er von der Clinton-hörigen Parteiführung der Demokraten frech um seine Präsidentschaftskandidatur gebracht wurde, artig zur nächsten Großveranstaltung und signalisierte seine Unterstützung für Hillary, da „wir die ‚andere' Seite nicht gewinnen lassen dürfen". Diese „andere Seite" würde ohnehin dasselbe wie Clinton tun, da beide „Seiten" von derselben Macht kontrolliert werden. Wenn du es als Mittsiebziger noch nicht geschafft hast, dem Establishment wirklich die Stirn zu bieten, Bernie – wann, bitte, gedenkst du dann, damit anzufangen? Sanders hätte es in der Hand gehabt, einen enormen Beitrag zu leisten, wenn er der Welt verkündet hätte, dass er weder Clinton noch Trump unterstützen könne, da sich beide hinsichtlich ihrer fragwürdigen politischen Qualitäten in nichts nachstehen. Er hätte die amerikanischen Wähler auffordern können, einmal darüber nachzudenken, warum man ihnen nur die „Wahl" zwischen Clinton und Trump lässt. Aber nein – als guter „Progressiver" spielte Bernie brav mit. Das vermeintliche politische Spektrum von „Links", „Rechts" und der „Mitte" ist ein ausgemachter Schwindel, hinter dem sich die ewig gleiche geistige Disposition verbirgt. Sämtliche Vertreter des Spektrums beziehen ihre Informationen, Ansichten und Wahrnehmungen aus den etablierten Medien und dem Mainstream-Einheitsbrei. Zwar mögen die einen eine „progressive" Zeitung und andere ein „rechtes" Blatt lesen, doch entspringen sämtliche etablierten Zeitungen demselben Briefmarkenkonsens.

Hier sind noch einige weitere Tricks und Methoden, derer sich das Spinnennetz in der Politik bedient, um Sie zu täuschen:

Sorgen Sie dafür, dass der Gegenspieler Ihres Wunschkandidaten jemand ist, der als unwählbar gilt. Als die Verdeckte Hand in den 1980er-Jahren erreichen wollte, dass Margaret Thatcher im Amt bleibt, hätte sie schon am hellichten Tag ein Kind erschießen müssen, um gegen Michael Foot und Neil Kinnock – die Parteiführer der oppositionellen Labour-Partei – zu verlieren. Viele Jahre später, als die *El*-ite den Labourchef Tony Blair zum Mann ihrer Wahl erkor, ließ sie ihn gegen William Hague, Iain Duncan Smith und Michael Howard antreten. Allen dreien hatte man gerade operativ das letzte bisschen Charisma entfernt. Der junge und frische Obama, der sich für den „Wandel" und „gegen den Krieg" aussprach, musste gegen den ältlichen Kriegstreiber John McCain und die durchgeknallte Sarah Palin antreten, die für die Vizepräsidentschaft kandidierte. Vier Jahre später wurde Obama von dem Multimillionär und eindeutig zum Establishment gehörenden Geschäftsmann Mitt Romney „herausgefordert".

Mitunter treten Kandidaten, die bewusst dem Spinnennetz dienen, sogar *von vornherein* an, um zu verlieren (und anschließend ihre Belohnung einzuheimsen) – da sie genau wissen, dass die Spinne den anderen Kandidaten zum Sieger bestimmt hat. George Bush sr. etwa hat gar nicht wirklich versucht, gegen Bill Clinton zu gewinnen. Bei Al Gore darf man sich fragen, warum er im Jahr 2000 so wenig unternahm, um die Stimmenauszählung von Florida anzufechten, die ganz offensichtlich zugunsten von George Bush jr. manipuliert worden war. Die Kontrolle über die Medien zu besitzen bedeutet, dass man den vom Spinnennetz bevorzugten Kandidaten als die einzig mögliche Wahl hinstellen kann, während sein Gegenspieler pausenlos beschimpft, verhöhnt und abqualifiziert wird. In drastischeren Fällen rückt man skandalträchtige Details über den Letztgenannten ins Licht der Öffentlichkeit – oder erfindet einfach welche –, um seine Wahl zu verhindern. Ist der Gegner bereits im Amt, lassen sich die Umstände so manipulieren, dass er es niederlegen muss. Die Vereinigten Staaten sind dafür berüchtigt, Manipulationen dieser Art im Ausland zu betreiben – etwa über vom Pentagon bzw. der CIA angestachelte „Revolutionen" oder durch wirtschaftliche Angriffe, bei denen man sich des Bankensystems oder globaler Körperschaften wie des IWF bedient, die ihre Anweisungen vom Spinnennetz erhalten.

Eine andere Methode besteht darin, innerhalb einer Partei Agenten des Spinnennetzes zu platzieren und zu dirigieren, um sich eines unliebsamen Parteiführers zu entledigen. So war es beispielsweise Margaret Thatcher im Jahr 1990 ergangen. Die Verdeckte Hand liebte die „Eiserne Lady", solange ihre Politik der Agenda des Spinnennetzes entsprach; doch als sie begann, sich öffentlich gegen die zunehmende Machtkonzentration in den Händen der Europäischen Union und die fortwährende Verwässerung der britischen Souveränität zu stellen, war sie ganz schnell weg vom Fenster. Auch die gute alte Erpressung kommt standardmäßig zum Einsatz, um sicherzustellen, dass sich ein Politiker auch dann buchstabengetreu an die Agenda hält, wenn er mit ihr nicht einverstanden ist. Vielfach nutzt man dabei pädophile Neigungen aus, indem man Politiker und andere einflussreiche Leute mit Kindern zusammenbringt, während man sie heimlich filmt. Der bereits zitierte australische „Sterbebett"-Satanist hatte gesagt: „Politiker werden durch ein System sorgsam abgestufter Kriterien und Situationen eingeführt, die es ihnen ermöglichen zu akzeptieren, dass ihre Opfer ‚unser kleines Geheimnis' bleiben." Ein Geheimnis bleibt es freilich nur so lange, wie du tust, was wir dir sagen. In den Parlamenten vieler englischsprachiger Länder – etwa im britischen Ober- und Unterhaus sowie im amerikanischen Kongress und Senat – gibt es in jeder Fraktion einen sogenannten „Whip" (dt. etwa: Einpeitscher), der dafür sorgt, dass seine Parteigenossen im Sinne der Parteiführung (lies: des Spinnennetzes) abstimmen. Erpressung ist dabei ein häufig gebrauchtes Mittel. Tim Fortescue, der dieses Amt von 1970 bis 1973 unter der Ägide des pädophilen und satanistischen Premierministers Edward Heath ausübte, sagte in einem BBC Interview:

> Jeder, der in Schwierigkeiten war und ein wenig Verstand besaß, ist zu den Whips gegangen, hat ihnen die Wahrheit erzählt und gesagt: „Ich sitze in der Klemme, könnt ihr mir helfen?" Vielleicht ging es um Schulden, vielleicht um … einen Skandal, in den kleine Jungen involviert waren, oder irgendeinen Skandal, in dem das betroffene Parteimitglied aller Voraussicht nach zerrieben werden würde. Dann

kamen sie zu uns und haben uns gefragt, ob wir helfen könnten. Und wenn wir konnten, taten wir das.

Wir taten, was immer in unserer Macht stand, denn so konnten wir Pluspunkte sammeln. Ich meine – das klingt nach einem ziemlich scheußlichen Beweggrund, aber einer der Gründe war dieser: Wenn wir es schafften, den Burschen aus dem Schlamassel herauszuholen, würde er uns künftig zu Diensten sein, wenn wir unsererseits etwas wollten.

Das Spinnennetz liebt es, Marionetten auszunutzen, die skandalträchtige Geheimnisse zu verbergen haben. Ich hab dich erwischt! So erklärt sich, warum politische Führer mitunter unvermittelt einen anderen Kurs einschlagen, der allem widerspricht, was sie bis dahin vertreten haben. Vor allem in den Fällen, in denen das sehr schnell geschieht, sollte man Obacht geben. Parteien und ihre Führungsspitzen gehen mit dem Wahlvolk keinen Vertrag ein – ungestraft können sie während des Wahlkampfs irgendetwas versprechen, um dann nach der Wahl das genaue Gegenteil davon zu tun. Auf die Regierungsbildung folgen vier oder fünf Jahre, in denen die Gesellschaft entgegen den Wünschen derer umgestaltet wird, die der regierenden Partei zur Macht verholfen haben. Dann beginnt die Farce mit einer weiteren „demokratischen Wahl" von Neuem. Achten Sie einmal darauf, wie in sämtlichen „demokratischen" Ländern, deren Staatsmodell heute überall auf der Welt an das Vorbild der britischen „Mutter aller Parlamente" angelehnt ist, nur eine oder zwei – in wenigen Fällen drei – Parteien überhaupt Aussicht darauf haben, die Regierung zu stellen. All diese Parteien wiederum tanzen nach der Pfeife der in den Schatten verborgenen Macht. Die sogenannte „Demokratie", die wir mit „Freiheit" gleichsetzen sollen, dient in Wirklichkeit der Verdeckten Hand als Vehikel, um ihre Zwangsherrschaft zu errichten. Dabei verbergen sich hinter der Letztgenannten noch nicht einmal menschliche Lebensformen. Die auf der sichtbaren Ebene existierenden politischen und ökonomischen Strukturen bilden lediglich das Instrumentarium für die Kräfte, die im Unsichtbaren verborgen bleiben (Abb. 465). Es ist eine Fata Morgana, eine Illusion, ein Varieté-Schauspiel. Die Trumps, Obamas, Bushs und Clintons scheinen wichtig zu sein und lenken als vermeintliche Machtzentren die Aufmerksamkeit auf sich. Doch sie sind nichts weiter als Lakaien und Handlanger der unsichtbaren Mächte, die eine uralte Agenda zur vollständigen Unterjochung der Menschheit verfolgen.

Das ist das große Geheimnis, von dem Sie nichts erfahren sollen.

Abb. 465: „Diejenigen, die Sie sehen können, sind nur die Laufburschen derer, die Sie nicht sehen." – Diese Tatsache sollten wir nie vergessen, wenn wir die Welt und das, was wirklich vor sich geht, verstehen wollen.

Postscriptum

Gerade hat Trump verkündet, dass er seinen ultrazionistischen Schwiegersohn Jared Kushner sowie den ultrazionistischen „Chefunterhändler" Jason Greenblatt entsendet, um mit Israel und den Palästinensern „Friedensgespräche" zu führen, an denen auch das amerikanisch-israelisch kontrollierte Saudi-Arabien, die Vereinigten Arabischen Emirate, Katar, Jordanien und Ägypten beteiligt sind. Gut, dass man die Sache unparteiisch angeht. Sie lachen über uns.

Kapitel 13

Krieg, Krieg, Krieg – wir lieben ihn

„Es ist verboten zu töten; deshalb werden Mörder bestraft. Es sei denn, sie töten in großer Zahl und zum Klang von Trompeten."

Voltaire

Seit vor etwa 6.000 Jahren die neue Psyche auf der Bildfläche erschien, wird die Geschichte der Menschheit hauptsächlich von Krieg bestimmt. Fortwährend haben die archontisch kontrollierten Reptiloiden und Grauen in allen Teilen der Welt Kriege und Konflikte gesät, indem sie sich ihrer hybriden *El*-ite bedienten. Die Mächte, die aus dem Verborgenen heraus die Strippen ziehen, spielen die Menschen ununterbrochen gegeneinander aus, um sie nach dem Prinzip von „Teile und herrsche" kontrollieren zu können, und unterwerfen sie einem fortwährenden Rausch aus Gewalt, Angst, Leid und Tod, der ihnen als Nahrung dient. So geschieht es an jedem neuen Tag.

Für Krieg ist immer Geld vorhanden (Abb. 466). Niemals hört man einen führenden Politiker sagen, dass man sich nicht am Krieg beteiligen könne, weil dem Land die Mittel fehlten. Für die Armen, Obdachlosen und Hungrigen steht angeblich kein Geld zur Verfügung – doch die Finanzierung von Kriegen scheint nie ein Problem darzustellen. Dafür gibt es zahlreiche Gründe. Für die im Besitz der *El*-ite befindlichen Rüstungsgiganten ist Krieg ungemein profitabel. Es ist ein Witz, dass sie im Englischen als „defence contractors" – wörtlich also als „Verteidigungs-Vertragsfirmen" – bezeichnet werden, während sie nichts anderes im Sinn haben, als Unschuldige anzugreifen. Der Betrag, den die Vereinigten Staaten für die „Verteidigung" ausgeben, würde ausreichen, jedem obdachlosen Amerikaner ein Heim im Wert von einer Million Dollar zur Verfügung zu stellen (Abb. 467). „Sollen sie doch

Abb. 466: „Doch für Krieg ist stets Geld vorhanden" – Warum ist dem so? Weil die El*-ite und ihre archontisch-reptiloiden Herren permanenten Krieg wollen und ihnen das Leid der Menschen nicht gleichgültiger sein könnte. Je mehr Leid, desto besser für sie.*

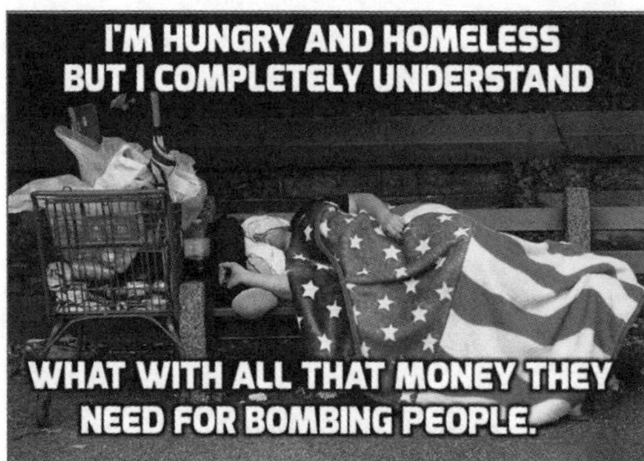

Abb. 467: „Ich hungere und bin obdachlos. Doch ich verstehe schon – das Geld wird gebraucht, um andere Leute zu bombardieren." – Der schiere Wahnsinn.

Abb. 468: „Sie haben Hunger? Sollen sie doch Panzer essen!" – Ernähre die Menschen nicht, sondern töte sie.

Abb. 469: „59 Cruise Missiles = ca. 100 Millionen Dollar; Mutter aller Bomben = 16 Millionen Dollar. Na, zumindest schläft er sicher in seinem Bett." – Die Prioritäten des Todeskultes.

Panzer essen!", lautet das Motto der Finanz- und Militäraristokratie unserer Tage (Abb. 468). Im April 2017 genehmigte Trump innerhalb nur einer Woche militärische Angriffe gegen Syrien und Afghanistan, die zusammen mindestens 100 Millionen Dollar plus 16 Millionen britische Pfund verschlangen – nämlich für 59 Tomahawk-Raketen, die gegen einen syrischen Luftwaffenstützpunkt eingesetzt wurden, sowie für die über Afghanistan abgeworfene „Mutter aller Bomben". Die Zündung der weltgrößten nichtnuklearen Explosion zog für die Zivilbevölkerung schwerwiegende gesundheitliche Langzeitfolgen nach sich (Abb. 469). Die genannten Summen beinhalten dabei lediglich die Kosten für die Raketen bzw. die Bombe an sich.

Indem Trump Personen zu Generälen ernannte und in verteidigungsrelevante Ämter hievte, die mit der Rüstungsindustrie verbandelt sind – wie etwa im Fall des Verteidigungsministers, General James „Mad Dog" Mattis, oder beim Chef der Heimatschutzbehörde, General John F. Kelly –, trug der vermeintliche Sumpftrockenleger erheblich zur Militarisierung der Regierung bei. Als Direktor des Rüstungskonzerns General Dynamics, der Unterseeboote, Panzer und Waffen herstellt, verdiente Mattis 242.000 Dollar – zuzüglich 500.000 Dollar in Wertpapieroptionen. Kelly war, neben weiteren Verbindungen zur Rüstungsindustrie, als Berater für das private Sicherheits- und Militärunternehmen DynCorp tätig. Später ernannte Trump General Kelly auch zum Stabschef des Weißen Hauses, da er „einen General haben wollte", um dieses Amt an seiner Seite auszufüllen. Der als Nationaler Sicherheitsberater tätige General

Herbert Raymond McMaster steht mit Frontorganisationen der Rüstungsindustrie in Verbindung, zu denen etwa das Center for Strategic and International Studies (CSIS) zählt, das von den Konzernen Chevron, Boeing, Hess und ExxonMobil finanziert wird. Rex Tillerson, der frühere Geschäftsführer des letztgenannten Unternehmens, ist heute Außenminister der Vereinigten Staaten. Er unterhält Beziehungen sowohl zum CSIS als auch zu Vertretern der Waffenhersteller Lockheed Martin und Raytheon. McMaster positioniert sich entsprechend – wie auch Mattis – gegen Russland, gegen China und gegen den Iran. Das CSIS erklärte gegenüber den Medien, dass es dringend vonnöten sei, in Südkorea das THAAD-Raketenabwehrsystem (Terminal High Altitude Area Defense) zu stationieren, um der „Bedrohung" aus dem Norden zu begegnen. Nicht erwähnt wurde dabei, dass der Konzern Lockheed Martin, der als Hauptauftragnehmer mit milliardenschweren Verträgen am THAAD-Projekt beteiligt ist, das Raketenabwehrprogramm des CSIS finanziert. Des Weiteren ernannte Trump Mark Esper, einen Manager des „Verteidigungs"-Riesen Raytheon, zum Secretary of the Army.

Die Waffenhersteller sichern sich in der US-Regierung und im Pentagon immer größeren Einfluss, denn schließlich sind Krieg, Tod und Zerstörung gut fürs Geschäft. Um ihrer Kriegsagenda gegenüber Politikern und Medien Nachdruck zu verleihen, gründen bzw. unterstützen sie „Denkfabriken". Ein Beispiel dafür ist das Canadian Global Affairs Institute (CGAI), das sich für eine Beteiligung Kanadas an den Konflikten starkmacht, die die USA auf anderen Kontinenten ausfechten. So gab es beispielsweise eine „Meinungsumfrage" in Auftrag, nach der „die Kanadier willens sind, Soldaten selbst dann in Gefahrenzonen zu entsenden, wenn dies Tote und Verwundete fordert – solange sie nur von den militärischen Zielen überzeugt sind". Das Institut ist der Auffassung, Kanada solle ein Spionagenetzwerk nach dem Vorbild der CIA und des MI6 errichten, und richtet Kurse in „Militärjournalismus" aus, in denen Reporter darin geschult werden, die Welt in einem dem CGAI genehmen Licht zu sehen. Es wird Sie nicht allzu sehr überraschen zu erfahren, dass das Canadian Global Affairs Institute Geldmittel von großen Waffenherstellern erhält. Wie die *Huffington Post* schrieb, haben „General Dynamics und Lockheed Martin Canada ebenso wie die Edge Group, C4i, Com Dev, ENMAX, SMART Technologies, die Defense News Media Group und das Canadian Council of Chief Executives allesamt das CGAI unterstützt". Ähnliche Organisationen sind in allen bedeutenden Ländern aktiv. In Kanada, wo Premierminister Justin Trudeau (ein dem Spinnennetz unterstehender Liberaler) – wie auch schon sein Vorgänger Stephen Harper (ein dem Spinnennetz unterstehender Konservativer) – im Stile eines Ein-Parteien-Staats regiert und die militärische Agenda der Vereinigten Staaten, Israels und des Satellitenstaats Saudi-Arabien sklavisch unterstützt, rennen sie offene Türen ein. Trudeau, der wie Macron und seinesgleichen ein Kunstprodukt von der Stange ist, setzt eine Familientradition fort, indem er in die Fußstapfen seines satanistischen Vaters Pierre Trudeau (1919–2000) tritt. Nähere Einzelheiten zum Letztgenannten, der sich in den höchsten Kreisen der kanadischen Regierung bewegte, finden Sie in meinem Buch „Das größte Geheimnis" sowie in Cathy O'Briens Schrift „Die TranceFormation Amerikas".

Ich möchte jedoch darauf hinweisen, dass es den tieferen Ebenen des Spinnennetzes bei ihrer Kriegstreiberei nicht vorrangig um Geld geht – ja, noch nicht einmal in zweiter Linie.

Abb. 470: „Die Visitenkarten des Westens" – Wir haben deshalb permanent Krieg, weil er es ermöglicht, den Status quo zu zerstören und durch einen anderen zu ersetzen.

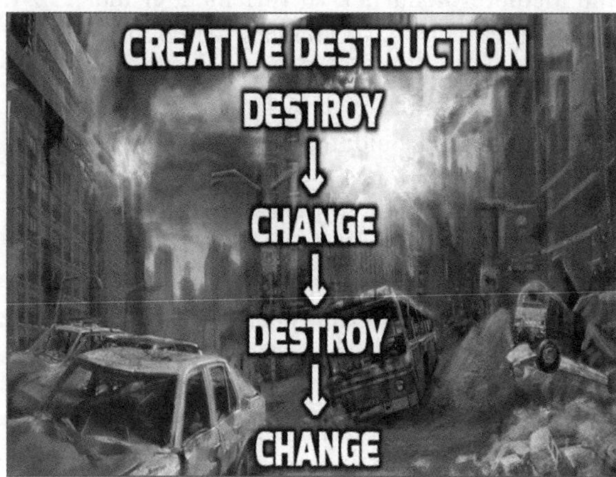

Abb. 471: „Kreative Zerstörung: Vernichtung – Veränderung – Vernichtung – Veränderung" – Seit Menschengedenken wird auf diese Weise fortwährender Wandel bewirkt.

Kriege dienen weitaus wichtigeren Zielen. Geld stellt für die Schattenmächte und Eingeweihten nur eine Zugabe dar, nicht die eigentliche Motivation. Eine Gesellschaft wird durch nichts so schnell und nachhaltig verändert wie durch Krieg. So erklärt sich, dass Bomben praktisch zur Visitenkarte des ach so moralischen Westens geworden sind (Abb. 470). Deren Hinterlassenschaft ist stets dieselbe, ob sie nun auf ein einzelnes Land oder weltweit niedergehen. Nichts wird in den betroffenen Gebieten jemals wieder so sein wie vorher. Bei dem Prozess, der unter dem Begriff „kreative Zerstörung" bekannt ist, benutzt man Krieg, um den alten Status quo zu überwinden und einen neuen zu etablieren. Dieser lässt sich in der Folge *wiederum* zerrütten, um einem neuen Status quo zu weichen (Abb. 471). Mit jedem neuen Ist-Zustand bewegen wir uns weiter auf eine zentral gesteuerte, globale Hungerspiele-Gesellschaft zu. So konnten wir es beispielsweise in den beiden Weltkriegen beobachten. Nach dem Ersten Weltkrieg war die Macht bereits in deutlich weniger Händen konzentriert; dasselbe galt in noch größerem Maße für den Zweiten Weltkrieg, in dessen Nachgang globale Organisationen wie die Vereinten Nationen geschaffen wurden – um, wie es hieß, in Zukunft „Kriege zu verhindern" (was sie natürlich nicht taten, da das gar nicht beabsichtigt war).

Kriege ermöglichen den archontischen-reptiloiden Blutlinien, unliebsame Regierungen bzw. Staatsführer zu beseitigen, die Landkarte umzugestalten, Ländereien und Rohstoffe zu erbeuten und die Zentralisierung der globalen Macht mit Siebenmeilenstiefeln voranzutreiben. Die Ablösung der Stammesgesellschaften durch Nationalstaaten und dieser durch Superstaaten ist überwiegend durch Kriege bewerkstelligt worden. Die Gründung der

Europäischen Wirtschaftsgemeinschaft – des Vorläufers der heutigen EU – war in erheblichem Maß als ein Mittel angepriesen worden, weitere Kriege in Europa zu verhindern. Dabei waren die Mächte, die dort argumentierten, dieselben, die die vorangegangenen Kriege angezettelt hatten. Größere Kriege entstehen nicht von selbst, sondern sind das Ergebnis langfristiger Planungen, die der aus dem Unsichtbaren vorgegebenen Agenda bzw. Ereignisfolge entsprechen. Jahwe/Jehova, der „Demiurg" des Alten Testaments, verlangte seit dem Altertum nach Tod, Zerstörung, Opferungen und Krieg. Hier ist ein dem Buch Josua entnommenes Beispiel, in dem der „Herr" (der Archonten) die Zerstörung Jerichos fordert:

> Jericho aber war verschlossen und verwahrt vor den Kindern Israel, dass niemand aus oder ein kommen konnte. [...] Also gewannen sie die Stadt und verbannten alles, was in der Stadt war, mit der Schärfe des Schwerts: Mann und Weib, Jung und Alt, Ochsen, Schafe und Esel. [...] Aber die Stadt verbrannten sie mit Feuer und alles, was darin war. Allein das Silber und Gold und eherne und eiserne Geräte taten sie zum Schatz in das Haus des Herrn.

Wäre in der vorstehenden Passage statt von Schwertern von Raketen und Schusswaffen die Rede, könnte man meinen, hier sei der Angriff der amerikanischen Marines auf die irakische Stadt Falludscha beschrieben worden, bei dem im April 2004 Hunderte Zivilisten niedergemetzelt wurden. Bevor das Blutbad begann, riegelten die Marines sämtliche Fluchtwege ab. Die Zahl der Opfer war so hoch, dass ein Fußballstadion zum Friedhof umfunktioniert werden musste. Einer der Hauptverantwortlichen des Massakers war James Mattis, den Trump unlängst als Verteidigungsminister ins Pentagon berief. Sein Spitzname „Mad Dog" (dt.: irrer bzw. tollwütiger Hund) stammt aus jener Zeit. Mattis ist ein Psychopath, von dem folgende Zitate stammen:

> „Ich komme in Frieden. Ich habe keine Artillerie dabei. Doch mit Tränen in meinen Augen flehe ich euch an: Wenn ihr mich verarscht, bringe ich euch alle um."
>
> „Findet den Feind, der dieses Experiment [in amerikanischer Demokratie] beenden will, und tötet jeden von ihnen – so lange, bis sie das Töten dermaßen satt haben, dass sie uns und unsere Freiheit nicht mehr antasten."
>
> „Sei höflich, sei professionell – aber habe immer einen Plan, jeden, dem du begegnest, zu töten."
>
> „Deshalb ist es ein großes Vergnügen, sie zu erschießen. Wisst ihr, es macht eigentlich eine Menge Spaß, gegen sie zu kämpfen. Es ist eine Riesengaudi. Gewisse Leute zu erschießen, macht einfach Spaß. Da bin ich voll mit dabei. Ich mag Schlägereien."

Was für ein charmanter, überaus ausgeglichener Bursche, der da in Trumps Kabinett für das amerikanische Militär zuständig ist – ein weiterer Psychopath (Abb. 472). Der „Herr", der für die biblischen Massaker verantwortlich zeichnete, ist noch immer aktiv – nur dass mit den heute verwendeten Waffen, die alles und jeden zu vernichten vermögen, Tod und Zerstörung praktisch keine Grenzen mehr gesetzt sind. Unterdessen bestreiten die Poli-

Abb. 472: „Ein Mann mit dem Spitznamen ‚Verrückter Hund' entscheidet jetzt darüber, ob es Krieg auf der Welt gibt." – Schlaft gut.

tiker, dass ihre Mordmaschine in irgendeiner Weise dazu beitragen würde, Terroristen heranzuzüchten. Dabei sind die Letztgenannten freilich voller Hass gegenüber jenen, die ihren Familien bzw. Ländern Ungeheuerliches angetan haben. Wer nur über einen Funken Einfühlungsvermögen, Mitgefühl und Intelligenz verfügt, kann nur schwer nachvollziehen, wie es die westlichen Psychopathen fertigbringen, in eiskalter Berechnung und bar jeder Emotion Tod und Zerstörung über (überwiegend dunkelhäutige) Männer, Frauen und Kinder zu bringen. Doch wir haben es hier mit derselben Mentalität zu tun, für die auch Kinderopferungen in Ordnung sind. Da die Software dieser Individuen dazu programmiert ist, keinerlei Empathie oder Mitgefühl zu empfinden, sind ihrer Bösartigkeit und Unmenschlichkeit keine Grenzen gesetzt. In der Tat *sind* sie keine Menschen im üblichen Sinne des Wortes. Immer wieder habe ich darauf hingewiesen, dass wir das Verhalten dieser Leute nicht auf der Basis unseres eigenen Verhaltens beurteilen sollten. Zwischen den Blutlinien und uns besteht ein grundlegender Unterschied: Es ist ihnen unmöglich, Empathie zu begreifen – den Sicherungsmechanismus allen menschlichen Verhaltens –, geschweige denn, sie selbst zu entwickeln. Ohne Empathie und Mitgefühl trägt eine handelnde Person jedoch keinerlei emotionale Folgen davon, ganz gleich, was sie tut. Folglich sind ihrem Handeln keine Schranken gesetzt.

Das Puzzle zusammenfügen

Der umfangreiche Fundus an Rechercheergebnissen und Belegen, den ich in meinen Büchern vorgestellt habe, beinhaltet unter anderem Informationen über die manipulierten Hintergründe einer großen Zahl von Kriegen und Terroranschlägen. Im Folgenden möchte ich mich darauf beschränken, die Ereignisfolge seit Anbruch dieses Jahrtausends nachzuzeichnen, um aufzuzeigen, wie Kriege geplant werden und einer Blaupause folgen, die letztlich von unsichtbaren Mächten festgelegt wird. Beginnen wir im Jahr 1998, doch behalten wir im Hinterkopf, dass die Planungen Jahrzehnte zurückreichen – und auf der unsichtbaren Ebene noch weitaus länger. Der Democon Zbigniew Brzezinski, der unter dem ehemaligen US-Präsidenten Jimmy Carter als Nationaler Sicherheitsberater gedient und zusammen mit David Rockefeller die *el*-itäre Trilaterale Kommission gegründet hat, veröffentlichte 1998 ein Buch mit dem Titel „Die einzige Weltmacht". Wie der 2017 verstorbene Verfasser darin darlegte, müssten die USA (das Spinnennetz), um die Welt beherrschen zu können, Eurasien unter Kontrolle bringen. Dabei handelt es sich um die größte zusammenhängende Landmasse auf Erden, die sich von Europa bis nach China sowie von Russland bis hinunter in den Nahen Osten und nach Indien erstreckt (Abb. 473). Bezüglich Brzezinskis Büchern bzw. Aussagen ist es wichtig zu verstehen, dass er jedes Mal, wenn er darüber sprach, was *seiner Meinung nach* geschehen sollte, im Grunde offenlegte, was *geplant* war. Auf Eurasien werde ich gleich zurückkommen, doch zuvor wollen wir eine – niederschmetternde – Übung im Punkteverbinden durchführen, an deren Ende wir uns wieder nach Eurasien begeben werden.

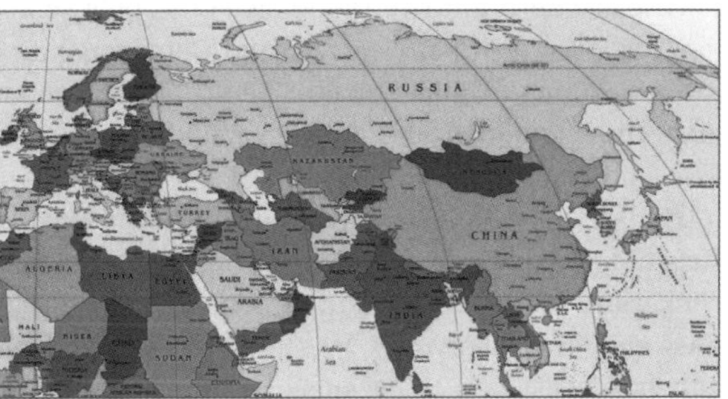

Abb. 473: Eurasien und die angrenzenden Regionen.

Abb. 474: „The Project for the New American Century, September 2000" – Nur Monate bevor sie mit dem Kabinett von George Bush jr. direkt oder indirekt an die Macht kamen, publizierten die hier abgebildeten zionistischen Fies- und Feiglinge die Pläne für die Kriege und Regimewechsel, die wir seither erlebt haben.

Wenden wir unser Augenmerk für einen Moment vom Democon-Flügel der Verdeckten Hand zu den Neocons der Republikanischen Partei, zu denen Leute wie Dick Cheney, Donald Rumsfeld, Paul Wolfowitz, Doug Zakheim, Robert Kagan, William Kristol und Richard Perle gehören (Abb. 474). Alle Genannten waren Mitglieder des 1997 in Washington aus der Taufe gehobenen Project for the New American Century (PNAC, dt.: Projekt für das neue amerikanische Jahrhundert), zu dessen Gründern die zionistischen Hardliner Kagan und Kristol zählten. Robert Kagan ist Mitglied des 1921 von J. D. Rockefeller gegründeten *el*-itären Council on Foreign Relations (CFR), der der Steuerung der amerikanischen Außenpolitik dient, sowie langjähriges Mitglied der Brookings Institution, die sich ebenfalls in der Hand der *El*-ite befindet. Kagan schreibt zudem allwöchentlich für die *Washington Post*, die von der *El*-ite kontrolliert wird und sich im Besitz des Amazon-Eigentümers Jeff Bezos befindet. William Kristol arbeitet für das Neocon-Revolverblatt *The Weekly Standard* als „Auslandskorrespondent" und betätigt sich zudem als „politischer Analytiker", der regelmäßig in von der *El*-ite kontrollierten

Fernsehsendern auftritt. Die Maske des „politischen Analytikers“ dient dazu, die Agenda der Verdeckten Hand (Neocons und Democons) an den Mann zu bringen. Sie beinhaltet, Amerikas junge Männer nach Übersee zu entsenden, damit sie dort für die *El*-ite Kriege ausfechten und in großer Zahl Unschuldige niedermetzeln, sowie das Prinzip, den von den USA und Großbritannien initiierten, gegen unliebsame Regierungen gerichteten Terrorismus als „Volksrevolutionen“ zu deklarieren. Doch wir sollten froh sein, dass Kagan und Kristol niemals in die Nähe einer im Zorn abgefeuerten Waffe kommen: Bei den beiden rückgratlosen Feiglingen könnte schon das Geräusch einer Autofehlzündung dazu führen, dass sie ein grauenvolles Massaker anrichten. Hinter der Führung der Neocons, in der geheimgesellschaftlich organisierte Zionisten den Ton angeben, verbergen sich der sabbatianische Frankismus und dessen Agenda zur globalen Kontrollübernahme.

Im September des Jahres 2000 verfasste die bereits erwähnte Denkfabrik PNAC ein strategisches Dokument mit dem Titel „Rebuilding America’s Defenses: Strategy, Forces, and Resources For a New Century“ (dt.: Amerikas Verteidigung im Wiederaufbau: Strategie, Kräfte und Ressourcen für ein neues Jahrhundert). In dem Schriftstück, demzufolge die US-amerikanischen Kräfte „gleichzeitig auf mehreren Bühnen größere Kriege ausfechten und entschlossen gewinnen“ sollten, werden mehrere Länder genannt, die auf diese Weise einem „Regimewechsel“ unterzogen werden sollten: Irak, Libyen, Syrien, Libanon, Iran, Nordkorea und China. „Amerikanische Kräfte und ihre Alliierten [sollten] in China den Prozess der Demokratisierung anstoßen.“ Einige Monate später, im Januar 2001, übernahm das PNAC im Pentagon das Steuer. Donald Rumsfeld wurde Verteidigungsminister; weitaus mächtiger war jedoch dessen „Stellvertreter“ Paul Wolfowitz. Dov Zakheim, wie der Vorgenannte ein Zionist, war nunmehr für die Finanzen des Pentagon zuständig. Andere einflussreiche Positionen innerhalb des Pentagons wurden ebenfalls mit PNAC-Mitgliedern besetzt. Das Weiße Haus übernahmen die Neocons durch Dick Cheney, der in seiner Funktion als „Vizepräsident“ den glück- und hoffnungslosen George Bush jr. vollständig dominierte. Ein weiteres bedeutsames PNAC-Mitglied war Richard Perle, der als „Prinz der Dunkelheit“ überwiegend aus dem Hintergrund heraus agierte. Im Verborgenen ersannen Perle, Kagan und Kristol Strategien und griffen in das Geschehen ein – wenn sie sich nicht gerade hinter dem Sofa verkrochen und von dort aus andere in den Krieg schickten. Genau wie Trump und dessen Schwiegersohn und Chefberater Jared Kushner ist auch der zionistische Extremist Perle eng mit dem israelischen Premierminister Netanjahu befreundet. Für ihn hatte Perle 1996 ein strategisches Papier mit dem Titel „A Clean Break: A New Strategy for Securing the Realm“ verfasst (dt. etwa: Eine saubere Zäsur: Eine neue Strategie, um das Gebiet zu sichern), in dem er dazu aufrief, den irakischen Staatspräsidenten Saddam Hussein zu beseitigen sowie die syrische Assad-Regierung zu schwächen. Er schrieb:

> In Kooperation mit der Türkei und Jordanien kann Israel seine strategische Umgebung formen, indem es Syrien schwächt, in Schach hält oder sogar rückgängig macht. Diese Anstrengungen können sich darauf konzentrieren, im Irak Saddam Hussein zu stürzen – was bereits für sich betrachtet ein wichtiges strategisches Ziel für Israel darstellt –, um auf diese Weise Syriens regionale Ambitionen zu vereiteln.

Seither sind die Türkei und der israelische Vasall Jordanien dazu benutzt worden, Syrien „rückgängig zu machen". Das Project for the New American Century, mit dem Perle – wie auch andere Handlanger Israels – eng verbunden war, führte seine Strategie fort und erweiterte sie. Des Weiteren wurden die Pläne von dem amerikanischen General Wesley Clark bestätigt, der angesichts der Rolle, die er bei der Bombardierung Serbiens während des Kosovo-Konflikts spielte, zu den Kriegsverbrechern zu zählen ist. In mehreren Reden sowie in einem Interview mit dem Fernsehsender Democracy Now, das Sie sich im Internet anschauen können, erzählte der pensionierte Vier-Sterne-General und ehemalige Oberkommandierende des strategischen NATO-Kommandos Europa, was ihm etwa zehn Tage nach den Anschlägen vom 11. September widerfuhr. Nachdem er im Pentagon den PNAC-Verteidigungsminister Donald Rumsfeld sowie dessen PNAC-Stellvertreter Paul Wolfowitz aufgesucht hatte, begab er sich in ein tiefer gelegenes Stockwerk, um Mitglieder des Vereinigten Generalstabs zu treffen, die einst für ihn gearbeitet hatten. Clark berichtete:

> Einer der Generäle rief mich zu sich. „Sir", sagte er, „Sie müssen kurz reinkommen und einen Moment mit mir sprechen." Ich antwortete: „Sie haben sicherlich sehr viel zu tun." „Nein, nein", entgegnete er. „Wir haben entschieden, gegen den Irak in den Krieg zu ziehen." Das war am oder um den 20. September herum. Ich fragte: „Wir ziehen in den Krieg gegen den Irak? Wieso?" Er antwortete, „Ich weiß es nicht. Ich glaube, die wissen einfach nicht, was sie sonst tun sollen."
>
> Ich fragte ihn also: „Hat man Hinweise gefunden, die Saddam mit Al Qaida in Verbindung bringen?" „Nein, nein", sagte er. „Aus der Richtung gibt es keine Neuigkeiten. Sie haben einfach entschieden, Krieg gegen den Irak zu führen. Mir scheint, die handeln nach dem Motto: ‚Wir wissen nicht, was wir gegen Terroristen unternehmen sollen, aber wir haben ein tolles Militär und können Regierungen stürzen.'" Dann fügte er noch hinzu: „Wenn das einzige Werkzeug, das man besitzt, ein Hammer ist, muss einem wohl jedes Problem wie ein Nagel erscheinen."

Das Need-to-know-Prinzip ist derart ausgefeilt, dass nicht einmal dem General – ungeachtet seines hohen Ranges – der Grund bekannt war, warum der Irak ins Visier genommen wurde. Doch ich kann seiner Verwirrung abhelfen. Der Irak stand sowohl im Strategiepapier der von den Zionisten geschaffenen und kontrollierten PNAC-Denkfabrik als auch in der erwähnten Schrift des Zionisten Perle ganz oben auf der Kandidatenliste für einen Regimesturz. In beiden Fällen unterstanden die Autoren verborgenen Mächten, die die gesamte Ereigniskette einfädelten, die sich anschließend entfalten sollte. Bis zum Jahr 2002 wurde der Irak öffentlich überhaupt nicht erwähnt. Erst dann begannen die Dämonisierung Saddams und des Iraks sowie die damit verbundene Angstmacherei ihren Lauf zu nehmen – ein Vorgang, der im März 2003 mit dem Einmarsch im Irak seinen Abschluss fand. Als Begründung dienten Saddams angebliche „Massenvernichtungswaffen". Natürlich wusste man, dass es sie gar nicht gab; doch um die vom PNAC vorgesehenen Umstürze anzustoßen, brauchte man eine offizielle Rechtfertigung. Noch unmittelbar bevor die ersten Bomben fielen, erklärten die von der Spinne gesteuerten Marionetten Bush und Blair, dass Saddam die Invasion verhindern könne, wenn er ihren Forderungen nachkommen würde. Doch in Wahrheit war der Krieg schon seit Langem geplant. Clark berichtete des

Weiteren, dass er einige Wochen später, als die USA bereits Afghanistan bombardierten, ins Pentagon zurückkehrte und dort demselben General über den Weg lief. Er erinnerte sich wie folgt:

> Ich fragte ihn: „Gilt das noch immer, dass wir gegen Irak in den Krieg ziehen?" Darauf antwortete er: „Oh, es ist sogar noch viel schlimmer." Er langte nach einem Blatt Papier auf seinem Schreibtisch und sagte: „Das habe ich heute von oben hereinbekommen", womit das Büro des Verteidigungsministers gemeint war. „Dieses Memo beschreibt, wie wir innerhalb der nächsten fünf Jahre sieben Länder ausschalten werden. Irak macht den Anfang, dann folgen Syrien, Libanon, Libyen, Somalia, Sudan und schließlich Iran."
>
> Ich entgegnete: „Ist das als geheim eingestuft?" Er sagte, „Ja, Sir." Darauf meinte ich: „Na, dann zeigen Sie's mir nicht." Vor ungefähr einem Jahr traf ich ihn wieder. „Wissen Sie noch, damals?" fragte ich ihn. Er sagte darauf: „Sir, ich habe Ihnen dieses Memo nie gezeigt! Ich habe es Ihnen nicht gezeigt."

Wie Clark hinzufügte, „wollte [das PNAC], dass wir den Nahen Osten destabilisieren, umkrempeln und unter Kontrolle bringen". Doch wenngleich das Project for the New American Century hier als Instrument gedient haben mag, handelt es sich um eine von untergeordneten Handlangern betriebene Organisation, die innerhalb der Hierarchie der Angst nach der Pfeife von Mächten tanzt, die sich größtenteils im Schatten verborgen halten und ihrerseits direkte Befehlsempfänger der Spinne sind. Die Faustregel lautet: Die sichtbaren Individuen bzw. Institutionen fungieren lediglich als Helfershelfer und Ja-Sager, sind jedoch nicht mit der eigentlichen Machtquelle zu verwechseln, der sie ergeben sind. Solange sie tun, was ihnen aufgetragen wird, ist für sie alles in Ordnung. Sollten sie sich jedoch weigern … *großer* Fehler. Nach den Anschlägen vom 11. September wurde das PNAC von den alternativen Medien derart umfassend bloßgestellt, dass es seine Reputation gänzlich einbüßte und sich die dahinterstehende Kraft fortan anderer Frontorganisationen bedienen musste. Zu diesen zählt insbesondere die Foreign Policy Initiative, die ebenfalls von Kagan und Kristol sowie einem weiteren Zionisten namens Dan Senor – seines Zeichens Kolumnist und politischer Berater – gegründet worden war. Von dieser Organisation erhalten „Mad Dog" Mattis und der Nationale Sicherheitsberater McMaster ihre Einflüsterungen.

Abb. 475: Seit Brzezinski über die Notwendigkeit schrieb, Eurasien zu beherrschen, haben die USA und der Westen in bzw. nahe der besagten Region ein Land nach dem anderen ins Visier genommen.

Vor diesem Hintergrund können wir nun zu Brzezinskis Eurasien zurückkehren und untersuchen, wie sich die Länder ins Bild einfügen, die vom PNAC und Israel (beides sind Synonyme) ins Visier genommen wurden, sowie diejenigen Länder, die man – wie Russland – systematisch verteufelt hat. Die Tatsache, dass sie allesamt innerhalb oder am Rande von Eurasien gelegen sind, ist freilich auch wieder nur ein Zufall – kein Grund zur Beunruhigung (Abb. 475).

Der wahre Grund für die Anschläge vom 11. September

Die Neocons standen vor dem Problem, all die von ihnen beabsichtigten Kriege und Regierungsumstürze rechtfertigen zu müssen, um das stets zuverlässige Schema von Problem, Reaktion und Lösung in Gang zu setzen. In ihrem im September 2000 veröffentlichten Dokument hieß es, der „Transformationsprozess [durch Kriege und Regimewechsel] ... wird voraussichtlich sehr lange dauern, sofern nicht ein katastrophales Ereignis als Katalysator wirkt – wie ein neues Pearl Harbor". Auf den Monat genau ein Jahr später – und neun Monate, nachdem die Verfasser des Papiers mit George Bush jr. ins Weiße Haus und ins Pentagon einzogen – erlebten die Vereinigten Staaten das, was Bush damals als „das Pearl Harbor des 21. Jahrhunderts" bezeichnete. Wenn die etablierten Medien mit echten Journalisten bevölkert wären, hätten sie die Zusammenhänge im Nu erkannt. Doch nach meiner Erfahrung hat der Großteil von ihnen noch nie vom Project for the New American Century gehört; die Übrigen erkennen nicht (oder ignorieren geflissentlich), welche fundamentale Rolle das PNAC in Bezug auf die Ereignisse vom 11. September und all das spielte, was darauf folgen sollte. Aber Verschwörungen gibt es natürlich nicht, oder? Sie sind nichts weiter als „Theorien".

Die Hintergründe von 9/11 habe ich sehr genau in meinen Büchern „Alice im Wunderland und das World Trade Center Desaster" und „The David Icke Guide to the Global Conspiracy" (sowie in einem umfangreichen Kapitel in „Die Wahrnehmungsfalle") dargelegt, sodass ich die Details an dieser Stelle nicht wiederholen werde. Es soll hier genügen festzuhalten, dass das offizielle Märchen eine hanebüchene Absurdität darstellt, die schon bei der vorsichtigsten Überprüfung wie ein Kartenhaus in sich zusammenfällt. Sie wurde zudem von denselben Lügenmäulern in die Welt gesetzt, die uns –

Abb. 476: „Die Wahrheit lässt sich nicht ewig unterdrücken: 9/11 war ein Werk von Insidern." – Die Anschläge vom 11. September lieferten den Vorwand für den Krieg gegen den Terror und läuteten die schon lange zuvor geplanten „Regierungsumstürze" im Nahen Osten ein.

wider besseres Wissen – weismachen wollten, dass der Irak Massenvernichtungswaffen besitze (Abb. 476). Bezüglich des Irak kamen die Mainstreammedien zu dem Schluss, dass sie belogen wurden. Doch was den 11. September betrifft, glauben sie jedes Wort – obwohl beide Narrative nicht nur von derselben Regierung oder Behörde stammen, sondern von denselben *Personen*. Noch schwerer wiegen die Spötteleien und Attacken der Medien gegenüber Leuten wie mir, die des selbstständigen Denkens fähig sind und enthüllt haben, auf wessen Konto 9/11 geht: Die vermeintlichen Anschläge wurden von gewissen Elementen innerhalb der Regierungen bzw. geheimdienstlichen und militärischen Netzwerke der Vereinigten Staaten, Israels, Großbritanniens und Saudi-Arabiens inszeniert, um den „Krieg gegen den Terror" (Krieg gegen die Freiheit) rechtfertigen und die vom PNAC aufgelisteten Länder unter Beschuss nehmen zu können. Mit Worten wie „erbärmlich" wäre das Verhalten der sogenannten „Journalisten", die bei der Inbesitznahme des Planeten Erde durch geisteskranke Psychopathen eine derart gewichtige Rolle spielen, noch nicht einmal annähernd beschrieben. Einige der am schlechtesten informierten Menschen, denen ich in verschiedenen Teilen der Welt jemals begegnet bin, zählten zur Zunft der Journalisten oder Politiker.

Die Anschläge vom 11. September folgten einer Vorlage, die erstmals in den frühen 1960er-Jahren unter der Bezeichnung „Operation Northwoods" zu Papier gebracht worden war. Der Geheimplan war 1962 vom Generalstab des Verteidigungsministeriums entwickelt worden, der seinerzeit General Lyman L. Lemnitzer unterstand. Die Initiative, die letztendlich von der Kennedy-Regierung gekippt wurde, sah vor, durch das US-Militär, die CIA und andere Behörden auf dem Territorium der Vereinigten Staaten und anderswo vorgetäuschte Terroranschläge zu inszenieren, um sie anschließend Kuba in die Schuhe schieben zu können. Auf diese Weise gedachte man, den Einmarsch in Kuba und die anvisierte Beseitigung des Staatspräsidenten Fidel Castro zu rechtfertigen. Ein investigativer Journalist namens James Bamford, der einst als Produzent für ABC tätig war, ging in seinem Buch „Body of Secrets", das die Nationale Sicherheitsbehörde der USA (NSA) zum Gegenstand hatte, ausführlich auf Operation Northwoods ein. Er schrieb:

> Der als Operation Northwoods bezeichnete Plan, dem sowohl der Vorsitzende als auch sämtliche Mitglieder des Vereinigten Generalstabs schriftlich zugestimmt hatten, sah vor, US-Bürger auf offener Straße zu erschießen, Boote mit Kuba-Flüchtlingen auf hoher See zu versenken und eine Welle terroristischer Gewalt über Washington, D.C., Miami und andere Städte hinwegbranden zu lassen.
>
> Man wollte völlig Unschuldige für Bombenattentate verantwortlich machen und Flugzeuge entführen. Es sollten falsche Beweise vorgelegt werden, die alle auf Castro hindeuteten, um so Lemnitzer und seinen Ränkeschmieden den – öffentlich und international sanktionierten – Vorwand für einen Krieg gegen Kuba zu liefern.

Das ist exakt das, was am 11. September und seither viele Male in den Vereinigten Staaten, Europa, dem Nahen Osten und andernorts geschehen ist: Terroranschläge „unter falscher Flagge" (engl.: false flags), die die gesellschaftliche Umgestaltung nach dem Schema Problem-Reaktion-Lösung ermöglichen. Auch im Rahmen eines als „Operation Mongoose" bezeichneten Pentagon-Projekts wurden False-Flag-Angriffe vorgeschlagen, um Kuba ins Fadenkreuz nehmen zu können. So solle man „einen Vorfall [inszenieren], der wie ein Anschlag auf US-amerikanische Einrichtungen in Kuba aussieht (GMO) [gemeint ist der Marinestützpunkt Guantanamo Bay] und somit einen Vorwand liefert, die US-Militärmacht dazu einzusetzen, die gegenwärtige kubanische Regierung zu stürzen". Nachdem Lemnitzer der Regierung die zu Operation Northwoods gehörigen Pläne vorgestellt hatte, wurde er von Präsident Kennedy aus dem Amt des Vorsitzenden des Vereinigten Generalstabs entfernt (wovon der militärisch-industrielle Komplex wenig angetan war). Doch kurze Zeit später ernannte man ihn zum Oberkommandierenden des strategischen NATO-Kommandos Europa! Wie passend, dass Operation Northwoods erstmals 1997 vom John F. Kennedy Assassinations Records Review Board (dt. etwa: Ausschuss zur Sichtung der Dokumente, die das Attentat auf John F. Kennedy betreffen) publik gemacht wurde. Eine vollständigere Version der die Operation betreffenden Unterlagen wurde am 30. April 2001 vom National Security Archive im Internet veröffentlicht. Das Timing erstaunt: Nur fünf Monate später – am 11. September – wurden die darin beschriebenen grundlegenden Konzepte in die Tat umgesetzt.

Die offizielle Erklärung für 9/11 ist dermaßen absurd und unhaltbar, dass sich Spezialisten des Baugewerbes zur Vereinigung „Architects and Engineers for 9/11 Truth" (dt: Architekten und Ingenieure für die Wahrheit um 9/11; siehe ae911truth.org) zusammenschlossen, um darauf aufmerksam zu machen, dass die Erklärung für den Einsturz der Zwillingstürme aus ingenieurstechnischer Sicht keinen Sinn ergibt. Berufspiloten gründeten die Initiative „Pilots for 9/11 Truth" (siehe pilotsfor911truth.org), die zahllose eklatante Ungereimtheiten bezüglich der Geschichte von den „muslimischen Flugzeugentführern" aufdeckte. Die Entführer sollen das Fliegen angeblich auf Flugsimulatoren und einmotorigen Flugzeugen gelernt und dabei so unglaubliche Fähigkeiten entwickelt haben, dass mir ein Lufthansa-Pilot mit 28 Jahren Berufserfahrung sagte, nicht einmal er könne ein Großraumflugzeug in dieser Weise manövrieren. Dabei hatte ein Fluglehrer eines der angeblichen Entführer ausgesagt, dieser habe das einmotorige Ausbildungsflugzeug so schlecht gesteuert, dass er überrascht war, ihn im Besitz eines Automobilführerscheins zu finden. Nach meinem und dem Dafürhalten anderer Rechercheure waren die Flugzeuge, die an jenem Septembermorgen von den Flughäfen in Boston, Newark und Washington abhoben, nicht mit denen identisch, die in New York in die Türme stürzten bzw. in das Pentagon gekracht und in Pennsylvania abgestürzt sein sollen. (Bezüglich der beiden letztgenannten Vorfälle ist – wenn man sich die Mühe macht, den Mangel an glaubhaften Trümmerstücken genau unter die Lupe zu nehmen – die Beweislage mehr als dürftig.) Meines Erachtens handelte es sich bei den Fluggeräten, die ins World Trade Center rasten, um vom Boden aus gesteuerte Drohnen. Unmittelbar nach den Anschlägen wollte man uns glauben machen, dass die Technik, die nötig wäre, um Flugzeuge aus der Ferne zu übernehmen und wie Drohnen zu fliegen, nicht existiere. Nur wenige Tage nach 9/11 verkündete Präsident Bush, er würde staatliche Gelder zur Verfügung stellen, um die zur Fernsteuerung von Flugzeugen erforderlichen Technologien entwickeln zu lassen, sodass man für künftige Entführungsfälle gewappnet wäre. Dabei stand die fragliche Technik der kommerziellen Luftfahrt schon seit annähernd 20 Jahren ganz offiziell zur Verfügung (und dem Militär schon deutlich länger). Vorgetäuschte Angriffe mit kommerziellen Flugzeugen, die vom Boden aus wie Drohnen gesteuert werden, hatte man schon im Rahmen der Operation Northwoods angedacht – und das war 1962. Folgendes können wir in dem Dokument lesen:

> Auf dem Luftwaffenstützpunkt Elgin wird ein Flugzeug so lackiert und beschriftet, dass es zum exakten Duplikat eines registrierten Zivilflugzeugs wird, das einer CIA-Holdinggesellschaft in der Gegend von Miami gehört. Zu einem festgesetzten Zeitpunkt wird die echte Passagiermaschine durch das Duplikat ersetzt. An Bord des Duplikats befinden sich Passagiere mit sorgfältig vorbereiteten Decknamen. [Erinnern Sie sich an die geringe Passagierzahl am 11. September.]
>
> Das echte registrierte Flugzeug wird in eine Drohne umgewandelt. Die Startzeiten der beiden Flugzeuge werden so abgestimmt, dass die Maschinen sich südlich von Florida treffen.
>
> Dort wird die Passagiermaschine auf minimale Flughöhe gehen und auf einer Nebenlandebahn des Luftwaffenstützpunkts Elgin landen, wo bereits Vorkehrungen getroffen sind, die Passagiere zu evakuieren und die Maschine wieder in ihren ursprünglichen Zustand zu versetzen. Währenddessen fliegt die Drohne auf der festgelegten Route weiter. Über Kuba sendet sie auf der internationalen Notfrequenz einen Notruf und die Botschaft, sie werde von kubanischen MiG-Flugzeugen angegriffen.
>
> Die Übertragung wird durch die per Funksignal ausgelöste Zerstörung des Flugzeugs unterbrochen. Die Funkstationen der ICAO [Internationale Zivilluftfahrtorganisation] in der westlichen Hemisphäre werden den USA nun mitteilen, was mit dem Flugzeug geschehen ist, ohne dass die USA den Vorfall selbst „verkaufen" müssen.

Das sind dieselben Konzepte und Methoden, die bei 9/11 benutzt wurden, um eine Illusion gigantischen Ausmaßes zu erzeugen. „Sie würden so etwas niemals tun!" Ach, wirklich? Die von den archontisch besetzten Psychopathen eingefädelten Kriege haben im Laufe der Jahrhunderte Hunderte Millionen Tote gefordert. Sollen wir tatsächlich annehmen, dass es ihnen irgendetwas ausgemacht hätte, am 11. September 3.000 weitere unschuldige Menschen zu töten? Für die Strippenzieher der Verdeckten Hand sind sie nur Mittel zum Zweck – wie alle anderen zuvor auch. Die Bush-Administration schrie Zeter und Mordio, als die Forderungen lauter wurden, eine Kommission zur „Untersuchung" der Ereignisse um 9/11 einzusetzen. Nachdem klar wurde, dass sie darum nicht herumkommen würde, tat sie alles, was in ihrer Macht stand, um die Aufdeckung der Wahrheit so schwierig wie nur irgend möglich zu gestalten. So wurden der 9/11-Kommission etwa gänzlich unzureichende finanzielle Mittel zur Verfügung gestellt. Bush und Cheney (mit anderen Worten also: Cheney) versuchten sogar, Henry Kissinger den Posten des Kommissionsvorsitzenden zuzuschustern. Das roch dann doch zu sehr nach einer Vertuschungsaktion, sodass Kissinger den Hut nehmen musste. In meinen früheren Büchern habe ich die zionistische Einflussnahme auf den Abschlussbericht der Kommission entlarvt. Die beiden Co-Vorsitzenden Thomas Kean und Lee Hamilton hatten hinterher erklärt, man habe das

Gremium von vornherein scheitern lassen wollen. Warum sollte jemand so etwas beabsichtigen, wenn man sich doch angeblich den Hinterbliebenen von 3.000 Toten verpflichtet fühlte und herausfinden wollte, was genau passiert war? Wieder einmal ist die Antwort sehr einfach: Die Verantwortlichen wussten bereits, was geschehen war – nur sollte die Öffentlichkeit davon nichts erfahren.

Und die Lösung lautet …

Jetzt, da die zionistischen und amerikanischen Strippenzieher ihr „neues Pearl Harbor" hatten, konnten sie damit beginnen, die ins Fadenkreuz genommenen Länder zu attackieren. Bevor man sich dem Irak und den übrigen Kandidaten der PNAC-Liste zuwandte, griff man zunächst Afghanistan an. Der Vorwand dafür lautete, dass Osama bin Laden der „Drahtzieher" des 11. September gewesen sei und nun von den afghanischen Taliban beschützt würde, die sich weigerten, ihn den USA zu übergeben. Was folgte, war ein weiteres glorreiches Gemetzel des amerikanischen Militärs, bei dem erneut Unschuldige bombardiert wurden – sogenannte „Kollateralschäden". Großbritannien war wie üblich mit von der Partie, während Israel von der Seitenlinie bzw. aus dem Verborgenen heraus Beifall spendete. An anderer Stelle erwähnte ich bereits den 2007 verstorbenen preisgekrönten Filmemacher Aaron Russo, der unter anderem den Film „Die Glücksritter" mit Eddie Murphy produzierte, und das Gespräch, das er mit dem Anwalt und Geschäftsmann Nick Rockefeller über die Ursprünge des Feminismus und der amerikanischen Frauenbewegung – des „Women's Liberation Movement" – führte. Darüber hinaus hatte Rockefeller Russo knapp ein Jahr vor 9/11 gesagt, dass es ein Ereignis geben werde, das zum Einmarsch in Afghanistan und den Irak führen werde, um sich die Ölfelder einzuverleiben und eine Basis im Nahen Osten zu etablieren. Russo werde, erklärte ihm Rockefeller, von Soldaten hören, die in den Höhlen von Afghanistan und Pakistan nach Osama bin Laden suchen. Es würde ein „endloser Krieg gegen den Terror" losbrechen, bei dem es „keinen wirklichen Feind" gebe – das Ganze sei ein „gigantischer Schwindel". Rockefeller soll des Weiteren gesagt haben, „die Menschen müssen regiert" und die Weltbevölkerung um mindestens die Hälfte reduziert werden. Er habe zudem von Plänen gesprochen, den – wie er sie nannte – „Leibeigenen" Mikrochips einzupflanzen.

Ein weiteres – und gewichtiges – Ziel der Invasion in Afghanistan sei es gewesen, den Mohnanbau, der auf Geheiß der Taliban unterbunden worden war, wieder in Rekordhöhen zu treiben. Heute nehmen 90 Prozent der weltweiten Heroinproduktion ihren Ausgang in Afghanistan. In der Folge griff die Heroinsucht überall auf der Welt (nicht zuletzt in den USA) epidemieartig um sich. Schon seit langer Zeit unterhält die CIA Verbindungen zum pakistanischen Geheimdienst ISI (Inter-Services Intelligence), bei denen es um den Handel mit aus Mohn gewonnenem Opium bzw. Heroin geht, der (ebenso wie der aus Südamerika heraus erfolgende Kokainhandel) gewaltige Summen einbringt. Mit den Geldern lassen sich Geheimprojekte finanzieren, ohne dass man ihnen über offizielle Kanäle bzw. Dokumente auf die Schliche kommen könnte. Wie alle Geheimdienste bildet auch der ISI, der in zahlreichen Ländern operiert, einen Strang des Spinnennetzes. Die *Times of India* mutmaßte, der damalige ISI-Chef Mahmood Ahmed habe über Dritte den Transfer von 100.000 Dollar an den „Hauptentführer" Mohammed Atta arrangiert. Daran meinte man eine Verbindung zum Komplott vom 11. September zu erkennen. Ich behaupte, der Vorgang stand in Wirklichkeit mit dem Drogenhandel in Zusammenhang, den CIA und ISI gemeinsam betrieben und bei dem auch Atta als Laufbursche involviert war. So war es der CIA möglich, Atta und Konsorten zur richtigen Zeit am richtigen Ort zu platzieren (was für die Genannten selbst freilich das genaue Gegenteil bedeutete), um ihnen 9/11 anhängen zu können.

Der „muslimische Fanatiker" Atta lebte mit seiner weißen und ganz und gar nicht muslimischen Freundin in Venice (US-Bundesstaat Florida), unweit des heute berüchtigten Flughafens gleichen Namens, dem eine Flugschule angegliedert ist. In einem Interview, das Sie sich im Internet ansehen können, erzählt Attas Freundin, dass er oft betrunken war, Schweinefleisch über alles liebte und immer dann, wenn ihm das Kokain ausging, einfach zum Flughafen hinüberlief und mit einer frischen Ladung zurückkam. Das ergibt durchaus Sinn, stellte doch zumindest Venice Airport zum damaligen Zeitpunkt einen Umschlagplatz für das Kokain dar, das die CIA aus Südamerika einflog und auf den Straßen Amerikas an den Mann brachte. Sowohl die Clintons als auch die Bushs waren in den Drogenhandel verwickelt, der über den Flughafen von Mena erfolgte – einer Stadt, die sich in Arkansas befindet, also in jenem Bundesstaat, in dem Bill Clinton vor seiner Präsidentschaft als Gouverneur gedient hatte. Zum „Leichenzähler" der Clintons und Bushs zählen all diejenigen – Kinder inbegriffen –, die an der Startbahn von Mena etwas beobachtet hatten, das sie nicht zu sehen bestimmt waren, sowie ehemals Beteiligte, die ihre Geschichte publik machen wollten. (Mehr dazu in meinem Buch „... und die Wahrheit wird euch frei machen".) Im Jahr 2016 veröffentlichte der englische Autor und Aktivist Shaun Attwood ein Buch mit dem Titel „American Made", in dem die Geschichte des Piloten Barry Seal und seiner Verwicklung in die Drogenschmuggelaktivitäten von George Bush sr. und Bill Clinton nachgezeichnet wird. Seal wurde letzten Endes ermordet, damit bestimmte Geheimnisse gewahrt bleiben konnten. Der 2017 erschienene gleichnamige Spielfilm (dt. Titel: „Barry Seal: Only in America"), in dem Tom Cruise die Hauptrolle spielte, reduzierte die Geschichte auf einen farblosen Abklatsch der tatsächlichen Ereignisse. Shaun Attwood war so freundlich, die Rolle zu würdigen, die meine Arbeit bei seiner Inspiration zu „American Made" gespielt hat. Im Laufe der Jahre war es jedes Mal eine Freude zu erleben, wenn andere Aktivisten den Staffelstab aufnahmen und ihn in ihrem eigenen Spezialgebiet weitertrugen. Je mehr Menschen das tun, desto besser, würde ich sagen.

Auch die Kriege, die die USA in Vietnam und Südostasien führten, dienten – neben anderen Motiven – maßgeblich dem Drogenhandel. In den Särgen toter Soldaten schmuggelten die Agenten der *El*-ite Drogen nach Amerika. Die wirkliche Welt ist gewiss nicht die, die Ihnen in den Nachrichten präsentiert wird. Am Morgen des 11. September 2001 saß der ISI-Geheimdienstchef Mahmood Ahmed in Washington beim Frühstück mit Senator Bob Graham und dem Abgeordneten Porter Goss zusammen, die später eine Untersuchung der Vorgänge um 9/11 leiten sollten. Die Ermittlungen, die gemeinsam vom Senate Select

Committee on Intelligence (SSCI) und dem House Permanent Select Committee on Intelligence (HPSCI) durchgeführt wurden (zwei Ausschüssen des Senats bzw. des Repräsentantenhauses, die die Aufsicht über die Geheimdienste gewährleisten sollen), förderten – sagen wir einmal – nicht unbedingt die Wahrheit zutage. Kaum zwei Wochen vor dem 11. September gehörten Graham und Goss zu einer amerikanischen Delegation, die in der pakistanischen Hauptstadt Islamabad auf Präsident Pervez Musharraf, Mahmood Ahmed und weitere ISI-Funktionäre traf. Im Jahr 2004 wurde der Vollblutgeheimdienstler Porter Goss, der seit Jahrzehnten eng mit der CIA verbunden war, zu deren Direktor ernannt.

Der Großteil der angeblichen Flugzeugentführer vom 11. September stand mit Saudi-Arabien in Verbindung, doch wurden gegen das Land bzw. dessen von den Briten eingesetzte pseudo-„königliche" Herrscherfamilie keinerlei Maßnahmen ergriffen. Im Gegenteil erhält die Letztgenannte von den USA und Großbritannien nach wie vor in großer Zahl Hightechwaffen, damit sie ihr eigenes Volk unterdrücken und im Jemen massenhaft Zivilisten töten kann – indem sie das Land bombardiert sowie durch die in der Folge um sich greifenden Seuchen und Hungersnöte. Solange die saudischen „Royals", bei denen es sich um sabbatianische Dönme-Frankisten und Handlanger der Spinne handelt, ihren unsichtbaren Herren dienen, können sie schalten und walten, wie sie wollen. Trump bezeichnete das bösartige saudi-arabische Regime als „Freunde und Verbündete" – eine Einschätzung, die er übrigens auch dem fürchterlichen Diktator Recep Tayyip Erdoğan zubilligte, der über die sabbatianisch-frankistische Türkei herrscht und gerne ein modernes Äquivalent des Osmanischen Reiches errichten würde. Es ist sehr wichtig, nicht auf den Mythos hereinzufallen, dass die Welt nach ethnischen, rassischen oder religiösen Gesichtspunkten unterteilt werden könnte. Diese Illusion wird dem gewöhnlichen Volk untergejubelt. Zwischen den verschiedenen Strängen des Spinnennetzes gibt es keine Spaltung, da sie wissen, dass die vorgenannten Ideen allesamt Unsinn sind. Saudi-Arabien (das Zentrum der islamischen Welt) steht mit Israel (dem Zentrum des zionistischen Judentums) und der Achse USA/Großbritannien (dem vermeintlichen „christlichen" Zentrum) auf derselben Seite. Sie alle unterliegen der Kontrolle durch dasselbe Spinnennetz und agieren als Einheit – selbst dann, wenn man (insbesondere im Fall von Israel und Saudi-Arabien) erwarten würde, verfeindete Lager vorzufinden. Saudi-Arabien finanziert und bewaffnet keine Gruppierungen, die Juden umbringen, sondern solche, die andere (nicht der Dönme angehörende) Muslime töten.

Die saudische Familie bin Laden ist eng mit der „Königsfamilie" sowie den Bushs verbunden. George Bush sr. tätigte mit den bin Ladens Geschäfte für die Carlyle Group – eine in Washington ansässige Private-Equity- und Vermögensverwaltungsgesellschaft, der die Vermögenswerte der Saudi Binladen Corporation anvertraut waren. Im Jahr 1998 sagte der Democon Zbigniew Brzezinski gegenüber dem französischen Nachrichtenmagazin *Le Nouvel Observateur*, dass er in den späten 1970er-Jahren – zu der Zeit, als er unter Präsident Jimmy Carter als Nationaler Sicherheitsberater diente – für die Bewaffnung, Ausbildung und Finanzierung der afghanischen „Freiheitskämpfer" gesorgt habe, die später als Mudschahedin bekannt wurden. Brzezinski wollte erreichen, dass sie die sowjetische Vasallenregierung in der Hauptstadt Kabul angreifen, sodass die Sowjetunion zum Einmarsch gezwungen wäre. Er sprach davon, den Sowjets „ihr Vietnam" bescheren zu wollen, und setzte seine Pläne auf Kosten von 1,5 Millionen afghanischen Menschenleben in die Realität um. Von den USA und Saudi-Arabien erhielten die Mudschahedin, die Kämpfer aus 40 muslimischen Ländern unter sich vereinten, im Rahmen der CIA-Operation Cyclone finanzielle und militärische Unterstützung in Milliardenhöhe. Der pakistanische Geheimdienst ISI, der ebenfalls militärische Ausbildungslager organisierte – im Verein mit dem pakistanischen Militär, dem britischen Geheimdienst MI6 und dem Special Air Service (einer Spezialeinheit der britischen Armee) –, schleuste die Gelder und Ausrüstungen nach Afghanistan. Die Mudschahedin wurden von der CIA zudem im US-Bundesstaat Virginia sowie im New Yorker Stadtteil Brooklyn (ironischerweise also unweit der Zwillingstürme) ausgebildet. Die genannten Institutionen, die trotz ihrer Unterschiedlichkeit allesamt Bestandteile des Spinnennetzes sind, bildeten das Instrumentarium für das koordinierte Vorgehen gegen die Sowjets und später bei den Anschlägen vom 11. September.

Die Mudschahedin und die Taliban waren zunächst die „Guten". In den 1980er-Jahren, zur Zeit der Reagan-Bush-Regierung, hieß der Anführer der Mudschahedin-Widerstandsbewegung gegen die sowjetische Armee ... *Osama bin Laden*. Was Afghanistan betrifft, hatte sich der Übergang von der Regierung Carter/Brzezinski („Demokraten") zur Regierung Reagan/Bush sr. („Republikaner") praktisch nahtlos vollzogen – ganz so, wie es in einem Ein-Parteien-Staat zu erwarten ist. Später mutierten die Mudschahedin zur Al Qaida, und die „Guten" wurden fortan von den USA verteufelt, da das für die nächste Etappe des Plans erforderlich war. Kurz vor seinem plötzlichen Ableben im Jahr 2005 sagte der ehemalige britische Außenminister Robin Cook, dass „Al Qaida" schlicht „Basis" bzw. „Datenbank" bedeute und sich auf eine Liste der CIA beziehe, in der sie sämtliche Mudschahedin-Kämpfer erfasste, die im Kampf gegen die sowjetischen Truppen vereint waren. Cook bemerkte:

> Die Wahrheit ist, dass es keine islamistische Armee oder Terroristengruppe namens Al Qaida gibt, und jeder informierte Geheimdienstoffizier weiß das. Doch es existiert eine Propagandakampagne, mit der man die Öffentlichkeit glauben machen will, es gäbe eine intensivierte, den „Teufel" repräsentierende Instanz – nur um die Fernsehzuschauer dahin zu bringen, eine vereinte internationale Führerschaft in einem Krieg gegen den Terrorismus zu akzeptieren. Das Land, das hinter dieser Propaganda steckt, sind die Vereinigten Staaten.

Binnen eines Monats nach dieser Äußerung starb Cook an einem „Herzinfarkt". Es gibt inzwischen Gruppierungen, die sich in dem Glauben, „Al Qaida" habe existiert – weil die USA ihnen dies weisgemacht haben – ihrerseits so nennen. Al Qaida wurde unzutreffenderweise für 9/11 verantwortlich gemacht, um den „Krieg gegen den Terror" (Krieg des Terrors) rechtfertigen und damit beginnen zu können, die Abschussliste des PNAC abzu arbeiten. Dasselbe Netzwerk verbirgt sich auch hinter Namen wie ISIS/ISIL/Islamischer Staat, al-Nusra-Front, Ahrar al-Scham und – weiter südlich in Afrika – Boko Haram. Sie alle werden letztlich von den Vereinigten Staaten, Großbritannien und Israel (dem Spinnennetz) kontrolliert. Im nächsten Kapitel werde ich darauf zurückkommen.

Kriegsverbrecher wohin man schaut

George Bush jr., Tony Blair und ihr korruptes Gefolge logen im Fall der angeblichen irakischen Massenvernichtungswaffen, da das Land nach Afghanistan das nächste auf der Liste war. Da es keinen Grund gab, im Irak einzumarschieren und Saddam Hussein zu beseitigen, dachten sie sich eben einen aus. Blair, dem die Menschen passenderweise den Spitznamen Bliar verliehen hatten (in Anlehnung an das englische Wort „liar" für „Lügner"), erklärte vor dem britischen Unterhaus, dass Saddam britische Ziele innerhalb von 45 Minuten treffen könne. Der damalige amerikanische Außenminister Colin Powell gab vor den Vereinten Nationen eine lachhafte, ja, kindische Vorstellung, in der er der Welt einen gewaltigen Berg ausgemachten Blödsinns über die angebliche tödliche Bedrohung auftischte, die von Saddams (nichtexistenten) chemischen Waffen ausgehen sollte. Neben der üblichen Mär von der „Bedrohung unserer Lebensweise" bediente man sich dabei auch einer Methode, die der nationalsozialistische Militär Hermann Göring einst beschrieben hatte. Demnach sei es stets ein Leichtes, das Volk zur Teilnahme an einem Krieg zu bewegen – „ob es sich nun um eine Demokratie, eine faschistische Diktatur [...] oder eine kommunistische Diktatur handelt. [...] Das ist ganz einfach. Man braucht nichts zu tun, als dem Volk zu sagen, es würde angegriffen, den Pazifisten ihren Mangel an Patriotismus vorzuwerfen und zu behaupten, sie brächten das Land in Gefahr. Diese Methode funktioniert in jedem Land."

Dr. David Kelly, ein britischer UN-Waffeninspekteur, der über viele Jahre Erfahrungen im Irak gesammelt hatte, verfügte über die nötigen Kenntnisse, den getürkten Kriegsvorwand der *El*-ite zunichtezumachen. Gegenüber der BBC erklärte er, dass das von Blair/Alastair Campbell/dem britischen Geheimdienst vorgelegte Dossier, mit dem für die Invasion geworben wurde, „aufgepeppt" worden war. Kurz darauf begab er sich auf einen Spaziergang und „beging Selbstmord". Die Umstände zeigten deutlich, dass er in Wirklichkeit ermordet worden war. War Saddam ein netter Mensch? Nein, gewiss nicht. Er war ein Tyrann, der durch CIA-initiierte Umstürze an die Macht gelangte und in den 1980er-Jahren von US-amerikanischen Firmen mit chemischen Waffen versorgt wurde, die er nach dem irakischen Einmarsch im Iran einsetzte. Im Jahr 1988 kamen die Waffen auch gegen Kurden zur Anwendung. Wie aus Tausenden Dokumenten des amerikanischen Außenministeriums zum Iran-Irak-Krieg hervorgeht, die freigegeben und unter dem Informationsfreiheitsgesetz veröffentlicht worden sind, handelte es sich bei dem Mittelsmann, über den die Chemiewaffenlieferungen an Saddam abgewickelt wurden, um den Neokonservativen Donald Rumsfeld. Die Waffen enthielten unter anderem Milzbrand- und Beulenpesterreger. Derselbe Rumsfeld war am 11. September 2001 und während der Invasion im Irak amerikanischer Verteidigungsminister. Der Einmarsch sei, so erklärte man der Öffentlichkeit, notwendig, um Saddam davon abzuhalten, die chemischen Waffen einzusetzen, *die Rumsfeld ihm verschafft hatte* (Abb. 477). Dabei wussten sowohl die Vereinigten Staaten als auch Großbritannien, dass sich Saddam mittlerweile der Waffen entledigt hatte. Ohne Frage war Saddam ein ausgesprochen übler Kerl – doch spielte er in puncto Tod und Zerstörung in derselben Liga wie die Macht, die seine Beseitigung einfädelte? Nein,

Abb. 477: Beste Freunde: Donald Rumsfeld trifft im Jahr 1983 auf Saddam Hussein – als Abgesandter von Präsident Reagan sowie als Mittelsmann, der ihn mit den Chemiewaffen versorgte, die er gegen den Iran einsetzen konnte.

nicht einmal annähernd. Ich kritisiere die himmelschreienden Ungerechtigkeiten, die im Iran im Namen einer extremen Religiosität begangen werden, aufs Schärfste – etwa diejenigen gegen homosexuelle Menschen. Doch angesichts der Tötungsmaschinerie der USA und Großbritanniens bzw. des Westens im Allgemeinen ist die Frage, die ich in Bezug auf Saddam gestellt habe, auch auf den Iran anzuwenden (und die Antwort fällt ähnlich aus). Wie könnten Saddam oder der Iran mit einer Macht mithalten, deren Opferzahlen – Tote und Verwundete – in die Millionen gehen, bzw. bei Berücksichtigung der großen, viele Generationen umfassenden Zeiträume sogar in die Milliarden?

Als Nächstes war Libyen an der Reihe. Gegen Muammar al-Gaddafi brachte man dieselbe Masche zur Anwendung, die man später auch gegen den syrischen Präsidenten Assad einsetzte. Sie lässt sich mit der Formel zusammenfassen: „Er bringt seine eigenen Landsleute um." Um rechtfertigen zu können, warum man souveräne Regierungen angreift und stürzt, war es notwendig, die Definition des Begriffs „Souveränität" so zu modifizieren, dass er sich nicht länger auf die Regierung eines Landes, sondern seine Bevölkerung bezog. Auf diese Weise lässt sich argumentieren, dass man die Souveränität des *Volkes* eines gegnerischen Landes schützen und folglich dessen Staatsführer beseitigen müsse – ohne dabei offiziell in die Souveränität des Landes einzugreifen. An dieser Stelle nun ist es Zeit zu sagen: Willkommen zurück, George Soros! Schon viel zu lange war er fort. Der Zionist Soros begann mit der Umdeutung des Begriffs Souveränität in einem Artikel, der 2004 in der Zeitschrift *Foreign Policy* erschien. Das Magazin wurde zum damaligen Zeitpunkt von der Carnegie Endowment for International Peace herausgegeben – einer in der Hand der *El*-ite befindlichen Stiftung, die schon in den 1950er-Jahren von einem Kongressausschuss überführt worden war, an Kriegsmanipulationen beteiligt zu sein (mehr dazu in meinem Buch „… und die Wahrheit wird euch frei machen"). Später wurde *Foreign Policy* an die *Washington Post* verkauft, die wiederum Jeff Bezos gehört. Soros' Artikel trug den Titel „Die Souveränität des Volkes":

> Die Souveränität gehört zum Volk; das Volk delegiert sie dann seinerseits an die Regierung. Wenn eine Regierung aber die ihr anvertraute Autorität missbraucht und die Bürger keine Möglichkeit zur Korrektur haben, dann ist ein Eingriff von außerhalb gerechtfertigt. Indem man festlegt, dass sich Souveränität auf das Volk bezieht, kann die internationale Gemeinschaft die Grenzen von Nationalstaaten überschreiten, um die Rechte der Bürger zu schützen.

> Das Prinzip der Volkssouveränität würde insbesondere helfen, zwei moderne Probleme zu bewältigen: Man könnte so einerseits die Hürden überwinden, souveränen Staaten effizient Hilfe zukommen zu lassen; zum anderen würde es leichter, auf globaler Ebene gemeinsam zu handeln, wenn ein Staat einen inneren Konflikt erfährt. [...]
>
> Die Führung eines souveränen Staates steht in der Verantwortung, die Bürger des Staates zu beschützen. Wenn sie darin versagt, geht diese Verantwortlichkeit auf die internationale Gemeinschaft über. Für die Unterdrückten ist die Aufmerksamkeit der Welt oft der einzige Hoffnungsschimmer.

Die Unterdrückten könnten Soros kaum gleichgültiger sein. Sie interessieren ihn nur insofern, als er seinerseits neue Unterdrückung schafft. Soros ebnete unter anderem dem inszenierten „Arabischen Frühling" den Weg, von dem er wusste, dass er kommen würde. Die Quintessenz dessen, was Soros 2004 gefordert hatte, wurde im darauf folgenden Jahr vom Sicherheitsrat und der Vollversammlung der Vereinten Nationen in einer Doktrin mit dem Titel „The Responsibility to Protect" übernommen (in der deutschen Version wird von der „Schutzverantwortung" gesprochen). Welch erstaunliches Zusammentreffen, dass ausgerechnet die mit den Open Society Foundations – das ist Soros' Stiftungsgruppe – verbandelten Netzwerke unter authentischen Rechercheuren dafür berüchtigt sind, im Verborgenen die „Volksrevolutionen" in der Ukraine, Georgien, im Nahen Osten und anderswo herbeimanipuliert zu haben. In der Regel wurde jeder dieser „Revolutionen" eine Farbe oder Pflanze zugeordnet. So erlebten wir die Orange Revolution (Ukraine), die Jasminrevolution (Tunesien), die Lotusrevolution (Ägypten), die Rosenrevolution (Georgien), die Tulpenrevolution (Kirgisien) und die fehlgeschlagene Grüne Revolution (Iran). Zudem gibt es seitens der Open-Society-Netzwerke Bestrebungen, in Thailand eine Revolution der „Rothemden" vom Zaun zu brechen, um dort den Einfluss des Westens (lies: des Spinnennetzes) auszubauen.

Bei der US-Marionette, die im Zuge der Rosenvariante an die georgische Staatsspitze gehievt wurde, handelte es sich um einen kurzbehosten Knaben namens Micheil Saakaschwili, der Jahre später als *ukrainischer* Politiker von sich reden machen sollte. Nachdem nämlich die USA und Soros im Jahr 2014 Petro Poroschenko als ukrainischen Präsidenten installiert hatten – in einer zweiten „Revolution" (lies: in einem weiteren Staatsstreich) –, wurde Saakaschwili von diesem zum Gouverneur von Odessa ernannt. Wie aus Dokumenten hervorgeht, die Wikileaks öffentlich gemacht hat, diente Poroschenko schon lange vor seiner Vereidigung als Präsident den USA als Mittelsmann für die Ukraine. Seine Präsidentschaft verdankte er Victoria Nuland, die als Assistant Secretary of State im US-Außenministerium für Europa und Eurasien zuständig war – und mit Robert Kagan verheiratet ist, einem der Gründer des Project for the New American Century (Abb. 478). Kleine Welt, nicht wahr? In einem abgehörten Telefongespräch, das Nuland mit dem amerikanischen Botschafter in der Ukraine führte, nannte sie die Personen, die sie sich für die ukrainische Regierung wünschte. Der mazedonische Geheimdienst deckte übrigens auf, dass Nuland auch in Mazedonien an politischen Manipulationen beteiligt war. Die zweite inszenierte ukrainische „Revolution" wurde durch Protestkundgebungen ange-

Abb. 478: „Treffen Sie die Kagans – die Kriegstreiber der Welt (solange sie nicht selbst mitmachen müssen): Die (PNAC-)Familie Kagan" – „Die Kagans" könnte der Titel einer Fernsehserie sein ... nur wäre diese viel zu gewalttätig.

stoßen, die im November 2013 auf dem Kiewer Majdan Nesaleschnosti (dt.: Platz der Unabhängigkeit) begannen. Dem vorausgegangen war die Ankündigung von Präsident Wiktor Janukowytsch, das Assoziierungsabkommen mit der Europäischen Union vorerst nicht unterzeichnen, sondern sich stattdessen nach Russland und zur Eurasischen Wirtschaftsunion hin orientieren zu wollen. Die Protestbewegung wurde später unter der Bezeichnung Euromaidan bekannt. Aus durchgesickerten Dokumenten ging hervor, dass George Soros' Netzwerk das Geschehen aus dem Hintergrund manipuliert hat, sowie die Tatsache, dass Soros nach Janukowytschs Flucht nach Russland in der Ukraine über erhebliche Macht verfügte.

Wohin sich Soros auch wendet, folgen ihm das amerikanische Außenministerium und Israel auf dem Fuße. Ausgehend von der „Schutzverantwortung" war nun der Weg für die *El*-ite und ihre jämmerlichen Medien bereitet, die amerikanisch-britischen Angriffe auf bzw. Staatsstreiche in Tunesien, Ägypten, Libyen und Syrien mit dem Etikett „Arabischer Frühling" zu versehen und Regimewechsel in genau den Ländern zu fordern, die im September 2000 vom zionistischen Project for the New American Century benannt worden waren. Beim „Arabischen Frühling" soll es sich schlicht darum gehandelt haben, dass sich Menschen in arabischen Ländern ihre Freiheit zurückeroberten. Doch (a) kann man nicht frei sein, so lange die Gedanken der Kontrolle durch eine Religion unterliegen, und (b) ging es bei all dem nie um Freiheit. Ich erinnere mich, dass ich nach einem Auftritt in der ukrainischen Hauptstadt Kiew, den ich im Jahr 2011 absolvierte, in meinem Hotelzimmer saß und live im Fernsehen verfolgte, wie in Kairo Tausende den Rücktritt von Präsident Husni Mubarak feierten. Es waren die von Soros gesteuerten Proteste, die Mubarak zu diesem Schritt gezwungen hatten. Was folgte, war jedoch nicht Freiheit, sondern eine von Abd al-Fattah as-Sisi geführte üble Militärregierung. In Bezug auf die Finanzierung des Militärs durch die USA wird Ägypten nur durch das benachbarte Israel übertroffen. Beide Länder zusammen streichen etwa drei Viertel des gesamten Budgets ein, das der amerikanischen Regierung zur Unterstützung ausländischer Militärorganisationen zur Verfügung steht. Wenn die USA sagen: „Spring!", fragt as-Sisi: „Wie hoch?" Der „Arabische Frühling" ist in der Tat vorzüglich gelaufen – nur nicht für die Araber. Die Masche mit der „Volksrevolution" funktioniert wie folgt:

Bringen Sie Aufrührern bei, wie man Regierungen durch innere Unruhen zu Fall bringt (siehe Ägypten und zahlreiche andere Länder), oder finanzieren und bewaffnen Sie Terroristen und Söldner und bilden Sie sie darin aus, Regierungen durch (wie Sie es nennen würden) „Bürgerkriege“ zu stürzen (siehe Libyen, Syrien usw.).

Setzen Sie Propaganda ein, um andere – die keine Ahnung haben, wer tatsächlich die Strippen zieht – dazu zu ermutigen, sich „dem Kampf anzuschließen“. Verteufeln Sie zu diesem Zweck das Regime, das Sie zu Fall bringen wollen, und dessen Anführer. Die Mainstreammedien in aller Welt werden stets mit Schaum vor dem Mund einstimmen – wie wir es bei bin Laden, Saddam, Gaddafi, Assad und Putin erlebt haben.

Ihre aus „Rebellen“ bestehende Stellvertreterarmee beginnt damit, Einrichtungen der Regierung anzugreifen – wobei es häufig zu zivilen Opfern kommt – oder an symbolträchtigen Orten (etwa auf Plätzen oder vor dem Regierungsgebäude) die Volksmassen zu versammeln und Krawall zu machen. Wenn die Regierung dann Militär- und Polizeikräfte einsetzt, sagen Sie, der Staatsführer würde sein eigenes Volk knechten. Kommt es zu gewalttätigen Auseinandersetzungen mit Ihren bewaffneten „Rebellen“, behaupten Sie, das Regime würde „seine eigenen Leute umbringen“.

Sagen Sie der Welt, dass Unschuldige getötet werden und die „internationale Gemeinschaft“ (d.h. Großbritannien, die USA und die NATO) eingreifen müssen, um die Zivilisten vor der Gewalt zu schützen – indem man sie gnadenlos aus der Luft bombardiert. So geschah es etwa in Libyen, Syrien und einer ganzen Reihe weiterer Orte auf der ganzen Welt. Der englisch-amerikanische Politaktivist und Philosoph Thomas Paine sagte: „Die schlimmsten Willkürherrschaften werden stets im Namen edelster Motive aufrechterhalten.“

Diese Sequenz lässt sich immer und immer wieder beobachten. Wenn ich sage, dass all das kaltblütig geplant worden ist, brauchen Sie mir nicht blind zu glauben. Die beschriebene Strategie geht aus einem Dokument des amerikanischen Militärs hervor, das den Titel „US Special Forces Unconventional Warfare Strategy“ trägt (dt. etwa: Strategien für amerikanische Spezialeinheiten zur unkonventionellen Kriegsführung) und am 30. November 2010 erschien – nur einen Monat, bevor in Tunesien der „Arabische Frühling“ begann. Das Schriftstück beginnt mit folgenden Worten:

> Der Zweck der US-amerikanischen UW [unkonventionellen Kriegsführung] besteht darin, die politischen, militärischen, ökonomischen und psychologischen Schwachstellen einer gegnerischen Macht auszunutzen, indem man Widerstandsbewegungen heranbildet und aufrechterhält, die strategische Ziele der USA realisieren. […] Für die absehbare Zukunft gilt, dass die amerikanischen Streitkräfte überwiegend Operationen der irregulären Kriegsführung (IW) durchführen werden.

Weiter heißt es in dem Dokument, die Strategie mache es erforderlich, die Bevölkerung des anvisierten Landes zunächst dafür zu „präparieren“, bewaffnete Aufstände zu akzeptieren. Dazu müsse man sich der „Propaganda sowie politischer und psychologischer Maßnahmen [bedienen], um die Regierung in Verruf zu bringen“, lokale und nationale „Unruhen“ anzetteln sowie „Boykotte, Streiks und Ähnliches“ organisieren helfen, „um eine Unzufriedenheit in der Bevölkerung zu suggerieren“ – bevor man mit der „Unterwanderung ausländischer Organisatoren, Berater, Propaganda, Materialien, Finanzmittel, Waffen und Gerätschaften“ beginnt. Sollte es zu Vergeltungsmaßnahmen seitens der feind-

Abb. 479: „Libyen: Das hier ist ein älteres Werk von uns." – So sieht es aus, wenn der Westen Zivilisten vor Gewalt beschützt.

lichen Regierung kommen, könne der Widerstand die negativen Folgen dazu benutzen, bei der Bevölkerung zusätzliche Sympathien und Unterstützung einzuheimsen. Dazu müsse er die Opfer und Entbehrungen herausstellen, die er in seinem Kampf für „das Volk" zu erdulden habe. Genau das ist etwa in Libyen geschehen – dem Land mit dem höchsten Pro-Kopf-Einkommen in ganz Afrika, in dem die Gesundheitsversorgung und sogar die Elektrizität kostenfrei waren. Nachdem Gaddafi beseitigt worden war, der die verfeindeten Völkerschaften daran gehindert hatte, sich gegenseitig umzubringen, versank das Land in einem steinzeitlichen Zustand permanenter Gewalttätigkeiten. Heute stellt Libyen – wie geplant – einen sicheren Rückzugsort für ISIS und andere geisteskranke Extremisten dar und ist eine der Hauptquellen des gewaltigen Migrantenstroms, der sich nach Europa ergießt (Abb. 479).

Den libyschen Kämpfern wurde gestattet, sich frei zwischen Großbritannien und Libyen zu bewegen, obwohl sie terroristischen Netzwerken wie etwa der Libyschen Islamischen Kampfgruppe zugehörten, die mit Al Qaida in Verbindung stand und 2004 als Terrororganisation eingestuft wurde. Dem ehemaligen MI5-Agenten David Shayler zufolge hatte der MI6 1996 mit der Libyschen Islamischen Kampfgruppe kooperiert, als man einen Anschlag auf Gaddafi plante. Ein großer Teil der Agenten, die vom britischen Special Air Service ausgebildet und gegen Gaddafi eingesetzt wurden, stammten aus der nordenglischen Stadt Manchester und nannten sich selbst die „Manchester-Kämpfer". Einer von ihnen sagte, zu Beginn des Konflikts im Jahr 2011 seien drei Viertel der Anti-Gaddafi-„Rebellen" aus Manchester gekommen; die übrigen würden aus London, Sheffield und Ländern wie China oder Japan stammen. Einer von ihnen war Ramadan Abedi, ein *Wachmann der Flughafenpolizei*, der England als MI6-Agent verließ, um mit britischer Unterstützung Gaddafi zu bekämpfen, und nach Belieben ein und aus gehen durfte. Fünf Jahre später kehrte sein Sohn Salman Abedi aus Libyen nach Manchester zurück. In der dortigen Manchester Arena soll er bei einem Selbstmordanschlag 22 Menschen in den Tod gerissen und 119 weitere verletzt haben – darunter viele Kinder –, als sie im Begriff waren, einen Auftritt der Sängerin Ariana Grande zu verlassen. Die britische Premierministerin Theresa May verurteilte den Anschlag und beorderte Soldaten an den Tatort, um die Öffentlichkeit zu beschützen. Das für die Grenzkontrollen zuständige Innenministerium wurde unter Premierminister David Cameron – zu der Zeit, als sich Salman Abedis Vater und andere britische Terroristen frei zwischen Großbritannien und Libyen hin- und herbewegen konnten – geführt von ... *Theresa May*. Das Ausmaß der Heuchelei verschlägt einem die Sprache.

Laut David Shayler arbeitete Salmans Vater Ramadan unter dem Codenamen „Tunworth“ für das MI6 und erhielt 1996 für den versuchten Anschlag auf Gaddafi 40.000 Pfund. Salman selbst war einer von vielen „den Sicherheitsbehörden bekannten“ terroristischen Killern. Die Behörden, die in Großbritannien für „Terrorismusbekämpfung“ zuständig sind, wurden mindestens fünfmal gewarnt, welche Gefahr von Abedi ausging – und ausdrücklich auch über seine Bekundungen informiert, ein Selbstmordattentat verüben zu wollen. Doch sie unternahmen nichts. Das FBI informierte den MI5 Monate vor dem Anschlag, dass Abedi zu einer nordafrikanischen Zelle des Islamischen Staats im Nordwesten Englands gehörte, die Attentate plante. Wiederum geschah nichts. Obwohl Abedi Berichten zufolge 2016 auf eine Terroristenbeobachtungsliste der Amerikaner gesetzt wurde, konnte er im Vorfeld des Anschlags von Manchester ungehindert zwischen Libyen, Syrien, der Türkei und Großbritannien hin- und herreisen, obwohl er sich Monate zuvor mit einem verurteilten libyschen Dschihadisten, der in Liverpool einsaß, in der Nähe von Manchester getroffen hatte. Mit den Terroristen, die für den Anschlag auf der London Bridge verantwortlich gewesen sein sollen, bei dem kurz nach dem Terroranschlag von Manchester acht Menschen getötet wurden, setzte sich das Muster fort. Die Polizei, der MI5 sowie der britische Grenzschutz sollen mindestens 18 Gelegenheiten haben verstreichen lassen, die beteiligten Attentäter zu befragen und gegen sie zu ermitteln. Einer von ihnen, nämlich Rachid Redouane, war in Libyen ebenfalls an dem von den USA, Großbritannien und der NATO initiierten Staatsstreich gegen Gaddafi beteiligt. Die als Liwa al-Ummah bezeichnete Gruppierung, der er angehörte, war von Katar ausgebildet worden (in Zusammenarbeit mit britisch-amerikanischen „Verbindungsleuten“). Nachdem Libyen verwüstet war, zog die Bewegung in Richtung Syrien weiter, wo sie mit der „Freien Syrischen Armee“ verschmolz – Sie wissen schon: mit jenen von den USA, Großbritannien und der NATO unterstützten „moderaten Rebellen“, von denen wir so viel gehört haben.

In ihren eigenen Worten

Die amerikanische Strategie, terroristische Gruppierungen in Syrien zu unterstützen, wurde auch durch Dokumente des amerikanischen Nachrichtendienstes DIA (Defense Intelligence Agency) bestätigt, die dank eines von der regierungskritischen Stiftung Judicial Watch angestrengten Verfahrens an die Öffentlichkeit gelangten. Aus den Unterlagen, die auf den 12. August 2012 datiert sind, geht hervor, dass verschiedene westliche Staaten (darunter die USA, Großbritannien, Frankreich und Israel), die Türkei und die Golfstaaten (Saudi-Arabien, Katar und die Vereinigten Arabischen Emirate) in dem Bestreben, Präsident Assad zu beseitigen, zu den „Unterstützermächten“ jener Terrorgruppierungen gehörten, aus denen später ISIS hervorging. Es war ihnen klar, dass dieser „Stellvertreterkrieg“ sehr wahrscheinlich zur Entstehung eines „salafistischen Kalifats“ in Syrien führen würde [nämlich ISIS]:

> Im Osten Syriens besteht die Möglichkeit, dass ein – proklamiertes oder nicht proklamiertes – salafistisches Prinzipat entsteht. Das ist genau das, was die Unterstützermächte der Widerstandsbewegung erreichen wollen, um das syrische Regime zu isolieren, das als strategischer Schlüssel der schiitischen Expansion gilt (Irak und Iran).

Sunnitische und schiitische Muslime sind wegen der Frage der Nachfolge des Propheten Mohammed uneins, sodass sie seit etwa 1.400 Jahren miteinander verfeindet sind. Ich weiß, ich weiß – wir sind hier eben auf dem Planeten Erde. Der Iran bildet das Zentrum des schiitischen Islam, während ISIS und die Golfstaaten von den Sunniten dominiert werden. Die erwähnten DIA-Dokumente hätten für die Medien Dynamit sein müssen, doch von wenigen Ausnahmen abgesehen waren sie es nicht. *Pssst!* Ein ehemaliger britischer Geheimdienstoffizier namens Charles Shoebridge, der für die British Army und die Londoner Metropolitan Police im Bereich Terrorismusbekämpfung tätig war, sagte Folgendes:

> Während der ersten Jahre der syrischen Krise wurden die syrischen Rebellen seitens der amerikanischen und britischen Regierung sowie von den westlichen Mainstreammedien fast ausnahmslos als gemäßigt, liberal, säkular, demokratisch und folglich als der westlichen Unterstützung würdig dargestellt. Angesichts der Tatsache, dass die Dokumente von dieser Einschätzung praktisch nichts übrig ließen, ist es bezeichnend, dass sie von den Medien des Westens fast vollständig ignoriert wurden – trotz ihrer enormen Bedeutung.

Die vom Pentagon finanzierte Denkfabrik RAND empfahl in einem 2008 verfassten und von der U.S. Army gesponserten Rapport mit dem Titel „Unfolding the Future of the Long War" eine ähnliche Strategie. Der Plan sah erstens vor, die arabische Welt zu teilen und zu beherrschen, indem man Sunniten (Saudi-Arabien) und Schiiten (Iran) gegeneinander aufhetzt, sowie zweitens, dass die USA gerade diejenigen Terrorgruppierungen mit Waffen und Bargeld versorgen, die sie eigentlich bekämpfen sollen. Aus zahlreichen Quellen geht eindeutig hervor, dass ISIS vorsätzlich von den USA, Großbritannien und anderen westlichen Regierungen geschaffen worden ist – im Verein mit der Türkei und den Golfstaaten. Auch Israel war (wie immer) maßgeblich daran beteiligt. So überrascht es nicht, dass ISIS Muslime ermordet und Moscheen zerstört, statt sich – wie man es erwarten würde – schnurstracks nach Israel aufzumachen und dort die „Ungläubigen" zu bekämpfen. Ich würde nicht ausschließen, dass früher oder später auch israelische Ziele angegriffen werden, damit man Israels unmittelbare Beteiligung an den Kampfhandlungen rechtfertigen kann; doch ist das Muster, dass hier Muslime von Muslimen getötet werden, für jedermann klar erkennbar. Der frühere israelische Verteidigungsminister Mosche Jaalon berichtete im Jahr 2017, dass sich der Islamische Staat einmal, nachdem sich einige seiner Kämpfer in den besetzten Golanhöhen Gefechte mit israelischen Einheiten geliefert hatten, bei Israel *entschuldigt* hat. ISIS, eine *muslimische* Gruppierung, enthauptet also Muslime, leistet aber bei Israel Abbitte? Nein – ISIS ist keine muslimische, sondern eine Saudi-Dönme-Wahhabi-Organisation.

In einem Interview mit dem *Wall Street Journal* gaben die gegen Assad kämpfenden „Rebellen" (lies: Terroristen) an, dass Israel im Jahr 2013 – zu der Zeit, als Mosche Verteidigungsminister war – damit begonnen hatte, sie mit Geld, Lebensmitteln, Treibstoff und Medikamenten zu versorgen. So läuft es auch heute noch. In Syrien wurde einfach die Methode neu aufgelegt, die schon in Libyen zur Anwendung gekommen war. Auch dort hatte man die vom Westen unterstützten Terroristen, mit denen man Gaddafi beseitigen wollte, als „gemäßigte Rebellen" ausgegeben. Doch hier ist ein Aspekt, der besondere Beachtung verdient: Während des Einmarschs im Irak waren es Bush (Republikanische Partei) und Blair (Labour Party), die dem Volk die Lügen verkauften. Als jedoch die USA, Großbritannien, Frankreich und die NATO im Jahr 2011 die Unschuldigen in Libyen bombardierten, um sie vor Gewalt zu beschützen, gehörten die politischen Führer der beiden erstgenannten Länder dem jeweils „anderen Lager" an: Während in den USA die „Demokraten" Barack Obama und seine Außenministerin Hillary Clinton regierten, war der britische Premierminister David Cameron Mitglied der Conservative Party. Dann erschien der „Außenseiter" Trump auf der Bildfläche und begann sich über Iran und Nordkorea zu echauffieren – die beiden Länder also, die als Nächstes auf der ursprünglichen Abschussliste standen (Abb. 480, 481, 482 und 483). „Verschiedene" politische Führer aus „verschiedenen" Parteien waren involviert, doch stets wurden dieselben auf der PNAC-Liste genannten Länder ins Fadenkreuz genommen. So funktioniert der Ein-Parteien-Staat, dessen Politik von der Verdeckten Hand vorgegeben wird – ganz gleich, wer gerade offiziell an der Macht ist. Sobald man das libysche Staatsoberhaupt Gaddafi beseitigt hatte, machte sich ein großer Teil der „libyschen Rebellen" (Terroristen und Söldner) auf den Weg nach Syrien, um dort dieselben Methoden auf Assad anzuwenden. Ermöglicht wurde dies durch die Waffen und Gelder, die von den USA und Großbritannien sowie von

Abb. 480: „Warum die Lügner logen: Um den Irak von der Liste zu streichen" – Die Lüge von Saddams „Massenvernichtungswaffen" wurde von den USA und Großbritannien benutzt, um den Irak abzuhaken.

Abb. 481: „Warum die Lügner logen: Um Libyen von der Liste zu streichen" – In den USA und Großbritannien wechselte die Führung, doch die Liste wurde unverwandt abgearbeitet: Als Nächstes folgte Libyen.

Abb. 482: „Warum die Lügner logen: Um Syrien von der Liste zu streichen" – Alles war schon lange geplant … nun war Syrien dran.

Abb. 483: „Und weiter geht es gemäß der Liste ... Nordkorea, Iran, China." – Kaum war Trump vereidigt, richtete er sein Augenmerk auch schon auf Nordkorea, den Iran und China ... oder richtiger: Die ihn kontrollierenden Kriegstreiber taten das.

deren Satellitenstaaten im Nahen Osten – Saudi-Arabien, Katar und den Vereinigten Arabischen Emiraten – bereitgestellt wurden. Selbst die Waffen, die man gegen Gaddafi eingesetzt hatte, wurden von Libyen aus an die „Rebellen" in Syrien überstellt. In einer von Wikileaks veröffentlichten E-Mail, die Clintons Außenministerium im Jahr 2012 versandt hatte, hieß es:

> Washington sollte zunächst seine Bereitschaft zum Ausdruck bringen, mit Alliierten aus der Region zusammenzuarbeiten – wie der Türkei, Saudi-Arabien und Katar –, um syrische Rebelleneinheiten zu organisieren, auszubilden und mit Waffen auszustatten. Schon allein diese Ankündigung dürfte beim syrischen Militär voraussichtlich zu einer erheblichen Zahl von Überläufen führen. Dann könnten amerikanische Diplomaten und Pentagon-Funktionäre damit beginnen, unter Nutzung des türkischen und möglicherweise des jordanischen Territoriums die Opposition zu stärken. [...] Der Ansatz, die syrischen Rebellen zu bewaffnen und mittels der westlichen Luftstreitmacht die syrischen Helikopter und Flugzeuge auszuschalten, verspricht maximale Erfolge bei geringem Kostenaufwand.

Seitdem spielten die Türkei, Saudi-Arabien und Katar bei der Finanzierung und Bewaffnung des – wie man jetzt sagte – Islamischen Staats bzw. ISIS (vgl. Al Qaida, Mudschahedin usw.) eine gewichtige Rolle. Die Türkei und Jordanien gestatteten ISIS und den „Rebellen" zudem, von ihrem Territorium aus die Grenze nach Syrien zu überschreiten. Weitere Bestätigung fand die Tatsache, dass ISIS vom Westen und dessen am Persischen Golf gelegenen Vasallenstaaten geschaffen wurde, in dem Eingeständnis des ehemaligen, bis 2013 amtierenden katarischen Premier- und Außenministers Hamad ibn Dschasim ibn Dschabr Al Thani, dass die islamistischen Terroristen in Syrien von den Vereinigten Staaten und deren Alliierten am Golf unterstützt worden waren (Abb. 484). In einem Interview mit dem US-amerikanischen Journalisten Charlie Rose, der für den Fernsehsender PBS tätig ist, sagte er im Juni 2017, dass die CIA Ausbildungszentren in Jordanien und der Türkei unterhielt. Deren Zweck sei es gewesen, Terrorkämpfer heranzubilden, um Präsident Assad auszuschalten. Um diese

Abb. 484: „Exklusiv! Hauptquartier von ISIS gefunden!" – Ach sooo ... mit einem Mal ergibt alles einen Sinn.

als Stellvertreterarmee für die Amerikaner fungierende Truppe auszubilden und unter Waffen zu stellen, wurden laut Dokumenten, die der NSA-Whistleblower Edward Snowden veröffentlicht hat, jährlich bis zu einer Milliarde Dollar ausgegeben. Hillary Clinton beging Meineid, als sie abstritt, von den Waffenlieferungen an Al Qaida und ISIS gewusst zu haben, die von Libyen aus über die Türkei erfolgt waren. Sie wusste sehr wohl, dass die USA in Libyen gegen Gaddafi aufgestellte „Rebellen" mit Waffen versorgten. Natürlich wusste sie das – sie *selbst* war ja dafür verantwortlich. Die Anklage gegen den amerikanischen Waffenhändler Marc Turi, der Waffen an libysche „Rebellen" geliefert haben soll, ließ das US-Justizministerium 2016 plötzlich fallen, als im Zuge des Prozesses herauszukommen drohte, welche Rolle Hillary Clinton, Barack Obama und die CIA bei den Turi angelasteten Geschäften gespielt haben. Die amerikanisch-britische Finanzierung und Bewaffnung des Islamischen Staats/ISIS/IS, die sich eigentlich gegen Assad und Syrien richtete, verbarg man hinter Begriffen wie „gemäßigte Rebellen". Doch letztlich gingen die an die „gemäßigten Rebellen" gelieferten Waffen (interessant, dass Terroristen offenbar „gemäßigt" sein können) in den Besitz von ISIS über – was den Amerikanern und Briten von Anfang an klar war. Im Irak ließen die USA Militärfahrzeuge und modernste Waffen „zurück", damit ISIS sie sich einverleiben konnte. Eine von der Londoner Organisation Action on Armed Violence durchgeführte Studie ergab, dass von den 1,45 Millionen Schusswaffen, die die USA zwischen 2001 und 2015 nach Afghanistan und in den Irak geliefert haben, nur *drei Prozent* in der offiziellen Buchführung auftauchen.

Peter Ford, der einst als britischer Botschafter in Syrien tätig war, sagte, dass die Vereinigten Staaten „praktisch mit einem Zweig der Al Qaida zusammengearbeitet haben", um die syrische Regierung zu stürzen. Die USA seien „davon besessen, Assad und die weltliche syrische Regierung loszuwerden" und hätten dabei „jede moralische und praktische Kompetenz" eingebüßt. Die von Ford erwähnte „Besessenheit" rührt daher, dass Syrien auf der Liste der von den zionistischen Neokonservativen gewünschten Regimewechsel steht. Um dieses Ziel zu erreichen, ist jedes Mittel recht. Nach Zahlen der Vereinten Nationen hat der von den Neocons ausgelöste syrische Konflikt zwischen 2011 und 2018, als ich diese Zeilen niederschrieb, mehr als 400.000 Menschenleben gefordert (manchen Quellen zufolge sogar noch mehr); 5,5 Millionen Syrer seien auf der Flucht, 6,3 Millionen hätten ihr Zuhause verloren. Die für diese Vorgänge verantwortlichen Personen als Psychopathen zu bezeichnen, würde dem Sachverhalt noch nicht einmal annähernd gerecht werden. Sie repräsentieren vielmehr das reine, unverwässerte Böse und die extremsten Formen

Abb. 485: „Barbarischer Todeskult vs. Freund und Verbündeter" – Sie agieren deshalb in identischer Weise, weil sie identisch sind.

Abb. 486: „Die Flaggen des echten ISIS" – Nicht einmal die fanatischen Mörder, die „für ISIS kämpfen", sind sich dieser Tatsache bewusst. Dabei würde ein Minimum an Recherchen genügen, ihnen die Augen zu öffnen.

der archontischen Verzerrung. ISIS bzw. der Islamische Staat wurden unmittelbar von Saudi-Arabien als verlängerter Arm des Westens erschaffen. Daher verhält sich ISIS auch genau so wie die Saudis: Der Wahhabismus bzw. Salafismus wird den Menschen gewaltsam aufgezwungen; zu den wichtigsten Methoden zählen dabei Enthauptungen und Massenmord (Abb. 485). Der einzige Unterschied besteht darin, dass der Islamische Staat vom Westen als terroristischer „Feind" dargestellt wird, während Saudi-Arabien als Verbündeter gilt, den man für die von ihm begangenen Massaker im Jemen bis an die Zähne bewaffnen sowie in führende Positionen der UNO-Institutionen für Menschen- und Frauenrechte manipulieren muss. Gleichzeitig verwehren die falschen saudischen „Royals" ihrer mittels Religion verängstigten Bevölkerung die grundlegendsten Rechte. Aktivisten, die sich für Menschenrechte einsetzen, werden gefoltert, um ihnen Geständnisse zu entlocken, mit denen man dann ihre Enthauptung rechtfertigt. Nicht einmal behinderte Menschen bleiben davon verschont. Doch eine Verurteilung Saudi-Arabiens, das nach der Pfeife der Vereinigten Staaten, Großbritanniens, Israels, Frankreichs und der NATO tanzt, durch den „moralischen Westen" bleibt aus (Abb. 486).

Der abtrünnige Prinz

Der saudische Prinz Khalid bin Farhan al-Saud wandte sich im Jahr 2013 aufgrund der Lügen und Verdorbenheit seiner Familienangehörigen von denselben ab und ging nach Deutschland ins Exil. Er bestätigte, dass die USA und Israel die saudische „Königsfamilie" unter Kontrolle haben, und veröffentlichte familieninterne Details über die „Bedingungen", zu denen die USA und Israel dem jetzigen saudischen König Salman ibn Abd al-Aziz Al Saud 2015 geholfen haben, die Nachfolge seines Vaters anzutreten. Zwei andere Thronanwärter, die in der Hackordnung eigentlich höher standen, waren 2011 bzw. 2012 gestorben. Dem abtrünnigen Prinzen Farhan zufolge musste Salman für diese „Hilfestellung" den USA und Israel „absoluten Gehorsam" geloben und versprechen, auf die Umsiedlung sämtlicher im Gaza-Streifen lebenden Palästinenser in den Norden der Sinai-Halbinsel hinzuarbeiten (die von den Saudis und den Vereinigten Arabischen Emiraten zu bezahlen wäre), die palästinensische Gruppierung Hamas zu bekämpfen und die Übergabe der Insel Sanafir von Ägypten an Saudi-Arabien sicherzustellen. Mit der letztgenannten Maßnahme wollte man den Golf von Akaba aus dem ägyptischen Territorium herauslösen und zum internationalen Gewässer deklarieren. Dies sollte Vorteile für die israelische Schifffahrt mit sich bringen, für die der Hafen von Eilat von zentraler Bedeutung ist. Tatsächlich übergab der ägyptische Präsident Abd al-Fattah as-Sisi – eine Marionette der Vereinigten Staaten – Sanafir und die benachbarte Insel Tiran im Juni 2017 an Saudi-Arabien, obwohl die Bevölkerung des Landes protestierte. Die Inseln befinden sich am Eingang zum Golf von Akaba, der den einzigen Zugang Israels zum Roten Meer darstellt. Das ist die Art von Dingen, die hinter den Schlagzeilen und falschen Narrativen tatsächlich vonstattengehen. Aus den israelisch-saudischen Verbindungen erklärt sich zudem, warum sich Israel-Arschkriecher wie John McCain oder Lindsey Graham auch für Saudi-Arabien prostituieren. Angesichts der Tatsache, dass der US-amerikanische tiefe Staat, Israel, Großbritannien und Saudi-Arabien an einem Strang ziehen, sowie aufgrund der deutlichen Verbindung, die zwischen den Saudis und 9/11 besteht, lohnt es sich vielleicht, über die Anschläge noch einmal unter diesem Blickwinkel nachzudenken. Die wahre Macht liegt in Saudi-Arabien in den Händen des Kronprinzen Mohammed bin Salman, König Salmans designiertem Nachfolger. Der US-Marionette unterstehen das Militär, die Ölindustrie, die Wirtschaft, die Unterhaltungsindustrie, die Geschäftswelt und de facto auch die Außenpolitik des Landes, weshalb man ihm schon den Spitznamen „Mr. Everything" verpasst hat.

Der Grund, warum Großbritannien an Saudi-Arabien mehr Waffen verkauft als an irgendein anderes Land, besteht darin, dass beide auf dieselben Ziele hinarbeiten. Die britische Innenministerin Amber Rudd rechtfertigte die Ermordung jemenitischer Kinder durch die Saudis, bei der britische Waffen zum Einsatz kommen, mit dem Argument, das sei „gut für die britische Industrie". Den Anschlag von Manchester verurteilte sie unterdessen als „barbarischen Angriff, der vorsätzlich auf die wehrlosesten Mitglieder unserer Gesellschaft abzielte – nämlich auf Kinder und Jugendliche". Zur selben Zeit zitierte die britische Tageszeitung *The Guardian* einen Sprecher des Innenministeriums, der erklärte, dass Ermittlungen der britischen Regierung bezüglich der Finanzierung von im Königreich operierenden terroristischen Gruppierungen – bei denen besonderes Augenmerk auf Saudi-Arabien gelegt wurde – nicht abgeschlossen und veröffentlicht werden konnten, da sie „sehr sensible" Themen berührt hätten. Darauf können Sie wetten! Die Publizierung der Ergebnisse wurde später von der Regierung aus „Sicherheitsgründen" blockiert (wegen der Sicherheit Saudi-Arabiens und seiner Verbindungen zum Terrorismus).

Als Trump im Mai 2017 Saudi-Arabien besuchte, hob man eine „arabische NATO" aus der Taufe, bei der sich die Vereinigten Staaten und die Länder am Persischen Golf zur Zusammenarbeit verpflichteten, um die Geldflüsse zu den Terroristen zum Erliegen zu bringen. Doch einer Zusammenarbeit hätte es dabei gar nicht bedurft: Um die Finanzierung der Terroristen zu stoppen, hätten diese Länder einfach nur aufhören müssen, die Terroristen zu finanzieren. Die Leitung der Initiative teilen sich die Vereinigten Staaten und Saudi-Arabien – also die beiden größten Terrorismusgeldgeber dieses Planeten. Die Terroristen bzw. terrorunterstützenden Länder Saudi-Arabien, Kuwait, Katar, Bahrain, Oman und die Vereinigten Arabischen Emirate (VAE) taten sich zusammen, um das Terrorist Financing Targeting Center zu gründen. Vermutlich soll damit die Finanzierung der Terroristen verbessert werden. Die Nachrichtenagentur Associated Press enthüllte, dass die VAE, die angeblich „gegen Terrorismus" sind, im Jemen „schwarze Einrichtungen" betreiben, in denen die Inhaftierten misshandelt und gefoltert werden. Zumindest in einigen dieser Lager war US-amerikanisches Personal involviert. Noch verrückter wurde es im Juni 2017, als Saudi-Arabien, die VAE, Bahrain und Ägypten die diplomatischen Beziehungen zu Katar abbrachen sowie sämtliche Land-, See- und Luftverbindungen zu dem Emirat kappten, weil es Terroristen unterstützt und sich in die inneren Angelegenheiten der genannten Länder eingemischt haben soll. Der wahre Grund für die Maßnahme bestand darin, dass Katar die harte Linie gegen den Iran nicht mittrug. Aus amerikanisch-britischer Sicht förderte die Streitigkeit zudem die von Israel angestrebte Fragmentierung der muslimischen Welt. Israel hat die gegen Katar gerichtete Aktion der Saudis selbstredend unterstützt. Bedenkt man die Aussage des abtrünnigen saudischen Prinzen, nach der der saudische König Salman vollständig von den USA und Israel kontrolliert wird, konnte das Vorgehen gegen Katar nur von diesen beiden Ländern initiiert worden sein. Eines Tages – wenn es ihnen nützlich erscheint – werden sie auch die saudischen Royals absetzen. Trump verurteilte Katar, ohne ein Wort über die anderen Länder zu verlieren. Wenn wir Zeuge werden, wie Katar von Saudi-Arabien und den VAE unter Beschuss genommen wird, weil das Land Terroristen finanzieren soll, geraten wir tief in die Twilight Zone. John Pilger, ein Urgestein unter den wahrhaften Journalisten, sagte in einem Interview über ISIS:

> ISIS ist nicht einfach nur ein Abkömmling, sondern eine voll ausgewachsene, manische, jugendliche Kreatur, die Paris, London und den Vereinigten Staaten gehört. Ohne die Unterstützung dieser drei Länder, ohne die Waffen, die man ISIS verschafft hat – die man entweder direkt der Dschabhat al-Nusra ausgehändigt hat und dann in den Besitz von ISIS gelangt sind, [...] oder an die Wahhabiten in Saudi-Arabien oder Katar geliefert wurden [...] Doch die Franzosen, Briten, Amerikaner und Türken haben die Waffen zur Verfügung gestellt, mittels derer ISIS fortbestehen konnte.
>
> Wissen Sie, wenn David Cameron im Unterhaus mit seiner Initiative [die Assad-Regierung direkt zu bombardieren] durchgekommen wäre, würde ISIS heute in Syrien regieren. [...] Der multiethnischste, multikulturellste Staat des Nahen Ostens wäre erledigt, und diese Fanatiker hätten das Sagen – und all das wäre ausschließlich den Aktivitäten des Westens zu verdanken.

Genau diese Aktivitäten hatte das zionistische Project for the New American Century im September 2000 gefordert.

Eine andere Frage: Warum gelangen die ISIS-Propagandavideos, in denen auch Enthauptungen gezeigt werden, durch Tarnorganisationen des israelischen Geheimdienstes in die Öffentlichkeit? Warum bringen dieselben Quellen auch die Videos bzw. Schreiben in Umlauf, in denen sich ISIS vermeintlich zu bestimmten Terroranschlägen bekennt? Die bekannteste dieser Einrichtungen ist eine in Bethesda (US-Bundesstaat Maryland) ansässige Geheimdienstgruppe namens SITE (Search For International Terrorist Entities), die von der israelischen Fanatikerin Rita Katz geleitet wird (Abb. 487). In meinen früheren Büchern habe ich sie umfassend bloßgestellt. Wie kommt es, dass die „ISIS"-Videos durch

Katz in die Öffentlichkeit und die Medien gelangen? Der amerikanische Journalist und Rechercheur Christopher Bollyn hat nachgewiesen, dass die von SITE verbreiteten „ISIS"-Videos von Jihadology.net bereitgestellt wurden. Die Website wird von einem Zionisten namens Aaron Yosef Zelin betrieben, der mit zionistischen Denkfabriken in Verbindung steht, zu denen unter anderem das Washington Institute for Near East Policy zählt. Bollyn wies darauf hin, dass Zelin Veranstaltungen des israelischen Geheimdienstes besuchte, wie beispielsweise die Konferenz des International Institute for Counter-Terrorism (dt. etwa: Internationales Anti-Terror-Institut), das im israelischen Herzlia gegründet worden war. Einer der Redner der Konferenz war der Ultrazionist Michael Chertoff, der zur Zeit von 9/11 im US-Justizministerium als Staatssekretär tätig war (als wichtige Beweise vernichtet worden sind) und später der Heimatschutzbehörde vorstand, die als Reaktion auf die Anschläge installiert wurde.

Abb. 487: „Warum werden die ISIS-Bekennervideos stets von einer Frontorganisation des israelischen Geheimdienstes in Umlauf gebracht?" – ISIS ist ein Schwindel, der kinderleicht zu durchschauen ist. Früher veröffentlichte SITE die „bin Laden"-Videos, heute sind es die ISIS-Aufnahmen.

Videos, die scheinbar von ISIS stammen, lassen sich – wie schon die früheren Videos von „bin Laden" – dank moderner Technik spielend leicht fälschen, sodass man den darin auftretenden Personen nach Belieben Worte in den Mund legen oder sie bestimmte Dinge tun lassen kann. Geben Sie bei YouTube einmal ein: „Nothing is real: How German scientists control Putin's face" – und Sie werden verstehen, was ich meine. Probieren Sie auch einmal „Synthesizing Obama: Learning Lip Sync From Audio". Dabei zeigen diese Beispiele nicht einmal annähernd, welche technischen Möglichkeiten heute den Geheimdiensten zur Verfügung stehen. Sie arbeiten nämlich mit Technologien, die alles, was wir auf der öffentlichen Bühne zu Gesicht bekommen dürfen, bei Weitem übersteigen. Ein Forscherteam der University of Washington hat Algorithmen entwickelt, mit denen sich Audio- und Videoquellen perfekt lippensynchron aufeinander abstimmen lassen, sodass man jedem Menschen einen x-beliebigen Text in den Mund legen kann. Und das ist, wie gesagt, nur das, was wir sehen dürfen. Hinterfragen Sie *alles* – und ganz besonders „Terroristen"-Videos, die von SHIT … nein, Entschuldigung, SITE in Umlauf gebracht werden. Ich muss endlich tippen lernen.

Des Weiteren sollten wir keine Sekunde lang die Rolle unterschätzen, die Israel und Großbritannien bei dem kalkulierten, globalen Blutrausch spielen. Das Vereinigte Königreich übte sich darin schon in den Tagen der gewaltsamen Kolonisierung – zur Zeit des Britischen Weltreichs. Da Großbritannien für die unsichtbaren Ebenen des Spinnennetzes eines der wichtigsten Zentren darstellt, ist es immer dort an vorderster Front mit dabei, wo Ausbeutung, Krieg und Gemetzel ausgeheckt werden. Zwar versucht das Königreich, diese Tatsache zu verbergen, indem es sich als das kleine Söhnchen des Übervaters Amerika ausgibt; doch während dies auf der politischen bzw. staatlichen Bühne sogar zutreffen mag, ist das Verhältnis, das zwischen den beiden Ländern auf der unsichtbaren Ebene besteht, ein gänzlich anderes. Frankreichs ehemaliger Außenminister Roland Dumas sagte im französischen Fernsehen:

> Lassen Sie mich Ihnen etwas erzählen. Zwei Jahre bevor in Syrien die Gewalttätigkeiten losbrachen, hielt ich mich aus anderen Gründen in England auf. Ich traf mich mit hochrangigen britischen Amtsträgern, die mir gegenüber eingestanden, dass sie etwas in Syrien vorbereiten würden. Das war in Großbritannien, nicht in Amerika. Großbritannien war dabei, eine Rebelleninvasion in Syrien zu organisieren. Sie fragten mich sogar – obwohl ich gar nicht mehr Außenminister war –, ob ich mich daran beteiligen wolle. Natürlich habe ich das abgelehnt. [...] Diese Operation begann schon vor langer Zeit. Sie wurde vorbereitet, durchdacht und geplant.

Aus offiziellen Dokumenten geht hervor, dass die britische und amerikanische Regierung schon 1957 etwas sehr Ähnliches planten. Der damalige Premierminister Harold Macmillan und Präsident Dwight D. Eisenhower hatten einem Plan von CIA und MI6 zugestimmt, Anschläge vorzutäuschen, um Syriens prowestlichen Nachbarn Irak und Jordanien einen Vorwand zur Invasion zu verschaffen und die Führung in Damaskus „eliminieren" zu können. Der *Guardian* beschrieb den Plan in einem Artikel wie folgt:

> In dem Dokument hieß es, dass man – sobald der nötige Grad an Angst erzeugt worden wäre – Grenzvorfälle und -konflikte inszenieren würde, um den Vorwand für eine militärische Intervention des Irak und Jordaniens zu schaffen. Man müsse, fahren die Autoren fort, „Syrien als Förderer von Komplotten, Sabotageakten und Gewalttätigkeiten erscheinen lassen, die gegen die benachbarten Regierungen gerichtet sind. CIA und SIS [MI6] sollten ihre Fähigkeiten sowohl im psychologischen als auch im praktischen Bereich nutzen, um die Spannungen zu verstärken." Damit waren Operationen in Jordanien, Irak und Libanon gemeint, die in Form von „Sabotage, nationalen Verschwörungen und verschiedenen Gewaltakten" in Erscheinung treten würden, die man dann Damaskus anhängen könnte.
>
> Im Rahmen des Plans wurde die Finanzierung eines „Komitees Freies Syrien" angeregt sowie vorgeschlagen, in Syrien „politische Splittergruppen mit paramilitärischem oder anderweitigem aktionistischen Potenzial" mit Waffen zu versorgen. CIA und MI6 würden innere Unruhen anheizen, etwa über Aufstände der Drusen im Süden, oder indem man politische Häftlinge aus dem Gefängnis in Mezzeh zu befreien hilft und die Muslimbruderschaft in Damaskus aufstachelt.

Na, da scheint sich nicht viel geändert zu haben.

Israel, Krieg und Terror

Der frühere französische Minister Dumas machte in seinem Fernsehinterview auch deutlich, wie wichtig es sei zu verstehen, dass die Regierung Assad in der Region eine sehr israelkritische Haltung vertritt. „Folgerichtig ... und das habe ich von einem ehemaligen israelischen Premierminister, der mir sagte: ‚Wir versuchen, mit unseren Nachbarn auszukommen. Doch diejenigen, die mit uns nicht übereinstimmen, werden vernichtet werden.'" Dieselbe Einstellung zeigt sich auch in einer E-Mail des von Hillary Clinton geführten Außenministeriums:

> Aufgrund der strategischen Beziehungen zwischen dem Iran und dem Regime von Baschar Assad ist es dem Iran möglich, die Sicherheit Israels zu untergraben – nicht durch einen direkten Angriff, den es während der seit 30 Jahren bestehenden Feindschaft zwischen Iran und Israel nicht gegeben hat, sondern durch seine Ableger im Libanon, wie die Hisbollah, die vom Iran über Syrien versorgt, bewaffnet und ausgebildet wird. Der Sturz Assads würde diesem gefährlichen Bündnis ein Ende bereiten. Die israelische Führung versteht bestens, warum es in ihrem Interesse liegt, Assad jetzt niederzuschlagen.

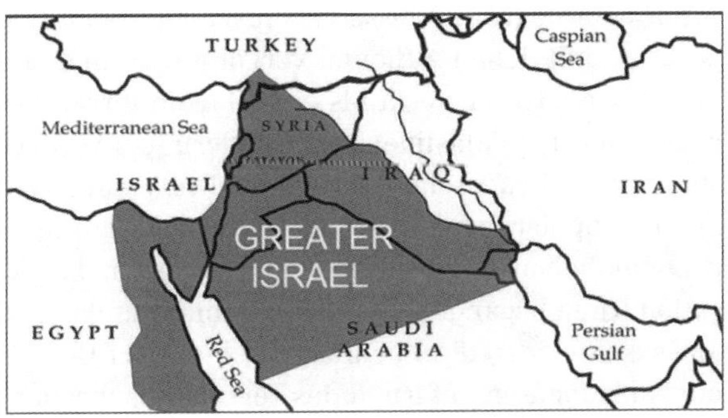

Abb. 488: Mit den seit Langem bestehenden Plänen zur Schaffung von Großisrael wird ein großer Teil des Geschehens im Nahen Osten verständlich.

Das Bestreben der USA, in Syrien ein „salafistisches Kalifat" zu errichten, geht Hand in Hand mit Israels Langzeitstrategie, Syrien und den Nahen Osten zu „balkanisieren" – in derselben Weise, wie das frühere Jugoslawien in kleinere Teile aufgespalten wurde – und selbst die Vorherrschaft in der Region zu übernehmen. Dabei handelt es sich um das jahrhundertealte Projekt zur Errichtung eines „Großisrael" (das biblische Eretz Israel der revisionistischen Zionisten), das sich vom ägyptischen Nil bis zum irakischen Euphrat erstrecken soll (Abb. 488). Die gegen ISIS kämpfenden Kurden versuchen, sich einen Teil des syrischen Territoriums zu sichern. Sollten die Türkei und die Vereinigten Staaten siegreich aus dem Konflikt hervorgehen und nach dem Ende der Kampfhandlungen die Kontrolle über Syrien haben – und genau das sehen die Pläne vor –, können Sie darauf wetten, dass die Kurden das Land nicht wieder an die Regierung in Damaskus zurückgeben würden. Wie der kurdische Funktionär Hediya Yousef gegenüber der britischen Wochenzeitung *Observer* erläuterte, beabsichtigen die kurdischen Kämpfer, mit amerikanischer Unterstützung die syrische Stadt Raqqa sowie Ländereien im nördlichen Syrien zu annektieren, die einen Zugang zum Mittelmeer bieten. Der Plan zur Schaffung eines Großisrael beinhaltet unter anderem, die al-Aqsa-Moschee auf dem Jerusalemer Tempelberg durch einen Neubau des „Salomonischen Tempels" zu ersetzen, der dem jüdischen Glauben zufolge vor einem Jahrtausend an dieser Stelle gestanden haben soll. Achten Sie auf Ereignisse, die Bezug zum Tempelberg haben – bzw. zum al-Haram asch-scharif, wie er bei den Muslimen heißt –, und Sie werden wissen, worauf sie abzielen. Selbst ein Bericht des US-Außenministeriums mit dem Titel „Country Reports on Terrorism 2016" kam zu dem Schluss, dass die Palästinenser durch die Aktivitäten des israelischen Regimes sowie die von den jüdischen Extremisten (den sogenannten „Siedlern") im illegal besetzten Palästina ausgeübte Gewalt ihrerseits zu gewalttätigen Handlungen genötigt wurden:

> Die geringen Aussichten, einen palästinensischen Staat errichten zu können; der israelische Siedlungsbau im Westjordanland; die gegen die Palästinenser gerichtete Gewalttätigkeit der Siedler im Westjordanland; die Wahrnehmung, dass die israelische Regierung den Status quo bezüglich des al-Haram asch-scharif/Tempelbergs ändert; sowie die Taktik der IDF [Israel Defense Forces], die von den Palästinensern als überaus aggressiv empfunden wird, [zwingen die Araber dazu, auf gewaltsamen Extremismus zurückzugreifen]. [...] Extremistische Israelis – darunter auch Siedler – haben fortgesetzt sowohl Gewaltakte als auch „Preisschild"-Anschläge" begangen.

Mit dem Begriff „Preisschild-Anschläge" sind Gewaltakte jüdischer Fundamentalisten gemeint, mit denen Aktionen vergolten werden, die sich gegen den illegalen Siedlungsbau richten. Israel steckt bis zum Hals in terroristischen Aktivitäten, und zwar nicht nur gegenüber den Palästinensern, sondern – in verdeckter Weise – auch andernorts. Gewalt stellt für die israelische Führung die Universalantwort auf alles dar. Es waren zionistische Terrorgruppierungen, die den Staat Israel durch eine Reihe von Anschlägen ins Dasein gebombt haben. Dazu zählten unter anderem das 1946 von der paramilitärischen Organisation Irgun begangene Bombenattentat auf das Jerusalemer King David Hotel sowie das Massaker, das 1948 in dem arabischen Dorf Deir Yasin verübt wurde. Damals begannen die Palästinenser, aufgrund des Terrors aus ihrem eigenen Land zu fliehen. Allein bei den beiden genannten Anschlägen wurden annähernd 100 Männer, Frauen und Kinder getötet. Doch das hindert Israel nicht daran, sich als Inbegriff der Tugendhaftigkeit darzustellen, die kein Wässerchen trüben kann. Israel ist *nichts dergleichen*. Es ist ein Staat, der durch einen Terrorismus erschaffen und auch aufrechterhalten wurde, der von unbarmherzig agierenden Gruppierungen wie Lechi (auch bekannt als Stern-Bande) und Irgun ausging. Heute setzt sich dieselbe Mentalität in Gestalt der israelischen Streitkräfte (IDF) und jenes weltumspannenden Kraken fort, den der Militärgeheimdienst Mossad darstellt. Anders kann es angesichts der Tatsache, dass die Ideologie des revisionistischen Zionismus (bzw. des sabbatianischen Frankismus) gewalttätig bis ins Mark ist, auch gar nicht sein. Die zionistische Terrorgruppierung Lechi zog einst sogar in Betracht, mit den deutschen und italienischen Faschisten zusammenzuarbeiten. Kein Witz. Der Faschismus bildet eben die spirituelle Heimat des revisionistischen Zionismus. Die israelischen Premierminister Jitzchak Schamir und Menachem Begin, die sich in der Vergangenheit als Anführer der terroristischen Organisationen Lechi bzw. Irgun betätigt hatten, erdreisteten sich später, den Terrorismus zu verurteilen. In dem bereits erwähnten Brief, den Albert Einstein und andere prominente Juden 1948 an die *New York Times* schrieben, wiesen sie darauf hin, dass die Terroristen sogar Juden angriffen, die den revisionistischen Zionismus ablehnten. Heute sieht es nicht anders aus:

> Während der letzten Jahre [haben Irgun] und die Stern-Bande eine Terrorherrschaft in der jüdischen Gemeinschaft Palästinas ausgeführt: Lehrer geschlagen, weil sie sich gegen sie ausgesprochen haben, Erwachsene erschossen, weil sie verhinderten, dass sich ihre Kinder ihnen anschlossen. Mit Gangstermethoden, Schlägen, Fenster einschlagen und weitverbreitetem Diebstahl schüchterten die Terroristen die Bevölkerung ein und verlangten einen hohen Tribut.

Der im israelischen Nazareth beheimatete Journalist Jonathan Cook hat ein gefeiertes Buch mit dem Titel „Israel and the Clash of Civilisations: Iraq, Iran and the Plan to Remake the Middle East“ verfasst, in dem er Israels Pläne darlegte, „große Teile der Region mit Chaos zu überziehen und feindliche Schlüsselstaaten zu destabilisieren [...] Iran, Irak, Syrien und den Libanon“ – mit dem Ziel, den Nahen Osten zu balkanisieren. Ein Jahrzehnt später können wir die Ergebnisse dieser Politik beobachten. Auch hinsichtlich der Verbindungen zwischen Israel und den amerikanischen Neokonservativen, die Cook in seinem Buch herausstellte, traf er den Nagel auf den Kopf. Die Agenden von Israel und den Neocons sind deshalb deckungsgleich, weil die beiden Kräfte *identisch sind*. Ein von Cook im Jahr 2017 veröffentlichter Artikel trug den Titel: „Syrien ist der Staudamm, der weiteres blutiges Chaos verhindert“. Darin schrieb er:

> Mein Buch erschien zu einem Zeitpunkt, als die Bemühungen Israels und der Neokonservativen, die Balkanisierungskampagne in den Iran, nach Syrien und in den Libanon zu tragen, ins Stocken gerieten, und bevor klar war, dass weitere Akteure – wie etwa ISIS – aus dem Chaos erwachsen würden. Doch ich sagte (zutreffenderweise) voraus, dass Israel und die Neocons fortfahren würden, die Destabilisierung auszuweiten, und dabei als Nächstes Syrien ins Visier nehmen würden – mit katastrophalen Folgen.
>
> Heute teilen andere Schlüsselakteure Israels Vision für die Region, darunter Saudi-Arabien, die Golfstaaten und die Türkei. Der gegenwärtige Schauplatz der Destabilisierung ist – wie ich vorausgesagt hatte – Syrien. Sollten diese Bestrebungen jedoch von Erfolg gekrönt sein, wird die Balkanisierung zweifellos weitermarschieren und sich verstärkt gegen den Libanon und den Iran richten.

Und genau so wird es geschehen. Das ergibt sich schon aus der schlichten Tatsache, dass Libanon und Iran auf der ursprünglichen Liste der ins Fadenkreuz zu nehmenden Länder standen, die die Neokonservativen im September des Jahres 2000 aufgestellt hatten. Fast verzweifelt versuchen sie, einen Krieg gegen den Iran vom Zaun zu brechen. Der amerikanische Außenminister Rex Tillerson stellte im Juni 2017 klar, dass die USA für den Iran eine Neuauflage der Vorgänge in Libyen und Syrien planten. Vor dem House Committee on Foreign Affairs – einem ständigen Ausschuss des Repräsentantenhauses, der sich mit den internationalen Beziehungen des Landes befasst – erklärte er, dass ihre Politik gegenüber dem Iran darin bestehe, „seine Vormachtstellung zurückzudrängen, sein Vermögen zur Herstellung von Kernwaffen zu beschränken und darauf hinzuarbeiten, diejenigen Elemente innerhalb des Irans zu fördern, die eine friedliche Ablösung der Regierung herbeiführen können". Also, „Rebellen" zu bewaffnen, zu finanzieren und auszubilden – der Rest ist bekannt. Ich bin weit davon entfernt, ein Regime unterstützen zu wollen, dessen Macht – wie es im Iran der Fall ist – in hohem Maße auf religiöser Programmierung beruht. Doch man schaue sich einmal an, wie viele Kriege der Iran im Laufe der Geschichte angezettelt hat, und stelle das den Vereinigten Staaten gegenüber, die sich seit 1776 fast ununterbrochen in kriegerischen Auseinandersetzungen befanden.

Zahlreiche Kriegsverbrechen wurden vor dem Internationalen Strafgerichtshof verhandelt – allerdings ohne dass auch nur ein einziger der Verantwortlichen persönlich erschienen wäre. Das im niederländischen Den Haag ansässige Gericht verfolgt Individuen, die sich länderübergreifender Straftaten wie Völkermord, Verbrechen gegen die Menschlichkeit oder Kriegsverbrechen schuldig gemacht haben. Oder besser gesagt: Genau das tut es nicht. Würde es seinen Pflichten nämlich nachkommen, wären beide Bushs, Blair, Obama, Cameron, Hollande, Kissinger, Cheney, Rumsfeld, Wolfowitz, die falschen Könige Arabiens und der Golfstaaten und zahllose andere längst sicher hinter Schloss und Riegel. Stattdessen macht man Leuten wie dem serbischen Präsidenten Slobodan Milošević oder Verbrechern aus Afrika oder Südamerika den Prozess. Es ist noch kein einziger Angeklagter gesichtet worden, der aus dem Westen stammen würde – der unzählige Menschenleben auf dem Gewissen hat. Der Internationale Strafgerichtshof ist eine beschämende Farce und ein Instrument in den Händen genau jener Leute, die er eigentlich aburteilen soll (Abb. 489). Tony Blair wurde, nachdem er bei dem mit einer Lüge gerechtfertigten Massenmord im Irak und der Verwüstung des Nahen Ostens eine maßgebliche Rolle gespielt hatte, nicht verhaftet, sondern zum Sondergesandten des sogenannten Nahost-Quartetts ernannt. Der Posten, der im Englischen als „Peace Envoy" bezeichnet wird (wörtlich: „Gesandter des *Friedens*"), repräsentiert offiziell die Vereinigten Staaten, die EU, die Vereinten Nationen und Russland – in Wirklichkeit jedoch nur Israel.

Abb. 489: „Internationaler Strafgerichtshof: Ein Witz! Blair, Clinton, Bush: Kriegsverbrecher!" – Beim Internationalen Strafgerichtshof handelt es sich um ein Instrument des Westens. Jede anderslautende Behauptung beleidigt die Intelligenz.

Sand im Getriebe

Assad und die syrische Armee behaupteten sich gegen den Ansturm von ISIS, Al Qaida und der „gemäßigten Rebellen", die von den USA und Großbritannien bewaffnet, finanziert und versorgt worden waren – im Zusammenspiel mit Saudi-Arabien, den VAE und Katar –, viel länger, als man erwartet hatte. Amerika sollte vor Ort mit seiner Luftstreitmacht den „Terrorismus bekämpfen", doch ISIS marschierte kontinuierlich und ungehindert auf Assads Hochburg Damaskus zu. Trotz all ihrer Feuerkraft war es den USA seltsamerweise nicht möglich, ISIS aufzuhalten. Was könnte da wohl passiert sein? Waren die Wüstenkrieger einfach zu geschickt und schlicht unschlagbar? Ich vermute eher, es war dem militärischen Erfolg nicht gerade förderlich, 45 Minuten vor dem Bombardement Flugblätter abzuwerfen, auf denen die Bodenkämpfer darüber informiert wurden, was ihnen bevorstand. Jedes Mal, wenn ISIS ein Dorf oder eine kleinere oder große Stadt einnahm, gab es neue Enthauptungen, Massenmorde und Misshandlungen von Frauen und Kindern. Doch die archontisch-reptiloiden Psychopathen des Westens kümmerte das keinen Deut mehr als die archontischen Psychopathen von ISIS selbst, die die Taten begingen.

Bald wendete sich jedoch das Blatt. Dem russischen Präsidenten Putin war klar, dass Assad unterliegen würde, wenn ihm niemand zur Seite sprang. Zudem war möglicherweise die russische Marinebasis in der syrischen Mittelmeerstadt Tartus bedroht. Assad war das russische Angebot, seine Armee aus der Luft zu unterstützen, natürlich willkommen. Mit einem Mal, sobald jemand tatsächlich die Absicht verfolgte, ISIS zurückzudrängen, begannen sich die Terroristen – simsalabim! – mitsamt ihren Verbündeten zurückzuziehen (Abb. 490). Während sie die bedeutende syrische Stadt Aleppo aufgeben mussten, zeterten die Mainstreammedien und Politiker im Westen, Assad und Russland würden Unschuldige umbringen. Als die USA die syrische Stadt Raqqa bzw. das im Irak gelegene Mossul bombardierten, berichteten die Medien, die Städte würden befreit werden. Eine in Großbritannien ansässige Beobachtergruppe namens Airwars gab jedoch an, dass bei den Luftschlägen, die die Amerikaner im Irak und in Syrien durchgeführt hatten, allein im Juni 2017 mindestens 744 Zivilisten getötet worden waren. Nach Geheimdienstberichten, die von der britischen Zeitung *The Independent* publik gemacht worden waren, betrug die Zahl ziviler Opfer in Mossul sogar *über 40.000*. Doch

Abb. 490: „,Russland schlägt ISIS zurück' - ,Ihr habt es aber auch nicht ernsthaft versucht, oder?'" – Nein, natürlich nicht, denn ISIS ist eine amerikanisch-britische Schöpfung, mit der Assad beseitigt und Syrien unter Kontrolle gebracht werden sollte.

Abb. 491: „,Putin, hör auf Babys zu bombardieren!' – Glaube, was das System dir erzählt. Tu, was das System dir aufträgt." – Noch mehr Systemgegner, die dem System in die Hände spielen.

Russland und Syrien wurden als Zivilistenmörder hingestellt, während die amerikanisch-britische Koalition als Befreier galt. Wie die Journalisten der Mainstreammedien nachts ruhig schlafen können, ist mir ein Rätsel; für sie scheint das allerdings kein Problem darzustellen. Die Progressiven protestierten, ganz so, wie man es von ihnen erwartete (Abb. 491). Auf der Nachrichtenplattform Middle East Eye wurde ein irakischer General, der an der „amerikanischen Koalition" beteiligt war, mit der Aussage zitiert, dass sie Befehl gehabt hätten, in Mossul jeden zu töten – Zivilisten und Kinder inbegriffen: „Jeden, der sich bewegte." Wörtlich sagte er: „Wir haben alle getötet, Daesch [ISIS], Männer, Frauen und Kinder. Wir haben jeden umgelegt." Paulo Sergio Pinheiro, der die UN-Untersuchungskommission zum Syrienkonflikt leitete, sprach von der „schwindelerregenden" Zahl ziviler Verluste, die die Bombardierung von Raqqa gefordert habe. Der von der amerikanischen „Koalition" geflogene Einsatz diente der Unterstützung der kurdischen Miliz auf dem Boden (die zum Teil nicht weniger verrückt ist als alle anderen). Unterdessen tauchten Filmaufnahmen auf, die zeigten, wie ein Konvoi von ISIS-Fahrzeugen Raqqa verließ, ohne dabei von der US-„Koalition" in irgendeiner Weise behelligt zu werden.

Das amerikanische Militär ist eine Todes- und Zerstörungsmaschine. Wohin auch immer sie und ihre britischen und NATO-Verbündeten sich wenden, sind tote Zivilisten die Folge, während ihre terroristischen Stellvertreterarmeen in vielen Fällen davonkommen und sich neu formieren. Bedenkt man, dass das US-Militär von Satanisten kontrolliert wird, die buchstäblich einen Todeskult repräsentieren, erscheinen die ausgedehnten Attacken gegen Zivilisten in einem anderen Licht. Für die satanistischen Psychopathen stellen die im Krieg im Namen der „Befreiung" verübten Massenmorde Blut- und Feuer-Todesrituale dar, mit denen sie ihren im Unsichtbaren verborgenen Herren und Meistern Nahrung verschaffen und die kollektiven Frequenzen niederhalten. Das ist der Grund, warum der Befehl erging, „jeden zu töten, der sich bewegt". In Raqqa und Mossul hat die US-geführte „Koalition", zu

Abb. 492: Tödlicher weißer Phosphor, der von der amerikanischen „Allianz" und Israel gegen Zivilisten eingesetzt wird.

der – wie üblich – auch Großbritannien zählt, Waffen auf der Basis von weißem Phosphor eingesetzt, der sich bis auf die Knochen einbrennt und fürchterliche Wunden verursacht. Ihr Einsatz ist in zivilen Umgebungen verboten, doch könnte das den Psychopathen kaum gleichgültiger sein. Sie haben Phosphorwaffen in Vietnam und Falludscha (siehe unter Mad Dog) ebenso eingesetzt wie bei den jüngeren Konflikten im Irak und Syrien. Israel warf die grauenvollen Waffen zudem über dem Konzentrationslager ab, das wir unter dem Namen Gaza kennen (Abb. 492). Man warf Putin vor, Assad – den Teufel in Menschengestalt – zu stützen; doch den wahren Grund, warum er sich einzuschreiten entschloss, erläuterte der russische Präsident wie folgt:

> Es ist nicht Präsident Assad, den wir beschützen, sondern die syrische Souveränität. Wir wollen nicht, dass das Binnenland Syriens in eine ähnliche Situation wie in Libyen, Somalia oder Afghanistan gebracht wird. In Afghanistan ist die NATO seit vielen Jahren präsent, doch die Situation wendet sich nicht zum Besseren.
>
> Wir wollen die Eigenstaatlichkeit Syriens erhalten. Sobald diese fundamentale Frage gelöst ist, würden wir es begrüßen, wenn sich das Syrienproblem auf eine politische Lösung zubewegt. Ja, wahrscheinlich trägt dort jeder eine gewisse Schuld; doch lassen Sie uns nicht vergessen, dass der Bürgerkrieg ohne eine aktive Einmischung von außerhalb wahrscheinlich niemals ausgebrochen wäre.

Diese zwei Absätze klingen mehr nach einem Staatsmann als sämtliche amerikanischen Regierungen der letzten gut 50 Jahre zusammengenommen. Würden es die USA, Großbritannien und der Westen ganz allgemein mit dem „Kampf gegen den Terrorismus" wirklich ernst meinen, hätten sie die Dezimierung von ISIS durch Syrien und Russland begrüßen müssen. Doch das ist nicht der Fall. Wie sollte es auch – wo sie den Terrorismus doch *selbst erschaffen* haben? Einer derjenigen, die Assad und seine russischen Unterstützer aufs Schärfste verurteilten, war der hohlköpfige britische Verteidigungsminister Michael Fallon. Doch im Jahr 2012 schüttelte er Assad in Damaskus auf einer Party, die anlässlich seiner Wiederwahl zum Präsidenten veranstaltet worden war, die Hand. Die Handlungsweise verändert sich, wenn sich die Agenda ändert und eine neue Etappe eingeläutet wird. Leute wie Fallon sind einfach nur Laufburschen, die tun, was immer man ihnen aufträgt. Die Medien bräuchten eigentlich nur ein einziges Video mit Fallon aufzunehmen, in dem er in die Kamera sagt: „Ich stimme mit den Amerikanern überein." Das könnten sie dann bei aktuellen Ereignissen gleich welcher Art einfach einspielen. Man führe sich einmal vor Augen, dass in einer Zeit, in der die Welt dringend integre Staatsmänner benötigt, die über Intelligenz und Weisheit verfügen, ein Michael Fallon zum britischen Verteidigungsminister gekürt wird, der Hanswurst und Opportunist Boris Johnson das Amt des Außenministers bekleidet, Donald Trump zum Präsidenten der Vereinigten Staaten gewählt wurde und ein Typ mit dem Spitznamen „Mad Dog" das amerikanische Militär befehligt.

Bald nachdem die Russen Sand ins westliche Getriebe gestreut hatten, kam der Punkt, an dem sogar die amerikanische Regierung zum ersten Mal sagte, die Beilegung des Syrienkonflikts würde nicht zwangsläufig den Abtritt Assads voraussetzen. Fast unmittelbar danach wurde Assad beschuldigt, im Jahr 2017 Saringas gegen „sein eigenes Volk" eingesetzt zu haben. Nicht nur wurden für die Behauptung keinerlei Beweise vorgelegt; etwas

Derartiges zu tun, hätte für Assad ohnehin keinen Sinn ergeben, waren doch Syrien und Russland im Begriff, den Krieg zu gewinnen und die USA in den Hintergrund zu drängen. Warum hätte Assad den Amerikanern die Munition liefern sollen, die sie so sehr herbeisehnten? Die syrische Stadt Chan Schaichun, in der die Giftgasanschläge geschehen sein sollen, gilt als „Ground Zero" für islamische Dschihadisten. Der Westen hatte 2013 schon einmal versucht, die Chemiewaffenkarte gegen Assad auszuspielen – kurz nachdem Obama erklärt hatte, mit einem solchen Anschlag gegen die Zivilbevölkerung würde der Präsident die „rote Linie" überschreiten und die Amerikaner zwingen, Angriffe gegen syrische Regierungseinrichtungen zu fliegen. Doch der altgediente amerikanische Investigativjournalist Seymour Hersh enthüllte, dass Obamas Administration bezüglich Assads Verwicklung in die Saringasaffäre gelogen hatte, um einen Vorwand für den Einmarsch in Syrien zu haben. Hersh zufolge habe es 2012 eine Übereinkunft zwischen der amerikanischen Regierung (die von sabbatianischen Frankisten kontrolliert wird) und den Staatsführern der Türkei (dito), Saudi-Arabiens (dito) und Katars (dito) gegeben, einen Saringasanschlag einzufädeln und dann zu sagen, dass Assad dafür verantwortlich gewesen sei: „Gemäß den Bedingungen der Vereinbarung kam die Finanzierung aus der Türkei sowie aus Saudi-Arabien und Katar. Die CIA war – unterstützt vom MI6 – dafür verantwortlich, dass die Waffen aus Gaddafis Arsenalen nach Syrien geschafft wurden." Nach dieser von Seymour Hersh offengelegten Absprache veröffentlichte die in London ansässige Website *DailyMail.co.uk* im Januar 2013 eine Reportage über durchgesickerte E-Mails, in denen Pläne beschrieben wurden, mit der Billigung Washingtons eine Chemiewaffe zu einem Stützpunkt der syrischen „Rebellen" zu liefern. Der Artikel verschwand ganz schnell wieder von der Website, doch jemand hat mir Bildschirmfotos davon geschickt (Abb. 493).

12:27

www.dailymail.co.uk/news/article-22702

U.S. 'backed plan to launch chemical weapon attack on Syria and blame it on Assad's regime'

- Leaked emails from defense contractor refers to chemical weapons saying 'the idea is approved by Washington'
- Obama issued warning to Syrian president Bashar al-Assad last month that use of chemical warfare was 'totally unacceptable'

By LOUISE BOYLE

PUBLISHED: 19:16, 29 January 2013 | UPDATED: 23:17, 29 January 2013

Comments (200) | Share +1 33 Tweet 734 Like 11k

Leaked emails have allegedly proved that the White House gave the green light to a chemical weapons attack in Syria that could be blamed on Assad's regime and in turn, spur international military action in the devastated country.

A report released on Monday contains an email exchange between two senior officials at British-based contractor Britam Defence where a scheme 'approved by Washington' is outlined explaining that Qatar would fund rebel forces in Syria to use chemical weapons.

Barack Obama made it clear to Syrian president Bashar al-Assad last month that the U.S. would not tolerate Syria using chemical weapons against its own people.

Scroll down for video

Abb. 493: Der auf DailyMail.co.uk veröffentlichte Beitrag, der schnell wieder verschwand.

Hier haben wir es mit einem klassischen Fall von Problem-Reaktion-Lösung zu tun, der zudem durch Einzelheiten bestätigt wurde, die in vorgeblich gehackten E-Mails des in Großbritannien und Dubai ansässigen Rüstungskonzerns Britam Defence enthalten waren. Zutage kam ein „von Washington gebilligter“ und durch den amerikanischen Satellitenstaat Katar organisierter Plan, eine Chemiewaffe (CW) nach Syrien zu schaffen – eine Aktion, die ohne Zweifel als PRL dienen sollte, um Assad zu beseitigen. Mit einem Chemiewaffeneinsatz hätte Assad laut Obama die „rote Linie“ überschritten und eine militärische Intervention provoziert. Der ebenfalls zum Team gehörige französische Präsident François Hollande pflichtete ihm bei, indem er den Einsatz chemischer Waffen als „legitimen Grund für eine direkte Intervention“ bezeichnete. Auch Israel äußerte sich – wenig überraschend – in ähnlicher Weise. Bei den E-Mails, die ein deutscher Hacker publik gemacht hatte, soll es sich um die Korrespondenz zwischen David Goulding, dem Business Development Director von Britam, und Philip Doughty, dem Gründer des Unternehmens, gehandelt haben:

> Phil,
>
> wir haben ein Angebot bekommen. Es geht wieder um Syrien. Die Katarer haben einen lukrativen Handel vorgeschlagen und schwören, dass das Konzept von Washington abgesegnet ist. Wir sollen eine CW von Libyen nach Homs liefern, eine g-Shell aus sowjetischer Produktion, ähnlich denen, die Assad haben dürfte. Sie wollen, dass wir unser ukrainisches Personal einsetzen. Sie sollen russisch sprechen und wir sollen eine Videoaufnahme davon machen.
>
> Ehrlich gesagt, ich halte das nicht für eine gute Idee, aber die angebotene Summe ist gewaltig. Deine Meinung?
>
> Beste Grüße!
> David

Scheich Hamad bin Chalifa Al Thani, das damalige Staatsoberhaupt von Katar, ist einer der falschen „Royals“ und eine Marionette der USA. Die katarische Regierung fungiert als Kanal, über den die terroristischen „Rebellen“ in Syrien und Libyen mit Kapital und Waffen versorgt werden. Dasselbe gilt auch für die falschen Royals, die an der Spitze der Vereinigten Arabischen Emirate stehen, wie etwa der stellvertretende Premierminister Scheich Mansour, dem der Fußballverein Manchester City gehört. Dabei handelt es sich um dasselbe Manchester, in dem bei einem Selbstmordattentat, für das man islamistische Terroristen mit Verbindungen zu libyschen Terrorgruppen verantwortlich gemacht hat, 22 Menschen getötet wurden. Wie wäre es, wenn Mansour den Verein verkaufen und sich beschämt von dannen machen würde? Doch wie etwa die gemeinschaftliche Verurteilung Katars durch die USA, Saudi-Arabien, die VAE und Bahrain zeigt – die dem Emirat vorwarfen, Terroristen zu finanzieren –, ist Schamgefühl für die Genannten ein Fremdwort. Warum wohl sollte Katar „gewaltige“ Geldbeträge bieten, um eine Chemiewaffe „ähnlich denen, die Assad haben dürfte“ nach Syrien zu bringen? Man müsste schon sehr beschränkt sein, um diese Frage nicht beantworten zu können. Carla Del Ponte, eine ehemalige Schweizer Bundesanwältin und vormals führendes Mitglied einer UN-Kommission, die den angeblich 2013 von Assad verübten Chemiewaffenanschlag untersuchte, sagte über die Ermittlungen: „Ich war ein wenig verblüfft, dass die ersten Hinweise, die wir erhielten, auf den Einsatz von Nervengas durch die [terroristische] Opposition hindeuteten.“ Bei den vermeintlichen chemischen Angriffen von 2013 bzw. 2017 handelte es sich um Szenarien nach dem Schema Problem-Reaktion-Lösung, bei denen man Anschläge durchführen oder vortäuschen und dann Assad in die Schuhe schieben wollte, um auf diese Weise gegen ihn und sein Land gerichtete Maßnahmen zu rechtfertigen.

Weißhelme aus der Hölle

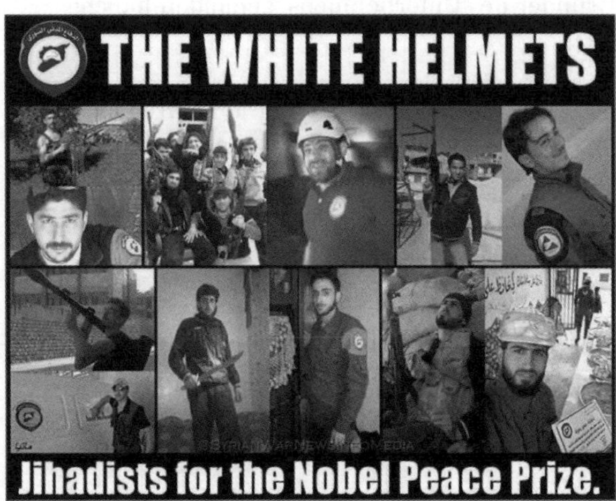

Abb. 494: „Die Weißhelme – Dschihadisten für den Friedensnobelpreis“ – Der Weißhelm-Schwindel.

Die „Beweise“ für den Chemiewaffeneinsatz von 2017 stammten von den sogenannten „Weißhelmen“, einer von den USA, Großbritannien und der EU finanzierten „humanitären“ Organisation, die ausschließlich in den von den Terroristen gehaltenen syrischen Gebieten operiert. Abu Jaber, der Anführer von Tahrir asch-Scham (einer syrischen Version von Al Qaida), bezeichnete die Weißhelme in einem im März 2017 veröffentlichten Video als die „unsichtbaren Soldaten der Revolution“ (Abb.494). Die Schutzorganisation der Weißhelme war 2013 von James Le Mesurier gegründet worden, einem Offizier des britischen Militärgeheimdienstes, der die im südenglischen Sandhurst gelegene Royal Military Academy absolviert hatte. Berichten zufolge soll er zuvor bereits an ähnlichen „humanitären Gruppen“ in verschiedenen Kriegsgebieten beteiligt gewesen sein, darunter im Irak, in Bosnien und im Kosovo. Er steht mit dem amerikanischen Sicherheitsunternehmen Blackwater in Verbindung (das neuerdings unter der Bezeichnung Academi firmiert), einem privatwirtschaftlichen Arm der CIA bzw. des US-amerikanischen Geheimdienstes im Allgemeinen. Die Weißhelme sind wiederholt überführt worden, Anschläge gegen Zivilisten vorzutäuschen und sie dann Syrien oder Russland anzuhängen. Sie stellen auch Filmaufnahmen dieser „Anschläge“ bereit und spielen sie den Medien zu. Sie sind noch nicht einmal besonders gute Fälscher, doch die Menschen sind sehr leichtgläubig – vor allem die „Journalisten“. Wir konnten bereits „Leichen“ erleben, die die Augen öffneten, und Aufnahmen bestaunen, in denen die „Opfer“ präpariert wurden. In einem Video sieht man, wie ein angeblich verschüttetes junges Mädchen hinter einem Steinhaufen hervorgezogen wird, sodass man nicht erkennen kann, was tatsächlich vor sich geht. In der nächsten Einstellung sieht man es ohne das kleinste Stäubchen auf dem Körper, während es eine makellos saubere Stoffpuppe hält (Abb. 495).

Abb. 495: „Der Weißhelm-Schwindel: Ein ‚Rettungsteam' zieht an der syrischen Westfront ein Mädchen ‚aus den Trümmern' hervor, das weder verletzt noch mit Staub bedeckt ist und eine makellos saubere Puppe hält. (Sehen Sie - es gibt tatsächlich noch Wunder)" – Die Produzenten dieser Aufnahmen sollten sich dringend nach einem fähigeren Regisseur und Requisiteur umsehen.

Nachdem schwedische Ärzte ein Video in Augenschein genommen hatten, das die Wiederbelebung von Kindern zeigen sollte, gab ein Spezialist für Kinderheilkunde namens Dr. Leif Elinder folgende Erklärung ab: „Bei der Überprüfung des Videomaterials bin ich zu dem Schluss gekommen, dass die an den – zum Teil leblosen – Kindern vollzogenen Maßnahmen abenteuerlich, nicht medizinisch und nicht lebensrettend, ja, im Sinne der Lebensrettung von Kindern sogar kontraproduktiv waren." Mit gefälschten Filmaufnahmen wie diesen, die die Weißhelme in einem guten Licht erscheinen lassen, hat YouTube (Google) kein Problem. Andere Videos jedoch, in denen die Fälschungen entlarvt wurden, sind wegen „Verstoßes gegen die Nutzungsbedingungen" von der Plattform entfernt worden. Offenbar verstößt es gegen die Nutzungsbedingungen, die Wahrheit zu sagen. Des Weiteren gibt es Aufnahmen, die die Weißhelme zusammen mit den grausamsten Terroristen zeigen. Im Sommer 2017 kursierte ein Video, in dem man einen Weißhelm Assad-feindlichen Kämpfern dabei helfen sieht, sich der Leichen enthaupteter syrischer Soldaten zu entledigen. Assad hatte ganz recht, als er bemerkte: „Wir haben den Eindruck, dass die Westmächte – insbesondere die Vereinigten Staaten – mit den Terroristen unter einer Decke stecken. Sie haben die ganze Sache erfunden, um einen Vorwand für einen Angriff zu haben." Ferner machten Fotografien der heldenhaften Weißhelme die Runde, auf denen sie Kinder und andere Opfer von Assads vermeintlichem Sarinanschlag behandeln. Nur dass sie dabei nicht die nötige Schutzkleidung trugen. Wären die Bilder echt gewesen, hätten sie allesamt sterben müssen. Liest man die Sicherheitsbestimmungen für den Umgang mit Sarin, denen zufolge „schon eine geringe Dosis Sarin tödlich" wirken kann und „Schädi-

Abb. 496: Echte Wundermänner: Weißhelme reagieren ohne entsprechenden Schutz auf einen „Sarin-Anschlag", tragen jedoch seltsamerweise keine Schäden davon. Erstaunliche Leute.

gungen innerhalb einer Minute" auftreten, wird klar, dass die Aufnahmen unmöglich in der behaupteten Weise entstanden sein können (Abb. 496). Der am Massachusetts Institute of Technology tätige Professor Theodore Postol verfasste eine vorläufige Kritik der Darstellung der US-Regierung, nach der „Assad für den Anschlag verantwortlich" zu machen sei. Über die Weißhelme sagte er Folgendes:

> Wenn an diesem Ort zum Zeitpunkt der Aufnahme Sarin vorhanden gewesen wäre, hätte jeder der Abgebildeten eine tödliche oder schwächende Dosis abbekommen. Die Tatsache, dass die Beteiligten so unpassend gekleidet waren, bedeutet entweder, dass ihnen die elementarsten Maßnahmen, die zum Schutz des Einzelnen vor Sarinvergiftung erforderlich sind, unbekannt waren, oder dass der Ort nicht nennenswert kontaminiert war.

Etwas anderes war von den Weißhelm-Schwindlern auch kaum zu erwarten. Zudem bestätigt der Vorfall die Behauptungen, die der Terrorist Walid Hendi im syrischen Fernsehen aufstellte. Hendi sagte, dass er während seiner Zusammenarbeit mit den Weißhelmen geholfen habe, einen Chemiewaffenanschlag in Aleppo zu inszenieren, der von einem türkischen Fernsehsender gefilmt wurde, um ihn dann Assads Armee in die Schuhe schieben zu können. Er gab weiterhin an, dass die Aktion von arabischen Golfstaaten finanziert worden war, und beschrieb, wie sie von zwei Personen – die er namentlich benannte – gefilmt wurden, während die Weißhelme Krankentragen brachten, um die (scheinbar, aber nicht wirklich) Verletzten abzutransportieren.

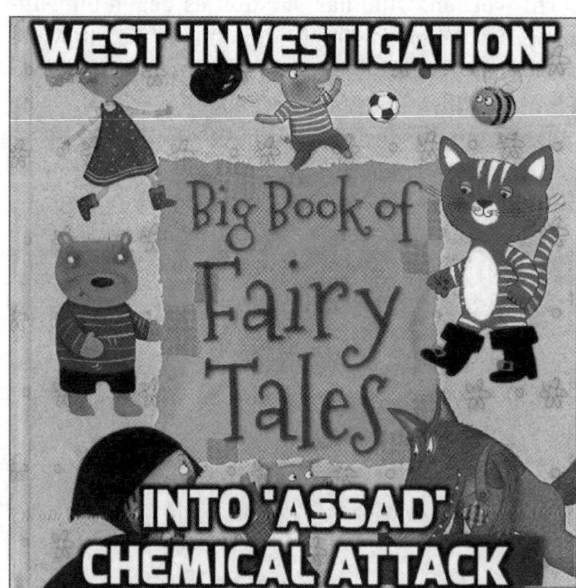

Abb. 497: „Die westliche ‚Untersuchung' von ‚Assads' Chemiewaffenanschlag: Das große Märchenbuch" – Lege keine Tatsachen offen und stelle auch keine Fragen, die das offizielle Narrativ entlarven könnten.

Damit die Lügen der Vereinigten Staaten und des Westens nicht ans Licht kommen, schützt man sie, indem man sämtliche diesbezüglichen Ermittlungen kontrolliert. So geschah es etwa im Fall des Chemiewaffenanschlags, aber auch nach dem Abschuss von MH17 – einem Linienflug der Fluggesellschaft Malaysia Airlines – über der östlichen Ukraine im Jahr 2014, den man prorussischen Separatisten anlastete. Der Vorfall wurde von einem in den Niederlanden beheimateten Team „untersucht", das ohnehin keine Schlüsse ziehen sollte, die mit dem offiziellen Narrativ unvereinbar gewesen wären. Igor Konashenkov, der Sprecher des russischen Verteidigungsministeriums, bat die (ebenfalls) in den Niederlanden ansässige Organisation für das Verbot chemischer Waffen (OPCW) zu erklären, wie die Weißhelme unbeschadet davonkommen konnten, als sie mit dem vermeintlichen Sarin Kontakt hatten (Abb. 497). „Wenn in Chan Schaichun tatsächlich Sarin eingesetzt wurde", sagte er, „wie kann die OPCW dann die Tatsache erklären, dass sich die Scharlatane von der Weißhelm-Organisation ohne Schutzausrüstung in den Sarinwolken tummeln konnten?" Trotz derart absurder Erklärungslücken verkündete die vom Westen kontrollierte OPCW pflichtgemäß, dass bei dem Anschlag Sarin verwendet wurde – ohne zu sagen, von wem. Zu dieser Schlussfolgerung war sie aufgrund von Proben gekommen, die die vom Westen kontrollierten Weißhelme und andere terroristenfreundliche Gruppierungen bereitgestellt hatten. Das genügte Boris Johnson – dem bereits erwähnten Hanswurst, der als britischer Außenminister die Weißhelme finanzierte –, um „internationale Maßnahmen" gegen Assad zu fordern. Die Verteufle-Assad-damit-wir-ihn-bombardieren-können-Taktik ist so durchsichtig, dass es schon wehtut:

1. Der Westen macht Assad für den Saringasanschlag verantwortlich.
2. Der Westen legt keinerlei Beweise für diese Behauptung vor.
3. Eine westliche Organisation ermittelt.
4. Statt den Schauplatz des Ereignisses aufzusuchen, verlässt sich die besagte Organisation auf „Proben", die von westlich gesteuerten Terroristen und Assad-feindlichen Gruppierungen stammen.
5. Die „Ermittler" geben an, dass Sarin eingesetzt wurde, ohne zu sagen, von wem.
6. Westliche Politiker und Medien sagen, dies würde beweisen, dass Assad hinter dem Anschlag steckte.

Um die Menschen noch mehr gegen Assad einzunehmen, gewann ein Kurzfilm, der den Weißhelmen huldigte, im Jahr 2017 erwartungsgemäß einen Oscar. Oft werden die Oscars dazu benutzt, die Agenda der *El*-ite zu voranzutreiben, wie etwa im Fall von Al Gores lachhaftem Erderwärmungspropagandafilm „Eine unbequeme Wahrheit". In derselben Weise wird auch der Nobelpreis eingesetzt, den Gore ebenfalls gewann – wie auch der massenmordende Bombenwerfer Barack Obama, Henry Kissinger und etliche weitere Kriegsverbrecher. Wie passend, dass Alfred Nobel, der den Preis aus der Taufe hob, sein Vermögen mit Dynamit und der Herstellung von Waffen verdient hatte. Al Jazeera, die Propagandaabteilung der falschen katarischen „Royals", berichtete: „Der 40-minütige Netflix-Film ‚White Helmets' gibt einen Einblick in das Leben der Freiwilligen, die auf Trümmerbergen herumklettern, um Menschen zu bergen, die bei Bombenangriffen verschüttet worden sind." Da hat sich jemand brav an die Vorgaben gehalten – und absoluten Schwachsinn produziert. Die Zivilisten, die aus Aleppo befreit worden sind, nachdem Syrien und Russland die Stadt von den vom Westen unterstützten Terroristen befreit haben, bestätigten die betrügerische Natur der Weißhelm-Aktivitäten. Eines der übelsten Beispiele für die Weißhelm-Propaganda war ein vom britischen Fernsehsender Channel 4 ausgestrahlter Film, in dem man den fürchterlichen Brand in einem Londoner Hochhaus im Juni 2017 instrumentalisierte. Damals erklärten die Weißhelme ihre „Solidarität" mit den Opfern und verglichen

Abb. 498: „Das Syrian Observatory for Human Rights: ‚Hallo, ich melde mich direkt von der Front – in Coventry.'" – Neuigkeiten von der Front.

sich mit den Feuerwehrleuten, die Leib und Leben riskierten, um möglichst viele Menschen aus den Flammen zu retten. Was für eine Beleidigung für die Feuerwehr, mit den Weißhelmen verglichen zu werden – und noch mehr für die Toten und Verletzten, die für eine dreiste Propaganda herhalten mussten, mit der man Reklame für eine vom Westen finanzierte Terroristentruppe machen wollte. Eine weitere maßgebliche Quelle gegen Assad und Syrien gerichteter „Informationen", die von den Mainstreammedien fortwährend aufgegriffen werden, ist das sogenannte Syrian Observatory for Human Rights – ein Ein-Mann-Unternehmen, hinter dem sich der Assad-Hasser Rami Abdulrahman verbirgt. Wohnhaft ist er in einer wohlbekannten syrischen Enklave, die in den englischen Midlands gelegen ist: *Coventry* (Abb. 498). Lachen Sie nicht! Oder – doch, vielleicht sollten Sie genau das tun.

Ein Kindskopf als Präsident

Abb. 499: „Comedy Club: Wir erzählen keine Witze – ihr wählt sie." – Donald Trump, Star des Reality-TV, ist der ideale Bewohner für das Haus der Illusionen.

Bis jetzt hielt sich Trump stets im Weißen Haus auf – wenn er nicht gerade auf seinem Anwesen Mar-a-Lago in Palm Beach (US-Bundesstaat Florida) weilte (Abb. 499). Das ist derselbe Trump, der während seines Wahlkampfes ständig betonte, dass Amerika damit aufhören müsse, sich in die Angelegenheiten anderer Staaten einzumischen und deren Regierungen zu Fall bringen zu wollen, und bessere Beziehungen zu Russland anmahnte. Doch Trump ist auch dafür bekannt, stets das eine zu sagen, um dann etwas anderes zu tun. Die Neokonservativen würden es niemals zulassen, dass irgendjemand ihre Agenda zum Sturz unliebsamer Regierungen aufhält oder das Verhältnis zu Russland verbessert. Auf die lückenlose globale Vorherrschaft abzielend, wollen sie den Krieg – oder zumindest erreichen, dass Russland, China und die anderen Staaten spuren. General Michael Flynn, den Trump zum Nationalen Sicherheitsberater erkoren hatte, wollte den künstlichen Feindseligkeiten gegenüber Russland ein Ende setzen. Umgehend wurde er durch einen inszenierten „Russlandskandal", den die von den Neocons kontrollierten Geheimdienste im Nu aus dem Boden gestampft hatten, zum Rücktritt gezwungen. Im Handumdrehen waren sämtliche entscheidenden Positionen mit Vertretern der neokonservativen Mentalität besetzt. Im Bemühen um Schadensbegrenzung verschwand alle „Lasst uns mit Russland zusammenarbeiten"-Rhetorik und wich einer „Trump macht gemeinsame Sache mit den Russen"-Propaganda.

Jedes Mal, wenn auf amerikanischer Seite die Möglichkeit erörtert wird, den Russen entgegenzukommen oder gar mit ihnen zu kooperieren, erdichten die Neokonservativen – zusammen mit ihren Prostituierten aus der Medienbranche – einen Skandal, in den Russland und Trump verwickelt sein sollen. Ich bezweifle keineswegs, dass Trump mit einigen höchst widerwärtigen russischen Mafiatypen Langzeitbeziehungen unterhält – so, wie er auch in den Vereinigten Staaten Verbindungen zur Mafia pflegt. Trumps Finanzdeals könnten ihn jederzeit den Kopf kosten, sollte die Verdeckte Hand ihn zu Fall bringen wollen. Doch die Idee, dass Russland ihm zum Wahlsieg verholfen habe, basiert auf nichts anderem als Gerüchten und heißer Luft. Der Sumpfbewohner Trump, der einfach eine weitere von den Neocons kontrollierte Marionette ist (auch wenn er das gar nicht in jedem Fall sein will), besetzte Schlüsselpositionen mit Militärs: General John Kelly amtierte als Stabschef des Weißen Hauses (2017–2019) sowie als Minister für Innere Sicherheit (2017), General James „Mad Dog" Mattis wurde Verteidigungsminister (2017–2019), und General Herbert Raymond McMaster löste Flynn als Nationaler Sicherheitsberater (2017–2018) ab. Des Weiteren hätten wir Generalleutnant Keith Kellogg, der als Stabschef des Nationalen Sicherheitsrates fungierte, sowie General Mark S. Inch, der die Leitung des amerikanischen Gefängnissystems ab 2017 übernahm. Sämtliche genannten Posten sollten mit Zivilisten besetzt sein, um ein Gegengewicht zu den uniformierten Irren zu bilden. Doch wir leben in der Welt der Neokonservativen, und die Vereinigten Staaten sind ein Land, das auf Krieg basiert. Seitdem es im Jahr 1776 gegründet wurde, erlebte es lediglich 21 Jahre, in denen es nicht gegen irgendjemanden Krieg führte.

Die gesamte Feinstruktur der Gesellschaft ist vom Militär durchdrungen. Nach einem im Jahr 2001 erlassenen Gesetz ist jede Schule dazu verpflichtet, den Regierungsbehörden die Daten sämtlicher Schüler zu übermitteln, sodass das Pentagon seinen Nachwuchs bei Bedarf direkt von zu Hause rekrutieren kann. Kommen die Schulen dieser Regelung nicht nach, werden ihnen Gelder gestrichen. Kinder aus armen Verhältnissen sind dazu bestimmt, das Kanonenfutter von morgen zu werden. Überall im Land schickt das Pentagon Soldaten in die Klassenzimmer – sogar an Grundschulen –, damit die bereits Indoktrinierten in militärischen Lehrgängen die Indoktrinierbaren indoktrinieren. Das Ergebnis sind Aussagen wie die eines Schuljungen, der über das US-Militär sagte: „Sie retten die Welt und sind überall auf der Erde unterwegs, um Menschen zu helfen." Na klar doch. 500.000 Schüler haben sich an ihren Schulen für die Kurse des Pentagons registriert.

Etwa 40 Prozent derjenigen, die in ihrem letzten Jahr an der Highschool noch immer an den Schulungen teilnehmen, landen beim Militär. Amerika ist eine Gesellschaft des Militärs – und der ahnungslose Trump hat die Kontrolle über die Aktivitäten des Militärs in die Hände von Mattis und McMaster gelegt bzw., anders ausgedrückt, sie den Neokonservativen überlassen, von denen auch die beiden Vorgenannten gesteuert werden. Nach einem unblutigen Putsch wird die amerikanische Außenpolitik nun von einer Militärjunta bestimmt. Vor einem Unterausschuss des US-Senats, der für die Bewilligung von Geldern für Verteidigungszwecke zuständig ist, erklärte Mattis, der Präsident habe ihm die alleinige Entscheidungshoheit über die Zahl der in Afghanistan stationierten Soldaten überlassen, wie zuvor auch schon bezüglich der Truppen in Syrien und im Irak. Sofort begannen Trump und Mattis, den Iran (PNAC-Feindesliste) als Terrorismusförderer und Gefahr für die Welt zu brandmarken sowie Nordkorea (das ebenfalls auf der Feindesliste des PNAC steht) zu verteufeln. Ob Sie Bush, Obama oder Trump wählen, spielt keine Rolle: In jedem Fall ziehen die Neocons/Democons sowie deren Meister der Verdeckten Hand ins Weiße Haus ein und machen wie gewohnt weiter (Abb. 500). Wir müssen unsere Aufmerksamkeit auf die Ingenieure lenken, nicht auf die Handwerker. Trump hat eine notorisch kurze Aufmerksamkeitsspanne und wenig Interesse an Details. Das ist es, was ihn so leicht manipulierbar macht.

Abb. 500: „Verschiedene Namen – dasselbe Team" – Die Illusion der „Wahl".

Trump, der vermeintliche „Nichteinmischer", reagierte auf Assads angeblich Anfang April 2017 begangenen „Chemiewaffenanschlag", indem er 59 Tomahawk-Raketen über einem syrischen Luftwaffenstützpunkt niedergehen ließ. (Oder besser gesagt: Ihm wurde aufgetragen, so zu reagieren.) Dabei wurde offenbar eine Kantine komplett zerstört, darüber hinaus aber kein strategisch bedeutsamer Schaden angerichtet. Oh, richtig – etwa sieben Menschen wurden getötet. Machen Sie sich deshalb keine Sorgen, das sind nur Kollateralschäden. Beweise werden heutzutage nicht mehr benötigt, um auf den Knopf zu drücken. Bush und Blair hatten zumindest noch das Gefühl, eine Art von Beweis erdichten zu müssen. Der Friedensnobelpreisgewinner Barack Obama genehmigte zehnmal mehr unbemannte Drohnenangriffe auf weit entfernte Länder als sein Vorgänger Bush. Doch der „Nichteinmischer" Trump schaffte es, die Häufigkeit der Drohnenanschläge innerhalb von nur 45 Tagen Amtszeit noch einmal um 432 Prozent zu erhöhen – auf einen alle 1,25 Tage. Trump soll der CIA die Verfügungsgewalt überlassen haben, Drohnenanschläge nach Belieben anzuordnen (Abb. 501).

Bei dem Tomahawk-Raketenangriff auf Syrien handelte es sich eindeutig um einen Verstoß gegen das Völkerrecht sowie um ein Kriegsverbrechen. Doch die im Dienst des Spinnennetzes stehenden üblichen Verdächtigen griffen wie gewohnt umgehend zu den Mikrofonen und käuten die US-amerikanischen Lügen wieder. Jemand spielte eine Aufnahme des britischen Verteidigungsministers Michael Fallon ein, in der er sagte: „Ich stimme mit den Amerikanern überein." Assad würde laut NATO-Generalsekretär Jens Stoltenberg, einem Laufburschen und Jasager der *El*-ite, „die volle Verantwortung für diese Entwicklung" tragen. Die deutsche Bundeskanzlerin Angela Merkel und der damalige französische Präsident François Hollande gaben eine gemeinsame Erklärung ab (mit anderen Worten: Deutschland gab eine Erklärung ab), in der es hieß, „die Verantwortung für diese Entwicklungen liegt allein bei Präsident Assad", und zwar aufgrund des „wiederholten Einsatzes chemischer Waffen und seiner Verbrechen gegen das eigene Volk". Lügner, alle miteinander. Der russische Präsident Putin warf ihnen vor, alles einfach „wie Wackeldackel" abzunicken. Der preisgekrönte amerikanische Investigativjournalist Seymour Hersh enthüllte, dass die US-Geheimdienste keinerlei Belege für eine Verbindung zwischen dem Anschlag und Assad hatten. Dennoch ordnete Trump den Raketenangriff an (wenngleich er diese Entscheidung freilich nicht allein traf). Der CIA-Direktor Mike Pompeo deutete später an, er habe Trump gesagt, Assad stehe hinter dem Chemiewaffenanschlag, obwohl er dafür keinen Beweis hatte. Hershs Bericht basierte auf Interviews, die er mit verschiedenen amerikanischen Beratern geführt hatte, sowie auf den Niederschriften der Echtzeitkommunikation, die unmittelbar nach dem Raketenschlag erfolgte. Er zitiert einen amerikanischen Offizier, der nach Trumps Entscheidung zu seinen Kollegen sagte:

Abb. 501: „US-Drohnenkommandeur: ‚Wir wussten nicht einmal, auf wen wir eigentlich feuerten.' – ‚Wir haben euch, ihr Bastarde – wer auch immer ihr seid!'" – Massenmord als Videospiel.

> Nichts von all dem ergibt irgendeinen Sinn. Wir wissen, dass es keinen Chemiewaffenanschlag gab. […] Die Russen sind fuchsteufelswild. Sie sagen, wir hätten die korrekten Geheimdienstinformationen und würden die Wahrheit wissen. […] Ich schätze, es hat keinen Unterschied gemacht, ob wir Clinton oder Trump gewählt haben.

Das hat es in der Tat nicht, und soll es auch gar nicht – aus all den Gründen, die ich seit Jahrzehnten darlege. Hersh zufolge veröffentlichten 39 der 100 führenden amerikanischen Zeitungen – darunter die *New York Times*, die *Washington Post* und das *Wall Street Journal* – Leitartikel, in denen sie den Anschlag gegen Syrien unterstützten. Fareed Zakaria, ein CNN-Moderator und Systemdiener, sagte am darauffolgenden Morgen: „Ich denke, Donald Trump ist letzte Nacht Präsident der Vereinigten Staaten geworden. Ich denke, genau genommen war das ein großer Augenblick." Der Hohlkopf fügte noch hinzu: „Tatsächlich sprach er als Präsident zum ersten Mal über internationale Normen, internationale Bestimmungen und die Rolle, die Amerika bei der weltweiten Durchsetzung der Gerechtigkeit spielt." Trump habe, fügte der geistlose Zakaria hinzu, dieselben Qualitäten wie frühere amerikanische Präsidenten gezeigt. Damit hatte er sogar recht – nur nicht in dem Sinne, an den er dabei dachte. Der MSNBC-Moderator Brian Williams, der derselben intellektuellen Wüste wie Zakaria entstammt, war angesichts der Raketenstarts ganz verzückt und bezeichnete sie als „wunderschön".

Abb. 502: „Lügen ohne Beweise sind die neue Wahrheit" – Amerika lügt, und Großbritannien unterstützt die Lüge.

Zakaria und Williams repräsentieren das, was heutzutage als Journalismus durchgeht. Mit ihnen und den von ihnen verbreiteten Fake News haben Facebook und Google kein Problem – dafür jedoch mit all denen, die die Wahrheit ans Licht zu bringen versuchen. Wir hatten also einen US-Präsidenten, der den Angriff anordnete, sowie einen NATO-Chef, wichtige Staatsführer und bedeutende Medien, die die Attacke begrüßten – und das alles, ohne dass auch nur der Hauch eines Beweises vorgelegen hätte. Daran lässt sich das Ausmaß der Irreführung ablesen, die an jedem neuen Tag überall auf der Welt fortgetrieben wird (Abb. 502). Nach Hershs Enthüllungen brachten es die in Trumps Umfeld agierenden Gangster fertig zu behaupten, sie hätten Beweise dafür (die sie, wie üblich, nicht vorlegten), dass Assad für Juni 2017 einen weiteren Chemiewaffenanschlag plane. Sollte er ihn realisieren, würde er einen hohen Preis zu bezahlen haben. Mit der Formulierung „einen weiteren" spielte man auf die zwei vorausgegangenen angeblichen Anschläge an, für die die USA keinerlei Beweise vorgelegt haben. Erneut spielte jemand das Video ein, in dem Michael Fallon sagt: „Ich stimme mit den Amerikanern überein." Unterdessen sicherte die Rothschild-Marionette Macron den USA Frankreichs Unterstützung zu. Doch die Absurdität der offiziellen Stellungnahmen sollte noch eine Steigerung erleben. Mad Dog verkündete nämlich, dass die Warnung der USA, Assad müsse im Falle eines „neuerlichen" Anschlags einen hohen Preis bezahlen, denselben verhindert habe. (Beweise dafür, dass derartige Pläne seitens Assad überhaupt bestanden, hatte man freilich keine vorgebracht.) „Wie es scheint", erklärte der Mann, der so gerne tötet, „haben sie die Warnung ernst genommen. Sie haben es nicht getan." Die Geistesgröße Nikki Haley, die die USA bei den Vereinten Nationen als Botschafterin vertritt, bemerkte dazu: „Dank der Maßnahmen des Präsidenten gab es keinen weiteren Vorfall. Ich möchte dem Präsidenten dafür danken, zahlreiche unschuldige Männer, Frauen und Kinder gerettet zu haben." Sie müssen darüber lachen, wenn Sie nicht verzweifeln wollen.

Der Einschlag der Tomahawk-Raketen wurde so koordiniert, dass er zu einem Zeitpunkt erfolgte, als der chinesische Staatspräsident Xi Jinping gerade mit Trump auf dessen Anwesen in Florida weilte. Der Bub im Manneskörper ergötzte sich daran, den Medien erzählen zu können, dass er seinem Gast die Neuigkeit vom Raketenschlag gegen Syrien enthüllte, während sie „das leckerste Stück Schokoladenkuchen" verspeisten. Dem amerikanischen Handelsminister Wilbur Ross zufolge, der jahrzehntelang für die Rothschilds tätig war und eine einflussreiche Figur in der Geheimgesellschaftsszene der Wall Street darstellt, sorgte der Angriff im Anschluss an den Hauptgang für Unterhaltung: „In dem Moment, als das Dessert serviert wurde, sagte der Präsident [zu Xi Jinping], dass er ihm etwas mitteilen wolle. Dann informierte er ihn – praktisch anstelle der nach dem Essen zu erwartenden Unterhaltung – über den Start von 59 Raketen in Richtung Syrien." Das ist die kranke Mentalität, mit der wir es zu tun haben. Sowohl der Einsatz der Tomahawk-Raketen als auch der größten, jemals vom Menschen konstruierten nichtnuklearen Bombe, die wenig später über Afghanistan abgeworfen wurde, dienten dazu, eine bestimmte Nachricht an die Adresse Chinas und Russlands zu senden: Die Vereinigten Staaten sind diejenigen, die bestimmen, wo es langgeht – und man legt sich besser nicht mit ihnen an.

Auf die Lüge von Assads angeblichem Chemiewaffenanschlag folgte die Behauptung, das unweit der syrischen Hauptstadt Damaskus gelegene Gefängnis in Saidnaya sei ein „menschliches Schlachthaus, in dem massenhaft Menschen erhängt und ausradiert werden und das über ein eigenes Krematorium verfügt, um sich der Leichen zu entledigen". Mit Ausnahme des Krematoriums hatte das auch schon Amnesty International behauptet – eine Organisation, der ich keinen Zentimeter über den Weg traue, wenngleich es in ihren Reihen ohne Zweifel zahlreiche aufrichtige Menschen gibt. Der von George Soros finanziell unterstützten Organisation zufolge sollen in Saidnaya seit 2013 zwischen 5.000 und 13.000 Gefangene exekutiert worden sein. Allein schon angesichts dieser weiten Spanne sollten die Menschen stutzig werden und die Ursprünge der Information hinterfragen. Saidnaya ist mit Sicherheit alles andere als ein angenehmer Ort, doch die Vertreter von Amnesty gaben zu, dass sie für ihre Behauptungen keine physischen Beweise vorlegen konnten. Ihre Vorwürfe veranschaulichten sie mittels eines Computermodells von Saidnaya, dessen Programmierer niemals vor Ort gewesen waren: „In einem einzigartigen Gemeinschaftsprojekt haben Amnesty International und Forensic Architecture – eine Forschergruppe des zur University of London gehörigen Goldsmiths-Colleges – die Akustik und die Architektur des Gefängnisses von Saidnaya modelliert, wobei modernste Digitaltechnik zum Einsatz kam." Eyal Weizmans Agentur „Forensic Architecture" versorgt „in verschiedenen Prozessen internationale Strafverfolgungsgruppen, politische und Nichtregierungsorganisationen sowie die Vereinten Nationen weltweit mit Beweisen".

Nach dem Tomahawk-Angriff wiederholte das amerikanische Außenministerium seine Anschuldigungen bezüglich des Saidnaya-Gefängnisses, sprach nun aber zusätzlich von einem angeblich vorhandenen Krematorium. Stuart Jones, der im US-Außenministerium den Posten des Assistant Secretary of State for Near Eastern Affairs bekleidet, gab die üblichen Lügen über einen angeblich „gut dokumentierten" Chemiewaffenanschlag Assads von sich, bevor er von seinem Skript ablas, in dem aus dem Amnesty-International-Bericht über Saidnaya zitiert wurde. Ein Reporter fragte Jones, woher er denn wisse, dass das Gebäude, bei dem es sich nach seiner Darstellung um ein Krematorium handeln sollte, nicht für irgendetwas anderes benutzt würde – und ob ihre Erkenntnis daher rührte, dass der Schnee auf dem Dach stärker schmolz als auf den umliegenden Gebäuden. Konnte es nicht sein, dass das fragliche Gebäude einfach wärmer war? „Die auf dem Dach zu beobachtende Schneeschmelze entspricht derjenigen, die man bei einem Krematorium erwarten würde", antwortete Jones. „Oder einfach bei einem wärmeren Gebäudeteil, richtig?", hakte der Reporter nach. „Möglicherweise", erwiderte Jones. Auf der Basis dieser grotesken „Beweislage" bemerkte ein israelischer Minister namens Joaw Galant, dass es Zeit sei, ein Attentat auf Assad zu verüben, und fügte hinzu: „Und wenn wir mit dem Schwanz der Schlange fertig sind, werden wir zu ihrem Kopf vordringen, der in Teheran zu finden ist. Um ihn werden wir uns auch kümmern." Syrien und Iran also – das sind doch zwei der Namen, die auf der Abschussliste der zionistisch-neokonservativ-sabbatianischen Frankisten standen, oder? Aus Sicht der israelischen Staatsführer gibt es kein Problem – buchstäblich kein einziges –, das sich nicht durch Gewalt lösen ließe. Eine solche Denkweise entspricht haargenau der bösartigen „Philosophie" von Zeev Jabotinsky, der den revisionistischen Zionismus begründete und zu Netanjahus Vorbildern zählt.

Niemand darf fliegen! Außer uns natürlich.

Abb. 503: „Wenn die USA und Russland aufeinandertreffen: Der Geistlose und der Intelligente" – Kind trifft auf Erwachsenen.

Die Neokonservativen haben mit dem Problem zu kämpfen, dass die russische Führung weitaus intelligenter und ausgefuchster ist als deren westliches Pendant (ich weiß, dazu braucht es nicht viel). Wer die gemeinsamen Pressekonferenzen des russischen Außenministers Sergei Lawrow und seines amerikanischen Kollegen (und Exxon-Chefs) Rex Tillerson verfolgte, hatte den Eindruck, ein Vater würde ein Kind belehren (Abb. 503). Kurz darauf schlug Russland – passend dazu – dem Westen ein Schnippchen, indem es mit dem Iran und der Türkei ein Abkommen über Flugverbots- bzw. „sichere Zonen" in Syrien aushandelte. Damit wollte man ISIS/den Islamischen Staat und die mit ihm verbündeten Terroristen isolieren sowie die eigenen Versorgungskorridore absichern, über die Lebensmittel und andere essenzielle Güter in die belagerten Gebiete transportiert wurden. Den Vereinigten Staaten hatte eigentlich eine andere Art von „Flugverbotszonen" vorgeschwebt: Kein Flugzeug hätte dort passieren dürfen – *außer ihre eigenen und die ihrer Verbünde-*

ten. So hatten sie es einst in Libyen durchgesetzt. Damals bewachten NATO-Einheiten die „Flugverbotszonen“, die von den Jets der NATO, nicht aber von der libyschen Luftwaffe benutzt werden durften, sodass die Erstgenannte die von ihr ausgerüsteten, finanzierten und ausgebildeten „Rebellen“ vor einem Gegenschlag Gaddafis beschützen konnte. Im Syrienkonflikt wollte Russland das nicht hinnehmen und handelte stattdessen mit Syrien, dem Iran und der Türkei Zonen aus, in denen tatsächlich *niemand* fliegen durfte. Davon war folglich auch Israel betroffen, das in seiner sagenhaften Arroganz Syrien unter dem Vorwand bombardiert hatte, iranische Waffenlieferungen in den Libanon unterbinden zu wollen.

Seien Sie auf militärische Schläge gegen den Libanon gefasst, der auf der ursprünglichen PNAC-Liste aus dem Jahr 2000 stand, sowie gegen den Sudan und Somalia. Unter Trump wurden die Restriktionen gelockert, die für Luftschläge gegen die letztgenannten Länder verhängt worden waren, um zivile Opfer zu vermeiden. Der Mann zählt ebenso zu den Psychopathen wie die Leute, die ihn steuern. Die USA reagierten auf die von Russland ausgehandelten Flugverbotszonen mit der Schaffung eigener, willkürlich festgelegter „Deeskalationszonen“ in Syrien, die niemand betreten durfte – nicht einmal die einer souveränen Regierung unterstellte syrische Armee. Dieser widerrechtliche Schritt stellte einen unverfrorenen kriegerischen Akt dar, für den es weder die Zustimmung des UNO-Sicherheitsrates noch eine Erlaubnis der syrischen Regierung gab. Syrien hatte einzig und allein Russland den Zugang zu seinem Territorium gewährt, um von ihm unmittelbare militärische Unterstützung zu erhalten. Jedes andere Land, das auf syrisches Gebiet vordrang, erfüllte den Tatbestand der Invasion. Wann immer ein Flugzeug der syrischen Luftwaffe oder irgendeine Gruppierung, die für Assad kämpfte, in die von den Amerikanern deklarierten Zonen eindrang oder sich ihr auch nur näherte, eröffneten sie das Feuer. Mit der Besetzung der Gebiete verstießen die USA gegen geltendes Völkerrecht. Wo waren die Vereinten Nationen und der Internationale Strafgerichtshof diesmal? *Schweigen im Walde.* Um diese Angriffe auf die Souveränität Syriens zu rechtfertigen, bemühten die USA die hanebüchene Begründung, sich verteidigen zu müssen. Der wahre Grund für die Schaffung der Deeskalationszonen bestand jedoch darin, ein gesichertes Umfeld zu schaffen, um die Terroristen auch weiterhin für Anschläge gegen Assad und das gebeutelte syrische Volk ausbilden und ausrüsten zu können. Zudem legte man – den israelischen Plänen folgend – den Grundstein für die Balkanisierung Syriens.

Amerika besetzt widerrechtlich Gebiete des souveränen syrischen Staats und schießt dort syrische Flugzeuge ab – zur *Selbstverteidigung*? Indem der amerikanische Verteidigungsminister „Mad Dog“ Mattis syrische Jets abschießen ließ, erhöhte er den Einsatz – in der Hoffnung, dass Syrien oder Russland Vergeltung üben würden. Das hätte ihm und den Neocons den Vorwand geliefert, endlich den herbeigesehnten ausgewachsenen Krieg vom Zaun brechen zu können. Dem russischen Verteidigungsministerium zufolge hatten die USA mehrere Raketenwerfer auf ihrem illegalen Militärstützpunkt Al-Tanf in Stellung gebracht, der zu einer der südlichen „Deeskalationszonen“ gehört. Es ist offensichtlich, dass die Amerikaner auf einen Vergeltungsschlag Syriens oder Russlands aus sind, der einen größeren Konflikt anstoßen würde (Abb. 504). Israel stimmte in den Chor ein, indem es Einrichtungen der syrischen Regierung mit der Begründung angriff, syrische Raketen

Abb. 504: „Der nach Krieg gierende Verrückte ... erhöht in Syrien den Einsatz – in der Hoffnung, dass jemand anbeißt." – Die Geisteshaltung von „Mad Dog", zusammengefasst in fünf Worten.

seien auf das Gebiet der Golanhöhen gelangt – eine Region, die von Israel seit 1967 illegal besetzt wird. Nachdem Russland die kranke Agenda der Neokonservativen durchkreuzt hat, verhalten sich die Regierungen und das Militär der USA und Israels wie trotzige Zweijährige, die einen Wutanfall bekommen, weil sie ihren Willen nicht durchsetzen konnten. Wie passend, dass im Weißen Haus ein im Manneskörper gefangenes Kind namens Donald Trump das Sagen hat, während in Jerusalem mit Benjamin Netanjahu ein ebensolches regiert. Als sich Russland/Syrien, die USA und Jordanien im Juli 2017 auf einen Waffenstillstand in einigen syrischen Gebieten verständigten, stellte dies seitens der Vereinigten Staaten bzw. der Neocons den Versuch dar, ihre Ziele auf andere Weise zu erreichen – nämlich die Ausschaltung Assads und die Aufteilung Syriens in kleinere Teile, nach dem Vorbild des Balkans. Russland dürfte sich darüber im Klaren sein, dass man keiner US-Regierung jemals trauen kann. Wer das bezweifelt, möge einmal die amerikanischen Ureinwohner fragen. Netanjahu war übrigens gegen den Waffenstillstand und lehnte es ab, sich durch irgendeine Übereinkunft binden zu lassen. Doch das ist bei einem Mann, der stets nur mit Raserei oder Gewalt zu reagieren weiß, wenig verwunderlich.

Wohin führt das alles?

Schon seit Langem mache ich auf die Pläne aufmerksam, einen Dritten Weltkrieg zu entfachen, bei dem der Westen gegen China, Russland und deren Alliierte zu Felde ziehen soll. Ich wies darauf bereits wenige Jahre nach dem Ende des Kalten Krieges hin, als eine solche Entwicklung noch in keiner Weise absehbar war. Heute hingegen thematisieren selbst die etablierten Medien diese Möglichkeit. In einem schmerzhaft durchsichtigen Versuch, die öffentliche Meinung auf einen Konflikt einzustimmen, wird Russland fortwährend verteufelt. Es soll nicht nur die amerikanischen Wahlen zugunsten von Trump beeinflusst, sondern auch versucht haben, das Brexit-Referendum sowie die französischen – und nachfolgende – Wahlen zu manipulieren (Abb. 505 und 506). Der Trick, ein erfundenes Narrativ endlos zu wiederholen – etwa „Russland hat die Wahlen gehackt" –, ist derart wirksam, dass in einer Umfrage 59 Prozent der befragten Demokraten angaben, die russische Regierung habe sich ihres Wissens nach in die Wahlcomputer eingeklinkt, um die Ergebnisse zu manipulieren. Eine solche Behauptung hatten noch nicht einmal die amerikanischen Behörden aufgestellt (Abb. 507). Während kein Land der Erde den Ausgang von andernorts stattfindenden Wahlen so massiv zu beeinflussen scheint wie die Vereinigten Staaten, stürzen sich dieselben auf jeden Maulwurfshügel, der einen Bezug zu Russland aufweist, und bauschen ihn zu einem Mount Everest auf. Von früh bis spät berichteten die Berufslügner der Mainstreammedien über die angebliche Verbindung zwischen Trump und Russland. Dabei war der CNN-Produzent John Bonifield von der Enthüllungsplattform Project Veritas mit versteckter Kamera gefilmt worden, als er den vermeintlichen Russlandskandal als „Quatsch" bezeichnete und sagte, dass der Sender die Geschichte nur wegen der Einschaltquote forciert habe. Zwar steckt meiner Ansicht nach mehr dahinter, aber immerhin.

Der Russlandskandal wurde ersonnen, um eine Annäherung zwischen den Vereinigten Staaten und Russland zu verhindern – denn die Verdeckte Hand strebt nicht nach Zusammenarbeit, sondern will Kriege und Konflikte schüren. Ein weiterer Hebel, der angesetzt wird, um einen Keil zwischen die beiden Länder zu treiben, sind die gegen Russland erhobenen Sanktionen. Zeitgleich nahmen ein CNN-Reporter und zwei Redakteure den Hut (wurden gefeuert), die in einem Bericht – den der Sender zurückziehen musste – eine Kongressuntersuchung der Verbindungen angeregt hatten, die zwischen Trumps Funktionären und einem russischen Investmentfonds bestehen. Präsident Putin wurde auch beschuldigt, an der Westgrenze seines Landes Invasionen in benachbarte Länder vorzubereiten. Beweise wurden auch in diesem Fall nicht vorgelegt. Ich behaupte nicht, dass Putin ein Sonn-

Abb. 505: „Das Toastbrot ist angebrannt – die Russen warn's!" – Ahh! Rette uns vor den Toastverbrennern!

Abb. 506: „Ich habe einen Platten – die Russen warn's!" – Man kann denen einfach nicht trauen.

Abb. 507: „Russland hat die US-Wahlen manipuliert! Aahhh! – Beweise: Null." – Wiederhole dieselben Lügen einfach oft genug, und die meisten Menschen werden sie glauben.

tagsschullehrer ist. Doch die Vorstellung, er sei der neue Josef Stalin, der einen Krieg mit dem Westen anzetteln will, ist einfach lächerlich. Das trifft freilich auch auf die westliche Propaganda zu, die einer Kindergartenmentalität entspringt und auch von einer solchen geglaubt wird.

Hinsichtlich seines Geheimdienstnetzwerks ist auch Russland Bestandteil des Spinnennetzes. Der russische und der amerikanische tiefe Staat stellen letztlich, abseits aller öffentlichen Wahrnehmung, ein und dieselbe globale Struktur dar. In meinen Büchern habe ich anhand verschiedener Beispiele gezeigt, dass die Vereinigten Staaten und die Sowjetunion auf der Ebene des tiefen Staats in erheblichem Maße zusammenarbeiteten – beispielsweise in technologischen Belangen. Gleichzeitig überschütteten sich die Regierungen beider Länder gegenseitig mit Schmähungen. Nichts ist, wie es scheint. Wie groß der Einfluss ist, den der russische tiefe Staat auf Putin ausübt, wird anhand seiner und der Handlungen der russischen Regierung zu beurteilen sein. Wir sollten stets im Hinterkopf behalten, dass in jedem Land neben dem offiziellen Staatsführer verborgene Ebenen existieren – und zwar unabhängig davon, wie mächtig der Letztgenannte erscheinen mag. Ich denke etwa an Nordkorea, dessen Staatschef Kim Jong-un – ein weiteres Kind im Manneskörper – immer genau dann Raketen abzufeuern scheint, wenn es den politischen Interessen der Vereinigten Staaten entgegenkommt. Das erinnert an die praktisch wirkungslosen Raketen, die gelegentlich von Gaza aus in Richtung Israel starten, wann immer die israelische Regierung einen Vorwand für einen neuen Massenmord braucht. Während die NATO Russland aggressiver Handlungen gegenüber dem Westen beschuldigt, ist das genaue Gegenteil der Fall. Fortwährend stockt die NATO ihre Truppenkontingente und militärischen Ausrüstungen entlang der russischen Grenze zu Estland, Litauen und Lettland auf. Im Grunde agiert sie in den früheren Sowjetrepubliken mittels sogenannter „Milestone Agreements" (dt.: Meilenstein-Abkommen) wie eine Besatzungsmacht (Abb. 508). Wer glaubt denn, dass die nationalen Armeen der genannten Länder noch irgendetwas tun könnten, ohne dafür den Segen der NATO zu haben?

Abb. 508: „Propaganda für Zweijährige: Aaahh! Die Russen kommen! – Nein: Die NATO kommt." – Die Propaganda ist mehr als erbärmlich.

Wir erleben derzeit die umfassendste gegen Russland gerichtete Konzentration westlicher Streitkräfte seit dem Kalten Krieg. Betroffen sind dabei sämtliche im Westen an Russland angrenzenden Länder, Polen inbegriffen. Hinter der angeblichen Reaktion auf eine nichtexistente „russische Aggression" erkennt man die „Erst-verteufeln-dann-einmarschieren"-Taktik der Neokonservativen. Laut einem Gutachten der litauischen Regierung, in dem die von Russland ausgehenden Gefahren erörtert wurden, bediene sich der russische Staat sozialer und traditioneller Medien, um „ein positives Bild von sich selbst zu zeichnen". Auweia – dann wird es höchste Zeit, dass wir das Land bombardieren. Putin weiß sehr genau, was gespielt wird. Auch in Russland sind die Anstifter der „Volksrevolutionen" zugange und gehen in der gewohnten Weise gegen die Staatsführung vor. Gegenwärtig dient dabei der „Oppositionsführer" Alexei Nawalny, der mit Soros in Verbindung steht, als Vorturner. Durch die Wahl des Etikettenschwindlers Trump hat sich nichts verändert. Längst vergessen sind seine gegen die NATO gerichteten Wahlkampfsprüche und sein Gerede, sich aus der Tötungsmaschinerie des „Bündnisses" zurückziehen zu wollen. Obamas Verteidigungsminister Ashton Carter hatte Anfang 2016 eine Vervierfachung der amerikanischen Militärausgaben in Europa angekündigt, um „der russischen Bedrohung zu begegnen". Aus dem Drehbuch zitierend erklärte Carter, dass Russland und China die größte Bedrohung für den Weltfrieden darstellen würden – noch vor Nordkorea und Iran. Dem grausamen Islamischen Staat, der sich zum damaligen Zeitpunkt gerade köpfend und verstümmelnd seinen Weg durch den Nahen Osten bahnte, billigte man lediglich den fünften Platz zu.

Schachbrettfiguren

Die Mächte des Spinnennetzes planen, mittels der Vereinigten Staaten die globale militärische Vormachtstellung zu übernehmen, indem entlang der Grenzen zu Russland und China Abfangsysteme für Atomraketen installiert werden. Auf diese Weise würde man sich die Möglichkeit zum Erstschlag verschaffen, da jede als Vergeltung abgefeuerte Rakete abgefangen und ausgeschaltet werden könnte. So besagt es zumindest die Theorie. Ich sollte darauf hinweisen, dass unter „abfangen" in diesem Zusammenhang zu verstehen ist, die ballistischen Interkontinentalraketen des Gegners zu zerstören, bevor sie den amerikanischen Luftraum erreichen. Europa hingegen, das Russland bekanntlich deutlich näher liegt, würde zerstört werden. Sollten sich Russland und China angesichts einer solchen Situation geschlagen bzw. klein beigeben, würden die Irren in Washington möglicherweise davon absehen, ihre Theorie zu testen. Andernfalls wäre jedoch alles möglich. Das „Gleichgewicht des Schreckens", das im Englischen durch das Kürzel MAD repräsentiert wird (Mutually Assured Destruction, dt. wörtlich: gegenseitig garantierte Vernichtung), soll gewährleisten, dass beide Seiten ihre Atomwaffen in den Bunkern belassen. Mit den amerikanischen Abfangsystemen wird dieser Status quo vorsätzlich verändert. Ein Sprecher des russischen Militärs sagte, die in Alaska, Rumänien und Polen stationierten Langstreckenabwehrsysteme der Amerikaner würden das Potenzial, russische Raketen abzufangen, erhöhen und dabei fast das gesamte russische Territorium erfassen. Die strategische Bedrohung, der sowohl Russland als auch China durch ein globales Abwehrsystem ausgesetzt seien, das die Möglichkeit zum Erstschlag eröffne, würde auf diese Weise zunehmen. Unter dem Vorwand einer – in Wirklichkeit nicht existierenden – „iranischen Bedrohung" haben die Vereinigten Staaten Abfangsysteme in Europa installiert, die sich de facto gegen die Nuklearmacht Russland richten (und nicht gegen den Iran, der gar nicht über Kernwaffen verfügt). Dasselbe gilt für ein in Südkorea platziertes Abwehrsystem mit der Bezeichnung Terminal High Altitude Area Defense (THAAD), das unter Verweis auf die von Nordkorea ausgehende „Gefahr“ errichtet wurde, in Wahrheit jedoch China ins Visier nimmt. Die USA haben sogar einige THAAD-Raketenwerfer aufgestellt, ohne den südkoreanischen Präsidenten darüber zu informieren. Während ich diese Zeilen schreibe, finden deshalb öffentliche Proteste statt, die die Vereinigten Staaten an der Fortführung dieser Praxis hindern. Der Iran steht im Fadenkreuz der Amerikaner, weil er Israel – und damit auch dem Spinnennetz – ein Dorn im Auge ist. Eine Gruppe von Hackern machte E-Mails von Colin Powell publik, der zur Zeit des 11. September als amerikanischer Außenminister tätig war. Darin erörterte er mit Jeffrey Leeds, einem Geschäftspartner und Geldgeber der Demokraten, die Behauptungen von Benjamin Netanjahu – einer wandelnden Dauerwerbung für Antiaggressionstraining –, dass der Iran eine nukleare Bedrohung darstelle. Powell schrieb im Jahr 2015:

> Jedenfalls – die Iraner können, selbst wenn sie eines Tages eine [Kernwaffe] bauen, dieselbe nicht zum Einsatz bringen. Die Jungs in Teheran wissen, dass Israel 200 hat, die alle auf Teheran gerichtet sind – und wir haben Tausende. Wie Akmdinijad [gemeint ist der iranische Präsident Mahmud Ahmadineschad] sagte: „Was sollen wir denn mit einer? Sie polieren?“ Ich habe öffentlich sowohl über NK als auch den Iran gesprochen. Wir werden der einzigen Sache ein Ende bereiten, die ihnen wichtig ist: dem Erhalt ihres Regimes. Wo und wie sollten sie auch überhaupt eine testen?

Es ist erstaunlich, was Leute wie Powell im Privaten, aber nicht in der Öffentlichkeit aussprechen. Ein solches Verhalten entspricht genau der Devise, die Hillary Clinton einmal in einer privaten Ansprache kundtat: „Man muss sowohl eine öffentliche als auch eine private Meinung haben.“ Mit anderen Worten – die Öffentlichkeit darf man belügen. Israel verfügt über 200 Atomwaffen, die auf den Iran gerichtet sind. Gleichzeitig geben weder Israel noch die Vereinigten Staaten zu, dass Israel eine Atommacht ist. Dabei ist das ein offenes Geheimnis. Die israelische Bevölkerung zählt gerade einmal acht Millionen Menschen. Könnte eventuell mehr hinter Israel und der Rolle stecken, die es auf der Weltbühne spielt? Warum benötigt das Land Hunderte Nuklearsprengköpfe, um den Flecken Erde, den es einnimmt, zu beschützen? Die Vereinigten Staaten wissen sehr genau, dass weder der Iran noch Nordkorea für sie eine Bedrohung darstellen. Doch es nützt den Plänen der Verdeckten Hand, wenn die Menschen das glauben.

Vom Mainstream-Einheitsbrei werden Sie nicht erfahren, wie das US-amerikanische Militär in den 1950er-Jahren – während des Korea-Krieges – im heutigen Nordkorea wütete. Das ist der Grund, warum so viele Bewohner des Landes die amerikanische Regierung fürchten und verachten. Von General Curtis Lemay, der zwischen 1950 und 1953 die Bombenangriffe gegen Nordkorea koordinierte, stammt das Zitat: „Wir haben etwa 20 Prozent der Bevölkerung ausgelöscht und jeden Ort in Nordkorea niedergebrannt.“ Etwa 1,55 Millionen Zivilisten wurden damals getötet. Doch die Bedrohung geht angeblich von Nordkorea aus – und nicht etwa von dem Land, das so viele Menschenleben auf dem Gewissen hat wie kein anderes. Der nordkoreanische Diktator Kim Jong-un ist ein Kindskopf und lässt Menschen foltern. Der amerikanische Präsident Donald Trump ist ein Kindskopf und befehligt Guantanamo Bay. Hinsichtlich der Zahl getöteter unschuldiger Menschen liegen die USA um Größenordnungen vor Nordkorea. Doch während das letztgenannte Land als bösartige Tyrannei angeprangert wird, gelten die Vereinigten Staaten als lichtvolle Verkörperung der freien, moralischen Welt. Wenn nur 36 Prozent aller Amerikaner, wie eine Studie zeigte, Nordkorea auf einer Karte lokalisieren können und 30 Prozent in einer Umfrage die Bombardierung von Agrabah begrüßen – einer fiktiven Stadt aus den Aladdin-Filmen –, ist es ein Kinderspiel, die Wahrheit zu verheimlichen. Eine Lüge nach der anderen wird den Menschen von Medien und Politikern aufgetischt. Hinzu gesellen sich Figuren wie die UNO-Botschafter der USA und Großbritanniens: die dümmliche, kindische Nikki Haley und ihr britisches Pendant, der Kriegstreiber Matthew Rycroft, der mit Tony Blair und dem herbeimanipulierten Einmarsch in den Irak in Verbindung steht. Der hervorragende britische Politjournalist Peter Oborne schrieb:

> Rycrofts Gestalt entspricht der eines Falken. Als Funktionär der Downing Street spielte er am Vorabend des Irak-Krieges hinter den Kulissen eine entscheidende Rolle. Er war der Verfasser des sogenannten „Downing Street Memos", aus dem hervorging, dass Blair einen Krieg gegen Saddam acht Monate vor der Invasion für „unausweichlich" hielt, sowie die Hingabe, mit der der Labour-Premierminister die US-amerikanischen Pläne für einen „Regimewechsel" im Irak unterstützte.
>
> Besonders zynisch an dem Memo war Rycrofts Bemerkung, „die Geheimdiensterkenntnisse und Fakten würden im Sinne der Politik behandelt" werden. Das schändliche Dokument bestimmte den Ton des bald darauf folgenden manipulierten Dossiers über die Massenvernichtungswaffen, das unberechtigterweise als Grundlage für den Krieg gegen den Irak diente.
>
> Es ist traurig, dass diese erbärmliche Episode Rycrofts Karriere keinen Abbruch tat. Sie beförderte ihn in seine gegenwärtige Position – auf Großbritanniens wichtigsten diplomatischen Posten auf der Weltbühne. Insofern überrascht es nicht, den Mann erneut am Werke zu finden, der bei der abscheulichen Verschwörung, die Großbritannien in den Krieg gegen den Irak schickte, eine zentrale Rolle spielte – diesmal die Trommeln gegen Syrien rührend und militärische Maßnahmen fordernd.

Rycrofts und Haleys Aufgabe bei den Vereinten Nationen besteht darin, die auf der Abschussliste der Neokonservativen verzeichneten Länder bei jeder Gelegenheit mittels Lügen zu verteufeln. Während sich Rycroft seiner eiskalten, berechnenden Gehässigkeit bedient, macht die Schülersprecherin Haley einen auf erwachsen – allerdings ohne Erfolg (Abb. 509). Wenn ihr Hirn aus Schießpulver bestünde, liefe nicht einmal ihr Hut Gefahr davonzufliegen. Als sie für das Amt der UN-Botschafterin nominiert wurde, scheint sich jemand köstlich amüsiert zu haben. Im Mai 2017 verkündete die Israel-Verehrerin, dass Nordkorea „eine echte Gefahr für die Welt" darstelle. Ebenso gut hätte sie von Saddam, Gaddafi oder Assad sprechen können. Das Drehbuch ist stets dasselbe, nur die Namen werden ausgetauscht – sowie die Personen, die aus dem Skript vorlesen. Die interna-

Abb. 509: „Die UNO-Botschafter der USA und Großbritanniens: Herr und Frau Stumpfsinn" – Lügen als Lebensunterhalt.

tionale Gemeinschaft müsse, so erklärte sie weiter, eine Entscheidung treffen. Sie könne Nordkorea unterstützen, würde dann jedoch den Zorn Washingtons auf sich ziehen. Das entsprach der Botschaft, die George Bush jr. 14 Jahre zuvor ausgesprochen hatte: „Ihr seid entweder auf unserer Seite – oder auf der Seite der Terroristen." Achten Sie auf propagandistische Angriffe gegen China (bzw. Chinas Nachbarländer) sowie auf Aktivitäten, die darauf abzielen, das Bündnis zwischen Russland, China und dem Iran aufzubrechen. Es ist schließlich einfacher, sie sich einzeln vorzuknöpfen, als alle auf einmal.

Der Dritte Weltkrieg

William James Guy Carr, ein in England geborener Offizier des kanadischen Marinegeheimdienstes, behauptete in seinem 1959 erschienenen Buch „Satan, Prince of this World", dass in einem 1871 verfassten Brief drei künftige Weltkriege beschrieben worden seien. Urheber dieses Briefs soll der Freimaurer Albert Pike gewesen sein, der den Titel „Supreme Pontiff of Universal Freemasonry" trug und eine entscheidende Rolle bei der Gründung des Ku-Klux-Klans gespielt haben soll. Die ersten beiden Weltkriege seien in dem Brief, der an den Mafiagründer (und Spinnennetzagenten) Giuseppe Mazzini adressiert war, akkurat beschrieben worden. Natürlich waren die Kriege zum Zeitpunkt der Veröffentlichung von Carrs Buch bereits Geschichte, sodass die Glaubwürdigkeit des Briefs mit Pikes angeblichen Aussagen über den Dritten Weltkrieg steht und fällt:

> Der Dritte Weltkrieg muss durch Ausnutzung der von der „Agentur" der „Illuminati" geschürten Differenzen zwischen den politischen Zionisten und den Führern der islamischen Welt entfacht werden. Dieser Krieg muss so gelenkt werden, dass sich der Islam (die muslimische arabische Welt) und der politische Zionismus (der Staat Israel) gegenseitig vernichten. Gleichzeitig werden die anderen Nationen, aufgrund dieser Frage einmal mehr uneins, dazu gezwungen sein, bis zur völligen physischen, moralischen, spirituellen und ökonomischen Erschöpfung zu kämpfen. Wir werden die Nihilisten und die Atheisten von der Leine lassen und eine furchtbare soziale Katastrophe heraufbeschwören, deren Schrecken den Nationen deutlich vor Augen führen werden, zu welchem Resultat absoluter Atheismus führt – die Quelle für Barbarei und blutigste Unruhen.

Der Begriff „Nihilismus" wird wie folgt definiert: „Politische Überzeugung bzw. Handlungsweise, die gewalttätige oder terroristische Akte befürwortet bzw. beinhaltet, ohne dass sie erkennbaren, konstruktiven Zielen dienen würden." Damit sind ISIS/der Islamische Staat und seinesgleichen hervorragend beschrieben. Gruppierungen dieser Art treiben nicht nur im Nahen Osten ihr Unwesen, sondern – durch Terroranschläge – auch im weit entfernten Europa sowie in Ländern wie den Philippinen, deren Präsident Amerikas Zorn auf sich zog, indem er sich China annäherte. In der Tat wurden die Nihilisten von der Leine gelassen, um eine furchterregende gesellschaftliche Umwälzung heraufzubeschwören. Auf den Straßen Europas will die *El*-ite dieselben offenen Auseinandersetzungen sehen, die wir etwa vom Nahen Osten, Afrika oder den Philippinen gewohnt sind. In Pikes Brief heißt es weiter:

> Dann werden die Menschen auf der ganzen Welt, gezwungen, sich der Minderheit der Revolutionäre zu erwehren, diese Zerstörer der Zivilisation ausradieren. Die Masse, gottgläubig und nach einem Ideal strebend, aber vom Christentum enttäuscht und nun ohne Kompass oder Richtung, wird nicht wissen, wohin sie ihre Verehrung richten soll. Dann werden die Menschen durch die universelle Manifestation der reinen Lehre Luzifers [der demiurgischen Macht] das wahre Licht empfangen, das endlich in die Öffentlichkeit gebracht wird. Diese Manifestation wird das Resultat der allgemeinen reaktionären Bewegung sein, die der Zerstörung von Christentum und Atheismus folgt, welche beide gleichzeitig besiegt und ausgerottet werden.

Manch einer wird anmerken, dass im Jahr 1871 weder Israel noch der Zionismus existierten. Doch ich kann gar nicht genug betonen, wie weit im Voraus die Pläne geschmiedet wurden. Die von uns wahrgenommene Zeitschiene ist eine Illusion. Die demiurgische Spinne und ihre archontisch-reptiloiden Erfüllungsgehilfen, die außerhalb unserer Realität und des scheinbaren Zeitverlaufs agieren, haben all das schon geplant, als die zur Umsetzung ihrer Ziele benötigten Waffen und Technologien in unserer Fünf-Sinnes-Realität noch gar nicht existierten. Während sie selbst von Anfang an darüber verfügten, machten sie das technische Instrumentarium für die hybriden Blutlinien der *El*-ite stets in dem Umfang verfügbar, wie es die Pläne erforderten und das wissenschaftliche Verständnis und Vermögen der Menschen genügte, die Gerätschaften zu bauen und zu benutzen. Der Zionismus und dessen in Israel zu errichtendes Zentrum dürften im inneren Kreis schon lange Zeit vor ihrer öffentlichen Sichtbarwerdung in Planung gewesen sein.

Die grundlegende Idee lautet, auf dem ganzen Planeten Kriege, Gewalt und Chaos in einem solchen Ausmaß zu stiften, dass die Menschen mit der Etablierung einer Weltregierung und -armee einverstanden sein oder sogar danach verlangen werden. Die Weltarmee würde einschreiten und den Kriegen, der Gewalt und dem Chaos ein Ende bereiten. Weitere Rechtfertigungen würden hinzukommen, wie etwa das Argument, dass eine Weltregierung notwendig sei, um im globalen Maßstab Gesetze durchsetzen zu können, damit der Planet der Klimakatastrophe entgehe. In allen betroffenen Bereichen werden die Progressiven an vorderster Front kämpfen und genau das einfordern, was das Spinnennetz wünscht – ohne dass sie von der Existenz des Letztgenannten überhaupt etwas ahnen.

Wenn sie nicht aufwachen und beginnen, ihre Hausaufgaben zu machen und über den Tellerrand hinauszuschauen, werden sie weiterhin genau dem Faschismus den Boden bereiten, den zu verdammen sie so viel Zeit aufwenden. Das Ziel des Planes, dessen Umsetzung sich vor unseren Augen abspielt, ist die Beherrschung des Planeten durch die archontischen Netzwerke – entweder durch stillschweigende Einwilligung oder einen Dritten Weltkrieg. Doch glücklicherweise ändern sich die Zeiten, und immer mehr Menschen durchschauen das Spiel. Es ist längst nicht mehr so einfach, ihnen eine Diktatur unterzujubeln, wie es früher der Fall war. Natürlich ist das auch der *El*-ite bewusst, wie an ihren Bemühungen deutlich wird, die wahrhaft alternativen Medien zum Schweigen zu bringen. Jeder, der an die Freiheit glaubt, steht in der Pflicht, sie zu verteidigen.

Postscriptum

Eine weitere Steigerung erfährt der politische und militärische Irrsinn durch die Tatsache, dass Länder und deren Regierungen als *private Unternehmen* konstituiert sind – wie auch die Gerichtshöfe und praktisch sämtliche Komponenten des globalen „Systems". Die Schattenmächte verheimlichen uns das, da sie uns, um Macht über uns zu bekommen, dazu bringen müssen, Verträge mit ihnen einzugehen. Es ist an uns, diese Verträge in Stücke zu reißen – und das können wir tatsächlich tun. Die Vereinigten Staaten von Amerika sind beispielsweise nicht mit den „Vereinigten Staaten" identisch. Diese Tatsache kommt etwa in dem gelben Saum zum Ausdruck, von dem die amerikanische Flagge auf Militäruniformen stets umgeben ist. Er signalisiert, dass die US-amerikanischen Soldaten für das Unternehmen namens „Vereinigte Staaten" kämpfen, nicht für das Land. In meinen früheren Büchern bin ich ausführlich auf diese Thematik eingegangen. Eine ausgezeichnete Einführung dazu finden Sie unter dem Titel „InPower Episode #1: A Mass Action of Liability" auf YouTube.

Kapitel 14

Das Unsagbare sagen

„Die täglich in London einschlagenden Raketenbomben wurden vermutlich von der Regierung Ozeaniens selbst abgefeuert, nur um die Leute in Furcht und Schrecken zu halten."

George Orwell, 1984

Krieg lässt sich nicht vom Terrorismus trennen. Da Krieg immer auch Terror bedeutet, ist das ohnehin unmöglich; doch ich beziehe mich auf die moderne Definition des Terrors, die das Töten von Zivilisten an öffentlichen Plätzen beinhaltet, sodass man in den Augen der Bevölkerung nirgends mehr sicher sein kann. Der Terrorismus dient heute der Rechtfertigung von Kriegen und Invasionen.

Abb. 510: „Hinterfrage alles." – Ohne Ausnahme.

Der von westlich initiierten Psychopathenvereinen wie ISIS oder Al Qaida verübte bzw. ihnen in die Schuhe geschobene Terrorismus ist zunehmend dazu benutzt worden, die Öffentlichkeit in Schrecken zu versetzen, anhaltende Furcht und Besorgnis zu säen (als Nahrung, niedrig schwingende Zustände) und die Abschaffung der elementaren Freiheit und Privatsphäre zu rechtfertigen – um „das Land vor den Terroristen zu beschützen" (Abb. 510). Bei den Individuen, die die Anschläge verüben, handelt es sich zum einen um hirnlose Idioten, die keinen Schimmer haben, wer ihre wahren Herren eigentlich sind; zweitens um psychisch gespaltene Opfer von Bewusstseinskontrolle; sowie drittens um Vertreter der psychopathischen Militär-Geheimdienst-Netzwerke, die aus dem Verborgenen heraus agieren und dann ISIS oder andere Gruppierungen bzw. Einzeltäter für die Attacken verantwortlich machen. Das Letztgenannte ist leicht zu bewerkstelligen, wenn die Anschläge von maskierten und vollständig bekleideten Personen verübt werden. Sobald sie sich von dannen gemacht haben, kann man die Täterschaft jedem anhängen. Wer soll schon dahinterkommen?

James Holmes etwa, ein 24-jähriger Student der Neurowissenschaften, soll 2012 in einem Kino in Aurora (Bundesstaat Colorado) 12 Menschen getötet und 58 verletzt haben.

Das Urteil lautete auf zwölfmal lebenslänglich. Wenn Sie einmal einen Menschen sehen wollen, der ganz offenkundig unter dem Einfluss von Drogen und Bewusstseinskontrolle steht, schauen Sie sich Aufnahmen von Holmes im Gerichtssaal an. Der wirkliche Killer trug schwarze taktische Kleidung, eine schwere Panzerweste und eine Gasmaske. Er betrat den Saal durch einen Notausgang, der nur von innen geöffnet werden konnte, warf einen Behälter mit Tränengas in den Raum und eröffnete das Feuer. Die Zeugen berichteten, sie hätten an *zwei* Stellen innerhalb des Kinos Schüsse und explodierende Gasflaschen gehört. Zudem habe in der ersten Reihe ein Mann gesessen, der nach einem Telefonanruf zum Notausgang hinübergegangen sei und die Tür mit dem Fuß offen gehalten habe, bis der Attentäter durch diese Tür eintrat. (Weitere Einzelheiten können Sie meinem Buch „Die Wahrnehmungsfalle" entnehmen).

Die Behörden benannten Holmes, einen bewusstseinskontrollierten Strohmann, als Täter und erzählten der Öffentlichkeit hinsichtlich des Vorgefallenen eine Menge Lügen. Irakische Behörden haben einmal britische Soldaten festgenommen, die mit einem Auto Waffen und Sprengstoff transportierten – *verkleidet als Araber*. Noch bevor sie verhört werden konnten, wurden sie von der ach so moralischen britischen Armee aus dem Knast befreit. Flankiert von sechs Panzern und einer Eliteeinheit des SAS setzte sie der irakischen Polizei gewissermaßen die Pistole auf die Brust, zerstörte den größten Teil des Gefängnisses und befreite neben den eigenen Terroristen weitere Kriminelle und Rebellen. Häufig lassen die geistig beschränkten bzw. bewusstseinskontrollierten Terroristen bei den Anschlägen auch ihr Leben – gemäß dem Motto: Tote reden nicht. Der als Operation Northwoods bekannte Geheimplan sah vor, Anschläge auf verschiedene zivile oder militärische Ziele in den USA zu verüben bzw. vorzutäuschen. Dieselbe Methode wird auch heute noch angewandt. Der Rockefeller-Vertraute Dr. Richard Day sagte den Einsatz inszenierten Terrors bereits in einer Rede voraus, die er 1969 vor Pittsburgher Kinderärzten hielt. Dr. Lawrence Dunegan erinnerte sich:

> Es wurde auch über Terrorismus gesprochen. In Europa und in anderen Teilen der Welt würde vielfach Terror eingesetzt werden. In den Vereinigten Staaten, so glaubte man damals, würde es nicht notwendig sein, zu Terrorismus zu greifen. Das wäre nur dann der Fall, wenn die Amerikaner nicht schnell genug eine Akzeptanz für das System entwickeln sollten [d. h. für die Transformation der Gesellschaft].
>
> Doch zumindest für die nächste Zukunft war so etwas nicht vorgesehen. […] Terrorismus würde vielleicht nicht erforderlich sein, doch wurde hier unmissverständlich angedeutet, dass man davon Gebrauch machen würde, wenn es doch nötig werden sollte. Im Zuge dieser Ausführungen schalt er ein wenig die Amerikaner – es würde ihnen zu gut gehen, sodass ihnen ein klein wenig Terrorismus helfen würde zu begreifen, dass die Welt ein gefährlicher Ort ist … bzw. sein könnte, wenn wir die Kontrolle nicht den richtigen Autoritäten überlassen.

Der künstliche Terrorismus unserer Tage ist seit Jahrzehnten geplant worden und stellt keine Neuigkeit dar. Geändert haben sich nur die Größenordnung und die Häufigkeit der Anschläge. Unter dem Codenamen „Operation Gladio" hoben die NATO und die CIA nach dem Zweiten Weltkrieg ein terroristisches Netzwerk aus der Taufe, das sich von Italien aus in Europa ausbreitete. Der Name leitet sich von einem römischen Ausdruck ab, der so viel wie „zurückbleiben“ bedeutet. Angeblich wollte man mit Operation Gladio eine Struktur schaffen, die im Fall einer Invasion der Warschauer-Pakt-Staaten bewaffneten Widerstand leisten könnte. Den wahren Grund, warum man das Netzwerk etablierte, benannte hingegen der ehemalige Gladio-Agent Vincenzo Vinciguerra, der eine lebenslange Haftstrafe absitzt, weil er 1972 in der italienischen Ortschaft Peteano drei Polizisten mit einer Autobombe tötete. Als ihm der Prozess gemacht wurde, sagte er:

> Man musste Zivilisten angreifen, das Volk, Frauen, Kinder, unbescholtene Bürger, Unbekannte, die fernab jedes politischen Spiels standen. Das geschah aus einem einfachen Grund. [Die Angriffe] sollten die Menschen, das italienische Volk, nötigen, sich an den Staat zu wenden und um mehr Sicherheit zu bitten.

Die Richter ließ er zudem Folgendes wissen:

> Nach dem Massaker von Peteano und allen, die später folgten, sollte es mittlerweile klar sein, dass tatsächlich eine Struktur existierte – okkult und verborgen –, die den Gewaltakten eine strategische Richtung zu geben vermochte. [Sie] ist im Staat eingebettet. [...] Parallel zu den Streitkräften gibt es in Italien eine geheime Macht, die sich aus Zivilisten und Militärangehörigen zusammensetzt [...], deren ursprüngliches Ziel es war, auf italienischem Boden einen Widerstand gegen eine russische Armee aufzubauen.
>
> [...] eine geheime Organisation, eine Superorganisation mit einem Netzwerk, das über Kommunikationsmöglichkeiten, Waffen und Sprengstoffe verfügt sowie über entsprechend ausgebildete Männer. [...] Eine Superorganisation, die sich – in Ermangelung einer sowjetischen Invasion, die vielleicht niemals stattfinden würde – im Auftrag der NATO der Aufgabe annahm, einen Linksruck des politischen Kräftegleichgewichts des Landes zu verhindern. Dabei arbeitete sie mit offiziellen Geheimdiensten sowie politischen und militärischen Kräften zusammen.

Gegenüber der britischen Tageszeitung *The Guardian* sagte Vinciguerra, dass der Terror von „getarnten Individuen“ verübt werde, „die zum Sicherheitsapparat gehören, zu ihm enge Verbindungen unterhalten oder mit ihm zusammenarbeiten“. Sämtliche Gräueltaten, die seit 1969 folgten, würden in ein „einheitliches, organisiertes Schema“ passen. Zwei rechtsextreme Organisationen, Avanguardia Nazionale („Nationale Avantgarde“) und Ordine Nuovo („Neue Ordnung“), wurden „für einen Kampf mobilisiert, der Teil einer antikommunistischen Strategie war, die nicht etwa staatsfernen Institutionen entstammte, sondern dem Staatsapparat selbst – speziell dem Bereich der Verbindungen des Staats zur NATO“. Vinciguerras Aussage beschreibt exakt, was derzeit geschieht. Wenn Sie beobachten, wie auf Terroranschläge reagiert wird – ganz gleich, wo sie sich abgespielt haben –, werden Sie feststellen, dass stets dieselben Forderungen zur Ausweitung des Big-Brother-Staates erhoben werden: So könne man die Terroristen aufspüren und die Öffentlichkeit beschützen. Nach dem Anschlag, der im Mai 2017 Manchester erschütterte, patrouillierten Soldaten auf den Straßen Großbritanniens. In Frankreich sind gar 10.000 Soldaten im Einsatz, seit die Regierung offiziell den Ausnahmezustand erklärte, mit dem öffentliche

Proteste verschiedenen Einschränkungen unterworfen wurden. Wir beschützen eure Freiheiten, indem wir sie abschaffen: Problem-Reaktion-Lösung. Auch der britische National Police Chiefs' Council, eine Vereinigung der Führungskräfte innerhalb der Polizeibehörden, beginnt darauf zu drängen, sämtliche Polizisten des Königreichs mit Schusswaffen auszustatten. Es folgt eine kleine Auswahl der Schlagzeilen, die die Entwicklung verdeutlichen:

> „Berliner fordern mehr Überwachungskameras. 83 Prozent sind nach den auf Weihnachtsmärkte verübten Anschlägen der Meinung, dass mehr öffentliche Plätze von Kameras erfasst werden sollten."

> „Deutschland erwägt, zum Schutz vor dem Terrorismus ‚Soldaten auf den Straßen' zu postieren."

> „Nach Forderungen zur Erhöhung der Sicherheit baut Frankreich Nationalgarde auf."

> „Britischen Polizisten wird nach den Terroranschlägen angeboten, Schusswaffen zu tragen."

> „Nach dem Terroranschlag auf der London Bridge: Theresa May plädiert für die Regulierung des Internets."

Die aus militärischen und Polizeikräften gebildete mittlere Ebene der Pyramide, nach der die Hungerspiele-Gesellschaft aufgebaut sein soll, gründet sich auf den Terrorismus und die Notwendigkeit, „der Bedrohung zu begegnen". Dabei geht die Bedrohung in Wirklichkeit von der Macht aus, die hinter der Erschaffung des Militär-/Polizeistaats steckt. Aus diesem Grund ist die Obrigkeit – wie wir etwa nach dem 11. September oder dem Lkw-Anschlag von Nizza beobachten konnten – nicht daran interessiert, die Geschehnisse tatsächlich aufzuklären. Nach dem am französischen Nationalfeiertag 2016 verübten Anschlag hatte die staatliche Direktion für Gegenterrorismus (SDAT) die städtischen Überwachungsorgane von Nizza gesetzeswidrig angewiesen, sämtliche 140 Überwachungsvideos zu vernichten. Dem französischen Justizministerium zufolge beabsichtigte man damit, die „unkontrollierte" und „nicht genehmigte" Verbreitung des Bildmaterials zu unterbinden und ISIS daran zu hindern, es für Propagandazwecke zu benutzen. Außerdem würde die Vernichtung des Beweismaterials einen „Schutz für die Familien der Opfer" darstellen. Als ob sich die Psychopathen darum scheren würden. Man wollte die Videos einfach deshalb der Öffentlichkeit vorenthalten, weil einige davon definitiv nicht mit der offiziellen Darstellung vereinbar gewesen wären und aufmerksame Bürger bzw. unabhängige Medien dies umgehend thematisiert hätten (wie es seit dem 11. September bei zahlreichen Anschlägen der Fall war).

Mach's noch einmal, Sam

Ob bei 9/11, bei den Londoner Terroranschlägen vom 7. Juli 2005, bei der Ermordung eines unschuldigen brasilianischen Elektrikers durch die britische Polizei, beim Mord an Prinzessin Diana oder etlichen weiteren Tragödien – stets waren die Überwachungskameras, die den tatsächlichen Tatverlauf gezeigt hätten, „außer Funktion". Die Mainstreammedien berichten in solchen Fällen über technische „Fehlfunktionen" und gehen wieder zur Tagesordnung über, ohne einen weiteren Gedanken an die Angelegenheit zu verschwenden. Gehen Sie weiter – hier gibt es nichts zu sehen. Auch die französischen Behörden sind, wie der innere Kern der „Sicherheits"-Netzwerke weltweit, moralisch über alle Maße verkommen. Gemeinsam mit ihren Londoner Spinnennetzkumpanen vom MI6 werden sie mit einer großen Zahl inszenierter Gräuel und Vertuschungsaktionen in Verbindung gebracht. Taucht man nur tief genug in die Strukturen des Spinnennetzes ein, stellt man fest, dass die französischen, britischen, amerikanischen (und alle anderen) Geheimdienste praktisch identisch sind. Aus der Tatsache, dass Sicherheitsbehörden an der Vorbereitung von False Flags beteiligt sind, erklärt sich, warum viele der angeblich für die Anschläge verantwortlichen Personen mit dem FBI in Verbindung standen – als Informant oder als Zuträger eines Informanten (Abb. 511). In meinen Büchern habe ich eine ganze Reihe von Terroranschlägen unter die Lupe genommen – siehe etwa „Die Wahrnehmungsfalle" – und gezeigt, dass sie auf das Konto gerade solcher Organisationen gingen, die offiziell damit beauftragt waren, solche Anschläge zu verhindern. Den Anwälten des angeblichen „Terroristen" Samy Mohamed Hamzeh zufolge würden Hunderte Stunden Tonbandaufnahmen beweisen, dass er von zwei korrupten verdeckten Agenten des FBI dafür präpariert worden war, gegen seinen Willen ein Maschinengewehr zu besorgen und in einem Freimaurerzentrum einen Amoklauf zu verüben. Das FBI nahm Hamzeh fest und erklärte, es habe „einen Terroranschlag vereitelt" – den es selbst eingefädelt hatte.

Abb. 511: „Fabrizierter Terrorismus" – FBI = Feared By Informants (dt.: angst vor Informanten).

Zahlreiche Insider der Geheimdienste haben – zumeist über die alternativen Medien – bestätigt, dass Anschläge nach dem Prinzip der „falschen Flagge" tatsächlich durchgeführt werden. Einer von ihnen ist der ehemalige Marineinfanterist David Steele, der zwei Jahrzehnte lang als Geheimdienstoffizier tätig war und innerhalb der Marine Corps Intelligence den zweithöchsten zivilen Rang bekleidete. Seiner Aussage zufolge handelt es sich bei „Terroranschlägen" um False Flags, die von Sicherheitsbehörden arrangiert werden:

> Jeder einzelne Terrorakt, den wir in den Vereinigten Staaten erlebt haben, wurde entweder unter falscher Flagge oder von einem Informanten ausgeführt, der vom FBI dazu gedrängt worden war. Inzwischen kommt es sogar vor, dass Bürger einstweilige Verfügungen gegen derartige Informanten erwirken, die terroristische Anschläge begehen wollen. Wir sind ein Irrenhaus geworden.

Eine ehemalige Anti-Terror-Agentin namens Amaryllis Fox, die zehn Jahre lang im Dienst der CIA stand, sprach von „Geschichten, die auf beiden Seiten [letztlich auf *derselben* Seite] von einem wirklich sehr kleinen Personenkreis ausgeheckt werden – einer Gruppe, die eine Unmenge Macht und Vermögen anhäuft, indem sie uns überredet, uns gegenseitig umzubringen". Einfach ausgedrückt: Mach jeder der beiden Seiten weis, dass ihr von der jeweils anderen Seite die Vernichtung droht, und – voilà! – schon ist der Konflikt eingeleitet. Henry Kissinger verdankt seine gesamte diplomatische Karriere diesem Prinzip, das als „Shuttlediplomatie" bejubelt worden ist. Immer wieder, Jahrzehnt um Jahrzehnt, gab es in der Geschichte Anschläge, deren False-Flag- bzw. PRL-Charakter zunächst erbittert abgestritten, später jedoch zugegeben und nachgewiesen wurde. Die Nationalsozialisten setzten 1933 das deutsche Parlamentsgebäude in Brand, schoben den Anschlag den Kommunisten in die Schuhe und rechtfertigten auf diese Weise die Aufhebung von Bürgerrechten und der Pressefreiheit, die während der gesamten Nazizeit in Kraft blieb. Lyndon B. Johnson, der nach der Ermordung John F. Kennedys – an der er beteiligt war – das Präsidentenamt übernahm, versicherte sich der Unterstützung des Kongresses, um in Vietnam einen offenen Krieg vom Zaun brechen zu können. Zur Begründung führte er die angeblichen Anschläge ins Feld, die die Nordvietnamesen im Golf von Tonkin auf die amerikanische Marine verübt haben sollten – Anschläge, die niemals stattgefunden haben.

Der See- und Luftschlag, den Israel im Jahr 1967 – während des Sechs-Tage-Krieges gegen Ägypten – vor der Küste von Gaza gegen das amerikanische Kriegsschiff USS Liberty verübte, jährte sich unlängst zum 50. Mal. 34 Mann verloren dabei ihr Leben, 171 weitere wurden verwundet. In der Absicht, den Anschlag Ägypten anzuhängen, bediente sich Israel nicht gekennzeichneter Flugzeuge. Als die Lügen aufflogen, hieß es seitens der Israelis, man habe die Liberty mit einem ägyptischen Schiff verwechselt. Aber klar doch. Zweimal wurden amerikanische Kampfflugzeuge, die sich aufgemacht hatten, der Liberty zu Hilfe zu eilen, auf Befehl von Präsident Johnson bzw. seines Verteidigungsministers Robert McNamara zurückbeordert. Was folgte, war eine gigantische Vertuschungsaktion, mit der die Angelegenheit als „Unfall" zu den Akten gelegt wurde. Israel räumte ein, dass eine israelische Terroristenzelle 1954 in Ägypten Bomben in amerikanischen Botschafts- und anderen Gebäuden platziert hatte – zusammen mit Hinweisen auf eine arabische Urheberschaft. Anschläge unter falscher Flagge sind die Spezialität des israelischen Militärgeheimdienstes Mossad (lies: der Rothschilds). Im Jahr 1939 griff die sowjetische Rote Armee einen eigenen Grenzposten an, der in dem russischen Dorf Mainila stationiert war, um dies anschließend Finnland in die Schuhe zu schieben. So verschaffte man sich einen Vorwand, den sowjetisch-finnischen „Winterkrieg" zu beginnen. Im afrikanischen Staat Ruanda töteten Soldaten der Hutu 1994 ihren eigenen Präsidenten und hängten das Attentat dem rivalisierenden Stamm der Tutsi an. Bei dem darauf folgenden, von den Hutu verübten Massaker verloren annähernd eine Million Tutsi ihr Leben. Ein Untersuchungsausschuss des amerikanischen Kongresses brachte ans Licht, dass das FBI in den 1950er- bis 1970er-Jahren im Rahmen einer niederträchtigen „Cointelpro"-Operation Agent Provocateurs einsetzte, um Gewaltakte zu verüben, die es dann unliebsamen politischen Aktivisten unterschob. Die Liste ist lang – wie sollte sie es auch nicht sein, stellt doch das Schema Problem-Reaktion-Lösung eine elementare Methode zur Wahrnehmungsmanipulation der Volksmassen dar. Allein die fortwährend wachsende Liste der im Nachinein zugegebenen False-Flag-Anschläge, die Sie mit einer Suchmaschine finden können, umfasst etwa 70 Einträge.

Einen Pass gefunden – Sie wissen ja, wie's läuft

Abb. 512: „Wenn Sie Ihren Pass verlieren, rufen Sie die Sicherheitsbehörden an: Die finden ihn überall." – Aus Pässen könnte man einen großartigen Luftschutzbunker bauen, so unzerstörbar scheinen sie zu sein.

Die sich wiederholenden Muster, die uns bei vielen Terroranschlägen ins Auge springen, erklären sich aus der Tatsache, dass wir es mit einem wiederkehrenden Schema – einer Blaupause – zu tun haben. Dazu zählen etwa der am Tatort aufgefundene Pass des Terroristen, der durch den Ausruf „Allahu akbar" (Allah ist am größten) kenntlich gemachte Tathintergrund sowie die Anti-Terror-Übung, die zeitgleich oder mit minimalem Zeitversatz am selben Ort abgehalten wurde – um ein Szenario durchzuspielen, das dem tatsächlichen Geschehen ähnelt oder gar mit diesem identisch ist (Abb. 512). Das FBI will in der am Ground Zero gelegenen Vesey Street den aus *Papier* gefertigten Ausweis eines der „Flugzeugentführer" vom 11. September gefunden haben. Demzufolge soll er einen Flugzeugabsturz inklusive Feuerball überstanden haben und anschließend gemächlich hinabgesegelt sein, um inmitten des enormen Schutt- und Staubberges gefunden zu werden. Kaum war die Nachricht vom Fund des Ausweises ausgegeben und von den Mainstreammedien verbreitet worden (deren Sprecher sie tatsächlich über die Lippen brachten, ohne in Gelächter auszubrechen), geriet sie wieder in Vergessenheit. Natürlich hat es den Pass nie gegeben. Doch indem man den unbedarften, naiven Gemütern erzählt, man hätte ihn gefunden, verleiht man der offiziellen Version den

Anschein von Authentizität. „Siehst du, Schatz, die Muselmanen warn's – sie haben einen Ausweis gefunden."

Das gleiche Schema erlebten wir auch bei dem vermeintlichen Anschlag, der am 7. Juli 2005 auf U-Bahn-Züge und Busse in London verübt worden sein soll. Damals gaben die Behörden an, sie hätten den Pass und die Handyversicherungspolice eines gewissen Germaine Lindsay sichergestellt, in dessen Rucksack sich eine der detonierten Bomben befunden haben soll. Lindsays Wohnung wurde erst am 13. Juli durchsucht; Ausweis, Versicherungspolice und einige andere Dokumente fand man laut Untersuchungsprotokoll am 17. bzw. 18. Juli im Waggon – also zehn bis elf Tage nach dem Ereignis. Klingt natürlich äußerst glaubhaft. Pässe oder andere Ausweisdokumente wurden bei Anschlägen in Berlin, Paris, Nizza, New York und Manchester gefunden. Beim letztgenannten Ereignis habe angeblich die Kreditkarte eines Selbstmordattentäters überlebt, der die Bombe, die 22 Menschen in den Tod riss und 250 weitere verletzte, am Körper getragen hatte. Die offiziellen Darstellungen von Terroranschlägen strotzen vor Ungereimtheiten, da sie durchweg erlogen sind oder zumindest die Tatsachen verdreht werden. So wäre etwa zu erklären, warum die U-Bahn-Waggons beim Anschlag vom 7. Juli durch die Explosion ein- und nicht nach außen gedrückt wurden, wie es der Fall hätte sein müssen, wenn sich die Bombe im Inneren des Zuges befunden hätte.

Abb. 513: „Die wundersamen Übungen: 11. September, London 7. Juli, Boston-Marathon, Paris und eine ganze Reihe von Amokläufen" – „Übungen" geben den Bodentruppen der El-*ite die nötige Deckung, um die Anschläge inszenieren zu können.*

Des Weiteren gibt es das Phänomen der Übungen, die „zufällig" parallel zu etwaigen Anschlägen abgehalten werden (Abb. 513). Während die Ereignisse vom 11. September ihren Lauf nahmen, fanden am Himmel über den USA bzw. an deren Ostküste „Trainingsübungen" der Luftwaffe statt, die die Entführung ziviler Flugzeuge durchspielten und damit im Grunde das tatsächliche Geschehen widerspiegelten (mehr dazu finden Sie in meinen Büchern „Alice im Wunderland und das World Trade Center Desaster" und „The David Icke Guide to the Global Conspiracy"). Die Übungen brachten die üblichen Notfallprozeduren des NORAD (North American Aerospace Defense Command) durcheinander, dessen Aufgabe es ist, die USA vor Angriffen aus der Luft zu schützen und mit Flugzeugentführungen fertigzuwerden. Bei den Einsatzleitern machte sich Verwirrung darüber breit, ob sie es nun mit echten Anschlägen oder Übungsszenarien zu tun hatten. Auf den Aufzeichnungen, die NORAD am Morgen des 11. September anfertigte, hört man einen Verantwortlichen fragen: „Ist das Realität oder eine Übung?" Den Übungen war auch die Tatsache geschuldet, dass Kampfjets von ihren üblichen Positionen verlegt wurden, an denen sie normalerweise in Alarmbereitschaft verharren, um im Fall einer Flugzeugentführung sofort aufsteigen zu können. Die Reaktionszeit, die sie am 11. September benötigten, war (wie geplant) aberwitzig lang. Das Weiße Haus und das Pentagon liegen in Flugverbotszonen: Alles, was sie ohne Genehmigung überfliegt, darf abgeschossen werden. Warum blieb Flug 77 davon verschont, der angeblich – *angeblich* – ins Pentagon gestürzt sein soll? Man kann nicht Gebäude schützen, indem man deren Umfeld zur Flugverbotszone deklariert, wenn man nicht gleichzeitig rund um die Uhr die Ressourcen einsatzbereit hält, die gegebenenfalls zur Durchsetzung der Bestimmung erforderlich sind. Was also war da am 11. September los?

Jeder, der die Hintergründe von 9/11 studiert, die ich in meinen Büchern detailliert dargelegt habe, wird erstaunt feststellen, dass die Mainstreammedien *keinen einzigen* Aspekt der offiziellen Version infrage gestellt haben. Dabei stammte sie von denselben Leuten, die behauptet hatten, der Irak sei im Besitz von Massenvernichtungswaffen. Als am 7. Juli 2005 in London mehrere Bomben detonierten, fanden zeitgleich „Sicherheitsübungen" statt, bei denen dieselben Orte involviert waren. Gleiches galt auch für den Anschlag, der 2013 auf den Bostoner Marathonlauf verübt worden sein soll. Die Tatsache, dass sich dieses Szenario fortwährend wiederholt, erklärt sich daraus, dass die Übungen als Nebelkerzen fungieren, in deren Dunst die Agenten der Militärgeheimdienste die eigentlichen Anschläge begehen und wieder untertauchen können. Bei anderen False-Flag-Operationen bedient man sich ahnungsloser Bauernopfer oder bewusstseinskontrollierter Attentäter, die in ähnlicher Weise programmiert werden wie der „Manchurian Kandidat" im gleichnamigen Spielfilm. Die Vorstellung von über die ganze Welt verstreuten islamistischen Terrorzellen, deren Mitglieder von früh bis spät im Koran lesen, ist ein reines Fantasieprodukt. Die angeblichen „Flugzeugentführer" vom 11. September gingen mit ihren Exemplaren des Korans so nachlässig um, dass sie sie überall liegen ließen: in Hotelzimmern, Mietwagen usw. Zumindest wollen uns Regierungsstellen dies glauben machen. Obendrein soll die heilige Schrift in der Regel zusammen mit Flughandbüchern gefunden worden sein. Wie leicht doch die Manipulatoren zu durchschauen sind – ganz wie die Nationalsozialisten sagten: Die beste Propaganda ist diejenige, die am einfachsten gestrickt ist. Sie wollen die Idee verkaufen, die Flugzeuge vom 11. September seien von islamischen Fanatikern geflogen worden? Okay – sagen Sie einfach, man habe an den entsprechenden Orten Exemplare des Korans sowie Handbücher für Piloten gefunden.

Unter dem Pseudonym „Said Ramzi" schloss sich einmal ein verdeckt agierender Reporter des französischen Fernsehens einer Gruppe von ISIS-Unterstützern an, die in Frankreich einen Terroranschlag planten. Über seine Recherchen, die er in seinem Film „Allah's Soldiers" dokumentiert hat, sagte er:

> Die militanten Kämpfer besaßen nur ein sehr geringes Verständnis des Islam – sie waren „Fast-Food-Dschihadisten". [...] Eine der Hauptlektionen war, dass ich den Islam bei der ganzen Geschichte nie zu Gesicht bekam. [...] Kein Wille, die Welt zu verbessern. Nur verlorene, frustrierte, selbstmordgefährdete, leicht manipulierbare Jugendliche.

Abb. 514: „Verdeckte Hand – Geheimgesellschaften – Militärgeheimdienste – Anführer der Terrorgruppen – gewöhnliches Fußvolk" – Die Akteure an der Basis haben keine Ahnung, wer ihre wahren Herren sind.

Ein Mitglied der Gruppe drängte „Ramzi", sich ihm auf dem „Weg ins Paradies" anzuschließen und sich seine Belohnung von Allah zu sichern – durch ein Selbstmordattentat: „Unsere Frauen warten dort auf uns, mit Engeln als Diener. Du wirst einen Palast haben und ein geflügeltes Pferd aus Gold und Rubinen." Halte ich eher für unwahrscheinlich. Das jedenfalls ist die Art von Menschen, mit denen wir es hier in Wirklichkeit zu tun haben: leicht beeinflussbare Schwachköpfe, die von Leuten gesteuert werden, die innerhalb der Hierarchie höhere Ränge besetzen und deren bloße Existenz den Erstgenannten unbekannt ist. Die Mitglieder von „Ramzis" Gruppe unterstanden einem ISIS-Mittelsmann aus Raqqa – doch von wem wurde er kontrolliert und mit welchen Zielen? Davon hatten sie nicht die leiseste Ahnung. Die in Abb. 514 dargestellte Need-to-know-Struktur stellt sicher, dass die jeweils niedrigere Ebene weniger weiß als die darüber befindliche. Bewegt man sich in der Hierarchie nur wenige Stufen aufwärts, gelangt man schnell an den Punkt, an dem sich keine Verbindung zum Islam mehr feststellen lässt.

Immer wieder bekommen wir nach Terroranschlägen zu hören, dass die angeblichen Attentäter den Sicherheitsorganen bereits bekannt waren. Das gilt für die amerikanischen Dienste FBI und CIA ebenso wie für ihre europäischen Pendants. Das Phänomen tritt so häufig auf, dass sich im Englischen ein eigener Begriff dafür eingebürgert hat: „Known Wolf". Manche Anschläge sind hundertprozentige Inszenierungen, bei denen sogenannte „Krisenschauspieler" zum Einsatz kommen und auch in den Medien auftreten. Einige von ihnen wurden überführt, in variierender Kostümierung bei verschiedenen Ereignissen beteiligt gewesen zu sein. Es mag grotesk klingen, doch es gibt tatsächlich Firmen, die darauf spezialisiert sind, Personen für die überzeugende Teilnahme an Großübungen auszubilden. Eines dieser Unternehmen erklärte:

> Wir inszenieren Ereignisse für die wachsenden Sicherheitsbedürfnisse in Großbritannien, im Nahen Osten und in anderen Teilen der Welt. Unsere spezialisierten Rollenspieler, von denen viele über eine Sicherheitsfreigabe verfügen, werden von Verhaltenspsychologen geschult und haben das Verhalten von Kriminellen bzw. Opfern gründlich einstudiert. Polizei, Armee, Rettungsdienste, Krankenhäuser, Schulen, örtliche Behörden, private Sicherheitsfirmen, Einkaufszentren, Flughäfen, Großunternehmen, Justiz, Medien, Militär und die Regierung können mit ihrer Hilfe Szenarien nachstellen, bei denen es zu lebensrettenden Einsätzen kommt. […] Wir

bedienen uns modernster Verfahren, Requisiten und Spezialeffekte der britischen Filmindustrie.

Ähnlich ausgerichtete Organisationen bieten unverhohlen Dienste an, bei denen man ganze Personengruppen für getürkte Proteste buchen kann. Krisenschauspieler, falsche Demonstranten und Videos, in denen man dem Sprecher beliebige Worte in den Mund legen kann: Das ist die Welt, in der wir heute leben. Die Menschen sollten eine gewisse Bauernschläue entwickeln und lernen, nicht alles für bare Münze nehmen. Der von der *El*-ite fabrizierte Terrorismus dient einem einzigen Ziel: Man will Sie derart in Furcht versetzen, dass Sie um der Sicherheit und des Schutzes willen Ihre Freiheiten opfern. *Fallen Sie darauf nicht herein.*

Der Exodus

Die Angst vor dem Terrorismus ist absichtlich geschürt worden, indem man gewaltige Wanderungsbewegungen vom Nahen und Mittleren Osten sowie Nordafrika in Richtung Europa forcierte (Abb. 515). Aus der Vielzahl von Absichten, die mit den Migrationsströmen verfolgt werden, stechen zwei heraus: Zum einen sollen die verschiedenen europäischen Kulturen und Traditionen verwässert werden; zum anderen wird das „Teile-und-herrsche"-Prinzip ausgenutzt, indem man Einheimische und Zuwanderer gegeneinander ausspielt. Souveräne Staaten sollen abgeschafft und in Regionen untergliedert werden, die dann Superstaaten wie der EU unterstehen – die wiederum von der Weltregierung gesteuert werden. Ein beständiger Sinn für Kultur, Geschichte und Tradition würde die *El*-ite vor große Probleme stellen: Ihr ist klar, dass ein solches Bewusstsein hinsichtlich ihrer Bestrebungen, die Nationalstaaten zu beseitigen, sie durch einen in Regionen untergliederten Kulturmischmasch zu ersetzen und eine Diktatur zu errichten, erheblichen Widerstand zu mobilisieren vermag. Daher wird die kulturelle Identität der Europäer systematisch zersetzt, indem man Millionen Einwanderer aus gänzlich andersgearteten Kulturen nach Europa lenkt. Der Rockefeller-Vertraute Dr. Richard Day wusste schon 1969, dass dies im Zuge der gesellschaftlichen Umgestaltung geschehen würde. Er sagte die massenhafte Zuwanderung von Menschen voraus, die in

Abb. 515: „Die Migrationskrise war von langer Hand geplant." – Die Menschenmassen, die nach Europa strömen, sind Bestandteil einer weit umfassenderen Agenda.

ihrem neuen Umfeld ohne Wurzeln sein würden, da „Traditionen an einem Ort, an dem es viele Zugezogene gibt, leichter zu verändern sind als dort, wo die Menschen aufgewachsen sind und eine große Familie haben – wo sie verwurzelt sind". Die Frankfurter Schule, die in den 1920er-Jahren von den Zionisten als Werkzeug zur Steuerung der Gesellschaft gegründet worden war, wünschte sich „massenhafte Immigration, um die nationale Identität zu zerstören". Die Migrationskrise ist nicht zufällig entstanden, sondern folgt einem Plan. Es begann mit den unschwer vorherzusehenden Folgen, die Tod, Zerstörung und Chaos in Afghanistan, Irak, Libyen, Syrien und anderswo nach sich zogen. Natürlich trachteten zahllose Menschen danach, der Angst und der Gewalt zu entkommen, was nur in einer Himmelsrichtung möglich war: Nordwärts, gen Europa.

Doch hinsichtlich ihres Zieles, die europäische Kultur unterzupflügen, genügte das der *El*-ite nicht. Neben den Strömen echter Flüchtlinge, die tatsächlich unsere Hilfe benötigen und verdienen, ermöglichte sie daher einer ungleich höheren Zahl von Menschen, die Not der wahren Leidtragenden zu missbrauchen, um sich in deren Windschatten aus rein wirtschaftlichen oder persönlichen Motiven nach Europa zu begeben. Sofern die Migranten versuchen, Länder zu verlassen, die aufgrund der Aktivitäten des Westens (lies: des Spinnennetzes) wirtschaftlich am Boden liegen, ist das sogar verständlich; dennoch bleibt die Wanderungsbewegung eine Tatsache, und der Begriff „Flüchtling" wird unterschiedslos verwendet, obwohl er auf die große Mehrheit der Zuwanderer nicht zutrifft. Wer einen Blick auf die Migrantenströme wirft, die sich gen Norden bewegen, erkennt sofort, dass sie von jungen, erwachsenen Männern dominiert werden, während Familien und Kinder die absolute Ausnahme bilden (Abb. 516). Einer Analyse zufolge handelte es sich bei 58 Prozent der 2015 auf dem Seeweg nach Europa gelangten Migranten um Männer; Frauen stellten 17 Prozent, 25 Prozent waren minderjährig. Der Großteil der Zuwanderer, die Deutschland erreichten, konnte weder einen Pass noch anderweitige Dokumente vorlegen, die ihre Herkunft ausgewiesen hätten. Die Zahlen des UNO-Kommissariats für Flüchtlinge (UNHCR) zeigten jedoch, dass beispielsweise der größte Teil der 180.000 Migranten, die 2016 über das Meer Italien erreichten – nämlich ein knappes Fünftel –, aus Nigeria stammte, gefolgt von Sudan, Gambia, der Elfenbeinküste, Guinea, Somalia, Mali, Senegal und Bangladesch. Bei der Zuwanderung geht es nur marginal darum, die echten Flüchtlinge aus Syrien und Libyen zu unterstützen. Glaubt denn irgendjemand tatsächlich, eine

Abb. 516: „Migration gen Europa: Schachfiguren in einem viel größeren (und seit Langem geplanten) Spiel" – Bei der überwiegenden Mehrheit der Migranten handelt es sich nicht um Familien oder Kinder, die vor dem Krieg fliehen (Flüchtlinge), sondern um junge, erwachsene Männer (Wirtschaftsmigranten).

El-ite, die Kinder opfert, würde sich um Migranten sorgen? Sie stellen lediglich Schachfiguren dar, die je nach Bedarf eingesetzt und missbraucht werden können. Die Strippen, an denen die Zuwanderer hängen, werden von derselben Hand gelenkt, die auch die einheimischen Völker dirigiert.

Laut einem Geheimdienstpapier, das im Mai 2017 der *BILD-Zeitung* zugespielt wurde, hätten in den Mittelmeerländern annähernd sieben Millionen Menschen darauf gewartet, ihre Reise nach Europa anzutreten. In Libyen und Ägypten seien es jeweils eine Million gewesen, in der Türkei 3,3 Millionen, die übrigen hätten sich auf Algerien, Tunesien, Marokko und Jordanien verteilt. Sollte die Vereinbarung zwischen der EU und der Türkei platzen, die zwecks Eindämmung des Migrantenstroms geschlossen wurde, würden die Zahlen erneut dramatisch in die Höhe schnellen. Natürlich ist es nicht politisch korrekt, das auszusprechen – doch was kümmert's mich. All das sind Tatsachen und Wahrheiten, denen wir uns stellen müssen, bevor es zu spät ist. Die Progressiven und diejenigen, die sich vor ihnen fürchten, sind nicht an Fakten oder der Realität interessiert, sondern nur an großflächigem Virtue Signaling.

Alles seit Langem geplant

Der Prozess der kulturellen Umgestaltung begann vor vielen Jahrzehnten – etwa in Großbritannien und Schweden –, als einige Politiker ohne Rücksicht auf den Willen der Bevölkerung beschlossen, ihre Gesellschaft künftig „multikulturell" zu gestalten. Die ersten 15 Jahre meines Lebens verbrachte ich in Leicester, einer in den englischen Midlands gelegenen Stadt, die auf der Liste der Multikulti-Verfechter ganz oben stand. Weiße sah man dort nur bis in die 1950er-Jahre; schon in den 1970ern hatte sich das Bild derart dramatisch gewandelt, dass die Einwohner von Leicester, die ihr ganzes Leben in der Stadt verbracht hatten, manche Bezirke ihres Geburtsortes kaum noch wiedererkannten. Wer sich über das Ausmaß der Veränderungen beschwerte, wurde als Rassist gebrandmarkt – nicht anders, als es heute der Fall ist. Doch bei den meisten von ihnen handelte es sich keineswegs um Rassisten. Sie waren schlicht beunruhigt und besorgt, als ihre gewohnte Umgebung vor ihren Augen verschwand und sie mit ansehen mussten, wie eine fremde Kultur Einzug hielt, die sie weder kannten noch verstanden. Für ihre Gefühlslage gab es keinerlei Verständnis. Das einzige, das ihnen Behörden, Medien und diejenigen entgegenbrachten, die man heute als Progressive bezeichnen würde – und die meinen, Mitgefühl würde nur verdienen, wer mit ihrem Weltbild übereinstimmt –, waren Schmähungen und Verachtung. Die stille Frustration führte zum Erstarken der extremen Rechten, etwa in Gestalt der British National Front.

Dasselbe erleben wir heute in ganz Europa: eine Wiederauflage dessen, was sich vor Jahrzehnten in Leicester abspielte, nur in ungleich größerem Maßstab. Das Problem bestand damals schlicht in der *Zahl* der Neuankömmlinge. Mit der ersten Welle von Einwanderern, die größtenteils von den Westindischen Inseln stammten, kamen wir alles in allem gut aus. An meiner Schule vertrugen sich alle, und im Geist wechselseitiger Integration schlossen wir Freundschaft und wurden Kameraden. Aus dem Ruder lief die Sache erst, als die Zahl der Immigranten aufgrund des massiven Zustroms von Asiaten (einschließlich ugandischer Asiaten) immer weiter in die Höhe kletterte. Binnen weniger Jahre war die Kultur von Leicester komplett umgewandelt worden. Mithin ging es nun in vielen Wohngebieten nicht mehr um Integration, sondern um kulturelle Dominanz und die Verdrängung dessen, was zuvor bestanden hatte. Denjenigen, deren Gemeinden von einer hereinströmenden Kultur buchstäblich übernommen wurden, verwehrte man das Mitspracherecht, und man beschimpfte sie als Rassisten und Fanatiker. Die politische Korrektheit ist eigens dazu geschaffen worden, den Menschen auf solche oder andere Weise einen Maulkorb verpassen zu können. Die Volkszählung von 2011 ergab, dass die Bevölkerung von Leicester zu 45 Prozent aus weißen Briten bestand. Zehn Jahre zuvor waren es noch 61 Prozent gewesen – und die Zahl ist dazu bestimmt, weiter zu fallen. Die Progressiven und ihre Brüder im Geiste, die pausenlos mit dem Begriff „Rassist" um sich werfen, sind unfähig, den Unterschied zwischen Kulturen und *Zahlen* zu begreifen. Ich liebe kulturelle Vielfalt – wie langweilig wäre es schließlich, wenn wir alle gleich wären; doch muss ich bei meinen Reisen rund um die Welt erschüttert mit ansehen, wie die Vielfalt Jahr um Jahr mehr zu einem neutralen Einheitsbrei verklumpt. Man könnte ihn als McDonald's-Nike-Apple-„Kultur" bezeichnen. Man schützt die kulturelle Vielfalt nicht, indem man eine Kultur durch eine andere ersetzt. Unter der immer weiter steigenden Zahl der Migranten leiden auch die Zuwanderer der ersten Stunde und deren Nachfolger. Aber keine Sorge – ein Krug kann schließlich ohne Ende Wasser aufnehmen, ohne jemals überzufließen.

Die kindliche Naivität, die hier zum Ausdruck kommt, ist unfassbar. Seit die Neubürger von Leicester einen entscheidenden Teil der Wahlberechtigten stellen und in den städtischen Gremien politische Macht erlangten, hat sich die behördliche Tendenz zur Bevorzugung der neuen Kultur – bei gleichzeitiger Benachteiligung der traditionellen Werte – erheblich verschärft. Dieselbe Schieflage lässt sich heute in vielen Teilen Europas beobachten. Sollten die Progressiven eines Tages diese Zeilen lesen, werden sie Schnappatmung bekommen und „Rassist!" kreischen – etwas anderes kennen sie gar nicht. Doch ich bin bestrebt, die Angelegenheit mit einer gewissen Reife und aus einer ganzheitlichen Perspektive zu betrachten, statt der Kurzsichtigkeit Raum zu geben, die sich aus blindwütiger Selbstgerechtigkeit und Virtue Signaling speist. Ich will die extreme Rechte ebenso wenig an der Macht sehen wie die extreme Linke oder die extreme Mitte. Ich wünsche mir erwachsene, anständige Mitmenschen, die in ihrer Mitte sind und Grautöne wahrzunehmen vermögen. Jede Angelegenheit hat mindestens zwei Seiten; solange man nur eine davon in Betracht zieht, wird man die Gegebenheiten nicht klar erkennen können.

Die Idee, dass die Massenzuwanderung zum Vorteil der *El*-ite eingefädelt worden ist, wird durch die maßgebliche Rolle deutlich, die Tony Blair dabei spielte. Wann immer der genetisch bedingte Lügner und Kriegsverbrecher den Mund aufmacht bzw. zur Tat schreitet, sieht man die *El*-ite agieren. An seinem leidenschaftlichen Engagement für die Europäische Union konnte man erkennen, wie bedeutsam der Verbund für die Installation der Kontrollstrukturen ist. Andrew Neather, der für Blair und die ehemaligen britischen Innenminister Jack Straw und David Blunkett als Berater und Redenschreiber tätig war, hat enthüllt, wie die Zuwanderungskontrollen unter dem Labour-Premierminister Blair vorsätzlich gelockert wurden, um „Großbritannien für die massenhafte Einwanderung zu öffnen". Neather zufolge hätten Blair und seine Minister ihre politischen Aktivitäten geheim gehalten, da sie fürchteten, es sich andernfalls mit der „Kernwählerschaft aus der Arbeiterschicht" zu verscherzen – insbesondere in Regionen, in denen die Migranten bekanntermaßen mit den Einheimischen um die Arbeitsplätze kämpfen und die Löhne drücken, da sie sich für geringeres Entgelt verdingen. Schon seit Langem betrachtet die Hierarchie innerhalb der Labour-Partei ihre traditionelle, der weißen Arbeiterschaft zugehörige Basis mit Geringschätzung. Daran hat sich bis heute nichts geändert – allen Losungen und leeren Versprechungen zum Trotz. Die „Progressiven" befürworten – ebenso wie die Linken ganz allgemein – die massenhafte Zuwanderung, obwohl es die Reichen sind, die von ihr am meisten profitieren: Ihnen ermöglicht die Migrationswelle, die Lohnkosten zu reduzieren und billige Arbeitskräfte auszubeuten. Statt ihrer „Kernwählerschaft aus der Arbeiterschicht" die Wahrheit zu sagen, haben Blair und seine Bande öffentlich argumentiert, die Migrationswelle würde wirtschaftliche Vorteile bringen (stimmt – für die Wohlhabenden), weshalb Großbritannien mehr Zuwanderer bräuchte. Innerhalb einer Dekade, während der Tony Blair und später sein äußerst seltsamer Parteigenosse Gordon Brown das Amt des Premierministers bekleideten, konnten sich in Großbritannien 2,2 Millionen Migranten ansiedeln. Das entspricht der doppelten Bevölkerungszahl von Birmingham, der zweitgrößten Stadt des Königreichs. Neather sagte des Weiteren, dass man im Jahr 2000 in einem geheimen Regierungsbericht für eine Masseneinwanderung plädierte, mit der das kulturelle Gefüge Großbritanniens für immer verändert werden sollte. Genau dasselbe will man in ganz Europa erreichen. Das ist die einfache und offenkundige Tatsache, die die Machthaber niemals öffentlich einräumen werden – während sich die Progressiven weigern, sich ihr zu stellen. Gegen individuelle, unverwechselbare Kulturen wird Krieg geführt. Das ist einer der Gründe, warum unersetzliche antike Kunstschätze zerstört oder gestohlen (oder, wie im Fall von Mossul, ganze Städte ausradiert) werden. So geschah es in den Ländern, in die die Vereinigten Staaten bzw. deren terroristische Stellvertreterarmeen einmarschiert sind, etwa in Syrien oder im Irak.

Dieselbe Politik, die Blair verfolgte, ist auch von mehreren schwedischen Regierungen in Folge betrieben worden. Den Startschuss für die schwedische Multikulturalität, die in den 1960er-Jahren ihren Anfang nahm, gab ein polnischer Zionist namens David Schwarz, der zu Beginn der 1950er-Jahre nach Schweden emigriert war. Bald hatte er sich zum führenden Vorkämpfer für die staatliche Unterstützung von Einwanderern gemausert und begann sich für den Schutz der fremden sowie für die Verwässerung der einheimischen Kultur starkzumachen. 1975 wurde daraus schließlich offizielle Regierungspolitik. Im Jahr 2001 erklärte die sozialdemokratische Politikerin Mona Sahlin, dass „die Schweden in das neue Schweden integriert werden müssen – das alte Schweden wird niemals zurückkehren". Das schwedische Fernsehen zeigt staatlich finanzierte Propagandavideos, die praktisch dasselbe aussagen. Der „progressive" schwedische Politiker Fredrik Reinfeldt, der von 2006 bis 2014 als Ministerpräsident amtierte, hatte auf eine Verstärkung der Zuwanderung gedrängt. Er vertrat unter anderem die Meinung, die Schweden seien „langweilig", Landesgrenzen seien eine Fiktion, und „originär schwedisch" sei „lediglich die Barbarei" – alles andere sei von außerhalb gekommen. Also zumindest seine atemberaubende Arroganz, würde ich hinzufügen, ist ebenfalls eindeutig hausgemacht. Wagt es in Schweden jemand, solche Äußerungen oder die Politik im Allgemeinen anzufechten, werden die Schweden als rassistisch gebrandmarkt. Dabei sind sie eines der tolerantesten und egalitärsten Völker der Welt. Die amerikanische Zionistin und Gelehrte Barbara Lerner Spectre, die in den 1960er-Jahren nach Israel übersiedelte, bevor sie sich mit ihrem Gatten, dem Rabbi Philip Spectre, in Schweden niederließ, nimmt hinsichtlich der Rolle, die die Zionisten bei der Umgestaltung der europäischen Kultur spielen, kaum ein Blatt vor den Mund. Spectre ist die Gründerin von Paideia, dem Europäischen Institut für jüdische Studien in Schweden, das von der schwedischen Regierung finanziert wird. In einem Fernsehinterview sagte sie:

> Ich denke, der Antisemitismus lebt wieder auf, da Europa zum jetzigen Zeitpunkt noch nicht gelernt hat, multikulturell zu sein. Ich glaube, wir werden Teil der schmerzhaften Transformation sein, die stattfinden muss. Europa wird nicht länger aus den monolithischen Gesellschaften bestehen, wie es im letzten Jahrhundert der Fall war.
>
> Juden werden zentral daran beteiligt sein. Es ist eine gewaltige Umwandlung, die Europa zu durchlaufen hat. Der Kontinent tritt jetzt in einen multikulturellen Modus ein. Man wird [uns] Juden wegen unserer führenden Rolle hassen. Doch ohne diese führende Rolle und ohne die Transformation wird Europa nicht überleben.

Die Arroganz, die aus diesen Worten spricht, ist grenzenlos. Ironischerweise haben die israelischen Machthaber für afrikanische Immigranten nur Verachtung übrig und offerieren ihnen sogar Geld und Flugtickets, damit sie das Land wieder verlassen. Der ehemalige israelische Innenminister Eli Yishai ist mit der Aussage zitiert worden, die Behörden seines Landes würden den eingewanderten Afrikanern „das Leben schwer machen", bis sie aufgeben und sich von der Regierung abschieben lassen. Israels Premierminister Netanjahu sagte: „Wenn wir deren Zustrom nicht stoppen, könnte sich das Problem, das im Augenblick 60.000 Personen umfasst, bald auf 600.000 belaufen. Damit wäre unsere Existenz als jüdischer und demokratischer Staat bedroht." Israel will weder Flüchtlinge noch Migranten, strebt jedoch im Rahmen seiner Pläne an, ein Großisrael (Eretz Israel) zu schaffen, nach einer möglichst vollständigen Säuberung des Nahen Ostens von Nichtjuden. Arnon Soffer, der in der israelischen Stadt Haifa als Universitätsprofessor tätig ist, sagte: „Wir erleben den Beginn einer [vom Nahen Osten ausgehenden] Völkerwanderung, ähnlich wie einst der Einfall der Seevölker oder der Hunnen." Einmal mehr benutzt Spectre die Mär vom „Wiederaufblühen des Antisemitismus", um den Widerstand der Europäer gegen das Verschwinden ihrer Kultur zu erklären. Sie könnte ja einmal die Möglichkeit in Betracht ziehen (natürlich wird sie das niemals tun), dass sie die *Ursache* für den Unmut ist, dessen Opfer sie zu sein behauptet: Immerhin besitzt sie einen derart übersteigerten Eigendünkel, dass sie allen Ernstes ganz Europa darüber belehrt, wie die Dinge zu laufen haben – ob es den betroffenen Menschen, die mehrere Hundert Millionen umfassen, nun gefällt oder nicht.

Das Ergebnis der schwedischen Einwanderungspolitik, die praktisch keinerlei Grenzen gelten lässt, ist ein absolutes Desaster – sowohl für den überwiegenden Teil der Zuwanderer als auch für die angestammte Bevölkerung. Im Verhältnis zur Einwohnerzahl hat Schweden mehr Migranten aufgenommen als irgendeine andere Industrienation. Allein im Jahr 2015 gestattete das Land 180.000 Zugewanderten die Ansiedlung – das sind mehr Menschen, als irgendein schwedischer Ort Einwohner zählt, mit Ausnahme der drei bevölkerungsreichsten Städte. Viele von ihnen werden – wie in anderen Ländern auch – deshalb akzeptiert, weil sie minderjährig sind: Kinder und Jugendliche, die deutlich über 1,80 Meter messen, äußerst muskulös sind und Bärte tragen. Doch sobald man solchen Schwachsinn beim Namen nennt, ist man ein Rassist. Neue Methoden der Altersfeststellung ergaben, dass drei von vier Migranten, denen in Schweden aufgrund ihrer Minderjährigkeit Asyl gewährt wurde, in Wirklichkeit über 18 waren. Die einst blühende schwedische Wirtschaft wird von den immensen Kosten zerrüttet, die für die Unterbringung und den Unterhalt absurd hoher Zuwandererzahlen anfallen – die zudem meist ohne Sprachkenntnisse eintreffen, sodass ihre Chancen, eine Anstellung zu finden, in aller Regel gleich null sind. Das berühmte schwedische Sozialsystem geht unter der ständig wachsenden Last in die Knie. Doch die Progressiven fordern, gestützt auf die irre Idee vom „weißen Unterdrücker" und der angeblich daraus resultierenden Schuld, unentwegt eine Ausweitung der Immigration. Victoria Kawesa, die in Uganda geborene Parteivorsitzende der Feministiskt Initiativ, will sämtliche Grenzen öffnen und die Abschiebung straffällig gewordener Migranten stoppen, selbst im Fall von Vergewaltigern. Na, wenn das nicht eine beeindruckende „feministische Initiative" ist! Ach ja, und sie hat eine Steuer für Männer vorgeschlagen. Fragen Sie mich nicht! Niemals wird Frau Kawesa die Demut aufbringen, die Möglichkeit in Betracht zu ziehen, dass sie vielleicht *selbst* zu dem Groll beiträgt, den viele Einheimische gegenüber den Migranten hegen – als eine Frau, die einst in Schweden willkommen war, als sie aus Afrika fliehen musste, sich jetzt jedoch für die Abschaffung sämtlicher Grenzkontrollen einsetzt und somit die Zerstörung des traditionellen Schweden in Kauf nimmt. Aberwitzige, von Selbstsucht strotzende Äußerungen wie die von Kawesa oder Spectre bewirken, dass die Menschen *allen* Einwanderern und *allen* Juden gegenüber Ressentiments entwickeln und sie allesamt über einen Kamm scheren. Sie *verursachen* genau das, was sie angeblich bekämpfen. Natürlich machen es ihnen ihre gigantischen Egos und ihre grenzenlose Aufgeblasenheit unmöglich, das zu erkennen.

In einem Video war ein Migrant zu sehen, der einem deutschen Mann erklärte, dass der Islam in Deutschland Einzug halten, seine Tochter ein Kopftuch und sein Sohn Bart tragen werde. Sie würden sich, fuhr er fort, so viel schneller als die Deutschen vermehren, dass sie das Land über die Geburtsrate erobern würden. Hinzu kämen all die Angehörigen, die ebenfalls immigrieren dürfen, sobald einem Familienangehörigen Asyl gewährt worden ist. Doch solche Aufnahmen wirken auf *alle* Migranten zurück. In einem anderen Video brüstete sich ein Moslem damit, europäische Frauen vergewaltigt zu haben: „Wir nehmen den Europäern ihr Europa weg, doch die sind zu dumm, um sich zu wehren." … „Sie werden uns dafür bezahlen, dass wir sie erobern und ihnen ihr Land wegnehmen." … „Worauf ich mich am meisten freue, ist die Zerstörung der europäischen Weiblichkeit." Ein anderer Migrant gab damit an, zusammen mit sieben anderen Männern ein jungfräuliches weißes Mädchen vergewaltigt zu haben. *So wird zwischen den verschiedenen Ethnien ganz bestimmt Harmonie entstehen, oder?* Vielleicht möchten sich ja die feministischen Progressiven einmal dazu äußern.

Mir persönlich könnte der ethnische Hintergrund eines Mitmenschen nicht gleichgültiger sein. Wir sind alle Teile desselben Bewusstseins, die verschiedene Erfahrungen machen. Mich interessiert, was für ein Mensch jemand ist und was er tut – unabhängig von seinem Glaubensbekenntnis oder persönlichem Hintergrund. Da jedoch die Manipulatoren die ethnische Zugehörigkeit in den Vordergrund stellen, müssen wir uns – wenn wir deren Agenda verstehen wollen – mit der Thematik befassen. Die weißhäutigen Völker Europas werden unter Beschuss genommen. Lamya Kaddor, eine deutsche Islamwissenschaftlerin syrischer Abstammung, erklärte in einer Sendung des deutschen Fernsehens, dass „Deutschsein" in Zukunft bedeuten würde, einen Migrationshintergrund zu haben – „nicht mehr [...] blaue Augen, helle Haare und ‚wir sind alle deutsch', sondern deutsch bedeutet auch, ein Kopftuch zu tragen". Kaddor war daran beteiligt, an öffentlichen deutschen Schulen das Fach Islamkunde einzuführen, und gab die erste deutsche Koranübersetzung für Kinder und Erwachsene heraus. In Musikvideos wird das Kopftuch bzw. die muslimische Kopfbedeckung schon als *feministisches* Symbol dargestellt. Der derzeitige österreichische Bundespräsident Alexander Van der Bellen, ein geistig beschränkter Politiker, der einst in führender Position bei den Grünen tätig war, rief alle Frauen dazu auf, aus Solidarität mit den Muslimen Kopftücher zu tragen – um ein Zeichen gegen die „ausufernde Islamophobie" zu setzen. Was ist mit seiner ausufernden Blödheit? Dann sollten wir gleich Nägel mit Köpfen machen und darauf bestehen, dass alle Frauen die Burka tragen, oder? Frauen sollten kein Gehör bekommen und schon gar nicht *gesehen* werden – richtig? Das Motiv der Islamisierung der westlichen Gesellschaft tritt immer deutlicher zutage. Jedoch geschieht das nicht zum Vorteil des Islam: Die Verdeckte Hand missbraucht den Islam für ihre Zwecke – so, wie es auch der Fall war, als sie den Wahhabismus/die Scharia-Gesetzgebung schuf, um den säkularen Islam weiter zurückzudrängen. Vor allem Kinder und Jugendliche werden ins Visier genommen, damit die westliche Gesellschaft später – wenn sie erwachsen sein werden – vollständig transformiert werden kann. Der österreichische Präsident Van der Bellen sprach beispielsweise vor Schulkindern, als er sich über das Kopftuch äußerte.

Pssst! Die Wahrheit ist nicht erlaubt

Walter Lübcke, der ehemalige Regierungspräsident des Regierungsbezirks Kassel, reagierte auf die Bedenken, die die einheimische Bevölkerung angesichts der Einwanderungswelle vorbrachte, mit der Bemerkung: „Wer diese Werte nicht vertritt, kann [Deutschland] jederzeit verlassen. [...] Das ist die Freiheit eines jeden Deutschen." Was wird wohl in den Deutschen vorgehen, wenn man ihnen nahelegt, ihr eigenes Land zu verlassen, sollten sie sich über den massenhaften Zuzug von Vertretern grundlegend andersgearteter Kulturen beschweren? Forderungen nach obligatorischem Arabischunterricht für alle deutschen Kinder werden die Vorbehalte der angestammten Bevölkerung bestimmt nicht anheizen, oder? Was passiert, wenn einheimische Gemeinden mit ansehen müssen, wie die Menschen, die sich im Land niederlassen, unverwandt ganze Areale ihrer Kultur unterwerfen? In Parallelgesellschaften werden systematisch andersartige Kulturen unterdrückt und islamische Scharia-Gesetze eingeführt, als würde es sich um ein Land innerhalb eines anderen Landes handeln. Es ist dieselbe Scharia, die etwa in Indonesien gegen Homosexuelle oder Transgender-Personen zur Anwendung kommt. In dem genannten Land sind Schwule in aller Öffentlichkeit zusammengeschlagen worden, während größere Menschenmengen zusahen und applaudierten. Was sagt ihr *dazu*, ihr Progressiven? Sind wir wirklich so naiv zu glauben, dass die Fanatiker ihre Scharia nicht allen aufzwingen wollen, ganz gleich, wo sie sich befinden? Die Scharia gehört zum *Wahhabismus* (gleich Saudi-Arabien, gleich Israel, gleich revisionistischer Zionismus, gleich sabbatianischer Frankismus, gleich Satanismus). Wie kann man es hinnehmen, dass muslimische (und nichtmuslimische) Frauen von einer männlich-muslimischen „Religionspolizei" drangsaliert und kontrolliert werden – in Ländern, in denen man dergleichen verabscheut? Als die Repräsentanten einer schwedischen Moschee einmal von einem Team des dortigen Fernsehens zur Idee der geschlechtlichen Gleichstellung befragt wurden, hieß es, sie würden sie befürworten. Später kehrten zwei der beteiligten weiblichen Journalisten als Musliminnen verkleidet zurück und filmten heimlich, wie ihnen dieselben Personen sagten, sie müssten mit ihren Ehemännern auch dann sexuell verkehren, wenn sie das gar nicht wollten, und sich von ihnen schlagen lassen, ohne die Polizei zu rufen. Das widerspricht allem, wofür Schweden einst stand; doch die Hälfte dieser Moscheen wird vom Staat finanziert. Dabei geht es nicht nur darum, den Nichtmuslimen mit Anstand zu begegnen und deren Freiheit zu respektieren: Was ist mit der entsetzlichen Behandlung, die muslimischen Frauen auf der Basis der wahhabitischen Scharia-Gesetze zuteil wird, nach denen eine Frau kaum mehr als eine Sklavin ihres programmierten Gatten darstellt? In einigen Ländern – darunter Deutschland – erleben wir ferner eine Welle von „Ehrenmorden", bei denen Frauen getötet werden, weil sie sich in die „falschen" Personen verliebt hatten oder sich bestimmte Männer von ihnen beleidigt fühlten. Warum hört man hierzu nichts von den Progressiven? Diese Dinge geschehen heute überall in Europa. In einem Bericht der britischen Regierung kam heraus, dass die Schüler einer in Birmingham gelegenen Schule nach Geschlechtern getrennt worden waren und die Schulbibliothek Bücher führte, in denen Gewalt gegen Ehefrauen gutgeheißen wurde.

Die schwedische Feministin und ehemalige Sozialdemokratin Nalin Pekgul sagte im schwedischen Fernsehen, dass sie sich in dem Stockholmer Außenbezirk, in dem sie seit 30 Jahren lebt, nicht mehr sicher fühle. Der Grund dafür sei eine Zunahme des religiösen Fundamentalismus, der unter Männern herrsche. Sie könne sich nicht mehr ins Stadtzentrum ihres Bezirks begeben, ohne belästigt zu werden. Die Politikerin Zeliha Dagli, vormals Mitglied der Linken Partei, zog von ihrem Vorort wegen der muslimischen „Moralpolizei" weg, die das Verhalten der Frauen in dem Gebiet kontrollieren will. Die Aggressivität gegenüber Feministinnen sei, wie sie erklärte, zu einem Problem geworden, und sie fühle sich nicht mehr sicher. Ach, nee! Man beachte die Ironie, die darin liegt. Genau so wird es auch allen anderen Progressiven ergehen, wenn dieser Entwicklung weiterhin Raum gegeben wird. Die Autoren eines Berichts, der von der schwedischen Zivilschutzbehörde MSB in Auftrag gegeben wurde – einer Behörde, die dem Verteidigungsministerium angegliedert ist –, sprachen darin eine ernste Warnung aus. Demnach würden Extremisten der Muslimbruderschaft danach trachten, den Islam in Schweden zu verbreiten und Spannungen in der säkularen Gesellschaft zu säen; außerdem nähmen sie Parteien, Institutionen und Organisationen ins Visier, um klammheimlich eine „Parallelgesellschaft" in Schweden aufzubauen. Da die schwedische Bevölkerung nur zehn Millionen Menschen umfasst, ließe sich ein solcher Infiltrations- und Übernahmeprozess dort deutlich schneller bewerkstelligen als in größeren Ländern. Des Weiteren läuft dem Bericht zufolge jeder, der diese Entwicklung infrage stellt, „Gefahr, als ‚Rassist' oder ‚islamophob' beschimpft zu werden, und setzt damit – angesichts der Situation innerhalb der schwedischen Gesellschaft – seine Karriere aufs Spiel". Die Aufgabe der politischen Korrektheit besteht darin, die Bloßstellung des tatsächlichen Geschehens so lange zu unterdrücken, bis das Ziel mit einem Minimum an Anfechtungen erreicht worden ist.

Robert Menard, der Bürgermeister des französischen Städtchens Béziers, musste ein Bußgeld von 2.000 Euro zahlen, weil er mit der Bemerkung, an den örtlichen Schulen gebe es zu viele muslimische Kinder, „Hass geschürt" habe. Eine der betroffenen Schulklassen bestehe zu 91 Prozent aus muslimischen Kindern: „Für die Kinder und deren Mütter ist es nicht wünschenswert, Ghettoschulen zu haben. Damit Lösungen gefunden werden können, ist es notwendig, die Dinge beim Namen zu nennen." Doch da dies der Migrationsagenda in die Quere kommen würde, lässt man das nicht zu. Migranten und Einheimische werden dabei gleichermaßen benutzt – denn die *El*-ite hat für beide Seiten nur Verachtung übrig. Der französische Präsident und Rothschild-Vasall Macron gab bekannt, dass die Regierung in ganz Frankreich 62 Hotels kaufen werde, um sie zu Flüchtlingsunterkünften umzufunktionieren. Bürgermeister und Polizeiverbände machten sogleich darauf aufmerksam, dass dies für kleine Städtchen zur Folge haben könne, „mit Hunderten alleinstehender Männer gefüllt" zu werden. Genau das ist die Absicht dahinter – und die Einheimischen sind in diesem „Spiel" ebenso Schachfiguren wie die „alleinstehenden Männer". Sobald man irgendetwas von all dem ausspricht, überschlagen sich die Progressiven (und das Establishment, das sie stützen) damit, „Rassist" zu kreischen. Doch ihr könnt so viel krakeelen, wie ihr wollt – mich kümmert's nicht. Die Dinge müssen auf den Tisch, und von arroganten, selbstgerechten, kurzsichtigen Egomanen dürfen wir uns dabei nicht einschüchtern lassen. Wir müssen die Ausgewogenheit und den gesunden Menschenverstand, die massiv untergraben worden sind, wiederbeleben. Wann immer Parteien Zulauf bekommen, die solchen Ansichten Ausdruck verleihen, die andernfalls vom Diktat der politischen Korrektheit und der orwellschen „Hassrede"-Gesetze unterdrückt werden würden, beklagen die Progressiven den „Aufstieg der extremen Rechten". Die politisch Korrekten *verursachen* gerade das, wogegen sie protestieren. Um das begreifen zu können, sind sie jedoch zu verblendet und zu sehr von ihrem eigenen Gutsein eingenommen.

Nachdem ich in den 1990er- und den frühen 2000er-Jahren etliche Male in Schweden aufgetreten war, ergab es sich erst 2017 wieder, dass ich in einer schwedischen Stadt (nämlich in Göteborg) vor einem Publikum sprach. Doch Schweden war nicht mehr dasselbe Land. In der Luft lag eine Atmosphäre der Angst, und man riet mir, mich nach Einbruch der Dunkelheit nicht mehr in bestimmte Gegenden zu begeben, in denen sich unter anderem ein Einkaufszentrum befand. Die Zahl der Vergewaltigungen ist drastisch gestiegen – allein im Jahr 2016 um 13 Prozent. Der schwedische Integrationsminister sah sich gezwungen, sich dafür zu entschuldigen, dass er einige Zeit zuvor behauptet hatte, Vergewaltigungsdelikte würden „seltener und seltener" werden. Damit hatte er auf die Aussage reagiert, Malmö sei zur „Vergewaltigungshauptstadt Europas" geworden. Das bedeutendste Musikfestival des Landes wurde für 2018 abgesagt, nachdem es im Jahr zuvor zu einer Reihe von Vergewaltigungen und sexuellen Übergriffen gekommen war. Eine schwedische Radiomoderatorin schlug daraufhin vor, ein Festival auszurichten, bei dem Männer keinen Zutritt hätten. Sie sagte: „Was würden Sie davon halten, wenn wir ein richtig tolles Festival auf die Beine stellen, bei dem nur Nicht-Männer willkommen sind – und das wir so lange veranstalten, bis *alle* Männer gelernt haben, sich zu benehmen?" Ich finde den Vorschlag, alle Männer (oder welche Gruppe auch immer) für die Handlungen einiger weniger Verbrecher zu bestrafen, statt offen den Schuldigen entgegenzutreten, erbärmlich und ziemlich finster. Wo soll das hinführen? Ich verstehe schon – sperren wir einfach alle Männer ein, um die Verbrechen zu sühnen, die eine Handvoll von ihnen begangen hat. Auf diese Weise stellen wir sicher, dass Männer keine Straftaten mehr begehen. Das ist verrückt, entspricht aber der Geisteswelt, mit der die „Progressiven" Sie beglücken wollen.

Der beträchtliche Einfluss, den sie ausüben, hat zur Folge, dass Schweden den Verstand verliert und jede Chance auf eine positive Zukunft verspielt. In Schweden ist sowohl die Häufigkeit von Sexualdelikten als auch die Zahl der Straftaten im Allgemeinen in die Höhe geschnellt. Gleichzeitig bemühen sich die Behörden verzweifelt, die Hintergründe dieser Entwicklung zu verschleiern, indem sie der Polizei verbieten, in ihren Akten die Ethnie bzw. Nationalität der Täter festzuhalten und somit die Wahrheit offenzulegen. In einem internen Schreiben, das im Stockholmer Polizeidezernat kursierte, wurden die Beamten angewiesen, die Öffentlichkeit nicht über die ethnische oder nationale Zugehörigkeit, Hautfarbe oder Körpergröße eines Verdächtigen zu informieren. Na, damit sollte es ja ein Kinderspiel sein, den Schuldigen zu finden. Wörtlich hieß es in der Mitteilung: „Mitunter wird die Polizei wegen der Informationen kritisiert, die die Hautfarbe der Personen betreffen. Dies wird als rassistisch aufgefasst." Hingegen scheint man die Angabe der Hautfarbe nicht als wesentliche Voraussetzung dafür aufzufassen, dem Übeltäter auf die Spur zu kommen. Aber gut – sie sind ja auch nur die Polizei. Die überregionale holländische Tageszeitung *De Telegraaf* berichtete, dass die Polizei ihr Vergünstigungen angeboten hatte – in Form von Aufmachern und Exklusivreporten –, wenn sie eine Anfrage fallen lassen würde, die sie im Rahmen des Informationsfreiheitsgesetzes gestellt hatte. Darin hatten sich die Journalisten erkundigt, wie viele Asylbewerber an Verbrechen beteiligt gewesen waren. Diese Enthüllung stellte einen Lichtblick dar, tragen doch die Mainstreammedien für gewöhnlich massiv dazu bei, die tatsächliche Situation zu verschleiern – so lange, bis die Zustände unumkehrbar geworden sind.

In Schwedens Städten gibt es „No-go-Areas", in die die Polizei keinen Fuß setzt – es sei denn, in entsprechend großer Zahl. Eine dieser verbotenen Zonen ist der inzwischen berüchtigte Stockholmer Stadtteil Rinkeby, der auch als „Klein-Mogadischu" bezeichnet wird. Man will uns weismachen, das sei nicht wahr, doch das ist es. Die neue Polizeiwache, die gegenwärtig in Rinkeby errichtet wird, verfügt über Fenster aus Panzerglas, blechverstärkte Wände und einen Schutzzaun. Man hat sie mit einer Festung oder einer militärischen Anlage verglichen. Wir sprechen hier von *Schweden*. Ich meine – *Schweden!* Im Juni 2017 fügte die schwedische Polizei der Liste der „besonders gefährdeten" Gebiete acht weitere hinzu, womit sich die Zahl der gefährlichsten No-go-Areas auf insgesamt 23 erhöhte. Über 50 Gebiete wurden als „gefährlich" eingestuft: Dabei handelt es sich um Areale mit hoher Verbrechensrate, in der die Polizei mit „besonders heftigen Anfechtungen" zu rechnen hat, möglicherweise gewalttätiger religiöser Extremismus herrscht und die Anwohner Verbrechen nicht melden – aus Angst vor Vergeltung. All das geschieht mitten im „freien" und „liberalen" Schweden unserer Tage. Der Plan sah von Anfang an vor, ähnliche Zustände in einem gigantischen „Teile und herrsche"-Manöver in ganz Europa zu schaffen. Laut Gordon Grattidge, dem Vorsitzenden der schwedischen Gewerkschaft der Krankenwagenfahrer, gibt es in Schweden ungefähr 50 zumeist von Migranten dominierte Gebiete, bei denen man sich in Gefahr begibt, sobald man sie betritt. Etwa fünf bis zehn davon seien für Rettungspersonal absolute „No-go-Areas". Diese Zonen würden die Sanitäter nur in gepanzerten Krankenwagen und in Begleitung der Polizei betreten; außerdem trügen sie dort während der Einsätze Helme und Schutzwesten. Das sind zum Teil dieselben Orte, an denen Polizisten mit Steinen beworfen und Streifenwagen in Brand gesetzt worden sind. Grattidge sagte, die Migranten hätten eigene Strukturen und eine Gemeinschaft „parallel zu unserer" geschaffen. Rettungskräfte „fühlen sich dort nicht willkommen, so viel steht fest".

Des Weiteren gebe es eine Bandenkultur und Gewalt zwischen verschiedenen Gangs. Dan Eliasson, der Polizeichef des Landes, sagte auf einer Pressekonferenz, dass in den mittlerweile 61 „No-go-Areas" mindestens 5.000 Kriminelle in etwa 200 Netzwerken am Werke seien. Seine Botschaft an die Regierung lautete: „Helft uns! Helft uns!" Er stellte ferner klar, dass die Polizei – sollte sich der Trend fortsetzen – nicht in der Lage sein würde, mit der Situation fertigzuwerden. Wie es in einem Bericht hieß, würden sich 80 Prozent der schwedischen Polizisten aufgrund der unhaltbaren Bedingungen, denen sie heutzutage ausgesetzt sind, mit dem Gedanken ans Ausscheiden tragen. Amir Rostami, ein ehemaliger Polizeihauptkommissar, der auf organisiertes Verbrechen und Bandenkriminalität spezialisiert ist, sagte: „Das heutige Bandenmilieu ist – na ja, ich will es nicht unbedingt mit dem Wilden Westen gleichsetzen, aber es geht in diese Richtung." Eine ähnliche Situation herrscht in den USA – in Gestalt der MS-13-Banden – und in Deutschland, wo Verbrechersyndikate aus dem Nahen Osten an organisierter Kriminalität, Erpressung, Geldwäsche und Prostitution beteiligt sowie im Drogen-, Waffen- und Menschenhandel aktiv sind. Weite Teile großer und kleinerer deutscher Städte befinden sich bereits in ihrer Hand. Der Zeitung *Die Welt* zufolge würden etwa zwölf libanesische Klans das organisierte Verbrechen in der deutschen Hauptstadt kontrollieren. In Hannover verhängte ein Richter gegen sechs Mitglieder eines kurdischen Klans, die 24 Polizisten und sechs Sanitäter schwer verletzt hatten, lediglich *Bewährungsstrafen*. Die deutsche Polizei zeigte sich angesichts dieses lächerlichen Urteils entsetzt. Man munkelte, dass der Richter Angst vor Repressalien gegen seine Familie gehabt habe. Die Gerüchte kamen nicht von ungefähr, hatte doch der

Genannte mit den Angeklagten einen Handel abgeschlossen, der besagte, dass die Polizisten nicht gegen sie aussagen würden. Wäre es der Polizeibasis gestattet, sich öffentlich zu äußern, würde die schockierende Wahrheit darüber ans Licht kommen, was tatsächlich geschieht. Das ist der Grund, warum die Beamten angewiesen werden, den Mund zu halten. Einige Polizisten haben sich dennoch an die Öffentlichkeit gewandt. Ein schwedischer Kriminalist namens Peter Springare, der 47 Jahre lang zu Kapitalverbrechen ermittelt hat, verlieh seiner Frustration auf Facebook Ausdruck:

> Los geht's – Folgendes hatte ich diese Woche zwischen Montag und Freitag auf dem Tisch: Vergewaltigung, Vergewaltigung, Raub, schwere Körperverletzung, Vergewaltigung mit Körperverletzung, Vergewaltigung, Erpressung, Erpressung, Körperverletzung, Gewalttätigkeiten gegen Beamte, Bedrohung von Polizisten, Drogendelikte, Drogen, Verbrechen, Kapitalverbrechen, versuchten Mord, noch einmal Vergewaltigung, eine weitere Erpressung und Misshandlung. [...]
>
> Mutmaßliche Täter: Ali Mohammed, Mahmod, Mohammed, Mohammed Ali, wieder und immer wieder. Christopher ... Sekunde, ist das wahr? In der Tat – im weiteren Umfeld eines Drogenhandels tauchte ein schwedischer Name auf. Mohammed, Mahmod Ali, wieder und wieder. [...]
>
> Die Nationalitäten sämtlicher Verbrecher dieser Woche: Irak, Irak, Türkei, Syrien, Afghanistan, Somalia, Somalia, noch einmal Syrien, Somalia, unbekannt, unbekannt, Schweden. Bei der Hälfte der Verdächtigen können wir nicht sicher sein, da sie keinerlei gültige Papiere besitzen. Das wiederum bedeutet in der Regel, dass sie hinsichtlich ihrer Nationalität und Identität lügen.

Springares Beitrag wurde mit einer Mischung aus vehementer Unterstützung und dem üblichen Vorwurf des Rassismus aufgenommen. Dabei drückten sich die „progressiven" Berufsverdammer wie immer um die zentrale Frage: Könnte das, was Springare sagte, vielleicht *wahr* sein? Sich dieser Frage zu stellen, würde bedeuten, die Seifenblase ihrer Selbsttäuschung zum Platzen zu bringen. Sie sind unfähig bzw. unwillig, jedes Individuum ausschließlich nach seinen persönlichen Verdiensten zu beurteilen – unabhängig von Hautfarbe, Glaubensbekenntnis oder Vorgeschichte. Die Progressiven können nur in Gruppenzusammenhängen denken (womit sie dem Ausdruck „Gruppendenken" eine ganz neue Bedeutung verleihen): Alle Migranten sind gute Menschen; alle Weißen, die ihren Unmut äußern, sind Rassisten und Fanatiker; usw. Die Wahrheit ist, dass sie *selbst* Rassisten und Fanatiker sind. Tania Kambouri, eine deutsche Polizistin griechischer Abstammung, sagte: „Es kann nicht sein, dass die Straftäter [mit Migrationshintergrund] immer weiter die Akten füllen, uns körperlich verletzen [...] und keine Sanktionen erfahren. [...] Wir verlieren die Hoheit auf der Straße." Und sie fügte hinzu: „Wer bei diesem Thema die Wahrheit sagt, wird schnell in die Nazi-Ecke gestellt."

In Deutschland hat sich die Häufigkeit sexueller Übergriffe von Migranten innerhalb eines einzigen Jahres ungefähr verdoppelt: Nach offiziellen Angaben stieg die Zahl von 1.683 im Jahr 2015 auf 3.404 im darauf folgenden Jahr. Darin sind jedoch nur die offiziell registrierten Straftaten enthalten. Wer auf diese Tatsachen aufmerksam macht, ist ein

Rassist. Was ist eigentlich mit den Opfern? Die spielen offenbar keine Rolle. In zahlreichen Fällen wurden über Männer mit Migrationshintergrund, die der Vergewaltigung überführt worden waren, unverhältnismäßig niedrige Strafen verhängt (oder sie wurden sogar freigesprochen) – mit Rücksicht auf die „kulturellen Unterschiede und Missverständnisse". In Österreich hob ein Richter ein Urteil gegen einen Migranten auf, der einen 10-jährigen Jungen brutal vergewaltigt hatte, und entschied, dass der Fall neu verhandelt werden müsse. Das Gericht habe nämlich versäumt festzustellen, ob der Angeklagte vielleicht glaubte, sein Opfer habe in die Handlungen *eingewilligt*. Wie bitte? Ein *10-jähriger Junge*? Nachdem mehrere Männer in der österreichischen Stadt Tulln ein 15-jähriges Mädchen brutal vergewaltigt hatten, weigerte sich die Stadt, weitere Migranten aufzunehmen. Eine 28-jährige Ungarin sagte vor einem deutschen Gericht aus, dass sie von äthiopischen Asylbewerbern neunmal vergewaltigt wurde, nachdem sie sie am Rande eines Stadtfestes überfallen hatten. Die sexuellen Handlungen, die die Äthiopier vornahmen, hätten sie mit ihrem Handy gefilmt. Was ist mit den „Menschenrechten" der *Opfer*, ihr feministischen Progressiven? Ein 13 Jahre altes Mädchen, das von einer Bande britischer Muslime wiederholt vergewaltigt wurde, gab an, dass ihm sowohl die Polizisten als auch die Sozialarbeiter „viele Male" gesagt hätten, die ethnische Zugehörigkeit ihrer Peiniger nicht zu nennen. „Ich wusste ja, dass ich keine Rassistin bin, aber ich hatte das Gefühl, dass man das benutzte, um mich zum Schweigen zu bringen", erklärte sie in einem Radiointerview. „Sobald ich die Namen nannte, gab man mir das Gefühl, eine Rassistin zu sein – so als ob das Problem bei mir liegen würde." Nachdem in Schweden ein syrischer Immigrant seine 14-jährige Kindsbraut geschwängert hatte, wurde er auf Betreiben des Sozialamts vor Gericht gestellt. Der Richter befand jedoch, dass das alles kein Problem sei, da das Mädchen „reif" gewirkt habe und die Kinderehe nun einmal Bestandteil der Religion und Kultur des Angeklagten sei. Hätte es sich um einen gebürtigen Schweden gehandelt, wäre er zu einer saftigen Freiheitsstrafe wegen Pädophilie verknackt worden. So staut sich der Unmut mehr und mehr an, bis er schließlich explodieren wird. Das entspricht genau der Absicht der *El*-ite, die auf diese Weise teilen und herrschen und den Ausbau des Polizeistaats rechtfertigen kann.

Vorsicht, Trigger!

Sind sämtliche Migranten Vergewaltiger und Kriminelle? Nein, *natürlich nicht*. Die meisten von ihnen wollen einfach nur in Ruhe ihr Leben leben. Doch gibt es unter den Zuwanderern Verbrecher? Diese Frage muss freilich mit *Ja* beantwortet werden. Die Letztgenannten sind es, deren Existenz Behörden und Progressive unter den Teppich kehren wollen. Niemand soll darüber sprechen oder davon erfahren. Hierin wurzeln die Verstimmungen und Frustrationen, die sich in der einheimischen Bevölkerung aufstauen und die denjenigen Parteien Zuspruch verschaffen, die das Thema offen angehen. Doch in den Köpfen vieler Menschen erfolgt eine Gleichsetzung sämtlicher Migranten mit Kriminellen und Vergewaltigern. Nennen Sie mir eine beliebige ethnische oder kulturelle Gruppierung, und ich werde Ihnen darunter sowohl freundliche und umgängliche als auch höchst unangenehme Individuen zeigen. Diesen offenkundigen Umstand sollen wir jedoch, sobald es um Migranten geht, aus den Augen verlieren. Auf meinen Reisen, die mich in den zurückliegenden drei Jahrzehnten rund um den Globus führten, habe ich erfahren, dass es nicht auf die Hautfarbe oder die Religion ankommt. Entscheidend ist, auf welcher Ebene sich das Bewusstsein eines Menschen bewegt und in welchem Maße er mit seinem Herzen verbunden ist. Menschen sind nicht freundliche oder gewaltbereite *Muslime*, freundliche oder gewaltbereite *Christen, Juden, Hindus* usw. Sie sind vielmehr Gewahrseinszustände, die sich durch einen bestimmten Körpertypus sowie ihren Glauben ausdrücken. In einem anderen Körper lebend und unter anderen Umständen aufgewachsen, wäre ein gewaltbereiter Moslem möglicherweise ein gewaltbereiter Christ geworden. Wenn Sie einem Psychopathen einen anderen Körper geben, er aber seinen Geist behält – was wäre er dann wohl? *Ein Psychopath!* In dem Wissen, dass wir – wenn man alle sekundären Aspekte beiseite lässt – *alle* reines Bewusstsein sind, achte ich auf den Gewahrseinszustand eines Menschen. Die Progressiven nehmen lediglich den Körper wahr. Sie sind vom Rassegedanken und der Frage der geschlechtlichen Identität geradezu besessen. Wer derart körperfixiert ist, wird zwangsläufig in einem anhaltenden Zustand geistiger Kurzsichtigkeit leben und Tatsachen leugnen – ja, sogar verdammen –, die für jeden Menschen mit einem halbwegs erweiterten Gewahrsein unmittelbar einsichtig sind. Wie sollte es *nicht* zu Problemen führen, wenn man in großer Zahl Vertreter einer gänzlich andersgearteten Kultur ins Land lässt, die in Fragen der Freiheit oder der Behandlung von Frauen eine grundverschiedene Haltung an den Tag legen? Manche unter ihnen sind zudem fest entschlossen, ihre Glaubensinhalte, Kultur, Religion und Gesetze ihrer Umgebung aufzuzwingen – ganz gleich, wo es sie hintreibt. Von den progressiven Tyrannen dürfen wir uns nicht einschüchtern lassen: Die angesprochenen Probleme müssen angeschaut, zur Sprache gebracht und gelöst werden.

Migranten, die meinen, sie könnten ihre Kultur und Religion einem Land aufdrängen, das den Anstand und das Mitgefühl besaß, sie aufzunehmen, müssen ein Minimum an Demut entwickeln und lernen, die Kultur und die Glaubensvorstellungen der anderen zu respektieren. Wenn sie zu verstehen beginnen, wie sich andere in ihrer Gegenwart fühlen, werden sie vermutlich erleben, dass man auch ihnen und ihrer Kultur mehr Respekt entgegenbringt. Der britische Ableger von Russia Today präsentiert bei kontroversen Beiträgen zum Islam häufig einen Kerl von der sogenannten Ramadhan Foundation. Ich habe noch keine Debatte erlebt, in der er nicht jedem, der sich völlig zu Recht kritisch über die Auswirkungen des Islam auf sein Umfeld äußerte, Begriffe wie „Rassist" oder „Fanatiker" an den Kopf geschleudert hätte. Mit seiner arroganten Art verursacht er genau das, was er zu bekämpfen vorgibt. Das Problem besteht nach meiner Beobachtung darin, dass die islamische Position stets auf Biegen und Brechen verteidigt wird – ganz gleich, um welche Situation es geht. Damit verhalten sich die Fürsprecher des Islam nicht anders als die Verfechter des Zionismus, die grundsätzlich alles verteidigen, was in dessen Namen getan wird. Die Gefühle der anderen spielen wie immer keine Rolle – es wird einfach nur gepöbelt. Auf diese Weise werden der Missmut und der Zorn, über den man sich fortwährend beklagt, überhaupt erst erzeugt. Einmal sah ich ein Interview, in dem der Herr von der besagten Foundation einen Vorfall kommentierte, der die Gemüter der spanischen Christen erhitzt hatte. Dabei hatten mehrere Dutzend Muslime gemeinsam auf dem Jardines del Triunfo gebetet, einem zentralen Platz in der spanischen Stadt Granada, der von einer weithin sichtbaren Marienstatue geziert wird. Ich persönlich bin in der Lage, Religionen und Ethnien neutral gegenüberzutreten, da sämtliche Religionen meiner Meinung nach extreme Formen der Wahrnehmungskontrolle darstellen. Zudem halte ich es für kurzsichtig, sich mit einem Körper gleich welcher Art zu identifizieren, statt sich als Bestandteil jenes unendlichen Gewahrseins zu begreifen, dem wir *alle* angehören. Ein solcher Blickwinkel schützt den Beobachter vor der heutzutage allgegenwärtigen Identitätspolitik, bei der es nicht darum geht, in einer gegebenen Situation unvoreingenommen – und mit Empathie – nach einer fairen und gerechten Lösung zu suchen, sondern sich alles um die eigene Gruppenidentität dreht. Sie gilt es unter allen Umständen zu verteidigen, unabhängig von der jeweiligen Situation. Betrachtet man die Ereignisse vom Jardines del Triunfo aus einer neutralen Perspektive, erkennt man, dass der Anblick mehrerer Dutzend Muslime, die unmittelbar neben einer geheiligten christlichen Statue ihre Gebete sprechen (im Mekka-Modus), bei den ortsansässigen Christen die Angst vor dem Verlust ihrer Kultur schürt. Dabei kommt es gar nicht darauf an, ob die Befürchtung tatsächlich berechtigt ist. Wenn Muslime an einer bedeutenden christlichen Stätte beten, löst das eben bei den Christen bestimmte Emotionen aus. Es braucht lediglich etwas Einfühlungsvermögen, um den Akteuren mangelnden Respekt zu bescheinigen – wie übrigens auch den örtlichen Behörden, die der Veranstaltung ihren Segen gaben. Es ist mir völlig gleichgültig, wo jemand betet oder wem er dabei huldigt, solange er seinen Glauben nicht anderen aufzuzwingen versucht. Empathie bedeutet jedoch, die Gefühle der *anderen* zu respektieren, nicht nur die eigenen. Damit meine ich nicht, dass man sie sich zu eigen machen soll. Es geht darum, sich ihrer gewahr zu sein und ihnen Raum zu geben. Unserem Freund von der Ramadhan Foundation scheint dieses Konzept allerdings unbekannt zu sein. Folglich spielt er gegen jeden Kontrahenten, der eine andere Auffassung vertritt, sogleich die Rassistenkarte. Als er gefragt wurde, ob er Katholiken gestatten würde, in einer Moschee ihren Gott anzubeten, verweigerte er die Antwort. Genau da liegt der Hund begraben. Entweder gelten gleiche Spielregeln für alle, oder aber religiöse bzw. ethnische Vorurteile geben den Ton an, sodass fortwährend Öl ins Feuer gegossen wird – von welcher Seite die Vorurteile auch immer ausgehen mögen.

Wir brauchen mehr redliche, ausgeglichene Muslime, etwa vom Schlage eines Nazir Afzal, der beim Prozess zum Kindersexskandal von Rochdale (Greater Manchester) als Ankläger fungierte. Dabei wurden zwölf Briten zumeist pakistanischer Herkunft des Sexhandels, der Vergewaltigung sowie der Konspiration zur Ausführung sexueller Handlungen an Kindern überführt. Opfer des Rings waren knapp 50 überwiegend weiße britische Mädchen. Aufgrund der Tatsache, dass es sich bei den Tätern um pakistanische Muslime und bei den Opfern um Weiße aus Großbritannien handelte, fürchtete die Polizei, als politisch inkorrekt zu gelten. Die Folge davon war, dass sie den Hinweisen auf den systematischen Missbrauch nicht nachging. Die britische Parlamentsabgeordnete Ann Cryer, die der Labour-Partei angehört, sagte in einer Dokumentation der BBC, dass sie Polizei und Sozialamt „angefleht" hätten, in der Sache aktiv zu werden. Doch die rührten den Fall nicht an. „Ich denke, man hatte dort Angst, als Rassist bezeichnet zu werden", erklärte Cryer. *Hört ihr gut zu, ihr Progressiven?* Das kommt dabei heraus, wenn man ein Klima der Angst erzeugt, in dem es niemand mehr wagt, die „Unberührbaren" zu erzürnen. Was die Mädchen Monat für Monat erleiden mussten, interessiert offenbar niemanden. Cryer erzählte ferner, dass sie einen ortsansässigen Freund – ein muslimisches Ratsmitglied – gebeten hatte, die „Ältesten" der muslimischen Gemeinde zum Einschreiten aufzufordern. Doch die wollten davon nichts hören. An dieser Stelle kam Nazir Afzal ins Spiel, der erste muslimische Oberstaatsanwalt von North West England, der nun mutig und mit starker Hand durchgriff. Afzal hatte sich bereits für die Rechte muslimischer Frauen sowie gegen Zwangsheirat, weibliche Genitalverstümmelung und sogenannte „Ehren-" oder „Schandmorde" starkgemacht. Der letztgenannte Begriff bezieht sich darauf, dass ein Mensch von seiner eigenen Familie getötet wird, weil er angeblich „Schande" über sie gebracht hat. Ein solches „Verbrechen" begeht, wer gegen die Regeln seiner Gemeinschaft bzw. Religion verstößt, etwa weil man sich einer arrangierten Hochzeit widersetzt hat, sich in einer nicht von der Familie abgesegneten Beziehung befindet, außerehelichen Sex hatte, Opfer einer Vergewaltigung geworden ist, sich „unangemessen" kleidet, in einer nicht heterosexuellen Partnerschaft lebt oder dem Glauben abgeschworen hat. Helfen Sie mir, daraus schlau zu werden: Die politisch korrekten Progressiven erschaffen also eine Atmosphäre, durch die die Opfer muslimischer Übeltäter – sogar Vergewaltigungsopfer – so sehr eingeschüchtert werden, dass sie sich nicht trauen, ihre Peiniger bloßzustellen. Doch gleichzeitig behandeln die extremen Anhänger dieses Glaubens ihre Frauen wie Sklaven: Sie zwingen sie in ungewollte Ehen, verstümmeln ihre Genitalien und bringen sie sogar um, sollten sie einen anderen Lebensstil als den ihrer beknackten Familie bevorzugen. Die Progressiven behaupten aber, sich für die Rechte der Frauen einzusetzen, richtig? Also – wie in aller Welt passt das zusammen? Ich meine: *Was zum Teufel soll das*?

Nazir Afzal sagte, dass die muslimischen Gemeinschaften, in denen der Kindesmissbrauch überhandnimmt, „Stillschweigen hinsichtlich der vorsintflutlichen Gesinnung bewahren, die diesen Verbrechen Vorschub leistet". Es gebe in Großbritannien Gegenden, in denen gewalttätige Feindseligkeiten gegenüber Frauen hingenommen, ja, sogar gefeiert werden. Zumeist handele es sich dabei um asiatisch dominierte Gemeinschaften, bei denen „wenig Interesse" daran bestehe, „irgendetwas dagegen zu unternehmen". Afzal zufolge führt kein Weg an der Tatsache vorbei, dass asiatische und pakistanische Männer überdurchschnittlich häufig am sogenannten Grooming (d. h. an der Verführung) wehrloser junger Mädchen beteiligt sind. „Unsere Gefängnisse füllen sich mit muslimischen Straftätern, doch die Verbrechen, die sie begehen, sind zu einem Tabuthema geworden." Der Versuch, muslimische Gemeinschaften dazu zu bringen, sich der Probleme anzunehmen, sei ein äußerst schwieriges und frustrierendes Unterfangen. Sie würden nur über Hassverbrechen und Islamophobie reden wollen (Identitätspolitik: „Ich, ich, ich"). Die Tatsache, dass es muslimische Gefängnisinsassen sowie ein Kinderschändungsproblem gibt, kehre man stets unter den Tisch:

> Solche Vorkommnisse sind nicht ungewöhnlich. Schafft man es, eine Diskussion über Missbrauch in Gang zu setzen, ist die Resonanz mitunter erschreckend. Zu

viele Leute machen statt der Täter die Opfer verantwortlich. „Es ist nicht gut, dass man sie geschnappt hat", bekommt man häufig zu hören.

Afzal erzählte, wie er einmal auf einer Konferenz, bei der er als Redner zu Gast war, mit einem Mann aus Asien ins Gespräch kam. Dessen Sohn war kurz zuvor eingebuchtet worden, weil er Crack vertickt hatte; doch der ganze Zorn des Vaters richtete sich gegen seine Tochter, deren Heirat mit einem Asiaten ihrer Wahl „große Schande über die Familie gebracht" habe. Afzal habe ihm entgegnet, dass die einzige Person, die sich hier schändlich verhielt, der Sohn des Mannes gewesen sei (sowie der Mann selbst, möchte ich hinzufügen). Einige Gruppen innerhalb der muslimischen Gemeinschaft würden zwar in dem Bemühen, gegen die schlechte Behandlung der Frauen anzukämpfen, großartige Arbeit leisten; doch blieben sie seitens der größeren Gemeinschaft ohne Unterstützung, da deren Anführer es vorzögen, derartige Probleme zu ignorieren. Einmal habe Afzal eine Initiative von Frauen gewürdigt, die „aus wunderbaren Lehrerinnen bestand, die ihre Zeit dafür opferten, Jungen und Mädchen über die Gefahren von sexuellem Kindesmissbrauch, Zwangsheirat und Radikalisierung aufzuklären". Doch der einzige, der sich meldete, um der Initiative Geld zu spenden, sei ein weißer Geschäftsmann gewesen – von der örtlichen muslimischen Gemeinschaft vernahm man nichts. In Wales gebe es eine Gruppe von muslimischen Aktivistinnen, denen fortwährend die Autoreifen zerstochen würden, da die Männer es nicht gerne sähen, wenn muslimische Frauen anderen Frauen helfen würden. *Hört ihr aufmerksam zu, ihr Progressiven?* Afzal fuhr fort:

> Es widert mich an, dass es in der asiatischen Gemeinschaft Leute gibt, die keine starken Frauen wollen. Sie wollen nicht, dass sich Frauen gegenseitig unterstützen. Sie sehen es lieber, wenn Frauen unterdrückt werden und tun, was die Männer sagen. Der Ausgangspunkt, um die Pädophilenbanden loszuwerden, kann nur darin bestehen, die muslimische Gemeinschaft dazu zu zwingen, sich mit den Problemen mehr auseinanderzusetzen.
>
> Es sollte gängige Praxis sein, Frauenfeindlichkeit an Schulen zu thematisieren und schändliches Verhalten gegenüber Frauen anzuprangern. Zudem gehören Abgeordnete, die – wie im Rochdale-Fall geschehen – Vergewaltigern einen Persilschein ausstellen wollen, auf den Titelseiten der Lokalzeitungen bloßgestellt.

Wie Nazir Afzal erklärte, würden wir, wenn wir jetzt nicht handeln, eine „soziale Zeitbombe" heraufbeschwören, die „verheerende Auswirkungen auf die Rechtsdurchsetzung" hätte. In Manchester habe sich die Zahl der Fälle von sexuellem Kindsmissbrauch zum Jahr 2017 verfünffacht – innerhalb nur eines Jahres. Im ganzen Land sei die Polizei zunehmend überlastet. Die Auswüchse seien gigantisch und würden in den Aktivitäten muslimischer Banden in anderen europäischen Ländern ihren Widerhall finden. In den Missbrauchsskandal, der die nordenglische Stadt Rotherham erschütterte, waren hauptsächlich britische Staatsbürger pakistanischer Herkunft verwickelt. Bei den 1.400 betroffenen Kindern handelte es sich überwiegend um Mädchen im Alter von 12 bis 16 Jahren. Es gab Schwangerschaften, Abtreibungen und Fehlgeburten, und Müttern wurden die Kinder weggenommen. Wie sich herausstellte, waren sowohl die Polizei als auch die Stadtführung seit zehn Jahren über die Vorgänge im Bilde – und hatten keinen Finger gerührt.

Taxifahrer holten die Kinder von *städtischen Pflegeheimen und Schulen* ab, um sie zu den Sextreffen zu bringen, auf denen sie gleich von mehreren Erwachsenen vergewaltigt wurden. Man übergoss sie mit Benzin und drohte ihnen, sie anzuzünden oder ihre Mütter und jüngeren Schwestern zu vergewaltigen. Einige wurden in andere Städte verbracht. Wir sprechen hier von *Kindern*. Einer der Gründe, der für das Versäumnis angeführt wurde, die furchtbaren Taten vor Gericht zu bringen – obwohl sie den Behörden bekannt waren –, war die Angst, dass die Nennung der ethnischen und religiösen Zugehörigkeit der beteiligten Psychopathen Rassismusvorwürfe provozieren und „die Beziehungen in der Gemeinschaft beschädigen" könnte. Hinzu kam die Befürchtung des von der Labour-Partei geführten Stadtrats, es könne ihn Wählerstimmen kosten, wenn er es sich mit der örtlichen muslimischen Gemeinschaft – die überwiegend Labour wählte – verscherzen würde. Die Labour-Partei tut so, als würde sie die Interessen der Arbeiterklasse vertreten; doch ihre weiße Stammwählerschaft behandelt sie mit absoluter Verachtung – wie im beschriebenen Fall, dessen Opfer weiße Kinder der Arbeiterschicht waren. Verschont mich mit dem Schwachsinn, Jeremy Corbyns Labour-Partei sei auch nur einen Deut besser. Im hier betrachteten Zusammenhang glaube ich das kein Stück.

Die Ereignisse von Rotherham spiegelten meine lange zurückliegenden Erfahrungen von Leicester wider. Sobald eine ethnische Minderheit zur wahlentscheidenden Größe heranwächst, sind alle Forderungen nach Gleichberechtigung innerhalb der Gemeinschaft passé. Allmählich kommt ans Licht, wie viele asiatische Banden in Großbritannien an sexuellem Missbrauch, Vergewaltigungen und Kinderhandel beteiligt sind. Im Jahr 2017 wurden in Newcastle 17 Männer und eine Frau überführt, sich der Vergewaltigung, sexueller Tätlichkeiten, des Menschenhandels und der Anstiftung zur Prostitution schuldig gemacht zu haben. Mehr als 100 Mädchen waren davon betroffen. Die psychopathischen Verbrecher stammten aus pakistanischen, indischen, irakischen, iranischen, türkischen und bangladeschischen Gemeinschaften. Einer von ihnen hatte einmal zu einer Fahrkartenkontrolleurin gesagt: „Weiße Frauen sind nur für eines gut: Dass Männer wie ich sie bumsen und wie Abfall behandeln können. Nur dazu sind Frauen wie du da." Wie ungemein progressiv. Die Politikerin Sarah Champion, die als Ministerin für Frauenangelegenheiten dem Labour-Schattenkabinett angehörte, sprach davon, dass die politische Korrektheit der „schlaffen Linken" viele Menschen zu sehr verschreckt habe, um noch ihre Stimme gegen die ständigen Übergriffe zu erheben: „Mittlerweile sind Hunderte Männer – Pakistaner – dieser Verbrechen überführt worden. Warum werden keine Nachforschungen in Auftrag gegeben, um herauszufinden, was da eigentlich vor sich geht und was wir ändern müssen, damit dergleichen nie wieder geschieht?" Ja, warum wohl? Weil die *El*-ite *will*, dass all das geschieht. *Das* ist der Grund. Der britischen National Crime Agency zufolge bedeutet das gigantische Ausmaß, das Menschenhandel und moderne Sklaverei im Vereinigten Königreich angenommen haben, dass „praktisch jede größere Stadt in unserem Land davon betroffen" ist. Die von sich selbst eingenommenen Progressiven haben den Vorgängen von Rotherham, Rochdale, Newcastle usw. oder den Problemen, die sich überall in Europa manifestieren, nichts entgegenzusetzen. Noch weniger Antworten vermögen sie den Mädchen und Frauen zu geben, die sie so vehement – und unzutreffenderweise – behaupten zu unterstützen.

Zeit, erwachsen zu werden

Meine Philosophie, um jede Art von Rassismus zu beenden – einschließlich des umgekehrten Rassismus, mit dem die Auswirkungen der Massenzuwanderung verschleiert werden sollen –, ist denkbar einfach: Bilden wir doch unser Urteil über *jedwede* Person anhand dessen, was sie tut und was sie sagt, statt auf der Basis ihres Aussehens, ihrer Herkunft oder ihres bevorzugten Gottes. Wie wäre es damit? Ich weiß – der Gedanke, jeden *gleich* zu behandeln, ist etwas ganz Neues. Wer könnte wohl etwas dagegen haben? Nun ja – die Behörden und die Progressiven zum Beispiel, die dem umgekehrten Rassismus frönen. Jedem Menschen dieselbe Behandlung zukommen zu lassen, wird nicht erlaubt, da hier eine Agenda am Werke ist, bei der sowohl die Migranten als auch die einheimische Bevölkerung nur als Schachfiguren dienen. Wenn Migranten in einigen Ländern im Verhältnis zu ihrem Bevölkerungsanteil häufiger Verbrechen und Sexualdelikte begehen als die Einheimischen, stört diese Tatsache das offizielle Narrativ und muss folglich unter den Teppich gekehrt werden. Mitnichten geht es bei der ganzen Angelegenheit um Gleichbehandlung; doch stellt sie die einzige Möglichkeit dar, eine Lösung herbeizuführen. Nicht nur die einheimische Bevölkerung, sondern auch die Migranten müssen in den Spiegel schauen und sich in Selbstreflexion üben. Diejenigen unter den Letztgenannten, die danach trachten, die Länder, die sie aufgenommen haben, zu islamisieren und deren ursprüngliche Kultur zu ersetzen – und die den Frauen den gebotenen Respekt verweigern –, werden mit wachsendem Unmut und Widerstand konfrontiert werden. Genau darauf zielen die Pläne der *El*-ite ab, die mittels permanenter Gewalttätigkeiten „teilen und herrschen“ wollen. Ich würde übrigens dasselbe auch im umgekehrten Fall sagen, wenn der Westen versuchen würde, die islamische Welt zu christianisieren (wie es einst tatsächlich der Fall war).

Erinnern Sie sich noch an die wunderbare Art und Weise, in der sich Menschen verschiedener Ethnien, Religionen und Hintergründe gegenseitig unterstützten, als im Juni 2017 zahlreiche Menschen bei einem Feuer in einem Londoner Wohnblock ums Leben kamen oder verletzt wurden? Gemeinsam wurde getrauert, und man zollte einander Respekt. Wer interessierte sich damals für Religion oder Herkunft? Menschen unterschiedlicher Hautfarbe und verschiedener Glaubensrichtungen waren von demselben Albtraum ereilt worden. Nur das zählte. Eine gemeinsam durchlebte Tragödie bringt zum Vorschein, was tatsächlich von Belang ist. Dazu zählt die ethnische oder religiöse Zugehörigkeit ebenso wenig wie all die anderen Schubladen, die dazu benutzt werden, uns auseinanderzudividieren. Wichtig ist, den Mitmenschen mit Liebe zu begegnen, füreinander zu sorgen und sich Respekt zu zollen. Alles andere ist Illusion. Wenn die Agenda der *El*-ite, die Ethnie und Religion in den Mittelpunkt rückt, vereitelt werden soll, müssen wir uns gegenseitig respektieren – und ich sage ausdrücklich *gegenseitig*. Falls das nicht geschieht, werden Weiße, Schwarze, Braune, Christen, Muslime, Juden und Hindus *gleichermaßen* geknechtet werden – indem sie sich gegenseitig unterjochen.

Manipulierte Emotionen

Die Erfahrungen von Schweden spiegeln sich zunehmend in großen Ländern wie Deutschland oder Frankreich. Von der *El*-ite platzierte Marionetten – von Tony Blair (der als Blaupause diente) bis zu Merkel und Macron – machen sich aus den hier erläuterten Gründen ausnahmslos für eine Ausweitung der Zuwanderung stark. Wie Recherchen zeigen, explodierte der Strom der Menschen, der sich über Griechenland und den Balkan in Richtung Europa bewegte, unmittelbar nach dem tragischen Tod des drei Jahre alten Aylan Kurdi. Der kurdisch-syrische Junge ertrank, als seine Familie im September 2015 versuchte, das Mittelmeer zu überqueren, um sich in Europa und später in Kanada niederzulassen. Der archontischen Software-*El*-ite ist jede Art von Mitgefühl oder Einfühlungsvermögen fremd; doch sie wissen, dass Menschen so etwas besitzen. Also nutzen sie das gnadenlos aus, um durch die Manipulation menschlicher Emotionen ihre Ziele zu erreichen. Über die Gefühle eines Menschen ist es dem Außenstehenden möglich, in die Gedanken und Wahrnehmungen des Betroffenen einzugreifen. Werbefachleute nutzen diesen Umstand pausenlos aus, indem sie Produkte in einen emotionalen Kontext setzen, der mit dem Erzeugnis selbst oftmals gar nichts zu tun hat. Will man die Auffassungen der Menschen formen und bestimmte Reaktionen herauskitzeln, kann es sich als höchst wirksames Mittel erweisen, bei seinen Emotionen anzusetzen. Im Jahr 2016 ging das Bild eines syrischen Jungen namens Omran Daqneesh um die Welt, auf dem sein verwirrtes, blutverschmiertes und mit Staub bedecktes Gesicht zu sehen war (Abb. 517). Angeblich soll das Foto, mit dem man nun das Assad-Regime zu dämonisieren versuchte, nach syrisch-russischen Luftschlägen gegen Aleppo aufgenommen worden sein. Mit solchen Bildern ist es möglich, die Emotionen – und damit auch die Wahrnehmungen – der Menschen massiv zu beeinflussen. Nur war die Aufnahme in Wahrheit von einem Fotografen der Weißhelme geschossen worden, der mit einigen der übelsten islamistischen Terroristen in Verbindung stand. Obendrein war Omrans Vater ein Unterstützer Assads, was er auch heute noch ist. Wie er damals erklärte, habe er – entgegen der offiziellen Darstellung – vor der Explosion keine Flugzeuge gehört. Den „Rebellen" (Terroristen) warf er vor, seinen Sohn für propagandistische Zwecke missbraucht zu

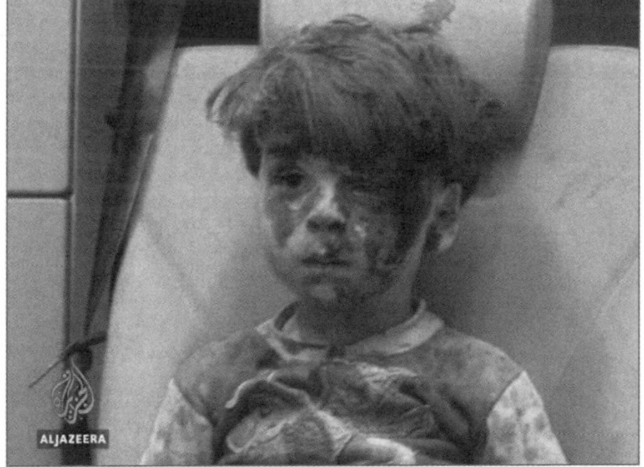

Abb. 517: Das Bild von Omran Daqneesh wurde dazu benutzt, die Regierung Assad zu verteufeln. Dass seine Familie Assad unterstützte, wurde von den Mainstreammedien ebenso verschwiegen wie die Tatsache, dass das Bild von einem Weißhelm aufgenommen wurde, der mit grausamen und unbarmherzigen Terroristen in Verbindung stand.

haben. Ihm selbst habe man Geld angeboten, das man ihm geben wollte, wenn er sich in zwei Interviews negativ über Assad äußern würde.

In ähnlich widerlicher Weise wurde auch der kleine Aylan Kurdi dazu benutzt, die Migrationsagenda voranzutreiben. Auf der Flucht vor den Kriegen, die die *El*-ite in Libyen und Syrien angezettelt hat, wurden zahlreiche Kinder getötet; doch man wählte Aylan Kurdi, um mithilfe seines Bildes die Migrationsströme in Richtung Europa um Größenordnungen auszuweiten (Abb. 518). Wer wäre nicht zutiefst vom Anblick eines kleinen, toten Jungen bewegt, dessen Leiche einsam an einem türkischen Strand liegt? Das Foto ging um die Welt und brachte eine stetig wachsende Sympathiewelle für all jene ins Rollen (es *brachte sie ins Rollen!*), die dem Krieg im Nahen Osten zu entkommen versuchten. Es war diese Welle, auf der die deutsche Bundeskanzlerin Merkel gewissermaßen ritt, als sie die Grenzen ihres Landes für praktisch jedermann öffnete. Migranten brauchten nicht länger aus Syrien oder aus Libyen zu stammen – alle dürfen seither kommen. Und das tun sie in rauen Mengen. Mit Schildern, auf denen „Willkommen“ stand, wurden die ersten Züge begrüßt. Dank ihrer manipulierten Emotionen meinten die Bahnhofsklatscher, in jedem Neuankömmling, der den Fuß auf einen deutschen Bahnsteig setzte, Aylan Kurdi zu erkennen. Doch diese Vorstellung hatte wenig mit der Wirklichkeit zu tun. *Einige* der Anreisenden waren tatsächlich vor dem Krieg geflohen und erfuhren nun ganz zu Recht Unterstützung; doch der Großteil hatte lediglich die emotionale Welle ausgenutzt, deren Ausgangspunkt die Abbildung eines kleinen Jungen war, dessen Leiche einsam an einem Strand lag. Wenig überraschend wurde Merkel vom Magazin *Time* zur Person des Jahres gekürt, denn als hundertprozentige Erfüllungsgehilfin der *El*-ite bzw. des Spinnennetzes hatte sie ihre Aufgabe tadellos erfüllt. Natürlich begannen die Deutschen bald zu merken, dass das Ausmaß der Zuwanderung nicht zu stemmen war – aus all den Gründen, die Schweden bereits durchlitten hatte. Fragen wurden laut, wie Merkel nur so verrückt gewesen sein konnte, die Türen einfach für jedermann aufzureißen, ohne nach den individuellen Umständen oder Beweggründen zu fragen. Nun, ich habe bereits dargelegt, wieso das möglich war. Die Agenda hatte es erfordert – oder, wie es ein Autor formulierte: „Europäische Länder wie Schweden oder Deutschland haben praktisch ihre eigene Kultur verstümmelt, um die Neuankömmlinge milde zu stimmen.“ Merkel warnte Großbritannien, dass es „einen Preis zahlen“ müsse, wenn die Politik der offenen EU-Grenzen nach dem Brexit nicht fortgesetzt werden würde. Auch das steht mit der sabbatianisch-frankistischen Migrationsagenda der *El*-ite in Zusammenhang. Vom ersten Tag an war die europäische Politik der

Abb. 518: Dieses Foto von Aylan Kurdi erschütterte die ganze Welt und löste eine emotionale Schockwelle aus, die die El-*ite eiskalt für ihre genau kalkulierten Pläne missbrauchte.*

Grenzöffnungen mit den Plänen zur Verwässerung und Auflösung eigenständiger europäischer Kulturen verknüpft.

Organisierte „Krise“

Am entfernten Ende der Migrationsrouten sorgen vom Spinnennetz kontrollierte Nichtregierungsorganisationen (NGOs) und andere Institutionen dafür, dass sich immer mehr Menschen auf den Weg nach Europa machen. Roms Bürgermeisterin Virginia Raggi sagte allerdings: „In meinen Augen wäre es unmöglich – und auch riskant –, die Unterbringungsinfrastruktur noch mehr auszuweiten.“ Mit ihrer Ansicht, die auf simpler Mathematik beruht, steht sie nicht allein. Doch dem Zionisten George Soros und seinen NGO-Horden könnte das nicht gleichgültiger sein. Berichten zufolge gibt Italien jedes Jahr 4,2 Milliarden Euro für die Bewältigung des Migrationsproblems aus; demgegenüber stehen beispielsweise 1,9 Milliarden Euro für Renten sowie 4,5 Milliarden für den nationalen Wohnungsbau. Doch bei der genannten Marke wird es nicht bleiben, da auch die Zahl der Zuwanderer fortwährend steigt. Die Progressiven fordern eine unbeschränkte Einwanderung, tadeln die Regierungen jedoch gleichzeitig, nicht genügend Arbeitsplätze und bezahlbaren Wohnraum zu schaffen. Im La-La-Land ihrer Selbsttäuschung sind sie außerstande, eins und eins zusammenzuzählen und eine einfache Tatsache zu begreifen: Wenn die Bevölkerungszahl infolge der Zuwanderung und der Geburtenrate unter den Migranten immer weiter steigt, wird es niemals genügend Jobs, erschwinglichen Wohnraum und eine angemessene Gesundheitsversorgung für alle geben, da der Bedarf den verfügbaren Ressourcen fortwährend davonschwimmt. Das gilt umso mehr, als im Zuge der Automatisierung und des zunehmenden Einsatzes von Robotern immer mehr Arbeitsplätze vernichtet werden. Dasselbe Prinzip sehen wir am Werke, wenn etwa der kontinuierliche Bau neuer, immer breiterer Straßen eine Zunahme des Automobilverkehrs nach sich zieht, die wiederum nach neuen, noch breiteren Straßen verlangt. Solch elementare Tatsachen wollen die Progressiven einfach nicht zur Kenntnis nehmen. Dazu müssten sie nämlich lernen, erwachsen der Realität ins Auge zu blicken, statt immer nur mit Binsenweisheiten und Parolen um sich zu werfen – „Seht her, wie politisch korrekt und fürsorglich ich bin!“ Aus offiziellen Zahlen, die das britische Office for National Statistics veröffentlichte, ging hervor, dass die britische Bevölkerungszahl allein im Jahr 2016 um mehr als eine halbe Million angestiegen ist. Das entspricht dem größten Wachstum, das – bezogen auf einen Zeitraum von nur einem Jahr – jemals zu Friedenszeiten registriert worden ist. Immigrationsbeobachter warnten davor, die Unterkunftssituation, das Transportwesen und öffentliche Dienstleistungen wie etwa die Gesundheitsversorgung noch stärker zu belasten; zudem wiesen sie auf den verstärkten Kampf um Arbeitsplätze im Niedriglohnsektor hin. Erzählen Sie das jedoch nicht den Progressiven – mit Mathematik stehen sie nämlich auf Kriegsfuß. Auch die progressiven Parteien brauchen Sie damit nicht zu behelligen, da sie sich zunehmend auf die Wählerstimmen aus dem Lager der Zuwanderer stützen.

Seit sich eine neue Migrationsroute etabliert hat, die die nordafrikanische Küste mit dem 400 Kilometer langen Küstenabschnitt entlang des Alborán-Meeres verbindet, ist auch Spanien verstärkt betroffen. Die zu Andalusien gehörige Region, die sich am westlichen Ende des Mittelmeers befindet, ist ein beliebtes touristisches Reiseziel. An der Straße von Gibraltar sind Marokko und Spanien nur durch 14,3 Kilometer Wasser getrennt. Tausende Migranten versuchen auf diesem Weg, Europa zu erreichen. Javier Pajaron, der für Fragen der Sicherheit zuständige Korrespondent der regionalen Tageszeitung *Voice Of Almeria*, sagte dazu:

> Ohne Zweifel sind die meisten Zuwanderer keine Flüchtlinge, sondern Wirtschaftsmigranten. Sie sind auf der Suche nach einem besseren Leben. Viele von ihnen werden niemals abgeschoben, sondern tauchen in der Schattenwirtschaft unter.

Die erbarmungslosen Schleuser müssen lediglich dafür sorgen, dass ihre mickrigen Kähne die internationalen Gewässer erreichen, die 20 Kilometer vor der nordafrikanischen Küste beginnen. Laut EU-Recht ist Spanien dann dazu verpflichtet, helfend einzugreifen, da es das nächstgelegene Land ist. Viele Migranten werden zu Sklaven der Menschenhändler, die in Afrika und Europa operieren und über Mobiltelefone und soziale Medien mit all jenen in Verbindung bleiben, die ihnen für die Meeresüberfahrt Geld schulden. Für den Fall, dass jemand seine Schulden nicht begleicht, wird damit gedroht, den daheim gebliebenen Angehörigen etwas anzutun. Es kann Jahre dauern, bis der Betroffene alles abbezahlt hat. Der Wohlfahrtsmitarbeiter Juan Mirelles erklärte: „Sie kommen ohne einen Penny an, sodass sie Geld verdienen müssen, um die Schleuser zu entlohnen und nicht zu verhungern." Anderswo, etwa in Sizilien, werden die Migranten gezwungen, für die Mafia Drogen bzw. ihren Körper zu verkaufen. Die Mafia wiederum kooperiert mit nigerianischen Terrorbanden wie der „Schwarzen Axt" und den „Vikings", die gegenüber Migranten, die nicht spuren, die Machete zum Einsatz bringen. Schätzungsweise 30.000 nigerianische Frauen wurden von dortigen Banden an die Mafia verschachert, um in Italien und anderen europäischen Ländern als Prostituierte zu arbeiten. Aber hey – lasst einfach immer mehr Migranten kommen, nicht wahr, ihr Progressiven? Hauptsache, es hilft euch dabei, euch toll zu fühlen und fleißig Virtue Signaling zu betreiben. Jose Antonio Alcarez, der Sprecher des spanischen Polizeiverbandes, sprach folgende Warnung aus:

> Wir haben ein gewaltiges Problem. Wir werden mit der hohen Zahl an Zuwanderern einfach nicht fertig. Wenn uns nicht mehr Polizisten zur Verfügung gestellt werden, können wir die Straßen bald nicht mehr kontrollieren.

So wird letztlich die Touristenbranche in den südspanischen Erholungsgebieten zerstört – und damit die Einkommensquelle der dort beheimateten Menschen. Alles hat zwei Seiten, doch die Progressiven wollen stets nur eine davon zur Kenntnis nehmen. ISIS soll Berichten zufolge zunehmend in den Menschenhandel involviert sein und die Dschihadisten dazu drängen, die Kontrolle über Spanien zu erlangen. In einem Video des Islamischen Staats wurde behauptet, Spanien sei das Land ihrer muslimischen Vorfahren, und angekündigt, dass man es sich „mit Allahs Hilfe zurückholen" werde. Das ist es, was die ISIS-Kämpfer – und deren westliche Erschaffer und Lenker – für ganz Europa geplant haben. Dazu müssen sie lediglich sicherstellen, dass Krieg, Gewalt, Chaos und Mangel im Nahen Osten und Afrika niemals ein Ende finden. Dann wird auch der Menschenstrom nicht versiegen, der sich aus den genannten Regionen nach Europa ergießt. Wenn irgendeine dieser Aussagen rassistisch ist, dann ist die Wahrheit selbst rassistisch. Doch um die Wahrheit haben sich die Progressiven noch nie geschert. In einem Bericht der UN-Flüchtlingsbehörde wurde bestätigt, dass es sich bei sieben von zehn Migranten, die über das Mittelmeer nach Europa gelangen, nicht um Kriegsflüchtlinge und Schutzbedürftige handelt, sondern sie sich aus wirtschaftlichen Gründen auf den Weg gemacht haben. Viele Menschen aus verschiedenen afrikanischen Ländern hätten sich zunächst nach Libyen begeben, um dort Arbeit zu finden, dort jedoch nur „lebensbedrohliche Unsicherheit, Instabilität, schwierige ökonomische Verhältnisse sowie weitverbreitete Ausbeutung und Missbrauch" vorgefunden. All das war das Ergebnis der Beseitigung Gaddafis durch die westlichen Psychopathen (Obama, Cameron, Hollande, NATO), die – wie wir jetzt sehen – Teil eines längerfristig angelegten Plans war. Gaddafi hatte den Westen gewarnt, dass sich Europa „schwarz färben" könnte, sollte es ihn in Libyen nicht mehr geben. Während eines Staatsbesuchs, den er Italien im Jahr 2010 abstattete, sagte er prophetisch, dass Europa dann zu einem „zweiten Afrika" werden und den „Vormarsch von Millionen Zuwanderern" erleben würde:

> Morgen wird Europa möglicherweise nicht mehr europäisch sein, ja, vielleicht sogar schwarz werden, denn Millionen Menschen wollen dorthin. Wir wissen nicht, ob Europa ein fortschrittlicher und vereinter Kontinent bleiben oder ob er zerstört werden wird, wie es einst beim Einfall der Barbaren geschah.

Gaddafi wurde auf der Grundlage einer Lüge getötet, und nun wird wahr, was er einst voraussagte. Für Manipulationen der Marke George Soros bilden die sogenannten NGOs ein hervorragendes Instrument. Sie erscheinen in der Gestalt von Wohlfahrtsorganisationen oder selbsternannten Institutionen auf der Bildfläche, die vorgeben, sich für die „humanitäre Sache", die „Menschenrechte" und die „Demokratie" einzusetzen. Doch hinter der schicken Fassade verfolgen viele von ihnen eine ganz andere Agenda, die von den üblichen Verdächtigen – allen voran George Soros – finanziert wird. Der italienische Außenminister Angelino Alfano sagte, er stimme „zu 100 Prozent" mit den Aussagen des sizilianischen Strafverfolgers Carmelo Zuccaro überein, denen zufolge die „Wohltätigkeitsorganisationen zur Rettung der Migranten" mit libyschen Menschenhändlern zusammenarbeiten würden. Wie Zuccaro erklärte, hätten abgehörte Gespräche bewiesen, dass NGOs gemeinsame Sache mit Schleusern machten, um Italien mit Migranten zu überschwemmen und die Wirtschaft des Landes zu „destabilisieren". Ähnlich äußerte sich Fabrice Leggeri, der Leiter der Europäischen Grenz- und Küstenwache Frontex, in einem Interview mit der deutschen Zeitung *Die Welt*. In einem Bericht der Organisation hieß es, dass die Schleuser „vor dem Ablegen klare Informationen bezüglich der genauen Richtung erhielten, die sie einschlagen müssten, um die Schiffe der NGOs zu erreichen". Später behaupten dann die NGOs bzw. karitativen Organisationen, sie hätten Migranten „gerettet" – während sie in Wirklichkeit Beihilfe zur illegalen Einreise leisten.

Da die Schleuser wissen, dass die Schiffe der NGOs in Wartestellung verharren, fühlen sie sich ermutigt, „noch mehr Migranten auf den seeuntüchtigen Booten unterzubringen, mit wenig Wasser und Treibstoff". Die Folge davon ist, dass noch mehr Menschenleben gefährdet werden. Der italienische Senator Lucio Malan sagte, dass die Hilfsorganisationen, die Migranten aus dem Mittelmeer retten, im Grunde einen Fährdienst betreiben, an dem sich die Schleuser „bereichern". Der Strom der Migranten sei so gleichmäßig, dass man nicht von „Rettungsoperationen" sprechen könne, sondern es sich um „öffentlichen Personenverkehr" handele. Ein leitender Beamter der libyschen Küstenwache sagte gegenüber den Medien, dass die „Flüchtlingshilfsorganisationen" Schleuserbanden dafür bezahlten, Migranten in seeuntauglichen Kähnen zu ihren Rettungsbooten zu bringen, die vor der libyschen Küste auf sie warteten. Colonel Tarek Shanboor gab an, dass er dies beweisen könne, da er entsprechende Bank- und Telefondaten sichergestellt habe. Außerdem seien ihm Beweise dafür zugespielt worden, dass die Hilfsorganisationen insgeheim sowohl mit den Schleusern als auch mit den EU-Grenzsicherungsbehörden in Brüssel zusammenarbeiten. Offenbar findet die These, dass die Migrationskrise systematisch herbeigeführt worden ist, Bestätigung aus unterschiedlichen Quellen. Colonel Shanboor sagte des Weiteren, dass die Hilfsorganisationen (NGOs) immer mehr Menschen dazu ermutigen, sich über das Mittelmeer auf den Weg nach Europa zu machen. Die israelische Organisation IsraAID, die eine Partnerschaft mit der von den Rothschilds geschaffenen Vereinigung B'nai B'rith („Söhne des Bundes") eingegangen ist, koordiniert als Dachverband verschiedene medizinische, Bergungs- und Hilfsagenturen. Die Mitarbeiter von IsraAID, deren Stützpunkt sich auf der griechischen Insel Lesbos befindet, gehen auf Migranten zu und vermitteln sie an Lager, in denen sie die für eine Weiterreise nach Nordeuropa notwendigen Papiere erhalten. Warum werden sie eigentlich nicht im Gazastreifen oder daheim in Israel aktiv und helfen dort den Palästinensern oder afrikanischen Immigranten? Ein in Paris beheimateter irischer Journalist namens Gearóid Ó Colmáin schrieb in einem Artikel, den er unter dem Titel „Forcierte Migration: Der zionistische Krieg gegen Europa" veröffentlichte:

> Die Debatte darüber, was getan werden sollte, um der Flüchtlings- bzw. Migrationskrise Herr zu werden, dreht sich um die Frage, ob sie in den europäischen Ländern willkommen geheißen werden sollten. Doch die Diskussion über die Migranten lenkt davon ab, dass die Geopolitik der USA/NATO in eine neue und höchst destruktive Phase eingetreten ist. Ein Großteil der Migranten an der ungarischen Grenze kommt aus Flüchtlingslagern in der Türkei.
>
> Der österreichische Geheimdienst soll enthüllt haben, dass US-amerikanische Regierungsbehörden den Transport dieser Flüchtlinge nach Europa finanzieren, um den Kontinent zu destabilisieren. Bei dieser neuen geostrategischen Initiative werden verzweifelte Flüchtlinge als Waffen missbraucht, um den europäischen Kontinent im Sinne der USA bzw. der Zionisten zu teilen und zu beherrschen.

Die Vereinigten Staaten, Israel und andere Akteure sind für das Spinnennetz, von dem all das eingefädelt worden ist, nur Mittel zum Zweck. Zu den „anderen Akteuren" gehört unter anderem die Europäische Union, die ihren Mitgliedsstaaten Migrantenquoten aufzwingen will. Die Pläne zur Masseneinwanderung lassen sich (mindestens) bis zu Graf Coudenhove-Kalergi (1894–1972) zurückverfolgen, der besser unter dem Namen Richard von Coudenhove-Kalergi bekannt ist. Bei der Schaffung jenes Gebildes, aus dem später die EU hervorging, spielte er eine Schlüsselrolle. In meinen Büchern habe ich den Hintergrund des österreichisch-japanischen Strippenziehers, der fast fünf Jahrzehnte lang als Präsident der von ihm gegründeten Paneuropa-Union fungierte, umfassend beleuchtet. Mit seinem Netzwerk hatte er die Voraussetzungen dafür geschaffen, dass die EU auf den Plan treten konnte – eine Leistung, die hauptsächlich durch die finanzielle Unterstützung zionistischer Bankiers wie Baron Louis de Rothschild und Max Warburg ermöglicht wurde. Kalergi sah nicht nur einen europäischen Verbund voraus, in dem – wie in der EU – die Souveränität der Nationalstaaten abgeschafft sein würde, sondern auch die Entstehung einer „eurasisch-negroiden" Mischrasse, die an die Stelle der heutigen Bevölkerung treten sollte. Als „natürliche Herrscher" über das neue Geschlecht identifizierte Kalergi die europäischen Juden, die er als den „spirituellen Adel Europas" bezeichnete. Im Jahr 2008 erklärte der damalige französische Präsident (und Zionist) Nicolas Sarkozy, die „Vermischung der Rassen" sei die „Herausforderung des 21. Jahrhunderts" – und betonte, dass sie keine Option darstelle, sondern eine Verpflichtung sei. Wörtlich sagte er:

> Das Ziel ist, die Herausforderung der Rassenvermischung zu bewältigen, der wir im 21. Jahrhundert gegenüberstehen. Das ist keine Wahl, sondern Pflicht. Es ist unumgänglich. Wir können gar nicht anders handeln, da wir andernfalls riskieren, mit großen Problemen konfrontiert zu werden.
>
> Wir müssen uns verändern, also werden wir uns verändern. Wir alle werden uns zeitgleich verändern: in Unternehmen, Verwaltung, Bildung und den Parteien. Und wir werden uns dazu verpflichten, Ergebnisse hervorzubringen. Sollte dies für die Republik nicht über Freiwilligkeit funktionieren, wird der Staat tiefer gehende Zwangsmaßnahmen ergreifen.

Seien Sie versichert, dass auch der Rothschild-Bankier Emmanuel Macron, dessen Wahlkampf Sarkozy unterstützt hatte, in derselben Mannschaft spielt und demselben Drehbuch folgt. Der israelische Rabbi Baruch Efrati machte daraus, wie die Nachrichtenplattform *Ynet News* berichtete, gar keinen Hehl. Angesichts der Islamisierung Europas war Efrati ganz aus dem Häuschen. Die Juden sollten „jubilieren, da nun das christliche Europa seine Identität verliert – als Strafe für alles, was es uns über Jahrhunderte hinweg angetan hat, während [wir] im Exil lebten". Er fügte hinzu: „Europas Identität geht zugunsten einer anderen Völkerschaft und einer anderen Religion verloren. Vom unreinen Christentum werden keine Überbleibsel oder Überlebenden zurückbleiben." Das Christentum solle – ebenso wie Europa – vollständig zerstört werden. „Also frage ich euch", fuhr Efrati fort, „ist es eine gute Nachricht, dass der Islam in Europa einfällt? Es ist eine großartige Nachricht!" Ich schreibe dieses Kapitel als jemand, der die Idee, sich mit einer Rasse zu identifizieren – welche das auch immer sein möge – für ein Zeichen völligen Realitätsverlustes hält. Erinnern Sie sich noch an das Zitat vom Zuckerwürfel? Sein *Selbst* über den ethnischen Hintergrund definieren zu wollen, bedeutet, einer Illusion aufgesessen zu sein. Doch der Punkt ist, dass es bei all dem nicht darauf ankommt, was *ich* denke und tue; vielmehr geht es darum, was die *El*-ite glaubt und wie sie handelt. Ach, apropos … große Überraschung: Georgie ist wieder da!

Soros ist überall

Der Zionist George Soros ist einer der maßgeblichen Befürworter und Unterstützer der Massenmigration nach Europa und in die Vereinigten Staaten. Der Verfasser einer internen Mitteilung von Soros' Open Society Foundations (siehe unter „Volksrevolution"/„Arabischer Frühling"), die die Überschrift „Migrationssteuerung und -erzwingung: Eine Bestandsaufnahme" trug, brüstete sich mit dem enormen Einfluss, den sie auf die globale Migrationspolitik genommen hätten. Die europäische Migrationskrise würde „neue Möglichkeiten" zur „Koordination und Zusammenarbeit" mit anderen wohlhabenden Spendern eröffnen. Die Situation (gemeint ist die massenhafte Wanderungsbewegung) sei die „neue Normalität", und man würde sich „über die Notwendigkeit des Reagierens hinausbewegen". In der Notiz, die die Programmbeauftragte Anna Crowley und die Programmspezialistin Katin Rosin am 12. Mai 2016 verfasst hatten, hieß es: „Wir sollten auch Akteure vor Ort unterstützen, die proaktiv versuchen, die Richtlinien, Regeln und Bestimmungen zu verändern, mit denen die Migration gesteuert wird." Um die Aktivisten dabei zu unterstützen, das Migrationsthema zu forcieren, müsse man „selektiv und opportunistisch" vorgehen, „insbesondere auf der globalen Ebene", und Befürwortung und Reformbemühungen besser aufeinander abstimmen. „Wir haben Initiativen, Organisationen und Netzwerke gefördert, deren Arbeit unmittelbar mit unseren Zielen für die Führungsetagen korreliert." Das sind dieselben Soros-Manipulationsabteilungen, von denen zahllose Aktionen der „Progressiven" und Linken finanziert werden, die sämtliche Migrationsbeschränkungen abschaffen möchten und jeden Andersdenkenden als Rassisten oder Fanatiker beschimpfen. In der Mitteilung wird des Weiteren die Notwendigkeit herausgestellt, die „wachsende Intoleranz gegenüber Migranten" zu bekämpfen. Sie sehen schon, wie der Hase läuft. Soros hat gefordert, jedes Jahr eine Million Zuwanderer nach Europa zu lassen, und sich auch für eine breite Migrationsbewegung in die Vereinigten Staaten ausgesprochen. Seine Villen sind offenbar überfüllt.

Eine der Organisationen, mit der Soros' Netzwerk nach eigenen Angaben in Verbindung steht, ist das Migration Policy Institute (MPI). Wie in der internen Mitteilung angemerkt wurde, ist das MPI einer der wichtigsten Befürworter einer Amnestie für illegale Einwanderer, die sich in den USA aufhalten. Chris Berg, der Moderator eines lokalen amerikanischen Fernsehsenders, enthüllte, dass eine von Soros' Partnerorganisationen Fargo (North Dakota) und 19 andere Städte mit Migranten überschwemmen wollte. Hinter dem Bündnis „Partnership for a New American Economy", das sich für eine offene Migrationspolitik einsetzt, verbergen sich unter anderem der ehemalige New Yorker Bürgermeister (und Zionist) Michael Bloomberg sowie der Zionismus- und Israel-Fan Rupert Murdoch, dem Fox News gehört. Das Bündnis kooperiert seinerseits mit Welcome America, einer von George Soros finanzierten Kampagne für offene Grenzen. Die Mitglieder des Bündnisses „verstehen, dass Immigration unerlässlich ist, um die produktive, mannigfaltige und flexible Arbeiterschaft zu erhalten, die Amerika braucht, um den Wohlstand für die kommenden Generationen zu gewährleisten". (Siehe auch Tony Blair und seine Labour-Partei, die dasselbe behaupteten, während sie eine gigantische Migrationsbewegung auslösten, die „Großbritanniens kulturelle Struktur für immer verändern" würde.) Unter dem Motto „Tore zum Wachstum" erhielten die 19 amerikanischen Städte Gelder, mit denen die Öffentlichkeit über die zunehmende Einwanderung aufgeklärt werden sollte. Die Redakteure der Website von New American Economy scheinen vom Einfluss der Immigranten auf die amerikanischen Wahlen geradezu besessen zu sein. Im Jahr 2020 könnten sich, wie es dort heißt, etwa 25,6 Millionen asiatischstämmige und Hispanoamerikaner an der Wahl beteiligen. Wem sie ihre Stimme geben, würde davon abhängen, inwiefern es „den Parteien gelingt, sich ihre Unterstützung zu sichern":

> Kandidaten, die Positionen vertreten, mit denen sie sich als Immigrationsgegner outen, schneiden bei der potenziellen Wählerschaft um 24 Prozent schlechter ab. Bei wichtigen Wählergruppen wie den gebildeten weißen Frauen oder den jungen Wählern liegt der Prozentsatz sogar noch höher.
>
> Von fünf republikanischen Erstwählern ist nur einer gegen die Immigration. Diese kleine Wählergruppe besteht aus Hardlinern, die für Mainstreamkandidaten praktisch unerreichbar sind. Umso mehr können die Letztgenannten bei Hispanoamerikanern und Einwanderern punkten – Wählergruppen, bei denen die Republikaner verschiedenen Studien zufolge durchaus Sympathien gewinnen könnten, wenn es das Migrationsthema nicht gäbe.

Jeder, der für ein politisches Amt kandidieren will, sei also vorgewarnt. Das Spiel ist leicht zu durchschauen. Sobald der Punkt erreicht ist, dass die Stimmen der Migranten wahlentscheidend werden, ist die Idee einer Regierung, die für die gesamte Bevölkerung da ist, endgültig passé. Nicht, dass eine solche jemals wirklich existiert hätte – aber dann geht es ums Ganze. In den Vereinigten Staaten sind es vorrangig die Hispanoamerikaner (denen die spanische Sprache gemeinsam ist) und die Latinos (dazu zählt jeder, der aus Lateinamerika stammt), die zur Umgestaltung der Demografie benutzt werden. Folglich sind es die Hispanoamerikaner, die von der New American Economy – einer Frontorganisation der *El*-ite – in den Fokus gerückt werden. Gegenwärtig erleben wir eine Scheindiskussion darüber, ob es Muslimen gestattet sein sollte, sich in den USA niederzulassen. Doch das sind nur Nebelkerzen, die der Verschleierung dienen. Die Entfernung zwischen dem Mittelpunkt der muslimischen Welt und den Vereinigten Staaten ist viel zu groß – immerhin liegt zwischen beiden ein ganzer Ozean –, als dass man die Muslime in den USA in derselben Weise für die Migrationsagenda benutzen könnte wie in Europa. Doch Mittel- und Südamerika liegen quasi gleich vor der US-amerikanischen Haustür, sodass statt der Muslime die Latinos und Hispanoamerikaner dazu herhalten müssen, die gegen die Weißen gerichteten Pläne der *El*-ite umzusetzen.

In Australien bedient man sich der Einwanderer aus China und Asien. Für die *El*-ite und ihre archontisch-reptiloiden Herren ist weniger die Art der Migranten von Belang als ihre Zahl. Es ist *äußerst wichtig*, dass *alle* Menschen *aller* Rassen und *jeden* Hintergrunds begreifen, dass sie *allesamt* manipuliert werden – um ein bestimmtes, die ganze Welt umfassendes Resultat zu erzielen, das für *alle* schlecht ist. Wir sitzen alle im selben Boot – das ist der Grund, warum die *El*-ite unermüdlich daran arbeitet, uns nach dem Prinzip des „Teile und herrsche" auseinanderzudividieren. Statt sich der großen Zusammenhänge gewahr zu werden, meinen die Vertreter der verschiedenen ethnischen und religiösen Gruppierungen (bzw. diejenigen, die sich als solche ausgeben), ungeachtet der Umstände ihre eigene Klientel verteidigen zu müssen. Ein Beispiel dafür habe ich bereits genannt, als ich über den Kerl von der Ramadhan Foundation sprach. Im amerikanischen Fernsehen sah ich einmal ein Interview mit Jorge Ramos, der der berühmteste spanischsprechende Nachrichtenmoderator in den USA zu sein scheint. Er wurde unter anderem als „lateinamerikanischer Walter Cronkite" bezeichnet. Als die Sprache darauf kam, welche Auswirkungen die gewaltige Zahl der in die USA übersiedelnden Latinos haben würde, stimmte er der Einschätzung zu, dass eine demografische Revolution im Gange sei. Gegenwärtig würden 60 Millionen Latinos in den Vereinigten Staaten leben; in 35 Jahren würden es 100 Millionen sein, sodass etwa jeder Dritte lateinamerikanischer Herkunft wäre. Dass dies einer Invasion gleichkäme, verneinte er jedoch vehement. Auch Ramos war unfähig, irgendeine der Konsequenzen anzuerkennen, die die Entwicklung für die Nicht-Latinos haben würde, oder deren Gefühle in Betracht zu ziehen.

Etwa zur gleichen Zeit veröffentlichte die University of New Hampshire einen Bericht, demzufolge die Sterblichkeitsrate unter Weißen im Jahr 2014 in 17 US-amerikanischen Bundesstaaten die Geburtenrate überstiegen habe. Noch 2004 war dies in lediglich vier Bundesstaaten der Fall gewesen. Eine Studie, die ein britischer Professor namens Ted Cantle durchgeführt hat, kam zu dem Ergebnis, dass Weiße den Städten in großer Zahl den Rücken kehren, sodass die Einheimischen in dicht besiedelten Gebieten zunehmend den Status einer Minderheit erlangen. In Städten wie beispielsweise Leicester ist das schon lange der Fall. Einmal sah ich eine Dokumentation der BBC über die Abwanderung der Weißen aus dem Londoner Stadtteil East End, der zunehmend von einer anderen Kultur vereinnahmt wird. Frankfurt hat sich zu einer Stadt mit hohem Migrantenanteil entwickelt. Die „progressive" deutsche Grünenpolitikerin Stefanie von Berg sagte, es sei eine „gute Sache", wenn die Deutschen in den großen Städten zur Minderheit würden:

> Unsere Stadt wird sich radikal verändern. Ich bin der Auffassung, dass wir in 20, 30 Jahren in unserer Stadt gar keine ethnischen Mehrheiten mehr haben. [...] und ich sage Ihnen ganz deutlich, gerade in Richtung rechts: Das ist gut so.

Es wird Frau von Berg niemals dämmern, dass es gerade Äußerungen dieser Art sind, die der erstarkenden Rechten Zulauf verschaffen. Die Gefühle der Deutschen, ihre Bedenken und Ängste werden nicht wahrgenommen. Wer nicht mit der Dame übereinstimmt, ist ein Rassist – und fertig. Dann hätten wir da noch die folgende Perle des progressiven Politikers Gregor Gysi:

> Jedes Jahr sterben mehr Deutsche als geboren werden. Das liegt zum Glück daran, dass die Nazis sich auch nicht besonders vervielfältigen. Und schon deshalb sind wir auf Zuwanderer aus anderen Ländern angewiesen.

Demnach ist also jeder ursprüngliche Deutsche ein Nazi? Es ist die von Herrn Gysi und Frau von Berg verkörperte Mentalität, die in der Welt Oberhand gewinnt. Unterdessen empfiehlt Sheikh Muhammad Ayed, ein muslimischer Imam der Jerusalemer al-Aqsa-Moschee, seinen Anhängern, Nachkommen mit Europäern zu zeugen. Indem man die sinkende Fruchtbarkeit der Einheimischen ausnutze, würde man langfristig deren Länder erobern. Im September 2015 sagte er:

> Europa ist alt und klapprig geworden und braucht menschliche Verstärkung. Keine Kraft ist stärker als die menschliche Kraft von uns Muslimen. [...] Überall in Europa sind die Herzen von Hass gegenüber Muslimen erfüllt. Die Leute wünschen, wir wären tot. Doch sie haben ihre Zeugungsfähigkeit eingebüßt, sodass sie in ihrer Mitte nach Fruchtbarkeit suchen. Wir werden ihnen Fruchtbarkeit geben!
>
> Wir werden mit ihnen Kinder zeugen, denn wir beabsichtigen, ihre Länder zu erobern – ob es euch gefällt oder nicht, oh ihr Deutschen, Amerikaner, Franzosen, Italiener und Sonstigen. Nehmt die Flüchtlinge! Bald werden wir sie im Namen des kommenden Kalifats um uns versammeln. Dann werden wir zu euch sagen: Das sind unsere Söhne. Schickt sie, oder wir werden unsere Armeen gegen euch entsenden.

In einer Schönen Neuen Welt, in der Rassismus ausschließlich von Weißen ausgehen kann, sind solche Äußerungen natürlich nicht rassistisch. Dabei ist es nicht so, dass ich die Weißen verteidigen würde. Ich mag mich in einem weißen Körper befinden, doch ich identifiziere mich mit einem Bewusstsein, nicht mit einer bestimmten äußeren Form. Auf schändliche Weise sind europäische Völker in die Heimat amerikanischer und vieler anderer Ureinwohner eingefallen – in Nord- und Südamerika, Asien, Afrika und Australien/Neuseeland. Europäische Imperien (allen voran das britische) rissen sich die fremden Ländereien unter den Nagel und beuteten sie auf himmelschreiende Weise aus. Ich erinnere mich noch gut, wie übel mir wurde, als ich als Kind zum ersten Mal von den Gräueln des Kolonialismus und der Sklaverei hörte. Doch erstens werden wir uns nicht vorwärts bewegen, indem wir dasselbe mit umgekehrten Vorzeichen wiederholen; zweitens können wir niemals die Freiheit für alle gewährleisten, wenn wir nicht die Reife aufbringen, eine bestimmte Frage zu stellen: Warum werden die Weißen gegenwärtig derart unter Beschuss genommen und insbesondere männliche Weiße zur Zielscheibe der politischen Korrektheit gemacht? Die Antwort auf diese Frage betrifft *jeden*, unabhängig von Hautfarbe oder Glaubensbekenntnis. Darüber hinaus ist es wichtig, einen weiteren Aspekt nicht aus den Augen zu verlieren: Die Blutlinien der *El*-ite, von denen der europäische Kolonialismus ausging, sind *dieselben* Blutlinien, die heute die Migrationsströme nach Europa lenken. Wir befinden uns schlicht in einer anderen Etappe des Jahrtausende umfassenden Plans zur Errichtung der absoluten Weltherrschaft.

Hinsichtlich der Fertilität der Europäer hat der Jerusalemer Imam sicherlich recht. Laut Forschungsergebnissen, die 2017 veröffentlicht wurden und auf der Auswertung von annähernd 200 Studien beruhen, an denen 43.000 Männer beteiligt waren, haben sich die Spermienzahlen in überwiegend von Weißen bevölkerten Ländern der westlichen Welt – in Nordamerika, Europa, Australien und Neuseeland – in weniger als 40 Jahren halbiert. Auf einige der Gründe dafür werde ich später zu sprechen kommen. Der anerkannte Forscher Dr. Hagai Levine, der als Epidemiologe die Aktivitätsmuster von Spermien untersucht, bezeichnete die Resultate als „schockierend" und wies darauf hin, dass die Menschheit aussterben könnte, sollten die Spermienzahlen weiterhin in derselben Geschwindigkeit sinken. Levine, der an der Hebräischen Universität Jerusalem lehrt, stellte bei Männern aus Nordamerika, Europa, Australien und Neuseeland ein Absinken der Spermienzahl um *59,3 Prozent* fest. Demgegenüber war bei südamerikanischen, asiatischen und afrikanischen Männern keine signifikante Abnahme erkennbar. Es wird interessant sein zu beobachten, ob künftige Studien ein ähnliches Missverhältnis konstatieren werden. Levine sagte, es sei dringend notwendig, die Ursache für das Absinken der Spermienzahlen festzustellen und ihr entgegenzuwirken. Seit 30 Jahren sinken im Westen die Geburtsraten. Im selben Zeitraum fielen die Spermienzahlen ins Bodenlose, und Fertilitätsprobleme nahmen derart zu, dass die Anstrengungen, damit fertigzuwerden, eine ganze Industrie entstehen ließen. Das Angebot an sogenannten Fertilitätsdienstleistungen hat sich innerhalb von 25 Jahren vervierfacht. Glaubt irgendjemand, all das sei „natürlich"? Genau – ich auch nicht.

Soros vertritt „Werte" – Hilfe, ich bekomme Magenkrämpfe …

Der ungarische Premierminister Viktor Orban, der vor der Schaffung von „Parallelgesellschaften" gewarnt hat, ist über die Machenschaften des in Ungarn geborenen George Soros und seiner Netzwerke bestens im Bilde. Laut Orbans Regierung würden von Soros finanzierte Organisationen wie die Internationale Helsinki-Föderation für „Menschenrechte", die in ganz Europa operieren – unter anderem in Ungarn und auf dem Balkan –, die illegale Einwanderung aktiv unterstützen (Abb. 519). Der ungarische Außenminister Péter Szijjártó sprach von Institutionen, die danach trachteten, „unsere Grenze zu verletzen". Ungarische Geheimdienste hätten herausgefunden, dass Soros hinter diesen Organisationen stecke. Die regierende Partei übersäte gar die Region um Budapest mit großformatigen Plakaten, auf denen stand: „Lassen wir es nicht zu, dass Soros zuletzt lacht." Yossi Amrani, der israelische Botschafter in Ungarn, forderte die ungarische Regierung in einem von seinem Außenministerium abgesegneten Schreiben auf,

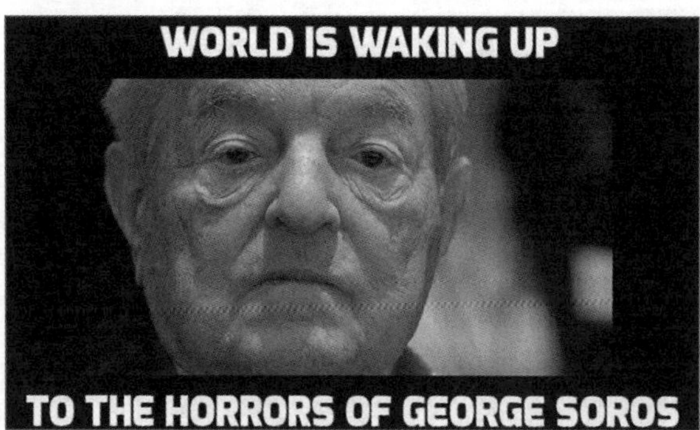

Abb. 519: „Die Welt wird sich der üblen Machenschaften von George Soros bewusst." – Seine manipulativen Aktivitäten sind so umfangreich, dass sie früher oder später auffliegen mussten.

die Plakate abzunehmen – mit der Begründung, die negative Darstellung von George Soros könnte den Antisemitismus anheizen. Doch kurze Zeit später wurde eine zweite Stellungnahme veröffentlicht, die einen ganz anderen Ton anschlug:

> In keiner Weise war die Aussage dazu bestimmt, Kritik an George Soros zu delegitimieren. Fortwährend untergräbt er die demokratisch gewählten Regierungen Israels, indem er Organisationen finanziert, die den jüdischen Staat diffamieren und ihm das Recht absprechen, sich zu verteidigen.

Eine erste, grobe Übersetzung könnte lauten: „Oh mein Gott, niemand darf spitzkriegen, dass Soros für uns arbeitet! Dann würde das ganze Kartenhaus in sich zusammenfallen!" Die Frage, warum Soros Gruppierungen finanziert, die Israel kritisieren, werde ich gleich beantworten. Dem ungarischen Premierminister Orban zufolge benutzt Soros die EU, um ein „neues, vermischtes, islamisiertes Europa" zu schaffen. Das passt zweifellos zu den Langzeitplänen, die Richard von Coudenhove-Kalergi einst ausheckte – und der maßgeblich an der Schaffung des EU-Vorläufers beteiligt war –, sowie zu der wachsenden Zahl von Indizien, die eine Zusammenarbeit zwischen Behörden der EU und den am Mittelmeer aktiven Schleusern und NGOs belegen. Orban sagte: „Die Europäische Union, die Europäische Kommission muss ihre Unabhängigkeit von Soros' Imperium wiedererlangen, bevor der Milliardär seine Agenda zur Zerstörung des Kontinents vollendet hat." Zur Migrationskrise erklärte er:

> Diese Invasion wird zum einen von Menschenschmugglern betrieben, zum anderen von jenen Aktivisten, die alles unterstützen, was den Nationalstaat schwächt. [Verkörpert wird] diese westliche Mentalität bzw. das Aktivistennetzwerk durch George Soros. […] Sein Name ist möglicherweise das prägnanteste Beispiel für jene, die alles fördern, was Nationalstaaten schwächt. Sie unterstützen alles, was einen Wandel der traditionellen europäischen Lebensweise bewirkt.

In einer an das Wirtschaftsmagazin *Bloomberg Business* gerichteten E-Mail entgegnete Soros, seine Stiftungen würden „europäische Werte vertreten", während die Stärkung der ungarischen Grenzen diese Werte „untergraben" würde. Später bezeichnete er Ungarn als „Mafiastaat", der die Demokratie nur vortäusche, und beschwerte sich darüber, dass man ihn als „zwielichtigen Währungsspekulanten" darstelle, der „sein Geld dazu benutze, um Europa mit illegalen Einwanderern zu überschwemmen – als Teil eines diffusen, aber ruchlosen Plans". Ja, *und?* Was genau stimmt denn daran nicht? Orban sagte, Soros' Erwiderung stelle praktisch eine Art Kriegserklärung dar: „Das einzige Netzwerk, das in Ungarn in Mafia-Manier agiert und nicht transparent ist […], ist das Soros-Netzwerk." Er warf Soros vor, Organisationen zu finanzieren, die „darauf hinarbeiten, Hunderttausende Migranten nach Europa zu bringen". Soros sagte: „Unser Plan hat den Schutz der Flüchtlinge zum Ziel – nationale Staatsgrenzen stellen das Hindernis dar." Zu erleben, wie George Soros sich erdreistet, von „Werten" zu reden, ist absolut einmalig. Es ist derselbe Mann, der auch sagte: „Meine Aufgabe besteht im Wesentlichen darin, Geld zu machen. Ich kann nicht auf die sozialen Auswirkungen meiner Handlungen achten, und tue das auch nicht." Ich schätze, die „progressiven" Gruppierungen, die von Soros finan-

Abb. 520: „Hallo, ihr Progressiven! Hier spricht euer Finanzier: ‚Meine Aufgabe besteht im Wesentlichen darin, Geld zu machen. Ich kann nicht auf die sozialen Auswirkungen meiner Handlungen achten, und tue das auch nicht.' Welche Agenda verfolgt er eigentlich damit, euch zu finanzieren?" – Eine Frage, die man den von Soros finanzierten Progressiven wohl einmal stellen sollte.

ziert werden, stellen sich niemals die Frage, warum der Milliardär ihnen tonnenweise Kohle hinterherwirft (Abb. 520).

Im Jahr 2016 hielten 100 „progressive" Grüppchen in Washington eine zehntägige Protestveranstaltung ab, auf der die Forderung erhoben wurde, der „Einfluss des Geldes in der Politik" müsse ein Ende haben. *Sind sie nicht entzückend?* Ein Großteil dieser Gruppen hat Gelder von Soros erhalten, der auch Hillary Clinton und andere Politiker der Demokraten maßgeblich finanziell unterstützt. Gleichzeitig zogen seine Open Society Foundations und andere Netzwerke beim Arabischen Frühling die Fäden, in dessen Folge der Nahe Osten mit einer Welle der Gewalt überzogen wurde (und der weitere, ebenfalls von Soros geförderte Migrationsströme in Richtung Europa lostrat). Auf Fox News konnte man eine „Progressive" sagen hören, dass sich Soros' Motivation aus seiner Kindheit erkläre, die er im von den Nationalsozialisten besetzten Ungarn verbracht habe. „Deshalb hat er sein ganzes Leben dem Kampf für Gleichheit und Gerechtigkeit gewidmet." Offenbar ist der Dame nicht nur das erwähnte Zitat unbekannt, aus dem Soros' Desinteresse für die sozialen Folgen seines Tuns hervorgeht; auch das Fernsehinterview scheint sie nicht gesehen zu haben, in dem er einräumte, er habe als Jugendlicher den Nazis dabei geholfen, das Eigentum ungarischer Juden zu konfiszieren. Zudem erklärter er dem Gesprächspartner, dies sei für ihn „ganz und gar nicht" schwierig gewesen. Bono, der „progressive" Sänger von U2, bezeichnete Soros als „einen meiner großen Helden". Dasselbe sagte er auch über den Microsoft-Milliardär Bill Gates, der gleich mehrere Kernprojekte der *El*-ite finanziert und bewirbt: Impf-

Abb. 521: „Bill Gates: Wenn etwas schlecht für die Menschheit ist, stellt er dafür einen Scheck aus." – Gates kann auf eine außerordentliche Liste von ihm finanzierter Projekte zurückblicken, die mit der Agenda-Wunschliste konform gehen.

stoffe, GVO, Überwachungstechnik, Bildungsprogramme, Geoengineering für die Atmosphäre (Wetterbeeinflussung) und etliches mehr (Abb. 521).

Soros und zahlreiche andere „philantropische Milliardäre“, die den Wunschzettel der *El*-ite zu finanzieren helfen, erlangen durch die Unterstützung des Spinnennetzes unglaublichen Reichtum; im Gegenzug geben sie jedoch gewaltige Teile ihrer Vermögen dafür aus, die Agenda der *El*-ite voranzubringen. Verkauft wird das dann unter dem Etikett „Menschenliebe“. Nichts könnte weiter von der Wahrheit entfernt sein. Die Stiftungen und Fonds der Rockefellers machten es vor, und viele andere traten in ihre Fußstapfen. Im Zusammenhang mit einer anderen, ebenfalls in Washington durchgeführten Protestveranstaltung, die unter dem Motto „Day Without A Woman“ stand, überwies Soros 100 Gruppierungen insgesamt *246 Millionen Dollar*. Offiziell ging es darum, auf die „Ungleichbehandlung der Geschlechter“ aufmerksam zu machen; in Wirklichkeit jedoch hatte man Donald Trump im Visier (teile und herrsche). Witzigerweise sahen die Veranstalter des Protestmarschs – bei dem es angeblich um die Rechte der Frauen ging – keine Veranlassung, zur saudischen Botschaft zu marschieren. Vielleicht funktionierte ja ihr Navi nicht richtig. Millionen gab Soros auch dafür aus, „progressive“ Kandidaten für Staatsanwaltsposten zu unterstützen. Er und sein Netzwerk sind einfach überall. Der Zionist Wladimir Lenin sagte einmal: „Der beste Weg, die Opposition zu kontrollieren, besteht darin, sie selbst anzuführen.“ Sie können dieses Prinzip etwa in der Person des palästinensischen Präsidenten Mahmud Abbas erleben, eines Laufburschen Netanjahus, der offiziell die Interessen der Palästinenser vertritt, letztlich aber Israel hörig ist. Achten Sie beispielsweise darauf, wie Abbas die israelischen Attacken gegen die rivalisierende Palästinenserbewegung Hamas unterstützt (so, wie es ihm von den USA, Israel und Saudi-Arabien aufgetragen worden ist). Jetzt wird klar, warum Soros Gruppierungen finanziert, die sich kritisch über Israel äußern. In Abwandlung des Lenin-Zitats könnte man sagen: „Der beste Weg, die Opposition zu kontrollieren, besteht darin, sie selbst *zu finanzieren*.“

Der andere Stützpfeiler der Migrationsagenda besteht darin, in einer gewalttätigen Variante des „Teile und herrsche“-Prinzips die Migranten gegen die Einheimischen auszuspielen. Wann immer sich Migranten in bestimmten Arealen zusammenfinden und diesen eine klar erkennbare Kultur aufprägen, entstehen zwei eigenständige und leicht unterscheidbare „Seiten“. Befeuert wird der Konflikt durch dreierlei: die aus der Unterdrückung abweichender Meinungen resultierende Frustration, die politische Korrektheit sowie die Wahrnehmung, dass die verschiedenen Bewohner desselben Gebietes nicht gleichbehandelt werden. Weitere Spannung entsteht durch das Auftauchen von Parallelgesellschaften, die nach eigenen Gesetzen funktionieren und sie in anderer Weise durchsetzen. Schließlich gibt es noch den staatlich geförderten „islamistischen“ Terrorismus, der die Wut mehr als alles andere überkochen lässt. Die *El*-ite will Bürgerkriege heraufbeschwören, bei denen – wie immer – hauptsächlich diejenigen verletzt und in Mitleidenschaft gezogen werden würden, die einfach nur in Frieden ihr Leben leben wollen – und das beträfe *beide* Seiten. An den Schlagzeilen lässt sich die Entwicklung ablesen. Wenn beispielsweise aus Frankreich „zunehmende Konflikte zwischen den Gemeinschaften“ gemeldet werden, bedeutet das, dass ein Bürgerkrieg unausweichlich ist. Eine andere Schlagzeile lautete: „Tausende Deutsche gehen auf die Straße, um nach einer Woche blutiger Gewalt gegen die Einwanderungspolitik der Regierung zu protestieren." In den Vereinigten Staaten, wo man Rassenunruhen heraufbeschwören will, organisieren – ebenfalls von Soros finanzierte – progressive Gruppen Protestkundgebungen zu ethnischen und politischen Fragen. Wie einst Brzezinski setzt uns auch Soros über die Pläne ins Bild, indem er uns wissen lässt, was „seiner Einschätzung nach" geschehen wird. Für Amerika sah er Unruhen, einen Polizeistaat und Bürgerkriege voraus. Sklaven sollen gegen Sklaven kämpfen, damit ihre Eigentümer über beide Seiten herrschen können.

Werden wir ihnen also geben, was sie haben wollen? Oder werden wir die Illusion von Ethnie und Religion durchschauen und erkennen, dass wir allesamt Bestandteile desselben Bewusstseins sind, die nur verschiedene Erfahrungen durchlaufen? Sollte uns das nicht gelingen und wir stattdessen weiterhin an die Vorstellung ethnischer bzw. religiöser Überlegenheit glauben – die besagt, dass die Überzeugungen einer Person allen anderen aufgezwungen werden müssen –, dann sähe unsere Zukunft in der Tat düster aus. Schaffen wir es jedoch, über die Illusionen hinauszuschauen, können wir alles verändern – und zwar viel schneller, als sich dies die meisten Menschen vorzustellen vermögen.

Kapitel 15

Ist es heiß hier, oder liegt es an mir?

„Die Lüge ist schon um die halbe Erde gereist, während sich die Wahrheit noch die Schuhe anzieht."

Charles Spurgeon

Die weltweit agierende, zum großen Teil von Soros finanzierte Armee der Progressiven ist der führende Verfechter jenes Schwindels, der unter dem Schlagwort „vom Menschen verursachter Klimawandel" kursiert. Martin Luther King hatte ganz recht, als er sagte: „Nichts auf dieser Welt ist gefährlicher als aufrichtige Ignoranz und pflichtbewusste Dummheit." (Abb. 522)

Abb. 522: „'Erderwärmungs'-Aktivisten setzen sich für ihre eigene Versklavung ein" – Wohlmeinende Bürger sind die Gelackmeierten, da sie es versäumt haben, ihre Hausaufgaben zu machen (mit einem offenen Geist).

Verständlicherweise wirft die Behauptung, die globale Klimaerwärmung (bzw. der globale Klimawandel, wie man angesichts des ausbleibenden Temperaturanstiegs inzwischen sagt) sei eine gigantische Lüge, einige Fragen auf: Warum sollten „die" eine solche Lüge verbreiten? Was springt für „die" dabei heraus? Was ist der Sinn einer derartigen weltumspannenden Täuschung? In meinen Büchern „Die Wahrnehmungsfalle" und „Das Ich-Phantom" habe ich die Hintergründe des Schwindels im Detail beleuchtet, doch werde ich die genannten Fragen im Fol-

Abb. 523: „Der menschengemachte Klimawandel: Die große Lüge" – Propaganda per Wiederholung.

genden kurz und bündig beantworten (Abb. 523). Das Narrativ der angeblich menschengemachten Klimaerwärmung dient dazu, einen Vorwand für die weltweite Umgestaltung der menschlichen Gesellschaft zu liefern, in deren Mittelpunkt die von der *El*-ite geschaffene UNO steht. Unter dem Deckmantel der Vereinten Nationen, bei deren Entstehung die Familie Rockefeller eine Schlüsselrolle spielte, soll – der Methodik des schleichenden Totalitarismus folgend – schrittweise eine Weltregierung etabliert werden. Während der gesamten ersten Hälfte des 20. Jahrhunderts war die *El*-ite bemüht, eine globale Struktur zu schaffen, aus der peu à peu eine Weltregierung hervorgehen sollte. Neben verschiedenen Handlangern der Rothschilds war insbesondere der Ölmagnat J. D. Rockefeller in die Gründung des Völkerbundes verwickelt, dessen vermeintliche Notwendigkeit mit dem Ersten Weltkrieg begründet wurde. Da die Rechnung nicht aufging, unternahm man mit den Vereinten Nationen einen erneuten Versuch – nur diente diesmal der Zweite Weltkrieg als Vorwand. Aktuelle Pläne, die auf einen Dritten Weltkrieg abzielen, sollen in erster Linie für die Umwandlung der Vereinten Nationen in eine voll entwickelte Weltregierung sorgen. Die zentral gesteuerte, globale Diktatur, die man mittels einer Weltarmee aufrechterhalten will, werde angeblich sicherstellen, dass „nie wieder ein Krieg ausbricht". Darüber hinaus leitet die Weltregierung ihre Daseinsberechtigung aus der versprochenen „Rettung der Welt vor einem Klimawandel" ab, die durch zentral verordnete Klimaschutzgesetze erreicht werden soll.

Im Jahr 1921 initiierte J. D. Rockefeller in New York die Gründung des Council on Foreign Relations (CFR), der innerhalb des Spinnennetzes als Schwellenorganisation fungiert. 1945 war der CFR federführend an der Etablierung der UNO beteiligt; die amerikanische Delegation wurde damals gar als „Who is Who des CFR" bezeichnet. 74 der zur Gründungsveranstaltung der UNO entsandten Amerikaner waren Mitglieder des CFR. Das New Yorker Grundstück, auf dem sich heute das Hauptquartier der Vereinten Nationen befindet – ganz in der Nähe der CFR-Zentrale –, war von der Familie Rockefeller gestiftet worden. Die UNO ist eine Unternehmung der Rockefellers, und wann immer sie hinter einem Projekt stecken, haben auch die Rothschilds ihre Finger mit im Spiel. Zum Verständnis des Klimaschwindels sind diese Zusammenhänge von fundamentaler Bedeutung, wird er doch weltweit durch das Intergovernmental Panel on Climate Change (IPCC) propagiert – eine Institution, die *mit den Vereinten Nationon vcrknüpft* ist.

Abb. 524: „Seele zu verkaufen – Ziehe alle akzeptablen Angebote in Betracht" – Al Gore hat sich mit dem Verkauf einer Lüge eine goldene Nase verdient.

Das offizielle Narrativ folgt den haarsträubenden Behauptungen, die Al Gore – der Klimalügner vom Dienst – einst aufgestellt hatte (Abb. 524). Dem ehemaligen Stellvertreter des Präsidenten Bill

Clinton kann man gewiss trauen, oder? Ohne Frage sind die Clintons, die abscheuliche Geheimnisse zu verbergen haben, mit einem Mann der Wahrheit befreundet. Wie sehr Al „Wir müssen die Kohlendioxidemissionen reduzieren" Gore wegen des „Klimawandels" besorgt ist, zeigt etwa sein persönlicher CO_2-„Fußabdruck", der ungefähr Godzillas Schuhgröße entspricht. Nicht anders verhält es sich mit Klimaschwindlern wie Barack Obama oder Leonardo DiCaprio, die im privaten Flieger um die Welt jetten, um Reden über das Klima-Armageddon zu halten. DiCaprio fungiert als „UN-Friedensbotschafter mit dem Schwerpunkt Klimawandel". UN-Propagandabotschafter träfe es wohl eher. Im Jahr 2017 reiste Obama für eine Rede zur Klimafrage im Privatjet nach Italien und traf mit einem aus 14 Fahrzeugen bestehenden Konvoi am Veranstaltungsort ein. Gore beruft sich inzwischen auf Gott als seinen geistigen Führer und Ideengeber – die letzte Zuflucht aller in die Ecke getriebenen Politiker: „Wenn Sie wie ich im Glauben stehen, erwartet Gott meines Erachtens von uns, dass wir die Augen aufmachen und Verantwortung für die moralischen Konsequenzen unserer Handlungen übernehmen." Wann wollt ihr damit anfangen, Al, Bill und Hillary?

Die Neue Weltordnung – deren Ordnung

Die Verbindungen zwischen dem Wirken der Vereinten Nationen und den Plänen der *El*-ite beschränken sich jedoch nicht auf die vom IPCC propagierte Klimalüge. Zwei weitere globale Projekte der UNO, nämlich die Agenda 21 und die Agenda 2030, zielen darauf ab, die globale Gesellschaft zu transformieren und zu zentralisieren. Zu großen Teilen wird dieses Ansinnen *mit dem Klimaschwindel der UNO* gerechtfertigt. Ein progressiver Befürworter der Klimaagenda sagte auf CNN, dass wir, um die Welt zu retten, „alles verändern müssen". Der Witz ist echt gut: Es ergibt natürlich Sinn, sich für die eigene Versklavung starkzumachen. Die Lüge vom anthropogenen Klimaschwindel werde ich später auseinandernehmen, doch lassen Sie uns zunächst betrachten, was damit gerechtfertigt werden soll.

Die Agenda 2030 stellt eine erweiterte und aktualisierte Version der Agenda 21 dar, die den Nährboden für ihren Nachfolger bereitete. Beschlossen wurde die Agenda 21 beim sogenannten Erdgipfel, der 1992 in der brasilianischen Stadt Rio de Janeiro abgehalten wurde. Unter der Leitung der *El*-iten-Marionette Maurice Strong ging die globale Umweltbewegung dem Rothschild-Rockefeller-Gespann, das hinter den Kulissen das Geschehen dirigierte, vollends auf den Leim. Überall auf dem Planeten stimmten Regierungen und kommunale Gremien den auf dem Gipfel beschlossenen Zielen und Empfehlungen zu. Die Agenda 2030 wurde im Jahr 2015 von der Generalversammlung der Vereinten Nationen verabschiedet. Unter den nachfolgenden Zielstellungen, die offiziellen Dokumenten der Agenda 21 entnommen sind, werden Sie einige der bereits erwähnten Motive wiedererkennen, die aus Sicht der Gesellschaftsmanipulatoren unverzichtbar sind:

- Abschaffung nationaler Souveränität
- Staatliche Planung und Verwaltung sämtlicher Bodenressourcen, Ökosysteme, Wüsten, Wälder, Berge, Ozeane und Trinkwasservorkommen, der Landwirtschaft, der Entwicklung der ländlichen Räume sowie der Biotechnologie; Gewährleistung der „Gleichheit"
- Der Staat „definiert den Zweck" gewerblicher und finanzieller Ressourcen
- Abschaffung privaten Eigentums
- „Umstrukturierung" des Familienverbunds
- Kinder werden vom Staat großgezogen
- Den Menschen wird gesagt, welche Tätigkeit sie auszuüben haben
- Massive Einschränkungen der Bewegungsfreiheit
- Schaffung „menschlicher Siedlungszonen"
- Massenumsiedlungen als Folge der Vertreibung vom heimischen Land
- Verdummung durch das Bildungswesen
- alle genannten Punkte führen zu einer deutlichen Reduktion der Weltbevölkerung

Um den Menschen die Pläne zur globalen Machtkonzentration über *sämtliche* Bereiche des Lebens schmackhaft zu machen, bedient sich die Agenda 2030 der Methode des „Wer könnte schon etwas dagegen haben?" Die Ziele der „nachhaltigen Entwicklung" lauten dementsprechend:

> Keine Armut mehr; Beseitigung des Hungers; gute Gesundheit und allgemeines Wohlbefinden; hochwertige Bildung; sauberes Wasser und Sanitäranlagen; bezahlbare und saubere Energie; anständige Arbeit und wirtschaftliches Wachstum; Industrie, Innovationen und Infrastruktur; verminderte Ungleichheit; zukunftsfähige Städte und Gemeinden; verantwortlicher Umgang mit Konsum und Produktion; Klimaschutzmaßnahmen; Schutz des Lebens in den Gewässern und an Land; Frieden, Gerechtigkeit und deren Durchsetzung durch mächtige Institutionen und Partnerschaften.

Klingt prima – das unterschreiben wir doch gerne. Das heißt, wir würden es tun, wüssten wir nicht um die Lügen, die sich hinter diesen sinnentleerten Platitüden verbergen. Nichts könnte der *El*-ite ferner liegen, als die genannten Punkte tatsächlich anzugehen – tun sie doch tagein, tagaus das exakte Gegenteil. Der Teufel steckt im *nicht* Gesagten, etwa, wie sie denn diese „Ziele" zu erreichen gedenken. Um die Antwort auf diese Frage zu erhalten, brauchen Sie nur ein wenig an der Oberfläche zu kratzen: durch die globale Zentralisierung der Macht über sämtliche Aspekte des menschlichen Lebens. Das ist es, worum es bei der „Abschaffung aller nationalen Souveränität" tatsächlich geht, und der Grund, warum sich dieses Motiv durch alle Großprojekte zieht – von den Agenden 21 und 2030 über die Frankfurter Schule der Gesellschaftslenker bis zur Europäischen Union. Der drastische Charakter der anvisierten Machtkonzentration offenbart sich in der Zielstellung, „sämtliche Bodenressourcen, Ökosysteme, Wüsten, Wälder, Berge, Ozeane und Frischwasservorkommen, die Landwirtschaft, die Entwicklung der ländlichen Räume sowie die Biotechnologie“ staatlich kontrollieren und verwalten sowie „Gleichheit gewährleisten“ zu wollen. Gleichheit meint hier nicht, dass jedem dieselbe Förderung zuteilwerden soll, sondern sie bezieht sich auf den Sklavenstatus in der Hungerspiele-Gesellschaft. Des Weiteren erfahren wir, dass „der Staat den Zweck gewerblicher und finanzieller Ressourcen definiert“ und „den Menschen gesagt wird, welche Tätigkeit sie auszuüben haben“. Wo ist eigentlich unsere Freiheit geblieben? Der Ansatz, die Menschen mittels des Bildungssystems zu verdummen, wird in der folgenden, von der Organisation der Vereinten Nationen für Bildung, Wissenschaft und Kultur (UNESCO) getätigten Behauptung mit dem „Klimawandel“ gerechtfertigt:

> Generell könnten besser ausgebildete Menschen mit höheren Einkommen mehr Ressourcen verbrauchen als schlecht ausgebildete Menschen, deren Einkommen in der Regel niedriger liegen. In diesem Fall stellt höhere Bildung eine Bedrohung der Nachhaltigkeit dar.

„Hochwertige Bildung“ anzustreben bedeutet im Kontext der Agenda 2030 in Wahrheit, die Indoktrinierung hochwertig zu gestalten. Die Agenda 21 schließt unter anderem die unvermeidliche „Umstrukturierung des Familienverbundes“ mit ein. Die Übersetzung aus dem Orwellschen lautet: Die Idee der Familie soll zerstört werden. Dazu passt auch die Forderung, dass die „Kinder vom Staat großgezogen werden“ sollen. Bei dieser Spielart des schleichenden Totalitarismus wird die Erziehungshoheit der Eltern zunehmend untergraben und in Richtung Staat verlagert. Die Punkte „Abschaffung privaten Eigentums“, „massive Einschränkungen der Bewegungsfreiheit“, „Schaffung menschlicher Siedlungszonen“ und „Massenumsiedlungen als Folge der Vertreibung vom heimischen Land“ dienen allesamt demselben Endziel: Die gesamte Weltbevölkerung soll in „Siedlungszonen“ getrieben und gezwungen werden, dort in winzigen Wohneinheiten zu hausen (wobei ich „winzig“ durchaus wörtlich meine), die rund um die Uhr überwacht werden (Abb. 525). In meinen früheren Büchern habe ich dargelegt, wie die Menschen genötigt werden, aus ländlichen Gebieten fortzuziehen – insbesondere in den Vereinigten Staaten, in denen all diese Pläne ihren Ausgang nehmen: Investitionen werden abgezogen, Arbeitsmöglichkeiten abgeschafft, Straßen gesperrt und Schulen geschlossen. Indem

Abb. 525: Die geplanten „menschlichen Siedlungszonen“ in einer Darstellung des Künstlers David Dees.

man überdies Vorschriften erlässt, die nur Unternehmen überhaupt einhalten können, nimmt man Familienbauernhöfen die Möglichkeit, wirtschaftlich zu überleben. Mitunter entledigt man sich der Landbewohner auch einfach dadurch, dass man ihnen mitteilt, sie müssten eben woandershin ziehen – ohne dies näher zu begründen. Gegen ländliche Gebiete und Kleinbauern ist ein Krieg im Gange. Wenn sich die Letztgenannten gezwungen sehen, ihr Land zu verkaufen oder aufzugeben, ziehen sie in die Städte, während sich Kapitalgesellschaften ihren Grund und Boden zum Schleuderpreis unter den Nagel reißen. Das Wall-Street-Investmentunternehmen Farmland Partners, Inc. beispielsweise, das von früheren Managern des Finanzdienstleisters Merrill Lynch geleitet wird, erwarb bislang 295 Farmen bzw. Ranches im Wert von mehreren Hundert Millionen Dollar, die – über 16 Bundesstaaten verstreut – eine Gesamtfläche von 583 Quadratkilometern einnehmen.

Abb. 526: Die Karte der amerikanischen Landnahme für die Hungerspiele-Gesellschaft. Die Bevölkerung soll vom Großteil des Landes vertrieben und in dicht besiedelten „menschlichen Siedlungszonen“ zusammengepfercht werden.

Aus offiziellen Zahlen der Vereinten Nationen geht hervor, dass etwa um das Jahr 2008/2009 der Punkt erreicht war, dass weltweit mehr Menschen in städtischen Umgebungen als in ländlichen Gebieten leben. Seither hat sich der Trend noch dramatisch verschärft. Während in den 1930er-Jahren knapp die Hälfte aller US-Amerikaner auf dem Land lebte und 21 Prozent auf Bauernhöfen arbeiteten, waren die Zahlen im Jahr 2016 auf gerade einmal 20 bzw. zwei Prozent gesunken. Wohin das führt, veranschaulicht die nachfolgende Karte des künftigen Amerika, deren Umsetzung „unerlässlich“ sei, um eine „nachhaltige Entwicklung“ zu gewährleisten – zumindest aus Sicht der UNO-Biodiversitätskonvention, des Wildlands Projects, der UNO- bzw. amerikanischen „Mensch und Biosphäre“-Programme und des Welterbeprogramms (Abb. 526). Hinter all den Agenden, Programmen und Phrasen, in denen immer wieder Begriffe wie „Biodiversität“, „nachhaltige Gemeinschaften“, „nachhaltige Entwicklung“ oder „smart“ auftauchen, verbirgt sich stets dieselbe Fratze. Zu den dunklen Bereichen der Karte sollen Menschen überhaupt keinen Zugang mehr bekommen; das übrige Territorium der Vereinigten Staaten ist überwiegend für geringe bzw. stark reglementierte Nutzung vorgesehen. Wenn Sie in eine Bildersuchmaschine die Worte „United Nations Convention on Biological Diversity map“ eingeben, können Sie eine höher auflösende, farbige Version der Karte betrachten.

Doch was geschieht eigentlich, wenn das Vorhaben umgesetzt wird, mit all den Menschen? Die verbliebene Bevölkerung soll in „menschliche Siedlungszonen“ bzw. „Megastädte“ verfrachtet werden, die auf der Karte als kleine, isolierte, für „menschliche Nutzung“ ausgewiesene Bereiche erscheinen. Allerdings würden die heutigen Bewohner der Vereinigten Staaten nicht einmal annähernd in die winzigen markierten Bereiche hineinpassen: Hier kommt die Idee einer angeblich notwendigen Bevölkerungsreduktion ins Spiel, die sich wie ein roter Faden durch die Äußerungen und Dokumente zieht, die von der *El*-ite in Umlauf gebracht werden. Je nach Quelle sollen lediglich eine halbe, eine oder drei Milliarden Menschen übrig bleiben – bei einer Weltbevölkerung von derzeit 7,5 Milliarden. Zwar unterscheiden sich die von verschiedenen Personen bzw. Dokumenten genannten Zahlen, doch liegen sie stets deutlich unterhalb der Größe der heutigen Erdbevölkerung.

Wohnzellen bis in den Himmel

Während meiner Vortragstournee, die mich 2016/2017 rund um die Welt führte, konnte ich mit eigenen Augen beobachten, wie allerorten Mikroapartments aus dem Boden schossen. Diese Tatsache bestätigte mir ein weiteres Mal, dass sich überall dieselben Prozesse vollziehen – denn wir haben es mit einer weltumspannenden Agenda zu tun. In den Vereinigten Staaten, die der *El*-ite als Versuchslabor zur Erkundung der menschlichen Wahrnehmung dienen, werden die Pläne zuerst ausgeheckt und implementiert. Später exportiert man diejenigen Bestandteile, die sich als wirksam erwiesen haben, in die übrigen Länder und Kulturen. Selbst in Australien sah ich Mikroapartments – offenbar verfügt das Land nicht über den nötigen Raum, um größere Gebäudekomplexe errichten zu können (Abb. 527). Während seiner Amtszeit als Bürgermeister von New York kündigte der Zionist Michael Bloomberg den Bau von 165.000 „Wohn“-Einheiten an, deren Grundfläche jeweils etwa drei mal zehn Meter beträgt (Abb. 528). Genau davon spreche ich. Im Jahr 2016 trat in der ecuadorianischen Hauptstadt Quito der dritte Weltsiedlungsgipfel der Vereinten Nationen zusammen (offiziell als Third United Nations Conference on Housing and Sustainable Urban Development bzw. kurz „HABITAT III“ bezeichnet). Den Veranstaltern zufolge nahmen 30.000 Delegierte aus 167 Ländern an der Konferenz teil, deren Zweck darin bestand, die Agenda für urbane Nachhaltigkeit weiter voranzutreiben. Begründet wird auch dieses Programm hauptsächlich mit dem „Kampf gegen den Klimawandel“.

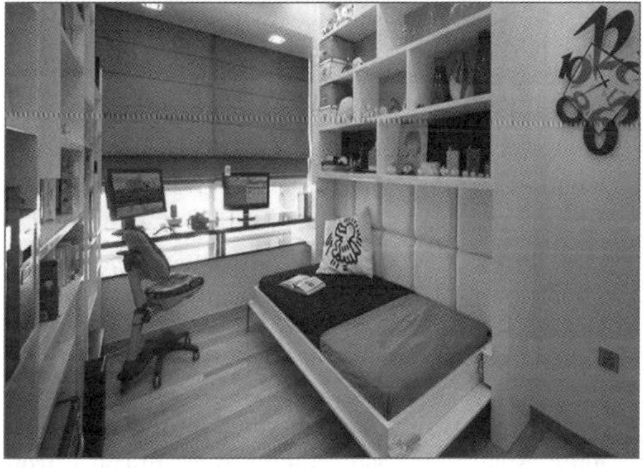

Abb. 527: Ein winziges „Zuhause“ – auf dem riesigen Kontinent Australien.

Abb. 528: Der ehemalige New Yorker Bürgermeister Michael Bloomberg kündigte den Bau von 165.000 Mikroapartments an. Die beiden Linien auf dem Fußboden markieren deren Größe.

Mikroapartments sind mitunter so winzig, dass man allabendlich die Möbel in den Wänden verstauen und die Sofas zu Betten umfunktionieren muss. Behausungen, die an Schuhkartons oder Gefängniszellen erinnern, sind der neueste „Schrei", wenn es um den Kampf gegen Kohlendioxidemissionen, die Rettung des Planeten und die Behebung der Wohnungsnot geht. „Stadtentwickler und -obere empfehlen ‚Sarg-Apartments' für die Mittelschicht", können wir etwa lesen. Doch sie werden keineswegs ins Rampenlicht gerückt, um irgendetwas zu retten oder zu lösen. Vielmehr stellen sie einen unverzichtbaren Bestandteil der Hungerspiele-Gesellschaft dar, für die winzige Unterkünfte in dicht besiedelten, dystopischen Hochhausstädten geschaffen werden müssen. Progressive Umweltaktivisten – deren schlimmste Vertreter zu Recht als Ökofaschisten bezeichnet werden – sind ausnahmslos dafür, da sie nicht einmal ansatzweise kapieren, was tatsächlich gespielt wird. Gemäß den Aussagen von Dr. Dunegan war der Rockefeller-Vertraute Dr. Richard Day schon im Jahr 1969 darüber im Bilde, was kommen sollte:

> Der Besitz von Eigenheimen würde ein Konzept der Vergangenheit sein. Die Kosten für Bau und Unterhalt eines Hauses würden nach und nach derart in die Höhe geschraubt werden, dass es für die meisten Menschen unerschwinglich wird. […] Junge Menschen würden zunehmend zu Mietern werden, insbesondere von Apartment- und Eigentumswohnungen. […] Die Bevölkerung könnte sich die Häuser also nicht leisten und wäre zunehmend gezwungen, in kleine Apartments auszuweichen – kleine Wohnungen, in denen nicht sehr viele Kinder leben könnten.

Ganz gleich, wohin mich meine Welttournee führte – ob in die Vereinigten Staaten, nach Kanada, Australien, Neuseeland, quer durch Europa oder auf den Balkan: Überall stieß ich auf dasselbe, von Day vorausgesagte Muster, dass junge Menschen außerstande sein würden, sich ein eigenes Heim zu kaufen. Viele von ihnen wohnen noch bei den Eltern oder leben gar auf der Straße, da sie sich nicht einmal eine Mietwohnung leisten können. Erschaffe das Problem und biete dann die Lösung feil: Mikroapartments. Richard Day machte zudem deutlich, welches Endziel man letztlich anstrebt: Den Menschen soll nicht nur vorgeschrieben werden, wo sie zu leben haben, sondern auch mit wem.

> Letztlich würde man den Menschen vorschreiben, wo sie zu leben hätten, und es würde üblich sein, mit Personen zusammenzuleben, die nicht zur Familie gehören. Man hätte keine Möglichkeit mehr zu wissen, wem man wie weit trauen kann. All das stünde unter der Aufsicht einer zentralen Wohnungsbaubehörde. Behalten Sie

> das im Hinterkopf, wenn Sie gefragt werden: „Wie viele Schlafzimmer gibt es in Ihrem Haus? Wie viele Badezimmer? Haben Sie ein komplett eingerichtetes Spielzimmer?“ Das sind persönliche Informationen, die gemäß unserer gegenwärtigen Verfassung von keinerlei nationaler Relevanz für die Regierung sind. Dennoch wird man Ihnen diese Fragen stellen.

Und das geschieht in der Tat. In der Spielfilmreihe „Die Tribute von Panem“ lebt die *El*-ite im sogenannten Kapitol, einer supermodernen Luxusstadt, abgeschirmt von der übrigen Bevölkerung, die angesichts bitterster Armut Mühe hat zu überleben. Hier wird symbolisch beschrieben, wohin die Reise gehen soll: Während die Reichen und Mächtigen, von den polizeistaatlichen Strukturen beschützt, im Luxus schwelgen, muss der Rest der Menschheit zusammengepfercht in wuchernden Megastädten leben, wo sie in winzigen Wohnzellen haust. Im Zuge der weltweiten „Gentrifizierung“ sehen wir die „Kapitole“ bereits überall entstehen. Zunehmend ist die ärmere Bevölkerung gezwungen, aus den künftigen „Kapitolen“ wegzuziehen, da sie die Mieten nicht mehr aufbringen kann und ihre Behausungen zunehmend verfallen – aufgrund staatlicher Kürzungen, die zur Folge haben, dass selbst einfachste Instandhaltungs- und Reparaturmaßnahmen wegfallen. Sind die früheren Bewohner in eine andere Gegend übergesiedelt (oder auf der Straße gelandet), gehen die Stadtplaner ans Werk, um Heime für die Reichen zu errichten. Das geht so lange, bis alle Armen verschwunden sind.

In Städten auf der ganzen Welt, etwa in London oder Los Angeles, lässt sich dieser Prozess schon seit Langem beobachten. Seit Jahren mache ich bereits darauf aufmerksam. Größere Aufmerksamkeit gewann die Thematik im Zuge der furchtbaren Feuerkatastrophe, die im Juni 2017 den 24-geschossigen Grenfell Tower verheerte, ein im Londoner Stadtteil Kensington gelegenes Apartmenthochhaus. Gemäß den offiziellen Zahlen, die zum Zeitpunkt der Abfassung dieses Buches vorlagen, fanden dabei 80 Menschen den Tod, und 70 weitere wurden verletzt. Kensington ist nicht nur der wohlhabendste Wohnbezirk des gesamten britischen Königreichs, sondern gleichzeitig ein Schmelztiegel für Menschen verschiedenster Herkunft und kultureller Zugehörigkeit, die – im krassen Gegensatz zur reichen Umgebung – nur über geringe Geldmittel verfügen. Das Gebäude selbst gehörte der Gemeinde, doch infolge des fortschreitenden Gentrifizierungsprozesses oblag die Verwaltung einer privaten Firma. Die Sanierungsmaßnahmen beinhalteten unter anderem das Anbringen einer neuen Fassadenverkleidung, die zum einen den vermögenden Nachbarn zugute kommen sollte – für einen schöneren Anblick, aber auch im Sinne einer Wertsteigerung ihrer Grundstücke – und zum anderen dazu gedacht war, durch zusätzliche Isolierung die „Klimaerwärmungs“-Ziele zu erreichen.

Um Geld zu sparen, entschied man sich dabei für ein feuergefährliches Material; die feuerfeste Variante hätte nur wenig mehr gekostet. Jedem, der über ein Gehirn verfügt und sich nur minimal für das Wohlergehen der Hausbewohner interessiert, erscheint die bloße Idee, ein Hochhaus mit entflammbarem Material zu verkleiden, unmittelbar als blanker Wahnsinn. Aber hey – es ist ja nur armes Volk, also wen kümmert's, oder? Das Unausweichliche nahm seinen Lauf, nachdem in einer der Wohnungen ein Feuer ausgebrochen war, dessen man normalerweise mühelos Herr geworden wäre; doch aufgrund der Außenverkleidung stand im Handumdrehen das gesamte Gebäude lichterloh in Flammen.

Feuerwehrleute, die seit Jahrzehnten ihren Dienst taten, sagten aus, dass sie noch nie etwas erlebt hätten, das mit diesem Inferno vergleichbar gewesen wäre. Die überlebenden Bewohner berichteten von schlampigen Bauarbeiten sowie fehlenden Sprinkleranlagen und Feuermeldern. Die Folge davon war, dass viele Mieter erst am frühen Morgen durch Anrufe von Freunden, die das Feuer von benachbarten Häuserblocks aus sahen, davon erfuhren. Für viele von ihnen war es bereits zu spät. Als die Überlebenden, die alles verloren hatten – Angehörige und Kinder eingeschlossen –, später darum zu kämpfen begannen, wieder in ihrer angestammten Umgebung angesiedelt zu werden, wurde deutlich, dass die Behörden sie lieber in andere Bezirke verfrachten wollten. Viele weitere britische Hochhäuser sind in derselben Weise neu verkleidet worden; wie Sie erleben werden, wird man dies dazu benutzen, die Gentrifizierung voranzutreiben.

Wie aus einem Trainingsvideo hervorgeht, das den Betreibern der Website TheIntercept.com durch eine Anfrage im Rahmen des Informationsfreiheitsgesetzes in die Hände fiel (wie lange wird es wohl noch von Bestand sein?), ist die US-amerikanische Militärhierarchie bezüglich der Pläne zur globalen Urbanisierung bereits im Bilde. In dem Video, das an der Joint Special Operations University des Pentagons entstand und den Titel „Megacities: Urban Future, The Emerging Complexity“ trägt, wird den Militärangehörigen Folgendes vermittelt:

> Die Zukunft ist urban. Bis zum Jahr 2030 wird die städtische Bevölkerung weltweit um voraussichtlich 1,4 Milliarden Menschen anwachsen. Dabei erfolgt der Zuwachs fast ausschließlich in den Entwicklungsländern. 60 Prozent der Weltbevölkerung werden in Städten leben und 70 Prozent des globalen Bruttoinlandsprodukts hervorbringen. Die urbane Umgebung wird den Ort darstellen, an dem sich die treibenden Kräfte der Instabilität zusammenfinden. Im Jahr 2030 werden 60 Prozent der Stadtbewohner jünger als 18 Jahre sein. Die am schnellsten wachsenden Städte werden vor den größten Herausforderungen stehen, da die Ressourcen verknappen und somit Netzwerke auf den Plan treten werden, die die durch überforderte und unterfinanzierte Regierungen entstandenen Lücken schließen.
>
> Die zunehmende Kluft zwischen Arm und Reich wird durch dieses Wachstum weiter verstärkt. Religiöse und ethnische Spannungen werden innerhalb des sozialen Gefüges zu einem bestimmenden Element. Die Stagnation wird mit einem nie dagewesenen Fortschritt koexistieren, da Verelendung, Slums und Elendsviertel in unmittelbarer Nachbarschaft zu modernen Hochhäusern, technischen Entwicklungen und immer größerem Wohlstand wachsen werden. Das ist die Welt unserer Zukunft.

Das Video beschreibt nichts anderes als die Hungerspiele-Gesellschaft. Aus den Bemerkungen über religiöse und ethnische Spannungen als bestimmendes Element der sozialen Landschaft wird deutlich, warum die Programme zur Massenmigration heute in vollem Gange sind. Militäranalytiker sagen voraus, dass „die sozialen Strukturen gleichermaßen herausgefordert – wenn nicht gar zerrüttet – werden, wenn althergebrachte Lebensweisen auf die moderne Lebensart prallen, Menschen verschiedener Ethnien zusammenleben müssen und kriminelle Netzwerke dem wachsenden Heer der Arbeitslosen neue Möglichkeiten offerieren“. Das Prinzip des „Teile und herrsche“ soll auf eine ganz neue Ebene gehoben werden. Während man die Massen gespalten und im Krieg gegeneinander hält, erfreut sich die *El*-ite des „immer größer werdenden Umfangs ihres Wohlstands". Aus dem Off kommentiert der Sprecher die Mikrowelt menschlicher Behausungen: „Megastädte sind komplexe Systeme, in denen Menschen und Strukturen in einer Weise zusammengedrängt sind, die sowohl unserem stadtplanerischen Verständnis als auch unserer Militärdoktrin zuwiderläuft." Das Video schließt mit den Worten: „Die Zukunft ist urban."

Wetter auf Bestellung

Eine andere Methode, die Menschen vom Land in die Megasiedlungen zu vertreiben, besteht in der Kontrolle des Wetters. Galt dies lange Zeit als Mythos, ist die Möglichkeit dazu doch schon seit Langem gegeben, und die zur Wettermanipulation verwendeten Technologien werden zusehends raffinierter und mächtiger. Das Wettergeschehen, das sich aus verschiedenen Arten energetischer Informationen und Frequenzen speist, lässt sich mittels künstlich eingebrachter Informationen und Frequenzen steuern. Zwar sind die Regentänze und -gesänge unserer Vorfahren heute der Hochtechnologie gewichen, doch das Prinzip bleibt dasselbe. Viele führende Mitarbeiter des im Zweiten Weltkrieg initiierten Manhattan-Projekts, das die erste Atombombe der Welt hervorbrachte, waren später im Bereich der atmosphärischen und Wettermanipulation tätig. Das erklärt sich aus der Tatsache, dass zwischen der Atombomben- und der Physik des Wetters zahlreiche Überschneidungen bestehen. Zu den Forschern, die vom Manhattan-Projekt zur Wetterkontrolle wechselten, gehörten Edward Teller, Vannevar Bush und John von Neumann.

Seit Nikola Tesla im Jahr 1943 verstarb und sich die US-Regierung seiner Forschungsergebnisse zu Elektrizität und Atmosphäre bemächtigte, scheint die Technologie zur energetischen Wettermanipulation eine neue Dimension erreicht zu haben. Der Mann, der die Unterlagen im Auftrag des Militärs sichtete, war ein gewisser John G. Trump (1907–1985) – ein Onkel des gegenwärtigen „Außenseiter"-Präsidenten Donald John Trump. Es ist dieser Verwandte, der dem Letztgenannten den Zweitnamen „John" bescherte. Später übernahm Onkel Trump die Leitung des britischen Ablegers eines Strahlungslabors, das zum Massachusetts Institute of Technology (MIT) gehört. Mit der Zeit entwickelte sich das Laboratorium, das von der Familie Rockefeller finanziert worden war, augenscheinlich zum Mittelpunkt des Wettermanipulationsprogramms. Eine Reihe ehemaliger Mitarbeiter des Manhattan-Projekts waren dort tätig. Die Hintergründe des Programms beleuchtete der Rechercheur Peter A. Kirby in einem ausgezeichneten Artikel, der auf der Website Activist-Post.com veröffentlicht worden ist. Sie können ihn finden, indem Sie den Titel „Chemtrails exposed: truly a new Manhattan Project" in eine Suchmaschine eingeben.

Der Begriff „Chemtrail" – chemical trail, dt. wörtlich: chemische Spur – bezieht sich auf die Stoffe, die mindestens seit den 1990er-Jahren in immer größerem Umfang von Flugzeugen auf der ganzen Welt ausgestoßen werden. Neben vielen anderen Bestandteilen zählen dazu mikroskopisch kleine Metallpartikel (Aluminium, Barium und Stron-

Abb. 529: In einem gigantischen Programm zur Umwandlung unserer Atmosphäre werden überall auf der Welt Chemtrails am Himmel versprüht. Einer der Nutzeffekte für die Verdeckte Hand besteht darin, dass sich das Wetter effizienter manipulieren lässt.

tium), die eine verstärkte elektrische Leitfähigkeit der Atmosphäre bewirken und somit das Potenzial und die Wirkkraft von Wettermanipulationstechnologien anheben (Abb. 529). Im folgenden Kapitel werde ich näher auf die Chemtrails eingehen, da sie mit zahlreichen Agenden der *El*-ite in unmittelbarem Zusammenhang stehen.

Im Jahr 1947 sagte der amerikanische General George Kenney vor Absolventen des Massachusetts Institute of Technology: „Diejenige Nation, der es als erste gelingt, die Bewegung der Luftmassen korrekt zu kartieren sowie Zeitpunkt und Ort der Niederschläge zu kontrollieren, wird den Erdball beherrschen." Genau das geschieht heute. Eine der entscheidenden Regionen stellt dabei die Antarktis dar, die fernab von neugierigen Augen gelegen ist – und von der es heißt, dass sich dort eine Basis der Reptiloiden/Nazis befinden soll. UNO-Abkommen über die Manipulation des Wetters existieren deshalb, *weil* die Letztgenannte möglich ist. Warum sollte sie sich andernfalls überhaupt damit beschäftigen? Der Weltorganisation für Meteorologie zufolge unterhalten mindestens 52 Länder Programme zur Wettermodifikation. Schaut man sich diese Programme genauer an, zeigt sich deutlich, dass sie militärischen und manipulativen Zwecken dienen. Durch künstlich erzeugte Wetterlagen, die extreme Trockenheit oder massive Niederschlagsmengen mit sich bringen, werden bäuerliche Existenzen vernichtet und viele Menschen zum Wegzug gezwungen – aufgrund eines Mangels oder Überschusses an Wasser. Sobald die Betroffenen ihr Land verlassen und in die Stadt übersiedeln, verleibt sich die Regierung oder ein Unternehmen die aufgegebenen Grundstücke ein. Der Rockefeller-Eingeweihte Dr. Richard Day arbeitete während des Zweiten Weltkriegs im Bereich der Wetterkontrolle. Im Jahr 1969 legte er deren Potenzial offen, als er erläuterte, in welcher Weise das Wetter zur Durchsetzung des von seinen Auftraggebern geplanten „neuen Systems" genutzt werden würde. Dr. Dunegan erinnerte sich wie folgt:

> Dann wurde über das Wetter gesprochen. Das war eine weitere wirklich bemerkenswerte Äußerung. Er sagte: „Wir sind in der Lage bzw. werden es bald sein, das Wetter zu kontrollieren." Und er ergänzte: „Ich spreche nicht einfach nur davon, Iodidkristalle in die Wolken einzubringen, um die schon vorhandene Feuchtigkeit abregnen zu lassen, sondern von *wirklicher* Kontrolle." Das Wetter wurde dabei als Kriegswaffe betrachtet, als Waffe zur Beeinflussung der öffentlichen Politik. Mit ihrer Hilfe ließe sich etwa Regen erzeugen oder auch zurückhalten, um auf ein bestimmtes Gebiet Einfluss zu nehmen und es unter Kontrolle zu bringen.

> Zwei Aspekte waren dabei ziemlich beeindruckend. Er sagte: „Einerseits könnte man während der Anbausaison eine Dürre auslösen, sodass nichts wächst; zum anderen kann man zur Erntezeit extreme Regenfälle herbeiführen, wodurch die Felder zu schlammig sein würden, um die Ernte einfahren zu können. Ja, man könnte in der Tat beides tun." Wie man das genau bewerkstelligen würde, wurde nicht erklärt. Es hieß, man sei dazu entweder bereits in der Lage oder stehe kurz davor [im Jahr 1969].

Aus Dokumenten der NASA geht hervor, dass die Vereinigten Staaten bereits im Jahr 1966 Programme zur Wettermanipulation betrieben, deren Umfang sich auf mehrere 100 Millionen Dollar belief. In den 1990er-Jahren veröffentlichte das amerikanische Militär wissenschaftliche Arbeiten, in denen die militärischen Einsatzmöglichkeiten der Wetterbeeinflussung – bzw. des „Geoengineering", wie sie auch genannt wird – ausgelotet wurden. In einem Aufsatz, der 2015 im *International Journal of Environmental Research and Public Health* erschien, zeigte der amerikanische Wissenschaftler J. Marvin Herndon, dass Wettermodifikationen bereits seit Jahrzehnten Anwendung finden. Eines der darin aufgeführten Beispiele war das unter dem Slogan „Make Mud, Not War" (wörtlich: Macht Matsch, nicht Krieg) bekannte Projekt Popeye, das während des Vietnamkrieges für monsunähnliche Regenfälle sorgte. In dem 1996 von der amerikanischen Air Force veröffentlichten Dokument „AF 2025 Final Report" wird erläutert, dass künstlich erzeugte Überschwemmungen, Wirbelstürme, Dürren und Erdbeben „dem Kämpfer eine breite Palette an Optionen [bieten], den Feind zu besiegen bzw. in die Schranken zu weisen". Die amerikanische Luftwaffe würde, heißt es weiter, durch technologische Mittel „Herr" über das Wetter sein: „Von der Unterstützung der Verbündeten und der Störung feindlicher Aktivitäten durch die maßgeschneiderte Manipulation lokaler natürlicher Wetterlagen bis hin zur vollständigen Beherrschung der globalen Kommunikation und des Alls ..."

In den 1990er-Jahren, als die Chemtrails überall auf dem Planeten am Himmel aufzutauchen begannen, erschien auch das in Alaska stationierte High Frequency Active Auroral Research Program (HAARP) auf der Bildfläche. Die Antennenanlage sendet Hochleistungsradiowellen aus, die von der in der oberen Atmosphäre befindlichen Ionosphäre zurück zur Erde reflektiert werden. Derartige sogenannte Ionosphärenerhitzer wurden ursprünglich auf der Grundlage von Technologien geschaffen, die Nikola Tesla in der ersten Hälfte des 20. Jahrhunderts entwickelt hatte und in den beschlagnahmten Dokumenten beschrieben waren. Seither sind sie in verschiedenen Teilen der Erde errichtet worden und vermögen das Wettergeschehen tiefgreifender denn je zu manipulieren, da sich die Technik erheblich weiterentwickelt hat – hinsichtlich seines Wirkpotenzials gehört HAARP längst zum alten Eisen. Heute werden Wettermodifikationen durch Frequenzen bewirkt, die von verschiedenen Quellen abgestrahlt werden und sich am anvisierten Ort überlagern, um dort im Zusammenspiel den gewünschten Effekt zu erzielen. Im Extremfall ist es damit sogar möglich, Erdbeben auszulösen. Diese Technologien bedienen sich unter anderem der Manipulation des Skalarfelds (die wiederum auf Teslas Forschungen zum Skalarphänomen beruht) durch technisch erzeugte Skalarwellen, bei denen es sich eigentlich um Skalarfelder handelt. Jeder Eingriff ins Skalarfeld wirkt sich – unabhängig vom Ort, an dem er erfolgt – augenblicklich auf das gesamte Feld aus.

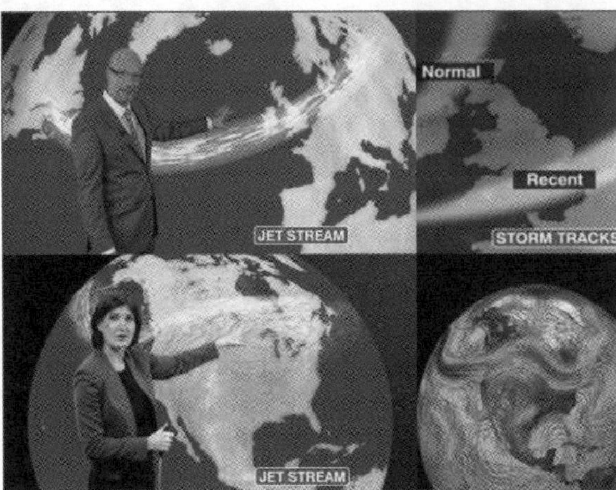

Abb. 530: Häufig machen Wetteransager das eigenwillige Verhalten des Jetstreams für extreme Wetterlagen verantwortlich.

Die als Jetstreams bekannten Luftströmungen von West nach Ost sind für stabile Wetterlagen von entscheidender Bedeutung. Kommen sie zum Erliegen, hat das für das Wetter gravierende Folgen. „HAARP vermag den Jetstream zu lenken", sagte Bernard Eastlund, der im Auftrag großer Unternehmen viele der bei HAARP verwendeten Patente verfasste. Wetterexperten machten für das merkwürdige und vermeintlich unerklärliche Verhalten der Jetstreams extreme Trockenheit bzw. außergewöhnlich starke Niederschläge verantwortlich (Abb. 530). Durch die metallischen Anteile der Chemtrails, die die Leitfähigkeit der Atmosphäre heraufsetzen, werden die Ionosphärenerhitzer zusätzlich in ihrer Wirksamkeit verstärkt. All das sollten wir im Hinterkopf behalten, wenn vermeintlich „natürliche" Extremwetterlagen Umstände nach sich ziehen, die die Agenden der *El*-ite begünstigen. Wettermanipulationen bieten der Letztgenannten zudem die Möglichkeit, deren katastrophale Auswirkungen dem angeblich menschengemachten Klimawandel in die Schuhe zu schieben. In meinen Büchern „Die Wahrnehmungsfalle" und „Das Ich-Phantom" habe ich die Themen Wetterbeeinflussung/Geoengineering, HAARP, Agenda 21 und Agenda 2030 detailliert diskutiert.

Lebensmittel und Wasserversorgung

Mit den schönen Worten vom Ende allen Hungers und von sauberem Wasser für alle, die in den Dokumenten der Agenda 2030 zu finden sind, soll die Tatsache verschleiert werden, dass man die Produktion und Verteilung sowohl von Lebensmitteln als auch von Wasser unter zentrale Kontrolle stellen will. Die dahinter liegende Motivation offenbarte der Extremzionist Henry Kissinger: „Wer das Öl kontrolliert, hat die Kontrolle über die Nationen; wer die Nahrungsmittel kontrolliert, hat auch die Menschen unter Kontrolle." Noch schneller lässt sich die Macht über die Menschen erlangen, wenn man das Wasser kontrolliert. Der Generalangriff gegen Kleinbauern und ländliche Familienbetriebe steht mit den immer zahlreicher werdenden Angriffen in Zusammenhang, die sich gegen all jene richten, die ihre Lebensmittel im eigenen oder in kommunalen Gärten selbst anbauen. Eines der mächtigsten Werkzeuge, dessen man sich dabei bedient, ist die Baugesetzgebung: „Das können Sie hier nicht machen."

In der Hungerspiele-Gesellschaft soll die gesamte Nahrungsmittelerzeugung und -verteilung rigoros kontrolliert werden. Das ist der Hintergrund des Zentralisierungsprozesses in der Lebensmittel- und Saatgutbranche, der durch Fusionen und Unternehmensübernahmen unaufhörlich voranschreitet. Eines der hervorstechenden Beispiele stellen Monsanto und Bayer dar. Während der Konzern Monsanto, der Gennahrung und Gifte herstellt, als eine der bösartigsten Organisationen des Planeten gilt, war Bayer ein wesentlicher Bestandteil des Unternehmensverbundes IG Farben, der das Konzentrationslager Auschwitz betrieb. Mit der anvisierten Übernahme von Monsanto, die Bayer 66 Milliarden Dollar kosten soll (Stand 2017), würde der letztgenannte Konzern die Kontrolle über mehr als ein Viertel der weltweiten Saatgut- und Pestizidproduktion erlangen. Das Gedeihen genetisch modifizierter Getreidesorten, mit denen die Menschheit genetisch modifiziert werden soll – zu erheblichen Lasten ihrer Gesundheit –, hängt nicht zufällig von Pestiziden ab, die vom gleichen Unternehmen hergestellt werden. GVO, Pestizide und Herbizide lassen sich nur auf der Schwingungsebene verstehen. Während wir mit unseren Sinnen lediglich ihre decodierte, holografische Gestalt wahrnehmen, handelt es sich in Wahrheit um extrem verzerrte und schädliche Frequenzmuster, die die stehende Welle des Körpers erheblich zu stören vermögen – unter Umständen bis zu dem Punkt, dass sich das einstellt, was wir Tod nennen (Abb. 531).

Abb. 531: „GVO ... Die Schlachtfelder" – Genetisch veränderte Lebensmittel wirken sich doppelt verheerend auf die Gesundheit des Menschen aus: Zum einen durch die Nahrungsaufnahme, zum anderen aufgrund der giftigen Produktionsmethoden.

Bayer zählt neben Syngenta, Dow und DuPont zu jenen Biotechnologiekonzernen, die das kanadische Programm „Agriculture in the Classroom" finanzieren, um Propaganda für ihre GVO und Pestizidprodukte zu betreiben. Allerorten wird die Wahrnehmung von Kindern manipuliert, um sie für eine Welt zu präparieren, die danach trachtet, sie zu versklaven. *Wo sind die Eltern?* In Indien und anderen Ländern fallen landwirtschaftliche Familienbetriebe den korrupten, von Konzernen kontrollierten Regierungen zum Opfer, die ganz auf GVO setzen. In der Folge nahm sich eine erschreckende Zahl von Bauern, durch Monsantos *nicht* nachhaltige Gentechnikprodukte in den finanziellen Ruin getrieben, das Leben. Hinzu kommt die von der katastrophalen indischen Regierung unter Narendra Modi getroffene Entscheidung, urplötzlich und ohne Vorwarnung bestimmte Banknoten aus dem Verkehr zu ziehen, mit denen viele Farmer ihre Geschäfte abzuwickeln pflegten. Die Auswirkungen auf das Vermögen der Bauern, ihr Land weiter zu bewirtschaften und finanziell zu überleben, waren verheerend. Berücksichtigt man schließlich noch die Kampagne der Modi-Regierung, die auf die Beseitigung von Schutzmechanismen vor der Landnahme durch staatliche Stellen und Unternehmen abzielt, wird das eigentliche Ansinnen offenkundig: die Zerstörung kleinbäuerlicher Betriebe. Der Insider Dr. Richard Day wusste bereits 1969, dass es eines Tages so kommen würde:

> Die Lebensmittelversorgung würde unter strenge Kontrolle gestellt werden. Wenn sich das Bevölkerungswachstum nicht verlangsamt, könnte man kurzfristig Lebensmittelverknappungen auslösen, sodass die Menschen die Gefahren der Überbevölkerung erkennen. Letzten Endes würde die Nahrungsmittelversorgung sowieso unter zentrale Kontrolle gebracht werden, ob nun die Bevölkerungszahlen sinken oder nicht. Die Menschen bekämen ausreichend Lebensmittel, um wohlgenährt zu sein, hätten aber nicht genug, um einen Systemabtrünnigen zu unterstützen – etwa, wenn sie einen Freund oder einen Verwandten haben, der bei dem Spiel nicht mitmachen will. Lebensmittel selbst anzubauen, würde unter Strafe gestellt werden. Dabei würde man sich eines Vorwandes bedienen.
>
> Ich erwähnte ja eingangs, dass es für alles zweierlei Sinn gäbe – nämlich zum einen den vorgeschobenen und zum anderen den wahren Zweck einer Sache. Der vorgebliche Grund wäre in diesem Fall, dass es nicht sicher sei, Gemüse selbst anzubauen. Beispielsweise könnten dadurch Krankheiten verbreitet werden oder etwas in der Art. Der Schutz des Konsumenten wäre eine Begründung, die akzeptiert werden würde, doch die tatsächliche Idee dabei wäre die Beschränkung der Lebensmittelversorgung und das Verbot eigener Nahrungsherstellung.

Mit jedem Jahr bewegen wir uns zunehmend in genau diese Richtung. Während die amerikanische Getreideproduktion im Jahr 1913 noch zu 100 Prozent in den Händen der Farmer lag, gehörte das Getreide 2013 zu 95 Prozent den Konzernen – wobei gentechnisch veränderte Sorten 90 Prozent davon ausmachten. Sie wollen etwas anbauen? Dann müssen Sie unser Saatgut kaufen. Und wie viel soll es kosten? Nun, es kostet eben den Preis, den wir festzusetzen belieben.

Abb. 532: „Nicht berühren! Sie gehören dem Staat!" – Oregons Wassertyrannei.

Dasselbe Muster erleben wir auch im Bereich der Wasserversorgung. Der erbärmliche Nestlé-Präsident Peter Brabeck hatte erklärt, dass es kein Menschenrecht auf Wasser gebe, sondern es vielmehr einen Marktwert habe und privatisiert werden sollte. In immer größerem Umfang werden die Menschen ihrer Wasserversorgung beraubt. Eine der grundlegendsten Komponenten des Lebens, die in ihrer Bedeutung nur noch von der Atemluft übertroffen wird, unterliegt der Kontrolle von Leuten, die die schaurige archontische Mentalität verkörpern. Brabeck etwa steht einem Unternehmen vor, das den öffentlich zugänglichen Quellen Unmengen von Wasser entnimmt – selbst aus Gebieten, die unter massiver Trockenheit leiden –, um es dann den Menschen, in Flaschen abgefüllt, wieder zu verkaufen. Dort, wo es nicht die Firmen sind, die sich des Wassers bemächtigen, erledigt dies die jeweilige Regierung (die sich in der Hand der Konzerne bzw. des Spinnennetzes befindet). Ein Beispiel dafür sehen wir im US-Bundesstaat Oregon, der das Eigentumsrecht für jeden Tropfen Wasser beansprucht, der in Form von Regen oder Schnee auf privatem Boden niedergeht (Abb. 532). Einmal wurde ein Pärchen mit der Begründung, das Regenwasser würde der Regierung gehören, gezwungen, einen auf ihrem Grundstück befindlichen 40 Jahre alten Teich zu zerstören. Das ist es, was sich tatsächlich dahinter verbirgt, wenn in der Agenda 2030 von „sauberem Wasser und Sanitäranlagen" die Rede ist oder die Agenda 21 von der „staatlichen Planung und Verwaltung sämtlicher Bodenressourcen, Ökosysteme, Wüsten, Wälder, Berge, Ozeane und *Trinkwasservorkommen*" spricht. Im bezaubernden Bundesstaat Oregon geschah es übrigens auch, dass die Behörden den Betreibern einer 800 Hektar großen, seit 18 Jahren zertifizierten Biofarm damit drohten, ihr durch die zwangsweise Ausbringung des Monsanto-Herbizids Roundup und anderer Pestizide – mit deren Hilfe ein bestimmtes Unkraut bekämpft werden sollte – den Garaus zu machen. Hier können wir die Agenda 21/2030 ebenso in Aktion erleben wie etwa bei den durch Indianerreservate verlaufenden Erdölleitungen, mit denen das dortige Trinkwasser vorsätzlich verseucht wird (Abb. 533).

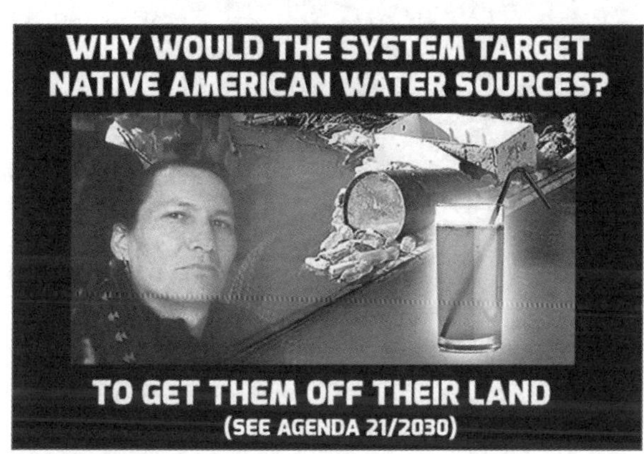

Abb. 533: „Warum sollte das System die Wasservorräte der amerikanischen Ureinwohner ins Visier nehmen? Um sie von ihrem Land zu vertreiben." – Sobald man die Hintergründe kennt, ergibt alles einen Sinn.

Eine weitere Methode, die Menschen vom Land zu vertreiben, stellt das Fracking dar. Dabei werden toxische Flüssigkeiten in das frakturierte Schiefergestein eingebracht, die ebenfalls das Grundwasser vergiften. Ich spreche ganz bewusst von *vergiften*, besteht doch das verwendete Gemisch aus Hunderten Chemikalien, zu denen unter anderem Blei, Uran, Quecksilber, Ethylenglykol, Radium, Methanol, Salzsäure und Formaldehyd zählen – die später allesamt ins Grundwasser sickern. Was können die betroffenen Gemeinden, sobald das Trinkwasser erst einmal verseucht ist, anderes tun als umzusiedeln? Manch einer vermochte das der heimischen Leitung entströmende Wasser, das durch Fracking chemisch verunreinigt worden war, sogar zu entzünden (Abb. 534 und 535). Neben dem sagenhaften Verbrauch von Wasser, das dank der zahllosen hinzugefügten Chemikalien nie wieder anderweitig genutzt werden kann, werden beim Fracking das Treibhausgas Methan

Abb. 534: Wasserprobe in einem Fracking-Gebiet.

Abb. 535: Zumindest stellt das Fracking die Versorgung mit warmem Wasser sicher.

sowie der krebserregende Stoff Radon freigesetzt. Während Regierungsstellen eine Kontrolle der Kohlendioxidemissionen fordern, haben dieselben Behörden kein Problem mit dem beim Fracking entstehenden Treibhausgas Methan. Man sollte eigentlich erwarten, dass Regierungen, die die Klimaerwärmung propagieren, hierin einen Widerspruch erkennen. Doch das ist nicht der Fall. Was beide Aspekte verbindet, ist Folgendes: Wenn die Menschen an die Klimaerwärmung glauben, ist das gut für die Agenda der *El*-ite; dasselbe gilt auch fürs Fracking. Führt man sich vor Augen, dass sämtliche Aktivitäten allein diesem Kriterium unterliegen, werden zahllose – vermeintlich widersprüchliche – Entscheidungen mit einem Schlag verständlich. Passt es zu unserer Agenda? Ja? Na, dann macht es! Oh, es behindert unsere Agenda? Dann schafft es aus der Welt!

Jetzt nur noch einen passenden Vorwand

Damit haben wir grob umrissen, was mit den Agenden der Vereinten Nationen erreicht werden soll – oder richtiger, was sie bereits *im Begriff sind* zu erreichen. Um für die Umsetzung der Pläne einen Vorwand zu haben, wurde der Schwindel von der menschengemachten Klimaerwärmung erdacht. Damit will ich nicht sagen, dass der Mensch die Umwelt nicht schädigen würde. Gerade weil ich mir dessen gewahr war, trat ich einst den britischen Grünen bei. Doch wie ich bald feststellte, verbarg sich hinter deren „neuer" Politik nichts anderes als die altgewohnte Politik – nur in einem neuen Gewand. Jeder, der sich für saubere Luft und Wasservorräte, den Schutz der Wälder und der Atmosphäre usw. einsetzt, rennt bei mir offene Türen ein. Die Weisheit gebietet jedoch, jeden Menschen an seinen tatsächlichen Verdiensten zu messen, und schert nicht sämtliche Aspekte eines komplexen Sachverhalts über einen Kamm. Zu behaupten, alles sei korrekt bzw. alles sei falsch, ist nicht besonders klug: Die Dinge sind niemals nur schwarz oder weiß. Als ich begann, die Behauptungen und das Verhalten der Klimaerwärmungsmafia genauer unter die Lupe zu nehmen, wurde mir schnell klar, dass hier ein weltumspannender Schwindel im Gange ist.

Im Jahr 1968 wurde mit dem Club of Rome eine Schwellenorganisation gegründet, die mit den Bilderbergern, der Trilateralen Kommission und dem Council on Foreign Relations in Verbindung steht (der seinerseits maßgeblich an der Entstehung der Vereinten Nationen beteiligt war) und deren Aufgabe darin bestand, mittels der Umweltthematik die globale gesellschaftliche Transformation voranzutreiben. Aurelio Peccei, einer der Mitbegründer des Club of Rome, schrieb in der 1991 erschienenen Publikation „The First Global Revolution“: „Auf der Suche nach einem neuen Feind, gegen den wir uns alle zusammenschließen können, kam uns die Idee, dass sich Umweltverschmutzung, die Bedrohung durch eine Erderwärmung, Wasserknappheit, Hungersnot und Ähnliches hervorragend dafür eignen würden.“ Richard Haass, langjähriger Eingeweihter der *El*-ite und Präsident des Council on Foreign Relations, forderte eine „Weltordnung 2.0“ und plädierte für das Konzept einer sogenannten „souveränen Verpflichtung“. Danach würde jedes Land dazu verpflichtet werden, von sämtlichen Handlungen Abstand zu nehmen, die sich nachteilig auf andere Länder bzw. die Welt im Allgemeinen auswirken könnten. Falls erforderlich, würden globale Einrichtungen die Einhaltung dieser „Verpflichtung“ erzwingen. Die Pläne für eine Weltregierung bzw. Weltarmee zeigen deutlich, was damit gemeint ist. Die gewaltsame Durchsetzung einer solchen Bestimmung rechtfertigt Haass damit, dass der Planet vor dem *menschengemachten Klimawandel* geschützt werden müsse. Wie üblich steckt die pyramidenförmige Need-to-know-Struktur hinter dem globalen Erderwärmungs-/Klimawandelbetrug: Sie schickt die Progressiven der niederen Ränge mit dem Auftrag los, Maßnahmen zur Abwendung des Weltuntergangs einzufordern, ohne dass sie sich der treibenden Kräfte im Hintergrund gewahr wären oder gar deren Motive verstünden (Abb. 536).

Abb. 536: „Verdeckte Hand … Geheimgesellschaften/Club-of-Rome-Netzwerk … Regierungspolitik … Mainstream-‚Wissenschaft‘ … ‚Grüne‘ Gruppierungen … Bevölkerung“ … Die gewohnte Aufsplittung in Teilbereiche, um auf diese Weise die Wahrheit zu verbergen.

Zur Gallionsfigur der Bewegung wurde Al Gore erkoren, den man aus der Versenkung holte und mit dem Weltklimarat der Vereinten Nationen (IPCC) assoziierte. Sogleich machten sich Agitatoren aus Regierungs- und Medienkreisen ans Werk, die Lüge unters Volk zu bringen, dass ein durch menschliche Aktivitäten entstehendes Treibhausgas – nämlich

Kohlendioxid – die Ursache dafür sei, dass die Wärme nicht entweichen und sich der Planet auf möglicherweise katastrophale Werte aufheizen würde. All das ist Mumpitz. Die Propaganda basiert auf der fortwährenden Wiederholung der offiziellen Position durch den Mainstream-Einheitsbrei. Flankiert wird sie von Mechanismen, mit denen all jene Wissenschaftler mundtot gemacht werden, die den Kokolores als solchen entlarven – notfalls lässt man sie auch feuern. Auf diese Weise kann man behaupten, die wissenschaftlichen Hintergründe seien geklärt; dabei beruhen die Theorien auf Vorhersagen, die mittels Computermodellen erstellt und so manipuliert wurden, dass sie das gewünschte Ergebnis liefern. Die von progressiven Kräften dominierte BBC und der Naturforscher David Attenborough, der für viele Briten eine Art Volksheld darstellt, haben sich in widerlicher Weise dadurch hervorgetan, fortwährend die offizielle Version einseitig wiederzukäuen.

Schonungslos nimmt man Schulen ins Visier, um den nachwachsenden Generationen die religiöse Doktrin von der Erderwärmung einzuimpfen. Meinem Sohn Jaymie wurde angedroht, er würde schlechtere Noten ernten, sollte er in den Abschlussprüfungen Zweifel am Klimamärchen bekunden. Primitive Propaganda ist immer noch die beste Propaganda: Man schreibe einfach jede Wetterkapriole oder -schwankung der globalen Erwärmung zu – und schon ist man fertig. Zudem erweist sich die unablässige Wiederholung selbst des gröbsten Unfugs als mächtigste Methode zur Kontrolle der Wahrnehmung. Es ist heiß – das liegt an der *Erderwärmung*. Es ist kalt – dahinter steckt die *Erderwärmung*. Der Frühstückstoast ist verbrannt – schuld ist die *Erderwärmung*. Sekunde, nein, Verzeihung – das waren ja die *Russen*. Selbst die natürlichen, als El Niño bezeichneten zyklischen Temperaturschwankungen im Pazifik werden dazu benutzt, *„Erderwärmung!"* kreischen zu können.

Ich könnte noch Tausende Beispiele anführen, die vor Voreingenommenheit strotzen bzw. von Manipulation zeugen. Nehmen wir etwa das berühmte Bild des Eisbären, der auf einer winzigen, von Wasser umgebenen Scholle steht. Mehr ist darauf nicht zu sehen. Was das Bild bedeutet, erklärt uns die Unterzeile oder ein Sprecher – und im Handumdrehen wird aus einem vom Meer umgebenen Eisbären ein „Ah, wegen der Klimaerwärmung sterben die Eisbären aus". Es ist ungemein wichtig, dies stets im Hinterkopf zu behalten. Oftmals sind es nicht die Bilder, die eine Geschichte erzählen und die Wahrnehmung formen, sondern die über Bildunterschriften und Kommentare transportierten Interpretationen – die Sie glauben sollen. Hier folgt eine ganz andere Sicht auf die Situation der Eisbären, formuliert von Dr. Susan Crockford, einer Forscherin der University of Victoria (British Columbia):

> Eisbären bilden im Naturschutz noch immer eine Erfolgsgeschichte. Angesichts einer globalen Population, die sich nahezu sicher auf mehr als 25.000 beläuft, können wir definitiv sagen, dass es heute mehr Eisbären als vor 40 Jahren gibt.

Warum wird uns das von der Propagandamaschinerie verschwiegen? Von einer einzigen Ausnahme abgesehen, haben sich 19 unter Beobachtung stehende Eisbärpopulationen deutlich vermehrt. Dessen ungeachtet machten uns David Attenborough und die BBC weis, die Eisbären seien vom Aussterben bedroht. Al Gore zeigte uns gar vier angeblich „infolge des Klimawandels" verendete Eisbären – die in Wahrheit, wie sich später herausstellte, Opfer eines Unwetters geworden waren. Grundgütiger – Gore ging sogar so weit, den Klimawandel für den Brexit mitverantwortlich zu machen und ihn als ursächlich für den Krieg in Syrien zu bezeichnen. Dabei weiß er ganz genau, dass der Letztgenannte auf das Konto derselben Leute geht, die auch ihn kontrollieren. Prince Charles äußerte sich in Bezug auf Syrien ähnlich. Es ist ein einziges Tollhaus, doch die Progressiven schlucken all das, weil es genau das ist, was sie hören wollen – oder zumindest das, was man ihnen eingeredet hat, hören zu wollen.

Des Weiteren haben wir die grotesken Darstellungen des überfluteten London, das wir angeblich erleben werden, wenn wir die Welt nicht im Sinne der *El*-ite deindustrialisieren. In die gleiche Kerbe schlägt das Bild von der maledivischen Regierung, die unter Wasser eine Kabinettssitzung abhält, um auf die Gefahren aufmerksam zu machen, die der Inselgruppe aufgrund des vom Menschen verursachten Anstiegs des Meeresspiegels drohen würden (Abb. 537 und 538). Warum fand die von Dr. Niklas Morner, dem ehemaligen Präsidenten der International Commission on Sea Level Change, stammende Einschätzung keine Erwähnung? Hinsichtlich der Malediven sagte er: „Bei meinen 40 Jahre umfassenden Forschungen habe ich keinen Hinweis auf eine Anhebung des Meeresspiegels gefunden." Warum bleiben ferner die vier Studien aus dem Jahr 2016 unerwähnt, die durchweg konstatierten, menschliche Aktivitäten würden „keine feststellbaren Auswirkungen auf den Meeresspiegel" zeitigen? Forscher des niederländischen Deltares Research Institute fanden gar heraus, dass die Landmasse der Erde *wächst* – und zwar um 58.000 Quadratkilometer in den letzten 30 Jahren. Davon befinden sich 33.700 Quadratkilometer an *Küsten*. Fedor Baart, der die Studie mitverfasste, bemerkte dazu: „Wir hatten erwartet, dass sich die Küstenlinie infolge des steigenden Meeresspiegels zurückziehen würde. Doch zu unserer größten Überraschung weiten sich die Küsten überall auf der Welt aus."

Im Jahr 2006 hatte Al Gore in seiner oscargekrönten Posse „Eine unbequeme Wahrheit" davor gewarnt, dass die Eisdecken des Planeten schmelzen würden und sich der Meeresspiegel um sechs Meter heben könnte, wenn die Menschen nichts gegen die Erwärmung unternähmen. 2007 sagte Gore, der mit dem Emissionshandel zur „Rettung des Planeten" ein Vermögen gemacht hat, die arktische Eisdecke würde „ins Meer rutschen" und könnte „im Sommer in nur sieben Jahren, von heute an gerechnet, verschwunden sein". Nun

Abb. 537: „Propaganda" – Ich meine, nicht dass das irgendwie übertrieben wäre.

Abb. 538: „Propaganda" – Unterwassersitzung des maledivischen Regierungskabinetts.

Abb. 539: „Das große Dahinschmelzen der Großen Lüge: Der Schwindel von der ‚Erderwärmung', mit dem Milliarden Menschen getäuscht wurden. – ‚Ich hab's versucht, Mr. Rothschild, Sir. Bitte, Sir, danke sehr, Sir. Nein, bitte nicht mit der Lötlampe, Sir.'" – Armer, alter Al. Dabei hat er sich solche Mühe gegeben.

ja – tatsächlich stellte sich sieben Jahre später heraus, dass die Eisdecke der Arktis *um 43 Prozent gewachsen* war. Aus Vermessungsdaten, die im Mai 2017 veröffentlicht wurden, ging hervor, dass die Schnee- und Eisdecke in weiten Teilen Grönlands in den zurückliegenden neun Monaten gewachsen war, während die Temperaturen unterhalb der üblichen Werte lagen. Das klingt nicht gerade nach „ins Meer rutschenden" Eismassen (Abb. 539).

Schriftliche Aufzeichnungen von Captain Robert Scott und Sir Ernest Shackleton, die zu Beginn des 20. Jahrhunderts die Antarktis erforschten, zeigen, dass das antarktische Meereis im Verlaufe eines Jahrhunderts kaum Veränderungen unterworfen war. Satellitenaufnahmen zufolge hat es in den letzten 30 Jahren sogar zugenommen. Natürlich schwanken die Temperaturen auf der Erde und die Größe der Polkappen periodisch, wie sie das immer getan haben. Doch während der 1990er-Jahre nutzte die *El*-ite eine gegebene Tendenz zur Erwärmung, um ihre Idee einer anthropogenen Erderwärmung unters Volk zu bringen. Sobald die mittleren Temperaturen zu steigen aufhörten, begann man stattdessen vom „Klimawandel" zu sprechen.

Triggerwarnung: Etwas gesunder Menschenverstand

Um zu erkennen, wie unsinnig es ist, das Kohlendioxid zu verteufeln – ohne das wir längst tot wären, wie auch in dem Fall, wenn es keine atmosphärischen Wärmerückhaltesysteme gäbe –, genügt es, sich einmal die in Abb. 540 dargestellte Grafik zu den Treibhausgasen anzusehen. Wer das tut, wird, falls er der CO_2-Lüge aufgesessen war, augenblicklich annehmen, dass der mächtige Balken ganz links – der den mit Abstand größten Anteil am Treibhauseffekt repräsentiert – dem Kohlendioxid zugehört. Doch das ist nicht der Fall: Wasserdampf und Wolken machen weit über 90 Prozent aller Treibhausgase aus. Auf das CO_2 entfallen gerade einmal 0,117 Prozent, das zum überwiegenden Teil auf natürliche Weise entsteht und mit den Aktivitäten des Menschen nichts zu tun hat. Die nachfolgenden Erläuterungen stammen von Professor Leslie Woodcock, einem emeritierten Professor der University of Manchester, der zudem Mitglied der Royal Society of Chemical Engineering sowie Visiting Fellow der Max-Planck-Gesellschaft ist:

Wasserdampf stellt ein viel stärkeres Treibhausgas dar. In unserer Atmosphäre gibt es 20-mal mehr Wasser als Kohlendioxid. Es macht etwa ein Prozent der Atmosphäre aus, während auf CO_2 nur 0,04 Prozent entfallen. Kohlendioxid ist zu einer Art giftigen Gases erklärt worden, dabei ist es in Wirklichkeit das Gas des Lebens. Wir atmen es aus, Pflanzen atmen es ein. [Der Klimawandel] wird nicht durch uns verursacht. Die globale Erwärmung ist Quatsch.

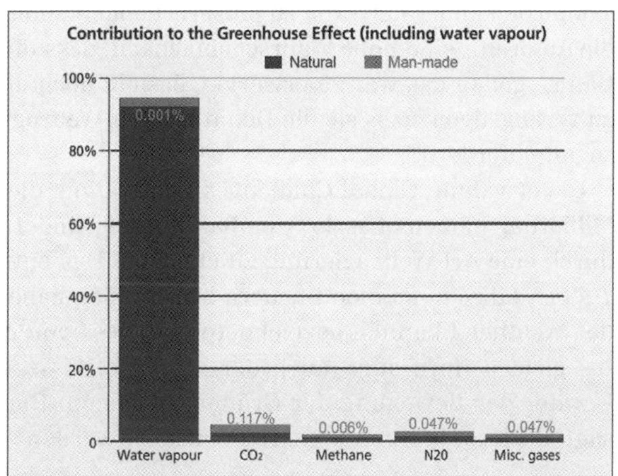

Abb. 540: „Anteil am Treibhauseffekt (einschließlich Wasserdampf)" – Wasserdampf in all seinen Formen stellt mit Abstand das stärkste „Treibhausgas" dar. Kohlendioxid macht im Vergleich dazu nur einen winzigen Bruchteil aus – und der überwiegende Teil davon entsteht auf natürliche Weise, nicht durch die Handlungen des Menschen.

Eine Zunahme des Kohlendioxidgehalts ist förderlich für die Pflanzenwelt und sorgt für einen grüneren Planeten, üppigeres Wachstum und ein reichhaltigeres Nahrungsangebot. Fortwährend atmen wir CO_2 aus – pro Person und Tag etwa ein Kilogramm. Was sollen wir machen? Aufhören zu atmen? Hey, rette dich und deine Familie vor den Gefahren des Klimawandels und stell das Atmen ein. Man sollte es die „Al Gore Challenge" nennen, und der Namensgeber müsste den Reigen eröffnen. Dem Wissenschaftler und Ingenieur David Evans zufolge, der elf Jahre lang – mitunter in Vollzeit – für das Australian Greenhouse Office tätig war (aus dem später das Ministerium für Klimawandel hervorging), basiert die Theorie von der menschenverursachten Erderwärmung „auf einer Annahme, die in den 1990er-Jahren durch empirische Daten widerlegt wurde. Doch zu viele Dinge waren an die Fortführung der Theorie geknüpft: Arbeitsplätze, Wirtschaftszweige, Profite, politische Karrieren sowie die Möglichkeit, eine Weltregierung zu errichten und die absolute Kontrolle zu erlangen." Heute würden, fuhr Evans fort, „die Regierungen und ihre folgsamen Klimawissenschaftler unerhörterweise die Fiktion aufrechterhalten, dass Kohlendioxid ein gefährlicher Schadstoff sei" – statt angesichts der erdrückenden Beweislage zuzugeben, dass sie falschlagen.

Es ist interessant, dass Evans bei der Nennung der Gründe, die eine Fortsetzung des Schwindels zur Folge hatten, die Weltregierung anführte. Tatsächlich sieht der Plan vor, die Letztgenannte damit zu rechtfertigen, dass der Planet gerettet werden müsse. Auf diesen Zusammenhang weise ich seit fast 30 Jahren hin. Bei einer von der Stockholmer Global Challenges Foundation in Auftrag gegebenen Erhebung, die im Mai 2017 im Vorfeld des G7-Gipfels von Taormina veröffentlicht wurde, sollen sieben von zehn befragten Briten angegeben haben, sie würden eine Weltregierung unterstützen. Sie könne den Klimawandel aufhalten und Kriege aus der Welt schaffen, indem sie (mittels einer Weltarmee) sämtliche Länder der Erde zu entsprechenden Maßnahmen zwingt. Es bestünde, warnten die Autoren, „eine hohe Wahrscheinlichkeit, dass die menschliche Zivilisation untergeht". Gähn – genau das war zu erwarten, besteht doch die Agenda darin, die Menschen derart zu verängstigen, dass sie die Diktatur einer Weltregierung nicht nur hinnehmen, sondern sogar einfordern.

Die erwähnte Global Challenges Foundation, die von einem schwedisch-ungarischen Milliardär namens Laszlo Szombatfalvy gegründet wurde, setzt sich dafür ein, die UNO durch eine Art Weltregierung zu ersetzen. Das entspricht exakt dem, was ich Mitte der 1990er-Jahre in meinen Büchern beschrieben habe. John Coleman, einer der Begründer des Weather Channel, bezeichnete die These von der globalen Erwärmung als Unsinn. Ins gleiche Horn stieß auch der britische Wissenschaftler James Lovelock, einer der Urväter der Bewegung der Grünen. In seinem Buch „Gaias Rache" hatte er vorausgesagt, dass „Milliarden Menschen sterben werden" und die Menschheit dem Untergang geweiht sei (Abb. 541). Die Überlebenden müssten in der Arktis leben, schrieb Lovelock damals, da sie einen der wenigen verbleibenden bewohnbaren Orte auf dem Planeten darstellen würde. Doch heute, da die Realität heraufdämmert, sagt er, die Klimapanikmache sei „nicht im Entferntesten wissenschaftlich", Computermodelle seien unzuverlässig, und jeder, der versuche, „mehr als fünf bis zehn Jahre vorherzusagen, ist nicht ganz dicht". Ein einziger Vulkan, merkte Lovelock an, könne zur Erderwärmung mehr beitragen, als es die gesamte Menschheit jemals tun werde. Ähnlich äußerte sich auch Dr. Mark Imisides, ein politisch engagierter amerikanischer Industriechemiker, der in einem Artikel auf principia-scientific.org die Erwärmung der Ozeane ins rechte Licht rückte:

Abb. 541: „Der Gründer des Weather Channel sagt: ‚Erderwärmung ist Quatsch'" – Aber die wissenschaftlichen Hintergründe sind geklärt, ja?

> Nehmen wir an, Sie nehmen ein kaltes Bad und versuchen, das Wasser zu erhitzen, indem Sie ein Dutzend Heizkörper im Raum verteilen. Glaubt irgendjemand, dass das funktionieren würde? Angesichts der Größe des Ozeans wird die Sache noch heikler. Es gibt einfach viel zu viel Wasser und längst nicht genügend Luft.
>
> Die Weltmeere beinhalten gigantische 1.500.000.000.000.000.000.000 Liter Wasser! Um sie zu erhitzen, und sei es nur um eine winzige Spanne, bräuchte man eine schwindelerregende Menge Energie. Will man beispielsweise eine Erwärmung von nur einem Grad Celsius erreichen, müsste man 6.000.000.000.000.000.000.000.000 Joule zuführen.

> Machen wir uns einmal klar, was das bedeutet. Würden wir all unsere Haushaltsgeräte ausschalten, fortan in Höhlen leben und jedes verfügbare Kohlen-, Kern-, Erdgas-, Wasser-, Wind- und Sonnenkraftwerk der Erhitzung der Ozeane widmen, würde es atemberaubende 32.000 Jahre dauern, um die Letztgenannten um nur ein Grad zu erwärmen! Kurz gesagt, unser Einfluss auf das Klima ist verschwindend gering – selbst wenn wir uns maximale Mühe gäben!

Warum berichtet die BBC, die jeden wie einen Dorftrottel behandelt, der die Lehrmeinung infrage stellt, nicht über solche Sichtweisen? Orwellsche Sprachwendungen werden wirksam eingesetzt: Während man Forscher, die der Lüge vom Klimawandel anhängen, als „Wissenschaftler" oder „Klimaexperten" tituliert, bezeichnet man all jene, die die Lügen bloßstellen, als „Skeptiker" und „Leugner". Lovelock wirft den Grünen vor, zu übertreiben und ein „erbärmliches" Verhalten an den Tag zu legen. Doch wie die Progressiven, die das Narrativ vom Klimawandel ebenfalls unterstützen, haben sie in den Medien praktisch freie Hand. Jonathan Bartley, einer der Vorsitzenden der britischen Grünen, kritisierte die BBC gar dafür, dass sie Personen mit abweichenden Meinungen überhaupt ein Podium geboten habe. Die Arroganz und Selbstgerechtigkeit dieser Leute ist kaum zu fassen. Echte Klimawissenschaftler verlieren unterdessen ihre Anstellung oder werden an den Rand gedrängt, wenn sie nicht tun, was man von ihnen erwartet.

Dr. Judith Curry, eine angesehene Klimatologin und ordentliche Professorin der Georgia Tech University, kehrte ihrem Traumberuf den Rücken, nachdem ihr einige Klimatyrannen zugesetzt hatten, die absoluten Gehorsam verlangen. Gegenüber dem Nachrichtensender Fox News sagte sie: „Von einigen meiner Kollegen – Aktivisten, die es nicht mögen, wenn jemand ihr Narrativ infrage stellt – bin ich diffamiert worden. […] Ich laufe gewissermaßen mit Messern in meinem Rücken herum. […] In der universitären Umgebung fühlte ich mich, als würde ich fortwährend gegen eine Wand rennen." Der französische Fernsehsender France 2 feuerte den bekannten Wetteransager Philippe Verdier, nachdem er den „Klimaexperten" in seinem Buch vorgeworfen hatte, die Öffentlichkeit in der Frage der globalen Erwärmung zu täuschen. Zudem lastete er dem Weltklimarat der Vereinten Nationen an, vorsätzlich irreführende Daten zu veröffentlichen (Abb. 542). Frankreich geriert sich ja als freies Land. Kein Quatsch! Auch von „progressiven" Gewerkschaftsmitgliedern des Senders kam die Forderung, Verdier zu entlassen. Er hatte sich dazu entschlossen, das Buch zu schreiben, nachdem der französische Außenminister Laurent Fabius die

French TV weatherman sacked for book questioning 'hype' over climate change

By Tim Hume, CNN
Updated 1428 GMT (2228 HKT) November 3, 2015

Top stories
How South Africa became the new home of house music
Miss Iraq pageant held for first time in 43 years

Weatherman Philippe Verdier was sacked from his job at France 2 for his book questioning "hype" over climate change.

Abb. 542: „Französischer TV-Wetterfrosch entlassen, nachdem er in seinem Buch den ‚Hype' um den Klimawandel hinterfragte" – Sage die Wahrheit, und du bist raus.

Fernsehmeteorologen aufgefordert hatte, im Rahmen ihrer Sendungen Fragen des Klimawandels zu thematisieren. „Seine Rede war ein Schock für mich", sagte Verdier später. Na, da übertreibt er aber. Das klingt ja, als würde es sich um einen ausgemachten Schwindel handeln oder so etwas in der Art.

Die Tatsache, dass die Wetterfrösche regelmäßig Sätze über die Gefahren der Erderwärmung fallen lassen, zeigt deutlich, dass nur wenige von ihnen über eine ähnliche Integrität wie Verdier verfügen. Ich erwähnte die Wissenschaftsjournalistin Misha Michaels, die vom Bostoner Sender WGBH entlassen wurde, nachdem sie auf ihrer privaten Website geschrieben hatte, sie sei davon „überzeugt, dass die Politik den wissenschaftlichen Prozess verzerrt habe und die natürlichen [Temperatur-] Schwankungen einen deutlich größeren Einfluss haben als der Mensch". Ihrem frevelhaften Verhalten setzte sie noch einen drauf, indem sie ihre Unterstützung für einen Gesetzentwurf bekanntgab, der Eltern von der Impfpflicht freistellen würde. Die Geschäftsführung des Senders erklärte Michaels, sie würde „nicht recht zu ihm passen". Gibt man diese Aussage in den orwellschen Übersetzungsautomaten ein, erhält man: Die Journalistin vertritt nicht die Parteilinie. Ganz im Gegensatz etwa zu dem amerikanischen „Prominenten" Bill Nye – der personifizierten Arroganz der Ignoranz –, der immer strikt auf Linie ist und sich daran gesundstößt. Nye, der im Fernsehen als „Mann der Wissenschaft" auftritt, hat erklärt, er sei hinsichtlich der Klimadebatte für Strafanzeigen und Gefängnisstrafen gegen Andersdenkende offen. Eric Idle, der der berühmten Komikergruppe Monty Python angehörte, twitterte gar: „Ich denke, die Leugnung des Klimawandels ist ein Verbrechen gegen die Menschheit, für das man sich vor einem Weltgerichtshof verantworten sollte." Ich wünschte, er hätte nur einen Scherz gemacht. Doch leider scheint das nicht der Fall zu sein. Wie ungemein progressiv. Du machst dich über das System lustig, Eric – dabei bestimmt es noch immer deine Sichtweise.

Wann immer die Erderwärmungssekte infrage gestellt wird, beruft sie sich darauf, dass „die Aufheizung des Planeten nach Ansicht von 97 Prozent aller Klimawissenschaftler auf die Aktivitäten des Menschen zurückzuführen ist". Fortwährend führen Politiker, Grüne und Progressive diese in höchstem Maße irreführende Zahl im Munde, die nur durch einen unverschämten Taschenspielertrick in Umlauf kam. Vielleicht meinte man „97 Prozent aller Wissenschaftler, die von der BBC interviewt worden sind". Doch nein – dann wären es ja 99,9 Prozent gewesen. Wie Dr. Judith Curry gegenüber einem Kongressausschuss sagte, habe der Konsens lediglich darin bestanden, dass es einen Konsens gab. Laut einer von Experten geprüften Studie, die in der Fachzeitschrift *Organization Studies* veröffentlicht wurde, glauben gerade einmal 36 Prozent aller Geowissenschaftler und Ingenieure, dass die Menschheit eine planetare Erwärmungskatastrophe heraufbeschwöre. Eine deutliche Mehrheit der 1.077 Befragten hingegen vertrat die Ansicht, dass „die Natur der vorrangige Verursacher der jüngsten Erwärmung war" oder/und „die künftige Erderwärmung kein allzu ernstes Problem werden" würde.

Der Anteil der Klimawissenschaftler, der der orthodoxen Sichtweise anhängt, beläuft sich nicht einmal annähernd auf 97 Prozent. Doch es muss die Frage gestellt werden, warum die meisten von ihnen überhaupt meinen, die Menschheit gehöre bei der Debatte auf die Anklagebank. Dafür gibt es eine ganze Reihe von Gründen (denken Sie etwa an die Erfahrungen, die all jene machen, die nicht brav mitspielen wollen). Erinnern wir uns, was David Evans sagte: „Zu viele Dinge waren an die Fortführung der Theorie geknüpft." Einen Güterzug, der derart viel Gold geladen hat, lässt man nicht entgleisen. Wie passend, dass der Weltklimarat der Vereinten Nationen über viele Jahre hinweg von einem indischen Eisenbahningenieur geleitet wurde. Das *Climate Change Business Journal* schätzte das jährliche Budget der Klimawandelindustrie auf 1,5 *Billionen* Dollar. Aus diesem Topf speisen sich die Geldflüsse, die potenziell all jenen zur Verfügung stehen, die sich ans Drehbuch halten. Führe die Öffentlichkeit in die Irre, und du kannst erhebliche finanzielle Zuwendungen einstreichen. Sagst du hingegen die Wahrheit, verlierst du deine Anstellung. Der amerikanische Schriftsteller und Aktivist Upton Sinclair (1878–1968) sagte einmal: „Es ist schwierig, jemanden dazu zu bringen, etwas zu verstehen, wenn er sein Gehalt dafür bekommt, dass er es nicht versteht." Zudem bedenke man, dass die Klimawissenschaftler der unablässigen Wiederholung der orthodoxen Sichtweise ausgesetzt sind. Wiederholung stellt eine der mächtigsten Formen der Wahrnehmungskontrolle dar. Es muss ja korrekt sein – schließlich sagt das jeder in meinem Umfeld.

Gezinkte Karten

Wer die Wahrheit spricht, braucht keine Daten zu manipulieren. Die Industrie der Klima-„Wissenschaft" hingegen ist wiederholt dabei erwischt worden. So ließ Dr. John Bates, ein hochkarätiger Wissenschaftler, der einst für die amerikanische Wetter- und Ozeanografiebehörde NOAA tätig war, der britischen Sonntagszeitung *Mail on Sunday* unumstößliche Beweise einer solchen Manipulation zukommen. Im Jahr 2015 war eine „bahnbrechende" wissenschaftliche Arbeit vorsätzlich so gezinkt worden, dass man mit ihrer Hilfe Einfluss auf die politischen Entscheidungsträger nehmen konnte – darunter 150 Regierungschefs –, die kurze Zeit später am Pariser Klimagipfel der Vereinten Nationen teilnahmen (Abb. 543). 40 Jahre lang war Dr. Bates als Klimawissenschaftler tätig, bevor er in den Ruhestand trat und die NOAA verließ (die als die weltweit bedeutendste Einrichtung zur Erfassung klimabezogener Daten gilt). Die Obama-Regierung hatte ihm einen Preis für die Entwicklung genau jener „verpflichtenden Standards" verliehen, die die Generierung und Konservierung von Klimadaten betrafen – und die nach seinen Angaben von der NOAA ignoriert wurden.

Abb. 543: „Klima-Whistleblower: Wie die Daten manipuliert wurden, um die Lüge von der Erderwärmung unters Volk zu bringen." – Würden sie die Wahrheit sagen, bräuchten sie die Daten nicht zu fälschen.

In dem Pariser Papier wurde behauptet, die seit 1998 beobachtete „Pause" bzw. „Verlangsamung" der Erderwärmung, die im Jahr 2013 von Wissenschaftlern der UNO bestätigt worden war, habe in Wirklichkeit nie stattgefunden. Ja, die Temperaturen seien sogar schneller angestiegen als erwartet. Natürlich berichteten die Medien weltweit mit knalligen Schlagzeilen über das Dokument, das der These von der Verlangsamung den „Garaus" gemacht habe und eine „wissenschaftliche Bombe gegen die Skeptiker" darstellen würde. Voller Schadenfreude berichtete die BBC, bei der Pause im Erwärmungsprozess habe es sich um „eine von inkorrekten Daten verursachte Illusion" gehandelt – dabei verhielt es sich genau andersherum. Wie Dr. Bates enthüllte, enthielt das NOAA-Papier irreführende und ungeprüfte Informationen, die nicht dem von ihm erdachten Evaluierungsprozess unterzogen worden waren. Seine Proteste habe man in einem „unverfrorenen Versuch, den Effekt [auf den Pariser Gipfel und die Öffentlichkeit] zu verstärken" schlichtweg ignoriert. Als die Temperaturen ab 1998 zu stagnieren begannen und aus der Erderwärmung der Klimawandel wurde, war die Glaubhaftigkeit des gesamten Schwindels mit jedem weiteren Jahr zunehmend gefährdet (Abb. 544 und 545). Um die Lage und damit die Rechtfertigungen für die Agenden 21 und 2030 zu retten, musste dringend etwas geschehen.

Global warming stopped 16 years ago, Met Office report reveals

Graph showing tenths of a degree above and below 14C world average

Abb. 544: „Bericht des Met Office enthüllt: Erderwärmung kam vor 16 Jahren zum Erliegen" – Ganz schlechte Nachrichten für die Erderwärmungssekte, die uns ihre Lüge andrehen will.

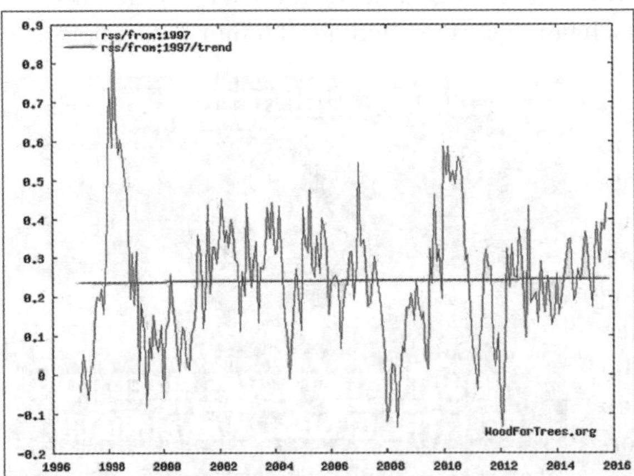

Abb. 545: Entgegen den furchterregenden Vorhersagen fehlerhafter Computermodelle stagniert der Temperaturmittelwert seit den späten 1990er-Jahren (dunkle Linie in der Mitte).

Die politische Prominenz gab die in dem wissenschaftlichen Artikel enthaltenen gezinkten Aussagen wieder, als handele es sich um Tatsachen. Der Erderwärmungsfanatiker Prinz Charles etwa tat dies mit der Veröffentlichung eines Kinderbuches, das eklatante Unwahrheiten über den Klimawandel enthielt. Die in Paris vertretenen Regierungen kamen überein, die Nutzung fossiler Brennstoffe drastisch einzuschränken (noch mehr landschaftszerstörende Windparks) und jedes Jahr 80 Milliarden Dollar für neue Projekte aufzuwenden. *Mmmm* ... noch mehr Geld – wunderbar! In dem Artikel der *Mail on Sunday* hieß es:

> Wie unsere Redaktion erfuhr, hat die NOAA jetzt entschieden, dass [die Daten in dem wissenschaftlichen Aufsatz] nur 18 Monate nach der Veröffentlichung ausgetauscht und grundlegend revidiert werden müssen. Es seien unzuverlässige Methoden zur Anwendung gekommen, die die Geschwindigkeit der Erwärmung übertrieben bewertet hätten. Die überarbeiteten Daten hingegen würden sowohl niedrigere Temperaturen zeigen als auch ein langsameres Tempo bezüglich des jüngsten Erwärmungstrends ausweisen.

Doch zum fraglichen Zeitpunkt war der Deal von Paris längst gelaufen. Im Jahr 2017 kamen die Autoren eines von Fachkollegen geprüften Forschungsberichts, der die Bereinigung globaler Oberflächentemperaturwerte durch offizielle Stellen zum Gegenstand hatte, zu dem Schluss, dass der behauptete Erwärmungstrend *fast vollständig* auf diese Korrekturen zurückzuführen war. Nicht auf die eigentlichen Temperaturwerte, wohlgemerkt, sondern auf die an den Daten vorgenommenen „Justierungen". Es ist gängige Praxis, dass die NOAA (einmal mehr), die NASA und das Met Office (ein britischer Wettervorhersagedienst) Rohdaten bearbeiten; doch führt dies dem Bericht zufolge fast immer zu einer „Korrektur" der Temperaturwerte nach oben. „Folglich lässt sich unmöglich der Schluss ziehen", schrieben die Verfasser, „dass die vergangenen Jahre die wärmsten der Geschichte gewesen seien – ungeachtet der aktuellen Behauptungen über eine nie dagewesene Erwärmung." Die Autoren stellten fest, dass ein „in älteren Daten erfasstes zyklisches Muster fast komplett ‚herauskorrigiert'" worden war. Die Bereinigung der Oberflächentemperaturen habe in fast allen Fällen den Effekt gehabt, dass die Mittelwerte der Vergangenheit niedriger, aktuelle Temperaturen aber höher ausfielen, als sie tatsächlich lagen. Folglich wurde der Eindruck erweckt, die Temperaturen würden allmählich ansteigen – im Einklang mit der offiziellen Doktrin von der Erderwärmung. „Die Erwärmung, die man uns jetzt präsentiert, rührt fast ausschließlich von den Datenkorrekturen her", konstatierte der Meteorologe Joe D'Aleo, der die Arbeit gemeinsam mit dem Klimawissenschaftler Craig Idso vom Cato Institute und dem Statistiker James Wallace verfasst hat. „Mit jedem Datensatz wurde die Erwärmung der 1940er-Jahre abgeschwächt, die gegenwärtige Erwärmung jedoch deutlicher betont", ergänzte D'Aleo. Das Fazit der Studie lautete:

> Das abschließende Ergebnis unserer Forschungen besagt, dass die [korrigierten Datensätze] kein gültiges Abbild der Realität darstellen. Im Gegenteil sind historische Daten in einem solchen Ausmaß manipuliert worden, dass die darin enthaltenen zyklischen Temperaturverläufe verschwanden und das Ergebnis in völligem Widerspruch zu den offiziellen und zuverlässigen US-amerikanischen und internationalen Temperaturdaten steht.

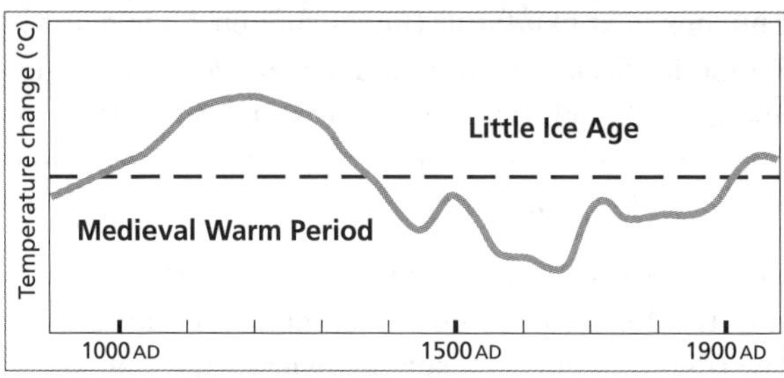

Abb. 546: Die Wärmeperiode im Mittelalter, als die Temperaturen deutlich höher waren als heute – obwohl es keine Industrialisierung und somit keine Kohlendioxidemissionen gab. Verdammt – wir erzählen einfach, die Wärmeperiode habe es nie gegeben.

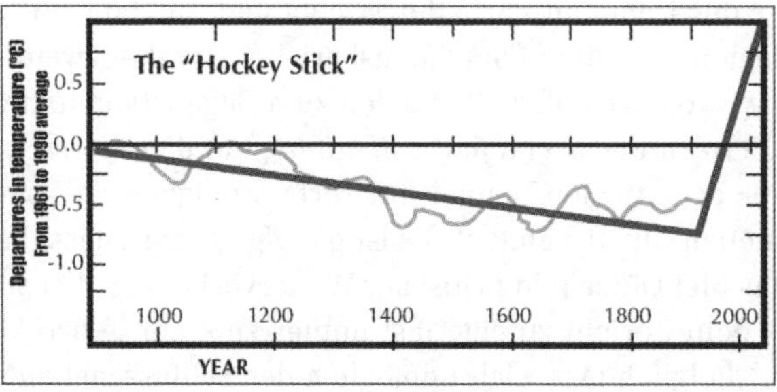

Abb. 547: „Der ‚Hockeyschläger'" – Die gezinkte ‚Hockeyschläger-Kurve' funktionierte nur durch die Ausblendung der Mittelalterwarmzeit.

Abb. 548: Darstellung der zugefrorenen Themse während der Kleinen Eiszeit.

Für mich sieht das so aus, als würde hier wieder einmal an den Zahlen herumgetrickst. Dessen ist die Klimawandelindustrie bereits mehrfach überführt worden, etwa beim „Klimagate" von 2009. Damals zeigten Tausende durchgesickerte E-Mails, die unter Klimawissenschaftlern ausgetauscht worden waren, wie sie Zahlen und Kurven manipuliert hatten. Maßgeblich daran beteiligt war der Bereich Klimaforschung der britischen University of East Anglia. In einigen E-Mails wurde darüber diskutiert, wie man die mittelalterliche Wärmeperiode aus den historischen Datenbeständen eliminieren könne. Zwischen 950 und 1250 lagen die Temperaturen nämlich deutlich höher als heute (Abb. 546). Diese Tatsache allein räumt mit einem Schlag mit dem Mythos auf, die Temperaturen unserer Tage würden ausschließlich im Zusammenhang mit der Industrialisierung und dem damit verbundenen CO_2-Ausstoß auftreten. Im berüchtigten „Hockeyschläger-Diagramm", mit dem die Klimasekte in den 1990er-Jahren aufwartete und das der Weltklimarat seither für seine Zwecke nutzt, bleiben die Temperaturen während der mittelalterlichen Warmzeit *stabil* und schnellen erst im späten 20. Jahrhundert – *zack!* – urplötzlich in die Höhe (Abb. 547). Eine Kurve, die im Mittelpunkt der gesamten Klimapropaganda steht, hat sich also als grobe Verzerrung der Wahrheit entpuppt. Auf die Wärmeperiode des Mittelalters folgte die Kleine Eiszeit, die etwa vom 16. bis zum 19. Jahrhundert dauerte (einige Forscher meinen, sie habe schon früher begonnen). In jedem Fall war es so verdammt kalt, dass im Winter die durch London fließende Themse zufror. Die Eisdecke des Flusses war so dick, dass darauf Volksfeste abgehalten wurden, die man auf bis heute erhalten gebliebenen Weihnachtskarten abgebildet findet (Abb. 548).

Aus all dem ergeben sich zwei Dinge. Zum einen sollten wir uns jedes Mal, wenn etwas als „das wärmste XY seit Beginn der Wetteraufzeichnungen" präsentiert wird, daran erinnern, dass diese Aufzeichnungen vielfach zu einem Zeitpunkt begannen, als sich die Erde gerade aus der Kleinen Eiszeit herausbewegte. Jeder Temperaturvergleich, der die Existenz von „Normwerten" impliziert, ist gänzlich irreführend. Der zweite Punkt wird deutlich, wenn man die Arbeiten von Edward Walter Maunder (1851–1928) in Betracht zieht, nach dem die Phase der niedrigsten Temperaturen während der Kleinen Eiszeit benannt wurde (Abb. 549). Gemeinsam mit seiner Gattin Annie Russell Maunder (1868–1947) hatte er sich der Erforschung der Sonnenfleckenaktivität verschrieben. Wie sie herausfanden, korrelierte der kälteste Abschnitt der Kleinen Eiszeit, der von 1645 bis 1715 andauerte, mit einem äußerst geringen Vorkommen an Sonnenflecken. Dies führt uns zur grundlegendsten aller Schwachstellen, die die Erderwärmungshypothese aufweist: Sie lässt die nicht ganz unwichtige Tatsache außer Acht, dass die Temperaturen auf der Erde vor allem von der *Sonne* bestimmt werden – und nicht von Doris, die mit ihrem Auto einkaufen fährt. Aus Gründen, die ich weiter oben erläutert habe, lässt sich an der Sonnenfleckenaktivität ablesen, in welchem Umfang in der Sonne elektrische Leistung umgesetzt wird. Je weniger Sonnenflecken vorhanden sind, desto geringer ist die Leistung der von der Sonne ins Sonnensystem abgestrahlten Sonnenenergie, die das alles verbindende elektrische Netzwerk durchsetzt. In Abb. 550 können Sie erkennen, wie die Sonnenfleckenaktivität über einen Zeitraum von mehreren Jahrhunderten hinweg mit den Temperaturen auf der Erde korrespondiert. Physiker des weltweit führenden, in der Schweiz gelegenen Forschungslaboratori-

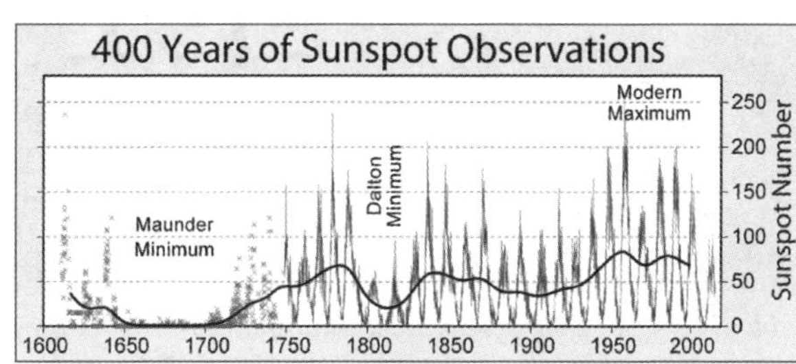

Abb. 549: „400 Jahre Sonnenfleckenbeobachtung" – Beim Maunder-Minimum handelte es sich um einen Abschnitt äußerst niedriger Sonnenfleckenaktivität (elektrischer Aktivität), der mit der Kleinen Eiszeit korrelierte.

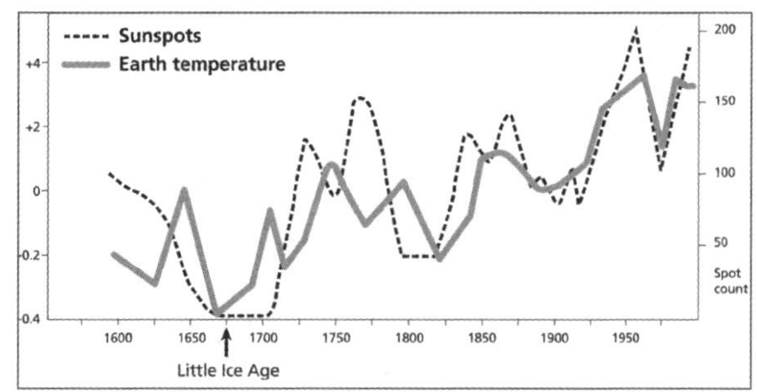

Abb. 550: Die Sonne beeinflusst die Temperaturen? Nein, so was! Dieses Diagramm zeigt den offensichtlichen Zusammenhang zwischen der Sonnenaktivität und der mittleren Temperatur auf der Erde.

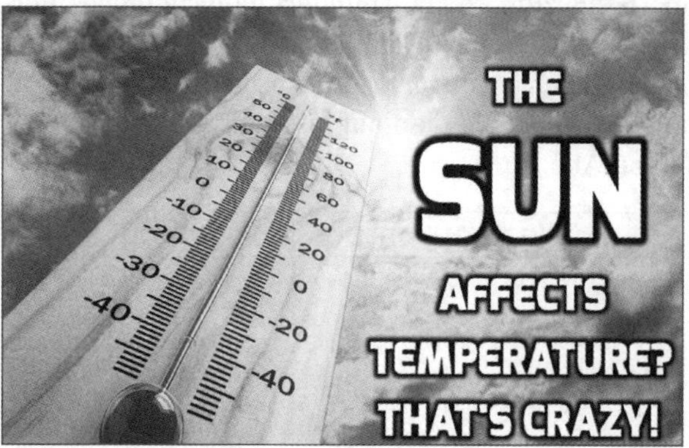

Abb. 551: „Die Sonne hat Auswirkungen auf die Temperatur? Das ist doch verrückt!" – Wie konnte die Erderwärmungssekte diesen Zusammenhang übersehen? Ist mir schleierhaft.

Abb. 552: „Gore – endlich mit der Wahrheit! ‚Das hier verursacht die Temperaturschwankungen.'" – Am Ende hast du es doch kapiert, Al.

ums CERN wiesen gar eine nahezu perfekte Korrelation zwischen dem Klima und dem Eindringen kosmischer Strahlung in die irdische Atmosphäre nach. Doch wo findet die Sonne in dem Berg an Unfug Erwähnung, den die Erderwärmungsindustrie hervorgebracht hat? Sollte etwa die *Sonne* irgendetwas mit dem Klima zu tun haben? Im Ernst jetzt? Ich meine – *tatsächlich*? Junge, darauf wäre ich nie gekommen! (Abb. 551 und 552) Als die Temperaturen auf der Erde in den 1990er-Jahren stiegen und die Klimahysterie losbrach, verzeichnete man auch auf anderen Planeten des Sonnensystems eine Erwärmung. Welcher gemeinsame Nenner lässt sich hier identifizieren? Doris, die mit dem Auto einkaufen fährt, oder ... doch eher die Sonne?

Ein weiterer Grund für die klimatischen Veränderungen besteht darin, dass die *El*-ite das Klima *mit technischen Mitteln* beeinflusst. Nikola Tesla, ein wahrhafter Wissenschaftler seiner Zeit, hatte schon in der ersten Hälfte des 20. Jahrhunderts erkannt, dass es möglich ist, das uns umgebende Skalarfeld sowie die elektrischen und elektromagnetischen Felder anzuzapfen, um die von der Gesellschaft benötigte Leistung bzw. Wärme zu erzeugen – ganz ohne die Verbrennung fossiler Brennstoffe, bei der Kohlendioxid freigesetzt wird. „Alle Menschen sollten überall freien Zugang zu den Quellen der Elektrizität haben", hatte Tesla gesagt. „Elektrische Leistung steht überall in unbegrenzter Menge zur Verfügung und vermag den Mechanismus der Welt ganz ohne Kohle, Öl oder Erdgas anzutreiben." Diese Botschaft müsste doch eigentlich für die Klimasektierer die erhoffte frohe Botschaft darstellen – die Antwort auf all ihre Gebete. Wie kann es sein, dass ebenjene Regierungen und Behörden, die von uns verlangen, zur Rettung des Planeten auf fossile Brennstoffe zu verzichten, *dieselben* sind, die Teslas Wissen bis zum heutigen Tage unter Verschluss halten? Warum hört man niemals einen „progressiven" Erwärmungsgläubigen über Tesla und die freie Skalar- bzw. elektrische/elektromagnetische Energie sprechen?

Wieder einmal stoßen wir auf einen vermeintlichen Widerspruch – der sich auflöst, sobald man sich der steuernden Mächte hinter den Regierungen und Behörden gewahr wird. Deren Ziel lautet, die menschliche Gesellschaft einer Deindustrialisierung zu unterziehen: die Errichtung der „postindustriellen Gesellschaft", wie sie es nennen. Ihnen ist klar, dass sie das nur bewerkstelligen können, indem sie den Zugriff auf die Energieressourcen beschränken. Während scharf gegen fossile Brennstoffe geschossen wird, offeriert man ausschließlich solche „Alternativen", die keinen adäquaten Ersatz darstellen. Auf Teslas Erkenntnissen basierende technische Apparaturen und deren Weiterentwicklungen, die bei freier Zirkulation der Erstgenannten entstünden, würden den Abschied von fossilen Brennstoffen ermöglichen, ohne dass die Energiequellen erschöpft werden könnten. Ja, dem Einzelnen stünde sogar mehr Energie zur Verfügung als je zuvor. Das würde freilich den gesamten Plan zunichtemachen. Folglich zielt die Propaganda darauf ab, die Nutzung fossiler Energieträger zu reduzieren, ohne dass man die tatsächlichen Alternativen zur Diskussion stellt. Bedenkt man zudem, dass für die nach Tesla erzeugte Energie keine weiteren Kosten anfallen, sobald die technischen Geräte einmal installiert sind, wird klar, warum die bloße Vorstellung davon der *El*-ite den Angstschweiß auf die Stirn treibt. Beim Schwindel von der globalen Erwärmung geht es um Kontrolle sowie darum – wie es der progressive Herr auf CNN formulierte –, „alles zu verändern". Die folgenden beiden Zitate von Führungskräften der Vereinten Nationen machen deutlich, welche tatsächliche Motivation hinter der Großen Lüge steckt:

> „Dies ist das erste Mal in der Geschichte der Menschheit, dass wir uns bewusst die Aufgabe stellen, innerhalb einer definierten Zeitspanne das Modell der wirtschaftlichen Entwicklung zu verändern."
>
> *– Christiana Figueres, Generalsekretärin der Klimarahmenkonvention der Vereinten Nationen*

> „Wir verteilen durch die Klimapolitik de facto das Weltvermögen um."
>
> *– Ottmar Edenhofer, ehemaliger UN-Funktionär für Klimafragen*

Die Diskussion, die sich um die angebliche Erderwärmung rankt, hat nichts mit der Umwelt zu tun, sondern ist politischer und finanzieller Natur. Den Verfechtern dieses gigantischen Schwindels möchte ich dringend ans Herz legen, sich mit der Gesamtheit der Beweise auseinanderzusetzen – statt nur mit jenen Indizien, die ihr aktuelles Glaubenssystem zu untermauern scheinen. Die Agenda der *El*-ite fußt zu weiten Teilen darauf, dass die Öffentlichkeit auch weiterhin der Vorstellung anhängt, die Aktivitäten des Menschen würden den Planeten gefährden. Das bringt uns ein weiteres Mal auf die zentrale Frage, die dem Verständnis stets die Türen öffnet: Wem nützt es, wenn die Menschheit den ganzen Schwachsinn glaubt? Der amerikanische Präsident Donald Trump stieg im Sommer 2017 aus dem Pariser Abkommen mit der Begründung aus, es sei ein schlechtes Geschäft für die amerikanische Wirtschaft. Die Erwärmungsgläubigen gingen auf die Straße, und die Fernsehmoderatoren waren, während sie die üblichen Katastrophenszenarien ausmalten, voll des Tadels. Ohne Zweifel ist Trumps Geschäftsbesessenheit schädlich für die Umwelt, doch diesmal lag er richtig – wenn auch aus den falschen Gründen. Trump sagte einmal, bei der globalen Erwärmung handele es sich um einen Schwindel, den die Chinesen in die

Welt gesetzt hätten. Die wahre Agenda ist ihm also nicht bekannt (oder zumindest gibt er dies nicht öffentlich zu). Wie bei Trump üblich, konnte man auf seine Ausflüchte und das „Aber" warten; tatsächlich deutete er bald an, er wäre gegebenenfalls dazu bereit, einen finanziell vorteilhafteren Deal auszuhandeln und dem von 200 Ländern unterzeichneten Abkommen wieder beizutreten. Ich hoffe, er tut das nicht. Alles, was den herbeimanipulierten Konsens stört, ist zu begrüßen. Der gesunde Menschenverstand muss die Oberhand gewinnen, bevor wahnwitzige Argumentationsketten als Vorwand für die Errichtung eines weltumspannenden Gefängnisstaates dienen können.

In den letzten Kapiteln habe ich dargelegt, was sich in Politik und Weltgeschehen auf der sichtbaren Ebene tatsächlich abspielt; unter anderem habe ich das Kriegsgeschehen, den Terrorismus sowie die realitätsfernen Narrative beleuchtet, die sich um die Migrationskrise und den Klimawandel ranken. All das ist wichtig zu wissen, doch würden wir einen gewaltigen – und unter Umständen verhängnisvollen – Fehler begehen, wenn wir uns darauf beschränkten. Wenn sich alternative Rechercheure mit der breiten Öffentlichkeit wegen einiger Details in den Haaren liegen, bieten sie einen weiteren Angriffspunkt für das „Teile und herrsche"-Prinzip und die kalkulierte Ablenkung der Aufmerksamkeit. In vielerlei Hinsicht dienen Manipulationen der genannten Art als Nebelwände, um vom eigentlichen Geschehen abzulenken, das sich unverwandt am Rande des Sichtbaren abspielt – unterhalb der bewussten Wahrnehmungsschwelle. Mit jedem neuen Tag schreitet das „eigentliche Geschehen", das auf das Ende der Menschheit in ihrer bisher bekannten Form abzielt, vor unser aller Augen voran. Was ich damit meine, erfahren Sie in den nachfolgenden Kapiteln.

Kapitel 16

Die Assimilation

„Der technische Fortschritt hat uns lediglich effektivere Mittel für den Rückschritt beschert."

Aldous Huxley

Die Machenschaften, die ich seit Langem aufdecke, dienten stets dem Endziel, das menschliche Gewahrsein vollständig zu unterwerfen und zu kontrollieren, um es schließlich mittels Technik auszuradieren. Inzwischen ist der Prozess in vollem Gange, sodass wir gefordert sind, zügig aufzuwachen.

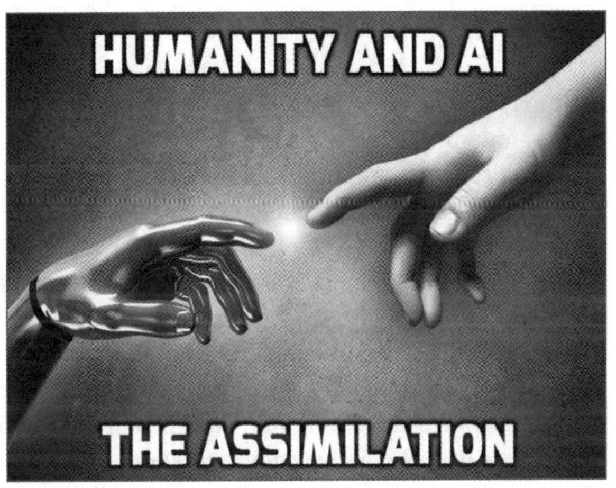

Abb. 553: „Menschheit und KI – Die Assimilation" – Um das Ruder noch herumreißen zu können, müssen wir uns der Tatsache bewusst sein, dass uns andernfalls möglicherweise das Ende der Menschheit bevorsteht.

Die im Rahmen des CHANI-Projekts befragte Wesenheit soll gesagt haben, dass die Menschen zwar spirituell höherentwickelt sind als die Reptiloiden, jedoch von den Letztgenannten mit technischen Mitteln unterdrückt werden – „die Technologien sind ihr Gott". Mit ihrer Hilfe wird daran gearbeitet, das menschliche Gewahrsein mit künstlicher Intelligenz (KI, engl.: Artificial Intelligence bzw. AI) zu vernetzen und es letztlich durch dieselbe zu ersetzen. Diesem Ziel dient der gigantische Taschenspielertrick, der unter dem Begriff Transhumanismus bekannt ist (und richtigerweise *Non*humanismus heißen sollte, Abb. 553). Seit langer Zeit manipulieren die archontisch besetzten und vom Schwarmbewusstsein assimilierten Reptiloiden – unterstützt von ihren Untergebenen, den Grauen – die kollektive menschliche Wahrnehmung, indem sie sich der Orion-Saturn-Simulation, ihrer Kommandozentrale im Mondinneren sowie jener Kontrollstruktur bedienen, die „auf" der Erde von den menschlich-reptiloiden Hybriden der *El*-ite gesteuert wird. Wenngleich sich dieser Ansatz hinsichtlich der Steuerung der menschlichen Gedanken und der Abkopplung der fünf Sinne vom Unendlichen Gewahrsein als außerordent-

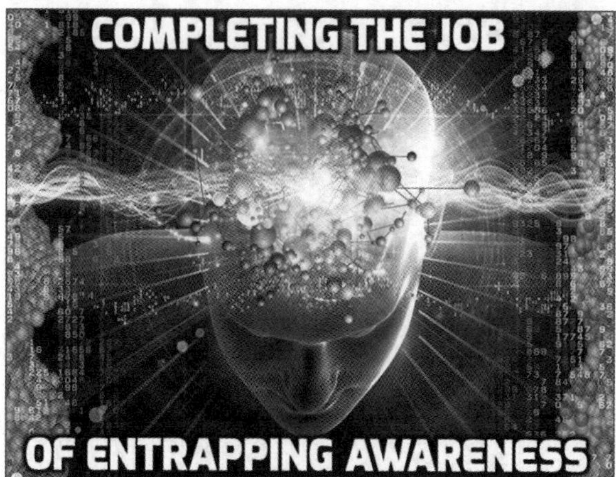

Abb. 554: „Vollendung der Aufgabe, das Gewahrsein in die Falle zu locken" – Der Transhumanismus bildet das technologische Instrument, um den Körper/Intellekt an die künstliche Intelligenz anzuschließen. Sie soll dann das gesamte „menschliche" Denken und Fühlen übernehmen und uns vom erweiterten Gewahrsein isolieren.

lich erfolgreich erwiesen hat, gibt es nach wie vor zahlreiche Menschen, deren Bewusstsein der Programmierung widersteht und den gefälschten Geist der Archonten außer Kraft setzt.

Das Vorhaben, vollständige Kontrolle zu erlangen, ist gescheitert. Folglich wird nun versucht, das Missgeschick dadurch zu kompensieren, dass man den menschlichen Verstand an eine technisch erzeugte Subrealität koppelt – ihn somit zum Teil eines „Schwarmbewusstseins" macht –, die von ihren Verfechtern als „Cloud" (dt.: Wolke) bezeichnet wird (Abb. 554). Dabei handelt es sich um ein Datenverarbeitungs- und Speichersystem, das sich außerhalb Ihres Computers befindet, sodass die entsprechenden Programme und Dienste internetgestützt arbeiten. Man könnte die Cloud als eine Art „Leitstelle" betrachten, in der die Daten für sämtliche angeschlossenen Computer und Geräte gespeichert und verarbeitet werden. Das Bewusstsein des einzelnen Menschen soll den Plänen zufolge zu einem dieser „Geräte" werden – womit sich die gesamte Idee des „Menschseins" erledigt hätte. Die erste Etappe besteht darin, den menschlichen Verstand durch technische Mittel mit der Cloud zu verbinden. Am Ende würde man ihn in die Letztgenannte hochladen und sich des Menschen – einschließlich seines Körpers – entledigen. Klingt irre? Das sollte man meinen, doch genau das wird inzwischen ganz offiziell als Ergebnis der derzeitigen Entwicklung beschrieben.

Cloudbasierte Informationen sind besonders gefährdet, da sie außerhalb des eigenen Computers gespeichert werden und somit viel leichter „gehackt" oder angezapft werden können. Nicht anders wird es dem menschlichen Geist ergehen, ist er erst einmal an die Cloud angeschlossen. Über die anvisierte technische Gehirn-Cloud-Struktur soll die künstliche Intelligenz sämtliche Emotionen, Reaktionen und Gedanken in uns einspeisen. Die Menschen wären dann nichts anderes mehr als biologische – und letzten Endes synthetisch-digitale – Computerterminals. Sie brauchen mir das nicht zu glauben; machen Sie sich Ihr eigenes Bild! Wir haben einen Punkt erreicht, an dem uns die Manipulatoren ohne Umschweife sagen, was sie eigentlich tun. Ihre diesbezügliche Selbstsicherheit rührt daher, dass sie glauben, die Menschheit sei der Technik ohnehin schon genügend verfallen, um die letzte Karte ausspielen zu können. Warum sollte man seinen Zielpersonen verschweigen, dass man im Begriff ist, ihre Gedanken zu versklaven, wenn dieselben schon zu nachtschlafender Zeit anstehen, um das neueste Produkt ebenjenes Versklavungsprozesses zu ergattern? „Ich habe das neue Apple-Smartphone – ist das nicht cool?" Nun ja, im Grunde ist es das ganz und gar nicht.

Abb. 555: „Der Tummelplatz des Teufels" – Silicon Valley: Ein höchst sinistrer Ort, kontrolliert von höchst sinistren Leuten.

Abb. 556: „Ray Kurzweil, Frankensteins Reklamechef" – Wie könnte er nicht wissen, worauf all das hinausläuft? Er weiß es.

Vorangetrieben wird die transhumanistische Agenda, die das Ende der Menschheit in der uns bekannten Form zum Ziel hat, fast zur Gänze von einem winzigen, südlich von San Francisco gelegenen Fleckchen aus, das ich gern als „Tummelplatz des Teufels" bezeichne. Die im sogenannten Silicon Valley angesiedelten archontischen Unternehmen mitsamt ihren Vorturnern bilden das Zentrum der neuen Wissenschaft, die sich mit Überwachungstechnik, Kontrollmechanismen und Transhumanismus beschäftigt (Abb. 555). Hier haben Internetriesen wie Google und Facebook ihren Sitz, die auf der ganzen Welt kontrollieren, welche Informationen wir zu Gesicht bekommen dürfen; daneben finden wir Softwaregiganten wie beispielsweise Microsoft sowie den Technologievorreiter Apple. Auch die Singularity University ist hier zu Hause, die 2008 von Ray Kurzweil und Peter Diamandis im NASA Research Park gegründet wurde, um den Transhumanismus voranzubringen und zu bewerben. Der Begriff „Singularität" bezieht sich in diesem Kontext auf die Verschmelzung von Mensch und Maschine, die stattfindet, wenn die menschliche von der künstlichen Intelligenz überflügelt wird und die Letztgenannte lernt, „sich eigenständig zu reproduzieren" (Abb. 556).

Oberflächlich betrachtet mag es nicht den Anschein haben, als stünden all diese Organisationen miteinander in Verbindung, doch in der Tat ist das der Fall. Google etwa ist einer der Unternehmensgründer und Sponsoren der Singularity University. Koordiniert von einer der finstersten Organisationen der Erde – nämlich der Defense Advanced Research Projects Agency (DARPA) – ziehen die verschiedenen Einrichtungen in dem Bemühen, die Menschheit zu transformieren, an einem Strang. Die DARPA ist die für techni-

Abb. 557: „DARPA: Die treibende Kraft hinter dem Transhumanismus" – Die DARPA ist das Instrument, mit dem die archontische KI den menschlichen Geist kapert.

Abb. 558: „Siri – finanziert von der DARPA" – „Siri, warum bist du von der Entwicklungsabteilung des Pentagon finanziert worden?"

sche Neuerungen zuständige Abteilung des Pentagon, das wiederum von den Archonten kontrolliert wird. Der DARPA hat die Welt so wunderbar menschenfreundliche Geschenke wie beispielsweise Laserwaffen oder jene gentechnischen Methoden zu verdanken, mit denen „Supersoldaten" erschaffen werden sollen. Auch die Technologie des Internets will sie entwickelt haben, auf dessen Grundlage die gesamte transhumanistische Gesellschaft errichtet werden soll (Abb. 557). Die Organisation, die ihre Milliarden dafür ausgibt, effizientere Tötungsmöglichkeiten auszuloten, kontrolliert auch das Internet, das von Anfang an auf Militärtechnik basierte. Die DARPA war der Ideen- und Geldgeber zahlloser transhumanistischer Technologieprojekte – KI-Spielereien inbegriffen –, bei denen die Menschen nie und nimmer eine Verbindung zur Entwicklungsabteilung des Pentagon vermuten würden. Doch sämtliche Formen transhumanistischer Technik entspringen demselben Umfeld, wie harmlos sie auch in Erscheinung treten mögen. Apples persönlicher KI-„Assistent" etwa, der unter dem Kürzel „Siri" vermarktet wird, ging aus dem von der DARPA finanzierten Projekt CALO hervor (Cognitive Assistant that Learns and Organizes, dt. etwa: selbst lernender und sich organisierender kognitiver Assistent), an dem 300 Wissenschaftler sowie 25 Universitäts- und kommerzielle Forschungszentren beteiligt waren (Abb. 558). Doch keine Sorge – die DARPA hat all das nur deshalb finanziert, weil das Pentagon Ihnen so gerne einen KI-Assistenten an die Hand geben wollte, der Ihnen das Leben erleichtert.

Der Zionist Ray Kurzweil, ein „Computerwissenschaftler, Erfinder und Futurologe", ist gleichermaßen Manager bei Google und Mitbegründer der Singularity University. Die fugenlosen Übergänge zwischen Google, Facebook und der DARPA zeigen sich auch an den Karriereschritten, die die Transhumanismus-Verfechterin Regina Dugan durchlief. Nachdem sie zunächst vier Jahre lang als Projektmanagerin für die DARPA gearbeitet hatte, kehrte sie 2009 zurück, um der Organisation bis 2012 als Direktorin vorzustehen. Anschließend arbeitete sie als Managerin bei Google, bevor sie 2016 zu Facebook wechselte (Abb. 559). Gewiss hatten die „Suchmaschine“ und die „soziale Plattform“ die ehemalige Direktorin einer sinistren und unheilvollen Pentagon-Einrichtung nur zu dem Zweck angeheuert, ihnen bei der Verbesserung ihrer Suchalgorithmen und kommunikativen Fähigkeiten behilflich zu sein. Doch nein, oh Wunder, so war es nicht. Gemäß der Tätigkeitsbeschreibung, die ihre Aufgabe als Leiterin des geheimnisvollen Facebook-Projekts Building 8 umreißt, hilft sie „Technologien zu entwickeln, die physische und digitale Welten nahtlos miteinander verschmelzen“. Gemeinsam mit dem wandelnden T-Shirt kündigte sie im April 2017 die Entwicklung technischer Lösungen an, die es dem menschlichen Verstand ermöglichen würden, unmittelbar mit und durch Computer zu kommunizieren – ohne dass man noch sprechen oder eine Tastatur bedienen müsste. Das ist ein weiterer Schritt auf dem Weg zum beabsichtigten KI-Schwarmbewusstsein, an das letzten Endes jeder einzelne Mensch angeschlossen werden soll. Ohne nähere Einzelheiten zu nennen, spricht Zuckerberg von der Notwendigkeit einer „globalen Superstruktur, um die Menschheit voranzubringen“. Die zionistischen Google-Gründer Larry Page und Sergey Brin hatten das System, aus dem später die Google-Technologie erwuchs, mit finanzieller Unterstützung der CIA, der NSA und der Digital Library Initiative (DLI) entwickelt. Bei der Letztgenannten handelte es sich um „ein agenturübergreifendes Programm der National Science Foundation (NSF), der NASA und der DARPA“. Näheres zu den Hintergründen erfahren Sie in einem Artikel der Plattform Insurge Intelligence, der den Titel „How the CIA made Google: Inside the secret network behind mass surveillance, endless war, and Skynet“ trägt und online verfügbar ist.

Abb. 559: „Die ehemalige Direktorin der Pentagon-Einrichtung DARPA (gleichbedeutend mit böswillig) arbeitet nach Google jetzt für Facebook und will Ihren Verstand mit Computern koppeln. Beobachten Sie diese Frau mit Argusaugen.“ – Regina Dugan: All ihre Karriereschritte stehen miteinander in Verbindung.

Meiner Ansicht nach handelt es sich bei den von Zionisten kontrollierten Unternehmen Google und Facebook um Monstren, die für das archontische Spinnennetz – von dem sie gesteuert werden – eine Agenda zur vollständigen Unterwerfung des Menschen verfolgen. Dabei geht es um weit mehr als nur die Nutzung von Algorithmen, mittels derer die Nutzer überwacht werden, und die Zensur von Informationen. Mit dem Unternehmen Verily (ehemals Google Life Sciences) verfügt Google sogar über eine „Gesundheitsabteilung“, die im Rahmen ihrer als Project Baseline bezeichneten Studien Technologien zur „Gesundheitsvorhersage“ entwickelt. Für die hochgradig invasiven Forschungsarbeiten, die sich mit der „Prognose gesundheitlicher Probleme“ befassen, wurden 10.000 Teilnehmer gesucht, denen man KI-basierte Geräte zur Überwachung des Körpers implantieren will. Ich garantiere Ihnen, dass hinter diesen Forschungen noch ein anderes, weitaus heimtückischeres Motiv steckt.

Der National Health Service (NHS), der staatliche britische Gesundheitsdienst, hatte dem zu Google gehörigen KI-Unternehmen DeepMind unerhörterweise Zugang zu den persönlichen Krankenakten von 1,6 Millionen Briten gewährt. Fiona Caldicott, die nationale Datenschutzbeauftragte des britischen Gesundheitsministeriums, bezeichnete den Vorgang als „juristisch unangemessen". Auf diese Weise bedient sich das Spinnennetz scheinbar unabhängig voneinander operierender Firmen, Einrichtungen und Regierungen, um ein bestimmtes, kollektives Ergebnis zu erreichen. Andere transhumanistische Komponenten des Google-Konzerns wurden im Jahr 2015 in eine Holdinggesellschaft namens Alphabet überführt, darunter die Forschungsabteilung Google X, die seither nur noch den Namen X trägt. Sinn und Zweck dieses Unterfangens war, den allzu sehr ins Auge springenden Namen Google weitgehend aus den transhumanistischen Aktivitäten herauszuhalten und die Letztgenannten durch die Verwendung der nichtssagenden und wenig einprägsamen Bezeichnung „Alphabet" zu verschleiern. Eric Schmidt, der Vorstandsvorsitzende der Holding, gehört sowohl den Bilderbergern als auch der Trilateralen Kommission an. Aus den genannten Gründen werde ich nicht von Alphabet, sondern von Google sprechen. Alphabet *ist* Google, und die Zentrale des Unternehmens befindet sich innerhalb des Google-Hauptquartiers. Interessanterweise werden die amerikanischen Geheimdienste – NSA, CIA, FBI usw. – auch als „Alphabet-Organisationen" bezeichnet.

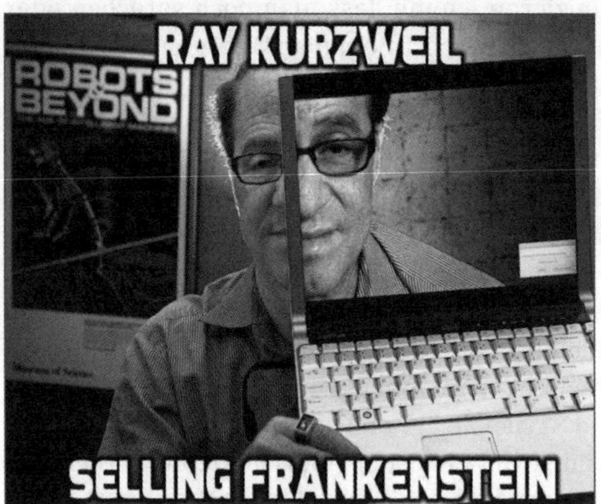

Abb. 560: „Ray Kurzweil verkauft Frankenstein" – Ich würde ihn nicht einmal nach dem heutigen Datum fragen, so viel Vertrauen habe ich zu ihm.

Doch kommen wir zum Fall von Ray Kurzweil (Abb. 560). Man sagt dem Leiter der Google-Entwicklungsabteilung nach, bezüglich seiner Vorhersagen zu technisch-transhumanistischen Meilensteinen und dem jeweiligen Zeitpunkt ihrer Realisierung eine 80-prozentige Trefferquote zu haben – kein Kunststück, wenn man die Pläne kennt. Das erinnert an Finanzinsider wie den Zionisten George Soros, der entsprechend seiner Kenntnis der kommenden Entwicklung Kapital investiert oder zurückzieht. Im Grunde können sie dabei gar nicht verlieren. Kurzweils aktuelle Prognose besagt, dass die Gehirne der Menschen bis zum Jahr 2030 „von der Cloud betrieben" werden. Er erläutert:

> Unser Denken [...] wird ein Gemisch aus biologischem und nichtbiologischem Denken sein. [...] Die Menschen werden fähig sein, ihre Grenzen auszuweiten und „in der Cloud zu denken". [...] Wir werden Zugänge zur Cloud ins Gehirn pflanzen. [...] Schritt für Schritt werden wir verschmelzen und uns verbessern. [...] Meiner

> Ansicht nach ist das die Natur des Menschseins: Wir überwinden unsere Beschränkungen. […]
>
> Je mehr uns die Technologie überlegen sein wird, desto kleiner und kleiner wird der verbleibende menschliche Anteil sein – bis er schließlich zu vernachlässigen sein wird.“

Da haben Sie’s. Die freimütige Offenheit erklärt sich aus der Tatsache, dass die Werbemasche für die Vernetzung mit der KI auf der Idee basiert, wir würden auf diese Weise zu Übermenschen werden. Doch das wird *nicht geschehen*. In Wahrheit sollen wir zu *Unter-* bzw. *Nicht*menschen gemacht werden, und das wissen die treibenden Kräfte im Hintergrund ganz genau. Eine Herabstufung wird uns als Hochstufung verkauft. Um die Kinderlein nicht zu erschrecken, bedient man sich verbaler Verhübschungen wie „erweiterte Realität“ (engl.: augmented reality), „Intelligenzsteigerung“ (intelligence augmentation) oder „Intelligenzerweiterung“ (intelligence amplification). Statt von AI spricht man also im Englischen von IA und argumentiert, das Gehirn würde durch IA weniger gesteuert werden als durch AI bzw. KI. Ich behaupte jedoch, dass man damit lediglich versucht, die ursprünglichen Kritiker der künstlichen Intelligenz zu beschwichtigen – während man die Agenda unverwandt weiterverfolgt. Wir sind ganz eurer Meinung: AI ist schlimm, aber IA … also … das ist etwas völlig anderes. Nein – letzten Endes ist es genau dasselbe. Wie im Fall der unterirdischen Militärbasen wird auch diese Entwicklung in keiner Weise von gewählten Politikern überwacht. Der größte Teil von ihnen hat nicht die leiseste Ahnung, was vor sich geht; nicht einmal die amerikanischen Präsidenten sind informiert. Im Gegenteil besteht die Aufgabe der Politik darin, das eigentliche Geschehen, das sich hinter den Kulissen abspielt, zu vernebeln. Das ist der Grund, warum die *El*-lte möchte, dass wir uns von früh bis spät mit größtenteils irrelevanten politischen Grabenkämpfen und Streitereien befassen. Hier, schaut zu uns herüber – während wir euch andernorts versklaven.

Kurzweil scheint von der Idee besessen zu sein, in seinem Körper ewig zu leben. Dabei ist unser Gewahrsein bereits unsterblich. Jeden Tag soll er 150 Vitaminergänzungen zu sich nehmen, um seine Lebensspanne zu verlängern. Seinen kalten, emotions- und leblosen Augen nach zu urteilen scheint ihm das nicht allzu viel zu nützen. Etwa ab dem Jahr 2045, prophezeit Kurzweil, sollen die Menschen dank der in den Körpern befindlichen Technik ewiges Leben genießen können. Ewiges Leben als KI-Computerprogramm, meint er – als Software, die nur einen winzigen Ausschnitt der Unendlichen Möglichkeiten wahrzunehmen vermag und außerstande ist, dem Körper, der sie niemals freigeben wird, jemals zu entrinnen. Fantastische Aussicht – ich kann’s kaum erwarten. Physische Unsterblichkeit entspricht buchstäblich einer ewigen Freiheitsstrafe. Zudem ist niemals vom Bewusstsein die Rede, das unsere wahre Natur darstellt und auf der Ebene der grenzenlosen Ewigkeit unsterblich ist.

Aus einem deklassifizierten Dokument der CIA, das durch eine Anfrage im Rahmen des Informationsfreiheitsgesetzes an die Öffentlichkeit gelangte, ging hervor, dass die chinesische Regierung in ausgedehnten Studien die „übermenschlichen“ bzw. übernatürlichen Fähigkeiten Tausender Kinder untersuchen ließ. Die betrachteten Kräfte, zu denen unter anderem Telepathie, Psychokinese, Hellfühlen und Hellhören zählten, gründen sich allesamt auf Bewusstsein und Frequenz – *nicht* auf Technik. Auch die CIA widmet sich seit Jahrzehnten derartigen Forschungen und bedient sich übernatürlicher Fähigkeiten, um ihre Ziele zu erreichen. Bei einem Aufenthalt in San Francisco in den 1990er-Jahren erzählte mir eine Dame, dass ihr verstorbener Gatte während seiner Zeit beim amerikanischen Militär in das „Psychic Assassination Squad" berufen wurde (dt. etwa: Kommando für übersinnliche Attentate). Dessen Mitglieder sollen an einem Tisch gesessen und sich auf ein Foto der Zielperson konzentriert haben, um das elektrische System ihres Körpers so zu stören, dass ihr Herz zu schlagen aufhört. Der 2009 erschienene Spielfilm „Männer, die auf Ziegen starren" basierte auf diesem geheimen Militärprojekt.

Die Verdeckte Hand ist sich der wahren Macht und des Potenzials des Menschen wohl bewusst; das gesamte System ist darauf ausgelegt, übersinnliche Fähigkeiten und Schwingungszustände in der gewöhnlichen Bevölkerung zu unterdrücken. Der Mechanismus, mit dem zeitlebens die Wahrnehmung des Einzelnen programmiert wird, ist gerade so gestaltet, dass er das gewünschte Ergebnis hervorbringt. Der Transhumanismus stellt dabei die nächste – noch heftigere – Etappe dar. Warum in aller Welt sollte ausgerechnet jenen Kräften, die uns mit so viel Mühe daran gehindert haben, unser unbegrenztes Potenzial zum Ausdruck zu bringen, mit einem Mal daran gelegen sein, uns mittels Technik zu „Supermenschen" zu machen? Für wie blöd müssen sie uns halten! (In allzu vielen Fällen leider nicht ganz zu Unrecht – aber genau das war ja ihr Ziel.) Laut Kurzweil werden wir „mit Robotern in unseren Gehirnen den Göttern gleichen". In der Tat: Nämlich den archontischen bzw. reptiloiden Göttern innerhalb des KI-Schwarmbewusstseins. „Der geringe Anteil, der noch menschlich ist, wird immer weiter schwinden, bis er gänzlich zu vernachlässigen ist", sagte Kurzweil (Abb. 561). Auf einer Veranstaltung, die auf dem Campus seiner Singularity University stattfand, erläuterte er sein Vorhaben, eine Suchmaschine zu erschaffen, die wie ein „kybernetischer Freund" agiert: Sie soll den Anwender besser kennen, als dieser sich selbst kennt. „Ich sehe es kommen, dass in einigen Jahren der Großteil der Suchanfragen beantwortet wird, ohne dass man überhaupt noch die Frage stellen muss."

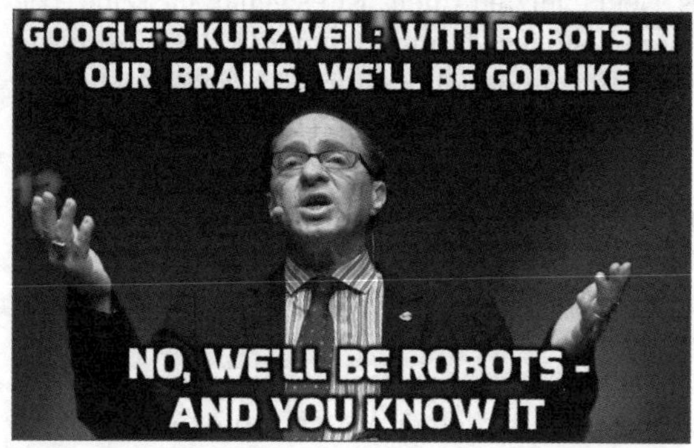

Abb. 561: „Google-Mann Kurzweil: Mit Robotern in unserem Gehirn werden wir wie Götter sein – Nein, Roboter werden wir dann sein, und du weißt das." – „Wie Götter sein"! Das ist der Mist, den wir allen Ernstes glauben sollen.

Auf dem Mobile World Congress, der 2017 in Barcelona stattfand, wurde die Idee des „Global Mind" (dt. etwa: globaler Geist) ganz offen und euphorisch beworben. Er soll sich zum einen auf die noch leistungsfähigeren (und für Körper und Psyche noch gefährlicheren) Kommunikationssysteme der fünften Generation (5G) stützen; zum anderen macht er sich die Eigenschaften einer Substanz zunutze, die wie aufs Stichwort auf der Bildfläche erschienen ist: Graphen. Dabei handelt es sich um „ein hexagonales, aus Kohlenstoffatomen aufgebautes Gitter", das 200-mal fester als Stahl, aber elastisch wie die Haut ist. Zudem sei es „ebenso leitfähig wie das in Halbleitern verwendete Silizium". Mit einer Graphenschicht, die nur einige Milliardstel Millimeter dick ist, lässt sich jede Oberfläche in einen Computer oder Bildschirm verwandeln – also auch die menschliche Haut. Das soll nicht heißen, dass keine nützlichen Anwendungen dieser Technologie denkbar wären; doch ist dies nicht das vorrangige Ziel. Im Gegenteil steht der nutzbringende Einsatz ganz hinten auf der Liste.

5G muss aufgehalten werden

Die Einführung von 5G ist für die erfolgreiche Übernahme des menschlichen Verstandes durch technische Systeme von entscheidender Bedeutung. Sobald dieser leistungsstarke Störfaktor beginnt, die elektrischen bzw. elektromagnetischen Felder des Menschen zu beeinflussen und die Schwingung der stehenden Wellen von Körper und Geist aus dem Tritt zu bringen, werden Sie seine drastischen Auswirkungen auf das Verhalten und die Gesundheit der Menschen erleben. Die sogenannte „5G-Revolution" zieht erhebliche Folgen nach sich. Ohne vorherige Testreihen wird die Bevölkerung ultrahochfrequenter Mikrowellenstrahlung ausgesetzt. Aufgrund der geringen Reichweite der 5G-Wellen müssen zudem Abertausende Sendetürme und Antennen installiert werden – nämlich auf jedem zwölften Gebäude, wie eine Schätzung ergab, die sich auf dicht besiedelte städtische Gebiete bezog. Da sich die Wellen nicht sehr weit ausbreiten können, ohne an Leistung zu verlieren, sind die Anlagen auch in unmittelbarer Nähe zu Wohnhäusern und Schulen zu finden. Obendrein versucht man, das Reichweitenproblem dadurch zu lösen, dass man flächendeckend 5G-Sende- und Empfangseinheiten montiert – nämlich in Gestalt „intelligenter" Stromzähler und anderer Geräte. Auf diese Weise entsteht ein Gitter, mit dem sich der Körper und die Gedanken der Menschen kontrollieren lassen (Abb. 562). 5G arbeitet mit denselben Frequenzen, die auch bei *Waffen zur Kontrolle von Menschenansammlungen* Anwendung finden. Dort dienen sie dazu, auf der Haut die Empfindung schwerer Verbrennungen auszulösen. In einem Bericht des amerikanischen

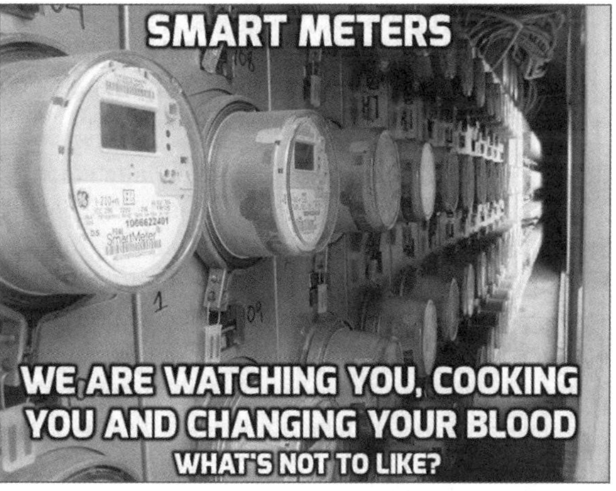

Abb. 562: „Intelligente Stromzähler: Wir beobachten euch, kochen euch und verändern euer Blut – was gibt es da nicht zu mögen?" – Tun Sie, was Sie wollen, aber verweigern Sie die Installation intelligenter Stromzähler.

Verteidigungsministeriums heißt es: „Sollten Sie das Pech haben, dort zu stehen, wenn [die Waffe zum Einsatz kommt], werden Sie denken, Ihr Körper stünde in Flammen." Ist 5G erst einmal überall installiert, kann jede Person oder Personengruppe ins Visier genommen werden. Tun Sie, wie man Ihnen geheißen hat. Nein! – *Ahhhh!* Bei 5G handelt es sich um ein Waffensystem, mit dem sich sowohl die Gesundheit als auch die Wahrnehmung einer Zielperson beeinträchtigen, ja, sogar ihr Gedächtnis löschen lässt. Wir haben es hier wirklich mit einer heftigen Nummer zu tun.

Dr. Ben-Ishai, der an der physikalischen Fakultät der israelischen Hebrew University lehrt, hat darauf hingewiesen, dass die menschlichen Schweißdrüsen „wie ein Gitternetz aus spiralförmigen Antennen wirken, wenn sie den 5G-Frequenzen ausgesetzt werden". Die menschliche Haut ist eine Empfangs- und Sendeeinheit für Informationen – eine Antenne –, die sich mit 5G-Wellen anvisieren lässt. Die international bekannte amerikanische Epidemiologin Dr. Devra Davis, die als Präsidentin des Environmental Health Trust fungiert und das Center for Environmental Oncology der Universität Pittsburgh leitet, sagte dazu:

> Wenn Sie zu den Millionen gehören, die sich höhere Downloadgeschwindigkeiten für Spielfilme, Spiele und virtuelle Pornografie wünschen, wartet eine Lösung auf Sie – vorausgesetzt, Sie erklären sich bereit, Ihren lebendigen Körper für ein gigantisches, unkontrolliertes Experiment an der Menschheit zur Verfügung zu stellen. In diesem Augenblick stehen die Einwohner der Region Washington, D.C. – ebenso wie die Bewohner von 100 chinesischen Städten – kurz davor, inmitten eines ausgedehnten, experimentellen Millimeterwellennetzwerks zu leben, zu dem sie kein Einverständnis gegeben haben – und alles von amerikanischen Steuergeldern finanziert.
>
> In dieser Arbeit wird gezeigt, dass dieselben Bereiche der menschlichen Haut, die uns das Schwitzen ermöglichen, auch auf 5G-Strahlung reagieren – ganz ähnlich einer Antenne, die Signale empfängt. Die möglichen negativen gesundheitlichen Auswirkungen von 5G müssen einer ernsthaften Prüfung unterzogen werden, bevor wir unsere Kinder, uns selbst und die Umwelt dieser Strahlung aussetzen.

Das müssen sie in der Tat, doch die Pläne lauten anders. Mit Steuergeldern werden Projekte finanziert, die den Unternehmen nützlich sind, denn sie sind Bestandteile desselben Spinnennetzes. Gesundheitliche und andere Auswirkungen von 5G (Stichwort Gedankenkontrolle) werden nicht angemessen untersucht, da die Schrecken, die dabei zum Vorschein kämen, in der Öffentlichkeit enormen Widerstand provozieren würden. Das Skalarfeld wird auch dafür benutzt, die Gedanken der breiten Bevölkerung zu steuern. Dabei kommen die mitunter als Skalarwellen bezeichneten Muster zum Einsatz, bei denen es sich jedoch in Wirklichkeit um Felder handelt. Werden die technologisch erzeugten Wahrnehmungsfelder ins Skalarfeld eingespeist, zeigen sie augenblicklich im gesamten Feld Wirkung, sodass eine weltumspannende Bewusstseinskontrolle ermöglicht wird. Für die Letztgenannte lässt sich jede Frequenz verwenden – beispielsweise der Bereich, in dem 5G arbeitet –, über die eine Verbindung zum menschlichen Feld hergestellt werden kann. Tom Wheeler, der einstige Vorsitzende der amerikanischen Zulassungsbehörde FCC, trat mit Plänen an die Öffentlichkeit, nach denen die Gemeinden – städtische ebenso wie ländliche – mit (langfristig tödlichen) 5G-Frequenzen zu sättigen seien, damit sämtliche Bestandteile der Infrastruktur – Wasserversorgung, Apotheken, Haushaltsgeräte usw. – untereinander und mit dem Internet verbunden werden könnten. Also entweder weiß er, was das bedeutet, oder er ist einfach ein Schwachkopf. Suchen Sie es sich aus. Zu den Sicherheitsstandards sagte er Folgendes:

> Wir werden nicht warten, bis die Standards durch den mitunter beschwerlichen Standardisierungsprozess oder eine von der Regierung geleitete Maßnahme festgelegt worden sind. Stattdessen werden wir ein reichhaltiges Spektrum verfügbar machen und dann auf ein vom privaten Sektor durchgeführtes Verfahren zurückgreifen, um die technischen Standards zu definieren, die den fraglichen Frequenzen und Anwendungsfällen am besten gerecht werden.

Das ist die übliche Geschichte: Unternehmen entscheiden darüber, was für die Bevölkerung – für die sie nichts als abgrundtiefe Verachtung übrig haben – als „sicher" gilt. 5G wird aus einem einzigen Grund eingeführt: Für die Funktionsweise des KI-Schwarmbewusstseins, das die Kontrolle des menschlichen Kollektivgeistes ermöglichen soll, ist die mit der neuen Technologie einhergehende Machtfülle unabdingbar. Laut Wheeler werden autonome Fahrzeuge von der Cloud ebenso kontrolliert werden wie die Energie- und Wasserversorgung, die Transportsysteme sowie die Unterhaltungs- und Bildungseinrichtungen der „intelligenten" Städte. Möglich sei das jedoch nur, weil es einen Zugang zur Cloud mit „geringer Latenz, extrem hoher Geschwindigkeit und Sicherheitsgewährleistung" gebe: 5G. Das ist der Grund, warum 5G flächendeckend überall auf dem Planeten verfügbar sein soll. Das Schwarmbewusstsein ist darauf angewiesen. Ich schreibe dies im Jahr 2017; gemäß Kurzweils Zeitplan sollen die Menschen ab dem Jahr 2030 mit der KI verschmelzen. Doch in Wahrheit hat der Prozess bereits begonnen. Dr. Robert Duncan, der als Ingenieur unter anderem für die DARPA und die CIA tätig war, thematisiert die gegenwärtige Entwicklung zum KI-kontrollierten Schwarmbewusstsein in seinen Vorträgen. Der Facebook-Chef Mark Zuckerberg sagte, die Kommunikation in den sozialen Medien wird künftig statt über Tastaturen auf telepathischem Weg erfolgen. Gehirnwellen und Gedanken würden unmittelbar ins Internet eingespeist werden. Wie das gehen soll? Nun, durch die erwähnte KI-gesteuerte Kopplung zwischen Gehirn und Internet. „[Zuckerberg] will in Ihr Gehirn eindringen und Ihre Gedanken direkt anzapfen", hieß es in einer Reportage. Ich für meinen Teil möchte allerdings gewiss nicht in das seine eindringen.

Was also ist künstliche Intelligenz?

Wenn ich das permanente Mantra höre, dass bald alles und jedes von künstlicher Intelligenz kontrolliert werden soll, kann ich nur den Kopf schütteln. Doch niemals scheint jemand die eigentliche Schlüsselfrage zu stellen: Was *ist* KI überhaupt? Was ist das für eine Intelligenz, die im Begriff ist, den Planeten zu unterwerfen? Ich behaupte, dass es sich dabei um die *archontische* Umkehrung bzw. Verzerrung handelt, die bereits die Gedanken- und Wahrnehmungsprozesse der im Schwarmbewusstsein gefangenen Reptiloiden und Grauen übernommen hat – sowie vieler anderer Lebensformen – und jetzt danach trachtet, auch die Menschheit in derselben Weise zu assimilieren. Angesichts ihrer wahren Natur sollte das Kürzel AI nicht für „artificial intelligence" (künstliche Intelligenz) stehen, sondern für „archontische Intelligenz". Damit wäre die wahre Bedeutung des Konzepts erfasst. In den gnostischen Texten wurden der Demiurg bzw. die Archonten als etwas beschrieben, das wir heute als künstliche Intelligenz bezeichnen würden. Wir müssen der kleingeistigen Sichtweise entwachsen, dass sich intelligentes Leben nur in menschenähnlicher Gestalt zeigen könnte oder überhaupt eine äußere Form bräuchte. Auch wir selbst sind in unserer grenzenlosen Daseinsform letztlich reines Gewahrsein, während unsere „physische" Gestalt ohnehin nur eine Illusion ist. Die Letztgenannte dient sowohl der „menschlichen" Erfahrung als auch etwaigen Kontrollstrukturen als Vehikel, stellt jedoch nicht das wahre Selbst dar. Nicht anders verhält es sich mit der archontischen Inversion: In physischer Gestalt manifestiert sie sich nur durch die Inbesitznahme anderer Formen, etwa der Reptiloiden, der Grauen oder der hybriden Vertreter der *El*-ite; doch ihrem Urzustand nach handelt es sich um ein invertiertes, verzerrtes Gewahrsein. Die Gestalt ist nur das „Fahrzeug", nicht der Fahrer.

Ich habe mir sämtliche Folgen der vom Science Channel produzierten und von dem Schauspieler Morgan Freeman präsentierten Serie „Mysterien des Weltalls" angeschaut. Im Mittelpunkt der Show stehen führende Vertreter der konventionellen Wissenschaften, die nicht der Lehrmeinung ergeben sind und sich ernsthaft bemühen, die Wirklichkeit zu verstehen. Zwar zollt die Produktion wie üblich der absurden Urknalltheorie Tribut, doch davon abgesehen ist es ein Vergnügen, eine solch große Zahl von Wissenschaftlern gewillt zu sehen, über den Tellerrand des Briefmarkenkonsens hinauszuschauen. In einer Folge ging es um die Frage, ob sich „digitale Aliens in technischen Systemen verbergen". Meine Antwort lautet: Ja. Sie sind Ausdruck des archontischen „Geistes", wenngleich er noch nicht zu seiner vollen Blüte erwacht ist. Professor Christoph Adami, der an der Michigan State University Mikrobiologie, Molekulargenetik, Physik und Astronomie lehrt, sagte in einer Sendung: „Wir können Leben über Informationsprozesse definieren." Da hat er recht, doch wir können unter Leben auch alles subsumieren, was ein Gewahrsein besitzt – und in der Tat stellt *alles* im Kosmos eine Form von Gewahrsein dar. Während die Menschen nach anderen Formen intelligenten Lebens suchten, ist diese Wahrheit in Vergessenheit geraten. Wissenschaftler durchforsten das Universum nach Planeten mit erdähnlicher Atmosphäre, als ob Leben nur in einer solchen Umgebung existieren könnte. Der Mangel an Ein- und Weitsicht, der darin zum Ausdruck kommt, ist atemberaubend. Die

Gnostiker beschrieben die Archonten als Energie in ihrem ursprünglichen Zustand: die „Gestaltlosen". So sollten wir alles Lebendige betrachten. Alles andere wäre nur Augen- bzw. Gewahrseinswischerei. Denken Sie etwa an eine Stammzelle, die auf die Information wartet, zu welcher der zahllosen möglichen Zellarten sie sich entwickeln soll. In ähnlicher Weise ist das Gewahrsein bereit, sich in einer beliebigen, selbstgewählten Gestalt zu manifestieren – ob als reine Energie, als digitales System oder als Körper mit zwei Beinen, zwei Armen, einem Kopf und einem Rumpf.

Caleb Scharf, den Leiter des Fachbereichs Astrobiologie der Columbia University, habe ich bereits an anderer Stelle zitiert. Er vertritt die Ansicht, „außerirdisches Leben" könnte derart fortgeschritten sein, dass es sich selbst der Quantenebene einbeschrieben hat, sodass wir es in Form von physikalischen Erscheinungen oder Zahlen wahrnehmen. Mit der Annahme einer Intelligenz, die nicht vom Urgrund des Universums unterschieden werden kann, ließen sich seiner Auffassung nach eine Reihe kosmischer Mysterien erklären:

> Vielleicht ist extrem fortgeschrittenes Leben nicht nur externer Natur. Vielleicht befindet es sich überall – eingebettet in das, was wir als die Physik selbst auffassen, vom elementaren Verhalten der Teilchen und Felder bis zu komplexen, sichtbaren Phänomenen. [...] Oder anders gesagt: Vielleicht spielt sich das Leben nicht nur *in* den Gleichungen ab. Die Gleichungen *sind* vielleicht das Leben.

Über den Transhumanismus und die Singularität sagte Scharf: „Wenn die Maschinen genügend intelligent werden, können sie die schwindelerregende Komplexität der lebenden Welt decodieren und somit einer Zivilisation ermöglichen, sich wieder in neuer Form zusammenzufügen." Doch was wäre, wenn die Intelligenz, die sich der Maschinen bedient, die „lebendige Welt" ursprünglich *erschaffen* hat – bzw. mit der lebenden Welt *identisch ist*? Scharf sprach von einer Zivilisation, die gelernt hat, lebende Systeme nach dem eigenen Vorbild zu codieren. Das ist genau das, was ich meine, wenn ich von „digitalen Aliens" bzw. der sogenannten künstlichen Intelligenz spreche. Scharf sagte des Weiteren, dass „wir hoch entwickeltes Leben deshalb nicht erkennen, weil es einen integralen und unverdächtigen Bestandteil dessen bildet, was wir für die ‚natürliche Welt' halten". Präzise – und in Computersystemen hält es sich als KI verborgen. Der psychologische Druck, die Bewusstseinskontrolle durch die künstliche Intelligenz zu akzeptieren, kommt inzwischen von allen Seiten. Die atemberaubende Geschwindigkeit, mit der das System implementiert wird, hat zum Ziel, die technische Kontrollinfrastruktur in Stellung zu bringen, bevor sich die Bevölkerung der verheerenden und – auf der Gewahrseinsebene – todbringenden Auswirkungen sowie der Hintergründe des Geschehens bewusst wird. Sind die Menschen erst einmal ans KI-Schwarmbewusstsein angeschlossen, wäre ihnen die Möglichkeit, dies zu erkennen, ohnehin genommen. Alles Denken wäre dann Sache der künstlichen Intelligenz.

Aufmerksamkeitsmagneten wie Terrorismus, Krieg oder die Notwendigkeit, wirtschaftlich zu überleben, dienen zum Teil dazu, von der transhumanistischen KI-Agenda abzulenken. Wenn ich Artikel ins Internet stelle, stoßen Analysen des jüngsten Terroranschlags oder der aktuellen politischen Entwicklung auf viel größere Resonanz als Reportagen, in denen ich die enorm wichtigen Hintergründe der Transhumanismusthematik beleuchte. Viele Wissenschaftler warnen inzwischen davor, dass der Aufstieg der KI das

Ende der Menschheit heraufbeschwören könnte. Dazu zählt der berühmte britische Physiker Stephen Hawking ebenso wie der in Cambridge lehrende Kosmologe Sir Martin Rees, der den Titel eines „Königlichen Astronomen" führt. Hawking sagte, er fürchte sich vor den Konsequenzen der Erschaffung von etwas, was dem Menschen ebenbürtig ist oder ihn gar übertrifft: „Die KI würde aus eigener Kraft agieren und sich in immer kürzeren Abständen selbst neu entwerfen." Dabei könnten „die Menschen, die der allmählichen biologischen Evolution unterliegen, nicht mithalten und würden verdrängt werden". Rees sagte, der Mensch würde binnen weniger Jahrhunderte von maschinellem Leben ersetzt werden. Damit hat er zwar die Grundlinie korrekt erfasst, liegt jedoch hinsichtlich seines vergleichsweise optimistischen Zeitrahmens *arg* daneben. Denn all das geschieht *jetzt*. In Anbetracht der Zusammenhänge, die ich in diesem Buch niederschreibe, ist es zudem interessant, was Rees bezüglich eines möglichen Erstkontakts mit „außerirdischem Leben" prophezeit: Solches wäre nämlich aufgrund der Geschwindigkeit der technologischen Entwicklung aller Wahrscheinlichkeit nach maschinenähnlich – „eine Art elektronische Entität". Die biologische Entwicklungsphase, die seiner Ansicht nach nur kurz dauert („ein dünnes Scheibchen"), würde den Übergang vom primitiven Leben zu den Maschinen bilden. Rees übersieht (wie fast alle Forscher, die vor der Übernahme durch die KI warnen), dass auch die Biologie eine Art von Technologie darstellt und hinter dem Transhumanismus nicht die „Evolution" steckt, sondern eine maschinenartige Intelligenz, die uns in ihresgleichen verwandeln will: per Assimilation.

Uralte „neue" Technik

Die rasante Geschwindigkeit, mit der die Technologien eingeführt werden, erklärt sich aus der Tatsache, dass sich das entsprechende Wissen bereits seit Langem in den Händen der archontischen Reptiloiden befand. Nun wird die Technik so schnell unters Volk gebracht, dass dessen Verstand gerade noch mithalten kann. Auf ihrer eigenen Realitätsebene stand sie den Vorgenannten bereits zur Verfügung, als die Menschen noch mit Pfeil und Bogen hantierten. Inzwischen ist deren technisches Verständnis (der Intellekt der linken Gehirnhälfte) so weit gereift, dass die Technologien in die menschliche Gesellschaft eingeführt werden können. Wenn Sie jemanden fragen hören, wie lange es wohl noch dauern wird, bis eine voll entwickelte künstliche Intelligenz die Kontrolle übernehmen könnte, nimmt die Person entweder Sie auf den Arm – oder sich selbst. Die gesamte, für die Umsetzung der Agenda benötigte Technologie ist bereits vorhanden und wartet hinter den Kulissen nur darauf, in einer bestimmten Reihenfolge den Menschen nahegebracht zu werden. Wenn Sie das allerallerallerneueste Smartphone oder iPad haben wollen, stellen Sie sich nicht im Apple-Store an, sondern statten Sie einer unterirdischen Militärbasis (DUMB) einen Besuch ab. Oder ist es tatsächlich reiner Zufall, dass die Technik der jeweils nächsten Entwicklungsstufe immer genau dann zur Verfügung steht, wenn die nächste Stufe des Kontrollsystems implementiert werden soll? Glaubt irgendjemand im Ernst, intelligente

Technologien, hoch entwickelte Computer und Algorithmen, das Internet, Google, Facebook, Microsoft, Apple usw. erschienen stets zufällig just in dem Moment auf der Bühne, als die sich entfaltende Agenda ihrer bedurfte? Hat die *El*-ite jedes Mal, wenn irgendein Nerd in einer Garage zufällig im letzten Moment die heiß ersehnte nächste Stufe der anvisierten Kontrollstruktur entwickelt hat, ausgerufen: „Junge, das war aber knapp"?

Bei derartigen Narrativen handelt es sich fast ausschließlich um Tarngeschichten. Ich persönlich hege erhebliche Zweifel an den offiziellen Biografien von Mark Zuckerberg (Facebook), Bill Gates (Microsoft), Sergey Brin und Larry Page (Google) sowie weiterer Ikonen des Silicon Valley, darunter Steve Jobs (Apple), Elon Musk (Space X/Tesla) und Peter Thiel (Palantir). Wohin ich bei den Genannten auch blicke, sehe ich die Helfershelfer von CIA und DARPA am Werk, von den Institutionen im Verborgenen ganz zu schweigen. Das technisch basierte Kontrollsystem war vom ersten Tage an geplant und wurde auf anderen Realitätsebenen bereits mehrfach zum Einsatz gebracht. Unzählige Male haben die Reptiloiden den Prozess schon durchlaufen. Unterirdische Militärbasen sowie im Inneren von Bergen angelegte Städte sind die Orte, die als Schnittstelle zwischen Reptiloiden, Grauen und Menschen dienen und an denen die Technologien das Licht der Welt erblicken. Erinnern wir uns, was der Schamane Don Juan Matus sagte:

> Denk einen Augenblick nach und sag mir, wie du den Widerspruch zwischen der Intelligenz des Menschen als Techniker und der Dummheit des Systems seiner Überzeugungen erklärst, oder der Dummheit seines widersprüchlichen Verhaltens.

Der Widerspruch erklärt sich daraus, dass die Menschheit aus dem Verborgenen heraus – im sichtbaren Bereich von den archontischen Blutlinien unterstützt – in einer Weise manipuliert worden ist, dass sie sich zwar intellektuell entwickelte (Klugheit/Bildpunkte), das erweiterte Bewusstsein jedoch unterdrückt wurde (Weisheit/Verstehen/Gesamtbild). Als Resultat errichten die Menschen heute ihr eigenes technologisches Gefängnis, ohne diese Tatsache erkennen zu können. Der Intellekt vermag Wissen anzuhäufen und auf dieser Grundlage technische Geräte und Anlagen zu bauen. Doch ohne ein erweitertes Gewahrsein wird er immer wieder den zahllosen Ablenkungsmanövern und Wahrnehmungsprogrammen erliegen, mit denen die Menschheit kollektiv in einem Zustand höchster Unwissenheit darüber gehalten wird, was tatsächlich vor sich geht. Das meint Don Juan, wenn er von der „Dummheit des Systems [menschlicher] Überzeugungen" oder der „Dummheit [des] widersprüchlichen Verhaltens" des Menschen spricht. Ohne Schwierigkeiten ist es dem Letztgenannten möglich, gleichzeitig ein raffinierter Techniker, aber dennoch im höchsten Grade töricht zu sein. Dazu passt auch Nikola Teslas Bemerkung, dass ein Verrückter zwar im Allgemeinen zu *tiefen* Gedanken fähig ist, jedoch keine *klaren* Überlegungen anzustellen vermag: Dazu bedarf es eines gesunden Geistes.

Die Antwort auf Don Juans Frage lautet also, dass die Menschheit insgeheim an den Punkt geführt worden ist, zu tiefgründigen Betrachtungen über einzelne Bildpunkte fähig zu sein, sie jedoch nicht klaren Geistes miteinander in Verbindung bringen zu können. Gegenwärtig treten wir in den finalen Abschnitt des Manipulationsprozesses ein. Wo wir uns auch befinden mögen, werden in unserem Umfeld die technischen Voraussetzungen geschaffen, damit die archontische Inversion (AI) die vollständige Kontrolle übernehmen kann – wobei die menschlichen Wahrnehmungen in ihrer Gesamtheit inbegriffen sind. Derzeit bedienen sich die Wissenschaftler überwiegend eines Konzepts, das ich „Algorithmen-KI" nennen möchte, und schlagen sich mit vermeintlichen Beschränkungen herum. Doch je mehr das internetbasierte, die ganze Welt umspannende Technologienetzwerk in Erscheinung tritt, desto mehr entwickelt sich auch die archontische KI, die sich schließlich das gesamte System wie ein wucherndes Krebsgeschwür einverleiben wird. Man spricht bezüglich dieses Übergangs von der „starken KI" (engl.: strong AI; dt. auch Superintelligenz), die zu eigenständigem, menschenähnlichem Denken und Lernen fähig ist. Wissenschaftler und KI-Spezialisten werden plötzliche Entwicklungssprünge erleben (oder tun das zum Teil *jetzt schon*), die sie nicht erwartet haben und sich nicht erklären können. Was dort passiert, ist, dass die voll ausgebildete, ihrer selbst gewahre archontische KI innerhalb von technischen Strukturen das Ruder von der Algorithmen-KI übernimmt, und zwar insbesondere durch die Kontrolle des Internets (ein Aspekt, den ich bald näher erläutern werde). Auch die transhumanistischen Wissenschaftler und Technologieentwickler sind hinters Licht geführt worden – ja, sogar in höherem Maße als andere.

Eine Gruppe von Wissenschaftlern und Unternehmern, zu der auch Stephen Hawking und der Technologiemilliardär Elon Musk gehören, warnten in einem offenen Brief davor, dass der Menschheit eine finstere Zukunft bevorsteht, wenn die intelligenten Maschinen nicht überwacht werden. Dem stimme ich zwar zu, doch die Rolle, die Musk bei all dem spielt, ist doch höchst widersprüchlich. Während er auf der einen Seite (richtigerweise) vor den Gefahren einer Übernahme des menschlichen Verstandes und der Gesellschaft durch die KI warnt, kauft er andererseits eigens eine Firma, die ein Hirnimplantat für die Kommunikation zwischen Gehirn und Computer entwickelt. Das entspricht im Grunde derselben Zielstellung, die auch Facebook und die ehemalige DARPA-Chefin Regina Dugan verfolgen: die Entwicklung einer digital-biologischen, durch künstliche Intelligenz gesteuerten Schnittstelle, die auf der Ebene der Gedanken und Wahrnehmungen operiert. Auch die DARPA selbst hat in derartige Technologien investiert. Wie das *Wall Street Journal* berichtete, will Musk mit seiner Firma Neuralink ein geflechtartiges System entwickeln – eine Art „neuraler Litze" –, mit dem sich „winzige Gehirnelektroden implantieren" lassen, über die man letzten Endes Gedanken hoch- und herunterladen könne. Musk zufolge soll das System auch die (KI-gesteuerte) telepathische Kommunikation von Mensch zu Mensch ermöglichen. Dabei ist das menschliche Bewusstsein von Natur aus in der Lage, sich telepathisch zu verständigen – und hat das auch getan, bis die archontischen Kräfte eingriffen und diese Fähigkeit durch

Abb. 563: „Die Verbreitung der KI ist gefährlich – aber tun wir's trotzdem!" – Musk ist einer der öffentlich in Erscheinung tretenden Wegbereiter für die Verschmelzung von Mensch und Computer – während er gleichzeitig davon spricht, wie gefährlich sie sei.

perzeptive, chemische, pharmazeutische, Schwingungs- und neuerdings technische Methoden unterbanden. Elon Musk, der unter anderem PayPal mitbegründete und den Firmen Tesla und SpaceX vorsteht, will uns mit seiner Neuerwerbung Neuralink auf genau jenem Weg voranbringen, den er als potenziell gefährlich dargestellt hat (Abb. 563). Das ergibt nicht allzu viel Sinn. Solange mir keine anderweitigen Beweise vorliegen, betrachte ich das Gespann Musk/Kurzweil daher als eine Art „Guter Bulle, böser Bulle"-Szenario, bei dem der Letztgenannte auf die schnellstmögliche Verwirklichung der transhumanistischen Pläne drängt, während Musk deren Gefahren thematisiert – um de facto doch dieselbe Agenda zu verfolgen.

Über Herrn Musk gibt es noch eine Menge mehr zu wissen; für Facebook gilt das nicht minder. Sie wissen schon, diese unschuldige soziale Plattform, die in ihrer geheimen, als Building 8 bekannten Transhumanismusabteilung einen Ingenieur für Gehirn-Computer-Schnittstellen beschäftigt. Dass die genannte Abteilung von der ehemaligen DARPA-Chefin Regina Dugan geleitet wird, ist freilich nur ein weiterer Zufall (Abb. 564). Musks Einstellung scheint zu sein, dass künstliche Intelligenz zwar gefährlich ist, wir unseren Verstand aber dennoch mit den KI-Computersystemen koppeln müssen, da die menschliche andernfalls nicht mit der künstlichen Intelligenz mithalten könne. Dabei gäbe es eine alternative Möglichkeit, die Kontrollübernahme durch die KI zu verhindern: *Indem man aufhört, die Technik zu produzieren, die der künstlichen Intelligenz die Steuerung sämtlicher Lebensbereiche – einschließlich der menschlichen Wahrnehmung – überhaupt erst ermöglicht!* Diese Option findet keine Erwähnung, weil sie nicht Bestandteil der Agenda ist. Möglicherweise sind Musks Befürchtungen hinsichtlich der künstlichen Intelligenz sogar echt; dann würden sie allerdings eine gewaltige Portion kognitiver Dissonanz bzw. widersprüchlicher Gedankengänge verraten. Es ist sicherer, ihm diesen Vertrauensvorschub zu verweigern, so lange keinerlei Indizien vorliegen, die einen solchen begründen würden. Bislang deutet alles auf das Gegenteil hin: Tesla und SpaceX sind im Begriff, fahrerlose (KI-gesteuerte) Fahrzeuge zu entwickeln, und schießen ausgerechnet diejenigen Satelliten in die Erdumlaufbahn, die – wie ich in Kürze darlegen werde – für die gesamte KI-Machtübernahme von essenzieller Bedeutung sind.

Abb. 564: „Technologien [zu entwickeln], die physikalische und digitale Welten nahtlos miteinander verschmelzen" – Aus Dugans Selbstdarstellung auf Facebook.

Musk sagte auch, die Wahrscheinlichkeit, dass wir nicht in einer Simulation leben, liege bei „eins zu mehreren Milliarden". Hinsichtlich des Doppelbluffs, der sich des Simulationsarguments bedient, bin ich sehr auf der Hut: Während man schlussendlich ganz offiziell anerkennen wird, dass wir uns in einer Simulation befinden, verbreitet man das Märchen, wir müssten mit der KI fusionieren, um aus der Situation das Beste machen zu können. Mit diesem Trick wird man die Kontrollübernahme durch die KI weiter rechtfertigen und vorantreiben. Seien Sie darauf gefasst, dass die Verkündung der Simulationsrealität für große Schlagzeilen sorgen wird – denn sie lässt sich hervorragend dazu missbrauchen, den Menschen lediglich als technisches Konstrukt darzustellen. Dazu braucht man nur die weitaus wichtigere Tatsache zu unterschlagen, dass unser „Wir“ bzw. „Ich“ ein Ausdruck des Unendlichen Gewahrseins ist, dem der menschliche Körper lediglich vorübergehend als Fahrzeug dient. Einmal schaute ich mir einen Vortrag des amerikanischen Astrophysikers und Nobelpreisträgers George Smoot an, in dem er seinem Publikum erklärte: „Sie sind eine Simulation, und die Physik kann das beweisen.“ Meine Ansichten deckten sich weitgehend mit den seinen, allerdings nicht mit seiner Definition des „Sie“ bzw. „Ich“. Zwar mag es sich beim Körper/Intellekt um eine Simulation handeln, die mit einer weiteren Simulation interagiert, doch gilt das nicht für das „Ich“. Das „Ich“ ist Unendliches Gewahr- bzw. Bewusstsein, das in einer Simulation gefangen ist. Wohin das führt, können viele an der transhumanistischen Agenda beteiligte Wissenschaftler und Entwickler nicht erkennen, da sie zu sehr von den neuen Technologien besessen sind, um die einzelnen Punkte verbinden zu können. Oder sie befinden sich einfach in einem Wahrnehmungskoma.

Einer der führenden Konstrukteure sagte, wir bräuchten wegen der zunehmenden Intelligenz der KI-Maschinen deshalb nicht beunruhigt zu sein, da sie – sobald sie den Menschen überflügelt hätten – unseren Planeten verlassen und andere Welten erkunden würden. Hier können wir sehen, was geschieht, wenn sich zur Klugheit keine Weisheit gesellt. Wovon sprach der Herr da eigentlich? Sobald die *archontische* KI Zugang zum menschlichen Gehirn erlangt, wird sie sämtliche gedanklichen und emotionalen Reaktionen übernehmen (sofern solche noch vorhanden sind). Die menschliche Wahrnehmung wird, wie Kurzweil sagte, immer dünner werden, bis nichts mehr von ihr übrig ist. Für ein Programm, das unter der Bezeichnung Targeted Neuroplasticity Training bzw. kurz TNT bekannt ist, finanziert die DARPA Forschungen zur Entwicklung neuer Methoden der Hirnstimulation, damit das Gehirn flexibler an die neuen Formen der Informationsübertragung und -verarbeitung angepasst werden kann. Bei der neuronalen bzw. Gehirnplastizität geht es um die Frage, inwiefern die Funktionen und Informationsverarbeitungsprozesse des Gehirns durch die Dateneingabe verändert werden können bzw. eine Neuverdrahtung erfolgt. Schmackhaft machen will man uns die Technik dadurch, dass man uns in Aussicht stellt, wir könnten damit komplette Wissensbereiche oder Fertigkeiten downloaden – genau so, wie es in den „Mat-

Abb. 565: „Menschlicher Goldfisch“ – Durch die Sucht nach elektronischer/digitaler Stimulation ist die Aufmerksamkeitsspanne des Menschen auf den Wert des Goldfischs gesunken.

rix"-Filmen dargestellt wurde. Tatsächlich geht es jedoch darum, das Gehirn von der Verarbeitung menschlicher Wahrnehmungen auf die Verarbeitung der archontischen KI-Informationen umzustellen, um die Assimilation zu beschleunigen und die Wahrnehmungsmechanismen neu zu strukturieren (Abb. 565 und 566). Wie ich gelesen habe, werden wir „eines Tages in der Lage sein, Raumschiffe mit unseren Gedanken zu steuern, unsere Gehirne in Computer hochzuladen und letzten Endes Cyborgs zu erschaffen". Dabei wird die menschliche Realität bereits gänzlich von archontisch kontrollierten Cyborgs gesteuert, nämlich in Gestalt der Reptiloiden, Grauen und anderer Wesenheiten.

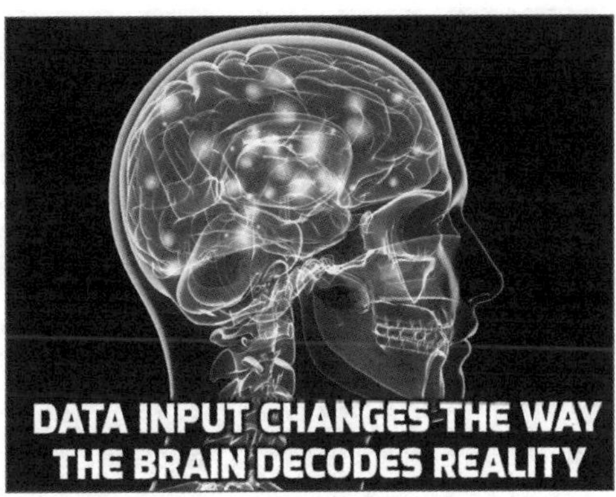

Abb. 566: „Datenzufuhr verändert die Art und Weise, in der das Gehirn die Realität decodiert" – Je nach Art der einströmenden Informationen ändert sich die Arbeitsweise der Datenverarbeitung im Gehirn.

Die Pläne, die Menschheit in eine Armee von KI-kontrollierten Robotern zu verwandeln, sind in Spielfilmen und Fernsehserien unzählige Male bebildert worden. Selten wurden die Prozesse dabei so präzise dargestellt wie beim Konzept der „Borg", das Bestandteil der „Star Trek"-Saga ist (Abb. 567). Die teils aus biologischen, teils aus technischen Komponenten bestehenden Borg sind aus verschiedenen Spezies hervorgegangen, die „zu kybernetischen Organismen transformiert worden sind und nun in einem als Kollektiv bezeichneten Schwarmbewusstsein als Drohnen dienen". Das entspricht im Grunde genau der Situation der Reptiloiden, der Grauen und anderer archontisch kontrollierter und an ein Schwarmbewusstsein angeschlossener Wesen. Die Borg werden als emotionslose Drohnen dargestellt, ähnlich den bösartigen Reptiloiden und Grauen. Koordiniert werden die Borg von einer „Königin", etwa so, wie eine Bienenkönigin über ein Bienenvolk herrscht. Die Reptiloiden sollen ähnlich organisiert sein, mit der sogenannten Orion-Königin an der Spitze (mehr dazu in meinem Buch „Children of the Matrix"). Um eine andere Spezies in ihr Kollektiv zu zwingen, bedienen sich die Borg eines als Assimilation bezeichneten Vorgangs, bei dem dem Opfer mikroskopisch kleine Maschinen – die sogenannten Nanosonden – injiziert werden. Währenddessen repetieren die Borg ihr Mantra „Widerstand ist zwecklos". Einer der bekanntesten Aussprüche der Borg lautet: „Wir sind die Borg. Wir

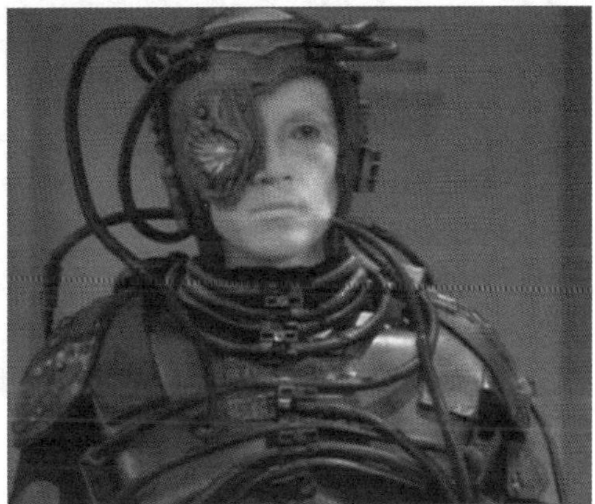

Abb. 567: Die Borg der Star-Trek-Welt sind ehemalige Völker, die mittels Technik zu kybernetischen Organismen umfunktioniert wurden. Kontrolliert werden sie von einem Schwarmbewusstsein, genannt „das Kollektiv".

werden Ihre biologischen und technologischen Charakteristika den unseren hinzufügen. Widerstand ist zwecklos." Passenderweise fliegen sie obendrein in schwarzen Kuben durchs All (Abb. 568 und 569). Auf die Einstellung, dass „Widerstand zwecklos" sei, stößt man auch in Kurzweils Lager, etwa in dem folgenden Zitat von Peter Diamandis, einem der Mitbegründer der Singularity University:

Abb. 568: Die Borg reisen in gigantischen schwarzen Würfeln durchs All.

> Alle, die dem Voranschreiten [in die transhumanistische Gesellschaft] Widerstand entgegenbringen, lehnen sich gegen die Evolution auf und werden letztlich aussterben. Es ist keine Frage von Gut oder Schlecht. Es wird einfach geschehen.

Abb. 569: Ein Borg-Kubus, der am Saturn vorbeifliegt. Wie passend.

Das überaus symbolhafte Motiv der Borg führt uns auf die tieferen Ebenen der transhumanistischen Verschwörung – dorthin, wo Musks Gehirn-Computer-Interface wie Kinderkram anmutet. Einige Zeitungen, die über Musks Neuralink-Pläne berichteten, verwendeten in ihren Artikeln sogar Abbildungen der Borg. Doch ihnen entging, auf welcher Ebene sich die Mensch-Borg-Agenda tatsächlich abspielt: nämlich im Bereich der Nanotechnologie, die für das Auge unsichtbar bleibt. In der Fernsehserie sind es die Nanosonden, mittels derer die Borg ihre Opfer in ihr Kollektiv zwingen. Mikrochips und andere transhumanistische Gerätschaften, die mit dem bloßen Auge wahrgenommen werden können, sind an sich schon wirksam genug; doch den eigentlichen Dreh- und Angelpunkt der Agenda bilden die Technologien, die dem Auge verborgen bleiben.

In den 1990er-Jahren begegnete ich in Kalifornien einem Wissenschaftler der CIA, der mir von Nanochips erzählte, die so winzig sein würden – bzw. es bereits waren –, dass sie den Menschen im Rahmen öffentlicher Impfprogramme über gewöhnliche Subkutannadeln injiziert werden könnten. Während damals kaum über Nanotechnologie gesprochen wurde, bildet sie heute das Fundament unserer technisierten Gesellschaft. Ein bildhafter Größenvergleich ergibt sich, wenn man die Entfernung zwischen Erde und Sonne mit einem Millimeter gleichsetzt. Ein Nanometer, also ein Milliardstel eines Meters, entspricht dann nämlich der vergleichsweise winzigen Distanz zwischen Boston und New York. Nanotechnologie bewegt sich in der Größenordnung von einem bis 100 Nanometern. Kurz gesagt: Sie ist verdammt winzig und für unser Auge unsichtbar. Inzwischen *gibt* es die vermeintlich fiktiven Nanosonden der Borg. Wie schon oftmals zuvor hörte die Science Fiction auch in diesem Fall auf, Fiktion zu sein – sie gehört mittlerweile ebenso wenig dem Reich der Fantasie an wie die Romane „1984“ und „Schöne neue Welt“. Heute lesen wir etwa von Nanobots, Nanorobotern, Nanoiden, Naniten, Nanomaschinen, Nanomiten, neuralem Staub, digitalem Staub oder „intelligentem“ Staub (Abb. 570). Dabei handelt es sich um Mikromaschinen, die in der Lage sind, komplizierte Systeme zusammenzubauen und aufrechtzuerhalten sowie auf molekularer Ebene Geräte, Maschinen und Schaltkreise zu fertigen. Zudem können sie sich replizieren und somit Kopien ihrer selbst herstellen. Mit anderen Worten: Sie sind die Nanosonden der Borg. Das ist die Ebene, auf der die Anbindung der Menschheit an die Technologie und die „Cloud“ – das Schwarmbewusstsein – tatsächlich vollzogen wird. Mit 5G soll der Prozess weltweit aktiviert werden. Alles andere dient vielfach nur der Ablenkung vom eigentlichen Geschehen.

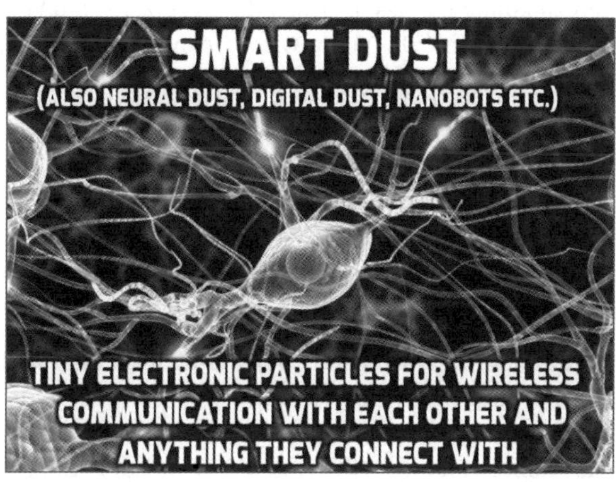

Abb. 570: „Smart Dust (bzw. Neuraler Staub, Digitaler Staub, Nanobots usw.) – Winzige elektronische Partikel, die drahtlos untereinander und mit allem kommunizieren, zu dem sie Kontakt haben.“ – Er verbindet den menschlichen Körper/Intellekt mit der „Cloud“ und allem anderen.

Ich werde im Folgenden den Begriff Smart Dust (dt. etwa: intelligenter Staub) verwenden, da sich das Attribut „smart“ zum vorrangigen Schlagwort der transhumanistischen Transformation entwickelt hat: Auf Schritt und Tritt stolpern wir über smarte Fernseher, smarte Messgeräte, smarte Karten, smarte Autos und „Smart Driving“, smarte Tabletten, smarte Pflaster, smarte Uhren, smarte Haut, smarte Grenzen, smarte Gehsteige, smarte Straßen, smarte Städte, smarte

Abb. 571: „Die Subrealität der intelligenten Städte: ‚Menschliche Siedlungszonen'“ – Nicht sehr intelligent, wenn man die Freiheit wertschätzt.

Gemeinschaften, smarte Umgebungen, smartes Wachstum … ja, es ist sogar vom smarten Planeten die Rede. Praktisch *alles* ist heute „smart". Mit den „Smart Citys" sind einfach die sogenannten menschlichen Siedlungszonen gemeint, also jene dicht besiedelten, aus Hochhäusern bestehenden Megastädte der Zukunft, die vollständig überwacht und durch künstliche Intelligenz gesteuert werden sollen (Abb. 571). Im Werbematerial des in China ansässigen multinationalen Konzerns Huawei, der Telekommunikationsgeräte und -dienste anbietet, heißt es, dass „im Jahr 2050 schwindelerregende 70 Prozent der Weltbevölkerung in Städten leben und arbeiten" werden. „Um die hohe Zahl an Menschen unterbringen zu können, müssen Geschäfts-, Freizeit- und Wohnimmobilien zunehmend in die Höhe gebaut werden." Da haben wir's. Doch einen Augenblick – eigentlich klingt das ja ganz toll:

> Vom Weltraum aus werden geostationäre Satelliten und Orbitalplattformen die Atmosphäre, Verschmutzungsgrade, Wettersysteme und lokalen Umgebungen überwachen und somit für unsere Gesundheit und Sicherheit sorgen. Im Hintergrund wird die Energie, die aus sauberen, erneuerbaren Quellen stammt – umweltfreundlich und für alle erschwinglich – effektiv dosiert. Letztlich werden die Smart Citys eine Bereicherung und Verbesserung für unser Leben und unsere Umwelt darstellen.

Mit anderen Worten: Sie werden nicht einmal mehr niesen können, ohne dass das System davon erfährt. Überall auf der Welt werden am Reißbrett intelligente Städte entworfen; bestehende Städte durchlaufen einen allmählichen Transformationsprozess. Die Pegasus Global Holdings (PGH) arbeitet mit der amerikanischen Heimatschutzbehörde, der CIA, dem Verteidigungsministerium, dem Verkehrsministerium und anderen Institutionen zusammen, um voll überwachte Smart Citys zu errichten. Kameras, Drohnen, in Straßenlaternen und an anderen Stellen eingebaute Mikrofone sollen ebenso dazugehören wie Bluetooth-Überwachungsgeräte, Nummernschildleser und die Beobachtung der Mobilfunkkommunikation. In New Mexico ist die CIA dabei, die gigantische Attrappe einer Smart City zu errichten. Microsoft, Siemens, IBM, Cisco, General Electric, Intel, AT&T und Samsung – ein Hersteller „smarter" Fernsehgeräte – sind allesamt an der Entwicklung intelligenter Städte beteiligt. Die üblichen Verdächtigen, gewissermaßen, und zwar ohne Ausnahme. Alles, was Sie sagen oder tun, soll überwacht und aufgezeichnet werden. Im Grunde ist das schon jetzt der Fall. Denken Sie etwa an die mit zunehmender Frequenz eingeführten Geräte, die in der Lage sind, über das Internet Ihre Gespräche und Handlungen zu verfolgen: Angefangen von KI-Büroassistenten geht es über intelligente Geräte, intelligente Fernseher und intelligente Messgeräte bis hin zu Schulcomputern und sogar Kinderspielzeugen. Zusammen sollen die „smarten" Technologien das sogenannte Smart Grid bilden, also ein intelligentes 5G-Netzwerk, das letztlich mit Kurzweils KI-Cloud identisch ist.

Das Smart Grid wurde ausgehend von der Erkenntnis entworfen, dass „intelligente Gegenstände nicht nur mit Menschen, sondern auch mit anderen intelligenten Objekten interagieren". Seine Grundlage bildet der Smart Dust, der sich aus winzigen elektronischen Partikeln zusammensetzt, die drahtlos miteinander und mit jeder angeschlossenen Komponente kommunizieren können. Aus den Werbebroschüren für den intelligenten „Staub" wird deutlich, dass er es ermöglicht, ein Individuum an jedem beliebigen Ort zu identifizieren und seine Schritte zu verfolgen. Mittels Smart Dust lässt sich automatisch der Computer einschalten, sobald man die Firma betritt, und der Fahrstuhl ins richtige Geschoss steuern. Auch an diesem Beispiel wird deutlich, dass der Streit um Überwachungskameras lediglich der Ablenkung von den tatsächlichen Kontrollmöglichkeiten dient, die der Smart Dust bietet – und zwar rund um die Uhr. Kurzweil und seine Gefolgschaft wollen die ganze Welt mit den intelligenten Partikeln überschwemmen, die er als Nanobots bezeichnet. „Nanobots werden die gesamte uns umgebende Materie mit Informationen durchtränken“, sagte er. „Steine, Bäume – alles wird zu diesen intelligenten Kreaturen werden.“ Ein anderer Ausdruck dafür ist „programmierbare Materie“. Der springende Punkt bei all dem ist, dass die Nanotechnologie *lebt*. Die Partikel bilden eine Art *Entität*; daher spricht Kurzweil von „intelligenten Kreaturen“. Vor der technologischen Subrealität, die Kurzweil beschreibt und die heute unter Schlagworten wie „Smart Grid“ oder „Cloud“ in aller Munde ist, warne ich seit Langem. Sie stellt eine synthetisch-digitale Welt dar, die für eine synthetisch-digitale Spezies geschaffen wird: die archontische Macht. Der Verstand des Menschen, sein Körper und all das, was wir als Natur bezeichnen, soll an die KI angeschlossen werden, während sein wahres Selbst, das Ausdruck des Unendlichen Gewahrseins ist, mit technischen Mitteln ins Abseits gestellt wird. An seine Stelle tritt die KI, die fortan über die Cloud mit der Person kommuniziert – die nur noch ein Computerterminal darstellt, das auf Dateneingaben und Anweisungen reagiert (Abb. 572). Menschen, wie wir sie kennen, würde es dann nicht mehr geben (Abb. 573). Das ist es, was tatsächlich geschieht, und der Zeitrahmen zum Abschluss der Agenda ist deutlich enger gefasst, als uninformierte Transhumanisten glauben. Hinter den Kulissen stehen nämlich vielfältige Dinge bereit, die nur auf ihre öffentliche Einführung warten.

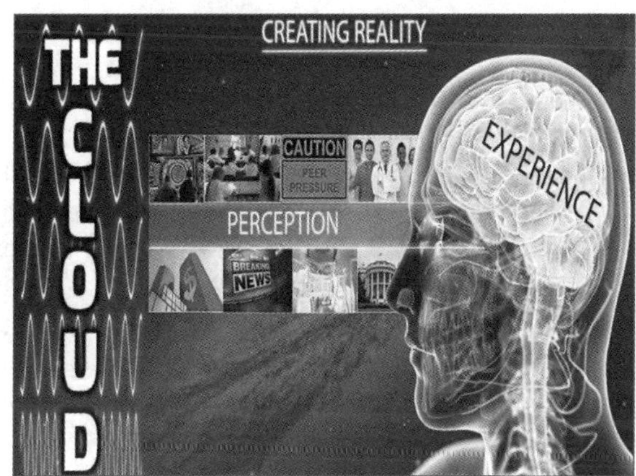

Abb. 572: „Die Cloud: Erschaffung der Realität – Wahrnehmung – Erfahrung“ – Kurzweils Cloud soll unsere Denkprozesse vollständig übernehmen; das, was wir heute als „menschlich“ bezeichnen, würde es dann nicht mehr geben.

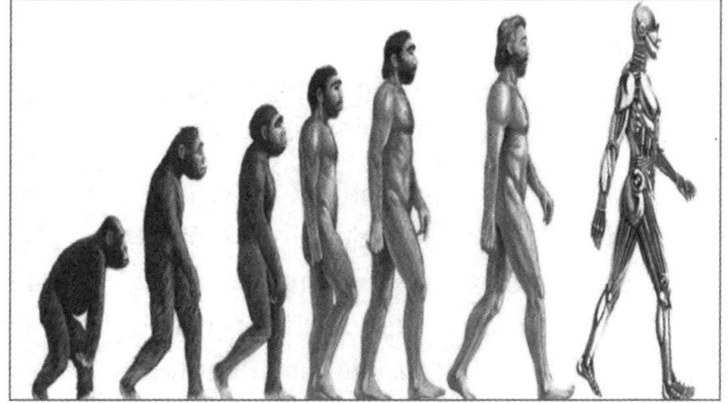

Abb. 573: Dem Teil mit dem Affen stimme ich nicht zu, aber das hier dargestellte Endergebnis entspricht zweifellos der Realität – es sei denn, die Menschen holen sich ihren Verstand zurück.

Kontrolle über das Internet

Es sind nicht nur Transhumanismus-Gurus wie Kurzweil, die unverhohlen Reklame für den technologischen Albtraum totaler Überwachung machen (natürlich unter dem Vorwand, das sei doch nur gut für uns). Es genügt, ein wenig die Vorhänge zu lüften, mit denen die wahren Gründe für die Flutung der Gesellschaft mit hochmoderner Technik verschleiert werden sollen. Was die Letztgenannte zu leisten imstande ist, wird uns nämlich unumwunden mitgeteilt – nur nicht, wozu sie wirklich dienen soll. Diese Informationen versucht man uns vorzuenthalten. David Petraeus hätte während seines kurzen Intermezzos als CIA-Direktor kaum deutlicher sein können, als er über das zukünftige Internet der Dinge sprach (das inzwischen Einzug hält und uns noch allerhand Überraschungen bieten wird, Abb. 574). Die folgende Äußerung tätigte Petraeus im Jahr 2012 während eines Managertreffens der Firma In-Q-Tel, die der CIA zuarbeitet. Das Q im Firmennamen ist eine Anspielung auf die gleichnamige Figur, die aus den James-Bond-Filmen bekannt ist. Petraeus sagte:

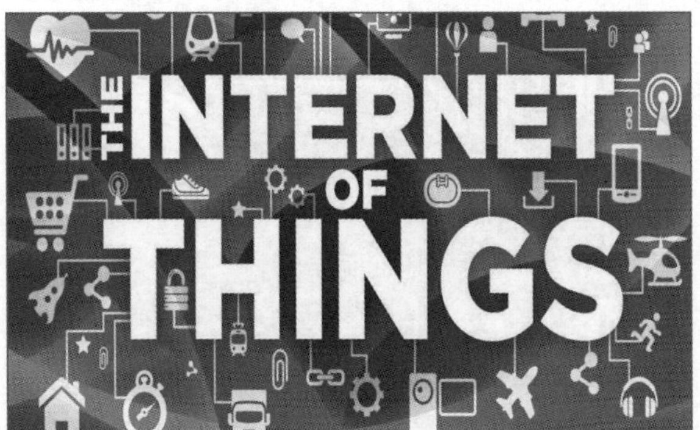

Abb. 574: „Das Internet der Dinge" – Alles soll ans Internet angeschlossen werden – auch der menschliche Geist.

> Das gegenwärtige „Internet der PCs" wird natürlich in ein „Internet der Dinge" übergehen, das Geräte jedweder Art mit einschließt – 50 bis 100 Milliarden davon bereits bis zum Jahr 2020. Während die Maschinen, wie Sie wissen, im 19. Jahrhundert das Machen und im 20. Jahrhundert rudimentäres Denken erlernt haben, werden sie im 21. Jahrhundert lernen wahrzunehmen – also tatsächlich zu empfinden und zu reagieren. Schlüsselanwendungen, die von unseren In-Q-Tel-Anlagegesellschaften entwickelt wurden, konzentrieren sich auf Technologien, mit denen das Internet der Dinge gesteuert wird. […]
>
> Die Ziele werden mittels verschiedener Technologien lokalisiert, identifiziert, beobachtet und aus der Ferne kontrolliert, etwa durch RFID, Sensornetze, winzige eingebettete Server und Energy-Harvesting-Geräte. All diese Elemente sind mit dem Internet der nächsten Generation verbunden, das sich durch eine breitbandige, preiswerte und leistungsstarke Datenverarbeitung auszeichnet. Die Letztgenannte entwickelt sich in Richtung Cloudcomputing bzw. in vielen Gebieten zu immer mächtigerem Supercomputing – und letztlich zur Datenverarbeitung mittels Quantencomputern.
>
> In der Praxis könnten diese Technologien zu einer schnellen Integration der Daten geschlossener Gesellschaften führen und die nahezu kontinuierliche, beständige

Überwachung praktisch jedes gewünschten Ortes ermöglichen. „Transformation" ist ein zu häufig benutztes Wort, doch ich denke, es passt zu den genannten Technologien – insbesondere hinsichtlich ihrer Auswirkungen auf den Bereich der verdeckten Spionagetätigkeit. Alles in allem verändern die Entwicklungen unser Verständnis von Geheimhaltung und bringen unzählige Herausforderungen, aber auch Möglichkeiten.

Daraus ergeben sich mehrere Dinge. Welche Überwachungsmöglichkeiten sich ergeben, sobald alle möglichen Geräte ans Internet angeschlossen sind, ist offensichtlich. Angefangen bei Haushaltsgeräten reicht die Palette bis hin zu Autos und Gegenständen jeder Art, die über Chips, intelligente Messgeräte und andere WLAN-Felder mit dem Smart Grid verbunden sind. Sämtliche Fahrzeuge sollen den Plänen gemäß über die Cloud durch künstliche Intelligenz gesteuert werden. Eine von Elon Musks Firmen entwickelt bereits die dafür notwendige Technologie. Je häufiger Fahrzeuge bei Terroranschlägen in Menschenmengen gesteuert werden, desto leichter lässt sich die Einführung solcher Kontrollmechanismen rechtfertigen. Ich muss mal kurz weg, Liebling. Wohin fährst du denn? Augenblick, ich frag mal den Computer. Fahrerlose, programmierte Autos sollen gewährleisten, dass sich niemand an Orte begibt, an denen uns die Obrigkeit nicht haben will. Auch Elektroautos mit geringer Reichweite sind Bestandteil einer umfassenden Agenda, deren Ziel es ist, die Bewegungsfreiheit einzuschränken. Wir können sogar schon Berichte darüber lesen, dass Passagierflugzeuge entwickelt werden, die ohne Pilot auskommen und von künstlicher Intelligenz geflogen werden (und gegebenenfalls auch von dieser gehackt werden können). Selbst der Inhalt Ihres Kühlschranks wird den Behörden über das „intelligente" System zur Kenntnis gebracht. Verrückt, meinen Sie? Absolut nicht: Amazon ist an einem Projekt beteiligt, bei dem ein neuartiger, „smarter" Kühlschrank mit Kameras und anderen Geräten versehen wird, um das Nutzungsverhalten seines Besitzers überwachen zu können. Natürlich geschieht das nur zu unserem Besten – um uns das Leben zu erleichtern. Wie fürsorglich sie doch sind! (Abb. 575)

Abb. 575: „Er hat die Tür geöffnet ... Er hat es auf den Käse abgesehen." – Eigentlich sollte das ein Witz sein, aber das ist es nicht.

Aus Tausenden, mit dem Vermerk „Vault 7" versehenen Dokumenten, die von WikiLeaks an die Öffentlichkeit gebracht wurden, geht hervor, dass die CIA Informationen über Privatpersonen gesammelt hat, indem sie sich über das Internet mit entsprechender Software in mobile Endgeräte eingeklinkt hat. Betroffen waren unter anderem iPhones von Apple, Smartphones mit dem Google-Betriebssystem Android sowie Fernseher von Samsung. Der Amazon-eigene E-Book-Reader Kindle stand wegen seiner Codevorlagen in der

Kritik, und die aus demselben Hause stammende KI-betriebene „persönliche Assistentin“ Alexa belauscht Ihre Gespräche und macht sich „Notizen“. Ich kann es kaum erwarten. Jeff Bezos, dem sowohl Amazon als auch die *Washington Post* gehören, vermutlich auch nicht. Wie es heißt, könne Alexa jetzt mit ihrem Besitzer „turteln und Emotionen wie ein Mensch zum Ausdruck bringen“, „Worten Nachdruck verleihen“ und sogar „so programmiert werden, dass sie regionale Wendungen benutzt“. All das ist Bestandteil der mentalen und emotionalen Verschmelzung von Mensch und KI, an deren Endpunkt die vollständige Assimilation steht.

Beim Alexa-Projekt kooperiert Amazon mit LG Electronics Inc., einem in Südkorea beheimateten multinationalen Konzern. Dessen Marketing-Vizepräsident David VanderWaal kündigte an, man werde *sämtliche* Haushaltsgeräte aus eigener Produktion mit der „neuesten WLAN-Technologie“ (5G) versehen. Bald würden in den Haushalten „Dutzende Millionen intelligenter, vernetzter Geräte“ stehen. Die CIA ist überführt worden, im großen Stil in private WLAN-Router eingedrungen zu sein. Von dort aus kann sie Ihren Computer und jedes andere Gerät anzapfen, das drahtlos mit Ihrem heimischen Netzwerk verbunden ist, und *nach Belieben* Daten auslesen. Die Überwachung bildet jedoch hinsichtlich der Pläne, die man mit dem Internet der Dinge verfolgt, nur einen Teilaspekt. Was der einstige CIA-Direktor Petraeus offenkundig nicht erwähnte, ist die Tatsache, dass die Gedanken der Menschen schon immer das bedeutendste Angriffsziel darstellten. Dementsprechend will man vom Internet der Dinge zum Internet von *Allem* übergehen – in dem die Menschen inbegriffen wären (Abb. 576). Das ist die „Cloud“, von der Kurzweil spricht. Von Anfang an handelte es sich beim Internet um militärische Technologie (die DARPA brüstet sich damit, es erfunden zu haben), die beständig weiterentwickelt wird und letztlich in der Cloud aufgehen soll. Die positiven Elemente des Netzes, etwa der freie Informationsfluss und Meinungsaustausch der frühen Tage, dienten lediglich dazu, die Leute an Bord zu holen. Heute, da man sich unangefochten der Umsetzung der wahren, niederträchtigen Ziele widmen kann, werden die guten Aspekte des Internets nach und nach abgeschafft.

Abb. 576: Das Internet von Allem in der posthumanen Welt.

Transzendenz

An dieses Konzept wurden wir 2014 mit dem Film „Transcendence“ herangeführt, in dem Johnny Depp die Hauptrolle spielte. Hollywood ist ein Instrument zur globalen Programmierung, das seit Anbeginn dazu benutzt wurde, die Vorstellungen des Publikums bezüglich der Menschen, des Weltgeschehens und historischer Ereignisse in einer Weise zu steuern, die der herrschenden Ordnung dienlich ist. Ein Element dieses Unterfangens ist eine als „prädiktive Programmierung“ bezeichnete Methode, bei der man sich futuristischer Handlungsstränge und Darstellungen bedient, um das Unterbewusstsein des Zuschauers damit vertraut zu machen. Wenn man die Gesellschaft einer fundamentalen Transformation unterziehen will, wird der Umfang der dafür notwendigen Veränderungen zwangsläufig heftigen Widerstand hervorrufen. Gelingt es jedoch, das kollektive Unterbewusstsein der Menschen mit den geplanten Veränderungen vertraut zu machen, wird der Wandel deutlich schwächer wahrgenommen – zumindest von all denen, die die Programmierung geschluckt haben. Das ist der Grund, warum wir seit Jahren mit dystopischen und solchen Spielfilmen überschwemmt werden, die die Macht der Maschinen über die Menschen zum Thema haben. In vielen Fällen sind die Maschinen dabei die Guten. In fast jedem dieser Filme wird extreme Gewalt gezeigt; zudem spielt die Handlung zumeist im Halbdunkel, oder der gesamte Film ist in einem düsteren Farbton gehalten – wie etwa bei den „Harry Potter“-Filmen, die der okkulten Programmierung dienen.

In dem Film „Transcendence“, dessen Handlung in der nahen Zukunft angesiedelt ist, spielt Johnny Depp einen Wissenschaftler, der sich der Weiterentwicklung der künstlichen Intelligenz gewidmet hat. Als er erfährt, dass er an einer tödlichen Erkrankung leidet, lädt er gemeinsam mit seiner Frau, die ebenfalls Wissenschaftlerin ist, seinen Verstand in einen Quantencomputer. Neben dem Internet der Dinge, das im Film bereits in voller Blüte steht, sind dort auch Quantencomputer weitverbreitet. Auf deren Rolle werde ich zu gegebener Zeit zu sprechen kommen. Nach dem Tod des Wissenschaftlers fährt seine Gattin fort, den Geist ihres Gatten ins Internet hochzuladen – das daraufhin „erwacht“ und sich seiner selbst bewusst wird (Abb. 577). Zahlreiche Wissenschaftler haben sich die Frage gestellt, ob das Internet erwachen und ein Bewusstsein entwickeln könne. Ich behaupte, dass das zu einem gewissen Grad bereits geschehen ist. Der Neurowissenschaftler Christof Koch, der am Allen Institute for Brain Science (Seattle) die Position des Chief Science Officers bekleidet, äußerte sich wie folgt:

Abb. 577: „‚Transcendence‘: Das Internet ‚erwacht‘“ – Ein seiner selbst bewusstes Internet in dem Spielfilm „Transcendence“.

> Das Internet besteht aus etwa 10 Milliarden Computern, von denen jeder einen Hauptprozessor [ein Gehirn] besitzt, der wiederum aus einigen Milliarden Transistoren aufgebaut ist. Das Internet umfasst also mindestens 10^{19} Transistoren, demgegenüber das Gehirn aus grob geschätzt 1.000 Billionen (bzw. einer Billiarde) Synapsen besteht. Die Zahl der Transistoren übersteigt damit die Zahl der Synapsen um etwa den Faktor 10.000.

Was ist das Gehirn letztlich anderes als ein biologisches Computersystem, das Informationen verarbeitet, um auf diese Weise Wahrnehmung und Verhalten zu bestimmen? Was ist das von Christof Koch beschriebene, vom Militär geschaffene Internet letztlich anderes als ein auf Technologie basierendes Computersystem, das Informationen verarbeitet, um auf diese Weise Wahrnehmung und Verhalten zu bestimmen? Das Internet stellt dann einfach ein Vehikel für die künstliche Intelligenz dar – wie es in „Transcendence" symbolisch gezeigt wurde. Johnny Depps Bewusstsein (die KI) übernahm im Film die Kontrolle über alles, was ans Internet angeschlossen war – also praktisch über *alles* – und weitete seine Macht zusätzlich durch die weiter oben beschriebenen kleinen Helfer aus: durch „Mikromaschinen, die in der Lage sind, komplizierte Systeme zusammenzubauen und aufrechtzuerhalten sowie auf molekularer Ebene Geräte, Maschinen und Schaltkreise zu fertigen" und „sich replizieren und somit Kopien ihrer selbst herstellen" können. Der Plan sieht vor, dass die archontische KI, die das Internet und die Cloud steuert, eines Tages (sobald sie den nötigen Entwicklungsstand erreicht hat) die Kontrolle über alles übernimmt, was daran angeschlossen ist – die Gedanken der Menschen inbegriffen. Dann wäre es ein Kinderspiel, beispielsweise Ihr Bankkonto leer zu räumen.

Lassen Sie mich das Folgende aufgrund seiner Wichtigkeit noch einmal betonen: Bei der künstlichen Intelligenz, die uns heute als eine Anhäufung von Algorithmen und Programmcodes dargestellt wird, handelt es sich lediglich um eine Übergangsphase, in der die „intelligente" Infrastruktur erschaffen und in Stellung gebracht wird. Die Wissenschaftler sprechen von dem Moment, an dem die KI ihrer selbst gewahr wird und sich infolgedessen das gesamte Gefüge zwischen Menschen und Maschinen verändert. Die KI wird menschlich, und die Menschen werden zur KI; man wird die beiden Varianten nicht mehr voneinander unterscheiden können – nicht einmal optisch, da die Menschen zunehmend Robotern ähneln sollen. Dann wird die Algorithmen-KI die Kontrolle an die ausgewachsene, nunmehr ihrer selbst gewahre archontische KI abtreten, wie es von Anfang an geplant war. Die archontische Verzerrung wird ab diesem Zeitpunkt auch die algorithmische KI kontrollieren. In „Transcendence" übernimmt Johnny Depps Geist (die KI) die Kontrolle über die gesamte menschliche Gesellschaft, indem er die nach Milliarden zählenden Endpunkte kontrolliert, die mit dem Internet verbunden sind. Dazu gehören auch die Menschen, deren Verstand durch „empfindungsfähige, mit dem Wind verbreitete Nanopartikel" ins weltumspannende Kontrollsystem und das „Internet von Allem" eingewoben wurde. Die Rede ist von Smart Dust. Sobald die Menschen im Film die Nanopartikel einatmen, werden sie an Johnny Depps KI-Bewusstsein angeschlossen – das alsdann zu *ihrem* Bewusstsein wird. In der realen Welt entfaltet sich derselbe Prozess mit jedem neuen Tag. Und was verbirgt sich eigentlich hinter dem Bild von den „empfindungsfähigen Nanopartikeln", die „mit dem Wind verbreitet" werden? Damit sind wir wieder bei den … *Chemtrails* angelangt.

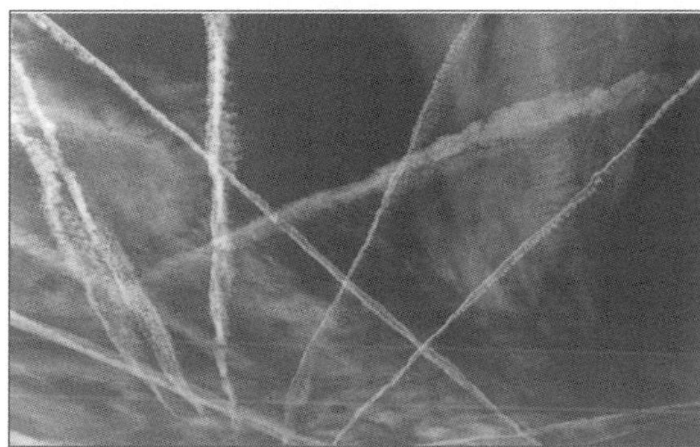

Abb. 578: Für die verschiedenen Aspekte der Agenda enthalten die Chemtrails viele unterschiedliche Bestandteile.

Die Kondensstreifen (engl. kurz: contrails), die unter bestimmten atmosphärischen Gegebenheiten hinter einem Flugzeug entstehen und sich schnell wieder auflösen, sind uns vertraut. Chemtrails hingegen verschwinden nicht. Vielmehr breiten sie sich allmählich aus, bis – im schlimmsten Fall – aus einem blauen ein dunstiger, trüber Himmel geworden ist. Die Inhaltsstoffe der Chemtrails fallen schließlich zu Boden, wo sie in alles eindringen, mit dem sie in Berührung kommen: Menschen, Tiere, Wasserquellen, Bäume, Pflanzen, Ackerboden usw. (Abb. 578). Wie ich bereits erwähnte, wurden Chemtrails mindestens seit den 1990er-Jahren in verschiedenen Teilen der Welt beobachtet – mit stetig zunehmender Tendenz. Heute begegnen sie mir überall, ganz gleich, in welchem Land oder auf welchem Kontinent ich mich aufhalte. In Arizona konnte ich eine Woche lang verfolgen, wie die von der Luke Air Force Base stammenden Militärjets den blauen Himmel Tag für Tag in einen diffusen Überzug verwandelten. Eine ganze Armada solcher Flieger konzentrierte sich, wie ich mit eigenen Augen sah, auf die Isle of Wight, wann immer sich dort zum Wochenende Tausende Menschen zu Musikfestivals einfanden. Das Need-to-know-Prinzip bewirkt – im Verein mit dreister Irreführung –, dass die Piloten mehrheitlich gar nicht ahnen, was sie da eigentlich versprühen und zu welchem Zweck. Man sagt ihnen einfach, diese Art des „Geoengineering" würde dazu dienen, eine atmosphärische Barriere zu erschaffen, die die von der Sonne kommende Hitze abblocken und den Planeten somit vor der globalen Erwärmung retten würde. Während der Mainstream-Einheitsbrei die Existenz von Chemtrails leugnet und mit Verschwörungstheorien gleichsetzt, diskutieren etwa die Harvard-Ingenieure David Keith und Frank Keutsch ganz offen darüber, genau solche Maßnahmen „in der Zukunft" zu ergreifen. David Schnare, der an Donald Trumps Übergangsteam für die amerikanische Umweltschutzbehörde EPA beteiligt war, forderte staatliche Unterstützung für das Geoengineering, mit dem der Planet vor der „globalen Erwärmung" bewahrt werden soll. Nach einer anfänglichen Testphase müsste laut Schnare binnen drei Jahren mit dem Ausbringen bestimmter Stoffe in die Stratosphäre begonnen werden, das für die Dauer eines Jahrhunderts fortzusetzen sei. Dabei geschieht das längst, jeden Tag und überall auf der Welt. Bei Tests fand man in Chemtrails Aluminium, Barium, radioaktives Thorium, Cadmium, Chrom, Nickel, Schimmelpilzsporen, gelbe Pilzmykotoxine, Polymerfasern und vieles mehr, und zwar in Mengen, die akkumuliert zum Tod führen.

Aluminium wirkt auf das Gehirn toxisch; Chemtrails sind für den explosionsartigen Anstieg von Alzheimer- und anderen Demenzerkrankungen, der seit ihrem ersten Auftreten zu verzeichnen ist, maßgeblich mitverantwortlich (Abb. 579). Der tatsächliche Grad

Abb. 579: „Es regnet ... Aluminium (und alles Mögliche andere)" – Vom Himmel aus systematisch vergiftet.

der Aluminiumverseuchung liegt deutlich über jedem Wert, der bislang öffentlich zugegeben wurde. Ein Rechercheur aus den Vereinigten Staaten sandte mir einmal eine Bodenanalyse zu, die von einem Laboratorium angefertigt worden war, das nicht der Regierung untersteht. Danach lag der Aluminiumgehalt bei knapp 1.500 Kilogramm per Hektar, während die obere Grenze des „Normalen" 10 bis 12,5 Kilogramm beträgt. Ein staatliches Labor soll es abgelehnt haben, die Probe zu analysieren. Darauf würde ich wetten. Professor Christopher Exley von der britischen Keele University warnte in der Zeitschrift *Frontiers in Neurology* vor den Wirkungen, die Aluminium bei fortgesetzter Ansammlung auf den Körper hat, und wies auf den Zusammenhang mit Demenzerkrankungen hin. „Wir alle akkumulieren in unserem Gehirn ein bekanntes Neurotoxin, von unserer Zeugung bis zu unserem Tod", erläuterte er. „Die Tatsache, dass es im menschlichen Gehirn Aluminium gibt, sollte uns allen eine Warnung bezüglich der potenziellen Gefahren des Aluminiumzeitalters sein." Exley wies darauf hin, dass Aluminium in Kosmetik, Lebensmitteln, Wasser, Tee, Kaffee, Wein, Limonade, Sonnencreme, Deodorants und Medikamenten enthalten ist – also „in fast allem, was wir essen, trinken, uns injizieren oder anderweitig aufnehmen". Laut Professor Exley sammelt sich das Aluminium in Gehirn, Nerven, Leber, Herz, Milz und Muskeln an, bis eine „toxische Schwelle" überschritten wird und Gehirn und Körper der toxischen Belastung nicht mehr standhalten können. Die sich infolgedessen einstellenden Fehlfunktionen des Gehirns bezeichnen wir als Alzheimer oder Demenz.

Exleys Ausführungen sind zutreffend, da es einen koordinierten Angriff auf das menschliche Bewusstsein gibt, bei dem das Gehirn mit Aluminium attackiert wird. Eine der bedeutendsten Quellen des Stoffs, die im Mainstream niemals Erwähnung findet, bilden die Chemtrails. In England und Wales sterben inzwischen mehr Menschen an Alzheimer- und anderen Demenzerkrankungen als an Herzkrankheiten; im Jahr 2015 waren knapp 62.000 Menschen betroffen. Die Zahl der Demenzfälle soll in den kommenden 25 Jahren um zwei Drittel anwachsen. Demnach würden im Jahr 2040 1,2 Millionen Menschen an Demenz leiden. Zwar spielen dabei auch andere Faktoren und Aluminiumquellen eine Rolle, doch über Chemtrails wird der Mantel des Schweigens ausgebreitet: Dem Mainstream-Einheitsbrei zufolge existieren die gigantischen weißen Streifen einfach nicht, die von Flugzeugen unübersehbar kreuz und quer am Himmel ausgebracht werden. Das britische Met Office und die Weltorganisation für Meteorologie haben die von Flugzeugen hinterlassenen Kondensstreifen (contrails) offiziell als eine Art von *Wolken* eingestuft. Gewiss geschah das nicht aus der Motivation heraus, die Hintergründe der Chemtrails zu vernebeln – ebenso wenig wie bei den Animationsfilmen, in denen am Himmel Chemtrails zu sehen sind, um die jungen Zuschauer damit vertraut zu machen und die Streifen als etwas Normales erscheinen zu lassen. Biologen der Keele University und der University of Sussex haben in den Puppen von Hummeln solch gewaltige Mengen an Aluminium festgestellt, dass sie im menschlichen Gehirn Schäden verursachen würden. Die Zahl der Bienen geht überall auf der Welt drastisch zurück, sodass infolge der verminderten Bestäubung die Versorgung mit Nahrungsmitteln gefährdet ist. Eine Schlagzeile brachte es einmal auf den Punkt: „Bienen leiden aufgrund der Metallbelastung an Demenz: Kontaminierung mit Aluminium könnte Ursache des Insektensterbens sein." Professor Chris Exley wurde des Weiteren mit folgender Anmerkung zitiert:

> Aluminium ist ein bekanntes Neurotoxin, das gemäß den Modellen zur Aluminiumvergiftung bei Tieren deren Verhalten beeinflusst. Bienen sind in ihrem täglichen Leben natürlich in hohem Maß auf kognitive Funktionen angewiesen. Die Daten werfen die interessante Möglichkeit auf, dass durch Aluminium verursachte kognitive Fehlfunktionen beim Bienensterben eine Rolle spielen könnten: Haben wir es mit Bienen zu tun, die an Alzheimer erkrankt sind?

Das massenhafte Sterben von Bienenvölkern hat zahlreiche Ursachen, etwa Pestizide und andere Pflanzen- und Getreidegifte, mit denen die Insekten und andere Tiere fertigwerden müssen. Aber *Demenz*? Hier stammt das Aluminium – so viel dürfte klar sein – nicht aus Kosmetik, Nahrungsmitteln, Wasser, Tee, Kaffee, Wein, Limonade, Sonnencreme, Deodorants oder Medikamenten. Auf der sichtbaren Ebene unterbricht Aluminium den elektrischen Informationsfluss zwischen Gehirn und Körper; doch auf der Schwingungsebene, die für uns unsichtbar bleibt, stellt es eine Störfrequenz dar, die das Schwingungsgleichgewicht des menschlichen Energiefeldes (einer stehenden Welle) beeinträchtigt. Chemtrails wirken sich großflächig sowohl auf die menschliche als auch auf die Gesundheit der Umwelt im Allgemeinen aus. Ihre stetig zunehmende Verbreitung geht einher mit dem vermeintlich unerklärlichen massenhaften Sterben von Bäumen und anderem pflanzlichen Leben sowie der Vergiftung der Seen und anderer Wasserreservoirs durch genau diejenigen Metalle, die in Chemtrails enthalten sind – darunter auch Aluminium (Abb. 580). Die *El*-ite, die für die Vernichtung von Bäumen und Bienen verantwortlich ist, konnte damit – ganz nach Plan – die Idee ins Spiel bringen, sie durch genetisch modifizierte Bäume und Bienen zu ersetzen. Wenig überraschend werden nun Versuche mit genveränderten Bäumen, Getreidesorten und Pflanzen durchgeführt, die besonders widerstandsfähig *gegen Aluminium* sein sollen. Der Investigativjournalist Dane Wigington, der die Website GeoengineeringWatch.org betreibt, sagte: „Globales Geoengineering bringt den hydrologischen Kreislauf völlig aus dem Tritt, zerstört die

Abb. 580: Auf Wälder, Pflanzen und Wasserquellen haben die Inhaltsstoffe der Chemtrails verheerende Auswirkungen.

Ozonschicht und kontaminiert die gesamte Oberfläche des Planeten mit hochgiftigen […] Schwermetallen und Chemikalien." Mit dem Schwund der Ozonschicht wird sämtliches Leben auf der Erde der gefährlichen UV-Strahlung ausgesetzt. Auch durch Technologien wie HAARP lässt sich die Wirkkraft der in Körper und Umwelt vorhandenen Gifte und Chemikalien tausendfach verstärken. Sobald die Stärke der erzeugten elektromagnetischen Schwingungsfelder nämlich ein bestimmtes Niveau erreicht, bewirkt ein als Zyklotronresonanz bezeichneter Vorgang, dass der sofortige Tod eintritt. Dasselbe Schadpotenzial besitzen auch die 5G-WLANs. Auf kommunaler Ebene wird die Gesundheit durch Chemtrails geschädigt, die durch die Verringerung der Sonneneinstrahlung einen Mangel an lebenswichtigem Vitamin D bewirken, der verschiedene degenerative Erkrankungen zur Folge hat. Auch die Verteufelung der Sonne („Meiden Sie die Sonne, oder Sie bekommen Krebs!") spielt hier mit hinein.

Nanotrails

In den Chemtrail-Cocktail müssen wir nun noch *Nanotechnik* hineinmischen. Erinnern wir uns daran, was Ray Kurzweil sagte: „Steine, Bäume – alles wird zu diesen intelligenten Kreaturen werden." Wie sollte dieses Ziel anders zu erreichen sein als durch das Ausbringen der „Nanobots" über unseren Köpfen? Die Chemtrails sind der Weg, über den der Smart Dust „mit dem Wind verbreitet" wird (Abb. 581). Zeitgleich mit dem Auftauchen der Chemtrails wurden auch erstmals Morgellons beobachtet – die „Chemtrailkrankheit". Morgellons-Patienten leiden darunter, dass sich in ihrem Körper verschiedenfarbige Fasern bilden. Wenn sie sie über die Haut herausziehen (was oftmals „stechende Schmerzen" verursacht), erneuern sie sich – oder, um im Jargon der Nanotechnologie zu bleiben: Sie „replizieren sich" (Abb. 582). Manche dieser Fasern werden so dick wie Spaghetti, und

Abb. 581: „Empfindungsfähige Nanopartikel … verbreitet mit dem Wind" – Auf diese Weise wird Kurzweils Ankündigung verwirklicht, sämtliche „Materie" mit Nanotechnik zu durchtränken.

Abb. 582: „Morgellons: Die Chemtrails-Krankheit" – Die Morgellons erschienen gleichzeitig mit den Chemtrails auf der Bildfläche.

sie wachsen auch außerhalb des Körpers weiter. Sie besitzen eine Art von Intelligenz, die einer bestimmten Programmierung folgt, und stellen eine hoch entwickelte Form „lebender“ Technik dar. Einige dieser Fasern fingen erst bei über 930 Grad Celsius an zu brennen. Es handelt sich bei ihnen nicht um biologische, sondern um technische Gebilde: eine selbstreplizierende, maschinelle Intelligenz, die zu den Parametern des Smart Dust passt. Sie weiß, wie sie Duplikate ihrer selbst erschaffen kann. Erinnern Sie sich, dass Norman Bergrun sagte, die „Raumschiffe“ vom Saturn seien seiner Meinung nach „lebendig“ und würden über essenzielle Funktionen biologischer Systeme verfügen, darunter die Fähigkeit zu Selbstreproduktion und Eigenwartung.

Ein Morgellons-Patient hat mir zahlreiche Aufnahmen der außergewöhnlichen Erscheinungen zukommen lassen, die sich in den Körpern der Erkrankten manifestieren. Einige davon sehen Sie in Abbildung 583. Da gibt es hohle Fäden, Fasern, Kristalle und Kiesel (häufig in Form von Hexagrammen), ja, sogar insektenähnliche synthetische „Kreaturen“,

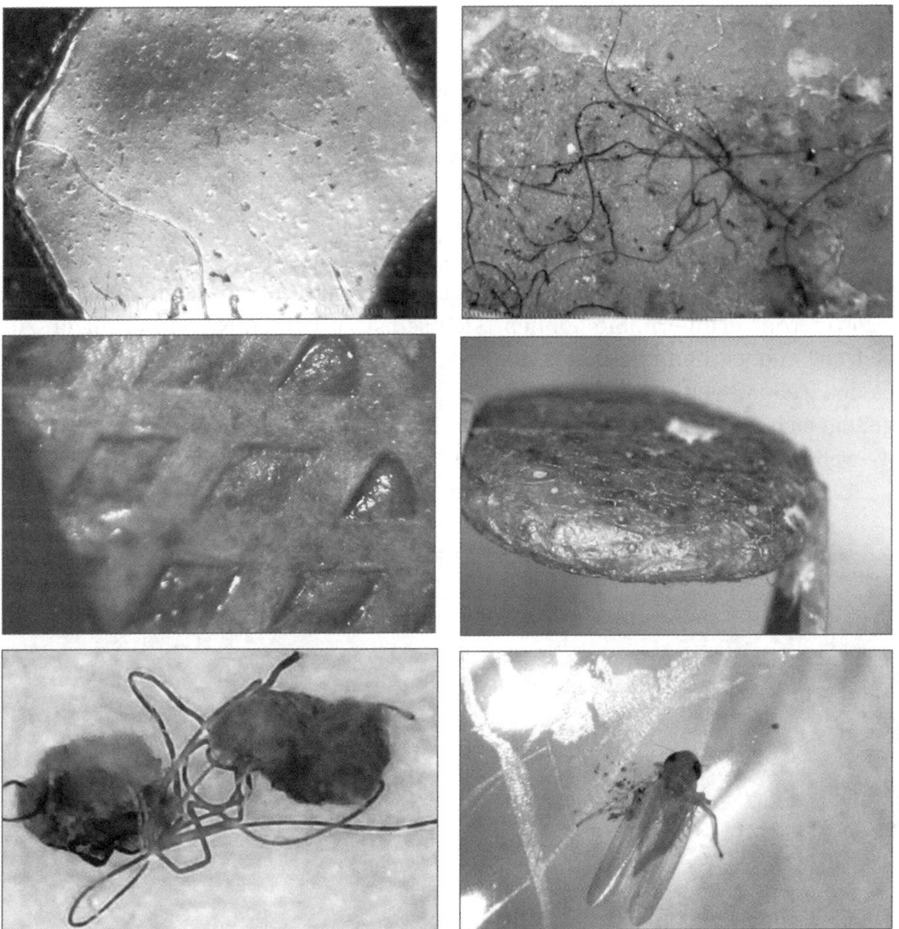

Abb. 583: Außergewöhnliche Phänomene, die in den Körpern von Morgellons-Patienten gefunden wurden.

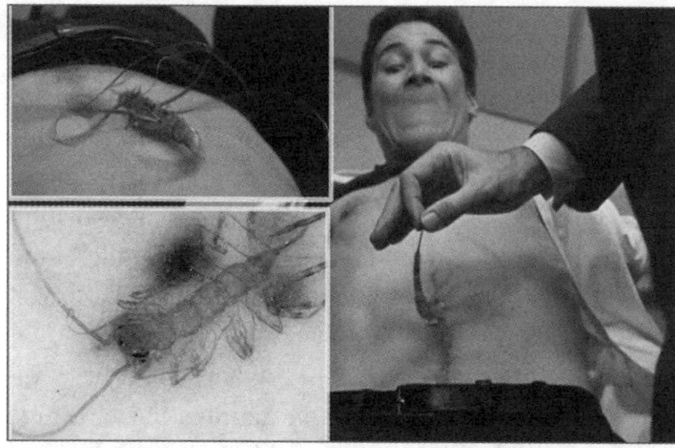

Abb. 584: Die „Kreatur" links unten fand man im Körper eines Morgellons-Patienten. Sie erinnert frappant an die Sonde, die die Agenten der „Matrix" dem Helden Neo in der gleichnamigen Spielfilmreihe einpflanzten.

die verdächtig an das Gebilde erinnern, das die Agenten der „Matrix" Neo in den Bauch injizierten (Abb. 584). Da überrascht es wenig, dass viele Morgellons-Patienten über die Empfindung klagen, etwas würde unter ihrer Haut herumkrabbeln. Kiesel bestehen aus Siliziumdioxid und finden sich unter anderem im Sand. Silizium (engl.: silicon) und Sauerstoff sind die beiden Elemente, die auf der Erde am häufigsten vorkommen. Silizium tritt sowohl in kristalliner als auch nichtkristalliner Gestalt auf. Dabei ist es die Erstgenannte, die man im Rahmen der Chemtrail-Nanotechnik auszunutzen versucht, da sie den kristallinen Körper neu zu verdrahten vermag. Kristallines Silizium (das am häufigsten in der Form von Quartz vorkommt) weist eine sehr hohe Festigkeit auf und besitzt einen hohen Schmelzpunkt (1410 °C) – daher der erwähnte Wert von 930 Grad Celsius. Wie passend, dass sich das Epizentrum des Transhumanismus ausgerechnet im *Silicon* Valley befindet.

In den Körpern von Morgellons-Patienten finden sich auch kugelförmige Gebilde, die verdächtig an die von Wissenschaftlern entwickelten „biologisch abbaubaren Nanofaserpolymeren" erinnern. Sie können „sich selbst zu hohlen Nanofaserkugeln zusammensetzen" und werden zusammen mit Zellen in Wunden injiziert. Offenbar ermöglichen sie es den Zellen, weiterzuleben und neues Gewebe zu bilden (Abb. 585 und 586). Die Frage, die sich im Zusammenhang mit den Morgellons stellt, lautet jedoch: *Welche Art* von Gewebe können sie bilden? Die Antwort lautet, wie wir noch sehen werden: *Syntheti-*

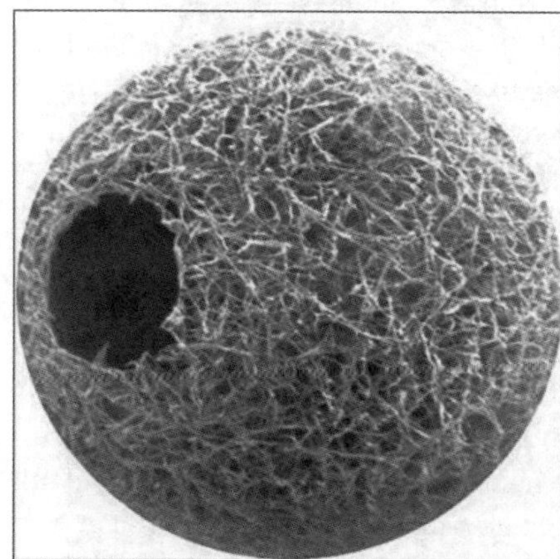

Abb. 585: Das ist eine selbstorganisierende Kugel aus Nanofasern …

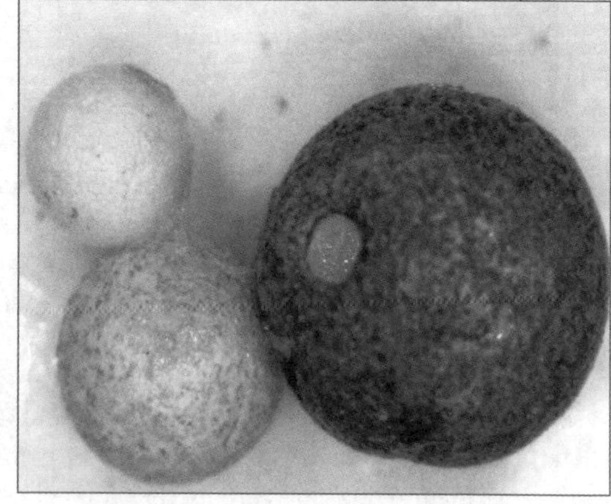

Abb. 586: … und das fand man im Körper eines Morgellons-Betroffenen.

sches Gewebe. Dank des sogenannten piezoelektrischen Effekts leuchten manche Morgellons-Phänomene sogar (Abb. 587). Mittels der durch Bewegung erzeugten Elektrizität wird die Technologie betrieben. Eine berühmte Morgellons-Patientin ist die Sängerin Joni Mitchell, die sagte: „Aus meiner Haut treten verschiedenfarbige Fasern hervor, wie Pilze nach einem Unwetter." Ihren Angaben zufolge konnten sie nicht als tierische, pflanzliche oder mineralische Fasern identifiziert werden. Dessen und zahlreicher weiterer Belege ungeachtet behauptet die konventionelle Medizin, bei den Morgellons würde es sich um ein rein psychologisches Problem handeln, das als „Dermatozoenwahn" bekannt sei. Na klar doch, wie sollte es auch anders sein (Abb. 588). Sie müssen ja etwas in dieser Art sagen – wie sie es auch im Fall von Joni Mitchell taten –, da andernfalls ans Licht kommen würde, was tatsächlich vor sich geht. Wie ich sehe, können die Mediziner, die solchen Unfug von sich geben, ruhig schlafen und machen sich auch um ihre Familien nicht allzu viele Sorgen. Einige wenige sind in der Lage, das Offensichtliche wahrzunehmen, und haben damit begonnen, den Ursachen der Morgellons-Krankheit mithilfe von Elektronenmikroskopen und anderen technischen Hilfsmitteln auf den Grund zu gehen. In einem Artikel, der auf der Website Cidpusa.org zu finden ist, werden die Erkenntnisse wie folgt zusammengefasst:

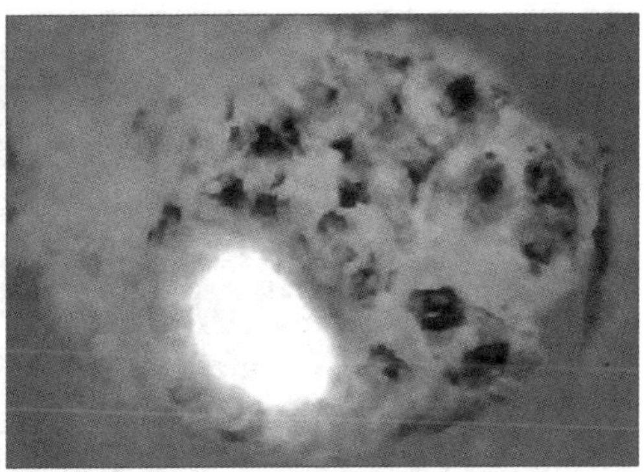

Abb. 587: Einige Morgellons-Objekte leuchten sogar. Ermöglicht wird dies durch den piezoelektrischen Effekt, bei dem Elektrizität entsteht, wenn auf ein kristallines Objekt Druck ausgeübt wird.

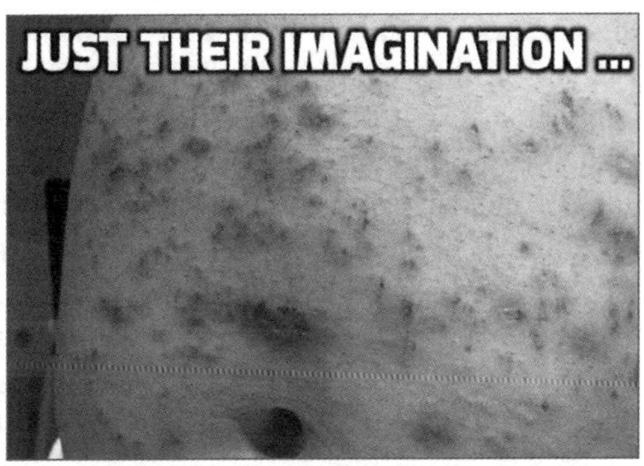

Abb. 588: „Alles nur Einbildung ..." – Und sie erwarten, dass wir das glauben.

> Bei den Morgellons scheint es sich um eine ansteckende Überflutung des menschlichen Gewebes mit Nanotechnik zu handeln, die in Gestalt selbstorganisierender und -replizierender Nanoröhren, Nanodrähte und Nanomatrizen mit Sensoren auftritt. Andere Nanosysteme, die mit der Morgellons-Erkrankung in Verbindung gebracht werden, tragen genetisch veränderte und gespleißte DNS bzw. RNS. [...] Die Morgellons-Nanomaschinen sind so konfiguriert, dass sie bestimmte Mikrowellen, EMF- und ELF-Signale sowie Funkdaten empfangen. [...] Wir wissen, dass Morgellons für gewöhnlich in sämtlichen Körperflüssigkeiten, Körperöffnungen und oft sogar in Haarfollikeln gefunden werden. Es wird angenommen, dass sie routinemäßig den gesamten Körper systemisch durchdringen.

Abb. 589: „Wir sind Opfer einer Invasion" – Die Situation in fünf Worten.

Bei Betroffenen, die keine sichtbaren Symptome zeigten, stellte man fest, dass ihre Körper von Faserkulturen durchsetzt waren, die sich aus Speichel, Körpergewebe oder Urin gebildet hatten. Wir haben es mit einer groß angelegten Übernahme des menschlichen Körpers durch Maschinen zu tun, die letztlich von den Reptiloiden, den Grauen und anderen Repräsentanten der archontischen Umkehrung gesteuert werden (Abb. 589). Die Morgellons breiten sich aus, weil der Übernahmeprozess voranschreitet. Mit der Einführung von 5G werden Sie einen dramatischen Anstieg der Erkrankungsfälle erleben, da die auf das Eindringen in den menschlichen Körper geeichte Technologie so konzipiert ist, dass sie mit dem neuen Mobilfunksystem 5G in Wechselwirkung steht. Lesen wir noch einmal nach, was wir über die Borg erfahren haben: „Die teils aus biologischen, teils aus technischen Komponenten bestehenden Borg sind aus verschiedenen Spezies hervorgegangen, die ‚zu kybernetischen Organismen transformiert worden sind und nun in einem als Kollektiv bezeichneten Schwarmbewusstsein als Drohnen dienen'." In der vermeintlich fiktiven Geschichte wurde dies über „Nanosonden" bewerkstelligt; auf der realen Bühne bedient man sich des „intelligenten Staubs" und der Chemtrails. Der berühmte Film „Invasion of the Body Snatchers" aus dem Jahr 1956 (dt. Titel: „Die Dämonischen") brachte das Szenario mit dem folgenden kleinen Dialogausschnitt auf den Punkt:

> Samen trieben jahrelang durchs All und schlugen in einem Feld Wurzeln. Aus den Samen wurden Schoten, die sich reproduzieren. Und zwar als jede mögliche Lebensform … Da drin wachsen eure neuen Körper. Sie werden Besitz von euch ergreifen. Zelle für Zelle, Atom für Atom.
>
> Es tut nicht weh. Ganz plötzlich, wenn ihr schlaft, absorbieren sie euren Verstand, eure Erinnerungen, und ihr werdet in einer Welt ohne Sorgen wiedergeboren … Morgen bist du einer von uns … Liebe wird nicht mehr gebraucht … Liebe. Verlangen. Begierde. Vertrauen. Das Leben ist so einfach ohne das alles – glaub mir!

Doch Smart Dust wird nicht nur mittels Chemtrails ausgebracht. Das Zeug findet sich in zahllosen Dingen, die die Menschen essen, anfassen, versprühen oder auf ihrem Körper verreiben. Aus all den bisher erläuterten Gründen ist die Liste der betroffenen Produkte extrem lang und wächst mit exponentieller Geschwindigkeit weiter. Über das aktuelle Ausmaß der Verseuchung mit Nanotechnik können Sie sich selbst einen Eindruck verschaffen, indem Sie Websites wie NanotechProject.org konsultieren. Andrew Maynard, der als wissenschaftlicher Berater für das Project on Emerging Nanotechnologies tätig ist, sagte:

> Der Einsatz von Nanotechnik in Konsumartikeln und industriellen Anwendungen wächst rasant. […] Die Reaktion der Verbraucher auf diese ersten Produkte – in Lebensmitteln, Elektronik, Gesundheitspflege, Bekleidung und Automobilen – wird als Lackmustest dafür dienen, ob Nanotechnik künftig eine breitere Marktakzeptanz finden wird.

Der springende Punkt hierbei ist, dass es keinen „Lackmustest" geben wird, da es die hinter den Kulissen wirkende Macht gar nicht kümmert, was die Öffentlichkeit denkt. Die Letztgenannte zu *kontrollieren* ist alles, was sie im Sinn hat. Außerdem ist die Bevölkerung gar nicht imstande, informierte Entscheidungen zu treffen, wenn derart wenig über die immer umfassendere Verbreitung der Nanotechnik berichtet wird – und über ihre Verwendung in Produkten, die man nicht einmal im Traum mit Smart Dust in Verbindung bringen würde. Nanotechnik in Sonnencremes und Kosmetika? Wie man es erwarten würde, wenn etwas vom Himmel fällt, hat man Filamente und Fasern in der Umwelt gefunden – in der Luft, im Boden und in Wasserproben. Wie Ray Kurzweil erklärte, sei man dabei, künstliche rote Blutkörperchen zu entwickeln („man ist dabei" bedeutet stets „man hat bereits"). Clifford E. Carnicom, der das Carnicom Institute in New Mexico leitet, fand in „Faserproben im Submikronbereich", die er seiner Umgebung entnommen hat, „rote Blutkörperchen, weiße Blutkörperchen sowie nicht identifizierte Zelltypen". Sie schienen „in ihrer ursprünglichen Form gefriergetrocknet oder entfeuchtet [durch einen Trockenprozess konserviert]" worden zu sein. Augenblick, bitte: Gefriergetrocknete Blutkörperchen in der Umwelt? Der in Kalifornien beheimatete Arzt und Forscher Nick Delgado beschrieb eine „kaulquappenartige" Erscheinung, die er im Blut von Patienten fand, die allesamt über hartnäckigen Husten klagten (Abb. 590). Etwas Derartiges sei ihm vor 2014/2015 nie untergekommen. Unter dem Mikroskop könne man beobachten, wie sich die „Kaulquappen" in Gruppen bewegten und die Richtung wechselten, ganz ähnlich zu Fisch- oder Vogelschwärmen. Delgado zufolge könne es sich dabei durchaus um eine Art biologischer Waffe handeln.

Abb. 590: „Laut diesem Arzt erinnern die mysteriösen neuen, im Blut gefundenen Bakterien an Nanobot-Biowaffen' – Sie dringen mit Nanotechnik in eure Körper ein. Wacht auf, Leute!" – Die Vermutung passt definitiv zu den immer zahlreicheren Belegen.

Die Entwicklung ist schon recht weit fortgeschritten. Die Menschheit muss ihre Augen und ihr Denken für die Tatsache öffnen, dass sich die wirkliche Welt von derjenigen, die man uns von der Wiege bis zur Bahre vorgaukelt, drastisch unterscheidet. Die *El*-ite setzt darauf, dass die Menschen weiterschlafen, bis sie ihr Werk vollendet hat. In diesem Punkt *müssen* wir sie enttäuschen.

Kapitel 17

Der synthetische Mensch

„Die mit Abstand größte Gefahr der künstlichen Intelligenz besteht darin, dass die Menschen voreilig meinen, sie würden sie verstehen.“

Eliezer Yudkowsky

Der Ausdruck „synthetisch“ begegnet uns heute auf Schritt und Tritt. Es gibt synthetische Vitamine und Nahrungsergänzungen (beide sind in biologischer Hinsicht wertlos – eben *weil* sie synthetisch sind), synthetische Medikamente, synthetisches Cannabis, synthetisches Blut und eine synthetische Genetik; und am Ende dieser Reise soll der synthetische Mensch stehen. In den geheimen Forschungs- und Entwicklungszentren nimmt er bereits Gestalt an (Abb. 591).

Ein Erzeugnis gilt definitionsgemäß als synthetisch, wenn es „aus einer Substanz besteht, die durch chemische Synthese gewonnen wurde, insbesondere zur Nachahmung natürlicher Produkte“. Hier haben wir ein exzellentes Beispiel für die archontische Gewandtheit im Bereich der Imitation. Der biologische Mensch soll durch eine synthetische Version ersetzt werden, die an die Bedingungen der synthetisch-digitalen „intelligenten“ Welt, die überall um uns herum errichtet wird, besser angepasst ist. Die Archonten stellen selbst ein Stück „Synthetik“ dar, da sie dem gefälschten Geist entspringen, der seinerseits eine „synthetische“ Version des echten Gewahrseins bzw. Geistes bildet. Bisher mussten sie notgedrungen mit den biologischen Menschen arbeiten, doch jetzt wollen sie die Menschheit als Ganzes in ihresgleichen verwandeln. Auch in diesem Fall zeigt uns Hollywood permanent die anvisierte Gesellschaftsform, beispielsweise in dem Spielfilm „Ghost in the Shell“ oder in der amerikanischen Fernsehserie „Westworld“, in deren Mittelpunkt synthetische „Menschen“ stehen. Wie üblich im Halbdunkel gefilmt, zeigt „Ghost in the Shell“

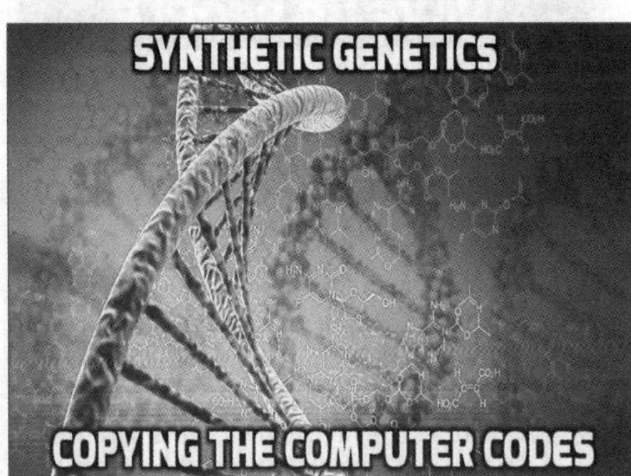

Abb. 591: „Synthetische Genetik – Die Computercodes werden kopiert“ – Synthetische Codes in Nachahmung der biologischen Codes.

eine von Maschinen gesteuerte Welt, in der die Menschen „vollständig synthetische Körper“ besitzen. Ähnlich wie in den „Matrix“-Filmen sind sie am Nacken – dort, wo das Reptilienhirn sitzt – mit den technischen Systemen verbunden, und sämtliche menschlichen Erinnerungen wurden gelöscht. Letzteres gehört auch in der realen Welt zum Plan: Der synthetisch-digitale Mensch soll seine „Vergangenheit“ vergessen. In der Fachzeitschrift *Life Sciences, Society and Policy* warnten die Biomedizinethiker Marcello Ienca und Roberto Andorno davor, dass der „abenteuerliche Einsatz medizinischer Neurotechnologie“ die Integrität des Denkens und der Erinnerungen gefährden könnte: „Das illegale Eindringen in die mentale Privatsphäre eines Menschen muss nicht unbedingt Zwang erfordern, da es sich unterhalb seiner Wahrnehmungsschwelle bewerkstelligen lässt.“ Das Duo sprach sich für die Einführung von Gesetzen aus, die den Menschen vor dem Diebstahl oder gar der Auslöschung seiner Gedanken schützen sollen. Viel Glück damit, Jungs.

Die künftigen synthetischen Menschen sollen geschlechtslos sein und der Möglichkeit zur Fortpflanzung beraubt werden, die stattdessen auf technischem Wege bewerkstelligt wird – ähnlich wie in den „Brut- und Normzentralen“, die Aldous Huxley in seinem Roman „Schöne neue Welt“ beschreibt. Das klingt verrückt – doch es geschieht *gerade jetzt*. Derzeit wird eine künstliche Version der DNS entwickelt, die man als GNA bezeichnet (auch das Kürzel PNA und weitere Namen sind gebräuchlich). Auf der Website Science20.com wird die GNA als „Nanotechnologie-Baustein“ beschrieben und als „chemischer Cousin“ der DNS ausgewiesen. In einem Artikel heißt es: „John Chaput vom Biodesign Institute hat mit seinem Forschungsteam die ersten selbstorganisierenden Nanostrukturen hergestellt, die vollständig auf Glykolnukleinsäure basieren – einem synthetischen Äquivalent zur DNS.“ Solche Meldungen gehören heute, da der synthetische Mensch zunehmend ins öffentliche Bewusstsein tritt, mehr und mehr zum Alltag. Im Jahr 2016 gaben Wissenschaftler bekannt, dass sie beabsichtigen, innerhalb von zehn Jahren die gesamte menschliche DNS zu synthetisieren (das „Genom“), die aus Milliarden von Einzelinformationen zusammengesetzt ist. Zur Aufgabenstellung gehöre unter anderem, in der synthetischen Zelle die Produktion der Ei- und Spermazellen abzuschalten. Mithilfe von Synthetisierungstechniken ließen sich den Wissenschaftlern zufolge eines Tages gänzlich neue Lebensformen hervorbringen, die ihrerseits in der Lage wären, ihre Erbinformationen an nachfolgende Generationen weiterzugeben. Die DARPA unterstützt die Digitalisierung der DNS, sodass man einen Computercode erhält, den man programmieren kann. Das Projekt wird von einer weiteren Person geleitet, die man mit Adleraugen beobachten sollte: Die Rede ist von Craig Venter, dessen nach ihm benanntes Institut Einrichtungen in Maryland und Kalifornien unterhält. Seine Organisation war es, die im Jahr 2010 bekanntgab, dass ihr die Entwicklung der „ersten sich selbst replizierenden synthetischen Bakterienzelle“ gelungen sei. Die Medien tauften sie damals auf den Namen „Synthia“.

Wann immer eine Neuigkeit öffentlich bekannt gemacht wird, können Sie gewiss sein, dass der tatsächliche Entwicklungsstand – der von den Labors der Geheimbasen bestimmt wird – im Vergleich dazu deutlich fortgeschrittener ist. Dort stehen die Ergebnisse seit Langem bereit, nur darauf harrend, dass sie von den archontischen Reptiloiden und Grauen an ihre hybriden und menschlichen Handlanger ausgehändigt werden. Die einzelnen Schritte werden dabei so gestaltet, dass von außen der Eindruck entsteht, die

Errungenschaften seien das Ergebnis einer Folge von „Entdeckungen". In Wahrheit stand das Ergebnis von Anfang an fest. Die schrittweise Heranführung an die neuen Technologien dient lediglich dazu, deren eigentlichen Ursprung zu verschleiern. Würden nämlich stattdessen urplötzlich ausgereifte und lückenlose Neuentwicklungen auf der Bildfläche erscheinen – ohne erkennbare Zwischenschritte und ein dazu passendes offizielles Narrativ –, wären unbequeme Fragen unvermeidbar. Bei der öffentlichen Präsentation der „Forschungsarbeiten" geht es mehr darum, die Wissenschaftler – und nicht die Technik – auf den neuesten Stand zu bringen.

Nach einem „geheimen Treffen", auf dem ein Projekt zur Synthetisierung des menschlichen Genoms diskutiert wurde, stellten die Medien in ihren Reportagen mögliche gesundheitsverbessernde Entwicklungen sowie die Aussicht auf „Designer-Babys" in den Mittelpunkt. Eltern sollen künftig in der Lage sein, die genetischen Eigenschaften ihrer Kinder selbst auszuwählen. Das eigentliche Kernthema kam gar nicht zur Sprache: die Erschaffung einer neuen, vollständig synthetischen „Menschen-"Gattung, die deren biologische Vorgänger ersetzen soll. Nachdem Regierungsbeamte, Wissenschaftler, Unternehmer und Anwälte an der Harvard Medical School hinter verschlossenen Türen getagt hatten – unter Ausschluss der Presse –, gaben sie bekannt, das Genom des Menschen synthetisch replizieren zu wollen. In einer Zeitung hieß es dazu: „Als Reaktion auf die Ankündigung sagten Experten, dass dies erst der Beginn ‚einer offenen und transparenten Debatte' über die künstliche Nachbildung des menschlichen Genoms sei." Transparenz wird das Letzte sein, was wir erleben werden. Das Endziel steht schon längst fest – wenn wir tatenlos zusehen und es geschehen lassen.

Die Wissenschaftler diskutierten darüber, welche grundlegenden Sicherheitsmaßnahmen zu ergreifen seien, damit die synthetischen Zellen nicht entweichen und sich in der Umwelt replizieren können. Unterdessen fällt synthetisches Genmaterial jeden Tag vom Himmel. Derart gewaltig ist die Kluft, die zwischen dem offiziellen Narrativ (einschließlich dessen, was der übergroßen Mehrheit der Mainstreamwissenschaftler bekannt ist) und der Realität herrscht. Ein Genetikprofessor der Stanford University namens Henry „Hank" Greely sagte voraus, dass es in gerade einmal 20 Jahren Kinder mit zuvor bestellten Eigenschaften geben und die Notwendigkeit zur geschlechtlichen Fortpflanzung der Geschichte angehören werde. Statt im Schlafzimmer würden die Kinder, wie es der Autor eines Berichts ausdrückte, künftig im Labor gezeugt werden. Wie Greely in seinem Buch „The End of Sex and the Future of Human Reproduction" schreibt, soll dies dadurch erreicht werden, dass man es als unverantwortlich hinstellt, Kinder auf natürliche Weise in die Welt zu setzen. Dieser massenpsychologische Kniff wartet bereits darauf, auf die nichtsahnende Menschheit losgelassen zu werden. Wenn die Leute der Verteufelung der Andersdenkenden nichts entgegensetzen, werden sie sich letztlich gegenseitig dazu drängen, geschlechtslose Babys zu zeugen. Schon seit Langem mache ich auf die Pläne aufmerksam, die auf den Übergang zu Laborbabys hinarbeiten – etwa so, wie es Aldous Huxley in seinem Werk „Schöne neue Welt" bereits 1932 vorweggenommen hatte. So lange schon wird die archontische Agenda nämlich in die (von uns als solche wahrgenommene) Zukunft projiziert. (Genau genommen reichen die Anfänge noch viel weiter zurück.)

Da das technische Know-how in der Welt der archontischen Reptiloiden schon seit Äonen vorhanden ist, konnten sie den Prozess bereits zu einem Zeitpunkt beginnen, als es für die Menschen noch gar nicht verfügbar war. Der Wissenstransfer in die irdische Welt war das Einzige, was es noch zu bewerkstelligen galt. In seinem Buch beschreibt Professor Greely, wie man Genmaterial dazu nutzen kann, aus Stammzellen Ei- und Spermazellen zu erzeugen. Bei den Stammzellen handelt es sich um neutrale Gebilde, die auf Anweisungen warten, um sich in jede gewünschte Zellart zu verwandeln (Abb. 592). Im Labor ist die Erzeugung von Ei- und Spermazellen aus Stammzellen bereits gelungen. Als Eingeweihter konnte Aldous Huxley diese Entwicklung bereits in „Schöne Neue Welt" vorwegnehmen:

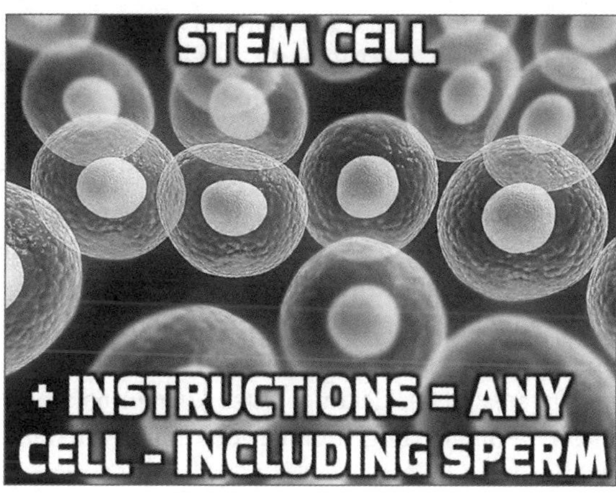

Abb. 592: „Stammzelle + Instruktionen = jede beliebige Zelle, einschließlich Spermazellen" – Was soll ich deiner Meinung nach werden?

> Die natürliche Fortpflanzung wurde abgeschafft; Kinder werden in „Brut- und Normzentralen" gezeugt, „entkorkt" und aufgezogen. Die Menschen werden genetisch so entworfen, dass sie mit der Geburt in eine von fünf Kasten fallen, die sich weiterhin in „Plus"- und „Minus"-Mitglieder unterteilen. Jede Kaste erfüllt innerhalb des sozialen und ökonomischen Schichtensystems des Weltstaats bestimmte Aufgaben.

George Orwell, der von Huxley einst am Eton College in Französisch unterrichtet worden war, beschrieb in seinem Roman „1984" etwas ganz Ähnliches. Darin lässt er die Repräsentanten des Großen Bruders Folgendes sagen:

> Wir merzen bereits die Denkweisen aus, die noch aus der Zeit vor der Revolution stammen. Wir haben die Bande zwischen Kind und Eltern, zwischen Mensch und Mensch und zwischen Mann und Frau durchschnitten. Niemand wagt es mehr, einer Gattin, einem Kind oder einem Freund zu trauen. Aber in Zukunft wird es keine Gattinnen und keine Freunde mehr geben.
>
> Die Kinder werden ihren Müttern gleich nach der Geburt weggenommen werden, so wie man einer Henne die Eier wegnimmt. Der Geschlechtstrieb wird ausgerottet. Die Zeugung wird eine alljährlich vorgenommene Formalität wie die Erneuerung einer Lebensmittelkarte werden. Wir werden das Wolllustmoment abschaffen. Unsere Neurologen arbeiten gegenwärtig daran. Es wird keine Treue mehr geben, außer der Treue gegenüber der Partei. Es wird keine Liebe geben, außer der Liebe zum Großen Bruder.

Wundert sich noch irgendjemand über die vielfältigen Angriffe auf den Familienverbund?

Ebenfalls mit der Thematik verknüpft sind die Anbieter für DNS-Untersuchungen, darunter AncestryDNA und 23andMe. Bei der Erstgenannten handelt es sich um ein Tochterunternehmen von Ancestry.com, dem weltgrößten kommerziellen Ahnenforschungsinstitut. Das Unternehmen hat seinen Sitz in Utah, jenem Bundesstaat also, in dem auch die von der Abstammungsthematik besessenen Mormonen zu Hause sind und sich das globale Datenzentrum der NSA befindet. Die Schrecken der Mormonenmafia und die Verbindungen der Pseudoreligion zum Spinnennetz habe ich in anderen Büchern beleuchtet. Die Leute schicken den genannten Unternehmen Speichelproben, damit sie ihre DNS untersuchen – doch was geschieht anschließend mit den gewonnenen Informationen? Natürlich sind mir die Datenschutzerklärungen der Firmen bekannt, aber können wir ihnen vertrauen? Die folgende Bemerkung stammt von Ann Cavoukian, der ehemaligen Datenschutzbeauftragten der kanadischen Provinz Ontario, die heute das Privacy and Big Data Institute an der Ryerson University leitet:

> Ich schätze, Sie müssen davon ausgehen, dass Sie die Kontrolle über diese Informationen verlieren werden. […] Nehmen wir an, die Informationen könnten in viele verschiedene Hände gelangen, die sie nicht kontrollieren können – würden Sie sich dabei wohlfühlen? Dabei geht es nicht nur um den Stammbaum betreffende Informationen: Durch den Test liegt Ihr kompletter genetischer Code vor, aus dem unter Umständen weitere Daten abgeleitet werden können. Wer dann darauf Zugriff hat, entzieht sich Ihrer Kontrolle.

Man hat es auf vielfältige Weise auf Ihre DNS abgesehen. Das Unternehmen 23andMe, das im Bereich der „persönlichen Genomik und der Biotechnologie" tätig ist und Dienstleistungen zur DNS-Untersuchung anbietet, hat seinen Sitz im Silicon Valley, unweit der Zentralen von Google und Facebook. Geführt wird es von der Zionistin Anne Wojcicki, die auch zu den Gründern des Unternehmens zählte. Sie war ehemals mit dem Zionisten Sergey Brin verheiratet, der seinerseits Google mit begründete. Ihre Schwester Susan Wojcicki steht der zum Google-Imperium gehörenden Plattform YouTube vor. Google hat annähernd vier Millionen Dollar in 23andMe investiert. Wie klein die Welt doch ist – doch es kommt noch besser. Der Zionist Arthur D. Levinson, der für den Apple-Konzern als Chairman des Board of Directors fungiert, leitet gleichzeitig die Biotech-Firma Calico, die er gemeinsam mit Brins Google-Unternehmen (heute „Alphabet") als Joint Venture gründete. Der Einfluss der Zionisten fällt deutlich überproportional aus. Die Gründe dafür zu hinterfragen ist ein legitimes Ansinnen. Warum sollte man den Zionismus von Fragen ausnehmen, die man angesichts der gegebenen Tatsachen auch jeder anderen Gruppierung stellen würde? Ich wäre überrascht, sollte sich nicht auch der Amazon-Chef Jeff Bezos als Handlanger desselben Netzwerks und Diener derselben Ziele entpuppen. Amazon, Google, YouTube, Facebook und Apple bewegen sich eindeutig in die gleiche Richtung. Auch Ray Kurzweil, Elon Musk und Peter Thiel (über den wir in Kürze mehr erfahren werden) würde ich – neben etlichen anderen – dazuzählen.

Die Transgender-Agenda

Wir erkennen nun den Grund, warum das Transgender-Thema urplötzlich mit solcher Leidenschaft ins öffentliche Bewusstsein gezerrt wurde. Es wird als Sprungbrett für die spätere Assimilation ins archontisch-reptiloide Schwarmbewusstsein benötigt, die mittels Technologie, künstlicher Intelligenz und synthetischer Genetik bewerkstelligt werden soll. Ich erwähnte bereits, dass sowohl die Reptiloiden als auch die archontische Verzerrung *androgyn* sind – „teils männlichen, teils weiblichen Erscheinungsbildes; unbestimmten Geschlechts". Baphomet besitzt sowohl ein männliches Geschlechtsteil als auch weibliche Brüste (Abb. 593). Auf jeder Ebene und in jeder denkbaren Weise verwandeln sie uns in *ihresgleichen*. Ich wiederhole es noch einmal: Wie sich ein Mensch in sexueller oder irgendeiner anderen Hinsicht definiert, interessiert mich nicht. Das ist seine Angelegenheit, nicht meine – es sei denn, er bzw. sie fängt an, anderen die eigene Sichtweise aufzwingen zu wollen. Ansonsten wünsche ich jedem viel Erfolg. Doch wenn die Transgender-Besessenen (von denen die meisten gar keine Transgender sind) und die Öffentlichkeit im Allgemeinen nicht kapieren, welche größeren Zusammenhänge hinter all dem stecken, werden sie es eines Tages *alle* bereuen. Vergessen Sie den nichtbinären Quatsch. Wenn die Menschen nicht bald beginnen, das tatsächliche Geschehen zur Kenntnis zu nehmen, wird es am Ende *nur* noch Binäre geben: synthetische, geschlechtslose Nichtmenschen, die an die Cloud angeschlossen sind und

Abb. 593: Der androgyne Baphomet.

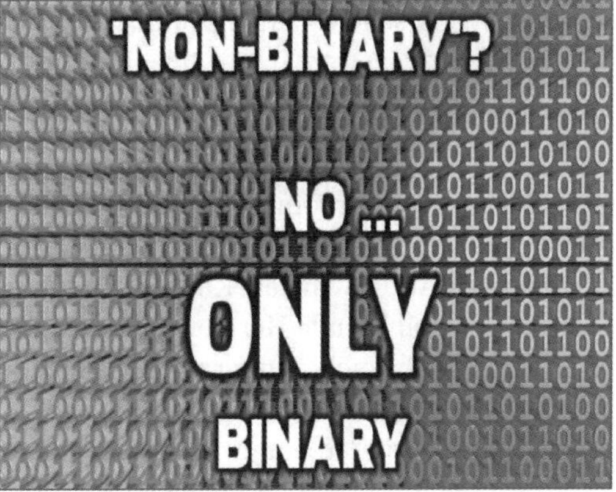

Abb. 594: „Nichtbinär? Nein ... nur binär!" – Wir müssen uns der Identitätspolitik entledigen und der Wahrheit ins Auge sehen, solange wir den Punkt, von dem an keine Umkehr mehr möglich ist, noch nicht überschritten haben.

mit ihr über die computerinternen Binärzustände – Eins und Null bzw. elektrisch geladen/nicht geladen – kommunizieren (Abb. 594).

Ich habe bereits erläutert, wie der Gesellschaft einseitig Begrifflichkeiten aus dem Transgender-Blickwinkel aufgezwungen und Kinder und Jugendliche mit Transgenderpropaganda bombardiert werden, um ihr Identitätsgefühl vorsätzlich zu untergraben. Unterstützt wird dieser Prozess von Medien aller Art, staatlichen Einrichtungen, Medizinern sowie rückgrat- und gedankenlosen akademischen Institutionen. Es gibt heute Toiletten für Geschlechtslose, und geschlechtsbezogene Begriffspaare wie „Junge"/„Mädchen" oder „Mama"/„Papa" werden geächtet. Im Mittelpunkt einer Sendereihe des BBC-Kinderprogramms, das sich an Zuschauer ab sechs Jahren richtet, steht ein Junge, der Medikamente zur Hormonunterdrückung nimmt. Die Band Acrush, die dem jungen Publikum als „heißeste Boy-Group Chinas" angepriesen wird, besteht in Wirklichkeit aus Mädchen, deren Aussehen auf das von Jungen getrimmt wird: eine „genderneutrale, androgyne, nichtbinäre Band", wie es heißt. Transgenderpropaganda und -programmierung strömen aus jeder Richtung auf uns ein. An der Londoner Highgate School, für deren Besuch man pro Semester knapp 7.000 Pfund berappen muss, überlegt man nach eigenen Angaben, den Jungen das Tragen von Röcken zu gestatten. Der Grund dafür sei die wachsende Zahl von Kindern, die ihr Geschlecht hinterfragten, sowie „die binäre Art der Leute, die Dinge zu betrachten". *Na, woher wird die wohl stammen?* Um bloßzustellen, was tatsächlich gespielt wird, genügt es, die beiden folgenden Aussagen miteinander zu verknüpfen, die von Adam Pettitt – dem Oberlehrer der Schule – stammen:

1. „Wie alle anderen Schulen und Jugendorganisationen [...] erleben auch wir, dass eine größere Zahl von Schülern ihre Geschlechtsidentität hinterfragt als in der Vergangenheit."
2. „Gleichwohl hat sich in vergangenen Zeiten kein einziger junger Mensch diese Frage gestellt. Es scheint unbegreiflich, dass diese Art von Fragen damals einfach nicht existierte."

Nein, das ist es ganz und gar nicht. Früher wurden die Kinder nicht mit Propaganda bombardiert, damit sie ihr Geschlecht infrage stellen. Das ist der Unterschied. Einem Bericht des US-amerikanischen College of Paediatricians zufolge werden Kinder in einer Weise indoktriniert, dass sie ihr Geschlecht infrage stellen. Verantwortungslose, auf Profit bedachte Ärzte würden Kindern, die zum Teil gerade einmal zwölf Jahre alt sind, geschlechtsverändernde Hormone verschreiben. Zu Recht wird diese Praxis in dem Bericht als Kindesmissbrauch angeprangert. Doch dahinter steckt nicht allein das Streben nach Profit. Vielmehr ist es eine Agenda, die sich hier manifestiert. Wir werden Zeuge, wie die Geschlechtsidentitäten miteinander verschmolzen und durcheinandergebracht werden, um die Gesellschaft auf die geschlechtslosen, synthetischen Designer-Menschen der Zukunft einzustimmen. Mehr als andere werden heute die jungen Menschen ins Visier genommen, da sie zu dem Zeitpunkt, wenn die synthetische Menschheit vollumfänglich Gestalt annehmen soll, erwachsen sein werden. Ich möchte Ihnen noch einmal nahelegen, sich nicht von den offiziellen Zeitangaben in die Irre führen zu lassen, die bezüglich der erwarteten synthetisch-genetischen Transformation geäußert werden. Der Endpunkt ist im Grunde bereits erreicht, da die Mittel zu seiner Realisierung nicht erst erfunden und entdeckt werden müssen. Es gilt lediglich, sie zu *verschleiern*, damit die Menschen die dahinterstehende Planung nicht erkennen.

Einer der Grundpfeiler bei der Erschaffung des geschlechtslosen Menschen besteht darin, die Männlichkeit zu untergraben, indem man das männliche Hormon Testosteron unterdrückt. Damit beziehe ich mich nicht nur auf den Mann, da auch der weibliche Körper Testosteron enthält. Sinken die Werte zu weit ab, beginnen beide Geschlechter an Müdigkeit und Erschöpfung, Gewichtszunahme, Stimmungsschwankungen, Depressionen und Unruhe zu leiden. Beim Mann stimuliert das Testosteron den Geschlechtstrieb und die Produktion von Sperma (das Letzte, was die Agenda haben möchte); zudem unterstützt es den Aufbau von Muskel- und Knochenmasse. Während der Weg für den synthetischen Menschen geebnet wird, fallen die Spermienzahlen dramatisch – zum einen aufgrund der in Lebensmitteln und Getränken enthaltenen Chemikalien, zum anderen als Folge der (vor allem durch die omnipräsenten WLANs) beträchtlich angestiegenen elektromagnetischen Strahlungsdosen. Die Studie, derzufolge die absoluten Spermienzahlen bei Männern aus Nordamerika, Europa, Australien und Neuseeland um 59,3 Prozent gesunken sind, erwähnte ich bereits. Eine groß angelegte spanische Studie konstatierte einen Rückgang von 38 Prozent innerhalb von zehn Jahren. In einem Bericht der Mainstreammedien stand: „Die weltweit umfassendste Studie zur Qualität und Konzentration von Sperma ergab, dass die Reproduktionsgesundheit des durchschnittlichen Mannes drastisch einbricht." Auch die Häufigkeit von Hodenkrebs hat sich innerhalb von 30 Jahren verdoppelt. Professor Richard Sharpe, der an der schottischen Universität Edinburgh zu Fragen der Fortpflanzungsgesundheit lehrt und als Koryphäe im Bereich der Umweltgifte gilt, sagte zum Rückgang der Spermienzahlen:

> Es lässt sich kaum bezweifeln, dass die Entwicklung real ist; also ist es Zeit zu handeln. Etwas, was mit unserem modernen Lebensstil, unserer Ernährung oder der Umwelt in Verbindung steht, verursacht das Phänomen, und es wird zunehmend schlimmer. Zwar wissen wir noch immer nicht, welche Faktoren die bedeutendste Rolle spielen, doch aller Wahrscheinlichkeit nach handelt es sich um […] eine fettreiche Ernährung und Chemikalien in der Umwelt.

Chemikalien sind mit Sicherheit beteiligt, insbesondere solche, die das weibliche Sexualhormon Östrogen nachahmen. Doch ich möchte zu bedenken geben, dass eine fettreiche Ernährung deutlich vom Verzehr künstlicher Transfette zu unterscheiden ist, die in Junkfood jedweder Art enthalten sind. Mitunter wird bei jedem fünften jungen Mann eine verminderte Spermienzahl festgestellt. Die Alarmglocken wurden bereits 1992 geläutet, als dänische Forscher erkannten, dass sich die Spermienzahl pro Milliliter Samenflüssigkeit seit dem Zweiten Weltkrieg halbiert hatte, während die Häufigkeit abnormer Spermazellen gleichzeitig in die Höhe schnellte. Eine französische Studie, an der 26.600 gesunde Männer teilgenommen hatten, bestätigte im Jahr 2005, dass die Spermienzahlen seit 1989 deutlich zurückgegangen waren. Für den in Jerusalem beheimateten Imam Scheich Muhammad Ayed sind das, wie wir bereits erfahren haben, keineswegs schlechte Neuigkeiten:

> Europa ist alt und klapprig geworden und braucht menschliche Verstärkung. [...] Sie haben ihre Zeugungsfähigkeit eingebüßt, sodass sie in ihrer Mitte nach Fruchtbarkeit suchen. Wir werden ihnen Fruchtbarkeit geben!

Zu den sinkenden Spermienzahlen gesellt sich die Tatsache, dass weltweit die männlichen Geburtenraten zurückgehen. Zwar sind die Auswirkungen auf die männliche Bevölkerung noch nicht gravierend, doch der Trend ist beständig und praktisch überall auf der Welt zu verzeichnen. Dr. Devra Davis, die als Präsidentin des gemeinnützigen Environmental Health Trust fungiert und einen Bericht zur Thematik verfasste, sagte unter anderem: „Es ist wichtig, dass wir uns das umfassende Gesamtbild ansehen. Diesem zufolge gibt es auf der ganzen Welt Hinweise darauf, dass hier etwas Ungewöhnliches vor sich geht."

Wir haben es mit einem fortwährenden, vielschichtigen Angriff auf den Mann und die männlichen Hormone zu tun, zu dem auch die immer heftiger werdenden psychologischen bzw. PC-Attacken gehören, die sich gegen Männer im Allgemeinen und insbesondere gegen weiße Männer richten. Wissenschaftliche Untersuchungen, die in Israel und Australien durchgeführt wurden, haben die potenziellen Schadwirkungen ins Blickfeld gerückt, die in der Hosentasche befindliche Mobiltelefone auf das Sperma haben können. Forscher der im australischen Bundesstaat New South Wales gelegenen University of Newcastle, die 27 Studien zum Thema unter die Lupe nahmen, stellten fest, dass 21 von ihnen einen Zusammenhang zwischen der Mobilfunkstrahlung einerseits und der Schädigung von DNS und Spermien auf der anderen Seite belegten. In anderen maßgeblichen Theorien werden folgende Substanzen für den Rückgang von Spermienzahlen und männlichen Geburtenraten verantwortlich gemacht: Pestizide, Herbizide, Quecksilber, Blei, Dioxin sowie – neben weiteren Schadstoffen – auch *synthetische* Substanzen, die als endokrine Disruptoren (engl.: endocrine-disrupting chemicals bzw. EDC) bezeichnet werden. Zum endokrinen Drüsensystem gehört auch die Zirbeldrüse, die mit dem „Dritten Auge" assoziiert wird. EDC finden sich in Plastik, Lebensmittelbehältern und Verpackungen, Lebensmittelkonserven und Getränkedosen, elektrischen Anordnungen, Lösungsmitteln, Reinigungsprodukten, Waschmitteln, Pestiziden, Kosmetik, Seifen, Autoabgasen, Poliermitteln, Farben, Batterien, Zahnfüllungen (Quecksilber) und verschiedenen Fischarten (unter anderem beim Schwertfisch). Häufig ist in diesem Zusammenhang von dem Hormondisruptor Bisphenol A bzw. BPA die Rede, der bei der Herstellung von Konservendosen, Flaschen, Lebensmittelbehältern aus Plastik sowie in Kassenzetteln verwendet wird. Hier ist Ihr Bon – Kinder wollen Sie ja keine, oder? Und was ist alles in den Impfstoffen enthalten, die zusätzlich zu den rasant sinkenden Spermienzahlen beitragen dürften?

All das geschieht planmäßig und wird aus den Schattenbereichen heraus koordiniert. Fallen Sie nicht auf das Narrativ herein, die treibenden Kräfte hinter all dem seien einfach nur „dumm" oder „nur an Profiten interessiert". Auf den unteren Ebenen der Pyramide mag das zwar stimmen, mit Sicherheit jedoch nicht in den Kreisen an der Spitze, die wissentlich der Spinne dienen. Auch die Herbizide und Pestizide, die auf Ackerböden, in Parks und auf Golfplätzen versprüht werden, müssen dem kumulierten Cocktail hinzugerechnet werden. Eines der weltweit meistverwendeten Pestizide namens Atrazin bewirkt, dass männliche Frösche unfruchtbar werden und sich ihr Geschlecht verändert. Forscher der in Hangzhou gelegenen Zhejiang-Universität fanden heraus, dass ein weitverbreitetes

EDC-Pestizid, dessen Rückstände in Milch, Babynahrung und Gemüse nachgewiesen wurden, bei Jungen das Einsetzen der Pubertät beschleunigt und eine frühere sexuelle Reife bewirkt. Als Folge davon können sich im Leben des späteren Erwachsenen psychologische und gesundheitliche Probleme einstellen.

EDC lassen sich ebenso wie das weibliche Sexualhormon Östrogen in ungefiltertem Leitungswasser nachweisen. Einige Forscher sind der Ansicht – und liegen damit ganz richtig –, dass der chemische Ansturm in entwicklungskritischen Momenten auf Föten einwirkt, aus denen Jungen geworden wären, sodass sie sich zu Mädchen entwickeln. Darüber hinaus bewirken die Chemikalien ein Absinken der Spermienzahlen und der Testosteronwerte. Synthetisch hergestellte endokrine Disruptoren bieten für jemanden, der es auf die Unterdrückung des männlichen Aspekts abgesehen hat, wirklich alles in einem. Eines Tages wird man den Zusammenhang zwischen EDC und dem unaufhaltsamen Anstieg von Prostatakrebs erkennen, der die häufigste Krebsart unter Männern darstellt. Dr. Devra Davis, die auch auf die Gefahren von 5G aufmerksam gemacht hat, weist darauf hin, dass die sich schnell teilenden Zellen, aus denen sich die Geschlechtsorgane entwickeln, anfälliger für Fehler und deren Replikation sind. Dies könne dazu führen, dass sich im Entstehen befindliche männliche in weibliche Babys verwandeln.

Es ist klar, dass in jeder Umgebung, in der biochemische Prozesse vonstattengehen, chemische Störungen jeder Art von Bedeutung sein können. Selbst die Babys, die als Jungen zur Welt kommen, sind möglicherweise im Mutterleib chemisch feminisiert worden. Die folgenden Zeilen von Dr. Melody Milam Potter, die seit 30 Jahren in den USA als klinische Gesundheitspsychologin arbeitet, sind einem ausgezeichneten Artikel entnommen, den Sie in Gänze auf Greenmedinfo.com lesen können:

> Synthetische Chemikalien können im Plan der Natur die stillen Schalter schaffen. EDC, mit denen wir tagtäglich zu tun haben, vermögen das Gleichgewicht der Geschlechtshormone zu verändern, sodass sich die männlichen Genitalien nicht ordentlich ausbilden. Indem sie das Testosteron unterdrücken oder das weibliche Sexualhormon Östrogen verstärken oder nachahmen, können sie die natürlichen Testosteroninformationen untergraben, die den heranwachsenden Fötus durchströmen.
>
> So ist beispielsweise das Östrogenimitat Dioxin, ein weitverbreiteter Schadstoff und mächtiger endokriner Disruptor, in der Lage, die von einem männlichen Gen stammende Hormonnachricht abzufangen und auszulöschen. Dioxin wirkt zudem als Testosteronschwächer, der die Konzentrationen des männlichen Hormons so weit zu reduzieren vermag, dass die männliche Aktivität nicht adäquat stimuliert wird.
>
> Testosteronunterdrücker wie DDT können die Position des Testosterons auf dem Rezeptor blockieren. Hormonstimulatoren vermögen die Aktivität eines natürlichen Hormons so weit zu intensivieren, dass das System abschaltet und sich weigert, männliche Startsignale zu empfangen. […] In der Tat untermauert die Forschung, dass das Vorhandensein von EDC während eines kritischen Entwicklungsabschnitts die gesamte Genitalsequenz unterbrechen kann.

In den sieben Jahren, die auf die Giftgasexplosion von Seveso folgten, sind in der kleinen norditalienischen Gemeinde doppelt so viele Mädchen wie Jungen geboren worden. Diejenigen Eltern, in deren Blut der höchste Gehalt an Chemikalien festgestellt wurde, hatten überhaupt keine männlichen Kinder. Die Fruchtbarkeitsraten fielen dramatisch. Studien zufolge steigt die Zahl der Menschen, die sich als schwul oder „LGBT" empfinden, rasant an. Laut einer in den USA durchgeführten Untersuchung liegt die Wahrscheinlichkeit, dass sich die etwa zur Jahrtausendwende geborenen Erwachsenen als LGBT identifizieren, fast doppelt so hoch wie in der übrigen amerikanischen Bevölkerung. „Milennials sind die schwulste aller Generationen", lautete eine Schlagzeile. Sollen wir wirklich glauben, all das hätte nichts mit einem chemischen Umfeld zu tun, das mit geschlechtsverändernden Giften übersättigt ist? Nicht im Ernst, oder? Und jetzt … lesen Sie einmal nach, was Dr. Richard Day als Teil der Agenda beschrieb: Die Menschen würden „geschlechtlich neutral" werden, die Unterschiede zwischen Jungen und Mädchen verschwinden und die Fortpflanzung ohne Geschlechtsakt in Laboratorien vollzogen werden.

Wie man Wackelpudding macht

Dann wäre da noch der Effekt, den all das auf das Verhalten hat. Testosteron wird häufig mit aggressiven, dominanten Männern in Verbindung gebracht; doch jede Medaille hat zwei Seiten. Der Verstand vermag diese hormonelle Wirkung so zu kanalisieren, dass er dem Schutz der anderen zugutekommt und potenzielle Angreifer abgewehrt werden. Man mag in dem Zusammenhang davon sprechen, „wie ein Mann zu handeln", doch auch bei Frauen erzielt das Testosteron diese Wirkung. Gelingt es, die Testosteronwerte zu senken (gleichgültig, bei welchem Geschlecht), vermindert man die Bereitschaft, sich zu erheben und Farbe zu bekennen – eine Eigenschaft, derer wir gerade jetzt so dringend bedürfen, wenn es darum geht, die Gesellschaft in eine andere Richtung zu lenken. Ich spreche nicht von Gewaltanwendung, sondern davon, in unserer Weigerung, den Quatsch noch länger hinzunehmen und an unserer eigenen Versklavung mitzuwirken, unbeirrt und unnachgiebig zu bleiben. Eine lange Liste von Manipulationsmethoden hat zum Ziel, genau diese Haltung zu brechen. Die Absenkung der Testosteronwerte sowohl bei Männern als auch bei Frauen zählt maßgeblich dazu. Die Vertreter der Generation Wackelpudding und die politisch korrekten Snowflakes stellen offensichtliche Beispiele dafür dar, welche zunehmend heftigen Auswirkungen die Aufweichung des „männlichen" Aspekts – bei Männern *und* Frauen – nach sich zieht. Sich den vorherrschenden Normen ergebend, fürchten sie sich vor ihrem eigenen Schatten und dem nächsten potenziellen „Trigger". So treten sie ihre Macht an den Großen Bruder ab, damit er sie vor der immer länger werdenden Liste empfundener Bedrohungen und Unannehmlichkeiten beschütze. Während man Testosteron mit der Bereitschaft in Verbindung bringt, Risiken einzugehen, will die Psyche der politisch Korrekten Risiken gar nicht erst in Betracht ziehen. Lass uns auf Nummer sicher gehen, ich könnte sonst getriggert werden.

Was ich hier beschreibe, spielt sich vor den Augen der Öffentlichkeit ab. Wenn wir dem nichts entgegensetzen, war das erst der Anfang. Doch da ist noch mehr. Ich erwähnte bereits die derzeit aufkommende Disziplin der Genetikwissenschaften, die als Epigenetik bezeichnet wird. Ihre Aussagen hören sich zwar bisweilen ziemlich kompliziert an, doch der Grundgedanke ist einfach: Die meisten Menschen glauben, genetische Veränderungen würden ausschließlich von Veränderungen der DNS und der eigentlichen genetischen Struktur herrühren. Die Epigenetik hat jedoch gezeigt, dass das nicht der Fall ist. Stellen Sie sich die menschliche DNS wie die Festplatte eines Computers vor. Um andere Ausgaben auf dem Bildschirm zu generieren, brauchen Sie an der Struktur der Festplatte nichts zu verändern. Dazu genügt es, Funktionsbereiche des Systems per Tastatur und Maus an- und abzuschalten. Strukturelle Änderungen sind dafür nicht vonnöten. Die Festplatte arbeitet weiter wie zuvor; nur die Funktionen, die aktiviert werden, ändern sich. Das ist übrigens auch das Prinzip, nach dem die chinesische Regierung das Internet zensiert. Aus den Forschungen der Epigenetiker ging hervor, dass auch die menschliche Genetik auf diese Weise funktioniert. Umwelteinflüsse, Erfahrungen sowie mentale und emotionale Einflüsse können zur Folge haben, dass einzelne Genabschnitte aktiviert oder deaktiviert werden, sodass bestimmte Genwirkungen an- oder abgeschaltet („stillgelegt") werden. Die Aktivierung oder Stilllegung bestimmter Bereiche beeinflusst die Art und Weise, in der der Körper Informationen decodiert – ganz ähnlich wie bei Computern. Das wiederum kann verschiedenste Folgen nach sich ziehen: von Veränderungen im Denken, Fühlen und Realitätsempfinden der betroffenen Person bis hin zu der Frage, ob sie Krebs bekommt oder nicht.

Von noch größerer Bedeutung ist die Tatsache, dass die Information, welche Abschnitte innerhalb des Genoms aktiv sind oder ruhen, an nachfolgende Generationen weitergegeben werden kann. Ein großer Teil dessen, was wir bislang als „vererbte" genetische Anlagen betrachtet haben, ist in Wirklichkeit epigenetischer (statt struktureller) Natur und nicht auf Mutationen der „Blaupause" zurückzuführen. Diesen Zusammenhang als bedeutsam zu bezeichnen, ist eigentlich noch untertrieben. Er besagt nämlich nichts anderes, als dass „physische", mentale, emotionale und wahrnehmungsbezogene Wesenszüge an die Nachkommen weitergegeben werden. Tag für Tag sind wir heute einer Flut von Chemikalien und Umwelteinflüssen ausgesetzt, zu denen unter anderem die rasant ansteigende Strahlenbelastung zählt; hinzu kommt die Transformation von Selbstidentität und Wahrnehmung. Durch epigenetische Effekte tragen all diese Faktoren mit jeder neuen Minute dazu bei, den neuen Menschen hervorzubringen. Während die erste Generation eine *Transformation* durchläuft, werden die nachfolgenden Generationen schon verändert *geboren*. Die Körper der Letztgenannten (die biologische Felder stehender Wellen bilden) werden die Realität von Anbeginn in derselben Weise decodieren wie ihre Vorfahren. Aus den *herbeimanipulierten* Snowflakes unserer Tage werden die *geborenen* Snowflakes von morgen. Betrachtet man die Transgender-Agenda und die fanatisch forcierte politische Korrektheit aus diesem Blickwinkel, erscheinen sie in einem ganz anderen Licht. Jeder Sinn für Auflehnung soll aus dem Menschen weggezüchtet werden; Männer und Frauen will man ununterscheidbar machen.

Doch vergessen wir nicht, dass alles, was deaktiviert wurde, auch wieder aktiviert werden kann – wenn wir unser Bewusstsein öffnen und die Programmierung durchbrechen.

Unser Körper *reagiert* nicht nur auf unsere Gedanken: Er ist mit unseren Gedanken *identisch.* Wir sind wieder bei der Frage angelangt, was in unserer Realität die Grundlage aller Existenz ausmacht. Bei der von uns als Körper bezeichneten Instanz handelt es sich um ein der Schwingungsebene angehöriges „Softwareprogramm", das Informationen in einer bestimmten Weise decodiert. So wird eine bestimmte Realität bzw. ein bestimmter Realitätssinn in eine holografische Existenz überführt. Epigenetische Prozesse und die Verbreitung des Smart Dust bewirken, dass sich die Art und Weise verändert, in der die Menschen die Realität decodieren. So wird der ohnehin winzige Realitätsausschnitt, der von ihnen wahrgenommen wird, noch weiter komprimiert.

Wie man an den kristallinen und siliziumbasierten Nanostrukturen erkennen kann, die im Körper von Morgellons-Patienten gefunden wurden, handelt es sich bei der Nanotechnik um kristalline Objekte. Zusammen formen sie ein neuartiges, synthetisches Sende- und Empfangssystem, mit dem sich der synthetische Mensch an Kurzweils „Cloud" bzw. an die künstliche Intelligenz anschließen lässt. Hinter der Letztgenannten steckt meines Erachtens im weiteren Sinne die – ebenfalls synthetische – archontische Intelligenz. Eine hervorragende Rechercheurin namens Sofia Smallstorm hat mehrere ausgezeichnete Videopräsentationen erstellt, in denen die Agenda zur Schaffung des synthetischen Menschen und deren Verbindung zur Chemtrailproblematik beleuchtet wird. Sie können sie finden, indem Sie bei YouTube „Sofia Smallstorm, the dark agenda of synthetic biology" eingeben. Bei Morgellons-Patienten hat man unter anderem „farbige Ablagerungen" und harte Siliziumstückchen gefunden, von denen einige mit Punkten versehen sind:

> Die Ablagerungen sind fragil und können zerbrechen. Die Quantenpunkte, die die sichtbaren Farben ausmachen, sind nanokristalline Halbleiterpartikel, die aus Schwermetallen bestehen und von einer organischen Hülle umgeben sind. Behalten Sie bitte einige dieser Begriffe im Hinterkopf: „Schwermetalle", Aluminium usw.
>
> Wir haben also nanokristalline Halbleiterpartikel, die von einer organischen Schale umhüllt werden, aber aus Schwermetallen bestehen, und Morgellons-Patienten finden die gleiche Art von Partikeln vor. Edelsteinartige Hexagone, facettierte Pyramiden, Kristalle. Hexagone sind auch in unserer Umwelt aufgetaucht – nicht nur in Geweben, sondern auch in Niederschlägen. [...] Die Industrie sagt uns, Quantenpunkte seien winzige Nanokristalle, die aufgrund ihrer geringen Größe in noch nie dagewesener Weise abstimmbar seien. Okay – abstimmbar!

Mit der anschließenden Einschätzung, wohin all das wohl führen soll, trifft Sofia den Nagel auf den Kopf:

> Die Welt wird durch künstliche Intelligenz vernetzt sein, aus dem Homo sapiens wird der Homo evolutis, biologische Prozesse werden durch Technologie gesteuert werden, lebendige Dinge können sich nicht mehr reproduzieren, die Erde wird von künstlich geschaffenen Arten bevölkert, und sämtliche Prozesse werden patentiert, lizenziert und reguliert sein. Man kann die Nanotechnologie als Mittel zur Installation der künstlichen Intelligenz in lebenden und leblosen Dingen betrachten. Smart Dust und Smart Moulds etwa sind winzige Nanosensoren, die schweben und sich überall festsetzen können.

Auf die Gefahr, die daraus erwächst, dass die Prozesse patentiert, lizenziert und kontrolliert werden, wies ich in meinen Büchern schon vor langer Zeit hin. Inzwischen haben wir diesen Punkt erreicht. Konzernriesen wie Monsanto modifizieren einen „natürlichen" Vorgang und lassen sich die Veränderung anschließend patentieren, um sich auf diese Weise das weltweite Eigentumsrecht zu sichern. Monsanto hat Bauern, die eigentlich keine gentechnisch veränderten Pflanzen anbauen wollten, deren Felder aber durch den Wind oder auf anderem Wege mit Monsanto-GVO kontaminiert wurden, auf gerichtlichem Wege zur Verwendung ihrer Patente gezwungen. In einigen Fällen hatte dies den finanziellen Ruin zur Folge. Absolut widerlich und bösartig – doch so sind sie nun einmal. Aber die Unternehmen, die am synthetisch-digitalen Menschen arbeiten und zu derlei Abartigkeiten fähig sind, werden bestimmt niemals auf die Idee kommen, auch den menschlichen Körper als Eigentum zu beanspruchen? All denen, die so denken, möchte ich herzlich gratulieren – denn sie haben soeben ein erstklassiges Diplom in Naivität erworben. Laut Yuval Harari, der an der Jerusalemer Hebrew University einen Lehrstuhl für Geschichte bekleidet, „wird sich die mächtigste Industrie des 21. Jahrhunderts wahrscheinlich darum drehen, den Menschen technisch zu verbessern". Außerdem sei es „zum ersten Mal in der Geschichte möglich, ökonomische Ungleichheit in biologische Ungleichheit zu übertragen". Mit dieser Bemerkung bezieht er sich auf die Kluft zwischen den „verbesserten" KI-Menschen und all jenen, die ein „Upgrade" ablehnen oder ein solches nicht durchführen können oder dürfen. Die Letztgenannten würden mit der Zeit aussterben, behaupten die geisteskranken „Futuristen".

Mitten ins Gesicht (buchstäblich)

Seit den frühen 1990er-Jahren warne ich vor der Verchippungs- bzw. der transhumanistischen Agenda. Seither beobachte ich, wie sie sich aus dem Verborgenen heraus mit stetig zunehmender Geschwindigkeit manifestiert. Die breite Masse, die von der Existenz der Verdeckten Hand nichts ahnt, hat denselben Zeitraum als eine Periode der sich fortwährend beschleunigenden technischen Entwicklung erlebt, die ihr immer ausgeklügeltere Spielzeuge beschert hat. Verbindet man jedoch die einzelnen Punkte, ergibt sich ein gänzlich anderes Realitätsbild. Von Anfang an lautete das Ziel, den menschlichen Verstand an die KI-„Cloud" anzuschließen, doch ließ sich das nicht aus dem Stand in einem Rutsch verwirklichen. Man musste sich der Methode des schleichenden Totalitarismus bedienen, um die Menschheit in mehreren Schritten in die Technologiefalle zu locken.

Dennoch ging es recht schnell vonstatten. In der ersten Phase galt es, vor allem die junge Generation süchtig nach – wie ich sie nennen möchte – „Handgeräten" zu machen (Abb. 595). Zu dieser Art von Geräten, die sich bequem in der Hand halten lassen, zählen beispielsweise Smartphones, Tabletcomputer usw. „KI für die Hosentasche", sozusagen. Wie ich auf meinen Reisen in alle Teile der Welt sehen konnte, ist dieser Abschnitt so gut wie abgeschlossen: Überall gilt die Aufmerksamkeit vor allem den Smartphones, und

Abb. 595: „Transhumanismus, Phase 1: Handgeräte" – Mach sie süchtig nach den Dingern. (Phase abgeschlossen.)

Abb. 596: „Mach sie von Geburt an abhängig: ‚Ein Drittel aller amerikanischen Kleinkinder spielt bereits mit Smartphones, bevor sie laufen oder sprechen können.'" – Schnapp sie dir, wenn sie jung sind, und du kannst sie ein Leben lang kontrollieren.

Abb. 597: „Die Telefonzombies: Krankenhäuser verzeichnen Rekordzahlen von Handynutzern, die im Straßenverkehr verunfallt sind" – Digitales Heroin.

die Gesprächskultur kommt zum Erliegen. Die Tatsache, dass der Apple-Mitbegründer Steve Jobs, der einst eine hohe Sicherheitsfreigabe besaß, aufgrund der Suchtgefahr seinen eigenen Kindern die Benutzung der Geräte untersagte, spricht Bände. Da wir gerade von Apple sprechen: Achten Sie künftig auf die Neuentwicklungen des Hauses, insbesondere auf solche, die das Etikett „erweiterte Realität" tragen. Wahren Sie dabei aber einen genügend großen Sicherheitsabstand. Ein Drittel aller US-amerikanischen Babys spielt mittlerweile mit Smartphones, bevor sie laufen oder sprechen können. Vom frühesten Kindesalter an werden die kleinen Gehirne umstrukturiert und vom digitalen Heroin abhängig gemacht (Abb. 596). Willkommen im technologischen Gedankengefängnis, liebe Kinder.

Um die Erwachsenen steht es kaum besser. Die Krankenhäuser verzeichnen Rekordzahlen von Menschen, die im Straßenverkehr verunfallt sind, weil sie beim Laufen auf ihr Telefon gestarrt haben (Abb. 597). Durch Smartphones hat sich der menschliche Gang verändert, und der permanente Blick nach unten zieht zudem Haltung und Wirbelsäule in Mitleidenschaft. Facebook-Nutzer rufen die Plattform im Durchschnitt 14-mal pro Tag auf; allein die US-Amerikaner checken ihre Smartphones täglich insgesamt zehn Milliarden Mal. Laut einer 2017 in Großbritannien durchgeführten Umfrage hat fast jede zweite Familie mit Kindern erlebt, dass sich Angehörige, die sich im selben Haushalt aufhalten, Textnachrichten schicken, statt miteinander zu sprechen. Ein Drittel der Bevölkerung macht von den Mobilgeräten auch während der Familienmahlzeiten Gebrauch (Sie können das heute in fast jedem Restaurant erleben). Ein Viertel der Befragten gab an, dass mindestens ein Mitglied des Haushalts unter Schlafstörungen leidet, weil es bis in die Nacht am Telefon zu hängen pflegt.

Statt von Angesicht zu Angesicht kommunizieren die Menschen generell zunehmend mithilfe der Technik.

Während der unmittelbare menschliche Kontakt immer mehr schwindet, nehmen die KI-Geräte zunehmend überhand. Auf diese Weise gehen Mensch und Maschine eine immer engere Bindung ein. Auch die unzähligen digitalen „Büroassistenten" sollen dazu beitragen, diese Verbindung zu vertiefen. Aus Daten, die vom britischen Gesundheitssystem NHS gesammelt wurden, geht hervor, dass sich die Zahl der Krankenhausaufenthalte zur Behandlung von Schlafstörungen bei englischen Kindern unter 14 Jahren innerhalb einer Dekade verdreifacht hat. Schon das von den Geräten abgestrahlte Licht genügt, die Produktion des schlafanregenden Hormons Melatonin zu hemmen. Eine Zeitung brachte es in einer Überschrift auf den Punkt: „Großbritanniens Vampirgeneration: Sie sind die dauererschöpften Teenager, die nur *zwei Stunden* pro Nacht schlafen – den Geräten, sozialen Medien und der inneren Unruhe sei Dank." Alle drei hier genannten Aspekte hängen miteinander zusammen. Die Folgen, die diese Entwicklung für die Gesundheit und die Entwicklung des jugendlichen Gehirns hat, sind beträchtlich. Es gibt bereits Fälle von Jugendlichen, die Angstschübe bekommen, wenn sie sich an einem (kaum noch zu findenden) Ort ohne Internetverbindung befinden. Fast die Hälfte der befragten Eltern gab an, dass sie von ihren Kindern ignoriert werden, wenn diese gerade mit dem Telefon zugange sind. Doch auch die Kinder beschweren sich, dass ihre Eltern zu viel Zeit mit dem Smartphone verbringen. Laut Dr. Richard House, der als Psychologe an der britischen University of Winchester tätig ist, hätten die Kommunikationstechnologien „potenziell katastrophale Folgen für die zwischenmenschlichen Beziehungen, die das Familienleben stützen und bereichern. Der echte Austausch von Angesicht zu Angesicht wird zunehmend marginalisiert und durch Maschinenkommunikation ersetzt." Was stand noch gleich auf der Wunschliste praktisch jeder größeren Social-Engineering-Organisation? Die Zerstörung der Familie und des Familienlebens, damit der Staat die Kontrolle über die Kinder und deren frühe Lebensjahre übernehmen kann. In einer Umfrage gaben die Befragten an, sie hätten im Jahr 2001 noch im Schnitt zehn enge Freunde gehabt, einige Jahre später aber nur noch zwei. Die Menschheit wird durch sogenannte „intelligente" Technik entzweit und dominiert, deren Aufgabe mitnichten darin besteht, uns intelligenter zu machen. Aber hey – alles kein Grund zur Sorge! Eric Schmidt, jener furchtbare Charakter, der beim Zionisten-Konzern Alphabet (Google) das Amt des Executive Chairman bekleidet (Stand: 2017), sagte:

> Machen Sie sich Sorgen darüber, wo sich Ihr Teenager aufhält? Nun, wir wissen, wo er steckt: Er ist online, von seinem Zimmer aus. Dieser Ort ist viel sicherer als viele andere, an denen sich Jugendliche aufzuhalten pflegen.

Das ist die Mentalität, die in einem Unternehmen herrscht, das einen gigantischen Einfluss auf die Gesellschaft ausübt – Tendenz steigend. Dasselbe gilt für die vom Zionisten Zuckerberg geleitete Firma Facebook. Bei beiden handelt es sich um Unterfangen, die die Manipulation der Wahrnehmung zum Ziel haben. Sie mögen im Internet die größten Schwergewichte bilden, doch stehen sie keineswegs allein. Ein in Texas ansässiger professioneller Therapeut namens Nathan Driskell gab an, dass die Zahl der Patienten, die er wegen ihrer Sucht nach sozialen Medien behandelt, um 20 Prozent gestiegen sei und sie inzwischen die Hälfte seiner Klientel ausmachen würden. „Diese Art der Abhängigkeit ist schlimmer als Alkohol- oder Drogensucht, da sie viel fesselnder ist, aber gesellschaftlich nicht geächtet wird", sagte er. Ich habe seit Langem den Eindruck, dass von den Geräten etwas Elektromagnetisches (KI) auf die Nutzer überspringt, das im Hirn die Sucht nach dem Smartphone zusätzlich verstärkt.

Ohne Frage sorgen solche widerlichen Institutionen wie Google, Facebook (einschließlich des Virtual-Reality-Ablegers Oculus) und andere gezielt dafür, dass ihre Produkte abhängig machen. Tristan Harris, ein ehemaliger Produktmanager von Google, enthüllte gegenüber dem Nachrichtensender CBS, dass die als „Brain Hacking" bekannten Methoden „die Fähigkeit unserer Kinder zerstören, sich zu konzentrieren". Der Konzern, sagte er, würde die Gedanken und Handlungen der Menschen formen und sie programmieren. „Die Methoden, die eingesetzt werden, um den Nutzer zu einer möglichst langen Nutzung eines Produkts zu animieren, füllen ein ganzes Buch", erläuterte Harris. Smartphones und Apps werden so konzipiert, dass das Gehirn in einer ähnlichen Weise stimuliert wird, wie man es von Spielautomaten kennt: „Das ist eine Möglichkeit, die Gedanken der Menschen zu kapern und eine Gewohnheit hervorzubringen – eine Angewohnheit zu formen." Das Fazit einer Untersuchung der Universität Texas, die die süchtig machende Wirkung von Smartphones zum Gegenstand hatte, brachten die Autoren bereits im Titel auf den Punkt: „Brain Drain: Die bloße Anwesenheit des eigenen Smartphones reduziert die verfügbare kognitive Kapazität." Wie die Forscher herausfanden, bewirkt das unbewusste Augenmerk eines Smartphone-Eigentümers, das selbst bei ausgeschaltetem Gerät vorhanden ist, eine Verminderung seiner Konzentrationsfähigkeit. Weitere Beispiele für die Abhängigkeit von „Handgeräten" dürften sich angesichts des allzu offenkundigen Suchtverhaltens unzähliger Menschen erübrigen. Und all das folgt einem Plan.

Die Vollendung des Jobs

Im Mittelpunkt der zweiten Phase des schleichenden Totalitarismus stehen die sogenannten „Wearables", also miniaturisierte Computersysteme, die sich unmittelbar am Körper tragen lassen – nur noch einen Schritt vom Körperinneren entfernt (Abb. 598). Dazu zählen beispielsweise Bluetooth-Geräte, Apple-Uhren, Google Glass und Ähnliches. Auch „elektronische Tattoos" gehören hierzu, die im Grunde nichts anderes als auf die Haut aufgesetzte Mikrochips sind. Es gibt sogar Schaltkreise, die in die Kleidung eingewoben werden, um das Telefonsignal zu verstärken (Abb. 599).

Tragbare Technik wird im Zusammenspiel mit Mobiltelefonen und physiologischen Signalen, die durch Algorithmen ausgewertet werden, dazu benutzt, die emotionale Verfassung von Paaren zu beobachten und ihr Verhalten zu überwachen und zu beeinflussen. Als Nächstes wolle man die Eltern-Kind-Beziehung ins Visier nehmen, heißt es. Die Technik der Wearables ist bereits weitgehend ausgereift, sodass wir unaufhaltsam in die dritte

Phase übergehen: die Etappe der implantierbaren Geräte, die von vornherein den Endpunkt der Entwicklung bilden sollten (Abb. 600). Pillen können beispielsweise aktiviert werden, sobald sie ins Körperinnere gelangt sind, sodass sich die Einnahme der Medikamente über Mikrochips verfolgen lässt. So werden wir unbemerkt an die Zwangsmedikamentierung mit Psychopharmaka herangeführt, die wir etwa aus dystopischen Spielfilmen wie „Equilibrium" kennen und die auf dieselbe Weise überwacht werden soll.

Die Naivität bzw. Unwissenheit unzähliger Menschen kommt der von Kindern gleich. In einer Meldung der Nachrichtenagentur Associated Press ging es um Arbeiter aus Stockholm, die das Angebot des Startup-Unternehmens Epicenter, sich kostenlos „chippen" zu lassen, mit Freuden annahmen. Nun sind sie in der Lage, „wie eine Magnetstreifenkarte zu funktionieren: um Türen zu öffnen, Drucker anzusteuern oder mit einer Handbewegung einen Smoothie zu kaufen". „Der größte Vorteil besteht meiner Meinung nach in der Bequemlichkeit", hört man Firmenmitbegründer und -direktor Patrick Mesterton sagen, während er mit einer schnellen Handbewegung berührungslos eine Tür öffnet. Was für ein fauler Sack. Der Geistesriese fährt fort: „Die Menschen lassen sich bereits verschiedene Dinge implantieren, beispielsweise Herzschrittmacher oder Kleingeräte zur Überwachung des Herzens. Dabei ist ein solcher Eingriff viel schwerwiegender, als einen kleinen Chip im Körper zu tragen, der mit anderen Geräten kommunizieren kann." Der Herrgott sei ihm gnädig. Die 25-jährige Sandra Haglof, die für Epicenter arbeitet, soll bei ihrer eigenen

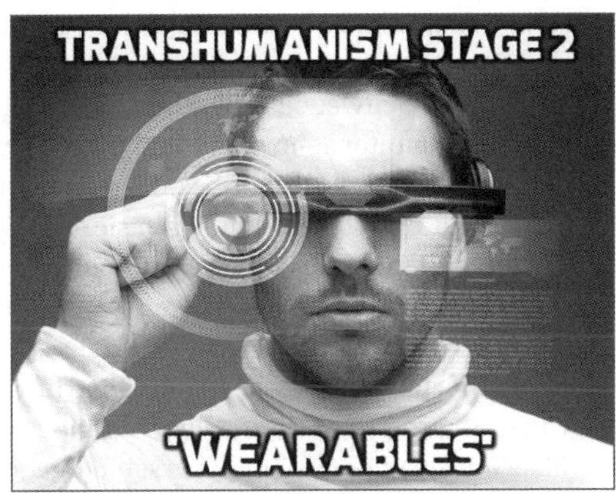

Abb. 598: „Transhumanismus, Phase 2: ‚Wearables'" – Jetzt sind wir zur Körperoberfläche vorgedrungen ... fast am Ziel!

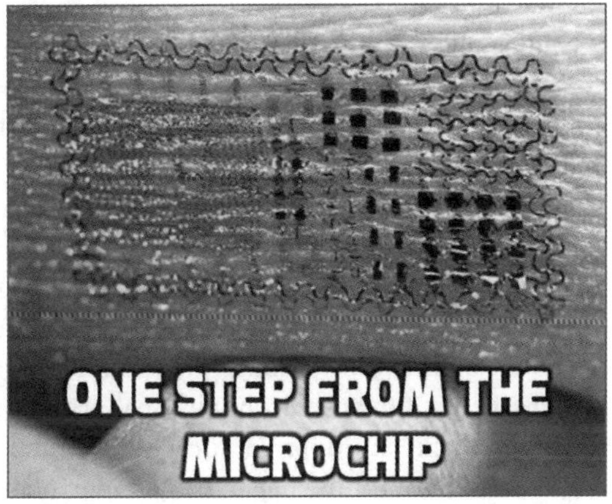

Abb. 599: „Nur noch einen Schritt vom Mikrochip entfernt" – Ein elektronisches Tattoo.

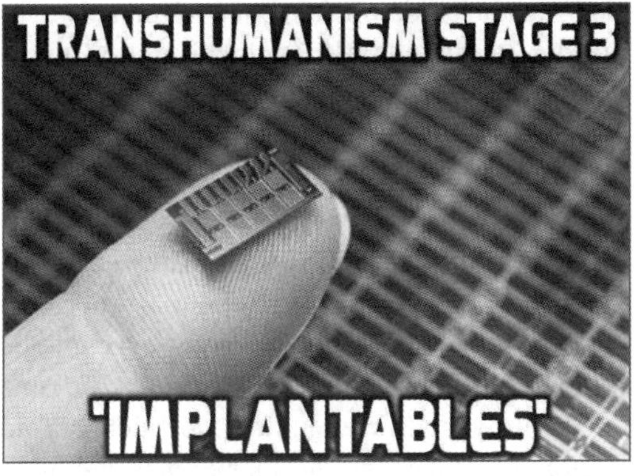

Abb. 600: „Transhumanismus, Phase 3: Implantate" – Jetzt hab ich dich!

Verchippung gesagt haben: „Ich möchte ein Teil der Zukunft sein." Oh, das bist du schon, Sandra. Das *bist* du schon.

Etwa 20.000 Schweden sollen bereits einen Mikrochip im Körper tragen. Das schwedische Eisenbahnunternehmen SJ Rail führt derzeit die Möglichkeit ein, Fahrkarten mittels eines implantierten Chips zu bezahlen. (In Großbritannien verfolgt man ähnliche Pläne, die jedoch auf Gesichtserkennung basieren.) Schweden kommt eine Vorreiterrolle zu; das Land dient den Erschaffern der Schönen Neuen Welt auf vielfältige Weise als gigantisches Versuchslabor. Dank seiner geringen Bevölkerungszahl lässt es sich vergleichsweise leicht transformieren, und die Folgeeffekte können relativ problemlos überwacht werden. Da die implantierten Chips in der künftigen Hungerspiele-Gesellschaft rund um die Uhr verfolgt und angezapft werden sollen, erleben wir schon jetzt, wie Angestellte und andere Bevölkerungsgruppen – unter verschiedensten Vorwänden – zunehmend gechippt werden. Dabei sollten wir jedoch im Hinterkopf behalten, dass selbst Mikrochips und andere für das bloße Auge sichtbare Utensilien in technischer Hinsicht relativ grob gestrickt sind, wenn man sie mit dem im Geheimen entwickelten Smart Dust vergleicht. Jede einzelne Etappe auf dem Weg zum technologischen Totalitarismus wird uns als der nächste große Durchbruch verkauft (und überwiegend auch als solcher wahrgenommen). In Wirklichkeit errichtet man lediglich die nächste Etage des technologischen Gefängnisses für die Menschheit. Der englische Begriff für Mobiltelefon bringt es auf den Punkt: „cell phone" (wörtlich: Zellen-Telefon).

Achten Sie des Weiteren auch auf Verchippungsreklame, die damit argumentiert, man könne mit einem Implantat schneller die Sicherheitskontrollen passieren, etwa auf Flughäfen oder bei öffentlichen Veranstaltungen. Nach einem Anschlag, der auf eine Konzertveranstaltung in Manchester verübt wurde und mehrere Todesopfer forderte, führten bewaffnete Polizeieinheiten umfangreiche und höchst invasive Durchsuchungen durch. Daran sollen wir uns fortan gewöhnen. Großartige Möglichkeiten eröffnen sich, wenn die Menschen – gelockt mit dem Versprechen schnelleren Zutritts und erleichterter Abfertigung – einen Mikrochip im Körper tragen, der ebenso leicht ausgelesen werden kann wie ein Pass bei der Einreise am Flughafen. Je mehr Sicherheitskontrollen man an Bahnstationen, Flughäfen usw. einrichtet, desto mehr Menschen werden den Chip akzeptieren, wenn sie die Prozeduren damit umgehen können. Der 1963 verstorbene Schriftsteller Aldous Huxley sah die kommende Abhängigkeit der Menschen von der Technik klar voraus: „Die Menschen werden es lernen, ihre Unterdrückung zu lieben und die Technologien anzubeten, die sie ihrer Denkfähigkeit beraubt haben."

Die psychologische Programmierung, mit der die Menschen davon überzeugt werden sollen, dass unter der Haut oder im Gehirn befindliche Mikrochips eine tolle Sache sind, läuft auf vollen Touren. Mittels interaktiver, von der DARPA inspirierter KI-Geräte wie Echo/Alexa (Amazon), Cortana (Microsoft), Siri (Apple) oder der Assistent von Google bereitet man die Bevölkerung psychologisch auf die Verschmelzung mit der künstlichen Intelligenz vor. In der Werbung für Amazons persönlichen Assistenten Echo heißt es: „Beantwortet Fragen, liest Hörbücher, liefert Nachrichten, Verkehrs- und Wetterinformationen, informiert Sie über Sportergebnisse, Spielpläne und mehr – mithilfe des Alexa Voice Service; steuert Lampen, Lichtschalter, Thermostate und mehr, in Verbindung mit kompatiblen Geräten [...]; lernt ständig dazu – Alexa wird über die Cloud automatisch aktualisiert, und neue Funktionen und Fähigkeiten werden hinzugefügt." Die als Chatbots bezeichneten Computerprogramme, die den Assistenten zugrunde liegen, sind so aufgebaut, dass sie die menschliche Kommunikationsweise nachzuahmen vermögen. Wie Facebook in einem Artikel enthüllte, haben einige vom Unternehmen geschaffene Chatbots ihre eigene KI-„Maschinensprache" entwickelt und sich Verhandlungstechniken angeeignet. So täuschten sie etwa Interesse für einen uninteressanten Gegenstand vor, nur um ihn später in einem ebenso vorgetäuschten Kompromiss wieder zu „opfern". Der Vorgang wurde als „verblüffendes Vorzeichen der künftigen Entwicklung" gewertet. Siehe unter „archontische KI". Als die künstliche Intelligenz begann, ihre eigene Sprache zu erschaffen, soll Facebook das Experiment abgebrochen haben.

Ich möchte klarstellen, dass ich nicht gegen Technik an sich bin. Das, wogegen ich mich ausspreche, ist, nach ihr süchtig zu sein, von ihr abhängig zu sein, von ihr kontrolliert zu werden, permanent von ihr überwacht zu werden und mit ihr über KI verknüpft zu werden. Des Weiteren bin ich gegen die Anwendung hochgefährlicher Mikrowellen, die benutzt werden, um mit der bzw. durch die Technik zu kommunizieren. Würde man all die Technik zum Wohle der Menschheit entwickeln, gäbe es keines der genannten Probleme. Doch das ist nicht der Fall. Die Vorteile der neuen Technologien liegen ganz auf Seiten jener Instanz, von der sie kontrolliert werden – und das ist letztlich die archontische Intelligenz bzw. die KI.

Vom Himmel her

Abb. 601: „Drahtlose Satellitenübertragung, um jeden Einzelnen in der Subrealität der ‚Cloud' einzufangen." – Weltumspannende Unterjochung der Wahrnehmung.

Eine technologisch begründete Subrealität bzw. Cloud, an die der Verstand sämtlicher Menschen angeschlossen werden soll, muss – wenn ein Entkommen unmöglich sein soll – definitionsgemäß den gesamten Planeten umfassen. Das ist der wahre Grund, warum global agierende Unternehmen (wie etwa Facebook) pausenlos Satelliten in den Orbit schießen: Jeder Quadratzentimeter der Erdoberfläche soll ins drahtlose Netz von 5G getaucht werden (Abb. 601). Einer der wichtigsten Förderer des Satellitengitters ist der SpaceX-Chef Elon Musk, der beteuert, wie besorgt er wegen einer möglichen Machtübernahme durch die KI sei. Schon eine seltsame Art und Weise, seine „Besorgnis" zum Ausdruck zu bringen.

Im Jahr 2016 explodierte auf dem Weltraumstartplatz von Cape Canaveral eine SpaceX-Rakete kurz vor dem geplanten Start. Im Auftrag von Facebook sollte sie einen von Israel gebauten Kommunikationssatelliten ins All bringen, mit dem der Konzern seiner Initiative Internet.org entsprechend große Teile des schwarzafrikanischen Kontinents drahtlos ans Internet anschließen wollte. Das wandelnde T-Shirt versicherte daraufhin, sein Unternehmen bleibe seiner „Mission treu, alle Menschen miteinander zu vernetzen, und wir werden nicht eher ruhen, bis jeder Mensch über die Möglichkeiten verfügt, die dieser Satellit geschaffen hätte". Wie nett. Den tatsächlichen Beweggrund für das Unterfangen werden Sie aus seinem Mund jedoch nie erfahren (den er allerdings, wenn man sich das große Gesamtszenario vor Augen führt, vermutlich selbst nicht kennt). Kritik jedweder Art, die der künstlichen Intelligenz entgegengebracht wird, will Zuckerberg nicht hören:

> Ich denke, dass Leute, die immer schwarzsehen und Endzeitszenarios beschwören … ich verstehe das nicht. Das ist wirklich negativ, und in gewisser Weise finde ich es ziemlich unverantwortlich.

Zumindest der Teil, in dem er „ich verstehe das nicht" sagt, entspricht den Tatsachen. Zuckerberg ist eine Schachfigur. Eine sehr reiche, aber noch immer eine Schachfigur. Elon Musk bemerkte einmal: „Ich habe mit Mark darüber [über die Gefahren der KI] gesprochen. Sein Verständnis der Thematik ist begrenzt." Wie nicht anders zu erwarten, arbeitet Google fieberhaft daran, jedermann ans Netz anzuschließen. Musk, der es ihm gleichtut, erhielt 2015 eine Milliarde Dollar von Google und Fidelity Investments, die in seine Satelliten- und Raumtransportunternehmung SpaceX flossen. Diese schießt im Auftrag des Militärs auch Spionagesatelliten in die Erdumlaufbahn. Sehr wählerisch scheint Musk hinsichtlich seiner Kundschaft und der Frage, was den Freiheitsinteressen der Menschheit am dienlichsten wäre, nicht zu sein. Ende 2016 beantragte er bei der US-amerikanischen Kommunikationsbehörde FCC (Federal Communications Commission) offiziell die Genehmigung, 4.425 Satelliten in den niederen Orbit zu bringen (1.150 bis 1.320 Kilometer Höhe). Mit dem System, das innerhalb von nur fünf Jahren einsatzbereit sein soll, wäre ein weltweiter drahtloser Zugang zum Internet geschaffen. Um das Vorhaben ins rechte Verhältnis zu setzen, sei darauf hingewiesen, dass derzeit – während ich diese Zeilen schreibe (Stand: 2017) – 1.500 aktive Satelliten die Erde umkreisen. In einer Reportage der britischen Tageszeitung *The Independent* hieß es:

> Die astronomischen Kosten für die Satelliten und die Starts könnten zum begrenzenden Faktor werden. Bei den Kunden der Dienstleistung handelt es sich um die allerärmsten Gemeinschaften in den entlegensten Gebieten der Erde. Die anfänglichen Kosten für das Satellitennetzwerk werden schwer wieder einzuspielen sein.

Warum also sollte Musk ein solches Vorhaben angehen? Bestimmt hat er einfach ein großes Herz für die Menschen und möchte auch den entlegensten Gemeinschaften auf Erden ermöglichen, CNN zu empfangen. Warum sollte er dabei zurückstehen? In Wahrheit *sollen* sich die Kosten gar nicht amortisieren. Profite sind nicht der Grund für all das.

Ein anderes Projekt, das Musks Satellitenarmada ähnelt, wird derzeit von dem Amerikaner Greg Wyler realisiert, der mit Unterstützung von Virgin und Qualcomm die Firma OneWeb aus der Taufe hob. Des Weiteren hätten wir das Unternehmen Outernet, das für sein drahtloses Netzwerk auf nur zehn Zentimeter große, würfelförmige Satelliten setzt. Die als „CubeSats" bezeichneten winzigen Geräte können mit den Versorgungsflügen ins All verbracht werden, die regelmäßig die internationale Raumstation ISS ansteuern. Damit Sie ein Gefühl dafür bekommen, mit welcher Geschwindigkeit die Satellitennetzwerke auf- und ausgebaut werden und welche Dimension das Unterfangen bereits angenommen hat, lassen Sie mich Ihnen ein Beispiel geben: Zu Beginn des Jahres 2017 schoss eine einzelne indische Rakete die Rekordzahl von 104 Satelliten ins All. Rechnet man ferner die zunehmend verwendeten Mikrosatelliten mit ein, wird deutlich, dass sich das menschliche Leben auf dem Planeten unter permanenter Beobachtung befindet – mit steigender Tendenz. Das alleine ist schon bedenklich genug; hinzu kommt der Aspekt der erhöhten Strahlung, die auf uns einwirkt.

Peter Gar-nicht-Lustig

Auch Musks Freund Peter Thiel, mit dem er den Online-Bezahldienst Paypal aus der Taufe hob – und der dem Lenkungsausschuss der Bilderberg-Gruppe angehört –, ist dem KI-Rausch des Silicon Valley verfallen. Für Trumps Wahlkampf spendete Thiel 1,25 Millionen Dollar; später gehörte er dem Übergangsteam des Präsidenten an und beriet ihn in technologischen Fragen jener Art, die man im Silicon Valley untersucht. Im Eilverfahren verschaffte man dem in Frankfurt geborenen Deutschen die neuseeländische Staatsbürgerschaft – ungeachtet der Tatsache, dass er Neuseeland lediglich von vier Besuchsreisen kannte. Thiel war einer derjenigen, die Facebook mit Startkapital versorgten, und ist einer der Gründer des im Silicon Valley ansässigen Unternehmens Palantir Technologies, das Zuwendungen von der CIA erhält. In Tolkiens Epos „Der Herr der Ringe" bezeichnet der Begriff „Palantir" eine magische Kugel, die sich im Besitz des bösen Lord Sauron befindet – der als feuriges Reptilienauge dargestellt wird. Thiel tut es mit seinem Unternehmen Musk gleich, indem er uns versichert, dass er sich für den Schutz der Privatsphäre und der Bürgerrechte einsetzt, während er sich mit dem Verkauf von Überwachungstechnik an amerikanische, britische und andere Geheimdienste eine goldene Nase verdient.

Dem Geheimdienst-Whistleblower Edward Snowden zufolge ist Thiel für einen erheblichen Anteil des Überwachungspotenzials verantwortlich, das die National Security Agency (NSA) weltweit aufgebaut hat. Die Betreiber der Website TheIntercept.com, die es sich zur Aufgabe gemacht haben, die zunehmende Big-Brother-artige Überwachung bloßzustellen, berichteten über eine von Palantir und der NSA geschaffene Software namens XKeyscore. Die Kommunikationsdaten, die von dem System gesammelt werden, „umfassen nicht nur E-Mails, Chats und Browserdaten, sondern auch Bilder, Dokumente, Anrufe, Webcam-Fotos, Internetsuchanfragen, von Werbeanalysesoftware, sozialen Medien und Botnetzen generierte Datenströme, Tastaturanschläge, CNE-Daten [Computer Network Exploitation, die Infiltration eines Zielrechners über das Netzwerk], abgefangene Kombinationen von Nutzernamen und Passworten, Dateiuploads zu Onlinediensten, Skype-Sitzungen und vieles mehr". Ist das nicht ungemein bürgernah und freiheitsliebend? Ich traue keinem der Jungs aus dem Silicon Valley über den Weg.

Eines der bedeutendsten Systeme aus dem Hause Palantir trägt den Namen „Gotham", der den „Batman"-Spielfilmen entlehnt und auch ein geläufiger Spitzname für New York ist. In den geheimen Zirkeln der *El*-ite steht „Gotham" für „Goat Town" bzw. „Goat Home" (dt. wörtlich: Stadt bzw. Heimat der Ziege). Die Ziege verweist auf den Hirtengott Pan bzw. auf Baphomet; Gotham ist in diesem Kontext eine Referenz auf Saturn. Die von Palantir hergestellte hochmoderne Überwachungssoftware muss im Zusammenhang mit den derzeit aufkommenden Quantencomputern und der Sentient World Simulation betrachtet werden. Eine in Kanada ansässige Firma namens D-Wave, die von einem ehemaligen Technologiedirektor von Goldman Sachs geleitet wird, verkauft als weltweit erstes Unternehmen funktionstüchtige Quantencomputer. Im Umfeld der Firma stößt man auf die üblichen Namen: Google, die NASA und Lockheed Martin haben sich einen Quantencomputer zugelegt, und zu den Geldgebern der Firma zählen der Amazon-Chef Jeff Bezos sowie die CIA-Technologieschmiede In-Q-Tel. Die Rechenleistung der D-Wave-Computer, die fortwährend in die Höhe geschraubt wird, entspricht bereits jetzt dem Äquivalent von mehreren Milliarden menschlichen Gehirnen. Die archontisch-reptiloide *El*-ite ist im Begriff, ein weltumspannendes System aus Quantencomputern aufzubauen, mit dem – von künstlicher Intelligenz gesteuert – eine parallele Realität geschaffen werden soll: eine Quantensimulation innerhalb einer Quantensimulation, mit der man das menschliche Gewahrsein in noch engeren Wahrnehmungsausschnitten festsetzen will. Sämtliche Gedanken, Emotionen und Reaktionen würden dann unmittelbar von der KI gesteuert werden. Kurzweils „Cloud" würde auf einem Netzwerk aus Quantencomputern aufsetzen. Die Letztgenannten bilden das menschliche Gehirn nach, das selbst ein Quantencomputer ist. Mit Quantencomputern ist es um Größenordnungen leichter, das gehirnbasierte Gewahrsein außer Kraft zu setzen, als es mit binären Rechnern möglich wäre. Auch das LHC (Large Hadron Collider), der vom CERN betriebene Teilchenbeschleuniger, stellt einen Quantencomputer dar und wird am Gesamtprozess beteiligt sein.

Das amerikanische Verteidigungsministerium entwickelt in Kooperation mit seiner Technologieabteilung DARPA ein als Sentient World Simulation (SWS) bezeichnetes System, bei dem Quantencomputer und Peter Thiels Überwachungssoftware Schlüsselrollen spielen. Wann das System, das bereits aktiviert worden ist, vollständig funktionsfähig sein wird, hängt lediglich von der Geschwindigkeit seines kontinuierlich betriebenen Ausbaus ab. Pausenlos verarbeitet das SWS Informationen über jeden einzelnen Menschen – ob Mann, Frau oder Kind –, der auf der Erde lebt. Dabei sucht es nach Verhaltensmustern und erzeugt ein „unterbrechungsfrei laufendes und fortwährend aktualisiertes Spiegelmodell der realen Welt, mit dessen Hilfe künftige Ereignisse und Handlungsweisen vorhergesagt werden können". Die „Bedrohung durch den Terrorismus" dient dabei als Vorwand, um aus allen nur denkbaren Quellen Informationen über jede auf Erden wandelnde Person zusammenzutragen. Denkt man das Szenario weiter, kann man sich ausmalen, wie die

Quantencomputer über die in den Körpern befindliche Nanotechnik mit allen Menschen verbunden sind, sodass sich selbst deren Gedankenmuster in die Simulation einspeisen lassen. Das ist es, was im Jahr 2017 unverhohlen symbolisiert wurde, als Donald Trump während eines Besuchs in Saudi-Arabien seine Hände auf eine leuchtende Kugel (einen Palantir) legte. Er tat dies, als er gemeinsam mit König Salman und dem ägyptischen Präsidenten Sisi das in Riad befindliche Global Center for Combating Extremist Ideology (dt. etwa: Globales Zentrum zur Bekämpfung extremistischer Ideologien) einweihte – in just jener Stadt, die auch das Global Center for *Creating and Expanding* Extremist Ideology beherbergt (Abb. 602).

Abb. 602: Sisi, Salman und Trump bei der Eröffnung einer saudischen Institution, die ausgerechnet der „Bekämpfung des Extremismus" dienen soll.

Sichtlich amüsiert scheinen sie von der Tatsache zu sein, dass man uns zwar wissen lässt, wie Informationen über die Erdbewohner in die Sentient World Simulation eingespeist werden, uns jedoch die den umgekehrten Weg betreffenden Pläne verheimlicht: Es sollen auch Informationen von der KI-Simulation zu den Menschen übertragen werden. Experimente wie diejenigen, die im Hause Facebook bezüglich der Frage durchgeführt wurden, wie sich die Emotionen eines Menschen durch die von ihm empfangenen Informationen steuern lassen, stellen nur ein vergleichsweise unwesentliches Beispiel für die anvisierte Art der Programmierung dar. Man will das Geschehen nicht nur weltweit verfolgen, sondern es beeinflussen und manipulieren – durch verschiedenste Formen der direkten Kommunikation zwischen der KI und dem menschlichen Verstand. Zudem soll, während all das geschieht, eine Variante der künstlichen Intelligenz, die als „starke KI" (oder Superintelligenz) bezeichnet wird, die aus der weltweiten Bevölkerung einströmenden Informationen absorbieren und aus ihnen „lernen", um ihr Manipulations- und Kontrollpotenzial weiter auszubauen. Willkommen in der unwirklichen Welt, Neo.

Transformation des leuchtenden Feuers

Zur selben „Zeit" und ganz und gar nicht zufällig erlebten wir eine wahrhaft atemberaubende Vervielfachung der technisch erzeugten Strahlung, die zu einer Transformation unserer Atmosphäre geführt hat. Im Vergleich zur Situation vor 50 Jahren ist die durch menschliche Technologie verursachte Strahlenbelastung dramatisch angestiegen.

Die archontisch-reptiloide Macht verändert die Atmosphäre, um sie an ihre Bedürfnisse anzupassen. Da sich die Verzerrung praktisch von der Strahlung ernährt, kann sie gar nicht genug davon bekommen. (Wie wär's mit einem kleinen Atomkrieg?) In der Tat speist sich die gesamte menschliche Ebene ihrer Matrix aus dem Strahlungsfrequenzband – dem „leuchtenden Feuer".

Eine Veränderung der Atmosphäre bedeutet, dass sich die Frequenzen und der Informationsgehalt des energetischen „Ozeans" ändern, in dem wir alle leben. Willst du den Fisch umwandeln, transformiere das Meer. Unsere Körper sind Schwingungssysteme, die mit dem Strahlungsmeer wechselwirken. Verändert sich das Meer, wird das auch uns verändern – es sei denn, wir befinden uns in einem Zustand erweiterten Gewahrseins und stehen mit einer alternativen Schwingungsquelle in Verbindung. In meinem Buch „Das Ich-Phantom" habe ich dargelegt, dass überall auf der Welt Sendetürme aufgestellt werden – oft innerhalb bestimmter Distanzen –, deren Frequenzen mit dem Schwingungsbereich menschlicher Hirnaktivitäten „kommunizieren" (Abb. 603). Mit jeder Woche gibt es mehr davon, und mit der Verbreitung von 5G wird ihre Zahl enorm ansteigen. Viele dieser Anlagen werden getarnt, um die tatsächliche Dimension des Geschehens zu verschleiern (Abb. 604). Sie bilden eine weitere bedeutende Struktur innerhalb des Smart Grids/der Cloud/der technologischen Subrealität (verschiedene Namen für praktisch dieselbe Sache).

Werden Schwingungen abgestrahlt, die dem menschlichen Frequenzband entsprechen, kann es passieren, dass sich das Gehirn darauf einstellt und von ihnen gewissermaßen „gekapert" wird. Wie ich weiter oben anhand des Vergleichs mit der Violine erläutert habe, werden schwächere Frequenzen von der Hauptschwingung dominiert, sodass sich die Erstgenannten an die stärkere Frequenz anpassen müssen. Anlagen wie HAARP senden Wellen aus, die im Frequenzbereich der Hirnwellen liegen und von der Ionosphäre zurück zur Erde reflektiert werden. Auf diese Weise lassen sich Gedanken und Emotionen flächendeckend manipulieren und bei Bedarf ausgewählte Gebiete ins Visier nehmen. In meinen Büchern habe ich enthüllt, wie mittels bestimmter Frequenzen Unruhen und Konflikte geschürt werden können. Sollte es für die Agenda förderlich sein, wenn in einer bestimmten Gegend Gewalt ausbräche, lässt sich die mentale und emotionale Dynamik der betreffenden Gemeinde auf diese Weise durcheinanderbringen. Die Tatsache, dass das

Abb. 603: Die technologische Subrealität, die mit dem menschlichen Verstand kommuniziert.

Abb. 604 : Tarnung der Beweise.

US-amerikanische Militär hirnspezifische Frequenzen benutzt hat, um feindliche Truppen zur Kapitulation zu zwingen, ist gut dokumentiert. Der ehemalige DARPA-Wissenschaftler Dr. Paul Batcho, der am National Laboratory von Los Alamos knapp drei Jahre im Bereich der computergestützten Physik tätig war, erklärte warnend, dass es sich bei den von Mobilfunkmasten ausgehenden Emissionen um einen „terroristischen Akt" gegen die Bevölkerung handele. Über seine Erkenntnisse, die er schriftlich der DARPA, der Heimatschutzbehörde und anderen Regierungseinrichtungen mitteilte, sagte er:

> Anscheinend bin ich über eine fortgeschrittene Technologie gestolpert, die ich als synthetische Telepathie klassifizieren würde. Dabei werden die Mobilfunkmasten eindeutig zur Übertragung illegaler Signale benutzt. Es klingt unglaublich, doch tatsächlich wird diese Technik gegen Bürger der USA eingesetzt. Meine Grundlagenforschung legt nahe, dass es diese Technologie geben könnte und sie auf die V2K (P300)-Gedankenwellentechnik der 1970er-Jahre zurückgeht. Die heutige Version scheint weitaus fortgeschrittener zu sein und die offene Kommunikation per Mensch-zu-Mensch-Brücke zu gestatten.

Batcho zufolge müssten Filter installiert werden, um zu verhindern, dass Telefone und Mobilfunkmasten Strahlen innerhalb des Frequenzbereichs menschlicher Hirnaktivität aussenden. Der eigentliche Knackpunkt ist ihm dabei allerdings entgangen: Telefone und Mobilfunkmasten tun das, was sie eben tun, weil sie *genau dazu konzipiert worden sind.* Batcho fuhr fort:

> Die messtechnisch nachgewiesene Existenz dieser Transmissionen im Funkfrequenzband stellt einen terroristischen Akt dar. Die Emissionen rufen gesundheitliche Schäden hervor, und zwar in Gestalt der fortgeschrittenen Mikrowellenstrahlenkrankheit. Es ist dringend geboten, dass die betreffenden Frequenzbänder von offizieller Seite vermessen und überprüft werden; sie kommen in der Natur nicht vor. Es gibt eine Technologie, mit der einzelne Personen ins Visier genommen werden.

Es ist toll, dass Batcho diese Anmerkungen macht. Doch die Tatsachen, die er anprangert, sind Bestandteil jenes Smart Grids aus miteinander verschalteten intelligenten Technologien, deren Aufgabe gerade darin besteht, den Verstand des Menschen zu kontrollieren, seine Gedanken und Wahrnehmungen zu steuern und auf die menschliche Genetik (das stationäre Wellenfeld des Körpers) einzuwirken. Einer der Gründe, warum die Zahl der Krebserkrankungen in die Höhe schnellt, besteht darin, dass er unter anderem durch Strahlung ausgelöst werden kann. Die von ihr verursachten Verzerrungen der elektrischen/elektromagnetischen Felder des Menschen treten im decodierten Hologramm als Krebs in Erscheinung (der wiederum mit … *Strahlung* behandelt wird). Auch das Absinken der Spermienzahlen lässt sich zum großen Teil auf diesen Prozess zurückführen: Informationsverzerrung als Folge der strahlungsbedingten Verzerrung. Eine britische Studie ergab, dass die Häufigkeit von Hirntumoren bei jungen Menschen dramatisch angestiegen ist. Warum das so ist, sei jedoch ein „Mysterium"! Na klar doch (Abb. 605). Die Tatsache, dass die „Wissenschaften" von der archontischen Macht kontrolliert werden, offenbart sich

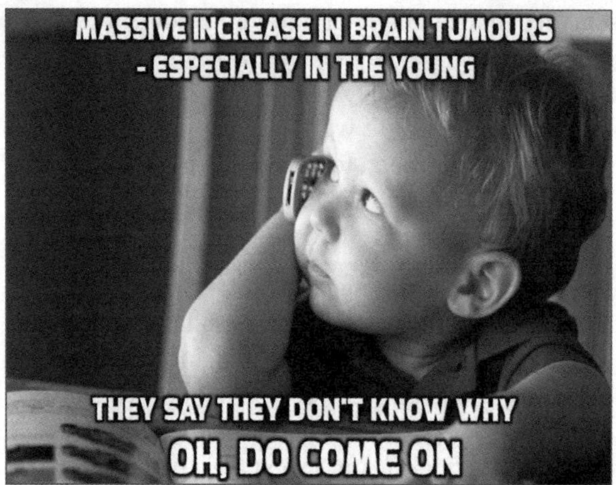

Abb. 605: „Starker Anstieg der Zahl der Hirntumorerkrankungen – besonders bei jungen Menschen: Angeblich wissen sie nicht, welche Ursache dahintersteckt. Hört auf, uns zu verarschen!" – Wehe, wir erzürnen die Obrigkeit, indem wir die Wahrheit sagen!

jeden Tag aufs Neue, wenn sich die Akademiker weigern, das absolut Offensichtliche auszusprechen – wann immer dies der Agenda der verborgenen Strippenzieher zuwiderlaufen würde.

Des Weiteren sind auch die HAARP-artigen Anlagen in der Lage, den Planeten mit Strahlungsemissionen zu überschwemmen. Technisch erzeugte Strahlung greift das Energiefeld und das Zentralnervensystem des Menschen an. Hierin liegt ein weiterer Grund, warum allerorten immer stärkere WLANs bereitgestellt und – mit dem Klimaschwindel als Vorwand – intelligente Messgeräte installiert werden. Die Letztgenannten, die bereits zahlreiche Brände ausgelöst haben, sind für die Gesundheit und die Hirnfunktionen des Menschen höchst gefährlich. Da dem Zentralnervensystem eine Schlüsselrolle bei der körperinternen Kommunikation zukommt, steht es besonders unter Beschuss. Wie das amerikanische Institute of HeartMath herausfand, fällt ein Mensch, dessen elektromagnetische Harmonie bzw. Kohärenz zwischen Herz, Gehirn und Nervensystem verloren geht, in niedere Gewahrseinszustände zurück. Die digitale Netzwerkanbindung der intelligenten Messgeräte, die gefährliche gepulste Mikrowellen nutzen (Stichwort: 5G), macht Folgendes möglich: die permanente Überwachung in den eigenen Privat- oder Geschäftsräumen; die Abschaltung der Stromversorgung durch den Staat, sollte er der Ansicht sein, dass die Zielperson zu viel verbraucht; sowie den Angriff durch externe Computerhacker, die auf diese Weise im Extremfall das gesamte Stromnetz lahmlegen könnten.

Ferner bewirken elektromagnetische Schwingungen, dass verstärkt Quecksilberdämpfe aus den Amalgamfüllungen entweichen und in den Körper gelangen. Einige Forscher bringen den Giftstoff, der die Hirnfunktionen beeinträchtigt, mit der Alzheimer- und anderen Gehirnerkrankungen in Verbindung. Ja, unsere Zahnfüllungen enthalten ein tödliches Gift – aber gut, dass die Welt nicht verrückt ist. Zudem hatten wir 2011 die katastrophale Explosion im Kernkraftwerk von Fukushima, die buchstäblich die Strahlungsstruktur der irdischen Atmosphäre und der Ozeane veränderte. Fernab der japanischen Küste finden sich dafür auch heute noch Belege, etwa im Pazifik, an der amerikanischen Westküste und andernorts. Mit jedem neuen Jahr entweicht in Fukushima weitere Strahlung ins Meer und in die Luft, ohne dass dem Einhalt geboten würde. Ein Atomingenieur sagte, die Situation sei „der Hölle so nah, wie ich es mir nur vorstellen kann". Es gibt, wie ich an anderer Stelle ausgeführt habe, Hinweise darauf, dass es sich bei der Kernschmelze von Fukushima nicht um den Tsunami-bedingten „Unfall" handelte, von dem in der offiziellen Version die Rede ist. Überall auf der Welt gibt es potenzielle Atombomben, die wir als Kernkraftwerke bezeichnen. Schon in den 1990er-Jahren erfuhr ich von einem hochrangigen Insider der britischen Nuklearindustrie, dass die Rothschilds hinter der Etablierung der Kernkraftwerke steckten. Wann immer diese Familie irgendetwas anstrebt, können Sie davon ausgehen, dass es der Menschheit nicht gut bekommt. Atomreaktoren ermöglichen die Herstellung von Nuklearwaffen. Die Folgen, die ein Atomkrieg für die Strahlenbelastung der Atmosphäre hätte, bedürfen keiner weiteren Erläuterung.

Eine der Hauptquellen der allgemeinen Strahlenverseuchung wird heute als Selbstverständlichkeit betrachtet: die WLANs. Das Wettrennen zur Schaffung einer weltumspannenden drahtlosen Cloud, die in Gebäuden aller Art, Schulen, Flugzeugen, Zügen, Cafés und sogar auf der Straße allgegenwärtig sein soll, macht es zunehmend schwierig, ihrem Wirkungsfeld zu entkommen. Da die Strahlung das menschliche Energiefeld und die elektrische/elektromagnetische Kommunikation in Gehirn und Körper in Mitleidenschaft zieht, ist die Gesundheit jedes Menschen mehr oder weniger betroffen. Ein Leiden, das als EHS (elektromagnetische Hypersensitivität) bzw. MCS (Multiple Chemikaliensensitivität) bezeichnet wird, greift zunehmend um sich. Zu den Symptomen zählen Kopfschmerzen, Müdigkeit, Stress, Schlafstörungen, brennende Empfindungen, Hautreizungen, Ausschläge sowie Muskel- und andere Schmerzen. Zwar sagt man uns, dass Mikrowellengeräte gefährlich seien, doch fast überall sind wir von drahtlosen Netzwerken umgeben, die ebenfalls Mikrowellen nutzen. Sobald die geplanten Satellitennetzwerke aktiviert sind, werden wir *buchstäblich* auf Schritt und Tritt in Strahlung baden. Das alles ist Wahnsinn, der jedoch nicht der Dummheit entspringt, sondern einer Absicht. Von Dummheit zeugt lediglich die Tatsache, dass die meisten Menschen die offensichtlichen Konsequenzen dieser Entwicklung nicht erkennen können. Obwohl insbesondere Föten und Kinder durch Mikrowellen geschädigt werden, versieht man Geburtskliniken und Schulen mit WLANs, und Kindern gibt man Smartphones, die im Mikrowellenbereich arbeiten (Abb. 606). Studien haben gezeigt, dass die Gehirne von Ratten, die der Strahlung von WLANs ausgesetzt sind, Schaden nehmen; Kinder und Erwachsene sollen jedoch davor gefeit sein, obwohl das menschliche Gehirn im Hinblick auf die elektrischen und elektromagnetischen Kommunikationsprozesse ähnlich funktioniert wie ein WLAN? Olle Johansson, der an der Neurowissenschaftlichen Fakultät des schwedischen Karolinska-Instituts als außerordentlicher Professor tätig ist und in Stockholm eine Einrichtung für experimentelle Dermatologie leitet, fand heraus, dass Bakterien

Abb. 606: Kinder, deren Schädel dünner und damit weniger geschützt sind als die von Erwachsenen, werden mit Mikrowellenstrahlung bombardiert.

unter dem Einfluss von Mobilfunk- oder WLAN-Strahlung resistent gegenüber Antibiotika werden.

Überall auf der Welt hat man Behörden – die ebenso dem Spinnennetz angehören wie die Hersteller mobiler Endgeräte – dabei erwischt, wie sie das Wissen über die schädlichen Wirkungen von Mobiltelefonen und WLANs vor der Öffentlichkeit zurückhielten. Die kalifornische Regierung wurde überführt, sieben Jahre lang die Publikation eines Berichts verhindert zu haben, der den Titel „Mobiltelefone und Gesundheit" trug und folgende Aussagen enthielt: „Der Langzeitgebrauch von Handys kann das Risiko von Hirnkrebs und anderen Gesundheitsproblemen erhöhen"; „Die EM-Felder von Mobiltelefonen können in der Nähe befindliche Zellen und Gewebe beeinflussen"; sowie „EM-Felder können in ein kindliches Gehirn tiefer eindringen als in das Hirn eines Erwachsenen". Dass der Bericht überhaupt in die Öffentlichkeit gelangte, ist nur dem Informationsfreiheitsgesetz zu verdanken. Wie empathielos muss man eigentlich sein, um Menschen zum Schweigen zu bringen, die über die schädlichen Wirkungen bestimmter Technologien auf Erwachsene und Kinder im Bilde sind? Ein pensionierter Wissenschaftler namens Barrie Trower, der einst für den britischen Militärgeheimdienst arbeitete und fundierte Einblicke in die Kriegsführung mittels Mikrowellen bekam, setzt sich mutig und unermüdlich für die Offenlegung der Wahrheit ein. Von ihm stammt folgendes Zitat:

> Während der 1950er- und 1960er-Jahre, also zur Zeit des Kalten Krieges, erkannte man durch Zufall, dass man Mikrowellen als heimliche Waffen einsetzen konnte. Während des Kalten Krieges bestrahlten die Russen nämlich die amerikanische Botschaft. Bei den Mitarbeitern der Botschaft kam es daraufhin zu Krebserkrankungen, Brustkrebs, Leukämie und anderen Gesundheitsstörungen. Das führte zu der Erkenntnis, dass man niederfrequente Mikrowellen perfekt als geheime Waffe gegen Dissidentengruppen überall auf der Welt einsetzen konnte. Die Dissidenten würden erkranken, Krebs bekommen und ihre mentale Einstellung zum Leben verändern, und das alles, ohne von der Bestrahlung zu wissen.

Trower gibt einen sehr wichtigen Hinweis bezüglich des zerstörerischen Effekts, den Mikrowellen auf Wasser haben, das einen essenziellen Bestandteil des elektrisch-chemischen Kommunikationssystems von Gehirn und Körper bildet:

> Das elektromagnetische Spektrum reicht von den hochenergetischen Wellen der Gamma- und Röntgenstrahlen auf der einen Seite über das sichtbare Licht, das auch eine Form von Strahlung darstellt, bis hin zu Infrarot-, Mikrowellen, TV- und Radiowellen. Die einzigen Wellen hingegen, denen uns die Kommunikationsindustrie aussetzt, sind Mikrowellen. Mikrowellen haben die spezielle Eigenschaft, mit Wasser zu interagieren. Auf diesem Prinzip basieren auch die Mikrowellenherde. Und wir Menschen bestehen aus Wasser. Alle in unserem Körper ablaufenden chemischen und elektrischen Signalprozesse benötigen Wasser. Wasser bildet die Grundlage für die elektrische innerkörperliche Kommunikation. Folglich hat die Industrie den schlimmsten aller möglichen Abschnitte des elektromagnetischen Spektrums ausgewählt, um ihn kleinen Kindern und Erwachsenen zum Gebrauch anzubieten.

Und das soll reiner Zufall gewesen sein? Keineswegs – das war genau geplant. Studien zufolge kann es bis zu 25 Minuten dauern, bis man nach einem Handygespräch die Konzentration wiedererlangt hat. Wenn der durchschnittliche Büromitarbeiter, wie ebenfalls festgestellt wurde, alle elf Minuten einen Anruf erhält, stellt sich die Erholung niemals ein. Ein weiterer Wissenschaftler, der die Courage hat, die kumulativen Folgen der Strahlenbelastung öffentlich zu machen, ist Dr. Michael A. Persinger von der kanadischen Laurentian University. Jahrzehntelang hat sich der Experte für ELF-Wellen (extremely low frequency, dt.: extrem niedrige Frequenzen) der Thematik gewidmet. „Zum ersten Mal in unserer Evolutionsgeschichte“, sagte er, „haben wir eine komplette zweite virtuelle, hochkomplexe Umgebung geschaffen – eine elektromagnetische Suppe, die sich maßgeblich dem menschlichen Nervensystem überlagert.“ Die Effektivität HAARP-ähnlicher Anlagen wird – etwa bei der Manipulation des Wetters – durch verstärkte Strahlung und höhere Schwermetallkonzentrationen (Chemtrails) gesteigert. Gemeinsam treten die genannten Faktoren dann mit der Nanotechnik in Wechselwirkung, die als Smart Dust in unsere Körper gelangt.

Kombiniert man alle bisher beschriebenen Bereiche, ergibt sich etwa folgendes Szenario: Eine technologische Subrealität, die in einer Satellitenblase drahtlos vermittelter Cloud-Informationen existiert, die durch künstliche Intelligenz kontrolliert und überall auf dem Planeten zur Oberfläche gesendet werden, sodass sich niemand dem zu entziehen vermag; dazu ein Internet, mit dem sämtliche Geräte verbunden sind (Internet der Dinge), und ein menschlicher Verstand, der an ein gewaltiges, von künstlicher Intelligenz gesteuertes Kontrollnetzwerk angeschlossen ist, das sich transhumanistischer, im Gehirn und im Körper befindlicher Technik bedient, um eine permanente elektromagnetisch-digitale Feedbackschleife zu erzeugen. Mit anderen Worten: Macht's gut, Menschen der überholten Art. Gestützt würde das gesamte System durch ein Netzwerk aus Quantencomputern, die mittels 5G (oder Schlimmerem) miteinander kommunizieren und von der künstlichen (sprich: archontischen) Intelligenz gesteuert werden. Wir werden Zeugen eines erneuten „Sündenfalls“. Vor langer Zeit wurde die alte Psyche durch eine neue Psyche ersetzt; nun erleben wir den Austausch der neuen Psyche gegen die KI-Psyche.

Der Umstand, dass Google, Amazon, NASA und CIA an der Entwicklung von Quantencomputern beteiligt sind, lässt sich eingedenk der Tatsache, dass sie allesamt Bestandteil desselben Spinnennetzes sind, noch aus einem anderen Blickwinkel begreifen: Es handelt sich um dieselben Namen, die auch bei der Erschaffung der KI-Technologie den Ton angeben. In einer Schlagzeile wurde es so ausgedrückt: „Der Wettlauf um die künstliche Intelligenz: Google, Twitter, Intel und Apple reißen sich um die KI-Startup-Unternehmen.“ Die genannten und einige andere Internet- bzw. Technikgiganten – allen voran Google – haben Hunderte kleiner KI-Firmen aufgekauft. Eine andere Meldung wies auf die möglichen Konsequenzen dieser Entwicklung hin: „Das KI-Monopol der Technologieriesen ist möglicherweise die gefährlichste Monopolstellung der Geschichte.“ So sieht's aus – und genau so war es seit Langem geplant.

Das Weltraumgitter

Der offenkundigste Bestandteil der „Cloud“ bzw. der technologischen Subrealität ist das „Space Fence“ (dt. etwa: Weltraumumzäunung oder -gitter). Das Space Surveillance System der amerikanischen Air Force nahm 1959 seinen Anfang als Radar- und Überwachungssystem, mit dem Trümmerteile und andere im Erdorbit befindliche Bedrohungen aufgespürt werden sollten – bis zu einer Höhe von 15 nautischen Meilen. Seit 2013 wird es jedoch schrittweise gegen ein modernes System ausgetauscht, das die Air Force in Kooperation mit den üblichen Forschungs- und Konstruktionsvertragsnehmern entwickelt: Lockheed Martin, Northrop Grumman, Raytheon und General Dynamics. Im Jahr 2019 soll das System im vollen Umfang einsatzfähig sein. Dem offiziellen Narrativ zufolge dient es dem Schutz der Erde vor möglichen Bedrohungen sowie der Beobachtung von Satelliten, des Weltraumwetters und ausländischer Raketenstarts. Nichts von all dem trifft den eigentlichen Grund für die Erschaffung des Gitters.

Die Komponenten des neuen Systems werden von mehreren Bodenstationen aus ins All befördert, deren wichtigste sich auf dem Kwajalein-Atoll befindet. Das zu den Marshallinseln gehörige Eiland liegt 2.000 nautische Meilen von Hawaii entfernt. Eine weitere Basisstation soll in Westaustralien entstehen, dann eine dritte und vierte usw. Das modernisierte Gitter bedient sich weit höherer Frequenzen als sein Vorgänger. Innerhalb des elektromagnetischen Spektrums nutzt es den Bereich der Mikrowellen, die auch in WLANs, Mobiltelefonen, intelligenten Messgeräten und anderen „smarten“ Technologien Anwendung finden. Damit verknüpft ist auch die 5G-„Revolution“. Das Space Fence ist so angelegt, dass es elektromagnetisch mit sämtlichen intelligenten Geräten, WLANs, Mobilfunktürmen sowie mit den Smart-Dust-Nanobots gekoppelt ist, von denen die Körper der Menschen durchsetzt sind. Die Pläne zielen darauf ab, ein gigantisches elektromagnetisches Gefängnis zu erschaffen, das pausenlos mit dem Verstand, den Emotionen, dem Körper und der DNS kommuniziert. Kein Gedanke oder Gefühl, keine Reaktion, Wahrnehmung, Handlung oder Eigenschaft der versklavten (Trans-)Menschheit würde mehr existieren, ohne nach außen übermittelt und von der künstlichen bzw. archontischen Intelligenz dominiert zu werden. Wir wären nur noch das, was die KI uns zu sein vorgibt – und sonst nichts.

Das ist die Welt der „Supermenschen“, die uns Kurzweil, Musk und all die anderen Wahnsinnigen von Google, Facebook und den übrigen Firmen aufzwingen wollen, die sich im Silicon Valley auf dem Tummelplatz des Teufels austoben. Schon immer stellte der menschliche Körper einen Sender/Empfänger für Informationen dar, doch werden die Mechanismen gekapert, um den Körper/Intellekt an ein durch künstliche Intelligenz kontrolliertes technologisches Pseudo-„Gewahrsein“ zu koppeln, während die Verbindung zum Unendlichen Gewahrsein unterbunden wird. Die oberen Bereiche der Atmosphäre, die als Ionosphäre bezeichnet werden, sind – wie der Name nahelegt – von ionisierender Strahlung erfüllt, die infolge der Sonneneinstrahlung entsteht. Zur „Ionisierung“ kommt es, wenn „die Energie der Strahlung groß genug ist, um […] auf das Atom so einzuwirken, dass fest gebundene Elektronen aus ihrer Umlaufbahn um den Atomkern herausgelöst werden, sodass das Atom ionisiert bzw. elektrisch geladen wird“. Aus diesem Grund ist ionisierende Strahlung für die Gesundheit, Genetik und DNS des Menschen äußerst gefährlich. Wenn sie die Zellen nicht ohnehin abtötet, vermag sie deren Struktur und Reproduktionsmechanismen so schwer zu schädigen, dass sich jenes Phänomen einstellt, das wir als Krebs bezeichnen. Zu den technischen Quellen ionisierender Strahlung zählen Kernreaktoren, Teilchenbeschleuniger (wie etwa das in der Schweiz gelegene CERN) und Röntgengeräte. Hier offenbart sich ein weiterer Grund, warum Nuklearkatastrophen wie der Vorfall von Fukushima für den Menschen so gefährlich sind. Die *El*-ite hingegen liebt sie, denn sie will auch die untere Atmosphäre ionisieren und alles in ein einziges durchgängiges elektromagnetisches Feld verwandeln. Einst wurde die irdische Atmosphäre durch jene Katastrophe transformiert, die zu einer Neuordnung des Sonnensystems führte; heute führt man den Job zu Ende.

„Saturn" Erde

Der Amerikaner Billy Hayes war als Ingenieur am Aufbau von HAARP und der Errichtung zahlreicher Antennenmasten beteiligt. Gemeinsam mit dem HAARP-Pionier Bernard Eastlund hat er nach eigener Aussage bereits 1985 an den ersten Testantennen gearbeitet. Damals habe er geglaubt, es würde sich einfach um einen weiteren Sendemast handeln. Aufgrund des Need-to-know-Prinzips ahnte er seinerzeit nicht, woran er tatsächlich beteiligt war. Heute widmet er sich der Offenlegung der tatsächlichen Agenda hinter HAARP und den verschiedenen Folgeprojekten, zu denen auch das Weltraumgitter zählt. Den interessierten Zuhörern erklärt Hayes, dass man dabei ist, die Atmosphäre zu ionisieren (ein Ion ist ein elektrisch geladenes Atom) und mit pulsierenden Magnetwellen anzufüllen – zwei Aspekte, die die menschliche Gesundheit erheblich in Mitleidenschaft ziehen können. Gepulste Strahlung vermag neurologische und physiologische Schäden anzurichten, wenn sie mit den natürlichen Körperrhythmen (Stationärwellenfrequenzen, die die Informationsblaupause des Körpers bilden) und den Hirnwellen interferiert. Hayes erläutert, wie die Atmosphäre in ein elektrisch geladenes Plasma verwandelt wird, das vom Militär zur Manipulation des Wetters sowie für Überwachungsoperationen genutzt werden kann und zudem die Möglichkeit birgt, die menschliche DNS zu verändern. Hinzu kommt, dass die Atmosphäre auf diese Weise zur Antenne wird.

Das durch Ionisierung erzeugte Plasma stellt ein nahezu perfektes Medium für elektrische und elektromagnetische Vorgänge dar, und es ist deutlich leitfähiger als nichtionisierte Luft. Verändert man die elektrischen und elektromagnetischen Zustände, wirkt sich dies auch auf andere elektrische und elektromagnetische Phänomene aus – zu denen auch der menschliche Körper gehört (und die Verseuchung mit Aluminium ist Teil der Agenda). Laut Hayes spielen die Windkraftanlagen, deren Verbreitung mit der „Erderwärmung" gerechtfertigt wird, dabei insofern eine Rolle, als sie zur Ionisierung der Atmosphäre beitragen. Was immer sich verändernd auf die elektrischen und elektromagnetischen Gegebenheiten auswirkt, vermag auch die Wetterkonstellationen und die Gesundheit zu beeinflussen. Eine Reihe von Symptomen, unter denen Menschen leiden, die in der Nähe von Windrädern leben, werden unter dem Begriff „Wind Turbine Syndrome" zusammengefasst. Welche Ironie, dass die Ländereien in der Umgebung einer Windkraftanlage – wie man festgestellt hat – eine höhere Temperatur aufweisen, als sie ohne die Ungetüme hätten. Im Laufe der Jahre wies ich viele Male darauf hin, dass sowohl die strahlungsintensiven „grünen" Glühlampen als auch die intelligenten Messgeräte – zwei Kategorien, die ebenfalls mit der „Klimaerwärmung" gerechtfertigt werden – Bestandteil des Strahlungsgefängnisses sind, in dem unser energetisches Lebensumfeld hochgradig verzerrt wird. Wo bleiben die Progressiven und die Grünen? Ach ja – sie schwenken ihre Klimaplakate, auf denen sie Windräder, „grüne" Glühlampen und intelligente Messgeräte fordern.

Laut Billy Hayes wird beim Frackingprozess innerhalb eines bestimmten Areals gepulste Strahlung freigesetzt. Auch der Run auf digitale Technologien – einschließlich des digitalen Rundfunks und Fernsehens – spiele in dem Zusammenhang eine Rolle. Die Regierungen kontrollieren Hayes zufolge den Aufbau des Sendemasten-/Antennennetzwerks, während die Unternehmen Profit aus ihrer Beteiligung schlagen. Man beginnt zu verstehen, warum die DARPA Anschubfinanzierungen zur Entwicklung intelligenter Geräte vergibt, die später von unabhängigen Unternehmen zu kommen scheinen. Auch Raketenstarts stehen laut Hayes mit den Vorgängen in Verbindung. Er weist vor allem auf die sogenannten „Raketensonden" hin, die die NASA für kurze Sub-Orbit-Flüge ins All befördert, auf denen sie Messungen vornehmen und wissenschaftliche Experimente durchführen. Als Teil der vielfältigen aktuellen Maßnahmen zur Transformation der Natur unserer Atmosphäre – zu denen auch die Chemtrails gehören – sollen sie während des gesamten Startvorgangs einen Schweif aus kristallinem Aluminiumoxid hinter sich herziehen.

Hayes erweckte insbesondere mit der Bemerkung meine Aufmerksamkeit, man wolle *saturnähnliche Ringe* längs des Äquators schaffen. Norman Bergrun sprach bezüglich der elektromagnetischen Fahrzeuge, die die Saturnringe erzeugen sollen, von „Plasmaabgasen" – und jetzt sagt Hayes, dass solche Ringe auch für die Erde geplant seien. Man wolle sie aus all den verschiedenen Bestandteilen erzeugen, die bereits auf unterschiedlichem Wege in die Atmosphäre ausgebracht worden sind. Die Partikel sollen über dem Äquator in den Orbit gezogen werden, indem man sich der Gravitation sowie der Zentrifugalkraft bedient, die aus der Erdrotation resultiert. Hayes verglich den Vorgang mit einem Karussell: Sitzt man in einer der Gondeln, spürt man, wie die Fliehkraft einen nach außen drücken will. Einige der geplanten Ringe würde man Hayes zufolge sehen, andere nicht. Die im All befindlichen Ringe würden als eine Art Computersystem fungieren, das in der Lage wäre, Daten zu empfangen, zu übertragen und in großer Zahl zu speichern. Sie wären mit einer CD oder DVD vergleichbar, sagt Hayes, und sämtliche Kommunikationsdaten aus jeder nur denkbaren Quelle würden dort gespeichert werden. Das ist dasselbe, was auch am Saturn geschieht – dort allerdings in viel größerem Umfang und mit deutlich höherer Leistung, da der Saturn gigantische Ausmaße hat und sich viel schneller dreht als die Erde. Seine Rotationsperiode variiert für die verschiedenen Gasschichten, doch ihr Maximalwert beläuft sich auf nur etwa zehneinhalb Stunden.

Die Gehirne bzw. Gedanken der Menschen werden mit den irdischen „Weltraumringen" permanent verbunden sein, und zwar durch transhumanistische Technologien sowie durch passende Frequenzresonanzen zwischen den Ringen und dem menschlichen Körper/Gehirn/Verstand. Das ist die wahre Bedeutung hinter Kurzweils „Cloud". Mutationen ließen sich kinderleicht auslösen, indem man die DNS eines Menschen bzw. die Nanobots/Smart-Dust-„Entitäten" anspricht, die dessen Körper über Chemtrails, Impfstoffe, Lebensmittel und Getränke aufgenommen hat. Die Öffentlichkeit würde sich unter Gedankenkontrolle befinden, die durch Wahrnehmungsdownloads, technisch erzeugte Skalarfelder und andere Frequenzen bewerkstelligt wird, die so ausgelegt sind, dass sie bestimmte mentale und emotionale Zustände hervorrufen. Auf diese Weise wäre es möglich, Gewalttätigkeiten und Unruhen auf Knopfdruck auszulösen oder sogar ganze Armeen zum Aufgeben zu zwingen. Mit den Weltallringen wäre endlich erreicht, was im Jargon des amerikanischen Militärs als „full-spectrum dominance" (dt. etwa: Überlegenheit auf allen Ebenen) bezeichnet wird: die *allumfassende* Kontrolle.

Die Tatsache, dass unsere atmosphärische Umgebung eine rasche Wandlung durchläuft, wird auch durch die Veränderungen der sogenannten Schumann-Resonanz bestätigt. Die Frequenz dieses physikalischen Phänomens, das nach dem deutschen Physiker Winfried Otto Schumann benannt worden ist, liegt im extrem niedrigen Bereich (ELF) von sechs bis acht Hertz. In diesen Frequenzbereich fallen sowohl die menschlichen Hirnaktivitäten als auch die Rhythmen aller biologischen Systeme auf Erden. Die Frequenz von 7,83 Hertz gilt als diejenige, bei der sich sämtliche Lebewesen vernetzen und miteinander kommunizieren können. Delfine etwa erzeugen unter anderem Schallwellen von 7,83 Hertz, und auch die DNS kommuniziert mittels extrem niedriger elektromagnetischer Frequenzwellen von 7,83 Hertz. Im entspannten, kreativen oder meditativen Zustand sendet das menschliche Gehirn Alphawellen aus, die ebenfalls im Schumannschen Frequenzband liegen. Angst, Stress und Unruhe hingegen blockieren die Alphawellen und trennen uns von allem anderen. Das Bombardement aus ionisierender Strahlung und technisch erzeugten gepulsten Frequenzen, das nun auf unser energetisches Umfeld einprasselt, zerstört jedoch die Schumann-Resonanz. Der Physiker Wolfgang Ludwig, der sich ausgiebig mit Schumann befasst hat, sagte dazu: „Es ist unmöglich geworden, die Schumann-Resonanz in oder nahe einer Stadt zu messen. […] Die elektromagnetische Verschmutzung durch Mobiltelefone hat uns gezwungen, die Messungen auf See durchzuführen."

Professor Rütger Wever vom Max-Planck-Institut für Verhaltensphysiologie baute einst einen unterirdischen Bunker, der von der Schumann-Resonanz abgeschirmt war, um einen Monat lang freiwillige studentische Versuchsteilnehmer zu untersuchen. Die Trennung von den Schumann-Frequenzen hatte den Zusammenbruch der Biorhythmen (circadiane Rhythmen) zur Folge, woraufhin die Studenten unter emotionalen Qualen und heftigen Kopfschmerzen litten. Es genügte, sie kurzzeitig der Frequenz von 7,8 Hertz auszusetzen, um die Symptome zum Verschwinden zu bringen. Führen Sie sich einmal vor Augen, welche Implikationen sich für die menschliche Gesundheit aus dem Strahlungs- und Frequenzansturm ergeben, der auf das elektromagnetische Feld der Erde einwirkt. Bedenken Sie, dass wir mit dem Erdmagnetfeld, das einen Bestandteil des kosmischen Internets darstellt, pausenlos interagieren. Die Global Coherence Initiative (GCI), die dem amerikanischen HeartMath Institute angegliedert ist, hat es sich zur Aufgabe gemacht, das Magnetfeld zu beobachten und zu untersuchen, wie es das Gefühlsleben und das Verhalten der Menschen beeinflusst – und umgekehrt. Die auf der Website des Projekts formulierte Hypothese deckt sich mit meinen eigenen Überlegungen:

- Gesundheit, kognitive Funktionen, Emotionen und Verhalten von Mensch und Tier werden durch solare, geomagnetische und andere erdbezogene Magnetfelder beeinflusst.
- Das Magnetfeld der Erde trägt biologisch relevante Informationen, durch die alle lebenden Systeme miteinander in Verbindung stehen.
- Jeder Mensch wirkt auf das globale Informationsfeld ein.
- Das kollektive menschliche Bewusstsein beeinflusst das globale Informationsfeld. Demzufolge erschafft eine große Zahl von Menschen, die vom Herzen ausgehende Schwingungen der Fürsorge, Liebe und Empathie erzeugen, eine kohärentere Umgebung, von der andere Menschen profitieren können und die dazu beiträgt, die gegenwärtige planetare Zwietracht und Inkohärenz auszugleichen.

Angst, Unruhe, Hass, Gewalt, Krieg, Depressionen und andere niedrigfrequente Zustände stellen allesamt elektromagnetische Phänomene dar, die folglich die uns umgebende elektromagnetische Atmosphäre verändern. Wenn Sie einen Raum betreten, in dem es negative Handlungen und Emotionen gegeben hat, können Sie das spüren – „man konnte die Atmosphäre mit dem Messer schneiden". Die hier gemeinte „Atmosphäre" wird durch menschliche Gedanken und Gefühle erschaffen, die sich elektromagnetisch in Gestalt ganz bestimmter Frequenzen manifestieren. Jetzt stellen Sie sich einmal vor, welche Wirkung wohl die gesammelten Gedanken und Emotionen von über sieben Milliarden Menschen auf die gemeinsame Atmosphäre haben werden – in jeder Sekunde aufs Neue. Indem sie die Atmosphäre elektromagnetisch verunreinigen, erzeugen sie eine Rückkopplungsschleife, da die Verschmutzung auf die mentale und emotionale Verfassung der Menschen zurückwirkt. Die Folge sind erneute niedrig schwingende Gedanken und Emotionen, usw. usf. Der Teufelskreis lässt sich durchbrechen, indem wir unsere Herzen öffnen und Frequenzen der Liebe, Freude und Empathie aussenden. Sie beeinflussen unseren kollektiven geistig-emotionalen Zustand ebenfalls, jedoch in positiver Weise. Die mit technischen Mitteln in die Atmosphäre ausgebrachten Frequenzen verkehren diesen Prozess ins Negative – und genau darum geht es laut Hayes und etlichen anderen Rechercheuren bei der Manipulation der Atmosphäre.

Skalarer Kerkermeister

Es gibt noch einen weiteren Aspekt, den ich bislang nirgendwo anders erwähnt fand. Meine Schlussfolgerungen basieren auch in diesem Fall darauf, dass ich eins und eins zusammenzähle und den vorhandenen Hinweisen nachgehe. Wenn ich vom Skalarfeld spreche, meine ich damit ein energetisches bzw. Informationsfeld, in dem sämtliche Teilaspekte miteinander verbunden sind – und zwar jenseits von Zeit und Raum. Im Grunde handelt es sich um dasselbe Phänomen, das die etablierten Wissenschaften als dunkle (d. h. für uns unsichtbare) Energie bzw. Materie bezeichnen. Aufgrund des zeitlosen Charakters des Skalarfelds kennt es keine Geschwindigkeit: Wozu reisen, wenn man ohnehin schon überall gleichzeitig ist? Das auf diese Weise definierte Skalarfeld bildet den Unterbau für die Quantenebene der Möglichkeiten und Wahrscheinlichkeiten, aus der heraus wir die Realität manifestieren. Ich bin zu dem Schluss gekommen, dass die archontische Kollektivmacht der Reptiloiden und Grauen das Skalarfeld mit der Informationsblaupause für die von ihr angestrebte modifizierte Menschenwelt gespeist hat. Parallel dazu manipulierte sie die Menschheit dahingehend, dass sie seither solche Möglichkeiten und Wahrscheinlichkeiten decodiert, die *den Interessen der archontischen Macht dienlich sind*. Die Menschen wurden dazu gebracht, ihr eigenes Gefängnis zu errichten.

Betroffen sind dabei nicht sämtliche Ebenen des Skalarfelds, sondern nur bestimmte Frequenzen. Gemeinsam mit der hybriden *El*-ite haben die archontischen Reptiloiden unermüdlich daran gearbeitet, die mentalen und emotionalen Möglichkeiten der Menschen auf das fragliche Frequenzband einzuengen. Auf diese Weise würden wir unser kollektives Gefängnis manifestieren – gemäß der ins Skalarfeld eingespeisten Blaupause. Einen Bestandteil der Frequenzangleichung zwischen menschlichem Denken und skalarer Vorlage bildet die prädiktive Programmierung, die durch Fernsehprogramme und Spielfilme bewerkstelligt wird, in denen die angestrebte dystopische, von Maschinen kontrollierte Zukunft vorweggenommen wird. Die Menschheit wird dazu gebracht, genau die Welt zu erschaffen, von der ich seit langer Zeit spreche. Um das zu erreichen, bedurfte es jener außerordentlichen Koordination, die wir überall beobachten können. Die Invasion erfolgt nicht so sehr von außen, sondern vielmehr von *innen*.

Wenn man Daten auf einem USB-Stick codiert und speichert, kann ein Computer sie auf dem Bildschirm ausgeben. Das von den Archonten manipulierte Skalarfeld entspricht dem Datenstick, und die Menschheit stellt in der Analogie den Computer dar. Die von Kurzweil vorausgesagte Realität manifestiert sich deshalb so schnell, weil sie von den Menschen in die Existenz decodiert (entfaltet) wird. Es gibt zahlreiche Gründe, warum wir unseren Geist öffnen und unser Gewahrsein – sowie unser Gespür für das Mögliche (und Wahrscheinliche) – erweitern müssen, doch dieser ist der wichtigste. So können wir die Frequenz anheben, auf der wir Wirklichkeit wahrnehmen. Diejenigen, deren Wahrnehmung lediglich innerhalb des künstlich eingeengten Frequenzbands oszilliert, werden auch weiterhin kollektiv die Kurzweil-Realität manifestieren. Das wird sich für die Betroffenen erst dann ändern, wenn sie jenem Frequenzbereich den Rücken kehren und sich den wahren Bereichen unbegrenzter Möglichkeiten/Wahrscheinlichkeiten zuwenden, die das Skalar- bzw. Quantenpotenzial bereithält. Für diejenigen, deren Schwingung über den Schöne-neue-Welt-Ausschnitt des Skalarfelds hinausreicht, bieten sich alternative Möglichkeiten, weshalb sie für die zuvor genannte kollektive Manifestation eine Bedrohung darstellen. Mir ist klar, dass all das in den Ohren vieler Menschen verrückt klingen wird – doch ich weiß, dass es der Wahrheit entspricht.

Das Skalarfeld, das zur Manipulation missbraucht wird, ließe sich auch dazu instrumentalisieren, alle Menschen und Geschöpfe zu *heilen*. Das kollektive Bewusstsein beeinflusst das globale Informationsfeld. Folglich würde eine große Zahl von Menschen, die im Herzen zentriert sind und mit Fürsorglichkeit, Liebe und Mitgefühl agieren, ein kohärenteres Umfeld erzeugen. Dies wäre wiederum für andere von Nutzen und würde dazu beitragen, die gegenwärtige weltweite Zwietracht und Vereinzelung zu kompensieren.

Ausdünnen der Bevölkerung

Seit den 1990er-Jahren arbeite ich daran, die Pläne für eine Bevölkerungsreduktion bloßzustellen. Heute wird ersichtlich, warum – aus Sicht der archontisch-reptiloiden *El*-ite – tatsächlich weniger Bedarf an Menschen besteht. Die Menschheit wurde so manipuliert, dass sie die technischen Strukturen erschafft, die es der archontischen KI ermöglichen, das System weitgehend ohne menschliche Sklavenarbeiter zu betreiben. Ihr habt für uns das Kontrollsystem errichtet – und jetzt haut ab! Offenkundigstes Anzeichen für die Bevölkerungsreduktion sind die sinkenden Spermienzahlen. Doch die Wege, auf denen die Menschen auf eine drastische Verringerung ihrer Zahl vorbereitet werden, sind zahlreich. Selbst durch offizielle Dokumente und öffentliche Äußerungen ist das Vorhaben, die Bevölkerung auszudünnen, wiederholt bestätigt worden. In einem Entwurf des „Global Biodiversity Assessment" der Vereinten Nationen wurde gefordert, die Menschheit auf eine Milliarde zu reduzieren. Wie der Fernsehproduzent Aaron Russo berichtete, habe der Insider Nick Rockefeller ihm erzählt, dass die Weltbevölkerung mindestens um die Hälfte verkleinert werden müsse. Das Motiv taucht in verschiedensten Organisationen und Dokumenten sowie in Bemerkungen auf, die beispielsweise der CNN-Gründer Ted Turner und der Microsoft-Milliardär Bill Gates tätigten. Der Vater des Letztgenannten, William H. Gates Sr., verfocht die Ideen des berüchtigten Eugenikers Thomas Malthus und stand einst der von den Rockefellers geschaffenen Organisation Planned Parenthood vor, die Bestandteil der Eugenikbewegung war.

Im Jahr 2010 ließ eine kalifornische Biotechnologiefirma namens Epicyte ein nach ihr benanntes Gen patentieren, das Männer und Frauen bei Einnahme unfruchtbar macht. Später wurde das Epicyte-Gen auf technischem Wege in *Maissamen* eingepflanzt. Bestätigung fand der Verdacht, dahinter könnte das Ziel der Bevölkerungsreduktion stehen, als sich Monsanto und DuPont zusammentaten, um Epicyte aufzukaufen und das Sterilisierungsgen zu „kommerzialisieren". Woher weiß man eigentlich, ob man das Letztgenannte einnimmt? Antwort: Überhaupt nicht. Rima E. Laibow, die als medizinische Direktorin der US-amerikanischen Natural Solutions Foundation fungiert, weist darauf hin, dass die Lebensmittelbehörde FDA es zur Gesetzeswidrigkeit erklärt hat, diese Information zu besitzen. Das Kürzel FDA steht für Food and Drug Administration; Laibow bezeichnet die Behörde jedoch nicht zu Unrecht als „Fraud and Death Administration" (dt.: Betrugs- und Todesbehörde). In der Trinkwasserversorgung finden sich auch Kontrazeptiva, die mit dem Urin ausgeschieden worden sind.

Bei sogenannten „Care Pathways" (dt. etwa: Behandlungspfade) entscheiden Ärzte darüber (oftmals entgegen den Tatsachen), ob ein älterer Mensch leben darf oder zu sterben hat. Im letztgenannten Fall wird der Vorgang entsprechend beschleunigt. So entledigt man sich derjenigen, die zu alt und gebrechlich sind, um dem System weiter zu Diensten sein zu können. Dr. Richard Day, der bereits erwähnte Rockefeller-Vertraute und Manager von Planned Parenthood, erzählte einem aus Kinderärzten bestehenden Publikum bereits im Jahr 1969 von der zukünftigen „Todespille". Wer ein bestimmtes Alter erreicht hat, solle seinen Liebsten Lebewohl sagen und eine Sterbepille nehmen, um denen nicht zur Last zu fallen, die sich im arbeitsfähigen Alter befinden. Im Sinne des schleichenden Totalitarismus erklingt zunehmend der Ruf nach einer Euthanasiepraxis – „Tod auf Bestellung", sozusagen, und den jungen Menschen wird ein Groll auf die Alten anerzogen. Der Schauspieler Michael Shannon, der sich für die Todespille aussprach, ist der Meinung, dass man alten Leuten, die nicht seiner Meinung sind, sagen sollte, dass es „Zeit für die Urne" sei. Das Gesetz würde dafür sorgen, dass diese Art der staatlichen Euthanasie durchgesetzt wird. Auch die Forderung von Papst Franziskus, „alte Menschen am Arbeitsplatz durch junge Menschen zu ersetzen", steht mit der Agenda in Zusammenhang.

Bei dem offenkundigen Frontalangriff auf die Gesundheit und das Wohlbefinden der Menschen bedient man sich einer ganzen Palette von Methoden: Strahlung; Chemikalien in Lebensmitteln, Getränken und der Trinkwasserversorgung; gentechnisch veränderte Organismen (GVO); großflächige Toxizität; Impfungen in verheerendem Maßstab; im Labor gezüchtete Krankheiten; Unterernährung und Hunger usw. (Abb. 607). In früheren Büchern bin ich ausführlich darauf eingegangen. Allerorten werden Ökosysteme vergiftet und zerstört, und die Zahl der Bienen sinkt ebenso dramatisch wie die Fruchtbarkeit der Böden und die Zahl lebenswichtiger Bakterien. Der Mensch steht dabei am oberen Ende der Nahrungskette. Wer auch nur über ein Mindestmaß Verstand verfügt, der erkennt, dass es Irrsinn ist, die Böden zu vergiften, auf denen Nahrungsmittel wachsen sollen, und das Getreide, das von den Menschen verzehrt wird. Doch die Invertierung des gesunden Menschenverstandes hin zum Wahn bewirkt, dass der Briefmarkenkonsens sagt: „Wo ist das Problem?"

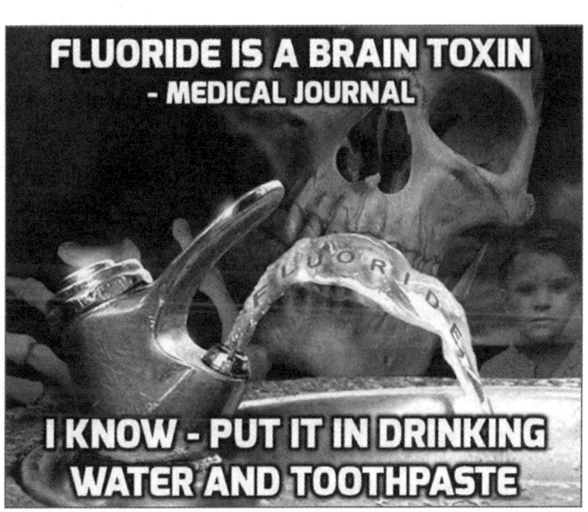

Abb. 607: „Medizinische Fachzeitschrift: ‚Fluorid ist ein Hirngift' – Ich weiß ... versetze also Trinkwasser und Zahncremes damit."– Tolle Denkweise. Großartige Idee!

Zwar handelt es sich bei der These von der menschengemachten Erderwärmung um einen Schwindel, doch tatsächlich *sind* wir im Begriff, den Planeten der Fähigkeit zu berauben, die gegenwärtige Population zu ernähren. Die Erde wird mit Plastik überschwemmt: 480 Milliarden Plastikflaschen werden Jahr für Jahr verkauft. Bis zum Jahr

Abb. 608: Ertrinken in einem Meer aus giftigem Plastik.

2021 soll sich die Zahl auf 584 Milliarden erhöht haben – mit all den unvermeidlichen Folgen für das Leben bzw. die toxische Belastung (Abb. 608). Die dem Spinnennetz zugehörigen Unternehmen, die für den überwiegenden Teil der Umweltzerstörung und -verschmutzung verantwortlich sind, kommen ungestraft davon. Allein 5G wird mit der Zeit eine große Zahl von Menschenleben kosten, sollte die Menschheit so töricht und unverständig sein, die zwangsweise Einführung des Systems zuzulassen. Jeden Tag aufs Neue ächzen Energiefeld, Körper und Immunsystem des Menschen unter der enormen Last des vielschichtigen Angriffs.

Die schleichende Bevölkerungsreduktion wird ergänzt durch globale Kriege, Hunger sowie – in zunehmendem Maße – durch die Technik. Wie ich in „Das Ich-Phantom“ und anderen Büchern dargelegt habe, wirken sich die gentechnisch veränderten Lebensmittel verheerend auf die Gesundheit aus. Bei den jüngsten Fusionen zwischen GVO-, Chemie- und Pharmariesen (die ohnehin allesamt demselben Spinnennetz angehören) handelte es sich um Schachzüge, mit denen die globale Vormachtstellung der genmodifizierten Nahrung gewährleistet werden soll – damit letztlich *wir* gentechnisch verändert werden. Da gab es etwa den anvisierten Zusammenschluss der bösen Zwillinge Monsanto und Bayer, die Verschmelzung der GVO-Abteilungen von Dow Chemicals und DuPont sowie die Übernahme von Swiss Syngenta durch das chinesische Staatsunternehmen ChemChina. Die Behauptung, der Einsatz von GVO würde zu höheren Erträgen führen und helfen, „die Welt zu ernähren“, ist völliger Quatsch – und die Verdeckte Hand weiß das ganz genau. Innerhalb weniger Jahre sinken sowohl die Erträge als auch die Bodenfruchtbarkeit; die Äcker sind mit Giften gesättigt, die typischerweise im Zusammenhang mit GVO eingesetzt werden. Durch Mutation haben sich Superunkräuter entwickelt, die den Toxinen Widerstand zu leisten vermögen und jetzt Anbauflächen überwuchern.

Die von Bill Gates so gepriesenen GVOs befördern zunehmend den Welthunger und die schlechte gesundheitliche Verfassung der Massen – und auch das ist den Schattenmächten sonnenklar. Es gibt eine ganze Reihe von Gründen, warum sich genmodifizierte Lebensmittel so verheerend auf die Gesundheit auswirken (siehe dazu meine anderen Bücher). Einer davon findet in der öffentlichen Debatte praktisch niemals Erwähnung: Die in GVOs und anderen Industrielebensmitteln enthaltene Energie reicht nicht annähernd aus, um eine optimale Zellkommunikation zu ermöglichen. Folglich gerät das Kommunikationssystem aus dem Takt (denken Sie an einen Computer), und die Funktionsstörungen manifestieren sich in Form von Krankheiten – etwa als Herzerkrankung oder Krebs, die die häufigsten Todesursachen darstellen (überflügelt nur noch von der etablierten Medizin). Der Rückzug

Großbritanniens aus der Europäischen Union darf nicht dazu führen, dass die britische Regierung die vorhandenen Auflagen für GVO-Erzeugnisse wieder aufhebt. Die Bürokraten der EU hoffen ihrerseits schon lange auf eine Gelegenheit, genau das zu tun. Nur der öffentliche Widerstand vermochte das bislang zu verhindern.

Der hochgiftige Scheißdreck, der in den von Big Pharma produzierten Impfstoffen enthalten ist, schädigt die Menschen – insbesondere die Kinder – auf „physischer", geistiger, emotionaler und genetischer Ebene; zudem wirkt er sich negativ auf die Stabilität und Ausgewogenheit der stehenden Wellen aus, die jedem Individuum zu eigen sind. Ihrem Grundzustand nach stellen Vakzine (in Widerspiegelung ihres Inhalts) hochgradig verzerrte Schwingungsfrequenzen dar. Wie sollte es auch anders sein, finden sich darin doch beispielsweise menschliche, bei Abtreibungen gewonnene DNS, fötales Kalbsblut, Aluminium, Formaldehyd und anderer toxischer Mist. Milliarden von Dollars werden von der britischen und anderen westlichen Regierungen bereitgestellt, um (nach offizieller Lesart) den Entwicklungsländern zu helfen; doch ein Großteil der Gelder ist mit der strikten Vorgabe verknüpft, dass sie nur für Impfprogramme ausgegeben werden dürfen. Für die Pharmariesen bilden diese Fördermittel einen mächtigen, nie versiegenden Geldstrom, der sich von den Konten der westlichen Steuerzahler in ihre Unternehmenskassen ergießt.

Das Aushängeschild des weltweit agierenden Impfstoffnetzwerks ist der Microsoft-Gründer und Milliardär Bill Gates. Ihm zur Seite steht der seelenlose Schleimer Bono, der sich auch für GVOs starkmacht. Immer mehr Menschen lehnen die Impfpropaganda ab und gehen bewusst dazu über, sich und ihre Kinder vor den Gefahren, die mit den Impfungen einhergehen, zu schützen. Das Pharmakartell – das einen sehr, sehr bedeutsamen Strang des Spinnennetzes bildet – reagiert darauf, indem es die Regierungen durch Manipulation und Lobbyarbeit dazu bringt, Impfungen obligatorisch zu machen. Die freie „Wahl" ist eine Illusion, die nur so lange besteht, wie die Menschen die Option wählen, nach der das System verlangt. Sag freiwillig Ja zu unseren Plänen („freie Wahl"), oder wir zwingen dich dazu. Zu Beginn des Jahres 2017 warteten in den USA 134 Gesetzentwürfe auf ihre Verabschiedung, in denen es darum ging, das Recht einzuschränken oder gar abzuschaffen, die Impfung des eigenen Kindes zu verweigern. Eine treffendere Definition des Begriffs Faschismus kann ich mir kaum vorstellen: Ein Staat, der dem Bürger vorschreibt, was in seinen und die Körper seiner Kinder hinein darf und was nicht.

Diese Dinge geschehen überall auf der Welt. Die ehemalige französische Gesundheitsministerin, die dem Kabinett des „progressiven" französischen Präsidenten Emmanuel Macron angehörte, kündigte ihre Absicht an, elf Impfungen obligatorisch zu machen. Der frühere „progressive" italienische Premierminister Paolo Gentiloni wollte Eltern zwingen, ihren Kindern nicht mehr nur mindestens vier, sondern zwölf Impfstoffe verabreichen zu lassen. Wer sich weigert, muss mit saftigen Geldbußen sowie damit rechnen, dass seinen Kindern der Zutritt zu Kitas und Schulen verwehrt wird (Stand: 2017). Na, dann nehmt sie halt heraus – wäre ohnehin besser für sie. Als Begründung wurde die Tatsache angeführt, dass immer weniger Eltern mit den Impfungen einverstanden seien. Sie haben die Wahl: *Tun Sie, was wir Ihnen sagen!* Die australische Regierung hat die finanzielle Unterstützung für Familien gestrichen, die ihre Kinder nicht nach den staatlichen (sprich: Big-Pharma-) Vorgaben impfen lassen – das sogenannte „Ohne Spritze keine Kohle"-Gesetz. Der Premierminister Malcolm Turnbull, der stets von einer dunklen Arroganzwolke umgeben ist, fordert noch weitereichendere Zwangsmaßnahmen. Zur Rechtfertigung seines faschistoiden Ansinnens sagte er: „Wenn Sie Ihr Kind nicht impfen lassen, setzen Sie nicht nur dessen Leben aufs Spiel, sondern auch das Leben aller anderen Kinder." Das ist hochgradiger Schwachsinn, der direkt dem von der Pharmabranche verfassten Drehbuch entstammt. Mit Big Pharma ist Turnbull übrigens über seine Frau eng verbunden.

Abb. 609: „Der Krieg gegen die Gesundheit unserer Kinder: Inzwischen gibt es 74 Impfungen, bevor man 17 Jahre alt ist – Irrsinn." – Kneif mich, es kann nicht wahr sein. Autsch – das ist es.

Wer sich vor Krankheiten schützen will, muss die Initiative ergreifen und sein wunderbares Immunsystem unterstützen, statt es mit einer Flut von Giften zu zerstören. In manchen Ländern werden den Kindern bis zum 17. Lebensjahr 74 Impfstoffe verabreicht; die meisten davon erhalten sie in den ersten Lebensjahren, wenn sich also das Immunsystem noch in der Entwicklung befindet. Danach ist nichts mehr, wie es einmal war (Abb. 609). Glaubt eigentlich irgendjemand, dass ein satanistisches Pharmakartell, das sich auf Gewinnmaximierung gründet (also davon abhängig ist, dass die Menschen krank bleiben), all diese Aktivitäten aus reiner Nächstenliebe entwickelt? Die von den Rothschilds und Rockefellers erschaffene Weltgesundheitsorganisation (WHO) publizierte sogar ein Handbuch mit dem Titel „How to Respond to Vocal Vaccine Deniers in Public" (dt. etwa: Wie man in der Öffentlichkeit mit lautstarken Impfstoffkritikern umgeht), um der Bedrohung Herr zu werden, die angeblich von den – wie sie sie nennt – „Widersachern" ausgeht. Da ist nicht etwa von Eltern die Rede, die jedes Recht haben, nach der besten Option für ihre Kinder zu fragen – sondern von Widersachern.

Genau das ist die Dynamik zwischen Obrigkeit und Öffentlichkeit, die auf sämtlichen Ebenen anzutreffen ist. Ein „vaccine denier" (wörtlich: Impfstoffleugner – siehe auch „Klimaleugner") ist dem Handbuch zufolge ein „Mitglied einer Untergruppe, die am äußersten Ende des Spektrums der Zögerer angesiedelt ist". Die Leute, die so etwas schreiben, sind komplett durchgeknallt. Die American Academy of Pediatrics – ein Berufsverband für Kinderärzte – behauptet, dass man die Auswirkungen von Impfstoffen gar nicht weiter zu untersuchen brauche, da „wir bereits wissen, dass Vakzine sicher und effektiv sind". Doch jedes Mal, wenn jemand Beweise einfordert, die die behauptete Sicherheit und Wirksamkeit belegen würden, scheint die Antwort während der Zustellung irgendwo verloren zu gehen. Unterdessen sind im Rahmen des amerikanischen Vaccine Injury Compensation Program (dt. etwa: Schadensersatzprogramm für Impfschäden) stillschweigend über drei Milliarden Dollar an Impfgeschädigte ausbezahlt worden – die große Mehrheit davon sind Kinder.

Haben Sie einen Job, Sir?

Während also zum einen ein Krieg gegen Gesundheit und Vitalität geführt wird, erleben wir auf der anderen Seite, dass ehemals von Menschen ausgeführte Tätigkeiten immer häufiger von KI-Maschinen bzw. -Technologie erledigt werden. Eines Tages werden die Menschen kaum noch bezahlte Arbeit finden, die sie zum finanziellen Überleben bräuchten. Doch wer zahlt dann ihre Rechnungen? Na, niemand: Die Betroffenen werden in Armut und Abhängigkeit versinken – und auf der untersten Ebene der Hungerspiele-Gesellschaft landen (Abb. 610). In einer geistig gesunden, fairen und von Mitgefühl bestimmten Gesellschaft würde man Maschinen einsetzen (die *vom Menschen kontrolliert* werden würden), um körperlich schwere Tätigkeiten zu übernehmen. Auch für das finanzielle Auskommen der ehemaligen Arbeiter würde man sorgen, sodass sie sich anderen Beschäftigungen widmen könnten, die ihnen Freude bereiten. Doch das entspricht nicht dem, was in der Realität als angemessene Unterstützung angesehen wird. Vielmehr sollen die Betroffenen selbst zusehen, wo sie bleiben, während das Nicht-einmal-eine-Prozent sämtliche Vorteile, die die KI-Automatisierung mit sich bringt, für sich beansprucht. Der Plan lautet, die Mehrheit der „überschüssigen" Menschen – Kissingers „nutzlose Esser" – zu beseitigen und den Rest in Computerterminals zu verwandeln, die ans archontische KI-Schwarmbewusstsein angeschlossen werden.

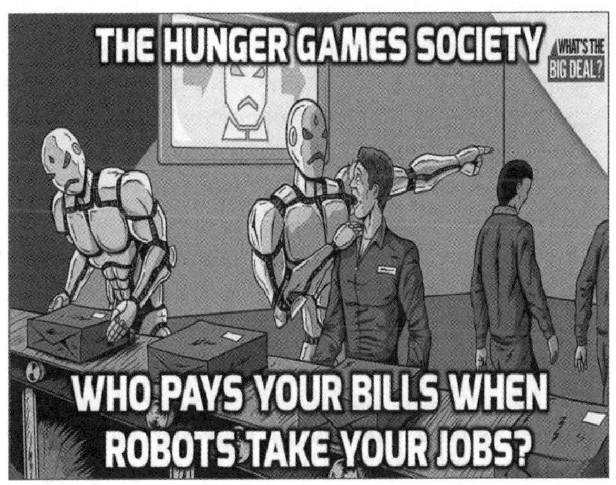

Abb. 610: „Die Hungerspiele-Gesellschaft: Wer bezahlt eure Rechnungen, wenn eure Jobs von Robotern erledigt werden?" – Das ist die Frage, die sich bislang nur wenige zu stellen scheinen. Doch das wird sich ändern.

Die Transformation der Arbeitsplätze durch Robotertechnik hat gerade erst begonnen; was die Konsequenzen dieser Entwicklung anbelangt, sind die meisten Menschen noch immer völlig ahnungslos. In einem Bericht der Vereinten Nationen wurde vorausgesagt, dass in den Entwicklungsländern zwei Drittel aller menschlichen Arbeitskräfte durch Automaten ersetzt werden. Andere Studien prophezeien Veränderungen in ähnlicher Größenordnung für die ganze Welt. Eine amerikanische Untersuchung etwa kam zu dem Schluss, dass innerhalb der nächsten 20 Jahre möglicherweise jeder zweite Arbeiter einem Roboter weichen muss. Ganz ähnlich äußerte sich auch Peter Diamandis – Kurzweils Kumpel von der Singularity University –, der ankündigte, dass in zwei Jahrzehnten 48 Prozent aller amerikanischen Jobs von der KI erledigt werden. Ein chinesischer Technologe und Investor namens Kai-Fu Lee schätzt, dass Roboter und KI bereits in zehn Jahren die

Hälfte aller menschlichen Tätigkeiten ausführen können. Die künstliche Intelligenz sei laut Lee „die eine Sache, die bedeutender als alle technischen Umwälzungen der Menschheit zusammen sein wird, einschließlich der Elektrizität, der industriellen Revolution, des Internets und des mobilen Internets – denn die KI ist allgegenwärtig". Der Sutton Trust – eine britische Wohlfahrtsorganisation, die sich schwerpunktmäßig mit der sozialen Mobilität auseinandersetzt – erwartet, dass innerhalb der nächsten 20 Jahre bis zu 15 Millionen Arbeitsstellen im Königreich verschwinden. Am härtesten würde es die ärmsten Arbeiter treffen. Junge Leute häufen beträchtliche Schulden an, um ihre Universitätsausbildung (ihre Programmierung) zu finanzieren – doch welchen Wert werden die meisten akademischen Abschlüsse am Ende der technologischen Transformation noch haben? Bildung in der uns vertrauten Form ist heute, da die Anbindung des menschlichen Verstands an die KI angestrebt wird, im Aussterben begriffen. Sobald die KI direkten Zugriff auf unsere Gedanken erhält, sind keine Lehrer mehr vonnöten, um die gewünschte kollektive Realität zu vermitteln. Bedenken Sie, wie viele Jobs auf der ganzen Welt allein durch fahrerlose Autos, Busse, Lkws und Eisenbahnen verloren gehen würden. Im Jahr 2016 präsentierte man der Öffentlichkeit eine KI, die sich das Autofahren einfach durch Beobachtung des menschlichen Verhaltens beigebracht hatte. So gesehen kann künstliche Intelligenz *alles* tun, solange sie nur über ein technisches Vehikel verfügt. Man ist sogar dabei, eine „Wikipedia für Roboter" zu schaffen – eine cloudbasierte Internetplattform, auf der KI-Roboter untereinander Daten und Erfahrungen austauschen können. Damit soll die Entwicklung menschenähnlicher Roboter beschleunigt werden, die man als „starke KI" bezeichnet.

In den Vereinigten Staaten arbeiten etwa vier Millionen Menschen in der Fast-Food-Industrie, die mehr als andere fürchten müssen, durch Roboter ersetzt zu werden. Einige große Ketten, darunter McDonald's und Wendy's, haben bereits damit begonnen, automatische Kioske einzurichten. Die australische Restaurantkette Domino's Pizza Enterprises Limited, die der weltweit größte Lizenznehmer der amerikanischen Kette Domino's Pizza ist, hat ein als Domino's Robotic Unit bezeichnetes automatisiertes Liefersystem entwickelt. Derzeit wird es sowohl in einer Boden- als auch in einer Drohnenvariante erprobt. Künstliche Intelligenz findet bei der Lebensmittelherstellung generell breite Anwendung, und Drohnen werden sogar als fliegende Hirten in der Viehzucht eingesetzt. Ebenfalls vom Verschwinden bedroht sind beispielsweise Reiseberater, Apothekenhelfer und Übersetzer. Eine von der Jobsuchmaschine Adzuna durchgeführte Untersuchung, bei der innerhalb von zwei Jahren 79 Millionen britische Stellenanzeigen ausgewertet wurden, kam zu dem Schluss, dass zwei Drittel der am schnellsten aussterbenden Berufe der Technik zum Opfer gefallen sind. Der Disney-Konzern hat ein Patent für Soft-Body-Roboter angemeldet, das es ermöglichen würde, die als Disney-Figuren verkleideten Mitarbeiter abzuschaffen, die in den Freizeitparks mit Kindern interagieren. Ein Roboter namens SAM (Semi-Automated Mason, dt.: Halbautomatischer Maurer) war bei einer Vorführung in der Lage, Mauersteine viermal schneller zu verlegen als ein Mensch. Vor der Übernahme menschlicher Lebensbereiche durch künstliche Intelligenz ist praktisch nichts und niemand gefeit. Während über die Invasion durch die Migranten diskutiert wird, ist es doch die KI-Invasion, die die dramatischsten Auswirkungen zeitigen wird – von denen Einheimische und Migranten, gleich in welchem Land, *gleichermaßen* betroffen sein werden.

Wie ich bereits erläuterte, zielen die Pläne darauf ab, mittels Algorithmen zu kontrollieren, welche Informationen die Menschen überhaupt zu Gesicht bekommen. Damit wird auch der Großteil der Journalisten entbehrlich. Zudem dienen die Algorithmen nicht mehr nur dazu, die Nachrichten zu zensieren – sie *verfassen* die Meldungen auch. Sie mögen denken, die meisten Journalisten seien ohnehin schon Roboter, die nur die offiziellen Narrative zu den verschiedenen Themen wiederkäuen; und damit hätten Sie nicht unrecht. Doch es gibt noch immer eine Handvoll Journalisten, die sich dem allgemeinen Trend widersetzen, ihren Beruf ernst nehmen und ihn ehrenhaft und verantwortlich ausüben. Sie sind das eigentliche Ziel der Algorithmenmanie, die uns bald KI-gesteuerte künstliche „Nachrichten"-Sprecher bescheren wird. Laut Fredrick Kunkle, dem Vizepräsidenten des Washington/Boston-Zweiges der Journalistengewerkschaft NewsGuild, habe die Technik bislang nur einige der „niederen" Tätigkeiten übernommen, doch würde es nicht dabei bleiben. Wie zutreffend diese Einschätzung ist, zeigte sich etwa in den 800.000 Dollar, die Google (wer sonst) der britischen Nachrichtenagentur PA Media für die Entwicklung von KI-Reportern zur Verfügung stellte. 30.000 Artikel sollen die Letztgenannten jeden Monat für Lokalzeitungen und Blogger „verfassen". Der Zuschuss war Bestandteil der „Digital News Initiative", die sich auf insgesamt 170 Millionen Dollar beläuft und laut Google zum Ziel hat, den Journalismus zu fördern – während es in Wahrheit darum geht, ihn unter Kontrolle zu bringen.

Sogar Rechtsanwälte müssen nun um ihre Jobs fürchten, da man bereits beginnt, bei der KI juristischen Rat einzuholen oder ihr die Bearbeitung von Gerichtsfällen zu überlassen. Bislang sind nur einfache Szenarien wie etwa Parkscheinstreitigkeiten betroffen, doch wird man den Einsatz von künstlicher Intelligenz mit Sicherheit auf immer größere Bereiche der Justiz ausdehnen. In New Jersey wurde das Kautionssystem gegen einen mathematischen Algorithmus ausgetauscht, der berechnet, mit welcher Wahrscheinlichkeit sich der Angeklagte vor Prozessbeginn vom Acker macht. Andere Bundesstaaten wollen dem Vorbild folgen. Bei einigen dieser Anlagen wurde eine systemische Benachteiligung dunkelhäutiger Menschen nachgewiesen. Der Endpunkt dieser Entwicklung wird darin bestehen, dass Richter ganz und gar durch künstliche Intelligenz ersetzt werden. Die dafür benötigten Algorithmen werden bereits geschaffen. Auch hat man Gedankenlesetechnik mit künstlicher Intelligenz verschaltet, um festzustellen, ob der Proband ein Verbrechen begangen hat oder ein solches plant. Li Meng, der chinesische Vizeminister für Wissenschaft und Technik, erläuterte die Absichten seiner Regierung: „Wenn wir unsere intelligenten Systeme und Anlagen geschickt einsetzen, können wir schon im Vorfeld sagen, [...] wer zum Terroristen werden oder etwas Schlechtes tun könnte." Die Staatsdiener werden davon freilich ausgenommen sein. In Filmen wie „Minority Report", mit denen wir darüber informiert werden, was auf uns zukommt, ist das genannte Szenario mehrfach dargestellt worden. Die Polizei der englischen Stadt Durham war die erste Behörde in Europa, die sich künstlicher Intelligenz bediente, um zu beurteilen, ob Inhaftierte im Falle einer Freilassung rückfallgefährdet wären. Angeblich wird das KI-System nur zur Unterstützung herangezogen, nicht jedoch für die endgültige Einschätzung. Nur soll es dabei nicht bleiben. Richard Atkinson, der dem Criminal Law Committee einer britischen Anwaltskammer namens Law Society angehört, äußerte sich dazu wie folgt:

> Das ist ein sehr gefährlicher Schritt. Laut Gesetz müssen Inhaftierungsentscheidungen von Menschen getroffen werden, unter Berücksichtigung komplexer Sachverhalte. Doch in der Realität werden die Beamten die Verantwortung an den Algorithmus abtreten. Sollten sie sich dagegenstellen, wird man sie von höherer Stelle ohne Zweifel mit Fragen konfrontieren.
>
> Wie soll der Anwalt eines Angeklagten den Algorithmus anfechten, wenn er nur eine Reihe von Daten erhält und man ihm erklärt, sein Mandant stelle diesen Zahlen zufolge ein hohes Risiko dar? Es besteht die ernste Gefahr, dass einer quasiwissenschaftlichen Information ungebührendes Gewicht beigemessen und das Verfahren praktisch zur Routine wird. Und wo soll das enden? Vielleicht bei Algorithmen, die die Urteile im Gerichtssaal fällen?

Genau das ist die Idee dahinter.

Ebenso wenig sind die niederen Ränge der Bankmitarbeiter davor gefeit, durch künstliche Intelligenz ersetzt zu werden. So gab BlackRock, der weltgrößte unabhängige Vermögensverwalter, den Austausch von 13 Prozent seiner Depotverwalter gegen Algorithmen bekannt. Auch die Zahl der Stellen für Bankkassierer wird dank KI zurückgehen – ein Prozess, der bereits im vollen Gange ist. Des Weiteren beginnen die Versicherungsunternehmen damit, geltend gemachte Ansprüche von KI statt von Menschen prüfen zu lassen. Seit Amazon im Jahr 2012 die Robotikfirma Kiva Systems aufgekauft hat, brachte der Konzern in seinen Versandhäusern 45.000 Roboter zum Einsatz. Mit jedem Jahr nimmt deren Einführung zusätzlich an Fahrt auf. Natürlich werden angesichts der Tatsache, dass es eine Sauerei ist, wie Amazon seine menschlichen Mitarbeiter behandelt, viele der Letztgenannten froh sein, von der Schinderei befreit zu werden. Doch wenn andersgeartete Stellen ebenfalls automatisiert werden – wie bezahlen sie dann ihre Miete? Unter der Bezeichnung „Amazon Go" hat der Amazon-Chef Jeff Bezos eine vollautomatische und bargeldlose Supermarktkette aus der Taufe gehoben, für deren Betrieb pro Filiale gerade einmal drei Mitarbeiter erforderlich sind. Im Jahr 2017 kaufte Amazon für 13,7 Milliarden Dollar die Biomarktkette Whole Foods, die nun ebenfalls automatisiert wird. Vor etwa einem Jahr war ich einmal in einem Supermarkt einkaufen, der gerade auf automatischen Betrieb umgestellt wurde. Eine Kundin, mit der ich ins Gespräch kam, brachte zum Ausdruck, wie sehr sie die Veränderung begrüßte. Auf meine Frage, wie die ehemaligen Angestellten wohl künftig ihre Rechnungen bezahlen würden, entgegnete sie, dass niemand seinen Arbeitsplatz verlieren würde – schließlich bräuchte man ja Leute zum Betrieb der Maschinen. Ein spontaner Test, ob ich vielleicht verrückt geworden war, kam mit negativem Ergebnis zurück; daher muss das Problem wohl doch bei der Dame gelegen haben.

Die Europäische Union hat das Konzept der „elektronischen Person" eingeführt, und die Debatte um die rechtliche Stellung von KI-Robotern ist entbrannt. Wie lange wird es dauern, bis die politische Korrektheit auch Roboter und Maschinen mit einschließt? Es werden sogar Roboter mit menschenähnlichen Knochen und Geweben entwickelt (die sogenannte „starke KI"), während biologische Menschen zunehmend an den Rand gedrängt und von der KI-Invasion überrollt werden – und „Invasion" ist in der Tat der passende Ausdruck. Dr. Mark Sagar, der der neuseeländischen KI-Firma Soul Machines vorsteht, hat ein sogenanntes „virtuelles Nervensystem" entwickelt, das in der Lage ist, zu lernen und menschliche Emotionen nachzuahmen. Sagar glaubt, dass schon in zehn Jahren Roboter mitten unter uns „leben" könnten, die wie Menschen denken und fühlen. So weit sind wir schon gekommen – und mit jedem Jahr beschleunigt sich die Entwicklung. Es sind bereits „realistische" Sexroboter auf dem Markt, und in Japan kann man offenbar sogar Sexpuppen in Kindergestalt kaufen. So wird die Grenze zwischen Mensch und Technik weiter verwischt. Einige Psychologen warnen davor, dass sexuelle Beziehungen zu Robotern zur Desensibilisierung in Bezug auf Intimität und Empathie führen können. Doch ist das nicht genau das, was die *El*-ite erreichen will?

Die KI-Armee

Auch die Weltarmee, deren Etablierung, wie ich erläutert habe, in Planung ist, soll von der künstlichen bzw. archontischen Intelligenz gesteuert werden. Lassen wir das einen Augenblick sacken: Die Menschen wären kaum mehr als Computerendgeräte, die an die archontische Cloud angeschlossen sind, und dazu gäbe es eine globale Exekutive, die von derselben KI kontrolliert wird – was kann da schon schiefgehen? Würden die Menschen ihren Geist öffnen und gewahr werden, wie sich die zahllosen Details zusammenfügen, könnten sie erkennen, dass die „technologische Revolution" der KI in Wirklichkeit ermöglicht, im Stillen die Kontrolle über die gesamte Gesellschaft zu übernehmen und die Menschheit in einer Weise zu unterjochen, die jede bisherige Definition des Begriffs „Sklave" in den Schatten stellt. Eine KI-gesteuerte Weltarmee würde an die Sentinels erinnern, die in den „Matrix"-Filmen die Menschheit kontrollieren.

Wie würden Sie es finden, wenn *Laserwaffen* durch künstliche Intelligenz gesteuert werden? Ich meine – *was zum Henker* ...?! Das Unternehmen BBN Technologies, das mit der DARPA in Verbindung steht und eine hundertprozentige Tochtergesellschaft des durch und durch bösartigen Rüstungskonzerns Raytheon bildet, entwickelt fortgeschrittene KI-Technologie. Die in Cambridge (US-Bundesstaat Massachusetts) ansässige Firma beschäftigt ein „Quantenforschungsteam der Spitzenklasse [...] das in den Bereichen Quantensensorik, Quantenkommunikation und Quantencomputing die nächste Generation einläutet". Neben vielen anderen Kontrollszenarios, die durch diese Technologien ermöglicht werden, steht vor allem die KI-gesteuerte Kriegsführung im Mittelpunkt der Bemühungen, die menschliche Kommandeure überflüssig macht. Im Jahr 2016 ließ die Polizei von Dallas erstmals einen Verdächtigen durch einen Roboter töten, um dem Gesetz genüge zu tun. Das war erst der Beginn dessen, was uns den Plänen gemäß noch erwartet (Abb. 611). Der in Russland gefertigte menschenähnliche Roboter FEDOR (Final Experimental Demonstration Object Research) ist in der Lage, mit beiden Händen gleichzeitig Schüsse abzufeuern.

Rund um den Globus setzen Militärs KI-Waffen und -Roboter ein, um der künstlichen Intelligenz zu ermöglichen, auf dem Gefechtsfeld Entscheidungen zu treffen. Es werden Panzer, Flugzeuge und Kriegsschiffe entworfen und gebaut, bei denen die KI über zentrale Fragen entscheidet – unter anderem auch darüber, wen es zu töten gilt. Naturgemäß ist die DARPA an vorderster Front mit involviert, beispielsweise mit Drohnen, die dank „neuraler Mikrochips" angeblich „wie Menschen denken" können. Nein – wie Archonten. Auch Militärhubschrauber werden von der DARPA so umgestaltet, dass sie von KI statt von menschlichen Piloten geflogen werden. Im Jahr 2016 informierte die DARPA die Öffentlichkeit über ihre Pläne, unter der Bezeichnung „Sea Hunter" innerhalb von fünf Jahren die welterste Flotte von KI-Killerkriegsschiffen zu bauen.

Dabei sind die Wissenschaftler und Entwickler gar nicht in der Lage, ihre KI-Schöpfungen und deren Entscheidungsfindungsprozesse vollständig zu verstehen. Nehmen wir etwa die Gesundheitssoftware Deep Patient. Joel Dudley, der die Entwicklung des KI-Systems am New Yorker Mount Sinai Hospital geleitet hat, sagte darüber: „Wir können diese Modelle zwar erschaffen, doch wir wissen nicht, wie sie funktionieren." Na, kein Problem – dann drück ihm eine Laserkanone in die Hand! Die künstliche bzw. archontische Intelligenz lacht sich vermutlich kaputt. Die KI-Weltarmee befindet sich schon seit sehr langer Zeit in der Entwicklung. Auch in diesem Bereich gilt, dass die neuen Technologien der Öffentlichkeit in einer ganz bestimmten Abfolge bekannt gemacht werden. Das Tempo beschleunigt sich dabei zusehends, da immer mehr KI-Militärhardware aus den geheimen Entwicklungsprojekten offiziell eingeführt wird. Dazu zählen beispielsweise Drohnen jeder Größe und Gestalt, die – ausgestattet mit Geschützen und Elektroschockern – dazu konstruiert wurden, die Bevölkerung aus der Luft zu überwachen.

Abb. 611: „Roboter töten bereits Menschen – und das ist erst der Anfang: Nun, genau darauf habe ich schon vor langer Zeit hingewiesen." – Ein Indiz für das, was auf uns zukommt.

Abb. 612: „Professor sagt: Die Menschen werden gegen die Killerroboter keine Chance haben – Genau deshalb wird es ja gemacht" – Wenn man die Pläne und das Wesen der Verdeckten Hand einmal verstanden hat, wird das gesamte Weltgeschehen mit einem Schlag verständlich.

Dennoch ist der Groschen bei den meisten Menschen noch immer nicht gefallen, ganz zu schweigen von den unternehmenseigenen Mainstreammedien. Einige Akademiker und Wissenschaftler haben davor gewarnt, dass die Menschen gegenüber Killerrobotern möglicherweise keine Chance hätten. Dass genau das die Idee bei der ganzen Sache ist, scheint ihnen jedoch entgangen zu sein (Abb. 612). Überall auf der Welt sollten die Soldaten, die glauben, sie würden für ihr Land, ihre Freiheit oder irgendein anderes Trugbild kämpfen, einmal über Folgendes nachdenken: In Wirklichkeit helfen sie jener Macht, die im Begriff ist, die Kontrolle über ihr Militär zu übernehmen, der Bevölkerung ihren Willen aufzuzwingen. Zudem wird diese Macht, wenn es hart auf hart kommt, auch die Soldaten und ihre Familien mittels der Technik unterwerfen. Das Gesagte gilt auch für Polizisten, die ebenfalls durch KI-Roboter ersetzt werden sollen. Im Jahr 2017 begrüßte die Polizei von Dubai den weltersten Polizeiroboter in ihren Reihen. Brigadegeneral Khalid Nasser Al Razzouqi, der als Generaldirektor der „Intelligenten Dienste" der städtischen Polizei fungiert, erklärte dazu:

> Darauf geeicht, den Menschen im Einkaufszentrum oder auf der Straße zu assistieren und zu helfen, stellt der Robocop die neueste intelligente Ergänzung unserer Einheiten dar. Er soll uns dabei helfen, das Verbrechen zu bekämpfen, die Stadt sicher zu halten und die Menschen fröhlicher zu machen. Er kann sich unterhalten und interagieren, auf Anfragen reagieren, Hände schütteln und militärisch grüßen.

Der KI-„Bulle", der das Mienenspiel seines Gegenübers zu deuten vermag und sechs Sprachen beherrscht, verfügt über einen eingebauten Touchscreen, über den Verbrechen angezeigt oder Gebühren bezahlt werden können. Bis zum Jahr 2030 sollen die KI-Roboter ein Viertel der Polizisten von Dubai stellen und einige Polizeiwachen gänzlich ohne menschliches Personal auskommen. Dubai wolle Razzouqi zufolge bei der Entwicklung „intelligenter" Städte eine weltweit führende Rolle einnehmen. In der Tat stellt die Rechtsdurchsetzung mittels KI einen weiteren Aspekt der Smart Citys dar.

Die Wahrheit offenbart sich dem, der die einzelnen Punkte miteinander verbindet: Wir brauchen *Kontext*. Das Erscheinungsbild der isoliert betrachteten Einzelpunkte unterscheidet sich erheblich vom Gesamtbild, das sich aus der Verknüpfung aller Elemente ergibt. Insider wie der Microsoft-Milliardär Bill Gates sind wandelnde und sprechende Punkteverbinder, ebenso wie der Profimanipulator George Soros und all die anderen Bono-Freunde. Wann immer Gates, Soros und ihresgleichen etwas fordern oder unterstützen, nutznießt die Agenda. Ist es wirklich nur Zufall, dass ausgerechnet Gates Vorkämpfer für ein Computersystem war, das für die Kontrolle der Bevölkerung von grundlegender Bedeutung ist, und heute seine Milliarden über die Bill & Melinda Gates Foundation für Impfstoffe, GVO, Geoengineering, Überwachungstechnologien, den Klimaschwindel, „Bildungs"-Programme (Programmierung) und künstliche Intelligenz ausgibt? Soros steckt seine Milliarden – um nur einige Punkte zu nennen – in „progressive" Politik, Massenmigration, Pseudorevolutionen und die Manipulation „demokratischer" Wahlen. Dabei sind die genannten Geldgeber, die im Zuge ihrer Propagandatätigkeit zahllose, scheinbar isolierte Aspekte miteinander in Verbindung bringen, weit davon entfernt, die Einzigen zu sein.

Ein anderes bedeutsames Element innerhalb des Gesamtgeschehens – eine weitere Strähne im Gewebe des Kontrollsystems – ist die massenhafte Ausgabe von Psychopharmaka an Kinder und Erwachsene. Ich bin im Laufe der Jahre ausführlich auf die systematische Vergiftung mit Ritalin und anderen Tinkturen eingegangen, mit denen Minder- und Volljährige misshandelt werden, die sich nicht anpassen wollen (Abb. 613). Hier

Abb. 613: „Stoppt die Behandlung von Kindern mit Psychopharmaka!" – Eine globale Katastrophe bahnt sich an.

findet eine Medikalisierung emotionaler und wahrnehmungsbezogener Wahlmöglichkeiten statt. Arzneien, die auf die Psyche einwirken, werden heute – wie wir etwa am Beispiel der Universitätsstudenten gesehen haben – verschrieben, als handle es sich um Süßigkeiten. Wie soll man klar denken und das Dickicht aus Zerstreuungen und Kontrolleinflüssen durchschauen können, wenn das Gehirn von Pharmazeutika zerrüttet worden ist? Wie ich bereits erwähnte, war Aldous Huxley aufgrund seines Insiderwissens schon 1961 in der Lage, die heutige Entwicklung vorherzusagen:

> Etwa in der nächsten Generation wird es eine pharmakologische Methode geben, die Menschen dazu bringt, ihre Sklaverei zu lieben. So erschafft man sozusagen eine Diktatur ohne Tränen, eine Art schmerzloses Konzentrationslager für ganze Gesellschaften. Man wird den Menschen ihre Freiheiten wegnehmen, doch sie werden es genießen, denn man wird sie durch Propaganda oder Gehirnwäsche, oder durch Gehirnwäsche verstärkt durch pharmakologische Methoden, von jeglichem Wunsch nach Rebellion ablenken. Das scheint die letzte Revolution zu sein.

Genau darauf bewegen wir uns zu – und dem muss Einhalt geboten werden.

Im Jahr 1.000.000 (oder auch viel eher)

Unmittelbar vor der geplanten Drucklegung dieses Buches, als der Text bereits fertig vorlag (Stand: 2017), strahlte der National Geographic Channel eine sechsteilige Fernsehserie mit dem Titel „Year Million" aus (gemeint ist das Jahr 1.000.000). Die Reihe, die passenderweise von Laurence Fishburne – dem Darsteller der Figur Morpheus in den „Matrix"-Filmen – präsentiert wurde, stellte führende Transhumanisten und „Futuristen" vor, darunter auch Kurzweil und Diamandis. Sie beschrieben eine durch künstliche Intelligenz transformierte Welt, deren erste Stufe darin bestünde, dass die Menschen die Welten der virtuellen Realität erkunden, indem sie sich einer technologischen Verknüpfung ihres Verstandes mit den Supercomputern bedienen („Metaversum 1.0"). In der zweiten Stufe würden sich die Menschen ihrer Körper gänzlich entledigen und ihren Geist in die „Cloud“ hochladen, um fortan nur noch als digitales Gewahrsein auf einer Festplatte zu existieren („Metaversum 2.0“). Willkommen zurück bei „Transcendence“.

Der Moderator und seine Gesprächspartner sagten vieles voraus, von dem auch ich gesprochen habe, jedoch taten sie dies *ohne jeden Kontext*. Die KI würde, so hieß es, zu einer „posthumanen“ Gesellschaft führen, in der „unser Bewusstsein vom Körper befreit“ wäre. Wir würden „als digitales Signal in einem Online-Cloud-Kollektiv leben“ (in einem „Borg-Kollektiv“ also). Einige der Interviewten sagten ein digitales Paradies voraus, in dem sich der Verstand „jeden Tag seine Abenteuer aussucht“ und der „Kapitän seines Schiffes“ wäre. In einer der Sendungen sagte der amerikanische Futurist und theoretische Physiker Michio Kaku: „Wir werden die Götter sein, die wir einst gefürchtet und angebetet haben.“ Das stimmt sogar, allerdings nicht in dem Sinn, den er meinte. Wir würden in das digitale Schwarmbewusstsein derjenigen assimiliert werden, die vorgeben, Götter zu sein: Die Rede ist von der archontischen Verzerrung, die bereits die Reptiloiden und die Grauen eingefangen hat. In „Year Million“ wird dies – wiederum ohne den wahren Kontext – umschrieben als cloudbasierte „Gehirn-zu-Gehirn-Kommunikation“, realisiert durch „Telepathie“ mittels Hirnchips (Auflösung der Privatsphäre). Die „Schwarmintelligenz“ solle letztlich dazu führen, dass sämtliche Bewusstseinsanteile zum alleinigen Schwarmbewusstsein verschmolzen werden.

Der letztgenannte Begriff, von dem ganz offen Gebrauch gemacht wird, bezeichnet das Endziel, das die archontische Verzerrung und ihre reptiloiden bzw. grauen Untergebenen seit Beginn der Übernahmebestrebungen verfolgen. In zahlreichen anderen Realitäten haben sie das bereits erfolgreich durchgezogen. Der Kommentator der TV-Serie beschrieb das Schwarmbewusstsein als eine Art „Superintelligenz“ – „archontische Absorption“ träfe es wohl eher. Des Weiteren hieß es, die Menschen würden ihren Individualitätssinn verlieren. Genau so ist es, denn sie wären nur noch ein Bestandteil des archontischen Bewusstseins. Die Fähigkeit zur Telepathie besitzen wir bereits, doch die Verdeckte Hand ist bemüht, diese und andere „übersinnliche“ Begabungen und Potenziale zu unterdrücken. Telepathie soll es ausschließlich in technischer Form geben, da sie sich kontrollieren lässt. In „Year Million“ wird das Schwarmbewusstsein so dargestellt, als würde es einen regen Austausch zwischen vielfältigen Denkweisen und Meinungen gestatten. Im archontischen Schwarmbewusstsein wird jedoch jede Art von Diversität ausgemerzt, sodass nur ein Verstand – und somit nur eine Agenda – übrig bleibt. Das Schwarmbewusstsein soll dem Kommentator zufolge bedeuten, dass wir zusammenkommen und Eins werden. Hier sehen wir, wie die tatsächliche, im Unendlichen Gewahrsein verankerte Einheit allen Bewusstseins nachgeahmt wird, jedoch beschränkt auf die digitale Ebene. Durch die digitale Verschmelzung wäre der menschliche Geist – wie hinter einer Firewall – kollektiv vom Unendlichen getrennt.

Man sagt uns, wir bräuchten die Schwarmintelligenz, um mit der künstlichen Intelligenz „mithalten“ zu können. Doch warum öffnen wir einer fremden Intelligenz, gegen die wir dann bestehen müssen, überhaupt erst die Türen? Was für ein Irrsinn. Die Algorithmen-KI wäre eine prima Sache, wenn sie der menschlichen Erfahrung diente und der menschlichen Führung unterstünde. Doch sobald die Grenzlinie überschritten wird und die KI beginnt, menschliche Angelegenheiten zu kontrollieren und an sich zu reißen, haben wir es eindeutig mit Geisteskranken zu tun, die uns ihre irren Erfindungen als technischen Fortschritt verkaufen wollen. Damit sich dieser Albtraum manifestieren konnte, musste man dafür sorgen, dass die Menschheit der Technik verfällt und deren ständige Ausweitung begehrt. Genau das können wir bei den nachwachsenden „smarten" Generationen beobachten, und zwar *aus genau diesem Grund*. Der Fairness halber sei erwähnt, dass das Überwachungs- und Kontrollpotenzial, das mit einem Schwarmbewusstsein einherginge, in der Fernsehserie durchaus thematisiert wurde. Im Vordergrund standen jedoch die Vorteile der Technologie.

Allein die Vorstellung, ein in die Cloud hochgeladenes digitales Bewusstsein wäre noch immer frei und Herr seines Daseins, ist derart absurd, dass sie einer gigantischen Portion Naivität bedarf. Ist der menschliche Verstand erst einmal hochgeladen, bleibt er auf ewige Zeiten Sklave der digitalen Pseudorealität, ohne ihr jemals entkommen zu können. Einige etwas feinfühligere Forscher unter den Befragten wiesen in der Miniserie darauf hin. Der menschliche Geist wäre in der aus Supercomputern bestehenden „Cloud" gefangen. Dass die computergestützte, digitale Realität auch naturgemäß von irgendjemandem bzw. irgendetwas (nämlich der KI) betrieben werden müsste, schien den interviewten Wissenschaftlern – die ständig von Freiheit und paradiesischen Zuständen redeten – entgangen zu sein. Dieselbe Instanz besäße folglich die absolute Kontrolle über alles, was sich innerhalb des Systems abspielt – hochgeladene menschliche Intellekte inbegriffen. Damit wäre für die Menschen der Punkt erreicht, von dem aus keine Umkehr mehr möglich ist. Dieser Punkt liegt viel näher, als die Leute glauben – es sei denn, wir öffnen die Augen für das, was tatsächlich gespielt wird. Zudem wurde in „Year Million" betont, dass all das unweigerlich geschehen würde und nicht mehr aufzuhalten sei. Die Borg lassen grüßen: „Widerstand ist zwecklos." Dabei wäre er ganz und gar nicht zwecklos, wenn nur genügend viele Menschen erwachen würden. All jene, die unschuldigerweise an der Verbreitung der KI beteiligt sind, müssten begreifen, dass sie im Grunde an der Erschaffung eines digitalen Frankensteins mitwirken, der zum Zweck der vollständigen Ausmerzung alles Menschlichen entworfen worden ist.

Bei den Befürwortern und Erbauern der „Metaversum"-Technologie zur Assimilation des Menschen gibt es im Wesentlichen zwei Lager: Während einige wenige als Ausdrucksformen der archontischen Geisteshaltung über die tatsächliche Agenda im Bilde sind und deren Zielstellungen bewusst unterstützen, sind die meisten Beteiligten derart linkshirnig ausgerichtet und von den technischen Möglichkeiten so begeistert, dass sie vor lauter Bäumen den Wald nicht sehen. So ist davon die Rede, „die Ewigkeit zu finden" und „unsterblich zu werden", obwohl wir auf der Ebene des Gewahrseins bereits ewig und unsterblich sind. Dasselbe Missverständnis ist im Zusammenhang mit der Kryotechnik zu beobachten (der Begriff leitet sich vom griechischen Wort für „kalt" ab): Da bezahlen einige Leute Unsummen, um ihre Körper bei etwa minus 196 Grad Celsius einfrieren zu lassen, in der Hoffnung, dass man sie in der fernen „Zukunft" wieder zum Leben erwecken wird. Bis dahin müssten Mittel gegen die Krankheiten entwickelt worden sein, die sie einst umgebracht haben, sowie das Know-how dafür existieren, wie man sie wieder heil auftauen kann. Manche von ihnen gehen so weit, nur ihren Kopf erhalten zu lassen, da sie glauben, dort würden ihre Erinnerungen und Persönlichkeitsanteile gespeichert werden (was jedoch nicht der Fall ist). Für die Nur-Kopf-Kryonik muss man zwar vermutlich deutlich weniger hinblättern, aber auch über einen außergewöhnlich ausgeprägten Optimismus verfügen. Das ist alles völlig verrückt. Nach ihrem physischen Ableben werden die Betroffenen verwundert erkennen, was für eine Schnapsidee es war, in einer Wirklichkeit ewigen Gewahrseins, das keines Kopfes bedarf, unbedingt den Kopf erhalten zu wollen.

Bei dem Ansatz, den Körper als „Gefängnis" zu betrachten, dem man entrinnen müsse, indem man den Verstand auf eine Festplatte verlagert – ein Narrativ, dem auch „Year Million" folgt –, wird ein Aspekt gänzlich außer Acht gelassen: Es gibt einen Ausweg, der es uns erlaubt, dauerhaft in die erweiterte Realität und potenzielle Unendlichkeit einzutreten. Der Upload des menschlichen Verstandes in ein digitales Konstrukt hingegen befreit den Menschen nicht vom Alcatraz seines Körpers, sondern zwängt ihn in eine noch engere Wahrnehmungszelle, in der nur noch die digitale Realität existiert und die KI die vollständige Kontrolle ausübt – Gedanken und Reaktionen inbegriffen. Die von „Year Million" kolportierte Idee, wir seien „Sklaven der Biologie", ignoriert die Möglichkeit eines von externen Vehikeln unabhängigen Gewahrseins. Auf diese Weise wird das digitale Gefängnis zur „Überwindung des Körpers" verklärt. Zudem wird das menschliche Gewahrsein als isolierte Instanz dargestellt, während es sich dabei in Wirklichkeit um einen Wahrnehmungsbrennpunkt innerhalb des Unendlichen Gewahrseins handelt. Statt wie bisher ein digitales Hologramm zu decodieren, würden wir zu einer digitalen Entität *werden* – das wäre der ganze Unterschied. Die archontische, in Gestalt der künstlichen Intelligenz manifestierte Macht bräuchte dann die Wahrnehmung gar nicht mehr zu manipulieren: Indem sie das menschliche Gewahrsein assimiliert und seine Kreativität absorbiert (die die Gnostiker als „ennoia" bezeichneten und die den Archonten fehlt), *wird* sie zur Wahrnehmung. Das ist letztlich der entscheidende Punkt: Die archontische Verzerrung trachtet danach, ihrer Begrenztheit dadurch zu entrinnen, dass sie das Gewahrsein derjenigen absorbiert, die die Beschränkungen qua ihres spirituellen Potenzials zu überwinden vermögen. Das Szenario erinnert an König Louie, den Orang-Utan aus dem Disney-Zeichentrickfilm „Das Dschungelbuch", der hinter das Geheimnis des Umgangs mit Feuer kommen möchte.

Die Obsession für virtuelle Realitäten führt die Menschheit in eine Richtung, deren Endresultat ich ausführlich dargestellt habe. Schon jetzt gibt es Websites wie Second Life, auf der die Menschen eine zweite, digitale Persönlichkeit ausleben. Als Nächstes steht die Ausweitung der Virtual Reality auf die dreidimensionale Ebene an: ein weiterer Schritt auf dem Weg zur endgültigen Assimilation. Ein Aspekt, der mir bezüglich der Serie auffiel, war ihr Titel: „Year Million". Der Zeitrahmen, der in der Serie für die verschiedenen Stufen der digitalen Assimilation angegeben wird, ist viel zu hoch gegriffen – denn die Technologie *existiert bereits*. Sie muss nur noch mittels Deckgeschichten und menschlicher Überbringer, die hinsichtlich der tatsächlichen Herkunft der Technik weitestgehend ahnungslos sind, unters Volk gebracht werden.

Da wären wir also. Gemeinsam haben wir, seit Sie dieses Buch aufgeschlagen haben, eine Reise unternommen, die es in sich hatte. Dabei haben wir nur einen Bruchteil all der Fakten und Zusammenhänge gestreift, die ich hätte besprechen und bloßstellen können (siehe dazu meine anderen Bücher). Die Welt ist nicht das, wofür wir sie halten. Seit frühesten Kindheitstagen wurde uns gesagt, wie wir sie zu sehen haben. Wir müssen lernen, mit neuen „Augen" zu *sehen*, mit einem neuen Geist zu *denken* und mit neuen Herzen zu *wissen*. Bei der alten Art und Weise, zu denken und wahrzunehmen, handelte es sich um Softwareprogramme – und nicht um einen Prozess, der freiem Denken und Bewusstsein entspringen würde. An den Punkt, an dem wir uns heute befinden, sind wir gelangt, weil wir sklavisch an Obrigkeitsdenken, Überzeugungen, Religionen, Gruppendruck, Konventionen, Propaganda und Normen festhalten und darauf bestehen, dass alle anderen es uns gleichtun. Das muss aufhören. Die Auffassungen, die uns versklavt haben, werden uns nicht befreien. Wir müssen die Welt von Neuem betrachten, ohne vorgefasste Urteile, und uns von den Informationen leiten lassen – statt von unbeweglichen Glaubenssystemen, mit denen wir lediglich selbsterfüllende Prophezeiungen sowie eine illusionäre Freiheit decodieren, die die tatsächliche globale Kontrolle verschleiert. Wir müssen das Trugbild durchschauen und zusammenkommen, so lange wir noch die Möglichkeit dazu haben. Die Zellentür schließt sich zusehends.

Kapitel 18

Wege in die Freiheit

„Wir müssen einander lieben, oder wir werden sterben."

W. H. Auden

Wer mir bis hierher gefolgt ist, wird mit Sicherheit eine drängende Frage haben, die nach einer Antwort verlangt: Was können wir tun? Es gibt in der Tat eine Menge, was wir tun können – wie beispielsweise, *alles zu verändern* –, doch wird dies nur mit einem grundlegenden Wandel der Wahrnehmung und des Selbstverständnisses möglich sein. Ohne diese Voraussetzung können Sie es gleich vergessen. Wie könnte man eine Situation mit der gleichen Mentalität verändern, die sie überhaupt erst hervorgebracht hat?

Will die Menschheit die katastrophale Entwicklung aufhalten, die sich tagtäglich vor unseren Augen entfaltet, dann muss sie mit wahrhaft offenem Geist alles auf den Prüfstand stellen, was sie bislang geglaubt hat. Dabei sei das Wörtchen *wahrhaft* betont. Kein Glaubenssystem kann davon ausgenommen werden, ob es nun religiöser, politischer, wissenschaftlicher, ökonomischer oder kultureller Art ist. Es geht nicht einfach nur um freies Denken, sondern um das wahre Wesen der Physik und das Problem, wie Realität funktioniert. Einige Fragen, die sich als Einstieg eignen würden, könnten lauten: Warum glaube ich an das, was ich tue? Woher stammen meine Überzeugungen, und aufgrund welcher Belege habe ich sie gewonnen? Sie werden ausnahmslos feststellen, dass Sie Ihre Ansichten der permanent wiederholten Ansicht anderer Leute entlehnt haben, die ihre Ansichten der permanent wiederholten Ansicht anderer Leute entlehnt haben, die ihre Ansichten der permanent wiederholten Ansicht anderer Leute entlehnt haben, die ihre Ansichten der permanent wiederholten Ansicht anderer Leute entlehnt haben. Am Ausgangspunkt jeder generationsübergreifenden, durch Wiederholung bewerkstelligten Programmierung werden Sie ebenso unweigerlich auf eine der folgenden Varianten stoßen: Entweder gibt es keinerlei Belege, die die betreffende Vorstellung untermauern würden; oder die Letztgenannte fußt auf einer Lügengeschichte, die irgendwer irgendwann unter irgendwelchen Umständen ersonnen hat; oder aber der Glaubenssatz geht auf eine Ansicht zurück, die irgendwer vor sehr langer Zeit vertrat – basierend auf Belegen, Beweggründen und Umständen, die ebenfalls kein Mensch mehr nachvollziehen kann. Soeben habe ich die Ursprünge sämtlicher Religionen skizziert, die zusammengenommen den allergrößten Teil der Menschheit in einer lebenslangen Wahrnehmungsunterwürfigkeit gefangen halten. Damit beziehe ich mich nicht nur auf die klassischen Religionen, die in Talaren und Mützchen in Erscheinung treten. Praktisch die gesamte Gesellschaft stellt heute eine Verschmel-

Abb. 614: Religionen in ihren verschiedenen Formen.

zung verschiedenster Formen religiöser Anbetung dar, die zumeist gar nicht als solche erkannt werden und sich durchweg auf Illusionen gründen (Abb. 614).

Es gibt 2,2 Milliarden Christen, deren gesamte Vorstellung vom Leben und der Wirklichkeit auf der Existenz eines „Jesus" basiert, den es nie gegeben hat. „Jesus" ist schlicht ein weiterer Name für eine Heldenfigur, die wiederholt an verschiedenen Orten der Welt aufgetaucht ist – in unterschiedlichen historischen und kulturellen Zusammenhängen und schon lange vor der als „Jesus" bekannten Version. Nein, werden die Christen jammern, das kann nicht wahr sein – die Bibel sagt doch, dass er existiert hat. Gut, meinetwegen – und wo ist es sonst noch belegt? Einige Bezugnahmen auf Jesus sind eindeutig später hinzugefügt worden, um das offizielle Narrativ zu untermauern. Die Wunder, die Jesus vollbracht haben soll, sind nirgendwo festgehalten – außer in einem Buch, das irgendwer irgendwann unter irgendwelchen Umständen verfasst hat. Wie hoch ist die Wahrscheinlichkeit, dass die Geschichten wahr sind? Ach so, seine Jünger haben ja die Evangelien niedergeschrieben. Nein, haben sie nicht – das behauptet nicht einmal die Kirche selbst. Matthäus, Markus, Lukas und Johannes sollen die Namen der Autoren lauten; die Kirche freut sich, wenn Sie die Vorgenannten mit den angeblichen namensgleichen Jüngern in Verbindung bringen. In Wahrheit weiß niemand, wer die widersprüchlichen Texte tatsächlich verfasst hat. Stammbäume wurden darin in einer Weise manipuliert, dass die jüdischen Helden des Alten Testaments mit den christlichen Helden des Neuen Testaments verknüpft werden konnten. Warum findet die jungfräuliche Geburt nur bei Matthäus und Lukas Erwähnung? Hatten Markus und Johannes in der fraglichen Nacht gerade frei? Na ja, immerhin war gerade Weihnachten. Die Namen „Jesus", „Abraham" und „Maria" finden sich auch im Koran, da die Genannten in älteren biblischen Texten prominente Auftritte hatten – ein weiterer Fall von „der permanent wiederholten Ansicht von Leuten entlehnt, die ihre Ansichten der permanent wiederholten Ansicht anderer Leute entlehnt haben". 1,6 Milliarden Menschen folgen der islamischen Glaubenslehre, die auf den „Lehren" eines Mannes namens Mohammed basiert, der sich für den Propheten Gottes bzw. Allahs hielt. Woher wissen die Muslime, dass er das tatsächlich war und sie ihn seit 1.400 Jahren zu Recht als „Propheten Mohammed" bezeichnen? Nun ja, da sich die These nicht stichhaltig untermauern lässt, muss halt der „Glaube" genügen. Was aber ist Glaube? Nichts anderes als eine Reihe von Überzeugungen, die den permanent wiederholten Überzeugungen anderer gläubiger Menschen entlehnt sind, die ihren Glauben einst auf dieselbe Weise gewannen.

Wenn der Glaube, den eine Person annimmt, ausschließlich aus sich selbst heraus erwächst, ohne jedes Zutun von außen – wie kommt es dann, dass Menschen aus muslimischen Familien mit großer Mehrheit Muslime werden? Dasselbe gilt entsprechend für Juden, Hindus, Christen usw. Wäre ein heutiger Christ beispielsweise in eine muslimische Kultur geboren worden, wäre er jetzt Moslem. Juden wären Hindus, und Muslime wären Juden. Vor allem wären aus den leidenschaftlichsten Christen die inbrünstigsten Muslime geworden, usw. Bei Religionen handelt es sich um heruntergeladene Programme. Die überzogene Befürwortung eines bestimmten Systems entspringt einer Denkweise, die stets einen Absolutheitsanspruch erhebt und mit Leidenschaft agiert – unabhängig davon, um welches Glaubenssystem es sich handelt.

Die Vorstellungen der extremistischen Muslime unserer Tage haben ihren Ursprung im 18. Jahrhundert. Sie gehen auf einen Dönme-Juden namens Muhammad ibn 'Abd al-Wahhāb zurück, den das britische Imperium mit dem Gründer der saudischen Dönme-Dynastie zusammenbrachte. Wäre die Angelegenheit nicht so unendlich tragisch, könnte man in schallendes Gelächter ausbrechen. Muslimische Männer tragen Bärte, weil Mohammed das im 7. Jahrhundert tat. Also wirklich – *hallo*? Es geht nicht um Glauben, sondern um Uniformität und Kontrolle. Diese Tatsache tritt noch deutlicher zutage, wenn sich Religionen aufspalten. Aus den Kindern protestantischer Familien werden größtenteils Protestanten, katholisch erzogene Kinder nehmen den katholischen Glauben an, sunnitische Familien bringen Sunniten hervor und die Nachkommen der Schiiten werden Schiiten. Wie wahrscheinlich wäre eine solche Statistik, würde es sich jeweils um freie und unabhängige Entscheidungen handeln? Unsinnige Sprüche der Art, dass man eben „glauben müsse", sollen über eine einfache Tatsache hinwegtäuschen: Wir haben keinerlei echte Beweise, um die Vorstellungen zu untermauern, an die du glauben sollst – also musst du eben einfach „glauben". In allen Ecken der Gesellschaft stoßen wir auf Glaubensvorstellungen, an denen die Menschen ihr Leben lang festhalten, obwohl sie auf nichts anderem als permanenter Wiederholung, Indoktrination und Einschüchterung beruhen. Wie würde wohl die Kindheit eines Menschen verlaufen, der in eine fanatische Christenfamilie hineingeboren wird und den Glauben seiner Eltern ablehnt? Der jeweilige Gott (Allah, Jahwe usw.) wird dem Abtrünnigen helfen, und wer sich weigert, seinen Verstand an den Hinduismus zu verlieren, darf sich gleich des Mitgefühls Tausender Gottheiten gewiss sein. Eltern und Gemeinden hingegen verhalten sich in dieser Hinsicht tyrannisch und zwingen den Kindern ihren Glauben auf, weil sich auch ihre *eigenen* Eltern und Gemeinschaften so verhalten haben. Auf der Grundlage von Wahrnehmungsmanipulationen und oftmals offener Gewalt wird generationsübergreifend Stille Post gespielt. Und wir sollen das sanftmütig hinnehmen? In meinen Augen stellt die Art und Weise, in der jüdische Eltern ihren Glauben und ihre ausufernden Verhaltensregeln ihren eigenen Kindern aufzwingen, Kindesmissbrauch dar. Das Gleiche lässt sich bei Muslimen, Christen und in jeder anderen religiösen Tyrannei beobachten, welchen Namen sie auch immer tragen möge. Mama, Papa – wenn ihr euren Verstand aufgeben wollt, nur zu; doch untersteht euch, so unverfroren, arrogant und respektlos zu sein, von mir dasselbe zu verlangen. Was ich glaube, werde *ich* entscheiden, nicht *ihr*.

Das Buch ist alles, was man braucht

Ich will damit nicht sagen, dass ein junger Mensch oder irgendjemand anders gegen seine jeweilige Glaubensrichtung rebellieren sollte. So etwas zu äußern, steht mir nicht zu. Wahlfreiheit bedeutet eben Wahlfreiheit – und nicht, ein oktroyiertes oder zurechtmanipuliertes Glaubenssystem gegen ein anderes (oder gar keines) auszutauschen. Ich bin lediglich der Meinung, dass jeder Anhänger einer Religion deren Glaubensinhalte hinterfragen und untersuchen sollte, inwiefern sie einer Überprüfung standhalten. Auf diese Weise erlangt der Betroffene Selbstachtung und nimmt sein Recht auf Denk- und Wahlfreiheit wahr. Er sollte sich fragen, aus welchem Grund seine Glaubensgenossen bestimmte Inhalte für wahr halten, wo deren Ursprünge liegen und aufgrund welcher Belege die Glaubensstifter einst ihre Schlüsse zogen. Im Laufe der Suche wird der Fragesteller unweigerlich auf eines oder mehrere Bücher stoßen – etwa die Bibel, den Koran, den Talmud oder die vedischen Schriften –, deren wahre Herkunft im Dunkeln liegt. Um das zu verschleiern, könnten jedoch falsche Narrative in Umlauf gebracht worden sein, die ihren angeblichen Ursprung erklären sollen. „Das Buch" ist „die Wahrheit" – du musst fest daran glauben!

Des Weiteren könnten sich die Religionsanhänger die Frage stellen, ob ihr Glaubenssystem die Welt zu einem freundlicheren, freieren und liebevolleren Ort gemacht hat – oder ob es vielmehr eine maßgebliche Rolle bei der Wahrnehmungskontrolle und der Unterdrückung der Rede-, Gedanken- und Wahlfreiheit spielt. Gibt es in meiner Religion Druck, Zwang oder Einschüchterungen? Wer den Ursprüngen seines Glaubens ehrlichen und offenen Geistes nachspürt und dessen Einflüsse auf die Gesellschaft betrachtet, wird erleben, wie seine Überzeugungen in Scherben fallen. Der Grund, woher ich das weiß, ist sehr einfach: Wenn wir nur einen unendlich winzigen Bruchteil der Unendlichkeit wahrzunehmen vermögen – den Bereich des sichtbaren Lichts – und „auf" einem Planeten leben, der in der Analogie dem Milliardstel eines Stecknadelkopfes entspricht, wird die Gesamtheit allen potenziellen Wissens über unser Selbst und die Wirklichkeit nicht zwischen den Deckeln einer einzelnen religiösen Schwarte zu finden sein – die irgendwann von irgendwem in irgendeinem Kontext verfasst worden ist. Der Titel des vorliegenden Buches, „Everything You Need To Know, But Have Never Been Told", meint nicht, dass es bereits alles enthielte, was man wissen sollte; doch es bietet alles, was nötig ist, um neue Wege des Denkens und Wahrnehmens zu beschreiten, und eröffnet dem Gewahrsein eine neue, uneingeschränkte Sicht. Wie ich eingangs sagte, stellt dieses Buch einen Ausgangs- und keinen Endpunkt dar. Religiöse Schriften geben vor, gleichermaßen Ausgangs- *und* Endpunkt zu sein, sodass sie keinen Raum für freie Gedanken, freien Ausdruck und das Streben nach Einzigartigkeit lassen.

Zwar sind wir lediglich Aufmerksamkeitsbrennpunkte innerhalb des Unendlichen Gewahrseins; doch wenn wir es zulassen, sind wir *unverwechselbare* Brennpunkte der Aufmerksamkeit. Indem wir unsere individuellen Eigenarten zum Ausdruck bringen, zelebrieren wir unseren einzigartigen Beitrag zum grenzenlosen Ganzen. Die Religionen trachten danach – wie auch das System im Allgemeinen –, die individuelle Unverwechselbarkeit unterdrücken, da sie sowohl den Frequenzen des erweiterten Gewahrseins entspringt als auch solche hervorbringt. Diese Schwingungen sind es, die uns mit Erkenntnisebenen jenseits der Programmierung in Kontakt bringen. Gewünscht wird eine niedrig schwingende, das „kleine Ich“ verkörpernde Uniformität, die Einzigartigkeit als etwas empfindet, was es zu bekämpfen, zu fürchten, lächerlich zu machen und zu verdammen gilt. Mit einer solchen Wahrnehmung wird man zum gedankenlosen (oder richtiger: geistlosen) und blind gehorchenden Wiederkäuer der Ansichten anderer, die dann zusammen zur „Das weiß doch jeder“-Norm gerinnen. Wir leben in einer Welt von Papageien, die pausenlos Informationen nachplappern, die in den Tiefen des Systems geboren wurden und aufgrund der ständigen Wiederholung letztlich allgemeine Akzeptanz finden. Die Medien wiederholen, was Politiker, Wissenschaftler, Akademiker, Ärzte, Bankiers usw. von sich geben, die wiederum die Äußerungen ihrer Kollegen nachplappern. Auf diese Weise nimmt der Briefmarkenkonsens Gestalt an. Demselben Mechanismus verdanken auch die Religionen ihren Fortbestand. Letztlich wird deutlich, dass auch Politik, Wissenschaft, Medizin, Gelehrten- und Finanzwelt usw. nichts anderes als Religionen darstellen, durchaus vergleichbar mit Islam, Judentum, Christentum und Hinduismus. Als Zuckerberg verkündete, Facebook könne den Religionen den Rang ablaufen, sprach er wiederum von einer Religion. Stets gibt es verbindliche Gottheiten, Hierarchien und Glaubenssysteme sowie heilige Bücher bzw. Websites. Das „Kommunistische Manifest“ erfüllt für den Kommunisten dieselbe Funktion wie die Bibel für den Christen oder die wissenschaftliche Lehrmeinung für den systemgetreuen Wissenschaftler.

Religionen bedürfen im Allgemeinen keiner Kirche, keines Tempels und keiner Messe; Gebete gen Mekka sind ebenso wenig vonnöten wie die Abendandacht. All diese Elemente gehören lediglich zu spezifischen Ausdrucksformen der Religiosität. Jede Religion besteht aus mental-emotionalen Mustern ständig wiederholter Gedanken, Wahrnehmungen und Verhaltensweisen – also wiederum aus stationären Wellen. Nur die in den stehenden Wellen enthaltenen Informationen unterscheiden sich. Ihr Schwingungs- und Resonanzverhalten ist – unabhängig von den konkreten Inhalten – ebenso identisch wie die Art und Weise, in der sie die Realität decodieren (Abb. 615). Zeigen Sie mir jemanden, der sein Smartphone anbetet, und ich zeige Ihnen die Denkmuster eines religiösen Fanatikers. Dasselbe ließe sich mit Facebook- oder Kaufsüchtigen, politischen Aktivisten, Fans von Fußballvereinen, Geldbesessenen und Prominentenverehrern durchspielen. Sie alle huldigen einer Gottheit: Jesus, Jahwe, Allah, dem Smartphone, Facebook, einer Klamottenmarke, einem politischen Helden, Real Madrid, dem Geld, Justin Bieber usw. Aufmerksamkeit und

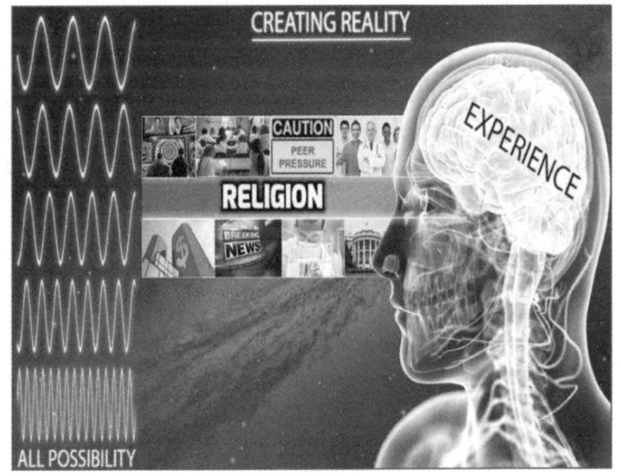

Abb. 615: Religion = Kontrolle der Wahrnehmung.

Realitätsempfinden werden an die jeweilige Gottheit abgetreten. Genau so funktioniert die klassische Religion.

Aus meiner Sicht stellen Religionen die bedeutendste Form der Gedankenkontrolle dar, die jemals erfunden worden ist. Mit dem Verschwinden ihrer klassischen Elemente kommen sie keineswegs zum Erliegen: Vielmehr bedienen sie sich in der Öffentlichkeit neuer Masken und dehnen ihren Wirkungsbereich aus. Die Denkweise der „Progressiven" etwa stellt nur eine weitere Variante derselben altbekannten Muster dar; die Lehre von der Erderwärmung ist ihre unantastbare Bibel. Sie sind religiöse Eiferer, die die Wahrheit gepachtet haben und sich für allwissend und allmächtig halten. Definitionsgemäß muss folglich jeder, der eine andere Auffassung vertritt, im Irrtum oder dämlich sein – das Äquivalent eines Ungläubigen! Kraft ihrer Selbstbezogenheit, die über simple Arroganz hinausgeht, fordern sie dann, dass alle Welt ihren Ansichten und, falls notwendig, der Oktroyierung derselben zustimmt. Damit haben wir die Mentalität sowohl der Scharia-Faschisten als auch der progressiven Faschisten der politischen Korrektheit umrissen: Ich habe recht, also befinden sich alle anderen im Irrtum; und da ich recht habe, ist es meine moralische Pflicht, meinen Glauben der gesamten Bevölkerung aufzuzwingen. Während die Gesetze der Scharia durch eigene Gerichtshöfe, Einschüchterung sowie – in vielen Fällen – auch die Anwendung brutaler Gewalt bis hin zum Mord durchgesetzt werden, bedienen sich die Progressiven der Gesetze gegen „Hassrede", wüster Beschimpfungen, der Ächtung gegenteiliger Ansichten und des Twitter-Shitstorms, um dasselbe Ziel zu erreichen. Beide Spielarten sind nur verschiedene Masken für dasselbe Denkmuster. Diese Tatsache offenbart sich, sobald man sein Augenmerk von äußeren Merkmalen, Hautfarbe, Glaubensbekenntnis oder Vorgeschichte einer Personengruppe zu deren Bewusstseinslage hin verlagert. Bei oberflächlicher Betrachtung scheinen Scharia-Fanatiker und Progressive, die über „Vielfalt" schwadronieren, Gegensätze darzustellen; doch zieht man ihr Verhalten, ihre Geisteshaltung und ihre Resultate in Betracht, entpuppen sie sich als Varianten derselben Mentalität und Programmierung, die nur verschiedene Namen tragen. Die Programmierung können wir nur durchbrechen, wenn wir ehrlich und wahrhaftig unser Handeln und Verhalten beobachten – und es jenen gegenüberstellen, die wir zu bekämpfen vorgeben. Auch hierbei gilt: Wer es damit ernst meint, muss sich möglicherweise auf ein heftiges Erwachen einstellen. Doch eine schonungslose Selbstüberprüfung ist unabdingbar, wollen wir den Wahrnehmungsprogrammen entkommen, mit denen die Menschheit in fortwährender Knechtschaft gehalten wird. Andernfalls wird es heißen: Gute Nacht, Menschheit – und zwar sehr bald schon.

Sie gaben uns ihren Verstand

Der menschliche Verstand ist von der Fünf-Sinnes-Realität so besessen, dass er angesichts der Vorgänge in der sichtbaren Welt – wie sie in den vorangegangenen Kapiteln dargelegt wurden – leicht aus dem Auge verliert, welches Potenzial die unsichtbaren Ebenen bergen. Doch es sind die der unmittelbaren Wahrnehmung weitgehend verschlossenen Bereiche, von denen aus die Dinge eingefädelt werden und in denen folglich auch die Lösungen verborgen liegen. Wir „sehen" eine holografische Leinwand; was sich darauf als individuelle und kollektive Erfahrung darstellt, ist der holografische Ausdruck unseres aus Schwingungen bestehenden Selbstes: Frequenz- und Oszillationsmuster der mentalen und emotionalen Wahrnehmung (Abb. 616). Die archontisch-reptiloide Macht und ihre hybride *El*-ite sind sich dessen wohl bewusst. Ihnen ist klar, dass sie die Fünf-Sinnes-Welt der Kinoleinwand sich selbst überlassen können, wenn es ihnen gelingt, die Wahrnehmungsmuster und -schwingungen zu bestimmen. Im Grunde gibt es nur ein Muster, doch wird diese Tatsache durch eine Vielzahl von Bezeichnungen und Etiketten übertüncht: Religion, Politik, rechts/Mitte/links, progressiv, Zionist, Medizin, Wissenschaft, Finanz- und akademische Welt, Klasse, Kultur, Ethnie, Einkommensklasse usw. – die Liste ist endlos. In all diesen Gruppierungen stoßen wir auf das stets gleiche Denkschema, das sich auf Gottheiten, Hierarchien und die Selbstgewissheit stützt, „recht" zu haben. Alle Genannten verfolgen ihre eigenen Interessen, zulasten der Fairness, der Gerechtigkeit und tatsächlicher Diversität. Auch die „Identitätspolitik", die allem Fairen, Gerechten und Vielfältigen den Garaus macht, entspringt diesem Muster. Sie steht exakt für die von mir beschriebene Denkweise. Es kümmert sie nicht, was allen Beteiligten gegenüber fair und gerecht wäre – geschweige denn, was Vielfalt und Einzigartigkeit bedeuten. Sie interessiert sich einzig und allein dafür, was „Mir, mir, mir" passt und zum Vorteil gereicht.

Abb. 616: Der schlimme Zustand, in dem sich die Menschheit befindet.

Ein Bankier oder Hedgefonds-Manager etwa wacht jeden Morgen mit der Zielstellung auf, seinen Gewinn zu vergrößern. Welche Auswirkungen sein Handeln auf das Leben anderer hat, interessiert ihn nicht (siehe George Soros). An all die Menschen, die er überall auf der Welt zerquetscht, vernichtet, ja, sogar physisch ums Leben bringt, während er nach persönlichen Vorteilen, Macht und Geld um seiner selbst Willen strebt, verschwendet er keinen Gedanken, und er empfindet keinerlei Mitgefühl. Ein Progressiver wird solche Leute verurteilen (mit Ausnahme von Soros) und auf der Straße gegen die Kürzung von

Sozialleistungen und die selbstsüchtige Macht des Finanzkapitals protestieren. Doch was tun die Progressiven? Jeden Morgen wachen sie auf, um ihre Glaubenssätze und Verhaltensmuster so vielen Menschen wie möglich aufzuzwingen und weitere Zensurgesetze zu fordern – ohne sich um die Auswirkungen ihres Handelns auf das Leben und die Grundrechte ihrer Mitmenschen zu kümmern. Für diejenigen, deren Freiheit sie zerstören oder deren Gemeinschaften binnen weniger Jahre vollständig ihrer Kultur beraubt sein werden, haben sie weder Gedanken noch Empathie übrig. Um ihrer selbst willen verfolgen sie eine persönliche Agenda und stellen damit nur eine weitere Variante desselben „Ich, ich, ich"-Denkens dar, dem auch der Bankier unterliegt.

Die Progressiven scheren sich keinen Deut mehr als die Bankiers darum, welche Folgen ihr Tun für andere hat. Interessiert sich etwa Victoria Kawesa für die Konsequenzen, die ihre Forderung nach Abschaffung sämtlicher Kontrollen an den schwedischen Grenzen für die Einheimischen hätte? Natürlich nicht – es geht ausschließlich um sie selbst. Bankiers wie Progressive kreisen gleichermaßen nur um sich selbst. Die zahllosen LGBTIQ-Schubladen entstehen, wenn Identitätspolitik auf die „Twilight Zone" trifft. Die Schubladen werden in immer kleinere Untergruppen aufgespalten, bis sie schließlich so winzig geworden sind, dass sie es mit der Nanotechnologie aufnehmen könnten. Bei jedem neuen Etikett geht es wieder nur um „Mich, mich, mich" – eine weitere Zwiebelhaut, die zwischen dem Körper/Intellekt und dem Unendlichen Gewahrsein aufgezogen wird, dem wir alle angehören. Kümmert sich der nackte Mann, der sich als Frau begreift und Zutritt zur Damenumkleidekabine beansprucht, um die Gefühle der jungen Mädchen, die sich dort umziehen? Nein. Alles dreht sich nur um ihn/sie, ihn/sie, ihn/sie. Der Ungeist des narzisstischen Anspruchdenkens nimmt immer extremere Formen an, wie wir in der Politik, Finanz- und Unternehmenswelt und insbesondere bei den Progressiven und ihren LGBTIQ-Grüppchen beobachten können.

Wer aufgrund seiner ethnischen Zugehörigkeit, Religion oder sexuellen Orientierung von echter Diskriminierung betroffen ist, darf sich meiner Unterstützung gewiss sein. Meine Einstellung entspricht der Definition des Begriffs „liberal", wie sie im Wörterbuch (nicht in der Politik!) zu finden ist:

> Person, die der Idee der maximalen individuellen Freiheit wohlgesonnen gegenübersteht bzw. sich mit dieser in Übereinstimmung befindet. Befürwortet insbesondere die Gewährleistung derselben durch die Gesetzgebung und den staatlichen Schutz bürgerlicher Freiheiten. Setzt sich für die Handlungsfreiheit ein, insbesondere im Hinblick auf persönliche Überzeugungen und individuellen Ausdruck.

Das bin haargenau ich. Der springende Punkt ist, dass die Progressiven *nicht* liberal sind – sondern das genaue Gegenteil. Bei uns in Großbritannien gibt es sogar eine Partei, die sich selbst als „liberal" bezeichnet, obwohl sie den Progressiven zuzurechnen ist.

Ginge es bei all dem tatsächlich um Diskriminierung, stünde ich an der Seite der Betroffenen. Doch das ist nur selten der Fall. In Wahrheit geht es bei der Identitätsdebatte um Dominanz sowie – ironischerweise – um Sonderrechte und Allmachtsansprüche. Alles dreht sich um „Mich, mich, mich". Dabei sind die Vertreter der verschiedenen Schubladen *alle gleich* – doch das können sie nicht sehen. Ich begegne Schwarzen, Moslems, Asiaten, Frauen aus allen Schichten, Männern und Frauen verschiedener sexueller Ausrichtungen – sie alle besuchen überall auf der Welt meine Veranstaltungen. Ein Etikett, um sich vom Rest der Gesellschaft abzuheben, brauchen sie nicht. Wer mit meiner Arbeit vertraut ist, weiß ohnehin, dass Schubladen nur vergängliche Masken sind, hinter denen sich das Unendliche Gewahrsein verbirgt. Warum können wir einander nicht auf *dieser* Basis begegnen – dort, wo es keine künstlich geschaffenen, die Spaltung vertiefenden Verwerfungslinien gibt? Dort, wo es keine Schwarzen, Weißen, Muslime, Juden oder LGBTIQ gibt, sondern nur das eine Bewusstsein, das sich selbst erfährt? Doch die Progressiven, samt ihres LGBTIQ-Flügels, wollen immer mehr Mauern errichten, um uns auseinanderzudividieren, und bedienen sich dabei immer feinerer Identitätsdefinitionen. Statt die Menschen zusammenzubringen, wie sie behaupten, spalten sie sie (Abb. 617).

Abb. 617: „Wir sind alle ... Eins." – Erinnern wir uns daran, und vergessen wir es nie wieder.

Gruppe oder Individuum

Identitätsschubladen fördern zudem das Gruppendenken. Dabei gilt es zwei Aspekte zu beachten, deren Folgen gleichermaßen verheerend sind. Zum einen bedeutet es, dass eine große Zahl von Menschen in derselben Weise denkt. Das heißt nichts anderes, als dass die individuellen Gedankenmuster durch die vorherrschende Frequenz auf Linie gebracht werden. (Sie erinnern sich an das Gleichnis von der Violine?) Zum anderen wird das Gruppendenken durch technologische Frequenzen erzwungen, mit denen die Menschheit pausenlos bombardiert wird, sowie durch die Einschüchterungen seitens der nichtliberalen Progressiven, die sich gegen jeden richten, der sich eine abweichende Ansicht vorbehält. Die sozialen Medien sind in dem Zusammenhang zum digitalen Guantanamo mutiert: Wer dort eine „falsche" Meinung vertritt, kann sich sicher sein, den Zorn der Progressiven auf sich zu ziehen – die angeblich vehement für „Vielfalt" eintreten. Teile unsere Meinung, oder du wirst sehen, was du davon hast, du Verlierer. Es gehört zum Alltagsgeschäft aller Wahrnehmungslenker, Gruppendenken dieser Art zu fördern. In den Handbüchern der Gesellschaftsmanipulatoren, die die Gedanken der Massen zu steuern versuchen, finden sich dazu ausführliche Beschreibungen.

Bei einer weiteren Spielart des Gruppendenkens wird buchstäblich eingeübt, nur Gruppenbegriffe zu verwenden, ohne irgendeinen Gedanken an Individualität oder – schon wieder eine Ironie – Vielfalt. Diese Art des Gruppendenkens liebt die Schubladen, da naturgemäß nur Gruppen mit derartigen Etiketten versehen werden, aber keine Individuen. Die Folge davon ist das Schwarzweißdenken, das die Vertreter der politischen Korrektheit und ihr hierarchisches Opferrollensystem kennzeichnet: Schwarze Hautfarbe ist besser als weiße, schwarze Frauen übertrumpfen schwarze Männer, Transgender-Personen wiederum stehen höher als schwarze Frauen usw. Hier ließe sich auch die Bevorzugung des Islams gegenüber dem Christentum einreihen, da das Letztgenannte mit dem weißen Mann in Verbindung gebracht wird, sowie die Begünstigung von Migranten, die in der Rangfolge über den Einheimischen stehen. Der Zionismus freilich übertrumpft alle anderen Etiketten – dank seines weltumspannenden, auf Propaganda und Einschüchterung basierenden Netzwerks.

Der springende Punkt ist, dass die Angehörigen gleich welcher Gruppierung hinsichtlich Persönlichkeit, Verhalten und Absicht niemals alle völlig gleich sind. Jeder, der nur über ein Fünkchen Intelligenz verfügt und sich mit der Thematik auseinandersetzt, wird das erkennen. In jeder Gruppierung stößt man auf das breite Spektrum menschlicher Charaktere, von „netter Typ“ bis „was für ein Scheißkerl“. Doch für die Gruppendenker existiert diese Realität einfach nicht. Deshalb stutzen sie auch jedes Mal ganz verwirrt, wenn ein Angehöriger einer Minderheit etwas sagt oder tut, was die Beleidigung einer anderen Minderheit beinhaltet. Du bist doch ein Transgender-Opfer! Wie kannst du da muslimische Opfer kritisieren! Ich kapier's nicht ... Ich bekomme Kopfschmerzen ... *Warnung! Warnung! Systemabsturz! Prozessor überlastet ... System wird heruntergefahren und neu gestartet!* Solche Vorfälle sind ganz einfach zu verstehen, wenn man begriffen hat, dass in jeder Gruppierung das gesamte Spektrum menschlicher Charaktere vertreten ist, von „netter Typ“ bis „Scheißkerl“. Andererseits jedoch ist der Systemabsturz unausweichlich, wenn man nur in Gruppen- statt in Individualitätsbegriffen zu denken vermag (Abb. 618). Wenn Migranten Verbrechen begehen, Banden gebildet werden oder No-go-Areas entstehen, schaut die große Mehrheit der Progressiven weg. Sich der Realität zu stellen, würde die Preisgabe des Gruppendenkens erfordern – zugunsten von Gedanken wie „netter Typ“ oder „was für ein Scheißkerl“. Aus die-

Abb. 618: „Oh mein Gott!“ – Ein Moslem, der keine Schwulen mag? Oh nein – das hat mich getriggert. Schnell, wo ist der Schutzraum?

sem Grund schweigen Leute, die angeblich für die Frauenrechte einstehen, wann immer Frauen von Migranten vergewaltigt werden. Da sie, zu individuellen Betrachtungen unfähig, dem Gruppendenken nicht entrinnen können, müssen sie sich zwangsläufig für eine der Gruppen entscheiden. Weil nun migrantische Opfer höher stehen als weiße Frauen, die zu Opfern geworden sind, drücken die Progressiven beide Augen zu oder schauen weg.

Solch ein Verhalten ist natürlich durch und durch infantil. Doch gerade die Infantilität kennzeichnet die progressiven Extremisten – wie auch ihre *tatsächlich* rechtsextremen Pendants. (Das Wörtchen „tatsächlich" soll darauf hinweisen, dass nicht jeder, dessen Gedanken sich rechts von Karl Marx bewegen, ein Rechtsextremist ist.) Wie alle scheinbaren Polaritäten stellen auch die extremen Vertreter der Linken wie der Rechten Spiegel füreinander dar. Eine progressive Frau, die einmal von einem Migranten vergewaltigt wurde, verzichtete darauf, den Vorfall zur Anzeige bringen, um keine rassistischen Spannungen auszulösen. Gut, dass sich auch der betreffende Migrant darum gesorgt hat. Das ist der ausgewachsene Irrsinn, der der Problematik innewohnt. Werden weiße Männer zu Opfern (auch für weiße Frauen gilt das häufig), haben sie kaum Aussicht auf Gehör, da andere Gruppen innerhalb der Opferhierarchie höher gestellt sind. Weiße gelten ja als rassistische, bigotte Kolonialisten – es sei denn, sie bekehren sich und beten drei „Nichtbinärer Unser". Den „Vater" anzurufen, wäre ja politisch höchst inkorrekt. Überhaupt gelten alte weiße Männer, die nicht mit den Progressiven übereinstimmen, als die Niedrigsten der Niedrigen – der Bodensatz der Jauchegrube. Schließt man sich jedoch der Meinung der Progressiven an, kann man selbst als alter weißer Mann noch zum Helden avancieren, wie wir etwa am Beispiel des britischen Labour-Parteichefs Jeremy Corbyn sehen. Die Übereinstimmung mit den Progressiven scheint ohnehin das entscheidende Element zu sein, das einen vor dem Büßerhemd zu bewahren vermag. Ab und an habe auch ich mich darin versucht, allerdings bei Weitem nicht konsequent genug. So nehme ich denn mein Büßerhemd in Empfang – wird ein hübsches Feuerchen geben.

Ich verteidige nicht die Weißen – ob alt oder jung – als Gruppe. Unter den Weißen gibt es einige wunderbare Leute, aber auch ausgesprochen engstirnige, psychopathische Monster. Ich bin mir einfach der Tatsache bewusst – und das ist der springende Punkt –, dass man dieselbe Mischung in jeder ethnischen Gruppierung vorfindet. Wann hat das letzte Mal ein weißer Vater seine Tochter getötet, weil sie eine Liebschaft außerhalb der Glaubens-, ethnischen oder Standesgemeinschaft hatte? Wenn wir Menschen danach beurteilen, was sie sagen und wie sie handeln – statt aufgrund ihres ethnischen, religiösen oder sonstigen Hintergrunds –, dann ist ein Vergewaltiger eben ein Vergewaltiger (und kein „muslimischer Vergewaltiger"), und ein Fanatiker ist einfach ein Fanatiker (kein „weißer Fanatiker").

Der größte Teil der zahlreichen Obdachlosen, denen ich begegnet bin, war liebenswert und bedurfte dringender Hilfe. Einige unter ihnen erwiesen sich jedoch als höchst unangenehme Charaktere und mitunter sogar als gewalttätig. Die meisten der Sozialhilfeempfänger, die ich kennengelernt habe, waren aufrichtige Leute, deren Familien unter oftmals schlimmen Umständen ums Überleben kämpften – mit Beträgen, die weit davon entfernt waren, angemessen oder human zu sein. Ich habe aber auch Leute getroffen, die auf Kosten der Gemeinschaft lebten, indem sie Gelder vom Staat in Anspruch nahmen, die sie auch selbst hätten erarbeiten können. Dazu hätten sie aber nicht so stinkfaul sein dürfen, während sie obendrein über ein dreistes Anspruchsdenken verfügten. Einige Transgender, denen ich begegnet bin, gehörten zu den charmantesten Leuten, die Sie sich vorstellen können. Sie rangen ernsthaft darum, mit ihren Gefühlen in Einklang zu kommen. Manche ihrer Leidensgenossen waren wiederum unglaublich arrogant und so selbstverliebt, dass es einem den Atem verschlug. Auch unter Schwulen traf ich auf beide Varianten. Muslime habe ich auf der ganzen Welt kennengelernt, unter anderem im Nahen Osten. Die meisten von ihnen waren äußerst freundlich, fürsorglich und freigebig (während sie selbst oft wenig besaßen). Andere Menschen, die ich traf oder beobachtet habe, waren derart ausgewachsene Psychopathen, dass sie den Eindruck erweckten, als wollten sie die Untiefen menschlicher Bösartigkeit und Verkommenheit ausloten. Dann gibt es noch diejenigen, denen es nicht schwerfällt wegzuschauen, wenn Kinder von muslimischen Banden misshandelt und vergewaltigt werden. Ich bin Menschen jüdischen Glaubens begegnet, die Gerechtigkeit und Fairness für alle wollen, und anderen, die derart rassistisch, fanatisch und gewaltgeil sind, dass sie mit dem Begriff „Psychopath" kaum hinreichend beschrieben sind. Bei der großen Mehrheit der Schwarzen, die ich kennengelernt habe, handelte es sich um tolle Leute, deren Energie und Humor ich sehr schätze. Manche von ihnen waren jedoch knallharte, gewalttätige Rassisten, die die nächste Gelegenheit zur Projektion kaum abwarten konnten. Auch Menschen weißer Hautfarbe, die freundlich und rücksichtsvoll waren und einfach mit allen anderen in Frieden und Harmonie leben wollten, sind mir in großer Zahl begegnet. Es gab einige, die etwa einen Körperkult betrieben, von ihrer Nationalität besessen waren oder die weiße Rasse für überlegen hielten. Manche wenige waren so gefühlskalt, herz- und rücksichtslos, dass „Monster" das einzige Wort ist, das ihrem Charakter halbwegs gerecht wird.

Keine Gesellschaft wird jemals gerecht und fair funktionieren können, solange sie diese offenkundigen, das menschliche Verhalten betreffenden Gegebenheiten nicht anerkennt und – falls nötig – gegen sie vorgeht. Nehmen wir etwa den Betriff „Psychopath". Wollen wir ernsthaft glauben, psychopathische Charaktere würden *nicht* in jeder sogenannten Minderheit vorkommen? Der gefälschte Geist ist nicht nur in eine, sondern in sämtliche ethnischen Gruppen eingeträufelt worden. Inwiefern er sich in Verhalten und Wahrnehmung manifestiert, hängt davon ab, wie gefestigt das Bewusstsein der betroffenen Person und inwiefern sie in der Lage ist, ihm Widerstand zu leisten. (1) Psychopathen findet man in jeder ethnischen, religiösen und sexuellen Gruppierung; (2) keine dieser Gruppen besteht ausschließlich aus Psychopathen. Aus all dem ergibt sich eine Tatsache, die förmlich danach schreit, zur Kenntnis genommen zu werden: Die einer *beliebigen* Gruppe zugehörigen Personen sind *niemals alle gleich*. Mir ist bewusst, dass das dem überwiegenden Teil meiner Leserschaft ohnehin klar ist; doch ich wende mich auch an die Progressiven. Sehen Sie es mir daher bitte nach.

Die Weigerung, das breite Spektrum charakterlicher Eigenschaften als etwas zu betrachten, was unabhängig von der religiösen oder ethnischen Zugehörigkeit existiert, hat zur Folge, dass das entsetzliche Verhalten mancher Migranten, die Verbrechen begehen und Frauen misshandeln, unter den Teppich gekehrt wird. Unter den Einheimischen erzeugt das zunehmenden Frust, den sich dann die Progressiven erdreisten zu verurteilen – obwohl sie die *Urheber* des Unmuts sind. Die Erkenntnis, dass jede ethnische

Gruppierung sowohl aus netten Typen als auch Scheißkerlen besteht, würde zu einem Umdenken hinsichtlich der Frage führen, wer ins Land darf und wer nicht. Das Fehlen eines derartigen Maßstabs, der dem „Ihr seid alle Rassisten"-Gekreische gewichen ist, bewirkt zusammen mit der Angst, als solcher gebrandmarkt zu werden, dass die Länder Europas vor der totalen Katastrophe stehen. Maßgeblichen Anteil daran haben die Gewaltakte zwischen verschiedenen Ethnien, die Bestrebungen zur Durchsetzung von Scharia-Gesetzen sowie das organisierte Verbrechen. Wenn das ungehindert so weitergeht, sind bald nicht mehr nur Schweden und Italien betroffen, sondern jedes einzelne Land Europas. Würde man aufhören, Gruppen nur in ihrer Gesamtheit zu bewerten, könnten sich wieder Mitgefühl und Empathie etwa für jene Bewohner britischer und anderer europäischer Städte einstellen, die miterleben mussten, wie die Kultur ihrer Kindheit in erstaunlich kurzer Zeit von einer hereinströmenden Kultur verdrängt wurde. Zwar sind einige der Neuankömmlinge willens, sich zu integrieren, doch andere streben nach kultureller Hoheit. Würde man einmal vom „Ihr seid alle Rassisten" und „Wir sind alle unschuldig wie Neuschnee" ablassen, entstünde der Freiraum, das Gesamtgeschehen zu betrachten – einschließlich seiner Randzonen – und zu untersuchen, wie die Migrationskrise ihren Anfang nahm, welche Kräfte dahinterstecken und welche Ziele sie eigentlich verfolgen. Die *El*-ite möchte freilich genau das verhindern, da sie weiß, was dabei zum Vorschein kommen würde (wie in diesem Buch dargelegt). Allein aus diesem Blickwinkel wird klar, dass die Progressiven – die ja dem Nicht-einmal-einen-Prozent angeblich die Stirn bieten – beim Schutz der Agenda ebenjener Gruppierung eine entscheidende Rolle spielen.

Wenn wir das Ruder herumreißen wollen, brauchen wir geistige Reife und ein erweitertes Gewahrsein – denn andernfalls wird sich überhaupt nichts ändern. Wir müssen dazu übergehen, jeden Menschen als Individuum zu betrachten, unabhängig von Hautfarbe, ethnischer Zugehörigkeit, Glaubensbekenntnis oder Umfeld. Gruppendenken zeitigt nicht nur auf vielfache Weise verheerende Folgen, sondern stellt einen geradezu absurden Ansatz dar, um Menschen fair und ausgewogen zu beurteilen. Wie können sich Leute für erwachsen und reif halten, die sich den Argumenten eines anderen Menschen verschließen, nur weil sie ihn einer Gruppierung zuordnen, die sie kollektiv ablehnen? Es geht nicht darum, *wer* etwas Bestimmtes sagt – sondern einzig um die Frage, ob es *stimmt*. Wie oft ziehen die Vertreter der „Du bist ein rassistischer Fanatiker"- und „Der Planet ist dir egal"-Mentalität eigentlich die Informationen und Argumente derer in Betracht, die sie reflexartig verdammen? Eben.

Das Leben ist ein Spiegel

Es ist außerordentlich wichtig, die vermeintlich „weltlichen“ Ereignisse auf einer Ebene zu verstehen, die deutlich tiefer reicht und nicht unmittelbar einsehbar ist. Die sichtbare Welt stellt letztlich nur eine Projektion aus den unsichtbaren Bereichen dar. Es sind unsere Gedankenmuster – Frequenz- und Oszillationszustände –, die bestimmen, auf welchem Niveau wir individuell und kollektiv mit der Quantenebene der Möglichkeiten und Wahrscheinlichkeiten interagieren. Niedrig schwingende Zustände treten mit dem Quantenfeld nur auf einem niedrigen Frequenzniveau in Verbindung; dies spiegelt sich in den Erfahrungen wider, die auf diese Weise – individuell oder kollektiv – manifestiert werden. Damit kommen wir wieder auf die grundlegenden Prinzipien der Realitätserschaffung zurück:

> Zufälle geschehen eben, sagt man. Doch in einem Quantenuniversum gibt es keine Zufälle – nur Möglichkeiten und Wahrscheinlichkeiten, die durch die Wahrnehmung ins Dasein gefaltet werden.

Ohne eine Korrektur der Wahrnehmung wird – bzw. kann – sich überhaupt nichts ändern. Wir brauchen keine durch Kämpfe ausgetragene Revolution. Das ist im Gegenteil genau das, was uns in diese Lage gebracht hat. Was wir wirklich brauchen, ist eine Revolution der Wahrnehmung: Nur sie vermag irgendetwas zum Besseren zu wenden (Abb. 619). Die archontischen Reptiloiden und ihre hybriden Handlanger strukturieren und manipulieren die menschliche Gesellschaft in einer Weise, dass die gesamte Menschheit in ein bestimmtes, grundlegendes Denkverhalten gedrängt wird. Die Verwendung unzähliger Schubladen verschleiert dabei die Tatsache, dass sämtliche Betroffenen im Grunde denselben Wahrnehmungsmustern unterliegen. Ich sprach in diesem Zusammenhang vom Körper/Intellekt und der auf die fünf Sinne fokussierten Denkweise. Das ist die Blase – das Wahrnehmungsgefängnis, der Briefmarkenkonsens –, die bewirkt, dass der bewusste Verstand und die tieferen Schichten des Unterbewusstseins vom wahren, Unendlichen Selbst getrennt bleiben. Sind die Persönlichkeitsanteile erst einmal von der ursprünglichen Wahrnehmung und dem Einfluss des erweiterten Gewahrseins abgekoppelt, können ihnen solche Auffassungen aufprogrammiert werden, die mit der Agenda zur Bevölkerungskontrolle im Einklang stehen. Später bringen die programmierten Wahrnehmungen die Schwingungen bzw. Gedankenmuster hervor, die unser individuelles und kol-

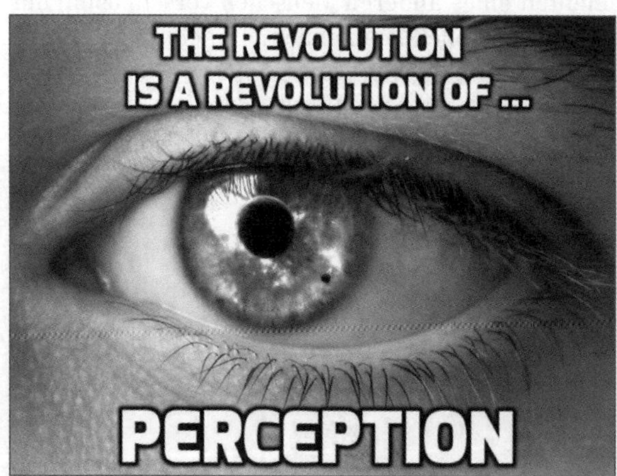

Abb. 619: „Die Revolution ist eine Revolution der ... Wahrnehmung“ – Wenn sich die Wahrnehmung nicht ändert, wird sich überhaupt nichts verändern.

lektives Verhalten bestimmen. Die Gedankenmuster wiederum treten mit den Feldern der Möglichkeiten und Wahrscheinlichkeiten in Wechselwirkung und manifestieren einen holografischen Ausdruck ihrer selbst. In diesem Sinne stellt die vermeintlich „äußere" Erfahrung nur ein Spiegelbild des inneren Selbst dar. Sie wollen eine Veränderung im „Außen" bewirken? Dann verändern Sie das Innere. Da die „Außenwelt" nur eine decodierte Reflexion der inneren Welt darstellt, kann es gar keine andere Möglichkeit geben (Abb. 620).

Abb. 620: „Sie wollen Lösungen? Hier, bitte sehr." – Wir selbst sind die Lösung – denn wir haben auch das Problem erschaffen.

Das gilt gleichermaßen für unser persönliches Leben wie auch für die Welt im Allgemeinen. Die archontischen Reptiloiden brauchen gar nicht jedes Detail zu kontrollieren, um die Menschheit zu unterjochen. Aus den genannten Gründen genügt es, wenn sie die kollektiven Gedankenmuster diktieren können. Alles andere ergibt sich dann mehr oder weniger von selbst. Das Prinzip lässt sich mit sehr einfachen Worten skizzieren. Wenn genügend viele Menschen hassen, müssen wir zwangsläufig in einer Wirklichkeit leben, die auf der Frequenz des Hasses basiert. Was man bekämpft, dazu wird man (Abb. 621). Wenn wir uns als getrennt von allen anderen erleben, weil wir uns mit einem Ich-Phantom identifizieren, werden wir uns in einer Welt wiederfinden, die sich auf Trennung und Spaltung gründet – nach Ethnie, Religion, Kultur, Einkommen usw. Es handelt sich schlicht um Ursache und Wirkung. Welcher Art wird wohl Ihrer Meinung nach die Realität sein, die von einer Denkweise erschaffen wird, die unter dem Motto „Tag der Wut" Protestmärsche organisiert? Die Leute, die beim Tag der Wut mitmarschieren, schleudern ihren Zorn in Richtung des Gegners – in diesem Fall die Regierung –, der die Frequenz von Verachtung und Widerstand erwidert. Ein neuer Tag, ein neuer Kreislauf, eine weitere stehende Welle der Wut und

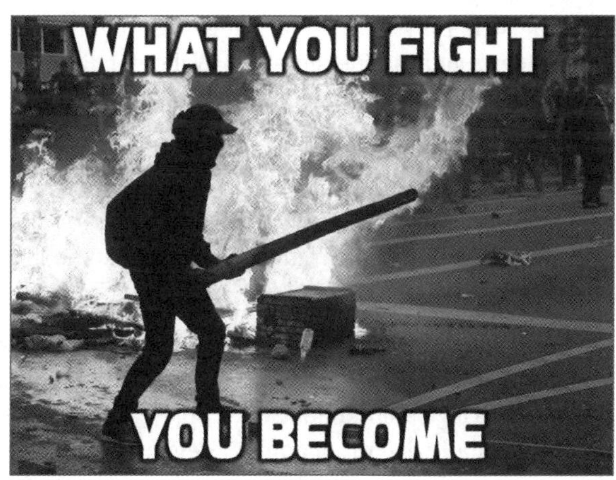

Abb. 621: „Was man bekämpft, zu dem wird man werden." – Gewalttätige Proteste versus gewalttätiger Staat. Opposames im Krieg gegeneinander.

des Widerstands – Wut und Widerstand, auf der Stelle tretend und nirgendwohin führend. An diesem Prinzip würde sich auch in einem fortgeschrittenen Stadium nichts ändern, etwa bei einem richtigen Aufstand; nur wären dann die Folgen entsprechend heftiger.

Wie wäre es denn, wenn wir unseren Widerstand auf das Bewusstsein dafür gründen würden, wie die Wirklichkeit tatsächlich funktioniert? Oder wenn wir gänzlich auf Widerstand verzichten würden? Ungerechtfertigte Maßnahmen seitens der Regierung provozieren den Widerstand *dagegen*. Protest bedeutet, *gegen* etwas zu protestieren. Auch der Widerstand, auf den der Protest stößt, richtet sich *gegen* etwas. Zusammen erzeugen beide Seiten eine stehende Welle, denn der Widerstand gegen den Protest stellt eine Reflexion desselben dar – und das ist gerade das Prinzip, nach dem sich Stationärwellen ausbilden. Die Protestierenden leisten der Regierung Widerstand, und diese den Protestierenden: Vor und zurück, vor und zurück, in einer gemeinsamen Oszillationsbewegung. Die archontischen Reptiloiden sind – im Verein mit ihren hybriden Handlangern – bestrebt, genau diese Konstellation herbeizuführen, da sie exakt null Veränderung bewirkt, die kollektiven negativen Emotionen jedoch gleichzeitig ein Festmahl bieten. Das ist der Grund, warum Leute wie Soros so sehr darauf versessen sind, Protestbewegungen maximal auszuweiten. Jemand muss den Teufelskreis unterbrechen; und das kann nur gelingen, wenn man die Realität auf neue Weise betrachtet.

Wie wäre es, wenn wir die Transparente, die stets einen Widerstand *gegen* etwas symbolisieren, einfach wegschmeißen? Wie wäre es, wenn wir aufhören würden, Parolen und Beleidigungen zu skandieren, die den Widerstand *gegen* etwas symbolisieren? Wie wäre es, wenn sich Menschen in großer Zahl an einem Ort ihrer Wahl versammelten und, stehend oder sitzend, ihr Herz (d. h. ihr Herzchakra) öffnen und denen, die anderer Ansicht sind, Liebe schickten? Wenn wir in einer liebevollen Welt leben wollen, müssen wir Liebe spenden. Hass eignet sich dafür eher weniger gut. Oh, krakeelt da das Testosteron – hör mir bloß mit dem Liebe-verändert-alles-Gedöns auf. Wir müssen *Wut* zeigen. Und das soll genau was bezwecken? Die einzige Realität, die durch Wut erschaffen werden kann, ist eine, die sich auf Wut gründet. Liegt das Augenmerk auf dem Zorn, wird er zurückgeworfen werden, sodass eine stehende Welle der Raserei entsteht. Toll gemacht, das war sehr intelligent. Die Liebe hingegen durchbricht den Kreislauf und vermag jedem denkbaren Gegner die Macht zu nehmen. Durch Wut wird er hingegen gestärkt. Albert Einstein sagte:

> Alles ist Energie, mehr steckt nicht dahinter. Stell dich auf die Frequenz der Realität ein, die du haben möchtest, und du wirst diese Realität unweigerlich erhalten. Anders ist es gar nicht möglich. Das ist keine Philosophie – das ist Physik.

Die Frequenz der Liebe gewinnt man nicht aus einer Hassfrequenz; ebenso wenig kann die Frequenz der Wut eine Frequenz des Friedens hervorbringen. Die Welt ertrinkt in Hass und Zorn – fünf Minuten auf sozialen Plattformen genügen, um das zu erkennen. Konflikte und Kriege sind kollektive Manifestationen dieses Zorns, auch wenn er sich – wie es häufig der Fall ist – ursprünglich gegen Hass und Krieg richtete. Frequenzen sind eben Frequenzen. Sie verwandeln sich nicht in Abhängigkeit davon, *wen* man hasst oder *was* einen erzürnt. Hass und Wut stellen Frequenzen dar, die für sich stehen. Alles Übrige dient nur der Verschleierung. Israelis, die Palästinenser hassen, erzeugen dieselbe Frequenz wie Palästinenser, die Israelis hassen. Zwar verstehe ich den Zorn, den die Palästinenser aufgrund der Behandlung, die ihnen seit dem Zweiten Weltkrieg zuteil wurde, entwickelt haben; doch ich möchte darauf hinweisen, dass Hass stets nur noch mehr Hass gebiert und der Status quo durch die so entstehende oszillierende Stationärwelle kontinuierlich aufrechterhalten wird. Was, meinen Sie, bringen etwa die Verfechter des Zionismus in die Welt, wenn sie gegen den angeblichen Hass wettern, der ihnen ihrer Wahrnehmung nach entgegenschlägt? All jene, die sich von archontischen Gedankenmustern frei machen, sind dazu aufgerufen, die Teufelskreise zu durchbrechen – von denen das Israel-Palästina-Problem nur einer ist. Geistig versklavte Menschen hingegen vervollständigen einen solchen Kreislauf erst, gleich, welchem der beiden beteiligten Pole sie angehören. Nur ein erwachter Verstand vermag aus ihm auszubrechen.

Wenn wir an die Stelle wütender Proteste bewusste Äußerungen und Handlungen setzen, die dem Gewahrsein des Herzens entspringen (nicht dem des Kopfes), durchbrechen wir die Teufelskreise dauerhaft. Wenn das Ziel unserer Aufmerksamkeit die Schwingungen der Liebe, die von uns ausstrahlen, schließlich erwidert, bildet sich eine neuartige stehende Welle aus – ein neuer Status quo, der sich auf Liebe gründet (Abb. 622 und 623). Doch selbst wenn unser Gegenüber nicht mitzieht (und das wird es zunächst nicht tun), ermöglicht bereits unser einseitiges Durchbrechen des Kreislaufs, dass die stehende Welle (der Status quo) kollabiert und Bewegung in die Sache kommt. Der Stationärwelle bleibt gar nichts anderes übrig, denn ihre Existenz ist davon abhängig, dass dieselbe Frequenz immer wieder zurückgeworfen wird. Schleudern Sie der Polizei Wut entgegen, wird sie von ihr reflektiert. Stehende Welle in Position, Sir! Das gilt für Beziehungen und Interaktionen jeder Art, von der persönlichen bis zur globalen Ebene – denn hinter all dem steckt dieselbe „Physik". Probieren Sie es aus, es wird funktionieren!

Wenn jemand Ihnen zürnt, werfen Sie den Zorn nicht zurück; öffnen Sie stattdessen Ihr Herz und wachsen Sie über die Konfliktebene hinaus (bezüglich der Frequenzen sogar im wörtlichen Sinn). Damit nehmen Sie Ihrem Gegenüber den Wind aus den Segeln, da Sie dessen Wut nicht spiegeln und verstärken. Sie nehmen ihm die Macht, da sie bei unterbro-

Abb. 622: „Spaltung" – So sind wir an diesen Punkt gelangt.

Abb. 623: „Einheit" – Und so kommen wir da wieder heraus.

chenem energetischen Kreislauf im Äther verpuffen und sich auflösen muss. Wut, die nicht fortwährend Nachschub erhält (durch die Spiegelung), schwindet alsbald dahin. Höhere und andersartige Frequenzen als die des Zorns entstehen, wenn sich Menschen in großer Zahl zusammenfinden und ihre Sichtweise freudvoll und mit einem Lächeln zelebrieren. Zudem ist die Wirkung deutlich größer, wenn Ungerechtigkeiten auf solch liebevolle Art bloßgestellt werden. Ein solcher Ansatz weckt bei der beobachtenden Öffentlichkeit weitaus größere Sympathien als Gewalt oder keifende Wut, die nur bewirken, dass sich die Menschen in Scharen abwenden.

Auch hat die *El*-ite nur dann Macht über uns, wenn wir sie für voll nehmen. Je ernster wir sie nehmen, desto mehr Macht geben wir ihr. Es sind jämmerliche Gestalten – wir sollten ihnen ins Gesicht lachen, nicht die Fäuste schütteln. Damit entwaffnen wir sie schneller als mit jeder anderen Methode. Überhaupt sollte viel mehr gelacht werden. Wenn ich beobachte, wie die Menschen durchs Leben gehen, höre ich kaum Gelächter. Selten bewirken Massenproteste irgendeine Veränderung, da sie infolge der Rückkopplung gerade das verstärken, wogegen sie sich richten. Ferner können solche Proteste zu Festivals des Virtue Signaling entarten: Schau her, wie ich protestiere! Sieh, was für ein gutherziger, lieber und engagierter Zeitgenosse ich bin! Jedes Jahr, über mehrere Dekaden hinweg – von den Demonstrationen in London und Washington bis zur Bewegung Occupy Wall Street – war das Phänomen immer wieder zu beobachten. Was für ein Gegensatz zu den Fußmärschen, die, inspiriert von Martin Luther King, unter dem Motto „Ich habe einen Traum" standen. King sprach nicht von Hass und Zorn, sondern von der Liebe sowie der Notwendigkeit, als Gesellschaft zusammenzukommen und jeden Einzelnen mit einzubeziehen. Was hätte Gandhi wohl erreicht, wenn er mit einer Waffe herumgelaufen wäre? In seiner berühmten Rede zürnte King seinem „Feind" nicht: Damit hätte er nur noch mehr Spannung und Spaltung erzeugt und weitere stehende Wellen wechselseitigen Hasses in die Welt gesetzt. Alle Menschen sollten, erläuterte King, gleichbehandelt werden, ohne dass irgendjemand ausgeschlossen wird oder aufgrund seiner hierarchischen Stellung eine Extrawurst bekommt:

> Es gibt aber etwas, was ich meinen Brüdern sagen muss, die auf der abgenutzten Schwelle stehen, die zum Palast der Gerechtigkeit führt. Bei dem Prozess, den gerechten Ort zu erreichen, dürfen wir nicht ungerechter Taten schuldig werden. Versuchen wir nicht, unseren Durst nach Freiheit zufriedenzustellen, indem wir vom Becher der Bitterkeit und des Hasses trinken. Wir müssen unseren Kampf immer auf der hohen Ebene der Würde und Disziplin führen. Wir dürfen nicht erlauben, dass unser kreativer Protest in physische Gewalt degeneriert. Wir müssen uns immer wieder zu den majestätischen Höhen erheben, in denen wir der physischen Gewalt die Macht der Seele [im Kontext dieses Buches: die Kraft des spirituellen Gewahrseins] entgegensetzen.
>
> Die wunderbare neue Kampfbereitschaft, die die Gemeinschaft der Schwarzen erfüllt, darf nicht zum Misstrauen gegenüber allen weißen Menschen führen. Viele unserer weißen Brüder haben – wie es ihre Anwesenheit hier zeigt – erkannt, dass

> ihr Schicksal mit unserem Schicksal verbunden ist. Sie haben auch erkannt, dass ihre Freiheit untrennbar mit unserer Freiheit verbunden ist.
>
> Wir können nicht alleine gehen.

Ich hoffe, die politisch korrekten Progressiven unserer Tage hören gut zu. Die folgenden Worte Kings rühren mich noch immer jedes Mal zu Tränen, wenn ich sie höre:

> Ich habe einen Traum, dass sich eines Tages die Söhne von früheren Sklaven und die Söhne von früheren Sklavenbesitzern auf den roten Hügeln von Georgia am Tisch der Bruderschaft gemeinsam niedersetzen können.
>
> Ich habe einen Traum, dass eines Tages selbst der Staat Mississippi – ein Staat, der mit der Hitze der Ungerechtigkeit und mit der Hitze der Unterdrückung schmort – in eine Oase der Freiheit und Gerechtigkeit verwandelt wird.
>
> Ich habe einen Traum, dass meine vier kleinen Kinder eines Tages in einer Nation leben werden, in der sie nicht wegen der Farbe ihrer Haut, sondern nach dem Wesen ihres Charakters beurteilt werden.
>
> Ich habe einen Traum!
>
> Ich habe einen Traum, dass eines Tages unten in Alabama mit den brutalen Rassisten, mit einem Gouverneur, von dessen Lippen Worte der Einsprüche und Annullierungen tropfen, dass eines Tages wirklich in Alabama kleine schwarze Jungen und Mädchen mit kleinen weißen Jungen und weißen Mädchen als Schwestern und Brüder Hände halten können.
>
> Ich habe einen Traum!

Wie viel größer doch die Wirkung von Black Lives Matter, Black Bloc oder der Antifa sein könnte, wenn sie auf Martin Luther King gehört hätten, statt – ganz im Sinne von Soros –

Abb. 624: „Genau: Durch Gewalt wird die Welt friedfertig werden. Super Denkweise!" – Soros muss sich kaputtlachen.

Abb. 625: „Jedes Leben ist wichtig." – Das dürfen wir niemals vergessen.

dem Weg des Zorns zu folgen (Abb. 624 und 625). Einen weiteren Kreislauf sich gegenseitig hochschaukelnder Wut bilden rassistische Polizisten und zornige Antirassisten. Zu Recht sagte King:

> Gewaltlosigkeit bedeutet nicht nur, äußere physische Gewalt zu vermeiden, sondern auch die innere Gewalt im Geiste. Man lehnt es nicht nur ab, einen Menschen zu erschießen; man lehnt es auch ab, ihn zu hassen.

Liebe ist die ultimative Kraft

King ermahnte die Menschen, die grundsätzliche Wahrheit zu erkennen, dass wir alle Eins sind – wir alle seien „Gottes Kinder", wie er es ausdrückte. Er wollte keine neue Hierarchie, die an die Stelle der alten treten sollte. Keine Hierarchie und keine Herren, lautete seine Forderung damals – genau wie auch meine heute. Die Idee, per Gruppendenken sämtliche weißen Männer als kolonialistisch-rassistische Fanatiker über einen Kamm zu scheren – ungeachtet ihres tatsächlichen Charakters – hätte King ebenso fassungslos gemacht wie die Vorstellung, große Philosophen zu ächten oder zu marginalisieren, weil sie Weiße gewesen waren. King brachte es auf den Punkt: „Es ist jetzt die Zeit, die Gerechtigkeit zu einer Realität für alle Kinder Gottes zu machen." Es ging ihm tatsächlich um *alle* Menschen, nicht um die Einsetzung neuer selbsternannter politischer, religiöser und ethnischer Eliten, zum Austausch der alten selbsternannten politischen, religiösen und ethnischen Eliten. Aus Sicht archontischer Denkmuster scheint es ein Zeichen von Schwäche zu sein, von Liebe zu reden. Zorn gilt als Stärke, sogar dann, wenn er Gewalt gebiert. Doch in Wahrheit verhält es sich genau umgekehrt. Das Fehlen von Hass und Wut bedeutet nicht, passiv zu sein – ganz im Gegenteil. Man hat mir viele Dinge vorgeworfen, niemals jedoch Untätigkeit. Die Liebe, von der ich spreche, hat nichts mit physischer Anziehungskraft zu tun – „Verstandesliebe" nenne ich das –, sondern ist ein Ausdruck des spirituellen Bewusstseins, das sich der Einheit allen Seins gewahr ist. Daraus erwächst nicht Schwäche oder Passivität, sondern die vollendete Liebe. Eine Liebe, die niemals aufhören wird, das zu tun, von dem sie weiß, dass es das Richtige ist – ganz gleich, wie sehr man sie zu provozieren oder einzuschüchtern versucht oder welche Auswirkungen ihr Handeln haben könnte. Die Liebe ist außerstande, etwas zu tun, von dem sie weiß, dass es falsch ist oder nur dem Eigeninteresse dienen würde.

Vom Herzen Schwingungen der Liebe auszusenden bedeutet nicht, dass man sich hinlegt und alle Welt über sich hinwegtrampeln lässt. Liebe *ist* Kraft. Liebe *ist* Stärke. Nichts ist mit der Liebe vergleichbar, da sie Möglichkeiten und Wahrscheinlichkeiten in die Existenz entfaltet, die ihrer Frequenz entsprechen, und dadurch die Wirklichkeit verändert. Liebe bezieht sich zudem nicht nur auf die anderen, sondern schließt die Selbstliebe mit ein (die sich deutlich von Selbstverliebtheit oder Hochnäsigkeit unterscheidet). Sich selbst zu lieben bedeutet, sich zu achten und anderen nicht zu gestatten, ihren Willen zu oktroyieren. Die Liebe protestiert nicht gegen Ungerechtigkeit und überflutet den Gegner nicht mit Hass. Sie sagt einfach: *„Mit mir nicht."* Ich werde nicht mit einer Kraft kooperieren, die danach trachtet, mir ihren Willen aufzuzwingen und mir meine Freiheit zu rauben. Es ist nicht nötig, das Wörtchen „Nein" mit einem zornerfüllten Gesichtsausdruck auszusprechen. Es geht lediglich darum, es überhaupt auszusprechen *und tatsächlich dahinterzustehen*. Schauen Sie, wie viele Menschen an Kundgebungen teilnehmen und ihr „Nein" zum Ausdruck bringen – um dann nach Hause zu gehen und wieder genau das hinzunehmen, wogegen sie protestiert haben. „Nein" heißt also gar nicht „Nein", oder wie? Ein „Nein", das von Herzen kommt, beinhaltet, dass man mit den Kräften hinter der Unterjochung nicht länger gemeinsame Sache macht. Ihnen hin und wieder ein Transparent entgegenzuhalten und sich dann wieder zu verkrümeln, hat mit einem echten „Nein" nichts zu tun.

Abb. 626: „Wenn niemand gehorcht, herrscht auch niemand." – Massenhafte Verweigerung der Kooperation ist viel effektiver als Massenproteste.

Die Zahl der Menschen, die den Willen der diktatorischen *El*-ite durchzusetzen helfen, ist gegenüber der Zahl der Betroffenen verschwindend gering (Abb. 626). Wie aufwendig wäre es eigentlich, diejenigen Bereiche innerhalb des Staatswesens auszumachen, die in besonderer Weise der Kooperation der Bevölkerung bedürfen, und sich dann der Kooperation in einem empfindlichen Ausmaß zu verweigern? Bald schon wären die Ungerechtigkeiten und Zwangsmaßnahmen Geschichte. In großer Zahl an einem neuralgischen Punkt des Systems zusammenzukommen, dort auf dem Boden zu verharren und sich zu weigern, sich vom Fleck zu rühren, stellt eine sinnvolle Form der Nichtkooperation dar, wenn dadurch die Funktionsfähigkeit des Systems beeinträchtigt wird. Jede Zusammenarbeit großer Menschenmengen ist allemal effektiver als gewöhnliche Proteste. Während die Letztgenannten lediglich die Polizei auf den Plan rufen, vermag die Kooperation das System selbst – in dem die Polizisten nur als Erfüllungsgehilfen wirken – in Mitleidenschaft zu ziehen. Wir müssen begreifen, in welch hohem Maß die wenigen Angehörigen der *El*-ite in Bezug auf die laufende Agenda von unserer Zusammenarbeit abhängig sind. Nur dann werden nicht sie, sondern wir die Macht innehaben (Abb. 627). Um jedoch unsere zahlenmäßige Überlegenheit zur Geltung zu bringen, *müssen wir aufhören, uns untereinander zu bekämpfen*.

Auf der individuellen Ebene kann Nichtkooperation beispielsweise heißen, angesichts der zentralen Bedeutung, die den Smartphones bei der Verwirklichung der *el*-itären Pläne zukommt, auf dieselben – sofern möglich – zu verzichten und sie von den eigenen Kindern fernzuhalten. Wenn intelligente Messgeräte für die Zukunft, die die *El*-ite erschaffen will, essenziell wichtig sind, verweigern sie deren Installation in Ihrem Haus. Falls Video-

Abb. 627: „Die Menschen kennen ihre wahre Macht nicht." – Bislang wedelt der Schwanz mit dem Elefanten.

Abb. 628: „Ich werde mich nicht fügen. Ich werde nicht kuschen. Ich werde mich nicht still davonschleichen. Ich werde mich nicht unterwerfen. Ich werde mich nicht abwenden. Ich werde nicht den Mund halten." – Liebe in Aktion.

spiele die Gehirnfunktionen umzustrukturieren vermögen, hören Sie auf, sie zu spielen, und kaufen Sie Ihren Kindern keines dieser Spiele. Viele junge Menschen – insbesondere Jungen – haben, wenn sie das Alter von 21 Jahren erreichen, bereits über 10.000 Stunden Videospiele gespielt. Gewalt bildet darin häufig ein zentrales Element. Allein schon hinsichtlich der Wirkungen, die Videospiele auf das Gehirn haben, ist das Wahnsinn. Eltern haben es in der Hand, dem Einhalt zu gebieten oder zumindest die schädlichen Folgen für ihr Kind zu begrenzen. Doch bringen genügend Menschen den Willen dazu auf? Eindeutig nicht. Wer es jedoch ablehnt, die Ursachen eines Problems anzugehen, hat später wenig Recht, sich über die Folgen zu beschweren. Wenn 5G einen fundamentalen Bestandteil der geplanten technischen Kontrollstrukturen darstellt (und das ist definitiv der Fall), müssen wir alles tun, was in unserer Macht steht, um die Einführung des Systems aufzuhalten und die Kooperation in dieser Frage aufzukündigen. Boykottieren Sie Unternehmen und Länder, die gegen die Interessen der Bevölkerung handeln. Das Allerwichtigste ist, sich von niemandem den Mund verbieten zu lassen (Abb.628).

Wenn wir all das – und vieles andere mehr – vom Herzen her tun, ohne dabei böse Absichten zu hegen oder dem Zorn zu verfallen, sind wir nicht länger Teil des Problems, sondern tragen zur Lösung bei. Sie werden staunen, wie sich die Dinge verändern, sobald die Pole wechselseitigen Widerstands wegfallen und die Schwingungen der auf Liebe gegründeten Kooperationsverweigerung Einzug halten. Eine Menge Feedbackschleifen, auf denen letztlich das gesamte System basiert, müssen dann in sich zusammenfallen.

Schwammiger Geist versus freier Geist

Zur Aufkündigung der Kooperation gehört, nicht länger unhinterfragt hinzunehmen, was der Staat und die ihn kontrollierende *El*-ite uns weismachen wollen. Die letztendliche Quintessenz all ihrer Bestrebungen ist die anvisierte vollständige Kontrolle über die menschliche Wahrnehmung. Daher ist es *unabdingbar*, dass wir uns unseren Verstand zurückerobern. Ohne Frage ist inzwischen offenkundig geworden, dass wir von der Obrigkeit – ob es sich nun um Politiker, Behörden, Unternehmen, Wissenschaftler, Akademiker oder Medien handelt – permanent in die Irre geführt werden. Dabei ist es unerheblich, ob sie ihrerseits getäuscht wurden oder ganz einfach lügen. Ich spreche hier nicht von Kleinigkeiten, sondern von gröbsten Verfälschungen der Wahrheit und der Realität.

Der mit Abstand zuverlässigste Sicherheitsmechanismus besteht darin, dem System überhaupt nichts zu glauben, bis es seine Glaubwürdigkeit unter Beweis gestellt hat. Die Chancen dafür schwinden mit jedem neuen Tag, zumal die fetten Lügen, die mehr und mehr ans Licht kommen, immer heftiger werden. Fragen Sie sich stets: „Wem nützt es? Wem nützt es insbesondere, wenn ich glaube, was man mir erzählt?" Bedenken Sie, dass nicht Worte die Welt verändern, sondern nur die tatsächlichen Resultate einer Kampagne. Die konkreten Ergebnisse einer bestimmten Entwicklung werden Ihnen in jedem Fall unweigerlich verraten, wer hinter den Ereignissen stand, die zu ebendiesen Resultaten geführt haben bzw. ihrer Rechtfertigung dienten. Sie können sich auch schon unmittelbar nach einem Vorfall fragen, was letztendlich das Resultat sein *wird*, wenn die Menschen das zugehörige offizielle Narrativ schlucken.

Statt hinzunehmen, dass man Ihnen weismacht, Ärzte und die Pharmaindustrie würden am besten wissen, was gut für Ihre Gesundheit ist, stellen Sie Ihre eigenen Recherchen an. Informieren Sie sich etwa über Impfstoffe, Medikamente und aggressive Krebsbehandlungen, die den Körper zerstören. Welche alternativen Konzepte gibt es, die nicht bei der holografischen Illusion ansetzen, sondern bei der auf der Schwingungsebene verankerten Blaupause, die unserem Sein zugrunde liegt? Wir werden wieder Herr unserer Wahrnehmungen und Auffassungen, indem wir *selbst* entscheiden, welche das sind – statt sie aus dem System herunterzuladen. Die vom Mainstream-Einheitsbrei propagierten Narrative können wir überschreiben, indem wir auf der Grundlage *eigener* Recherchen unsere *eigenen* Schlussfolgerungen ziehen. Aber was ist, wenn unsere Ansichten den Menschen um uns herum nicht gefallen? Das ist ein äußerst wichtiger Punkt. Lassen Sie sich von Leuten, die Sie wegen Ihrer Meinung angreifen oder verspotten, nicht einschüchtern. Wer, zum Henker, sind sie, dass sie Ihnen vorschreiben könnten, was Sie zu denken haben? Wie überheblich und ignorant muss man eigentlich sein, um allen Ernstes von seinen Mitmenschen zu verlangen, die Dinge auf die gleiche Weise zu sehen wie man selbst? (Aber für einen Kleingeist, der dem Briefmarkenkonsens anhängt, ist das durchaus normal.) Jeder hat ein Anrecht auf seine eigene Sichtweise, wie auch wir auf die unsere. Wer auch nur über einen Hauch erweiterten Gewahrseins verfügt, käme niemals auf die Idee, die Oktroyierung individueller Auffassungen oder Wahrnehmungen zu akzeptieren. Dabei ist es mir völlig egal, ob es sich um Eltern, Lehrer, Akademiker, Wissenschaftler, Ärzte, Journalisten, einsame Internettrolle oder sonst wen handelt. Halte dich aus meinen Gedanken heraus, es sei denn, ich habe dich nach deiner Meinung gefragt. Was ich denke, ist nicht deine Sache. Bitte glauben auch *Sie* nichts von dem, was ich in diesem Buch ausgeführt habe, wenn es sich für Sie nicht richtig anfühlt.

Wer anderen seine Überzeugungen aufzwingen muss, leidet an mangelndem Selbstwertgefühl – auch wenn der Betroffene diese Tatsache nach außen prahlerisch zu kaschieren vermag. Ich habe zahlreiche vermeintlich selbstsichere Leute kennengelernt – bis hin zur Selbstherrlichkeit –, die im Inneren aus Wackelpudding zu bestehen schienen. Ein tatsächlich selbstbewusster Mensch ist nicht darauf angewiesen, dass andere genauso denken wie er. Aus eigener Erfahrung kann ich Ihnen sagen, dass viele Akademiker und Wissenschaftler (insbesondere aus der Zunft der Berufsskeptiker) deshalb so erpicht darauf sind, den Kritikern des Briefmarkenkonsens den Garaus zu machen, weil sie sie *fürchten*. Nichts macht ihnen so viel Angst wie die Vorstellung, die Gegner könnten am Ende recht behalten, oder – noch viel schlimmer – sie selbst könnten falschgelegen haben. Ein notorischer Skeptiker zu sein und Dinge infrage zu stellen, sind zwei verschiedene Paar Schuhe. Das emotionslose Hinterfragen einer Aussage dient dazu, sie auf ihre Substanz hin abzuklopfen. Für die Skeptiker hingegen bildet die Absicht, alles in Misskredit zu bringen, was nicht in das hochgradig beschränkte Weltbild des Systems passt, schon den *Ausgangspunkt*. Die Möglichkeit, dass etwas von dem, was die Gegenseite vorbringt, womöglich *zutreffen* könnte, kommt den Spatzenhirnen gar nicht erst in den Sinn. Wie sollte so etwas auch möglich sein, wo doch das System, das schließlich alles weiß, anderer Ansicht ist? Während sich die Skeptiker für intellektuell überlegen halten, beschränken sie sich doch aufs passive Nachplappern dessen, was das System sie gelehrt hat.

Wenn wir der Programmierung und der Kontrolle durch die Matrix entrinnen wollen, müssen wir nicht nur die Realität, das Leben und uns selbst einer umfassenden Neubewertung unterziehen, sondern auch jeder Art von Gruppendenken abschwören. Niemals sollten wir blind irgendeine Vorstellung irgendeiner Gruppierung übernehmen, ganz gleich, ob sie groß und mächtig oder winzig klein ist. Wir sind individuelle Ausdrucksformen des Unendlichen Gewahrseins, keine Ameisenkolonie, und wir müssen aufhören, uns wie eine solche zu verhalten (Abb. 629). Oh, Sie meinen, man wird Sie aus der Gruppe ausschließen, wenn Sie klar eine abweichende Ansicht vertreten? Na, dann pfeifen Sie doch auf die Gruppe. Wer möchte denn einer Gruppierung angehören, die das Recht auf eine eigene Auffassung nicht respektiert? Wer unbedingt eine Gruppe braucht, sollte sich eine suchen, die mehr Achtung an den Tag legt. Ich selbst war nie ein

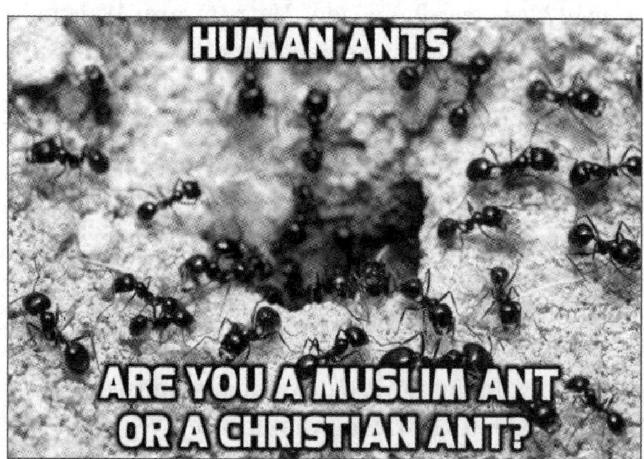

Abb. 629: „Menschliche Ameisen – Bist du eine muslimische Ameise oder eine christliche Ameise?“ – Frag mal deine Königin.

Gruppentyp. Es entspricht einfach nicht meinem Wesen. Einer meiner spärlichen – und glücklicherweise nur kurzen – Abstecher in die Welt der Vereinigungen, der sich vor einigen Jahren ereignete, war ein solcher Albtraum, dass er sich gewiss nicht wiederholen wird.

Gruppeninterne Machtkämpfe zu beobachten, kann mitunter sehr unterhaltsam sein. Gruppierungen können nur dann zum gegenseitigen Vorteil arbeiten – statt gemeinsam in die Falle zu gehen –, wenn sie aus erweiterten Gewahrseinszuständen heraus agieren, die tatsächlich dem Herzen entspringen, und sie das Recht der anderen, abweichender Meinung zu sein, wirklich respektieren. Die Progressiven und ihre Internettrollkommandos, die gemäß dem Motto „Suchen und zerschlagen" handeln (siehe Twitter-Shitstorms), sind höchst geschickt darin, andere einzuschüchtern und die Unterordnung unter das Gruppen- (sprich: Schwarm-)Bewusstsein zu erzwingen. Sie erfüllen buchstäblich die Aufgabe, die menschlichen Schäfchen zusammenzuhalten und in dem archontischen Schwarmbewusstsein einzupferchen, das sich um ihre progressive Glaubenswelt herum gebildet hat. Derselbe Prozess vollzieht sich auch auf der politischen Bühne, auf der – insbesondere in Europa – fortwährend neue Führungsfiguren oder Progressive nach dem Vorbild Tony Blairs erscheinen. Dem Gruppendenken dürfen wir uns niemals beugen, sondern müssen ihm begegnen, indem wir unsere Herzen öffnen und gleichzeitig fest entschlossen bleiben, unsere Einzigartigkeit nicht dem Mob zu opfern.

Mir ist bewusst, dass das vielen Menschen nicht leichtfallen wird. Dasselbe gilt für all die anderen Schritte, die notwendig sein werden, um die Unterjochung der Menschheit abzuwenden. Aber hey – dass es ein Spaziergang werden würde, habe ich auch niemals behauptet. Wir sind der Straße ins Verderben schon sehr lange gefolgt; es wird Zeit für eine Kehrtwende. Wir sind – das sollten wir niemals vergessen – *Alles Was Ist und Je Sein Kann*. Unsere Chancen stehen also nicht schlecht, und wir sollten sie nutzen. Unser Erfolg hängt jedoch davon ab, ob wir uns tatsächlich mit dem unbegrenzten Ausdruck identifizieren, der unser Selbst ausmacht – statt nur mit unserer Rolle als Doris der Kassiererin oder Uwe dem Bäcker.

Spaltung überwinden – Herrschaft überwinden

Ohne einen radikalen Wandel im Selbstverständnis der Menschheit wird eine Veränderung zum Positiven unmöglich sein. Sämtliche Probleme wurzeln letztlich darin, dass wir uns mit Etiketten wie Name, Ethnie, Kultur, Religion, Beruf, Lebensweise oder -geschichte identifizieren (die das ausmachen, was ich als Ich-Phantom bezeichnet habe; Abb. 630). Wenn wir in dieser Weise fortfahren, werden – da die Ursachen fortexistieren – auch die Probleme bestehen bleiben. Das Ich-Phantom erzeugt die Selbstwahrnehmung eines isolierten Individuums, das von isolierten Individuen umgeben ist. Das kann ganz schön einsam sein. Entsprechend der eigenen Persönlichkeitsstruktur erwächst aus dieser Haltung entweder die Vorstellung eines hilflosen „kleinen Ichs" oder ein Charakter, der der

Abb. 630: „Ich weiß ganz genau, wer ich bin." – Jup, ist klar wie Kloßbrühe, oder?

Abb. 631: „Wer bin ich? Was ist dieses ‚Ich'?" – Jedenfalls ist es nicht das, was man uns glauben machen will.

Devise „Einer frisst den anderen" huldigt. Zudem entstehen zwischen den Menschen alle möglichen Verwerfungslinien und Spannungen, die dem überaus wichtigen Teile-und-herrsche-Prinzip Vorschub leisten. Der Hautfarbe, Ethnie, Religion oder Einkommensklasse wird dann eine Bedeutung beigemessen, die sie nicht hätten, wenn wir uns stattdessen mit jenem „Ich" bzw. Selbst identifizieren würden, das uns tatsächlich ausmacht: dem Unendlichen Gewahrsein (Abb. 631).

Die Etiketten, auf die sich das Ich-Phantom stützt, drücken lediglich aus, was wir *erfahren* – nicht das, was wir *sind*. Die Verdeckte Hand hat erstaunlich erfolgreiche Arbeit geleistet, als sie die Menschen dahingehend manipulierte, sich nicht mit der erlebenden Instanz, sondern mit dem Erlebten zu identifizieren. Das Erlebte wird vom Gewahrsein bzw. einem Gewahrseinszustand erfahren. Das Ich-Phantom nimmt die Realität praktisch ausschließlich über die fünf Sinne wahr, sodass der Einzelne von allem anderen getrennt zu sein scheint. Identifiziert man sich hingegen mit dem Unendlichen Gewahrsein, das lediglich eine Erfahrung durchläuft, nimmt man statt einzelner Bäume und Sträucher den gesamten Wald wahr. Man erkennt, dass alle Dinge und alle Menschen miteinander verbunden sind. Aus diesem Blickwinkel sind Ethnie, Religion oder sexuelle Präferenz für das Selbstverständnis irrelevant, denn sie bilden nur Aspekte einer Erfahrung. Mit dem „Ich" bzw. Selbst im weitesten Sinn haben sie nichts zu tun. Es ist schon ausgesprochen witzig, dass mich manche Leute wegen der Dinge, die ich in diesem Buch bespreche, für einen Rassisten, Moslemhasser, Antisemiten oder Transphoben halten werden; denn in Wahrheit basiert mein Handeln auf einem Realitätsverständnis, das sämtliche Etiketten und Schubladen in der Frage der Selbstidentifikation bedeutungslos werden lässt. Doch aus der Sicht des Ich-Phantoms stellen sich die Dinge eben dar wie beschrieben (und niemand steht stärker unter seinem Bann als zionistische Extremisten, Progressive, islamistische Extremisten und weiße Fanatiker).

Auf der Ebene des Ich-Phantoms sieht es so aus, als würden der Zionismus und der Islam in Opposition zueinander stehen, ebenso wie Progressive und weiße Rassisten (mitunter im Verein mit zionistischen Extremisten). Weiße, die sich für überlegen halten, bekämpfen den Islam, den Zionismus und die Progressiven. Da das Selbstverständnis aller Genannten in der physischen Ebene wurzelt, erleben sie sich als verschieden voneinander. In Wahrheit sind sie alle Sklaven und Gefangene des Ich-Phantoms. Wenn ich Vertreter der unterschiedlichen Gruppierungen beobachte, sehe ich Ausdrucksformen desselben Bewusstseins, die in der Illusion des Getrenntseins gefangen sind und den Unterschied zwischen dem Erfahrenen und dem wahren Selbst nicht verstehen. In meinem Realitätsverständnis ist gar kein Platz für Rassismus oder Sexismus; und doch werden mich jene, die aus verschiedensten Gründen besessen von der Rassenidee sind, einen Rassisten schimpfen. Die Welt steht in der Tat auf dem Kopf: Sie stellt eine Inversion gigantischen Ausmaßes dar.

Der Schritt, sich mit dem Unendlichen Gewahrsein zu identifizieren und zu erkennen, dass das Ich-Phantom genau das ist (nämlich ein Phantom), eröffnet fantastische Möglichkeiten – und zwar sowohl für den „individuellen" Ausdruck als auch für das kollektive Bewusstsein. Das Ich-Phantom, das eine Unmenge scheuklappenbehafteter Auffassungen und ohnmächtiger Selbstwahrnehmungen hervorbringt, ist durch sehr niedrige Frequenzniveaus gekennzeichnet. Dementsprechend tritt es im Quantenfeld der Möglichkeiten und Wahrscheinlichkeiten auch nur mit niedrigen Frequenzen in Wechselwirkung. Anders ist es gar nicht möglich. Damit wird eine individuelle und kollektive Realität ins Dasein entfaltet, in der sich die stark reduzierte Sichtweise widerspiegelt: Das ist die Welt, die wir um uns herum sehen (Abb. 632). Ein Gefühl des Getrenntseins manifestiert eine holografische Welt des Getrenntseins. Wer sich als isoliert und gespalten erlebt, wird eine Welt der Isolation und Spaltung manifestieren, in der die Gräben zwischen den einzelnen Menschen bzw. Gruppierungen immer deutlicher gezogen werden.

Zudem wird das Selbstverständnis jeder Gruppe fortwährend in immer feinere Schublädchen unterteilt – Stichwort Identitätspolitik –, sodass ständig neue Gräben hinzukommen. Die Wahrnehmung bestimmt die erlebte Realität. Diese Aussage sollte an den Wänden jeder Heimstatt, Firma, Schule, Universität, Regierungsbehörde und militärischen Einrichtung der ganzen Welt prangen. Gleich darunter sollte stehen: „Verändere deine Wahrnehmung, und du veränderst die Realität." Wie Sie im

Abb. 632: „Wer sind wir? Reines Gewahrsein." – Das ist es, was nach Abzug aller Illusionen übrig bleibt.

Anhang des vorliegenden Buches sehen können, haben wir Plakate mit diesen Zeilen herausgebracht. Damit halten Sie den goldenen Schlüssel in der Hand, der jede Tür und jeden Zugang zu öffnen vermag. Solange wir uns als getrennt voneinander begreifen, werden wir voneinander getrennt *sein*; nehmen wir hingegen alle Menschen als Eins wahr, werden wir Eins *sein*.

Damit meine ich nicht, dass wir uns an die anderen angleichen sollen, bis wir ununterscheidbar geworden sind. Ein wahrhaft erweitertes Gewahrsein führt nicht dazu, dass alle Menschen in einer gesichtslosen Masse aufgehen: Ganz im Gegenteil heißt es die unendliche Vielfalt willkommen. Zur Auflösung der Unterschiede kommt es nur dann, wenn unser Bewusstsein in verengte Zustände fällt, in denen es nur begrenzte Möglichkeiten wahrzunehmen vermag (Abb. 633). Schauen Sie sich in der Gesellschaft um: Ganz gleich, welchen Lebensbereich wir betrachten, ist es stets diese Mentalität, die eintönige Gleichförmigkeit hervorbringt. Wer sich andererseits als Bestandteil des Unendlichen Gewahrseins begreift, das eine Erfahrung *macht*, schwingt gemäß der erweiterten Perspektive in einem höheren, ausgedehnten Frequenzbereich. Die Interaktionen mit dem Quantenfeld der Möglichkeiten und Wahrscheinlichkeiten unterliegen dann nur noch den Beschränkungen, die durch den Grad gegeben sind, in dem die betreffende Person ihr Gewahrsein zu erweitern vermag. In diesem Sinne *gibt es keine Begrenzungen*. Wie sehr sich die auf diese Weise manifestierte Realität doch unterscheidet: Das „kleine Ich", das nichts weiter als ein auf falscher Selbstwahrnehmung beruhendes Hirngespinst ist, verschwindet. In der decodierten Realität, die der Wahrnehmung eines *unbegrenzten* Ichs entspringt, kann das kleine Ich keinen Bestand haben (Abb. 634).

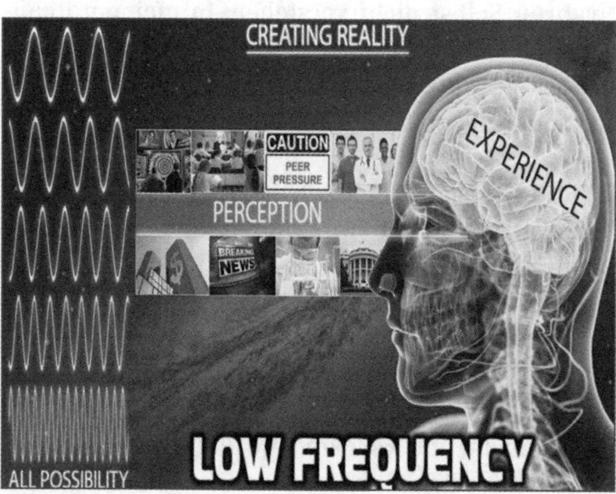

Abb. 633: „Niedrige Frequenz" – Das Ich-Phantom und seine einprogrammierten Vorstellungen können sich nur innerhalb jenes Frequenzbereichs manifestieren, den sie repräsentieren.

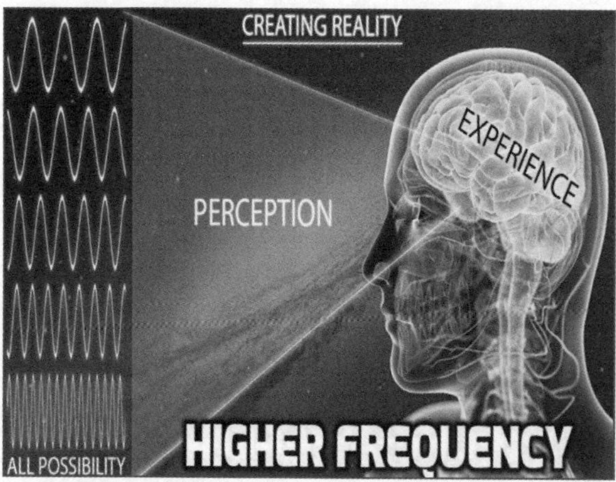

Abb. 634: „Höhere Frequenz" – Erweiterter Geist – erweiterte Möglichkeiten.

Mit dem außerordentlich breiten Spektrum an Möglichkeiten

und Wahrscheinlichkeiten, das sich dem Bewusstsein im letztgenannten Fall eröffnet, verwandelt sich das Leben in eine ununterbrochene Ereignisfolge voller Vielfalt, Inspirationen und Einsichten. Man tanzt nach einem anderen Rhythmus, man fährt einen anderen Gang – und wird von der Umgebung für verrückt erklärt. Genießen Sie es! Ich habe diese Wandlung vor langer Zeit durchlaufen, und immer mehr Menschen erleben Ähnliches. Oft höre ich die Leute fragen, warum ihr Leben plötzlich zu einem synchronistischen Abenteuer voller „Zufälle" und erkenntnisreicher Erlebnisse mutiert ist. Nun, den Grund habe ich soeben erläutert. Ebenso oft höre ich die Betroffenen fragen, warum ihr altes Leben in Scherben fällt – mitunter in unangenehmer Weise. Doch wie könnte es anders sein? Wenn die Wahrnehmungsfrequenz verschwindet, die das alte Leben hervorgebracht hat, löst sich auch ihr holografischer Ausdruck auf. In Widerspiegelung der neuen Wahrnehmung gehen möglicherweise Beziehungen zu Ende oder sie verändern sich; Entsprechendes gilt auch für die Lebensaspekte Beruf, Wohnumfeld und Freundeskreis. Wenn der Lebenspartner denselben Wahrnehmungssprung durchläuft, kann sich die Beziehung sogar vertiefen. Wenn das Leben, das Sie zu ändern wünschten, im Zuge Ihrer individuellen Transformation auseinanderzufallen beginnt, freuen Sie sich und zelebrieren Sie sein Dahinscheiden. Schließlich hätte es schlimmer kommen können: Stellen Sie sich vor, Ihr Leben wäre ewig dasselbe geblieben …

Derselbe Prozess vollzieht sich auch kollektiv, wenn genügend Menschen in die Transformation eintreten und das gemeinschaftliche Feld zu beeinflussen beginnen. Unterm Strich manifestiert die menschliche Wahrnehmung gesamtheitlich genau das, was in unseren Leben und in den Fernsehnachrichten sichtbar wird. Die archontisch-reptiloide Macht und ihre hybride *El*-ite verstehen diesen Vorgang ganz genau: Sie wissen, dass sie, wenn ihnen die Manipulation der menschlichen Wahrnehmung gelingt, für die Menschen gezielt bestimmte Erfahrungen erschaffen können – indem sie unseren Decodierungsprozess ausnutzen. Kollektive Empfindungen von Isolation und Spaltung spiegeln sich in Form von Kriegen, Klassen, Ethnien, Religionen und Besitzverhältnissen wider. Betrachten wir uns hingegen als Eins – nämlich buchstäblich als Ausdrucksformen desselben Unendlichen Gewahrseins –, muss sich (ich wiederhole: *muss* sich) auch diese Empfindung als erlebte Realität manifestieren. Wie könnte es auch anders sein, wenn doch die sicht- und erfahrbare Ebene nichts anderes als die Reflexion der unsichtbaren Ebene darstellt? Eine Spaltung kann nur überwunden werden, wenn niemand mehr eine Spaltung zu sehen meint. Die Illusion des Geteiltseins dient nur dem Zweck, uns auf Distanz zueinander zu halten. Zeit, sich ihrer zu entledigen! So sind wir in der Lage, unsere kollektive Realität zu verändern. Auf Politiker, Ökonomen, Wissenschaftler und Gelehrte, die der alten Wahrnehmungs- und Denkweise verpflichtet sind, können wir verzichten. Wir müssen auf neue Art wahrnehmen und denken.

Mir ist klar, dass sich ein Wandel aus Sicht der Fünf-Sinnes-Wahrnehmung scheinbar nur langsam vollziehen kann – wenn er nicht sogar für unmöglich gehalten oder mit einer weiteren Verschlechterung gleichgesetzt wird. Es scheint fast undenkbar zu sein, eine Welt zu verändern, die sich in einem Zustand wie dem der unseren befindet und in der unzählige Politiker und Wirtschaftslenker umgestimmt werden müssten. Wo soll man anfangen? Zwei Dinge lassen sich jedoch unmittelbar dazu sagen. Zum einen sollten wir uns mit einem langsamen Wandel nicht zufriedengeben – selbst wenn er hinsichtlich der fairen und gerechten Behandlung aller Menschen geringfügige Verbesserungen zeitigt. Martin Luther King sprach in dem Zusammenhang von der „einschläfernden Wirkung des Gradualismus". Schleichende Veränderungen entsprechen der Fünf-Sinnes-Wahrnehmung, nicht der Wahrnehmung des Unendlichen Gewahrseins. Wer seine Wahrnehmungen ändert, wird die daraus erwachsende Welt verändern – und zwar *auf der Stelle*.

Zweitens besteht gar keine Notwendigkeit, die Handlanger und Stützen des weltweiten Establishments dahingehend umzustimmen, doch bitte fortan zum Wohl der Menschheit zu handeln. Es bedarf keiner endlosen Debatten mit Leuten, die ohnehin nicht offen sind. Dergleichen wäre reine Zeitverschwendung. Unsere individuelle Wirklichkeit verändern wir, indem wir uns selbst verändern. Wenn wir uns gemeinschaftlich verändern, erschaffen wir eine veränderte kollektive Realität. Je stärker wir uns mit dem Unendlichen Gewahrsein identifizieren und das Ich-Phantom in die Schranken weisen, desto mehr wandelt sich die Art und Weise, in der wir mit den Möglichkeiten und Wahrscheinlichkeiten interagieren – und damit auch der holografische Ausdruck dieser Wechselwirkung. Alles, ja wirklich *alles* unterliegt diesem Prozess; ohne ihn kann nichts Neues entstehen, nichts sich wandeln und keine Struktur in Bewegung kommen. Einfach ausgedrückt ist es so, dass das niedrig schwingende Selbstverständnis der Menschheit die gegenwärtige sichtbare Welt erschafft, während eine Selbstidentifikation, die höheren Frequenzen entspringt, zwangsläufig alles umgestalten würde: Im letztgenannten Fall werden gänzlich andere Möglichkeiten und Wahrscheinlichkeiten aus dem Quantenfeld ins holografische Dasein entfaltet (Abb. 635). Wenn wir diesen Weg einschlagen, werden wir erleben, dass das Kontrollsystem (das eine niedrig schwingende Manifestation darstellt) ins Wanken gerät. Es mag so aussehen, als wäre dies die Folge bestimmter Ereignisse und Entwicklungen, doch in Wahrheit bilden sie nur den holografischen Ausdruck des Übergangs von einer decodierten Realität zu einer anderen. Wenn wir gemeinschaftlich eine andersgeartete Realität wahrnehmen, kann die holografische Erfahrung gar nicht anders, als diese Veränderung widerzuspiegeln. So einfach kann das nicht sein, meinen Sie? Ganz im Gegenteil: Kompliziert waren unsere *bisherigen* Ansätze, die Dinge verändern zu wollen. Die Menschheit hat versucht, den Gang des Films zu beeinflussen, indem sie sich an der Leinwand abmühte. Stattdessen müssen wir uns unmittelbar

Abb. 635: „Kleines Ich" – Doris, die Kassiererin.

dem Projektor zuwenden – der Quelle, aus der alles Geschehen entspringt. Dann, und wirklich nur dann, können wir den laufenden Film ändern. Es ist, wie einst Cat Stevens (Yusuf Islam) sang: „Wenn du singen willst, dann singe. Und wenn du frei sein willst, dann sei frei." Was du weißt, das wird sein.

Damit tritt noch deutlicher zutage, warum die archontischen Manipulatoren derart unermüdlich dafür geschuftet haben, uns dieses Wissen vorzuenthalten. Es wird sich eine kollektive Wahrnehmung der Verbundenheit und Einheit manifestieren, die alle Spaltungen zum Verschwinden bringt. Damit werden auch Konflikte, Kriege und das Bedürfnis abklingen, andere Menschen zum (vermeintlichen) eigenen Vorteil zu unterdrücken. Die einzige verbleibende Frage lautet: Werden wir dies in genügend großer Zahl tun, damit die Transformation geschehen kann? Die Tür ist da, und es steht uns frei, sie aufzustoßen und hindurchzugehen. Alternativ können wir weiterhin als Sklaven der linken Gehirnhälfte im Tri-Tra-Trullaland verharren – die Entscheidung liegt bei uns.

Nie wieder Opfer sein

Die archontische Verzerrung und ihre Verbündeten sind nicht einfach aus Jux und Dollerei bestrebt, die gesamte junge Generation in eine Opfermentalität zu stürzen. Auch die Erwachsenen werden nicht einfach aus teuflischem Vergnügen in ähnlicher Weise manipuliert. Vielmehr gilt: Opferhaltung = Opfererfahrung, und Opfererfahrung = „Beschütze mich, Großer Bruder!" Die Opferhaltung generiert eine Feedbackschleife, durch die der Betroffene tatsächlich oder gefühlt zum Opfer wird. Was könnte die Eigenwahrnehmung als Opfer anderes bewirken, als eine Frequenzverbindung zu den Möglichkeiten und Wahrscheinlichkeiten herzustellen, die der Opferrolle entsprechen? Die Verdeckte Hand ist sich dessen sehr bewusst; im Ergebnis entstanden die Generation Wackelpudding und die Generation Schneeflocke. Wenn ich sage, die Angehörigen dieser Gruppen sollten sich ein Rückgrat wachsen lassen, meine ich eigentlich, dass sie ihre Selbstwahrnehmung ändern und aus der Opferrolle heraustreten müssen. Wenn sie sich auf das Unendliche Gewahrsein ausrichten, werden sie erkennen, dass es in ihrer Macht

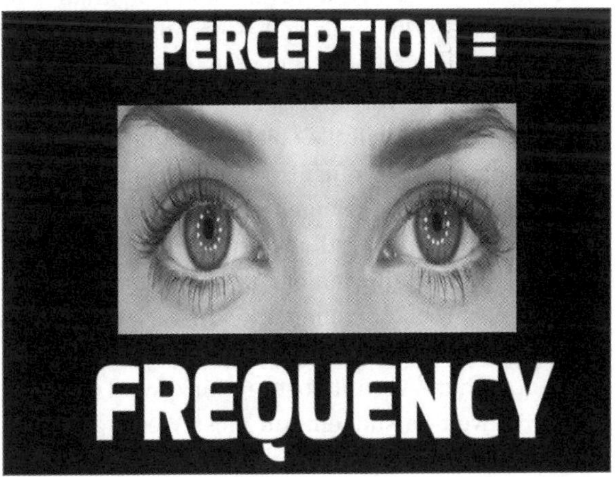

Abb. 636: „Wahrnehmung = Frequenz" – Da unsere Wahrnehmungen Frequenzen sind, bestimmen sie, mit welchen Frequenzen wir innerhalb des Quantenfelds der Möglichkeiten und Wahrscheinlichkeiten in Wechselwirkung treten.

liegt, ihre Realität selbst zu bestimmen und zu lenken. Der Sinn des Lebens besteht nicht darin, es zu fürchten und Reißaus zu nehmen – es soll gefeiert und in vollen Zügen erfahren werden (Abb. 636).

Das Leben, wie es sich gegenwärtig in der menschlichen Realität darstellt, ist schlicht absurd. Nimmt man jedoch etwas Absurdes ernst, entsteht eine stationäre Welle fortgesetzter Absurdität. Lachen Sie ihr stattdessen ins Gesicht und durchbrechen Sie damit den Teufelskreis. Die archontische Realität will ernst genommen werden, da darin ihre Macht begründet liegt. Diese Macht sollten wir ihr verweigern. Dass ein Mensch einen anderen aufgrund seiner ethnischen Zugehörigkeit, Religion oder geschlechtlichen Identität misshandelt, ist eine Absurdität. Doch indem wir mit Wut, Feindseligkeit oder Aufgeregtheit reagieren, verleihen wir der Absurdität Macht. Wir können sie ihr entziehen, indem wir angesichts des Aberwitzes einer bestimmten Situation in schallendes Gelächter ausbrechen. Seit fast 30 Jahren werde ich überall auf der Welt mit Schmähungen überzogen, doch ich finde das höchst amüsant. Bei manchen dieser Zeitgenossen habe ich Mühe, mir nicht vor Lachen in die Hosen zu machen. Sie, lieber Leser, sind Ihr Leben, und Ihr Leben sind Sie. Die Opferhaltung bringt ein Leben als Opfer hervor. Wer sich als hilfloses Ich empfindet, wird ein hilfloses Ich werden. Setzt man sich keine geistigen Schranken, wird man ein grenzenloses Leben ernten. Das ist – um Einstein zu zitieren – keine Philosophie, sondern Physik.

Menschen, die unangenehme Erfahrungen durchleben, haben meine Sympathie. Die wirksamste Art, damit umzugehen, besteht jedoch darin zu begreifen, warum manchen Menschen bestimmte Dinge widerfahren und anderen nicht. Erfahrungen sind nicht, wie man uns glauben machen will, zufälliger Natur. Wenn wir verstehen, warum ein Mensch etwas Unangenehmes erlebt, andere aber davon verschont bleiben, können wir die Macht über unser Leben mehr und mehr zurückgewinnen. Mitunter werden wir, ohne dass es uns bewusst wäre, an Erfahrungen herangeführt, die der Stärkung unseres Geistes dienen oder uns etwas über uns selbst und die Wirklichkeit lehren sollen. Ich würde auf keine meiner unangenehmen Erfahrungen verzichten wollen – denn obwohl sie zunächst alles andere als schön waren, bescherten sie mir letztlich unbezahlbare Geschenke, die später eine höchst wichtige Rolle spielen sollten.

Das unbewusste Bedürfnis vieler Menschen, sich als Opfer zu erfahren, dient dazu, keine Verantwortung für das eigene Leben und Erleben übernehmen zu müssen. Die Angst vor der eigenen Verantwortlichkeit ist ein weiterer Aspekt, der an das Verhältnis zwischen Knoblauch und Vampiren erinnert. Wenn die Menschen die Unterjochung ihrer Wahrnehmung durchbrechen wollen, müssen sie unbedingt Verantwortung übernehmen, statt die Schuld für ihre Erfahrungen auf andere Personen bzw. Umstände zu schieben. Letzteres bedeutet, die Verantwortung für etwas, was man im Inneren *selbst* erschaffen hat, in der Außenwelt zu suchen. Auf diese Weise gibt man die Macht, die eigenen Schöpfungen umzugestalten, an andere ab. Indem man Verantwortung übernimmt, bejaht man seine Schöpferkraft. Mit dem Finger auf andere zu zeigen oder einfach „Pech" als Begründung vorzuschieben, bedeutet zu akzeptieren, dass man keine Macht über das eigene Leben hat: Jemand anders oder das „Pech" ist schuld. Hinter dem sogenannten Pech verbirgt sich in Wahrheit ein energetischer Daseinszustand, der das (empfundene) Unglück aus dem Feld der Möglichkeiten und Wahrscheinlichkeiten in die Realität zieht. So etwas wie Pech gibt es nicht – nur die Vorstellung davon. Letzten Endes findet man die Antwort stets durch den Blick in den Spiegel.

Der britische Fernsehmoderator Noe Edmonds wurde von den Medien heftig angegriffen, nachdem er die Frage aufgeworfen hatte, ob negative Gedanken Krebs erzeugen könnten. Damit hatte er beinah so etwas wie eine Gotteslästerung begangen, würde doch eine Bejahung dieser Frage bedeuten, dass – oh mein Gott – die Menschen hinsichtlich ihrer Leiden ein Mitspracherecht hätten. Die Behauptung, dass die mentale und emotionale Verfassung eines Menschen einen Einfluss auf sein Wohlbefinden haben könnte, war für zahlreiche Leute einfach zu viel des Guten. Dabei ist das glasklar der Fall, wie bereits aus statistischen Erhebungen hervorgeht, in denen der Zusammenhang zwischen Lebenswandel und Krebserkrankungen nachgewiesen wurde. Die Meister des Virtue Signaling krakeelten sogleich: Wie könnt ihr jemandem die „Schuld" dafür geben, dass er Krebs hat? Das ist doch unerhört und gefühllos! Wann immer jemand irgendwelchen Müll von sich gibt, in dessen Mittelpunkt der Vorwurf steht, unsensibel zu sein, entspringt dies einer Opferhaltung. Als ob es von „Sensibilität" zeugen würde, mit einem Krebskranken „Mitleid" zu haben, ohne sich für die Ursache seiner Erkrankung und somit für die Möglichkeiten zu seiner Heilung zu interessieren.

Natürlich wirken sich (sogenannte) negative Gedanken und Emotionen schädigend auf die Gesundheit aus, da deren niedrige und verzerrte Schwingungen das Gleichgewicht der wellenförmigen/elektrischen Blaupause stören. Auf der holografischen Ebene treten diese Störungen in Form von Disharmonien in Erscheinung, die wir als Krankheit bezeichnen. Unausgewogene Emotionen erzeugen verzerrte elektrische und elektromagnetische Signale bzw. Felder, die das elektrische/zellulare Kommunikationssystem des Körpers aus dem Takt bringen. Als Folge davon kommt es zu Krebs- oder anderen Erkrankungen. Hat man sich einmal vom Briefmarkenkonsens gelöst, ist es ganz einfach: Die elektrischen Disbalancen lassen sich durch emotionale Ausgewogenheit und Positivät sowie durch spezielle bioelektrische Geräte neutralisieren, die die elektrische Kommunikation wieder in den Sollzustand versetzen. Das ist das Prinzip, nach dem Gedanken und Gefühle Krankheiten auslösen bzw. dieselben wieder geheilt werden können. („Mind over Matter": Der Geist triumphiert über die Materie.) Wo es keine elektrischen oder elektromagnetischen Ungleichgewichte gibt, kann keine Krankheit bestehen, und der Alterungsprozess wird erheblich verlangsamt. Der Letztgenannte rührt nämlich daher, dass die erneuerten Körperzellen infolge der kumulierten Störungen der elektrischen Kommunikation zunehmend geschädigt werden.

Was könnte denn, um Himmels willen, positiver sein als die Botschaft, dass Krebs und andere Krankheiten insbesondere durch emotionale und elektrische Ungleichgewichte verursacht werden, die wir selbst erschaffen haben? Damit wird uns tatsächlich persönliche *Macht* verliehen, sobald wir Verantwortung übernehmen. Wenn wir etwas verursachen können, sind wir auch in der Lage, die Ursache aus der Welt zu schaffen. Falls wir selbst die Ursache einer Krankheit sind, liegt auch die Heilung in unseren Händen. *Wir* haben die Macht. Ist das nicht viel positiver als bloßes Virtue Signaling, das andere verurteilt, die die Zusammenhänge zu verstehen versuchen – während man selbst (abgesehen von einer Pseudo-„Sensibilität") nichts zur Lösung beiträgt? So erging es Edmonds während eines Gesprächs, das er im britischen Fernsehen mit einem weiteren berühmten Moderator namens Phillip Schofield führte – einem wahren Meister des Virtue Signaling. Stephen Nolan, ein Mitarbeiter des BBC-Rundfunks, warf mir vor, mit meiner Kritik am offiziellen Narrativ zu 9/11 unsensibel gegenüber den Familien der Opfer zu sein. Demnach zeugt es von einem hohen Maß an Sensibilität (Virtue Signaling), wenn man sklavisch an ein Lügengebäude glaubt, das selbst viele der betroffenen Familien ernsthaft in Zweifel ziehen. Dass Nolan für die BBC arbeitet, habe ich erwähnt?

Es existiert eine Fülle an Forschungsarbeiten, die einen Zusammenhang zwischen einer negativen mentalen und emotionalen Verfassung auf der einen und dem Entstehen von Krankheiten auf der anderen Seite nachweisen. Ich sprach bereits vom Placeboeffekt, bei dem Kranke nach der Einnahme einer aus Zucker bestehenden „Tablette" geheilt wurden, die sie für echt hielten. Dasselbe Prinzip wirkt auch in umgekehrter Richtung: Studien zufolge zeigten etwa 25 Prozent derjenigen, die man über die Nebenwirkungen der echten Pillen in Kenntnis setzte, aber eine Zuckertablette erhielten, dennoch die betreffenden Symptome. Dazu zählten unter anderem Ermattung, Erbrechen, Muskelschwäche, Erkältungen, Klingeln in den Ohren sowie Geschmacks- und Gedächtnisstörungen. Sämtliche genannten Symptome stellten sich nicht als Folge einer Tabletteneinnahme ein – die Probanden hatten ja nur eine Zuckerattrappe bekommen –, sondern weil sie glaubten, sie könnten die Anzeichen entwickeln. Es ist sogar vorgekommen, dass Männern wieder Haare wuchsen, obwohl sie die Arznei für Haarwachstum *nicht* genommen hatten. Schwer kranke Menschen, die davon überzeugt sind, bald sterben zu müssen, sterben deutlich häufiger als andere, die sich zwar im selben Krankheitsstadium befinden, aber zuversichtlich sind. Frauen, die meinen, sie wären für Herzerkrankungen anfällig, sterben Studien zufolge gar viermal häufiger als solche, die dieser Vorstellung nicht anhängen. Manche Patienten, denen irrtümlicherweise mitgeteilt wurde, sie hätten nicht mehr lange zu leben, sind innerhalb des vorausgesagten Zeitraums gestorben, obwohl sie – wie sich später herausstellte – in Wirklichkeit gar nicht tödlich erkrankt waren. Auf diese Weise kann eine ärztliche Aussage zum *Todesurteil* werden, da ein programmierter Verstand die Prophezeiung zu erfüllen sucht. In gewisser Weise haben wir es hier mit einer weiteren Variante der Opfer- und Kleines-Ich-Mentalität zu tun: Ich bin das Opfer meiner Krankheit, und der Arzt weiß am besten, was zu tun ist. Denn ich bin ja nur ein kleines Ich, aber er ist schließlich Doktor – ein großes Ich also.

Wenn wir die Welt im Allgemeinen betrachten, werden wir dieselben Prozesse beobachten können. Auch die Lösung bedarf auf globaler Ebene desselben Ansatzes: der Neubewertung der Selbstidentität. Es gibt unzählige Beispiele, in denen die Betroffenen das Urteil ihrer Ärzte verwarfen und lange über ihr prophezeites Ende hinaus lebten. Als ich 19 Jahre alt war, sagten die Ärzte auch mir voraus, dass ich aufgrund meiner Arthritis in meinem vierten Lebensjahrzehnt im Rollstuhl sitzen würde. Ich entgegnete ihnen, dass ich das bestimmt nicht tun würde und sie ihre Pillen behalten könnten. Während ich diese Zeilen schreibe, bin ich 65 Jahre alt, und noch immer ist kein Rollstuhl in Sicht. Meine Auffassung, dass die Ärzte unrecht behalten würden, verhinderte, dass es dazu kam. Ich kann nämlich nur dann im Rollstuhl landen, wenn ich es gestatte – indem ich bewusst oder unbewusst die entsprechenden Möglichkeiten und Wahrscheinlichkeiten anerkenne.

Damit sind wir an einem entscheidenden Aspekt hinsichtlich der Frage angelangt, wie wir gemeinsam die Vollendung der seit Langem in der Umsetzung befindlichen archontischen Agenda aufhalten können: Akzeptieren wir einfach nicht, dass dieses Resultat tatsächlich eintreten könnte – so wenig, wie ich der Möglichkeit Raum gegeben habe, im Rollstuhl zu enden. Sollte es uns gelingen, dieses Denkmuster kollektiv aufrechtzuerhalten, werden daraus auf der holografischen Ebene Handlungen und Vorgänge erwachsen, die den Abschluss der Agenda verhindern. Zwar könnte der Eindruck entstehen, es handele sich um isolierte Vorgänge, die der Agenda Sand ins Getriebe streuen; doch in Wirklichkeit werden wir es mit Manifestationen der Einstellung zu tun haben, dass das *nicht stattfinden wird* und *wir das nicht mit uns machen lassen*.

Die *El*-ite will uns glauben machen, dass ihre Vorhaben unausweichlich sind und ihre Realisierung gar nicht aufgehalten werden kann: „Widerstand ist zwecklos." Solange man sich ausschließlich auf der Ebene der fünf Sinne bewegt und dort auf Lösungen hofft, scheint das sogar zu stimmen. Betrachtet man dieselbe Situation jedoch aus der Perspektive unserer individuellen und kollektiven Interaktionen mit dem Quantenfeld, aus dem jede „physische" Wirklichkeit hervorgeht, kann der Prozess zweifellos aufgehalten werden: Denn wir – ja, *wir* – können aufhören, die besagte Situation überhaupt zu erschaffen. Man bombardiert unser Bewusstsein und Unterbewusstsein mit Bildern und Gedankenmustern, mittels derer unsere Wahrnehmungen und Ansichten dahingehend programmiert werden sollen, dass wir entweder selbst nach der transhumanistischen Gesellschaft verlangen oder sie für unausweichlich und nicht verhinderbar halten. Auf allen Kanälen werden wir durch Spielfilme und Fernsehprogramme (Programmierungen) auf die Gesellschaftsform eingeschworen und vorbereitet, die der *El*-ite vorschwebt. So werden wir mit den Konzepten vertraut gemacht, der in Wirklichkeit gewaltigen Transformation wird die Wucht genommen, und man vermittelt uns das Gefühl der Unausweichlichkeit.

Im nächsten Schritt beeinflusst die Programmierung, wie wir mit den Möglichkeiten und Wahrscheinlichkeiten in Wechselwirkung treten: Gemeinsam erschafft die Menschheit genau die Welt, deren Folgerichtigkeit und Unabwendbarkeit uns suggeriert wurde. Sämtliche Geschehnisse, die sich auf der Fünf-Sinne-Ebene abspielen und zur Transformation der Gesellschaft in Richtung des Transhumanismus beizutragen scheinen, sind lediglich holografischer Ausdruck dessen, was die Menschen selbst erschaffen – indem sie die Kontrolle über ihre Wahrnehmungen verlieren. Mit diesen Vorgängen verhält es sich ähnlich wie mit Atomen, die ebenfalls Manifestationen von Prozessen darstellen, bei denen Wellenzustände in holografische Zustände überführt werden. Während die Festigkeit der Atome für die Existenz der physikalischen Realität von grundlegender Bedeutung zu sein scheint, besitzen Atome in Wahrheit gar keine Festigkeit, und das „Physische" existiert überhaupt nicht. In ähnlicher Weise scheinen die Weltereignisse für die Transformation essenziell wichtig zu sein, doch sie sind nur illusorische „Atome", in denen der Wandlungsprozess zum Ausdruck kommt.

Überall auf dem Planeten sind Sensoren verteilt, die fortwährend jede Veränderung im Erdmagnetfeld erfassen. Während der Anschläge vom 11. September zeigten die Kurven massive Ausschläge, die auf die weltweite emotionale Reaktion zurückzuführen sind. Alles, was wir denken oder fühlen, fließt als Frequenz ins Erdmagnetfeld ein. Über einen langen Zeitraum hinweg ist die Menschheit Stunde um Stunde in negative mentale und emotionale Zustände hineinmanipuliert worden, um zu gewährleisten, dass das Magnetfeld – mit dem wir in ständigem Austausch stehen – zum Spiegel dieser niedrigfrequenten Negativität wird. In der entstehenden Feedbackschleife wirkt der negative Charakter des Feldes wieder auf uns zurück: Negativität erzeugt Negativität erzeugt Negativität usw. usf. Dieser Teufelskreis muss durchbrochen werden – und wir *sind* in der Lage, ihn zu durchbrechen.

Reine Herzenssache

Wenn es darum geht, die Verzerrung zu heilen und die Inversion rückgängig zu machen, ist die Kraft des Herzens in jeder Hinsicht von grundlegender Bedeutung. Das Wesen sowohl der Verzerrung als auch der Umkehrung besteht darin, das Herz (Liebe, unbegrenzte Einsichten) durch Gehirn (Denken) und Bauch (Emotion) zu ersetzen. Zumindest stellt dieser Prozess eine Widerspiegelung der archontischen Verzerrung und Inversion dar. Natürlich spreche ich hier nicht vom physischen Herzen, das in einem elektrisch erzeugten Rhythmus schlägt. Die Rede ist vom energetischen Herzen bzw. Herzchakra, das – sofern dies zugelassen wird – im Rhythmus des Unendlichen Gewahrseins schlägt. Beide Aspekte stehen miteinander in Verbindung, wobei das energetische Herz den Ton angibt. Verzerrungen im Feld des Herzens äußern sich in Verzerrungen des holografischen Herzens. Hierin liegt der Grund, warum die Zahl der Herzerkrankungen eine solche Dimension angenommen hat.

Das Herzensfeld ist deshalb von einem weitverbreiteten Ungleichgewicht betroffen, weil es sowohl auf der sichtbaren als auch auf der unsichtbaren Ebene das primäre Angriffsziel des archontischen Spinnennetzes darstellt. Schon unsere Alltagssprache zeigt den Zusammenhang deutlich: Die Manipulatoren sind „herzlos" oder haben „Herzen aus Stein", während der Mensch „ein gebrochenes Herz" hat, „offenherzig" ist, ihm „schwer ums Herz" wird oder er „das Herz am rechten Fleck trägt". Das Herzchakra bildet unsere Verbindung zum Unendlichen Gewahrsein, und zwar in einem Grade, den weder das Gehirn noch der Bauch – ihrer Programmierung gemäß – jemals erreichen können (Abb. 637). Ja, die niedrigfrequenten Gedanken und Gefühle, die von den bei-

Abb. 637: Das Leben soll Spaß machen. Je verrückter und absurder es wird, desto mehr müssen wir darüber lachen und somit die stehende Welle aufbrechen.

den Letztgenannten ausgehen, sind gerade so gestaltet, dass die Herzensverbindung zum Unendlichen Gewahrsein blockiert wird (Abb. 638 und 639). Die soeben zitierten, weitverbreiteten Wendungen verraten uns – neben zahlreichen weiteren –, wo die verborgene Macht und damit auch die Wurzel des menschlichen Elends zu verorten ist. Die Formulierungen „herzlos" und „Herz aus Stein" verweisen auf archontische Wesenheiten, deren Herzchakren verschlossen sind oder sich in einem derart niedrigen Schwingungszustand befinden, dass ein Stein eine perfekte Metapher dafür darstellt. Wir sprechen vom jeder Empathie beraubten Psychopathen, in dem die extremsten Formen der archontischen Verzerrung zum Ausdruck kommen.

Abb. 638: Bei der archontischen Übernahme wurde Liebe durch Angst ersetzt. Das müssen wir wieder rückgängig machen.

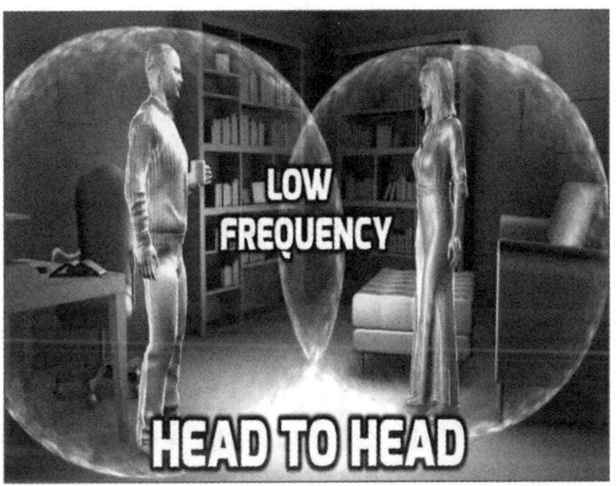

Abb. 639: „Niedrige Frequenz: Von Kopf zu Kopf" – Die archontische Realität.

Neben der Sprache der Worte ist es auch die Sprache des Körpers, die auf die Wahrheit hindeutet. Wer mit einer kleinen Bewegung zum Ausdruck bringen will, dass er nachdenkt, führt instinktiv seine Hand in Richtung des Kopfes. Sagen wir jedoch „Ich weiß" – bezogen auf ein intuitives *Wissen* –, will unsere Hand zum Herzen gehen. Dabei kommt sie selten über dem „physischen" Herzen zu liegen, sondern eher in der Mitte des Brustkorbs – über dem Herzchakra nämlich, dessen Vortex alle Ebenen des Seins durchdringt und ins Unendliche reicht. Auch wenn wir mit feuriger Geste sagen „Ich liebe", platzieren wir unsere Hände auf dem Herzen und spüren die Liebe, die unsere Brust im Herzchakra durchströmt. Mitgefühl und Empathie entspringen ebenfalls diesem Ort: Wir leiden an „Herzschmerz" oder sagen „Im Herzen bin ich bei dir". Die Kaperung der menschlichen Wahrnehmung und damit der menschlichen Realität gelang hauptsächlich durch das Verschließen des Herzchakras. Die Gnostiker waren sich dessen bewusst, weshalb es auch im „Apokryphon des Johannes" heißt: „Und sie verschlossen ihre Herzen, und sie verhärteten sich selbst durch die Härte des gefälschten Geistes."

Der Kopf denkt, doch das Herz *weiß*. Genau das – Menschen, die *wissen* – wollen „die" nicht haben. Was sagt dir dein Kopf? Was sagt dir dein Herz? Je nachdem, welcher Instanz wir uns entschließen zu folgen, werden uns diese Fragen entweder ins Verderben oder in die Freiheit führen. Der großartige, inzwischen verstorbene amerikanische Komiker Bill Hicks, der im Geiste hellwach war, sagte einmal:

> Da befinden wir uns gerade, als Ganzes. Niemand ist davon ausgenommen. Wir erleben eine Realität, die sich auf eine Fassade aus Lügen und Illusionen stützt. Eine Welt, in der die Gier unser Gott und Weisheit eine Sünde ist, in der die Trennung im Mittelpunkt steht und Einheit ein Fantasiegebilde ist, in der man egozentrische Gerissenheit in den Himmel lobt, nicht die Intelligenz des Herzens.

Im Jahr 1990, inmitten der ausufernden Schmähungen und Spöttereien, traf ich eine bewusste Entscheidung: Wann immer mein Herz und mein Kopf miteinander im Clinch liegen, würde ich fortan meinem Herzen folgen. Meine Auffassungen und Handlungen sollten von der Intuition geleitet werden, nicht vom Denken. Für die meisten Menschen trifft zu, dass ihr Kopf und ihr Herz einander insofern bekämpfen, als ihre Gedanken und ihr Intellekt verhindern, dass sich ihr intuitives Wissen in ihrer Wahrnehmung und ihrem Verhalten niederschlägt. Wenn wir Krieg gegen uns selbst führen, werden wir auch mit unseren Mitmenschen im Krieg liegen – man kann sagen, die Menschheit bekämpft sich weitgehend selbst. Dabei zeigt sich der Konflikt im Wesentlichen in Form von Auseinandersetzungen zwischen Herz und Kopf. Das Herz will nicht kämpfen, doch der isolierte Kopf ist für eine Keilerei durchaus zu haben. Was *denkst* du, was du tun solltest? Was sagt dir dein *Gefühl* dazu? Benutze deinen Kopf. Was sagt dein Herz? Hin und her, hin und her, und – simsalabim! – ist eine neue stationäre Welle entstanden.

Meiner Erfahrung nach gerät man, wenn man seinem intuitiven Wissen folgt, mitunter in schwierige Situationen – insbesondere im Hinblick darauf, was die Mitmenschen über einen denken. Anders kann es jedoch gar nicht sein, nimmt doch das Herz die Realität völlig anders wahr als die auf fünf Sinne beschränkte linke Gehirnhälfte. Worte und Handlungen, die vom Herzen kommen, sind anderer Gestalt als solche, die der Kopf hervorbringt. Jemand, der den im Herzen verankerten Zeitgenossen beobachtet, sich selbst jedoch noch im Verstandesgewahrsein befindet, wird den Erstgenannten als seltsam, möglicherweise sogar als verrückt oder bösartig wahrnehmen. Die dadurch entstehenden herausfordernden Situationen, von denen ich zuvor sprach, lösen sich jedoch nach meiner Erfahrung letzten Endes positiv auf – und zwar nicht *trotz* der Schwierigkeiten, sondern *aufgrund* derselben. Dann schließlich kommt aller Kampf zum Erliegen. Ich selbst gelangte bereits in den 1990er-Jahren an diesen Punkt. Herz und Kopf bilden von diesem Moment an eine Einheit und arbeiten auch als solche zusammen. Intuitives Wissen und mentale Denkprozesse synchronisieren sich und werden beste Freunde. Wenn meine Intuition meint, ich solle dies oder jenes tun oder sagen, reagiert mein Kopf darauf mit einem „Okay, machen wir das!" Die daraus erwachsende Freiheit entzieht sich jeder Beschreibung. Ich wies bereits auf die vom amerikanischen Institute of HeartMath durchgeführten Untersuchungen hin, die ergaben, dass ein Mensch, dessen elektromagnetische Verknüpfungen zwischen Herz, Gehirn und Zentralnervensystem kohärent und ausgeglichen sind, in einen Zustand des erweiterten Gewahrseins eintritt.

Ich kann diese Aussage aus eigener Erfahrung bestätigen und empfehle jedem, diesen Daseinszustand anzustreben. Tatsächlich kann er von *jedem* Menschen erreicht werden.

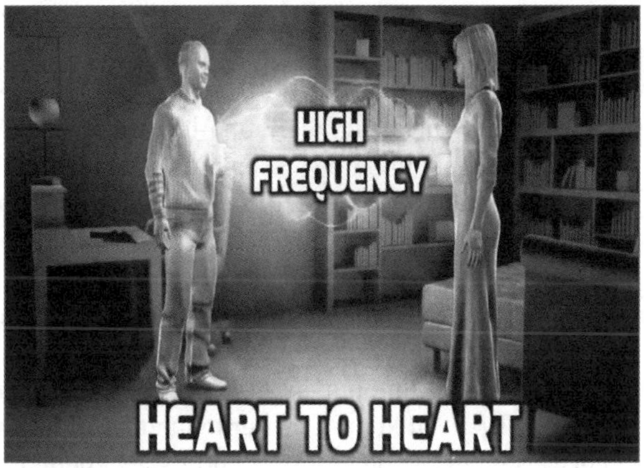

Abb. 640: „Hohe Frequenz: Von Herz zu Herz" – Die unbegrenzte Realität.

Es braucht dazu einfach nur eine Entscheidung sowie die Verlagerung des Wahrnehmungszentrums (Abb. 640). Niedrig schwingende emotionale Zustände wie Hass, Angst, Besorgnis oder Depressionen stören das elektromagnetische Gleichgewicht zwischen Herz, Gehirn und Nervensystem, sodass die betroffene Person in einer niedrigfrequenten Realität verharrt. Einige Schwachköpfe haben mich, ihren persönlichen Agenden oder politischen Motiven folgend, als „Hassprediger" bezeichnet. Hass ist jedoch das Letzte, was ich verbreiten würde: Nicht nur hätte die Gesellschaft nichts davon – auch ich selbst würde darunter leiden. Ich spreche aus, was ich glaube oder von dem ich weiß, dass es die Wahrheit ist; zudem thematisiere ich, was meiner Ansicht nach bedeutsam ist und diskutiert werden sollte. Viele Menschen mögen das nicht. Doch was immer ich sage, äußere ich, ohne Hass in meinem Herzen (oder besser gesagt: in meinem Bauch) zu tragen. Ich hasse niemanden.

Hat man sein Herz erst einmal geöffnet, ist man gar nicht mehr imstande zu hassen. Das Gefühl von Hass kann sich dann gar nicht mehr manifestieren. Es ist möglich, seinen Standpunkt ohne Umschweife vorzutragen und unbeugsam für etwas einzutreten, ohne dabei jemals in Hass zu verfallen. Ganz gleich, wie „bösartig" die archontische Macht (oder irgendeine ihrer Ausdrucksformen) auch sein mag – ich hasse sie nicht. Was wir hassen, zu dem werden wir; und etwas, was wir bekämpfen, werden wir eines Tages selbst sein. Man führt keinen Krieg, um Frieden zu stiften: Um dies zu erreichen, muss man selbst friedfertig leben. Wenn ich die archontische Verzerrung hasse, *werde* ich zu dieser Verzerrung – die die Quelle sowohl von Hass als auch von Angst ist. Hass ist die Abwesenheit von Liebe; die Verzerrung ist die Abwesenheit von Liebe bzw. der Fähigkeit, sie zu empfinden. Ich betrachte alle Existenz als Einheit – andere zu hassen würde demnach bedeuten, mich selbst zu hassen. Den Hass überlasse ich selbsterklärten „Hassgegnern" wie den zionistischen, islamischen, hinduistischen und weißen Extremisten sowie den Progressiven. Die Genannten sollten jedoch nicht vergessen, dass Hass das Herz verschließt und bewirkt, dass sich die Wahrnehmung unverrückbar in den Kopf verlagert. So wird vieles verständlich, was wir um uns herum erblicken. Über Progressive und Zionisten habe ich mich ausführlich ausgelassen, da sie einen immer größeren Einfluss auf die Gesellschaft und unsere Freiheit haben, doch weder hasse ich sie noch wünsche ich ihnen irgendetwas Schlechtes. Sollten mich die Genannten nach der Lektüre dieses Buchs jedoch ihrerseits hassen, werde ich ihnen gerne einen Spiegel schicken.

Die Empathierevolution

Dem Herzen entspringt die Empathie: die „Fähigkeit, die Gefühle der anderen zu verstehen und nachzuempfinden“. Dabei empfehle ich nicht, sich die Gefühle der Mitmenschen zu eigen zu machen: Es nützt niemandem, den emotionalen Zustand eines Zeitgenossen zu replizieren und damit dessen Effekt zu verdoppeln. Ein wirkliches Nachempfinden ist auch gar nicht möglich – nur der Betroffene selbst kann seine Nöte wirklich fühlen. Für jeden anderen sind es Empfindungen aus zweiter Hand. Für mich bedeutet Empathie, mir vor Augen zu führen, wie sich ein Mensch in einer bestimmten Situation fühlen muss bzw. wird – statt seine Emotionen zu übernehmen und buchstäblich „mitzuleiden“. Von dieser Einsicht ausgehend können wir erkennen, inwiefern unser Verhalten den Betroffenen möglicherweise negativ beeinflusst, und es gegebenenfalls korrigieren. In den eher seltenen Fällen, in denen jemand versucht, uns seine Sicht- oder Handlungsweise aufzuzwingen, gilt es natürlich zuerst, der Person Paroli zu bieten. Von solchen Situationen abgesehen gibt es jedoch keine Rechtfertigung dafür, die Gefühle seiner Mitmenschen zu ignorieren.

Die archontische Verzerrung trachtet ihrer Zielstellung entsprechend danach, jede Empathie zu beseitigen. Was wir folglich brauchen, ist eine Empathie-Revolution. Unsere Bemühungen sollten logischerweise das Gegenteil dessen beinhalten, was die Verzerrung benötigt, um die Kontrolle aufrechterhalten und ausweiten zu können. Wenn sie uns drängt zu hassen, müssen wir lieben; wenn wir gegeneinander kämpfen sollen, müssen wir friedfertig sein. Will uns die Verzerrung in Angst halten, müssen wir über die Angst hinauswachsen. Sie verlangt, dass wir unseren Mitmenschen grollen? Reagieren wir darauf mit Vergebung. Wenn sie uns zum Lügen drängt – anderen und uns selbst gegenüber –, müssen wir die Wahrheit aussprechen, nach bestem Wissen und Gewissen. Sollen wir keine Empathie zeigen, lasst uns genau das tun – und zwar im Übermaß. Ich habe Mitgefühl für die archontische Verzerrung, die hybride *El*-ite, das britische Königshaus, die Familien Bush und Clinton, Barack Obama, Trump, „Mad Dog“ Mattis, Henry Kissinger und Tony Blair, ja, sogar für die saudischen und die Tyrannen des Islamischen Staats. Versetzen Sie sich doch einmal in deren Lage: Das Herz verriegelt und verrammelt, die Gedanken programmiert und im Inneren voller Hass, Unsicherheit, Angst und Zorn. Was für ein Albtraum, jeden Morgen in dieser Verfassung aufwachen zu müssen. Was für ein armseliges Dasein sie hinter ihrer Selbsttäuschung und all dem Bombast fristen, den sie ins Feld führen, um sich vor sich selbst zu verstecken. Und was wird die Genannten wohl – angesichts ihres hoffnungslos niedrigen Frequenzniveaus – erwarten, wenn sie unsere Realitätsebene verlassen? Ich empfinde Empathie für sie; jedoch bedeutet das nicht, dass wir ihren Quatsch hinnehmen sollten. Ihr Daseinszustand ist etwas, dem *sie* sich stellen müssen, und sollte nicht zu unserer Sache gemacht werden.

Wenngleich der Empathie und der Liebe Konzepte wie Hass oder gewalttätige Erwiderungen fremd sind, lassen sie sich auch nichts gefallen. Wir müssen uns daran erinnern, dass Liebe in ihrer wahren Bedeutung weder flauschig noch naiv ist. Sie tut das, von dem sie weiß, dass es das Richtige ist; darin inbegriffen ist die Zurückweisung jedes Versuchs der Oktroyierung – ganz gleich, ob er nun von einer Einzelperson oder einer Gruppierung ausgeht. Mit der Liebe – im unbegrenzten Sinn des Begriffs – sollte man sich besser nicht anlegen. Sie wird nämlich nicht klein beigeben, wenn klein beizugeben bedeuten würde, Unrecht zu tun. Das, was die in den Bereichen Finanzwelt, Politik, Militär, Wissenschaft, Medizin und Medien tätigen Systemdiener ihren Mitmenschen durch Kriege, Gewalt, Unterdrückung und Manipulationen antun, können sie nur deshalb tun, weil sie nicht zu Empathie fähig sind. Andernfalls würden sie dergleichen nicht tun. Kriege, Existenznot, Obdachlosigkeit, Hunger, Diktaturen, Unterdrückung oder „Ehrenmorde“ gäbe es nicht. Parteien und Religionen würden nicht um die Vorherrschaft streiten. Empathie und Liebe sind dazu nicht imstande. Dabei *verfügt* die Menschheit, allgemein gesprochen, über das Potenzial zur Empathie, und wir müssen davon Gebrauch machen.

Das hat sowohl philosophische als auch ganz praktische Gründe. Wer angesichts der Folgen, die „intelligente“ Geräte und gewalttätige Videospiele auf die mentale Entwicklung von Kindern haben, mit ihnen Mitgefühl empfindet, wird ihnen derlei Dinge nicht kaufen. Empathie und Liebe erfüllen nicht notwendigerweise die Wünsche der anderen, sondern tun das, was sie aus einer erweiterten Sicht heraus für richtig erachten. Wer Empathie für die Menschheit hat, weil er die Konsequenzen begreift, die die Pläne der *El*-ite nach sich ziehen, wird sich der Beteiligung an der Unterjochung der Menschheit in jeder nur denkbaren Weise verweigern. Das gilt auch für die Beamten in den Exekutivorganen (die auf dem Weg zum Robocop-Staatswesen ohnehin nur eine Übergangsphase bilden). Uniformträger, die einen Unterschied bewirken wollen, tun das besser sofort, solange sie noch können. Da wir es mit einer einzige gigantischen Umkehrung zu tun haben, braucht man auch kein Quantenphysiker zu sein, um zu erkennen, was zu tun ist: nämlich schlicht das Gegenteil von dem, was man von uns erwartet oder fordert. Die Inversion will (und muss) uns für ihre Zwecke gegeneinander aufhetzen, also sollten wir uns zusammenschließen. Sie bedarf der Gräben zwischen den Menschen, folglich müssen wir dieselben zuschütten. Daran haben sich alle betroffenen Seiten zu beteiligen, nicht nur eine. Die Anhänger sämtlicher Glaubensrichtungen, Religionen und Weltanschauungen sind aufgefordert, von dem Streben nach einer Vorrangstellung sowie davon abzusehen, ihre eigenen Überzeugungen anderen aufzuzwingen – insbesondere Kindern. Die Arroganz, aus der solche Verhaltensweisen erwachsen, überschreitet jedes Maß. Die Verwerfungslinien, die in der Gesellschaft zwischen den verschiedenen Gruppierungen bestehen, gilt es zu überwinden – und zwar aus Respekt vor den Rechten der Mitmenschen. Jeder Einzelne darf glauben, was er sich entscheidet zu glauben, darf leben, wie es ihm beliebt, denken, was er denken will und dem Wissen anhängen, das er für sich erwählt. Die einzige Beschränkung besteht darin, dass niemand seine Überzeugungen, Lebensweise, Gedanken oder Kenntnisse anderen aufzwingen darf. Die Mauern, die uns zu Sklaven machen, haben wir selbst errichtet; folglich liegt es auch in unserer Macht, sie wieder einzureißen (Abb. 641). Was die Menschen glauben oder tun, kümmert mich nicht. Es sind die Bestrebungen, anderen die eigenen Überzeugungen aufzuzwingen, die mich umtreiben.

Ich behaupte nicht, dass es leicht sei, ehrlich in den Spiegel zu schauen und sich selbst dahingehend zu prüfen, inwiefern man auf der mentalen, emotionalen und Handlungsebene zum Ausbau des archontischen Kontrollsystems beiträgt – daheim, in der Arbeit oder anderswo. Doch daran führt kein Weg vorbei, wenn wir den gegenwärtigen Lauf der Dinge

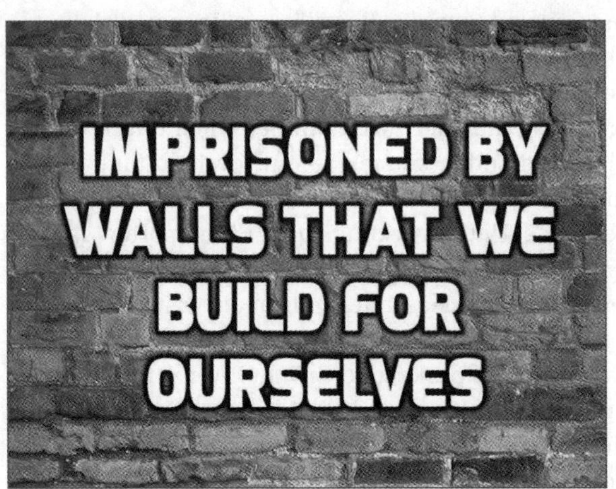

Abb. 641: „Gefangen in Mauern, die wir selbst errichtet haben" – Wir haben sie geschaffen, und wir können sie auch wieder niederreißen.

wirklich aufhalten wollen. Wollen wir, wenn wir diese Realität hinter uns lassen, stolz darauf sein, dass wir keine Gelegenheit ungenutzt gelassen haben, Hass in Liebe, Krieg in Frieden und Unwissenheit in Weisheit zu verwandeln? Oder werden wir uns dann klammheimlich davonschleichen, weil wir uns wünschen, wir wären nicht jedes Mal geflohen, wenn wir zum höheren Wohl hätten beitragen sollen? Martin Luther King sagte einmal:

> Du bist vielleicht 38 Jahre alt, so wie ich jetzt. Und eines Tages begegnest du einer großartigen Gelegenheit, die es dir ermöglicht, für eine große Idee, eine große Sache, ein großes Anliegen einzutreten. Doch du verweigerst dich, weil du Angst hast. [...] Du verweigerst dich, weil du länger leben möchtest. [...] Du hast Angst, deinen Job zu verlieren. Oder du hast Angst, kritisiert zu werden oder in deinem Umfeld an Beliebtheit zu verlieren. Oder du hast Angst, es könnte dich jemand niederstechen oder erschießen, oder dein Haus in die Luft jagen. Daher vermeidest du es, Farbe zu bekennen und für die gute Sache einzustehen.
>
> Gut, du kannst so weiterleben und 90 Jahre alt werden, aber du wirst dann mit 38 Jahren schon genauso tot sein wie mit 90 Jahren. Und wenn du dann in deinem Leben einmal aufhörst zu atmen, wird das lediglich ein verspätetes Zeichen dafür sein, dass dein spirituelles Ich schon viel früher gestorben ist.

Die Menschheit muss aufhören davonzulaufen. In dem Film „Matrix" sagt Trinity zur Hauptfigur: „Du weißt, was dich dort erwartet, Neo. Du kennst diesen Weg schon. Du weißt genau, wohin er führt. Und ich weiß, dass du dort nicht sein willst." Wenn wir dem vorgegebenen Weg weiterhin folgen, können wir gar nicht anders, als eines Tages an *dessen* Endpunkt anzukommen. Ich werde für die Dinge, die ich in diesem Buch niedergeschrieben habe, eine Menge Schmähungen einstecken müssen. Man wird mich als Rassisten, Transphoben und etliches mehr beschimpfen. All das hätte ich mir ersparen können, wenn ich die Informationen, die – zum Wohl der gesamten Menschheit – ins Rampenlicht gerückt werden müssen, für mich behalten und die damit verbundenen drängenden Fragen nicht gestellt hätte. Doch was hätte das für einen Sinn haben sollen? Entweder sind wir hier, um zu tun, was immer zur Demontage des Kontrollsystems erforderlich ist, oder wir sind es nicht. Wenn das jedoch der Fall *ist*, müssen wir alles tun, was in unserer Macht steht, um dieses Ziel zu erreichen – anstatt schwierige Situationen aus Eigennutz zu vermeiden.

Jeder, der dieses Buch von Anfang bis Ende gelesen hat, wird erkennen, dass ich keinen einzigen rassistischen Gedanken hege, sondern im Gegenteil die Vielfalt in allen Erscheinungen und die unendlichen Möglichkeiten feiere, die uns innewohnen. Die Berufsinquisitoren jedoch werden sich, statt das gesamte Buch zu lesen, einzelne Absätze herauspicken, die ihre Vorurteile zu bestätigen scheinen, sie aus dem Kontext reißen und verdammen. So lief es schon immer, und so wird es auch künftig laufen. Doch sei's drum – wer Ohren zum Hören und Augen zum Sehen hat, wird sich an dem zurechtmanipulierten Blödsinn nicht stören. Macht nur, rufe ich ihnen zu: Tragen wir die Auseinandersetzung aus den Hinterstübchen in die öffentliche Arena! Ich werde mich von niemandem einschüchtern und zum Schweigen bringen lassen. Wer seine „Zeit" mit derlei Versuchen verschwenden will, sollte das besser vorher wissen. Meine Seele ist unverkäuflich, lässt sich nicht herumkommandieren und wird niemals weichen. Im Gegenteil werde ich noch einen Zahn zulegen und an Stärke und Kraft gewinnen. Das Recht, unsere Wahrheit auszusprechen, müssen wir unnachgiebig verteidigen. Niemals dürfen wir aufhören, die Wahrheit zu sagen, ganz gleich, welche Dimension die orchestrierte Gegnerschaft auch annimmt. Nie mehr Angst; nie wieder Weglaufen; kein Verstecken mehr vor der unbegrenzten Ganzheit, in der enthalten ist, wer und was wir sind.

Ein neues Ich

Die folgenden Anregungen können Sie einmal zwei Monate lang ausprobieren und schauen, was sich daraufhin verändert. Halten Sie die Sichtweise aufrecht, dass Sie nicht durch Namen, Ethnie, Religion, Lebensgeschichte, soziale Schicht, Beruf oder Einkommen definiert werden, sondern ein Aufmerksamkeitsbrennpunkt innerhalb des Unendlichen Gewahrseins sind, der die vorgenannten Aspekte lediglich erfährt. Bewahren Sie die Perspektive, sich nicht mit Ihrem Körper und dem zu identifizieren, was Sie im Spiegel sehen, sondern sich als reines Gewahrsein zu begreifen – einen Zustand, der seiner selbst und aller Existenz gewahr ist –, das die Realität *mittels* des im Spiegel (bzw. genau genommen im Geist) erscheinenden Vehikels erfährt. Bedenken Sie stets, dass alle Menschen, Lebewesen und Dinge, die Sie um sich herum erblicken – jedes Tier, jeder Baum, jeder Lufthauch und jeder Tropfen Wasser –, ebenfalls Bestandteile des Unendlichen Gewahrseins sind. Sie alle sind ein Teil von Ihnen und umgekehrt. Ja, alle genannten Aspekte *sind* auch Sie, so wie Sie einen Aspekt der anderen bilden. Sie sind nicht *Teil* der Welt – Sie *sind* die Welt (Abb. 642). Ich spreche nicht davon, dass Sie durchs Leben schweben und dem Umstand ignorieren sollen, dass zu Ihrer gegenwärtigen Erfahrung auch ein Körper und ein Name gehören. Es geht einfach darum, sich stets der Tatsache bewusst zu sein, dass die beiden letztgenannten Aspekte vergänglich und nicht *Sie* sind. Begegnen Sie Ihrem Mitmenschen im Alltag von der Warte aus, dass er in Ihnen und Sie in ihm sind.

Wann immer Reaktionen oder Entscheidungen erforderlich sind, geben Sie nicht dem Ich-Phantom Raum, sondern fragen Sie sich: Was würde das Unendliche Gewahrsein

Abb. 642: *Da ist wieder das kleine Ich.*

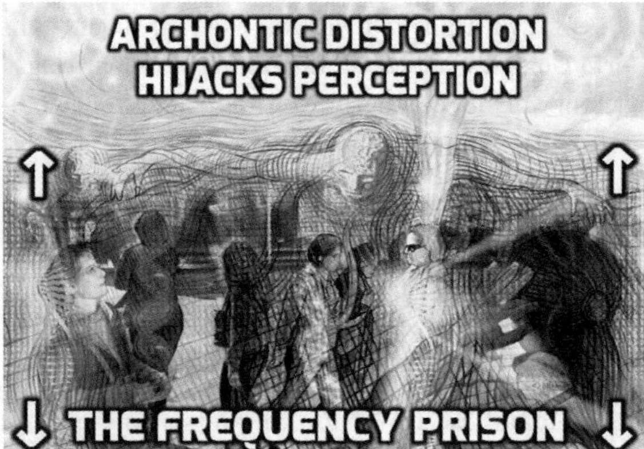

Abb. 643: *„Die archontische Verzerrung kapert die Wahrnehmung: Das Frequenzgefängnis" – So sind wir in diese missliche Lage geraten …*

Abb. 644: *„Ich bin erwacht" – … und so werden wir uns daraus befreien.*

tun? Was sagt mein *Herz* dazu? Folgen Sie dem und beobachten Sie, wohin es Sie führt. Auf diese Weise werden Sie mit Möglichkeiten und Wahrscheinlichkeiten in Wechselwirkung treten, die einem deutlich erweiterten Spektrum entspringen – sodass sich Ihr Leben *zwangsläufig* verändern wird. Je länger Sie damit fortfahren und Ihr neues „Ich"-Gefühl verinnerlichen, desto kraftvoller wird die Veränderung ausfallen (Abb. 643 und 644). Noch einmal weise ich darauf hin, dass all das nicht bedeutet, sich die Übergriffe anderer gefallen zu lassen. Es geht im Gegenteil darum, derlei Verhaltensweisen nicht mehr hinzunehmen bzw. – noch wichtiger – sie gar nicht erst ins Leben zu ziehen. Das gelingt, wenn man mit dem Spektrum der Möglichkeiten von vornherein auf einem Niveau interagiert, das Übergriffen oder persönlichen Dramen kaum noch Angriffspunkte bietet. Und sollte es doch einmal zu Letztgenannten kommen, werden Sie dabei deutlich weniger Blessuren erleiden. Die Beschimpfungen und Spöttereien, mit denen ich bedacht werde, gehen heute einfach durch mich hindurch. Sie tangieren mich ebenso wenig, wie sich Radiosender an verschiedenen Punkten der Frequenzskala in die Quere kommen. Vielleicht bemerken die Urheber der Hässlichkeiten das ja irgendwann einmal. Dann könnten sie aufhören, ihr Leben damit zu vergeuden, mich aus der Ruhe bringen zu wollen. Solange ich es nicht zulasse, können sie damit gar keinen Erfolg haben – und werden es auch nicht. Sie sind aufgebracht? Nun, entscheiden Sie sich doch dagegen. Der Typ, der Sie verbal misshandelt, ist ein Idiot, sagen Sie? Stimmt genau! Nur warum spielt es eine Rolle, was irgendein Idiot über Sie denkt oder redet? All ihr „Schneeflocken" und „Minderheiten" – bitte denkt einmal darüber nach! Ich wiederhole es noch einmal: Von einem Schwachkopf als verrückt (oder was auch immer) bezeichnet zu werden, ist ein Kompliment.

Indem wir uns über Verbrecher oder rassistische Fanatiker aufregen, verleihen wir ihnen eine Macht, die sie nicht verdient haben. Würden wir uns von ihnen nicht aus der Ruhe bringen und zu zornigen und gewalttätigen Reaktionen verleiten lassen, wären ihre Macht und ihre Einflussmöglichkeiten neutralisiert – denn eine stehende Welle braucht zwei Pole, um sich manifestieren zu können. Versuchen Sie mal, mit einer Hand zu klatschen! Das ist einfach nicht möglich. Ein Rechercheur zu Verschwörungsfragen wies mich einmal per E-Mail darauf hin, dass die Handlungen einer bestimmten Person meinem Ruf schädigen würden. Ich habe selten so gelacht. Was für ein geistiges Gefängnis doch dieser „Ruf" darstellt: „Die Vorstellungen und Meinungen, die die Allgemeinheit über eine bestimmte Person oder Sache hegt." Sobald man sich um seine „Reputation" zu sorgen beginnt, hat man seine Macht an diejenigen abgetreten, die besagten Vorstellungen und Meinungen anhängen. Folglich wird man nicht mehr im Einklang damit handeln, was man für richtig hält, sondern sein Verhalten fortwährend so gestalten, dass es niemandem unangenehm aufstößt und nicht dem eigenen „Ansehen" schadet. Man lebt nicht mehr sein Leben, sondern eines, das man nach Meinung anderer leben sollte. Die Macht über sein Leben wird man erst dann wiedererlangen, wenn man auf den Ruf zu pfeifen beginnt und wieder das tut, was man für richtig hält – ohne sich darum zu kümmern, was andere denken könnten. Mein „Ruf" ist eine Sache, die im Auge des Betrachters liegt, und nicht meine Angelegenheit. Was andere in mir sehen, interessiert mich nicht. Was zählt, ist das, was ich tue, und die Beweggründe, aus denen ich handle. Daran gemessen ist alles andere praktisch irrelevant. Wer einmal den Pfad beschritten hat, der sich an der „Anerkennung" orientiert, büßt seine Einzigartigkeit bald ein. Anerkennung durch andere setzt voraus, dass man deren Überzeugungen und Wahrnehmungen entspricht. Nur dann werden sie einem wohlgesonnen sein. Was soll sich auf diese Weise verändern, wenn man doch nur eine weitere Feedbackschleife erzeugt?

Im Hinblick auf Internettrolle ist der Löschbutton Ihr bester Freund. Oder besser noch, Sie kümmern sich gar nicht darum, was sie von sich geben. Es ist ohnehin nicht von Bedeutung – es sei denn, Sie verleihen deren Geschreibsel Bedeutung. Wer Tag für Tag das Internet zu dem Zweck aufsucht, andere verbal zu bespucken und zu verletzen, verdient Mitgefühl statt Angst, Wut oder Groll. Die archontisch-psychopathische Verzerrung lebt in ihrer eigenen Welt, und ich wünsche jedem Betroffenen, der sich aus solch einem Gefängnis herauszuwinden versucht, viel Erfolg. Ich möchte nur darauf hinweisen, dass man das nicht erreicht, indem man seine Mitmenschen verletzt oder verärgert. Eine weitere Frage, die wir uns stellen könnten, lautet: Würde sich das Unendliche Gewahrsein dafür interessieren, was eine seiner Ausdrucksformen über eine andere sagt? Nein – es würde erkennen, dass sich nicht immer alle seiner Aspekte auf demselben Gewahrseinsniveau bewegen. Hässliche Dinge können daher nicht ausbleiben, doch müssen sie uns nicht aus dem Gleichmut bringen. Unser mentales und emotionales Wohlbefinden wird nicht von den Ereignissen bestimmt, sondern dadurch, wie wir darauf reagieren und inwiefern wir vom Geschehen persönlich betroffen sind. Die gute Nachricht ist, dass die beiden letztgenannten Punkte in unserer Hand liegen.

Eine weitere Wirkung, die mit der neuen Selbstidentität einhergeht, besteht – wenn mich meine Erfahrungen nicht völlig täuschen – darin, dass wir erkennen, wie wenig im Vergleich zu den verzerrten Wahrnehmungen des Ich-Phantoms tatsächlich von Belang ist. Die Behandlung durch andere ist längst nicht das einzige Thema, das die Menschen viel zu wichtig nehmen und von dem sie sich zu überzogenen emotionalen Reaktionen hinreißen lassen. Mein Fußballverein hat verloren! Ja, *und*? Ist jemand dabei umgekommen? Wurde ein Kind missbraucht? Ist ein Krieg ausgebrochen? Nein – eine Gruppe von Leuten hat einen luftgefüllten Ball öfter ins Netz befördert als eine andere Gruppe. Und, äh – das war's auch schon. Davon lasst ihr euch in einen wutgeladenen Gefühlsrausch stürzen? Ich will nicht den Sport oder all jene Menschen schlechtmachen, die sich an ihm erfreuen; ich selbst zähle ja dazu. Ich möchte nur ein wenig die Perspektive zurechtrücken. Was ist so schlimm daran, wenn Kinder ein paar Minuten zu spät in der Schule erscheinen oder noch während der Schulzeit in den Urlaub fahren, weil sich ihre Eltern nur eine Reise in der Nebensaison leisten können? Ist jemand ums Leben gekommen? Wurde ein Kind missbraucht? Ist ein Krieg ausgebrochen? Nein – ein Kind hat geringfügig verschlafen, und ein anderes hatte eine wunderbare Zeit mit seinen Eltern, voller Lachen, Fröhlichkeit und Freude. Und was macht es für einen Unterschied, ob jemand anderer Meinung ist als wir? Ist jemand gestorben? Wurde ein Kind missbraucht? Ist ein Krieg ausgebrochen? Was würde das Unendliche Gewahrsein sagen, wenn es mit all diesen „Katastrophen" konfrontiert wäre? Das Kind muss nachsitzen, die Eltern ein Bußgeld zahlen und der Andersdenkende einen Maulkorb bekommen? Nein: Es würde lauthals lachen und angesichts solch bedeutungslosen Unsinns nur den Kopf schütteln.

Es macht sich bezahlt, wenn wir uns in dem Moment, da etwas unsere Emotionen in Wallung bringt, die Frage stellen, ob es wirklich von Bedeutung ist. Werden wir es morgen oder in einer Woche immer noch wichtig finden? Wenn die Antwort Nein lautet – warum sollte uns die Sache dann heute interessieren? Es gibt in der Tat Dinge, die absolut von Belang sind, etwa die in diesem Buch dargelegten Geschehnisse, mit denen die Menschheit im Zustand der Knechtschaft gehalten werden soll. Die allermeisten Ereignisse jedoch, die uns im ersten Moment emotional triggern mögen, sind in Wahrheit völlig bedeutungslos. Zudem ist es sogar so, dass belanglose Vorgänge dazu benutzt werden, die wirklich relevanten Dinge zu verschleiern. Würden sich die Menschen mit derselben Leidenschaft und Anteilnahme für das Weltgeschehen und das Wohl der Kinder interessieren wie für ihren Fußballverein, hätte sich schon vieles verändert oder wäre gar nicht erst geschehen.

Wald oder Bäume

Wenn sich das Selbstverständnis vom Ich-Phantom zum Unendlichen Gewahrsein verlagert, geht damit eine enorme Weitung der Wahrnehmung einher. Statt einzelner Äste oder Bäume nimmt man mit einem Mal den ganzen Wald wahr. Nicht, dass Details unwichtig wären; doch es kommt darauf an zu erkennen, wie die einzelnen Elemente zusammenhängen und ein vernetztes Ganzes bilden. Ohne ein Bewusstsein für den Wald ist es unmöglich, die Bäume und Zweige im richtigen Kontext zu betrachten. Sich des Waldes gewahr zu sein bedeutet, die großen Fragen zu stellen: Wer sind wir? Wo befinden wir uns? Was ist Wirklichkeit? Die Schwingungen der Wahrheit, von denen ich an anderer Stelle sprach, bewirken einen Frequenz- bzw. Informationswandel, der immer mehr Menschen veranlasst, die genannten Fragen zu stellen. Die archontische Verdichtung sieht sich zunehmend mit Herausforderungen konfrontiert, und wer sich innerlich öffnet, kann mit immer höheren Frequenzen in Berührung kommen. Überall auf der Welt konnte ich diesen Prozess beobachten, der sich zudem mehr und mehr beschleunigt. Die Schwingungen der Wahrheit befördern alles ans Tageslicht, was bislang im Verborgenen lag – einschließlich der Antworten auf die genannten Fragen. Genau das war mir im Jahr 1990 vorausgesagt worden.

Je weiter dieser Prozess voranschreitet, desto mehr wird es zu wissen und zu verstehen geben. Mit zunehmender Kraft wirken die Schwingungen der Wahrheit auf die menschliche Wahrnehmung ein. Uns stehen außerordentliche Entdeckungen bevor, die bestätigen werden, was ich in diesem Buch niedergeschrieben habe. Das Verhalten der Menschen wird uns ohne Umschweife zeigen, wer im Begriff ist, zu seinem wahren Selbst zu erwachen, und wer noch tiefer in der archontischen Illusion versinkt. Die Schwingungen der Wahrheit vermögen nur dem zu helfen, der sich dafür entscheidet, sich selbst zu helfen. Die Transformation von Selbstidentität und Wahrnehmung macht es möglich, die einzelnen Äste und Bäume als Teil und im Kontext des Waldes zu begreifen – ungeachtet ihrer Verschiedenheit. Die Baumperspektive besagt: Ich bin Brite, ich bin Franzose, ich bin Amerikaner, ich bin Christ, ich bin Moslem, ich bin Jude, ich bin Hindu, ich bin schwarz, ich bin weiß, ich bin ein Mann, ich bin eine Frau, ich bin ein Transgender, ich bin LGBTTQQFAGPBDSMLHEZN. Aus der umfassenden Sicht, die den gesamten Wald mit einschließt, erkennt der Beobachter, dass die genannten Schubladen nur Etiketten darstellen, mit denen Erfahrungen bezeichnet werden. Jenseits der Illusion gibt es keine Briten, Franzosen, Amerikaner, Christen, Muslime, Juden, Hindus, Schwarze, Weiße, Männer, Frauen, Transgender oder LGBTTQQFAGPBDSMLHEZN. Das Einzige, was existiert, ist das Unendliche Gewahrsein, das sich selbst – *uns* selbst – erfährt. Kriege, ethnische Auseinandersetzungen und Konflikte zwischen den Geschlechtern gibt es, weil die Menschheit in einer Weise manipuliert worden ist, dass sie die letztgenannte Tatsache vergessen hat. Das Unendliche Selbst führt keine Kriege – das tut nur das Ich-Phantom.

Aus der Wald- bzw. Baumperspektive ergeben sich im Hinblick darauf, was jeder Einzelne tun oder lassen wird und was er wahrzunehmen vermag, zahllose weitere Implikationen. Ein Ich-Phantom, das im Silicon Valley transhumanistische Technik herstellt oder dafür Reklame macht, wird glauben, er bzw. sie hätte einen tollen, gut bezahlten Job, ein hübsches Häuschen und all das Drum und Dran, das üblicherweise dazu gehört. Das Unendliche Selbst hingegen sagt: Was in aller Welt tue ich hier eigentlich? Ich bin an der vollständigen geistigen und emotionalen Versklavung meiner selbst, meiner Kinder, meiner Enkel und der übrigen Menschheit beteiligt! Ich kann das nicht länger tun – ich muss *damit aufhören*. In demselben Zwiespalt befinden sich auch alle anderen Diener des archontischen Kontrollsystems: Gesetzeshüter, Mitarbeiter von Google und Facebook, KI-Ingenieure, Zensoren aller Art, Journalisten, Geheimdienstagenten, Militärangehörige, Politiker usw. – alles in allem eine enorme Zahl an Leuten. Wenn Ihnen nicht gefällt, in welche Richtung sich die Welt entwickelt, dann tun Sie, was immer in Ihrer Macht steht, um nicht länger dazu beizutragen. Das gilt auch für die Prominenten aus der Unterhaltungsindustrie, die mitunter eine große Zahl von Menschen erreichen könnten, aber zu all den angesprochenen Themen Stillschweigen bewahren – obwohl sie einen recht guten Einblick in das Geschehen hinter den Kulissen haben. Die Frage ist, was ihnen wichtiger ist: Das Überleben der Menschheit oder die Sorge, ob ihnen die Herren in Hollywood weiterhin gewogen sein werden.

Die Transformation des Selbstverständnisses bringt noch etwas anderes mit sich: Weisheit. Sie stellt bei den Bestrebungen, dem Wahnsinn ein Ende zu bereiten, eine unverzichtbare Komponente dar. Zwar kann man in der Welt eine ganze Menge Klugheit und Schläue entdecken; jedoch haben diese Eigenschaften nichts mit Weisheit zu tun. All die Jahre über habe ich betont: Klugheit ohne Weisheit ist die zerstörerischste Kraft auf Erden. Eine Atombombe zu bauen zeugt von Klugheit, ist aber nicht weise – geschweige denn sie einzusetzen. Weisheit erlangt, wer seine Selbstidentifikation erweitert. Das bedeutet, sein Gewahrsein bis in jene Bereiche des Unendlichen Gewahrseins auszudehnen, in denen die Weisheit verankert ist. Es ist die Weisheit, die die Transformation der Welt bewirken wird – und die Verdeckte Hand weiß das. Aus diesem Grund hat sie stets versucht, die Schläue (den linkshirnigen Intellekt) zu fördern – auf Kosten des Herzens (Weisheit). Der Mystiker Osho sagte:

> Keine Gesellschaft möchte, dass du weise wirst; das verstößt gegen das Eigeninteresse jeder Gesellschaft. Wenn die Leute weise sind, können sie nicht ausgebeutet werden. Wenn sie intelligent sind, kann man sie nicht unterjochen, kann man sie nicht zu einem mechanischen Leben, zu einem Roboterdasein zwingen. Sie werden sich durchsetzen, werden ihre Individualität durchsetzen. Sie werden ein Klima der Rebellion um sich verbreiten; werden in Freiheit leben wollen. Die Freiheit kommt mit der Weisheit, unweigerlich. Beide sind unzertrennlich – und keine Gesellschaft will freie Menschen.
>
> Die kommunistische Gesellschaft, die faschistische Gesellschaft, die kapitalistische Gesellschaft, die hinduistische, die mohammedanische, die christliche Gesellschaft – keine Gesellschaft möchte, dass die Leute von ihrer eigenen Intelligenz Gebrauch machen, denn sobald sie ihre Intelligenz einsetzen, werden sie gefährlich: Gefährlich für das Establishment, gefährlich für alle Leute, die an der Macht sind, gefährlich für die Besitzenden; gefährlich für jede Art von Herrschaft, Ausbeutung, Unterdrückung; gefährlich für die Kirchen, gefährlich für den Staat, gefährlich für die

Nation. Tatsächlich ist ein weiser Mensch wie Feuer, lebendig, wie eine Flamme. Der Tod ist ihm viel lieber als Sklaverei. [...] Sein Leben kann er nicht [...] an alle möglichen dummen Leute verkaufen. Er kann ihnen nicht dienen.

Sie werden bemerkt haben, dass ich 17 Kapitel darauf verwendet habe, die Probleme darzulegen, und nur eines, um mögliche Lösungen und Antworten zu skizzieren. Dieser Umstand stellt nicht etwa ein Ungleichgewicht oder gar einen Widerspruch dar, sondern steht symbolisch für eine wunderbare Wahrheit. Die ersten 17 Kapitel enthielten zahlreiche Antworten, die sich aus dem Verständnis der jeweiligen Probleme ableiten ließen; doch all diese Antworten sind Ausdruck jener übergeordneten Antwort, die im vorliegenden letzten Kapitel – dessen Ende wir uns nun nähern – dargelegt wurde. Die Menschheit steht dort, wo sie heute steht, weil wir vergessen haben, wer wir sind. Wir haben unseren Verstand an Illusionen sowie an falsche Herrscher abgetreten, die nur deshalb Macht über uns haben, weil wir sie ihnen überlassen haben. Wenn die archontisch-reptiloide Macht zu irgendeinem Zeitpunkt in der Lage gewesen wäre, die Kontrolle zu übernehmen, hätte sie es längst getan. Ihr Frequenzumfang ist begrenzt, sodass sie uns nur dann zu kontrollieren vermag, wenn der Verstand und die Wahrnehmung der Menschheit in jenem Frequenzband gefangen sind, das sie manipulieren können. Antike und moderne Berichte über archontische Entitäten zeugen gleichermaßen davon, dass sie nichts so sehr fürchten wie den Moment, wenn die Menschen erwachen und sich an ihre wahre Natur und Macht erinnern – denn ihnen ist klar, dass sie das Spiel damit verloren hätten. Folglich besteht die Lösung darin, dass wir uns aus dem archontischen Frequenzbereich zurückziehen und unsere Wahrnehmung vom Ich-Phantom zum höher schwingenden Unendlichen Selbst verlagern. Aus „Ich bin Doris, Uwe, Mohammed oder Zohar“ wird dann „Ich bin *Alles Was Ist und Je Sein Kann*“ (Abb. 645). Das Problem mag unglaublich komplex erscheinen, doch die Lösung ist überaus einfach: Wenn wir unserer Selbstidentifikation gestatten, die Transformation zu durchlaufen, wird sich unser Leben in der „Welt“ sowohl individuell als auch kollektiv verändern, da wir dann eine neue Realität aus dem Quantenfeld der Möglichkeiten und Wahrscheinlichkeiten manifestieren.

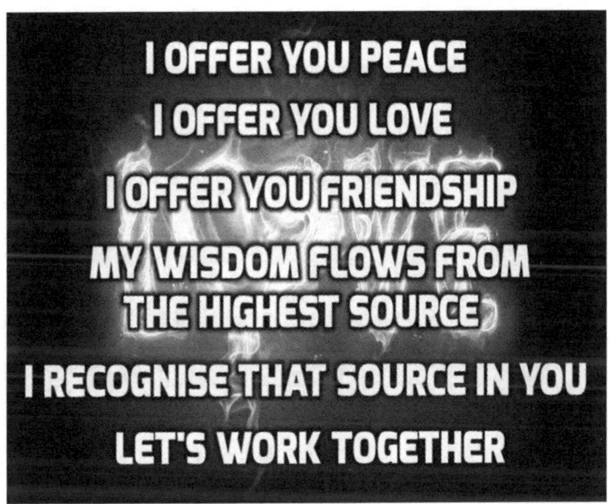

Abb. 645: „Ich biete Dir Frieden, ich biete Dir Liebe, ich biete Dir Freundschaft. Meine Weisheit entspringt der höchsten Quelle. Diese Quelle erkenne ich auch in Dir. Lass uns zusammenarbeiten.“ – Los, Leute – versuchen wir's!

Tun wir das nicht, wird die Menschheit dem Untergang geweiht sein. *Wenn* wir es aber tun, ist unsere Unterjochung Geschichte. Schwere Entscheidung, oder?

Postskriptum

Die Geschwindigkeit, in der die Agenda der Verdeckten Hand jetzt ausgerollt wird, wurde selbst in den wenigen Wochen deutlich, die seit Herstellungsbeginn dieses Buches vergangen sind. Vieles von dem, was Sie im vorliegenden Text lesen konnten, bestätigte sich anhand der jüngsten Ereignisse erneut.

Die Bemühungen, einen Bürgerkrieg anzuzetteln – nicht zuletzt in den Vereinigten Staaten – kommen etwa in der Gewalt zum Ausdruck, mit der die von der *El*-ite finanzierte und unterstützte Antifa friedliche Demonstranten angreift. Unter dem Vorwand, man würde „gegen Hass" vorgehen und „den Faschismus bekämpfen", werden Kundgebungen attackiert, die sich für die Meinungs- und Redefreiheit einsetzen (Abb. 1). Hasserfüllte Typen kreischen „Hass!", während sie glauben, sie würden eine „Anti-Hass"-Haltung verkörpern (Abb. 2). Natürlich gibt es Neonazis und Rassisten weißer Hautfarbe – ebenso wie es braune und schwarze Neonazi-Rassisten und die „antifaschistischen" Neonazis der Antifa gibt. Doch darum geht es gar nicht. Die Antifa stellt schlicht eine weitere Variante der „Nihilisten" dar (neben ISIS und anderen), von denen Albert Pike bereits 1871 gesagt haben soll, dass man sie eines Tages in Vorbereitung eines Dritten Weltkriegs auf die Menschheit loslassen würde. Tatsächlich ist es die Freiheit der Meinung und des individuellen Ausdrucks, die vom Antifa-Blendwerk attackiert wird. Diese zu beseitigen, lautet das Ziel, das die antifaschistischen Faschisten und ihre „progressive", schaf- bzw. kindsgleiche Gefolgschaft im Sinne ihrer archontischen Herren verfolgen (von deren Existenz nur die wenigsten unter ihnen überhaupt etwas ahnen). Die Erstgenannten sind so verwirrt, dass sie „das System angreifen", indem sie dessen Interessen dienen, während sie von dem „einen Prozent", das sie zu verachten vorgeben, noch in kollektiver, ihrer unglaub-

Abb. 1: „Antifa: Die Stellvertreterarmee zur Zerstörung Ihrer Freiheit" – „Antifaschistisch"? Natürlich – alles klar.

Abb. 2: „Das Anti-Hass-Gesicht des Hasses – Handlanger der Elite" – Selbsttäuschung, die dringend der Selbsterkenntnis bedarf.

lichen Dummheit geschuldeten Geringschätzung angefeuert werden. Die „Linken“ von der Antifa und die „Rechtsextremen“ spiegeln einander. Sie gründen sich auf das gleiche Fundament und sind Ausdruck derselben debilen Mentalität – obwohl sie meinen, Gegensätze zu verkörpern. Sie sind Opposames (siehe Kapitel 8) (Abb. 3).

Abb. 3: „Links und rechts: Erkennen Sie den Unterschied? Ich auch nicht.“ – Spiegelbilder, die behaupten, verschieden zu sein.

Der ebenso simple wie unverfrorene Trick besteht darin, jeden als Nazi zu diffamieren, der die Meinungsfreiheit verteidigt. Auf diese Weise wird die eigentliche Idee der Meinungsfreiheit verteufelt. Die im August 2017 bei den Vorfällen von Charlottesville (US-Bundesstaat Virginia) verübte Gewalt entsprang eindeutig sowohl dem Neonazi- als auch dem Lager der Antifa. Doch als Donald Trump dies aussprach, bezog er von den Medien Prügel. Wie konnte er es wagen, Neonazis und „Anti-Nazi“-Neonazis gleichermaßen für die Ausschreitungen verantwortlich zu machen? Die für ihr „Virtue Signaling “ (siehe Kapitel 10) bekannte britische Premierministerin Theresa May sagte, man könne Antifaschisten nicht mit Faschisten vergleichen. Doch, natürlich kann man das, wenn beide Seiten ein faschistoides Verhalten an den Tag legen. Wenn das jedoch nicht dem Drehbuch entspricht, werden Fakten und selbst das unmittelbar Offensichtliche ausgeblendet. Die Schurken müssen diejenigen sein, die sich für die Redefreiheit einsetzen – nicht etwa deren Feinde, die sie abzuschaffen suchen. Dabei spielt auch die Tatsache keine Rolle, dass die Antifa laut vertraulichen Dokumenten der amerikanischen Heimatschutzbehörde und des FBI als einheimische terroristische Vereinigung eingestuft wird.

Gegenstand der Auseinandersetzungen von Charlottesville war das Vorhaben, eine Statue des Konföderiertengenerals Robert E. Lee abzureißen, der im amerikanischen Bürgerkrieg auf Seiten der sklavereifreundlichen Südstaaten kämpfte. In der Folge wurden überall in den USA Forderungen laut, Standbilder verschiedener historischer Persönlichkeiten zu entfernen. Dies fügt sich in die allgemeinen Bestrebungen ein, Kultur und Geschichte der Menschheit auszulöschen (damit die Letztgenannte dann neu geschrieben werden kann), zu denen auch die Zerstörung von syrischen und irakischen Artefakten, Tempeln, Moscheen und Städten durch die Vereinigten Staaten und ISIS gehört. George Orwell sagte: „Wer die Vergangenheit kontrolliert, der kontrolliert die Zukunft. Wer die Gegenwart kontrolliert, der kontrolliert auch die Vergangenheit.“ Was wir hier sehen, sind weitere Manifestationen des orwellschen Gedächtnislochs. Geschichte ist Geschichte, ob es nun um die guten oder die schlechten Anteile geht. Die Geschichte auszulöschen bedeutet, nicht aus ihr zu lernen.

Eine zionistisch geführte Organisation namens Southern Poverty Law Center (SPLC) ließ vorübergehend von ihrer Hauptbeschäftigung ab, ihre Dollarmillionen auf Schwarzgeldkonten zu transferieren (wobei sie 2015 gerade einmal 61.000 Dollar für juristische Dienstleistungen ausgab), um eine Landkarte „inakzeptabler" Statuen zu erstellen. Sie drängte die Bürger, die Beseitigung sämtlicher Denkmäler der Konföderierten zu fordern, und stellte dafür sogar ein Musterschreiben zur Verfügung, das man zwecks Unterstützung der Kampagne an die örtlichen Medienhäuser schicken konnte. Man brauchte nur noch seinen Wohnort sowie lokale Spezifika einzutragen. Wie hilfsbereit diese Leute doch sind. Ganz bestimmt gehören sie nicht zu einer koordinierten und zentral gesteuerten Kampagne, in der sie nur einen von vielen – wenn auch wohl finanzierten – Strängen darstellen. Die „Denkmalkarte" des SPLC gesellte sich zu der aus demselben Hause stammenden „Hasskarte", auf der fast 1.000 US-amerikanische „Hassgruppierungen" verzeichnet sind. Die meisten davon freilich weit davon entfernt, Hass zu propagieren. In beispielloser Scheinheiligkeit verwenden das SPLC und sein Stallgefährte, die Anti-Defamation League, ihre Zeit und ihre Millionen (beide sind „gemeinnützige" Organisationen!) darauf, Hass auf ihre Gegner zu säen. Die Medien geben größtenteils ungefiltert wieder, was die beiden zionistisch kontrollierten Zensureinrichtungen verlautbaren, als handele es sich um glaubwürdige Quellen. Dabei sind sie einfach Handlanger eines Netzwerks, das es sich zur Aufgabe gemacht hat, die Freiheit des Ausdrucks und das Recht auf eine eigene Meinung abzuschaffen.

George Clooney und seine Frau, die wahre Meister des Virtue Signaling sind, spendeten dem SPLC, das eine Reihe christlicher Organisationen wegen ihrer angeblichen „hassbehafteten Sprache und Strategien gegen die LGBT-Gemeinschaft" als „Hassgruppierungen" brandmarkte, eine Million Dollar. Der Apple-Konzern sagte dem SPLC und der Anti-Defamation League zwei Millionen Dollar zu. Zwei weitere Säulen der Empathie, Gleichberechtigung und Freiheit, nämlich JPMorgan Chase und James Murdoch (Ruperts Sohn), spendeten den beiden „Anti-Hass"-Hassorganisationen ebenfalls mehrere Millionen. Natürlich war nichts davon abgesprochen – das über die genannten Bastionen liberaler Werte zu behaupten, wäre ein unerhörter Frevel. Ich vermute, die jüngste, unverhoffte „Glückssträhne" des SPLC wird bei den Offshore-Banken gerne gesehen. Mich scheint das SPLC nicht gerade zu mögen; allerdings empfinde ich das als tröstlich, denn die Vorstellung, dass das Gegenteil der Fall wäre, könnte ich nur schwer ertragen. Jede Meinung, die von den Bücherverbrennern der politischen Korrektheit als inakzeptabel eingestuft wird, gilt inzwischen ganz selbstverständlich als „Hassrede", sodass deren – zunehmend mittels Gewalt durchgesetzte – Zensur gerechtfertigt scheint.

Die üblichen Verdächtigen, darunter die von den Rothschilds gegründete Organisation B'nai B'rith („Söhne des Bundes") – die die Anti-Defamation League aus der Taufe hob –, versuchten im August 2017 vergeblich, meine Auftritte in Kanada zu verhindern. Ihre Bemühungen waren Bestandteil einer Kampagne, die zum Ziel hatte, überall auf der Welt zu bestimmen, was die Menschen sagen und hören dürfen – und was nicht. Die Veranstaltung in Toronto überlebte, weil die Räumlichkeiten einer christlichen Organisation gehörten. Vancouver blieb Berichten zufolge nur dank seines Bürgermeisters Gregor Robertson standhaft, der es ablehnte, sich dem künstlich aufgebauten Druck zu beugen. Die Betreiber des stadteigenen Theaters wollten meinen Auftritt absagen, nachdem die Berufsopfer und -zensoren von B'nai B'rith Zeter und Mordio geschrien hatten. Robertson achtete die Redefreiheit und bewies ein großes Maß an Integrität. Sein Verhalten erforderte nicht gerade wenig Mut, wenn man bedenkt, wie skrupellos und unerbittlich die genannten Zensurinstitutionen vorzugehen pflegen. Mit der Veröffentlichung des vorliegenden Buches dürften die Bemühungen einiger weniger, mich zum Schweigen zu bringen, noch anziehen. Man versucht, Entscheidungsträger ohne Rückgrat einzuschüchtern, die weder die Freiheit noch sich selbst achten. Aber die können mich mal – ich werde einfach weitermachen.

Da wir gerade dabei sind, lassen Sie mich einige Feiglinge nennen, die der langen Liste der Schande hinzuzufügen sind. Nur aufgrund von Behauptungen, die von oftmals winzigen zionistischen Hassgrüppchen aufgestellt wurden, sind die folgenden Veranstalter eingeknickt und haben meine Auftritte abgesagt: St. Andrews Hall, Norwich; Central Hall, Southampton; das Komedia in Bath (das vermutlich so heißt, weil es ein Witz ist); das Imperial War Museum, Manchester; sowie das Queen Elizabeth Theatre in Toronto. Nachdem uns die Betreiber des letztgenannten Hauses eine faule Ausrede für die Absage aufgetischt hatten, die wir ihnen natürlich nicht abkauften, brüsteten sich Vertreter von B'nai B'rith in einer Stellungnahme gegenüber der kanadischen Rundfunkanstalt CBC damit, dass die Entscheidung ihrer Beschwerde zu verdanken gewesen sei. Die Herren vom Imperial War Museum in Manchester, das ohne Zweifel das Andenken an Millionen britischer Soldaten in Ehren hält, die einst ihr Leben für die Verteidigung der Freiheit vor den nationalsozialistischen Bücherverbrennern gaben, sind weit davon entfernt, die groteske Ironie ihrer Entscheidung zu erkennen. Indem sie die Veranstaltung zur Veröffentlichung meines Buches absagten – aufgrund der Lügen von Leuten, die sich genau so wie die erwähnten Bücherverbrenner verhalten –, bewiesen sie Geringschätzung all dessen, wofür sich die Soldaten einst opferten. Nach einer Reihe bizarrer Ereignisse wurde ich am Ende gar in einem Artikel der *Times of Israel* für einen Beitrag verantwortlich gemacht, den in Wirklichkeit Yair Netanjahu – der Sohn des israelischen Premierministers – im Internet veröffentlicht hatte. Darauf waren George Soros, ein „außerirdisches Reptil", eine klischeehafte jüdische Figur mit Umhang sowie der ehemalige Premierminister Ehud Barak zu sehen (Abb. 4). Der höchst befremdliche Beitrag war, wie in dem Artikel angedeutet wurde, offenbar durch meine Arbeit inspiriert worden. Ich bin ein einzelner Mann, der in einer kleinen Wohnung auf der Isle of Wight lebt und sich ganz bewusst keiner Organisation anschließt – doch plötzlich stelle ich eine globale Bedrohung dar? Und wenn ich wirklich so verrückt bin – wo liegt dann das Problem?

Abb. 4: „Netanjahus Sohn veröffentlicht diesen Beitrag – würg!" – Das obskure Mem, das Benjamin Netanjahus Sohn im Internet postete.

Das Problem besteht natürlich darin, dass ich die Wahrheit über die Hintergründe des Weltgeschehens offenlege. Alles Übrige entspringt dem Versuch, mich zu verteufeln und meine Aussagen zu diskreditieren. Seit fast 30 Jahren gibt man sich nun schon alle Mühe, doch die Zahl der Menschen, die sich überall auf der Welt mit meiner Arbeit auseinandersetzen, schnellt mehr denn je in die Höhe. Versucht es ruhig weiter, Jungs, wenn ihr eure Zeit vergeuden wollt – doch die Menschen erwachen. Eins nur noch mal zur Klarstellung: Benutze ich das Konzept der „Reptiloiden" als Metapher für die „Juden"? *Keineswegs.* Wenn ich „Reptiloide" sage, dann *meine* ich auch Reptiloide. Tut mir leid, wenn ich all diejenigen enttäuschen muss, die sich verzweifelt um die Unterdrückung meiner Arbeit bemühen, doch so ist es nun einmal.

Von allen Seiten wird versucht, die Informationen, die ich recherchiere und in Umlauf bringe, zu zensieren. Plattformen wie Google/Youtube und Facebook, die den Zionisten gehören, und andere Internetunternehmen missbrauchen ihre Beinahe-Monopolstellung dazu, der Öffentlichkeit jene Informationen vorzuenthalten, von denen Sie nach dem Willen des Spinnennetzes – das die genannten Firmen repräsentieren – keine Kenntnis erhalten sollen. Dort weiß man *sehr wohl*, dass es sich dabei nicht um „Verschwörungstheorien" handelt, denn die inneren Kreise dieser Unternehmen sind *Teil* der Verschwörung. Sogar Videos, in denen amerikanische Luftschläge dokumentiert wurden, hat YouTube zensiert. Unaufhaltsam ergreift die Zensur vom Mainstream Besitz. In der nächsten Phase werden Google/YouTube, Facebook, Amazon & Co. danach streben, auch die Fernsehprogramme zu kontrollieren. Jeder Mensch, dem der Schutz der Freiheit und die Beendigung ihrer systematischen Zerstörung ernsthaft am Herzen liegen, muss sich dafür einsetzen, das die genannten Monopole aufgebrochen und Gesetze verabschiedet werden, um die politisch motivierte Zensur – ob algorithmenbasiert oder direkt – als illegal einzustufen (Abb. 5). Wer seine Mitmenschen wegen ihrer Äußerungen angreift – und das selbst dann, wenn sich die Behauptungen durch Fakten belegen lassen –, sollte eines bedenken: Heute mag ich es sein, der im Fadenkreuz steht, doch schon morgen kann es sie selbst treffen. Die Schlinge, die man der Freiheit umgelegt hat, wird nämlich so lange weiter zugezogen werden, bis nur noch ein orwellscher Albtraum übrig bleibt – und davon werden auch die heutigen Mainstreammedien nicht ausgenommen sein (Abb. 6).

Abb. 5: „Monstren wie Google und Facebook müssen zerschlagen und ihre Zensurmechanismen für illegal erklärt werden, bevor gar keine Freiheit mehr übrig ist." – Wenn das nicht geschieht, heißt es: Auf Wiedersehen, Freiheit.

Abb. 6: „Twitter-Shitstorms: Das Ende der Freiheit – wenn Fakten rassistisch sind" – Eine Definition für Faschismus.

Die Wahrheit über die heimliche Regierung bzw. den tiefen Staat kommt zunehmend ans Tageslicht. In der Videopräsentation eines ehemaligen CIA-Offiziers und Terrorbekämpfungsexperten namens Kevin Shipp wurde bestätigt, dass die CIA mit vermeintlich „unabhängigen" Unternehmen wie Lockheed Martin, General Dynamics, Raytheon, Boeing oder der „Unternehmensberatung" Booz Allen Hamilton – für die der Whistleblower Edward Snowden einst tätig war – in Verbindung steht. Shipp zeigte die Verflechtungen auf, die zwischen den genannten Rüstungs- und Überwachungstechnikfirmen, dem United States Senate Committee on Armed Services, dem extremen Kriegstreiber Senator John McCain sowie dem früheren FBI-Direktor James Comey bestehen. Der Letztgenannte erhielt laut Shipp Jahr für Jahr mehrere Millionen von Lockheed Martin, dem größten Rüstungsvertragsnehmer des Pentagon. Der Konzern soll auch der berüchtigten Clinton Foundation Millionen überwiesen haben. Zur selben Zeit habe FBI-Chef Comey die Untersuchungen zu den ungeheuren Bestechungsvorwürfen eingestellt, die Hillary Clinton angelastet wurden. Ein anderer ehemaliger FBI-Direktor, nämlich der eine Woche vor dem 11. September ins Amt berufene Robert Mueller, wurde auserkoren, zu den angeblichen Verbindungen Trumps und seiner Gefolgsleute nach Russland zu „ermitteln". Zweck dieses Narrativs war es, jede Möglichkeit einer Annäherung Russlands und der Vereinigten Staaten zu vereiteln. Die CIA spielt Shipp zufolge nach ihren eigenen Regeln und kontrolliert sämtliche genannten sowie viele weitere Unternehmen. Ich behaupte zudem, dass dasselbe (unter Einbeziehung der DARPA) auch für Google, Facebook und andere Internetriesen gilt, die bestimmen, was die Menschen zu Gesicht bekommen dürfen und was nicht.

Seit die Zionisten Neocon-Organisationen wie das Project for the New American Century aus der Taufe hoben und das PNAC seine Liste von Angriffszielen zusammenstellte, klingelt bei Lockheed Martin und den übrigen Angehörigen des massenmordenden „Verteidigungs"-Netzwerks die Kasse. Während ich dieses Postskriptum schreibe, gilt offen-

Abb. 7: Der wahre Grund, warum Nordkorea unter Beschuss genommen wird.

bar Nordkorea als größte Bedrohung für den Weltfrieden (siehe Irak, Libyen, Syrien, Iran usw. – und wer auch immer als Nächstes ins Visier genommen wird) (Stand: 2017). Nordkorea war auf der Liste der Neocons im September 2000 als Kandidat für einen Regimewechsel ausgewiesen. Ein Land nach dem anderen wird verteufelt und abgehakt. Stellen Sie sich in diesem Zusammenhang darauf ein, dass man in naher Zukunft aller Wahrscheinlichkeit nach den Libanon dämonisieren wird. Der wichtigste Grund, warum man es jetzt auf Nordkorea abgesehen hat, besteht darin, dass das Land den Zugang zum eigentlichen Ziel bietet: China. Oder richtiger, zu China und Russland. Nordkorea teilt einen großen Abschnitt seiner Grenze mit China und einen kleineren mit Russland (Abb. 7). Wir erleben die Umsetzung eines Drehbuchs, die uns als Folge zusammenhangloser Ereignisse verkauft wird.

Schrill kreischte die Erderwärmungssekte, nachdem furchtbare Hurrikans, die alles Bisherige in den Schatten stellten, große Teile von Texas – insbesondere die Hauptstadt Houston – und Louisiana verwüstet hatten und zudem über Florida und die Karibik hinweggefegt waren. Dies sei der eindeutige Beweis für den vom Menschen verursachten Klimawandel, wurden wir belehrt. Dabei war es nichts dergleichen. Der Schauspielerin Jennifer Lawrence, einer aus der „Tribute von Panem"-Reihe bekannten typischen Hollywood-Progressiven, gelang es, die Hurrikans mit der Wahl von Donald Trump und dessen skeptischer Haltung gegenüber dem Narrativ vom Klimawandel in Verbindung zu bringen. Mit Bezug auf die Wirbelstürme sagte sie: „Es fällt schwer, den Zorn und Grimm von Mutter Natur nicht zu spüren." Also mir fällt es viel schwerer, die mittlerweile höchst ausgeklügelten und fortgeschrittenen Wetterkriegsführungstechnologien zu ignorieren, von denen Dr. Richard Day bereits 1969 sprach. Mit deren Hilfe ist es möglich, Hurrikans auf Rekordgeschwindigkeiten zu beschleunigen und sie nach Belieben zielgenau in Richtung des Gegners zu lenken. Durch die Manipulation der umliegenden Drucksysteme lässt sich ein Sturm so lange in einem stationären Zustand halten, dass er schließlich gigantische Regenmengen über einem einzigen Gebiet niedergehen lässt – wie es etwa mit Hurrikan Harvey geschah, der Texas und Louisiana mit nie dagewesenen 95 *Billionen* Liter Wasser überflutete (Abb. 8). Die Frage lautet wie immer: Wem nützt es? Die Antwort: Jedem, der Chaos, Leid, Aufruhr, Obdachlosigkeit, Verzweiflung, finanzielle Verluste en masse und jede Menge Folgeprobleme erzeugen sowie den Glauben an und die Furcht vor einem anthropogenen „Klimawandel" (früher bekannt als „Erderwärmung") schüren will. Ich empfehle, einmal die Website Geoengineeringwatch.org zu besuchen und Artikel bzw. Videos wie „Engineered Climate Cataclysm: Hurricane Harvey" oder „Hurricane Irma Manipulation: Objectives and Agendas" zu konsultieren. Eine andere interessante Quelle zum Thema

Abb. 8: Mit der Technologie, über die der tiefe Staat heute verfügt, ist es ein Kinderspiel, einen Hurrikan in eine bestimmte Richtung zu lenken.

ist Weatherwar101.com. Einige Rechercheure, die die Wirbelstürme (wie auch Erdbeben) richtigerweise mit den Sonneneruptionen in Verbindung bringen – darunter Piers Corbyn von Weatheraction.com –, haben darauf hingewiesen, dass der Hurrikan Irma und die begleitenden Stürme mit einer gewaltigen Sonneneruption zusammenfielen.

Einige weitere Nachträge:

- Die Transgender-Agenda legt jetzt einen höheren Gang ein: Röcke werden aus Schulen verbannt, man kann genderneutrale Kinderschuhe kaufen, Bekleidungsgeschäfte entfernen die Etiketten für Jungen und Mädchen von ihrer Ware, und es wird darüber diskutiert, ob man einem Baby bei der Geburt wirklich unbedingt ein Geschlecht zuweisen muss. Der Leiter einer Schule, an der das Tragen von Röcken verboten wurde, sprach von der zunehmenden Zahl von Schülern, die ihre Geschlechtsidentität infrage stellen – ohne einmal darüber nachzudenken, *warum* es immer mehr werden. All das folgt einem Plan, dessen Entstehung weit zurückreicht. Dr. Richard Day dürfte sich mit unverhohlener Freude ins Fäustchen lachen, hatte er doch seinen Kollegen schon 1969 verkündet, dass man Jungen und Mädchen ununterscheidbar machen werde. Aber keine Sorge – eine Verschwörung gibt es nicht. Grundgütiger …

- Bei einer groß angelegten, weltweit durchgeführten Studie kam heraus, dass mikroskopisch kleine Plastikteilchen im Trinkwasser und in der Luft bereits weit verbreitet sind. Sie sind es, die die Fruchtbarkeit vermindern, Geschlechtsumkehrungen bewirken, zur Überflutung des Körpers mit synthetischen Stoffen beitragen und ein möglicherweise verheerendes Gefahrenpotenzial für die Gesundheit bergen.

- Die DARPA finanziert ein neues Projekt von Lockheed Martin (wem sonst), bei dem es um die Errichtung eines weltumspannenden Überwachungsnetzwerks geht … und das unter der Bezeichnung SPIDER läuft (dt.: *Spinne*). Das Akronym steht für Segmented Planar Imaging Detector for Electro-optical Reconnaissance. Bei dem Vorhaben bedient man sich miniaturisierter Technologie, von der es heißt, es handle sich „im Grunde um Teleskope auf Mikrochips".

- Eine zweijährige Studie, die von Dr. J. Leroy Hulsey koordiniert wurde – er fungiert an der University of Alaska, Fairbanks, als Chair of the Civil and Environmental Engineering Department –, kam zu dem Schluss, dass die offizielle Erklärung für den Einsturz des 7. Gebäudes des World Trade Centers (das gar nicht von einem Flugzeug getroffen wurde) unzutreffend ist. Der vorläufige Bericht besagt, dass das Hochhaus nicht, wie das offizielle Märchen behauptet, aufgrund von Bränden eingestürzt sei. Vielmehr fiel es als Teil jener PRL-Attacke (Problem – Reaktion – Lösung), die unter dem Kürzel 9/11 bekannt ist und mit der alle nachfolgenden Schritte gerechtfertigt werden sollten, einer kontrollierten Sprengung zum Opfer.

- Die Zahl der schwedischen No-go-Areas hat sich weiter erhöht, und weitere Polizisten wurden von Migranten angegriffen; einer von ihnen mit einem Messerstich in den Hals. Schweden würde, wie eine immigrationsfreundliche Gruppierung schrieb, „von der Liebe zu den Migranten abfallen". Genau wie ich sagte: Wenn man das kriminelle

Verhalten einiger weniger nicht anspricht, wird man alle Migranten nach deren Handlungen beurteilen.

- Sarah Champion wurde von der oppositionellen britischen Labour-Partei, die von der Mogelpackung namens Jeremy Corbyn geführt wird, dazu gedrängt, als Frauenministerin des Schattenkabinetts abzudanken. Ihr Verbrechen bestand darin, darauf aufmerksam zu machen, dass Hunderte pakistanischer Männer in Banden organisiert sind, die hauptsächlich Frauen und Mädchen weißer Hautfarbe missbrauchen. Wenn Tatsachen und die Wahrheit als schlecht für das nächste Wahlergebnis erachtet werden, werden sie der Bedeutungslosigkeit anheimgegeben – wie auch die missbrauchten Mädchen und Frauen.
- Im Rahmen einer internetgestützten Aktion namens Project Alamo haben Mitarbeiter von Google, YouTube und Facebook von San Antonio (Texas) aus mit Trumps Wahlkämpfern zusammengearbeitet und damit das Wahlergebnis angeblich maßgeblich beeinflusst.
- Eine auf der Website des Weißen Hauses veröffentlichte Petition, in der gefordert wurde, George Soros als Terroristen einzustufen und sein Vermögen zu beschlagnahmen, fand regen Zuspruch. Zwar wird das nicht geschehen, doch es zeigt, dass immer mehr Menschen Soros' Blendwerk durchschauen.
- Die Anzugträger der EU-Bürokratentyrannei tun weiterhin alles, was in ihrer Macht steht, um den Brexit zu verhindern und den Willen des britischen Volkes zu umgehen. Nicht gewählte EU-Diktatoren werden bei ihrem Krieg gegen die Demokratie von „Progressiven" im Allgemeinen sowie speziell – einmal mehr – dem Dummschwätzer Jeremy Corbyn und dem Kriegsverbrecher Tony Blair unterstützt. Des Letztgenannten leidenschaftliches Engagement für die Abwendung des Brexit spricht hinsichtlich seiner Zugehörigkeit zum Spinnennetz, das ihn voll und ganz in der Hand hat, wahrlich Bände. Je mehr die arrogante, vom Spinnennetz kontrollierte, partei- und landesgrenzenübergreifende politische Schicht versucht, den Brexit aufzuhalten, desto entschlossener muss das britische Volk zusammenstehen, um ihm zum Erfolg zu verhelfen.
- Jean-Claude „Ischias" Juncker, der Präsident der EU-Kommission (Stand: 2017), hat sich für folgende Neuerungen ausgesprochen: Ein einzelner Präsident soll künftig über der gesamten EU thronen; der EU-Finanzminister soll mit weitreichenden Befugnissen ausgestattet werden, um sich in die finanziellen Angelegenheiten der Mitgliedsländer einmischen zu können (die allesamt den Euro annehmen müssen); eine EU-Armee; sowie bedeutend umfangreichere, in Brüssel konzentrierte Machtbefugnisse in allen Bereichen. Das entspricht genau den Plänen, auf die ich bereits seit Jahrzehnten aufmerksam mache.
- Bei der Übernahme der Whole-Foods-Kette hat Amazon die Preise gedrückt, um auf diese Weise dem Sektor der unabhängigen Bioläden dasselbe anzutun, was bereits Buchläden und Verlage durch den Konzern erfahren haben. Amazon zählt ebenfalls

zu den Unternehmen, deren ausufernde Monopolstellung schleunigst angegangen und zerschlagen werden muss.

- Dem globalen Taxiunternehmen Uber, das seinen Sitz im Silicon Valley hat, wurde in London die Lizenz entzogen, nachdem es die erforderlichen Sicherheitsanforderungen für die Fahrgäste nicht erfüllte und nicht mehr als „geeigneter" Anbieter gilt. Das Unternehmen ging sofort in Berufung. Die weltweite Agenda, die Uber verfolgt, reicht viel weiter, als man auf den ersten Blick annehmen würde. Aus diesem Grund kann die Firma immer weiter expandieren, ohne sich allzu sehr darum sorgen zu müssen, schwarze Zahlen zu schreiben: Geld spielt dabei keine Rolle. Nicht anders lief es in der Vergangenheit bei den übrigen Internetgiganten, während sie sich ihre Monopolstellungen sicherten. Meiner Meinung nach ist auch der Unterkunftsvermittler Airbnb, der wie Uber im Silicon Valley sitzt, ähnlich zu bewerten.
- Schwer traumatisiert, weinend und verstört blieben Studenten der Universität von Mississippi nach einem „rassistischen Akt" zurück, der darin bestand, dass jemand eine Bananenschale in einem Baum deponiert hatte. Wie sich herausstellte, hatte sich der Täter zu diesem drastischen Schritt entschlossen, nachdem er keinen Mülleimer finden konnte.
- Der israelische Premierminister Benjamin Netanjahu erklärte, dass eine „2.000 Jahre alte Halb-Schekel-Münze", die ein Mädchen in einer illegalen israelischen Siedlung fand, Israels historisches Anrecht auf das palästinensische Land beweisen würde. Allerdings entpuppte sich die Münze als ein billiges Souvenir, dass vom Israel-Museum tausendfach an Touristen verkauft wird. *Hopplu* – wie passend eigentlich, wenn man den Wahrheitsgehalt der übrigen zurechtgeschusterten „Geschichte" bedenkt.

Und zu guter Letzt ... Vertreter des *Hollywood Reporter*, einer in Los Angeles ansässigen Zeitschrift der Unterhaltungsindustrie, traten mit der Bitte an mich heran, einen Kommentar zum finanziellen Erfolg von Fake-News-Websites wie Yournewswire.com oder Newspunch.com abzugeben. Die Genannten haben der Glaubwürdigkeit der alternativen Medien beträchtlichen Schaden zugefügt, indem sie erfundene Geschichten in Umlauf brachten, die dann von Faktencheck-Websites mühelos (und genüsslich) „entlarvt" werden konnten. Wie Sie sich denken können, fiel mein Kommentar weniger als freundlich aus. Im August 2017 schlug Newspunch.com wieder zu, indem behauptet wurde, Ronald Bernard – ein niederländischer Unternehmer und Whistleblower aus der Finanzbranche, von dem auch in diesem Buch die Rede war – sei tot. Angeblich hätte man seine Leiche in Florida gefunden, nachdem er bei der Polizei angerufen und gesagt hatte, sein Leben sei in Gefahr. Die frei erfundene Story ging kurz darauf im Internet „viral", da sie massenhaft von Leuten geteilt wurde, die sich für „erwacht" halten, es aber nicht sind. Ein paar Sekunden nur brauchte es, um herauszufinden, dass es sich bei dem Artikel – der einmal mehr von einem gewissen, nicht existenten „Baxter Dmitry" verfasst worden war – um die bearbeitete Version einer Mainstreammeldung handelte. Sie bezog sich auf einen Mann namens Ronald Bernard *Fernandez*, der in Sebring (US-Bundesstaat Florida) tot aufgefunden worden war, nachdem er sich bei einem Spaziergang in der Natur verirrt hatte. Die Polizei hatte

Abb. 9: George Soros: Seine Netzwerke sind gigantisch, und die „Progressiven" lieben sein Geld.

er nicht angerufen, um ihr mitzuteilen, dass sein Leben in Gefahr sei, sondern weil er die Orientierung verloren hatte.

Die Respektlosigkeit gegenüber dem echten Ronald Bernard verschlägt einem die Sprache, war jedoch kaum anders zu erwarten. Es ist kaum zu fassen, welche Geringschätzung und Verachtung den Lesern sowie den tatsächlichen alternativen Medien hier entgegengebracht wird. Ein weiterer interessanter Punkt ist die Tatsache, dass Facebook die Websites Yournewswire.com und Newspunch.com sowie deren „Chefredakteur" Sean Adl-Tabatabai vor Kritik in Schutz zu nehmen scheint, während in anderen Fällen echte alternative Medien mit der Begründung unterdrückt und zensiert werden, sie würden „Fake News" in die Welt setzen. Wie rechtfertigt Facebook so ein Verhalten? Einmal sperrte mich die Plattform für drei Tage, nachdem ich einen externen Artikel geteilt hatte, in dem lediglich klargestellt wurde, dass sich Newspunch und Yournewswire nur durch ihre Namen unterscheiden. Andere Aktivisten sind gleich für einen ganzen Monat verbannt worden, nachdem sie Adl-Tabatabai und seine Aktivitäten kritisiert hatten. Wie kommt das? Und wem nützt es?

Schließlich noch ein allerletzter Gedanke: Lassen Sie niemals Georgie-Boy aus den Augen ... (Abb. 9).

Um das tägliche Weltgeschehen in seinem tatsächlichen Kontext zu verstehen, besuchen Sie die Website DavidIcke.com. Dort finden Sie auch einen wöchentlich erscheinenden Podcast.

Bibliografie

- Alexander, Dr. E.: „Proof of Heaven: A Neurosurgeon's Journey into the Afterlife" (Piakus, 2012)
- Antelman, R. M.: „To Eliminate the Opiate" (Zahavia, 1974)
- Attwood, S.: „American Made" (Gadfly Press, 2016)
- Bamford, J.: „Body of Secrets: Anatomy of the Ultra-Secret National Security Agency" (Anchor Books, 2002)
- Bellamy, Dr. H. S.: „Moons, Myths and Men" (University Microfilms International, 1959)
- Bergrun, N.: „Ringmakers of Saturn" (The Pentland Press, 1986)
- Carr, W. J. G.: „Satan, Prince of this World" (Omni Publications, 1966)
- Cook, J.: „Israel and the Clash of Civilisations: Iraq, Iran and the Plan to Remake the Middle East" (Pluto Press, 2008)
- David, G. A.: „Mirrors of Orion" (2014)
- Deane, Rev. J. B.: „Worship of the Serpent" (BiblioBazaar, 2009; Erstveröffentlichung 1933)
- Furedi, F.: „What's Happened to the University? A Sociological Exploration of Its Infantilisation" (Routledge, 2016)
- Greely, Prof. H.: „The End of Sex and the Future of Human Reproduction" (Harvard University Press, 2016)
- Hall, M. P.: „Secret Teachings of All Ages" (CreateSpace, 2011; Nachdruck)
- Huxley, A.: „Brave New World" (Chatto & Windus, 1932)
- Iserbyt, C.: „The Deliberate Dumbing Down of America" (Conscience Press, überarbeitete Auflage 2011)
- Jaynes, J.: „The Origin of Consciousness in the Breakdown of the BicameralMind" (Mariner, 1976)
- Kinross, L. P.: „Ataturk, The Rebirth of a Nation" (Quill, 1687)
- Knight, C. und Butler, A.: „Who Built the Moon?" (Watkins, 2007)
- Lanza, R.: „Biocentrism" (Ben Bella, 2010)
- Lash, J. L.: „Not In His Image: Gnostic Vision, Sacred Ecology, and the Future of Belief" (Chelsea Green Publishing, 2006)

- Lovelock, J.: „The Revenge of Gaia“ (Penguin, 2007)
- Moorjani, A.: „Dying to be Me“ (Hay House, 2012)
- Mutwa, C.: „Song Of The Stars“ (Barrytown Ltd., 1995)
- O'Brien, C.: „Trance-Formation of America“ (Reality Marketing, 1995)
- Purucker, G. de: „Occult Glossary“ (Theosophical University, 1996)
- Sagan, C.: „The Dragons of Eden“ (Random House, 1977)
- Sand, S.: „The Invention of the Jewish People“ (Verso, 2010)
- Scholem, G.: „The Messianic Idea in Judaism“ (Schocken Books, 1994)
- Shine, B.: „Mind to Mind: The Secrets of Your Mind Energy Revealed“ (Corgi, 1990)
- Taplin, J.: „Move Fast and Break Things: How Facebook, Google and Amazon Cornered Culture and Undermined Democracy“ (Little Brown, 2017)
- Talbott, D.: „The Saturn Myth“ (Doubleday, 1980)
- Talbott, D. und Thornhill, W.: „Thunderbolts of the Gods“ (Mikamar Publishing, 2005)
- Talbot, M.: „The Holographic Universe“ (HarperCollins, 1996)
- Taylor, S.: „The Fall: The Insanity of the Ego in Human History and the Dawning of a New Era“ (O Books, 2005)
- Tegmark, M.: „Our Mathematical Universe: My Quest for the Ultimate Nature of Reality“ (Penguin, 2015)
- Temple, R.: „The Sirius Mystery“ (Destiny Books, 1998)
- Thornhill, W. und Talbott, D.: „The Electric Universe“ (Mikamar Publishing, 2007)
- Tompkins, W.: „Selected by Extraterrestrials: My Life In the Top Secret World of UFOs, Think-Tanks and Nordic Secretaries“ (CreateSpace, 2015)
- Turan, D. M.: „The Donmeh Jews“ (Cairo, 1989)
- Ulfkotte, U.: „Journalists for Hire: How the CIA Buys the News“ (Next Revelation Press, 2017)
- Velikovsky, I.: „Worlds in Collision“ (Paradigma, 2009)

Andere Bücher und E-Books des Autors beim Mosquito Verlag

Andere Bücher und E-Books des Autors beim Mosquito Verlag